# DIREITO FEDERAL INTERPRETADO

Estudos em homenagem ao Ministro Humberto Martins

Coordenadores
Otavio Luiz Rodrigues Jr.
Jadson Santana de Sousa

# DIREITO FEDERAL INTERPRETADO

## Estudos em homenagem ao Ministro Humberto Martins

Prefácio do Ministro Dias Toffoli

GZ
EDITORA

Rio de Janeiro
2024

1ª edição – 2024





Diagramação: *Olga Martins*

**CIP-BRASIL. CATALOGAÇÃO NA PUBLICAÇÃO**
**SINDICATO NACIONAL DOS EDITORES DE LIVROS, RJ**

D635

Direito federal interpretado : estudos em homenagem ao ministro Humberto Martins / coordenação Otavio Luiz Rodrigues Jr., Jadson Santana de Sousa ; prefácio do ministro Dias Toffoli. - 1. ed. - Rio de Janeiro : GZ, 2024.
1060 p. ; 24 cm.

Inclui bibliografia e índice
ISBN 978-65-5813-115-1

1. Martins, Humberto Eustáquio Soares. 2. Direito - Brasil. I. Rodrigues Jr., Otavio Luiz. II. Sousa, Jadson Santana de. III. Toffoli, Dias.

24-93272

CDU: 340

Gabriela Faray Ferreira Lopes - Bibliotecária - CRB-7/6643

12/08/2024 14/08/2024



contato@editoragz.com.br
www.editoragz.com.br
Estrada do Capuava, nº 1325 - Box Q - CEP 06715-410
Bairro Barro Branco - Município de Cotia - SP
Tels.: (0XX21) 99585-0737 / 99755-0737

Impresso no Brasil
*Printed in Brazil*

# PREFÁCIO

Humildade e lealdade. Se fosse necessário definir Humberto Martins com duas palavras, eu empregaria essas duas. Em um universo como é o jurídico, tão marcado por vaidades e disputas liliputianas, de fazer corar as personagens de *"As viagens de Gulliver"*, de Jonathan Swift, encontrar uma autoridade pública dotada dessas qualidades simultaneamente é algo digno de enaltecimento. Não que tais atributos inexistam ou sejam raros, eles são mais comuns do que se imagina. Mas, no caso de Humberto Martins, são poucos os que os exibem sem complexos e sem receios. Uma pessoa verdadeira e fiel a seus valores ancestrais, recebidos de seus antepassados da pequena e grande Alagoas, eis a provável razão de ser da singular personalidade desse ministro e ex-presidente do Superior Tribunal de Justiça.

Ao receber o muito honroso convite para prefaciar este *liber amicorum*, organizado pelo professor Otavio Luiz Rodrigues Jr. e por Jadson Santana de Souza, com a orientação firme do ministro Roberto Rosas, senti-me imerso em um sentimento de profunda alegria. Não é ignorada a amizade e a fraternidade que me unem a Humberto Martins. Trabalhamos juntos no Conselho Nacional de Justiça e, mesmo antes ou depois desse período, sempre tive as melhores impressões sobre o magistrado, o ser humano e o gestor público Humberto Martins.

Creio ser desnecessário relembrar aqui sua sólida trajetória profissional. Graduado em Direito pela Universidade Federal de Alagoas, instituição na qual exerceu a docência universitária, Humberto Martins foi procurador do Estado e promotor de Justiça em seu Estado natal. Presidiu a Seccional da Ordem dos Advogados do Brasil alagoana e, posteriormente, pelo quinto constitucional, foi nomeado para o cargo de desembargador do Tribunal de Justiça de Alagoas. Desde 2006, integra os quadros do Superior Tribunal de Justiça, cuja presidência exerceu entre 2020 e 2022. Foi, ainda, Corregedor Nacional da Justiça e é autor de dezenas de livros, capítulos de livros e artigos em periódicos científicos, integrando o conselho editorial de importante revistas nacionais e internacionais, como a *Revista de Direito Civil Contemporâneo*, da *ThomsonReuters*.

Todos esses títulos acadêmicos e profissionais podem ser objeto de referências elogiosas. O essencial, contudo, está na forma como Humberto Martins conduziu-se à frente desses importantes cargos públicos. E, para isso, atento à sua condição de um crente fiel, que sempre se declarou um pecador abençoado permanentemente pela infinita misericórdia de Deus, posso afirmar que o homenageado tem, em sua vida, a melhor expressão da Parábola dos Talentos (São Mateus XXV:14-30). Ele, ao receber os talentos, não os enterrou e escondeu. Humberto Martins teve a coragem e a destreza em fazer bom uso dos talentos que lhe foram confiados pelo Senhor.

Embora seu credo baseie-se na justificação pela fé (*sola fide*, de Martinho Lutero) e não pelas obras, também aprendi, nesse convívio de quase 20 anos, que Humberto Martins é capaz de assimilar com generosidade os ensinamentos de São Tiago (II:17, 24-26), em sua Epístola, quando o apóstolo questionou a fé sem as obras. O ministro é um homem de grande fé, mas deixou em sua trajetória um acervo portentoso de obras.

Em seu Gabinete, como diversas vezes já me relatou o Professor Otavio Luiz Rodrigues Jr., Humberto Martins alcançou notáveis indicadores de gestão, produtividade e eficiência. Campeão em resolutividade processual, exímio administrador de pessoas (a mais difícil das artes) e um líder respeitado por seus magistrados auxiliares, assessores e serventuários, o ministro sempre manteve um dos mais baixos níveis de acervo do Superior Tribunal de Justiça. É dele a famosa exortação aos integrantes de seu Gabinete: "Produção, muita produção. Mas sempre com qualidade!".

Por efeito dessa difícil combinação entre *qualidade* e *produção*, Humberto Martins relatou processos de relevância para o Direito Público brasileiro e, nos últimos anos, após a assunção de funções na Segunda Seção do STJ, também no Direito Privado. Em áreas tão distintas como o Direito do Consumidor e o Direito Administrativo, os votos de Humberto Martins tem sido referência para a doutrina e os demais órgãos do Poder Judiciário. O futuro presidente do STJ, o amigo ministro Hermann Benjamin, que dividiu por muito tempo a bancada da Primeira Seção com Humberto Martins, já disse publicamente da importância de seu colega para a construção de uma jurisprudência moderna e socialmente engajada no Direito do Consumidor.

Extremamente cauteloso em relação a causas de interesse público, Humberto Martins foi um gestor público notável na presidência do STJ e como Corregedor Nacional da Justiça. Em ambas as funções, especialmente a última, tivemos um nível de interação muito elevado. O espírito público de Humberto Martins, que sucedeu a outro grande presidente, o também amigo João Otávio de Noronha, foi demonstrado em situações de enorme delicadeza política. Nas relações com o Congresso Nacional, o ministro Humberto foi um elemento essencial para distensionar as crises e aprovar pautas essenciais ao Poder Judiciário.

Na pandemia de Covid-19, como presidente do STJ, o homenageado tomou decisões difíceis para assegurar o fornecimento de vacinas, a continuidade dos serviços públicos e o estrito cumprimento das atividades de prestação jurisdicional pelos magistrados. Ele comparecia de modo diário e presencialmente ao STJ, dando o exemplo pessoal de austeridade e respeito à cidadania. Tais posturas servem para realçar outro traço de sua personalidade: sua rigidez quanto à legalidade administrativa conjuga-se com um senso de profundo respeito à dignidade pessoal, especialmente aos mais humildes.

As palavras que inauguraram este prefácio estão bem justificadas pelos fatos e pelas circunstâncias narradas até este momento. São poucos os magistrados, a quem é ainda dado servir como gestor público, com tantas competências e habilidades para o ofício constitucional ao qual foi cometido Humberto Martins.

Outra característica digna de referência está na visão constitucional de Humberto Martins em relação à advocacia. Tratamento digno, audiências permanentemente marcadas de modo pontual, respeito e apoio às pautas da Ordem dos Advogados do Brasil e uma finíssima habilidade em conciliar visões diferentes sobre problemas comuns a todos os que fazem o sistema de Justiça.

Como símbolo de tantos serviços prestados na magistratura e nas instituições de Justiça, além de seus vínculos na universidade e na advocacia, esta obra em homenagem é composta por um número impressionante de autoras e autores, ao exemplo dos ministros Luiz Fux (STF) e Carlos Mário da Silva Velloso (STF), além do capítulos escritos, de modo autoral ou em coautoria, por seus colegas de STJ, a começar pela presidente Maria Thereza de Assis Moura, em colaboração com Márcia Maria Francisco Franco, uma grande ministra, que teve o privilégio de suceder a Humberto Martins. Ainda de seu tribunal, emprestaram seu brilho à obra Luís Felipe Salomão (STJ), em coautoria com Luciano Oliveira de Moraes; Mauro Campbell Marques; Antonio Carlos Ferreira, que escreve em coautoria com Otavio Luiz Rodrigues Jr. (USP) e com o desembargador Carlos von Adamek (TJSP) Benedito Gonçalves (STJ) e Camile Sabino Bezerra Corrêa; Paulo Dias de Moura Ribeiro (STJ); Reynaldo Soares da Fonseca (STJ); Marcelo Navarro Ribeiro Dantas (STJ) e Thiago e Lucena Motta; Regina Helena Costa (STJ); Messod Azulay Neto (STJ); Afrânio Vilela (STJ); Teodoro Silva Santos (STJ); Cesar Asfor Rocha (STJ); e Jorge Mussi (STJ) e Francisco Yukio Hayashi.

Do Congresso Nacional, tem-se capítulo escrito pelo deputado federal Vilmar Rocha (PSD-GO).

O Conselho Nacional de Justiça fez-representar pelo conselheiro Luiz Fernando Bandeira de Mello Filho, além do ex-conselheiro Marcio Luiz Coelho de Freitas.

O Conselho Nacional do Ministério Público contou com a participação de Engels Augusto Muniz e do ex-conselheiro Otavio Luiz Rodrigues Jr., professor de Direito Civil da Faculdade de Direito da Universidade de São Paulo e conselheiro nacional da Educação.

O ex-ministro do TSE, Carlos Eduardo Caputo Bastos, também se uniu a esse conjunto notável de autores deste *liber amicorum*.

Do Tribunal de Contas da União, o ministro e ex-senador Antonio Anastasia e o ministro Jorge Oliveira, em coautoria com Emerson Cesar da Silva Gomes, ofereceram contribuições inéditas para o livro.

O ministro-chefe da Advocacia-Geral da União, Jorge Messias, em texto escrito com Marcelo Eugênio Feitosa Almeida, é outro nome de destaque da obra.

O presidente do Conselho Federal da Ordem dos Advogados do Brasil, Dr. José Alberto Simonetti, em coautoria com Sara de Assis, uniu-se aos antigos bastonários Marcus Vinicius Furtado Coêlho e José Roberto Batochio para demonstrar o elevado apreço da classe ao homenageado. A eles integram-se o eterno conselheiro federal da OAB, Sergio Ferraz; Antonio Claudio Mariz de Oliveira e Rui Celso Reali Fragoso (IASP), outros relevantes profissionais da advocacia.

Do universo acadêmico, há nomes como José Rogério Cruz e Tucci (USP); Flávio Luiz Yarshell (USP); Renato de Mello Jorge Silveira (USP); Paulo Henrique dos Santos Lucon (USP); Gustavo Tepedino (UERJ) e Danielle Tavares Peçanha; Flavio Galdino (UERJ); José Roberto de Castro Neves (UERJ); Fabio Ulhoa Coelho (PUC-SP); Daniel Carnio (PUC-SP); Alexandre Veronese (UnB) e Eduarda Costa Almeida; e Melina Girardi Fachin (UFPR) e Letícia Porto Nosaki. Unindo-se a eles os respeitados doutrinadores Sílvio de Salvo Venosa, desembargador aposentado do TJSP, e Marçal Justen Filho, este último em coautoria com Nicole Mendes Müller.

Da magistratura de segundo e primeiro graus, Eduardo Martins (TRF-1), que orgulha a trajetória de seu pai agora como desembargador federal; o desembargador Nilson Castelo Branco (TJBA), amigo de longa data do homenageado; os desembargadores Fernando Cerqueira Norberto dos Santos (TJAL) e Fernando Tourinho (TJAL), ao lado de Alberto Jorge Correia de Barros Lima, que trazem a palavra de homenagem de seu tribunal de origem; o desembargador Ricardo de Oliveira Paes Barreto (TJPE) e o juiz de Direito Alexandre Chini (TJRJ); além do juiz federal Fernando Cesar Baptista de Mattos (JF-ES). Os três últimos integrantes do corpo de magistrados convocados para o STJ.

A relação de autores é efetivamente expressiva e ainda se compõe de Karina Nathércia (AGU); Elias Marques de Medeiros Neto; Eduarda Chacon Rosas e Rodrigo de Medeiros Rosas, ilustres e respeitados advogados em Brasília; Jadson Santana de Sousa, assessor do homenageado e um dos coordenadores desta obra; Patrícia Cândido Alves Ferreira, assessora de Humberto Martins há mais de década; Daniel Martins Carneiro; Rodrigo Fux, credenciado advogado no Rio de Janeiro e Brasília; e Luiz Krassuski.

Ao humilde e leal, Humberto Martins, o reconhecimento e a amizade de um admirador sincero.

Brasília, 17 de julho de 2024.

*Dias Toffoli*

Ministro e ex-presidente do Supremo Tribunal Federal e do Conselho Nacional de Justiça

## Humberto Martins – ser diferenciado

*Roberto Rosas*

Descrever o perfil humano é muito complexo diante das várias condicionantes e situações desse ser, com suas pressões, estímulos, vitórias, derrotas, azares e sortes, mas não é impossível diante do convívio ou de informações sobre essa pessoa.

Falar de Humberto Martins vai fundo no seu rincão alagoano, na terra gloriosa do poeta Jorge de Lima (Essa negra fulô), do cineasta Cacá Diegues, no futebol de Zagalo, o autor Paulo Gracindo (o alagoano nascido no Rio), e porque na nossa seara - o grande Pontes de Miranda, orgulho daquela terra e do mundo jurídico brasileiro, e o agitador das letras - Graciliano Ramos.

Forra-lhe a convivência com o culto adventista numa catequese quase diária de vida e de comportamento.

Certamente seria um craque no futebol no CRA, não fosse o o mundo jurídico.

Ao advogado foram oferecidas peleja e lutas, que levou para a presidência da OAB/Alagoas, sempre lhamo e cordato como no Sermão da Montanha - onde estiver o tesouro de alguém, ali estará o seu coração, mas é movimentado, lutador, até muito, segura-lhe a Santa Rita de Cassia, ao seu lado.

Foi ao Tribunal de Justiça de Alagoas, mas sua inquietude jogou-o nos limites brasilienses do Superior Tribunal de Justiça, grande ouvinte, com sagacidade e sabedoria. Atencioso e receptivo, com grande paciência, especialmente com os advogados, porque como Drumond - sob a pose das palavras há cifras e código. Cultor do bom humor réu do interlocutor que lhe perguntou - qual a sua profissão? Sou Juiz! E ele volta - quando largou o apito?

Humberto Martins procura o bem, e fez o melhor, porque segue as pegadas de Machado de Assis no memorial de Ayres - só se faz bem o que se faz com amor.

Humberto Martins é do bem, só está ao lado das boas causas, tal qual no poema Bons amigos de Machado de Assis - há pessoas que choram por saber que as rosas tem espinhos/ há outras que sorriem por saber que os espinhos tem rosas. Humberto Martins tem um caminho cheio de flores, rosas sobre os espinhos, que Humberto Martins afasta para sentir o perfume da flor, e ser feliz.

Esta homenagem é perfeita por ser humano útil e produtivo para o bem do mundo jurídico e da sociedade, um mar de virtudes, como quer Djavan:

**"Meu bem querer é segredo, é sagrado**
**Está sacramentado em meu coração**
**Meu bem querer, tem um quê de pecado**
**Acariciado pela emoção."**

# CURRÍCULO RESUMIDO

## MINISTRO HUMBERTO EUSTÁQUIO SOARES MARTINS

- Bacharel em Direito pela Universidade Federal de Alagoas - UFAL, tendo colado grau em julho de 1979.
- Bacharel em Administração de Empresas pelo Centro de Estudos Superiores de Maceió - CESMAC, tendo colado grau em janeiro de 1980.

## FUNÇÕES ATUAIS

- Ministro do Superior Tribunal de Justiça desde 14/6/2006.

## PRINCIPAIS ATIVIDADES EXERCIDAS

### MINISTÉRIO PÚBLICO:

- Promotor de Justiça Adjunto, na Comarca de União dos Palmares, Estado de Alagoas, no período de 1979/1982.

### ATIVIDADES NA ADVOCACIA:

- Presidente da OAB/AL, triênio 1998/2000; reeleito para o triênio 2001/2003.

### PODER EXECUTIVO:

- Procurador do Estado de Alagoas, 1982/2002.
- Subprocurador-Geral do Estado de Alagoas, por ato do Excelentíssimo Senhor Governador do Estado de Alagoas, 1989/1990.
- Presidente da Associação dos Procuradores do Estado de Alagoas, 1992/1994.

### MAGISTÉRIO:

- Professor da Universidade Federal de Alagoas - UFAL (julho de 1992 a junho de 2006).

### MAGISTRATURA:

- Desembargador do TJ/AL pelo Quinto Constitucional.
- Presidente da Comissão de Jurisprudência do STJ.
- Ministro Substituto do Tribunal Superior Eleitoral.
- Ouvidor do Superior Tribunal de Justiça.
- Presidente da Comissão de Coordenação do STJ.
- Presidente da Segunda Turma do STJ.

- Presidente da Primeira Seção do STJ.
- Presidente da Terceira Turma do STJ.
- Corregedor-Geral da Justiça Federal.
- Diretor do Centro de Estudos Judiciários do CJF.
- Presidente da TNU (Turma Nacional de Uniformização dos Juizados Especiais Federais).
- Diretor-Geral da Escola Nacional de Formação e Aperfeiçoamento de Magistrados Sálvio de Figueiredo Teixeira – ENFAM.
- Vice-Presidente do Superior Tribunal de Justiça – STJ.
- Ministro Corregedor Nacional de Justiça no biênio 2018/2020.
- Presidente do Superior Tribunal de Justiça e do Conselho da Justiça Federal no biênio de 2020/2022.

# SUMÁRIO

# A Experiência do Banco Nacional de Precedentes

## *Diálogo Institucional entre os Tribunais Superiores*

*Luiz Fux*[1]

## INTRODUÇÃO

Um dos grandes objetivos da Comissão de Juristas, que tive a honra de presidir, responsável pela elaboração do anteprojeto do Código de Processo Civil de 2015 (CPC/2015), fora a implantação, no Brasil, de uma *cultura* de precedentes judiciais.

Deveras, no decorrer da construção do novel diploma, foi possível perceber a introjeção dessa cultura a partir de, pelo menos, *três momentos*. Em primeiro lugar, quando se estabeleceu que a decisão judicial não será considerada fundamentada caso deixe de seguir o precedente invocado pela parte, sem demonstrar a existência de elementos que autorizem a sua distinção (*distinguishing*) em relação ao caso concreto, ou, então, que não sejam capazes de indicar a superação (*overruling*) daquele entendimento pretérito (art. 489, § 1º, VI do CPC/2015).

Em segundo lugar, quando se fixou que, nas decisões judiciais, tampouco é possível invocar determinado precedente sem explicar as razões para se concluir que o caso concreto analisado se amolda às balizas jurídicas nele estabelecidas (art. 489, § 1º, V do CPC/2015).

E, em terceiro lugar, quando fez-se opção por determinar que os tribunais divulguem amplamente as teses por estes fixadas, organizando-as de acordo com as questões jurídicas decididas. Criavam-se, desse modo, instrumentos capazes de instaurar uma sólida cultura de precedentes (art. 927, especialmente no § 5º, do CPC/2015).

Destarte, à luz de tais mudanças, corroborava-se com a tendência de constante mutação dos sistemas jurídicos observada por Cesare Vivante, quando enunciava: *Altro Tempo, Altro Diritto*. Para a consolidação deste

1 Ministro do Supremo Tribunal Federal (STF). Ex-Presidente do Tribunal Superior Eleitoral (TSE). Ex-Ministro do Superior Tribunal de Justiça (STJ). Professor Titular de Direito Processual Civil da Universidade do Estado do Rio de Janeiro (UERJ). Doutor e Livre-Docente em Direito Processual Civil pela Universidade do Estado do Rio de Janeiro (UERJ). Membro da Academia Brasileira de Letras Jurídicas. Membro da Academia Brasileira de Filosofia.

novo direcionamento no processo civil brasileiro, urgia a adoção de uma eficiente política judiciária de gestão de precedentes, exigindo o monitoramento dos entendimentos recorrentes dos tribunais e a atuação constante das informações referentes à repetição de processos judiciais, com temas jurídicos ou quadros fáticos semelhantes.

Anos depois, já imbuídos de tais ideais, quando da nossa gestão na Presidência do Supremo Tribunal Federal (STF) e do Conselho Nacional de Justiça (CNJ), buscamos ampliar o nosso diálogo institucional com o Superior Tribunal de Justiça (STJ) – ainda sob a ilustre gestão do Ministro Humberto Martins[2], a quem homenageamos, com desvanecimento, nesta obra – e demais tribunais superiores, reconhecendo a importância do envidamento de esforços para firmar a unidade do sistema judiciário brasileiro. Como resultado deste compromisso, editamos uma resolução que instituiu o Banco Nacional de Precedentes (BNP), assinada, conjuntamente, pelo CNJ, STF e STJ, além do Tribunal Superior do Trabalho (TST), Tribunal Superior Eleitoral (TSE) e Superior Tribunal Militar (STM), bem como um termo de cooperação técnica para a ampliação e fortalecimento desta iniciativa.

Na esteira do diagnóstico formulado nos estudos seminais do Professor Roberto Rosas, há mais de duas décadas, em seu *Direito Sumular,* atribuiu-se "à escassez de informações, a dificuldade na divulgação das decisões dos tribunais e, muitas vezes, à divergência entre julgados sobre a mesma tese e, às vezes, sobre os mesmos fatos. Acreditamos que o mundo informático melhorou essa difusão, e o acesso é expressivo nos mais longínquos rincões."[3]

O Banco Nacional de Precedentes, nesse sentido, surge como medida necessária para imprimir funcionalidade à mencionada gestão de precedentes no Brasil, a partir da ampla colaboração entre as Cortes, atuando de forma coordenada para zelar pela uniformidade, estabilidade, integridade e coerência da jurisprudência, conforme impõe o art. 926 do Código de Processo Civil de 2015.

Considerando o caráter imprescindível dessas ações ao bom funcionamento do Poder Judiciário, o presente artigo busca refletir sobre tais contribuições para a eficiência da prestação jurisdicional, por meio

2 Vale o registro: em 10/05/2022, conforme será abordado adiante, tive a honra de assinar, juntamente com S. Exa., um termo de cooperação técnica para a ampliação e a consolidação do Banco Nacional de Precedentes (BNP).

3 ROSAS, Roberto. Direito sumular. 11ª ed. São Paulo: Malheiros, 2002, p. 7.

da garantia da segurança jurídica e isonomia na aplicação de teses jurídicas fixadas pelos tribunais.

Nessa linha, procuraremos abordar, inicialmente, (i) a geração do sistema brasileiro de precedentes no âmbito do CPC/2015; posteriormente, (ii) a construção colaborativa de uma política judiciária no Supremo Tribunal Federal e no Conselho Nacional de Justiça ao lado dos demais tribunais; e, por fim, (iii) a inserção da gestão de precedentes nessa agenda, para o desenvolvimento de tecnologias de suporte com vistas ao seu aperfeiçoamento, tendo como grande exemplo o Banco Nacional de Precedentes.

## 1. O SISTEMA DE PRECEDENTES NO CÓDIGO DE PROCESSO CIVIL DE 2015

No segundo quartel do século passado, o Professor Giuseppe Chiovenda vaticinava que evolução do processo civil restaria por unir as famílias do *civil law* e do *common law*, permitindo uma interação capaz de institutos de um sistema serem úteis ao outro. Aliás, ao longo das últimas décadas, os sistemas romano-germânico e anglo-saxônico vêm se interpenetrando.

Assim é que o Brasil, país de tradição legalista, propende cada vez mais para a utilização dos precedentes judiciais característicos do sistema anglo-saxônico, como regra apta a realizar a isonomia jurisdicional; ao passo que a Inglaterra desde 1999, país de tradição dos precedentes, adotou um complexo Código de Processo Civil (*Rules of Civil Procedure*).[4]

Deveras, na experiência brasileira, a partir dos trabalhos da já mencionada Comissão de Juristas que elaborou o anteprojeto do Código de Processo Civil de 2015, esse propósito foi internalizado, tendo sido adotados os seguintes objetivos:

1) "estabelecer expressa e implicitamente verdadeira sintonia fina com a Constituição Federal";

2) "criar condições para que o juiz possa proferir decisão de forma mais rente à realidade fática subjacente à causa";

3) "simplificar, resolvendo problemas e reduzindo a complexidade de subsistemas, como, por exemplo, o recursal";

4 FUX, Luiz. Novo Código de Processo Civil temático. 2 ed. São Paulo: Editora Mackenzie, 2015, p. 19.

4) "dar todo o rendimento possível a cada processo em si mesmo considerado"; e,

5) "finalmente, sendo talvez este último objetivo parcialmente alcançado pela realização daqueles mencionados antes, imprimir maior grau de organicidade ao sistema, dando-lhe, assim, mais coesão".[5]

Diante de tais premissas, foi elaborado um diploma legislativo que apelidamos de "código da sociedade brasileira", porquanto foram atendidas 80% das sugestões sociais em sua tramitação.

Consectariamente, a Comissão de Juristas chegou à conclusão de que haveria três cernes importantíssimos a serem trabalhados na estrutura do Código:

1) O *neoconstitucionalismo*: o novo CPC passou a contemplar, pela primeira vez na história, uma parte geral, garantindo a observância normas fundamentais do processo e dos princípios constitucionais em sua aplicação;

2) A aplicação da *Análise Econômica do Direito*: era necessário adaptar o sistema processual com base nessa nova escola do pensamento jurídico, que preconiza a utilização dos conceitos econômicos no Direito, notadamente a eficiência;

3) A adoção de institutos do *common law*: constatou-se a necessidade de evolução do sistema jurídico brasileiro, antes baseado na Justiça e na Moral, para os ideais dos sistemas anglo-saxônicos, que tinham como paradigmas a Justiça e a Razão, preconizando a utilização parâmetros objetivos para a uniformização do ordenamento jurídico.

Passamos, entretanto, a adaptar a nossa aplicação do primado da racionalidade: enquanto no direito anglo-saxônico, a adesão a um precedente tem um amplo âmbito de aplicação, por acreditar-se que nenhuma causa seja tão distinta de outra que não seja possível aplicar entendimentos pretéritos; no Brasil, utilizamos, com os nossos precedentes, a fixação de teses jurídicas, como forma de garantir estabilidade às decisões judiciais.

5 BRASIL. Anteprojeto do novo Código de Processo Civil. Brasília: Senado Federal, Presidência, 2010, p. 23.

Um interessante exemplo dos reflexos desse movimento internacional de adaptação, na adoção da racionalidade na uniformização de teses e julgamentos, é o caso do Estado de Delaware, nos Estados Unidos da América.

Segundo a *Forbes Advisor*, estima-se que a razão pela qual as maiores empresas do mundo incorporam-se em Delaware é, justamente, a estabilidade do sistema de justiça, em razão da força de seus precedentes, o que estimula a diminuição do nível de litigiosidade.[6]

Voltando-nos à realidade brasileira, estudada à luz da experiência estrangeira, no bojo de recente artigo escrito em coautoria com o Desembargador Aluisio Gonçalves de Castro Mendes e o Professor Rodrigo Fux, classificamos 11 características principais do sistema de precedentes no Brasil:

1) A manifestação do princípio da legalidade;
2) A conjugação de normais processuais e normas de gestão de precedentes;
3) Competência qualificada dos órgãos uniformizadores;
4) Incorporação de instrumentos previamente utilizados;
5) Fixação de procedimentos específicos para o estabelecimento de precedentes;
6) Facilidade na identificação da tese vinculante;
7) A determinação de ampla publicidade aos precedentes;
8) A suspensão de processos similares quando o caso paradigma estiver sendo decidido;
9) Prazos determinados para decisão sobre precedentes vinculantes;
10) A fixação de procedimentos para a aplicação de precedentes;
11) A fixação de procedimentos para os casos de afastamento dos precedentes.[7]

6 "Delaware has well-developed and predictable legal precedents that may benefit corporations. While the average civil lawsuit may take a number of years to resolve, Delaware's use of judges instead of juries and prioritization of corporate-related cases means similar cases can be decided more quickly.". FORBES ADVISOR. CRAIL, Chauncey; WATTS, Rob; HASKINS, Jane. Why incorporate in Delaware? benefits & considerations. 3 jun. 2023. Disponível em: https://www.forbes.com/advisor/business/incorporating-in-delaware/.

7 FUX, Luiz; MENDES, Aluisio Gonçalves de Castro; FUX, Rodrigo. Sistema brasileiro de precedentes: principais características e desafios. In: Revista Eletrônica de Direito Processual – REDP, a. 16, vol. 23, nº 3, set.-dez./2022.

Entendemos, na época, que a obediência aos precedentes estava implícita na própria Constituição Federal, porquanto notório (i) o escalonamento hierárquico do Poder Judiciário e (ii) a necessidade de garantia de dois valores fundamentais: a isonomia no tratamento de todos e a segurança jurídica.

Assim, alicerçada a finalidade de consolidação do sistema de precedentes no Brasil, afirmamos que a implementação de instrumentos para a sua gestão é uma demonstração do comprometimento com as boas práticas no Poder Judiciário: seja na seara quantitativa, mercê de dirimir as lides em uma duração razoável e de reduzir o número de processos repetitivos em tramitação, seja na dimensão qualitativa, ao conferir maior estabilidade no julgamento de casos concretos.

Essa atuação auxilia na diminuição da taxa de retratações, sem, contudo, diminuir a atenção do magistrado às particularidades factuais e jurídicas nos processos analisados.

A necessidade de concretização dessas demandas ensejou a criação do Banco Nacional de Precedentes, que representa o emprego dos esforços de Cortes como o Supremo Tribunal Federal e o Superior Tribunal de Justiça, a fim de direcionar suas atividades em torno das suas vocações institucionais: de guardar, respectivamente, a força normativa da Constituição de 1988, e do ordenamento infraconstitucional, por meio de decisões atinentes a questões de envergadura, uniformizadas a partir da fixação de teses jurídicas. [8] Vejamos, então, os contornos teóricos e práticas que envolveram a sua concepção.

## 2. O BANCO NACIONAL DE PRECEDENTES

Reforçando as bases teóricas acima traçadas, anotamos, incialmente, que a interpretação das normas jurídicas não pode estacionar no tempo; tampouco pode se curvar ao primeiro sinal de complexidade. Há muito tempo, superou-se a crença de que o julgador, investido na figura de Estado-juiz, deveria atuar como mero instrumento de vocalização da lei.

---

8 Cf. FUX, Luiz. Cortes constitucionais e democracia: o Supremo Tribunal Federal sob a Constituição de 1988. In: TOFFOLI, José Antonio Dias (Org.). 30 anos da Constituição brasileira: democracia, direitos fundamentais e instituições. Rio de Janeiro: Forense, 2018; ALVIM, Arruda. A alta função jurisdicional do Superior Tribunal de Justiça no âmbito do recurso especial e a relevância das questões. In: STJ 10 anos: obra comemorativa 1989 - 1999. - Brasília: Superior Tribunal de Justiça, 1999.

Na atualidade, valoriza-se a sensibilidade[9] do juiz defronte conceitos indeterminados e normas plurissignificativas. Por outro lado, a atividade judicial *criativa* deve ser limitada - como todo o Poder emanado do Estado de Direito. [10]

Nessa posição ponderada, espera-se do membro do Poder Judiciário que identifique as possibilidades interpretativas do texto legal; e que considere aspectos pragmáticos, a exemplo da efetividade do provimento jurisdicional.

Para a sistemática brasileira - repita-se - todos esses imperativos de moralidade política atinentes ao Poder Judiciário são reforçados pelo CPC de 2015, que prevê o dever dos tribunais de atuar na promoção dos já mencionados valores estabelecidos nos seus arts. 926 e 927, impondo sua integral observância.

Diante da exigência da formulação de mecanismos que auxiliassem no cumprimento de tais ditames, surgiu, gradualmente, a ideia do Banco Nacional de Precedentes. A primeira providência veio com a publicação da Portaria nº 240, de 04 de novembro de 2020, pelo Conselho Nacional de Justiça - CNJ.

O ato convocatório visava a formação de equipe altamente qualificada, com as seguintes incumbências:

1) discutir o rito incidental de afetação de processo para a formação de precedente;

2) estudar meios de conferir maior publicidade e, consequentemente, maior efetividade para os precedentes; e

3) criar estruturas de incentivo para a integração entre os tribunais.

A composição daí resultante atendeu ao ideal de pluralidade, dadas a cooperação entre magistrados de todas as instâncias; e a participação do Ministério Público, dos Conselheiros e de renomados doutrinadores.

Em 23 de novembro de 2021, o Grupo de Trabalho apresentou a minuta de ato normativo que traçava os primeiros contornos dessa iniciativa. Destacou-se, naquele contexto, a previsão sobre o monitoramento

9 CALAMANDREI, Piero. Elogio dei giudici scritto da un avvocato. Firenze: Le Monnier-firenze, 1959.

10 CAPPELLETTI, Mauro. Juízes Legisladores? Trad. Carlos Alberto Alvaro de Oliveira. Porto Alegre: Sergio Antonio Fabris, 1993, p. 17 e seguintes.

das demandas repetitivas e dos precedentes obrigatórios, com o encaminhamento da criação de um novo banco de dados, em que se compartilhassem os dados de tramitação dos recursos afetados.

Em fevereiro de 2022, o Plenário do Conselho Nacional de Justiça, enfim, aprovou o texto da Resolução de nº 444, que *"institui o Banco Nacional de Precedentes (BNP) para consulta e divulgação por órgãos e pelo público em geral de precedentes judiciais, com ênfase nos pronunciamentos judiciais listados no art. 927 do Código de Processo Civil em todas as suas fases processuais"*.

Sob o crivo da Tecnologia da Informação (TI), a Resolução CNJ 444/2022 determinou a centralização e a organização dos dados textuais de milhares de decisões judiciais em um único banco. Esse trabalho de estruturação dos dados não pode passar desapercebido, pois viabiliza a análise de *big data* e o aprendizado de máquina *(machine learning)*.

Deveras, estabeleceu-se que, "para permitir a padronização, a organização e o controle dos recursos representativos da controvérsia encaminhados aos tribunais superiores", além da Turma Nacional de Uniformização dos juizados especiais federais, deveriam ser criados grupos de representativos (GR), ou seja, o conjunto de processos enviados a esses tribunais, ordenando-os de acordo com "um número sequencial e descrição da questão jurídica discutida", que "servirá de controle para os processos em virtude dele sobrestados no âmbito de cada tribunal" (art. 5º, caput e §2º, da Resolução 444/2022).

Sob a perspectiva dos cidadãos-usuários, foi garantido um *link* de livre acesso, de tal modo que a popularização do Banco Nacional de Precedentes dependerá, em boa medida, de uma infraestrutura de navegação simples e intuitiva.

A consulta unificada de precedentes se demonstrou também atrativa para a classe da advocacia, que poderá pesquisar uma amostragem maior, em menos tempo. O jurisdicionado foi igualmente beneficiado pela plataforma, por exemplo, quando for parte de ação judicial sobrestada por Índice de Resolução de Demandas Repetitivas (IRDR), Repercussão Geral, recursos repetitivos e afins.

Consoante a análise econômica aplicada ao processo civil, o conhecimento sobre a jurisprudência e os precedentes é um trunfo para o sujeito do processo, que se torna mais preparado para calcular os custos do litígio – e, principalmente, para não deduzir em juízo pretensão absolutamente contrária a precedente qualificado.

Em sentido convergente, William Landes e Richard Posner caracterizam a jurisprudência como um *estoque de capital que gera saldo positivo para as futuras decisões do Judiciário.*[11] Pela analogia dos renomados Professores, o precedente continuaria a gerar valor com o passar do tempo, graças ao efeito de dissuadir o ajuizamento de novas demandas.

Outra interessante abordagem sobre a aprovação do Banco Nacional de Precedentes remete à sua contextualização em vista de um fenômeno maior, que lhe abrange. O cenário é pertinente com o protagonismo digital do Poder Judiciário.

Prova disso é a alocação de servidores em função de desenvolvimento e de inovação tecnológica, como já se observa no Laboratório de Inovação do Supremo Tribunal Federal (Inova STF), por meio do qual o Tribunal se tornou a primeira Corte Constitucional 100% digital do mundo. Os produtos e os serviços de tecnologia têm despontado como facilitadores para a gestão de acervo e para a tramitação mais célere dos feitos.

A medida pertence, portanto, ao eficiente aparato de políticas de gestão de dados do Conselho Nacional de Justiça, responsável por inestimáveis préstimos ao Poder Judiciário brasileiro.

A título histórico, vale registrar que antecedeu o Banco Nacional de Precedentes outra importante política judiciária, o Banco Nacional de Dados sobre Demandas Repetitivas e Precedentes Obrigatórios (BNPR), que foi instituído pela Resolução nº 235, de 13/7/2016. Em menos de 1 (um) ano após a implementação desse Banco Nacional de Dados, o Conselho Nacional de Justiça noticiou, em 23/5/2017, que a aludida base de dados já possuía mais de 2.000 (duas mil) entradas.

Não se pode perder de vista a dimensão do conjunto de informações reunidas pelo BNPR (2016-presente), qual seja, todos os IRDRs, IACs e Recursos Repetitivos, inspirando a atribuição de transparência ao contingente de processos sobrestados nos Tribunais de Origem. *Tais fatores foram essenciais para definição do escopo, já em 2022, do Banco Nacional de Precedentes, visando esclarecer quais são as estatísticas e as correlações mais evidentes para os jurisdicionados e aplicadores do Direito.*

11 LANDES, William M.; POSNER, Richard A. Legal Precedent: A Theoretical and Empirical Analysis, In: 19 The Journal of Law & Economics 249, 1976.

Nesse caso, são alguns enfoques possíveis:

1) dar maior visibilidade aos precedentes qualificados, exarados por STJ e STF;

2) facilitar a consulta aos IRDRs e de IACs, representativos de questões de direito regionais e locais; e

3) implementar mais variáveis, para rastrear a tramitação dos incidentes e/ou dos processos afetados.

O Grupo de Trabalho responsável pela concepção do BNP optou pela dimensão estatística da base de dados (trabalhando com mais 'volume', e menor 'detalhamento'). A diretriz foi a de *ampliação*:

1) ampliação do acesso à base de dados mediante interfaces *user-friendly* para cidadãos, advogados e magistrados; e

2) ampliação das fontes para a alimentação da base de dados, com a integração aos sistemas informativos dos tribunais.

Além da consecução das metas da Estratégia Nacional 2021-2026, a Alta Administração do CNJ pautou-se por uma especial tríade de valores na condução de seus projetos de TI – *gestão de dados/execução prioritária/integração nacional.*

Consectariamente, como já ilustrado anteriormente, fora assinado, em 10/05/2022, o Termo de Cooperação 020/2022, pelo Conselho Nacional de Justiça, o Supremo Tribunal Federal, o Superior Tribunal de Justiça, o Tribunal Superior Eleitoral, o Superior Tribunal Militar e o Tribunal Superior do Trabalho, com vistas à ampliação e consolidação do Banco Nacional de Precedentes, comprometendo-se, os tribunais, a:

a) "alimentar o BNP com a padronização e as informações previstas nos atos publicados pela Presidência do CNJ";

b) "zelar pela criação de grupo de representativos (GR) para permitir a padronização, a organização e o controle dos recursos representativos da controvérsia";

c) "implantar, no prazo instituído pela Resolução CNJ nº 444/2022, as ferramentas tecnológicas necessárias para a alimentação do BNP";

d) "encaminhar ao CNJ, no prazo instituído pela Resolução CNJ nº 444/2022, plano de ação para a efetiva implementação das ferramentas tecnológicas, indicando os servidores e profissionais responsáveis";

e) "manter controle estatístico, com envio semestral de informações, quanto à aplicação dos precedentes qualificados previstos no BNP".

O Conselho Nacional de Justiça, por sua vez, sendo o responsável pela gestão do Banco, comprometeu-se a:

a) "fomentar a permanente sinergia com os tribunais superiores";

b) "divulgar, por meio de sua Assessoria de Comunicação, a assinatura do presente acordo de cooperação, bem como a sua efetiva implementação, noticiando-a aos demais tribunais";

c) "disponibilizar aos tribunais amplo acesso às informações estruturadas constantes do BNP por meio da Plataforma Digital do Poder Judiciário (PDPJ-Br)";

d) "possibilitar, na pesquisa textual de precedentes, a utilização de conectivos de pesquisa semelhantes aos adotados pelo Supremo Tribunal Federal e pelos tribunais superiores, permitindo recuperação assertiva e padronizada nacionalmente de informações sobre os precedentes";

e) "apresentar, na pesquisa estatística de dados decorrentes dos precedentes, informações para toda a comunidade jurídica, separada em painéis específicos, com informações sobre o tema e a classe";

f) "agregar ao BNP, oportunamente, ferramenta que permita a identificação e tratamento em lote dos processos aos quais os precedentes se apliquem".

Assim, foi estabelecido um Plano de Trabalho, baseado na execução de um cronograma, visando cumprir seis metas ali fixadas:

1) "Fomento da sinergia com o STF e demais tribunais Superiores, bem como divulgação, por meio da Assessoria de Comunicação do CNJ, da assinatura do acordo de cooperação."

2) "Encaminhamento ao CNJ, no prazo instituído pela Resolução CNJ nº 444/2022, de plano de ação para a efetiva implementação das ferramentas tecnológicas, com a indicação dos servidores e profissionais responsáveis."

3) "Implantação, no prazo instituído pela Resolução CNJ nº 444/2022, das ferramentas tecnológicas necessárias para a alimentação do BNP, e manutenção de controle estatístico, com envio

semestral de informações, quanto à aplicação dos precedentes qualificados previstos no BNP."

4) "Alimentação do BNP com a padronização e as informações previstas nos atos publicados pela Presidência do CNJ, zelando pela criação de grupo de representativos (GR) para permitir a padronização, a organização e o controle dos recursos representativos da controvérsia."

5) "Disponibilização aos tribunais de amplo acesso às informações estruturadas constantes do BNP por meio da Plataforma Digital do Poder Judiciário (PDPJ-Br), com a possibilidade, na pesquisa textual de precedentes, da utilização de conectivos de pesquisa semelhantes aos adotados pelo Supremo Tribunal Federal e pelos tribunais superiores, permitindo recuperação assertiva e padronizada nacionalmente de informações sobre os precedentes, bem como a apresentação, na pesquisa estatística de dados decorrentes dos precedentes, de informações para toda a comunidade jurídica, separada em painéis específicos, com informações sobre o tema e a classe."

6) "Incorporação ao BNP de ferramenta que permita a identificação e tratamento em lote dos processos aos quais os precedentes se apliquem."

Conforme aponta a justificativa do Plano de Trabalho, trata-se de iniciativa que vela pelo cumprimento, não só, dos arts. 926 e 927 do Código de Processo Civil de 2015, mas, também, da isonomia e da duração razoável do processo, insculpidas no art. 5º, caput e LXXVIII, da Constituição da República, além de seu art. 37, estabelecendo a eficiência como primado da atuação de todo o Poder Público, inclusive o Poder Judiciário, no exercício de suas funções.

## CONSIDERAÇÕES FINAIS

Ambos os temas – o sistema de precedentes e o primado da segurança jurídica – representam preocupações seculares para a doutrina processual. Nessa esteira, até poderíamos ter discutido sobre a depuração da *ratio decidendi*, as técnicas de *distinguishing* e *overruling* ou sobre a experiência de um *stare decisis* à brasileira. Entretanto, o recorte sobre Banco Nacional de Precedentes é um chamado à realidade. Realidade essa, marcada pelas assimetrias tecnológicas e informacionais.

Retomamos, pois, a esperança em virtude dos resultados das políticas judiciárias. O fluxo de dados e a rede de servidores necessários para manter o Banco Nacional de Precedentes representa *per se* uma ação de governança.

Posto de outro modo, a iniciativa é uma situação *win-win*: para os tribunais-parceiros, os esforços que os venham a despender, durante a implementação ou a manutenção de sistemas, são compensados pelos ganhos organizacionais; para o Conselho Nacional de Justiça, o investimento de TI e os custos de coordenação são superados pelos benefícios em termos de informações gerenciais.

A Resolução 444/2022, do Conselho Nacional de Justiça, estabelece proposta arrojada, porém exequível. Mais do que isso, o Banco Nacional de Precedentes está em sintonia com um dos macrodesafios que o Conselho Nacional de Justiça endereçará na presente quadra histórica, a "consolidação dos sistemas de precedentes obrigatórios".

Portanto, são inúmeros os benefícios dessa iniciativa, que a um só tempo:

1) fortalece a segurança jurídica ao velar pela isonomia: afinal, se todos são iguais perante a lei, todos têm que ser iguais perante a jurisprudência;

2) democratiza o acesso à justiça, porquanto a consulta unificada permite aos *advogados e jurisdicionados* acessarem uma amostragem maior, em menos tempo;

3) insere-se no escopo de digitalização dos procedimentos judiciais, de modo que a centralização e a organização dos dados textuais de milhares de decisões judiciais em um único banco viabilizarão a análise de *big data* e o aprendizado de máquina *(machine learning)*, por exemplo;

4) tem potencial para aumentar significativamente a eficiência da prestação jurisdicional, à medida que as práticas de respeito aos precedentes por juízes e advogados fornece parâmetros às decisões judiciais e criando incentivos para realização acordos, contribuindo para mitigar o abarrotamento do Poder Judiciário.

Nesse contexto, o Banco Nacional de Precedentes demonstra-se um indispensável instrumento no diálogo institucional entre o Conselho Nacional de Justiça, Supremo Tribunal Federal, Superior Tribunal de Justiça e demais tribunais superiores, para consolidar, no Brasil, a cultura de precedentes.

Visa, assim, dar cumprimento à necessidade de gestão eficiente dos precedentes, iniciativa compreendida tanto no saldo quantitativo, por meio da gestão de massa; quanto no saldo qualitativo, na gestão de acervo.

## REFERÊNCIAS

ALVIM, Arruda. A alta função jurisdicional do Superior Tribunal de Justiça no âmbito do recurso especial e a relevância das questões. In: STJ 10 anos: obra comemorativa 1989 - 1999. - Brasília: Superior Tribunal de Justiça, 1999.

BRASIL. Anteprojeto do novo Código de Processo Civil. Brasília: Senado Federal, Presidência, 2010

BRASIL. Constituição da República Federativa do Brasil. Disponível em: https://www.planalto.gov.br/ccivil_03/constituicao/constituicaocompilado.htm

BRASIL. Lei nº 13.105, de 16 de março de 2015. Código de Processo Civil. Disponível em: https://www.planalto.gov.br/ccivil_03/_ato2015-2018/2015/lei/l13105.htm

BRASIL. Conselho Nacional de Justiça. Resolução n. 235 de 13/07/2016. Dispõe sobre a padronização de procedimentos administrativos decorrentes de julgamentos de repercussão geral, de casos repetitivos e de incidente de assunção de competência previstos na Lei nº 13.105, de 16 de março de 2015 (Código de Processo Civil), no Superior Tribunal de Justiça, no Tribunal Superior Eleitoral, no Tribunal Superior do Trabalho, no Superior Tribunal Militar, nos Tribunais Regionais Federais, nos Tribunais Regionais do Trabalho e nos Tribunais de Justiça dos Estados e do Distrito Federal, e dá outras providências. Disponível em: https://atos.cnj.jus.br/atos/detalhar/2312.

BRASIL. Conselho Nacional de Justiça. Resolução n. 444 de 25/02/2022. Institui o Banco Nacional de Precedentes (BNP) para consulta e divulgação por órgãos e pelo público em geral de precedentes judiciais, com ênfase nos pronunciamentos judiciais listados no art. 927 do Código de Processo Civil em todas as suas fases processuais. Disponível em: https://atos.cnj.jus.br/atos/detalhar/4415.

BRASIL. Conselho Nacional de Justiça. Resolução n. 335 de 29/09/2020. Institui política pública para a governança e a gestão de processo judicial eletrônico. Integra os tribunais do país com a criação da Plataforma Digital do Poder Judiciário Brasileiro - PDPJ-Br. Mantém o sistema PJe como sistema de Processo Eletrônico prioritário do Conselho Nacional de Justiça. Disponível em: https://atos.cnj.jus.br/atos/detalhar/3496.

BRASIL. Conselho Nacional de Justiça. Termo de Cooperação Técnica 020/2022. Disponível em: https://www.cnj.jus.br/wp-content/uploads/2022/05/tcot-020-2022.pdf.

CALAMANDREI, Piero. Elogio dei giudici scritto da un avvocato. Firenze: Le Monnier-firenze, 1959.

CAPPELLETTI, Mauro. Juízes Legisladores? Trad. Carlos Alberto Alvaro de Oliveira. Porto Alegre: Sergio Antonio Fabris, 1993.

LANDES, William M.; POSNER, Richard A. Legal Precedent: A Theoretical and Empirical Analysis, In: 19 The Journal of Law & Economics 249, 1976.

FORBES ADVISOR. CRAIL, Chauncey; WATTS, Rob; HASKINS, Jane. Why incorporate in Delaware? benefits & considerations. 3 jun. 2023. Disponível em: https://www.forbes.com/advisor/business/incorporating-in-delaware/.

FUX, Luiz. Cortes constitucionais e democracia: o Supremo Tribunal Federal sob a Constituição de 1988. In: TOFFOLI, José Antonio Dias (Org.). 30 anos da Constituição brasileira: democracia, direitos fundamentais e instituições. Rio de Janeiro: Forense, 2018.

FUX, Luiz. Novo Código de Processo Civil temático. 2ª ed. São Paulo: Editora Mackenzie, 2015.

FUX, Luiz; MENDES, Aluisio Gonçalves de Castro; FUX, Rodrigo. Sistema brasileiro de precedentes: principais características e desafios. In: Revista Eletrônica de Direito Processual – REDP, a. 16, vol. 23, n. 3, set.-dez./2022.

ROSAS, Roberto. Direito sumular. 11ª ed. São Paulo: Malheiros, 2002

# As balizas criadas pelas leis de proteção de dados pessoais sobre decisões automatizadas com dados pessoais no Brasil, no Uruguai e na Colômbia[1]

*Alexandre Veronese*[2]
*Eduarda Costa Almeida*[3]

## 1. CONSIDERAÇÕES INICIAIS

As decisões que mais importam para a delimitação das vontades e da personalidade das pessoas cada vez mais estão sendo tomadas por algoritmos, o que – inclusive – tem feito emergir um debate sobre a possibilidade de haver sua regulação[4]. Esses tratamentos algorítmicos de dados pessoais podem ocorrer por meio da contabilização de gostos e de preferências, das recomendações nas compras de produtos e serviços, assim como pelo uso das sugestões de opiniões e de atividades culturais; ainda, eles podem ser inferências de vontades potenciais e de tendências gerais[5]. Também, os algoritmos podem permitir a formação de perfis, tanto para permissão ou para bloqueio ao acesso de bens, ser-

---

1 Os autores agradecem ao Programa de Iniciação Científica da Universidade de Brasília (PROIC UnB), bem como ao Conselho Nacional de Desenvolvimento Científico e Tecnológico (CNPq). O primeiro outorgou o prêmio de destaque ao presente projeto. O segundo fomentou, por meio de uma à segunda autora bolsa, essa pesquisa. Eles também agradecem à Fundação de Amparo à Pesquisa do Estado de São Paulo (FAPESP), a qual outorgou recursos para um projeto de pesquisa mais amplo, por meio do qual se teve acesso à literatura internacional que embasa o trabalho.

2 Professor Associado de Teoria Social e do Direito da Universidade de Brasília (Faculdade de Direito). Pesquisador do Centro de Políticas, Direito, Economia e Tecnologias das Comunicações da Universidade de Brasília. Pesquisador do Centro de Excelência Jean Monnet em Cidadania Digital e Sustentabilidade Tecnológica da Universidade do Minho (Portugal).

3 Bacharela em Direito pela Universidade de Brasília (Faculdade de Direito). Bolsista de Iniciação Científica do Conselho Nacional de Desenvolvimento Científico e Tecnológico (CNPq) entre 2020-2021 e 2022-2023. Monitora do Curso de Especialização em Direito Digital, Dados e Inteligência Artificial do Instituto Brasiliense de Ensino, Desenvolvimento e Pesquisa (IDP), desde 2021. Pesquisadora em proteção de dados pessoais e direito digital.

4 YEUNG, Karen (ed.); LODGE, Martin (ed.). **Algorithmic regulation**. Oxford: Oxford University Press, 2019.

5 MAYER-SCHÖNBERGER, Viktor; Ramge, Thomas. **Reinventing capitalism in the age of Big Data**. Nova Iorque: Basic Books, 2018.

viços públicos e benefícios sociais, quanto para o exercício de direitos e de liberdades. Em um contexto de uso intensivo de técnicas e tecnologias de *Big Data*, não cabe mais, necessariamente, apenas a um ser humano, ou a uma burocracia, checar as condições para que uma pessoa execute atividades corriqueiras. Cabe notar que não existe um conceito único sobre o que seria *Big Data*. Não obstante, ele tem sido entendido como o uso de ativos de informação com alto volume, em alta velocidade e com alta variedade. Ou seja, ele é um fenômeno que permite o tratamento massivo de informações e de dados oriundos de várias fontes e em pouco tempo. Segundo Alexandre Veronese, é possível comparar o tratamento de dados usual (*regular*) com o *Big Data* a partir de quatro mudanças tecnológicas e sociais:

**Tabela – Diferenciação entre tratamentos de dados usuais (*regular data*) e em *Big Data*[6]**

| | **Tratamento tradicional (*regular data*)** | **Tratamento contemporâneo (*Big Data*)** |
|---|---|---|
| **Objeto (dados)** | A capacidade de armazenamento de dados é proporcionalmente menor, do ponto de vista quantitativo e qualitativo. | Aumento veloz nas capacidades de coleta e de armazenamento de dados. |
| **Meios tecnológicos (hardware)** | A alta performance nos tratamentos de dados é disponível apenas para poucos usuários. | Os equipamentos de alta performance são mais difundidos. |
| **Meios tecnológicos (software)** | Programas de computadores que são adequados apenas para capacidades baixas de tratamentos de dados. | Há o desenvolvimento de diversos novos programas de computadores para tratamentos, em escala maior, de dados. |
| **Meios intelectuais (análise)** | As práticas de análise de dados são tradicionais, seja em relação à quantidade, seja em relação à qualidade. | Práticas inovadoras no uso das análises de dados, do ponto de vista quantitativo e qualitativo. |

Fonte: indicada na nota de rodapé.

Não há um mapeamento taxativo das implicações das aplicações de *Big Data*, em vista da constante transformação que esse cenário causa nas sociedades e em suas relações, internas e externas. Um fato assentado, contudo, é que os algoritmos, na prática, decidem a partir do tratamento de informações e de dados pessoais. Essas decisões estão cada vez mais cotidianas. Elas podem ser tomadas sobre as condições

6 VERONESE, Alexandre. The right of explanation and the right to object automatic decisions: comparing the European Union General Data Protection Regulation (EU/GDPR) with the Brazilian General Data Protection Federal Act (BGDPFA). **Communication Policy Research Latin America**, v. 13, p. 125-134, 2019. p. 127.

de um empréstimo bancário, a concessão de um benefício social, ou, até mesmo, sobre os conteúdos direcionados aos usuários de redes sociais, dentre outras situações.

No contexto da pandemia de COVID-19, os casos de decisões automatizadas tomadas com base em dados pessoais ganharam ainda mais notoriedade em vista do seu impacto na vida dos brasileiros. O mesmo aconteceu em diversos outros países. No Brasil, por meio da Lei nº 13.982/2020, o governo federal implementou uma política de transferência de renda diante dos efeitos econômicos da pandemia para a parcela mais vulnerável da população: o chamado Auxílio Emergencial[7]. Para que fosse possível identificar as pessoas aptas a fruírem esse auxílio, a Empresa de Tecnologia e Informações da Previdência Social (Dataprev) realizou um tratamento automatizado de dados. Esse tratamento definiu, a partir de informações e de dados pessoais, pela concessão do benefício aos cidadãos que atendiam as condições de elegibilidade. No caso, foram mais de 68 milhões de pessoas. Além dessa decisão automatizada, a contestação da decisão de negativa de concessão do auxílio também foi feita de forma automatizada. Ela não era uma revisão da decisão inicial; mas apenas um reprocessamento dos mesmos dados enviados anteriormente. Um estudo do InternetLab, em colaboração com a Derecho Digitales, destaca que:

> O desenho da política e sua implementação baseada no tratamento de informações pessoais, com vulnerabilidades quanto à transparência, qualidade dos dados, livre acesso às/aos titulares e responsabilização, e prestação de contas, sendo dotada também de exposição excessiva e desigual na população brasileira, revelam a possibilidade de violações a direitos de proteção de dados e privacidade[8].

7 BRASIL. Ministério da Cidadania. **Auxílio Emergencial 2020**. 2020. Disponível em: https://aplicacoes.cidadania.gov.br/vis/data3/index.php?g=2. Acesso em: 12 dez. 2022.

8 TAVARES, Clarice; FONTELES, Juliana; SIMÃO, Bárbara; VALENTE, Mariana. **O auxílio emergencial no Brasil: desafios na implementação de uma política de proteção social datificada**. Chile: InternetLab; Derechos Digitales; International Development Research Centre, 2022. p. 7. Disponível em: https://www.derechosdigitales.org/wp-content/uploads/01_Informe-Brasil_Inteligencia-Artificial-e-Inclusao_PT_22042022.pdf. Acesso em: 22 mar. 2024.

O desenvolvimento da tecnologia, principalmente associado ao poder computacional e ao acesso facilitado aos dispositivos conectados à Internet, bem como os riscos advindos do uso dessas ferramentas, indicaram a necessidade de regulamentar o fenômeno por meio do tratamento de dados pessoais. Um dos modos de proteção foi jurídico. No caso do Brasil, a Lei nº 13.709/2018 (Lei Geral de Proteção de Dados Pessoais ou LGPD)[9] foi resultado político de um debate multissetorial, inspirado no Regulamento Geral sobre Proteção de Dados (RGPD) da União Europeia (UE)[10]. A experiência da UE no tema é relevante para o contexto brasileiro, mas também para o sistema normativo uruguaio e colombiano, em vista do denominado "efeito Bruxelas". Esse conceito descreve uma influência da UE no direito de diversos outros países e regiões. Ela, sem recorrer às instituições internacionais, ou buscar a cooperação direta de vários países, é capaz de aprovar normas jurídicas que são traduzidas – em complexos processos de adaptação – nos quadros jurídicos de mercados desenvolvidos e em desenvolvimento[11].

O uso massivo de decisões automatizadas pode ser positivo. Ele pode permitir escolhas mais ágeis e personalizadas para o titular de dados, como no exemplo acima, sobre benefícios sociais. Porém, essas decisões envolvem riscos já identificados em casos concretos e as normas de proteção de dados pessoais, entre outros objetivos, também buscam mitigar esses potenciais malefícios. No caso brasileiro, a lei prevê que os titulares dos dados pessoais devem ser informados sobre os critérios e os procedimentos utilizados em uma decisão automatizada sempre que eles solicitarem. Para alguns, esse dispositivo seria suficiente para

9 BRASIL. Lei nº 13.709, de 14 de agosto de 2018. Lei Geral de Proteção de Dados Pessoais (LGPD). Brasília: Presidência da República, 2018. Disponível em: https://www.planalto.gov.br/ccivil_03/_ato2015-2018/2018/lei/l13709.htm. Acesso em: 31 mar. 2024.

10 UNIÃO EUROPEIA. Regulamento (UE) 2016/679 do Parlamento Europeu e do Conselho, de 27 de abril de 2016, relativo à proteção das pessoas singulares no que diz respeito ao tratamento de dados pessoais e à livre circulação desses dados e que revoga a Diretiva 95/46/CE (Regulamento Geral sobre a Proteção de Dados). Bruxelas: Jornal Oficial da União Europeia, 4 maio 2016. Disponível em: http://data.europa.eu/eli/reg/2016/679/oj. Acesso em: 31 mar. 2024.

11 BRADFORD, Anu. The Brussels effect. **Northwestern University Law Review**, v. 107, nº 1, p. 1-68, 2012, p. 64. Disponível em: https://scholarlycommons.law.northwestern.edu/nulr/vol107/iss1/1/. Acesso em 22 mar. 2024; FAHEY, Elaine. **The EU as a global digital actor: institutionalising global data protection, trade, and cybersecurity**. Oxford: Hart, 2024.

depreender-se um direito à explicação. Não obstante, ao mesmo tempo, esse direito encontra limites técnicos, jurídicos e práticos[12].

Do ponto de vista jurídico, ainda não há entendimento consolidado sobre as fronteiras de um direito à explicação. Na tentativa de delimitação desse direito, as normas de outras jurisdições serão estudadas para que seja possível analisar outros casos no quais haja maturidade na interpretação de uma lei de proteção de dados e seus dispositivos aplicados a um direito para proteger os cidadãos em tais cenários. A pesquisa se debruçará sobre as leis do Uruguai e da Colômbia, por serem dois países da América Latina com normas jurídicas sobre tratamentos de dados pessoais; mas com escopos diversos no caso da proteção quanto ao tratamento automatizado. Assim, a análise das normas dessas três jurisdições permite o mapeamento de três maneiras diferentes de regular o mesmo tema, o que garante insumos mais consistentes para análise do cenário brasileiro. Cabe notar que esse problema, por exemplo, apareceu quando foram feitas pesquisas de campo em todos os países da América Latina que possuíam leis de proteção de dados pessoais e autoridades administrativas para sua aplicação[13].

O problema da pesquisa é a intersecção da regulação de proteção de dados pessoais no que tange o direito à explicação e a inteligência artificial (IA) em três países da América Latina. A metodologia utilizada neste capítulo é de pesquisa bibliográfica em normas jurídicas, livros e artigos acadêmicos. Esses conteúdos serviram para traçar a contextualização normativa da proteção de dados pessoais e IA nos territórios delimitados para compreender-se o quadro regulatório já posto sobre decisões automatizadas. Esta pesquisa fez parte de um projeto mais amplo de análise dos modelos regulatórios de proteção de dados na América Latina, de forma que, na pesquisa qualitativa e comparada, conjugava-se a análise bibliográfica e as fontes escritas documentais

12 VERONESE, Alexandre; SILVEIRA, Alessandra; LEMOS, Amanda N. L. Espiñeira. Artificial intelligence, Digital Single Market, and the proposal of a right to fair and reasonable inferences: a legal issue between ethics and techniques. **UNIO: EU Law Journal**, v. 5, nº 2, pp. 75-91, 2019. Disponível em: https://revistas.uminho.pt/index.php/unio/article/view/2294. Acesso em: 22 mar. 2024.

13 VERONESE, Alexandre. Percepções sociais sobre inteligência artificial e proteção de dados pessoais na América Latina: usando pesquisa qualitativa de campo em perspectiva comparada. **Cadernos do Programa de Pós-graduação em Direito**, UFRGS, v. 18, nº 1, pp. 48-77, 2023. Disponível em: https://seer.ufrgs.br/index.php/ppgdir/article/view/135223. Acesso em: 31 mar. 2024.

com entrevistas. Os documentos eram aqueles produzidos pelos órgãos competentes dos países. A segunda parte do texto irá centrar atenção no direito à explicação – e sua controvérsia – e, também, traçará uma análise dos três países. A conclusão é que todos preveem o direito à informação ou à explicação, seja de forma explícita ou implícita. A solução do caso Schufa AG (C-634-21 e casos anexos) pelo Tribunal de Justiça da União Europeia (TJUE) não solucionou, de fato, o problema, pois muitas questões ainda continuam abertas.

## 2. DIREITO À EXPLICAÇÃO

Os debates iniciais sobre um direito à explicação guardam origem nos princípios de proteção de dados pessoais em sintonia com a boa-fé e com o conceito de *fairness*[14]. A ideia de transparência, evidenciada nos princípios da LGPD, também está associada ao próprio desenvolvimento da tecnologia de IA, que passou, cada vez mais, a ser usada para tomar decisões que impactam a sociedade. Com isso, tornou-se necessário motivar essas decisões[15]. No entanto, desde as primeiras manifestações científicas sobre esse direito, houve discordâncias sobre sua possibilidade de efetiva existência e até mesmo sobre o seu potencial escopo. Por um lado, por exemplo, há o trabalho de Goodman e Flaxman, que defendem a existência desse direito[16]. Há, também, o texto de Wachter, Mittelstadt e Floridi, que divergem dessa posição, postulando que esse direito precisaria ser criado pelo TJUE[17]. Cabe notar que o tribunal julgou, em conjunto, três casos sobre o assunto; isso será mencionado na

14 KAMINSKI, Margot E. The Right to Explanation, Explained. **Berkeley Technology Law Journal**, v. 34, nº 1, pp. 189-218, 2019. p. 209. Disponível em: https://scholar.law.colorado.edu/faculty-articles/1227/. Acesso em: 11 jan. 2023.

15 PASQUALE, Frank. **The black box society: the secret algorithms that control money and information**. Cambridge: Harvard University Press, 2015. p. 8.

16 GOODMAN, Bryce; FLAXMAN, Seth. European Union regulations on algorithmic decision making and a "right to explanation". **AI Magazine**, v. 30, nº 3, pp. 50-57, 2017. p. 55. Disponível em: https://ojs.aaai.org/aimagazine/index.php/aimagazine/article/view/2741. Acesso em: 11 jan. 2023

17 WACHTER, Sandra; MITTELSTADT, Brent; FLORIDI, Luciano. Why a right to explanation of automated decision-making does not exist in the General Data Protection Regulation. **International Data Privacy Law**, v. 7, nº 2, 2017. p. 77. Disponível em: https://academic.oup.com/idpl/article/7/2/76/3860948. Acesso em: 10 jan. 2023.

conclusão[18]. Por isso, esta pesquisa busca apresentar o que seria um direito à explicação no Brasil diante da comparação com as normas de proteção de dados do Uruguai e Colômbia. O tema não é tratado de maneira simétrica, pois essa análise evidencia as diferentes formas de se garantir ferramentas de explicação, seja por meio do fornecimento de informações ao titular ou de transparência no tratamento de dados pessoais. O primeiro país a ser analisado é o Uruguai.

### 2.1. Uruguai: Lei nº 18.331, de 2008

A proteção de dados pessoais no Uruguai é principalmente regulada pela Lei nº 18.331/2008. Essa lei guarda similaridade com a antiga forma da UE de regular a matéria de proteção de dados pessoais, que, na época da promulgação da lei, era prescrita pela Diretiva 95/46/CE[19], revogada pelo RGPD. As leis nacionais sobre essa matéria na região da América Latina, em regra, são inspiradas e amplamente conectadas com a concepção e a estrutura de regulação de proteção de dados da UE. De forma simples, na UE, há uma normal jurídica geral sobre o tema, a qual determina princípios, direitos e obrigações específicas a serem fiscalizadas por uma autoridade de controle independente[20]. Nesse sentido, Marcelo Bauzá afirma que o sistema da UE, agora centrado no RGPD, é uma fonte de consulta jurídica, de inspiração e de adaptação de um sistema de proteção de dados no Uruguai[21].

18 UNIÃO EUROPEIA. Tribunal de Justiça. Caso C-634/21. OQ contra Land Hessen, sendo interveniente: SCHUFA Holding AG. Luxemburgo: 7 dez. 2023. Disponível em: https://curia.europa.eu/juris/liste.jsf?num=C-634/21. Acesso em: 31 mar. 2024.

19 UNIÃO EUROPEIA. Diretiva 95/46/CE do Parlamento Europeu e do Conselho, de 24 de outubro de 1995, relativa à proteção das pessoas singulares no que diz respeito ao tratamento de dados pessoais e à livre circulação desses dados. Disponível: http://data.europa.eu/eli/dir/1995/46/oj. Acesso em: 31 mar. 2024.

20 VERONESE, Alexandre; SILVEIRA, Alessandra; IGREJA, Rebecca Lemos; LEMOS, Amanda Nunes Espiñeira. MORAES, Thiago Guimarães. The concept of personal data protection culture from European Union documents: a "Brussels effect" in Latin America? **UNIO: EU Law Journal**, v. 9, nº 1, pp. 58-79, 2023. Disponível em: https://revistas.uminho.pt/index.php/unio/article/view/5299. Acesso em: 31 mar. 2024.

21 BAUZÁ, Marcelo. La Ley 18.331 y el Reglamento (UE) 2016/679. **Revista Uruguaya de Protección de Datos Personales**, nº 2, pp. 9-23, ago. 2017. p. 12. Disponível em: https://www.gub.uy/unidad-reguladora-control-datos-personales/comunicacion/publicaciones/revista-de-proteccion-de-datos-personales-2da-edicion-2017. Acesso em: 31 mar. 2024.

Essa influência também pode ser percebida no artigo da lei uruguaia sobre decisões automatizadas, que se inspirou sobremaneira no texto do art. 15º, 1, da antiga Diretiva. A lei uruguaia prevê um direito de os titulares não serem submetidos às decisões automatizadas que afetem significativamente sua esfera jurídica ao avaliar aspectos da sua personalidade, a exemplo das relações laborais, creditícias e outras. Assim, cabe ao afetado impugnar as decisões tomadas por entidades públicas, ou privadas, que se fundamentam unicamente no tratamento de dados pessoais para definição de características de sua personalidade. Nesses casos, o texto da Lei nº 18.331/2005 se aproxima de um direito à explicação, ao garantir para a pessoa afetada pela decisão automatizada um direito de obter informações do responsável pelo tratamento. Isso inclui os critérios de valoração e o programa utilizado no tratamento:

> Artigo 16.
>
> As pessoas têm o direito de não ficarem sujeitas a uma decisão com efeitos jurídicos que as afetem significativamente, a qual se baseie no tratamento automatizado de dados, destinada a avaliar determinados aspectos da sua personalidade, como o desempenho profissional, o crédito, a fiabilidade, o comportamento, entre outros.
>
> A afetada pode impugnar atos administrativos ou decisões particulares que impliquem uma apreciação de sua conduta, tendo como base única o tratamento de dados pessoais que permita definir as suas características ou personalidade.
>
> Nesse caso, a afetada terá o direito de obter informações do responsável pelo banco de dados, tanto sobre os critérios de avaliação, quanto sobre o programa utilizado no tratamento que serviu para adotar a decisão expressa no ato (tradução dos autores)[22].

O direito enunciado pelo último parágrafo do art. 16 da Lei nº 18.331/2005 pode ser percebido como uma faceta do direito à explicação, apesar de a lei não o prever de forma inequívoca. Isso ocorre porque ele está previsto no escopo de incidência da lei de proteção de dados pessoais sobre as decisões automatizadas e, também, por ele criar uma obrigação ao responsável pelo tratamento de explicar ao interessado so-

22 URUGUAI. Ley No 18331. Ley de Protección de Datos Personales. Montevidéu: IMPO, 11 ago. 2008. Disponível em: https://www.impo.com.uy/bases/leyes/18331-2008. Acesso em: 31 mar. 2024.

bre o processo de decisão. De forma mais específica, cabe ao agente de tratamento informar os critérios de avaliação utilizados para tomada de decisão e os elementos sobre o programa usado. A legislação uruguaia não avança sobre outros critérios que devem balizar a execução desse direito, nem sobre limites aplicáveis. Em 2022, no intuito de orientar e facilitar o exercício de um direito à proteção de dados pessoais pelos titulares, a autoridade uruguaia (Unidad Reguladora y de Control de Datos Personales) publicou um guia geral sobre o tema. Neste guia, ela reforça o direito de receber informações sobre decisões automatizadas, nos mesmos termos da lei[23].

Diante dessa falta de maiores orientações normativas, chama atenção certo desalinhamento entre a norma e as ferramentas de proteção efetivas ao titular, ou mesmo o estabelecimento de uma cultura de proteção de dados pessoais. Esse problema não é exclusivo do Uruguai, é importante indicar. Segundo Ana Brian Nougrères, o número de ações iniciadas pelos titulares para proteger os seus dados pessoais é mínimo, mesmo em vista de existir um sistema de proteção de dados uruguaio. Por um lado, a falta de questionamentos dos cidadãos poderia indicar que o sistema funciona fluentemente. Porém, ela também destaca que, nem sempre, esse parâmetro de avaliação é correto, já que o cidadão uruguaio médio não possui o grau de informação necessário para tomar conhecimento dos riscos, se não realizar um controle adequado, pessoal e consciente sobre quem coleta seus dados, para qual finalidade e com quem eles serão compartilhados. Ainda, os cidadãos não saberiam como esses dados serão protegidos de terceiros, nem quem seria responsável por sua segurança[24].

Assim, apenas um cidadão melhor informado poderia exercer de forma adequada seus direitos previstos em leis de proteção de dados pessoais, como o direito de requerer explicações sobre uma decisão au-

23 URUGUAI. Unidad Reguladora y de Control de Datos Personales. **Guía general de protección de datos personales en Uruguay**. 2022. p. 18. Disponível em: https://www.gub.uy/unidad-reguladora-control-datos-personales/comunicacion/publicaciones/guia-general-proteccion-datos-personales-uruguay. Acesso em: 10 jan. 2023.

24 NOUGRÈRES, Ana Brian. El sistema legal uruguayo de protección de datos personales. **Revista de Derecho, Comunicaciones y Nuevas Tecnologías**, nº 3, pp. 1-30, dez. 2007. p. 26. Disponível em: https://derechoytics.uniandes.edu.co/components/com_revista/archivos/derechoytics/ytics74.pdf. Acesso em: 11 jan. 2023.

tomatizada. Nos casos em que o titular não possui a consciência sobre o papel da proteção de dados pessoais nas suas escolhas diárias, ele encontra-se – na prática – incapacitado de defender seus interesses e de exercer os seus direitos[25]. Esse risco é aprofundado em um contexto de *Big Data*, no qual é difícil mapear os dados pessoais utilizados na tomada de decisão automatizada, ao mesmo tempo em que é fácil utilizá-los para formação de perfis, bem como para outras finalidades que podem limitar direitos dos titulares.

Apesar da lei uruguaia prever de forma mais específica um direito para o titular conhecer os critérios de avaliação utilizados na tomada de decisão e o programa aplicado durante o processo, mesmo que de forma tímida, não foram encontrados artigos acadêmicos voltados ao tema no contexto uruguaio em buscadores como Google, Google Scholar e SciELO Uruguai. Ou seja, faltam evidências empíricas de sua efetividade.

Dessa forma, é possível afirmar a existência de um direito subjetivo à explicação, na letra da Lei nº 18.331/2005. Porém, não existem debates consolidados sobre sua extensão, suas fronteiras ou formas de execução, já que a lei é abstrata e não define o sentido do que seriam os critérios de avaliação e os programas utilizados em decisões automatizadas, bem como o momento e forma de transmitir essa informação. A perspectiva negativa é que não há casos concretos para avaliar. A perspectiva positiva é que existe uma base legal para que isso ocorra no futuro. Vale conferir o caso da Colômbia.

### 2.2. Colômbia: Lei nº 1.581, de 2012

A lei geral de proteção de dados pessoais da Colômbia, Lei nº 1.581, de 2012, assim como a Lei nº 18.331/2005, do Uruguai, dispõe sobre princípios de proteção de dados, direitos de titulares, deveres dos responsáveis pelo tratamento, além de mecanismos para sancionamento e fiscalização feita por uma autoridade de proteção de dados. Porém, a lei colombiana não regula o tratamento de dados em decisões automatizadas de forma específica, nem para criar salvaguardas, ou mesmo para atribuir prerrogativas aos titulares.

---

25 NOUGRÈRES, Ana Brian. El sistema legal uruguayo de protección de datos personales. **Revista de Derecho, Comunicaciones y Nuevas Tecnologías**, nº 3, pp. 1-30, dez. 2007. p. 27. Disponível em: https://derechoytics.uniandes.edu.co/components/com_revista/archivos/derechoytics/ytics74.pdf. Acesso em: 11 jan. 2023.

De forma geral, a lei colombiana prevê o princípio da transparência no tratamento de dados pessoais. Mas, em sua qualificação, ela o limita a um dever do responsável pelo tratamento de informar a existência de dados pessoais do titular. Do ponto de vista formal, é um escopo expressivamente limitado, se comparado com as outras normas analisadas nesta pesquisa, como a do Brasil. Ainda, a lei define a extensão do direito de informação do titular ser apenas sobre: (1) o tratamento de dados pessoais e a sua finalidade; (2) o caráter facultativo da coleta de dados sensíveis ou de crianças e adolescentes; (3) os direitos do titular; e (4) a identificação do responsável pelo tratamento. Em suma ela nada detalha sobre os dados pessoais levados em consideração no funcionamento de sistemas de decisão automatizada:

> Artigo 4º
> (...)
> Princípios para o tratamento de dados pessoais.
> (...)
> e) Princípio da transparência: no tratamento, deve ser garantido o direito do titular de obter do responsável pelo tratamento ou do gestor do tratamento, a qualquer momento e sem restrições, informações sobre a existência de dados que lhe digam respeito;
> (...)
> Artigo 8º
> O titular dos dados pessoais terá os seguintes direitos:
> (...)
> c) Ser informado pelo responsável do tratamento ou pelo encarregado do tratamento, a seu pedido, sobre a utilização que tem sido dada aos seus dados pessoais;
> Artigo 12.
> O responsável pelo tratamento, ao solicitar autorização ao titular, deverá informá-lo clara e expressamente do seguinte:
> a) O tratamento a que serão submetidos os seus dados pessoais e a sua finalidade;
> b) O caráter facultativo da resposta às questões colocadas, quando estas sejam sobre dados sensíveis ou sobre dados de crianças e adolescentes (tradução dos autores);[26]

26 COLÔMBIA. Ley Estatutaria 1581 de 2012 (Octubre 17). Bogotá: Gestor Normativo, 2012. Disponível em: https://www.funcionpublica.gov.co/eva/gestornormativo/norma.php?i=49981. Acesso em: 31 mar. 2024.

Diante desses dispositivos, é possível afirmar que a lei colombiana não regula explicitamente as decisões automatizadas tomadas com base em dados pessoais. Com isso, ela, também, não prevê – diretamente – um direito à explicação. Se tal construção existir, ela deverá advir de interpretações judiciais ou administrativas. As previsões de transparência e do direito de informação, além de não serem específicas para as decisões automatizadas, não criam obrigações contundentes sobre a necessidade de informar o interessado sobre ao critérios ou mesmo sobre a estrutura dos sistemas decisórios. Dessa forma, pelo ponto de vista de proteção de dados pessoais, o titular sujeito a esta norma não se encontra tutelado por um direito à explicação.

Para Zabala Leal, a produção legislativa e jurídica da Colômbia deixou de lado preocupações com a ética e os efeitos jurídicos do desenvolvimento de novas tecnologias, como a IA[27]. Como consequência, não existiriam bases normativas que serviriam de fonte para a solução de conflitos derivados do uso de produtos desenvolvidos a partir da IA no país. Diante deste cenário, a sociedade civil organizada da Colômbia recomenda haver um maior desenvolvimento doutrinário, regulatório, legal ou jurisprudencial sobre o tratamento de dados que ocorra por meio da tomada de decisão automatizada, a fim de que seja objeto de maiores garantias do que as oferecidas pela lei de 2012[28]. De modo similar ao uruguaio, esse direito poderá ser uma construção futura, em uma perspectiva otimista.

### 2.3. Brasil: Lei nº 13.709, de 2018

Além do fundamento da autodeterminação informativa, dos princípios da LGPD, e dos direitos dos titulares, o controlador de dados que atua sob incidência da LGPD e se utiliza de decisões automatizadas, ba-

27 ZABALA LEAL, Tatiana Dulima. La ética en inteligencia artificial desde la perspectiva del derecho. **Via Inveniendi et Iudicandi**, v. 16, nº 2, pp. 1-27, 2021. Disponível em: https://revistas.usantotomas.edu.co/index.php/viei/article/view/6785. Acesso: 31 mar. 2024.

28 PONT, Vivian Newman; ARANGO, María Paula Ángel. **Rendición de cuentas de Google y otros negocios en Colombia: la protección de datos personales en la era digital**. Bogotá: Dejusticia – Derecho, Justicia, Sociedad, 2019. p. 96. Disponível em: https://www.dejusticia.org/wp-content/uploads/2019/01/Rendicio%CC%81n-de-cuentas-de-Google-y-otros-negocios-en-Colombia.pdf. Acesso em: 11 jan. 2023.

seadas em dados pessoais com impacto aos interesses do titular, também deve observar o disposto no art. 20 da lei. O parágrafo 1º desse artigo determina o direito à explicação, ao explicitar a obrigação do controlador em informar os critérios e os procedimentos utilizados para a decisão automatizada, observados os segredos comerciais aplicáveis. No caso brasileiro, em comparação ao colombiano, há uma definição específica para os casos em que o titular está sujeito a uma decisão sem interferência humana a fim de que ele conheça informações complementares sobre o processo de decisão para além dos dados coletados; mas, também, sobre a forma de utilização dos pessoais e os possíveis resultados a partir do tratamento:

> Artigo 20.
> O titular dos dados tem direito a solicitar a revisão de decisões tomadas unicamente com base em tratamento automatizado de dados pessoais, que afetem seus interesses, incluídas as decisões destinadas a definir o seu perfil pessoal, profissional, de consumo e de crédito ou os aspectos de sua personalidade.
>
> § 1º O controlador deverá fornecer, sempre que solicitadas, informações claras e adequadas a respeito dos critérios e dos procedimentos observados os segredos comercial e industrial.
>
> § 2º Em caso de não oferecimento de informações de que trata o § 1º deste artigo, baseado na observância de segredo comercial e industrial, a autoridade nacional poderá realizar auditoria para verificação de aspectos discriminatórios em tratamentos automatizados de dados pessoais[29].

Esse direito de conhecer informações específicas do processo de tomada de decisão automatizada, como descrito na LGPD, deve estar atento à forma da explicação, que deve ser clara e adequada, além do contexto em que se aplica. Isso porque decisões automatizadas estão sendo aplicadas em diversos contextos, inclusive para definir perfis e permitir acesso, ou não, a bens, serviços e direitos fundamentais. Segundo Rafael Zanatta, o uso de técnicas de perfilhamento na LGPD implicaria em obri-

29 BRASIL. Lei nº 13.709, de 14 de agosto de 2018. Lei Geral de Proteção de Dados Pessoais (LGPD). Brasília: Presidência da República, 2018. Disponível em: https://www.planalto.gov.br/ccivil_03/_ato2015-2018/2018/lei/l13709.htm. Acesso em: 31 mar. 2024.

gações de três naturezas. A primeira seria "informacional", ou seja, o dever do controlador de informar aos titulares sobre a existência de perfilhamentos nos tratamentos e, assim, maximizar a transparência dos tratamentos. A segunda seria "antidiscriminatória", que fixaria o dever de não usar parâmetros como "raça, gênero e orientação religiosa" como variáveis determinantes nos perfilhamentos. Por fim, a terceira natureza seria "dialógica", pela qual o controlador teria o dever de explicar o funcionamento do perfilhamento, bem como sua relevância, finalidade e fundamentos dos resultados. Essa última obrigação está relacionada ao fundamento da autodeterminação quando o titular é submetido à decisão automatizada[30]. Assim, a forma e a extensão da explicação devem estar em acordo com o sujeito e seus efeitos concretos, de modo que o direito à receber explicação ganha relevância caso essa decisão impactar funções sociais constitucionalmente protegidas, como direito à saúde, trabalho, moradia, liberdade de expressão, entre outros[31].

Para além da definição pela existência jurídica, ou não, de um direito à explicação, surgem diversas questões sobre a forma de alcançá-lo, ou seja, sobre a definição de parâmetros objetivos que indiquem para uma explicação suficiente. Diante dos desafios de se concretizar um direito à explicação, é possível defender-se que "o parâmetro a ser buscado é a inteligibilidade e explicação dos aspectos fundamentais da decisão automatizada: o seu propósito, os seus *inputs*, os seus resultados e os critérios e fundamentos para o julgamento"[32]. A partir desses elementos mínimos, o direito à explicação poderia ser percebido como efetivo aos interesses dos titulares, já que funcionaria como um instrumento de "ampliação do poder de barganha dos indivíduos com garantias e

30 ZANATTA, Rafael. Perfilização, discriminação e direitos: do Código de Defesa do Consumidor à Lei Geral de Proteção de Dados Pessoais. In: MIRAGEM, Bruno; LIMA MARQUES, Claudia Lima (org.); MAGALHÃES, Lucia Ancona (org.). **Direito do consumidor: 30 anos do CDC: da consolidação como direito fundamental aos atuais desafios da sociedade**. Rio de Janeiro: Forense, 2021. p 517-540.

31 MULHOLLAND, Caitlin; FRAJHOF, Isabella Z. Inteligência artificial e a Lei de Proteção de Dados Pessoais: breves anotações sobre o direito à explicação perante a tomada de decisões por meio de machine learning. In: FRAZÃO, Ana (coord.); MULHOLLAND, Caitlin (coord.). **Inteligência artificial e direito: ética, regulação e responsabilidade**. São Paulo: Revista dos Tribunais, 2019. p. 273.

32 FRAZÃO, Ana; CARVALHO; Angelo Prata de; MILANEZ, Giovanna. **Curso de Proteção de Dados Pessoais Fundamentos da LGPD**. Rio de Janeiro: Forense, 2022. p. 340.

qualificadores que buscam conferir maior equilíbrio às assimetrias"[33]. Essa dimensão individual de um direito à explicação também poderia ser complementada com mecanismos de dimensão coletiva e estrutural, como será detalhado no próximo tópico.

Está expressa no parágrafo 1º, do art. 20, da LGPD, a incidência dos limites do segredo de negócio na definição do que deve ser explicado. Essa determinação, à primeira vista, restringiria o conteúdo a ser informado ao interessado a título de explicação sobre o sistema automatizado sempre que a informação versar sobre segredo de negócio. No entanto, isso não significa que o controlador poderia se valer dessa justificativa para negar a explicação irrestritamente. A imposição do segredo de negócio como limitador da extensão desse direito também está em debate na tramitação do Projeto de Lei 21/2020, no qual os especialistas divergiram sobre se o segredo de negócio é um direito das empresas que poderia se sobrepor ou restringir o direito das pessoas. Quando o argumento do segredo comercial, ou industrial, for utilizado para não fornecer explicações, a LGPD determina que a ANPD poderá realizar auditorias para a verificação de aspectos discriminatórios no tratamento automatizado de dados pessoais, em acordo com o parágrafo 2º do art. 20. De modo similar ao que ocorre no Uruguai e na Colômbia, existe a possibilidade legal de que haja alguma construção regulatória ou judicial para dotar tal direito de efetividade. Mas, esse é um processo tortuoso, pois não há casos concretos que evidenciem essa efetividade.

## 3. CONCLUSÃO

É no contexto de avanços tecnológicos que surge a necessidade de positivação de um direito à explicação, especialmente quando os titulares de dados são sujeitos a sistemas de decisões automatizadas baseadas em seus dados pessoais e com impacto nos seus interesses. No Brasil, esse direito está expresso no parágrafo 2º, do art. 20, da LGPD. No exterior, um direito similar a esse está previsto nas leis de proteção de dados em diferentes níveis de concretização.

33 ALIMONTI, Veridiana. Autodeterminação informativa na LGPD: antecedentes, influências e desafios. In: DONEDA, Danilo; MENDES, Laura Schertel; CUEVA, Ricardo Villas Bôas (coord.). **Lei Geral de Proteção de Dados – a caminho da efetividade: contribuições para a implementação da LGPD**. São Paulo: Revista dos Tribunais, 2020. p. 183.

O Uruguai possui uma legislação inspirada na Diretiva 95/46/CE, que foi revogada pelo RGPD, na qual se criou o direito de o afetado pela decisão automatizada de obter informações do responsável pelo banco de dados sobre critérios de avaliação e o programa utilizado no tratamento que serviu para adotar a decisão expressa. Assim como o RGPD, a lei do Uruguai determina um direito subjetivo geral dos titulares não serem submetidos por decisões automatizadas que afetem seus interesses. Essas previsões legais sobre decisões automatizadas foram especialmente consideradas pela Comissão Europeia na decisão sobre a possibilidade de transferência internacional de dados para o país. Isso destaca a relevância do tema para avaliação de algum sistema de proteção de dados pela UE. A obrigação de informar, prevista na lei do Uruguai, é uma faceta potencial do direito à explicação, apesar de, assim como o RGPD, a lei não o prever de forma inequívoca.

A lei de proteção de dados da Colômbia não regula o tratamento de dados em decisões automatizadas de forma específica, nem para criar salvaguardas, nem para outorgar prerrogativas ao titular. Ela apenas apresenta o princípio da transparência e o direito de ser informado sobre a utilização dos dados pessoais, sem especificar alguma informação aplicável ao contexto das decisões automatizadas. Diante deste cenário, a sociedade civil organizada da Colômbia percebe a necessidade de um maior desenvolvimento doutrinário, regulatório, legal ou jurisprudencial sobre o tratamento de dados que ocorra por meio da tomada de decisão automatizada. Assim como o Uruguai, o Poder Executivo publicou um marco ético sobre IA, no qual prevê a aplicabilidade desse direito, como um dos pressupostos para o desenvolvimento de novas tecnologias. Um estudo amplo sobre a justaposição dos marcos jurídicos de proteção de dados pessoais de alguns países da América Latina e suas políticas públicas de IA é um bom mapa para identificar o tema[34].

Apesar das diversas formas de regular um direito à explicação, é comum que este direito guarde origem no princípio da transparência e no direito de informação. Eles são dispositivos fundamentais no desenvolvimento da matéria de proteção de dados pessoais. Assim, conhecer o processo de decisão permite que os titulares intervenham no processo

34 VERONESE, Alexandre; LEMOS, Amanda N. L. Espiñeira. Trayectoria normativa de la inteligencia artificial en los países de Latinoamérica con un marco jurídico para la protección de datos: límites y posibilidades de políticas integradoras. **Revista Latinoamericana de Economía y Sociedad Digital**, nº 2, ago. 2021. Disponível em: https://revistalatam.digital/article/210207/. Acesso em: 31 mar. 2024.

de tomada de decisão, se oponham de forma fundamentada ao resultado, além de estar informado sobre de que forma seus dados serão utilizados e, potencialmente, impactarão nos direitos do titular[35].

Não existe uma fórmula rígida sobre o momento no qual esse direito deve ser atendido. Ele deve ser garantido apenas após a decisão automatizada, de modo que a explicação leve em consideração as nuances do caso concreto? Ou, ele pode ser concretizado anteriormente sem que se informe individualmente as explicações do caso concreto, descrevendo as linhas gerais? Na LGPD, a obrigação de explicar os critérios e os procedimentos utilizados para a decisão surge após a solicitação do interessado. Apesar disso, toda informação garantida ao titular deve ser contextual, em linguagem simples, acessível e com conteúdo relevante, para que, assim, o desequilíbrio de poder entre o agente de tratamento e o titular seja minimizado. Mas, o nível de detalhamento ainda é um problema fático e técnico.

Vale indicar que o TJUE proferiu um julgamento no caso C-634/21, em conjunto com outros dois casos (C-26/22 e C-64/22). Todas as controvérsias versavam sobre a formação de *scores* para avaliação de crédito pela Schufa AG. No primeiro caso, o debate era se a legislação da República Federal da Alemanha (*Bundesdatenschutzgesetz*, BDSG), em contraste com o RGPD, permitiria que uma agência privada de avaliação de crédito não informasse os detalhes da aferição, bem como se esse tratamento era uma decisão automatizada, do ponto de vista jurídico. No reenvio prejudicial, o tribunal germânico perguntava ao TJUE sobre a adequação, ao direito da UE, do art. 31 da lei alemã. O TJUE considerou que as prescrições do art. 22º do RGPD garantem um amplo direito à informação e que é prerrogativa do tribunal nacional verificar se o seu ordenamento garante o direito postulado pela parte:

> 56 Além disso, no caso de tomada de uma decisão automatizada, como a prevista no artigo 22º, nº 1, do RGPD, por um lado, o responsável pelo tratamento está sujeito a obrigações de informação adicionais por força do artigo 13º, nº 2, alínea f), e do artigo 14º, nº 2, alínea g), deste regulamento. Por outro lado, o titular dos dados beneficia, nos termos do artigo 15º, nº 1, alínea h), do referido regulamento, do

35 GOODMAN, Bryce; FLAXMAN, Seth. European Union regulations on algorithmic decision making and a "right to explanation". **AI Magazine**, v. 30, nº 3, pp. 50-57, 2017. p. 55. Disponível em: https://ojs.aaai.org/aimagazine/index.php/aimagazine/article/view/2741. Acesso em: 11 jan. 2023.

> direito de obter, do responsável pelo tratamento, nomeadamente, "informações úteis relativas à lógica subjacente, bem como [à] importância e [à]s consequências previstas de tal tratamento para o titular dos dados".
>
> 57 Estes requisitos mais exigentes quanto à licitude de uma tomada de decisão automatizada, bem como às obrigações de informação adicionais do responsável pelo tratamento e aos correspondentes direitos de acesso adicionais do titular dos dados explicam se pela finalidade que o artigo 22° do RGPD prossegue, que consiste em proteger as pessoas contra os riscos específicos para os seus direitos e liberdades decorrentes do tratamento automatizado de dados pessoais, incluindo a definição de perfis.
>
> 58 Com efeito, esse tratamento implica, como resulta do considerando 71 do RGPD, a avaliação de aspectos pessoais relativos à pessoa singular afetada por esse tratamento, especialmente a análise e previsão de aspetos relacionados com o desempenho profissional, a situação econômica, saúde, preferências ou interesses pessoais, fiabilidade ou comportamento, localização ou deslocações dessa pessoa.
>
> 72 A este respeito, incumbe ao órgão jurisdicional de reenvio verificar se o artigo 31° da BDSG pode ser qualificado de base legal que autoriza, nos termos do artigo 22°, n° 2, alínea b), do RGPD, a adoção de uma decisão exclusivamente com base num tratamento automatizado. Se esse órgão jurisdicional concluir que o referido artigo 31° constitui tal base legal, caber-lhe-á ainda verificar se, no caso em apreço, estão preenchidos os requisitos impostos pelo artigo 22°, n$^{os}$ 2, alínea b), e 4, do RGPD e os que figuram nos artigos 5° e 6° deste regulamento[36].

É possível interpretar o acórdão do TJUE no sentido de que ele afirmou que o RGPD garante a obrigação de fornecer informações detalhadas em casos nos quais há um tratamento de dados pessoais que negue direitos para uma pessoa, citando, no dispositivo, a questão da informação creditícia, que era o objeto original da discussão:

---

36 UNIÃO EUROPEIA. Tribunal de Justiça. Caso C-634/21. OQ contra Land Hessen, sendo interveniente: SCHUFA Holding AG. Luxemburgo: 7 dez. 2023. Disponível em: https://curia.europa.eu/juris/liste.jsf?num=C-634/21. Acesso em: 31 mar. 2024.

> A determinação automatizada, por uma sociedade que fornece informações comerciais, de um valor de probabilidade baseado em dados pessoais relativos a uma pessoa sobre a capacidade desta para cumprir as suas obrigações de pagamento no futuro constitui uma "decisão individual automatizada", na acepção desta disposição, quando o fato de um terceiro, ao qual o referido valor de probabilidade é comunicado, estabelecer, executar ou cessar uma relação contratual com essa pessoa depende de forma determinante desse valor de probabilidade[37].

O resultado do acórdão não é surpreendente, em razão da complexidade da matéria. A questão central será a efetividade futura do caso na aplicação pelo tribunal alemão, pairando diversas dúvidas ainda sobre a matéria, como explica Alessandra Silveira[38]. A deliberação do TJUE sobre o caso ilumina o conteúdo desse capítulo. Dessa forma, ele frisou que o direito à informação, com mais detalhes, permite a concretização de outros direitos dos titulares, como o direito de bem postular a revisão da decisão, assim como postular a correção de dados desatualizados, ou até mesmo de pedir a eliminação de dados desnecessários, excessivos ou tratados em desconformidade. A menção à garantia de explicação está contida no considerando 71 do RGPD. Mas, as dúvidas ainda persistirão. A autodeterminação informativa, enquanto um dos fundamentos da matéria de proteção de dados pessoais, seria fortemente reafirmada em uma lógica de explicação das decisões, já que, sem ela, o titular passaria a ter ferramentas limitadas de controle, em especial, quando em uso dos seus dados pessoais nas decisões automatizadas. Sempre, é claro quando elas possam afetar a sua esfera de direitos. Os novos sentidos atribuídos à autodeterminação informativa corroboram com a ideia de buscar um maior equilíbrio entre o poder detido pelos agentes que manipulam os dados pessoais e os seis titulares. Logo, um direito à explicação seria uma ferramenta atual – de contornos ainda indefinidos, dada a complexidade técnica – muito relevante para que seja alcançada essa proteção jurídica.

---

37 UNIÃO EUROPEIA. Tribunal de Justiça. Caso C-634/21. OQ contra Land Hessen, sendo interveniente: SCHUFA Holding AG. Luxemburgo: 7 dez. 2023. Disponível em: https://curia.europa.eu/juris/liste.jsf?num=C-634/21. Acesso em: 31 mar. 2024.

38 SILVEIRA, Alessandra. **On inferred personal data and the difficulties of EU law in dealing with this matter. UNIO: EU Law Journal (The Official Blog) – Thinking and debating Europe, 19 mar. 2024.** Disponível em: https://officialblogofunio.com/2024/03/19/editorial-of-march-2024. Acesso em: 2 abr. 2024.

## 4. REFERÊNCIAS

ALIMONTI, Veridiana. Autodeterminação informativa na LGPD: antecedentes, influências e desafios. In: DONEDA, Danilo; MENDES, Laura Schertel; CUEVA, Ricardo Villas Bôas (coord.). **Lei Geral de Proteção de Dados – a caminho da efetividade: contribuições para a implementação da LGPD**. São Paulo: Revista dos Tribunais, 2020.

BAUZÁ, Marcelo. La Ley 18.331 y el Reglamento (UE) 2016/679. **Revista Uruguaya de Protección de Datos Personales**, nº 2, pp. 9-23, ago. 2017. Disponível em: https://www.gub.uy/unidad-reguladora-control-datos-personales/comunicacion/publicaciones/revista-de-proteccion-de-datos-personales-2da-edicion-2017. Acesso em: 31 mar. 2024.

BRADFORD, Anu. The Brussels effect. **Northwestern University Law Review**, v. 107, nº 1, pp. 1-68, 2012. Disponível em: https://scholarlycommons.law.northwestern.edu/nulr/vol107/iss1/1/. Acesso em 22 mar. 2024.

BRASIL. Lei nº 13.709, de 14 de agosto de 2018. Lei Geral de Proteção de Dados Pessoais (LGPD). Brasília: Presidência da República, 2018. Disponível em: https://www.planalto.gov.br/ccivil_03/_ato2015-2018/2018/lei/l13709.htm. Acesso em: 31 mar. 2024.

BRASIL. Ministério da Cidadania. **Auxílio Emergencial 2020**. 2020. Disponível em: https://aplicacoes.cidadania.gov.br/vis/data3/index.php?g=2. Acesso em: 12 dez. 2022.

COLÔMBIA. Ley Estatutaria 1581 de 2012 (Octubre 17). Bogotá: Gestor Normativo, 2012. Disponível em: https://www.funcionpublica.gov.co/eva/gestornormativo/norma.php?i=49981. Acesso em: 31 mar. 2024.

FAHEY, Elaine. **The EU as a global digital actor: institutionalising global data protection, trade, and cybersecurity**. Oxford: Hart, 2024.

FRAZÃO, Ana; CARVALHO; Angelo Prata de; MILANEZ, Giovanna. **Curso de Proteção de Dados Pessoais Fundamentos da LGPD**. Rio de Janeiro: Forense, 2022.

GOODMAN, Bryce; FLAXMAN, Seth. European Union regulations on algorithmic decision making and a "right to explanation". **AI Magazine**, v. 30, nº 3, p. 50-57, 2017. Disponível em: https://ojs.aaai.org/aimagazine/index.php/aimagazine/article/view/2741. Acesso em: 11 jan. 2023.

KAMINSKI, Margot E. The Right to Explanation, Explained. **Berkeley Technology Law Journal**, v. 34, nº 1, p. 189-218, 2019. Disponível em: https://scholar.law.colorado.edu/faculty-articles/1227/. Acesso em: 11 jan. 2023.

MAYER-SCHÖNBERGER, Viktor; Ramge, Thomas. **Reinventing capitalism in the age of Big Data**. Nova Iorque: Basic Books, 2018.

MULHOLLAND, Caitlin; FRAJHOF, Isabella Z. Inteligência artificial e a Lei de Proteção de Dados Pessoais: breves anotações sobre o direito à explicação perante a tomada de decisões por meio de machine learning. In: FRAZÃO, Ana (coord.); MULHOLLAND, Caitlin (coord.). **Inteligência artificial e direito: ética, regulação e responsabilidade**. São Paulo: Revista dos Tribunais, 2019.

NOUGRÈRES, Ana Brian. El sistema legal uruguayo de protección de datos personales. **Revista de Derecho, Comunicaciones y Nuevas Tecnologías**, nº 3, pp. 1-30, dez. 2007. Disponível em: https://derechoytics.uniandes.edu.co/components/com_revista/archivos/derechoytics/ytics74.pdf. Acesso em: 11 jan. 2023.

PASQUALE, Frank. **The black box society: the secret algorithms that control money and information**. Cambridge: Harvard University Press, 2015.

PONT, Vivian Newman; ARANGO, María Paula Ángel. **Rendición de cuentas de Google y otros negocios en Colombia: la protección de datos personales en la era digital**. Bogotá: Dejusticia – Derecho, Justicia, Sociedad, 2019. Disponível em: https://www.dejusticia.org/wp-content/uploads/2019/01/Rendicio%CC%81n-de-cuentas-de-Google-y-otros-negocios-en-Colombia.pdf. Acesso em: 11 jan. 2023.

SILVEIRA, Alessandra. **On inferred personal data and the difficulties of EU law in dealing with this matter. UNIO: EU Law Journal (The Official Blog) – Thinking and debating Europe, 19 mar. 2024.** Disponível em: https://officialblogofunio.com/2024/03/19/editorial-of-march-2024. Acesso em: 2 abr. 2024.

TAVARES, Clarice; FONTELES, Juliana; SIMÃO, Bárbara; VALENTE, Mariana. **O auxílio emergencial no Brasil: desafios na implementação de uma política de proteção social datificada**. Chile: InternetLab; Derechos Digitales; International Development Research Centre, 2022. Disponível em: https://www.derechosdigitales.org/wp-content/uploads/01_Informe-Brasil_Inteligencia-Artificial-e-Inclusao_PT_22042022.pdf. Acesso em: 22 mar. 2024.

UNIÃO EUROPEIA. Diretiva 95/46/CE do Parlamento Europeu e do Conselho, de 24 de outubro de 1995, relativa à proteção das pessoas singulares no que diz respeito ao tratamento de dados pessoais e à livre circulação desses dados. Disponível: http://data.europa.eu/eli/dir/1995/46/oj. Acesso em: 31 mar. 2024.

UNIÃO EUROPEIA. Regulamento (UE) 2016/679 do Parlamento Europeu e do Conselho, de 27 de abril de 2016, relativo à proteção das pessoas singulares no que diz respeito ao tratamento de dados pessoais e à livre circulação desses dados e que revoga a Diretiva 95/46/CE (Regulamento Geral sobre a Proteção de Dados). Bruxelas: Jornal Oficial da União Europeia, 4 maio 2016. Disponível em: http://data.europa.eu/eli/reg/2016/679/oj. Acesso em: 31 mar. 2024.

UNIÃO EUROPEIA. Tribunal de Justiça. Caso C-634/21. OQ contra Land Hessen, sendo interveniente: SCHUFA Holding AG. Luxemburgo: 7 dez. 2023. Disponível em: https://curia.europa.eu/juris/liste.jsf?num=C-634/21. Acesso em: 31 mar. 2024.

URUGUAI. Ley No 18331. Ley de Protección de Datos Personales. Montevidéu: IMPO, 11 ago. 2008. Disponível em: https://www.impo.com.uy/bases/leyes/18331-2008. Acesso em: 31 mar. 2024.

URUGUAI. Unidad Reguladora y de Control de Datos Personales. **Guía general de protección de datos personales en Uruguay**. 2022. Disponível em: https://www.gub.uy/unidad-reguladora-control-datos-personales/comunicacion/publicaciones/guia-general-proteccion-datos-personales-uruguay. Acesso em: 10 jan. 2023.

VERONESE, Alexandre. Percepções sociais sobre inteligência artificial e proteção de dados pessoais na América Latina: usando pesquisa qualitativa de campo em perspectiva comparada. **Cadernos do Programa de Pós-graduação em Direito**, UFRGS, v. 18, nº 1, pp. 48-77, 2023. Disponível em: https://seer.ufrgs.br/index.php/ppgdir/article/view/135223. Acesso em: 31 mar. 2024.

VERONESE, Alexandre; LEMOS, Amanda N. L. Espiñeira. Trayectoria normativa de la inteligencia artificial en los países de Latinoamérica con un marco jurídico para la protección de datos: límites y posibilidades de políticas integradoras. **Revista Latinoamericana de Economía y Sociedad Digital**, nº 2, ago. 2021. Disponível em: https://revistalatam.digital/article/210207/. Acesso em: 31 mar. 2024.

VERONESE, Alexandre. The right of explanation and the right to object automatic decisions: comparing the European Union General Data Protection Regulation (EU/GDPR) with the Brazilian General Data Protection Federal Act (BGDPFA). **Communication Policy Research Latin America**, v. 13, p. 125-134, 2019.

VERONESE, Alexandre; SILVEIRA, Alessandra; LEMOS, Amanda N. L. Espiñeira. Artificial intelligence, Digital Single Market, and the proposal of a right to fair and reasonable inferences: a legal issue between ethics and techniques. **UNIO: EU Law Journal**, v. 5, nº 2, pp. 75-91, 2019. Disponível em: https://revistas.uminho.pt/index.php/unio/article/view/2294. Acesso em: 22 mar. 2024.

WACHTER, Sandra; MITTELSTADT, Brent; FLORIDI, Luciano. Why a right to explanation of automated decision-making does not exist in the General

Data Protection Regulation. **International Data Privacy Law**, v. 7, nº 2, 2017. p. 77. Disponível em: https://academic.oup.com/idpl/article/7/2/76/3860948. Acesso em: 10 jan. 2023.

YEUNG, Karen (ed.); LODGE, Martin (ed.). **Algorithmic regulation**. Oxford: Oxford University Press, 2019.

ZABALA LEAL, Tatiana Dulima. La ética en inteligencia artificial desde la perspectiva del derecho. **Via Inveniendi et Iudicandi**, v. 16, nº 2, pp. 1-27, 2021. Disponível em: https://revistas.usantotomas.edu.co/index.php/viei/article/view/6785. Acesso: 31 mar. 2024.

ZANATTA, Rafael. Perfilização, discriminação e direitos: do Código de Defesa do Consumidor à Lei Geral de Proteção de Dados Pessoais. In: MIRAGEM, Bruno (org.); LIMA MARQUES, Claudia Lima (org.); MAGALHÃES, Lucia Ancona (org.). **Direito do consumidor: 30 anos do CDC: da consolidação como direito fundamental aos atuais desafios da sociedade**. Rio de Janeiro: Forense, 2021. pp. 517-540.

## EXTRACONCURSALIDADE DO CRÉDITO DO BANCO FIADOR NA RECUPERAÇÃO JUDICIAL DO AFIANÇADO

*Fábio Ulhoa Coelho*[1]

### 1. INTRODUÇÃO: IMPORTÂNCIA DA PREVISIBILIDADE DO DIREITO PARA A ECONOMIA

A previsibilidade do direito (isto é, da aplicação da lei pelo Poder Judiciário) é um elemento fundamental da racionalidade do sistema capitalista[2]. É a partir de um conjunto de regras que se presumem racionais e racionalmente aplicadas pelos juízes que os agentes econômicos podem calcular os custos de suas atividades[3], cálculos estes que reper-

---

1 Professor Titular de Direito Comercial da Pontifícia Universidade Católica de São Paulo

2 Pelo menos desde MAX WEBER, a racionalidade do sistema capitalista está ligada umbilicalmente à previsibilidade da aplicação das leis pelos tribunais. Cfr., por todos, PAULA FORGIONI: "quanto maior o grau de segurança e de previsibilidade jurídicas proporcionadas pelo sistema, mais azeitado o fluxo de relações econômicas. A relação entre segurança, previsibilidade e funcionamento do sistema, explicada por Weber e base do pensamento de juristas modernos, é razão determinante da própria gênese do direito comercial [...]" (*Contratos empresariais*: teoria geral e aplicação. 8ª edição. São Paulo: RT, 2023, p. 122).

3 Atualmente, já se pode tomar por assente na comunidade jurídica a noção que, no passado não tão distante era altamente controvertida, de que o direito é um fator econômico gerador custos. Para FLÁVIO GALDINO, o autor de uma obra referencial na literatura jurídica brasileira sobre os impactos do direito nos custos: "[n]ossa doutrina e nossos tribunais, diuturnamente reconhecem, ao mesmo implicitamente, que os direitos individuais têm custos, muitas vezes elevados. Reconhecem quando, por exemplo, servem-se de indenizações como meios indiretos de salvaguardar os direitos dessa natureza. A retórica do 'respeito' – de caráter supostamente puramente passivo – pelos direitos individuais desvela sua face custosa na responsabilização na esfera civil (indenização, reparação, compensação) que é deferida na hipótese contrária (ainda que omissiva – omissão em proteger a liberdade individual). Seja permitido lembrar que este modelo de decisão judicial refere o que já se usou chamar 'sociedade de reparação generalizada', em especial para designar a sociedade americana, onde, havendo ao menos aparentemente um reconhecimento mais tênue dos direitos chamados sociais, a redistribuição da riqueza social funda-se na radicalização da proteção dos direitos individuais, revelando um discutível aperfeiçoamento da lógica individualista, mas que revela inequivocamente a face positiva dos direitos. Em conclusão, demonstrado que todo direito possui um custo, a opção pela sua efetivação independe de sua carac-

cutirão necessariamente nos preços e juros praticados por eles, configurando o ambiente mais ou menos amigável à atração de investimentos[4].

A questão da previsibilidade ganha importância sobretudo quando envolve assunto de grande complexidade, que normalmente se traduz em divisões doutrinárias e dissensos judiciais. Como podem os agentes econômicos calcular os seus custos, preços e juros quando interpretações opostas do mesmo dispositivo legal se debatem na comunidade jurídica?

Em casos como estes, a jurisprudência emanada da mais alta corte de direito privado, o STJ, é a fonte do critério que norteia os agentes econômicos. Estes adotam as suas decisões empresariais, calculando custos, preços e juros, no pressuposto de que esta jurisprudência servirá de balizamento para todo o Poder Judiciário nacional. A jurisprudência do STJ nem sempre fecha a questão, no sentido de dar a palavra final sobre as complexas matérias do direito empresarial, incluindo o sub-ramo do direito recuperacional. Mas – e isso é imprescindível para o equilíbrio e funcionalidade da economia – ela pelo menos define a *instância* em que a discussão pode continuar, caso deva continuar.

Em outros termos, diante de jurisprudência do STJ sobre questões complexas, as instâncias ordinárias dão a sua contribuição para o equilíbrio e funcionalidade da economia atendo-se à diretriz que emana do pronunciamento da instância especial na orientação de todos os agentes econômicos. Parte dos Juízos Recuperacionais e Tribunais de Justiça adotar o entendimento do STJ e parte adotar o entendimento contrário é a única situação em que todos (todos nós, brasileiros) saem perdendo. Com decisões judiciais imprevisíveis, os agentes econômicos não conseguem calcular com exatidão os seus custos e precisam, por isso, engordar preços e juros na tentativa sempre temerária de se precaver do inesperado.

Inicio este meu artigo, escrito em homenagem ao Ministro HUMBERTO MARTINS, com estas reflexões porque há uma questão controvertida, acerca do estatuto do crédito do banco fiador, corresponden-

terização como direito individual, direito de defesa ou direito social" (*Introdução à teoria dos custos dos direitos:* direitos não nascem em árvores. Rio de Janeiro: Lumen Juris, 2005, pp. 228229).

4 Sobre o tema, ver o meu artigo *legal protection of investments*. Em RSDE -Revista Semestral de Direito Empresarial. Publicação do Departamento de Direito Comercial e do Trabalho da Faculdade de Direito da Universidade do Estado do Rio de Janeiro (UERJ). Rio de Janeiro: Renovar-UERJ, janeiro-junho de 2014, vol. Nº 14, pp. 191-204.

te ao direito de regresso na recuperação judicial do afiançado, e há um pronunciamento do STJ a respeito do tema, dado pela unanimidade dos Ministros participantes do julgamento, que concluíram pela extraconcursalidade, nos termos do art. 49, *caput*, da Lei nº 11.101/05 (LRF). Convém ao equilíbrio e à funcionalidade da economia – convém à segurança jurídica – que as instâncias ordinárias reproduzam este entendimento para que eventual discussão seja feita no âmbito dos recursos cabíveis, isto é, no próprio STJ.

## 2. A EXTRACONCURSALIDADE É DO CRÉDITO E NÃO DO DÉBITO

No Recurso Especial nº 1.860.368-SP, relatado pela i. Ministra NANCY ANDRIGHI, chegou-se a decisão unânime no sentido de que o crédito do fiador em regresso não está sujeito aos efeitos da recuperação judicial do afiançado, caso o inadimplemento da obrigação garantida e a exigibilidade da honra da fiança tenham ocorridos após o pedido. Da ementa extraise:

> 4. de acordo com a norma do art. 49, *caput*, da Lei 11.101/05, não se submetem aos efeitos do processo de soerguimento do devedor aqueles credores cujas obrigações foram constituídas após a data em que o devedor ingressou com o pedido de recuperação judicial.
> [...]
> 6. O crédito passível de ser perseguido pelo fiador em face do afiançado – hipótese em exame – somente se constitui a partir do adimplemento da obrigação principal pelo garante. Antes disso, não existe dever jurídico de caráter patrimonial em favor deste.

Evidentemente, a despeito de eventuais interpretações em sentido diverso, os Juízos Recuperacionais e os Tribunais de Justiça devem se associar ao entendimento do STJ sobre essa complexa matéria, para o pleno atendimento da indispensável segurança jurídica e previsibilidade das decisões judiciais. Em nome desses valores primordiais para o equilíbrio e funcionalidade da economia, os Juízos Recuperacionais e os Tribunais de Justiça devem observar o entendimento em questão, para que eventual revisão deste, no âmbito do Poder Judiciário como um todo, *se houver*, seja feito exclusivamente pelo próprio STJ, em prol da previsibilidade das decisões judiciais e do regular funcionamento da economia.

O tema de fundo diz respeito, obviamente à extraconcursalidade dos créditos constituídos *após* o pedido de recuperação judicial. A fiança é sempre anterior enquanto a honra pelo fiador de suas obrigações costuma ser posterior ao pedido, quando o credor garantido toma conhecimento do ingresso da recuperação judicial pelo afiançado e não quer correr o risco da novação recuperacional. A questão consiste, assim, em verificar em que momento se constitui o crédito correspondente ao direito de regresso do fiador que honrou a obrigação do afiançado junto ao credor garantido.

Da resposta a esta pergunta depende a classificação desse crédito como sujeito ou não aos efeitos da recuperação judicial do afiançado; isto é, sua classificação como crédito "concursal" ou "extraconcursal" (como se diz no jargão da área, que, embora seja um tanto impreciso, está absolutamente disseminado), em vista do art. 49, *caput*, da LRF, estipula (grifo acrescido): *"Estão sujeitos à recuperação judicial todos os créditos <u>existentes</u> na data do pedido, ainda que não vencidos."*

Em vista da disposição legal, não há dúvidas de que um crédito existente na data do pedido de recuperação judicial está, em princípio, sujeito aos efeitos da novação recuperacional; mas um crédito inexistente nesta data, que venha a se constituir somente após o pedido, não está sujeito[5]. Note-se que a LRF fala sempre em sujeição aos efeitos da recuperação judicial de um "crédito"; ela não usa a expressão "débito", tampouco a expressão genérica "obrigação".

O que pode ou não estar sob os efeitos da recuperação judicial é, portanto, sempre um crédito. Não é um débito, nem a obrigação correspondente à relação jurídica indissociável entre débito-crédito. Essa particularidade é extremamente relevante porque, por meio dela, o legislador indica ao intérprete para qual patrimônio deve se olhar para fins de definir se o elemento patrimonial mencionado no art. 49, *caput*,

---

5 A norma nem poderia ser diferente; afinal, se a recuperação judicial alcançasse também os créditos posteriormente concedidos, a devedora nunca conseguiria superar a sua crise porque ninguém lhe concederia novos créditos. Como assinalam João Pedro Scalzilli, Luis Felipe Spinelli e Rodrigo Tellechea: "por inferência, todos os créditos constituídos após a distribuição da ação de recuperação judicial estão temporalmente excluídos do regime em questão. Isso porque a empresa 'continua funcionando normalmente e, portanto, negociando com bancos, fornecedores e clientes. Nesse contexto, se, após o pedido de recuperação judicial, os débitos contraídos pela sociedade empresária (ou empresa individual) se submetessem a seu regime, não haveria quem com ela quisesse negociar'" (*Recuperação de empresas e falência.* 4ª edição. São Paulo: Almedina, 2023, p. 596).

da LRF, existe ou não no marco temporal assinalado (pedido da recuperação judicial).

Ora, o crédito é sempre um elemento do patrimônio do credor. O que compõe o elemento do devedor é o débito. Se a LRF tivesse mencionado a sujeição aos efeitos da recuperação judicial dos *débitos* do requerente, o intérprete deveria olhar para o patrimônio deste para decidir se, no recorte temporal, ele já era existente. Se a LRF tivesse mencionado a sujeição aos efeitos da recuperação judicial de *obrigações* do requerente, a interpretação deveria olhar simultaneamente para o patrimônio dele e do outro sujeito da relação obrigacional, o do credor.

Mas a LRF menciona inquestionavelmente apenas *créditos* sujeitos aos efeitos da recuperação judicial (também assim no § 3º do art. 49, ao excluir outros tantos da novação recuperacional). Deste modo, o legislador orienta o intérprete a olhar exclusivamente para o patrimônio do credor, porque é nele, e somente nele, que um crédito pode existir ou não existir em determinada data.

Se na grande maioria das vezes, essa particularidade do art. 49, *caput* e § 3º, da LRF não tem maiores implicações, porque o crédito no patrimônio do credor surge simultaneamente ao débito no patrimônio do devedor, quando ocorre a situação excepcional de um descompasso entre a constituição de um ou outro, a escolha semântica do legislador é crucial e tem desdobramentos pragmáticos.

No dia em que é contratada a concessão de uma fiança, no patrimônio do afiançado devedor há um débito e no patrimônio do credor garantido há um crédito. Mas no patrimônio do fiador, não há nenhuma mutação patrimonial. Não se verifica nem a constituição de um débito em face do credor garantido, nem a de um crédito em face do devedor afiançado. Nada muda no patrimônio do fiador.

Somente no dia em que o afiançado deixa de pagar o credor garantido e a fiança se torna exigível é que se verificam mutações patrimoniais no âmbito do patrimônio do fiador. Ele se torna, então, devedor do credor garantido e credor, em regresso, do afiançado. Deve-se, em suma, definir se *esta* mutação patrimonial ocorreu antes ou após o pedido de recuperação judicial para fins de se concluir sobre a sujeição ou não aos seus efeitos do *crédito* correspondente ao direito em regresso do fiador. É irrelevante se ocorrem ou não mutações no patrimônio do devedor afiançado ou do credor garantido.

É esta a decorrência lógica, no plano das mutações patrimoniais, do entendimento do STJ sobre a matéria.

## 3. CONTABILIDADE BANCÁRIA E PATRIMÔNIO DOS BANCOS

Na empresas em geral, a contabilidade é a configuração numérica do patrimônio, isto é, a tentativa de tradução em números de uma realidade material (imóveis, estoques, equipamentos etc.). Assim é também para os bancos, mas duas particularidades precisam ser ressaltadas.

A primeira diz respeito à inexistência de algo assim que se possa chamar de "realidade material" dos elementos ativos e passivos mais importantes da escrituração bancária. Principalmente depois do início do processo de desmaterialização da moeda (que, iniciado com a moeda escritural, caminha rapidamente para a completa substituição do suporte metálico ou papelizado pela moeda digital soberana, o DREX), o patrimônio do banco e o contabilizado por ele se *identificam* de um modo específico, não verificável nas demais empresas. Nestas, a contabilidade *reflete* o patrimônio; nos bancos, ela é o próprio patrimônio.

Se uma empresa qualquer adquire um imóvel e o contador, por qualquer razão, o contabiliza por valor inferior ao de sua aquisição, isto produz efeitos no plano formal, mas é absolutamente inócuo na realidade material do patrimônio. O imóvel continua valendo o que vale, independentemente da contabilização. É assim também, por óbvio, relativamente aos bens incorpóreos de um banco. Mas estes não representam os elementos mais relevantes do patrimônio de uma instituição financeira. A atividade essencial dela pode-se dizer sem exagero *é* fazer uma contabilidade, isto é, escriturar créditos e débitos. A contabilidade bancária, no que ela tem de essencial, não reflete um patrimônio, mas se confunde com ele.

A segunda particularidade está relacionada à regulamentação bancária. Normas do BCB estabelecem com certo grau de detalhamento como a contabilidade bancária deve ser processada. Trata-se de mais um instrumento da autoridade monetária destinado ao monitoramento do sistema financeiro com o objetivo de evitar crises sistêmicas.

Uma empresa não bancária que concede fiança não precisa proceder a nenhuma escrituração, seja no ativo ou no passivo, no momento da concessão da garantia. Já um banco precisa fazer uma provisão na conta de compensações. Essa provisão evidentemente não corresponde à constituição de um crédito, tampouco de um débito. Apenas impede a distribuição aos acionistas de uma parcela do seu resultado de que ela poderá vir a necessitar, caso a fiança bancária precise ser honrada. Trata-se de uma medida prudencial, destinada a atender às finalidades da regulamentação bancária.

O provisionamento em conta de compensação, como se vê, não é uma mutação patrimonial. Não há nenhum crédito acrescido ao ativo da instituição financeira, assim como tampouco há um débito acrescido ao seu passivo. É uma espécie de "reserva" (aqui a expressão é empregada em sentido figurativo e não técnico-contábil ou jurídico) que previne a situação de a instituição financeira deixar de ter os recursos para honrar a fiança porque havia distribuído robustecidos dividendos. Em outros termos, o provisionamento da fiança, no momento da concessão, na conta de compensações não gera nenhuma mutação no patrimônio do banco fiador, muito menos a mutação constitutiva de crédito em face do afiançado. Este crédito simplesmente *não existe* antes do pagamento ao credor garantido e, consequentemente, se a exigibilidade da fiança for posterior ao pedido de recuperação judicial, incide a exclusão dos efeitos desta do *caput* do art. 49 da LRF.

Dessas duas particularidades, seguem certas conclusões úteis à compreensão do Entendimento-STJ: primeira, não existe nenhum ativo da titularidade do banco fiador enquanto não é contabilizado *como crédito* o valor a receber em regresso, já que patrimônio e contabilidade se identificam nesse caso; segunda, a provisão feita no momento da concessão da fiança decorre de medida prudencial regulatória e não corresponde, de nenhuma maneira, à constituição de crédito (ou débito) e não importa nenhuma mutação patrimonial.

## 4. EXTRACONCURSALIDADE E *PAR CONDITIO CREDITORUM*

É importante perceber que a extraconcursalidade do crédito não afeta em absolutamente nada a *par conditio creditorum*. É por demais assente que o tratamento paritário dos credores não significa tratamento igualitário. Cada credor é tratado de forma diferente de acordo com a natureza do seu crédito e nisso está toda a *par conditio creditorum*.

Se a lei exclui determinado crédito dos efeitos da recuperação judicial, isso de forma nenhuma agride o tratamento paritário dos credores. Ao contrário, a exclusão *é* o tratamento paritário, por representar o tratamento igual dos credores iguais e o tratamento desigual dos credores desiguais. O crédito *existente* na data do requerimento da recuperação judicial não pode receber tratamento desigual ao dispensado aos créditos *inexistentes* nessa data. Mas deve, sem dúvida nenhuma, receber tratamento *desigual* ao dispensado aos créditos *inexistentes* na data do pedido da recuperação judicial. E vice-versa.

Tratar os créditos extraconcursais de modo diferente dos concursais é a *essência* do princípio *par conditio creditorum* e não a sua deturpação. O entendimento do STJ sobre a extraconcursalidade do crédito do fiador em regresso não contraria a *par conditio creditorum.* Como resulta das reflexões acima, não há absolutamente nenhuma infringência ao princípio do tratamento paritário dos credores nesse entendimento, que se limita a interpretar como a lei distinguiu, no *caput* do art. 49 da LRF, a extraconcursalidade do crédito posterior ao pedido da concursalidade do crédito anterior ao pedido de recuperação judicial. O temor de "burlas ou fraudes" não faz sentido porque nenhuma instituição financeira, sob a estrita vigilância do BCB, poderia ser utilizada em uma imaginada tentativa de lesar todos os credores mediante a simulação de uma fiança bancária não honrada.

Exatamente porque não agride o tratamento paritário dos credores, a extraconcursalidade, uma vez estabelecida, não pode ser discutida pelos credores do requerente da recuperação judicial. Limitando-se o enfoque apenas ao que dispõe a lei, sem outras considerações principiológicas, apenas certos agentes estão legitimados a discutir o estatuto de um crédito na recuperação judicial, e entre eles não se encontram os credores da empresa em recuperação judicial.

Apenas para organização do argumento, relembre-se como a LRF disciplina a tramitação da verificação de crédito na recuperação judicial. Inicia-se com a publicação do edital com a relação de credores apresentada pelo devedor juntamente com o seu pedido de recuperação judicial (LRF, art. 51, § 2º). Nos 15 dias seguintes, qualquer credor pode apresentar ao administrador judicial a *habilitação* ou a *divergência* (art. 7º, § 1º). Apresentará habilitação se o seu crédito foi omitido e apresentará divergência se o crédito foi mencionado, mas em valor ou classificação diferente da pretendida pelo credor. Em 45 dias, contados do fim deste prazo, o administrador judicial publica novo edital com a relação de credores, a partir do exame da escrituração e documentos do devedor e dos elementos objeto de habilitação ou divergência (art. 7º, § 2º)[6]. Nos 10 dias seguintes, o "Comitê, qualquer credor, o devedor ou seus sócios ou o Ministério Público" pode apresentar impugnação à relação de cre-

6 Cfr., por todos, MANOEL JUSTINO BEZERRA FILHO. *Lei de recuperação de empresas e falência*: Lei 11.101/05 comentada artigo por artigo. 15ª edição. São Paulo: RT, pp. 115-117.

dores do administrador judicial (art. 8º)[7]. Apresentada a impugnação de um crédito, o titular deste tem o prazo de 5 dias, contados de intimação, para contestar (art. 11)[8]. Se é o próprio credor que está impugnando a relação do administrador judicial, como no presente caso, evidentemente não haverá oportunidade para contestação. Em seguida, o devedor em recuperação judicial e o Comitê, se houver, serão intimados para, em 5 dias, se manifestarem sobre a impugnação (art. 12, *caput*). Na sequência, o administrador judicial é intimado para dar o seu parecer, também no prazo de 5 dias, sobre o objeto da impugnação (art. 12, parágrafo único)[9]. Prosseguindo, os autos da impugnação são conclusos para que o juiz: (a) determine a inclusão no quadro-geral de credores das habilitações de créditos não impugnadas; (b) julgue as impugnações que entender suficientemente esclarecidas pelas alegações e provas apresentadas pelas partes; (c) fixe, em cada uma das restantes impugnações, os aspectos controvertidos e decida as questões processuais pendentes; e (d) determine as provas a serem produzidas, designando audiência de instrução e julgamento, se necessário (art. 15)[10].

Como se percebe, a LRF não prevê, na verificação dos credores, nenhuma oportunidade para os demais credores se manifestarem sobre a impugnação apresentada à relação do administrador judicial por qualquer um deles. Sobre a impugnação têm oportunidade para se manifestar apenas o devedor, o Comitê e o administrador judicial. Quando credores tomam a iniciativa de se manifestar numa impugnação eles estão, na verdade, usurpando a competência do Comitê de credores, ao tentar fazer as vezes deste.

A verificação de créditos segue o mesmo procedimento tanto na recuperação judicial como na falência. Mas, estes dois institutos são essencialmente diferentes e as suas diferenças devem ser levadas em conta, evidentemente, na interpretação dos dispositivos da LRF que lhe são "comuns". De um lado, a *falência* corresponde à execução concursal do

---

7 Cfr., por todos, *data venia*, meu *Comentários à Lei de Falências e de Recuperação de Empresas*. 15ª edição. São Paulo: RT, 2021, pp. 82-83.

8 Cfr., por todos, Fernando Antonio Maia da Cunha e Maria Rita Rebello Pinho Dias. *Comentários à lei de recuperação de empresas e falência*. São Paulo: Contracorrente, 2022, pp. 198199.

9 Cfr., por todos, Marcelo Barbosa Sacramone. *Comentários à lei de recuperação de empresas e falência*. 2ª edição. São Paulo: Saraiva, 2021, pp. 137-138

10 Cfr., por todos, Sérgio Campinho. *Curso de direito comercial*: falência e recuperação de empresa. 9ª edição. São Paulo: Saraiva, 2018, vol. 3, pp.109-115.

patrimônio do devedor falido, visando à sua completa liquidação. Nele, como em qualquer outra execução, o devedor falido é expropriado de seus bens, para a satisfação dos direitos dos credores. De outro lado, a *recuperação judicial*, mecanismo criado pelo legislador para que o devedor possa evitar a falência, caso esteja em dificuldades para honrar suas dívidas, mas desenvolva uma atividade econômica viável. Nele, não há liquidação da empresa, nem expropriação de patrimônio. Trata-se, como aponta a doutrina autorizada, de um verdadeiro *contrato judicial*[11].

A LRF, assim, abriga dois institutos, sendo um deles uma execução concursal destinada à liquidação da empresa (falência) e outro, um contrato judicial destinado à preservação da empresa (recuperação judicial). Como se pode perceber, os objetivos dos institutos são opostos, diametralmente opostos. De modo esquemático:

| **Instituto da LRF** | **Natureza** | **Objetivos** |
|---|---|---|
| Falência | Execução Concursal | Liquidação da empresa |
| Recuperação Judicial | Acordo Judicial | Superação da crise<br>Preservação da empresa |

Pois bem. Na interpretação da LRF, deve-se necessariamente proceder à identificação dos primados associados à *"lógica de setor"*, para usarmos a expressão de NATALINO IRTI[12]. A "lógica de setor" serve para

11 SÉRGIO CAMPINHO é preciso: "o processo de recuperação judicial visa, no seu âmago, a uma única finalidade: a aprovação por parte do devedor e seus credores de uma proposta destinada a viabilizar a empresa por aquele até então realizada. O estado de crise econômico-financeira vai se revelar, assim, transitório e superável pela vontade dos credores, a qual conduzirá ao objetivo do procedimento, qual seja, a recuperação da empresa. A atuação do juiz ficará restrita à verificação das disposições legais aplicáveis ao plano. É um guardião de sua legalidade. Fica-lhe obstado, pois, interferir no seu conteúdo, de domínio exclusivo das partes. A exigência da chancela do acordo por autoridade judicial representa uma medida de política judiciária. Por isso, em nossa visão, o instituto da recuperação judicial deve ser visto com a natureza de um contrato judicial, com feição novativa, realizável através de um plano de recuperação, obedecidas, por parte do devedor, determinadas condições de ordem subjetiva e objetiva para sua implementação" (*Falência e recuperação de empresas*. 5ª edição. Rio de Janeiro: Renovar, 2010, pp. 11-12).

12 A noção de lógica de setor difundiu-se na comunidade jurídica brasileira em função de reflexões feitas pelo jurista italiano NATALINO IRTI. Para este autor, o direito peninsular teria experimentado, na segunda metade do século passado, um processo de decodificação, representado pela refuncionalização do Codice Civile como

evitar, de um lado, a completa desarticulação do ordenamento jurídico e de outro, a autarquização dos institutos. As comuns à recuperação judicial e à falência (LRF, arts. 5º a 46) devem ser interpretadas de acordo com a lógica do setor, isto é, de acordo com a natureza e finalidade do instituto a que, num caso concreto, se refere.

Uma das consequências da interpretação pela lógica do setor é a inexistência de algo assim como a *massa recuperacional*. Sabe-se que, na falência, um dos efeitos da sentença declaratória da quebra é a constituição da massa falida, desdobrada em objetiva e subjetiva[13]. Definitivamente, não existe a massa recuperacional objetiva ou subjetiva. De um lado, porque os bens do devedor em recuperação não são submetidos a nenhuma constrição judicial preparatória de sua expropriação, não havendo que se falar em massa objetiva. De outro, porque o devedor continua na administração da empresa, não sendo substituído, na titularidade dos direitos e obrigações, pela comunhão de interesse dos seus credores[14].

---

norma residual, e não mais central do sistema (função desempenhada, atualmente, pela Constituição). Segundo este autor, "intorno al nuovo criterio di disciplina - come intorno agli antichi le norme del codice - si dispongono le norme speciali, si organizzano, si svolgono in piccoli universi legislativi. Nascono così - ora appena accennati, ora più limpidi e netti - i *micro-sistemi*: insiemi di norme speciali, che, dettate per singoli istituti o classi di differenziale tiene sempre dietro un effetto, questo dice che essa ha suscitato un nuovo criterio di valutazione, ha springionato, nell'àmbito del grande ordinamento giuridico, una *loggica di settore*" (*L'età della decodificazione*. 4ª edição. Milão: Giuffrè, 1999, p. 71).

---

13 A massa falida objetiva é o conjunto de bens do falido sujeitos à constrição judicial da arrecadação, como medida predestinada à sua expropriação judicial, para satisfação do passivo; a massa falida subjetiva, por sua vez, é a comunhão dos interesses dos credores que, inclusive, passa a titularizar os direitos e obrigações anteriormente titulados pelo falido, como verdadeira extensão deste (Cfr., por todos, José Xavier Carvalho de Mendonça. *Tratado de Direito Commercial Brasileiro*. 3ª edição posta em dia por Achilles Bevilaqua e Roberto Carvalho de Mendonça. Rio de Janeiro: Freitas Bastos, 1934, vol. VII, Livro V, pp. 378 e 379; Octavio Mendes. *Fallencias e Concordatas*. São Paulo: Saraiva, 1930, p. 133; e Rubens Requião. *Curso de direito falimentar*. 15ª edição. São Paulo: Saraiva, 1993, vol. 1, p. 137).

14 O direito recuperacional brasileiro adotou a regra da continuidade da administração da empresa em crise (LF, art. 64, *caput*). Considerou o legislador que manter à frente da empresa em crise os mesmos administradores é a melhor forma de se alcançarem os objetivos do instituto (LF, art. 47). Na verdade, a alteração da direção da empresa no momento em que ela passa por perigosa crise mostra-se, no mais das vezes, medida temerária. Alterar o quadro de administradores, neste mo-

A lógica de setor identificando as diferenças entre falência e recuperação judicial é útil para compreender-se a falta de legitimidade dos demais credores para se manifestarem sobre a impugnação apresentada por um deles no âmbito desse segundo instituto. Como não existe uma massa recuperacional em liquidação e os credores de um devedor em recuperação judicial não estão disputando os bens do ativo para a satisfação de seus créditos, não há interesse legítimo de qualquer um deles em se manifestar sobre a impugnação apresentada pelo outro acerca do próprio crédito.

A impugnação pode ser apresentada por um credor para que o juiz altere, na relação de credores organizada pelo administrador judicial, o seu próprio crédito ou crédito alheio. Nessa segunda hipótese, aquele credor que teve o seu crédito impugnado terá a oportunidade de se defender. Mas na primeira hipótese, em que o credor impugna o próprio crédito, não têm os demais credores nenhum interesse e, portanto, nenhuma legitimidade para interferirem com o processamento da impugnação.

Se, na falência, em vista da liquidação do patrimônio do devedor e da disputa pela satisfação do crédito em bens insuficientes para tanto, poder-se-ia cogitar de interesse de um credor sobre o sucesso da impugnação do crédito alheio, na recuperação judicial esse interesse simplesmente não existe, em razão da lógica de setor.

---

mento crucial, pode ser altamente inconveniente porque os substitutos terão, em geral, que se familiarizar com a empresa antes de diagnosticar as causas da crise e criar soluções para enfrentá-la. Eduardo Secchi Munhoz lista os demais benefícios do *debtor-in-possession*: "a preferência [da maioria dos países] pela manutenção do devedor e seus administradores decorre do reconhecimento de que, ainda que possa significar um aumento dos custos de transação e desvios significativos da *absolute priority rule*, tal solução traz como pontos positivos: (i) incentiva o devedor a não postergar a distribuição do pedido de recuperação, (ii) não gera ao devedor aversão ao crédito, (iii) evita a adoção de projetos com risco excessivo, na medida em que o devedor, na recuperação, pode obter para si uma parcela do valor da empresa, (iv) possibilita a elaboração do plano por quem detém mais informações sobre a empresa e (v) estimula a reorganização, na medida em que confere poder de barganha ao devedor" (*Comentários à Lei de Recuperação de Empresas e Falência*. Coordenado por Francisco Satiro de Souza Junior e Antônio Sérgio A. de Moraes Pitombo. São Paulo: RT, 2005, p. 304).

## 5. BREVÍSSIMO ARREMATE

Quando uma questão altamente complexa e controvertida encontra uma solução em entendimento do STJ, para a segurança em jurídica em geral sempre convém aos magistrados de instância inferior verificar se não é o caso de o reproduzir em suas decisões, respeitada sempre a autonomia do julgador e a sua prudência e valores fundamentais. Isso não significa que a questão não possa mais ser revista, mas, muito ao contrário, apenas define a instância da rediscussão, que passa a ser o STJ. Para chegar até esta Corte, percorrem-se os caminhos traçados pelos recursos do Código de Processo Civil. Importante, também, é a questão da legitimidade ativa para recorrer. Em um assunto que não diz respeito ao tratamento paritário dos credores, como é o da extraconcursalidade de qualquer crédito, estes não têm nenhuma legitimidade para o discutir.

# O PRINCÍPIO JURÍDICO DA SUBSIDIARIEDADE E AS LIBERDADES ECONÔMICAS

*Reynaldo Soares da Fonseca*[1]
*Rafael Campos Soares da Fonseca*[2]

## INTRODUÇÃO

É uma honra compartilhar deste *liber amicorum* vocacionado a homenagear os 18 anos de judicatura no Superior Tribunal de Justiça do eminente Ministro Humberto Eustáquio Soares Martins, que compõe mais de duas décadas de atividades enquanto magistrado. Alagoano de Maceió, marido de Dona Rita de Cássia Martins, pai do desembargador federal Eduardo Alves Martins e Camila Alves Martins e formado na Universidade Federal de Alagoas, Sua Excelência tem conhecida e larga trajetória no Ministério Público e na advocacia privada – galgando o reconhecimento dos pares na qualidade de Presidente da OAB/AL por dois triênios – e pública, a ponto de chegar à condição de Subprocurador Geral do Estado de Alagoas, bem como na Academia, especialmente no magistério superior universitário em sua *alma mater*. Em suma, são devidos efusivos cumprimentos aos Senhores Organizadores por oportuna e justa homenagem a um jurista e homem público brasileiro.

---

1 Pós-doutorado em Democracia e Direitos Humanos pelo *Ius Gentium Conimbrigae* – Centro de Direitos Humanos (IGC) da Universidade de Coimbra, Portugal. Doutorado em Direito Constitucional pela FADISP-SP, com pesquisa realizada na Universidade de Siena, Itália. Mestrado em Direito Público (PUC/SP). Pós-Graduação em Direito Constitucional (UFMA), Direito Penal (UNB) e Inteligência Financeira (ESAF). Graduação em Direito pela Universidade Federal do Maranhão. Professor Adjunto da Universidade Federal do Maranhão, atualmente em colaboração técnica na Universidade de Brasília – UNB. Professor do Mestrado Profissional em Direito, Regulação e Políticas Públicas – UNB. Professor do Doutorado e Mestrado da UNINOVE.

2 Doutor em Direito Econômico, Financeiro e Tributário pela Universidade de São Paulo. Pós-doutorando, Mestre em Direito, Estado e Constituição e Bacharel em Direito, todos pela Universidade de Brasília. Professor Titular do programa de pós-graduação stricto sensu em Direito (mestrado e doutorado) da Faculdade Autônoma de Direito – FADISP/SP. Coordenador-Geral do Curso de Direito do Centro Universitário UNIEURO/DF. Professor Doutor da Universidade Ceuma/MA. Professor Adjunto da graduação e da pós-graduação *lato sensu* do Instituto Brasileiro de Ensino, Desenvolvimento e Pesquisa – IDP/DF.

A Lei federal 13.874/2019, que fundamentalmente instituiu uma declaração de direitos da liberdade econômica e estabeleceu garantias da livre iniciativa, representa objeto presente e futuro de perquirições acadêmicas nas mais diversas áreas do Direito, exemplificativamente o Direito Econômico, Comercial e Civil. A título de breve investigação ao texto legal, este artigo dedica-se a compreender o princípio legal referente à intervenção subsidiária e excepcional do Estado sobre o exercício de atividades econômicas, nos termos do art. 2º, III, da Lei da Liberdade Econômica. Cuida-se, portanto, de esforço acadêmico destinado a decompor a incidência da noção de subsidiariedade no domínio econômico.

Em exame de conformidade à Constituição em sua dimensão prospectiva, pretende-se cotejar a função atribuída ao Estado na economia capitalista de mercado e o dirigismo estatal promovido pelo direito econômico, extraindo-se possibilidades hermenêuticas de convívio desses arcabouços normativos de diferentes estaturas.

Com efeito, o argumento da pesquisa restará dividido em duas partes, além desta introdução e do fecho conclusivo. Inicialmente, serão tecidas considerações sobre a gênese do princípio da subsidiariedade na experiência comparada e as tentativas de sua tradução pelo direito brasileiro. Em seguida, o enfoque argumentativo se centrará na operacionalização do conteúdo jurídico da subsidiariedade nas Constituições Financeira e Econômicas.

## 1. PRINCÍPIO JURÍDICO DA SUBSIDIARIEDADE: ORIGEM E SENTIDOS

Tradicionalmente, localiza-se a origem do princípio da subsidiariedade na Doutrina Social da Igreja, notadamente na carta encíclica do Papa Pio XI "*Quadragesimo anno*", de 15 de maio de 1931, sobre a restauração e aperfeiçoamento da ordem social, em conformidade com a Lei Evangélica, no quadragésimo aniversário da encíclica "*Rerum Novarum*" de Leão XIII. Nesse sentido, defendeu-se no documento a atuação supletiva dos poderes públicos, deixando aos particulares ou associações do corpo social, a partir de uma colaboração de classes, as funções mais primordiais na formulação jurídica dos mercados. Rejeitou-se, então, o caminho do socialismo, ao identificar esse modo de produção como incompatível com a doutrina católica. Sendo assim, o fim da ação social seria coadjuvante aos seus membros considerados precipuamente como indivíduos, sem absorvê-los ou destruí-los.

Por sua vez, em desconstrução crítica[3] da caracterização da subsidiariedade enquanto princípio jurídico, sendo, ao reverso, mera forma de gestão do direito e do Estado, Regis Fernandes de Oliveira identifica na "*Ilíada*", de Homero,[4] a origem remota dessa ideia. Ao seu ver, ela teria surgido precisamente no momento em que Zeus impede os demais deuses de interferir na Guerra de Tróia, pois os humanos seriam capazes de resolverem seus problemas nesse contexto beligerante, sem auxílio do divino. Tendo como único limite a liberdade e concebendo o direito como objeto de manipulação do dominador sobre o dominado, referido jurista bem clarifica que "[a] subsidiariedade é simplesmente uma forma de ação em face de alguém que se encontra impossibilitado, temporariamente, de ter o comportamento exigido pelo ordenamento, para falar em termos jurídicos"[5].

No entanto, parece mais imediata a indicação do item IX da "*Carta del Lavoro*", de 21 de abril de 1927,[6] editada pelo governo italiano de Benito Mussolini, como a gênese da noção de subsidiariedade econômica do Estado, segundo a qual a intervenção do Estado na produção econômica somente se justificaria na insuficiência da iniciativa privada ou quando se coloque em questão o interesse político do Estado. Em termos livres, preconizava o diploma que "a intervenção do Estado na produção econômica tem lugar unicamente quando falte ou seja insuficiente a iniciativa privada ou quando estejam em jogo interesses políticos do Estado", sendo que "tal intervenção pode[ria] assumir a forme de controle, de encorajamento e de gestão direta".

A partir dessa associação inaugural entre a subsidiariedade e o fascismo italiano, torna-se lamentável que a categoria se encontre historicamente ligada no Brasil às ordens constitucionais outorgadas em períodos autoritários. De início, percebe-se influência literal da codificação do trabalho fascista no art. 135 da Constituição de 1937:

---

3 DERRIDA, Jacques. **Força de lei: o "fundamento místico da autoridade"**. Trad. Leyla Perrone-Moisés. 2 ed. São Paulo: WMF Martins Fontes, 2010.

4 HOMERO. **Ilíada.** 4 ed. Trad. Frederico Lourenço. Lisboa: Cotovia, 2010.

5 OLIVEIRA, Regis Fernandes de. **Curso de Direito Financeiro**. 7 ed. São Paulo: Revista dos Tribunais, 2015, p. 97.

6 BERCOVICI, Gilberto. O princípio da subsidiariedade e o autoritarismo. **Consultor Jurídico**, 8 de novembro de 2015. Disponível em: <https://www.conjur.com.br/2015-nov-08/estado-economia-principio-subsidiariedade-autoritarismo>. Acesso em 2 de maio de 2024.

> Na iniciativa individual, no poder de criação, de organização e de invenção do indivíduo, exercido nos limites do bem público, funda-se a riqueza e a prosperidade nacional. A intervenção do Estado no domínio econômico só se legitima para suprir as deficiências da iniciativa individual e coordenar os fatores da produção, de maneira a evitar ou resolver os seus conflitos e introduzir no jogo das competições individuais o pensamento dos interesses da Nação, representados pelo Estado. A intervenção no domínio econômico poderá ser mediata e imediata, revestindo a forma do controle, do estimulo ou da gestão direta.

Posteriormente, no regime militar, assume-se o caráter supletivo do Estado, que volta a aparecer no art. 163 da Constituição de 1967, segundo o qual "às empresas privadas compete preferencialmente, com o estímulo e apoio do Estado, organizar e explorar as atividades econômicas," assim como que "somente para suplementar a iniciativa privada, o Estado organizará e explorará diretamente atividade econômica". Vale-se, ainda, registrar que esses comandos normativo foram transladados ao art. 170 da Emenda Constitucional 1/1969.

Nesse contexto, uma linha de raciocínio possível consiste em refutar a centralidade da livre iniciativa e seu suporte pelo princípio da subsidiariedade por sua incompatibilidade axiológica à ordem democrática e seus elementos ideológicos previstos na Constituição da República de 1988,[7] o que gera consequências em eventual juízo apreciativo da Lei nº 13.874/2019.[8]

Por outra linha de pensamento,[9] é possível depreender da subsidiariedade um ideal estruturante da espacialidade pública e seus reflexos econômicos. Isso porque para além de visar à alocação ótima de execução de tarefas públicas, a partir de critério de necessidade-eficiência, essa categoria jurídica tem como função declarar a liberdade política de

7 SOUZA NETO, Cláudio Pereira de. Fundamentalização e fundamentalismo na interpretação do princípio constitucional da livre iniciativa. **Revista Latino-americana de Estudos Constitucionais**, Belo Horizonte, nº 8, pp. 622-666, jan./jun. 2008.

8 BERCOVICI, Gilberto. Parecer sobre a Inconstitucionalidade da Medida Provisória da Liberdade Econômica (Medida Provisória nº 881, de 30 de abril de 2019). **Revista Fórum de Direito Financeiro e Econômico,** Belo Horizonte, v. 15, p. 173-202, 2019.

9 BARACHO, José Alfredo de Oliveira. **O Princípio da subsidiariedade: conceito e evolução.** Rio de Janeiro: Forense, 2000.

entes federativos subnacionais e orientar a atuação do indivíduo. É praticamente ocioso dizer que esse estado de coisas leva a cabo uma estruturação da comunidade política entre Estado e sociedade.[10]

Por servir de vetor axiológico de orientação das tarefas públicas, inclusive em dinâmica com a iniciativa privada, *v.g.* atividades de fomento e Parcerias Público-Privadas, a subsidiariedade ganha relevância nos terrenos das Constituições Financeira[11] e Econômica, passando-se a ocupar neste limitado contributo acadêmico dessas ordens constitucionais parciais.

## 2. CONTEÚDO JURÍDICO DA SUBSIDIARIEDADE

A opção por buscar compreender as possibilidades interpretativas do princípio da subsidiariedade na realidade constitucional brasileira justifica-se não só pela sua relevância no contexto nacional, mas também, em um viés comparativo, pelo aprendizado conjunto possibilitado pela experiência europeia precipuamente com o Tratado de Maastricht e germânica vertida na Lei Fundamental de Bonn. Nesses cenários, possibilitou-se mediante a subsidiariedade a dispersão do poder político em prol do federalismo e da liberdade individual. Em outras palavras, permitiu-se mais diversidade na unidade. Justamente por essa razão, reputa-se ser producente perquirir os possíveis sentidos da subsidiariedade como norma jurídica.

Na esteira de Seiler, a Constituição Financeira ecoa o conceito de subsidiariedade, ao, por exemplo, repartir e discriminar receitas tributárias segundo critérios de correspondência financeira entre as receitas auferidas e as responsabilidades imputadas que denotam gastos público. Toma-se, por intermédio de abordagem dogmática cautelosa, a subsidiariedade como "regra de sabedoria" que fundamenta as pretensões normativas dos sujeitos de direito segundo a qual deve-se dar prioridade ao indivíduo e às associações humanas menores na persecução de suas tarefas e interesses mais específicos, sendo que os entes maiores

---

10 DROEGE, Michael. Subsidiarität als Strukturprinzip. KUBE, Hano; REIMER, Ekkehart (ed.). **Subsidiarität in der Finanzverfassung**. Heidelberg: Institut für Finanz- und Steuerrecht, 2015, pp. 21-23.

11 DRÜEN, Klaus-Dieter. Staatliche und private Finanzierung öffentlicher Aufgaben. KUBE, Hano; REIMER, Ekkehart (ed.). **Subsidiarität in der Finanzverfassung**. Heidelberg: Institut für Finanz- und Steuerrecht, 2015, p. 103.

somente devem agir caso possuam maior aptidão para tanto. A resultante é uma organização do poder caracterizada pela liberdade e pela responsabilidade social.[12]

Verifica-se, a propósito, que o conceito também gera ganhos cognitivos, e não imediatamente políticos, haja vista que a normatividade dela está mais ligada à ordenação das atividades dogmática e legislativa, inclusive como imaginação constitucional.

Por seu turno, Reimer esgrime o conteúdo jurídico da subsidiariedade em uma dimensão positiva que denota obrigação de assistência pelo ente maior, o que gera segurança, ao passo que em perspectiva negativa representa um interdito à interferência desnecessária ante a responsabilidade própria dos entes menores, produzindo-se liberdade. De toda forma, aponta-se para a ambivalência do conceito a depender do ponto de vista que se adote, o que eventualmente pode gerar deturpação do pacto federativo ou conformação dos mercados econômicos. Sob a perspectiva do ente maior, a subsidiariedade pode ser instrumentalizada como oferta paternalista de auxílio, ao passo que para o ente inferior pode significar perda de autoridade e frutos do seu próprio esforço, atribuindo-se o fracasso por problemas locais às esferas políticas centrais em lógica infantilizada.[13]

A afirmação da subsidiariedade na Constituição Econômica é mais problemática, uma vez que pressupõe tomada de posição em relação aos espaços atribuíveis ao Estado e a sociedade organizados em mercados econômicos por criação jurídica. Para efeitos de apropriação conceitual, a Constituição Econômica pode ser compreendida como sistema de normas constitucionais voltado à orientação da ordenação econômica, mediante a integração dos agentes econômicos particulares e o Estado, implicando em funções de distribuição, redistribuição e intervenção levados a efeito pela esfera estatal. Na verdade, discute-se a própria funcionalidade do Direito Econômico como ramo ou método jurídico, haja

---

12 SEILER, Christian. Subsidiarität im finanzverfassungsrechlichen Bund-Länder-Verhältnis. KUBE, Hano; REIMER, Ekkehart (ed.). **Subsidiarität in der Finanzverfassung**. Heidelberg: Institut für Finanz- und Steuerrecht, 2015, pp. 30-35.

13 REIMER, Ekkehart. Querschnitte und Folgegragen – ein Resümee. KUBE, Hano; REIMER, Ekkehart (ed.). **Subsidiarität in der Finanzverfassung**. Heidelberg: Institut für Finanz- und Steuerrecht, 2015, pp. 107-110.

vista que se pode funcionalizá-lo para a superação do subdesenvolvimento[14] ou, em termos mais restritos, para solucionar falhas de mercado.

A expressão jurídica formalizada da noção de subsidiariedade apresenta-se pela absorção de dois significados, a complementariedade e a suplementariedade, sendo que a primeira explica as exigências diferenciadas ao poder público e as pessoas privadas que redundam na divisão originária entre direitos de escopo privado e público, ao passo que a segunda destina-se a decidir impasses intransponíveis na perspectiva privada entre agentes mercadológicos concorrentes.

Segundo Baracho, a subsidiariedade na economia denota interdito à arbitrariedade estatal na medida em que toda autoridade investida em funções públicas deve justificar seus atos, ainda mais na seara econômica. Igualmente, constrói-se enquanto fator hermenêutico importante em dilema alternativo de dois caminhos interpretativos viáveis, privilegiando-se as escolhas que maximizem os interesses e a autodeterminação dos agentes privados.[15]

Nessa linha, não se concebe, em um primeiro olhar, o caráter constitucional do princípio da subsidiariedade na economia, diante de comandos já preconizados em conceitos jurídicos autônomos, como o devido processo legal em sua acepção substantiva,[16] limitando-se à estatura legal. Soma-se, assim, a categorias igualmente relevantes no ordenamento jurídico, *v.g.* o equilíbrio fiscal posto na LC 101/2000 e a equidade intergeracional na LC 159/2017, que não servem como parâmetros de controle de constitucionalidade, mas delas derivam comandos normativos e regras mais especializadas na ambiência econômica, como é o caso das garantias da livre iniciativa previstos no art. 3º da Lei da Liberdade Econômica.

Ademais, não decorre necessariamente dos princípios da ordem econômica, fundada na valorização do trabalho humano e na livre iniciativa, encartados no art. 170 da Constituição da República de 1988, o caráter excepcional e supletivo da atuação estatal nas atividades econô-

---

14 COMPARATO, Fábio Konder. O Indispensável Direito Econômico. **Revista dos Tribunais**, v. 54, nº 353, pp. 14-26, mar. 1965.

15 BARACHO, José Alfredo de Oliveira. O Princípio de Subsidiariedade: conceito e revolução. **Revista de Direito Administrativo**, Rio de Janeiro, v. 200, pp. 21-54, abr./jun. 1995, pp. 36-40.

16 CASTRO, Carlos Roberto Siqueira. **O Devido Processo Legal e os Princípios da Razoabilidade e da Proporcionalidade.** 5 ed. Rio de Janeiro: Forense, 2010.

micas, haja vista que o programa constitucional pressupõe a mobilização da atividade financeira do Estado na promoção de direitos fundamentais e objetivos republicanos. Não custa lembrar que o ente estatal atua na exploração direta de atividade econômica nos casos em que há imperativos da segurança nacional ou relevante interesse coletivo, assim como na condição de agente normativo e regulador na e sobre a economia, ou mesmo por meio da prestação de serviços públicos diretamente ou sob regime de concessão ou permissão.

Sendo assim, o enfoque jurídico deve transladar-se para o grau de liberdade de conformação facultado ao Poder Legislativo ordinário na flexibilização dos programas econômicos hauridos da ordem constitucional, que englobam aspectos sociais e ideológicos de conotações liberais, sociais, intervencionista, abstencionista, entre outros, sem incorrer em vícios de inconstitucionalidade. Almeja-se, por conseguinte, à harmonização interpretativa dos inevitáveis conflitos que surgiram na concretização dessas e outras normas em casos concretos em searas judicial ou administrativa.

## 3. CONSIDERAÇÕES FINAIS

Este singelo contributo acadêmico serviu, antes de tudo, como uma consideração laudatória a um notável magistrado brasileiro, homenageado nesta obra coletiva, o ilustre Ministro Humberto Martins. Considerando a atuação de Sua Excelência em múltiplos ramos do Direito, seja em seara acadêmico, seja no campo profissional, pretendeu-se perquirir o princípio legal referente à intervenção subsidiária e excepcional do Estado sobre o exercício de atividades econômicas, nos termos do art. 2º, III, da Lei da Liberdade Econômica.

O dispositivo aqui analisado trouxe como princípio informador de aplicação da própria legislação a atuação excepcional e supletiva do Estado na ambiência econômica. Trata-se de comando normativo relacionado ao princípio da subsidiariedade no direito econômico. Cuida-se de norma que encontra pleno desenvolvimento em experiências comparadas democráticos, contudo vigorou em termos constitucionais apenas em regimes autoritários vivenciadas no Brasil no curso do século passado. Isso guarda especial consonância com a afirmação da gênese da ideia na *Carta del Lavoro* de 1927, concebida pelo regime fascista italiano.

Rechaçado, à primeira vista, o caráter constitucional da estrutura normativa, investigou-se o conteúdo da subsidiariedade assumida como norma jurídica. No âmbito da Constituição Financeira, concebe-se uma operação bipolar do ideal regulatório em função dos valores da segurança e da liberdade. Assim, há uma dimensão positiva do programa que denota obrigação de assistência pelo ente maior, o que gera segurança. Lado outro, concomitantemente há um interdito em perspectiva negativa à interferência desnecessária da unidade central ante a responsabilidade e autonomia próprias dos entes menores, produzindo-se liberdade pela descentralização dos centros decisórios.

Em termos econômicos, a afirmação da juridicidade da subsidiariedade é mais complexa, ante a antecedente tomada de posição em relação aos espaços atribuíveis ao Estado e a sociedade organizados em mercados econômicos por criação jurídica. De todo modo, os contornos normativos parecem indicar correlação às ideias de suplementariedade e complementariedade da iniciativa do Poder Público nas atividades econômicas. Ademais, o princípio denota óbice à arbitrariedade estatal e critério hermenêutico para decidibilidade de conflitos de interesses econômicos.

Em síntese, conclui-se ser possível depreender significativas potencialidades hermenêuticas ao princípio da subsidiariedade na realidade brasileira hodierna, respeitado os parâmetros substantivos positivados na Constituição de 1988.

## REFERÊNCIAS

BARACHO, José Alfredo de Oliveira. **O Princípio da subsidiariedade: conceito e evolução.** Rio de Janeiro: Forense, 2000.

______. O Princípio de Subsidiariedade: conceito e revolução. **Revista de Direito Administrativo**, Rio de Janeiro, v. 200, pp. 21-54, abr./jun. 1995.

BERCOVICI, Gilberto. O princípio da subsidiariedade e o autoritarismo. **Consultor Jurídico**, 8 de novembro de 2015. Disponível em: <https://www.conjur.com.br/2015-nov-08/estado-economia-principio-subsidiariedade-autoritarismo>. Acesso em 2 de maio de 2024.

______. Parecer sobre a Inconstitucionalidade da Medida Provisória da Liberdade Econômica (Medida Provisória nº 881, de 30 de abril de 2019). **Revista Fórum de Direito Financeiro e Econômico,** Belo Horizonte, v. 15, pp. 173-202, 2019.

CASTRO, Carlos Roberto Siqueira. **O Devido Processo Legal e os Princípios da Razoabilidade e da Proporcionalidade.** 5 ed. Rio de Janeiro: Forense, 2010.

COMPARATO, Fábio Konder. O Indispensável Direito Econômico. **Revista dos Tribunais**, v. 54, nº 353, pp. 14-26, mar. 1965.

DERRIDA, Jacques. **Força de lei: o "fundamento místico da autoridade"**. Trad. Leyla Perrone-Moisés. 2 ed. São Paulo: WMF Martins Fontes, 2010.

DROEGE, Michael. Subsidiarität als Strukturprinzip. KUBE, Hano; REIMER, Ekkehart (ed.). **Subsidiarität in der Finanzverfassung**. Heidelberg: Institut für Finanz - und Steuerrecht, 2015.

DRÜEN, Klaus-Dieter. Staatliche und private Finanzierung öffentlicher Aufgaben. KUBE, Hano; REIMER, Ekkehart (ed.). **Subsidiarität in der Finanzverfassung**. Heidelberg: Institut für Finanz - und Steuerrecht, 2015.

HOMERO. **Ilíada.** 4 ed. Trad. Frederico Lourenço. Lisboa: Cotovia, 2010.

OLIVEIRA, Regis Fernandes de. **Curso de Direito Financeiro**. 7 ed. São Paulo: Revista dos Tribunais, 2015.

REIMER, Ekkehart. Querschnitte und Folgegragen - ein Resümee. KUBE, Hano; REIMER, Ekkehart (ed.). **Subsidiarität in der Finanzverfassung**. Heidelberg: Institut für Finanz - und Steuerrecht, 2015.

SEILER, Christian. Subsidiarität im finanzverfassungsrechlichen Bund-Länder-Verhältnis. KUBE, Hano; REIMER, Ekkehart (ed.). **Subsidiarität in der Finanzverfassung**. Heidelberg: Institut für Finanz- und Steuerrecht, 2015.

SOUZA NETO, Cláudio Pereira de. Fundamentalização e fundamentalismo na interpretação do princípio constitucional da livre iniciativa. **Revista Latino-americana de Estudos Constitucionais**, Belo Horizonte, nº 8, pp. 622-666, jan./jun. 2008.

## Contrato Internacional. Cláusula de Eleição de Foro Estrangeiro. Eficácia e Validade[1]

*Carlos Mário da Silva Velloso* [2]

**Sumário. I.** Introdução. **II.** O direito aplicável na interpretação da cláusula de eleição de foro e a inafastabilidade do direito estrangeiro acordado pelas partes para a solução do mérito da controvérsia. **III.** A evolução legislativa e jurisprudencial acerca da validade e eficácia das cláusulas de eleição de foro estrangeiro. **IV.** O caso concreto: a incompetência da autoridade judiciária brasileira, nos termos do art. 25 do CPC/15, diante da existência de cláusula de eleição de foro exclusivo estrangeiro. **V.** Conclusão.

### I. Introdução

Num contrato firmado pelas partes no exterior, por empresa brasileira e empresa estrangeira, foi estabelecido, expressamente, que o contrato seria regido de acordo com as leis do Estado estrangeiro e que o foro daquele Estado seria o competente para decidir qualquer litígio decorrente do contrato.

A empresa brasileira ajuizou ação contra a empresa estrangeira, no foro brasileiro, com o que não concordou a empresa estrangeira, pugnando pelo foro eleito contratualmente.

Procuraremos definir, neste estudo, o direito e a jurisdição aplicável à espécie, presentes as regras de competência internacional e da competência territorial interna.

---

1 Este artigo, escrito em homenagem ao Ministro Humberto Martins, do Superior Tribunal de Justiça, excelente magistrado e excepcional figura humana, baseou-se em parecer por mim proferido. Para elaboração do parecer, contei com a contribuição do advogado Erico Carvalho, da equipe da "Advocacia Velloso", mestre em direito pela Columbia University, que ofereceu excelente pesquisa doutrinária e jurisprudencial a respeito do tema.

2 Advogado. Ministro aposentado, ex-presidente do Supremo Tribunal Federal e do Tribunal Superior Eleitoral. Professor emérito da Universidade de Brasília (UnB) e da Pontifícia Universidade Católica de Minas Gerais (PUC/MG), em cujas Faculdades de Direito foi professor titular de Direito Constitucional e Teoria Geral do Direito Público. Foi professor de Direito Constitucional Tributário no Instituto Brasiliense de Direito Público – IDP. Membro da Associação Brasileira dos Constitucionalistas, da Academia Brasileira de Letras Jurídicas e da Academia Mineira de Letras.

## II. O DIREITO APLICÁVEL NA INTERPRETAÇÃO DA CLÁUSULA DE ELEIÇÃO DE FORO E A INAFASTABILIDADE DO DIREITO ESTRANGEIRO ACORDADO PELAS PARTES PARA A SOLUÇÃO DO MÉRITO DA CONTROVÉRSIA

Delimitemos a questão quanto à definição da lei aplicável à cláusula de eleição de foro celebrada entre as partes contratantes. Indaga-se: deve a cláusula de eleição de foro ser observada, ou o foro do domicílio da empresa brasileira, ou, noutras palavras, deve a cláusula de eleição de foro se submeter à legislação brasileira, ou à lei do Estado estrangeiro eleita contratualmente pelas partes.

No direito comparado, nos Estados Unidos, por exemplo, indicando o contrato, expressamente, a jurisdição competente e a legislação aplicável, os tribunais têm entendido, nos casos em que a ação é ajuizada em jurisdição diversa daquela prevista contratualmente, que a lei aplicável para a análise da validade da cláusula de eleição de foro deve ser diferente da lei aplicável para a sua interpretação.[3] De regra, os tribunais decidem a validade da cláusula de eleição de foro com base na lei do local onde houve o ajuizamento da ação, enquanto a interpretação dessa mesma cláusula é realizada com base na lei escolhida contratualmente pelas partes.[4]

A regra, em Portugal, tem sido a aplicação da *lex fori* para a solução de questões envolvendo a admissibilidade, validade e eficácia da cláusula de eleição de foro, subsistindo controvérsia doutrinária acerca da possibilidade de aplicação da lei escolhida contratualmente pelas partes para a análise da capacidade processual, formação e interpretação da cláusula.[5]

A Convenção de Haia sobre os Acordos de Eleição de Foro, embora não tenha sido ratificada pelo Brasil, oferece diretrizes sobre o direito aplicável às cláusulas de eleição de foro. Nos termos dessa Convenção, a nulidade da cláusula de eleição de foro deve ser apreciada com base no direito aplicado pelo tribunal cuja jurisdição foi a escolhida contratualmente pelas partes (art. 6º, a). Outras questões, todavia, envolvendo a

---

3 Jones v. Weibrecht, 901 F.2d 17, 19 (2d Cir. 1990); Phillips v. Audio Active Ltd., 494 F.3d 378 (2d Cir. 2007); Martinez v. Bloomberg L.P., 740 F.3d 211 (2d Cir. 2014).

4 Symeonides, Symeon C, What Law Governs Forum Selection Clauses, 78 La. L. Rev. 2018, p. 1151.

5 Pinheiro, Luís de Lima, Direito Internacional Privado, Volume III, Competência Internacional e Reconhecimento de Decisões Estrangeiras. Almedina: Coimbra, 2002, p. 212.

capacidade das partes e violações à ordem pública, devem ser apreciadas com base na legislação do país no qual foi ajuizada a ação (art. 6º, b e c).

No Brasil, os tribunais têm aplicado a *lex fori* para aferir a *validade* da cláusula de eleição de foro estrangeiro.[6] Entretanto, não há jurisprudência sobre a possibilidade de aplicação da lei escolhida contratualmente pelas partes para a interpretação da cláusula de eleição de foro inserida em contrato internacional. A questão também não foi objeto de análise pela doutrina. Há que ser mencionado, entretanto, que o festejado e saudoso professor José Carlos Barbosa Moreira lecionava que deveria ser observada a aplicação da cláusula de eleição de foro da lei do lugar da celebração do contrato (LINDB, art. 9º).[7]

Não obstante a ausência de uniformidade doutrinária e jurisprudencial sobre o tema, parece-nos correta a orientação fixada pelos tribunais norte-americanos no sentido da necessidade de cisão da lei aplicável ao exame da validade da cláusula de eleição de foro (*lex fori*) daquela utilizada para a sua interpretação (*lex contractus*). Essa cisão parece guardar coerência com o atual estágio evolutivo do direito internacional privado, ao assegurar, de um lado, a aplicação das regras processuais do foro no qual ajuizada a ação, possibilitando-se, inclusive, o controle da ordem pública, da soberania nacional e dos bons costumes nacionais, além de garantir o respeito à autonomia da vontade das partes contratantes, mediante a aplicação do direito substantivo livremente escolhido quando da celebração do contrato.

Neste estudo, entretanto, não é necessário o exame do direito estrangeiro previsto no contrato internacional celebrado entre as partes (lei do Estado estrangeiro), para fins de interpretação da cláusula de eleição de foro, tendo em consideração a existência da cláusula expressa de eleição do foro.

Com efeito, além do foro estrangeiro, estabeleceu-se, expressamente, que o contrato seria regido pelas leis do Estado estrangeiro. Tem-se, portanto, cláusula de eleição da lei aplicável, que deve ser respeita-

6 Hörmann, Rafaela Girardi, A lei aplicável à análise de validade e interpretação dos acordos de eleição de foro em contratos internacionais no Brasil. Dissertação de Mestrado - Faculdade de Direito da Universidade Federal de Santa Catarina. Florianópolis, 2019, p. 156.

7 Tibúrcio, Cármen, Extensão e Limites da Jurisdição Brasileira: competência internacional e imunidade de jurisdição. Salvador: JusPODIVM, 2019, p. 176.

da, em obediência à autonomia da vontade, princípio geral do direito internacional.[8]

O Superior Tribunal de Justiça tem esclarecido que, em contratos internacionais de direito privado, *"os usos e costumes, a autonomia da vontade e a força vinculante dos contratos, desde a lex mercattoria, tiveram papel central como principal fundamento de solução de conflitos das diferentes legislações envolvidas"*. Com base nesses princípios, o Superior Tribunal de Justiça tem decidido que, em contratos internacionais, *"a possibilidade de livre escolha ou mesmo de combinação de leis vem sendo admitida com tranquilidade pela doutrina e jurisprudência nacionais."*[9]

Recentemente, o Superior Tribunal de Justiça voltou a decidir que deve ser *"respeitada a legislação regente do contrato internacional, tendo em vista os princípios da liberdade e da autonomia da vontade"*. Nessas hipóteses, *"deve a lei estrangeira ser aplicada no território nacional pelo juiz brasileiro"*, uma vez que *"o exercício da jurisdição nacional não afasta, por si só, a aplicação da lei material estrangeira."* [10] Mesmo diante da ausência de previsão legal expressa, essas decisões do Superior Tribunal de Justiça consolidaram, no direito brasileiro, a aplicabilidade da autonomia da vontade aos contratos internacionais.[11]

---

8 "A autonomia da escolha da lei aplicável é, modernamente, reconhecida de forma tão ampla no direito comparado que autoriza a afirmação de que se trata de um princípio geral do direito, reconhecida fonte do direito internacional. O mesmo vale no Brasil: em que pese a ausência de autorização expressa, trata-se, sem dúvida, de princípio que há muito deveria ter sido incorporado ao direito internacional privado brasileiro, sem maiores discussões." Dolinger, Jacob, Tibúrcio, Cármen, Direito Internacional Privado. 15ª ed., Rio de Janeiro: Forense, 2020, ps. 664-665.

9 No voto-vencedor, o Ministro Marco Aurélio Bellizze ressaltou: "Tendo em vista que as partes livremente optaram pela formalização da transação por meio de um contrato internacional, acertando de comum acordo o afastamento da legislação brasileira e a eleição das leis do estado de Nova York para regerem o contrato, admitir-se, em execução, o argumento de inaplicabilidade da lei eleita configura manifesto venire contra factum proprium, com o qual a ordem pública não se compatibiliza." REsp 1.280.218/MG, Ministro Paulo de Tarso Sanseverino, relator p/ acórdão o Ministro Marco Aurélio Bellizze, DJe de 12/08/2016.

10 AgInt no REsp 1.343.290/SP, Ministro Luís Felipe Salomão, DJe de 23/08/2019.

11 "A liberdade de escolha da lei aplicável parece consolidada no Direito brasileiro, que se alinha, enfim, com a quase totalidade dos direitos estrangeiros e modernos instrumentos internacionais." Gama Jr, Lauro, Brandão de Oliveira, Agatha, A Saga da Autonomia da Vontade em Matéria Conflitual no Direito Internacional Privado Brasileiro dos Contratos. In Direito Internacional e Comparado: Trajetória e Perspectivas – Homenagem aos 70 anos do Professor Catedrático Rui Manuel Moura Ramos – Volume I. São Paulo: Quartier Latin, 2021, p. 395.

Assim, inexistente afronta à soberania nacional, à ordem pública e aos bons costumes, deve ser prestigiada a autonomia da vontade, mediante o cumprimento do contrato, de acordo com seus termos. Feita essas considerações, vamos dar os motivos que conduzem à observância da cláusula de eleição de foro.

## III. A EVOLUÇÃO LEGISLATIVA E JURISPRUDENCIAL ACERCA DA VALIDADE E EFICÁCIA DAS CLÁUSULAS DE ELEIÇÃO DE FORO ESTRANGEIRO

Em sua grande maioria, os contratos internacionais são dotados de cláusulas de eleição de foro (*forum selection clauses*). Essas cláusulas têm por objetivo criar maior segurança jurídica ao possibilitar que apenas um tribunal seja competente para apreciar eventuais litígios decorrentes do contrato, evitando-se, por exemplo, o risco de procedimentos paralelos em jurisdições estranhas às partes e ao objeto da discussão.

Na primeira metade do Século XX, os países de tradição da *common law* não aceitavam as cláusulas de eleição de foro previstas em contratos internacionais. O fundamento para essa rejeição decorria, basicamente, da noção de que as partes, em um contrato internacional, mediante regulação privada, não poderiam afastar o exercício da jurisdição estatal e as normas existentes sobre competência internacional. Essa posição somente se alterou na segunda metade do século, após decisões das cortes inglesas[12] e norte-americanas,[13] que passaram a admitir a validade das cláusulas de eleição de foro, *"desde que elas não se revelassem despropositadas ou injustas."*[14]

Como exemplo, a decisão tomada, em 1972, pela Suprema Corte dos Estados Unidos, no caso *Bremen-Zapata*, que rompeu com a orientação jurisprudencial até então dominante e que enxergava na cláusula de eleição de foro um atentado à ordem pública. Em sua decisão, a Suprema Corte adotou postura pragmática ao reconhecer como *paroquial* a ideia de que todas as disputas deveriam ser decidas por cortes norte-americanas, em um mundo globalizado.[15] Ao final, restou definido, pela primeira

12 Fehmarn [1958] 1 All ER 333 335; Vessel Eleftheria [1969] 2 All ER 641.

13 Bremen v. Zapata Off-Shore Co., 407 U.S. 1 (1972).

14 Yuval Shany. The Competing Jurisdictions of International Courts and Tribunals. Oxford University Press: 2003, p. 150-1.

15 Bremen v. Zapata Off-Shore Co., 407 U.S. 1 (1972) (The expansion of American business and industry will hardly be encouraged if, notwithstanding solemn con-

vez, que as cláusulas de eleição de foro são vinculantes para as partes, a menos que fique cabalmente demonstrado que a sua execução poderia se revelar despropositada ou injusta.[16]

Os tribunais brasileiros também foram pioneiros no reconhecimento da validade das cláusulas de eleição de foro. Ainda em 1957, ou seja, antes mesmo das decisões proferidas pelas cortes inglesas e norte-americanas, o Supremo Tribunal Federal reconheceu, no julgamento do RE 30.636/DF, a validade de cláusula de eleição de foro que indicava as cortes do Uruguai como competentes para o julgamento de contrato a ser cumprido no Brasil. Em seu voto, o Ministro Cândido Motta Filho, relator, assentou que *"o direito brasileiro reconhece o foro contratual, salvo quando existir impedimento de ordem pública"*, devendo ser resguardada a autonomia da vontade das partes contratantes para a escolha do foro que entendem mais adequado.[17] Não há como impedir que as partes contratantes fixem o foro da ação, senão por impedimento de ordem pública. (...) o art. 12 da Introdução envolve uma regra de simples proteção que o Estado dispensa aos cidadãos. Se o nacional pode ter interesse em renunciar à garantia oferecida pela lei brasileira, se aceita livremente a jurisdição estrangeira, não há como impedir essa aceitação.

No início década de 1980, esse entendimento voltou a ser confirmado pelo Supremo Tribunal Federal, quando do julgamento da CR 3.166/DF: *"se as partes, uma domiciliada no Uruguai, outra domiciliada no Brasil, contrataram que suas divergências pertinentes ao contrato a que se vincularam seriam solvidas no foro da comarca de São Paulo, Brasil, esse é o foro competente, e não o do Uruguai."*[18] Na linha do entendimento do Supremo Tribunal Federal, a possibilidade de as partes de um contrato internacional elegerem um foro estrangeiro para a resolução de seus

tracts, we insist on a parochial concept that all disputes must be resolved under our laws and in our courts (...). We cannot have trade and commerce in world markets and international waters exclusively on our terms, governed by our laws and resolved in our courts").

16 Posteriormente, outras decisões da Suprema Corte vieram a assentar a possibilidade de cláusulas de eleição de foro previstas em contratos de adesão (Carnival Cruise Lines v. Shute, 499 U.S. 585, 594, 1991) e possibilidade de se ignorar o foro contratualmente eleito pelas partes apenas em "circunstâncias extraordinárias" (Atlantic Marine Construction v. U.S. District Court, 134 S. Ct. 568, 2013).

17 RE 30636/DF, Min. Cândido Motta Filho, DJ de 30/05/1957.

18 CR 3166 AgR, Ministro Antônio Neder, DJ 15/08/1980.

conflitos também passou a ser amplamente admitida pela doutrina sob a égide do CPC/73.[19]

Não obstante a posição doutrinária e jurisprudencial favorável à admissão das cláusulas de eleição de foro estrangeiro, o Superior Tribunal de Justiça proferiu decisões contraditórias até a entrada em vigor do Código de Processo Civil de 2015. Decisões alinhadas com o entendimento internacional conferido ao tema, reconheceram a plena possibilidade de cláusulas de eleição de foro estrangeiro para afastar a jurisdição concorrente brasileira.[20] Ainda assim, alguns precedentes insistiam em adotar fundamentação paroquial para afastar a cláusula de eleição de foro naqueles casos de competência concorrente do Poder Judiciário brasileiro.[21]

19 "É possível considerar que é majoritária a admissão da eleição de foro, usualmente sem distinguir a escolha do foro nacional em hipótese não prevista na legislação da escolha do foro estrangeiro em situação disposta na legislação processual (efeitos positivos e negativos)". Dolinger, Jacob, Tibúrcio, Cármen, Direito Internacional Privado. 15ª ed., Rio de Janeiro: Forense, 2020, p. 579.

20 *"A eleição de foro estrangeiro é válida, exceto quando a lide envolver interesses públicos."* REsp 242383/SP, Ministro Humberto Gomes de Barros, DJ 21/03/2005; *"Regulada pelo disposto no art. 88 do CPC/73, a competência internacional na espécie evidencia-se como concorrente, revelando-se possível a eleição, mediante cláusula prevista no negócio jurídico qualificado pelas partes como 'contrato de futebol' "Contrato de patrocínio e cessão de uso de imagem, do foro alienígena como competente para a solução das controvérsias advindas do acordo"* REsp 1518604/SP, Ministro Paulo de Tarso Sanseverino, DJe de 29/03/2016; *ao impor o cumprimento da cláusula de eleição de foro, prorrogável se não invocada pelo réu na contestação (art. 25, caput, parte final, do CPC/2015), o atual código prestigia a autonomia privada e, especificamente, o princípio da boa-fé objetiva"* REsp 1090720/RJ e REsp 10912299/RJ, Ministro Antônio Carlos Ferreira, DJe de 23/08/2016; *"Ao propor a demanda no Juízo da Comarca de Blumenau - SC, embora pudesse fazê-lo perante a jurisdição argentina pelas regras de competência internacional concorrente, a autora, ora recorrida, limitou-se a observar a cláusula de eleição de jurisdição previamente ajustada, perfeitamente validada pelas regras do Protocolo de Buenos Aires. (...) Havendo, pois, previsão contratual escrita e livremente pactuada entre as partes, elegendo a jurisdição brasileira como competente para a solução de eventuais conflitos, deve ela ser plenamente observada."* REsp 1.633.275/SC, Ministro Villas Bôas Cueva, DJe de 14/11/2016.

21 *"A competência concorrente do juiz brasileiro não pode ser afastada pela vontade das partes."* REsp 251.438/RJ, Ministro Barros Monteiro, DJ de 02/10/2000;*"A autoridade judiciária brasileira tem competência para apreciar ação proposta por representante brasileira de empresa estrangeira, com o objetivo de manutenção do contrato de representação e indenização por gastos efetuados com a distribuição dos produtos."* REsp 804.306/SP, Ministra Nancy Andrighi, DJe de 03/09/2008.

Mas, com o advento do CPC de 2015, art. 25, a matéria recebeu tratamento específico, com o que passou a ser permitida a eleição de foro estrangeiro, mesmo nas hipóteses de competência internacional concorrente:

> Art. 25. Não compete à autoridade judiciária brasileira o processamento e o julgamento da ação quando houver cláusula de eleição de foro exclusivo estrangeiro em contrato internacional, arguida pelo réu na contestação.
>
> § 1º Não se aplica o disposto no *caput* às hipóteses de competência internacional exclusiva previstas neste Capítulo.
>
> § 2º Aplica-se à hipótese do *caput* o art. 63, §§ 1º a 4º.

Não por outro motivo, a academia celebrou o advento do art. 25 do CPC/15, que finalmente possibilitou fossem eliminadas quaisquer interpretações divergentes sobre o assunto.[22] A jurisprudência também passou a aplicar o art. 25 do CPC/15 para reconhecer a aplicabilidade de cláusulas de eleição de foro estrangeiro em contratos internacionais, sempre que ausente competência internacional exclusiva do Poder Judiciário brasileiro. São inúmeros os precedentes.[23]

---

22 *"A admissão da cláusula de eleição de foro exclusiva corresponde a uma tendência verificada há tempo no exterior."* Rechsteiner. Beat Walter, *Direito Internacional Privado: Teoria e Prática*. 20ª ed. São Paulo: Saraiva Educação, 2019, p. 293; *"O art. 25 cuida dos efeitos negativos do acordo, que ensejam a incompetência do Judiciário brasileiro quando houver foro eleito no exterior. Ressalva o dispositivo, porém – o que sequer era necessário, por óbvio – que tais efeitos negativos não se produzem nos casos de competência exclusiva do Judiciário brasileiro."* Dolinger, Jacob, Tibúrcio, Cármen, *Direito Internacional Privado*. 15ª ed., Rio de Janeiro: Forense, 2020, ps. 581-2; *"A doutrina, em sua maior parte, sempre prestigiou o maior movimento dos negócios internacionais e, com ele, a escolha de foro pelas partes, agora refletido no art. 25 do CPC."* Araújo, Nádia de, *Direito Internacional Privado: Teoria e Prática Brasileira*, 9ª ed, São Paulo: Rev. dos Tribs, 2020, p. 189.

23 Em rol não exaustivo, podem ser citados os seguintes precedentes: TJDF: *"Nos termos do artigo 25 do CPC não compete à autoridade judiciária brasileira o processamento e o julgamento da ação, quando houver cláusula de eleição de foro exclusivo estrangeiro em contrato internacional, arguida pelo réu na contestação"* TJDF, 6ª Turma Cível, APC 07399310420178070001, Des. Esdras Neves, DJe de 04/12/2018; *"Revelando-se o foro contratual eleito legítimo, válido e eficaz, e tendo a parte ré defendido sua aplicabilidade desde sua primeira manifestação nos autos, forçoso o acolhimento da preliminar de incompetência do Poder Judiciário brasileiro, o que implica na extinção da pretensão autoral, sem a resolução do mérito, à*

*inteligência do disciplinado no art. 485, IV, do CPC/2015."* TJDF, 6ª Turma Cível, APC 0701474-40.2017.8.07.0020, Des. Alfeu Machado, DJe de 04/07/2018; *"O Poder Judiciário brasileiro possui competência concorrente para apreciar os contratos internacionais nos quais a obrigação deve ser cumprida em território nacional. Lei de Introdução às Normas do Direito brasileiro. (...) Contudo, nos termos do artigo 25, do mesmo diploma legal, não compete à autoridade judiciária brasileira o processo e julgamento da ação quando houver cláusula de eleição de foro exclusivo estrangeiro em contrato internacional, arguida pelo réu na Contestação."* TJDFT, 8ª Turma Cível, Des. Eustáquio de Castro, APC 20160110571680, DJe de 27/10/2017; *"Nos termos do artigo 25 do Código de Processo Civil, não compete à autoridade judiciária brasileira o processamento e o julgamento da ação quando houver cláusula de eleição de foro exclusivo estrangeiro em contrato internacional, arguida pelo réu na contestação. Considerando que o caso em análise não se enquadra nas hipóteses do artigo 23 do Código de Processo Civil, que definem a competência exclusiva da jurisdição brasileira, deve prevalecer o foro avençado pelas partes, em atenção aos princípios da pacta sunt servanda e da autonomia da vontade."* TJDF, 1ª Turma Cível, APC 07183298320198070001, Des. Simone Lucindo, DJe de 21/07/2020; TJSP: *"Tendo as partes pactuado cláusula de eleição de foro, fica afastada a jurisdição brasileira para dirimir os conflitos decorrentes do contrato em que aposta a cláusula, nos termos do art.25 do CPC, salvo se demonstrada a sua abusividade."* TJSP, 24ª Câmara de Direito Privado, Apelação Cível 1001854-09.2022.8.26.0562, Des. Walter Barone, DJ 31/08/2022; *"A cláusula de eleição de foro estrangeiro, por expressa previsão legal, afasta a competência da jurisdição brasileira para dirimir os conflitos decorrentes do contrato em que aposta, nos termos do art. 25 do Código de Processo Civil."* TJSP, 24ª Câmara de Direito Privado, Apelação Cível 1056260-76.2020.8.26.0100, Des. Walter Barone, DJe de 31/03/2022; *"Nos termos do art. 25, 'caput', do novo CPC, vigente à época da prolação da r. sentença, a autoridade judiciária brasileira deixou de ter competência para o processamento e o julgamento de ação quando houver cláusula de eleição de foro exclusivo estrangeiro em contrato internacional."* TJSP, 12ª Câmara de Direito Privado, Apelação Cível 1063016-77.2015.8.26.0100, Des. Cerqueira Leite, DJ de 10/03/2022);*"O Código de Processo Civil trouxe sensíveis alterações no que concerne ao regramento da cláusula de eleição de foro exclusivo estrangeiro, evidentemente prestigiando a autonomia privada, mormente nos denominados contratos interempresariais ou de lucro."* TJSP, 1ª Câmara Reservada de Direito Empresarial, Apelação Cível 1004464-70.2020.8.26.0286, Des. J. B. Franco de Godoi, DJe de 24/02/2022; *"Assim sendo, embora o art. 21 do Código de Processo Civil seja praticamente a reprodução do art. 88 do anterior diploma, invocado como fundamento jurídico para manter a competência do juiz brasileiro nos casos nele descritos, a competência da autoridade judiciária brasileira no caso de eleição de foro exclusivo estrangeiro é expressamente afastada. Tal mudança prestigia a autonomia da vontade das partes, ao reconhecer inequivocamente competência da autoridade estrangeira em cláusulas de eleição de foro, obstando, ou abreviando, as longas discussões sobre a competência para julgamento de determinada causa."* TJSP, 16ª Câmara de Direito Privado, Apelação Cível 0037723-25.2015.8.26.0100, Des. Coutinho de Arruda, DJ de 05/02/2019; *"Ainda que fosse possível o julgamento*

Em outros julgados, a cláusula de eleição de foro estrangeiro foi afastada pelos mais diversos fundamentos, por exemplo, em razão de não se vislumbrar a presença de um contrato internacional,[24] ou por se estimar que a cláusula de eleição de foro não seria aplicável a pessoas estranhas à relação contratual.[25] que não implicaram em negativa de vigência ao art. 25 do CPC/15.[26]

---

*do feito nesta jurisdição, diante da previsão do artigo 21, parágrafo único, do CPC, é certo que a previsão de eleição de foro internacional impede o processamento e julgamento da ação, já que não se trata de competência exclusiva brasileira."* TJSP, 24ª Câmara de Direito Privado, Apelação Cível 1031100-26.2017.8.26.0562, Des. Jonize Sacchi de Oliveira, DJ e 10/08/2018.

---

24 No julgamento da Apelação Cível 1005885-71.2020.8.26.0100, o E. TJSP estimou "ausentes os requisitos de estraneidade para que seja considerado o contrato, um contrato internacional", uma vez que, naquele caso específico, não havia "parte residente em outro país ou mesmo atuação no estrangeiro ou fluxo financeiro e de produtos entre países diversos", situação absolutamente diversa daquela retratada no caso concreto, onde todos esses requisitos estão presentes. TJSP, 25ª Câmara de Direito Privado, Apelação Cível 1005885-71.2020.8.26.0100, Des, Rodolfo Cesar Milano, DJ de 08/07/2021.

25 Quando do julgamento da Apelação Cível 1001621-11.2020.8.26.0100, o TJSP afastou a preliminar de incompetência da autoridade judiciária brasileira para apreciar a lide, sob o fundamento de que "a cláusula de eleição de foro não é oponível em ação fundada em sub-rogação de seguradora". Essa inteligência parece se coadunar com a orientação do STJ no sentido de que a cláusula de eleição do foro estabelecida no contrato entre segurado e transportador não opera efeitos com relação ao agente segurador sub-rogado. Por sua vez, não se discute, no caso sob consulta, a possibilidade de aplicação da cláusula de eleição de foro a qualquer sub-rogado TJSP, 37ª Câmara de Direito Privado, Apelação Cível 1001621-11.2020.8.26.0100, Des. José Wagner de Oliveira Melatto Peixoto, DJ de 28/10/2020.

26 Em caso isolado, apartado de toda a jurisprudência, mas que também não enfrentou o art. 25 do CPC/15, o Superior Tribunal de Justiça veio a assentar que *"a competência da Justiça brasileira não pode ser obstada pela vontade das partes deduzida em contrato internacional"*. Esse precedente é um verdadeiro ponto fora da curva na jurisprudência do STJ após o advento do CPC/15. Devem ser observadas duas peculiaridades sobre o caso: de um lado, o STJ não apreciou o recurso especial sob a ótica do art. 25 do CPC/15, por carecer o dispositivo do necessário prequestionamento. Conforme consignado no julgamento do agravo interno, *"a matéria inserta no art. 25 do CPC, suscitada no apelo especial, não restou debatida e decidida pelo Tribunal a quo, a despeito da oposição dos embargos declaratórios. Desse modo, carece o tema do indispensável prequestionamento viabilizador do recurso especial, razão pela qual deixo de*

O Superior Tribunal de Justiça também se manifestou, em reiteradas oportunidades, acerca da eficácia e validade de cláusulas de eleição de foro estrangeiro com base no art. 25 do CPC/15, não obstante ainda não tenha tido a oportunidade de aplicar o dispositivo em julgamento de mérito de um recurso especial, unicamente em razão de óbices processuais.[27]

---

*apreciá-lo, incidindo, na espécie, o óbice da Súmula n.º 211 desta Corte"*. Assim, por questões processuais, esse precedente do STJ não pretendeu afastar, como não afastou, o texto expresso do art. 25 do CPC/15. Por outro lado, a decisão da E. 4ª Turma foi tomada com base em dois precedentes julgados sob a égide do CPC/73. AgRg no AREsp 679.421/RJ, Min. Marco Buzzi, DJe de 31/03/2016 e do AgRg no Resp 1.545.783/SP, Min. Villas Boas Cueva, DJe de 12/05/2016, os quais, por óbvio, estão ultrapassados após a regulamentação do tema pelo art. 25 do CPC/15. EDcl no AgInt no AREsp 1864894/SP, Ministro Luís Felipe Salomão, DJe de 25/11/2021.

27 No julgamento de dois recursos especiais, o Superior Tribunal de Justiça decidiu a controvérsia com base no CPC/73, mas também fundamentou o seu convencimento na invocação do art. 25 do CPC/15, cuja vigência havia se iniciado poucos meses antes: *"ao impor o cumprimento da cláusula de eleição de foro, prorrogável se não invocada pelo réu na contestação (art. 25, caput, parte final, do CPC/2015), o atual código prestigia a autonomia privada e, especificamente, o princípio da boa-fé objetiva"* Em outros recursos, o STJ- REsp 1.090.720/RJ e REsp 1.091.229/RJ, Min. Antônio Carlos Ferreira, DJe de 23/08/2016; o STJ assentou que os óbices presentes nas Súmulas 5 e 7 impediriam o conhecimento da insurgência, muito embora tenha articulado com a correção do acórdão então recorrido, proferido pelo TJPA, que reconheceu a validade de cláusula de eleição de foro internacional com base no art. 25 do CPC/15: *"na hipótese, o Tribunal de origem observou que o contrato internacional prevê de forma clara e expressa que todas as questões decorrentes da avença serão discutidas no foro estrangeiro eleito pelas partes, com exclusão de qualquer Tribunal de outro País, o que atrai a aplicação do art. 25 do CPC/2015."* AgInt no AREsp 2.008.580/PA, Min. Raul Araújo, DJe de 10/06/2022. Mais recentemente, o STJ estimou que os óbices das Súmulas 5 e 7 impediriam a reforma do acórdão recorrido que havia assentado a inaplicabilidade da cláusula de eleição de foro estrangeiro previsto em contrato diverso daquele que estava em execução. Todavia, ao julgar o caso, o STJ foi expresso ao reconhecer a validade e eficácia das cláusulas de eleição de foro com base no art. 25 do CPC/15: *"a validade em abstrato da cláusula que elege a Justiça de outro país como competente para decidir eventuais controvérsias instauradas acerca de um dado contrato é reconhecida pela jurisprudência desta Corte e pelo art. 25 do NCPC"* STJ – REsp 1.680.016/SP, Min. Moura Ribeiro, DJe 14/10/2021.

## IV. O CASO CONCRETO: A INCOMPETÊNCIA DA AUTORIDADE JUDICIÁRIA BRASILEIRA, NOS TERMOS DO ART. 25 DO CPC/15, DIANTE DA EXISTÊNCIA DE CLÁUSULA DE ELEIÇÃO DE FORO EXCLUSIVO ESTRANGEIRO.

Na espécie, a empresa brasileira celebrou contrato, no exterior, com empresa estrangeira. A empresa brasileira acabou ajuizando ação indenizatória contra a empresa estrangeira, no Brasil. No contrato firmado pelas partes, há previsão expressa para que ele seja regido e interpretado de acordo com as leis do Estado estrangeiro. É dizer, as partes escolheram, com base na autonomia da vontade, a lei que deveria ser aplicada à relação comercial.

No caso, as partes celebraram, também, cláusula de eleição de foro, que designa a competência exclusiva e o foro dos tribunais do Estado no qual o contrato foi firmado, para decidir todo e qualquer litígio dele decorrente, com a exclusão da competência de qualquer outra jurisdição. Cumpre aferir, portanto, se a cláusula de eleição de foro exclusivo estrangeiro, presente no contrato celebrado entre as partes, afasta a competência do Poder Judiciário brasileiro para apreciar a ação.

O art. 25 do CPC/15 impõe três requisitos de validade da cláusula de eleição de foro estrangeiro: (i) existência de um contrato internacional (CPC/15, art. 25, *caput*); (ii) cláusula de eleição de foro exclusivo e escrita, que faça expressa menção ao negócio jurídico (CPC/15, art. 25, *caput* e art. 63, § 1º); e que (iii) a eleição do foro não implique derrogação da competência internacional exclusiva da autoridade judiciária brasileira (CPC/15, art. 25, § 1º).[28] Todos esses requisitos estão atendidos, na hipótese. E não há dúvida de que o contrato celebrado deve ser considerado contrato internacional.

Embora não exista uma definição legal, a doutrina e a jurisprudência consideram caracterizado um contrato internacional sempre que houver a *"presença de um elemento que o ligue a dois ou mais ordenamentos jurídicos."*[29] Nesse sentido, recente orientação jurisprudencial do Superior Tribunal de Justiça entende que a natureza internacional

28 Há, ademais, requisito processual, previsto no art. 25, *caput*, do CPC/15, que exige seja a incompetência da autoridade judiciária brasileira *"arguida pelo réu na contestação."*

29 Araujo, Nádia de, *Direito Internacional Privado: Teoria e Prática Brasileira*, 9ª ed, S. Paulo, RT, 2020, p. 375.

de um contrato *"decorre de sua conexão com mais de um ordenamento jurídico."* Para o STJ, *"os elementos do contrato internacional podem ser identificados a partir da nacionalidade, domicílio e residência das partes, do lugar do objeto, do lugar da prestação da obrigação, do lugar da formalização da avença, do foro de eleição e da legislação aplicada."* [30]

Em seu voto, o Ministro Villas Bôas Cueva leciona que haverá, em um contrato internacional, *"ao menos um elemento que nos remeterá a um outro sistema jurídico que não o pátrio"*. Ou seja, *"o contrato se diz internacional quando as partes tenham nacionalidades diversas ou domicílio em países distintos, quando a mercadoria ou o serviço objeto da obrigação seja entregue ou prestado em país estrangeiro, ou quando os lugares de celebração e execução das obrigações contratuais não coincidam."*

O conceito de contrato internacional, vê-se, é amplo, bastando que se demonstre configurada a presença de qualquer contato próximo ou mediato com outra jurisdição. No caso, diversos elementos conduzem à conclusão de que há *"conexão com mais de um ordenamento jurídico"*, na linha do entendimento fixado pelo Superior Tribunal de Justiça: (i) a empresa estrangeira, possui sede no estrangeiro (*"partes com nacionalidades diversas"*); (ii) os contratos foram celebrados em língua inglesa por pessoas localizados no estrangeiro(*"lugar da formalização da avença"*); (iii) houve expressa eleição de foro estrangeiro e escolha pela aplicação da legislação do Estado estrangeiro (*"foro de eleição e legislação aplicada"*); e, por fim, (iv) os produtos eram desenvolvidos no exterior pela empresa estrangeira e exportados para o Brasil, sendo que os contratos previam pagamento em moeda norte americana (dólar), em conta bancária no estrangeiro (*"a mercadoria ou o serviço objeto da obrigação seja entregue ou seja prestado em país estrangeiro"*).

Ora, no caso, enquanto a jurisprudência do STJ exige a presença de *"ao menos um elemento"* de conexão com outro ordenamento jurídico, conforme vimos do decidido no REsp 1.850.781/SP, o contrato celebrado apresenta múltiplos e diversos pontos de contato com o Estado estrangeiro, não subsistindo dúvida acerca da sua natureza internacional. Por outro lado, conforme exigido pelo CPC, a cláusula de eleição de foro está escrita e faz menção ao negócio jurídico subjacente (CPC/15, art. 25, *caput* e art. 63, § 1º).

O foro eleito pelas partes somente poderia ser rejeitado caso pretendesse ver derrogada a competência internacional exclusiva da auto-

30 REsp 1.850.781/SP, Min. Villas Bôas Cueva, DJe de 01/10/2021.

ridade judiciária brasileira (CPC/15, art. 25, § 1º). A hipótese em estudo, entretanto, não envolve imóveis situados no Brasil, sucessão hereditária ou partilha de bens em divórcio, separação judicial ou dissolução de união estável, hipóteses de competência exclusiva da autoridade judiciária brasileira, nos termos do art. 23 do CPC/15. Ou seja, ainda que a ação aforada contra a Consulente pudesse se enquadrar em uma das hipóteses de competência internacional concorrente (CPC/15, art. 21), o fato é que o art. 25 do CPC/15 acabou por afastar a competência da autoridade judiciária brasileira, constatada a presença da cláusula de eleição de foro estrangeiro, ressalvadas, apenas, as hipóteses de competência exclusiva (CPC/15, art. 23).[31]

A vedação presente no §1º do art. 25 do CP/15, aliás, não admite interpretação ampliativa: apenas nos casos de competência internacional exclusiva poderá – *rectius*, deverá – ser negada em razão da cláusula de eleição de foro estrangeiro. Nos demais casos, inclusive naqueles em que configurada a competência internacional concorrente do Poder Judiciário brasileiro, deve ser respeitada a intenção das partes para se admitir como válido e eficaz o quanto pactuado na cláusula de eleição de foro estrangeiro.[32]

Em síntese, a cláusula de eleição de foro atende aos requisitos do art. 25 do CPC/15, tendo sido expressamente prevista a competência

---

31 Ainda sob a égide do CPC de 1973, José Carlos Barbosa Moreira já assentava a plena validade de cláusulas de eleição de foro estrangeiro, desde que não houvesse a pretensão de se afastar a competência exclusiva da jurisdição brasileira: "Com certa frequência, as partes de um contrato com elementos internacionais fazem inserir no respectivo instrumento uma 'cláusula' (na verdade, negócios jurídico distinto) em que se elege a Justiça de determinado país como foro próprio para o julgamento de quaisquer litígios porventura oriundos do contrato. O direito brasileiro admite, em princípio, pactos desse gênero, seja quando designam a Justiça brasileira em hipótese não prevista legalmente como de sua competência, seja quando indicam alguma Justiça estrangeira, em hipótese incluída na competência (não exclusiva!) da Justiça brasileira." José Carlos Barbosa Moreira. Problemas Relativos aos Litígios Internacionais. Temas de Direito Processual, 5ª Série, 1994, p. 146. Ap. Jacob Dolinger e Cármen Tibúrcio. Direito Internacional Privado. 15ª ed., Rio de Janeiro: Forense, 2020, p. 579.

32 Idêntica regra é adotada no direito português: "A competência exclusiva contrapõe-se à competência concorrente, que é aquela que pode ser afastada por um pacto de jurisdição." Luís de Lima Pinheiro. Direito Internacional Privado, Volume III, Competência Internacional e Reconhecimento de Decisões Estrangeiras. Almedina: Coimbra, 2002, p. 208.

exclusiva e o foro do tribunal estrangeiro para decidir todo e qualquer litígio decorrente do contrato. Por derradeiro, ainda que se estivesse diante de um contrato de adesão, o que não ocorre, o afastamento da cláusula de eleição de foro somente seria possível caso comprovada a hipossuficiência da parte aderente e a eventual dificuldade de seu acesso ao Poder Judiciário,[33] o que não ocorre no caso em estudo.

## V. CONCLUSÃO

Podemos formular as seguintes conclusões:

Num contrato internacional, inexistindo afronta à soberania nacional, à ordem pública e aos bons costumes, deve ser prestigiada a autonomia da vontade dos contratantes, nos termos do contrato. Há de ser observada, portanto, a cláusula de eleição do foro, livremente pactuada.

A natureza internacional do contrato internacional decorre de sua conexão com mais de um ordenamento jurídico (Nádia de Araújo), podendo ser identificado a partir da nacionalidade, domicílio e residência dos contratantes, do lugar do objeto e da prestação da obrigação, do lugar da formalização da avença, do foro de eleição e da legislação aplicada (REsp 1.850.781/SP, Min. Villas Boas Cueva).

Com o advento do Código de Processo Civil de 2015, art. 25, a matéria recebeu tratamento específico, passando a ser admitida, expressamente, a eleição do foro estrangeiro, mesmo nas hipóteses de competência internacional concorrente, ausente competência internacional exclusiva do Poder Judiciário brasileiro.

O artigo 25, CPC/2015, impõe três requisitos de validade da cláusula de eleição do foro estrangeiro: (i) existência de um contrato internacional (CPC/15, art. 25, *caput*); (ii) cláusula de eleição de foro

33 Conforme entendimento firmado pela 2ª Seção do Superior Tribunal de Justiça, "a mera desigualdade de porte econômico entre as partes proponente e aderente não caracteriza automática hipossuficiência econômica ensejadora do afastamento do dispositivo contratual de eleição de foro". Na realidade, "para que se declare a invalidade de cláusula de eleição de foro, é necessária a presença conjunta de, ao menos, três requisitos: a) que a cláusula seja aposta em contrato de adesão; b) que o aderente seja reconhecido como pessoa hipossuficiente (de forma técnica, econômica ou jurídica); e c) que isso acarrete ao aderente dificuldade de acesso à Justiça." REsp 1.707.526/PA, Min. Raul Araújo, Segunda Seção, DJe de 01/06/2020.

exclusivo e escrita, que faça menção ao negócio jurídico (CPC/15, art. 25, *caput*); e que a eleição do foro não implique derrogação da competência internacional exclusiva da autoridade judiciária brasileira (CPC/15, art. 25, §1º).

# Construção Filosófica da Eficácia Normativa dos Julgados

*Ricardo de Oliveira Paes Barreto*[1]
*Alexandre Chini*[2]

*"E o efeito da justiça será paz, e a operação da justiça, repouso e segurança para sempre."* *(Isaías 32:17)*

**Sumário**: **1.** O Estado e a composição dos conflitos sociais; **2.** As normas procedimentais na composição da lide; **3.** A formação do convencimento na atuação jurisdicional; **4.** O caráter constitutivo da decisão judicial: eficácia normativa dos julgados. Conclusões.

---

1 Desembargador. Presidente do Tribunal de Justiça do Estado de Pernambuco (PE). Doutor em Direito pela FDR/UFPE e pela UFRGS. Professor licenciado da UNICAP.

2 Juiz de Direito do Estado do Rio de Janeiro. Graduado e pós-graduado em Direito pela Universidade Gama Filho – UGF. Pós-graduado em Ciências Criminais pela Uninove/SP. Curso de Direito do Consumo na Escola Superior de Ciências do Consumo de Coimbra (Portugal). Professor da Graduação e da Pós-Graduação da Universidade Salgado de Oliveira – UNIVERSO. Professor Honorário da Escola Nacional de Notários e Registradores (ENNOR). Membro Titular da Academia Fluminense de Letras (cadeira 50). Ex Presidente, Vice-Presidente e Secretário Geral do Fórum Nacional de Juizados Especiais (FONAJE). Membro da Comissão de Mecanismos Alternativos e Restauradores de Resolução de Conflitos e Tribunais de Tratamento de Álcool e Drogas da Cúpula Judicial Ibero-Americana (Cumbre). Membro do Comitê Gestor da Conciliação (CGC/CNJ). Membro do Comitê de Implementação da Agenda 2030 e dos Objetivos de Desenvolvimento Sustentável (ODS), no âmbito do Superior Tribunal de Justiça (STJ). Membro do Fórum Permanente de História do Direito, do Fórum Permanente de Métodos Adequados de Resolução de Conflitos e do Fórum Permanente de Direito Notarial e Registral da Escola da Magistratura do Estado do Rio de Janeiro (EMERJ). Membro do Grupo de Estudos Sobre Juizados Especiais do Instituto dos Magistrados do Brasil (IMB). Foi Juiz auxiliar da Corregedoria Nacional de Justiça (CNJ) e da Presidência do Superior Tribunal de Justiça (STJ) de agosto de 2018 a agosto de 2022. No mesmo período, integrou: o Observatório Nacional Sobre Questões Ambientais, Econômica e Sociais de Alta Complexidade e Grande Impacto e Repercussão (CNJ/CNMP); o Comitê Gestor dos Cadastros Nacionais no âmbito do Conselho Nacional de Justiça (CGCN); o Fórum Nacional da Infância e da Juventude (FONINJ); o Laboratório de Inovações, Inteligência e Objetivos de Desenvolvimento Sustentável (LOIDS); o Comitê Gestor da Convenção da apostila – Haia; o Comitê Executivo da Rede Nacional de Cooperação Judiciária; e o Grupo de Trabalho instituído pela Presidência do Conselho Nacional de Justiça (CNJ), através da Portaria n. 126 de 10 de setembro de 2019, para apresentação de propostas voltadas à melhoria da prestação jurisdicional entregue pelos Juizados Especiais.

## INTRODUÇÃO

É com grande satisfação que participamos desta obra coletiva em homenagem ao Ministro Humberto Eustáquio Soares Martins, cuja atuação acadêmica se deixa registada em seus votos analíticos, densos e bem articulados exarados no exercício de sua função judicante perante o Superior Tribunal de Justiça (STJ).

No presente texto buscaremos abordar, a um só tempo, a relação conflitiva nas relações sociais e o papel do Estado na solução dos conflitos, dentro de uma contextualização que perpassa pela análise das normas procedimentais na composição da lide; na formação do convencimento na atuação jurisdicional; no caráter constitutivo da decisão judicial, tudo dentro de uma concepção de desenvolvimento e progresso cultural e civilizatório que devem passar a sustentar-se no protagonismo da prestação jurisdicional Estatal.

O ponto de partida fulcral sobre o qual deve sustentar-se a anamnese proposta por esse artigo dirá respeito às seguintes afirmações do nosso homenageado, Ministro Humberto Martins, que sempre primou, de forma incansável e comprometida, pela segurança jurídica e o fortalecimento do Estado Democrático de Direito.

Deter-nos-emos, especificamente, no essencial:

> "a segurança jurídica, que é princípio basilar na salvaguarda da pacificidade e estabilidade das relações jurídicas, uma vez que permite aos contratantes, investidores e ao cidadão conhecerem antecipadamente as condutas vedadas e as consequências jurídicas de seu descumprimento. É a ideia de previsibilidade nas decisões judiciais e de racionalização e controle da intervenção estatal na vida privada, a partir da garantia da legalidade, que legitima a própria prestação jurisdicional," (Ministro Humberto Martins <u>in</u> Seminário: "Judiciário em Pauta"; em 10/12/2021).

> "não há cidadania plena sem um Poder Judiciário autônomo e eficiente. Não é possível haver um Poder Judiciário eficiente e completo sem que haja a segurança de que os cidadãos poderão fruir dessa cidadania." (Ministro Humberto Martins <u>in</u> Palestra: "Magistratura e cidadania de mãos dadas em face do estado democrático de direito"; em 24/3/2022).

> "a construção de uma sociedade livre, justa e solidária, na qual se garante o necessário desenvolvimento com a erradicação da pobreza e das desigualdades sociais, por certo, não se materializará sem um olhar plural de nossas diferenças e, acima de tudo, sem o pleno

exercício democrático da cidadania." (Ministro Humberto Martins in Palestra: "A importância do poder judiciário na democracia brasileira"; em 2022).

Aqui já se pode estabelecer uma premissa, a de que a Justiça, embora detenha o laurel – gládio e gáudio – de porta-voz do Bem, qualitativa, subjetiva e absoluta em essência, possui pontos de inflexão: alguns, de natureza qualitativa; outros, de natureza quantitativa, mas sempre assentado na soberania do Bem imutável e universal, equilibrando o passado e o presente ao futuro. Justiça como o equilíbrio de muitos equilíbrios.

Nesse ponto é chegada a hora de tratarmos – nos tópicos que se seguem –, do tema proposto, que nos fará retornar ao que até aqui apresentados – características do ir e vir que a "reflexão", com seus "reflexos", engloba.

## 1. O ESTADO E A COMPOSIÇÃO DOS CONFLITOS SOCIAIS

A idéia do Estado de Direito consolidou neste a função jurisdicional, cujo objetivo é "resguardar a ordem jurídica, o império da lei e, como consequência, proteger aquele dos interesses em conflito que é tutelado pela lei, ou seja, amparar o direito objetivo"[3].

Como legislador, o Estado formula as leis destinadas à conservação e desenvolvimento da boa convivência social, e realizando a ordem jurídica, aplica a lei, seja no exercício da sua função administrativa, na garantia do bem comum, ou no exercício de sua função jurisdicional, já que "nenhuma lesão a direito poderá fugir da apreciação do Poder Judiciário", visando a composição de conflitos de interesses que venham a perturbar este bem comum, a paz jurídico-social, ante a proibição da autotutela, posto que "é vedado o exercício arbitrário das próprias razões".

Esses inevitáveis conflitos de interesses no meio social geram a necessidade de se estabelecer mecanismos para suas composições, e entre os métodos criados pelo homem, encontra-se o do processo judicial, concretizado através da atuação daquele agente político investido no *munus* público de julgador das contendas: o juiz.[4]

3 SANTOS, Moacyr Amaral. *Primeiras linhas de direito processual civil.* 20 ed. São Paulo: Saraiva, vol. 1, 1998, p. 69.

4 TEIXEIRA, Sérgio Torres. A criação do direito no exercício da atividade judicante, *Revista da ESMAPE*. Recife, jul/dez, 1998, v. 3, nº 8, p. 367.

Seria a jurisdição estatal o ato de resguardo da ordem jurídica, o império da lei, a forma constitucional de amparo do direito objeto, já que a Constituição é o fundamento de validade de todas as leis,[5] frente aos interesses em litígio, sendo o direito processual o ramo do direito público constituído por normas relativas à organização e funcionamento dessa atividade jurisdicional.

Dessa forma, para o exercício dessa jurisdição, algo bastante complexo e de suma responsabilidade, necessário se faz a criação, manutenção e permanente aperfeiçoamento dos organismos responsáveis pela aplicação da lei, próprios do Poder Judiciário, através dos seus órgãos, juizes e tribunais, dentro de variados contextos seja na esfera criminal, processual penal, administrativa, no âmbito civil e também processual civil, o qual ora nos interessa.

Assim, como paradigma da função judicante, diversos são os princípios a ser observados em cada fase da atuação jurisdicional, entendendo *princípios*, conforme os ensinamentos de Ivo Dantas[6], como "categoria lógica e, tanto quanto possível, universal, muito embora não possamos esquecer que, antes de tudo, quando incorporados a um sistema jurídico-constitucional-positivo, refletem a própria estrutura ideológica do Estado, como tal, representativa dos valores consagrados por uma determinada sociedade", os quais estariam acima das normas infraconstitucionais, uma vez que a interpretação das leis é obra de raciocínio, mas também de sabedoria e bom senso, não devendo o aplicador da lei, que é o juiz, ater-se exclusivamente aos vocábulos, mas sim, aplicar os princípios que informam as normas positivas[7].

É desse modo que só após a posse e o início do exercício no cargo, decorrente de ato solene e oficial, é que o juiz estará investido legalmente na jurisdição e poderia então praticar os atos processuais de sua competência, e uma vez investido de suas funções jurisdicionais, as exercerá no limite funcional de sua atuação, sob pena de nulidade de seus atos. A jurisdição pressupõe um território de atuação, cabendo a cada Órgão do Poder Judiciário um determinado limite, sejam os tribunais

5 KELSEN, Hans, em GRINOVER, Ada Pellegrini. *As garantias constitucionais do direito de ação.* São Paulo: Saraiva, 1973, p. 9.

6 DANTAS, Ivo. *Princípios constitucionais e interpretação constitucional.* Rio de Janeiro: Lumen Juris, 1995, p. 59.

7 RSTJ 19/461.

excepcionais, os tribunais dos Estados, as Comarcas, ou seja, "a jurisdição não pode ser exercida fora do território fixado ao juiz"[8].

A jurisdição só pode ser exercida, ainda, pelo órgão que a Constituição lhe atribui competência jurisdicional, a origem jurisdicional, portanto, emana essencialmente da Constituição, de sorte que é defeso ao legislador ordinário criar juízos de exceção, para julgamento de certas causas[9], nem mesmo ao próprio Poder Judiciário se estruturar internamente de forma contrária à previsão da Carta Magna, art. 5º, LIII e XXXVII.

O magistrado, ao apreciar um caso concreto cuja composição não se encontra disciplinada pelas regras abstratas do sistema normativo, deve criar uma norma concreta oriunda de uma regra genérica, mas decorrente dos demais elementos que compõem a ordem jurídica[10], de forma a prestar efetivamente a tutela jurisdicional, função que exerce por delegação do Estado e só ele, como representante desse poder estatal, pode praticar os atos jurisdicionais, que são atos personalíssimos, conforme a regra ínsita do art. 2º da Constituição Federal.

Como ente do Estado encarregado da solução dos conflitos de interesses que surgem no âmbito da sociedade, o que é inevitável no convívio humano, cabe assim ao Poder Judiciário em matéria processual civil, através dos seus variados Órgãos, aplicar a lei obedecendo aos princípios que regulam os procedimentos, meio para que se chegue do pedido, exercido através da ação, até a sentença, ato declaratório do direito pretendido, para oportuna satisfação do que devido, no regime de cumprimento de sentença, devendo se garantir ao cidadão uma atuação serena, legal e, acima de tudo, justa.

## 2. AS NORMAS PROCEDIMENTAIS NA COMPOSIÇÃO DA LIDE.

O objeto da relação jurídica é um bem e a relação entre o que se julga titular do direito e esse bem é o interesse, e quando o interesse de uma pessoa por determinado bem se opõe ao interesse de outra pessoa

8 SANTOS, op. cit., p. 72.

9 CORREIA, Marcus Orione Gonçalves. *Direito processual constitucional.* São Paulo: Saraiva, 1998, p. 16.

10 TEIXEIRA, op. cit., p. 376.

pelo mesmo bem, surge o conflito de interesses[11], seja na esfera eminentemente privada, seja entre interesses particulares e públicos.

Como já analisamos, o Estado veda ao particular o poder de fazer justiça pelas próprias mãos e assumiu esta titularidade, através da jurisdição, quando surgem esses conflitos de interesses, "qualificados pela pretensão de um e resistência de outro"[12].

Tudo emana do fato de que os bens da vida se destinam ao uso humano, são elementos de sua essência de subsistência, de aperfeiçoamento, e que podem satisfazer estas necessidades, e a razão entre o homem e o bem é o que se chama de interesse.

De nada valeria atribuir um bem a uma determinada pessoa se essa fosse obstaculada de uso ou fruição. O direito objetivo, que incide sobre os fatos e que prescreve a conduta das pessoas diante de um interesse, a possibilidade de ocorrência de certas hipóteses conflitantes de interesses e as conseqüências que destas resultam, não teria força obrigatória. O direito subjetivo, que segundo Pontes de Miranda estaria embutido no direito objetivo[13], é o poder atribuído à vontade de alguém para fazer valer seu interesse, em conflito com interesse de outrem, o que se denomina *pretensão*.

Surgindo, então, o conflito de interesses subjetivos, gera-se tal pretensão à pessoa que se julgar prejudicada de recorrer ao Estado, através da ação, na busca de uma sentença, que subordinará ao final, os sujeitos envolvidos naquela contenda, às ordens abstratas que emana da lei, o direito objetivo, ocasião da formação da relação processual, denominada *lide*.

Ensina o Prof. Vilanova, ser "em função da solução prática dos conflitos de interesses, que as condutas reciprocamente interferentes apresentam, que vão das normas aos fatos, e dos fatos às normas que os enquadram"[14], apontando que sem a infraestrutura social da conduta inexistem normas, valores, direito positivo enfim.

Segundo Kelsen[15], "o indivíduo tem o direito de se conduzir de determinada maneira, especialmente de exercer uma determinada ativi-

---

11 SANTOS, op. cit., p. 7.

12 SANTOS, Ernani Fidélis dos Santos. *Manual de direito processual civil.* 7 ed. São Paulo: Saraiva, vol. 1, 1999, p. 44.

13 PONTES DE MIRANDA. *Tratado das ações.* Campinas: Bookseller, t. 1, 1999, p. 46.

14 VILANOVA, Lourival. Teoria da norma fundamental – comentários à margem de Kelsen, *Anuário do Mestrado em Direito da UFPE.* jan-dez/1976, p. 132.

15 KELSEN, Hans. *Teoria pura do Direito,* trad. João Baptista Machado. 6 ed. São Paulo: Martins Fontes, 2000, p. 154.

dade, pode não só significar-se que a tal indivíduo essa atividade não é juridicamente proibida, mas também que os outros são obrigados a não impedir essa atividade, ou que o indivíduo com direito a exercer essa atividade tem o poder jurídico de, no caso de uma violação do correspondente dever, instaurar o procedimento jurídico que conduz à sanção".

Desse modo, é através da *ação* que essa pessoa visa o reconhecimento desse direito subjetivo contrariado e previsto no ordenamento jurídico, de seu interesse e constante do pedido, onde se pleiteia, por exemplo, o cumprimento do contrato, a indenização, o despejo, a consignação, a cobrança, a separação ou os alimentos, através dos regramentos processuais respectivos.

Para que possa obter a composição dessa lide, a parte interessada, mediante exercício de uma pretensão subjetiva, contrária a uma suposta pretensão resistida, serve-se do processo e a condição primeira para que ele se instaure é a ação.

Nos dizeres de Couture, ação é *um direito à jurisdição*[16], ela provoca a jurisdição e é o seu limite, jurisdição que se exerce através de um complexo de atos, que é o processo, de modo que a ação é o *fiat lux* da jurisdição, cujos procedimentos se encontram inseridos no processo.

Para Couture, não sendo o processo civil de realização obrigatória, como o processo penal, cuja conduta o é, não se pode afirmar que ele integre, necessariamente, a norma jurídica; pode, contudo, afirmar-se que a integra *potencial -necessariamente.* Potencialmente, porque o titular de um direito sempre pode recorrer ao processo, se o deseja; necessariamente, porque não pode recorrer à coerção estatal sem recorrer ao processo[17].

O processo, como meio da ação para que se provoque a atuação da jurisdição, deve ser encarado não como um emaranhado de procedimentos obscuros, mas como um meio pelo qual deve se extrair dele o melhor proveito possível, em termos práticos, para torná-lo efetivo, o que significa, segundo consta nos léxicos, um resultado verdadeiro, pautado em compromissos com a efetiva solução da lide e a paz social dela decorrente.

Neste diapasão, o processo visa garantir a defesa das pretensões em jogo e a assegurar a justiça das decisões, a fim de que possam ter eficácia

16 COUTURE, Eduardo J., *Introdução ao estudo do processo civil*, trad. Mozart Victor Russomano. 3 ed. Rio de Janeiro: Forense, p.15.

17 COUTURE, Eduardo J. *Interpretação das leis processuais*, trad. Gilda Maciel Corres Meyer Russomano. São Paulo: MaxLimonad, 1956, p. 157.

adequada em relação às partes envolvidas no litígio, e deve se desenvolver na forma mais humana possível, segundo Souza[18], supondo a atuação de valores éticos no sistema processual, ordenados à sua finalidade.

Como regras procedimentais para que a jurisdição se desenvolva célere e, ao mesmo tempo, componha de forma justa estas controvérsias, deve se oportunizar às partes que defendam amplamente suas pretensões, aos terceiros intervenientes ou que de algum modo se quedaram envolvidos pela coisa julgada, para que igualmente exerçam o direito de pedir a tutela de seus interesses, e, por fim, que o juiz, dentro da relação jurídica que se forma no processo, venha a se instruir sempre, a fim de aplicar a lei ao caso concreto, com a correção e certeza que se fazem necessárias.

Na sociedade moderna as relações entre pessoas se apresentam na forma de direitos e obrigações de uns perante outros, e o processo é apenas um conjunto de meios destinados à proteção dos direitos, fazendo atuar o sistema judiciário, o direito prescinde do processo para sua efetividade e este sem o direito seria um vazio[19].

O processo, assim, é o instrumento da jurisdição para a composição das lides, atualmente denominado sincrético, dividido em fases de declaração do direito e de cumprimento do direito declarado, com os possíveis acautelamentos internos, afastando os superados processos tripartidos, *de conhecimento, de execução* e *cautelar*.

O direito processual entra em sua quase totalidade na categoria de disposições que foram denominadas "regras finais": que não impõem obrigações, sendo que, quem se propõe a um determinado fim, que seria obter justiça, oferece o método, a receita para conseguí-lo[20], "é o ramo do direito público constituído pelas normas relativas à organização e funcionamento da atividade jurisdicional"[21].

A ação provoca a jurisdição e o *processo* é o instrumento desta, um complexo de direitos e deveres, das partes e do juiz, objetivando-se em atos até a prolação da sentença para posterior cumprimento, o processo

18 SOUZA, Carlos Aurélio Mota de Souza. *Poderes* éticos *do juiz*. Porto Alegre: Fabris, 1987, p. 28.

19 LIEBMAN, Enrico Tullio. *Manual de direito processual civil*, trad. Cândido Rangel Dinamarco. Rio de Janeiro: Forense, vol. 1, 1984, p. 72.

20 CALAMANDREI, Piero. *Derecho procesal civil*, trad. Santiago Sentis Melendo. Buenos Aires: Europa-America, vol. III, 1973, p. 261.

21 GRINOVER, op. cit., p. 11.

nada mais é do que uma *relação jurídica*, conforme procuraremos demonstrar, daí a denominada relação jurídica processual.

Ensina Couture[22] que "a lei processual, tomada em seu conjunto, é uma lei regulamentadora dos preceitos constitucionais que asseguram a justiça", de modo que o processo se apresenta como um ramo autônomo do direito, colocado sobre a fronteira da Constituição, para assegurar a eficácia dos direitos do homem no tocante à justiça.

Portanto, como objeto do processo podemos entender a instrumentalização do direito, a busca do Estado para a composição efetiva da lide. A lei processual, tomada em seu conjunto, pois é uma lei regulamentadora dos preceitos constitucionais que asseguram a justiça.

Conforme leciona Couture, o conteúdo do Processo Civil, pondo *em relevo* seus elementos principais, são aqueles que vêm do fundo e sem os quais o fenômeno não é concebível: "- a ação, a defesa, o processo, a sentença. Por outros termos: - a justiça do autor, a justiça do réu, a justiça de ambos em conjunto e a justiça do juiz"[23].

Complementa esse entendimento Liebman[24], ao indicar que "o restabelecimento da ordem jurídica através da satisfação integral do direito violado, conseguido com todos os meios ao alcance dos órgãos judiciários, eis o escopo da sanção: e este á justamente um dos fins máximos do processo civil".

Nessa ordem de idéias, os princípios processuais informativos do processo civil, são, acima de instrumentais, primordialmente constitucionais, advindos de um conjunto de princípios entranhados no texto constitucional denominado *devido processo legal*, ou princípios constitucionais da segurança jurídica, conforme discorremos, que norteiam os procedimentos até a formação da denominada convicção do julgador, que, *in casu*, será representada pela sentença, e que, nos dizeres de Pontes de Miranda[25], "é a entrega da prestação jurisdicional" que declara o direito para posterior e eventual cumprimento, a que se obrigou o Estado ao assumir o monopólio da Justiça.

Esses princípios nos auxiliam tanto na compreensão do conteúdo e extensão do comando normativo, quanto em caso de lacuna, atuando

22 COUTURE, op. cit., p. 19.

23 Idem, pp. 3/4.

24 LIEBMAN, op. cit., p. 13.

25 PONTES DE MIRANDA, op. cit., p. 37.

como fator de integração da eventual omissão existente[26], alguns estão normatizados e outros não, mas de uma forma ou de outra são diretrizes da atuação jurisdicional, até porque na sua quase totalidade emanam do texto constitucional, devendo-lhes o órgão jurisdicional quando de sua atuação, portanto, estrita obediência.

Portanto, cabe à parte a propositura da ação. É um direito seu dispor do processo, cujo ajuizamento implicará na atuação da jurisdição que, recebida a petição inicial, determinará a formação do contraditório. A partir daí, passa ao juízo competente, e de regra, a autoridade na sua condução positiva, deferindo as provas que entende por pertinentes e agindo de ofício, quando necessário, aplicando as regras procedimentais de ordem pública aos casos concretos.

Regra do art. 5º, LIV da Constituição Federal, o devido processo legal, denominado *due process of law*, segundo Calmon dos Passos, engloba três elementos essenciais: a imparcialidade e independência do juiz; o acesso ao Judiciário e o contraditório[27].

A imparcialidade e independência do juiz nos remete à paridade de tratamento, princípio constitucional previsto no art. 5º, *caput*, da Constituição Federal, e consiste no princípio pelo qual as partes envolvidas no litígio devem ser tratadas de forma igualitária durante todo o processo, agindo todo o sistema em regime de colaboração.

É no processo que o raciocínio jurídico se manifesta por excelência, diz com bastante propriedade Perelman[28], que afirma categoricamente ser papel dos juízes dizer o direito – não o criar – embora seja freqüente na obrigação de julgar, que é imposta ao juiz, o complemento da lei, sua reinterpetração e flexibilização, porém está igualmente obrigado a motivar suas decisões, o que permite discernir o raciocínio jurídico empregado, o que é considerado hoje essencial à boa administração da justiça.

## 3. A FORMAÇÃO DO CONVENCIMENTO NA ATUAÇÃO JURISDICIONAL

Na sociedade moderna, as relações entre pessoas se apresentam na forma de direitos e obrigações de uns perante outros, e o

---

26 CORREIA, op. cit., p. 8.

27 CALMON DE PASSOS. *O devido processo legal e o duplo grau de jurisdição*. São Paulo: Saraiva, 1981, p. 86.

28 PERELMAN, Chaim. *Lógica jurídica*, trad. Vergínia K. Pupi. São Paulo: Martins Fontes, 1999, pp. 209/210.

processo é apenas o conjunto de meios destinados à proteção dos direitos[29]. É o processo, portanto, que fornece os caminhos jurídicos para tutelar os direitos e atuar o seu sistema, através de atos das partes e do juiz, interligados pela unidade do escopo a ser alcançado, qual seja, a justa composição da lide, o que entendemos ser o fim da atuação jurídico-racional.

Leciona Couture, que "a lei processual não está redigida nem como um mandamento, nem como um *status*; nem tampouco está escrita como uma delimitação jurídica para determinar a ilicitude da conduta humana. A lei processual é uma descrição. O legislador descreve como se realizará, no futuro, um processo"[30].

No amparo do direito, surge a norma processual, conjunto de procedimentos em fases lógicas, que transcorre desde a aceitação da petição inicial, com a análise de seus requisitos intrínsecos, além das condições para o exercício do direito de ação e dos pressupostos para o desenvolvimento válido e regular do processo, a defesa, a produção de provas, a decisão final e a subsequente efetivação, e diversos são os atos praticados pelo juiz, despachos ordinatórios, decisões interlocutórias e a própria sentença, "a provisão do juiz que, recebendo ou rejeitando a demanda do autor, afirma a existência ou a inexistência de uma vontade concreta da lei que lhe garanta um bem ou respectivamente a inexistência ou existência de uma vontade de lei que garanta um bem ao réu"[31].

Nos interessa, agora, para fins do objeto desse arrazoado, a sentença que, após o regular contraditório, concede ou nega o direito objeto do pedido, e aprecia o mérito da causa, para análise mais aprofundada de sua natureza e decorrentes consequências jurídicas.

Essa operação é denominada de *subsunção*, definida por Lalande como "o enlace lógico de uma situação particular, específica e concreta, com uma previsão abstrata, genérica e hipotética contida na lei"[32], de forma que terá o juiz que considerar as afirmações dos fatos e a respectiva prova, a fim de convencer-se da sua verdade, ou seja, da certeza dos

---

29 LIEBMAN, op. cit., p. 148.

30 COUTURE, op. cit., p. 30.

31 CHIOVENDA, Giuseppe. *Instituições de direito processual civil*, trad. Paolo Capitanio, Campinas: Bookseller, vol. I, 1998, p. 198.

32 Em COUTURE, Eduardo. *Fundamentos del derecho procesal civil.* Buenos Aires: Depalma, 1988, p. 285.

fatos. Ou os fatos são verdadeiros ou não e este é o gol que busca a jurisdição, senão será a sentença injusta, nos dizeres de Chiovenda, "quando considera existente uma vontade de lei concreta que não existe, ou considera inexistente uma vontade que existe"[33].

Assim, numa visão ampla, a sentença tem por finalidade definir os contornos da lide, traduzir a vontade e o imperativo da lei, na sua aplicação à espécie decidida. O direito subjetivo preexistente se concretiza com essa declaração, ora será procedente, no todo ou em parte, ora improcedente. "O direito abstrato, contido na norma aplicável, se concretiza com a declaração da sua aplicação à espécie"[34], cabendo ao julgador não só responder à *quaestio facti* como também à *quaestio juris*, ordenando *in concreto* a sanção estatuída *in abstrato* na norma jurídica geral[35], sendo, segundo Carnelutti, *o pronunciamento sobre a causa*, isto é, o que, ao resolver as questões de fundo do litígio ou do negócio, contém a decisão sobre ele[36].

Brilhantes as palavras de Calamandrei[37] ao afirmar que "no momento final do juízo, intervém na consciência do juiz uma espécie de iluminação irracional, um verdadeiro e próprio *ato de fé*, que transforma a probabilidade em certeza", além de por em paz a consciência do julgador, respeitados os limites da própria lei, ou seja, o pedido, ou pedidos quando cumulados, sob pena de se julgar *citra*, *ultra* ou *extra petita*, gerando imperfeições no julgado, já que o pronunciamento sobre a causa deve ser total, ou seja, deve ter caráter definitivo ao encerrar o jogo de pretensões, acolhendo ou recusando as conclusões propostas por cada uma das partes[38].

Importante fazer ver que a decisão definidora deve ser não só estritamente legal como o mais justa possível. Segundo Ortega[39], o conteúdo dessa decisão não pode ser conhecido antecipadamente, isto porque sempre é possível, não apenas em casos de maior complexidade,

---

33 CHIOVENDA, op. cit., p. 231.

34 SANTOS, op. cit., p. 13.

35 KELSEN, op. cit., p. 264.

36 CARNELUTTI, Francesco. *Instituições do processo civil*, trad. Adrián Sotero de Witt Batista. Campinas: Servanda, vol. II, 1999, p. 152.

37 CALAMADREI, Piero. *Direito processual civil*, trad. Luiz Abezia e Sandra Drina Fernandez Barbery, Campinas: Bookseller, vol.III, 1999, p. 271.

38 CARNELUTTI, op. cit., p. 152.

39 ORTEGA, Manuel Segura. *La racionalidad jurídica*. Madrid: Tecnos, 1998, p. 127.

optar entre alternativas distintas e que podem ser incompatíveis entre si, mesmo que parcialmente, apontando que as teorias formais de argumentação jurídica igualmente não se apresentam satisfatórias, posto que concebem a racionalidade em termos procedimentais[40], produzindo uma redução injustificada da realidade jurídica.

Comumente, afirma Saldanha[41], considera-se "que a existência de uma "razão jurídica" não se confunde com a validade da *razão* abstrata, com a qual operam as lógicas e as matemáticas: trata-se, no primeiro caso, de uma racionalidade precária e vivente, inteligível embora como um *logos* específico. O que não impede de considerar o conceito de razão em uma acepção abrangente, envolvendo tanto dimensões metafísicas (senão onto-teológicas) como o *significado* dos mais diversos processos reais.

Fazer menção à racionalidade do direito corresponderia, em certo sentido, a falar de sua própria definição, entrementes não é só com a busca da definição do direito que se preocupa a racionalidade, afirma Saldanha, pensar o real como racional é parte da racionalidade do pensar. A razão deverá nortear a justiça, complementando o uso do poder com a atuação ética do julgador, utilizando-se do direito como razão, como justiça, como estrutura animada por valores, os ditos valores maiores.

Maccormick[42] afirma com propriedade que a racionalidade no direito e nos procedimentos jurídicos é a primeira das virtudes, porém há outras mais que apenas ela. Sem um bom juízo, compaixão e sentido de justiça, a racionalidade pura pode nos aparentar sem razoável, haver razão para se fazer o que verdadeiramente são coisas irracionais.

Para Dworkin[43], caberia ao juiz, com habilidade, sabedoria, paciência e agudeza sobre-humanas, procurar uma única resposta correta para o caso posto, de forma a se aproximar o mais que possível deste ideal, complementando Alexy[44], muito embora na realidade não exista nenhum procedimento que permita, com segurança intersubjetivamente

40 ATIENZA, M., em ORTEGA, op. cit., p. 127.

41 SALDANHA, Nelson. *Filosofia do direito.* Rio de Janeiro: Renovar, 1998, p. 155.

42 MACCORMICK, N., em ORTEGA, op. cit., pp. 127/128.

43 Em ALEXY, Robert. *Derecho y razón práctica.* 2 ed. Colônia Del Carmem: Fontamara, 1998, p. 8.

44 ALEXY, op. cit., pp. 8 e 20.

necessária, chegar a cada caso a uma decisão correta, que para tanto o magistrado deverá direcionar sua atuação tomando por base princípios fundamentais, não apenas as regras normativas pura e simples, através de uma argumentação jurídica orientada de acordo com o conceito de razão prática.

Os princípios seriam na verdade comandos que possibilitariam a realização de algo na maior escala possível, em relação às possibilidades jurídicas e fáticas apresentadas, sendo considerados por Alexy, com o qual comungo neste particular, os princípios constitucionais como de dignidade humana, liberdade, igualdade, democracia, Estado de Direito e Estado social, a forma principal de atuação do direito racional na atualidade[45].

Esses princípios devem certamente se completar com uma argumentação jurídica, para que seja possível uma decisão racionalmente fundamentada. A racionalidade da argumentação jurídica depende essencialmente de si própria, de suas bases fundamentais, para que alcance esses valores como forma de controle da atuação jurisdicional racional.

A aplicação de uma regra normativa por parte do juiz deve levar em consideração o fato de que esta decisão não pode ferir princípios fundamentais, deve-se atentar para o exame de criação segundo a Constituição ou por via de costume que a mesma Constituição delegue[46], cujo papel dentro da prática judiciária é exatamente manifestar este racionamento prático. Um discurso racional seria um sistema de direitos fundamentais que incluiria uma preferência dos direitos individuais sobre os bens coletivos, conduzindo a uma inevitável conexão entre direito e moral.

O conceito de direito deve ser definido de maneira que a moral prevaleça, para que a decisão da autoridade judiciária tenha real efetividade e aceitação no seio social. Não se deve decidir meramente positivando o direito, mas o interpretando racionalmente, levando em consideração os interesses maiores da sociedade como um todo, pressupondo-se sobre tudo a moral como fundamento social, isto seria decidir de forma justa. A aplicação do direito positivo poderá, assim, caso não observados estas direções, ser na verdade injusta, ilegítima.

A motivação das decisões é igualmente peça fundamental para sua justeza. Segundo Perelman[47] motivar uma decisão é expressar-lhe as razões. É afastar toda arbitrariedade. Somente graças à motivação aquele

45 Idem, pp. 12/13.

46 KELSEN, op. cit., p. 264.

47 PERELMAN, op. cit., pp. 210/211.

que perdeu um processo sabe como e por quê. A sentença motivada substitui a afirmação por um raciocínio e o simples exercício da autoridade por uma tentativa de persuasão, desempenhando um equilíbrio jurídico e moral, absolutamente essencial à vida numa sociedade de direito.

O puro respeito à lei não garante a racionalidade da decisão, afirma Ortega[48], seja porque a norma pode ser irracional a depender de sua origem, mesmo que democraticamente elaborada, seja porque no processo decisório influem uma séria de elementos que não estão contidos na lei e que não podem ser controlados de modo eficaz, posto que ocultos, e podem de alguma maneira provocar um déficit de racionalidade em relação à decisão.

O juiz deve valorar o impacto que causará sua decisão e deve procurar que a mesma satisfaça o maior número de sujeitos possível, diz Ortega[49], ou, como diria Perelman[50], o juiz não pode considerar-se satisfeito se pôde motivar sua decisão de modo aceitável; deve também apreciar o valor desta decisão, e julgar se lhe parece justa ou, ao menos, sensata.

O racionalismo vem assim buscar que a razão vá dominando as coisas, por meio de uma estratégia simétrica de ações, sendo, em verdade, uma visão do mundo, acima de um simples método. As decisões judiciais, assim como o próprio sistema jurídico como um todo, devem ter necessariamente pretensões de correção, como diria Hegel[51], "a verdadeira certeza moral é a disposição de querer aquilo que é bom em si e para si".

## 4. O CARÁTER CONSTITUTIVO DA DECISÃO JUDICIAL: EFICÁCIA NORMATIVA DOS JULGADOS

A sentença, como vimos, após interpretado o direito na fixação do sentido, alcance e conteúdo da norma jurídica[52], é portanto o ato que normatiza um caso concreto levado ao judiciário, em regra vinculando

48 ORTEGA, op. cit., p. 119.

49 Idem, p. 126.

50 PERELMAN, op. cit., p. 996.

51 HEGEL, G.W.F. *Princípios da filosofia do direito*, trad. Orlando Vitorino, São Paulo: Martin Fontes, 1997, p. 121.

52 MELO BORGES, Maria Dlara Siqueira de. A norma jurídica e sua interpretação, *Revista da ESMAPE*. Recife, jul/dez 1998, v. 3, nº 8, p. 290.

sua eficácia aos envolvidos naquela lide específica, podendo ter conteúdo meramente formal, quando não aprecia o mérito, ou ainda material, que compõe a controvérsia, aplicando a lei ao caso concreto, forma da qual apreciaremos para analisar a eficácia dos julgados, que, segundo Kelsen, seria o processo no qual o direito parte do geral, ou abstrato, para o individual, caso concreto. Um processo de individualização ou concretização da norma jurídica[53].

Daqui partimos para o objeto final desse estudo: a eficácia normativa dos julgados, *in casu* dos julgados materiais, que, após superados os recursos cabíveis, farão coisa julgada material, significando que, conforme ensinamento da doutrina de Amaral Santos[54], "a *res in judicium deducta* torne-se *res iudicata* – coisa definitivamente julgada", ou seja, é a decisão da autoridade judiciária cujo comando se reflete fora do processo em que foi proferida, diante da imutabilidade de seus efeitos. Essa a autoridade da coisa julgada, que impede que a relação de direito material, então controversa e ali decidida, possa vir a ser reexaminada ou decidida, conforme previsões dos arts. 502 a 508 do CPC.

É por meio da sentença que o juiz declara a obrigação que lhe decorre da demanda judicial, concluindo sua missão inicial[55] para que se dê o oportuno e eventual cumprimento, e que, para sua validade, deverá observar seus pressupostos normativos, expurgar nulidades insanáveis no curso do procedimento, respeitar as regras de conduta ética e moral, ou seja, a sentença define o direito devido e os atos subsequentes são de mera realização dessa declaração.

Essa sentença uma vez materialmente transitada em julgado, em regra, tem força vinculante de lei não só para as partes envolvidas na lide processual, mas também para todos os juízes, que deverão respeitá-la dentro dos limites legais, ou seja, a cognição deve ser plena, examinando a fundo todas as razões das partes[56], limitando-se nos pedidos de procedência e de rejeição, e nas partes envolvidas no litígio, sempre em regra, de forma que não significa a coisa julgada um simples efeito da sentença, mas sua própria eficácia, ou aptidão para produzir os efeitos

53 KELSEN, op. cit., p. 263.

54 SANTOS, op. cit., p. 44.

55 CHIOVENDA, op. cit., p. 230.

56 Idem, p. 218.

que lhes são inerentes, tornando-a imutável e indiscutível, quando não mais sujeita a qualquer tipo de recurso[57].

Pois bem, materialmente transitada em julgado, esta sentença "não tem, como por vezes se supõe, um simples caráter declaratório. O juiz não tem simplesmente de descobrir e declarar um direito já de antemão firme e acabado, cuja produção já foi concluída. A função do tribunal não é simples ´descoberta` do direito ou juris-´dição` (´declaração` do direito) neste sentido declaratório, mas também um caráter constitutivo"[58], e ainda, por vezes, um caráter condenatório ou mesmo mandamental.

Veremos que todas as sentenças têm eficácia incialmente declaratória, ao declarar positiva, quando a ação é julgada procedente ou em parte procedente, ou negativamente um determinado direito, aqui quando a ação é julgada improcedente, ou ainda vemos que a sentença não deixa de ser uma lei, como afirma Pontes de Miranda[59], "por ser regra jurídica *concreta*, que substitui a regra *abstrata*, quanto à *res in iudicium deducta*".

Dedicaremos então, por decorrência da análise filosófica exposta, a parte final desse estudo à classificação da eficácia das sentenças tomando por base a doutrina de Pontes de Miranda, que afirma categoricamente que "a diferença entre aplicação e incidência livra-nos do engano de crer a que sentença *refaz*, ou é o próprio direito objetivo, de modo que a relação de direito material sempre foi assim ´como se julgou`, porém, fora de qualquer dúvida, também nos livra de considerar sem vigor a lei, *no caso julgado*, porque no seu lugar se pôs a sentença", afirmando, por último, que "nem a aplicação é incidência, nem é incidência nova".

Podemos, portanto, classificar a eficácia das sentenças em *declaratória, constitutiva, condenatória, mandamental* ou ainda *executiva*.

A *sentença declaratória,* ou declarativa, é a sentença que tem a sua força no declarar a existência de um direito, positiva ou negativamente, no plano subjetivo daquele que procura a jurisdição.

"Não se estatuem novas consequências, apenas se declara o que já existe"[60], ou seja, o direito controvertido já existia quando foi reconhe-

57 SANTOS, op. cit., p. 52.

58 KELSEN, op. cit., p. 264.

59 PONTES DE MIRANDA, op. cit., p. 189.

60 SILVA NETO, Francisco Antônio de Barros e. *A antecipação da tutela nos processos declaratórios.* Porto Alegre: SAFE, 2005,p. 68.

cido este fato na sentença, daí sua eficácia *ex tunc*, ou seja, retroativa ao fato objeto do pedido. Aquele que pugna pelo reconhecimento de paternidade, por exemplo, sendo a pretensão julgada procedente, será declarado filho daquele que figurou no pólo passivo da relação processual, desde a data de seu nascimento, não a partir da sentença, por óbvio.

A *sentença constitutiva* é aquela em que prevalece a eficácia de constituição. Portanto, aquela em que a tutela jurídica de declarar não supera as outras tutelas, em que se constitui mais do que se declara, do que se condena, do que se manda, do que se executa.

Em outras palavras, há uma declaração positiva do direito perseguido, porém esta modalidade de sentença não se restringe apenas a tanto, mas, ato contínuo, a criar, modificar ou extinguir uma relação ou situação jurídica[61], de modo que sua eficácia é *ex nunc*, ou seja, não há retroação do direito.

No caso, ao se pleitear o divórcio, com o julgamento da procedência do pedido, mais do que mera declaração do direito material, extingue-se a sociedade conjugal, modifica-se o estado civil de casado para separado judicialmente e criam-se direitos outros, como de visita, de guarda, que não existiam antes do julgado. Não há efeitos retroativos ao julgamento, mas apenas dali em diante.

A *sentença de condenação* tem cognição e, pois, elemento declarativo e de constituição, que serve mesmo, em combinação com a declaração, ao fato novo, ao *novum* processual da condenação; e não se lhe pode apagar o que possui de mandamento e o que possui de execução, que também se revela no efeito executivo de quase todas as sentenças de condenação. Ela é de condenação, porque o condenar prima, enche quase tudo que se destina à eficácia da sentença.

Temos que a sentença condenatória não apenas declara e constitui um direito em conhecimento, ou cognição, mas acima disso condena um dos figurantes da relação processual originária ao cumprimento de uma determina obrigação. Ao ser proferida uma sentença condenatória numa ação de indenização por perdas e danos, por exemplo, estará o suplicado obrigado ao seu cumprimento, mesmo que dependa o julgado de liquidação, ou julgada a improcedência da ação, o título conferirá ao réu eventual direito a ser objeto de cumprimento oportu-

61 CARREIRA ALVIM, op. cit., p. 258.

no, havendo eficácia *ex tunc*, ou seja, a decisão retroage ao fato ou ato originador da responsabilização.

A *sentença mandamental* supõe declaração, constituição e condenação, em doses fortes ou mínimas, porém o mandamento do juiz, como eficácia, é o que mais importa. É o elemento prevalecente, o alvo da ação que a sentença marca ao autor vencedor. Pressupõe declaração e constituição, supondo condenação, dela recebendo o juiz todos os elementos que permitam "limites" e "ato".

A *sentença executiva*, dita *latu sensu*, também resiste a qualquer redução às classes referidas, pois determina no seu próprio conteúdo, sem que haja necessidade de pedido de cumprimento, que o provimento declarado seja efetivado, por exemplo, quando se decreta o despejo ou se determina o cumprimento de obrigação de fazer, o juízo deverá atuar de ofício para que a determinação seja efetivada, independentemente de pedido expresso da parte interessada, como também ocorre nas ações reais e possessórias[62].

## CONCLUSÕES

Observamos na exposição supra, que, após construção filosófica da estrutura processual, toda sentença, aqui vista sob o ponto de vista de sua eficácia normativa, seja qual for sua modalidade, tem eficácia basicamente declaratória, e, em cada caso, poderá variar sua eficácia em constitutiva, condenatória, mandamental e executiva, porém, em qualquer hipótese, só com o advento da coisa julgada material é que poderemos cogitar de eficácia.

Quando somamos eficácia declarativa e força formal de coisa julgada (preclusão) é que podemos falar de eficácia de coisa julgada material. O elemento declarativo, como o constitutivo, o condenatório, o mandamental e até o executivo, que se encontra nas resoluções judiciais que não passam formalmente em julgado, é o mesmo que aparece nas resoluções judiciais que formalmente transitam em julgado. O *plus* está na força formal da coisa julgada, que há aqui e ali não há. A distinção entre resoluções judiciais que têm força de coisa julgada formal e resoluções que não têm força de coisa julgada formal nada há com a classificação das resoluções judiciais em declarativas, constitutivas, condenatórias, mandamentais e executivas.

62 ASSIS, Araken de. *Cumulação de ações*. 4ª ed. São Paulo: Ed. RT, 2002, p. 101.

Quando dizemos que a sentença declarativa tem força de coisa julgada material, referindo-nos a resolução judicial que entra na classe das resoluções judiciais declarativas e na subclasse das resoluções judiciais declarativas que passam, formalmente, em julgado: assim, a eficácia de coisa julgada material depende daquela conjunção de dois elementos da classificação em duas classificações diferentes, o trânsito formal em julgado e o elemento declarativo, tudo "conforme a pretensão posta em causa pelo autor"[63], sob pena de dar mais - *ultra* -, menos - *citra* - ou diferente - *extra petita* -, eivando-se de nulidade e não gerando os efeitos normativos entre as partes envolvidas na lide.

Como vimos, portanto, toda a construção filosófica do processo, pautada na sua vertente principiológica, reclama sistematização adequada para que seu resultado compositivo seja efetivo e legítimo, nos levando ao regramento vigente, onde predomina o processo judicial sincrético, subdividido em fases, afastando a dogmática do processo formal clássico e instrumentalizando o resultado prático em relação ao direito declarado.

Por último, como dissemos no início ("reflexão", com seus "reflexos"), a Justiça, afinal de contas, é um sentimento, uma sensação, uma intuição, um raciocínio. E, na raiz dos fatos sociais, quem dilapida a normalidade desgastada[64] é o sentido da Justiça que perpassa todo o psiquismo de um indivíduo e, indo além dele, de uma sociedade. É a velha metáfora da sabedoria dos anciãos do deserto que observam que "os cães latem, mas a caravana passa".

Costumamos dizer que a vida, segundo a antropologia, é comparável ao "Bolero" de Ravel: uma melodia simples e linear, com um toque de tambor (mais especificamente a caixa clara) em ritmo marcial impassível, aparentemente dá voltas sem sair do lugar; mas, sem que se perceba

63 SILVA, Ovídio A. Batista da. *Curso de processo civil.* 5 ed. São Paulo: RT, vol. I, 2000, p. 405.

64 "Cabe aqui, portanto, uma explicitação do conceito de normalidade desgastada, ou normose: Cabe resumir a normose, aqui (...), como: um conjunto de pensamentos e comportamentos que são sistematizados dentro de um consenso e aprovação social, tornando- se a "norma", o "normal" e a "normalidade", que são até mesmo incentivados dentro desse âmbito, e que, no entanto, são patogênicos, isto é, levam a "sofrimentos, doenças e mortes", como sintetiza Pierre Weil nesses três substantivos (CAETANO, 2020, p. 132)" (Alexandre Chini • Marcelo Moraes Caetano 21 Revista Novatio 1ª edição - 2020 Poder Judiciário do Estado da Bahia ISBN: 978-65-89459-01-9).

muito claramente, o que acontece é uma evolução sistemática que eleva a linha melódica, somando-se lhe outras vozes que dão timbres e cores novas àquela primeira melodia. E essa melodia, que parece estática e imutável, nos conduz a um caleidoscópio de prismas, numa pletora de cores que cria uma paleta de tons e semitons que, no fim, envolvem tudo e todos, o Estado-Juiz e sua função de dizer o direito, sem deixar ninguém injustamente no gueto, incluindo-os na grande melodia humana. Assim é o compasso da harmonia da Justiça.

Dessa forma, como concluiria o nosso Ministro Humberto Martins:

> "Por tudo que foi dito, compete, portanto, ao Poder Judiciário velar pela segurança, previsibilidade e calculabilidade de suas decisões, o que contribuirá para o fortalecimento não só da sociedade e das relações econômicas, mas especialmente da própria integridade do Sistema de Justiça. Tenho fé na Justiça e na magistratura brasileira. Que Deus nos ilumine, abençoando sempre a todos! De mãos dadas: magistratura e cidadania!"

## BIBLIOGRAFIA

ALEXY, Robert. *Derecho y Razón Práctica*, Colônia Del Carmem: Fontamara, 1998, 2ª ed.

ASSIS, Araken de. *Cumulação de ações*. 4ª ed. São Paulo: Ed. RT, 2002.

CAETANO, Marcelo Moraes. **Em busca do novo normal.** Reflexões sobre a normose em um mundo diferente. Rio de Janeiro: Jaguatirica, 2020.

CALAMANDREI, Piero. *Derecho procesal civil*, trad. Santiago Sentis Melendo. Buenos Aires: Europa-America, vol. III, 1973.

_____, *Direito processual civil*, trad. Luiz Abezi e Sandra Drina Fernandez Barbery. Campinas: Bookseller, vol. III, 1999.

CALMON DE PASSOS. *O devido processo legal e o duplo grau de jurisdição*. São Paulo: Saraiva, 1981, pp. 75-90.

CARNELUTTI, Francesco. *Instituições do processo civil*, trad. Adrián Sotero de Witt Batista.Campinas: Servanda, vol. II, 1999.

CHIOVENDA, Giuseppe. *Instituições de direito processual civil*, trad. Paolo Capitanio, Campinas: Bookseller, vol. I, 1998.

_____, *Instituições de direito processual civil*, trad. Paolo Capitanio. Campinas: Bookseller, vol. III, 1998.

CHINI, Alexandre; CAETANO, Marcelo Moraes. **Argumentação jurídica.** Indo além das palavras. Brasília: OAB Editora, 2020.

COUTURE, Eduardo J. *Interpretação das leis processuais*, trad. Gilda Maciel Corres Meyer Russomano. São Paulo: Max Limonad, 1956.

_____, *Lições preliminares de direito processual civil*, trad. Mozart Victor Russomano. 3 ed. Rio de Janeiro: Forense, 1998.

DANTAS, Ivo. *Princípios constitucionais e interpretação constitucional*, Rio de Janeiro: Lumem Juris, 1995.

CORREIA, Marcus Orione Gonçalves. *Direito processual constitucional*. São Paulo: Saraiva, 1998.

GRINOVER, Ada Pellegrini. *As garantias constitucionais do direito de ação*. São Paulo: Saraiva, 1973.

HEGEL, G.W.F. *Princípios da filosofia do direito*, trad. Orlando Vitorino. São Paulo: Martin Fontes, 1997.

KELSEN, Hans. *Teoria pura do direito*, trad. João Baptista Machado. 6 ed. São Paulo: Martins Fontes, 2000.

LIEBMAN, Enrico Tullio. *Manual de direito processual civil*, trad. Cândido Rangel Dinamarco. Rio de Janeiro: Forense, vol. I, 1984.

ORTEGA, Manuel Segura. *La racionalidad jurídica*. Madrid: Tecnos, 1998. PERELMAN, Chaim. *Lógica jurídica*, tradução Vergínia K. Pupi, São Paulo: Martins Fontes, 1999.

PONTES DE MIRANDA. *Tratado das ações*. Campinas: Bookseller, t. 1, 1999. SALDANHA, Nelson. *Filosofia do Direito*. Rio de Janeiro: Renovar, 1998.

SANTOS, Moacyr Amaral. *Primeiras Linhas de Direito Processual Civil*. 20 ed. São Paulo: Saraiva, vol. I, 1998.

_____, *Primeiras linhas de direito processual civil*. 18 ed. São Paulo: Saraiva, vol. III, 1998.

SANTOS, Ernani Fidélis dos. *Manual de direito processual civil*. 7 ed. São Paulo: Saraiva, vol. 1, 1999.

SILVA, Ovídio A. Batista da. *Curso de Processo Civil*. 5 ed. São Paulo: RT, vol. I, 2000.

SILVA NETO, Francisco Antônio de Barros e. *A antecipação da tutela nos processos declaratórios*. Porto Alegre: SAFE, 2005.

SOUZA, Carlos Aurélio Mota de Souza. *Poderes* éticos *do juiz*. Porto Alegre: Fabris, 1987.

# PRINCÍPIOS FUNDAMENTAIS DO DIREITO BRASILEIRO SOBRE O BEM-ESTAR DOS ANIMAIS

*Sergio Ferraz*[1]

**Sumário: 1.** Introdução. **2.** A premissa biológica; a biodiversidade. **3.** A premissa ética. **4.** A premissa jurídica. Princípios fundamentais (Constitucionais) e seus desdobramentos. **5.** Conclusões

## 1. INTRODUÇÃO

Por toda minha já longa existência, tenho seguido, nos livros e ensaios que publiquei, certas balizas metodológicas que me parecem úteis, quando não essenciais, para a melhor relação comunicacional entre autor e leitor (ou ouvinte). Dentre tais marcos, priorizo o oferecimento prévio de um conjunto de precisões semânticas, de sorte a jamais gerar confusões ou contradições na busca da melhor comunicação.

Com tal preocupação em mente, apresso-me a estabelecer os significados que adotei, para a escolha do título do presente trabalho.

Para iniciar: por "princípios fundamentais" tenho em vista aqui o que nossa Constituição de 1988 determina, explícita ou implicitamente, como ideias, ideais e indicadores indeclináveis no relacionamento entre o ser humano e os demais animais. E com isso já estou a antecipar que, neste texto, irei ocupar-me do que outros ramos do Direito brasileiro disponham sobre o tema escolhido, apenas no que diretamente derivado da Constituição. Até porque essas derivações têm de, necessariamente, decorrer dos princípios fundamentais (isto é, da Constituição), não os ignorando, afastando, arranhando ou violando, nem mesmo subrepticiamente. Para exemplificar: nosso Direito Civil cuida das consequências patrimoniais dos danos que um gato, "pertencente" a alguém, cause a um vizinho ou seu lar. Nosso Direito Penal aplica sanções severas ao "dono" de um cão, adestrado para vigiar uma propriedade, se, por engano ou não, ele ataca e fere um passante ou um visitante. Nosso Direito Ambiental protege e defende espécies raras ou em risco de extinção, podendo até levar à prisão seres humanos que as maltratem ou delas se apoderem. Mas minha finalidade central é explicitar o que a Constituição

---

1 Professor Titular da PUC/RJ. Conselheiro Federal (30 anos). Membro da Academia Brasileira de Letras Jurídicas.

brasileira, no particular, nos ensina e de nós exige, no trato dos animais em geral.

Por último, "animais", no título do trabalho, se refere ao ser vivo, do reino animal, que não seja humano.

Como já podem observar, rejeito a antiga fórmula binária "animais racionais" e "animais irracionais". Mais à frente voltarei ao ponto.

Mas, antes dos marcos constitucionais e normativos, passo ao exame das diretrizes argumentativas, que, ao término deste trabalho, embasarão as conclusões a serem submetidas ao juízo dos eventuais interessados.

Deixo de lado o século 20 e parto, por comodidade até, do século em curso.

Estamos vivendo perigosamente. Premidos pelos imperativos do que se considera progresso, temos agredido duramente o único planeta que nos hospeda. Efeito estufa, destruição de florestas, esgotamento de reservas hídricas, abundância de emissões tóxicas, derretimento das camadas de neve e gelo, aquecimentos das temperaturas – tudo isso vem sendo praticado, não obstante um e outro Tratado, Protocolo, etc., nacionais e internacionais, busquem atenuar as ameaças antes referidas. Alguns poucos (ainda) resultados benéficos já foram até conquistados: por exemplo, generalização na aceitação de geração energética eólica ou solar, ampliação na criação de reservas vegetais, etc. Mas o desequilíbrio entre criação e extinção continua seguindo vivo.

Atendo-me exclusivamente à questão animal, parto da constatação, que me parece inequívoca, de ameaças crescentes a inúmeras espécies notáveis. No entanto, na evolução planetária, a biodiversidade representou (e representa) um extraordinário papel no estabelecimento do equilíbrio ecológico e sua manutenção, para nós e para as futuras gerações. Por muito tempo (séculos), as espécies animais tiveram, como fator de eliminação, sobretudo as realidades da formação das cadeias alimentares. Com isso, aliado à conservação da vida vegetal, o equilíbrio sempre se manteve em níveis adequados. Somente acontecimentos catastróficos naturais (como a extinção dos megarrépteis por choques planetários) assumiram, efetivamente, um protagonismo trágico no tema da extinção da biodiversidade.

O panorama hoje é outro. Os espaços ainda reservados à chamada vida selvagem são cada vez mais restringidos. As populações humanas crescem na escala dos bilhões, o que significa um consumo alimentar sempre maior, animal e vegetal. Adite-se a essas preocupações o fato de que um número assustador de países vive em condições agudas de pobreza econômica e tecnológica; e são países que, de regra, contam com populações numerosas, com escassos recursos, e que naturalmente, para sua sobrevivência, não haverão de colocar a matança da biodiversidade em patamares prioritários de suas percepções. Do outro lado, os países desenvolvidos e hegemônicos não cessam de aumentar o ritmo de utilização extensiva dos recursos naturais (animal e vegetal), apropriando-se desse patrimônio para fins alimentares, farmacêuticos, econômicos, industriais, científicos, etc. Frequentemente a essa atividade exploratória se unem programas de recomposição, replantio, reprodutividade de espécies, etc. Mas até aqui, é inevitável que os números da destruição suplantam os da conservação e da restauração.

Compare-se o que expus até aqui, com o artigo 2º da Convenção sobre Diversidade Biológica, concertada no magno Congresso Internacional Rio-1992. Ali e então se proclamou: a diversidade biológica consiste na existência de uma variedade dos organismos vivos de qualquer fonte, bem como dos ecossistemas terrestres e aquáticos, compreendendo a manutenção, interna e externamente, das espécies vivas e dos ambientes em que vivem.

Estamos muito distantes dessa meta.

Apresento, a partir deste momento, os pilares de minha exposição e correlatas conclusões.

## 2. A PREMISSA BIOLÓGICA; A BIODIVERSIDADE

Nas relações entre o ser humano e as demais espécies animais a conservação da BIODIVERSIDADE há de ser uma diretriz indispensável. Ela só não exige a conservação de espécies nocivas à saúde e à sobrevivência dos ecossistemas equilibrados. Assim, a extinção de algumas espécies de vírus, bactérias, etc., não se encontra totalmente prestigiada (alguns exemplares deverão ser conservados, se fundamentadamente comprovado que assim o requer a pesquisa científica e histórica). Mas mesmo alguns tipos, por exemplo, de insetos, que causam receios ou repulsas a alguns seres humanos, devem ter sua conservação assegurada, inclusive porque, com frequência, são fatores de eliminação de exemplares de outras espécies prejudiciais ao homem (como lembrança banal: alguns tipos de aranhas podem parecer assustadoras, mas colaboram na eliminação de cepas de mosquitos transmissores de doenças).

## 3. A PREMISSA ÉTICA

Daí a necessidade, agora, de abordar minha premissa ética.

Há um poderoso conteúdo ético, a ser cuidadosamente cogitado, quando cuidamos das relações entre os seres humanos e os demais animais.

Todo homem é um ser moral. Já assim dizia Sócrates, segundo refere Platão, em seu *Críton*. E por Moral se deve entender a ciência (ou arte?) de agir segundo os padrões gerais, consagrados em certo tempo e lugar, condicionadores da retidão dos atos humanos. E ética é a prática da moral. Pelo menos para os propósitos práticos do presente trabalho, creio que se pode parar na distinção acima estabelecida (não oculto que há intensa controvérsia teórica sobre os conceitos acima declarados e suas eventuais e recíprocas distinções. Mas aqui não é o lugar próprio para essa polêmica).

Sendo a ética a prática da moral, tem-se que, em toda e qualquer relação intersubjetiva do ser humano, inclusive, com os demais seres vivos, o comportamento ético é exigível. Pessoalmente, estou convencido de que o núcleo da conduta ética, entre as espécies vivas, há de tomar em conta o atributo da dignidade. Detalhando a proclamação: o homem, nas interações com os demais animais, deve atuar de sorte a sustentar um padrão de dignidade, que haverá de ser observada relativamente a todos os envolvidos no contato em questão.

É indiscutível, porém, que fatores particulares às diferentes espécies envolvidas tornam por vezes complexa a tarefa de identificar, *in concreto*, o padrão de dignidade a ser observado. Mais se agigantam tais dificuldades, quando se tem em vista, logo em primeiro lugar, a realidade da ocupação, pelo homem, da posição suprema na cadeia alimentar. Mas não só: o homem cria, para deleite ou por necessidade, atividades científicas, educacionais, culturais e lúdicas, em que outros seres vivos não humanos são coativamente envolvidos, o que pode conduzir, em situações específicas, a fundadas dúvidas quanto a estar sendo respeitada a chamada "dignidade animal". Não tenho dúvida: as considerações que, pertinentemente à "dignidade animal", irei estender, não têm a vocação da unanimidade de aceitação. Todavia ainda quando eventual e parcialmente combatidas, terão o condão, sempre útil, de provocação. A tais eventualidades contraponho, desde já, as realidades que pelo mundo se espalham, valendo como exemplos:

- o aparecimento, e crescimento acelerado em seus números, de entidades de cuidados e proteção aos animais, de seus tratamentos médicos, de pesquisas de sua relevância ecológica, de criação de "santuários" para perpetuação das espécies, de núcleos de observadores (não intrusivos) da vida animal na natureza, de educação (a partir das crianças) para rejeição à crueldade e reconhecimento de que todos os animais são conscientes de suas felicidade, dor ou sofrimento nos nossos irmãos animais;

– a existência de iniciativas judiciais, e de decisões que as acolhem, de liberação de animais explorados em circos, espetáculos públicos e exibições sensacionalistas, tudo isso sem considerar as necessidades e conveniências vitais dos seres vivos assim transformados em simples coisas ou objetos;

– a difusão a cada dia mais ampla, entre os cientistas e pesquisadores, de regras de vedação a experiências inúteis e à criação de espécies inexistentes e/ou monstruosas, por isso mesmo incapazes de constituir uma providência em favor da preservação ecológica equilibrada;

– no que se trata de animais destinados à alimentação humana, a busca por métodos não dolorosos, ou de demorada consumação, de abate;

– o reestudo das concepções finalísticas dos zoológicos, em busca de neles recriar ambientes o mais próximo possível de seus *habitats* naturais.

Nesse conjunto de exemplos, parece-me que se consolidam verdades às quais os homens muitas vezes fecharam os olhos.

NÃO HÁ animais irracionais. Com toda sua vaidade e onipotência, o Homem tem reservado para si o atributo da racionalidade e da consciência. Para os animais, tais atributos são substituídos pela concepção de instintos. Ora, o Homem sequer conhece o próprio cérebro e somente utiliza cerca de 30% (trinta por cento) de suas aptidões. Como ousa então supor nos demais animais a ausência de raciocínio, embora praticamente todos disponham de órgãos coordenadores de suas ações? Animais racionais e irracionais? NÃO!

Um número imenso dos impropriamente denominados irracionais é dotado de identidade, afetividade, variações empíricas de humores, emotividade, conhecimento e reconhecimento de fatos e pessoas, aprendizados, planejamento e opções das atitudes que devam tomar. E isso não se limita aos ditos animais domesticados ou domesticáveis. Em respeito a essa identidade e autoidentidade a eles devemos respeito, dedicação e valorização. Eles são nossos parceiros na prevenção ecológica equilibrada do mundo em que todos, nós homens inclusive, vivemos. E é nessa atitude respeitosa, dedicada e valorativa que se consagra a dignidade animal, bem como o compromisso humano de assegurar, ao máximo possível, a garantia de bem-estar.

É por crer firmemente em tudo quanto até aqui posto (e também no que ainda há por vir) que não hesito em dizer que, de forma geral, granjas, abatedouros, indústrias alimentícias e criadores em geral (com as honrosas exceções de praxe) estão longe, muito longe, de procedimentos éticos, relativamente aos animais com que lidam. Não faltam sequer, na busca de lucro sem escrúpulos, os confinamentos de aves em locais cruéis, a mutilação de animais (muito frequentemente quando ainda vivos!), a separação insensível dos filhotes, até mesmo as modificações fisiológicas e morfológicas dessas pobres vítimas (para que tenham desenvolvimento acelerado e preferencial de carnes nobres em seus corpos, por exemplo).

Já em 2016, o filósofo e escritor espanhol Jordi Pigem via publicada na imprensa de seu país (La Vanguardia, 04/04/16, página 16) instigante entrevista em que advertia: "Não somos os únicos seres dotados de inteligência", reportando-se aliás a similares conclusões que remontam a Charles Darwin. Não se olvide, doutra parte, que dentre as conclusões de um seminário científico realizado na Universidade de Cambridge, em 2012, a que aliás presente Stephen Hawking, se firmou uma Declaração sobre a Consciência, que afirmou a presença incontestável de tal atributo em todos os tipos de mamíferos e de pássaros, deixando para pesquisas futuras a extensão da pesquisa para outras espécies animais.

Nos fundamentos argumentativos aqui esposados, parece-me irresistível afirmar que a análise ética das relações, tais como até hoje existentes, entre o ser humano e os demais animais, carrega uma enfática censura sobre o que nós, "reis da criação", temos até aqui considerado adequado.

TODOS os seres vivos, SEM HIERARQUIAS, são protagonistas, atores, fiscais e vigilantes na luta pela conservação ecológica equilibrada do mundo em que vivemos. Nossas interações respondem pela própria sobrevivência do planeta único (pelo menos de nosso conhecimento, até agora) que alberga VIDA. Aliás, de tais protagonistas, apenas o Homem pratica, extensa e conscientemente, invocando "valores" outros, atuações predatórias sobre o ambiente.

Uma reiteração: não somos os reis absolutos do planeta, mas somente condôminos de um bem valiosíssimo, passível de exaurimento e até extinção. Estamos, sim, no topo da cadeia alimentar, mas na imensa e multimilenar história do planeta nem sempre foi assim. A autoatribuição que fazemos, de encarnarmos o papel de seres superiores, é uma falácia, quando não uma desculpa para nossas ambições materiais ou delírios de autovalorização. TODOS os animais (inclusive nós) são importantes na perspectiva da persistência da vida na Terra: nós todos, seus habitantes vivos, somos dotados de dignidade, identidades e individualidades. Daí nossa OBRIGAÇÃO de dispensar aos demais animais medidas de proteção, segurança, amparo, respeito: aí está o núcleo do conceito de bem-estar animal, tarefa indeclinável e meta indispensável imposta a nós todos.

É claro que a ciência ainda não nos proporciona substitutivos alimentícios que nos permitam abolir o conceito de sermos o clímax da cadeia alimentar. Como também é claro que espécies animais existem que ameaçam a vida humana o que, pelos imperativos da preservação, nos permite combatê-las até sua extinção.

O respeito à dignidade nos obriga a repensar atos absolutamente adversos à ética, mas que mantemos em voga. Exemplifiquemos, com a possível brevidade:

- na pesquisa científica, sem dúvida alguma a maior parte das utilizações que aí fazemos de animais pode ser substituída pelo trabalho em células e tecidos criados em laboratórios. Admitindo que haja setores em que a experimentação animal ainda seja indisponível, a prevenção à dor, a atenuação dos sofrimentos e a eliminação do emprego massivo, há de ser abolida. Tenho conhecimento de inoculações de cavalos, por anos a fio, de diferentes tipos de venenos, vírus, bactérias, micróbios em geral: isso é nada mais que tortura;
- seria altamente desejável a adoção de linhas de educação alimentar, que, ao término de algum tempo, induzisse à substituição de muitos animais por vegetais ou, até mesmo, nutrientes sintéticos;
- os zoológicos, segundo antes já expus, devem ser repensados em suas finalidades e nas concepções de suas instalações;
- nos espetáculos (não só os circenses) o maltrato não pode ter lugar. Espetáculo animal com crueldade não passa de remontagem das letais arenas da antiguidade romana. As touradas são abomináveis e devem ser extintas. As caçadas "esportivas" são meros *ersatz* "civilizados" de nossos mais primitivos instintos de ferocidade (o mesmo digo da "pesca esportiva");

- as rinhas de galo, brigas entre cães (ou outros animais) e outros "divertimentos" do mesmo jaez são autênticos "casos de polícia".

Dessa resenha, parece-me resultar, claramente, uma declaração: os animais não humanos têm DIREITOS, são titulares de direitos subjetivos (na exata acepção eidética da expressão). E é a esse ponto que dedicarei o próximo segmento.

A anterior afirmação e constatação de que, tal qual o ser humano, os demais animais têm identidade e dignidade implica, necessariamente, a assunção de que eles são dotados de direitos. E este segmento cuidará exatamente dessas premissas jurídicas de minhas futuras conclusões.

De fato: no mundo cristão TODOS os sistemas jurídicos atribuem direitos a quem tenha vida (às vezes até mesmo em casos de vidas futuras - o embrião - e vidas já encerradas - por exemplo o respeito à honra dos falecidos). A impossibilidade de comunicação entre o homem e os demais animais NÃO constitui obstáculo a reconhecer-lhes direitos.

No curso dos milênios, o homem assumiu um papel protagônico no atributo de ser o ápice de toda cadeia vital. Essa liderança lhe confere, por certo, prerrogativas e faculdades de amplitude, generalidade e profundidade consideráveis. Mas como ele é um ser transitório - já que aqui a morte não contempla exceções —, não lhe cabe qualquer direito a degradar ou a extinguir todas as demais formas e espécies de vida. Somos simples gestores do ambiente ecologicamente equilibrado, assegurando sua conservação e possível melhoria para as gerações vindouras.

Das considerações acima desenroladas decorrem os direitos animais, salientando tratar-se aqui de expressão um tanto inadequada. O que temos em mente são os direitos de que titulares os animais não humanos, que pelos homens, atuando em nome e representação dos demais animais, devem ser promovidos, ampliados, difundidos e protegidos. Para mim, três (3) são os direitos fundamentais do animal não humano, pouco importando tratar-se de animais domésticos ou de animais na natureza (habitualmente denominados selvagens, mas abarcando também aqueles que vivem sem tutela humana, em reservas, ou na natureza livre):

- direito à vida, com integridade física e mental e saúde;
- direito a não serem sujeitos à crueldade ou a lesões ou a dores evitáveis;
- direito à liberdade.

No direito à vida incidem aquelas reservas, antes descritas, que decorrem da posição pinacular do homem na cadeia alimentícia.

No direito à não-crueldade incidem as vedações, também antes descritas, que lamentavelmente persistem em nossos dias, sejam com regulação legal (exemplo: a caça "esportiva", as touradas), sejam sem tal regulação (as lutas entre cães, galináceos, etc.; os espetáculos circenses; os confinamentos e outras práticas industriais abusivas; etc.).

No direito à liberdade considero ser a livre locomoção e os livres deslocamentos atributos conaturais aos animais não humanos. Não olvido, contudo: as necessidades de confinamento para animais sem proteção materna ou com doenças e lesões, que impeçam sua sobrevivência na natureza; as necessidades da pesquisa científica, a que regressarei adiante; as necessidades da alimentação humana, o que também adiante será considerado; os relacionamentos sinérgicos, isto é, aquelas hipóteses em que o bem-estar humano, com o máximo possível do respeito ao bem-estar dos outros animais, requeira uma vida em interação.

Com essas precisões semânticas, creio chegado o momento de examinar como a questão do bem-estar animal não humano e de seus direitos se encontra equacionada no Direito Constitucional brasileiro.

A Constituição do Brasil consagra um alentado espectro normativo de rejeição a qualquer modalidade de violência, crueldade e torturas (determinando inclusive que esses tipos são punidos independentemente do tempo decorrido desde a prática do delito).

Uma observação se impõe: nos pontos em que a Constituição revela toda sua repulsa à crueldade e à imposição de sofrimentos, físicos e/ou emocionais, não se faz distinção entre os seres assim protegidos. E daí extraio a conclusão de que as proibições, ali contidas, são benéficas para o homem e para todos os outros animais.

Mais uma observação: a dedicação da Constituição, à integridade e à vida dos animais, se encontra concentrada no Capítulo constitucional referente ao meio ambiente. É dizer, para a Constituição o ambiente ecológico equilibrado, como proteção à vida dos homens e dos outros animais, é tido como requisito indispensável à salvaguarda da própria existência em nosso planeta.

Não irei transcrever inteiramente os textos constitucionais cujos conteúdo acima explicitei, tendo em vista sua considerável extensão. Focalizarei, contudo, aqueles que mais de perto interessam aos propósitos desta exposição.

Conquanto toda a temática aqui implicada se insira num só artigo constitucional (o 225), esse preceito se desdobra em 7 (sete) parágrafos e mais 7 (sete) subitens. E nessa extensa codificação se estampam os princípios fundamentais referentes à vida e ao bem-estar animal. Sigo então para o detalhamento recomendável.

Em primeiro lugar, a regra fundamental do artigo 225, aliás reprodução ampliada da célebre Declaração do Meio Ambiente de Estocolmo, ponto de partida histórico para toda a conscientização do tema, nas últimas décadas. Nele, dentre outros importantes preceitos, se encontra declarada uma Política Pública de direito a um ambiente ecologicamente equilibrado, em benefício da presente e das futuras gerações:

> Art. 225. Todos têm direito ao meio ambiente ecologicamente equilibrado, bem de uso comum do povo e essencial à sadia qualidade de vida, impondo-se ao Poder Público e à coletividade o dever de defendê-lo e preservá-lo para as presentes e futuras gerações.

Completam-no 7 (sete) deveres impostos ao Poder Público, dos quais sublinhamos os mais diretamente referentes ao presente trabalho:

I – preservar e restaurar os processos ecológicos essenciais e prover o manejo ecológico das espécies e ecossistemas;

Obs.: sua clareza dispensa comentários adicionais;

II – preservar a diversidade e a integridade do patrimônio genético do País e fiscalizar as entidades dedicadas à pesquisa e manipulação de material genético;

Obs.: aqui se introduz o tópico da pesquisa científica com animais, assunto a que voltarei mais à frente;

III – definir, em todas as unidades da Federação, espaços territoriais e seus componentes a serem especialmente protegidos, sendo a alteração e a supressão permitidas somente através de lei, vedada qualquer utilização que comprometa a integridade dos atributos que justifiquem sua proteção;

Obs.: aqui se aplicam as mesmas observações deduzidas quanto aos itens anteriores, cabendo contudo destacar que, em acréscimo, se proíbe a experimentação para criação de espécies animais monstruosos ou potencialmente agressivos ao equilíbrio ecológico;

V – controlar a produção, a comercialização e o emprego de técnicas, métodos e substâncias que comportem risco para a vida, a qualidade de vida e o meio ambiente;

Obs.: surge agora o alerta à indústria e ao comércio alimentar. A crueldade no abate de animais, que integram a cadeia alimentar humana, tem aqui seu fundamento constitucional. Ou seja, ao lado dos PRINCÍPIOS FUNDAMENTAIS de 1) reconhecimento à identidade e à integridade da vida dos animais, bem como de sua 2) liberdade de se inserirem naturalmente no meio ambiente sadio, comparece a 3) proibição da crueldade na manipulação das espécies utilizadas na alimentação do homem;

VI – promover a educação ambiental em todos os níveis de ensino e a conscientização pública para a preservação do meio ambiente;

Obs.: neste ponto, outro PRINCÍPIO FUNDAMENTAL: 4) a promoção da educação ambiental, em todos os níveis e estratos sociais brasileiros. Cite-se um exemplo banal e corriqueiro, para comprovar a importância da regra ora enfatizada: não só na indústria ou no comércio, mas também em praticamente todas as casas, pelo país todo, galinhas, porcos e bezerros, dentre outros animais, são mortos com o uso do seccionamento de vasos sanguíneos até o advento da morte; morte lenta e cruel. A educação, quem sabe, poderá um dia dar cabo dessa estúpida prática;

VII – proteger a fauna e a flora, vedadas, na forma da lei, as práticas que coloquem em risco sua função ecológica, provoquem a extinção de espécies ou submetam os animais a crueldade;

Obs.: preceito fundamental, até porque enfatiza, com letras expressas que não se "submetam os animais à crueldade";

§ 2º Aquele que explorar recursos minerais fica obrigado a recuperar o meio ambiente degradado, de acordo com solução técnica exigida pelo órgão público competente, na forma da lei.

Obs.: aqui a sede dos direitos dos animais. A violação aos princípios fundamentais (por isso que constitucionais), que são a base dos direitos dos animais, acarreta aos infratores obrigações de restauração e punições criminais, administrativas e pecuniárias.

Não obstante pautas tão claras, em realidade estamos ainda muito longe de uma ambiência, jurídica e filosófica, de respeito aos direitos fundamentais dos animais. Nas linhas seguintes destacaremos alguns problemas decorrentes dessa panorâmica.

Fixo-me, para começar, no "privilégio" dos humanos, de abaterem gado e vários outros animais, para sua alimentação.

Retome-se, logo a princípio, minha aspiração no sentido de que o panorama atual se modifique, pelo progresso da tecnologia e da ciência, bem como pela difusão da reeducação dos homens em relação aos animais não humanos (os dois tópicos aliás, como já visto expressamente, consagrados em nossa Constituição, como direitos dos animais). Mesmo longe, ainda, da concretização de tais aspirações, o certo é que, no plano infraconstitucional, há em vigor a Lei federal 12.505, de 1995, que obriga todos os matadouros de gado bovino a utilizarem, no sacrifício dos animais, pistolas pneumáticas, proibindo expressamente o emprego de marretas e varas de metal. Ressalvados alguns estabelecimentos de abate no sudeste e no sul do país, nos 353 (trezentos e cinquenta e três) matadouros municipais, espalhados pelo Brasil, a regra ainda é a imposição de crueldades e sofrimentos aos animais a serem sacrificados, a isso frequentemente se somando a total ignorância a preceitos básicos de higiene e saúde, que existem inclusive em defesa dos próprios empregados de tão sinistros locais e do futuro público consumidor. E a fiscalização governamental é extremamente deficiente em sua atuação nos locais visados, concentrando-se muito mais na edição de regras regulamentares do que em sua real aplicação.

Entidades como a Mercy for Animals e a Animal Equality têm lutado com vigor, inclusive no Brasil, para que essa inominável crueldade não ocorra. Mas o sofrimento animal continua a ser a regra entre nós. Chega-se ao cúmulo, muitas vezes, de iniciar o corte do pescoço do gado enquanto ainda conscientes os animais, o que bem pode atestar que a dor não é levada em conta por boa parte da indústria de produtos de origem animal em nosso país.

Desde nosso primeiro Código Civil, que data de 1916 (hoje substituído por um novo Código, posto em vigor pela Lei 10.406 de 2002), sempre tivemos algumas poucas e esparsas regras legais atinentes à caça. A nosso ver esse "esporte" nefando sempre esteve prestigiado como emanação de costumes anacrônicos das realezas e das nobrezas – embora não passe de cruel prepotência dos homens que a praticam.

Temos até mesmo em vigor um "Código de Caça", como tal se designando habitualmente a Lei 5.197 de 1967, que curiosamente, ou levianamente em verdade, traz como apresentação cuidar da "proteção à fauna"! Vejamos alguns de seus pontos mais expressivos:

– os animais não humanos, vivendo naturalmente fora do cativeiro, são "propriedades" (? Então tais seres vivos são coisas, objetos?) do Estado;

- mas podem ser objeto de caça, desde que o interessado obtenha uma permissão formal do Poder Público;
- a caça é um esporte, podendo ser criados clubes e sociedades para sua prática, incluindo o tiro a aves em voo;
- curioso: qualquer um, que obtenha a permissão acima referida, pode caçar. No entanto é proibida a "caça profissional". Em termos de proteção à fauna, por que a distinção?
- permite-se também o "esporte" da pesca, desde que não se utilizem agrotóxicos e produtos danosos à água ou às espécies animais, explosivos e produtos químicos de qualquer espécie. Admite-se porém a pesca profissional, salvo nos períodos de desova e reprodução.

Mas o que dizer de tantos e tantos programas de televisão e filmes que, após retirarem o peixe de seu meio natal (a água), o deixam ficar expostos asfixiando (embora depois devolvendo-os ao meio hídrico) - sofrendo portanto - para destacar seu colorido, seu tamanho, etc. E que dizer da pesca de marlins e tubarões, dentre outros, apenas para aplaudir a vaidade do "esportista" predador?

Note-se que a caça não permitida e a pesca destrutivas de espécies são consideradas crimes, com a perda até da liberdade pessoal e dos produtos da atividade proibida. Mas, sinceramente, quem conhece casos concretos, no Brasil, em que tais penas tivessem sido sistematicamente aplicadas?

Aliás, a liberação de maltratos, sob a desculpa de estarmos a falar de "esportes", ou de "tradições culturais" ("cultura" é palavra frequentemente utilizada sem respeito ao que realmente significa) é uma lástima que permanece viva: rodeios, touradas, corridas, equitação, polo, tudo isso, é o que desejamos, um dia cessará de existir. A tolerância em questão levou à consagração, INFELIZMENTE, em nossa Constituição, de um parágrafo 7º (ao artigo 225), assim redigido:

> § 7º - para fins do disposto na parte final do inciso VII do § 1º deste artigo, não se consideram cruéis as práticas desportivas que utilizem animais, desde que sejam manifestações culturais, conforme o § 1º do art. 215 desta Constituição Federal, registradas como bem de natureza imaterial integrante do patrimônio cultural brasileiro, devendo ser regulamentadas por lei específica que assegure o bem-estar dos animais envolvidos.

A leitura fria, do comando em questão, poderá levar o leitor desavisado à conclusão que a regra teve exatamente em vista rodeios e vaquejadas (ainda bem que a tourada não é um hábito brasileiro). Puro engano. O preceito em questão teve origem no fato de que foi requerido a nossa Corte Suprema que dissesse da licitude, ou não, da chamada "Farra do Boi", festividade celebrada no Estado brasileiro de Santa Catarina, por isso que o evento envolve imposição de sofrimentos aos animais nele utilizados. Cumpre então brevemente dizer o que é a "Farra do Boi".

Trata-se de uma "tradição cultural" introduzida pelos portugueses, em Santa Catarina, em meados do século 18. Ela se concretiza nas imediações dos festejos da Páscoa. Para tanto, engorda-se um boi e em certa data e local, determinados pelos organizadores, o animal é solto. Começam então as corridas, perseguições e agressões, com os inaceitáveis participantes, com mãos/pés e pedaços de madeira, surrando o pobre boi até que ele, cansado, não possa mais levantar-se. É o fim da "Farra". O boi é abandonado mas geralmente, pela gravidade de suas lesões, termina sendo sacrificado pelas autoridades públicas. Cultura? Tradição? NÃO! Apenas crueldade, infelizmente garantida pelo anteriormente transcrito parágrafo 7º do artigo 225 da Constituição, editado exatamente para contornar a posição até então nitidamente indicada pela Corte Suprema, de que iria proibir tais eventos.

Resta esperar que o tempo e a educação progridam a ponto de encerrar a selvageria descrita.

Anote-se, nessa aspiração de civilização do animal humano, que copiosa é nossa legislação (conforme já temos dito e detalhado). Assim por exemplo:

- o Decreto federal 4.339, de 2002, estipula medidas não só educativas, mas também de "sensibilização", para que cada cidadão se torne um fiscal e um garantidor da integridade da biodiversidade ambiental;

- a Lei federal nº 9.605, de 1998, particularmente, pune severamente (inclusive com a privação da liberdade individual) quem maltratar animais.

Que os animais humanos terminem com sua crueldade, é nosso desejo (e também esperança).

## 4. A PREMISSA JURÍDICA. PRINCÍPIOS FUNDAMENTAIS (CONSTITUCIONAIS) E SEUS DESDOBRAMENTOS

Um derradeiro tópico, que desejamos abordar, diz respeito à utilização de animais não humanos, em pesquisas e procedimentos científicos (particularmente ligados à saúde humana).

Aqui também a centralidade do homem, na escala do poder animal, desde há muito impele a ciência a experimentos em outros animais, em busca de novos instrumentos medicamentos e técnicas curativas, afora pesquisas em geral. A extrapolação dessas práticas, aliadas ao fanatismo ideológico e à institucionalização (inclusive e sobretudo estatal) da crueldade, conduziu-nos aos horrores indescritíveis dos médicos nazistas, fazendo dos judeus campo de seu sadismo pseudocientífico. Hoje se sabe que NENHUM dos "experimentos", largamente então desenvolvidos, trouxe qualquer lição ou ensinamento terapêutico. Mas ainda que isso, hipoteticamente, tivesse ocorrido, continuaria sendo inadmissível o exercício da crueldade com o pretexto de avançar a ciência.

É de conhecimento geral que muitos animais não humanos continuam sendo usados, no ensino e na pesquisa científica. Aqui porém há alguma luz no horizonte e uma certa margem de crescente esperança de que tais fatos não mais ocorrerão, em certo momento futuro. É que a ciência vem obtendo resultados antes impensáveis, na criação de tecidos e células, órgãos e clones, que replicam as características de animais não humanos, assim possibilitando utilizações que não se revistam de crueldade e que poupem os aludidos animais de sofrimentos muitas vezes indescritíveis.

Em passagens iniciais deste trabalho aludimos inclusive à existência de formas de vida agressivas, quando não mesmo letais, ao homem, particularmente no reino dos insetos e em inúmeras modalidades microscópicas existentes. Admitimos então a busca da eliminação de tais agentes, sempre contudo alertando para a necessidade de medidas que impedissem o desequilíbrio ecológico e que, até mesmo, para finalidades de estudo e pesquisa, conservassem, sob rígidos controles, espécies nocivas. Até porque, lembremos, no mundo das bactérias, por exemplo, há não só aquelas que nos adoecem ou matam, mas também aquelas essenciais ao bom funcionamento de nosso aparelho digestivo.

Enquanto ainda não alcançamos o ideal da não experimentação em animais, há de prevalecer a necessidade de adoção de medidas atenuadoras ou eliminadoras de dores e sofrimentos. Nesse sentido, dispomos da Lei nº 11.794, que disciplina a experimentação com animais não humanos (particularmente em seus artigos 11 a 16). O descumprimento de seus preceitos pode levar, de acordo com a gravidade e eventual caráter repetitivo, a penalidades administrativas severas, à proibição das experiências e, até mesmo, à privação da liberdade individual do agressor.

Na forma da Lei citada, as experiências têm de ser formalmente licenciadas pelo Poder Público, que fiscalizará (o que nem sempre ocorre, infelizmente) a observância da licitude e da utilidade/necessidade da atividade. Os animais empregados na pesquisa serão alvo de cuidados especiais, devendo ser devolvidos à vida normal e entregues a pessoas aptas e idôneas ou entidades protetoras de animais, após o término das experiências. Se estas puderem causar dores ou angústias, serão desenvolvidas sob sedação, analgesia ou anestesia. Se apesar de todos esses cuidados o animal continuar acusando intenso sofrimento, de difícil ou inviável reversão, poderá ser praticada a eutanásia. E, sempre que possível, as práticas deverão ser fotografadas, filmadas ou gravadas para ilustração de práticas futuras, evitando-se a repetição de procedimentos penosos. Por fim, o Poder Público deverá fixar, com revisões e atualizações recomendáveis, o número de animais a serem utilizados e a duração de cada experimento (recomendação legal nem sempre, contudo e infelizmente, observada).

## 5. CONCLUSÃO

Estendemo-nos, consideravelmente, em nossas considerações: Aconselhável, então, partirmos para as manifestações finais.

No decorrer deste texto caminhamos por duas vias paralelas: uma consistente na indicação dos princípios fundamentais da Constituição brasileira (ampliados e explicitados na legislação infraconstitucional) que devem ser observados na relação entre o homem e os demais animais; outro consistente na revelação de nossa realidade (brasileira ao menos) da pragmática desse relacionamento.

Começando pela referida segunda via, indicamos que o panorama do cotidiano é ainda marcado de preconceitos, abusos e crueldades. Aqui, somente a educação, o esclarecimento civilizatório, o progresso científico e as adequadas políticas públicas poderão abrir caminhos para uma realidade decente.

Na primeira via, constatamos a existência de uma elogiável malha normativa, disseminada por todo o ordenamento legal, que sendo de boa qualidade e inspiração, ainda comporta melhoramentos mas, sobretudo, exige instrumentos da fiscalização de sua aplicação, para que se transformem em atitudes.

Se o homem deixar de lado a vã pregação de que é o rei da criação, dispondo livremente da vida e das dores dos demais animais, continuaremos a trilhar os caminhos da crueldade e da vaidade. Prosseguiremos vendo cães sendo treinados para se introduzirem, com explosivos atados a seus corpos, sob tanques de guerra, para fazê-los explodir. Ou, similarmente, golfinhos aproximando-se dos cascos de navios e submarinos. E não aproveitaremos as notáveis sinergias entre nós e os demais animais, nós e eles dotados de suas particulares racionalidades, dentre as quais as emocionantes interações representadas pelos cães-guias e os seres humanos desprovidos de visão, ou dos cavalos e cães entrosando-se com os portadores de autismo, trazendo-os para o convívio social.

Tudo isso passa naturalmente – e assim voltamos à primeira via de nossas presentes conclusões – pela adoção e observância estrita dos três princípios fundamentais (porque Constitucionais) que haverão de reger o complexo de liames entre o homem e os demais animais. Já os expusemos e desenvolvemos antes. E agora os repetimos, a título de encerramento.

a) Os animais não humanos, dotados que são de identidade e dignidade, têm direito à vida, à integridade física e mental e à saúde.

b) Como consequência, têm direito a não serem submetidos a crueldades, lesões ou dores evitáveis.

c) E, por fim, assiste-lhes direito à liberdade de ação e locomoção, com observância dos padrões de convivência adequados em se tratando de animais domésticos, à devolução à natureza quando ainda aptos ao provimento de suas necessidades, com a proteção à sua subsistência e sobrevivência quando não mais capacitados à plena reintrodução em seus ambientes naturais ou de origem.

Enfim, se o homem é o ser protagônico da escala animal, a ele cabe a maior parcela dos ônus para que se mantenham íntegros e salutares os sistemas ecológicos equilibrados, com ênfase na preservação da biodiversidade planetária, tudo isso confluindo para a preservação da vida na Terra.

# O DIÁLOGO DO ARTIGO 406 DO CÓDIGO CIVIL COM A TAXA SELIC

*Elias Marques de Medeiros Neto*[1]

Foi com bastante honra que recebi o convite do renomado advogado e professor Roberto Rosas para colaborar, com um humilde trabalho, nesta obra elaborada em homenagem ao grande Ministro Humberto Martins.

Após refletir sobre qual tema abordar, naturalmente me debrucei sobre recentes julgamentos em que o nobre Ministro teve forte participação, de modo que me chamou rapidamente a atenção o voto do ministro proferido no recente AgInt nos EDcl no AREsp 2378183 / SP, julgado em 13.05.2024, no qual se destacou que, para fins do artigo 406 do Código Civil, o índice atual a ser utilizado é a Selic:

> "CIVIL. AGRAVO INTERNO NOS EMBARGOS DE DECLARAÇÃO NO AGRAVO EM RECURSO ESPECIAL. AÇÃO DE INDENIZAÇÃO POR DANOS MORAIS. INSCRIÇÃO INDEVIDA EM CADASTRO DE INADIMPLENTES. JUROS DE MORA. TAXA SELIC. TERMO INICIAL. EVENTO DANOSO. 1. A partir da vigência do Código Civil de 2002, os juros moratórios deverão observar a taxa que estiver em vigor para a mora do pagamento de impostos devidos à Fazenda Nacional (art. 406**). Atualmente, a taxa dos juros moratórios a que se refere o dispositivo vigente é a Taxa SELIC.** 2. Nos termos da jurisprudência do STJ, nos casos de responsabilidade extracontratual, a taxa SELIC deve incidir desde o evento danoso (Súmula nº 54/STJ). Agravo interno provido em parte." (g.n.).

Igual posição foi adotada pelo Ministro em 02.10.2023, no julgamento do AgInt no REsp 1955415 / SP, esclarecendo-se, ainda, que a taxa Selic engloba juros e correção monetária:

---

1 Pós-Doutorados em Direito Processual Civil pelas Universidades de Lisboa, Coimbra/IGC e Salamanca. *Visiting Scholar* em Direito Processual Civil no Instituto Max Planck. Doutor e Mestre em Direito Processual Civil pela PUCSP. Professor Doutor de Direito Processual Civil nos programas de Doutorado e Mestrado da Unimar, nas Especializações do CeuLaw e na graduação da Facamp. Advogado.

> "AGRAVO INTERNO EM RECURSO ESPECIAL. ACIDENTE DE TRÂNSITO. VÍTIMA FATAL. COMPENSAÇÃO POR DANOS MORAIS. JUROS DE MORA. TAXA SELIC. PRECEDENTES. 1. **Nos termos do art. 406 do Código Civil, os juros moratórios legais correspondem àqueles que estiverem em vigor para a mora de impostos devidos à Fazenda Nacional que, atualmente, refere-se à taxa Selic, composta de juros moratórios e de correção monetária**. 2. É inviável a cumulação da taxa Selic com outros índices de atualização monetária. Agravo interno improvido". (g.n.).

Conforme observaremos, a orientação do Ministro, em votos recentes, segue a linha majoritária que foi fixada pelo Superior Tribunal de Justiça em diversas oportunidades anteriores.

Mas, antes, vamos compreender qual é a noção de juros e como o artigo 406 do Código Civil ("CC") contribuiu para o polêmico debate envolvendo a taxa Selic.

Bem verdade que se trata de *tópos* afirmar que diversos de nossos institutos de direito privado possuem origem no sistema jurídico romano. Mesmo assim, sua importância ainda se faz presente para o entendimento de certos conceitos.

Tendo isso em vista, importa rememorar que o campo do direito das obrigações e, mais especificamente, as teorias sobre mora e seus efeitos, foram construídas a partir dos alicerces deste modelo.

Sobre as consequências da mora no direito romano, Gaetano Sciasia e Alexandre Correia, brilhantes acadêmicos, asseveravam que[2]:

> *"A mora culposa produz os seguintes efeitos: (a) perpetua a obrigação; i.é, enquanto a obrigação não for satisfeita, permanece. O responsável pela tardança não pode alegar perda da coisa, por caso fortuito, senão provando que a coisa teria perecido ainda se a tivesse pago; (b) o sujeito em mora responde por todos os lucros que a outra parte podia ter tido e não teve, por causa da tardança (lucros cessantes): além disso, responde pelos prejuízos causados à outra parte (damnos emergentes)."*

2 CORREIA, Alexandre; SCIASIA, Gaetano. *Manual de Direito Romano e textos em correspondência com os artigos do Código Civil Brasileiro.* Vol. 1. 4ª ed. São Paulo: Editora Saraiva, 1961, p. 246

Dentro da noção de restituir o credor ao estado em que estava antes, havia uma brevíssima noção de juros nos fideicomissos, como se denota das Institutas de Gaio, Livro 2, título 280[3].

Em estudo aprofundado sobre o direito bancário, Antônio Menezes de Cordeiro aponta que os juros, em grande parte da história jurídica ocidental, encontravam entraves para sua aplicação e sistematização, primordialmente por conta da filosofia aristotélica, já que o mútuo era visto, em comunidades humanas primitivas, como uma *demonstração de relações de entreajuda e de solidariedade básicas*[4].

Apenas em 1757[5], após o terremoto de 1755 de Lisboa, o direito lusitano viu a necessidade de introduzir os juros em sua lógica. Já, no Brasil, o Código Comercial de 1850 dedicou o Título XI à regulação dos juros mercantis.

No âmbito do direito civil, podemos indicar que Teixeira de Freitas, em sua Consolidação das Leis Civis, previa um teto de seis por cento ao ano para as taxas de juros, conforme artigo 363[6].

---

3 "*Item fideicomissorum usurae et fructus debentur, si modo moram solutionis fecerit qui fideicomissum debebit; legatorum vero usurae non debentur: idque rescripto divi Hadriani significatur.*" Tradução livre: Também se devem os juros e frutos dos fideicomissos, se o devedor fideicomissário incorrer em mora; mas os juros dos legados não são devidos, como o dispõe um rescrito do imperador Adriano.

4 "O pensamento grego, na vertente aristotélica, considerava o dinheiro estéril: logo não poderia originar juros. A lei judaica, por seu turno, só permitia a cobrança de juros nas relações com estranhos: não entre judeus. O Novo Testamento contém, igualmente, apelos à gratuidade dos empréstimos. Toda esta tradição tem um fundamento histórico: o mútuo, nas comunidades humanas primitivas, era uma demonstração de relações de entreajuda e de solidariedade básicas: exigir remuneração equivalia à exploração da necessidade alheia, introduzindo um fator de quebra social. Compreende-se, assim, o pensamento cristão: partidário, em rigor, de uma pura e simples distribuição igualitária dos bens, o cristianismo primitivo nunca contemporizaria com juros. Esta posição seria reforçada com a confluência das escrituras e do pensamento aristotélico." – CORDEIRO, António Menezes. *Direito Bancário*. 6ª ed. Coimbra: Edições Almedina S.A., 2018, p. 677.

5 Idem, p. 678.

6 "Art. 363. Quando alguém fôr condemnado em Juízo á pagar juros, que não fossem taxados por convenção, contarsehão á seis por cento ao anno."

O Código Civil de 1916, na mesma direção, fixou os juros moratórios[7] e os juros legais[8], quando não estipulados, em seis por cento ao ano. Interessante apontar, além disso, que o diploma tornava obrigatórios os juros de mora[9].

De qualquer modo, no direito civil pátrio, os juros eram vistos como frutos do capital, como preceituava Washington de Barros Monteiro[10]: *"Juros são o rendimento do capital, os frutos produzidos pelo dinheiro. Assim como o aluguel constitui o preço correspondente ao uso da coisa no contrato de locação, representam os juros a renda de determinado capital."*

Silvio Rodrigues acrescenta[11]: *"Juro é o preço do uso do capital. Vale dizer, é o fruto produzido pelo dinheiro, pois é como fruto civil que a doutrina o define. Ele a um tempo remunera o credor por ficar privado de seu capital e paga-lhe o risco em que incorre de o não receber de volta."*

Antunes Varela, um dos nomes mais influentes para nossa doutrina, ainda, considerava-os como forma de mensurar os prejuízos pela mora[12].

Passados esses breves apontamentos sobre a história dos juros no direito privado, possível é analisar, então, a taxa Selic e, posteriormente, sua aplicação no CC pelo artigo 406.

Após o segundo choque do petróleo, em 1979, a conjuntura econômica brasileira passou por graves percalços. O país *"atravessava também*

---

7 "Art. 1.062. A taxa dos juros moratórios, quando não convencionada (art. 1.262), será de seis por cento ao ano."

8 "Art. 1.063. Serão também de seis por cento ao ano os juros devidos por força de lei, ou quando as partes os convencionarem sem taxa estipulada."

9 "Art. 1.064. Ainda que se não alegue prejuízo, é obrigado o devedor aos juros da mora, que se contarão assim às dividas em dinheiro, como às prestações de outra natureza, desde que lhes esteja fixado o valor pecuniário por sentença judicial, arbitramento, ou acordo entre as partes."

10 MONTEIRO, Washington de Barros. *Curso de direito civil*, v. 4. 14ª ed. São Paulo: Saraiva, 1976, p. 337.

11 RODRIGUES, Silvio. *Direito civil.* Vol. 2. 24ª ed. São Paulo: Saraiva: 2002, p. 257.

12 "Por outro lado, e como contrapartida, entende-se que os prejuízos indenizáveis se medem sistematicamente pelos juros (legais ou convencionais) da soma em dívida (art. 1.062). Juros que serão os estipulados, quando se trate de obrigação a juros ou quando haja cláusula penal convencionada entre as partes (os juros moratórios coincidem, nesse caso, com os juros compensatórios). E que serão, na falta de estipulação de juros ou de cláusula penal convencionada, os juros legais (de 6% ao ano, nos termos do art. 1.062)." (VARELA, Antunes. *Direito das obrigações*, vol. 2. Rio de Janeiro: Forense, 1978, p. 147).

*uma crise de dívida externa, com o esgotamento do modelo de financiamento através de recursos externos e problemas em seu balanço de pagamentos*", como aponta Larissa Naves de Deus Dornelas[13].

A autora indica, aliás, que foi nesse contexto que se justificou a criação do Sistema Especial de Liquidação e de Custódia. A taxa Selic, por sua vez, considerada taxa básica de juros pois utilizada em operações bancárias, foi instituída em 4 de março de 1999 pelo Banco Central.

Como dispõe o Banco Central do Brasil[14]:

> *"A Selic é a taxa básica de juros da economia. É o principal instrumento de política monetária utilizado pelo Banco Central (BC) para controlar a inflação. Ela influencia todas as taxas de juros do país, como as taxas de juros dos empréstimos, dos financiamentos e das aplicações financeiras.*
> *A taxa Selic refere-se à taxa de juros apurada nas operações de empréstimos de um dia entre as instituições financeiras que utilizam títulos públicos federais como garantia. O BC opera no mercado de títulos públicos para que a taxa Selic efetiva esteja em linha com a meta da Selic definida na reunião do Comitê de Política Monetária do BC (Copom)."*

Tendo em vista o conceito e a importância da Taxa Selic, podemos então analisar o artigo 406 do CC para entender se seria esta a taxa de juros aplicável e adequada.

Com a entrada em vigor do Código Civil vigente, levantaram-se diversas questões sobre a taxa de juros adotada pelo legislador no artigo 406 do CC. Sintetiza Caio Mário da Silva Pereira tal debate[15]:

> *"A grande divergência trazida pelo referido art. 406, do Código Civil de 2002, diz respeito exatamente à correta interpretação da expressão "segundo a taxa que estiver em vigor para a mora do pagamento de impostos devidos à Fazenda Nacional". Duas correntes doutrinárias se formaram a respeito de tal questão: a) aquela que defende a*

13 DORNELAS, Larissa Naves de Deus. *SELIC: o mercado brasileiro de dívida pública.* Campinas: Alínea, 2021, p. 48.

14 Disponível em: < https://www.bcb.gov.br/controleinflacao/taxaselic>

15 PEREIRA, Caio Mário da Silva. *Instituições de direito civil.* Vol. II. 22ª ed. Rio de Janeiro: Editora Forense, 2009, pp. 337-338.

> *adoção da taxa SELIC (taxa referencial adotada no Sistema Especial de Liquidação e Custódia para os títulos públicos federais) da Lei nº 8.981/95; b) aquela segundo a qual deve ser considerado o percentual de 1% ao mês, ou seja, 12% a.a. (doze por cento ao ano), nos termos do art. 161, § 1º, do Código Tributário Nacional (CTN)."*

O respeitável autor, na época, se filiava à segunda corrente que, por muito tempo, prevaleceu em nossos Tribunais de acordo com o Enunciado nº 20 da I Jornada de Direito Civil promovida pelo Conselho da Justiça Federal: *"20 – Art. 406: a taxa de juros moratórios a que se refere o art. 406 é a do art. 161, §1º, do Código Tributário Nacional, ou seja, um por cento ao mês."*

Ainda desse lado da doutrina, podemos destacar a opinião de Judith-Martins Costa, que criticava a aplicação da Selic por ser uma taxa flutuante e que não refletia a taxa de juros reais[16], baseando-se no artigo 192, § 3º da Constituição Federal[17], atribuindo-lhe uma eficácia inibitória.

Ainda, Arnoldo Rizzardo, com base (i) em jurisprudência do Superior Tribunal de Justiça que considerava inconstitucional e ilegal a aplicação da taxa Selic para fins tributários e (ii) nas violações de princípios da anterioridade, legalidade, e indelegabilidade de competência, concluía pela sua inaplicabilidade. Ressaltava, ainda, que a aplicação da Taxa Selic poderia provocar acréscimos contrários à razoabilidade[18].

---

16 "Ora, constituindo uma "taxa flutuante" sujeita a todas essas injunções de uma específica parcela do mercado, se há de convir que em nenhuma hipótese a taxa SELIC refletirá a "taxa de juros reais", de modo que não serve para os fins do art. 406. O próprio sistema oferece, contudo, solução para a aparente lacuna." – MARTINS-COSTA, Judith. *Comentários ao novo Código civil, volume V, tomo II: do inadimplemento das obrigações.* Rio de Janeiro: Forense, 2003, p. 402.

17 Revogado pela Emenda Constitucional nº 40, de 2003.

18 Cf. "Os juros podem trazer um encargo insuportável, se prevalecer o critério da sua correspondência à taxa Selic. Com efeito, se fixada esta última cumulativamente em, v.g., 25% ao ano, e previstos os juros moratórios e compensatórios, sujeitará o devedor a um acréscimo, só neste fator, em 50% ao ano. Adotando-se a diretriz do art. 161, § 1.º, do CTN (LGL\1966\26), o máximo que atingirão as duas taxas é 24% ao ano de aumento, o que importa em certa razoabilidade, viabilizando o cumprimento." – RIZZARDO, Arnaldo. *Juros no Código Civil de 2002.* In: Revista de Direito Bancário e do Mercado de Capitais. Vol. 22, out.-dez./2003.

Apesar das hercúleas tentativas de afastar a aplicação da taxa Selic como taxa remuneratória e de correção monetária em causas cíveis, prevaleceu, nos anos posteriores, a posição contrária.

Rodrigo Garcia da Fonseca[19], em aprofundado estudo sobre o tema, manifestou-se contrário a todos os argumentos apresentados pela Doutrina na época. Em primeiro lugar, a adoção de taxa flutuante teria sido escolha do legislador, assim como a remissão do referido artigo ao ordenamento tributário.

Sobre suposto *bis in idem*, adverte que o próprio STJ – como se verá adiante – já entendia a aplicação da taxa Selic tanto como juros moratórios quanto como correção monetária. Sobre suposta inconstitucionalidade, traz julgados do Supremo Tribunal Federal para demonstrar claramente a constitucionalidade da opção do legislador.

Assim, conclui o autor, de forma brilhante[20]: *"Na realidade, afastar a taxa Selic para aplicar a taxa fixa de 1% ao mês, seja nas questões tributárias, seja nas civis, configura uma exegese nitidamente contra legem. Não cabe ao intérprete se substituir ao legislador, para dizer que o direito é o que se acha que deveria ser, e não o que realmente é."*

Em artigo mais recente, Marcos Cavalcante de Oliveira apresenta uma perspectiva extremamente benquista à doutrina enfrentando os argumentos contrários e entendendo a aplicação da Taxa Selic como essencial para o reforço das obrigações.[21]

Em suma, diante da inegável constitucionalidade do artigo 406, da obediência da escolha do legislador e do estímulo ao cumprimento tempestivo das obrigações, torna-se inafastável a aplicação da taxa Selic às causas cíveis por força do artigo 406 do Código Civil.

---

19 FONSECA, Rodrigo Garcia da. *Os Juros e o Novo Código Civil*. In: Revista de Direito Bancário e do Mercado de Capitais. Vol. 26. Out.-dez., 2004.

20 *Idem*.

21 "A argumentação apresentada nos itens anteriores mostrou que a aplicação da taxa Selic às hipóteses de incidência do art. 406 do CC/2002 (LGL\2002\400) é não apenas a conclusão natural a que se chega da leitura da letra do texto legal, como também consistente com uma interpretação sistemática do direito positivo brasileiro, e, ainda mais importante, a única solução legislativa que devolve aos juros moratórios o seu poder de efetivamente servir como reforço à sua finalidade econômica e social, que é estimular as partes ao tempestivo cumprimento de suas obrigações." (OLIVEIRA, Marcos Cavalcante de. A Taxa Selic e o art. 406 do CC/02. In: Revista dos Tribunais. Vol. 857. Mar., 2007).

Assim, analisaremos os posicionamentos do Superior Tribunal de Justiça desde 2006 para verificar se este é o entendimento que prevalece em nossos tribunais.

Inicialmente, havia certa divisão de entendimento do Superior Tribunal de Justiça. A 2ª Turma prontamente adotou a aplicação da taxa Selic ao artigo 406 do Código Civil, entendendo que esta incluía tanto os juros legais quanto a correção monetária, conforme os seguintes julgados:

> *"2. Com o advento do novo Código Civil, quando não convencionados os juros moratórios, ou o forem sem taxa estipulada, ou quando provierem de determinação da lei, serão fixados segundo a taxa que estiver em vigor para a mora do pagamento de impostos devidos à Fazenda Nacional; por enquanto, a taxa SELIC (a partir da citação), com a advertência de que não pode ser ela cumulada com qualquer outro índice de correção monetária, porque já embutida no indexador."*[22]
>
> *"2. Os juros de mora devem incidir na correção do saldo das contas vinculadas do FGTS no percentual de 0,5% ao mês até a data de entrada em vigor do Novo Código Civil. A partir de então, deverá incidir a Selic (Lei nº 9.250/95), taxa que está em vigor para a mora do pagamento de impostos devidos à Fazenda Nacional (art. 406 do Código Civil de 2002)."*[23]

A 1ª Seção deliberou sobre o tema no mesmo sentido:

> *"PROCESSO CIVIL. RECURSO ESPECIAL. JUROS DE MORA. TAXA SELIC. APLICABILIDADE. ART. 406 DO NOVO CÓDIGO CIVIL.*
>
> *Os juros moratórios, nas ações em que se discute a inclusão de expurgos inflacionários nas contas vinculadas ao FGTS, são devidos a partir da citação – que nos termos do arts. 219 do Código de Processo Civil e 406 do Código Civil vigentes, constitui o devedor em mora –, à base de 0,5% (meio ponto percentual) ao mês até a entrada em vigor do Novo Código Civil (Lei n.º 10.406/2001) e, a partir de então, segundo a taxa que estiver em vigor para a mora do pagamento de impostos devidos à Fazenda Nacional (art. 406). Taxa esta que, como de sabença, é a SELIC, nos expressos termos da Lei n.º 9.250/95 (Precedentes: REsp n.º 666.676/PR, Segunda Turma, Rel. Min. Eliana Calmon, DJU de*

22 STJ, REsp 781594/PE, 2ª Turma, Minª. Relª. Eliana Calmon, j. 16.05.2006.

23 STJ, REsp 916567/PE, 2ª Turma, Min. Rel. João Otávio de Noronha, 27.03.2007.

> *06/06/2005; e REsp n.º 803.628/RN, Primeira Turma, deste Relator, DJU de 18/05/2006)."*[24]

Do outro lado, a 3ª Turma se pronunciou pela aplicação do artigo 161, § 1º, do CTN:

> *"AGRAVO REGIMENTAL. JUROS DE MORA. NOVO CÓDIGO CIVIL. RELAÇÃO JURÍDICA ENTRE PARTICULARES. INAPLICABILIDADE DA SELIC. PRETENSÃO DE PÓS-QUESTIONAR. INVIABILIDADE.*
>
> *1. Até a data da entrada em vigor do novo Código Civil, o juros moratórios são regulados pelo artigo 1.062 do Código Beviláqua. Depois daquela data, aplica-se a taxa prevista no artigo 406 do atual Código Civil, na razão de 1 % ao mês.*
>
> *2. A taxa SELIC tem aplicação específica a casos previstos em Lei, tais como restituição ou compensação de tributos federais. Não é a ela que se refere o Art. 406 do novo Código Civil, mas ao percentual previsto no Art. 161, § 1º, do CTN.*
>
> *3. Em recurso especial não se acolhe a pretensão de pós-questionar dispositivos constitucionais."*[25]

Sucede que, em embargos de divergência, a matéria foi decidida pela Corte Especial, que votou pela aplicação da taxa Selic:

> *"CIVIL. JUROS MORATÓRIOS. TAXA LEGAL. CÓDIGO CIVIL, ART. 406. APLICAÇÃO DA TAXA SELIC.*
>
> *1. Segundo dispõe o art. 406 do Código Civil, "Quando os juros moratórios não forem convencionados, ou o forem sem taxa estipulada, ou quando provierem de determinação da lei, serão fixados segundo a taxa que estiver em vigor para a mora do pagamento de impostos devidos à Fazenda Nacional".*
>
> *2. Assim, atualmente, a taxa dos juros moratórios a que se refere o referido dispositivo é a taxa referencial do Sistema Especial de Liquidação e Custódia – SELIC, por ser ela a que incide como juros moratórios dos tributos federais (arts. 13 da Lei nº 9.065/95, 84 da Lei nº 8.981/95,*

24 STJ, REsp 875919/PE, 1ª Seção, Min. Rel. Luiz Fux, j. 13.06.2007.

25 STJ, AgRg no REsp 727842/SP, 3ª Turma, Min. Rel Humberto Gomes de Barros, j. 03.12.2007.

> *39, § 4º, da Lei nº 9.250/95, 61, § 3º, da Lei nº 9.430/96 e 30 da Lei nº 10.522/02).*
>
> *3. Embargos de divergência a que se dá provimento."*[26]

A partir desse julgado, o STJ adotou firme posicionamento pela aplicação da Selic como taxa de juros legais[27].

Apenas para elucidar quão pacífico se tornou o tema no STJ, apontamos os seguintes julgados (incluindo aqui julgados da 3ª Turma, que havia se posicionado contrariamente nos primeiros casos):

> *"3. A Corte Especial deste Tribunal pacificou o entendimento de que atualmente a taxa de juros moratórios a que se refere o art. 406 do Código Civil é a Selic."*[28]

---

26 STJ, EREsp 727842 / SP, Corte Especial, Min. Rel. Teori Albino Zavascki, j. 08.09.2008.

27 Nessa toada:
"AGRAVO DE INSTRUMENTO. EXECUÇÃO. PRECATÓRIO COMPLEMENTAR. JUROS MORATÓRIOS. MOMENTO DA INCIDÊNCIA. CRITÉRIOS. VIGÊNCIA NOVO CÓDIGO CIVIL.
I – Trata-se de discussão acerca da incidência de juros moratórios em precatório complementar, em autos de execução de título judicial, onde o Tribunal a quo determinou que tais juros incidam à razão de 0,5% ao mês durante a vigência do Código Civil/1916 e, a partir do Novo Código, em 1% ao mês.
II – Sob o argumento de que a indenização que gerou a referida execução se deu na vigência do Código Civil/1916, pretende o recorrente que durante todo o período os juros moratórios sejam fixados em 0,5% ao mês.
III – Esta eg. Corte de Justiça já tem firme posicionamento no sentido de que os juros de mora são devidos à taxa de 0,5% ao mês, até a vigência do Código Civil de 2002, a partir de quando deve ser considerada a taxa que estiver em vigor para a mora no pagamento de impostos devidos à Fazenda Nacional (artigo 406), ou seja, a SELIC. Precedentes: AgRg no REsp nº 972.590/PR, Rel. Min. JOSÉ DELGADO, DJe de 23.06.2008; REsp nº 858.011/SP, Rel. Min. DENISE ARRUDA, DJe de 26/05/2008; REsp nº 926.140/DF, Rel. Min. LUIZ FUX, DJe de 12.05.2008.
IV – Assim, a pretensão estadual é descabida e, por outro lado, considerando-se a peculiaridade da espécie, deve ser mantido o entendimento firmado pelo juízo a quo sobre o percentual dos juros moratórios, nada podendo se deliberar nestes autos sobre a incidência da SELIC, em observância ao princípio da non reformatio in pejus.
V – Recurso improvido." – STJ, REsp 926285 / PR, 1ª Turma, Min. Rel. Francisco Falcão, j. 14.10.2008.

28 STJ, REsp 945601 / SC, 2ª Turma, Minª. Relª. Eliana Calmon, j. 16.06.2009.

*"4. Os juros de mora, devidos in casu a partir do evento danoso (Súmula 54/STJ), devem ser calculados à base de 0,5% ao mês, nos termos do artigo 1.062 do Código Civil de 1916 até a entrada em vigor do Novo Código Civil (Lei nº 10.406/2001), devendo observar, a partir de então, a taxa que estiver em vigor para a mora do pagamento de impostos devidos à Fazenda Nacional (artigo 406). Taxa esta que, como de sabença, é a SELIC, nos expressos termos da Lei nº 9.250/95 (Precedente da Corte Especial: EREsp 727.842/SP, Rel. Min. TEORI ALBINO ZAVASCKI, DJe de 20/11/2008)*

*5. A incidência da taxa SELIC a título de juros moratórios, a partir da entrada em vigor do atual Código Civil, em janeiro de 2003, exclui a incidência cumulativa de correção monetária, sob pena de bis in idem (Precedente: EDcl no REsp 1077077/SP, Rel. Min. SIDNEI BENETI, TERCEIRA TURMA, DJe de 05/06/2009)"*[29]

*"5. Nas obrigações ainda não adimplidas, anteriores à vigência do CC/02, a jurisprudência tem se orientado no sentido de reputar aplicável, quanto aos juros, o art. 1.062 do CC/16 até a data de 10/1/2003, e o art. 406 do CC/02 após essa data. Precedentes.*

*6. O índice que deve ser aplicado de conformidade com o art. 406 do CC/02 é, consoante precedente da Corte Especial, a Taxa SELIC, não obstante a existência de julgados recentes aplicando, à espécie, o art. 161, §1º, do CTN.*

*7. A taxa SELIC abrange juros e correção monetária, não pode ser cumulada a nenhum outro índice que exprima tais consectários."*[30]

*"1. "Os juros (de mora) legais devem ser fixados à taxa de 0,5% ao mês (artigo 1.062 do CC/1916) no período anterior ao início da vigência do novo Código Civil (10.1.2003) e, em relação ao período posterior, nos termos do disposto no artigo 406 do Código Civil de 2002, o qual corresponde à Taxa SELIC". (AgRg no Ag 1370108/SP, Rel. Ministro SIDNEI BENETI, TERCEIRA TURMA, julgado em 12/04/2011, DJe 27/04/2011)"*[31]

*"3. A taxa de juros moratórios a que se refere o art. 406 do Código Civil de 2002, segundo precedente da Corte Especial (EREsp 727842/SP, Rel. Ministro TEORI ALBINO ZAVASCKI, CORTE ESPECIAL, julgado*

29 STJ, EDcl no REsp 961512 / SP, 3ª Turma, Min. Rel. Vasco Della Giustina, j. 14.12.2010.

30 STJ, EDcl no REsp 953460 / MG, 3ª Turma, Minª. Relª. Nancy Andrighi, j. 09.08.2011.

31 STJ, AgRg no REsp 886970 / DF, 4ª Turma, Min. Rel. Luis Felipe Salomão, j. 16.08.2011.

> *em 08/09/2008), é a SELIC, não sendo possível cumulá-la com correção monetária, porquanto já embutida em sua formação."*[32]
>
> *"7. Os juros de mora incidem desde o evento danoso, à taxa de 0,5% ao mês até a entrada em vigor do CC/2002, e pela Taxa Selic após essa data (EREsp nº 727.842/SP, Rel. Ministro TEORI ALBINO ZAVASCKI, CORTE ESPECIAL, DJe de 20/11/2008)."*[33]
>
> *"6. Sobre os valores apurados em liquidação de sentença devem recair, até o efetivo pagamento, juros moratórios de 6% ao ano a partir da citação, nos termos dos arts. 1.062 e 1.063 do CC/1916, até 11.1.2003, quando passou a se aplicar a Taxa Selic (art. 406 do CC atual)."*[34]
>
> *"2. Os valores a serem restituídos pelo banco serão acrescidos de juros remuneratórios de 1% ao mês, corrigidos monetariamente pelo INPC, mais juros de mora de 0,5% ao mês desde a citação e, após a vigência do novo Código Civil, da taxa Selic, índice comum de juros moratórios e correção monetária, na forma do art. 406 do CC."*[35]

Ainda, conforme o posicionamento apontado:

> *"2. Os juros de mora incidem desde o evento danoso, à taxa de 0,5% ao mês até a entrada em vigor do CC/2002, e pela Taxa Selic após essa data (EREsp 727.842/SP, Rel. Ministro TEORI ALBINO ZAVASCKI, Corte Especial, DJe de 20/11/2008)."*[36]
>
> *"1. Esta Corte firmou entendimento no sentido de que a fixação da taxa dos juros moratórios, a partir da entrada em vigor do artigo 406 do Código Civil de 2002, deve ser com base na taxa Selic, podendo essa tese ser aplicada inclusive nos casos em que se discute a execução de honorários. Precedentes."*[37]
>
> *"1. O Superior Tribunal de Justiça, em julgamento submetido ao rito dos processos representativos da controvérsia (art. 543-C do*

32 STJ, EDcl no REsp 1025298 / RS, 2ª Seção, Min. Rel. Luis Felipe Salomão, j. 28.11.2012.

33 STJ, REsp 645729 / RJ, 4ª Turma, Min. Rel. Antonio Carlos Ferreira, j. 11.12.2012.

34 STJ, AgRg no AREsp 311954 / PR, 2ª Turma, Min. Rel. Herman Benjamin, j. 28.05.2013.

35 STJ, EDcl no AgRg no Ag 1316058 / GO, 3ª Turma, Min. Rel. João Otávio de Noro-nha, j. 10.09.2013.

36 STJ, AgInt nos EDcl no REsp 1740851 / MA, 3ª Turma, Min. Rel. Moura Ribeiro, j. 24.06.2019.

37 STJ, AgInt no AREsp 1180613 / MS, 4ª Turma, Min. Rel. Marco Buzzi, j. 21.10.2019.

> *CPC/1973 e art. 1.036 do CPC/2015) firmou o entendimento de que a taxa dos juros moratórios a que se refere o art. 406 do CC/2002 é a taxa referencial do Sistema Especial de Liquidação e Custódia - SELIC 2. Agravo interno não provido."*[38]
>
> *"3. O Tribunal de origem, ao discorrer sobre os juros moratórios, entendeu que seu termo inicial será a partir da citação e na base de 6% ao ano até a entrada em vigor do Código Civil, aplicada a taxa Selic, a partir de então, consoante interpretação feita do art. 406 do Código Civil, que se coaduna com jurisprudência desta Corte."*[39]
>
> *"3. Os juros moratórios são devidos a partir do evento danoso no percentual de 0,5% a.m até a entrada em vigor do Código Civil atual (11.1.2003), quando deverão ser calculados na forma do seu art. 406, isto é, de acordo com a SELIC."*[40]

Como se pode imaginar, o STJ, para fins do artigo 406 do CC, manteve sua posição sobre a aplicação da taxa SELIC nos últimos anos, como se depreende dos seguintes julgados, apenas a título exemplificativo:

> *"AGRAVO INTERNO. RECURSO ESPECIAL. RESPONSABILIDADE CIVIL. JUROS DE MORA. TAXA SELIC. INCIDÊNCIA. PRECEDENTES. NÃO PROVIMENTO.*
>
> *1. "A Corte Especial no julgamento de recurso especial repetitivo entendeu que por força do art. 406 do CC/02, a atualização dos débitos judiciais deve ser efetuada pela taxa referencial do Sistema Especial de Liquidação e Custódia - SELIC, a qual deve ser utilizada sem a cumulação com correção monetária por já contemplar essa rubrica em sua formação" (AgInt no REsp 1794823/RN, Rel. Ministro MOURA RIBEIRO, TERCEIRA TURMA, DJe 28/5/2020).*
>
> *2. Agravo interno a que se nega provimento."*[41]
>
> *"3. Nos termos dos Temas 99 e 112/STJ, a taxa de juros moratórios a que se refere o art. 406 do Código Civil é a taxa referencial do Sistema*

38 STJ, AgInt no REsp 1628809 / SP, 3ª Turma, Min. Rel. Ricardo Villas Bôas Cueva, j. 18.05.2017.

39 STJ, AgInt no AREsp 870448 / SP, 2ª Turma, Min. Rel. Humberto Martins, j. 18.08.2016.

40 STJ, AgRg no REsp 831173 / RJ, 4ª Turma, Min. Rel. Raul Araujo, j. 16.12.2014.

41 STJ, AgInt no REsp 1723791 / MS, 4ª Turma, Minª. Relª. Maria Isabel Gallotti, j. 08.02.2021.

> *Especial de Liquidação e Custódia - SELIC, vedada a acumulação com correção monetária."*[42]

A orientação hodierna apenas segue, como mencionado previamente, os julgados da Corte Especial. Além do EREsp 727842 / SP, importante apontar que, em sede de recurso especial repetitivo, a Corte Especial firmou a seguinte tese na sessão de 02 de junho de 2010:

> *"Tema 176: Tendo sido a sentença exequenda prolatada anteriormente à entrada em vigor do Novo Código Civil, fixado juros de 6% ao ano, correto o entendimento do Tribunal de origem ao determinar a incidência de juros de 6% ao ano até 11 de janeiro de 2003 e, a partir de então, da taxa a que alude o art. 406 do Novo CC, conclusão que não caracteriza qualquer violação à coisa julgada."*

Constata-se, a partir da orientação do Superior Tribunal de Justiça, que a taxa oficial de juros legais - prevista pelo artigo 406 do CC - deve ser a taxa Selic.

Esta orientação, até então, foi reafirmada pela Corte Especial do Superior Tribunal na apreciação do REsp 1.795.982.[43] O julgamento, hoje, ainda aguarda desfecho final, mas, de certo modo, o Superior Tribunal de Justiça já indica que a orientação de aplicar a Taxa Selic tende a prevalecer e a ser consolidada.

O posicionamento firmado pela aplicação da taxa SELIC para atualização monetária e juros de mora não atinge apenas o direito civil, como têm decidido o STJ e o STF.

Cita-se, como exemplo, a Ação Direta de Inconstitucionalidade nº 5.867/DF, que estendeu aos depósitos recursais e aos débitos trabalhistas na justiça do trabalho a aplicação da Selic após a citação[44].

---

42 STJ, REsp 1846819 / PR, 3ª Turma, Min. Rel. Paulo de Tarso Sanseverino, j. 13.10.2020.

43 https://www.migalhas.com.br/depeso/405097/corte-especial-do-stj-forma-maioria-para-estabelecer-selic-como-indice. Acesso em 29.05.2024.

44 "Ações diretas de inconstitucionalidade e ações declaratórias de constitucionalidade. 2. Art. 879, §7º, e art. 899, §4º, da CLT, na redação dada pela Lei 13. 467, de 2017. Art. 39, caput e §1º, da Lei 8.177 de 1991. 3. Constitucionalidade dos índices de correção dos depósitos recursais e dos débitos trabalhistas na justiça do trabalho. 4. Política de correção ADI 5867 / DF monetária e tabelamento de

Acerca da aplicação para fins tributários, merece também destaque o Tema Repetitivo 199, que determinou a aplicação da taxa Selic como índice de correção monetária e de juros de mora na atualização de débitos tributários pagos em atraso.

Por conseguinte, do ponto de vista do direito civil, resta patente a plena aplicabilidade da taxa Selic como juros legais previstos no artigo 406 do CC vigente. Ressalte-se que, conforme supracitado, a taxa Selic inclui tanto os juros moratórios quanto a correção monetária.

Há algumas questões processuais que orbitam ao redor de institutos relevantes do direito processual civil.

Primordialmente, deve-se compreender que, segundo entendimento do STJ, os juros legais são matéria de ordem pública:

> *"2. Esta Corte já definiu que não há falar em reformatio in pejus quando o Tribunal altera tão somente os consectários legais, por integrarem o pedido de forma implícita. É matéria de ordem pública, cognoscível de ofício."*[45]
>
> *"1. A correção monetária, assim como os juros de mora, incide sobre o objeto da condenação judicial e não se prende a pedido feito em primeira instância ou a recurso voluntário dirigido à Corte de origem. É matéria de ordem pública, cognoscível de ofício em sede de reexame necessário, máxime quando a sentença afirma a sua incidência, mas não disciplina expressamente o modo como essa obrigação acessória se dará no caso."*[46]

---

juros. Institucionalização da Taxa Referencial – TR como política de desindexação da economia. Combate histórico a processos inflacionários. Risco de constitucionalização de normas financeiras e do sistema monetário nacional. 5. TR como índice de correção monetária. Inconstitucionalidade. Precedentes do STF. 6. Apelo ao legislador. Aplicação, até que sobrevenha solução legislativa, dos mesmos índices de correção monetária e de juros vigentes para as hipóteses de condenações cíveis em geral: IPCA-E na fase pré-judicial e SELIC a partir da citação. 7. Ações diretas de inconstitucio-nalidade e ações declaratórias de constitucionalidade julgadas parcialmente procedentes, para con-ferir interpretação conforme à Constituição ao art. 879, §7º, e ao art. 899, §4º, da CLT, na redação dada pela Lei 13.467, de 2017. 8. Modulação de efeitos." (STF, ADIn nº 5.867/DF, Plenário, Min. Rel. Gilmar Mendes, j. 18.12.2020)

---

45 STJ, AgRg no AREsp 324626 / SP, 2ª Turma, Min. Rel. Humberto Martins, j. 20.06.2013.

46 STJ, REsp 1853369 / CE, 2ª Turma, Min. Rel. Herman Benjamin, j. 05.03.2020.

> *"3. Consoante o entendimento do STJ, a correção monetária e os juros de mora, como consectários legais da condenação principal, possuem natureza de ordem pública e podem ser analisados pelas instâncias ordinárias até mesmo de ofício."*[47]
>
> *"2. Por se tratar de matéria de ordem pública, é possível a esta Corte proceder à adequação da incidência dos juros de mora, a fim de que, no cálculo da dívida, seja utilizado o percentual de 0,5% até a vigência do novo CC, aplicando-se, a partir daí, a taxa SELIC, sem que tal fato configure reformatio in peius, tampouco ofensa à coisa julgada."*[48]

Como adverte Heitor Vitor Mendonça Sica, respeitado nome em matéria de preclusão na Doutrina:

> *"Por fim, pode-se reconhecer ainda não haver preclusões para alegação de matérias cognoscíveis ex officio, ao menos até o advento da coisa julgada (ainda que em sua dimensão formal)."*[49]

Também elucida Humberto Theodoro Júnior:

> *"A preclusão, sobretudo a temporal, está intrinsecamente relacionada com a disponibilidade do direito ou faculdade processual conferidos à parte pela lei. Há, pois, um consenso em torno de sua não aplicabilidade às questões ou matérias que envolvem a ordem pública. É por isso que o legislador processual, quando se depara com temas dessa natureza, afasta-se do sistema geral da preclusão para conferir ao juiz o poder-dever de conhecer da matéria, sem depender de provocação da parte, isto é, de ofício. É que, em tais situações, mais do que o interesse do litigante, sobressai o interesse público no bom e adequado desempenho da jurisdição. Não se pode esquecer que o processo é o instrumento de atuação de uma das funções soberanas do Estado Democrático de Direito. Não opera a preclusão, portanto, pelo simples motivo de que o litigante não tem disponibilidade de ordem pública."*[50]

---

47 STJ, EDcl no AgRg no Ag 1363193 / RS, 1ª Turma, Min. Rel. Gurgel de Faria, j. 08.10.2019.

48 STJ, AgRg no AREsp 572243/PR, 3ª Turma, Min. Rel. Marco Aurélio Bellizze, j. 24.04.2018.

49 SICA, Heitor Vitor Mendonça. In: BUENO, Cassio Scarpinella (Coord.). *Comentários ao código de processo civil, volume 1, arts. 1º a 317.* São Paulo: Saraiva, 2017, p. 807.

50 THEODORO JÚNIOR, Humberto. *Curso de direito processual civil, volume I.* 61ª ed. Rio de Janeiro: Forense, 2020, p. 1091.

Trata-se de compreensão inevitável diante do estabelecimento de pedidos implícitos, conforme artigo 322, § 1º,[51] e artigo 342, II[52], ambos do CPC.

Teresa Arruda Alvim, ao se debruçar sobre este tema, leciona com maestria: *"O pedido expresso é desnecessário quando se trata de (a) juros legais, (b) correção monetária, (c) verbas de sucumbência e (d) honorários de advogado. 2.1. Não há, propriamente, inovação nesta regra, mas consideramos conveniente que a lei se refira a estes bens jurídicos de forma expressa. Até porque isto pode deixar de vez claro que os juros que se podem considerar pedidos implicitamente são só os legais."*[53]

A mesma autora, quanto à dinâmica do artigo 507 do CPC, bem destaca que inexiste preclusão para questões de ordem pública.[54]

Aponta, ademais, Luis Guilherme Aidar Bondioli: *"Naturalmente, o fato de se dispensar qualquer manifestação das partes para o exame de certos assuntos no processo não quer dizer que elas não possam exortar o juiz a exercer seu poder-dever de investigá-los. Ao contrário. Tudo o que o juiz deve conhecer de ofício deve ser objeto de manifestação a qualquer tempo das partes, provocando-o a se pronunciar a respeito."*[55]

---

51 "Art. 322. O pedido deve ser certo.
§ 1° Compreendem-se no principal os juros legais, a correção monetária e as verbas de sucumbência, inclusive os honorários advocatícios."

52 "Art. 342. Depois da contestação, só é lícito ao réu deduzir novas alegações quando:
II – competir ao juiz conhecer delas de ofício;"

53 ARRUDA ALVIM, Teresa (et al). *Primeiros Comentários ao Código de Processo Civil* [livro eletrônico]. Ed. 2020. São Paulo: Thomson Reuters Brasil, 2020, disponível em: < https://proview.thomsonreuters.com/launchapp/title/rt/codigos/104783420/v3/page/RL-1.66>

54 "Há, por fim, aquelas sobre as quais as partes podem discutir, com o objetivo de provocar outra decisão: são as que dizem respeito à matéria de ordem pública – fundamentalmente, mas não excepcionalmente, temas ligados aos pressupostos genéricos de admissibilidade de apreciação do mérito (pressupostos processuais e condições da ação). Quanto a estes temas não há, para as partes, preclusão temporal, nem lógica, nem consumativa; esta última, quer para o juiz, quer para as partes" (ARRUDA ALVIM, Teresa (et al). *Primeiros Comentários ao Código de Processo Civil* [livro eletrônico]. Ed. 2020. São Paulo: Thomson Reuters Brasil, 2020, disponível em: < https://proview.thomsonreuters.com/launchapp/title/rt/codigos/104783420/v3/page/RL-1.66>).

55 AIDAR BONDIOLI, Luis Guilherme. In: BUENO, Cassio Scarpinella (Coord.). *Comentários ao código de processo civil, volume 2, arts. 318 a 538*. São Paulo: Saraiva, 2017, p. 100.

Nessa toada, antes da vigência do CPC atual, já se imaginava tal possibilidade[56].

Por isso, inclusive, o próprio Superior Tribunal de Justiça, ao apreciar o Recurso Especial nº 1985927 – SP, proclamou enfaticamente que: *"Nos termos da jurisprudência do Superior Tribunal, os débitos posteriores à entrada em vigor do Código Civil de 2002 devem ser corrigidos com a aplicação da taxa referencial do Sistema Especial de Liquidação e Custódia – Selic. No caso, o Tribunal de origem aplicou a taxa de 1% a.m. quanto aos juros de mora, em detrimento da SELIC, devendo ser reformado no ponto, a teor do que constante no art. 406 do CC".*

Por fim, cabe mencionar que o CPC vigente trata de hipóteses específicas para combater a desuniformidade da jurisprudência pátria.

Quanto à interpretação do artigo 406 do CC, há eminente relevância nesse ponto, de modo que já se julgou, em Corte Especial, sobre a aplicação da taxa SELIC[57].

Assim, o artigo 927, III e V[58], do CPC, prevê, além da observância aos acórdãos em incidente de assunção de competência ou de resolução de demandas repetitivas e em julgamento de recursos extraordinário e especial repetitivos, a vinculação de orientação do plenário ou do órgão especial aos quais os juízes estiverem vinculados.

Fredie Didier Jr. explica tal vinculação:

> *"Há, aí, a previsão de duas ordens de vinculação.*
>
> *Uma vinculação interna dos membros e órgãos fracionários de um tribunal aos precedentes oriundos do plenário ou órgão especial daquela mesma Corte.*

---

56 Como elucidava Alexandre de Mendonça Wald: "30. Alguns problemas processuais surgiram com referência à possibilidade de conceder ao credor juros não pedidos na inicial, tendo o Código de Processo Civil (LGL\1973\5) dirimido tal dúvida no seu art. 293, com o seguinte teor: "Os pedidos são interpretados restritivamente, compreendendo-se, entretanto, no principal os juros legais". (MENDONÇA WALD, Alexandre de. *Os Juros no Código Civil e a Emenda Constitucional 40. A Constitucionalidade dos arts. 406 e 591 do Código Civil.* In: Revista de Direito Bancário e do Mercado de Capitais. Vol. 21, jul.-set./2003).

57 Cf. STJ, EREsp 727842 / SP, Corte Especial, Min. Rel. Teori Albino Zavascki, j. 08.09.2008.

58 "Art. 927. Os juízes e os tribunais observarão:
[...]
V – a orientação do plenário ou do órgão especial aos quais estiverem vinculados."

> *Uma vinculação externa dos demais órgãos de instância inferior (juízos e tribunais) aos precedentes do plenário ou órgão especial do tribunal a que estiverem submetidos. Afinal, o precedente não deve vincular só o tribunal que o produziu, como também os órgãos a ele subordinados.*
>
> *Diante disso, precedentes do: [...]*
>
> *b) plenário e órgão especial do STJ, em matéria de direito federal e infraconstitucional, vinculam o próprio STJ, bem como TRFs, TJs e juízes (federais e estaduais) a ele vinculados."*[59]

Teresa Arruda Alvim, nesse campo, bem destaca a importância dos precedentes serem seguidos.[60]

E, Daniel Mitidiero, com didática exemplar, enfatiza que: "*As cortes de justiça e os juízes a ela ligados não podem deixar de aplicar um precedente apenas por que não concordam com a solução formulada, isto é, com seu conteúdo*".[61]

O próprio Superior Tribunal de Justiça, aliás, no julgamento do pedido de uniformização de interpretação de lei federal nº 825, elegeu os julgados da Corte Especial como exemplos de sua "jurisprudência dominante" e que deve ser seguida pelos membros da Corte: *"Esse conceito abrange decisões do STJ em incidentes de resolução de demandas repetitivas (IRDRs), incidentes de assunção de competência (IACs), recursos repetitivos e embargos de divergência, além de julgados da Corte Especial."*

Logo, apesar de ser aconselhável, especialmente ao réu, alegar sobre a incidência da taxa Selic na primeira oportunidade de sua manifestação nos autos, já que os juros legais entendidos pelo legislador no campo do direito privado se referem a tal taxa, o sistema processual pá-

59 DIDIER JR., Fredie. Curso de direito processual civil: teoria da prova, direito probatório, decisão, precedente, coisa julgada, processo estrutural e tutela provisória. Salvador: Ed. Juspodivm, 2021, p. 593.

60 "O objetivo destes institutos, ou, se se preferir, destes regimes diferenciados de julgamento de ações de recursos, é justamente o de gerar segurança e previsibilidade. Não teria sentido algum se não tivessem de ser respeitados. Sua razão de ser seria brutalmente desrespeitada e sua finalidade inteiramente comprometida". (ARRUDA ALVIM, Teresa (et al). *Primeiros Comentários ao Código de Processo Civil* [livro eletrônico]. Ed. 2020. São Paulo: Thomson Reuters Brasil, 2020, disponível em: < https://proview.thomsonreuters.com/launchapp/title/rt/codigos/104783420/v3/page/RL-1.66>).

61 MITIDIERO, Daniel. *Processo Civil*. São Paulo: RT, 2021, p. 320.

trio possibilita que a incidência do artigo 406 do CC, por ser questão de ordem pública e já estar legitimada por precedentes, possa ser preservada de ofício, inclusive, pelos tribunais. Ademais, adverte-se que, havendo prequestionamento[62] – ainda que ficto[63] – sobre a matéria, plenamente aconselhável a interposição de Recurso Especial por ofensa à questão federal que, como visto previamente, tende a restar pacificada no Superior Tribunal de Justiça.

Finalmente, a dinâmica de respeito aos precedentes, adotada pelo CPC, nos termos do respectivo artigo 927, bem como nos termos da Recomendação nº 134/22 do CNJ, reforça a possibilidade de a matéria – por ser de ordem pública – ser apreciada, inclusive de ofício, pelos tribunais.

Diante de todo o exposto, conclui-se pela aplicação da Taxa Selic por força do artigo 406 do Código Civil. Toda a discussão doutrinária e as divergências jurisprudenciais a partir da vigência do diploma vigente, de algum modo, tendem a ser superadas, de modo que o Superior Tribunal de Justiça está novamente reafirmando seu entendimento[64],

---

62 "A noção de prequestionamento passou a referir-se, ao longo do tempo, à necessidade de que constasse da decisão impugnada a questão federal ou constitucional, porque o texto constitucional faz referência à questão decidida.
Prevaleceu, assim, o entendimento jurisprudencial de que o prequestionamento (= presença da questão na decisão recorrida) é imprescindível ao cabimento do recurso extraordinário e do recurso especial, como se se tratasse de um requisito autônomo de cabimento do recurso extraordinário e do recurso especial.
Resumindo e concluindo: a expressão prequestionamento hoje em dia significa que a questão federal ou que a questão constitucional deve estar presente no acórdão recorrido. Isso significa que a leitura do acórdão, única e exclusivamente, deve revelar a ofensa à lei ou à Constituição Federal, qualificada, neste último caso, pela circunstância de ter ou apresentar repercussão geral."
In: ARRUDA ALVIM, Teresa; DANTAS, Bruno. *Recurso Especial, Recurso Extraordinário e a Nova Função dos Tribunais Superiores* [livro eletrônico]. São Paulo: Revista dos Tribunais, 2020, disponível em https://proview.thomsonreuters.com/launchapp/title/rt/monografias/112806871/v6/page/RB-4.8

63 "O enfrentamento da questão constitucional ou da questão federal no acórdão recorrido pode ser efetivo ou ficto. O primeiro ocorre quando há expressa decisão da questão no acórdão, sendo que o segundo decorre do fato de a parte ter oposto embargos declaratórios com o fim de prequestionamento (art. 1.025 do CPC)."
In: MARINONI Luiz Guilherme; MITIDIERO, Daniel. Recurso extraordinário e recurso especial. 3ª ed. São Paulo: Thomson Reuters Brasil, 2019, p. 127.

64 REsp 1.795.982.

destacando-se o julgado supracitado pela Corte Especial[65] e o tema 176 firmado, em sede de recurso especial repetitivo, na sessão de 02 de junho de 2010 do Superior Tribunal de Justiça.

Aconselha-se, claramente, pelo levantamento da matéria na primeira oportunidade de manifestação. Porém, como visto, em termos processuais, demonstrou-se que a matéria pode ser compreendida como de ordem pública, sendo possível, portanto, que os tribunais venham a apreciar a questão de ofício; até mesmo pela dinâmica de respeito aos precedentes, conforme previsto no artigo 927 do CPC.

## REFERÊNCIAS

AIDAR BONDIOLI, Luis Guilherme. In: BUENO, Cassio Scarpinella (Coord.). *Comentários ao código de processo civil, volume 2, arts. 318 a 538*. São Paulo: Saraiva, 2017.

ARRUDA ALVIM, Teresa (et al). *Primeiros Comentários ao Código de Processo Civil* [livro eletrônico]. Ed. 2020. São Paulo: Thomson Reuters Brasil, 2020.

CORDEIRO, António Menezes. *Direito Bancário*. 6ª ed. Coimbra: Edições Almedina S.A., 2018.

CORREIA, Alexandre; SCIASIA, Gaetano. *Manual de Direito Romano e textos em correspondência com os artigos do Código Civil Brasileiro*. Vol. 1. 4ª ed. São Paulo: Editora Saraiva, 1961.

DIDIER JR., Fredie. Curso de direito processual civil: teoria da prova, direito probatório, decisão, precedente, coisa julgada, processo estrutural e tutela provisória. Salvador: Ed. Juspodivm, 2021.

DORNELAS, Larissa Naves de Deus. *SELIC: o mercado brasileiro de dívida pública*. Campinas: Alínea, 2021.

FONSECA, Rodrigo Garcia da. *Os Juros e o Novo Código Civil*. In: Revista de Direito Bancário e do Mercado de Capitais. Vol. 26. Out.-dez., 2004.

MARINONI, Luiz Guilherme; MITIDIERO, Daniel. Recurso extraordinário e recurso especial. 3ª ed. São Paulo: Thomson Reuters Brasil, 2019.

MARTINS-COSTA, Judith. *Comentários ao novo Código civil, volume V, tomo II: do inadimplemento das obrigações*. Rio de Janeiro: Forense, 2003.

65 STJ, EREsp 727842 / SP, Corte Especial, Min. Rel. Teori Albino Zavascki, j. 08.09.2008.

MENDONÇA WALD, Alexandre de. *Os Juros no Código Civil e a Emenda Constitucional 40. A Constitucionalidade dos arts. 406 e 591 do Código Civil.* In: Revista de Direito Bancário e do Mercado de Capitais. Vol. 21, jul.-set./2003.

MITIDIERO, Daniel. *Processo Civil.* São Paulo: RT, 2021.

MONTEIRO, Washington de Barros. *Curso de direito civil*, v. 4. 14ª ed. São Paulo: Saraiva, 1976.

OLIVEIRA, Marcos Cavalcante de. A Taxa Selic e o art. 406 do CC/02. In: Revista dos Tribunais. Vol. 857. Mar., 2007.

PEREIRA, Caio Mário da Silva. *Instituições de direito civil.* Vol. II. 22ª ed. Rio de Janeiro: Editora Forense, 2009.

RIZZARDO, Arnaldo. *Juros no Código Civil de 2002.* In: Revista de Direito Bancário e do Mercado de Capitais. Vol. 22, out.-dez./2003.

RODRIGUES, Silvio. *Direito civil.* Vol. 2. 24ª ed. São Paulo: Saraiva: 2002.

SICA, Heitor Vitor Mendonça. In: BUENO, Cassio Scarpinella (Coord.). *Comentários ao código de processo civil, volume 1, arts. 1º a 317.* São Paulo: Saraiva, 2017.

THEODORO JÚNIOR, Humberto. *Curso de direito processual civil, volume I.* 61ª ed. Rio de Janeiro: Forense, 2020.

VARELA, Antunes. *Direito das obrigações*, vol. 2. Rio de Janeiro: Forense, 1978.

# TESTAMENTOS: NOVAS PERSPECTIVAS

*Sílvio de Salvo Venosa*[1]

## 1. INTRODUÇÃO

A sucessão testamentária na sociedade brasileira, ao contrário do que ocorria em passado não tão remoto, vem ganhando progressivamente maior utilização. Trata-se, como se sabe, de sucessão supletiva, pois na ausência de testamento preponderará a sucessão a causa de morte estabelecida na lei, a decantada sucessão legítima. Cada vez mais a utilização do testamento vem sendo aceita, mormente tendo em vista certa complexidade na sucessão legal e principalmente em razão de maior dimensão dos direitos decorrentes dos fenômenos da internet, inteligência artificial e a dinamização de sua utilização pela população, tocando diretamente os direitos da personalidade.

Desse modo, aos poucos se afasta do conceito que testar é principiar a morrer, pois o ser humano pode deixar doravante amplo patrimônio digital para seus sucessores e para a sociedade em geral. Desse modo, acompanhando tendência já presente no Código Civil de 2002, buscou-se simplificar e facilitar a elaboração de testamentos, restringindo as rígidas regras do estatuto de 1916, no que foi certamente acompanhado por jurisprudência inovadora nesse sentido, procurando, sempre que oportuno e conveniente, manter hígida e eficiente a vontade testamentária.

Como todo fenômeno jurídico, o testamento deve se adaptar ao fato social, adequando-se ao momento histórico. Como o direito sucessório é corolário imediato da família e mediato do direito de propriedade, também a sucessão testamentária é consequência desses dois compartimentos do direito civil. Nesse diapasão, a próxima reforma que se busca para nosso Código Civil visa facilitar ainda mais a elaboração dos testamentos, simplificando ainda mais suas formalidades.

Assim, o direito testamentário deve voltar-se para as transformações que atingem hoje a família e a propriedade, inserindo-se na tec-

1 Professor de Direito Civil. Desembargador aposentado do Estado de São Paulo. Palestrante, parecerista e árbitro. Autor de inúmeras obras de Direito Civil, em sucessivas edições.

nologia sempre mutante de nossa era. Não se deve, porém, se esquecer do formalismo inerente ao testamento, invólucro que tem em mira validamente proteger a vontade do testador. Assim, devemos enfrentar um novo formalismo adjeto à ciência informática, dinamizando as disposições do Código atual, já anacrônicas perante as inovações tecnológicas.

De qualquer modo, não se pode negar que o testamento é um dos capítulos mais relevantes do direito privado, pois nele se revela a maior amplitude da vontade individual.

## 2. UM POUCO DE HISTÓRIA

Nas civilizações antigas sempre houve a vontade de seus membros de preservar seus patrimônios para depois de sua morte, de acordo com sua vontade, embora com princípios ligados à religião. Assim foi com os egípcios, assírios gregos etc. No entanto, é no direito romano que fixamos nosso marco histórico, por óbvias razões.

Na Lei das XII Tábuas o trecho em torno do tema é restrito. Pelo texto dos compiladores posteriores, acompanhando o texto de Fustel de Coulages (1957:114), sabemos do *testamentum calatis comittiis* e a forma *in procinctu*. O primeiro era feito perante os comícios, duas vezes por ano, em épocas especiais, sob a presidência do pontífice máximo, ocasião em que tendo o povo como testemunha, cada pai de família podia manifestar sua última vontade. Essa forma era utilizada para tempos de paz e caiu em desuso no século II a.C. O testamento *in procinctu* era feito perante o exército posto em ordem de combate, em tempo de guerra. Caiu em desuso no primeiro século a.C.

Ainda no período pré-clássico surgiu o testamento *per aes et libram* (cerimônia com balança e bronze) (*Institutas*, Gaio, 2.012). Quem não tivesse utilizado das duas modalidades anteriores e temesse a morte entregava seu patrimônio a um amigo (alienação por preço fictício) por meio da *mancipatio*, atribuindo bens para depois de sua morte. A partir desse período, o testamento ganha importância, à disposição do *pater famílias*.

Pouco a pouco foi se difundindo formas mais simples de testar, com influência do trabalho pretoriano. No período clássico, passa o pretor a admitir como testamento válido o escrito apresentado a sete testemunhas.

No Baixo Império ou período pós-clássico surgem de forma inicial as modalidades de testamento que chegaram até nós. Testamentos sem participação do poder público e outras formas públicas.

Em Roma, como o herdeiro era continuador da personalidade do morto não se admitia patrimônio que não fosse íntegro, pois o herdeiro sucessor continuava o culto dos antepassados. Não podia assim o testador dispor de parte de seus bens. A única exceção a essa regra era o testamento dos militares. Desse modo, não era possível as duas modalidades concomitantes de sucessão atualmente viáveis, a testamentária e a legítima.

As modalidades romanas de testamento não foram absorvidas pelas legislações modernas. Na Idade Média o testamento achava-se praticamente extinto, sendo costume deixar sempre algo para a Igreja. O falecido, que disso se olvidasse, era logo socorrido pelos herdeiros, que supriam a falta. Os povos bárbaros praticamente desconheciam o testamento.

Em Portugal, as Ordenações Afonsinas aceitaram e adotaram a noção romana de testamento, assim como a compilação filipina.

Dessa forma, antes do Código Civil de 1916, as formas testamentárias, segundo as Ordenações Filipinas, eram o testamento aberto ou público, feito por tabelião; o testamento cerrado, com o respectivo instrumento de aprovação cartorária; o testamento particular, feito pelo testador ou por outra pessoa e o testamento *per palavra*, nuncupativo, com assistência de seis testemunhas. Os civilistas antigos acrescentaram o testamento marítimo, o de *pias causas*, o em tempo de peste, e o testamento de mão comum, todos revigorados do direito romano do Baixo Império.

Nosso Código Civil de 1916 instituiu os testamentos público, cerrado, particular, marítimo e militar, admitindo o nuncupativo apenas como forma de testamento militar e abolindo assim as demais modalidades. Não admite expressamente o testamento conjuntivo ou de mão comum. O Código de 2002 apenas acrescentou a possibilidade do testamento aeronáutico, de frágil utilidade, mas criou modalidade de testamento particular excepcional com mínima formalidade (art.1.879).

A reforma do Código atual que se anuncia deve atualizar as noções testamentárias, muitas ultrapassadas, e reconhecer os métodos que serão permitidos pelas técnicas informatizadas e inteligência artificial, como apontaremos.

## 3. TESTAMENTO. CONCEITO E SEUS ELEMENTOS CONSTITUTIVOS.

Sabe-se que não é de boa técnica o legislador utilizar definições. Contudo, a maioria das legislações, de forma geral, definem o que se entende por testamento.

Nosso Código de 1916, no art. 1.626, dizia: "*Considera-se testamento o ato revogável pelo qual alguém, de conformidade coma lei, dispõe, no todo ou em parte, do seu patrimônio, para depois de sua morte*". Sabe-se que definições legais são exceções no ordenamento, sempre sujeitas a críticas. Uma das falhas dessa definição consiste na ausência de menção expressa de possibilidade de disposições não patrimoniais no testamento. Algo que o Código de 2002 supriu, dispondo no art. 1.857, §2º, que "*são válidas as disposições testamentárias de caráter não patrimonial, ainda que o testador somente a elas se tenha limitado*". Sugere-se, para a reforma do Código Civil, que na menção a essas disposições não patrimoniais, se incluam também "*situações existenciais*", algo que se refere a todo patrimônio da pessoa hoje existente nos meios informatizados, ou mais propriamente *nas nuvens*, como é denominada essa parcela de patrimônio da personalidade.

Assim, embora a finalidade precípua do testamento seja dispor dos bens para depois da morte, o ato pode conter disposições sem cunho patrimonial, como o reconhecimento de filiação, a nomeação de tutor ou curador, atribuição de título honorífico etc.

O atual Código preferiu não definir testamento, no que andou bem. Estando a noção solidificada, não há necessidade de definição legal. O art. 1.858 enfatizou que o testamento é ato personalíssimo, podendo ser modificado a qualquer tempo.

Destarte, podemos analisar cada uma das características do testamento.

*O testamento é negócio jurídico*. Como se trata de manifestação de vontade destinada à produção de efeitos, o testamento é um negócio jurídico *causa mortis*. Sua estrutura repousa na autonomia da vontade do testador.

*O testamento é negócio jurídico unilateral*. É única a declaração de vontade que lhe dá vida. A aceitação de bens por parte do herdeiro ou do legatário não possui o caráter receptício do direito contratual. Essa manifestação de vontade, expressa depois da morte do testador não tem o condão de completar o negócio jurídico, que se perfaz unicamente com a vontade do testador. Nada impede que o testador tenha sido orientado por outrem para expressar sua última vontade, como, por exemplo, um advogado. O fundamental é que a vontade testamentária seja livre.

Como já anotado, *o testamento é ato de última vontade ou causa mortis*. Os efeitos desse negócio jurídico unilateral iniciam-se unicamente depois da morte do testador. É ato de última vontade porque sempre terá eficácia a partir do falecimento do testador, embora, como veremos, certas disposições não patrimoniais possam gerar efeito imediato.

Diz-se, a propósito, que a vontade testamentária é *ambulatória*, pois sempre haverá possibilidade de o ato de última vontade ser revogado ou alterado, enquanto vivo e capaz o testador.

*O testamento é negócio jurídico revogável.* A possibilidade de revogá-lo é elemento fundamental e essencial do instituto. Tanto assim que é nula qualquer disposição que vise eliminar a irrevogabilidade, não se admitindo renúncia à liberdade de revogar. O direito romano já considerava a vontade testamentária ambulatória, isto é, acompanhando o testador a todo momento até a morte. Se permitida a irrevogabilidade, estar-se-ia abrindo perigosa válvula de instabilidade nas relações jurídicas e desvirtuando a finalidade do testamento. Uma cláusula nesse teor não invalida o testamento, mas reputa-se como inexistente, ineficaz ou não escrita. Vontade alguma, aliás, pode se vincular a si mesma, ainda porque nenhum direito nasce antes da morte.

As disposições não patrimoniais seguem sua própria natureza e história.

*O testamento é ato solene.* O direito contemporâneo tem procurado diminuir solenidades. Contudo, no direito brasileiro dois negócios jurídicos, por sua natureza, avultam nesse sentido: o casamento e o testamento. A manifestação da vontade contida no testamento deve ser efetivada por meio de formalidades determinadas na lei, embora, por vezes, encontremos flexibilidade judicial na busca da manutenção da vontade testamentária.

As formalidades têm por escopo dar a maior garantia e certeza à vontade do testador, bem como cercar de respeito o ato. A preterição das formalidades torna o ato nulo. Ao menos isso está na lei, nem sempre os tribunais têm atendido.

*O testamento é ato personalíssimo.* O Código de 2002 realça esse aspecto, juntamente com a revogabilidade (art. 1.858). O ato há de ser elaborado unicamente pelo testador, ainda que haja minutas, rascunhos e opiniões em torno dessa vontade, sem viciá-la. Não se admite a interferência de outra vontade, por isso não se admite mandatário.

O testamento conjuntivo não se admite, mas podem, por exemplo, dois cônjuges ou companheiros testar isoladamente ainda que em negócios independentes e separados, mas na mesma oportunidade. Texto expresso nesse sentido se propõe para a reforma do Código, embora esse aspecto nunca tenha ocasionado dúvidas.

## 4. DISPOSIÇÕES NÃO PATRIMONIAIS NO TESTAMENTO.

O Código italiano, a exemplo de nosso Código de 2002 e do Código português, refere-se às disposições não patrimoniais do testamento. Eduardo Zannoni, autor argentino, analisando direito de seu país, também aplicável ao nosso, expõe (1974, v.1:183): "*As disposições que pode conter o testamento não revestem necessariamente o caráter patrimonial. Mediante testamento o testador pode limitar-se a reconhecer filhos extramatrimoniais*". E prossegue sintetizando o conteúdo do testamento:

> "a) *disposições não patrimoniais: reconhecimento de filhos ilegítimos, nomeação de tutores ou curadores, direitos inerentes à personalidade como doação de órgãos do corpo humano etc.*
>
> *b) disposições patrimoniais:*
>
> *1. instituições de sucessores (herdeiros ou legatários);*
>
> *2. disposições sobre o modo de operar-se a transmissão: partilha, imposição de cláusulas restritivas (inalienabilidade, incomunicabilidade etc.), nomeação de testamenteiro etc.,*
>
> *3. disposição indiretas sobre bens: dispensa de colação, deserdação, revogação de testamento anterior ou sua complementação etc.*"

Atualmente não se pode esquecer que o testamento pode conter disposições sobre o universo digital que gravita em torno da pessoa do falecido, como parte de seus direitos da personalidade. O testador poderá dispor sobre quem continuará seu patrimônio digital, algo cada vez mais difundido neste século. Poderá também autorizar ou proibir a abertura de seus arquivos e produções digitais, no todo ou em parte. Esse campo é imenso. A comissão revisora do Código Civil faz menção entre os direitos não patrimoniais, dos "*bens existenciais*". Esses bens nem sempre não terão valor patrimonial e estão a exigir uma atenção maior do legislador, num campo ainda novo e inexplorado na lei.

Evidentemente, são as disposições patrimoniais a principal finalidade do testamento, sem deixar de terem importância as demais disposições. Há que se definir como se devem reger as deixas não patrimoniais. Devem se submeter às mesmas formalidades inerentes a suas respectivas categorias. Assim é que nulo um testamento por falha formal, pode permanecer íntegro e eficaz um reconhecimento de paternidade. Veja que para tal reconhecimento basta um escrito (art.1.605, I). Já não se pode afirmar o mesmo se o ato de última vontade foi obtido por coação. Tudo dependerá do exame do caso concreto. Note que mesmo as disposições de natureza não patrimonial devem ter cunho jurídico. Meras exortações de amor ou ódio nada significam, a não ser para auxiliar na interpretação das cláusulas testamentárias. Ademais, apesar de o testamento ser sempre revogável, as disposições não patrimoniais seguem sua própria natureza jurídica.

Patrimoniais ou não as disposições testamentárias, o ato é de natureza gratuita. Não se impõe a essa gratuidade qualquer contraprestação. Eventual encargo imposto no legado não lhe retira essa característica. Da mesma forma que a doação com encargo não perde o caráter de liberalidade. A gratuidade é própria de uma vontade que se manifesta de per si, totalmente isolada. O testamento não pode criar para o herdeiro ou legatário uma obrigação. Se há obrigações do falecido com relação a herdeiros, essa dívida é do espólio. Daí porque a necessidade de inventário.

## 5. FORMAS DE TESTAMENTO. CODICILO

A solenidade existente nas formas de testamento, que se exteriorizam perante testemunhas, constitui garantia extrínseca do ato. Tudo que é formal e solene, certa pompa e ostentação, não somente no Direito, mas em qualquer solenidade social, busca incutir o respeito da sociedade.

Há ponderável tendência atual de se abandonar o formalismo, em prol de dinâmica maior das relações sociais. É fato que, na maioria das vezes, vê-se no formalismo um anacronismo e um empecilho ao desenvolvimento. Contudo, certos atos representam para o ser humano, e para a sociedade, que a forma prescrita em lei aumenta a solenidade, não apenas para manter o ato sob respeito, mas também para assegurar a espontaneidade, autonomia e validade da manifestação de vontade. Assim, a solenidade é exceção; a lei só a exige para essa classe de atos, quando o formalismo é inafastável. É o que ocorre com o testamento.

> *"A ordem jurídica torna-o solenissimo rodeando-o de exigência que na Antiguidade eram sacramentais, e no direito moderno assumem a qualificação de requisitos* ad substantiam" (Pereira, 1984, v.65:148).

Há que se examinar com cuidado julgados que assumem uma flexibilidade no formalismo do testamento, sob argumento de manter hígida e eficaz a vontade do testador.

Sob o manto da solenidade, o legislador protege a manifestação de vontade do testador, sua autonomia, restringindo pressões físicas e psíquicas. Assim é que as formalidades legais na elaboração do testamento não podem ser dispensadas.

Importante recordar que as modalidades de testamento são estanques. Cada forma legal é vista de per si, não podendo ser combinadas. Destarte, não se permite uma forma híbrida de testamento. Há três formas legais ordinárias: público, cerrado e particular. Essas modalidades, afora algumas incapacidades descritas (limitação parcial ou total de visão, surdos-mudos), podem ser utilizadas por qualquer pessoa. Os testamentos especiais, que sofrerão mudança na próxima reforma do Código Civil, são formas excepcionais de testar. No mais, o testador pode escolher a forma mais conveniente, inclusive com o auxílio das modernidades digitais como aponta a reforma.

O *codicilo* é forma restrita de testar bens de menor valor, o qual atualmente ganha mais efetividade se levarmos em conta o patrimônio virtual do ser humano, cada vez mais patente e diversificado.

Nosso Código veda, no art. 426, qualquer contrato que tenha por objeto herança de pessoa viva. Há sugestões para a reforma com acréscimo que abre exceções a essas regras, que nos surpreendem, contrariando a regra geral. Esperemos a redação final nas casas do Congresso. Essa regra, tal como está, possui elevado cunho moral.

### 5.1. Perda, extravio ou destruição do testamento

Essa questão é importante pois ora e vez chega aos tribunais. Alguns autores de vulto entre nós, como Pontes de Miranda (1973, v.58:301), defendem a possibilidade de reconstituição do testamento, sob a afirmação de que se trata de uma regra geral no Direito, qual seja, qualquer documento extraviado ou perdido pode ser reconstituído.

A nosso ver, essa não pode ser pura e simplesmente a conclusão no caso do testamento, em que pesem as valiosas opiniões em contrário. Sem acesso à cédula testamentária, não se pode recompor a vontade do testador. Esse aspecto contraria a própria natureza do ato. Haveria, sem dúvida, interferência de outras vontades na vontade testamentária. Abrir-se-ia uma porta fácil para a fraude, embora sempre afirmemos que o Direito não pode ser raciocinado sob fraudes. O que é possível, por outro lado, é a *restauração da cédula testamentária*, isto é, a recomposição integral do documento. Há recursos técnicos para esse procedimento para restaurar, por exemplo, documento que se tornou ilegível ou se dilacerou.

Se, por exemplo, desapareceu o registro de um testamento público em razão de incêndio, inundação ou outro fenômeno, quando não se tinham os cartórios informatizados, e não resta qualquer traslado, torna-se impossível a restauração e, com muito maior razão, a reconstituição pelos riscos a ela inerentes.

O testamento cerrado, por sua vez, cujo envoltório se apresente dilacerado, presume-se inválido e leva à conclusão de sua revogação. Em princípio, pode ser admitida excepcionalmente a restauração da cédula, cabendo ao juiz decidir por sua autenticidade. A reconstituição da vontade testamentária é a própria negação dos princípios básicos desse negócio jurídico e não pode ser admitida (Pereira, 1984,v.6:148).

## 5.2. Testamento público

Essa modalidade de testamento é a que apresenta maior segurança, é a mais utilizada, pois ficará registrada em cartório. Sua maior desvantagem é não guardar segredo sobre a vontade do testador, contudo há disposições regimentais que procuram evitar essa exposição, permitindo que apenas o testador, em vida, possa ter acesso a certidões da cártula.

O testamento público é um ato aberto, no qual o oficial público exara a última vontade do testador, conforme seu ditado, minuta ou suas declarações espontâneas, perante duas testemunhas, conforme o Código atual. No sistema do estatuto de 1916 todas as modalidades exigiam cinco testemunhas. Embora todas as formas sejam solenes, esta modalidade especialmente o é; cercada de garantias para que a vontade do testador se manifeste em sua plenitude.

O art. 1.864 enumera seus requisitos essenciais. O texto sugerido pela Comissão de reforma do Código acrescenta vários textos a esse artigo, que são necessários e objetivos.

O texto deve ser escrito por tabelião ou seu substituto legal, acrescentando a tentativa de reforma que deve ser gravado em sistema digital de som e imagem, podendo o testador servir-se de notas, minutas ou apontamentos (inciso I).

O testamento deve ser lido em voz alta pelo tabelião ou pelo testador na presença do oficial e testemunhas (inciso II). Pelo texto sugerido, a gravação de imagem e som será obrigatória. A sugestão de reforma apresenta texto peremptório: *"quando o testamento for realizado mediante gravação em sistema digital de som e imagem, esta será exibida pelo tabelião ao testador que confirmará, por escrito, o teor das decla-*

*rações*". Essa já era visão nossa desse o início de vigência do Código de 2002.

Também se propõe texto que constava apenas de regulamento: a certidão do testamento público, enquanto vivo o testador, só poderá ser fornecida a requerimento deste ou por ordem judicial. Esse texto é importante para evitar tumultos familiares.

Sugere-se a inserção do art. 1.864-A:

> *Art. 1.864-A. Os hospitais, as clínicas, os asilos, as casas de repouso ou os donos da residência em que esteja pessoa que não possa se movimentar, ambular ou deslocar-se, não podem impedir o ingresso de oficiais que venham praticar atos notariais em suas dependências, cabendo ao tabelião, quando solicitado, identificar-se perante o estabelecimento, ou perante os donos da casa, declarando com precisão quem os contatou e solicitou sua presença.*
>
> *§ 1º O estabelecimento fará constar por escrito, no prontuário do paciente, a ocorrência e dará ao oficial declaração, subscrita por médico, quanto à solicitação do tabelião e quanto a eventual causa de proibição de o paciente receber visitas;*
>
> *§ 2º Se entender necessário, o tabelião solicitará a presença do médico que atende o declarante ou, na sua falta, trará médico de sua própria confiança para acompanhá-lo;*
>
> *§ 3º. Se a gravação a que alude o artigo 1.864, a juízo do tabelião, expuser o declarante à especial constrangimento, será feita apenas para captar sua voz;*
>
> *§ 4º. A gravação de som e imagem será realizada se o declarante, informado pelo tabelião, expressamente a consentir ou tratar-se de caso em que a gravação completa não possa ser dispensada, como nos casos dos artigos 1.866, 1.867, 1.869;*
>
> *§ 5º. Ao lavrar o ato notarial solicitado, o tabelião declinará na escritura todos os dados que permitam identificar quem o contatou e solicitou os seus serviços, o momento, o lugar e a forma como a manifestação de vontade foi colhida e a impressão que lhe causou o paciente, bem como alguma observação que o médico assistente tenha feito, a respeito do estado de saúde mental e da lucidez do declarante, bem como as razões pelas quais a gravação de imagem foi ou não realizada;*
>
> *§ 6º. Se o tabelião notar alguma irregularidade que faça supor estar o idoso ou o paciente em condições de subjugação moral ou física, por parte de familiares, de cuidadores ou dos administradores do lugar onde se encontram internados, dará notícias desse fato às autoridades competentes.*

O texto é por si só explicativo e deve excluir dúvidas, se ainda existentes. Esperemos o texto final aprovado.

O ato deve ser elaborado pelo titular do cartório, o oficial público. Outro escrevente só pode fazê-lo quando exercer as funções de chefia da serventia. Assim, o oficial-maior só pode elaborar testamento quando investido, ainda que transitoriamente, na função de tabelião.

As autoridades consulares brasileiras também podem lavrar testamento público, segundo o art. 18 da Lei de Introdução. Não se trata de outra modalidade, pois os requisitos são os mesmos.

As testemunhas devem assistir a todo o ato. Se alguma delas tiver que se retirar durante a elaboração, o ato deve recomeçar. A leitura pode ser feita peço próprio testador ou pelo oficial. As testemunhas devem conhecer o testador, embora possam não ter relações amistosas e serão evidentemente qualificadas. Será suficiente que tenham conhecido o testador antes do ato.

O testamento público pode ser lavrado fora do recinto do cartório, mas dentro do âmbito de atuação do oficial, conforme a organização judiciária. Não há restrição de dias da semana ou horários. O oficial deve ter o cuidado de mencionar o local para evitar dúvidas. Veja acima a proposta de inserção de regra para atualização do Código, sobre a realização do ato em hospitais, clínicas etc., algo que mesmo na ausência de texto expresso não causa dúvidas.

A inserção de data, como todo ato notarial, deve ser informada, ainda porque a capacidade testamentária é fixada por ela.

O testamento público só pode ser lavrado em língua portuguesa, como todos nossos atos notariais. O testador e as testemunhas devem compreender nosso idioma.

Há muitos outros procedimentos citados na lei para o testamento público e outros que o texto legal não especifica, mas decorrem da lógica.

A gravação de som e imagem vai garantir para a posteridade a vontade testamentária, como se pretende com a reforma do Código Civil, algo que nós já apontávamos há muito tempo.

## 5.3. Testamento cerrado, secreto ou místico

Essa modalidade é escolhida por quem deseja manter sua última vontade em segredo. Evitam-se assim dissensões familiares indesejadas, uma vez que sempre o testamento será uma fonte de incertezas.

A forma secreta tem a desvantagem da possibilidade latente de perda ou destruição da cártula. Suas formalidades são obviamente mais amplas no intuito de assegurar a vontade testamentária. É também um testamento notarial porque dele participa o oficial público. No entanto, o testador não declara sua vontade ao serventuário, não devendo ser considerado um testamento público. Trata-se, no dizer de Orosimbo Nonato (1957, v.1:279), uma *carta sigilada*. Seus requisitos essenciais vêm descritos no art. 1.868 do Código:

> *"O testamento escrito pelo testador, ou por outra pessoa, a seu rogo, e por aquele assinado, será válido se aprovado pelo tabelião ou seu substituto legal, observadas as seguintes formalidades:*
>
> *I – que o tabelião o entregue ao tabelião na presença de duas testemunhas;*
>
> *II – que o testador declare que aquele é o seu testamento e quer que seja aprovado.*
>
> *III – que o tabelião lavre, desde logo, o auto de aprovação, na presença de duas testemunhas, e o leia em seguida, ao testador e testemunhas;*
>
> *IV – que o auto de aprovação seja assinado pelo tabelião, pelas testemunhas e pelo testador.*
>
> *Parágrafo único. O testamento cerrado pode ser escrito mecanicamente, desde que seu subscritor numere e autentique, com a sua assinatura, todas as páginas".*

Vê-se, portanto, que a tipicidade dessa modalidade testamentária é das mais detalhadas. O excesso de formalidades, necessárias para garantir a lisura do ato, desencoraja a escolha por essa modalidade.

Terminado o ato, a cédula testamentária é entregue ao testador. Ficará em sua posse, incumbindo-lhe o destino. Antes dessa entrega, o oficial público já terá exarado na cédula seu auto de aprovação (inciso III).

Antes do auto de aprovação completado, ainda não há testamento. Deve se exarado depois da última palavra do testamento, devendo o tabelião, se houver falta de espaço na última folha, apor seu sinal público (chancela ou carimbo, com rubrica ou assinatura usual), assim expondo na cédula e se utilizar de outra folha (art. 1.869). Embora a lei não o diga, é da maior conveniência que o serventuário aponha seu sinal público em cada uma das folhas apresentadas. A data é imanente a todo notarial.

Note que escrivão não deve ler o testamento, salvo autorização expressa do testador. O serventuário recebe a cédula do próprio testador, na presença de duas testemunhas. Nenhuma outra pessoa poderá fazer a entrega. O oficial examinará a cartula a certa distância, examinando se há borrão ou corrigenda a ser ressalvada. Quando da abertura do testamento, esse aspecto será examinado pelo juiz (art. 426 do CPC).

A proposta de alteração do Código Civil nessa modalidade testamentária é ampla, pois admitir-se-á, além do testamento escrito, a forma gravada em sistema digital de som e imagem. Fica a dúvida em saber como se preservará o arquivo digital, que permite inúmeras cópias, mantendo o sigilo das disposições. O serventuário deverá lavrar da mesma forma o auto de aprovação no testamento digital. O texto proposto não esclarece se um arquivo digital será preservado no sistema cartorário, o que parece óbvio.

O escrivão, salvo expressamente autorizado, não deve ler o testamento. Essa autorização é irrelevante para o ato. O serventuário deve receber a cédula diretamente do testador (inciso I), na presença das duas testemunhas. Não se admite que outra pessoa o faça.

O oficial examinará a certa distância, verificando se existe borrão ou ressalva, rasura ou entrelinha digna de ser mencionada no auto. A questão será examinada quando da publicação do testamento, pelo juiz (art. 426 do CPC). Essas cautelas têm por objetivo justamente impedir que posteriormente se possibilite a alteração do escrito. Não há necessidade de que o testador entregue o documento em envelope.

O auto de aprovação ficará no interior do envelope, ou outra embalagem, uma vez que poderá constar de folha autônoma se necessário. O tabelião dirá no auto que o testador lhe entregou a cédula, que tinha por seu testamento, "bom, firme e valioso"; se foi escrito ou não pelo próprio testador. Não era necessário que essas palavras fossem idênticas, pelo Código Civil anterior. A essência da manifestação do serventuário é que vale. O oficial não deve deixar espaço em branco, começar seu auto logo depois da última palavra da cédula (art. 1.869). O lacre utilizado no passado, não é requisito essencial.

Sugere-se, para a reforma do Código, que se o testador não puder ler ou escrever, que o ato seja sempre realizado pelo sistema digital. Assim também para a pessoa inteiramente surda. No sistema atual, o testador analfabeto não pode utilizar a forma cerrada. E para o surdo há exigência específica quanto à leitura (art. 1.866).

A fixação da data é aquela fixada pelo notário, mesmo que apresentado com data diversa.

Depois do auto lavrado pelo oficial, este lê o termo e declara que o leu e passa à fase das assinaturas. As testemunhas também não se inteiram do conteúdo do testamento. Anote-se que maior número de testemunhas só aumenta possibilidade de falhas formais,

No testamento cerrado é importante que as formalidades sejam realizadas em sequência, em continuidade, sem interrupção, embora a lei não o diga. Se forem interrompidas, há que se recomeçar, diferentemente do público, que pode durar horas. Diz-se, porém, que pequena interrupção deve ser tolerada. Tudo deve constar do auto.

A presença de um beneficiário ou aquinhoado do testamento no procedimento legal de feitura é inconveniente. Pode ensejar suspeita de captação de vontade ou fraude. Por outro lado, o acompanhamento do ato por jurista, em assessoria técnica, é aconselhável e desejável.

### *5.3.1. O testador no testamento cerrado*

No sistema atual, sem mencionar as eventuais futuras reformas no Código Civil, o testamento cerrado somente pode ser utilizado por quem saiba ler (art. 1.872). O cego e o analfabeto só testam pela forma pública. No vigente sistema, quem não puder assinar também deve testar pela forma pública.

Pode testar pela forma cerrada o mudo ou surdo-mudo que souber ler e escrever. Segundo o art. 1.873. o surdo-mudo deve escrevê-lo todo, assinar de próprio punho e, ao entregar o documento ao oficial público perante as duas testemunhas, deve escrever na face externa do papel, ou do envoltório, que esse é seu testamento, cuja aprovação solicita. Nesse caso, não se admite a redação por outrem, ou seja, a rogo. Assim, redigindo ele mesmo, melhor se assegura sua última vontade. São várias modificações propostas neste âmbito para alteração.

Como regra geral, como vimos, no testamento cerrado em geral não há necessidade de que o próprio testador o redija. Pode ser escrito a seu rogo. Nosso Código atual, para espalmar dúvidas do passado, pois se discutiu se o testamento cerrado podia ser datilografado, permite quer seja redigido "*mecanicamente*". Em poucas décadas o universo digital nos apresenta modificações amplas e virtuais.

## 5.4. Testamento particular

O testamento particular, também denominado hológrafo (ou ológrafo) permite sua elaboração prescindindo-se da intervenção de oficial público. O Código atual procurou simplificá-lo, pois fora pouco utilizado no passado. A principal inconveniência no sistema de 1916 era que se exigia que pelo menos três testemunhas, dentre as cinco participantes do ato, comparecessem depois da morte do testador para confirmá-lo. Além desse aspecto, também pode ocorrer perda ou deterioração da cártula, como no testamento cerrado.

Em seu favor, pode-se mencionar a rapidez e facilidade na elaboração, além da gratuidade. No entanto, dada a importância do ato, a simplificação não pode ser de molde a abrir flancos para dúvidas ou fraudes.

O art. 1.876 especifica os requisitos:

> *"O testamento particular pode ser escrito de próprio punho ou mediante processo mecânico.*
>
> *§ 1º Se escrito de próprio punho, são requisitos essenciais à sua validade seja lido e assinado por quem o escreveu, na presença de pelo menos três testemunhas, que o devem subscrever.*
>
> *§ 2º Se elaborado por processo mecânico, não pode conter rasuras ou espaços em branco, devendo ser assinado pelo testador, depois de ter lido na presença de pelo menos três testemunhas, que o subscreverão."*

O texto ao falar de processo mecânico deve ser entendido como datilografia ou computador.

Projeta-se nesse artigo par a reforma do Código a possibilidade de esse testamento ser realizado em sistema de som e imagem, de forma clara e compreensível, com a melhor possível tecnologia da época.

Nessa modalidade o testador por incluir quantas testemunhas desejar, pois duas serão as confirmatórias. Aumenta-se o risco de serem trazidas testemunhas impedidas ou suspeitas.

O testamento inteiro deve ser redigido pelo testador. Não vicia o ato, contudo, o fato de o testador se valer de rascunho ou minuta. Se houver imprecisões vernaculares que dificultem sua compreensão, a matéria será de exame pelo juiz.

A leitura é exigência e será feita pelo testador. Pode ser escrito em língua estrangeira, contanto que todas as testemunhas o compreendam (art. 1.880).

O testamento particular também deve ter unidade e sequência em sua elaboração. Não deve ser feito por partes.

A assinatura do testador é essencial mesmo que tenha sido redigido de próprio punho. A leitura também somente pode ser feita por ele.

Quanto às testemunhas confirmatórias, dispõe do parágrafo único do art. 1.878:

> *"Se faltarem, por morte ou ausência, e se pelo menos uma delas o reconhecer, o testamento poderá ser confirmado, se, a critério do juiz, houver prova suficiente de sua veracidade".*

Por essa e entre tantas outras razões o testamento particular é evitado e pouco utilizado.

É conveniente que o testador descreva todos os atos realizados e se valha do auxílio de um profissional capacitado.

A jurisprudência, mormente do STJ, tem abrandado os requisitos estritos dos testamentos, embora entendamos que, embora no intuito de preservar a última vontade, não é a melhor solução.

### 5.4. Testameno particular excepcional

Nosso Código pretérito não admitia o testamento nuncupativo, a não ser como modalidade do testamento militar. O direito anterior ao Código de 1916 admitia o testamento nuncupativo como forma a possibilitar o testamento oral, quando o testador, em perigo de vida, não tinha oportunidade de fazer testamento escrito. Exigia-se, no entanto, a presença de seis testemunhas.

Em disposição inusitada, que trouxe celeumas doutrinárias e pode trazer contendas, o Código de 2002 introduziu modalidade testamentária que açambarca a hipótese do testamento nuncupativo e outras situações extremas. Trata-se, na verdade, de outra modalidade de testamento, no art. 1.879: "*Em circunstâncias excepcionais declaradas na cédula, o testamento particular de próprio punho e assinado pelo testador, sem testemunhas, poderá ser confirmado, a critério do juiz*".

O artigo foi sugerido pelo Professor Miguel Reale. Transfere-se toda carga de aprovação dessa última vontade ao juiz.

A primeira questão que se coloca é o exame das "*circunstâncias excepcionais*" no caso concreto. Exige a lei que essa excepcionalidade seja declarada na cédula. A primeira excepcionalidade que aflora é a possibilidade de morte eminente e a impossibilidade de recurso às formas testamentárias ordinárias. Porém, as situações podem se multiplicar: Estado de guerra ou revolução? Pandemias? Inundações? Isolamento por terremoto? Calamidade pública? E tantas outras situações, as quais devem ser avaliadas pelo juiz. Note-se que esse testamento não se confunde com os testamentos especiais, marítimo, aeronáutico ou militar.

Questão que o legislador do texto atual não se preocupou é sobre o fato de o testador sobreviver à excepcionalidade e poder testar sob as formas ordinárias. Deveria ter estabelecido um prazo para de caducidade para o testamento nesse caso. Projeto é apresentado nesse sentido, com prazo de 90 dias para o testamento perder eficácia, em caso de sobrevivência do testador. Uma das principais características do testamento excepcional é sua *efemeridade* (Carlos Maximiliano, 1952, v.2:17).

Tomando exemplo da legislação comparada, podemos trazer outras situações excepcionais, como o testador estar tomado de moléstia contagiosa, longe de cuidados médicos. Revive-se, nesse caso, o testamento *tempore pestis,* do passado remoto. O que deve ser analisado no caso concreto é a impossibilidade de o agente se utilizar das formas ordinárias do testamento.

## 6. CODICILO

O termo codicilo é diminutivo de *codex*, derivado do latim clássico, de *caudex*, que significava inicialmente tronco de árvore, daí o sentido de "tabuinhas de escrever" e depois livro, registro. Portanto significava livro, pequeno registro.

Em nosso direito, trata-se de um ato simplificado de última vontade, para disposições de pequena monta. Derivado do Direito Romano, são poucas legislações atuais que o admitem. Diz o art. 1.881:

> *"Toda pessoa capaz de testar poderá, mediante escrito particular seu, datado e assinado, fazer disposições especiais sobre seu enterro, sobre esmolas de pouca monta a certas e determinadas pessoas, ou indeterminadamente, aos pobres de certo lugar, assim como legar móveis, roupas ou joias, de pouco valor, de seu uso pessoal".*

A lei exige que seja redigido pelo disponente e coloca data como requisito essencial, algo que não ocorre nos testamentos. Não há necessidade de testemunhas. Não se nega que pode ser realizado mecanicamente bem como de forma digital, como já se projeta para a reforma do Código. A assinatura do testador é essencial.

A doutrina se encarregou sobre a dimensão do valor da "pouca monta" citada no texto, como sendo na base de 10% do valor da herança. Projeta-se dessa forma a sugestão de reforma do estatuto civil, trazendo essa conclusão para a lei. A dúvida que fica é se ultrapassado esse valor, como proceder. Pontes de Miranda (1973, v.59:255) sustenta que se podem fazer as reduções, como se faz no testamento, por analogia ao art. 1.967, numa redução proporcional, ouvidos os interessados. Não houve proposta que resolvesse a dúvida entre os reformistas do Código.

O codicilo pode servir também para disposições de herança digital, que cada vez mais se identifica.

O codicilo possui vida própria, tenha ou não o disponente deixado testamento.

O codicilo pode vir sob a forma de *carta codicilar*.

Um codicilo pode revogar outro. O testamento também pode fazê-lo. Este deve sempre fazer menção sobre a existência de codicilo, mas não tê-lo como revogado.

Processualmente, o codicilo deve ser registrado e aberto, se for o caso, como um testamento particular, segundo o CPC de 2015. Se o codicilo se apresentar fechado, sua abertura será igual à do testamento cerrado.

## 7. PALAVRA FINAL

Tratamos aqui apenas das formas ordinárias de testamento, com algumas de suas extensas particularidades. Confesso que os civilistas contemporâneos não têm dado o realce que essa matéria merece. No entanto, com a novel volumosa herança digital e as questões daí advindas, com novas estruturas familiares, entre outros fatores, o testamento volta a ter importância em nossa sociedade, como nunca tivera no século XX.

O estudo da sucessão testamentária não pode certamente ficar restrito às modalidades de testamento. No campo processual devemos lembrar da publicação e confirmação dos testamentos. No direito material, a interpretação das cláusulas testamentárias, a importante figura do testamenteiro, a compreensão dos legados, a problemática da deserdação entre vários outros assuntos. Convidamos o leitor a se debruçar sobre esse importante compartimento do Direito, estando certo que a presente introdução conseguirá açular essa disposição.

## REFERÊNCIAS

ALVES, José Carlos Moreira. *Direito romano.* Rio de Janeiro: Forense, 1971. 2 v.

ARANGIO-RUIZ, Vincenzo. *Instituciones de derecho romano.* 10ª ed. Buenos Aires: Depalma, 1973.

BORDA, Guillermo A. *Tratado de derecho civil: suceciones.* Buenos Aires: Abeledo Perot, 1987, 2 v.

CICU, Antonio, *El testamento.* Madri: Editorial revista de derecho privado, 1959.

CORREIA, Alexandre; SCIASCIA, Gaetano. *Manual de direito romano.* 2ª ed. São Paulo: Saraiva, 1953.

COULANGES, Fustel de. *A cidade antiga.*Lisboa:Livraria Clássica Editora, 1957.

FARIA, Mário Roberto Carvalho de. *Direito das sucessões.* 2ª ed, Rio de Janeiro: Forense, 2002.

FASSI, Santiago C. *Tratado de los testamentos.* Buenos Aires: Depalma, 1970. V.1

GOMES, Orlando. *Sucessões.* Rio de Janeiro: Forense, 1981.

MAXIMILIANO, Carlos. *Direito das sucessões.* Rio de Janeiro: Freitas bastos, 1952. 3v.

MAYNS, Charles. *Cours de droit romain.* 4ª ed. Bruxelas: Boulannd Christophe, 1889.

NONATO. Orosimbo. *Estudos sobre a sucessão civil testamentária.* Rio de Janeiro: Forense, 1957, 3 v.

OLIVEIRA. Arthur Vasco Itabaiana de Oliveira. *Tratado de direito das sucessões.* São Paulo: Freitas Bastos, 1957

PEREIRA, Caio Mário da Silva. *Instituições de direito civil.* Rio de Janeiro: Forense, 1984, v. 6.

MIRANDA, Francisco Cavalcanti. *Tratado de direito privado.* Rio de janeiro: Borsoi, 1973. 60 v.

RIZZARDO, Arnaldo. *Direito das sucessões.* Rio de Janeiro: Aide, 1996.

RODRIUGUES, Sílvio. *Direito das sucessões.* 23ª ed. São Paulo: saraiva, 1999.

VENOSA, Sílvio de Salvo. *Família e sucessões.*24ª ed. São Paulo: Gen-Atlas, 2024.

WALD, Arnoldo. *Direito das sucessões.* São Paulo: Revista dos Tribunais, 1988.

ZANNONI, Eduardo. A. *Derecho de las sucesiones.* Buenos Aires: ASTREA DE Rodolfo Depalma, 1974. V.1

# VENDA E REVENDA ILÍCITAS DE IMÓVEL ALHEIO: O CASO DO RECURSO ESPECIAL Nº 2.091.649/RN

*Paulo Dias de Moura Ribeiro*[1]

## 1. APRESENTAÇÃO

Não tive a mais mínima dúvida em aderir ao agradável convite que me foi dirigido para participar de obra coletiva em homenagem ao querido Ministro HUMBERTO MARTINS, homem que dignifica o Colendo Superior Tribunal de Justiça, do qual foi um reconhecido brilhante Presidente.

Assim o digo porque testemunhei a sua lúcida trajetória à frente do comando do Tribunal da Cidadania, implementando todas as suas necessidades materiais e humanas, jamais poupando esforços para atender seus pares e isto, frise-se, em todo o difícil período da triste pandemia do Covid-19.

Diante de tais circunstâncias, homenagear o ilustre colega é uma tarefa alegre e que deve ser implementada da melhor maneira possível e com a dignidade que o caso merece.

## 2. A ESCOLHA DO VOTO DESTACADO

Neste aspecto, ficou difícil, muito difícil, a minha opção, tal a excelência dos votos proferidos pelo colega, esmerado cultor do melhor direito.

Entretanto, muito recentemente, numa sessão de julgamento da Terceira Turma, que ele também a preside, tive oportunidade de acompanhá-lo em voto de sua relatoria que cuidava de um delicado caso de alienação de imóvel a duas pessoas distintas.

Caso difícil e delicado que do seu privilegiado punho recebeu a seguinte ementa:

---

1 Ministro do Superior Tribunal de Justiça. Conselheiro do Conselho da Justiça Federal. Pós-Doutor em Direito pela Universidade de Lisboa. Doutor honoris causa da Universidade da Amazônia. Doutor em Direito Civil pela PUC/SP. Mestre em Direito Civil pela PUC/SP. Coordenador Científico do Curso de Direito da UNISA. Professor Titular da FDSBC. *Professor do Curso de Pós-Graduação da UNINOVE*

*PROCESSUAL CIVIL. CIVIL. RECURSO ESPECIAL. DEMANDA JUDICIAL INDENIZATÓRIA. ENRIQUECIMENTO ILÍCITO. CUMPRIMENTO PROVISÓRIO DE SENTENÇA. VENDA E REVENDA ILÍCITAS DE IMÓVEL ALHEIO. NULIDADE DO REGISTRO DO IMÓVEL RECONHECIDA EM DEMANDA TRANSITADA EM JULGADO. TESE DE LITISCONSÓRCIO PASSIVO NECESSÁRIO REFERENTE A OUTRA DEMANDA JUDICIAL AUTÔNOMA E JÁ DEBATIDA E DECIDIDA COM TRÂNSITO EM JULGADO. ÓBICE À UTILIZAÇÃO DA NULIDADE DE ALGIBEIRA. INVIABILIDADE DE REANÁLISE DAS BASES FÁTICAS JUSTIFICADORAS DO ENRIQUECIMENTO ILÍCITO. ÓBICE DA SÚMULA Nº 7/STJ.*

*1. O caso em tela trata de pleito indenizatório consubstanciado em enriquecimento ilícito em decorrência de reconhecimento judicial, já transitado em julgado, de venda em duplicidade de imóvel, que culminou em sucessivas revendas ilícitas de imóvel alheio a terceiros.*

*2. Não cabimento de levantamento de tese de nulidade em razão de suposta ausência de formação de litisconsórcio passivo necessário em outra demanda judicial autônoma, de invalidação registral do imóvel, já transitada em julgado, na qual, inclusive, foi debatida, enfrentada e rechaçada a repetida tese de ampliação litisconsorcial.*

*3. A tese litisconsorcial levantada diz respeito à demanda judicial de direito real, na qual já foi debatida e decidida, inclusive com trânsito em julgado, não se mostrando possível na demanda judicial indenizatória ser trazida à tona, mais uma vez, tese referente a outro processo, que já o decidiu e com relação ao qual nem cabe mais recurso, porquanto está coberto pelo manto da coisa julgada.*

*4. Bem assim, caracterizada a utilização da nulidade de algibeira, que diz respeito à estratégia de não alegar a nulidade logo depois de ela ter ocorrido, mas apenas em um momento posterior, caso não se tenha êxito em teses previamente abordadas, atentando contra a boa-fé processual, o que não pode ser albergado pelo Judiciário.*

*5. Reanalisar as bases fáticas que fundamentaram o reconhecimento pela instância originária da necessidade de indenização por perdas e danos, segundo a instrução probatória realizada para comprovação do enriquecimento ilícito, significaria realizar indevida incursão no acervo fático-probatório, o que é vedado pelo óbice inserto na Súmula nº 7/STJ.*

*Recurso especial conhecido em parte e, nessa extensão, improvido.*

*(REsp nº 2.091.649/RN, relator Ministro HUMBERTO MARTINS, Terceira Turma, j. 14/5/2024, DJe de 21/5/2024)*

## 3. A MOLDURA FÁTICA DO CASO

No curso dos processos judiciais, Quatro Incorporações Ltda., José Dias de Souza Martins e Maria de Lourdes Alves Dias de Souza disputaram o título de propriedade sobre o imóvel, integrante do Loteamento Boa Esperança, zona suburbana denominada de Jiqui, situado em Natal/RN. Conforme premissas fáticas incontroversas, tal imóvel foi vendido em duplicidade pela Sra. Maria Lacerda a Jose Dias de Souza Martins e Maria de Lourdes Alves Dias de Souza e também a Fernando Luiz Gonçalves Bezerra e Aluisio Augusto Meirelles Bezerra, tendo sido repassado à Ecocil Empresa de Construções Civis Ltda., e, posteriormente, repassado à Quatro Incorporações Ltda. Em demanda já transitada em julgado, foi reconhecida, ao final, a legitimidade do título de propriedade em nome de Jose Dias de Souza Martins e Maria de Lourdes Alves Dias de Souza.

De consequência, em razão do trânsito em julgado da referida demanda, José Dias de Souza Martins e Maria de Lourdes Alves Dias de Souza ajuizaram ação indenizatória por enriquecimento ilícito (Processo nº 0800658-92.2011.8.20.0124) contra Fernando Luiz Gonçalves Bezerra, Aluisio Augusto Meirelles Bezerra, Ecocil Empresa de Construções Civis Ltda. e Quatro Incorporações Ltda., sob o argumento de que auferiram lucro ilícito com a venda dos lotes de sua propriedade a terceiros. Foi julgada procedente a demanda indenizatória, confirmada em segunda instância, com consequente condenação na quantia de mais quase 4 milhões de reais.

O Tribunal de Justiça do Estado do Rio Grande do Norte assim se manifestou sobre a presente controvérsia:

> *EMENTA: CIVIL E PROCESSUAL CIVIL. CUMPRIMENTO PROVISÓRIO DE SENTENÇA. DECISÃO QUE ACOLHEU APENAS EM PARTE A IMPUGNAÇÃO APRESENTADA. IRRESIGNAÇÃO DOS EXECUTADOS. ALEGAÇÃO DE VÍCIO TRANSRESCISÓRIO NA AÇÃO DE INVALIDAÇÃO DE REGISTRO PÚBLICO, QUE CONSTITUI CAUSA APENAS REMOTA DA AÇÃO INDENIZATÓRIA QUE DEU ORIGEM AO TÍTULO EXECUTIVO EM EXAME. VÍCIO DE CITAÇÃO DE UM PROCESSO QUE NÃO PODE REPERCUTIR SOBR E UM OUTRO. AUTONOMIA ENTRE A RELAÇÃO DE DIREITO REAL DISCUTIDA NA AÇÃO DE INVALIDAÇÃO REGISTRAL E DE DIREITO INDENIZATÓRIO DEBATIDO NESTA. RECORRENTES QUE TIVERAM AMPLO EXERCÍCIO DO CONTRADITÓRIO. IMPUGNAÇÃO AO CUMPRIMENTO DE SENTENÇA QUE SÓ PODE VEICULAR AS MATÉRIAS PREVISTAS NO ART. 525 DO CPC. SITUAÇÃO QUE NÃO*

*SE AMOLDA INCISO I, DO §1º DO ART. 525 DO CPC. NULIDADE DE ALGIBEIRA QUE NÃO ADMITIDA PELA JURISPRUDÊNCIA PÁTRIA. NECESSIDADE DE RESGUARDO DA SEGURANÇA JURÍDICA E DA BOA-FÉ PROCESSUAL. DECISÃO MANTIDA. AGRAVO CONHECIDO E NÃO PROVIDO.*

*[...]*

*Informam que foi o referido reconhecimento judicial que deu ensejo à pretensão de indenização por perdas e danos intentada pelo Exequente, mas que o referido pronunciamento judicial possui vícios transrescisórios que não se convalidam com o tempo e podem ser reconhecidos por simples petição, tornando ineficaz a sentença que reconheceu a validade do registro do bem em nome do Exequente e anulando o registro da cadeia sucessória integrada por FERNANDO LUIZ GONÇALVES BEZERRA e ALUISIO GONÇALVES BEZERRA; ECOCIL - Empresa de Construções Civis Ltda .; CLM - ENGENHARIA LTDA (atual designação de QUATRO INCORPORAÇÕES LTDA); e 38 adquirentes das casas que foram construídas pela QUATRO INCORPORAÇÕES no terreno discutido, uma vez que os primeiros proprietários sequer participaram do processo que resultou na invalidação do registro do bem Esclarecem que somente a QUATRO INCORPORAÇÕES LTDA participou do processo em que se discutiu a validade do registro do bem desde a sua aquisição por FERNANDO LUIZ GONÇALVES BEZERRA E ALUISIO GONÇALVES BEZERRA, e apesar do pedido expresso para formação do litisconsórcio necessário com todos os demais proprietários, não houve a citação destes. Argumentam, assim, que a inobservância do litisconsórcio passivo necessário no pleito reconvencional de invalidação de registro público, pela natureza jurídica da relação, e a consequente ausência de citação da cadeia sucessória dos proprietários, tem o condão de ensejar o reconhecimento da inexistência do referido , ante a não perfectibilização da decisum relação processual, de modo que faleceria fundamento para a pretensão indenizatória ora executada em razão da inexistência de decisão válida e eficaz sobre o registro do bem.*

*[...]*

*Defendem que a pode ser suscitada em Impugnação querela nullitatis ao Cumprimento de Sentença, por simples petição, nos termos do entendimento do STJ, como bem demonstra o parecer do Professor Arruda Alvim, em consulta específica para o presente caso, de modo que incorreu em equívoco o juízo ao a quo não reconhecer os vícios apontados sob o fundamento de que a nulidade teria ocorrido em processo diverso do que originou o cumprimento de sentença ora questionado.*

*[...]*

*Devidamente intimado, o Recorrido apresentou contrarrazões ao recurso, defendendo que os Recorrentes não suscitaram a nulidade no processo indenizatório, mas apenas na fase executiva, o que ensejaria o reconhecimento da "nulidade de algibeira", bem como que não houve nulidade ou falta de citação em relação a fase de conhecimento da ação indenizatória, motivo pelo qual a nulidade do processo anterior que deu causa à ação indenizatória não poderia ser reconhecida.*

*[...]*

*Por fim, alega que a relação jurídica travada no bojo da ação de invalidação de registro não comportava a formação de litisconsórcio passivo necessário, visto que FERNANDO BEZERRA, ALUÍSIO BEZERRA, e ECOCIL não mais exerciam domínio sobre o bem em disputa, estando a disputa do bem em litigio jungido à esfera de interesse da QUATRO INCORPORAÇÃO e JOSÉ DIAS, de modo que requereu o desprovimento do recurso interposto.*

*[...]*

*No curso dos processos judiciais autuados sob nº 124.02.000237-0 e 124.02.000232-0, QUATRO INCORPORAÇÕES e JOSE DIAS DE SOUZA MARTINS e MARIA DE LOURDES ALVES DIAS DE SOUZA disputaram o título de propriedade sobre o imóvel consistente nos lotes 08 e 09 da Quadra 35, integrante do Loteamento Boa Esperança, zona suburbana denominada de Jiqui, situado em Natal-RN. Ao que consta nos autos dos processos em referência o referido imóvel foi vendido em duplicidade pela Sra. Maria Lacerda a JOSE DIAS DE SOUZA MARTINS e MARIA DE LOURDES ALVES DIAS DE SOUZA e também a FERNANDO LUIZ GONCALVES BEZERRA e ALUISIO AUGUSTO MEIRELLES BEZERRA, que repassaram a ECOCIL EMPRESA DE CONSTRUCOES CIVIS LTDA, e esta repassou a QUATRO INCORPORACOES LTDA. Nos citados processos fora reconhecida, por sentença transitada em julgado, a legitimidade do título de propriedade de JOSE DIAS DE SOUZA MARTINS e MARIA DE LOURDES ALVES DIAS DE SOUZA.*

*De posse do referido título, JOSE DIAS DE SOUZA MARTINS e MARIA DE LOURDES ALVES DIAS DE SOUZA ajuizaram ação indenizatória por enriquecimento ilícito, autuada sob nº 0800658-92.2011.8.20.0124, contra FERNANDO LUIZ GONCALVES BEZERRA, ALUISIO AUGUSTO MEIRELLES BEZERRA, ECOCIL EMPRESA DE CONSTRUCOES CIVIS LTDA e QUATRO INCORPORACOES LTDA, ao argumento de que os referidos réus teriam auferido lucro ilícito com a venda dos lotes de sua propriedade a terceiros. A referida ação foi julgada procedente e confirmada por acórdão desta Corte, tendo sido os réus condenados a pagar aos Autores o equivalente a R$ 3.685.200,00 (três milhões, seiscentos e oitenta e cinco mil e duzentos reais).*

*[...]*

*Em suas razões, os Recorrentes (Executados) sustentam, em síntese: 1) que a pretensão indenizatória ora executada teve por fundamento uma sentença anterior eivada de nulidade por vício transrescisório de citação; 2) que tal vício pode ser reconhecido em qualquer tempo e grau de jurisdição; 3) que somente a QUATRO INCORPORAÇÕES LTDA participou do processo em que se discutiu a validade do registro do bem desde a sua aquisição por FERNANDO LUIZ GONÇALVES BEZERRA E ALUISIO GONÇALVES BEZERRA, e apesar do pedido expresso para formação do litisconsórcio necessário com todos os demais proprietários, não houve a citação destes; 4) que a inobservância do litisconsórcio passivo necessário no pleito reconvencional de invalidação de registro público tem o condão de ensejar o reconhecimento da inexistência do referido , tornando sem fundamento a decisum pretensão indenizatória ora executada; 5) que no cumprimento provisório de sentença, como no caso, em que ainda não houve trânsito em julgado, somente pode haver o levantamento de depósito em dinheiro e a prática de atos que importem transferência de posse ou alienação de propriedade com a fixação de caução suficiente e idônea, arbitrada pelo juiz e prestada nos próprios autos, o que não ocorreu.*

*[...]*

*Em contrapartida, o Recorrido defende que: 1) os Recorrentes não suscitaram nulidade em momento algum durante a fase de conhecimento do processo indenizatório, mas apenas na fase executiva, o que ensejaria o reconhecimento da "nulidade de algibeira"; 2) não houve nulidade ou falta de citação em relação à fase de conhecimento da ação indenizatória, não podendo eventual nulidade de processo diverso repercutir sobre a ação indenizatória; 3) o art. 525, § 1º, I, do CPC somente admite a arguição de nulidade por vício de citação se tais vícios tiverem levado o processo a correr à revelia, o que não ocorreu no bojo da ação indenizatória; 4) que a falta de participação dos Agravantes nos autos da ação de invalidação de registro não lhes causaram qualquer prejuízo, já que o título em disputa naqueles autos já havia sido transferido da esfera dominial dos Recorrentes para a ECOCIL e, desta, para a QUATRO INCORPORAÇÕES; 5) que a questão relativa a necessidade de citação de terceiros nos processos nº 124.02.000237-0 e 124.02.000232-0 foi discutida nos aludidos feitos, encontrando-se sob o manto da coisa julgada; 6) que a relação jurídica travada no bojo da ação de invalidação de registro não comportava a formação de litisconsórcio passivo necessário, visto que FERNANDO BEZERRA, ALUÍSIO BEZERRA, e ECOCIL não mais exerciam domínio sobre o bem em disputa, estando a disputa do bem em litigio jungido à esfera de interesse da QUATRO INCORPORAÇÃO e JOSÉ DIAS.*

*[...]*

*Cinge-se a controvérsia em saber: 1) se há nulidade na sentença de invalidação registral, prolatada nos autos dos processos nº 124.02.000237-0 e 124.02.000232-0; 2) se essa nulidade é capaz de interferir no processo indenizatório que deu lastro ao cumprimento provisório de sentença em vertente; 3) se a nulidade suscitada pelo Agravante consiste em hipótese de "nulidade de algibeira". Compulsados os autos, vê-se que a sentença e o acórdão, no qual se baseiam o título executivo em análise, são reflexamente fundados na sentença prolatada na ação de invalidação de registro proferida nos autos dos processos nº 124.02.000237-0 e 124.02.000232-0, que reconheceu o melhor título de propriedade sobre os imóveis em disputa em favor de JOSE DIAS DE SOUZA MARTINS e MARIA DE LOURDES ALVES DIAS DE SOUZA.*

*Anote-se, por oportuno, que o título de propriedade opera efeitos erga omnes, e não apenas entre as partes (art. 1.128 do CC/2002), daí porque não restam dúvidas de que se faz necessária a integração de toda cadeia dominial eventualmente atingida pela decisão que venha a discutir a invalidade de um título registral.*

*Não se olvide que a formação do litisconsórcio unitário em casos como o presente tem por fundamento garantir segurança jurídica e o direito de defesa, de modo que, em razão da natureza jurídica da relação, os titulares de um mesmo direito subjetivo ou aqueles que estejam ligados por um único vínculo jurídico, devem obrigatoriamente ser demandados em conjunto, com a formação do litisconsórcio, para que seja possível a obtenção de julgado uniforme para relações jurídicas conexas, caso em que, não havendo, há manifesto vício de citação, cerceamento do direito de defesa e ilegitimidade de parte.*

*Ocorre que, independentemente do vício de nulidade que pesa sobre a sentença prolatada nos autos dos processos de invalidação registral, tombados sob nº 124.02.000237-0 e 124.02.000232-0, a posterior ação indenizatória ajuizada por JOSE DIAS DE SOUZA MARTINS e MARIA DE LOURDES ALVES DIAS DE SOUZA em face de FERNANDO LUIZ GONCALVES BEZERRA, ALUISIO AUGUSTO MEIRELLES BEZERRA, ECOCIL EMPRESA DE CONSTRUCOES CIVIS LTDA e QUATRO INCORPORACOES LTDA possui autonomia em relação à citada ação de invalidação registral. Observe-se que, embora a causa de pedir remota da ação indenizatória em tela seja a sentença proferida no processo de invalidação registral, a qual reconheceu melhor título em favor dos Agravados, a causa de pedir próxima ou imediata consiste na responsabilidade civil dos Agravantes decorrente de suposto enriquecimento ilícito com a venda de terreno alheio a terceiros. A presença dessa causa de pedir imediata enseja a autonomia do processo indenizatório em relação à citada ação de invalidação registral.*

*[...]*

*Assim, a despeito do resultado do processo de invalidação registral, não se pode perder de vista que durante o curso do processo de conhecimento da ação indenizatória em liça, os Agravantes tiveram plena oportunidade de exercer o contraditório no sentido de defender que o terreno repassado a terceiros não se tratava de bem alheio à época da venda, não havendo, portanto, que se falar em ato ilícito ensejador de responsabilidade civil. Nessa linha, diga-se que o pleito indenizatório partiu da alegada ilicitude da venda do imóvel pelos agravantes, a caracterizar a realização de compra e venda a non domino, havendo espaço para o exercício da prefalada contradita.*

*[...]*

*Vê-se, pois, que mesmo não tendo integrado a lide de invalidação registral, os Agravantes tiveram plena oportunidade de exercer o contraditório durante o curso da ação indenizatória em comento, ainda que sob a ótica de uma demanda meramente indenizatória e não mais fundada em direito real, o que efetivamente o fizeram, daí porque não se reveste de utilidade à pretendida declaração de nulidade de um feito em face da ocorrência de vício ocorrido em outro. Registre-se que não há declaração de nulidade sem prévia demonstração de prejuízo e, tendo os Agravantes oportunidade de exercer de modo pleno o contraditório na presente ação indenizatória – que deu lastro ao título executivo em riste – não há como reconhecer que o vício citatório do processo de invalidação registral possa repercutir sobre a ação em epígrafe.*

*[...]*

*Com efeito, como bem pontuado pelo juízo de origem, são restritas as matérias que podem ser suscitadas em sede de impugnação ao cumprimento de sentença, não comportando a incidência do inciso I, do §1º do art. 525 do CPC ao caso em exame, visto que não houve falta ou nulidade da citação na presente ação, não podendo o vício oriundo do processo de invalidação registral irradiar efeitos sobre o presente, mormente em fase executiva já adiantada. De mais a mais, urge registrar que, ainda que o feito em óbice não se revestisse de completa autonomia em face da ação anterior de invalidação registral, a suscitação de nulidade processual apena s na fase executiva da presente ação indenizatória, constituiria inequívoca hipótese de nulidade de algibeira, é dizer, aquela que é intencionalmente guardada para alegação em adiantado estágio processual e, justificadamente, rechaçada pela jurisprudência pátria em prol da boa-fé processual e da segurança jurídica.*

## 4. A SOLUÇÃO

O desate não poderia conter perfeição mais adequada do justo, conforme a fundamentação do Relator, Ministro Humberto Martins:

> *No curso dos processos judiciais autuados sob nº 124.02.000237-0 e 124.02.000232-0, Quatro Incorporações Ltda., José Dias de Souza Martins e Maria de Lourdes Alves Dias de Souza disputaram o título de propriedade sobre o imóvel, integrante do Loteamento Boa Esperança, zona suburbana denominada de Jiqui, situado em Natal/RN. Conforme premissas fáticas incontroversas, tal imóvel foi vendido em duplicidade pela Sra. Maria Lacerda a Jose Dias de Souza Martins e Maria de Lourdes Alves Dias de Souza e também a Fernando Luiz Gonçalves Bezerra e Aluisio Augusto Meirelles Bezerra, tendo sido repassado à Ecocil Empresa de Construções Civis Ltda., e, posteriormente, repassado à Quatro Incorporações Ltda. Em demanda já transitada em julgado, foi reconhecida, ao final, a legitimidade do título de propriedade em nome de Jose Dias de Souza Martins e Maria de Lourdes Alves Dias de Souza.*
>
> *De consequência, em razão do trânsito em julgado da referida demanda, José Dias de Souza Martins e Maria de Lourdes Alves Dias de Souza ajuizaram ação indenizatória por enriquecimento ilícito (Processo nº 0800658-92.2011.8.20.0124) contra Fernando Luiz Gonçalves Bezerra, Aluisio Augusto Meirelles Bezerra, Ecocil Empresa de Construções Civis Ltda. e Quatro Incorporações Ltda., sob o argumento de que auferiram lucro ilícito com a venda dos lotes de sua propriedade a terceiros. Foi julgada procedente a demanda indenizatória, confirmada em segunda instância, com consequente condenação na quantia de mais quase 4 milhões de reais.*
>
> *Feito este breve resumo, de plano, impende explicitar uma premissa fático-processual que vai guiar e fundamentar a construção da resolução da presente demanda, qual seja, o alegado litisconsórcio passivo necessário, para efeito de nulidade da presente demanda, que busca indenização por enriquecimento ilícito, já foi debatido, enfrentado e decidido no processo a que diz respeito a demanda de invalidação de registro, a qual, ressalte-se, já transitou em julgado. De consequência, deu-se início ao cumprimento provisório de sentença, que vem sendo debatido no presente recurso especial.*
>
> *Na hipótese em tela, a tese de mérito recursal desenhada pela parte diz respeito à argumentação construída no sentido de necessidade de declaração de nulidade na presente demanda indenizatória em decorrência de suposta falta de formação de litisconsórcio passivo necessário em outra demanda, autônoma, e, repita-se, já transitada em*

*julgado, há mais de uma década, na qual foi rechaçada a tentativa de ampliação litisconsorcial.*

*Vê-se, assim, que a parte recorrente vem pleitear o reconhecimento de eventual nulidade que teria ocorrido em outra demanda judicial, isto é, de plano, constata-se a inoportunidade de pleito de nulidade que não diz respeito à presente demanda, que tem partes, pedidos e causa de pedir próprios e diversos.*

*A coisa julgada produzida na demanda de invalidação de registro apenas proclamou a prevalência do registro de José Dias de Souza com relação a Quatro Incorporações Ltda., não tendo determinado o cancelamento das matrículas anteriores do bem, tanto que o tema de eventual necessidade de citação de terceiros em tal demanda foi discutido, com conclusão no sentido de que não era o caso de formação de litisconsórcio passivo necessário de quem não mais exercia domínio sobre o bem em disputa.*

*A tese litisconsorcial levantada, portanto, diz respeito à demanda de direito real, na qual já foi debatida e decidida, inclusive com trânsito em julgado. Portanto, não se mostra possível aqui na demanda indenizatória, trazer à tona tese referente a outro processo, que já o decidiu e com relação ao qual nem cabe mais recurso, porquanto está coberto pelo manto da coisa julgada.*

*Portanto, a parte recorrente vem, indefinidamente e insistentemente, mais uma vez trazer a tese de litisconsórcio passivo necessário referente a outro processo judicial, que já transitou em julgado, desejando que se reconheça aqui, na presente ação que trata de enriquecimento ilícito, e que tenha consequências jurídico-processuais, uma tese que não prevaleceu na outra demanda, que lá foi rechaçada.*

*Percebe-se, assim, que a parte recorrente pretende construir tese de alegação de querela nullitatis, para ser alegada em qualquer momento processual, inovando recursalmente com a alegação de suposto vício transrescisório, e até em outro processo judicial, para atingir indevidamente demanda judicial já transitada em julgado, inclusive de forma soberana.*

*Ultrapassada tal argumentação no sentido de alegação de nulidade em decorrência de ausência de formação de litisconsórcio passivo necessário em outra demanda autônoma e já transitada em julgado, passo à análise do mérito recursal com relação à condenação em perdas e danos em virtude da ocorrência do enriquecimento ilícito.*

*De plano, afirmo que, no caso em apreço, reanalisar as bases fáticas que fundamentaram o reconhecimento pela instância originária da necessidade de indenização por perdas e danos, segundo a instrução probatória realizada para comprovação do enriquecimento ilícito, significaria realizar indevida incursão no acervo fático-probatório, o que é vedado pelo óbice inserto na Súmula nº 7/STJ.*

*O objeto da presente demanda é outro, não é mais a disputa sobre a quem pertence a titularidade do imóvel, mas sim o enriquecimento ilícito em decorrência de auferimento de lucro ilícito com a venda dos lotes de sua propriedade a terceiros.*

*Outrossim, de toda sorte, não se pode deixar de ressaltar a acertada conclusão do acórdão a quo de aplicação ao caso de óbice à utilização da nulidade de algibeira, que diz respeito à estratégia de não alegar a nulidade logo depois de ela ter ocorrido, mas apenas em um momento posterior, caso não se tenha êxito em teses previamente abordadas. E sua arguição nessa fase processual, e não desde o início da fase de conhecimento, atenta contra a boa-fé processual, não podendo ser albergada pelo Judiciário.*

*As instâncias originárias entenderam, com fulcro nas provas colacionadas aos autos, que houve a conduta ilícita na alienação de um mesmo bem imóvel em duplicidade, que culminou em indevida construção de 38 unidades habitacionais, mas diante da conclusão pela necessidade de manutenção da situação de fato com objetivo de não prejudicar terceiros adquirentes, houve a conversão do direito de propriedade em indenização por perdas e danos. E ressalte-se que analisar meritoriamente o acerto ou não do julgamento do Tribunal a quo levaria à incursão no acervo fático-probatório, o que não é permitido no STJ, conforme teor da Súmula nº 7/STJ.*

*E conforme bem salientado, no acórdão recorrido, a parte recorrente teve oportunidade de realizar o contraditório e a ampla defesa em sua plenitude, com possibilidade fático-jurídica de trazer contra-argumentos com relação aos pressupostos necessários para caracterização da indenização, tendo podido alegar variadas teses para descaracterizar o seu enriquecimento ilícito sem se circunscrever a uma única tese processual que foi alegada e rechaçada em outra demanda judicial autônoma.*

*Nesse sentido, trago à colação o seguinte precedente jurisprudencial sobre a reanálise meritória que ofende o teor da Súmula nº 7/STJ:*

*AGRAVO INTERNO NO AGRAVO EM RECURSO ESPECIAL – AÇÃO CONDENATÓRIA – DECISÃO MONOCRÁTICA QUE NEGOU PROVIMENTO AO RECLAMO. INSURGÊNCIA RECURSAL DA DEMANDADA.*

*1. Violação ao artigo 1.022 do CPC/15 não configurada. Acórdão estadual que enfrentou todos os aspectos essenciais à resolução da controvérsia de forma ampla e fundamentada, sem omissão, contradição ou obscuridade. Consoante entendimento desta Corte, não importa negativa de prestação jurisdicional o acórdão que adota, para a reso-*

*lução da causa, fundamentação suficiente, porém diversa da pretendida pela parte recorrente, decidindo de modo integral a controvérsia posta. Precedentes.*

*2. Para alterar os fundamentos do acórdão acerca da necessidade de produção de outras provas além daquelas acostadas aos autos e a respeito da demonstração dos elementos ensejadores da responsabilidade civil e do dever de indenizar, seria imprescindível a reavaliação do conjunto fáticoprobatório, o que é inviável no âmbito do recurso especial, haja vista o teor da supracitada Súmula 7 do STJ.*

*3. O entendimento deste Sodalício é pacífico no sentido de que o valor estabelecido pelas instâncias ordinárias a título de indenização por danos morais pode ser revisto tão somente nas hipóteses em que a condenação se revelar irrisória ou exorbitante, distanciando-se dos padrões de razoabilidade, que não é o caso dos autos. Incidência da Súmula 7 do STJ.*

*4. A respeito da pretensão recursal com fulcro na alínea "c" do permissivo constitucional, esta Corte de Justiça tem entendimento no sentido de que a incidência do referido óbice impede o exame de dissídio jurisprudencial, na medida em que falta identidade entre os paradigmas apresentados e os fundamentos do acórdão, tendo em vista a situação fática do caso concreto, com base na qual deu solução a causa a Corte de origem.*

*5. Os juros de mora incidem desde a citação nos casos de responsabilidade contratual. Incidência da Súmula 83/STJ. 6. Agravo interno desprovido.*

*(AgInt no AREsp nº 1.684.163/SP, relator Ministro Marco Buzzi, Quarta Turma, julgado em 24/5/2021, DJe de 28/5/2021)*

*Ante o exposto, conheço em parte do recurso especial e, nessa extensão, nego-lhe provimento. É como penso. É como voto.*

## 5. CONCLUSÃO

Vê-se, desde logo, a cautela do Ministro Humberto Martins em robustecer o feito com as informações necessárias ao exame da arguição e a sua sensibilidade em especificar exatamente os dados que entendeu necessários para a solução do feito.

Termino enfatizando o meu orgulho em ter participado de tão merecida homenagem e ponho em destaque a preocupação do magistrado em gerenciar o melhor andamento processual para a eficácia horizontal dos direitos fundamentais.

Parabéns, Ministro HUMBERTO MARTINS!

# A NECESSÁRIA ATUALIZAÇÃO DO CÓDIGO CIVIL NO BRASIL E O PAPEL DO SUPERIOR TRIBUNAL DE JUSTIÇA

*Luis Felipe Salomão*[1]

*Luciano Oliveira de Moraes*[2]



## 1. INTRODUÇÃO

Na mitologia grega, as Moiras eram três irmãs que determinavam o destino dos seres humanos. Elas eram responsáveis por fabricar, tecer e cortar aquilo que seria o fio da vida de todos os indivíduos. De acordo com a lenda, as moiras faziam uso da *roda da fortuna*, utilizado como tear.

Moira, no singular, era o destino. Na *Ilíada*, Homero mencionou uma lei que pairava sobre deuses e homens, pois nem Zeus estava autorizado a transgredi-la sem interferir na harmonia cósmica. Na *Odisseia*, o mesmo autor referiu às fiandeiras, que com as cores de seus fios indicavam os destinos das pessoas.

---

1 Ministro do Superior Tribunal de Justiça e Corregedor Nacional de Justiça. Presidente da Comissão de Juristas responsável pela revisão e atualização do código civil, criada pelo Ato nº 11, de 2023, do Presidente do Senado Federal, Senador Rodrigo Pacheco.

2 Assessor de Ministro e Técnico Judiciário no Superior Tribunal de Justiça. Graduado em Direito pela Universidade Paulista – UNIP. Especialista em Direito Administrativo Contemporâneo e Gestão Pública pelo Centro de Ensino Unificado de Brasília – UniCEUB. Mestre em Direito, Regulação e Políticas Públicas pela Universidade de Brasília – UnB.

Nessa linha, transportada a ideia para a empreitada de reforma e atualização do Código Civil de 2002, quero crer que as Moiras, pelas mãos do Presidente do Senado Federal, Rodrigo Pacheco, escolheram um grupo seleto de juristas e colocaram esta grandiosa tarefa em seus destinos, de tal modo que este trabalho de propor ao Parlamento o texto do projeto de lei representa uma enorme responsabilidade para com a atual e as futuras gerações, dado que o Código Civil é o estatuto do cidadão, a normativa que rege a vida civil na sociedade livre.

## 2. A CONSTRUÇÃO DO CÓDIGO CIVIL BRASILEIRO: A INFLUÊNCIA DO CÓDIGO DE NAPOLEÃO

A forte tendência à codificação do direito, como traço marcante do positivismo que ganhou ímpeto na Europa continental do Século XIX, também exerceu grande influência no Brasil. A ideia era reunir em um único compêndio e de modo sistematizado as normas relacionadas a determinado ramo do direito, pois, como lembrou o professor português Cunha Gonçalves, "uma legislação codificada é, pela força mesma das cousas, mais clara do que uma legislação que não o é; tem o carácter da *cognoscibilidade*, na frase de BENTHAN".[3]

Spencer Vampré, que foi diretor das Arcadas no biênio 1938/1939, defendeu o valor da codificação pela orientação e estímulo à atividade jurídica que proporciona, nestes termos:

> Um codigo é sempre uma bussola no direito de uma nação. Indica um roteiro, uma direcção geral, e compendia as theorias dos juristas, orientando-as na mesma directriz. Dahi vem a sua grande força fertilisadora. Ainda que a codificação não consagre senão o direito preexistente, cumpre não perder de vista que a clareza das regras, e a sua systematisação, concorrem poderosamente para o progresso da cultura juridica. [4]

No que se relaciona ao direito civil, ainda foi mais intenso este movimento, diante do entusiasmo com que o mundo jurídico recebeu o esmerado Código Civil de Napoleão.

---

3 GONÇALVES, Luís da Cunha. *Tratado de direito civil:* em comentário ao Código civil português. Coimbra: Coimbra, 1929, p. 113.

4 In: *Codigo civil brasileiro:* annotado á luz dos documentos parlamentares e da doutrina. São Paulo: Pedro de S. Magalhães Filho e Irmãos, 1917, p. XIX.

O saudoso professor e desembargador Sylvio Capanema de Souza, em artigo muito interessante e bem elaborado, intitulado *O Código Napoleão e sua influência no direito Brasileiro*[5], destaca, para além da personalidade controversa do grande personagem por trás da codificação, o espírito da obra que influenciou o resto do mundo:

> Na solidão dolorida de seu exílio em Santa Helena, mergulhado na depressão do abandono, consciente de seu fim próximo, **Napoleão teria exclamado, premonitoriamente: "Minha verdadeira glória não foi ganhar quarenta batalhas. Waterloo apagará a lembrança de tantas vitórias. Mas o que nada apagará, o que viverá eternamente, é o meu Código Civil."**
>
> E era assim que ele, orgulhosamente, o chamava: "o meu Código Civil", com a certeza profética de que nele se imortalizaria, muito mais que por seus méritos militares e sua obra política e administrativa. Nascido com o nome, mais democrático, de Código Civil dos Franceses, passou a se denominar, a partir de 1807, Código Napoleão, voltando, após o Congresso de Viena, em 1815, a ser conhecido, mais simplificadamente, como Código Civil.
>
> Mas em todo o mundo, especialmente no Novo Mundo, os juristas se mantinham fiéis ao título personalista, até que, por um Decreto de 1852, se restabeleceu, por questão de elementar justiça, o nome oficial de Código Napoleão, em unânime homenagem ao seu idealizador e artífice.
>
> Embora já investido de suas enormes responsabilidades, como 1° Cônsul, Bonaparte não se limitou, como muitos imaginam, a ordenar a elaboração de um Código Civil, que pudesse unificar o direito até então fragmentado dos franceses.
>
> **Das 102 sessões da Comissão de Legislação do Conselho de Estado, a quem encarregou de elaborar o Projeto, no espantoso prazo de seis meses, Napoleão presidiu 57, participando, ativamente das discussões e imprimindo o selo de sua personalidade.**
>
> Concluído o projeto, não nos seis meses concedidos, mas apenas em três, muitos dos seus acertos, e também de seus defeitos e imprecisões técnicas, se devem à influência direta de Napoleão, que se igualava, nos debates jurídicos, aos demais Conselheiros, muitas vezes lhes impondo sua opinião.

5 In: *Revista da Escola da Magistratura do Estado do Rio de Janeiro, Rio de Janeiro*, v. 7, nº 26, p. 37-39, abr.-jun. 2004.

Estadista intuitivo, logo percebeu Napoleão que a variedade e instabilidade dos regimes jurídicos vigentes na França, enfraqueceria o Estado que já sonhava plasmar, com a energia de sua personalidade.

Dividida estava a França entre o país do direito costumeiro, ao norte, em que cada Província se regia por costume próprio, e o do direito escrito, ao sul, onde predominava o direito romano.

Misturavam-se, em verdadeiro cipoal legislativo, os antigos costumes germânicos, o direito romano, os dogmas do cristianismo e, ainda, as lembranças do direito feudal, marcantemente territorialista.

A Revolução buscou a unidade, fundada na idéia de igualdade civil. Como observou Saleilles, citado em magistral conferência do Des. Oscar Tenório, quando se comemorou o bi-centenário de nascimento do Corso, o Código Napoleão, fruto destas tendências, exprimia uma doutrina filosófica, política e jurídica. A primeira, fundada no princípio segundo o qual o homem tem, desde o nascimento, direitos inerentes a sua própria individualidade, direitos que derivam da natureza.

A segunda, política, consagra a democracia, com a prevalência da vontade coletiva, enquanto que a terceira, jurídica, é relativa à lei, sua aplicação temporal e territorial e seus métodos de interpretação.

**A comissão, nomeada por Napoleão, já exprimia o desejo conciliador da unidade. Tronchet, Presidente da Cour de Cassation, antigo e respeitado processualista e Bigot de Préameneu, Comissário do Governo junto àquela Corte, representavam o Norte, onde imperava o direito costumeiro, enquanto Portalis, do Tribunal de Presas e Malleville, Juiz da Cour de Cassation lutavam pela prevalência do direito escrito, de inspiração romanística.**

**Era uma espécie de "reunião dos contrários", como observou, com lucidez, Savatier, da qual emergiu o Código, promulgado em 21 de março de 1804.**

No Discurso Preliminar sobre o Projeto, que embora assinado pelos quatro membros da Comissão, se atribui exclusivamente a Portalis, se afirmava que **"o legislador não deve perder de vista que as leis são elaboradas para os homens, e não os homens para as leis e que estas devem ser adaptadas ao caráter, aos hábitos, à situação do povo, para o qual elas se destinam."**

Sobre a filosofia do Código Napoleão, duas correntes se formaram, sustentando uma, liderada por Duguit, que o seu caráter é puramente individualista, repousando o seu sistema na concepção metafísica do direito subjetivo, enquanto que a outra, com Bonnecase à frente, sustenta que a filosofia do Código é experimental, fruto do meio social. Mas é evidente que sendo Napoleão um filho da Revolução Francesa, o seu Código teria que refletir seus ideais, neles se inspirando.

Vinculado à declaração dos Direitos do Homem, todo o Código repousa numa concepção puramente individualista, o que influenciou todo o direito do Século XIX, inclusive o nosso.

## 3. A ATUAÇÃO DE TEIXEIRA DE FREITAS NO IMPÉRIO

No caso da codificação brasileira, como explica Vampré, 31 anos após a Constituição Imperial de 25 de março de 1824, "resolveu o Governo do Imperio contractar, em 15 de Fevereiro de 1855, com Augusto Teixeira de Freitas, notavel advogado do Rio de Janeiro, a consolidação do nosso direito civil, isto é, a reducção das Ordenações Filippinas, e de todas as leis vigentes posteriores, a artigos claros e simples, dispostos de accordo com os principios scientificos mais modernos".[6]

O renomado jurisconsulto baiano concluiu a *Consolidação das leis civis* em 1857, a qual é descrita por Pontes de Miranda como "ampla, erudita, fiel, em que se casam o espírito de organização e a técnica codificadora, de modo a constituir admirável construção, com os mais esparsos e infirmes elementos legislativos então vigentes e oriundos de 1603 a 1857".[7]

De fato, a comissão constituída por três membros – o Visconde do Uruguay, o Conselheiro José Thomaz Nabuco de Araújo e o advogado Caetano Alberto Soares – aprovou o trabalho em parecer de 4 de dezembro de 1858, assim se pronunciando, como anota Vampré [8]:

> «A commissão considera a «Consolidação» digna da approvação, sinão do louvor do Governo Imperial, pela fidelidade e clareza do texto, pela illustração das notas respectivas, as quaes a fundamentam, e, ao mesmo passo, a regeneram dos erros e abusos da praxe; sendo que dest›arte a «Consolidação», além do fim especial a que se destina, presta um serviço importante ao fôro, desvairado pela incerteza e diversidade de opiniões, as quaes, no vasio do direito

6 VAMPRÉ, Spencer. *Codigo civil brasileiro:* annotado á luz dos documentos parlamentares e da doutrina. São Paulo: Pedro de S. Magalhães Filho e Irmãos, 1917, p. IX.

7 MIRANDA, Pontes de. *Fontes e evolução do direito civil brasileiro.* Rio de Janeiro, Forense, 1981, p. 80.

8 Op. cit., p. X.

> patrio, acham largas para o arbitrio, adaptando muitas vezes como subsidiarias, por supposta omissão de nossas leis, disposições que lhe são contrarias.
>
> A «Introducção», que precede a «Consolidação», é um bello epilogo do Direito Civil ; historica e profunda quanto ao futuro, ou «de constituendo», brilha e domina nella um pensamento capital, e vem a ser a differença dos direitos pessoaes e reaes; differença que, na phrase bem cabida de que o autor se serve, é a chave de todas as relações civis.»

A *Consolidação das leis civis* foi publicada em três edições: a primeira em 1858, edição oficial do Império; a segunda em 1865, impressa à custa de Teixeira de Freitas com autorização do Governo – "acto de 12 de Janeiro de 1859" –; e a terceira em 1876, autorizada por "acto de 30 de Agosto de 1875", também impressa à custa do autor.[9]

A reunião das leis civis do Brasil numa única obra foi um marco importante para a elaboração de um código civil.

Ferreira Coelho registra que, em 1869, o Conselheiro José de Alencar disse à Assembleia Geral Legislativa que "para satisfazer desde logo ao preceito constitucional, entendia que o melhor alvitre era, tomando por base a CONSOLIDAÇÃO DAS LEIS CIVIS, completar o trabalho com alguns desenvolvimentos indispensaveis e rever o methodo, e assim organisar-se-hia um projecto de Codigo Civil adaptado ás nossas circumstancias".[10]

Assim, após a primeira edição da *Consolidação*, o Decreto nº 2318 de 22 de dezembro de 1858 autorizou José Thomaz Nabuco de Araújo, "então Ministro e Secretario de Estado dos Negocios da Justiça, que contractasse, com um jurisconsulto de sua escolha, a confecção de um projecto de Codigo Civil, que, uma vez concluido, seria examinado por uma commissão de sete jurisconsultos da Côrte e do Imperio, sob a presidencia de um dos Conselheiros de Estado".

O jurisconsulto escolhido foi Teixeira de Freitas, na forma de contrato de 10 de janeiro de 1859, aprovado pelo Decreto nº 2337 de 11 de

9 COELHO, A. Ferreira. Codigo civil dos Estados Unidos do Brasil: comparado, commentado e analysado. Rio de Janeiro: Officinas Graphicas do "Jornal do Brasil", 1920, p. 255.

10 Op. cit., p. 255.

janeiro de 1859[11]; o termo final para a apresentação do anteprojeto de código civil, conforme a Cláusula 3ª da avença, era 31 de dezembro de 1861, que veio a ser posteriormente prorrogado para 30 de junho de 1864.[12]

Teixeira de Freitas, com o modesto título "Código Civil - Esboço", apresentou diversos fascículos entre 1860 e 1865, posteriormente reunidos em 2 Tomos, tendo publicado ao final 4.908 artigos; somados, ainda escrevera mais de 200 outros dispositivos em manuscritos. "**Infelizmente, assim disperso**", como aponta Haroldo Valladão, "**o «Esboço» não teve, qual se impunha, devida apreciação no Brasil**".[13]

Valladão prossegue expondo que, no decorrer dos trabalhos, Teixeira de Freitas se convenceu pela necessidade de alterar o rumo de toda a obra, para "em vez de um Código Civil, fazer um Código Geral, dominando a legislação inteira, com definições, regras sobre a publicação, interpretação e aplicação das leis, e a Parte Geral do «Esboço», pessoas, coisas e fatos e um Código Civil, unificando o Direito Civil e Comercial, com a divisão que vinha da Consolidação".[14]

Neste escorço histórico, mister consignar o esclarecimento certeiro de Vampré "[o] esforço demasiado, as vigílias excessivas, as resistencias que encontrava a sua nova idéa de refundir todo o trabalho para numa parte geral unificar os princípios communs do direito commercial e civil, teriam levado a esse tragico fim o mais illustre dos nossos jurisconsultos".[15]

Essa nova ideia do jurisconsulto, em que pese ter sido aceita pelo Conselho de Estado em 1868, foi repudiada pelo Governo, culminando na rescisão do contrato em 1872.

É bem de ver, no entanto, que o "Esboço" de código civil elaborado por Teixeira de Freitas serviu de fonte para partes do código civil argen-

11 VAMPRÉ, Spencer. *Codigo civil brasileiro:* annotado á luz dos documentos parlamentares e da doutrina. São Paulo: Pedro de S. Magalhães Filho e Irmãos, 1917, p. XI.

12 COELHO, A. Ferreira. Codigo civil dos Estados Unidos do Brasil: comparado, commentado e analysado. Rio de Janeiro: Officinas Graphicas do "Jornal do Brasil", 1920, p. 260, 264.

13 In: Teixeira de Freitas, o Jurista Excelso do Brasil e da América. *Revista do Instituto dos Advogados Brasileiros*, Rio de Janeiro, Ano XVII, nº 61, p. 98, 2º semestre de 1983.

14 Op. cit., p. 99.

15 Op. cit., p. XII.

tino, confiado desde 1864 a Dalmacio Vélez Sársfield, o qual afirmou, em carta de 21 de julho de 1865, que "se servira «sobretodo de proyecto dei Código Civil que está trabajando para el Brasil el Señor Freitas, dei que he tomado muchisimos artículos»". Com efeito, o jurista argentino Lisandro Sigovia afirmou que um terço dos artigos do Código Civil argentino - cerca de 1.000 - vieram do "Esboço" de Teixeira de Freitas. A influência do trabalho do jurisconsulto baiano também é vista no Uruguai, Paraguai - que adotou o código argentino -, Chile, Equador e Nicarágua.[16]

Uma vez rescindido o contrato com Teixeira de Freitas, o Decreto nº 5164 de 11 de setembro de 1872 aprovou o contrato entre o Governo e José Thomaz Nabuco de Araújo para a redação de projeto de código civil no prazo de três anos. O trabalho logrou reunir tão somente 118 artigos do título preliminar e 182 da Parte Geral; os *Apontamentos* apresentados por Felício dos Santos em 1881 - seguido de *Projeto de Código Civil* -, também não avançaram pois, cogitada pelo Império e nomeada Comissão de sete membros 1889, sobreveio a República que a dissolveu.[17]

## 4. CLÓVIS E O CÓDIGO CIVIL DE 1916

Em 1899, sob a presidência de Campos Salles, deu-se início ao projeto que resultou no primeiro código civil do Brasil, tendo Epitacio Pessoa, Ministro da Justiça, confiado o trabalho ao professor da tradicional faculdade de Recife, Clóvis Bevilaqua. O projeto foi entregue em novembro de 1899, precedido de uma exposição de motivos.

Após a abertura de prazo de seis meses para emendas e observações por parte de faculdades de Direito, jurisconsultos, tribunais estaduais e federais, bem como cidadãos, a Câmara dos Deputados constituiu Comissão de 21 membros, que dividiram os trabalhos em relatorias parciais, e convidar o Ministro da Justiça e outros juristas - Clovis Bevilaqua, Coelho Rodrigues, Andrade Figueira, Manuel F. Corrêa, Bandeira de Mello, Amaro Cavalcanti, Didimo da Veiga, Coelho e Campos, Alencar Araripe, Sergio Loreto, Fabio Leal, Villela dos Santos, Salvador Moniz, Solidonio Leite, Cunha Vasconcellos, Torres Camara, Nestor Meira, dentre outros - para participarem das discussões e apresentarem emendas, sem direito a voto.

16 Op. cit., p. 100-102.

17 MIRANDA, Pontes de. *Fontes e evolução do direito civil brasileiro.* Rio de Janeiro, Forense, 1981, p. 80-82.

O relatório de Sylvio Roméro foi apresentado em 26 de janeiro de 1902, em nome da Comissão dos 21, tendo sido enumerados 49 "pontos cardeais do projecto". Em razão da impossibilidade de se concluir as deliberações no curso da sessão ordinária, foi necessário reunir o Congresso em sessão extraordinária em março daquele ano.

Finalizada a etapa na Câmara com a votação das emendas e concluída a redação, seguiu o projeto ao Senado, que foi apreciado por Comissão composta por Gomes de Castro, Benedicto Leite, Bernardo de Mendonça Sobrinho, Martins Torres, Segismundo Gonçalves, Ruy Barbosa, Antonio Azeredo, Leopoldo de Bulhões, Manuel de Queiroz, Martinho Garcez, Gonçalves Chaves, Feliciano Penna, Coelho e Campos, Joaquim de Souza, J. M. Metello, Ferreira Chaves, e Bernardino de Campos. Passaram a fazer parte da Comissão, Francisco Glycerio, Justo Chermont, Vaz de Mello, Rosa e Silva, Euclides Maia, Basilio da Luz e João Pinheiro por terem se retirado Ferreira Chaves, Manuel de Queiroz, Bernardino de Campos, Gonçalves Chaves, Leopoldo de Bulhões e Martinho Garcez.

O presidente e relator na Comissão, Ruy Barbosa, apresentou o Parecer de 3 de abril de 1902, apontando emendas à linguagem dos dispositivos no projeto – um verdadeiro substitutivo à redação.

Vampré descreve o clima que se instalou na Comissão, nestes termos:

> As criticas, sempre elevadas, mas por vezes amargas do «Parecer», passaram como uma rajada sobre a cabeça dos principaes cooperadores do Projecto.
>
> Em excursão ao Norte, J. J. Seabra submettera-o já adoptado pela Commissao Especial do Senado, e estampada no «Diario do Congresso», á revisão grammatical do dr. Ernesto Carneiro Ribeiro, lente jubilado do Gymnasio da Bahia autor de notaveis trabalhos philologicos, que fôra mestre de Ruy Barbosa. Era natural que sahisse em defesa de sua revisão o ilustrado professor bahiano, e, digno é dizer-se, para gloria nossa, os dois possantes adversarios estiveram na altura um do outro.
>
> O «Parecer» de Ruy Barbosa, as «Ligeiras Observações» de Carneiro Ribeiro, a «Réplica» daquelle, e a «Redacção do Projecto_ do Codigo Civil» deste ultimo, assignalaram, nos nossos annaes liguisticos, o facto mais memoravel de que temos noticia.
>
> Não conhecemos de outra polemica sobre a língua portugueza, em que o prestigio dos contendores, a somma colossal de erudição de ambos, o talento nas investidas, a irreductibilidade nas derrotas, a variedade das questões, tão alto puzessem o amor da lingua.

O projeto ficou sob os cuidados dessa primeira comissão até 30 de maio de 1908, tendo sido nomeada uma segunda comissão, dissolvida por força regimental em 12 de maio de 1909. Nova comissão foi constituída, sendo integrada inicialmente por Ruy Barbosa, Francisco Glycerio, Feliciano Penna, Oliveira Figueiredo, Coelho e Campos, Urbano dos Santos, Muniz Freire, J. M. Metello, Thomaz Accioly, João Luiz Alves, Severino Vieira, Segismundo Gonçalves e Alencar Guimarães. Com a saída de Victorino Monteiro, Antonio Azeredo, Francisco Salles e Meira e Sá, foram substituídos por Cassiano do Nascimento Sá Freire, Bueno de Paiva e Tavares de Lyra.

O senador João Luiz Alves, em 2 de agosto de 1911, apresentou projeto de lei propondo a aprovação do texto adotado pela Câmara dos Deputados no mesmo ano, e autorizando o Governo a nomear juristas para apresentarem emendas e aprimoramentos. Contudo, em 13 de novembro de 1911, o projeto do código foi incluído na ordem do dia sem parecer da comissão e aprovado em segunda leitura.

Uma quarta comissão foi nomeada no Senado, composta por Ruy Barbosa, Francisco Glycerio, Coelho e Campos, Sá Freire (relator), J. M. Metello, Segismundo Gonçalves, Cassiano do Nascimento, Thomaz Accioly, Moniz Freire, Antonio Azeredo, Bueno de Paiva, Tavares de Lyra, Feliciano Penna (presidente), Alencar Guimarães, João Luiz Alves, Mendes de Almeida (relator) e Urbano dos Santos. A quase totalidade das emendas de Ruy Barbosa foram aceitas. Os debates foram suspensos em 2 de outubro de 1912 para que fosse emitido parecer sobre as emendas e, reaberta a discussão, apenas Ruy Barbosa falou antes da votação.

Após inúmeras vicissitudes, retornando à Câmara dos Deputados para análise das mais de 1.700 emendas, o presidente Sabino Barroso nomeou comissão especial 31 de dezembro de 1912, a qual ofereceu parecer em 2 de abril de 1913, que entrou imediatamente em discussão. O debate não foi concluído no curso das sessões extraordinária e ordinária daquele ano e, adentrando no ano de 1914, não se deu andamento e saiu da ordem do dia, retornando apenas em 1º de julho de 1915. Foram rejeitadas 94 emendas do Senado, fazendo necessário o retorno à Casa Alta para que se manifestasse pela manutenção ou rejeição dessas emendas.

Deveras, com a volta ao Senado em 22 de julho de 1915, a comissão especial nomeada manteve, em parecer apresentado poucos dias depois, apenas 24 emendas das 94 que foram rejeitadas pela Câmara, que, no retorno do projeto, rejeitou 9 emendas.

As duas Casas legislativas reuniram comissões especiais para a redação definitiva do projeto, que foi sancionado em 1º de janeiro de 1916 pelo Presidente da República Wenceslão Braz – Lei nº 3.071.[18]

Na elaboração daquele que seria o primeiro estatuto da vida civil brasileira, a sociologia jurídica identificou vários fatores sociais que agiram na formação das normas legais, "tal como a agulha magnética sob a ação de uma corrente elétrica".[19]

Pontes de Miranda e Sérgio Cavalieri Filho mencionam, dentre alguns, religião, moral, arte, ciência, direito, política e economia.[20]

A *religião* foi preponderante para o código civil de 1916 não estabelecer a possibilidade de divórcio, sobrevindo no ordenamento brasileiro mais de 60 anos depois, com a edição da Lei nº 6.515, de 26 de dezembro de 1977.

A disciplina legal da propriedade em países capitalistas – oposta à de países comunistas – é resultado da influência *política*.

A disposição contida no art. 1.262 do código civil de 1916, que permitia a livre pactuação da taxa de juros e regime de capitalização, era resultado da liberdade na *economia* – pensamento predominante na época, que rejeitava as restrições à usura e ao anatocismo.[21] Os princípios da autonomia de vontade e liberdade das partes contratantes – e o *pacta sunt servanda* – estavam no apogeu.

A jurisprudência em torno do Código Civil de 1916 foi sendo forjada sobretudo pelos tribunais estaduais e pelo antigo TRF, porquanto a matéria de direito privado quase não tinha previsão no texto constitucional e eram poucos os temas que subiam para apreciação do Supremo, pela via do recurso extraordinário.

18 VAMPRÉ, Spencer. *Codigo civil brasileiro:* annotado á luz dos documentos parlamentares e da doutrina. São Paulo: Pedro de S. Magalhães Filho e Irmãos, 1917, p. XVIII-XXVIII.

19 CAVALIERI FILHO, Sergio. *Programa de sociologia jurídica.* São Paulo: Atlas, 2019, p. 29.

20 MIRANDA, Pontes de. *Fontes e evolução do direito civil brasileiro.* Rio de Janeiro, Forense, 1981, p. 4.

21 ALVES, João Luiz. *Codigo civil da Republica dos Estados Unidos do Brasil.* Promulgado pela Lei nº 3071, de 1 de janeiro de 1916. Annotado pelo Doutor João Luiz Alves. 1ª ed. Rio de Janeiro, F. Briguiet e Cia, Editores- Livreiros, 1917.

## 5. O CÓDIGO REALE DE 2002

Depois da edição do código civil de 1916, muitos eventos internos e externos provocaram relevantes transformações na ordem social brasileira ao longo do Século XX, com destaque para a crise de 1929, deflagrada com a quebra da bolsa de valores de Nova Iorque e o irrompimento da Segunda Guerra Mundial a partir de 1939.

As normas legais estabelecidas para a sociedade de 1916 já não se mostravam adequadas 40 anos depois da edição do código civil, como, por exemplo, prazos prescricionais excessivamente longos. "A vida corre célere, – mais ainda na era da máquina", já afirmava o mestre alagoano em 1955.[22] Com essa mesma eloquência, San Tiago Dantas, nas magistrais aulas proferidas na Faculdade Nacional de Direito na década de 1940, ensinava que "nada é mais flexível que o direito, o direito acompanha as transformações da realidade, a vida jurídica é um perpétuo dinamismo".[23] Nessa mesma linha, o civilista português Cunha Gonçalves admoestava que "o direito objectivo não pode permanecer sempre idêntico e immutável em todas as suas disposições, antes evoluciona no decurso dos tempos, conforme as necessidades e as idéas novas que vão surgindo".[24]

Em razão da necessidade de atualização do estatuto civil de 1916, foi criada, em maio de 1969, a "Comissão Revisora e Elaboradora do Código Civil", com sete membros, integrada pelos juristas Miguel Reale – supervisor –, José Carlos Moreira Alves, Agostinho de Arruda Alvim, Sylvio Marcondes, Ebert Chamoun, Clovis do Couto e Silva, e Torquato Castro.

Após vários meses de pesquisas e reuniões, essa Comissão entregou ao então Ministro da Justiça, Alfredo Buzaid, o primeiro texto, que foi publicado em 7 de agosto de 1972, permitindo, assim, a manifestação de corporações jurídicas, tribunais, instituições, universidades, entidades representativas de classe. A par do material oferecido, a Comissão publicou a segunda versão do anteprojeto em 18 de junho de 1974, que também atraiu novas contribuições dos mais diversos setores da sociedade.

---

22 MIRANDA, Pontes de. *Tratado de direito privado.* Tomo 6. Campinas: Bookseller, 1955, p. 101

23 DANTAS, San Tiago. *Programa de direito civil:* aulas proferidas na Faculdade Nacional de Direito [1942-1945]. Rio de Janeiro: Rio, 1977, p. 30.

24 GONÇALVES, Luís da Cunha. *Tratado de direito civil:* em comentário ao Código civil português. Coimbra: Coimbra, 1929, p. 107.

Na Mensagem nº 160, enviada ao Congresso Nacional em junho de 1975, Armando Falcão, Ministro da Justiça, enfatizou a necessidade da reforma do estatuto civil brasileiro, considerando que o Código Civil de 1916 sublimava "princípios individualistas que não mais se harmonizavam com as aspirações do mundo contemporâneo", sobretudo no que diz respeito às atividades das empresas, a organização da família, o uso da propriedade e o direito das sucessões.

Duas interessantes diretrizes seguidas pela Comissão, como ressaltou o jurista supervisor Miguel Reale, foram a de promover a revisão do código civil de 1916 "dada a sua falta de correlação com a sociedade contemporânea e as mais significativas conquistas da Ciência do Direito", e a orientação de "somente inserir no Código matéria já consolidada ou com relevante grau de experiência crítica".[25]

O propósito não era "a de fazer uma revolução ou de solucionar todos os problemas do Brasil com um novo Código, mas de dotar o ordenamento com um instrumento normativo que fosse ao mesmo tempo aberto às mudanças, e um conjunto de regras que representasse 'a constituição do homem comum'".[26]

O novo código civil estaria calcado, na concepção da Comissão, em três princípios fundamentais: ***eticidade***, com referências frequentes à probidade e boa-fé e uso de normas genéricas ou cláusulas gerais; ***sociabilidade***, para superar o viés eminentemente individualista do vetusto código para outro predominantemente social – como se vê no regramento da natureza social da posse e redução do prazo prescricional de usucapião em algumas situações –; e ***operabilidade***, mediante a apresentação de proposições capazes de facilitar a interpretação e aplicação.

A Câmara dos Deputados constituiu Comissão Especial, presidida então pelo Deputado Tancredo Neves, e aprovou o projeto do código civil em 1984 (Projeto de Lei nº 634/1975); o texto contava com cerca de 2.100 artigos e foram debatidas 1.063 emendas apresentadas pelos parlamentares.

A proposta não avançou no Senado Federal em razão do ambiente político do País, caracterizado pelo fim do regime militar, bem como da

25 FERREIRA, Aparecido Hernani [org.]. *O novo código civil:* discutido por juristas brasileiros. Campinas: Bookseller, 2003, p. 48.

26 MARTINS-COSTA, Judith; BRANCO, Gerson. *Diretrizes teóricas do novo Código civil brasileiro.* São Paulo: Saraiva, 2002, p. 45, 46.

formação da Assembleia Nacional Constituinte que culminou na promulgação da atual Carta da República em 5 de outubro de 1988.

Miguel Reale afirmou que a Constituição Cidadã, em alguns temas, "não fez senão confirmar o 'sentido social' que presidiu a feitura do projeto, pouco ou nada havendo a modificar".[27]

O projeto foi remetido ao Senado em 1984, contando com Comissão Especial sob a presidência de Nelson Carneiro. Em 1989, a Comissão foi reinstalada com novos integrantes, chegando a ser arquivado o projeto e depois desarquivado em 1991.Em novembro de 1997, o então Relator Geral Josaphat Marinho apresentou o parecer final, com mais 127 emendas de sua autoria. O projeto foi então aprovado por Comissão Especial do Senado Federal em novembro de 1997 (Projeto de Lei nº 118/1984), com o acolhimento de 332 emendas no total. Aprovada a redação final em sessão plenária de 12 de dezembro de 1997, o texto retornou para a Câmara dos Deputados para nova apreciação.

Até esse momento, o projeto do novo código civil já tramitava pelo Parlamento há mais de 22 anos.

O deputado federal Ricardo Fiuza, relator do projeto na Câmara dos Deputados, ao perceber que a missão para a qual fora designado estaria limitada a aprovar ou rejeitar as emendas do Senado Federal, trabalhou com as assessorias técnicas das Mesas das duas Casas Legislativas e os respectivos Presidentes, resultando na aprovação da Resolução CN nº 1/2000, que alterou a Resolução CN nº 1/70, dispondo sobre o regimento interno comum do Congresso Nacional.

Diante do longo tempo decorrido na tramitação do projeto, a alteração regimental permitiria à Casa legislativa – responsável pelo envio de projeto de código com tramitação superior a três legislaturas para sanção presidencial após aprovação –, promover as atualizações necessárias no texto decorrentes de alterações legais aprovadas durante a tramitação legislativa.[28] Essa mudança permitiu a adequação de inúmeros artigos com as disposições da Constituição da República promulgada em 1988.

A discussão, na Câmara dos Deputados, estendeu-se até dezembro de 2001, quando foi aprovada a redação final do projeto e, em seguida, enviado à sanção presidencial.

---

27 FERREIRA, Aparecido Hernani [org.]. *O novo código civil:* discutido por juristas brasileiros. Campinas: Bookseller, 2003, p. 28.

28 FIUZA, Ricardo (Coord.). *Novo código civil comentado.* São Paulo: Saraiva, 2003, p. XI-XII.

Em janeiro de 2002 foi sancionado o novo Código Civil (CC) brasileiro, que entrou em vigor em 11 de janeiro de 2003, sendo que a Comissão de Juristas que elaborou o projeto original foi criada em maio de 1969 e a análise do texto pelo parlamento teve início em 1975.[29]

Inúmeras foram as modificações empreendidas no sistema de direito privado no nosso país. Entre outras mudanças que refletiram as transformações sociais entre 1916 e 2002, a maioridade civil passou de vinte e um para dezoito anos, houve um passo em direção a unificação no tema das obrigações civis e comerciais, mudanças substanciais na forma das empresas, no direito das coisas, da família e das sucessões, como detalhou o então senador Josaphat Marinho (1915-2002), relator do texto no Senado, na obra O Projeto de Novo Código Civil[30].

Desde 2003, o Código já foi alterado por outras 53 normas, segundo estatística do Portal normas.leg.br.

## 6. A ONDA ATUAL E NECESSÁRIA PARA ATUALIZAÇÃO E REVISÃO DAS LEGISLAÇÕES CIVIS NO BRASIL E NO MUNDO

Em que pese todos os avanços do Código Civil de 2002 – Lei nº 10.406, de 10 de janeiro de 2002 –, houve as mais intensas mudanças na sociedade brasileira experimentadas ao longo do Século XX, desde novos modelos negociais e contratuais, passando pela engenharia genética, aos novos arranjos familiares e o impacto no plano sucessório.

As alterações legislativas implementadas simplesmente não conseguiram suprir em tempo hábil todas as necessidades dos segmentos sociais, políticos e econômicos em constante evolução.

Essas transformações na sociedade foram catalisadas pela expansão do acesso à *internet*, no início do Século XXI, que modificou profundamente as relações interpessoais, o trabalho, os negócios, o lazer, a educação, o acesso e a difusão da informação.

Os novos meios telemáticos – *smartphones* e *tablets* – proporcionam a comunicação em tempo real para a ampla maioria das pessoas, algo

29 Sobre a tramitação legislativa do Código Civil de 2002 e as substanciais mudanças empreendidas no texto, importante conferir Edilenice Passos João Alberto de Oliveira Lima, Memória Legislativa do Código Civil. Disponível em: https://www.senado.leg.br/publicacoes/mlcc/pdf/mlcc_v1_ed1.pdf. Acesso em: 10 jan. 2024.

30 Revista de Informação Legislativa, nº 146 (abril/junho de 2000)

inimaginável há 20 anos, época em que os computadores ligados à rede mundial eram grandes e inacessíveis para a maior parcela da população.

Além disso, algumas tragédias marcaram o passado recente da sociedade mundial, que passou a exibir uma evolução diferente da então conhecida pela humanidade. Podem ser citados os atentados e guerras, as mudanças climáticas com reflexos no fluxo e migração de pessoas, os testes nucleares, o avanço de alguns regimes populistas e autoritários com impacto direto na forma de comunicação e difusão de notícias, e por fim, a pandemia da Covid-19.

Por outro lado, a pauta da igualdade real entre todos os seres humanos, da justiça social e dos direitos fundamentais efetivamente se implantou neste Século XXI.

A estrutura da sociedade *digital* não é mais compatível com as regras do modo *analógico*. Aqueles que idealizaram e aprovaram o atual Código Civil não poderiam prever tantos avanços que também demandariam a necessária regulação normativa neste interregno.

Outros países também sentiram a necessidade de reforma e atualização do código civil e legislação de direito privado, por força de tais alterações.

No continente europeu, por exemplo, a edição do Regulamento Geral sobre a Proteção de Dados (RGPD), por meio do Regulamento (UE) 2016/679 introduziu significativas normas relacionadas à proteção das pessoas no que diz respeito ao tratamento de dados pessoais e à livre circulação desses dados na atividade comercial.[31] O regramento protetivo é obrigatório para órgãos governamentais e companhias que processam dados pessoais em larga escala.

Outra importante norma recentemente editada pela União Europeia para estabelecer balizas – sobretudo nas redes sociais – é o Regulamento (UE) 2022/2065 do Parlamento Europeu e do Conselho, de 19 de outubro de 2022, mais conhecido como Regulamento dos Serviços Digitais (RSD), o qual visa assegurar a proteção dos direitos fundamentais, com especial foco na liberdade de expressão e de informação.[32] Nos termos do artigo 93º, item 2, o regulamento será aplicável em sua plenitude a partir de 17 de fevereiro de 2024.

31 Disponível em: https://eur-lex.europa.eu/legal-content/PT/TXT/?uri=celex%3A32016R0679. Acesso em: 15 jan. 2024.

32 Disponível em: https://eur-lex.europa.eu/legal-content/PT/TXT/?uri=CELEX%3A32022R2065. Acesso em: 15 jan. 2024.

Dentre tantas legislações que vêm sendo atualizadas pelo mundo afora, ainda outros dois exemplos significativos precisam ser mencionados.

Na Argentina, constituiu-se comissão em 8 de outubro de 2014 para a elaboração de projeto de novo código civil, integrada pelos Ministros da Suprema Corte Argentina Ricardo Luis Lorenzetti – presidente –, Elena Highton de Nolasco, e pela professora Aída Kemelmajer de Carlucci. Em resultado dos trabalhos da comissão e da atividade parlamentar, foi sancionado em 8 de outubro de 2014 o "Codigo Civil y Comercial de la Nacion" (Ley 26.994/2014), dando fim a mais de 143 anos de vigência do Código Sarsfield.

A França, por meio da *Ordonnance* nº 2016-131, de 10/2/2016 [33], promoveu mais de 500 alterações no direito contratual, no regime geral e da prova das obrigações – regras então inalteradas por mais de dois séculos. No comunicado emitido pelo Conselho de Ministros[34], percebe-se claramente a intenção de prover a sociedade com normas adaptadas a realidades destes tempos, como se vê no seguinte trecho – em tradução livre:

> O objetivo é renovar sem perturbar, para que a lei esteja mais adaptada às necessidades práticas dos indivíduos e das empresas. Originários do Código Napoleônico, os textos relativos ao direito das obrigações permaneceram essencialmente inalterados durante dois séculos. Eles não eram mais adequados para a sociedade e precisavam ser reformados. Para tal, o Ministério da Justiça, com base numa autorização resultante da lei de 16 de fevereiro de 2015, elaborou um anteprojeto de despacho, que foi posteriormente submetido a consulta pública na *Internet* de 28 de fevereiro a 30 de abril, 2015, que se revelou particularmente eficaz. Fruto de uma dinâmica construtiva que reúne teóricos e profissionais do direito e dos negócios para desenvolver uma ferramenta conceitualmente sólida e concretamente eficaz, a portaria constitui assim um texto coerente capaz de atender às expectativas de todas as partes interessadas, oferecendo-lhes uma solução segura, eficaz, ao mesmo tempo, direi-

33 *Ordonnance nº 2016-131 du 10 février 2016 portant réforme du droit des contrats, du régime général et de la preuve des obligations.* Disponível em: https://www.legifrance.gouv.fr/download/pdf?id=uNpE2icpAZrhs7GxvVHBoeNldSv3V6deoj07JYZtOrw=. Acesso em: 10 jan. 2024.

34 Disponível em: https://www.legifrance.gouv.fr/dossierlegislatif/JORFDOLE000032036173/. Acesso em: 10 jan. 2024.

> to protetor. Perseguindo o objetivo de valor constitucional de acessibilidade e inteligibilidade do Estado de Direito, o texto estabelece e codifica inúmeras soluções jurisprudenciais, tornando o direito mais previsível para todos. Todos poderão agora, através da leitura do código, compreender todas as etapas da vida de um contrato, desde a sua formação até à sua execução.

No mesmo comunicado, o Conselho de Ministros francês indicou a intenção de prosseguir nas reformas do Código Civil, sobretudo na responsabilidade civil, como se vê nesta passagem – em tradução livre:

> No entanto, esta reforma é apenas um primeiro passo. Para completar o projeto de modernização do direito das obrigações, o Governo, tal como anunciou o Presidente da República no dia 5 de fevereiro, começará em breve a reformar a lei da responsabilidade civil, que hoje assenta essencialmente em cinco artigos inalterados desde 1804. A previsibilidade essencial destas regras, que todos concordam que deve ser reescrita, as fortes expectativas relativas à renovação da lei de danos pessoais, bem como o amplo consenso sobre a necessidade de reformar esta matéria, no entanto, não podem obscurecer a sensibilidade da economia e questões sociais envolvidas. É por isso que a Chancelaria irá submeter o anteprojeto de reforma que desenvolveu paralelamente aos trabalhos que conduziram ao texto hoje apresentado para consulta pública nas próximas semanas, a fim de permitir ao Governo apresentar, o mais rapidamente possível, um projeto de lei. As fortes expectativas relativas à renovação da legislação sobre danos pessoais, bem como o amplo consenso sobre a necessidade de reformar esta área, não podem, no entanto, obscurecer a sensibilidade das questões económicas e sociais envolvidas.

## 7. A INICIATIVA DO SENADO FEDERAL PARA ATUALIZAÇÃO DO CÓDIGO CIVIL DE 2002

O Presidente do Senado Federal, Senador Rodrigo Pacheco, pelo Ato nº 11, de 2023, instituiu Comissão de Juristas com o propósito de revisar e atualizar o Código Civil de 2002. Instalada em reunião solene realizada em 4 de setembro de 2023 na Câmara Alta, é composta atualmente por 37 membros – renomados civilistas, professores da academia, advogados, magistrados.[35]

---

35 *Link* da Comissão de Juristas no *site* do Senado Federal: https://legis.senado.leg.br/comissoes/comissao?codcol=2630

São eles: Luis Felipe Salomão (Presidente), Marco Aurélio Bellizze (Vice-Presidente), Flávio Tartuce (relator), Rosa Maria de Andrade Nery (relatora). E, em seguida, por ordem alfabética: Angélica Lúcia Carlini, Carlos Antônio Vieira Fernandes Filho, Carlos Eduardo Elias de Oliveira, Carlos Eduardo Pianovski Ruzyk, César Asfor Rocha, Cláudia Lima Marques, Daniel Carnio, Dierle José Coelho Nunes, Edvaldo Brito, Estela Aranha, Flávio Galdino, Giselda Maria Fernandes Novaes Hironaka, Gustavo José Mendes Tepedino, João Otávio de Noronha, José Fernando Simão, Laura Porto, Marcelo de Oliveira Milagres, Marco Aurélio Bezerra de Melo, Marco Buzzi, Marcus Vinícius Furtado Coêlho, Maria Berenice Dias, Maria Cristina Paiva Santiago, Maria Isabel Diniz Gallotti Rodrigues, Mario Luiz Delgado Régis, Moacyr Lobato de Campos Filho, Nelson Rosenvald, Pablo Stolze Gagliano, Patrícia Carrijo, Paula Andrea Forgioni, Ricardo Campos, Rodrigo de Bittencourt Mudrovitsch, Rogério Marrone Castro Sampaio, Rolf Madaleno. Figuram também como consultores: Ana Cláudia Squalquette, Layla Abdo Ribeiro de Andrada, Maurício Bunazar e Vicente de Paula Ataíde Junior.

Esse seleto grupo conta com o apoio inestimável de servidores do Senado Federal, muito gabaritados, dedicados e engajados, Leandro Augusto de Araújo Cunha Teixeira Bueno, Gabriel Udelsmann e Lenita Cunha e Silva, e tem a missão de "apresentar, no prazo de 180 (cento e oitenta dias), anteprojeto de Lei para revisão e atualização da Lei nº 10.406, de 10 de janeiro de 2002 (código civil)".

Deliberou-se pela formação de nove Subcomissões temáticas – Parte Geral, Obrigações, Responsabilidade Civil e Enriquecimento sem Causa, Contratos, Direito Empresarial, Direito das Coisas, Direito de Família, Direito das Sucessões e Direito Digital –, compostas pelos juristas com a designação de sub-relator parcial, às quais foram responsáveis pela elaboração de relatório parcial para posterior consolidação pelos relatores-gerais.

Em razão da relevância e interesse geral dos temas relacionados ao Código Civil, com propósito de conferir visibilidade aos debates e fomentar a participação da sociedade e especialistas, promoveu-se ampla divulgação dos trabalhos da Comissão, mediante o envio de mais de 445 ofícios para os Tribunais, procuradorias do Ministério Público estadual e federal, seccionais da Ordem dos Advogados do Brasil (OAB), defensorias públicas, escolas da magistratura, associações e entidades, disponibilizando canal para o recebimento de sugestões, que resultou no recebimento de 265 mensagens. O portal Senado Federal *e-Cidadania* também registrou relevante participação de pessoas interessadas, que enviaram perguntas e sugestões para a Comissão.

Outra forma encontrada para conferir capilaridade aos debates foi a realização de três audiências públicas em capitais estaduais – São Paulo/SP, em 23/10/2023; Porto Alegre/RS, em 20/11/2023; e Salvador/BA, em 7/12/2023 –, que contaram com a exposição de 36 convidados sobre os mais diversos temas relacionados ao direito civil.

A partir de tão amplo e denso material ofertado, as nove Subcomissões temáticas apresentaram, na 6ª Reunião da Comissão ocorrida em 18 de dezembro de 2023, no Senado Federal, os relatórios parciais com as respectivas propostas de modificações, acréscimos e supressões no texto do atual Código Civil.

O eixo que, de modo geral, orientou os trabalhos das subcomissões foi observar a jurisprudência consolidada do Supremo Tribunal Federal e do Superior Tribunal de Justiça, além dos enunciados aprovados em jornadas promovidas pelo Conselho da Justiça Federal, e também posições consensuais na academia e doutrina sobre interpretação de institutos jurídicos.

Além da revisão e atualização de temas já consagrados no direito civil, a novidade foi a sugestão de criação de livro próprio dedicado ao *Direito Digital*, em que a Subcomissão teve por diretriz "positivar as interpretações consolidadas na comunidade jurídica nacional e internacional, corrigir falhas redacionais e inserir inovações decorrentes dos avanços tecnológicos respeitando sempre os princípios fundamentais do direito".

As próximas etapas da Comissão, de acordo com o cronograma homologado, envolvem a análise dos nove sub relatórios pelos dois relatores-gerais para apresentação do texto final, o qual estará sujeito a emendas e destaques dos demais membros. [36]

Programou-se, também, audiência pública no Senado Federal do dia 26 de fevereiro de 2024 com o Ministro da Suprema Corte da Argentina Ricardo Lorenzetti, que compartilhará as experiências relativas à atualização do código Vélez Sársfield na Argentina, em 2015.

As reuniões deliberativas finais da Comissão de Juristas estão previstas para a primeira semana de abril de 2024, com previsão de entrega do anteprojeto ao Presidente do Senado Federal na segunda semana de abril de 2024.

36 Todos os sub-relatórios e as inovações propostas estão no *link*: https://legis.senado.leg.br/comissoes/arquivos?ap=7935&codcol=2630

## 8. O PAPEL DO SUPERIOR TRIBUNAL DE JUSTIÇA NA INTERPRETAÇÃO E UNIFORMIZAÇÃO DA JURISPRUDÊNCIA INFRACONSTITUCIONAL

A elaboração do Código Civil de 2002 e a criação do STJ são questões imbricadas.

O intento de criação de outro tribunal com jurisdição sobre todo o País, desmembrado do Supremo, remete a proposta apresentada cerca de quatro anos antes da criação da "Comissão Revisora e Elaboradora do Código Civil", época em que se debatia o funcionamento do Judiciário brasileiro.

Em 1965, sob a orientação do genial pensador e renomado Professor Miguel Reale (que depois, como se sabe, presidiria a Comissão de Juristas que apresentou o projeto do Código Civil de 2002), o Conselho Diretor do Instituto de Direito Público e Ciência Política da Fundação Getúlio Vargas promoveu uma mesa-redonda com notáveis juristas para discutir a "Reforma do Poder Judiciário" e, nesse âmbito, formou-se consenso quanto a viabilidade da criação de um Tribunal Superior para julgar recursos de natureza extraordinária relativos ao direito federal comum. Era a gênese do que viria a se tornar o Superior Tribunal de Justiça.

O professor Miguel Reale recebeu apoio unânime dos participantes. Concluídos os debates, constou nos *itens 9 e 10* do extenso Relatório apresentado pelo grupo de juristas: "*9- Decidiu-se, sem maior dificuldade, pela criação de um novo tribunal. As divergências sobre a sua natureza e o número de tribunais que a princípio suscitaram debates, pouco a pouco, se encaminharam por uma solução que mereceu afinal o assentimento de todos. Seria criado um único tribunal que teria uma função eminente como instância federal sobre matéria que não tivesse, com especificidade, natureza constitucional, ao mesmo tempo que teria a tarefa de apreciar os mandados de segurança e habeas corpus originários, os contra atos de Ministros de Estado e os recursos ordinários das decisões denegatórias em última instância federal ou dos Estados. 10 – Assim também, os recursos extraordinários fundados exclusivamente na lei federal seriam encaminhados a esse novo Tribunal, aliviando o Supremo Tribunal de uma sobrecarga*".[37]

Nos termos da então vigente Carta de 1946, o recurso extraordinário dirigido ao Supremo Tribunal Federal constituía o meio recursal apto para veicular, além de violação a normas constitucionais, a ofensa à lei federal ou divergência interpretativa infraconstitucional (art. 101, III),

37 Disponível em: http://bibliotecadigital.fgv.br/ojs/index.php/rdpcp/article/view/59662/58007. Acesso em: 19 dez. 2023.

atributo mantido na Constituição de 1967 (art. 114, III), mesmo após a Emenda Constitucional nº 1/1969 (art. 119, III).

As décadas seguintes demonstraram que essa ampla cognição de matérias passíveis de exame na via do apelo extraordinário afetariam a prestação jurisdicional da Excelsa Corte, ante o decantado volume de processos que lá aportavam dos tribunais, além do exame de feitos de competência originária. Como assinado por Mancuso, "[v]isto que o recurso extraordinário tinha a peculiaridade de ser exercitável em qualquer dos ramos do direito objetivo onde houvesse 'questão federal ou constitucional', é compreensível que nessa alta Corte para logo se tenha instalado um formidável acúmulo de processos, problema que, agregado à demora no efetivo enfrentamento, com o tempo tornou-se crônico, passando a ser referido como a 'crise do Supremo'".[38]

A Constituição da República, de 1988, conforme anotam Marinoni e Mitidiero, limitou o cabimento do recurso extraordinário para a tutela da Carta Política, "criando-se o Superior Tribunal de Justiça e o recurso especial para a guarda da legislação federal".[39] Em boa medida, o STJ, instalado em 7 de abril de 1989, é um desmembramento do Supremo Tribunal Federal, assoberbado com os recursos extraordinários que tanto controlavam a constitucionalidade das leis como realizavam a adequada interpretação do direito infraconstitucional, sem contar o restante de sua grande competência originária e o controle concentrado de constitucionalidade.

Por quase 14 anos, o STJ continuou a promover a uniformização para interpretação do Código Civil de 1916, não raro aplicando o entendimento firmado antes pelo Supremo Tribunal Federal.

Contudo, com a entrada em vigor do Código Civil de 2002 em janeiro do ano seguinte, passou o STJ a interpretar as novas disposições legais numa sociedade transformada e em constante evolução, tarefa que vem sendo realizada com desassombro pelo "Tribunal da Cidadania".

Para tanto, revela-se oportuno rememorar alguns julgados emblemáticos do STJ sobre matérias disciplinadas por esse estatuto civil de 2002.

---

38 MANCUSO, Rodolfo de Camargo. *Recurso extraordinário e recurso especial*. 13ª ed. São Paulo: Revista dos tribunais, 2015, p. 78.

39 MARINONI, Luiz Guilherme; MITIDIERO, Daniel. *Recurso extraordinário e recurso especial*: do *jus litigatoris* ao *jus constitutionis*. São Paulo: Revista dos tribunais, 2020, p. 98.

## 9. O CÓDIGO CIVIL DE 2002 NA VISÃO DO SUPERIOR TRIBUNAL DE JUSTIÇA: OS PRECEDENTES MAIS RELEVANTES EM 20 ANOS DE VIGÊNCIA

Com efeito, revisitar precedentes do Superior Tribunal de Justiça que interpretaram o Código Civil de 2002 é uma das melhores maneiras para sopesar a disciplina contida no texto legal aprovado pelo Parlamento com a decisão judicial adotada para a solução de conflitos reais e que surgem nas mais diversas relações de direito privado.

Nesse contexto, surge o relevante papel desempenhado pelo Superior Tribunal de Justiça, desde sua instalação em 7 de abril de 1989. Consoante já mencionado, quis o destino que o Tribunal da Cidadania, intérprete final da legislação federal, fosse o verdadeiro guardião dos princípios insculpidos no então Novo Código Civil de 2002.

Ética, boa-fé objetiva, socialidade e a operabilidade são conceitos abertos cujo guardião é o STJ.

O Código Civil é, no âmbito da vida privada, o equivalente à própria Constituição Federal.

Destarte, é a própria Carta Magna que outorga ao Superior Tribunal de Justiça a função de intérprete máximo do estatuto das relações sociais, adequando os inúmeros conceitos abertos ao contexto econômico, social e político da nossa realidade democrática, operacionalizando sua aplicabilidade no sentido de indicar condutas e dirimir conflitos de interesses.

Tamanha importância do papel de superposição exercido pelo STJ na interpretação do Código é revelada pela evolução legislativa ocorrida a reboque dos seus julgados.

A hermenêutica desenvolvida pelos ministros do Superior Tribunal de Justiça, em seus milhares de julgamentos, resultou em muitas das dezenas (53) leis aprovadas pelo Parlamento desde 2003, com o objetivo de modificar e atualizar o diploma Civil.

A difícil tarefa foi sistematizar e escolher julgados do Superior Tribunal de Justiça que tenham referenciado dispositivo do Código Civil de 2002, um por cada ano, em razão da ampla quantidade de temas regulados – parte geral, obrigações, responsabilidade civil, contratos, empresarial, coisas, família e sucessões.

Além da leitura de farto e denso material de pesquisa, avaliou-se o impacto das decisões na vida social, política, econômica e jurídica brasileira, assim também o interesse do público em acessos ao sítio eletrônico do Tribunal, assim também a recorrência de pesquisas em revistas especializadas.

Seguem os julgados, a contar de 2003 – ano da instalação do Superior –, um de cada ano, destacando-se o tema e o trecho principal da ementa:

| | |
|---|---|
| 2003 | Os avós podem ser instados a pagar alimentos aos netos por obrigação própria, complementar e/ou sucessiva, mas não solidária.<br>(REsp nº 366.837/RJ, relator para acórdão Ministro Cesar Asfor Rocha, Quarta Turma, julgado em 19/12/2002, DJ de 22/9/2003, p. 331.) |
| 2004 | É incabível a internação forçada de pessoa maior e capaz sem que haja justificativa proporcional e razoável para a constrição da paciente. Ainda que se reconheça o legítimo dever de cuidado e proteção dos pais em relação aos filhos, a internação compulsória de filha maior e capaz, em clínica para tratamento psiquiátrico, sem que haja efetivamente diagnóstico nesse sentido, configura constrangimento ilegal.<br>(HC nº 35.301/RJ, relatora Ministra Nancy Andrighi, Terceira Turma, julgado em 3/8/2004, DJ de 13/9/2004, p. 231.) |
| 2005 | É possível a alteração do regime de bens do casamento, mesmo aquele ocorrido sob a égide do código anterior, pois o art. 2.039 do CC/2002 não representa óbice razoável à aplicação de norma geral, constante do art. 1.639, § 2º, do CC/2002, desde que ressalvados os direitos de terceiros e apuradas as razões invocadas pelos cônjuges para tal pedido, não havendo se falar em retroatividade legal, vedada nos termos do art. 5º, XXXVI, da CF/1988, mas, ao revés, nos termos do art. 2.035 do CC/2002, em aplicação de norma geral com efeitos imediatos.<br>(REsp nº 730.546/MG, relator Ministro Jorge Scartezzini, Quarta Turma, julgado em 23/8/2005, DJ de 3/10/2005, p. 279.) |
| 2006 | A circunstância de o segurado, quando aconteceu o sinistro, apresentar dosagem etílica superior àquela admitida na legislação de trânsito não basta para excluir a responsabilidade da seguradora, pela indenização prevista no contrato. Para livrar-se da obrigação securitária, a seguradora deve provar que a embriaguez causou, efetivamente, o sinistro.<br>(REsp nº 685.413/BA, relator Ministro Humberto Gomes de Barros, Terceira Turma, julgado em 7/3/2006, DJ de 26/6/2006, p. 134.) |
| 2007 | **Não há como ser conferido *status* de união estável a relação concubinária concomitante a casamento válido.**<br>(REsp nº 931.155/RS, relatora Ministra Nancy Andrighi, Terceira Turma, julgado em 7/8/2007, DJ de 20/8/2007, p. 281.) |
| 2008 | No regime da comunhão universal de bens, as verbas percebidas a título de benefício previdenciário resultantes de um direito que nasceu e foi pleiteado durante a constância do casamento devem entrar na partilha, ainda que recebidas após a ruptura da vida conjugal.<br>(REsp nº 918.173/RS, relator Ministro Massami Uyeda, Terceira Turma, julgado em 10/6/2008, DJe de 23/6/2008.) |
| 2009 | Não há falar em erro ou falsidade se o registro de nascimento de filho não biológico decorre do reconhecimento espontâneo de paternidade mediante escritura pública (adoção "à brasileira"), pois, inteirado o pretenso pai de que o filho não é seu, mas movido pelo vínculo socioafetivo e sentimento de nobreza, sua vontade, aferida em condições normais de discernimento, está materializada.<br>(REsp nº 709.608/MS, relator Ministro João Otávio de Noronha, Quarta Turma, julgado em 5/11/2009, DJe de 23/11/2009.) |
| 2010 | É possível a adoção por casal homoafetivo (pessoas do mesmo sexo), independentemente da idade da criança a ser adotada.<br>(REsp nº 889.852/RS, relator Ministro Luis Felipe Salomão, Quarta Turma, julgado em 27/4/2010, DJe de 10/8/2010.) |

| | |
|---|---|
| 2011 | Possibilidade jurídica de casamento entre pessoas do mesmo sexo.<br>(REsp nº 1.183.378/RS, relator Ministro Luis Felipe Salomão, Quarta Turma, julgado em 25/10/2011, DJe de 1/2/2012.) |
| 2012 | A desconsideração da personalidade jurídica é admitida em situações excepcionais, devendo as instâncias ordinárias, fundamentadamente, concluir pela ocorrência do desvio de sua finalidade ou confusão patrimonial desta com a de seus sócios, requisitos objetivos sem os quais a medida torna-se incabível.<br>(REsp nº 1.259.066/SP, relatora Ministra Nancy Andrighi, Terceira Turma, julgado em 19/6/2012, DJe de 28/6/2012.) |
| 2013 | Na união estável, vigente o regime da comunhão parcial, há presunção absoluta de que os bens adquiridos onerosamente na constância da união são resultado do esforço comum dos conviventes. Desnecessidade de comprovação da participação financeira de ambos os conviventes na aquisição de bens, considerando que o suporte emocional e o apoio afetivo também configuram elemento imprescindível para a construção do patrimônio comum.<br>(REsp nº 1.295.991/MG, relator Ministro Paulo de Tarso Sanseverino, Terceira Turma, julgado em 11/4/2013, DJe de 17/4/2013.) |
| 2014 | Tendo os conviventes estabelecido, no início da união estável, por escritura pública, a dispensa à assistência material mútua, a superveniência de moléstia grave na constância do relacionamento, reduzindo a capacidade laboral e comprometendo, ainda que temporariamente, a situação financeira de um deles, autoriza a fixação de alimentos após a dissolução da união.<br>(REsp nº 1.178.233/RJ, relator Ministro Raul Araújo, Quarta Turma, julgado em 6/11/2014, DJe de 9/12/2014.) |
| 2015 | De regra, o reconhecimento da existência e dissolução de concubinato impuro, ainda que de longa duração, não gera o dever de prestar alimentos a concubina, pois a família é um bem a ser preservado a qualquer custo. Nada obstante, dada a peculiaridade do caso e em face da incidência dos princípios da dignidade e solidariedade humanas, há de se manter a obrigação de prestação de alimentos a concubina idosa que os recebeu por mais de quatro décadas, sob pena de causar-lhe desamparo, mormente quando o longo decurso do tempo afasta qualquer risco de desestruturação familiar para o prestador de alimentos.<br>(REsp nº 1.185.337/RS, relator Ministro João Otávio de Noronha, Terceira Turma, julgado em 17/3/2015, DJe de 31/3/2015.) |
| 2016 | É possível o manejo de interditos possessórios em litígio entre particulares sobre bem público dominical. É a afetação do bem a uma finalidade pública que dirá se pode ou não ser objeto de atos possessórios por um particular.<br>(REsp nº 1.296.964/DF, relator Ministro Luis Felipe Salomão, Quarta Turma, julgado em 18/10/2016, DJe de 7/12/2016.) |
| 2017 | **Responsabilização subsidiária de sócios não se aplica a associação civil.**<br>(REsp nº 1.398.438/SC, relatora Ministra Nancy Andrighi, Terceira Turma, julgado em 4/4/2017, DJe de 11/4/2017.) |
| 2018 | Cláusulas de impenhorabilidade ou incomunicabilidade não impedem alienação de bem doado.<br>(REsp nº 1.155.547/MG, relator Ministro Marco Buzzi, Quarta Turma, julgado em 6/11/2018, DJe de 9/11/2018.) |
| 2019 | É ilícita a disposição condominial que proíbe a utilização de áreas comuns do edifício por condômino inadimplente e seus familiares como medida coercitiva para obrigar o adimplemento das taxas condominiais.<br>(REsp nº 1.699.022/SP, relator Ministro Luis Felipe Salomão, Quarta Turma, julgado em 28/5/2019, DJe de 1/7/2019.) |
| 2020 | É possível a realização de acordo para exonerar devedor de pensão alimentícia das parcelas vencidas.<br>(REsp nº 1.529.532/DF, relator Ministro Ricardo Villas Bôas Cueva, Terceira Turma, julgado em 9/6/2020, DJe de 16/6/2020.) |

| | |
|---|---|
| 2021 | Após Estatuto da Pessoa com Deficiência, incapacidade absoluta só se aplica a menores de 16 anos. (REsp nº 1.927.423/SP, relator Ministro Marco Aurélio Bellizze, Terceira Turma, julgado em 27/4/2021, DJe de 4/5/2021.) |
| 2022 | **É necessária a exigência geral de outorga do cônjuge para prestar fiança, sendo indiferente o fato de o fiador prestá-la na condição de comerciante ou empresário, considerando a necessidade de proteção da segurança econômica familiar.** (REsp nº 1.525.638/SP, relator Ministro Antonio Carlos Ferreira, Quarta Turma, julgado em 14/6/2022, DJe de 21/6/2022.) |

## 10. AS CONTRIBUIÇÕES PARA O DIREITO PRIVADO REALIZADAS PELAS JORNADAS DE DIREITO CIVIL DO CONSELHO DA JUSTIÇA FEDERAL

As Jornadas de Direito Civil foram concebidas pelo gênio do saudoso Ministro Ruy Rosado de Aguiar para permitir um diálogo organizado e salutar, mesmo que entre teses e pensamentos contrariados.

Organizadas desde 2002 pelo Centro de Estudos Judiciários do Conselho da Justiça Federal, órgão vinculado ao Superior Tribunal de Justiça, as Jornadas têm o objetivo de debater os temas mais relevantes e controvertidos relacionados ao Direito Civil e explicitam, principalmente, os posicionamentos mais atualizados e relevantes, em franca e profunda atividade dialógica entre doutrina e jurisprudência.

Durante a *vacatio legis* do então novel Código Civil, o CEJ/CJF – com a participação do Superior Tribunal de Justiça – promoveu em setembro de 2002 a Primeira Jornada de Direito Civil, estabelecendo-se como importante marco para o estudo dos institutos civilistas no País. Essa primeira edição contou com a conferência inaugural do Ministro José Carlos Moreira Alves – um dos sete membros da mencionada "Comissão Revisora e Elaboradora do Código Civil", criada em maio de 1969. Foram aprovados nessa Jornada 119 enunciados e 18 proposições de modificação de dispositivos no Código Civil de 2002.

Desde então, foram organizadas nove jornadas de direito civil, a última delas no mês de maio de 2022 – em comemoração dos 20 anos da Lei nº 10.406/2022 e da instituição da jornada de direito civil –, tendo sido aprovados nelas o total de 693 enunciados, dos quais 624 verbetes expressamente referenciam interpretação de algum dispositivo do Código Civil de 2002.

Somente para a IX Jornada (2022), última realizada, foram 915 propostas de enunciados Cuida-se de um crescimento exponencial, em relação às Jornadas anteriores, cuja média gira em torno de 300 propostas.

Os enunciados aprovados nas Jornadas, ao longo de toda a sua história, servem como norte interpretativo, orientando julgadores de todas as instâncias.

Elaborando-se um diálogo com os importantes precedentes destacados acima, relembro alguns enunciados aprovados nas Jornadas de Direito Civil que foram utilizados como fundamentos para a construção das decisões.

Como exemplo, o Enunciado 531, aprovado na VI Jornada, cuidou do art. 11 do Código Civil e dos danos provocados pelas novas tecnologias de informação, tratando, em síntese, do direito ao esquecimento: "A tutela da dignidade da pessoa humana na sociedade da informação inclui o direito ao esquecimento".

O Enunciado nº 633 do CJF (VIII Jornada de Direito Civil) prevê a possibilidade de utilização da técnica de reprodução assistida póstuma por meio da maternidade de substituição, condicionada, sempre, ao expresso consentimento manifestado em vida pela esposa ou companheira.

Os exemplos são inúmeros, influenciando o debate e os precedentes da Corte da Cidadania.

Por outro lado, foram reunidos – seguramente o maior evento jurídico do País na atualidade – os principais nomes do Direito Civil contemporâneo. Todos os Ministros da Seção de Direito Privado do Superior Tribunal de Justiça, além dos professores, juristas, especialistas e estudiosos mais festejados e reconhecidos do Brasil.

O êxito da experiência é visto na expansão para outras áreas do direito, tendo sido organizadas 3 jornadas de direito comercial, 3 de processual civil, 2 de prevenção e solução extrajudicial de litígios, e a primeira edição de notarial e registral, administrativo, penal e processual penal, tributário, da seguridade social e do patrimônio cultural e natural – um total de 23 jornadas jurídicas.

As jornadas jurídicas do Centro de Estudos Judiciários do CJF já integram o calendário jurídico nacional, em vista de sua metodologia inovadora e cada vez mais aprimorada.

## 11. CONCLUSÃO

O histórico brasileiro para a criação de um código civil demonstra o desejo dos mais diversos segmentos de possuir regras claras que serão aplicadas nas mais rotineiras questões da vida, e, para alcançar esse anseio, sempre se contou com a expertise de dedicados e talentosos juristas interessados na elaboração de um texto que refletisse os principais valores de cada época.

As rápidas transformações na sociedade, por variados motivos, e o surgimento de novas tecnologias, indicam a necessidade de atualização do estatuto civil, adequando-o às novas necessidades e desafios, especialmente em face da revolução digital.

Entre os marcos de modernização da legislação, o Poder Judiciário - sobretudo o Superior Tribunal de Justiça a partir de 1989 - tem exercido um papel fundamental para assegurar a uniformização na interpretação das regras infraconstitucionais de direito civil, consolidando-se ainda mais como "Tribunal da Cidadania".

Por fim, a expectativa é que a atual Comissão de Juristas, de 2023, apresente ao Parlamento anteprojeto que corresponda ao anseio por uma legislação civil contemporânea e adaptada às mudanças dos últimos anos, sendo certo que a ampla e notória participação da sociedade galvaniza ainda mais os pilares da democracia brasileira.

Com absoluta certeza, os juristas e parlamentares convocados para essa missão não faltarão à responsabilidade que o desafio lhes impõe.

## 12. REFERÊNCIAS

ALVES, João Luiz. *Codigo civil da Republica dos Estados Unidos do Brasil.* Promulgado pela Lei nº 3071, de 1 de janeiro de 1916. Annotado pelo Doutor João Luiz Alves. 1ª ed. Rio de Janeiro, F. Briguiet e Cia, Editores -Livreiros, 1917.

BRASIL. Superior Tribunal de Justiça. *Revista das jornadas do CJF:* direito civil, direito comercial, direito processual civil, prevenção e solução extrajudicial de litígios / Superior Tribunal de Justiça, [Gabinete do Ministro Diretor da Revista], Conselho da Justiça Federal. - Brasília: Superior Tribunal de Justiça, 2018.

CAVALIERI FILHO, Sergio. *Programa de sociologia jurídica.* São Paulo: Atlas, 2019.

COELHO, A. Ferreira. *Codigo civil dos Estados Unidos do Brasil:* comparado, comentado e analysado. Rio de Janeiro: Officinas Graphicas do "Jornal do Brasil", 1920.

DANTAS, San Tiago. *Programa de direito civil:* aulas proferidas na Faculdade Nacional de Direito [1942-1945]. Rio de Janeiro: Rio, 1977.

FRANÇA. Ordonnance nº 2016-131 du 10 février 2016 portant réforme du droit des contrats, du régime général et de la preuve des obligations. Disponível em: https://www.legifrance.gouv.fr/download/pdf?id=uNpE2icpAZrhs7GxvVHBoeNldSv3V6deoj07JYZtOrw=. Acesso em: 10 jan. 2024.

FERREIRA, Aparecido Hernani [org.]. *O novo código civil:* discutido por juristas brasileiros. Campinas: Bookseller, 2003.

FIUZA, Ricardo (Coord.). *Novo código civil comentado.* São Paulo: Saraiva, 2003.

GONÇALVES, Luís da Cunha. *Tratado de direito civil:* em comentário ao Código civil português. Coimbra: Coimbra, 1929.

Jornada de direito civil / [organização: Ruy Rosado de Aguiar Júnior]. Brasília: Conselho da Justiça Federal, Centro de Estudos Judiciários, 2003.

MANCUSO, Rodolfo de Camargo. *Recurso extraordinário e recurso especial.* 13ª ed. São Paulo: Revista dos tribunais, 2015.

MARINONI, Luiz Guilherme; MITIDIERO, Daniel. *Recurso extraordinário e recurso especial*: do *jus litigatoris* ao *jus constitutionis.* São Paulo: Revista dos tribunais, 2020.

MARTINS-COSTA, Judith; BRANCO, Gerson. *Diretrizes teóricas do novo Código civil brasileiro.* São Paulo: Saraiva, 2002.

MIRANDA, Pontes de. *Tratado de direito privado.* Tomo 6. Campinas: Bookseller, 1955.

__________. *Fontes e evolução do direito civil brasileiro.* Rio de Janeiro, Forense, 1981.

SOUZA, Sylvio Capanema de. O Código Napoleão e sua Influência no Direito Brasileiro. *Revista da Escola da Magistratura do Estado do Rio de Janeiro, Rio de Janeiro*, v. 7, nº 26, pp. 36-51, abr.-jun. 2004.

VALLADÃO, Haroldo. Teixeira de Freitas, o Jurista Excelso do Brasil e da América. *Revista do Instituto dos Advogados Brasileiros*, Rio de Janeiro, Ano XVII, nº 61, pp. 89-108, 2º semestre de 1983.

VAMPRÉ, Spencer. *Codigo civil brasileiro:* annotado á luz dos documentos parlamentares e da doutrina. São Paulo: Pedro de S. Magalhães Filho e Irmãos, 1917.

# CONTROLE DE CONVENCIONALIDADE NO BRASIL: ANÁLISE DA JURISPRUDÊNCIA DO STJ E SEU ALINHAMENTO COM O SISTEMA INTERAMERICANO DE DIREITOS HUMANOS

*Letícia Porto Nosaki*[1]
*Melina Girardi Fachin*[2]

## 1. INTRODUÇÃO

O mecanismo de controle de convencionalidade representa uma importante mudança no paradigma legal brasileiro, em razão do necessário diálogo com o sistema regional de direitos humanos. O seu uso pode ser retratado como uma possibilidade de compatibilizar e de traduzir os instrumentos internacionais em direitos humanos com o ordenamento jurídico interno. Na perspectiva latino-americana, a Corte Interamericana de Direitos Humanos (Corte IDH) desponta como expoente interpretativo da Convenção Americana sobre Direitos Humanos, de forma a firmar precedentes e *standards* interpretativos mínimos a serem seguidos por seus Estados parte.

O objetivo deste trabalho se destina à análise do controle de convencionalidade, desde sua origem no contexto do sistema interamericano de proteção, bem como sua percepção e aplicação no ordenamento jurídico brasileiro, sobretudo na sedimentação dos julgados pelo Superior Tribunal de Justiça.

A metodologia se pauta pelo método dos diálogos entre o direito constitucional e o direito internacional dos direitos humanos. Toma-se, assim, como ponto de partida a crescente (e inexorável) constitucionalização do direito internacional e internacionalização do direito constitucional como catalisador dos diálogos que o direito dos direitos humanos promove.

---

1 Doutoranda e mestre em Direito pela Universidade Federal do Paraná. Especialista em Direito Constitucional pela ABDCONST e FEMPAR/PR. Chefe de Gabinete de Desembargador no Tribunal de Justiça do Estado do Paraná.

2 Estágio de pós-doutoramento pela Universidade de Coimbra no Instituto de Direitos Humanos e Democracia (2019-2020). Doutora em Direito Constitucional, com ênfase em Direitos Humanos, pela PUC-SP. Professora adjunta dos cursos de graduação e pós-graduação da Universidade Federal do Paraná (UFPR). Advogada.

Para a realização desta pesquisa, utilizou-se o site oficial do Superior Tribunal de Justiça (STJ) como fonte primária. Inicialmente, procedeu-se com a busca pelo termo "controle de convencionalidade" no campo específico do buscador do site. Essa pesquisa resultou em um total de 18 decisões judiciais pertinentes ao tema. Cada uma dessas decisões será meticulosamente analisada com o objetivo de identificar e comparar similaridades e diferenças entre elas. A análise incluirá aspectos como fundamentação legal, argumentos empregados pelos magistrados e os efeitos práticos das decisões. Esse método permite uma compreensão abrangente sobre como o controle de convencionalidade é aplicado pelo STJ, contribuindo para o entendimento da evolução jurisprudencial e da uniformização da aplicação do direito internacional no âmbito nacional.

O sistema interamericano de proteção dos direitos humanos não se limita à normativa dos seus pactos, mas também à leitura autorizada e evolutiva que a Comissão e Corte interamericana dele fazem, bem como todo o corpus iuris existente. Por isso que se diz que a convenção americana é um *living instrument.* Com base neste paradigma da convenção, tomado a partir da leitura autorizada dos órgãos do sistema, em especial da Corte, que emerge a chamada teoria do controle de convencionalidade.

A Corte Interamericana de Direitos Humanos, a partir de 2006, com o julgamento do caso precedente *Almonacid Aureliano v. Chile*, assevera que o controle de convencionalidade consiste no exame de compatibilidade que sempre deve ser realizado entre os atos e normas nacionais e a Convenção americana de direitos humanos *e a jurisprudencia da Corte Interamericana de Direitos Humanos. É um "estándar 'mínimo' creado por dicho tribunal internacional, para que en todo caso sea aplicado el* corpus iuris *interamericano y su jurisprudencia en los Estados nacionales que han suscrito o se han adherido a la CADH [...]".*[3]

No Brasil, o mecanismo ganha potência a partir do julgamento do RE 466.343 pelo Supremo Tribunal Federal. Nele, expressa-se internamente o dever do controle de convencionalidade em relação direta com a permeabilidade de normas internacionais em grau de hierarquia

3 MAC-GREGOR, Eduardo Ferrer. **Interpretación Conforme y Control Difuso de Convencionalidad**: el nuevo paradigma para el juez mexicano. Disponível em: <http://biblio.juridicas.unam.mx/libros/7/3033/14.pdf>. Acesso em: jun. 2024. p. 340.

superior aos comandos legislativos ordinários. Além disso, ressaltou o importante precedente que o Poder Judiciário é responsável por observar que as disposições do tratado internacional de direitos humanos não sejam violadas quando da aplicação de leis internas.

A relevância do controle de convencionalidade no Brasil se intensifica à medida que o país se compromete com a proteção e promoção dos direitos humanos. Este mecanismo não só fortalece a implementação de normas internacionais, mas também impulsiona uma integração mais coerente entre os direitos humanos e a legislação nacional. Em um cenário global onde a observância dos direitos humanos é constantemente monitorada e avaliada, o controle de convencionalidade serve como um pilar para garantir que o Brasil cumpra suas obrigações internacionais de forma eficaz e justa.

Entretanto, a aplicação prática do controle de convencionalidade pelo STJ enfrenta desafios significativos. Entre eles, destaca-se a resistência a modificar entendimentos consolidados em relação a certos tipos penais e a necessidade de harmonizar interpretações jurisprudenciais divergentes. Casos emblemáticos, como os relacionados ao crime de desacato, evidenciam a complexidade de se equilibrar normas internas com tratados internacionais de direitos humanos. Essas tensões refletem a necessidade de um diálogo contínuo e aprofundado entre os diferentes níveis de jurisdição e entre os diversos atores do sistema jurídico brasileiro.

Portanto, este estudo se propõe a explorar em profundidade como o STJ tem implementado o controle de convencionalidade, destacando tanto os avanços quanto às limitações encontradas. Ao analisar a evolução jurisprudencial e os desafios enfrentados, busca-se contribuir para uma compreensão mais ampla e crítica deste mecanismo, oferecendo subsídios para o aprimoramento da aplicação dos direitos humanos no Brasil.

## 2. CONTROLE DE CONVENCIONALIDADE NO SISTEMA INTERAMERICANO DE DIREITOS HUMANOS

O controle de convencionalidade é a "compatibilização vertical das normas domésticas com os tratados internacionais de direitos humanos (mais benéficos) em vigor no Estado"[4].

4 MAZZUOLI, Valerio de Oliveira. **O controle jurisdicional da convencionalidade das leis.** 4 ed. São Paulo: Editora Revista dos Tribunais, 2016. p. 39.

Tal mecanismo decorre dos artigos 1 e 2 da Convenção Americana de Direitos Humanos, que correspondem ao respeito e garantia dos direitos e liberdades previstos no diploma internacional, além da previsão da proteção de medidas legislativas para que tais direitos e liberdades sejam efetivos no plano interno[5].

O controle de convencionalidade[6], no âmbito da Corte IDH, revela-se em uma "missão de um tribunal internacional de direitos humanos: cotejar o comando legislativo interno com o que dispõe a norma internacional protetiva, invalidando o primeiro por inconvencionalidade, se for o caso"[7]. A doutrina pátria aponta neste sentido:

> Para a Corte Interamericana, o juiz nacional, como *longa manus* do Estado, tem o dever de compatibilizar a normativa doméstica com os ditames dos tratados de direitos humanos ratificados e em vigor no país, devendo proceder *ex officio* (para além, evidentemente, de quando há iniciativa da parte). A sua atuação é direta e não requer pedido do interessado, tampouco autorização constitucional ou legislativa para tanto, pois decorrente da jurisprudência decorrente da Corte. Também deverá o magistrado controlar a convencionalidade de forma preliminar, antes da análise do mérito do pleito principal. Depois de realizado ex officio e preliminarmente, só assim poderá o juiz passar ao exame de mérito do pedido principal e proferir a sentença[8].

Cumpre fazer um resgate da primeira aplicação do mecanismo do controle de convencionalidade pela Corte Interamericana de Direitos Humanos, no voto concorrente do Juiz Sérgio Garcia Ramirez, na sentença do caso *Mack Chang Vs. Guatemala*, em 25 de novembro de 2003.

Na oportunidade, o magistrado interamericano assinalou que a responsabilidade do Estado perante a Corte IDH é integral, não podendo limitar-se a determinados setores ou órgãos. Dessa forma, não se pode

5 MAZZUOLI, Valerio de Oliveira. **O controle jurisdicional da convencionalidade das leis**. Op.cit.

6 RAMOS, André de Carvalho. **Curso de Direitos Humanos**. 2ª ed. rev. atual. e ampl. São Paulo: Saraiva, 2015.

7 MAZZUOLI, Valerio de Oliveira. **O controle jurisdicional da convencionalidade das leis**. Op. cit. p. 45.

8 MAZZUOLI, Valerio de Oliveira. **O controle jurisdicional da convencionalidade das leis**. Op.cit. p. 40.

eximir setores do Estado da responsabilidade convencional, de modo a lançar mão do controle de convencionalidade[9] – o Estado é representado em si mesmo, como um todo indivisível.

Dessa forma, o controle de convencionalidade é um método para:

> [...] aproximar a justiça das vítimas, garantir a economia processual, evitar a responsabilidade internacional do Estado e, em última instância, garantir a sobrevivência do sistema graças ao seu duplo efeito centralizador-descentralizador, com o qual a Corte Interamericana reivindica seu papel de mero agente subsidiário ao mesmo tempo que os juízes nacionais reforçam sua posição como garantidores primários de proteção (Tradução Nossa)[10].

A evolução do controle de convencionalidade pela Corte IDH consolida padrões interpretativos – o chamado *corpus iuris interamericano* – em direitos humanos na região latino-americana. Os precedentes da Corte IDH são importantes para a constituição do *corpus iuris america-*

9 "27. Para los efectos de la Convención Americana y del ejercicio de la jurisdicción contenciosa de la Corte Interamericana, el Estado viene a cuentas en forma integral, como un todo. En este orden, la responsabilidad es global, atañe al Estado en su conjunto y no puede quedar sujeta a la división de atribuciones que señale el Derecho interno. No es posible seccionar internacionalmente al Estado, obligar ante la Corte sólo a uno o algunos de sus órganos, entregar a éstos la representación del Estado en el juicio --sin que esa representación repercuta sobre el Estado en su conjunto-- y sustraer a otros de este régimen convencional de responsabilidad, dejando sus actuaciones fuera del "control de convencionalidad" que trae consigo la jurisdicción de la Corte internacional". CORTE INTERAMERICANA DE DIREITOS HUMANOS. **VOTO CONCURRENTE RAZONADO DEL JUEZ SERGIO GARCIA RAMIREZ A LA SENTENCIA DEL *CASO MACK CHANG VS. GUATEMALA*,** DEL 25 DE NOVIEMBRE DE 2003. Disponível em: https://www.corteidh.or.cr/docs/casos/articulos/seriec_101_esp.pdf Acesso em: 23 abr. 2024.

10 "[...] acercar la justicia a las víctimas, asegurar la economía procesal, evitar la responsabilidad internacional del Estado y en últimas asegura la supervivencia del sistema gracias a su doble efecto centralizador-descentralizador en virtud del cual la CorteIDH reivindica su rol como mero agente subsidiario a la par que los jueces nacionales refuerzan su posición como garantes primarios de la protección". ALVARADO, Paola Andrea Acosta. **Más allá de la utopía: Del diálogo interjudicial a la constitucionalización del derecho internacional**. La red judicial latinoamericana como prueba y motor del constitucionalismo multinivel. Tese de Doutorado. Universidad Complutense de Madrid. FACULTAD DE DERECHO INSTITUTO UNIVERSITARIO DE INVESTIGACIÓN ORTEGA Y GASSET. 2015. p. 70-72.

*no*, além do controle de convencionalidade, e da interpretação conforme os Direitos Humanos.Tal mecanismo possibilita a harmonização, e a consequente tradução conforme os direitos humanos, dos sistemas nacionais com os *standards* regionais.

Sobre sua aplicação e exercício, a Corte IDH já firmou entendimento tanto para a necessidade de um controle concentrado jurisdicional, conforme ressaltado no caso *Almonacid Arellano Vs. Chile* (2006). Por outro lado, imperiosa a ampliação para um controle de convencionalidade difuso, em uma necessária interação entre diversos atores internos, como suscitado no caso *Gelman Vs. Uruguai* (2011)[11] em que os outros poderes também estão implicados neste dever:

> 124. A Corte tem consciência de que os juízes e tribunais internos estão sujeitos ao império da lei e, por isso, são obrigados a aplicar as disposições vigentes no ordenamento jurídico. Mas quando um Estado ratifica um tratado internacional como a Convenção Americana, seus juízes, como parte do aparato estatal, também estão submetidos a ela, o que os obriga a velar para que os efeitos das disposições da Convenção não se vejam diminuídos pela aplicação de leis contrárias a seu objeto e a seu fim e que, desde o início, carecem de efeitos jurídicos. Em outras palavras, o Poder Judiciário deve exercer uma espécie de "controle de convencionalidade" entre as normas jurídicas internas aplicadas a casos concretos e a Convenção Americana sobre Direitos Humanos. Nesta tarefa, o Poder Judiciário deve levar em conta não apenas o tratado, mas

11 "193. Cuando un Estado es Parte de un tratado internacional como la Convención Americana, todos sus órganos, incluidos sus jueces, están sometidos a aquél, lo cual les obliga a velar por que los efectos de las disposiciones de la Convención no se vean mermados por la aplicación de normas contrarias a su objeto y fin, por lo que los jueces y órganos vinculados a la administración de justicia en todos los niveles están en la obligación de ejercer *ex officio* un "control de convencionalidad" entre las normas internas y la Convención Americana, evidentemente en el marco de sus respectivas competencias y de las regulaciones procesales correspondientes y en esta tarea, deben tener en cuenta no solamente el tratado, sino también la interpretación que del mismo ha hecho la Corte Interamericana, intérprete última de la Convención Americana". CORTE INTERAMERICANA DE DIREITOS HUMANOS. **CASO GELMAN *VS.* URUGUAY.** SENTENCIA DE 24 DE FEBRERO DE 2011 (Fondo y Reparaciones). Disponível em: https://www.corteidh.or.cr/docs/casos/articulos/seriec_221_esp1.pdf Acesso em: 22 abr. 2024.

> também a interpretação que a Corte Interamericana, intérprete última da Convenção Americana, fez do mesmo[12].

Revela-se necessário rememorar que a vinculação às sentenças da Corte IDH decorre da CADH, aqui compreendida como *living instrument*, e da submissão à jurisdição da Corte IDH.

A Corte IDH decide com autoridade de coisa julgada internacional, com eficácia vinculante e direta às partes do litígio[13]. Além disso, Eduardo Ferrer Mac-Gregor, ex-Presidente da Corte IDH, ressalta a importância da vinculação dos *standards* interpretativos em face do ordenamento jurídico interno dos Estados signatários da Convenção Americana. As sentenças emitidas pela Corte IDH permitem a construção de padrões interpretativos mínimos para a efetividade dos Direitos Humanos, os quais devem ser interpretados à luz da Convenção Americana[14].

No que diz respeito à tradução convencional, cumpre salientar que a *res judicata* diz respeito à proteção direta para as partes da relação processual, enquanto a *res interpretata* refere-se à tutela indireta a todos os Estados partes da Convenção Americana, que aplicam os *standards* como forma de melhor interpretar os dispositivos da CADH[15]. Em outras palavras, "as decisões da Corte IDH operam de maneira subjetiva e direta entre as partes processuais, e de maneira objetiva e indireta em face de todos os demais Estados signatários da Convenção"[16].

12 CORTE INTERAMERICANA DE DIREITOS HUMANOS. **Caso Almonacid Arellano e outros Vs. Chile**. Sentença de 26 de setembro de 2006 (Exceções Preliminares, Mérito, Reparações e Custas). Disponível em: https://www.cnj.jus.br/wp-content/uploads/2016/04/7172fb59c130058bc5a96931e41d04e2.pdf Acesso em: 22 abr. 2024.

13 CAMBI, Eduardo. PORTO, Leticia de Andrade. **O Ministério Público Resolutivo e proteção dos Direitos Humanos**. Belo Horizonte: D'Plácido, 2019. p. 46.

14 MAC-GREGOR, Eduardo Ferrer. Eficacia de la sentencia interamericana y la coza juzgada internacional: vinculación directa hacia las partes (res judicata) y indirecta hacia los estados parte de la Convención Americana (res interpretata) (sobre el cumplimiento del caso Gelman vs. Uruguay). **Estudios constitucionales**, Santiago, v. 11, nº 2, p. 618-671, 2013. Disponível em: http://www.corteidh.or.cr/tablas/r31255.pdf Acesso em: 06 abr. 2024.

15 Ibid.

16 CAMBI, Eduardo. PORTO, Letícia de Andrade. HEEMANN, Thimotie Aragon. Controle de Convencionalidade pelo Ministério Público. **Revista Jurídica Corregedoria Nacional**: qualidade, resolutividade e transformação social: edição especial: recomendação de Aracaju, v. VII. Conselho Nacional do Ministério Público. Brasília: CNMP, 2019.

O *standard* interpretativo mínimo de efetividade da norma convencional encontra amparo no artigo 69 da Convenção Americana, por meio da vinculação do respeito, garantia e adequação normativa e interpretativa das decisões emitidas pela Corte IDH em relação às normas da CADH. Como consequência, a jurisprudência constitui importante instrumento de efetivação e interpretação dos Direitos Humanos em atendimento ao princípio *pro persona*[17].

Apesar de o Poder Judiciário se situar ao centro dessas reflexões, o diálogo com o sistema interamericano não deve se limitar ao diálogo de jurisdições; mas, sim, em câmbios e mutações constitucionais amplas. O próprio precedente *Guelman* supracitado pressupõe o envolvimento dos outros poderes estatais na realização deste controle.

Ainda, na ótica da permeabilidade dos diplomas interpretativos, bem como na tradução dos direitos humanos, revela-se a promulgação da Lei Maria da Penha, Lei nº 11.340/2006. Aqui estabeleceu-se um diálogo entre o órgão legislativo pátrio e um órgão político internacional. O nome dado à lei é um emblema dos frutos colhidos da luta internacional pelos direitos humanos das mulheres e seu impacto nos sistemas internos. O referido diploma legislativo resultou de recomendação da Comissão Interamericana de Direitos Humanos (CIDH) após análise de petição encaminhada por Maria da Penha Maia Fernandes e diversas organizações não governamentais de proteção às mulheres. Dessa forma, após mobilização intensa dos movimentos feministas, o Poder Legislativo, finalmente, concretizou, com base no precedente do sistema interamericano de proteção aos direitos humanos, a Lei Maria da Penha.

## 3. O CONTROLE DE CONVENCIONALIDADE NO STJ

Como resposta ao objetivo do presente trabalho, a metodologia aplicada foi através da busca pelo termo "controle de convencionalidade" no campo específico do buscador do site do STJ. Essa pesquisa resultou em um total de 18 decisões judiciais pertinentes ao tema. Cada uma dessas decisões será meticulosamente analisada com o objetivo de identificar e comparar similaridades e diferenças entre elas.

17 MAC-GREGOR, Eduardo Ferrer. Eficacia de la sentencia interamericana y la coza juzgada internacional: vinculación directa hacia las partes (res judicata) y indirecta hacia los estados parte de la Convención Americana (res interpretata) (sobre el cumplimiento del caso Gelman vs. Uruguay). **Estudios constitucionales.** Op.cit.

Como semelhanças, cumpre salientar que as decisões evidenciam uma abordagem consistente do STJ em aplicar o controle de convencionalidade, evidenciando um esforço de harmonização das normas internas com os tratados internacionais ratificados pelo Brasil.

Neste norte, revela-se que a Corte Superior reafirma que a análise de dispositivos constitucionais é de competência exclusiva do Supremo Tribunal Federal (STF), mantendo uma distinção clara de competências entre os tribunais.

Igualmente, as decisões, frequentemente, destacam a necessidade de respeitar a soberania nacional, mesmo enquanto se busca cumprir com as obrigações internacionais.

Em contraponto, a existência de variação nos aspectos analisados cria múltiplos enfoques, como o da isonomia ou direitos humanos, enquanto outros tratam de questões procedimentais ou técnicas como prescrição e jurisdição. No mesmo sentido, a multiplicidade de diplomas internacionais surge nas análises realizadas, como a Convenção Americana sobre Direitos Humanos, Convenção 169 da OIT, entre outros, refletindo a variedade de contextos em que o controle de convencionalidade é aplicado.

Como exemplo de decisão analisada, colaciona-se o AgInt no AREsp 2214932/RS, relacionado a uma Ação Rescisória. O pleito estava fundamentado na alegação de não observância ao princípio da isonomia pelo Tribunal de origem, com base na aplicação específica do Código de Processo Civil que se refere à matéria de defesa, exclusiva do executado e à Fazenda Pública. O Superior Tribunal de Justiça (STJ) afirmou que a análise de possível violação ao princípio da isonomia envolveria o exame de dispositivos da Constituição Federal, o que é de competência exclusiva do Supremo Tribunal Federal (STF). O STJ reiterou que o entendimento do Tribunal de origem estava alinhado com sua orientação jurisprudencial, mantendo o prazo decadencial estabelecido para a propositura da Ação Rescisória e negou provimento ao Agravo Interno.

Neste caso, o controle de convencionalidade pelo STJ é evidenciado pela referência à necessidade de observância dos princípios constitucionais, como o da isonomia, conforme interpretado e aplicado consistentemente com as normas convencionais internacionais sobre direitos humanos. O STJ evita a análise de questões que seriam de competência do Supremo Tribunal Federal, demonstrando a aplicação de uma análise de convencionalidade ao reforçar os limites de sua competência em relação à interpretação da Constituição, focando em garantir a conformidade das normas internas com as obrigações internacionais do Brasil.

Já o Recurso Ordinário em Mandado de Segurança nº 70411/RJ encontrava amparo de petição na súmula vinculante nº 14 do STF e no direito de acesso do advogado aos autos do processo. O STJ, com base na súmula vinculante nº 14 do STF, bem como dos protocolos e tratados internacionais de Direitos Humanos e de sentenças proferidas pela Corte Interamericana de Direitos Humanos, destacando-se o Caso Gomes Lund e outros vs. Brasil e o Caso Cosme Genoveva e outros vs. Brasil (Favela Nova Brasília), entendeu que o Estado deve permitir tanto os defensores quanto familiares de participar de maneira efetiva e formal na investigação e nos processos. Sobre o tema também citam a Regra nº 35 do Protocolo de Minnesota. Foi concedida segurança ao mandado.

Neste caso, o controle de convencionalidade pelo STJ é evidenciado pela referência à necessidade de observância ao Protocolo de Minnesota, assim como aos precedentes da Corte Interamericana de Direitos Humanos no Caso Gomes Lund e outros vs. Brasil e o Caso Cosme Genoveva e outros vs. Brasil (Favela Nova Brasília), focando em garantir a conformidade das aplicações das normas e princípios internos com as obrigações internacionais e os precedentes aos quais estão vinculados o Brasil.

Em se tratando de matéria penal, o Agravo Regimental no Recurso Ordinário em Habeas Corpus nº 147174 fundamentava-se na alegação de não observância de manifestação do réu requerendo a incidência do controle de convencionalidade e compatibilidade com a Convenção Americana sobre Direitos Humanos pelo juízo *a quo*, que acolheu em parte a fundamentação da defesa para reforma material em Embargos de Declaração.

O Superior Tribunal de Justiça (STJ) afirmou que a mera correção de vício material existente, por meio de embargos de declaração, não conduz à reforma em prejuízo da recorrente ou em constrangimento ilegal. Quanto ao controle de convencionalidade, reiterou o entendimento do Tribunal de origem estava alinhado com sua orientação jurisprudencial, na qual à submissão à jurisdição não prescinde da devida harmonização com o ordenamento pátrio, sob pena de se comprometer a própria soberania nacional, negando provimento ao Agravo.

Neste caso, o controle de convencionalidade pelo STJ é evidenciado pela referência à necessidade de cotejo entre as decisões proferidas na Corte Interamericana de Direitos Humanos e o ordenamento nacional.

O STJ demonstra a aplicação de uma análise de controle de convencionalidade reiterando a competência do Supremo Tribunal Federal para análise da aplicação da Constituição Federal, e ressaltando a necessária harmonização entre as decisões internacionais e a supremacia da Constituição na ordem interna.

No que diz respeito a um diálogo entre Cortes, o incidente de deslocamento de competência 21/RJ, encontra-se diretamente relacionado à decisão proferida na Corte Interamericana de Direitos Humanos no caso Favela Nova Brasília vs. Brasil. O pleito estava fundamentado na condenação pela CIDH no caso Favela Nova Brasília vs. Brasil, na qual alegava a violação de direitos humanos em incursões policiais que geraram mortes e abusos sexuais e na série de arquivamentos sucessivos do inquérito relacionado a estas violações.

O STJ afirmou que foram instituídos investigações e inquérito por anos, e em que pese tenha havido descaso culminando em sucessivos arquivamentos, não há justificativa em anular o acórdão do Tribunal de Justiça que referendou o derradeiro arquivamento do inquérito, com o objetivo de encaminhá-lo à Justiça Federal para apuração de delito que já foi acobertado pela prescrição. O Superior Tribunal de Justiça (STJ) reiterou seu entendimento que o reconhecimento da prescrição de determinado delito pelo ordenamento nacional, ainda que imprescritível conforme Tratado Internacional ratificado pelo Brasil, não configura resistência ao cumprimento de decisões proferidas pela CIDH ou reticência em exercer o controle de constitucionalidade, dado que a submissão à jurisdição internacional deve ser harmonizada com o ordenamento pátrio, julgando improcedente o Incidente de Deslocamento de Competência.

Evidencia-se o controle de convencionalidade realizado pelo STJ no presente caso pela análise do cumprimento de condenação da Corte Interamericana de Direitos Humanos e pela aplicação da imprescritibilidade dos crimes de violação aos direitos humanos determinada por Tratado Internacional ratificado pelo Brasil. O STJ demonstra a aplicação de uma análise de convencionalidade ao determinar a sobreposição do ordenamento pátrio sobre as normas fixadas em tratados internacionais, em razão da harmonização das previsões constitucionais com o ordenamento jurídico internacional.

Também há exemplos de diálogos e controle de convencionalidade em relação a diplomas protetivos no âmbito do sistema ONU, como o realizado junto ao REsp 1641107/PA. A decisão trata de Recurso Especial relacionado à Ação Civil Pública ajuizada pelo MPF. O pleito estava fundamentado na alegação de coisa julgada, à violação da cláusula de reserva de plenário e de dispositivos previstos na Convenção 169 da Organização Internacional do Trabalho (OIT).

O Superior Tribunal de Justiça (STJ) negou provimento à alegação de coisa julgada e afirma que a análise de possível violação à cláusula de reserva de plenário e da Convenção 169/OIT e respectivos decretos envolveria o exame de dispositivos da Constituição Federal, o que é de competência exclusiva do Supremo Tribunal Federal (STF). Os Recursos Especiais do IBAMA e da UNIÃO não foram conhecidos e os Apelos da ELETRONORTE e da ELETROBRÁS conhecidos em parte e, nessa parte, desprovidos, bem como prejudicado o Agravo Interno.

No caso retratado, o controle de convencionalidade pelo STJ é evidenciado pela referência à necessidade de observância de cláusulas constitucionais e de convenções internacionais ratificadas pelo Brasil, como a Convenção 169 da OIT e seus decretos. O STJ evita a análise de questões que seriam de competência do STF, demonstrando a aplicação de uma análise de convencionalidade ao reforçar os limites de sua competência em relação à interpretação da Constituição.

Na mesma toada, o Agravo Interno em Recurso Especial 1704452/SC, que tem por base arguição de violação à convenção internacional 169 da OIT e a decretos regulamentadores. O STJ afirma que as violações diretas de normas supralegais não permitem a análise do tribunal, visto que são de competência exclusiva do Supremo Tribunal Federal. Entretanto, o Tribunal afirma que ainda que se considere possível a apreciação da violação da norma federal infraconstitucional à luz das convenções internacionais, não se verifica a incompatibilidade entre os entendimentos jurisprudenciais internacionais e nacionais O Superior Tribunal de Justiça alega, ainda, que os decretos regulamentadores não ensejam a interposição de recurso especial, uma vez que parte das alegações pretendia revisão de prova não cabível no STJ e que não se exerceu corretamente a dialeticidade com os pressupostos da decisão agravada, conforme determinações sumulares. Frente a isso, se negou provimento ao Agravo Interno.

No caso em tela, o controle de convencionalidade se faz presente pela observância das interpretações das Cortes Internacionais e de Convenções Internacionais que possuem caráter supralegal no ordenamento nacional. O STJ, novamente, evita a análise de questões que seriam de competência do STF, demonstrando sua análise de convencionalidade ao reforçar os limites de sua competência a interpretação constitucional e dos documentos internacionais, bem como ao reiterar que não se verificam divergências entre as posições das Cortes internacionais e nacionais sobre o tema, demonstrando seu compromisso com a comunidade internacional.

No que concerne ao direito dos presos e a garantia de seus direitos humanos, o Agravo regimental no Recurso Ordinário em Habeas Corpus nº 136961/RJ relacionava-se à violação de direitos humanos de apenados por cumprimento de pena em condições degradantes em instituição carcerária brasileira, em conformidade à Resolução da Corte IDH de 22/11/2018 que determinou o cômputo em dobro do cumprimento de pena de todas as pessoas alojadas na instituição. No Agravo interposto, requereu-se que a determinação exarada pela CIDH não produzisse efeitos retroativos, devendo produzir efeitos *ex nunc*.

O Superior Tribunal de Justiça (STJ) entendeu que a sentença da Corte IDH produz autoridade de coisa julgada internacional, com eficácia vinculante e direta às partes, bem como que não cabe a modulação de seus efeitos em razão de que o substrato fático que deu origem ao reconhecimento já perdurara anteriormente, de forma que o cômputo deve incidir sobre todo o período de cumprimento de pena. O STJ reiterou seu entendimento de que devem exercer o controle de convencionalidade, adequando sua estrutura interna para garantia das obrigações frente à comunidade internacional e que essa interpretação é a que mais se aproxima da Constituição Federal e de seus fundamentos e decidiu pela negativa de provimento do Agravo regimental interposto.

Resta explícito o controle de convencionalidade exercido pelo Superior Tribunal de Justiça (STJ) neste caso, pela determinação das aplicações dos efeitos das decisões e determinações exaradas pela CIDH, conforme as disposições internacionais dos quais é signatário o Brasil. O STJ demonstra a análise da convencionalidade ao adequar a estrutura interna às disposições do diploma internacional, destacando que esta forma de interpretação das normas jurídicas seria a concernente ao disposto da Constituição Federal.

No que diz respeito às reparações decorrentes da ditadura militar brasileira, o Agravo Regimental em Agravo em Recurso Especial 1648236/SP tinha como objeto a análise da violação da Lei nº 6.683/1979 (Lei de Anistia) e da Lei n.º 9.882/1999 pelo reconhecimento das graves violações de direitos humanos ocorridas no período da ditadura militar. O Superior Tribunal de Justiça (STJ) afirmou que é de competência do Supremo Tribunal Federal (STF) verificar os efeitos da decisão proferida no Caso Gomes Lund e outros ("Guerrilha do Araguaia") vs Brasil, bem como no Caso Herzog e outros vs Brasil com a consequente harmonização relativa à Lei de Anistia, objeto da ADPF nº 320/DF.

O STJ reiterou que das instâncias ordinárias não vulneraram referidos dispositivos legais, mas antes lhes deram efetiva e correta aplicabilidade, uma vez que a denúncia foi rejeitada com fundamento na Lei nº 6.683/1979, que foi considerada constitucional pelo STF, no julgamento da ADPF 153/DF, negando provimento ao Agravo Regimental.

Neste caso, o controle de convencionalidade realizado pelo STJ é demonstrado pela referência à necessidade de harmonização das decisões exaradas pelas cortes internacionais e o ordenamento pátrio. Novamente, o STJ evita a análise de questões que seriam de competência do STF, reforçando os limites de sua competência em relação à Constituição.

Sobre a temática, insta rememorar o REsp 1798903/RJ, cuja argumentação restou fundada na violação de norma do Código Penal que determina como imprescritíveis crimes contra a humanidade conforme disposição dos diplomas internacionais, fazendo referência à Convenção sobre a Imprescritibilidade dos Crimes de Guerra e dos Crimes contra a Humanidade. O Superior Tribunal de Justiça (STJ) afirmou falta de correlação entre a norma apontada como violada e a discussão dos autos, bem como não indicada a violação a dispositivo legal ou supralegal que insira os fatos na categoria de crime contra a humanidade.

No mesmo sentido, o STJ reitera que os fatos narrados estão sob a proteção da Lei de Anistia, considerada constitucional pelo STF. Desta maneira, não se pode impor através de controle de convencionalidade à Jurisdição da CIDH e aos documentos internacionais, dada a primazia da harmonização com o ordenamento pátrio, com o fim de não se comprometer a soberania nacional. O Tribunal reitera, ainda, que a Convenção Internacional apontada não foi ratificada pelo Brasil e nem internalizada como norma supralegal, se classificando como *jus cogens*, a qual foi considerada inaplicável, dado que não pode violar os princípios constitucionais. O Recurso Especial foi conhecido em parte, e nessa extensão, improvido.

No caso em comento, o controle de convencionalidade do STJ é evidenciado pela necessidade de harmonização das convenções internacionais e decisões de cortes internacionais frente ao ordenamento jurídico brasileiro, em razão da manutenção da soberania. O Superior Tribunal de Justiça ressalta que as questões foram alvo de análise do Supremo Tribunal Federal e que a decisão recorrida está em conformidade com os precedentes do STF. Por fim, o STJ demonstra a aplicação da análise de convencionalidade ao destacar que a convenção não detém caráter supralegal, preservando os princípios constitucionais.

Falando-se da harmonização entre ordenamento jurídico interno e internacional, sobretudo diante de tipos penais que não resguardam a compatibilidade, como o crime de desacato. Os Embargos de Declaração no Recurso Especial 1640084/SP versavam acerca da validade, eficácia e subsistência do crime de desacato. O Superior Tribunal de Justiça (STJ), no exercício do controle de convencionalidade, indicou a observância do Pacto de São José da Costa Rica, reconhecendo a validade, eficácia e subsistência do crime de desacato previsto no ordenamento jurídico brasileiro, em contrariedade ao acórdão embargado. Diante disto, foram acolhidos os Embargos de declaração com efeitos infringentes para declarar a incolumidade do crime de desacato pelo ordenamento jurídico brasileiro.

No presente caso, o controle de convencionalidade é expressamente exercido pelo STJ ao determinar a incidência de Convenção Internacional ratificada pelo Brasil, com o fim de alterar entendimento proferido pelo Tribunal. O Superior Tribunal de Justiça reitera sua orientação jurisprudencial para o exercício do controle de convencionalidade no sentido dado, demonstrando sua competência e seu compromisso na harmonização das normas internas com as obrigações internacionais.

A dissonância na matéria penal é evidenciada em alguns julgados pelo STJ. O AgRg no HC 462482, por exemplo, abordava o princípio da insignificância e o não cabimento do crime de desacato frente a Convenção Americana de Direitos Humanos. O Superior Tribunal de Justiça decidiu pela não incidência do princípio da insignificância, em razão do crime de desacato e do contexto fático lesionar bem jurídico de relevante valor social que afeta toda a coletividade. Em relação à aplicação da Convenção Americana de Direitos Humanos, a Corte reiterou seu precedente de harmonização do crime de desacato no ordenamento jurídico brasileiro mesmo com a ratificação e internacionalização da Convenção, determinando o não provimento do Agravo.

No caso em tela, o controle de convencionalidade é notório pela referência à harmonização das normas constantes na Convenção Internacional ratificada pelo Brasil. Na análise desincumbida pelo STJ se demonstra a compatibilidade da legislação interna com os compromissos internacionais, em exercício claro da Corte da manutenção da conformidade do ordenamento pátrio com as Convenções da qual faz parte o Brasil.

Também, no que diz respeito à inconvencionalidade do crime de desacato, cumpre destacar alguns julgados da Corte Superior. O AgRg no HC 399666/SC tinha por fundamento a alegação de violações a recomendações da Corte Interamericana de Direitos Humanos e ao Pacto de São José da Costa Rica relacionados ao crime de desacato e à liberdade de expressão. O STJ afirmou que embora a Corte Interamericana tenha emitido recomendações sobre a matéria aos signatários do Pacto de São José da Costa Rica, nos quais se inclui o Brasil, elas possuem função meramente instrutória e não valor jurídico. O Superior Tribunal de Justiça reitera que no ordenamento jurídico brasileiro inexistem direitos de caráter absoluto, de forma que as garantias fundamentais da liberdade de expressão e acesso à informação devem ser compatibilizadas com outros direitos de igual valor pela sociedade. Por fim, a Corte reitera o alinhamento da jurisprudência do STJ com a criminalização do crime de desacato, mesmo diante dos vetores interpretativos do Pacto de São José da Costa Rica, sendo o Agravo improvido.

Neste caso, avulta-se o controle de convencionalidade exercido pelo STJ na ponderação dos compromissos internacionais exercidos pelo Brasil com as normas jurídicas internas. O Superior Tribunal de Justiça destaca sua análise de convencionalidade ao realçar a harmonização da interpretação do ordenamento pátrio e das garantias fundamentais com as normas convencionais internacionais sobre direitos humanos.

Igualmente, o AgRg no AREsp 1071275 / SC tinha como objeto a alegação de incompatibilidade do dispositivo da legislação brasileira que criminaliza o desacato com as disposições da Convenção Americana sobre Direitos Humanos. O Superior Tribunal de Justiça (STJ) reiterou seu entendimento em análise de convencionalidade de que a interpretação disposta na obrigação internacional sobre direitos humanos não é incompatível com a referida criminalização no ordenamento pátrio. Dessa forma, julgou o Agravo Regimental improvido.

No caso exposto, é latente a aplicação do controle de convencionalidade pelo Superior Tribunal de Justiça, que garante a conformidade da legislação interna com as Convenções Internacionais do qual o Brasil é signatário, a partir da aferição da compatibilidade dos cânones interpretativos da Convenção Americana sobre Direitos Humanos com a criminalização em questão.

No mesmo norte, o AgRg no HC 395364 / SP tinha como pedido o afastamento da tipificação do crime de desacato com base nas disposições do Pacto de São José da Costa Rica. O Superior Tribunal de Justiça apontou precedente jurisprudencial da Corte que, em controle de convencionalidade, entendeu pela compatibilidade entre as previsões do compromisso internacional de direitos humanos com o dispositivo penal do ordenamento pátrio. O STJ ressalta que a análise de convencionalidade foi exercida pelo órgão colegiado de uniformização da jurisprudência da Corte Superior, devendo ser seguida. Assim, foi improvido o Agravo Regimental.

O Superior Tribunal de Justiça, no presente caso, exerce o controle de convencionalidade analisando a harmonização das previsões da Convenção Internacional de direitos humanos do qual o Brasil é signatário. O STJ ressalta, ainda, a competência da análise e a uniformização do entendimento da compatibilidade pela Corte Superior.

Ainda, em se tratando do crime de desacato, o AgRg no HC 402866/SC tinha como objeto o reconhecimento da incompatibilidade do tipo penal de desacato com a Convenção Americana de Direitos Humanos. O Superior Tribunal de Justiça (STJ), indica a posição pacificada na Corte de que não há ilegalidade a ser reparada, uma vez que a disposição da legislação penal brasileira e as disposições da Convenção Internacional são compatíveis. Frente a isso, o Agravo Regimental foi improvido.

Neste caso, o STJ evidencia o controle de convencionalidade exercido pela Corte Superior ao indicar a compatibilidade das normas internas com as obrigações internacionais sobre direitos humanos, fixando o entendimento que se deve garantir a conformidade do ordenamento jurídico nacional com o disposto nas Convenções Internacionais das quais o Brasil é signatário.

Igualmente, o HC 379269 / MS tratava acerca do recebimento de denúncia de crime de desacato. O pleito se fundamentou na alegação de violação do Pacto de São José da Costa Rica pela tipificação do crime de desacato no ordenamento jurídico brasileiro. Neste caso, o Superior Tribunal de Justiça (STJ) indicou que as regras decorrentes de tratados de direitos humanos possuem *status* de norma supralegal, a Comissão Interamericana de Direitos Humanos não possui função jurisdicional e que as recomendações emitidas pela Corte Interamericana de Direitos Humanos não possuem força vinculante.

A força vinculante somente está presente nas decisões emitidas pela CIDH, contudo, não existem precedentes relacionados ao crime de desacato atrelados ao Brasil. O STJ ressalta que, ao contrário, a Comissão Interamericana e a Corte Interamericana têm perfilhado o entendimento de que o exercício de direitos humanos deve ser feito em respeito aos demais direitos, de maneira que o Estado deve desempenhar um processo de harmonização entre ambos. A Corte Superior afirma que a análise de controle de convencionalidade deve observar uma dupla compatibilidade material vertical, que aplicado ao pleito mostram uma compatibilidade do crime de desacato do ordenamento jurídico pátrio com as condições do Pacto de São José da Costa Rica, presentes no art. 13.2. Portanto, o Habeas Corpus não foi conhecido.

No caso em tela, o controle de convencionalidade pelo STJ é demonstrado pela referência à necessidade de observância da ponderação de direitos humanos, conforme interpretado e aplicado pelo Pacto de São José da Costa Rica. A Corte Superior destaca a necessidade de uma compatibilidade material vertical das disposições internacionais de direitos humanos com as disposições do ordenamento jurídico interno, declarando o compromisso da harmonização de ambos.

Já, o REsp 1640084 / SP buscava a aplicação do princípio da insignificância, a desclassificação do crime de roubo para constrangimento ilegal e a não configuração do crime de desacato frente a sua incompatibilidade com a Convenção Americana de Direitos Humanos. O STJ indicou que é inaplicável o princípio da insignificância em crimes cometidos mediante o uso de violência e grave ameaça como o roubo, assim como entendeu que o pleito de desclassificação do crime de roubo para constrangimento ilegal careceu de indicação do dispositivo legal e de fundamentação do pedido.

Por outro lado, a Corte Superior reforçou sua competência e compromisso do exercício do controle de convencionalidade, conforme determinado pela Corte Interamericana de Direitos Humanos no caso *Almonacid Arellano y otros v. Chile*. Assim, o STJ destacou que a Comissão Interamericana de Direitos Humanos já se manifestou no sentido de que as leis de desacato se prestam ao abuso, como meio utilizado para silenciar ideias e opiniões contrárias ao *establishment*, proporcionando uma proteção maior aos agentes do Estado, ao passo que vulnerabiliza os particulares. Com isso, a Comissão Interamericana de Direitos Humanos teria estabelecido uma recomendação de que os países aderentes ao Pacto de São José da Costa Rica abolissem suas leis de desacato, de maneira que a existência de tal ato normativo no ordenamento jurídico brasileiro é desarmônica e anacrônica. A Corte conheceu em parte o Recurso Especial e nessa extensão, o parcialmente proveu para afastar a condenação do recorrente pelo crime de desacato.

Neste caso, o Superior Tribunal de Justiça exerceu o controle de convencionalidade determinando a observância à recomendação da Comissão Interamericana de Direitos Humanos que determina a abolição das leis de desacato, como também ressalta a obrigação da Corte Superior na manutenção da compatibilidade entre a legislação interna e as obrigações internacionais, conforme determinado pela Corte Interamericana de Direitos Humanos. Assim, o STJ demonstra seu compromisso na garantia da harmonização da legislação internacional de direitos humanos com o ordenamento jurídico pátrio.

Por outro lado, o AgRg no REsp 1577745/MG buscava a análise da violação a princípios e dispositivos constitucionais, bem como de dispositivos da Constituição Interamericana de Direitos Humanos. O STJ, em que pese ressalta a possibilidade de controle de convencionalidade pela Corte, considera-a prejudicada uma vez que não foi indicado o dispositivo supra legal violado, configurando deficiência de fundamentação. No que concerne à violação de princípios e dispositivos constitucionais, o Superior Tribunal de Justiça aponta que essa tarefa é de competência exclusiva do Supremo Tribunal Federal, determinando o desprovimento do Agravo Regimental.

No caso supracitado, o exercício do controle de convencionalidade pelo Superior Tribunal de Justiça é destacado como parte da competência e atribuição da Corte, em que pese reste prejudicada pela deficiência de fundamentação. O STJ se abstém de analisar questões que integram a competência do STF, de maneira a reforçar os limites de sua competência em relação à análise da Constituição, restringindo seu foco na harmonização das obrigações internacionais com a legislação ordinária nacional.

Como conclusão das análises realizadas, tem-se que algumas decisões têm implicações mais diretas sobre os direitos dos indivíduos, como na garantia de acesso à justiça ou direitos de defesa, enquanto outras tratam de questões mais técnicas e procedimentais.

Essa diversidade nas abordagens do STJ reflete a complexidade e o alcance do controle de convencionalidade como ferramenta jurídica, adaptando-se às necessidades específicas de cada caso enquanto busca manter a coerência com os compromissos internacionais do Brasil.

## 3. CONCLUSÕES

Nos dizeres de Sergio Ramírez, ex-juiz da Corte IDH, todo magistrado da América Latina é um juiz interamericano. Isto significa que os juízes nacionais também são juízes regionais – ou juízes interamericanos, no caso dos países situados na América Latina e signatários da Convenção Americana de Direitos Humanos. Sob a ótica regional latino-americana, as interlocuções entre magistrados permite a implementação dos *standards* da Corte Interamericana de Direitos Humanos, uma vez que, em sendo os recursos efetivos a nível nacional de forma a evitar e reparar violações em Direitos Humanos, torna-se desnecessária a ativação do sistema regional[18].

Nessa ótica, o diálogo entre Cortes também é retratado dentro do exercício do controle de convencionalidade, como modalidade de acomodação entre ordens, bem como de tradução de direitos humanos no âmbito nacional.

Cumpre salientar que o cumprimento do objeto da presente pesquisa, relativa à análise do controle de convencionalidade na sedimentação dos julgados pelo Superior Tribunal de Justiça, uma vez que, evidente uma evolução quanto à interpretação dos Direitos Humanos e, quanto ao exercício do controle de convencionalidade pela Corte Constitucional Brasileira. Entretanto, a forma pela qual o fazem ainda se encontra aquém do pretendido pela Corte IDH. Aqui, pode ser citada, inclusive, a resistência quanto à declaração de inconvencionalidades de crimes que, tipificados, esbarram em diferentes direitos garantidos pela CADH, como o crime de desacato.

Apesar disso, os esforços para a ampliação e garantia dos direitos humanos podem ser verificados por meio da evolução jurisprudencial do STJ, que recorre, cada vez mais, aos parâmetros da Corte Interamericana de Direitos Humanos para interpretar eventuais conflitos de direitos, além do fomento do diálogo entre Cortes, como revelado em alguns julgamentos selecionados no decorrer deste trabalho.

O desconhecimento dos atores jurídicos nacionais em relação ao sistema e, em especial às decisões da Corte e, também no que respeita à aplicação do controle de convencionalidade em suas rotinas coloca em risco a legitimidade do Sistema Interamericano. Sistemas jurídicos de outros países, como é o caso da Argentina e da Colômbia, por outro lado, já aplicam automaticamente as decisões internacionais, reconhecendo a hierarquia constitucional dessas disposições.

A legitimidade do Sistema Interamericano de Direitos Humanos como instrumento para efetiva transformação social e universalização de direitos é ainda ocasional, o que demonstra como bem vindas iniciativas que façam esta ponte de aproximação. Todavia, no campo da presente pesquisa, requer-se cautela para não enfraquecer os comandos

18 ALVARADO, Paola Andrea Acosta. **Más allá de la utopía: Del diálogo interjudicial a la constitucionalización del derecho internacional**. La red judicial latinoamericana como prueba y motor del constitucionalismo multinível. Tese de Doutorado. Universidad Complutense de Madrid. FACULTAD DE DERECHO INSTITUTO UNIVERSITARIO DE INVESTIGACIÓN ORTEGA Y GASSET. 2015. p. 100.

advindos do próprio sistema, porque cabe a estes o exercício da interpretação autorizada da CADH e do *corpus iuris interamericano.*

Apesar do progresso observado na aplicação do controle de convencionalidade pelo STJ, há desafios práticos que precisam ser superados para uma implementação mais eficaz. A resistência à mudança em relação a tipos penais específicos, como o crime de desacato, demonstra a dificuldade em harmonizar as normas internas com os tratados internacionais de direitos humanos. Além disso, a falta de uniformidade na aplicação de princípios internacionais entre diferentes tribunais brasileiros representa um obstáculo significativo. A necessidade de capacitação contínua dos magistrados e a promoção de um maior diálogo entre os diversos níveis do judiciário são essenciais para superar essas barreiras.

A efetividade do controle de convencionalidade não pode ser atribuída apenas ao Poder Judiciário. É imperativo que os outros poderes estatais, especialmente o Legislativo e o Executivo, se envolvam ativamente no processo de integração das normas internacionais de direitos humanos no ordenamento jurídico nacional. A criação de leis que reflitam os compromissos internacionais do Brasil e a execução de políticas públicas que promovam esses direitos são passos cruciais para garantir uma aplicação consistente e eficaz do controle de convencionalidade. Sem esse envolvimento, os esforços do Judiciário podem ser insuficientes para provocar mudanças significativas e duradouras.

A interação contínua entre os tribunais brasileiros e a Corte Interamericana de Direitos Humanos é fundamental para o fortalecimento dos direitos humanos na região. A adoção de precedentes e *standards* interpretativos da Corte IDH pelo STJ não só promove uma maior harmonização jurídica, mas também reforça o compromisso do Brasil com a proteção dos direitos humanos. É crucial que esse diálogo seja expandido e aprofundado, promovendo uma troca constante de experiências e práticas entre os sistemas de justiça nacionais e internacionais. Isso permitirá uma evolução mais robusta e integrada do controle de convencionalidade, beneficiando não apenas o Brasil, mas também outros países da América Latina que enfrentam desafios semelhantes.

## REFERÊNCIAS

ALVARADO, Paola Andrea Acosta. **Más allá de la utopía: Del diálogo interjudicial a la constitucionalización del derecho internacional**. La red judicial latinoamericana como prueba y motor del constitucionalismo multinivel. Tese de Doutorado. Universidad Complutense de Madrid.

FACULTAD DE DERECHO INSTITUTO UNIVERSITARIO DE INVESTIGACIÓN ORTEGA Y GASSET. 2015.

CAMBI, Eduardo. PORTO, Leticia de Andrade. **O Ministério Público Resolutivo e proteção dos Direitos Humanos**. Belo Horizonte: D´Plácido, 2019

CAMBI, Eduardo. PORTO, Letícia de Andrade. HEEMANN, Thimotie Aragon. Controle de Convencionalidade pelo Ministério Público. **Revista Jurídica Corregedoria Nacional**: qualidade, resolutividade e transformação social: edição especial: recomendação de Aracaju, v. VII. Conselho Nacional do Ministério Público. Brasília: CNMP, 2019.

CORTE INTERAMERICANA DE DIREITOS HUMANOS. **VOTO CONCURRENTE RAZONADO DEL JUEZ SERGIO GARCIA RAMIREZ A LA SENTENCIA DEL *CASO MACK CHANG VS. GUATEMALA*,** DEL 25 DE NOVIEMBRE DE 2003. Disponível em: https://www.corteidh.or.cr/docs/casos/articulos/seriec_101_esp.pdf Acesso em: 23 abr. 2024.

CORTE INTERAMERICANA DE DIREITOS HUMANOS. **Caso Almonacid Arellano e outros Vs. Chile**. Sentença de 26 de setembro de 2006 (Exceções Preliminares, Mérito, Reparações e Custas). Disponível em: https://www.cnj.jus.br/wp-content/uploads/2016/04/7172fb59c130058bc5a96931e41d04e2.pdf Acesso em: 22 abr. 2024

CORTE INTERAMERICANA DE DIREITOS HUMANOS. **CASO GELMAN *VS.* URUGUAY.** SENTENCIA DE 24 DE FEBRERO DE 2011 (Fondo y Reparaciones). Disponível em: https://www.corteidh.or.cr/docs/casos/articulos/seriec_221_esp1.pdf Acesso em: 22 abr. 2024.

MAC-GREGOR, Eduardo Ferrer. **Interpretación Conforme y Control Difuso de Convencionalidad**: el nuevo paradigma para el juez mexicano. Disponível em: <http://biblio.juridicas.unam.mx/libros/7/3033/14.pdf>. Acesso em: jun. 2024. p. 340.

MAC-GREGOR, Eduardo Ferrer. Eficacia de la sentencia interamericana y la coza juzgada internacional: vinculación directa hacia las partes (res judicata) y indirecta hacia los estados parte de la Convención Americana (res interpretata) (sobre el cumplimiento del caso Gelman vs. Uruguay). **Estudios constitucionales**, Santiago, v. 11, nº 2, pp. 618-671, 2013. Disponível em: http://www.corteidh.or.cr/tablas/r31255.pdf Acesso em: 06 abr. 2024.

MAZZUOLI, Valerio de Oliveira. **O controle jurisdicional da convencionalidade das leis**. 4 ed. São Paulo: Editora Revista dos Tribunais, 2016.

RAMOS, André de Carvalho. **Curso de Direitos Humanos**. 2ª ed. rev. atual. e ampl. São Paulo: Saraiva, 2015

## Em nome da democracia: a regulação da tecnologia pela Justiça Eleitoral

*Eduarda Chacon Rosas*[1]
*Rodrigo Rosas*[2]

> *"A principal condição para que alguém consiga dizer algo é que seja capaz de silenciar a todos os demais".*[3]

Honram-nos os professores Otávio Luiz Rodrigues Júnior e Jadson Santana de Sousa com o convite para participar desta tão merecida homenagem. O homenageado, Ministro Humberto Martins, é magistrado vocacionado a quem muito admiramos porque representa todas as grandes qualidades da Justiça acessível, assertiva, célere e humana. Muito nos alegra ver um Ministro da Corte Cidadã, Superior Tribunal de Justiça, que honra ao mesmo tempo suas origens na advocacia e sua escolha de vida na magistratura.

O Ministro Humberto Martins conquistou seu lugar na história e na tradição jurídica brasileira, por mérito próprio. É com muito orgulho que participamos de livro destinado a homenageá-lo, discorrendo sobre o papel normativo da Justiça Eleitoral, cujos quadros ele mesmo já compôs, junto ao Tribunal Superior Eleitoral como Ministro Substituto. Independentemente desta experiência, o Ministro Humberto Martins sempre foi um defensor da Democracia. Em todas as suas expressões, desde o sentido institucional ao valor que ela representa, tendo liderado enquanto Presidente do Superior Tribunal de Justiça inúmeras iniciativas para promover o acesso à Justiça e o bem-estar social, com a ampliação de garantias democráticas e a promoção do exercício delas – e antes

---

1 Advogada no BFBM Advogados. Doutoranda e Mestre em Direito Regulatório pela UNB.

2 Advogado, sócio no Rosas Advogados. Especialista em Processo Civil pelo IDP e pelo UniCeub.

3 Tradução livre de *"la condición más fuerte para que alguien consiga decir algo es que sea capaz de silenciar todo lo demás"* – ORTEGA Y GASSET, J. **Pasado y porvenir para el Hombre actual**. Obras Completas, Volumen IX. Madrid: Alianza Editorial, 1994.

disso atuado no mesmo sentido tanto no Tribunal de Justiça de Alagoas quanto na OAB/AL.

Agradecemos a oportunidade de homenagear o tão admirado e benquisto magistrado, e aproveitamos o ensejo para parabenizar os organizadores desta obra, bem como os colegas autores que se uniram a este excelente esforço e contribuíram para que fosse concluída a belíssima obra sobre a qual se debruçarão os felizardos leitores. Por fim, nossa admiração ao Professor Roberto Rosas, que apresenta o homenageado, e ao Ministro Dias Toffoli, que prefaciou o presente livro.

## 1. INTRODUÇÃO

Que a existência humana é permeada por incertezas não é novidade. Com o passar do tempo, das eras, das gerações, o desconhecido assume novas formas e o homem se encontra diante de dilemas e desafios noviços. Cada novo obstáculo parece ser maior e mais difícil que o anterior, mas só porque é o problema da vez. E assim a humanidade enfrentou a idade das pedras, as guerras, as revoluções e a chegada da automação e da tecnologia. Superou recessões e epidemias só para ser confrontada, em pleno século XXI por uma pandemia mundial e pelo fenômeno da desinformação que se propaga mais rápido do que o SARS COVID 19 e para o qual não existe nem vacina e nem cura.

Em alguns anos, não tantos assim, novas provações virão e as de hoje parecerão memórias distantes. Mas enquanto se vivencia a necessidade de regulação da inteligência artificial, das plataformas online e das tecnologias incipientes, não parece que haverá um amanhã para além da tarefa impossível de hoje.

Na vanguarda do movimento regulatório, com um poder normativo excepcional e cheio de possibilidades, a Justiça Eleitoral se projeta como protagonista na regulação da tecnologia em defesa da democracia e do processo eleitoral. As dificuldades são enormes. Desde a conceituação e delimitação temática ao cuidado para evitar a censura prévia e para não delegar o poder – e a responsabilidade – Estatal ao Net States.

Na contramão da evolução e da revolução cultural tecnológica, as pessoas estão se tornando menos consistentes. As razões são diversas e passam pelos fenômenos de manipulação de massa, julgamentos pelo "Tribunal da Internet", alienação e autoalienação, desinformação, verticalização de conteúdo customizado e imersão em modelos de vida artificiais propagados nas redes sociais. O mundo está à beira de um colapso social alimentado pela polarização e pela ausência de verdades comuns, as comunidades se isolam em si mesmas de conversar sobre suas diferenças.

E a regulação, que sempre levou em consideração, no bom funcionamento da máquina social, resguardar a sociedade dos poderes opressores externos, enfrenta uma circunstância inesperada: desenvolver mecanismos para proteger as pessoas de si mesmas.

De fato, a regulação é instrumento de coerência sistêmica para conciliar contradições internas disfuncionais em um dado sistema social. Portanto, interessam à regulação as regras próprias do sistema regulado e não aquelas de modelos externos. A ideia remete de pronto a Luhmann e Teubner. Este último, ao escrever sobre o direito como sistema autopoiético, procurou compreender como os sistemas (modelos individualizados) se relacionam com os meios envolventes - próprios e alheios - para, autorregulando-se, evoluírem a partir das suas observações, ou seja, das versões introjetadas daquilo que percebem a respeito do exterior. A partir do acoplamento estrutural, dá-se perturbação e irritação pelo contato com estruturas emprestadas, o que transmite a sensação de desorganização para o sistema tomador. A desestabilização fortalece o sistema, auxiliando seu desenvolvimento[4].

Da leitura de Teubner, conclui-se que o direito precisa regular a si mesmo com a consciência de que quanto mais afinado e afiado estiver, mais poderá contribuir socialmente e com os demais sistemas. Essa seria a base da relação entre direito e regulação[5].

A regulação tem uma tendência, dentro da maioria dos modelos, de se bifurcar em liberal ou não, para abranger uma agenda que vai desde a desregulação (que apesar do nome não é anárquica) à excessiva burocratização, passando por uma série de diferentes níveis, que podem, inclusive, conter subníveis internos a depender do grau efetivo de implementação das políticas públicas associadas (um exemplo seria, dentro da desregulação, a regulação responsiva de um lado e a autorregulação do outro).

4 NEVES, Rômulo Figueira. **Acoplamento estrutural, fechamento operacional e processos sobrecomunicativos na teoria dos sistemas sociais de Niklas Luhmann.** Dissertação para obtenção de título de mestre em Sociologia. Universidade de São Paulo, 2005.

5 TEUBNER, Gunther. **O Direito como sistema autopoiético.** Trad. José Engrácia Nunes. Lisboa: Ed. Calouste Gulbekian, 1993.

A atribuição de poderes normativos aos órgãos executivos e administrativos (onde se inserem as agências reguladoras) segue uma tendência de descongestionar o legislativo e a uma compreensão mais moderna das fontes de direito e das mudanças estruturais sociais, que demandam uma regulação mais desconcentrada e descentralizada que se articule, do modo inovador, aos fenômenos internacionais e supranacionais. Nesse contexto, inserem-se teorias como a dos poderes normativos implícitos, derivada do caso McCulloch vs. Maryland[6] julgado pela Suprema Corte norte-americana, que se aplicaria, para ilustrar, à competência normativa da Justiça Eleitoral.

Observa-se, hodiernamente, a oposição entre as teorias regulatórias focadas nos serviços públicos (escolha pública) e as teorias centradas nos interesses públicos. As teorias da captura esclarecem de que modo a regulação deixa de atender seu propósito institucional para ser vassala de interesses privados, sejam eles políticos ou econômicos-empresariais. Nesse viés, as teorias do interesse público buscam respondem uma demanda pública para corrigir, justamente, práticas ineficientes ou desiguais, inclusive aquelas decorrentes das teorias de interesses privados que criam e ampliam a ineficiência e a desigualdade. Sobre isso, Katharina Pistol, em A Legal Theory of Finance, desenvolveu o argumento de uma pirâmide invertida resultado de um sistema regulatório no qual se aplica rigor máximo à massa para reprimir e castigar a inadimplência; mas se age com condescendência extrema em relação à elite de *big players* que são "*too big to fail*".[7]

A relação entre Direito e desenvolvimento não é desconhecida. Trubek, Coutinho e Schapiro (*law and development*), haviam escrito que o Direito pode funcionar até como barreira ao avanço econômico quando deixa de encontrar soluções inovadoras que fomentem, justamente, o desenvolvimento. Os autores explicam que "*o tipo errado de regras e práticas legais poderia reduzir os incentivos ao investimento e aumentar o custo da inovação*" e que novas leis podem provocar modificações nas

6 CONJUR. **Opinião: A Suprema Corte dos EUA e o "caso McCulloch x Maryland"**. Disponível em: <https://www.conjur.com.br/2021-mai-21/opiniao-suprema-corte-eua-mcculloch-maryland/>. Acesso em: 23 mar. 2024.

7 PISTOR, K. **Legal Theory of Finance.** Paper Number 13-348. Columbia Law School's Public Law & Legal Theory Working Paper Group. May 9, 2013.

relações econômicas e sociais[8]. Finalmente, arguem que "*o direito não pode ser uma simples ferramenta para a intervenção direta do Estado, nem um mero quadro neutro para as decisões privadas*", porquanto deve estimular "*parcerias entre setores públicos e privados e institucionalizar um processo de busca mútua de soluções inovadoras e caminhos ideais de desenvolvimento*"[9].

É pertinente mencionar, neste ponto, a colaboração de Sunstein quanto ao tema na obra *Free Markets and Social Justice*, quando lançou mão do conceito de *expressive function of law*, que pode ser traduzido, de modo livre, como "função expressiva da lei" e que implicaria na análise sobre a valoração apropriada, pela norma, de um evento, pessoa, grupo ou prática – não raro em conflito com a valoração induzida pelos protagonistas do debate[10].

É aqui que a Justiça Eleitoral se insere, quando o tema é regulação da tecnologia. Em meio a todo um impasse legislativo-regulatório, agravo atualmente pela falta de consensos sobre inteligência artificial, a Justiça Eleitoral tem autonomia para, no âmbito e nos limites de sua competência, se antecipar ao Executivo e ao Legislativo.

Desde a eleição do presidente norte-americano Barack Obama, o setor de marketing e publicidade percebeu de que maneira a análise de dados possibilitava o direcionamento de conteúdos e produtos com o potencial aumento de consumo. O escândalo do Cambridge Analytica mostrou de que maneira estes conhecimentos poderiam ser aplicados para literalmente manipular eleitores[11].

---

8 TRUBEK, David; COUTINHO, Diogo R; SCHAPIRO, Mario G. **New State Activism in Brazil and the Challenge for Law.** Paper presented at the Harvard Law School Institute for Global Law and Policy June 2012. Disponível em <http://iglp.law.harvard.edu/wp-content/uploads/NSAHarvardDraft_Trubek_etal.p df>. Acesso 23 mar. 2024.

9 TRUBEK, David; COUTINHO, Diogo R; SCHAPIRO, Mario G. **New State Activism in Brazil and the Challenge for Law.** Paper presented at the Harvard Law School Institute for Global Law and Policy June 2012. Disponível em <http://iglp.law.harvard.edu/wp-content/uploads/NSAHarvardDraft_Trubek_etal.p df>. Acesso 23 mar. 2024.

10 SUNSTEIN, C. R. **Free markets and social justice**. New York; Oxford: Oxford University Press, 1997.

11 TECNOBLOG. **A controvérsia dos 50 milhões de perfis do Facebook manipulados pela Cambridge Analytica**. Disponível em: <https://tecnoblog.net/especiais/facebook-cambridge-analytica-dados/>. Acesso 23 mar. 2024

No Brasil, o Tribunal Superior Eleitoral (TSE) decidiu que era necessário e factível tentar amenizar ou, senão, conter o impacto da manipulação e da perfilação para fins eleitorais. Essa história se iniciou em 2017 com a Resolução nº 23.551/2017 (revogada em 2019) e chegou ao ápice agora, com a Resolução 23.732 de 2024[12] que atualizou a Resolução 23.610 de 2019[13].

Vive-se novos tempos e a Justiça Eleitoral é protagonista na história que começa agora.

## 2. CONTEXTUALIZAÇÃO DO DEBATE

Antes de adentrar, na regulação recente editada pelo TSE e ponderar sobre seu significado, interessante ponderar sobre alguns dos fenômenos que contribuíram na construção do atual cenário democrático.

Enquanto Bronowki afima que discordar é uma característica da liberdade ("*Dissent is the mark of freedom*"[14]), a sociedade moderna está mergulhada, submersa, em verdade, em um contexto no qual a diversidade é valorizada e incentivada, mas desde que seja politicamente correta.

Em 2019 o dicionário australiano Macquarie elegeu "cultura do cancelamento" como termo do ano. O cancelamento acontece quando os usuários se mobilizam para boicotar uma pessoa ou empresa como resultado de alguma ação reputada pela maioria como inaceitável. Já se chama o fenômeno de Tribunal da Internet; uma corte na qual não há defesa nem acusação. Só veredito.

Há alguns anos, Bryon Bernstein, um gamer e influenciador de 31 anos, pediu a namorada em casamento via Twitter. Sua conduta foi jul-

12 TSE. **Resolução 23.732 de 2024**. Disponível em <https://www.tse.jus.br/legislacao/compilada/res/2024/resolucao-no-23-732-de-27-de-fevereiro-de-2024>. Acesso em 25 mar. 2024.

13 TSE. **Resolução 23.610 de 2019**. Disponível em <https://www.tse.jus.br/legislacao/compilada/res/2019/resolucao-no-23-610-de-18-de-dezembro-de-2019>. Acesso em 25 mar. 2024.

14 Lecture, 'The Sense of Human Dignity', at the Massachusetts Institute of Technology (19 Mar 1953), printed in Science and Human Values (1959), 79 – **Jacob Bronowski Quotes – 53 Science Quotes – Dictionary of Science Quotations and Scientist Quotes**. Disponível em: <https://todayinsci.com/B/Bronowski_Jacob/BronowskiJacob-Quotations.htm#:~:text=Dissent%20is%20the%20mark%20of>. Acesso em: 23 mar. 2024.

gada inadequada pelo Tribunal que entendeu o pedido como pressão. Bryon, com histórico de depressão se suicidou após ser moralmente massacrado na internet[15].

A liberdade de expressão é assunto delicado. Um dos muitos absolutos relativos da internet. Todos defendem que a liberdade é essencial e que a censura é repudiável, mas nem todas as vozes são consideradas aceitáveis. Assim é que o próprio "cancelamento" parece um abuso deste direito que, em tese, deveria ser limitado pelo direito e liberdade do próximo.

> "Não se sabe como lidar com as distorções da verdade na internet sem agredir a liberdade das pessoas de dizerem e acreditarem no que desejarem. Mesmo porque uma coisa é a ampla liberdade (de expressão) para eleger verdades, dizer e acreditar. Outra coisa é a liberdade de agir impulsionado por essas crenças. As duas liberdades não encontram a mesma proteção jurídica pelo simples fato de terem impactos absolutamente desiguais em relação a terceiros"[16]

A adesão aos "cancelamentos" é um comportamento que também pode ser impulsionado mecanicamente por algoritmos e inteligência artificial, ou seja, manipulado. O resultado é a formação das bolhas de conteúdo e a instituição do poderoso fenômeno da polarização.

Uma das principais consequências da disseminação das bolhas de conteúdo/informação é a polarização político-ideológica. Debates que costumavam ser periféricos no período eleitoral, se mantém ativos (e lucrativos) durante todo o ano. Grupos são retroalimentadas diariamente por informações alinhadas que acabam se transformando em suas versões de verdade absoluta. Diversos grupos em diferentes bolhas recebem exatamente informações opostas. É a receita da guerra online – e presencial – entre interesses e conclusões inconciliáveis.

A seleção automatizada de conteúdo é facilmente viabilizada por algoritmos programados para predição comportamental, por meio de

---

15 UOL. **No tribunal da internet, cancelamento é pena de morte.** Disponível em https://www.uol.com.br/ecoa/colunas/sergio-luciano/2020/07/08/no-tribunal-da-internet-cancelamento-e-pena-de-morte.htm?cmpid=copiaecola. Acesso em 06.12.2020.

16 ROSAS, E. M.C. **Fake news do ponto de vista de um techie-lawyer.** Lex Machinae. Disponível em <https://www.le xmachinae.com/2018/11/01/techie-lawyers--nem-ti-nem-advogados/>. Acesso em 23 mar. 2024

análise de uma infinidade de informações coletadas na internet e armazenadas por décadas. As pessoas que estão propensas, podem ser influenciadas informações reais mescladas a notícias repetitivas, tendenciosas ou imprecisas

Atualmente, é extremamente difícil, fiscalizar e intervir nesse processo. Daí a unânime aclamação – o que é raro – por intervenção regulatória. A regulação deve conduzir a políticas públicas "*voltadas à coletividade, mas com foco na individualidade, para fortalecer emocionalmente e socialmente os usuários da internet e conscientizá-los sobre a importância da pluralidade da fala e a respeito dos riscos trazidos pela alienação na degradação da liberdade de expressão*"[17].

Tem-se observado a verticalização das bolhas de informação e da polarização que ela alimenta. Os mesmos grupos de pessoas se retroalimentam de informações pré-fabricadas customizadas, com variações mínimas, que acabam por descontruir todas as manifestações de inconformismo e dissenso: a única opção é a adesão incondicional. Em paralelo, se formam grupos opostos, alimentados, por sua vez, de modo idêntico, mas por conteúdo diametralmente oposto. Entre eles, não há interesse pelo diálogo ou debate saudáveis. São todos guardiões de verdades absolutas.

Desnecessário destacar que a desinformação e as fake news desempenham papel central na criação e no fortalecimento de bolhas de informação em grupos devidamente perfilados e isolados, prontos a serem modelados de acordo com os interesses dos stakeholders no controle do timão.

O conceito de mentiras, acrescente-se, é elástico por natureza. Há as mentiras brancas, desinformação, *fake news, deep fakes,* pós verdades, jornalismo malfeito, notícias enganadoras, notícias que conduzem a uma informação falha, *click baits, junk news.*

Obviamente que nem tudo pode ser encarado da mesma forma e, por isso, "*os acadêmicos e juristas estão quebrado a cabeça para extrair sentido de tais conceitos e aprender a diferenciá-los entre si. Todo esse esforço tem carga altamente subjetiva e a conclusões acabam sendo amplamente contestadas*"[18]

17 ROSAS. E. M. C.**O paradoxo da padronização do discurso na internet.** Direito Digital – Debates Contemporâneos. Coord. Ana Paula M de Canto Lima, Carmina Hissa e Paloma Saldanha. São Paulo: RT, 2019.

18 ROSAS, E. M. C. **Fake news do ponto de vista de um techie-lawyer.** Lex Machinae. Disponível em <https://www.le xmachinae.com/2018/11/01/techie-lawyers--nem-ti-nem-advogados/>. Acesso em 24 mar. 2024.

Desinformação não é sinônimo na China e nos Estados Unidos, ou mesmo nos Estados Unidos, Alemanha ou Brasil. Ninguém pode negar o quanto os norte-americanos são intensos na defesa da primeira emenda e de sua liberdade de expressão, que incluiria uma proteção constitucional contra a imposição de verdades institucionalmente definidas. A mesma lógica não se aplica no Brasil.

Mentir, aliás, não é novidade. O alcance a o uso manipulativo das mentiras é que são. A verdade é que *fake news* não são o problema. Não em si mesmas. São, em verdade, o resultado de outros dois problemas. O primeiro problema é a falta de educação. Educação como informação. As pessoas tinham que ser condicionadas a questionar a internet da mesma forma que questionam tudo mais na vida. É a falta generalizada de conhecimento, e não o conteúdo das fake News, que torna as pessoas vulneráveis

O Segundo problema é a "histeria" em torno do tema. Não há nada juridicamente errado em ser adepto da religião do Mostro do Espaguete Voador, ou acreditar em supremacia racial ou extraterrestres. O que não se admite é a imposição destas crenças pessoais aos demais, sob qualquer pretexto.

O conceito de "grande mentira", aliás, pode ser traçado de volta a Adolf Hitler (embora seja comumente associado a Goebbels) e ao seu livro "mein Kampf", no sentido de que quando há ousadia, a chance de que as pessoas questionem a mentira é menor[19]. O que o Goebbels falou, de fato, com uma dose de licença poética, foi que ser moderno apenas significa dizer verdades eternas de novas maneiras.[20]

## 3. A JUSTIÇA ELEITORAL COMO PALADINA DA DEMOCRACIA

As interfaces entre Direito e regulação são múltiplas e complexas. Em um sentido amplo, seria possível afirmar que a regulação das relações sociais é o objetivo primeiro do direito e da atividade legislativa

19 JAMES, Edwin L. (11 de abril de 1943). «Hitler›s Biggest Lie; The Fuehrer›s lies are legion and colossal; his biggest is that Germany was not beaten in 1918. Hitler may be planning to use that lie again. Whatever Hitler›s purpose in taking up the lie of an undefeated Germany, the record of the collapse is clear. Hitler›s Biggest Lie. *The New York Times*. Disponível em <http://web.archive.org/web/20200804150941/https:/www.nytimes.com/1943/04/11/archives/hitlers-biggest-lie-the-fuehrers-lies-are-legion-and-colossal-his.html>. Acesso em 23 mar. 2024.

20 GOEBBELS, J.; PASTORE, S. R.; GUNTHER SONNENSCHEIN. **Michael : a German's destiny revealed in his diary : a novel.** San Diego, Ca: Grand Oak Books, 2016.

do Estado. É razoável, portanto, presumir que a liberdade de expressão na internet, por sua relevância, se inclui dentre principais as preocupações regulatórias atuais da administração pública, a fim de assegurar a sua proteção

No meio tempo, observa-se certa liberdade hermenêutica proporcionada pela ausência de normas (atualizadas, feitas sob medida) e pela lacuna legislativa que autoriza, observados os limites legais, a elaboração de códigos de conduta pela iniciativa privada[21] (sob certo aspecto, as empresas fazem *diretamente* suas próprias leis, sem depender de lobby, de modo a servirem, no futuro, de modelo para a lei institucional - ou de situação consolidada para embates jurisdicionais).

Os poderes Legislativo, Executivo e Judiciário são chamados, assim, a limitar o discurso. O TSE, tem competência para regulamentar propaganda eleitoral na internet por força do disposto no artigo 57-J da Lei nº 9.504/97 (alterada pela Lei nº 13.488 de 2017). De acordo com o texto legal, o tribunal regulamentará o capítulo (artigos 57-A a 57-I) sobre propaganda na internet e sobre a guisa de fazê-lo, imporá uma gama de deveres e responsabilidades aos provedores.

Assim foi que a Justiça Eleitoral, mais especificamente, o TSE, editou em 2017 a Resolução nº 23.551 (revogada em 2019), na qual estabeleceu que o eleitor identificado ou identificável poderia se manifestar livremente na internet, contanto que não ofendesse à honra de terceiros ou divulgasse fatos sabidamente inverídicos. Tratava-se de limitação da liberdade de expressão, mas unicamente no âmbito de um grupo delimitado - eleitores - e para aplicação, a rigor, em um período definido: eleições.

É pertinente perceber que o texto normativo eleitoral não previa uma penalidade para a hipótese de eventual descumprimento da norma pelo cidadão (embora dispusesse sobre penalidades e obrigações em relação às plataformas). Apesar disso, nada impede que o ofensor seja acionado cível ou criminalmente, senão pela ofensa à norma eleitoral, pelos danos morais ou crimes contra a honra).

A regulamentação da Justiça Eleitoral deu tratamento diverso às pessoas naturais (eleitores e candidatos) e às pessoas jurídicas, (provedores e coligações políticas). Com efeito, os provedores e coligações, junto aos candidatos, estão sujeitos a uma série de obrigações de fazer e

21 Como usuários podem resolver problemas ou realizar solicitações administravas, assinar termos de responsabilidade e uso, tratamento de dados, etc.

não fazer, cujo descumprimento resulta em pena de multas ou suspensão de conteúdo.

No ano de 2019 o TSE editou nova resolução[22] que objetiva disciplinar propaganda eleitoral e condutas ilícitas praticadas em campanha ou horário eleitoral gratuito. Com o advento da nova Resolução Resolução 23.732/24, em tese para atualizar a anterior, de 2019[23], que se propõe a resolver o "problema" das fake news, deep fakes e desinformação manipulativa no contexto eleitoral.

Em 2024 era esperado que o TSE se mobilizasse para endereçar o problema das deep fakes, em especial, de da utilização de plataformas online para manipulação de eleitores a exemplo do que se verificou em processos eleitorais recentes em países vizinhos e distantes, notadamente, na Argentina.

Neste panorama, foi editada a Resolução 23.732/2024, focada nas eleições municipais a serem realizadas no ano. Além do Brasil, Estados Unidos, Índia, Indonésia, México e Reino Unido serão palco de eleições em 2024 e a expectativa é de que a inteligência artificial (IA) exerça – para o bem ou para o mal – um papel de protagonismo no cenário político mundial, impactando o resultado de certames eleitorais que influenciarão a vida de metade da população mundial.

Sabe-se que os desafios propiciados pela tecnologia, em especial pela inteligência artificial, foram o grande propulsor da norma eleitoral, tanto que a citada resolução determina que todo conteúdo gerado ou manipulado por IA seja etiquetado como tal.

E este é o primeiro ponto de preocupação. Porque a IA é apenas uma possibilidade de edição de conteúdo, mas o texto da norma do TSE deixa margem para que as pessoas recorram a outros meios de manipulação e geração de conteúdo que estariam, em tese, de fora da obrigação legal. Outro ponto é: como identificar, em um panorama de milhões de eleitores, milhões de contas e perfis online, onde estão estes conteúdos não "etiquetados" apropriadamente?

22 TSE. **Resolução 23.732 de 2024**. Disponível em <https://www.tse.jus.br/legislacao/compilada/res/2024/resolucao-no-23-732-de-27-de-fevereiro-de-2024>. Acesso em 25 mar. 2024.

23 TSE. **Resolução 23.610 de 2019**. Disponível em <https://www.tse.jus.br/legislacao/compilada/res/2019/resolucao-no-23-610-de-18-de-dezembro-de-2019>. Acesso em 25 mar. 2024.

Os provedores e plataformas digitais como redes sociais, em especial, recebem da regulação do TSE um enorme pool de responsabilidades e deveres que, além de desafiadores, tecnologicamente falando, são de dificílima ou impossível fiscalização pelas autoridades, ao menos pensando no macro cenário.

É válido dizer que a resolução ora analisada estipula a doção de medidas de boas práticas e boa-fé pelos provedores que contribuam com a conscientização e o empoderamento dos usuários o que talvez seja seu maio mérito, no que diz respeito à preservação da integridade eleitoral e democrática.

O problema, na verdade, é estrutural e passa pela necessidade de letramento digital da população, o que conduz a um outro problema: o fato de que pessoas, de modo geral, sofrem e se impõe um elevado grau de alienação ou autoalienação.

Fato é que os diálogos a respeito da liberdade de expressão estão organizados de modo muito bem estruturado, não raro sancionado e com vasta legislação aplicável, inclusive de índole constitucional. De outro lado, observa-se um verdadeiro paradoxo: as pessoas não estão sabendo administrar a própria liberdade de expressão. Antes, adotam comportamentos voluntários de alienação por meio da adesão espontânea a estilos de vida artificiais e pela propagação de conteúdos esvaziados e viciados (como os desafios de automutilação, populares entre crianças e adolescentes) e violentos (discursos de ódio, *revenge porn,* etc.).

O processo democrático é afetado de modo direito e preocupante com a institucionalização da alienação enquanto as normas editadas querem garantir que os provedores mais escamoteiem do que resolvem o problema em sua raiz: educando os usuários.

Parece que não são as *fake news* que estão minando a democracia. Mas sim a cegueira generalizada de uma população autoalienada, movida pela necessidade de pertencimento, aceitação e inclusão nas comunidades online com as quais pensam que se identificam.

## 4. CONCLUSÃO

É um paradoxo. A liberdade de expressão é manifestação suprema da Democracia. E a liberdade de expressão tem justificado a propagação de discursos alienantes que ameaçam a Democracia. Os fenômenos mais relevantes de alienação online parecem ser a codependência entre os sujeitos e as bolhas de informações que os rodeiam, de um lado, e o fortalecimento da sensação artificial de pertencimento a grupos coesos que se opõem (polarização).

Com isso, se estabelece um sistema orgânico de impulsionamento de conteúdos produzidos por formadores de opinião – mediadores – que, para defender da democracia, estão destruindo-a.

No âmbito do processo eleitoral, há uma expectativa de regulação precoce de desvios na circulação da informação online pelo dinamismo e pela exiguidade dos prazos para tomada de providências. Lança-se o desafio, sobretudo ao TSE, de antever, compreender e solucionar problemas para os quais o Estado, como um todo, não está preparado.

Os possíveis aliados da Justiça Eleitoral, aqui, seriam os eleitores esclarecidos, conscientes e questionadores, menos permeáveis a discursos pré-fabricados, notícias direcionadas e ideias polarizadas.

## REFERÊNCIAS

ARANHA, M. I. **Manual de Direito Regulatório: Fundamentos de Direito Regulatório.** 2ªed., Coleford, UK: Laccademia Publishing, 2014.

BOULLOSA, R. F. **Mirando ao revés as políticas públicas: notas sobre um percurso de pesquisa.** Pensamento & Realidade, v. 28, pp. 68-86, 2013. Disponível em <https://revistas.pucsp.br/index.php/pensamentorealidade/article/view/17572>. Acesso em 04.02.2019.

BRONOWKI, J., **Science and Human Values**. New York: Harper & Brothers, 1959.

BURLEIGH, N. **Freedom from choice: how big data manipulates voters.** Newsweek. Disponível em https://pt.scribd.com/article/350784725/Freedom-From-Choice-How-Big-Data-Manipulates-Voters. Acesso em 06.08.2018.

CARPENTER, D.; MOSS, D. A. **Preventing Regulatory Capture:** Special Interest Influence and How to Limit It. New York: Cambridge University Press, 2014

CONJUR. **Opinião: A Suprema Corte dos EUA e o "caso McCulloch x Maryland"**. Disponível em: <https://www.conjur.com.br/2021-mai-21/opiniao-suprema-corte-eua-mcculloch-maryland/>. Acesso em: 23 mar. 2024.

CROLEY, S. P. **Regulation and Public Interests: The Possibility of Good Regulatory Government.** Princeton: Princeton University Press, 2008.

DWORKIN, R. **Justiça para ouriços**. Coimbra: Almedina, 2012.

FONTE, F. de M. **Políticas públicas e direitos fundamentais**. São Paulo: Saraiva, 2013.

JAMES, Edwin L. (11 de abril de 1943). «Hitler›s Biggest Lie; The Fuehrer›s lies are legion and colossal; his biggest is that Germany was not beaten in 1918. Hitler may be planning to use that lie again. Whatever Hitler›s purpose in taking up the lie of an undefeated Germany, the record of the collapse is clear. Hitler›s Biggest Lie. *The New York Times*. Disponível em <http://web.archive.org/web/20200804150941/https:/www.nytimes.com/1943/04/11/archives/hitlers-biggest-lie-the-fuehrers-lies-are-legion-and-colossal-his.html>. Acesso em 23 mar. 2024.

MENDES, G.; COELHO, I.; BRANCO, P. **Curso de Direito Constitucional.** São Paulo: Saraiva, 2009.

MUGGAH, R. **Countries are so last-century. Enter the 'net state'.** Disponível em <https://lindinitiative.ubc.ca/2017/11/robert-muggah-countries-last-century-enter-net-state/>. Acesso em 04.02.2019.

NEVES, Rômulo Figueira. **Acoplamento estrutural, fechamento operacional e processos sobrecomunicativos na teoria dos sistemas sociais de Niklas Luhmann**. Dissertação para obtenção de título de mestre em Sociologia. Universidade de São Paulo, 2005.

OBORNE, P. **The rise of political lying**. Simon and Shuster: Londres, 2005.

OLLAIK, L. G.; MEDEIROS, J. J. **Instrumentos governamentais: reflexões para uma agenda de pesquisas sobre implementação de políticas públicas no Brasil**. Revista de Administração Pública, v. 45, nº 6, pp. 1943-1967, 2011. Disponível em <http://www.scielo.br/pdf/rap/v45n6/a15v45n6.pdf>. Acesso em 04.02.2019

PISTOR, K. **Legal Theory of Finance.** Paper Number 13-348. Columbia Law School's Public Law & Legal Theory Working Paper Group. May 9, 2013.

ROSAS, E. M. C. **Fake news do ponto de vista de um techie-lawyer.** Lex Machinae. Disponível em <https://www.le xmachinae.com/2018/11/01/techie-lawyers-nem-ti-nem-advogados/>. Acesso em 24 mar. 2024.

ROSAS. E. M. C.**O paradoxo da padronização do discurso na internet.** Direito Digital - Debates Contemporâneos. Coord. Ana Paula M de Canto Lima, Carmina Hissa e Paloma Saldanha. São Paulo: RT, 2019.

SUNSTEIN, C. R. **Free markets and social justice**. New York; Oxford: Oxford University Press, 1997.

TECNOBLOG. **A controvérsia dos 50 milhões de perfis do Facebook manipulados pela Cambridge Analytica**. Disponível em: <https://tecnoblog.net/especiais/facebook-cambridge-analytica-dados/>. Acesso 23 mar. 2024

TEFFÉ, C. S. **Eleições, IA e responsabilidade de plataformas digitais**. Disponível em: <https://www.migalhas.com.br/coluna/migalhas-de-responsabilidade-civil/403881/eleicoes-ia-e-responsabilidade-de-plataformas-digitais>. Acesso em: 25 mar. 2024.

TEUBNER, Gunther. **O Direito como sistema autopoiético.** Trad. José Engrácia Nunes. Lisboa: Ed. Calouste Gulbekian, 1993.

TRUBEK, David; COUTINHO, Diogo R; SCHAPIRO, Mario G. **New State Activism in Brazil and the Challenge for Law.** Paper presented at the Harvard Law School Institute for Global Law and Policy June 2012. Disponível em <http://iglp.law.harvard.edu/wp-content/uploads/NSAHarvardDraft_Trubek_etal.p df>. Acesso 23 mar. 2024.

TSE. **Resolução 23.610 de 2019**. Disponível em <https://www.tse.jus.br/legislacao/compilada/res/2019/resolucao-no-23-610-de-18-de-dezembro-de-2019>. Acesso em 25 mar. 2024.

TSE. **Resolução 23.732 de 2024**. Disponível em <https://www.tse.jus.br/legislacao/compilada/res/2024/resolucao-no-23-732-de-27-de-fevereiro-de-2024>. Acesso em 25 mar. 2024.

UOL. **No tribunal da internet, cancelamento é pena de morte.** Disponível em https://www.uol.com.br/ecoa/colunas/sergio-luciano/2020/07/08/no-tribunal-da-internet-cancelamento-e-pena-de-morte.htm?cmpid=copiaecola. Acesso em 06.12.2020.

WASHINGTON POST. **Democracy dies in the dark.** Disponível em <https://www.washingtonpost.com/graphics/2019/national/democracy-dies-in-darkness/?utm_ term=.67b7256316da>. Acesso em 04.02.2019.

## Sobre o Poder Geral de Cautela

*José Roberto Batochio*[1]

O objetivo central do texto que seguirá é apresentar reflexões que temos desenvolvido sobre a temática das medidas cautelares e o seu manejo no cotidiano do foro. Com esse escopo, antecipamos que nos parece necessário enunciar certas premissas semânticas, eis que lidaremos com dois conceitos fundamentais: **princípios constitucionais** e **poder judicial de cautela**.

Que o Direito é uma ciência, pouco há de se debater atualmente. Rica, ampla e extensa foi a discussão entre os mais notáveis jusfilósofos, para que esse consenso se consolidasse. Pode-se afirmar, então, sem receios, a cientificidade do Direito. E, ao fazê-lo, está-se a asseverar sua unidade, sua monista e monolítica sustentação: o Direito tem conceito universalmente válido. Ele é a ciência do estabelecimento da validez/invalidez das condutas dos homens em sociedade, disciplinando seus efeitos positivos e as sanções aplicáveis nos casos de desvios ou infringências, tudo isso averiguado em vista do ideal/meta para a qual existente tal ciência: a realização e concretização da paz social e da JUSTIÇA.

Não se obscurece que a ideia-força de Justiça possa variar no tempo e no espaço. Tampouco se olvida que os modais de classificação das licitudes, das aprovações e das reprovações sancionáveis, dos procedimentos e dos instrumentos, tudo isso enfim seja visto como variáveis no tempo e no espaço. Mas assim ocorrerá não só pelo advento de novas técnicas e necessidades sócio-políticas, como, e sobretudo, pela concepção do que seja **Justiça**. Mas essa meta sempre será a referência axiológica imutável, que unificará o Direito e a ele atribuirá, indelevelmente, o caráter de ciência.

---

1 Presidente da Associação dos Advogados de São Paulo – 1985/1986. Vice-Presidente da Ordem dos Advogados do Brasil – Secção de São Paulo – 1987/88. Presidente da Ordem dos Advogados de Brasil – Secção de São Paulo – 1991/92. Presidente do Conselho Federal da Ordem dos Advogados do Brasil – Gestão 1993/95. Medalha de Ouro de Direitos Humanos de Cinqüentenário do Levante de Varsóvia 1992. Membro Honorário Vitalício do Conselho Federal da OAB. Conferencista brasileiro no XII Congresso de la Unión Iberoamericana de Colégios y Agrupaciones de Abogados (UIBA), em Madri, Espanha – maio /96. Conferencista brasileiro no Colégio de Abogados Del Uruguay, Montevidéu, Uruguai – 23/07/96. Deputado Federal (PDT) pelo Estado de São Paulo – 1998. Vice Presidente da Comissão de Constituição e Justiça da Câmara dos Deputados.

Como ciência das condutas (e de suas consequências), o Direito contempla uma infinidade extraordinária de fenômenos, fatos e atos, irredutíveis a um só padrão, eis que o nosso comportamento é inevitavelmente conectado às infinitas nuanças que a vida em sociedade engendra. Tal variedade é que se apresenta como o fator justificador de, apesar da unidade do Direito, poder falar-se, por exemplo, em Direito Penal e Direito Civil, Direito Material e Direito Processual, Direito Nacional e Direito Internacional, e por aí se vai sem uma certeza de exaustão de todas as categorias imagináveis. Assim se passa por necessidade e utilidade de tais segmentações, por conveniências didáticas, pelas exigências das especializações, pelas diferenças das realidades com que o Direito - e seus protagonistas - tem de lidar no dia a dia. Dentre essas variantes, destaca-se a diversidade dos **princípios** e dos **fins** que as diferenças dos interesses humanos envolvem. E daqui começamos a ingressar no âmago conceitual do presente texto.

Poucas matérias suscitaram, nos tempos presentes do Direito, tanta paixão argumentativa e análise lógico-jurídica, quanto a questão do que sejam **princípios jurídicos**. Há uma bibliografia imensa, nacional e estrangeira, capaz de ensejar a construção de uma biblioteca, tão avultada que se mostra, no ponto, a produção.

Não se vai, então, revisitar a dimensão das controvérsias e as lutas semânticas. Iremos abraçar um conceito a que sempre estaremos a aludir, quando da utilização do vocábulo.

**Princípios jurídicos** são ideias-matrizes, isto é, inspirações, compromissos axiológicos e referenciais interpretativos, que dirigem a formação das normas jurídicas, a compreensão de seu conteúdo e a correção de sua aplicação. Mesmo cingindo-nos apenas a essa acepção, seria possível apresentar agora uma variada tipologia de tais princípios. *Et pour cause*: se extremamente diversificados são os interesses humanos e sociais, suas ideias inspiradoras também poderiam admitir particularizações proporcionalmente distintas, e, portanto, incontáveis. Mas outra será nossa abordagem. Como a proposta motivadora deste trabalho se vincula a uma comparação entre duas acepções didaticamente válidas da ciência jurídica - Direito Civil e Direito Penal -, o nosso manuseio dos princípios jurídicos se restringirá aos princípios atinentes a essas duas ramificações. Sigamos então por nosso bívio caminho.

O princípio fundamental do Direito Civil, em nossa visão de sempre estudantes do Direito, é a liberdade de escolha dos meios de ação, conducentes à concretização de uma existência próspera, segura e garantidora da estima de nossos próximos e da sociedade. Há, aqui, uma

**liberdade instrumental**, cujo limite é a liberdade do outro. A liberdade aqui é instrumento para a realização de um fim: vida civilizada, próspera e digna.

O princípio fundamental do Direito Penal é a própria **liberdade** (também aqui com a consideração-limite da liberdade alheia). Todos os delitos, que o Direito Penal conceitua, estão diretamente relacionados, na contraface, à **garantia da liberdade**. Ao mesmo tempo que **princípio** (jurídico), a liberdade também é o **fim** do Direito Penal. Por tudo isso, a coerção à liberdade individual somente é tolerável e aceita se seu exercício ameaça ou suprime a de seu semelhante. Mas mesmo quando é ela empiricamente afastada, por alguma decisão que temporariamente a suprime, há de ser devolvida ao titular que em dado momento não a soube utilizar, pois nenhum ser humano é mau ou indigno para sempre. A plenitude da liberdade é restituída como sinal de que o Direito e a Sociedade acreditam na reabilitação individual, no reingresso na convivência coletiva. Frequentemente se entende que sem liberdade não há dignidade: erro nosso. O preso também conserva sua dignidade, à qual se acopla uma dívida pessoal e social, a ser satisfeita para que de plena liberdade então se possa voltar a cogitar.

Essas distinções entre as duas extensões do exercício da liberdade têm consequências correlativamente diversas. No plano civil, o desvio ou a infringência geram, de ordinário, consequências **patrimoniais**. A exceção da prisão por dívida alimentar é um resíduo equivocado de uma época historicamente remota e menos civilizada, em que o corpo humano figurava no catálogo sancionatório, inclusive com a redução ao *status* de escravidão ou servidão da pessoa do devedor inadimplente.

No campo penal não há qualquer justificativa à imposição de restrições à liberdade com justificativas ou intuitos patrimoniais. Aqui, a liberdade é suprimida temporariamente, na sua mais reduzida expressão mesma – a liberdade de ir e vir –, não como instrumento reparatório, mas como defesa da sociedade e meio de ressocialização do perpetrador do delito.

Se é bem verdade que em cada segmento didático do Direito se possa identificar um código de **princípios** próprio, há uma Suma, uma Bíblia, em que todos eles se encontram, a Constituição.

Nossa Lei Maior, sobretudo (mas não só) em seu artigo 5º, estabelece os princípios fundamentais de nosso Direito. Cabe ao leitor, ao estudioso e ao aplicador do Direito (o juiz, o mediador, o árbitro, etc.)

pinçar, na dependência do **ramo** do Direito em que vai atuar, qual o princípio adequado a inspirá-lo. Mas antes de lá chegar, tais operadores haverão de ter em mente que, independentemente da espécie em que devem atuar, há princípios que se endereçam a todos os seres, pela só e simples razão de existirem. Por exemplo: a dignidade, a liberdade, a justiça, a solidariedade e a igualdade, a que se dedicam os artigos 1º a 4º. Novamente a igualdade, a liberdade e o respeito à vida, no artigo 5º. E nesse artigo 5º devemos então pesquisar quais os que mais próximos do Direito Civil, quais os mais pertinentes ao Direito Penal. Ainda como exemplos: o direito à propriedade (civil), o direito a não sofrer agressões físicas ou tratamentos desumanos ou torturantes (penal). Talvez aqui resida um dos mais instigantes e mais belos segmentos da atuação racional do cultor e aplicador do Direito: em face da controvérsia posta, da dúvida levantada, ou da peculiaridade do dissídio a dirimir, deve ele mergulhar primeiramente na axiologia constitucional e, após, na doutrina comprometida com o "ramo" do jurismo em que se apresenta a indagação.

Do que antes ficou dito, parece-nos clara a conclusão a tirar: a natureza da controvérsia ou da dúvida determina o processo mental a que desafiados o julgador, o advogado ou o jurista. Se estamos, por exemplo, em meio a uma divergência que envolva a sanidade do meio ambiente, os protagonistas mencionados terão em consideração, por exemplo, o princípio do poluidor-pagador, ou o da preservação da natureza para as gerações futuras. Já se a matéria que se põe em foco é uma questão de Direito Civil, a liberdade da vontade dos pactuantes terá grande relevo na busca da lógica da eventual disputa. Em contrapartida, nas relações consumeristas, haverá necessariamente que se tomar em conta a presumida hipossuficiência do consumidor.

No primeiro mergulho – axiologia constitucional – , mais delicada ainda a tarefa dos personagens do Direito. É que os princípios, ali postos, são realmente balizas que não admitem desrespeito, mas seu reflexo na divergência concreta sofre adaptações na avaliação estimativa que norteia o peculiar "ramo" do Direito em espécie envolvido. Voltaremos ao ponto, mais adiante.

Em tópicos precedentes, destacamos o valor da liberdade individual como um princípio comum tanto ao Direito Civil quanto ao Direito Penal. Mas as considerações expostas no final do item 4 apontam para a necessidade de se dar aplicação inafastável ao princípio da **liberdade individual**, embora buscando sua mais adequada acepção à natureza jurídica da relação concretamente em análise.

A formulação imediatamente anterior adquire uma importância maior quando fatores empíricos do sistema jurídico influem na atividade do intérprete ou do aplicador.

Por toda a maior parte do século XX se afirmou, no Brasil, que estava finda a era dos grandes códigos. Não ingressaremos nessa discussão, até porque há dois dados notáveis, que desmentem a assertiva: um novo Código Civil (de 2002) e um novo Código de Processo Civil (de 2015).

Fixemo-nos no *codex* processual de 2015. Ele surge mais de 60 (sessenta) anos após o advento do Código de Processo Penal (de 1941). Traz, por isso mesmo, todo um novo e progressista plexo de instrumentos, institutos e critérios de aplicação, indiscutivelmente mais afeitos aos atuais anseios e necessidades dos cidadãos, se comparado com o vetusto Código de Processo Penal em vigor. E essas inovações, como até é natural, têm fortemente influenciado autores e juízes, quando levados a enfrentar e aplicar o diploma penal adjetivo. Para bem clarificar o ponto, escolhemos, a título de exemplo, uma notável reformulação que o processualista civil imprimiu à sua matéria, no diploma vindo a lume em 2015.

Estamos a pensar na especial ênfase, dada pelo codificador processual civil, ao poder cautelar do juiz. O ponto em tela se espraia do artigo 294 ao 311 do CPC. Nosso propósito aqui não é analisar ou comentar tão importantes preceitos. O que buscamos enfatizar é que a ideia de cautela, além de fundamentar uma ação específica ou uma iniciativa incidental (como já se dava no Código anterior), não só ampliou a ação do magistrado (seja na modalidade de tutela preventiva ou conservativa, como também na corretiva e na constritiva), mas foi além. E o que é mais: o novo CPC estimula o juiz a lançar mão não só de providências cautelares específicas (i.e., as expressamente nominadas e/ou disciplinadas no Código), como também lhe franqueia o espectro das **cautelas inespecíficas** (CPC, artigo 139, IV). E aqui o campo é riquíssimo, em verdade, de impossível categorização fechada. O que se exige do juiz, nessa esfera, é que tome todas as iniciativas, mesmo que a lei expressamente não as preveja, mas que se apresentem tendentes a evitar danos irreparáveis e/ou a assegurar a eficácia do processo e da decisão a ser proferida.

Para ilustrar a totalidade das considerações expendidas desde o início deste trabalho, tomamos como exemplo uma providência cautelar que se tornou comum, em decorrência, cremos que incontestável, do amplo poder de cautela do juiz cível.

Trata-se do **bloqueio** de passaporte de um litigante. Assente-se de plano: o passaporte é o documento de identificação internacional, que faculta ao indivíduo o exercício de uma prerrogativa fundamental da liberdade, o direito de ir e vir, em países estrangeiros.

Casos concretos haverá - e iremos voltar à questão —, em que tal providência se justifica. Mas, afora tais hipóteses inexoráveis, o bloqueio do passaporte é causa de constrangimento considerável, muitas vezes arbitrário, ao direito de locomoção, situações em que outros dois princípios constitucionais prezadíssimos se verificam violados: o da razoabilidade e o da proporcionalidade.

É de ciência comum que, com a entrada em vigor do novo Código de Processo Civil, foram instituídas no ordenamento jurídico pátrio as chamadas **medidas executivas atípicas,** das quais, todavia, só se pode lançar mão em hipóteses excepcionais, que, em caráter preferencial, devem guardar relação direta com a satisfação de débito pecuniário. Evidente, por outro lado, o caráter fragmentário da sua aplicação: disponíveis outros meios (*enforcements*) menos gravosos de se fazer adimplir a obrigação pecuniária, não podem ser utilizadas pelo aplicador da lei, muito menos de modo a constranger ou vexar a pessoa do devedor, a ferir seus direitos fundamentais.

Chega-nos por exemplo ao conhecimento que, na jurisdição civil, tem sido frequente a determinação de bloqueio do passaporte quando se trata de parte vencida que se esquiva à satisfação de débito pecuniário. E isso se faz quase que de modo imperial, sem suficiente e cabal fundamentação.

FREDIE DIDIER, LEONARDO CARNEIRO DA CUNHA, PAULA SARNO BRAGA e RAFAEL ALEXANDRIA DE OLIVEIRA, em *Diretrizes para a concretização das cláusulas gerais executivas dos artigos 139, IV, 297 e 536, § 1º, CPC,* assinalam:

> Todo pronunciamento judicial de cunho decisório precisa ser fundamentado (art. 93, IX, CF (LGL\1988\3); arts. 11 e 489, II, CPC (LGL\2015\1656). O papel da fundamentação ganha ainda mais importância quando o órgão julgador exercita o poder geral de efetivação previsto nos arts. 139, IV, 42 e 536, § 1°, do CPC (LGL\2015\1656), determinando medida atípica para forçar o cumprimento de determinada prestação. **É pela análise da fundamentação que se poderá controlar a sua escolha por esta ou aquela medida executiva atípica.**
>
> **Deve o juiz, na fundamentação decisória, expor racionalmente os motivos da sua escolha, demonstrando, com atenção ao art. 489, § 1º, CPC (LGL\2015\1656), de que modo a sua opção**

**atende aos critérios da adequação, necessidade e proporcionalidade em sentido estrito, vistos no item anterior.**

Considerando que a escolha da medida executiva atípica pressupõe a análise de enunciados normativos de conteúdo semântico aberto, bem como a consideração de distintos pontos de vista, é essencial a observância do contraditório (artigos 7º e 9º, CPC (LGL\2015\1656)), ainda que diferido para momento posterior - a defesa na fase de cumprimento, o recurso cabível ou mesmo eventual pedido de reconsideração.

Sendo assim, temos mais dois *standards*:

xi) a escolha da medida executiva atípica deve ser devidamente fundamentada;

xii) na escolha da medida executiva atípica deve-se observar o contraditório, ainda que diferido.

(Revista de Processo. Revista dos Tribunais, vol. 42, 267, maio de 2017)

Ora, tal prática cautelar afronta, além de numerosos outros normativos, os artigos 1.º, inciso III, 5º, incisos XV e LIV, e 93, inciso IX, da *Lex Legum*.

Para além desse cenário de inoportunidade e inadequação técnica, a apreensão ou bloqueio do passaporte parece se afastar, como já afirmamos, dos princípios da razoabilidade e da proporcionalidade.

Com efeito, a exemplo do que sucedeu quando da declaração de inconstitucionalidade do normativo que autorizava a decretação da prisão do depositário infiel, a apreensão/bloqueio de documento de identidade internacional do devedor "não passaria no exame da proporcionalidade como proibição de excesso (*Übermassverbot*), em sua tríplice configuração: adequação (*Geeingnetheit*), necessidade (*Erförderlichkeit*) e proporcionalidade em sentido estrito" (cf. STF - RE 466.343/SP).

Com efeito, não se mostra razoável que o devedor seja compelido a satisfazer débito pecuniário pela via da ameaça de ver tolhida sua liberdade (particularmente a deambulatória, quer na esfera interna ou, especialmente, no Exterior), sob pena de afronta ao princípio da responsabilidade patrimonial.

Lamentavelmente, quando o bloqueio referido se concretiza, e o interessado lança mão do remédio processual cabível - *o habeas corpus* —, as Cortes se consideram livres para prestigiar a cautela inespecífica sob exame, deslembradas de que **a liberdade é garantia constitucional**

**que não pode ser suplantada pelo caráter patrimonial da controvérsia subjacente.** O *caput* do artigo 5º constitucional é luminosamente nítido: **é inviolável o direito à liberdade**. Dado que se costuma afirmar inexistir direito absoluto, é claro que, aqui ou acolá, a liberdade pode ser coartada, quando represente contumélia a outros direitos fundamentais da mesma relevância. Assim: se alguém se revela uma pessoa violenta, ameaçadora à vida ou à integridade física de outrem, ou compromete a efetividade da jurisdição penal, deve sofrer medida restritiva, para cuja eficiência a indisponibilização de um passaporte pode revelar-se, **na jurisdição própria**, providência adequada. O mesmo se diga de alguém que, presentes fortes indícios, se revela concretamente inclinado a se evadir do território nacional para se furtar à submissão à lei penal. Em qualquer dos casos desse jaez, o juiz, com fundamentação expressa e convincente, aplicada às peculiaridades do caso concreto e da personalidade dos indivíduos envolvidos, deverá tomar medidas da densidade da que estamos a examinar. Mas sempre em decisão motivada, fundamentada além de qualquer dúvida.

A propósito, vale transcrever breve excerto do pronunciamento da PGR nos autos da ADI 5.941/DF ajuizada perante o STF, visando à declaração de inconstitucionalidade do questionável (porque totalmente aberto) dispositivo legal de que aqui se cuida:

> "CONSTITUCIONAL. PROCESSO CIVIL. ARTS. 139, IV; 297-CAPUT; 380, PARÁGRAFO ÚNICO; 536-CAPUT, E §1º E 773-CAPUT DA LEI FEDERAL nº 13.105/2015 (CÓDIGO DE PROCESSO CIVIL). MEDIDAS COERCITIVAS, INDUTIVAS OU SUB-ROGATÓRIAS. **ATIPICIDADE DOS MEIOS EXECUTIVOS. APREENSÃO DE CARTEIRA NACIONAL DE HABILITAÇÃO E PASSAPORTE.** SUSPENSÃO DO DIREITO DE DIRIGIR. PROIBIÇÃO DE PARTICIPAÇÃO EM CONCURSO PÚBLICO E LICITAÇÃO PÚBLICA. **INCONSTITUCIONALIDADE. DIREITOS FUNDAMENTAIS À LIBERDADE E AUTONOMIA PRIVADA. DIGNIDADE HUMANA.** SEPARAÇÃO MODERNA ENTRE O PATRIMÔNIO E O INDIVÍDUO PROPRIETÁRIO. ESTADO DE DIREITO DEMOCRÁTICO. DEVER DE EFETIVAÇÃO DO ACESSO À JUSTIÇA. CONSTITUCIONALIDADE DA CLÁUSULA EXECUTIVA ABERTA. APLICAÇÃO DE MEDIDAS ATÍPICAS PELO JUIZ DEVE SE LIMITAR AO PRINCÍPIO DA PATRIMONIALIDADE E AOS LIMITES DA APLICAÇÃO DO DIREITO. DEVIDO PROCESSO LEGAL. DEVER DE FUNDAMENTAÇÃO QUANTO AO ESGOTAMENTO DAS MEDIDAS TÍPICAS.
>
> 1. A fase de cumprimento da sentença, em qualquer tipo de obrigação, não é punição ao devedor. O Estado de Direito repele qualquer

medida que se aproxime da vingança ou que supere a autorização constitucional para invasão do patrimônio do devedor para satisfazer o crédito.

2. **O princípio da patrimonialidade reflete o aprimoramento moderno do sistema de responsabilização civil. Quando particulares realizam transações quanto a bens disponíveis, apenas o patrimônio dessas partes responde por suas obrigações. A única exceção, definida pela própria Constituição, é a obrigação de prestar alimentos. Tal excepcionalidade se justifica pela dignidade humana, que impõe a solidariedade jurídica no atendimento de necessidades básicas de pessoa em condição de dependência.**

3. A apreensão de Carteira Nacional de Habilitação, passaporte, a suspensão do direito de dirigir e a proibição de participação em concursos públicos ou licitações, como formas de coagir o devedor a cumprir sentença e se submeter a execução, são inconstitucionais.

4. **O conjunto de liberdades fundamentais - de contratar, escolher profissão, ir e vir, prestar e usufruir de serviços - não podem ser sacrificadas para coagir ou constranger o devedor de prestação pecuniária.**

5. **Mesmo com a autorização legislativa presente na clausula geral que possibilita a fixação de medidas atípicas para cumprimento da sentença, o juiz não é livre para restringir mais direitos que o legislador. Ampla discricionariedade judicial, nessa temática, ameaça o princípio democrático.**

6. Na aplicação de medidas atípicas, diversas da apreensão de CNH, passaporte, suspensão do direito de dirigir, proibição de participação em concorrências públicas, **o juiz deverá fundamentar a decisão para esclarecer como as medidas típicas foram insuficientes no caso e demonstrar a proporcionalidade e adequação da medida atípica que adota.**

Parecer pela procedência do pedido."

Eis um trecho da manifestação que bem resume a *quaestio*:

> **"A possibilidade dada ao juiz de individualizar soluções para o cumprimento de obrigações não inclui a fixação de medidas que restrinjam as liberdades individuais, como a apreensão de carteira nacional de habilitação, passaporte, proibição de participação em concurso ou licitação.**

> O titular de um direito de crédito pode exigir que o devedor cumpra a prestação pecuniária. No caso de não cumprimento espontâneo, o que o juiz pode determinar, para além do que está definido em lei, ou seja, de forma atípica, são medidas mais brandas em termos de coerção ou indução **e nunca mais severas e restritivas que aquelas que o próprio legislador ou o constituinte definiram**.
>
> É constitucional a cláusula geral executiva que possibilita que o juiz fixe medidas atípicas, **mas os poderes do juiz são menores que do legislador, de forma que ele não tem legitimidade para forçar o adimplemento de obrigações patrimoniais utilizando medidas atípicas que envolvam a restrição de direitos não-patrimoniais do devedor**.
>
> **Em outras palavras, em um Estado Democrático de Direito, apenas a lei pode autorizar a restrição de direitos não-patrimoniais para o cumprimento de prestações pecuniárias e isso, desde que respeitados os direitos fundamentais. É o caso da prisão por inadimplemento voluntário e inescusável de obrigação alimentícia, disposta no art. 5º-LXVII da Constituição.**
>
> ...
>
> **A liberdade do indivíduo não está disponível nem ao credor, nem ao Estado-juiz no momento em que age para efetivar direitos patrimoniais. Essa é precisamente a função dos direitos fundamentais, estabelecer limites ao poder estatal, mesmo quando há pretensões legítimas em jogo.**
>
> ...
>
> **A solução, então, para a aplicação de medidas atípicas - diversas daquelas que aqui se reputa inconstitucionais - é o respeito aos princípios da patrimonialidade, da fundamentação das decisões e do devido processo legal."**

E conclui:

> "Nos termos do pedido, **apreensão** de CNH e **passaporte afrontam o direito de ir e vir e a proibição de participar de certames e licitações desrespeita a liberdade de contratar e de escolher livremente a profissão**. São atos, portanto, que impactam na possibilidade do devedor de exercer sua autonomia privada, princípio fundamental da Constituição. **Essas medidas são mais invasivas do ponto de vista dos direitos fundamentais que aquelas que o próprio legislador fixou. Por isso, inconstitucionais."**

Não fora suficiente o que ficou acima exposto e fundamentado, acresce mais que não se pode fazer tábula rasa do **direito à identificação pessoal no plano internacional como direito de personalidade**.

A identificação pessoal se caracteriza como um direito de personalidade, emanação direta do princípio da dignidade da pessoa humana (artigo 1º, III, da Constituição da República) e positivado em normativos infraconstitucionais, exatamente como aqueles que asseguram o direito ao nome (artigo 16 do Código Civil) e o direito ao registro civil das pessoas naturais, bem como de sua publicidade perante a coletividade (artigo 1º, § 1º, I da Lei n.º 6.015/1973).

A identidade, como expõe **Adriano de Cupis**, é direito de personalidade dada a sua importância *"no diferenciar-se dos demais sujeitos nas relações sociais"* e, ao singularizar o indivíduo em si mesmo, permite que suas ações *"sejam atribuídas as suas próprias atitudes, bem como as consequências desses atos"* (CUPIS, Adriano de. *Os Direitos da Personalidade*. Campinas: Romana, 2004, páginas 179/184). É uma garantia que gera responsabilidades para os sujeitos de direitos na esfera de sua autodeterminação. Ademais disso, os direitos de personalidade, como enunciam **Luiz Edson Fachin** e **Carlos Eduardo Pianovski Ruzyk**, *"não têm por fundamento o dado abstrato da personalidade jurídica, mas, sim, a personalidade como dado inerente ao sujeito concreto"* (FACHIM, Luiz Edson; PIANOVSKY, Carlos Eduardo. *"A dignidade da pessoa humana no direito contemporâneo: uma contribuição à criticada raiz dogmática do neopositivismo constitucionalista"* Revista trimestral de Direito Civil, RTDC, vol. pp.101/119, jul./set. 2008).

O direito à identificação, como preleciona **Fábio Ulhoa Coelho**, é ainda **um direito essencial ao exercício de outros direitos**, tratando-se de verdadeira "base para a construção da personalidade" (Curso de Direito Civil, Saraiva, SP, vol. I. pág. 199, 4ª ed., 2010).

**Se no plano nacional a identificação do sujeito de direitos se materializa com o documento de identidade civil, como,** *exempli gratia*, **a Cédula de Identidade, que ostenta o RG do portador, na esfera internacional esse reconhecimento de individualidade específica somente pode se dar por meio do passaporte**. Entre nós, a institucionalização disciplinar desse documento se encontra formalizada no Decreto nº 5.978/2006, em que se acha estatuído que o passaporte é "documento de identificação" (artigo 2º, *caput*), que é "pessoal e intransferível" (artigo 2º, § único).

A constituir **único** documento apto à identificação de um cidadão em país estrangeiro, à exceção dos poucos que aceitam a carteira de identidade nacional (como os que integram o Mercosul), o passaporte traduz não somente uma permissão de trânsito internacional, mas também assegura reconhecimento da identidade, da dignidade e da nacionalidade à pessoa que o porta, pois é por meio dele que alguém individualiza sua personalidade na esfera da comunidade internacional em geral, e, especificamente, na de um determinado Estado soberano que não seja o de sua cidadania.

Não é por outra razão que a **Declaração Universal dos Direitos Humanos** assegura, em seu artigo 13.2, que "**Toda a pessoa tem o direito de abandonar o país em que se encontra, incluindo o seu, e o direito de regressar ao seu país**".

O Pacto Internacional sobre Direitos Civis e Políticos (**PIDCP**), também editado pela ONU e no Brasil internalizado pelo Decreto n.º 592/1992, enuncia de forma mais analítica, nos artigos 12.2 e 12.3, existir um direito de livre saída de qualquer país, bem como estipula critérios restritivos à negativa a tal prerrogativa:

> ARTIGO 12 (...)
>
> "2. **Toda pessoa terá o direito de sair livremente de qualquer país, inclusive de seu próprio país.**
>
> 3. **Os direitos supracitados não poderão constituir objeto de restrições, a menos que estejam previstas em lei** e no intuito de proteger a segurança nacional e a ordem, a saúde ou a moral públicas, bem como os direitos e liberdades das demais pessoas, e que sejam compatíveis com os outros direitos reconhecidos no presente Pacto."

Destaque-se que o **PIDCP** preceitua em seu artigo 12.3 que os Estados Nacionais podem determinar restrições à mobilidade internacional, mas que essas devem estar (i) previstas em lei, (ii) se relacionarem com a proteção da segurança e ordem nacional, saúde ou moral pública, ou com os direitos e liberdades de outras pessoas e (iii) devem ser compatíveis com outras garantias fundamentais asseguradas no Pacto.

De igual modo, a **Convenção Americana sobre Direitos Humanos** (**CADH**), internalizada no ordenamento jurídico pátrio pelo Decreto n.º 678/1992, estabelece nos artigos 22.2. e 22.3. o direito de trânsito ao exterior e as limitações que podem ser convencionadas pelos Estados signatários ao seu exercício:

> ARTIGO 22. Direito de Circulação e de Residência. (...)
> "2. **Toda pessoa tem o direito de sair livremente de qualquer país, inclusive do próprio.**
> 3. **O exercício dos direitos acima mencionados não pode ser restringido senão em virtude de lei, na medida indispensável, numa sociedade democrática, para prevenir infrações penais ou para proteger a segurança nacional, a segurança ou a ordem públicas, a moral ou a saúde públicas, ou os direitos e liberdades das demais pessoas.**"

Observe-se, avançando quanto ao conteúdo do PIDCP, que a **CADH** define mais restritivamente as hipóteses denegatórias e confinadoras, ao propor que essas devem se relacionar eminente e taxativamente **com sanções de caráter penal** – o que é lógico frente aos princípios gerais de excepcionalidade da limitação de direitos assegurados pela Convenção.

Dentre outras relevantes provisões normativas extraídas do Direito Internacional estão a **Declaração de Estrasburgo sobre o Direito de Sair e Retornar** ("Strasbourg Declaration on the Right to Leave and Return"), de 1986, e o Comentário nº 27 da Comissão de Direitos Humanos da ONU sobre Liberdade de Movimentação, de 1999 ("CCPR General Comment No. 27: Article 12 – Freedom of Movement – Adopted at the Sixty-seventh session of the Human Rights Committee").

Consoante a **Declaração de Estrasburgo**, o direito de sair e retornar de qualquer país deve ser compreendido como medida indispensável à plena fruição dos direitos civis. Avança, humanística e democraticamente, ao exigir que as restrições ao passaporte devem ser expressamente previstas em lei, claras e específicas, as quais devem ser reduzidamente interpretadas (art. 4, a e b). Adiciona, mais ainda, o artigo 4, g, **que taxas e multas não podem impedir o exercício desses direitos**, à exceção dos próprios valores necessários à obtenção do documento.

Já o **Comentário nº 27 da Comissão de Direitos Humanos da ONU** realça os pontos anteriormente abordados, prescrevendo que as restrições devem ser específicas e expressamente delimitadas em lei – o que não se adequa à lógica da retenção de passaporte por medidas atípicas, as quais deliberadamente não vêm previstas de modo taxativo e específico em norma legal. Afirma-se mais que tais direitos somente podem ser fruídos por meio da obtenção da documentação apropriada –, é dizer, do passaporte.

Enfim, a medida restritiva atípica aqui apontada atenta contra direitos humanos básicos porque, para compelir o devedor ao pagamento de dívida em pecúnia, priva-o temporariamente da identidade universal, da prova de nacionalidade e da liberdade de ir e vir (de sair do território nacional), o que somente se viu na História da Humanidade quando parte do planeta se encontrava sob jugo do III Reich.

Como acertadamente assinalaram Bolesina e Gervasoni "*o direito à identificação deve ser compreendido à luz do processo de constitucionalização do direito civil, de modo a interpretá-lo como consequência do princípio do livre desenvolvimento da personalidade", "que permite a uma pessoa ser quem ela é e como ela é, protegendo, respeitando e concretizando seu projeto existencial no presente e no futuro" (BOLESINA. I; GERVASONI.T "O Direito à Identidade Pessoal no Brasil",* V. 8, nº 13, pp. 65/87, Jul./Dez. 2018*).*

Poder geral de cautela, enfim, consubstancia poderoso e necessário instrumento de efetividade da jurisdição, a ser manejado, porém, com toda parcimônia e estrita observância dos fundamentos e das finalidades de cada um dos compartimentos da ciência jurídica.

## Humberto Martins, um humanista

*Antônio Claudio Mariz de Oliveira*[1]

Para um advogado poder homenagear um magistrado é motivo de grande satisfação. Quando isso ocorre estreitam-se os laços de profissionais voltados para um desiderato comum qual seja o de distribuir justiça. Exercentes de funções diversas dentro de um mesmo campo de atuação as suas atividades convergem para um mesmo desiderato que é integrar um dos alicerces do Estado Democrático de Direito, o Poder Judiciário.

Quando recebi o lisonjeiro convite do grande advogado Roberto Rosas para escrever um texto em honra do Ministro Humberto Martins meu sentimento foi de duplo júbilo : iria poder reverenciar o Juiz e louvar o advogado.

Humberto Martins exerceu os dois misteres com marcante dedicação e competência angariando o respeito e o reconhecimento de seus pares da advocacia, que o elegeram Presidente da Ordem dos Advogados de Alagoas, por dois mandatos, e os aplausos de seus companheiros da Magistratura que o conduziram à Corregedoria Nacional da Justiça – CNJ – e à Presidência do Superior Tribunal de Justiça.

Tomo a liberdade de no presente texto abordar uma questão que com certeza sempre preocupou o advogado e o magistrado ora homenageado. Refere-se à criminalidade, convertida nos dias de hoje como uma das mais sensíveis preocupações da sociedade brasileira.

Caso se faça uma análise do crime em nosso país, ou melhor, um exame de como a sociedade tradicionalmente encarou o fenômeno criminal, irá se verificar a predominância de uma visão sempre voltada para os efeitos do delito, com desprezo às suas causas. Historicamente, em face da ocorrência de um delito passa-se a exigir punição, que em regra se resume na prisão. Entende-se que o cárcere é a única resposta cabível.

---

1 Ex Presidente da OAB/SP. Ex Conselheiro Federal da OAB. Ex Presidente da AASP. Ex Secretário de Justiça.

Uma outra afirmação assentada na cultura social, hoje um pouco modificada, é que o cometimento de delitos estava exclusivamente reservado para as camadas menos privilegiadas da sociedade. Para os seus integrantes a repressão policial, o combate persistente e a punição rigorosa. Ademais, uma legislação cada vez mais intransigente no concernente aos direitos e garantias dos encarcerados.

Já aqueles de origem mais abastada caso viessem a cometer delitos seriam dignos de compreensão, complacência e perdão.

Os estudos feitos sobre o aumento da criminalidade, em regra não se aprofundavam, paravam na reprodução do evento e em seus efeitos punitivos. Raramente se examinava o fenômeno a partir de suas raízes que são encontradas nas nossas trágicas carências sociais, assim como na desorganização social reinante, ou mesmo nas deficiências dos sistemas judiciário e penitenciário.

Assim como são visíveis as falhas e as omissões na análise do fenômeno criminal, elas se apresentam também de forma evidente na apresentação das soluções. De maneira singela sempre se apregoou como instrumentos de combate ao crime o peso da lei, essa a mais rigorosa possível, a apologia da pena de morte e a condescendência com a violência policial.

Pode-se resumir o conceito do fenômeno criminal tal como concebido historicamente pelas elites nacionais como : a violação de relevantes interesses individuais, especialmente a vida e os de natureza patrimonial, com causas localizadas na vontade de cada criminoso, com pouca ou nenhuma influência externa, cuja solução não ultrapassa o campo da punição.

Subjacente a esse conceito podemos encontrar uma avalição, obviamente das mesmas elites, no sentido da sociedade nessa matéria estar dividida em duas partes : uma sã e a outra enferma. A primeira com um comportamento transparente e irrepreensível e a segunda sujeita às práticas lesivas ao corpo social.

A realidade se opõe frontalmente a essa noção geral que se formou no Brasil sobre o crime. Em seus variados formatos ele, assim como a violência, constituem

fenômenos sociais. São encontrados no âmago da sociedade. São concebidos, nascem e nele produzem seus efeitos. O delito não está ligado unicamente à vontade pura e consciente do agente. A sociedade se é vítima é também agente de ocorrências lesivas.

Existem alguns fatores que não receberam a necessária atenção dos estudiosos ou se chamaram a atenção não foram adequadamente divulgados. Refiro-me a três deles, dentre vários outros que podem ser considerados desencadeadores do fenômeno criminal. A anomia social, o contágio hierárquico da criminalidade e o consumismo.

Um aspecto digno de atenção e não se sabe se faz parte do nosso DNA ou se foi adquirido com o passar do tempo, até por razões de origem sociológica, é a tendência ao não cumprimento de normas, regulamentos e da própria lei. Reina no país a chamada cultura da desobediência. Há uma implícita aceitação por parte da sociedade do descumprimento de regas. Mais do que aceitar a sociedade se tornou cúmplice dos que não seguem as nomas. Bons exemplos nós encontramos nos sinais de farol dados nas estradas; os pequenos subornos; a compra de discos e filmes piratas; a compra de mercadorias contrabandeadas; pequenos furtos em supemecados e tantas outras condutas desviantes.

A cultura da desobediência, por sua vez, leva à anomia ou perda dos padrões normativos que deveriam regrar o comportamento social. Nessa situação os referencias são facilmente perdidos, passando a reinar uma total desorientação individual e coletiva. Claro que tais aspectos constituem um campo fértil para o avanço do crime. Uma sociedade desregrada em todos ou mesmo em alguns de seus setores cria facilidades para que condutas ilegais proliferem, sendo muito tênue os limites que as separam das ações delituosas.

Um outro fator digno de nota é o chamado contágio hierárquico da criminalidade. Esse conceito foi desenvolvido pelo Professor Manoel Pedro Pimental a partir de numa lúcida observação de que as ações ilícitas das camadas mais privilegiadas da sociedade provocavam nos demais segmentos um sentimento de permissão, uma autorização para igualmente saírem violarem a lei. Trata- se de um processo contagiante.

Em um outro aspecto, pode-se dizer que o crime das elites e uma grande dose de impunidade atingem o senso de justiça das camadas mais humildes, provocando a descrença, o sentimento de abandono e a perda dos padrões éticos e morais.

O referido contágio hierárquico atua em dois planos : um descendente no plano dos segmentos sociais e outo ascendente no plano da gravidade das infrações. Sob o primeiro aspecto os da elite que se situam no ápice da pirâmide transmitem para as bases os seus exemplos desviantes. Já no nível ascendente da gravidade, quanto mais graves os crimes mais se ampliam os horizontes da delinquência.

A fórmula é simples: se os privilegiados delinquem, por que os menos afortunados não podem fazê-lo ?

Um terceiro fator, repita-se, dentre outros, é o consumismo que se apoderou da sociedade brasileira. Ela passou a valorizar o ter em detrimento do ser. Essa atração pelo possuir a transformou em uma sociedade hedonista, egoísta, onde o coletivo deu lugar ao individualismo. Claro que valores fundamentais para uma comunidade pacífica e harmoniosa deixaram de imperar. No lugar da generosidade e da solidariedade sugiram, com força, o egoísmo e o desinteresse pelo outro.

Está se falando dos fatores componentes , com outros, a gênese da criminalidade que está assolando o país há algumas décadas. É preciso se reconhecer que esses fatores não apresentam a mesma intensidade de anos passados. Parece estar havendo uma reação no campo da solidariedade social e da transposição de barreiras sociais até então inexistentes. No entanto, muito tem que ser feito para que possamos ter uma sociedade igualitária, com oportunidades cultuais e profissionais para todos os segmentos, com a consequente diminuição da criminalidade.

As gerações surgidas nessas décadas de crescimento do crime e pertencentes às camadas menos afortunadas da sociedade foram massacradas pelos apelos consumistas que, obviamente, atendiam apenas aos mais abastados. Nesse sentido, não havendo razões que os fizessem compreender e aceitar as distorções sociais o inconformismo se transformou em revolta e essa em ações violentas contra os que possuíam os bens materiais que lhes eram negados.

Muitos desses jovens desprovidos de educação, estrutura familiar, afeto, senso ético, passaram a desprezar e a desrespeitar desde os pequenos valores de civilidade até o supremo bem que é a vida humana. Note-se que esses jovens também são influenciados por um sentimento de revolta e inconformismo decorrente da comparação que fazem entre as duas realidades com as quais convivemos. Em verdade os dois países que se confrontam permanentemente apresentam de um lado um Brasil carente, inculto, violento, de outro aquele esnobe, sofisticado, insensível. Ambos formam um painel de fatores desencadeadores da ciminalidade que são gerados pela própria sociedade. No mesmo painel uma sociedade miserável e sofrida e outra voltada para o prazer, e para o bem estar.

Em face dessas singelas considerações, pode-se afirmar que pensar o crime é pensar a sociedade. Necessário que se faça um balanço dos valores que norteiam uma coletividade num momento histórico determinado. Parece ser uma constante a equação do aumento da criminalidade quando princípios edificantes, éticos e morais deixam de pesar na bolsa dos valores sociais.

Ao lado das graves questões sociais que se apresentam na raiz da criminalidade violenta e do esgarçamento do tecido ético, esse ligado à chamada criminalidade do colarinho branco, pode-se apontar um comportamento coletivo igualmente gerador de um clima propício ao desenvolvimento da criminalidade.

Trata-se de condutas marcadas por aspectos nocivos à harmonia social a saber : estímulo à violência, com a propagação do uso de amas; competição consumista; desvalorização dos valores do espírito e da cultura; afrouxamento dos freios inibitórios; desrespeito pela opinião alheia; intolerância raivosa, e muitas outras questões que abalam a convivência harmônica no seio do corpo social.

Foram apontados alguns sinais que podem ser considerados como marcantes na eclosão do fenômeno criminal. Tais fatores obviamente são mutáveis, variam de acordo com condições internas e exteriores à própria sociedade. Cumpre, por outro lado, examinar como as esferas oficiais, a imprensa e os cidadãos em geral reagem ao crime. Pode-se reduzir essa reação a uma única expressão : prisão.

Com efeito, parece estar definitivamente assentada a ideia de que o encarceramento é a única resposta adequada para que o crime seja combatido. Esquece-se, no entanto, que a aplicação de uma pena se dá após o crime haver ocorrido. Vale dizer, a providência apregoada por quase a totalidade do corpo social não evita o cometimento do delito. Nessa circunstância a prisão passa a adquirir apenas um caráter de castigo e de vingança.

Ao se examinar todos os estudos, análises, escritos, discursos e manifestações de um modo geral sobre o angustiante problema da criminalidade observa-se que raramente se trata das causas do crime. Não há indagações, estudos ou pesquisas que revelem quais as principais razões da eclosão dos delitos. Claro que tais indagações poderiam conduzir a ações desenvolvidas para evitar o cometimento de infrações penais. No entanto, o que vemos são os apelos para o encarceramento, mas nenhum clamor para que as causas sejam evitadas ou removidas.

Como exemplo de descuido nocivo com as causas do crime podemos mencionar o grave problema dos menores de rua. Caso tivéssemos nos preocupado com as crianças abandonadas elas não teriam se transformado de trombadinhas em trombadões e em seguida nos integrantes das organizações de hoje. Nós apenas nos preocupamos com essas crianças quando elas passaram a nos assaltar. Caso contrário, estariam amargando os seus sofrimentos e as suas carências debaixo das pontes e dos viadutos. O desprezo por eles foi demonstrado por um ex secretário de Segurança Pública de São Paulo, ao recolhê- las das nossas praças e colocá-las em ônibus levando-os para a cidade de Camanducaia em Minas Gerais. A luminosa solução encontrada foi tirá-las das nossas vistas.

A ideia arraigada e obsessiva da prisão como solução suficiente para a questão criminal, não leva sequer em consideração uma verdade que por si só deveria contrariá-la e demovê-la da perspectiva do correto combate ao crime. Trata-se de uma equação simples : o número de presos aumenta e a criminalidade não diminui numa demonstração evidente de que a solução não está no encarceramento. Repita-se, é preciso evitar o crime, atacando as suas causas.

Todas as considerações feitas parecem-me coincidir com o pensamento do nosso homenageado Ministro Humberto Martins que sempre teve um posicionamento humanista voltado para as questões sociais especialmente as relacionadas com o crime. Ele pautou suas carreias nos princípios do humanismo, quer como advogado, Presidente da Ordem dos Advogados do Estado das Alagoas, Professor de Direito Penal, como Ministro Presidente do STJ e Corregedor Nacional de Justiça, sua preocupação primeira foi e é a dignidade do ser humano.

Em verdade essa homenagem tem um significado relevante, pois o seu alvo é um Advogado e Magistrado que sempre soube colocar o homem como centro de suas atenções, na defesa dos interesses de seus constituintes ou na atividade de dizer o direito para distribuir Justiça. Humberto Martins constitui um exemplo dignificante para todos aqueles que optaram pelas carreiras jurídicas.

# Motivação das decisões e precedentes judiciais

*Paulo Henrique dos Santos Lucon*[1]

**Sumário. I.** Introdução. **II.** Precedentes vinculantes e o art. 927 do CPC. **III.** Precedentes persuasivos e o dever de motivação. **IV.** Encerramento: possíveis aplicações dos precedentes do Superior Tribunal de Justiça na matéria. **V.** Referências.

## I. Introdução

O dever de motivação tem grande importância sob o aspecto político de legitimação do poder estatal, pois é exigência fundamental do Estado Democrático de Direito e uma garantia contra o arbítrio judicial.[2] O dever de motivação das decisões se insere no contexto dos direitos fundamentais, representando um pressuposto do direito de defesa e da imparcialidade e independência do juiz,[3] como uma forma de evitar o arbítrio judicial e, em última instância, realizar o devido processo legal.

Se os casos submetidos aos órgãos jurisdicionais devem ser julgados com base em fatos provados e com a correta e imparcial aplicação do direito vigente, isso só ocorrerá por meio da exposição clara do caminho

---

1 Professor Associado de Direito Processual Civil nos Cursos de Graduação e Pós-Graduação da Faculdade de Direito da USP. Mestre, Doutor e Livre Docente pela mesma instituição. Vice-Presidente do Conselho do Instituto Brasileiro de Direito Processual – IBDP, instituição da qual foi Presidente. Conselheiro do Instituto dos Advogados de São Paulo – IASP, instituição da qual foi Vice-Presidente. Membro do Instituto Ibero-Americano de Direito Processual Civil, instituição da qual foi Vice-Presidente. Membro da International Association of Procedural Law. Integrou a Comissão Especial do Código de Processo Civil da Câmara dos Deputados. Especializou-se em Direito Processual Civil na Faculdade de Direito da Universidade Estatal de Milão. Foi Juiz do Tribunal Regional Eleitoral de São Paulo por quatro mandatos consecutivos na Classe Jurista (substituto e efetivo). Conselheiro e Presidente da Comissão de Ética da Presidência da República. Advogado inscrito em São Paulo e Brasília.

2 V., a propósito, LUCON, Paulo Henrique dos Santos. "Motivação das decisões jurídicas e o contraditório: identificação das decisões imotivadas de acordo com o NCPC". *Revista do Advogado*, v. 126, p. 169-174.

3 TUCCI, José Rogério Cruz e. *Comentários ao Código de Processo Civil: volume VIII*. São Paulo: Revista dos Tribunais, 2016, p. 101.

lógico que se percorreu para chegar à essa decisão.[4] Por esse aspecto, é correto afirmar-se que a função precípua da motivação das decisões judiciais consiste em tornar possível o controle externo sobre a correção da decisão judicial. Essa é a chamada função extraprocessual da motivação.[5] Sob o ponto de vista endoprocessual, por outro lado, a motivação assegura um melhor funcionamento do processo enquanto meio adequado de resolução de controvérsias. Isso porque, ao persuadir as partes da justiça da decisão, a motivação reforça a autoridade da decisão tomada, e, com isso, desestimula a parte sucumbente a impugná-la.[6]

Mais importante e desafiador do que apresentar justificativas a respeito dos motivos pelos quais as decisões devem ser fundamentadas, no entanto, é dissertar sobre quando e sob quais condições se pode considerar que uma decisão contém uma justificativa adequada a respeito de uma determinada controvérsia. Atento a isso, o Código de Processo Civil de 2015, como se sabe, adotou técnica peculiar de estabelecer hipóteses em que não se considerará fundamentada uma determinada decisão. O art. 489, § 1º, do Código, nesse sentido, estabelece uma definição pela negativa, dispondo que não será considerada fundamentada a decisão que:

1. se limitar à indicação, à reprodução ou à paráfrase de ato normativo, sem explicitar sua relação com a causa ou a questão decidida;
2. empregar conceitos jurídicos indeterminados, sem explicar o motivo concreto de sua incidência no caso;
3. invocar motivos que se prestariam a justificar qualquer outra decisão;
4. não enfrentar todos os argumentos deduzidos no processo capazes de, em tese, infirmar a conclusão adotada pelo julgador;
5. se limitar a invocar precedente ou enunciado de súmula, sem identificar seus fundamentos determinantes nem demonstrar que o caso sob julgamento se ajusta àqueles fundamentos;

4 É a clássica lição de LIEBMAN, Enrico Tulio. "Do arbítrio à razão: reflexões sobre a motivação da sentença". *Revista de Processo*, São Paulo, v. 29, 1983, p. 80.

5 V. TARUFFO, Michele. *La motivazione della sentenza civile*. Padova: Cedam, 1975, p. 334.

6 V., ainda, TARUFFO, Michele. *La motivazione della sentenza civile*. Padova: Cedam, 1975, p. 374-375.

6. deixar de seguir enunciado de súmula, jurisprudência ou precedente invocado pela parte, sem demonstrar a existência de distinção no caso em julgamento ou a superação do entendimento.

Além disso, o § 2º desse mesmo dispositivo legal também estabelece que "no caso de colisão entre normas, o órgão jurisdicional deve justificar o objeto e os critérios gerais da ponderação efetuada, enunciando as razões que autorizam a interferência na norma afastada e as premissas fáticas que fundamentam a conclusão".

É notável que o legislador de 2015 procurou impedir que decisões que não se amoldem ao caso concreto, com exposição lógica de raciocínio decisório, sejam consideradas contrárias ao modelo de persuasão racional. Ao considerar *errores in procedendo* as insuficiências e omissões do julgador, a lei atribui novo patamar ao dever de motivação das decisões, passando a definir quais atos decisórios sequer podem ser considerados decisões efetivas.

No exercício de sua função de Corte Superior, destinada a uniformizar a interpretação do direito infraconstitucional, o Superior Tribunal de Justiça já teve a oportunidade de se manifestar sobre alguns desses dispositivos. Em reiteradas ocasiões, por exemplo, o Tribunal já destacou que o julgador não está obrigado a responder a todas as alegações suscitadas pelas partes, de modo que não há violação aos incisos iniciais do art. 489, § 1º do Código de Processo Civil, nos casos em que o magistrado se manifesta apenas sobre os fundamentos que considera determinantes para a resolução do conflito.[7]

Além disso, o STJ também já reconheceu a compatibilidade da técnica da motivação *per relationem*[8] com a nova sistemática do

---

7 STJ, AgInt no AREsp nº 1.341.142/RS, relator Ministro Marco Buzzi, Quarta Turma, julgado em 13/12/2018, DJe de 4/2/2019.

8 FONSECA, João Francisco Naves da. *Comentários ao Código de Processo Civil: volume IX*. São Paulo: Saraiva, 2017, p. 57-58. O autor manifesta-se sobre essa forma de motivação: "a respeito, merece algumas observações a chamada motivação *per relationem*, que consiste na motivação por referência a outra peça dos autos. Excepcionalmente, admite-se como válida a decisão cuja fundamentação se reporta a outro ato do processo (*v.g.* um parecer ou outra decisão), em atenção à economia processual, quando ele estiver bem elaborado e abranger todos os pontos relevantes. A própria Lei dos Juizados Especiais prevê expressamente hipótese de motivação por referência, ao dispor que, 'se a sentença for confirmada pelos seus próprios fundamentos, a súmula do julgamento servirá de acórdão' (Lei 9.099/1995)."

CPC[9] e estabeleceu o seguinte parâmetro para aplicação do art. 489, § 2º, do Código: "apenas se configura nulidade por violação do § 2º do art. 489 do CPC/2015 na hipótese de ausência ou flagrante deficiência da justificação do objeto, dos critérios gerais da ponderação realizada e das premissas fáticas e jurídicas que embasaram a conclusão, ou seja, quando não for possível depreender dos fundamentos da decisão o motivo pelo qual a ponderação foi necessária para solucionar o caso concreto e de que forma se estruturou o juízo valorativo do aplicador".[10]

Sem prejuízo e independentemente de qualquer juízo de valor a respeito dessas decisões ou de qualquer análise sistemática a respeito da compreensão do Superior Tribunal de Justiça sobre o dever de motivação segundo a disciplina instituída pelo Código de Processo Civil de 2015, no presente ensaio, em atenção as suas limitações e aos seus propósitos, procura-se analisar em particular um específico julgamento do Superior Tribunal de Justiça que contém pronunciamento sobre a aplicação do art. 489, § 1º, inc. VI, do Código de Processo Civil. Esse caso é o Recurso Especial nº 1.698.774/RS, julgado em 1º de setembro de 2020.[11] Nessa ocasião, o Tribunal da cidadania foi instado a se manifestar sobre eventual violação ao art. 489, § 1º, inc. VI, do Código de Processo Civil, de acordo com o qual, como visto, será considerada nula a decisão que "deixar de seguir enunciado de súmula, jurisprudência ou precedente invocado pela parte, sem demonstrar a existência de distinção no caso em julgamento ou a superação do entendimento". Nessa ocasião, a recorrente alegava, em síntese, que esse dispositivo teria sido violado, porque o acórdão proferido pelo Tribunal *a quo*, o TJ-RS, não teria se manifestado sobre a incidência de precedentes de outros Tribunais Estaduais, o TJ-SP e o TJ-DFT, que seriam aplicáveis ao caso e favoreceriam a tese por ela defendida.

Ao apreciar essa alegação, o Superior Tribunal de Justiça concluiu que referido dispositivo não fora violado, porque o julgador teria o dever de se manifestar apenas sobre súmulas e precedentes vinculantes.

---

9 *v.g.* STJ, AgInt no AREsp nº 1.534.532/SP, relator Ministro Antonio Carlos Ferreira, Quarta Turma, julgado em 8/6/2020, DJe de 15/6/2020; STJ, REsp nº 1.813.877/RJ, relator Ministro Og Fernandes, Segunda Turma, julgado em 1/10/2019, DJe de 9/10/2019.

10 *v.g.* STJ, REsp nº 1.765.579/SP, relator Ministro Ricardo Villas Bôas Cueva, Terceira Turma, julgado em 5/2/2019, DJe de 12/2/2019.

11 STJ, REsp nº 1.698.774/RS, relatora Ministra Nancy Andrighi, Terceira Turma, julgado em 1/9/2020, DJe de 9/9/2020.

Veja-se, nesse sentido, a seguinte *ratio* desse julgamento reproduzida na ementa do acórdão: *"a regra do art. 489, § 1º, VI, do CPC/15*, segundo a qual o juiz, para deixar de aplicar enunciado de súmula, jurisprudência ou precedente invocado pela parte, deve demonstrar a existência de distinção ou de superação, *somente se aplica às súmulas ou precedentes vinculantes, mas não às súmulas e aos precedentes apenas persuasivos*, como, por exemplo, os acórdãos proferidos por Tribunais de 2º grau distintos daquele a que o julgador está vinculado" (grifos nossos).

Esse entendimento vem sendo reiterado pelo Superior Tribunal de Justiça nos anos de vigência do Código de 2015, conforme precedentes mais recentes.[12]

À luz disso, o objetivo desse texto é demonstrar que essa orientação pode ser considerada correta, mas ela não é completa, ou seja, ela não explica todo o fenômeno que perpassa a justificação de uma decisão judicial e por isso não pode ser aplicada indistintamente, pois as outras decisões listadas no art. 927 do Código de Processo Civil, além das súmulas e dos precedentes vinculantes (assim entendidos aqueles firmados sob a sistemática dos recursos repetitivos), também devem ser observadas nas decisões judiciais e, além disso, há casos em que os denominados precedentes persuasivos também devem ser objeto de manifestação judicial.

12 Nesse sentido: "PROCESSUAL CIVIL. AGRAVO INTERNO NO AGRAVO EM RECURSO ESPECIAL. AUSÊNCIA DE VIOAÇÃO DO ART. 489, § 1º, VI, DO CPC. NÃO INDICAÇÃO DO DISPOSITIVO LEGAL COM INTERPRETAÇÃO DIVERGENTE. SÚMULA Nº 284/STF. 1. A apontada violação do art. 489 do CPC não se sustenta, uma vez que o Tribunal de origem examinou, de forma fundamentada, todas as questões que foram submetidas à apreciação judicial na medida necessária para o deslinde da controvérsia, ainda que tenha decidido contrariamente à pretensão da parte recorrente. 2. "A regra do art. 489, §1º, VI, do CPC/15, segundo a qual o juiz, para deixar de aplicar enunciado de súmula, jurisprudência ou precedente invocado pela parte, deve demonstrar a existência de distinção ou de superação, somente se aplica às súmulas ou precedentes vinculantes, mas não às súmulas e aos precedentes apenas persuasivos" (REsp nº 1.698.774/RS, relatora Ministra Nancy Andrighi, Terceira Turma, julgado em 1º/9/2020, DJe de 9/9/2020). 3. Não se conhece do recurso especial quando ausente a indicação expressa do dispositivo legal a que se teria dado interpretação divergente. Incidência da Súmula nº 284 do STF. Agravo interno improvido." (AgInt no AREsp nº 2.453.973/SP, relator Ministro HUMBERTO MARTINS, Terceira Turma, julgado em 20/5/2024, DJe de 22/5/2024.); ainda, STJ, AgInt no REsp nº 2.099.200/RJ, relator Ministro GURGEL DE FARIA, Primeira Turma, julgado em 15/4/2024, DJe de 19/4/2024 e AgInt no REsp nº 1.895.387/DF, relator Ministro MOURA RIBEIRO, Terceira Turma, julgado em 19/6/2023, DJe de 22/6/2023.

Nesse sentido, o argumento a ser aqui desenvolvido está estruturado da seguinte forma. No *item II* a seguir, demonstra-se que todas as decisões listadas no art. 927 do Código de Processo Civil, e não apenas as súmulas e os precedentes firmados sob a sistemática dos recursos repetitivos, devem ser tidas como vinculantes, de modo que elas devem ser obrigatoriamente observadas e sua incidência deve ser justificada em cada caso segundo os ditames estabelecidos pelo art. 489, §1º, do Código de Processo Civil, ainda que as partes não as tenham suscitado. No *item III*, por seu turno, analisa-se em que situações os precedentes persuasivos – ou seja, os precedentes não listados no art. 927 do Código de Processo Civil – devem ser objeto de manifestação na fundamentação de uma decisão judicial, sob pena de incompletude da motivação. No *item IV*, por fim, a título de encerramento, são sintetizadas as principais conclusões obtidas ao longo do presente ensaio e indicadas as possíveis interpretações que podem ser extraídas desse julgado do STJ e que estejam de acordo com a sistemática introduzida pelo Código de Processo Civil de 2015 para disciplina do dever de motivação.

O estudo que ora se apresenta é realizado em homenagem ao Ministro Humberto Martins, magistrado de relevante papel no cenário jurídico brasileiro, com vasta contribuição para o desenvolvimento da jurisprudência nacional. Considerando seu papel, dentre outros temas, para definir a abrangência da motivação das decisões e sua relação com os precedentes judiciais, este artigo tomará como um dos focos de análise o Agravo Interno no Agravo em Recurso Especial nº 2.452.973/SP, de relatoria do Min. Humberto Martins, que versa sobre a questão.

## II. PRECEDENTES VINCULANTES E O ART. 927 DO CPC

O art. 927 do Código de Processo Civil estabelece um rol de decisões que *deverão* ser observadas por juízes e tribunais. Nota-se, aqui, o emprego imperativo do verbo na expressão: "os juízes e os tribunais *observarão*". A intenção que perpassa essa norma é clara: criar uma uniformidade de entendimento em torno dessas decisões, de modo a assegurar com isso a isonomia e a segurança jurídica na aplicação do direito, estimulando a previsibilidade e a cognoscibilidade do direito vigente e evitando a emissão de decisões contraditórias e conflitantes para casos idênticos.

Dentre as decisões listadas nesse artigo, os incisos I e II do artigo 927 do Código de Processo Civil referem-se às decisões, cujo caráter vinculante já era inclusive assegurado por outros dispositivos antes mesmo da entrada em vigor do Código de 2015, como as decisões proferidas pelo Supremo Tribunal Federal em sede de controle concentrado de constitucionalidade e as súmulas vinculantes. A par dessas hipóteses, no entanto, os incisos III, IV e V preveem que acórdãos proferidos no julgamento de demandas repetitivas, enunciados de súmulas do STF e do STJ em matéria constitucional e infraconstitucional respectivamente e as orientações dos órgãos colegiados dos tribunais também deverão ser obrigatoriamente seguidas pelos magistrados. Assim, "o precedente é fonte formal no direito contemporâneo brasileiro e tendencialmente existem razões para adotar os precedentes como fontes do direito mesmo em ordenamento jurídicos de civil law",[13] ressaltando-se a diferença entre os precedentes vinculantes e os meramente persuasivos.

A diferença entre os referidos precedentes foi destacada no julgamento do REsp nº 1.698.774/RS, mencionado anteriormente e reiterado em outros julgados do Superior Tribunal de Justiça. Nele, decidiu-se que a técnica estabelecida pelo art. 489, § 1º, inc. VI, do Código de Processo Civil, apenas se aplicaria a súmulas e a precedentes vinculantes. Disso pode surgir a seguinte questão: à luz desse julgamento, pode-se afirmar que os magistrados não estão obrigados a justificar a aplicação ou não em um caso concreto das outras decisões listadas no art. 927 do Código?

A resposta a essa questão é indubitavelmente negativa. O *caput* do art. 927 é assertivo e claro ao estabelecer que os magistrados *observarão* as decisões que estão listadas em seus incisos, em vista do forte efeito vinculante dos precedentes (*"strong binding force"*).[14] O verbo no imperativo estabelece uma ordem ou um comando que não deixa margem para dúvidas. A imposição desse dever não vem acompanhada de nenhuma condição ou ressalva, o que autoriza a conclusão de que essas decisões devem ser tidas como legítimas fontes de direito, de modo que, com base no princípio do *iura novit curia*, os magistrados têm o dever de justificar a sua aplicação ou não em um determinado caso concreto sempre que quaisquer uma delas for potencialmente aplicável ao caso em julgamento. Conclui também pela vinculatividade Aluísio Mendes,

---

13 ZANETI JR., Hermes. *O valor vinculante dos precedentes: teoria dos precedentes normativos formalmente vinculantes*. 2ª ed. Salvador: JusPodivm, 2016, p. 175-176.

14 MARINONI, Luiz Guilherme; MITIDIERO, Daniel. *Comentários ao Código de Processo Civil: volume XV*. São Paulo: Revista dos Tribunais, 2016, p. 63.

que rechaça um efeito meramente persuasivo nas hipóteses do art. 927 e confirma sua conformidade com a ordem constitucional.[15]

A leitura em conjunto dos arts. 926 e 927 do Código de Processo Civil reforça o mencionado acima. De acordo com o art. 926, os Tribunais devem uniformizar a sua jurisprudência e mantê-la *estável* (sem modificações injustificadas), *íntegra* (coesa entre si e com o restante do ordenamento jurídico) e *coerente* (não contraditória).

Sob essa perspectiva, pode-se afirmar que um magistrado só conseguirá cumprir o dever estabelecido por esse dispositivo e atender a esses três requisitos, se observar tanto as orientações dos tribunais superiores quanto as do próprio órgão a que ele está vinculado, ainda que essas orientações não se revistam sob a forma de uma súmula vinculante ou de um precedente firmado sob a sistemática dos recursos repetitivos. Para continuar com o desenvolvimento desse argumento, torna-se útil recorrer à análise das denominadas súmulas persuasivas, ou não vinculantes.

Como se sabe, os enunciados de súmulas correspondem a uma determinada orientação jurisprudencial dominante no âmbito de um tribunal (art. 926, § 1º). Independentemente da discussão que se pode vir a ter a respeito do significado da expressão "jurisprudência dominante" e sobre o momento e as condições em que uma determinada orientação jurisprudencial pode vir a receber esse predicado, fato é que essa quali-

---

15 "Com a edição do novo Código de Processo Civil, pode-se dizer que há um sistema de jurisprudência e de precedentes definido legalmente e que, nestes termos, não pode ser considerado como um regime típico de *stare decisis*, ou seja, que os precedentes em geral passam a ter um caráter vinculativo no sentido vertical e horizontal. Mas, por outro lado, não existe apenas um mero efeito persuasivo nas hipóteses indicadas nos cinco incisos do art. 927. Embora, como já mencionado, as duas primeiras situações não constituem inovação, porque já se encontravam anteriormente previstas na própria Constituição da República. [...] [O] caráter vinculativo para determinados pronunciamentos judiciais, disposto no art. 927 do novo CPC, se afigura em conformidade com a ordem constitucional. Mas não deixa de representar uma ruptura com a cultura e os paradigmas estabelecidos na comunidade jurídica, de que se pode e se deve ajuizar uma demanda, resistir a uma pretensão ou interpor um recurso, ainda que contra o entendimento dos tribunais, não se impondo limites à inconformidade" (MENDES, Aluísio Gonçalves de Castro. "Breves considerações sobre o caráter vinculativo da jurisprudência e dos precedentes no artigo 927 do novo Código de Processo Civil". In: NUNES, Dierle; MENDES, Aluísio; JAYME, Fernando Gonzaga. *A nova aplicação da jurisprudência e precedentes no CPC/2015*. São Paulo: Revista dos Tribunais, 2017, p. 128-130.

ficação revela *pelo menos* a existência de uma orientação jurisprudencial minimamente relevante no âmbito de um tribunal, a tal ponto que ela mereceu a edição de um enunciado específico a seu respeito.

Desse modo, ainda que essa súmula não seja formalmente vinculante, i. e., ainda que não se preveja no ordenamento jurídico um instrumento específico para garantir a sua autoridade, como a reclamação, por exemplo, é inegável que ela representa uma parcela significativa do entendimento de um tribunal a respeito de uma determinada questão jurídica. Portanto, isso significa que, se essa questão vir a julgamento, o magistrado que for por ele responsável tem o dever de se pronunciar a respeito de seu enunciado.

Do contrário, ou seja, a prevalecer o entendimento de que um magistrado está autorizado a desconsiderar a existência de uma súmula tão somente por ela ser persuasiva, o que se está a fazer é autorizá-lo a ignorar a existência de um entendimento consolidado no âmbito de um tribunal a respeito de um assunto. Com isso, um tribunal não consegue manter sua jurisprudência *estável*, pois não se consegue avaliar a existência de inconsistências sistêmicas e incongruências sociais capazes de justificar uma modificação jurisprudencial sem comparar a atualidade dos entendimentos existentes no âmbito de um tribunal a respeito de um mesmo assunto.

Além disso, nessa hipótese em que foi aventada a possibilidade, ainda que implícita, de se ignorar uma súmula persuasiva, o tribunal não consegue manter sua jurisprudência íntegra e *coerente*, porque, ao se ignorar a existência de um outro entendimento a respeito de uma mesma questão jurídica, corre-se não só o risco de se ter decisões conflitantes a respeito de um mesmo assunto, como também há a possibilidade de que decisões alcancem um mesmo resultado, porém fundadas em razões distintas ou não convergentes entre si, o que também é prejudicial para a segurança jurídica e a previsibilidade na aplicação do direito. Em síntese, ainda que um magistrado possa não replicar a conclusão presente em uma súmula ou em outra norma jurisprudencial persuasiva emitida pelo tribunal a que ele está vinculado por discordar dos seus fundamentos,[16] é importante que ele se manifeste a respeito deles na motivação de sua decisão, pois só assim será possível a esse tribunal alcançar os objetivos antes listados.

Portanto, a título de conclusão parcial, pode-se fixar a seguinte interpretação a respeito do âmbito de aplicação do art. 927 do Código de

16 SCHAUER, Frederick. *Precedent*. In: *Stanford Law Review*, 39, 1987.

Processo Civil: as decisões judiciais que estão listadas nesse dispositivo devem ser objeto de manifestação judicial não só porque algumas delas possuem um especial caráter vinculante, mas também porque elas revelam um especial entendimento de um tribunal a respeito de um determinado tema. Por isso, para que a jurisprudência de um tribunal se mantenha estável, íntegra e coerente, é preciso que os magistrados que estejam vinculados a ele se manifestem sobre esse entendimento, ainda que as partes não o tenham suscitado, respeitado, por certo, nessas ocasiões, o princípio do contraditório e a vedação à decisão-surpresa. Nessa linha, a decisão fixada no REsp nº 1.698.774/RS – assim como a jurisprudência que se formou a partir dela –é correta, mas não é apta a analisar todo o fenômeno que abriga a proteção à segurança jurídica no Código de Processo Civil de 2015. Não são apenas as súmulas e os precedentes vinculantes, mas todas as decisões listadas no art. 927 do Código que exigem a manifestação judicial na motivação das decisões.

As decisões devem justificar a aplicação dos precedentes vinculantes no caso concreto, demonstrando a similaridade ou existência de distinção ("*distinguishing*") no caso em julgamento nos termos do artigo 489, *caput* e § 1º, IV do Código de Processo Civil. Não se admite o uso de um precedente quando sua aplicação é incompatível com os fatos e razões que o originaram. A incidência do precedente ocorre em função da identidade dos fatos relevantes que exigem a aplicação da mesma *ratio decendi*. Os magistrados devem realizar o *distinguishing* entre o caso a ser decidido e o caso que originou o precedente ou súmula vinculante, para que a decisão seja fundamentada de acordo com as premissas estabelecidas pelo Código de Processo Civil.[17]

Esse cenário é claramente demonstrado pelo Superior Tribunal de Justiça no julgamento do AgInt no AREsp 2.453.973 – SP, de relatoria no Min. Humberto Martins e que aponta a distinção suficien-

---

17 CARVALHO, Fabiano. *Comentários ao Código de Processo Civil: volume XIX*. São Paulo: Saraiva, 2022, p. 55. O autor destaca que "A técnica de 'distinção' nada mais é do que comparar os elementos fáticos e verificar em que medida eles se distinguem entre um caso e outro. A distinção levada a efeito afasta a aplicação da *ratio decendi*. Distinguir é uma forma de rejeitar a aplicação do precedente no caso concreto. Trata-se da técnica utilizada com maior frequência. [...] Pode-se acrescentar, ainda, que o juiz ou os interessados devam separar os fatos relevantes dos fatos irrelevantes, dentro do caso e entre os casos".

temente fundamentada em fatos relevantes.[18] A inexistente violação do artigo 489, § 1º, IV do Código de Processo Civil, evidenciada pelo voto do relator, indica a comparação essencialmente fática dos aspectos relevantes.

Além disso, há duas formas de afastar a aplicação de um precedente ou súmula: *distinguishing* (diferenciação) e superação (*overruling*)[19]. Admitido pelo Código de Processo Civil, a técnica de superação de um precedente ou súmula é compatível com o dever de estabilidade e indica um processo e transformações de valores em uma sociedade civilizada. O *overruling* retira a força vinculante da *ratio decidendi*, ou melhor, elimina a própria *ratio decidendi*.[20] Sob essa perspectiva, utiliza-se do *overruling* quando o precedente ou súmula não mais atende aos anseios da justiça em vista de nova situação fática. Apesar disso, o surgimento de nova situação pode não exigir o *overruling*, mas o *distinguishing* – o pre-

---

18 "PROCESSUAL CIVIL. AGRAVO INTERNO NO AGRAVO EM RECURSO ESPECIAL. AUSÊNCIA DE VIOAÇÃO DO ART. 489, § 1º, VI, DO CPC. NÃO INDICAÇÃO DO DISPOSITIVO LEGAL COM INTERPRETAÇÃO DIVERGENTE. SÚMULA Nº 284/STF. 1. A apontada violação do art. 489 do CPC não se sustenta, uma vez que o Tribunal de origem examinou, de forma fundamentada, todas as questões que foram submetidas à apreciação judicial na medida necessária para o deslinde da controvérsia, ainda que tenha decidido contrariamente à pretensão da parte recorrente. 2. 'A regra do art. 489, §1º, VI, do CPC/15, segundo a qual o juiz, para deixar de aplicar enunciado de súmula, jurisprudência ou precedente invocado pela parte, deve demonstrar a existência de distinção ou de superação, somente se aplica às súmulas ou precedentes vinculantes, mas não às súmulas e aos precedentes apenas persuasivos' (REsp nº 1.698.774/RS, relatora Ministra Nancy Andrighi, Terceira Turma, julgado em 1º/9/2020, DJe de 9/9/2020). 3. Não se conhece do recurso especial quando ausente a indicação expressa do dispositivo legal a que se teria dado interpretação divergente. Incidência da Súmula nº 284 do STF. Agravo interno improvido." (AgInt no AREsp nº 2.453.973/SP, relator Ministro HUMBERTO MARTINS, Terceira Turma, julgado em 20/5/2024, DJe de 22/5/2024.)

19 TUCCI, José Rogério Cruz e. *In*: BUENO, Cassio Scarpinella. *Comentários ao Código de Processo Civil: volume 4*. São Paulo: Saraiva, 2017, p. 39. Na passagem, Tucci afirma que "as técnicas do *overruling* (*common law*) e *revirement* (*civil law*) representam fenômenos específicos e excepcionais com o escopo de excluir do ordenamento jurídico determinado precedente, para substituí-lo por outro que melhor se ajuste à hipótese *sub examine*".

20 CARVALHO, Fabiano. *Comentários ao Código de Processo Civil: volume XIX*. São Paulo: Saraiva, 2022, p. 58-60.

cedente ou súmula se alinha com as mudanças sociais, mas fato distinto não permite o uso da jurisprudência vinculante.[21]

## III. PRECEDENTES PERSUASIVOS E O DEVER DE MOTIVAÇÃO

O presente item pode ter início com um destaque para um trecho da *ratio decidendi* do REsp nº 1.698.774/RS que não merece reparos. Como visto, o STJ concluiu que não haveria violação ao art. 489, § 1º, inc. VI, do Código de Processo Civil, nos casos em que uma determinada decisão judicial deixa de se manifestar sobre a aplicação ao caso em análise de decisões proferidas a respeito do mesmo assunto por outros tribunais de mesma hierarquia ao qual ele está vinculado, in verbis: "a regra do art. 489, § 1º, VI, do CPC/15 (...) somente se aplica às súmulas ou precedentes vinculantes, mas não às súmulas e aos precedentes apenas persuasivos, *como, por exemplo, os acórdãos proferidos por Tribunais de 2º grau distintos daquele a que o julgador está vinculado*" (grifos nossos). A explicação para essa conclusão é bastante simples e até mesmo intuitiva. Os precedentes com *binding force* (vinculantes) possuem eficácia vertical: sua força obrigatória incide sobre os tribunais e sobre os juízos inferiores.[22] Além disso, um magistrado vinculado a um determinado tribunal não tem qualquer dever ou responsabilidade para com outro tribunal de mesma hierarquia que o seu.

Portanto, o juiz não é obrigado a se manifestar sobre as decisões proferidas por outros tribunais, ou pautar suas decisões pela jurisprudência oriunda de outra Corte. Eventual divergência jurisprudencial entre tribunais da Federação, como se sabe, deve ser sanada pelo Superior Tribunal de Justiça no exercício de suas funções enquanto Corte Superior.

O acerto da decisão do REsp nº 1.698.774/RS, no entanto, não pode levar à conclusão de que os magistrados estão dispensados de analisar e se manifestar sobre os outros precedentes tidos como persuasivos, assim entendidos nessa ocasião como aqueles que não estão listados no rol do art. 927 do Código de Processo Civil de 2015. Nesse sentido, o objetivo desse item é demonstrar a seguinte hipóte-

21 MARINONI, Luiz Guilherme; MITIDIERO, Daniel. *Comentários ao Código de Processo Civil: volume XV*. São Paulo: Revista dos Tribunais, 2016, p. 130.

22 MARINONI, Luiz Guilherme. *Precedentes obrigatórios*. São Paulo: Revista dos Tribunais, 2010, p. 119.

se: sempre que uma parte invoca um precedente como fundamento para o julgamento de procedência do seu pedido e justifica devidamente a sua aplicação, independentemente da natureza dessa decisão, é dever do magistrado se manifestar sobre a sua incidência no caso concreto, desde que esse precedente tenha sido proferido pelo tribunal a que ele está vinculado ou por um tribunal superior, pois só assim o magistrado cumprirá o seu dever de assegurar a promoção da igualdade na aplicação do direito.

Os precedentes são acréscimos aos textos legais relevantes para a solução de questões jurídica, ou seja, "apenas será precedente a decisão que resultar efeitos jurídicos normativos para os casos futuros", o que garante a eles a sua característica vinculante.[23]

A origem maior da eficácia normativa dos precedentes judiciais reside na constatação de que fatos materialmente semelhantes, informados por idênticas razões, devem ser decididos da mesma maneira, sob pena de violação à igualdade e à racionalidade da decisão judicial.[24] O raciocínio que subjaz a aplicação de um precedente consiste, pois, na comparação entre a situação descrita na *fattispecie* individual e concreta fixada em uma determinada decisão e os fatos do caso em que se pretende aplicar referida decisão. Quando há consenso a respeito da relação de identidade entre essas situações, não é exagero afirmar que o que se espera do julgador é que ele se sinta realmente "constrangido" a ter de utilizar os mesmos fundamentos do julgado anterior, sob pena ficar caracterizada a violação à igualdade no caso concreto.

Em síntese, se o alvo (o caso a decidir) e a fonte (o precedente) da comparação estiverem fundados em fatos semelhantes e em idênticas razões, o único caminho que se impõe para o juiz é que a solução para ambos os casos seja a mesma, sob pena de violação à isonomia na aplicação do direito. Ainda, a isonomia é essencial para a realização do *distinguishing*. No julgamento do AgInt no AREsp 2453973, percebe-se que análise de fatos e razões dentro do caso e entre os casos depende da aplicação do princípio da isonomia entre as partes para o fim de realizar a diferenciação de acordo com as premissas do ordenamento jurídico

23 ZANETI JR., Hermes. *O valor vinculante dos precedentes: teoria dos precedentes normativos formalmente vinculantes.* 2ª ed. Salvador: JusPodivm, 2016, p. 309-310.

24 BULYGIN, Eugenio. "Creación y aplicación del derecho". In: *Lagunas en el derecho*, Madrid: Marcial Pons, 2005, p. 41.

brasileiro. No entanto, não se pode ignorar o valor jurídico dos precedentes persuasivos.

A aplicação dos precedentes judiciais dá-se, portanto, por meio da comparação entre os elementos substanciais de uma decisão paradigma e os fatos do caso em análise que se quer decidir.[25] Dessa comparação preliminar, constata-se existir uma relação de semelhança entre os casos que justifica sejam eles analisados de modo conjunto – se forem os fatos absolutamente distintos uns dos outros não há razão alguma para prosseguir com o raciocínio de comparação em relação ao precedente invocado. Em seguida, individualizam-se os fundamentos do julgado anterior, a razão que levou o magistrado a tomar a decisão que tomou com base nos fatos que se pretende comparar, e só então, demonstrada a identidade de razões a inspirar o precedente e o caso em exame e constatada a existência de semelhanças relevantes entre os fatos em comparação, é que se torna justificável a aplicação do precedente como fundamento da decisão aplicada ao novo caso.[26]

Nesse sentido é que se afirma que, se for possível realizar todo esse raciocínio com base no precedente invocado pela parte e a partir daí se constatar que é justificada a sua aplicação no caso concreto, é indiferente para fins de promoção da igualdade o fato de ser esse precedente isolado ou eventualmente não ter sido firmado sob a sistemática dos recursos repetitivos ou não.

Em muitas ocasiões uma determinada questão jurídica pode não ser submetida à sistemática dos recursos repetitivos, quer seja porque não se constatou na prática uma multiplicidade de processos relativos sobre a mesma questão, quer seja porque o tema em si não possuía uma relevância jurídica e social que exigisse um tratamento dessa natureza por parte dos órgãos que compõem o Poder Judiciário. No entanto, para uma parte individualmente considerada, é relevante demonstrar que o seu caso já foi objeto de apreciação judicial (ainda que isso tenha ocorrido uma única vez) e é justificável que ela pleiteie que a orientação então firmada também seja aplicada ao seu caso, porque ela almeja receber

---

25 LEVI, Edward H. *Introducción al razonamiento jurídico*. Buenos Aires: EUDEBA, 1964, p. 9 e seguintes.

26 CROSS, Rupert; HARRIS, J. W. *Precedent in English Law*. 4ª ed. Oxford: Clarendon Press, 2004, p. 192-200; BUSTAMANTE, Thomas da Rosa de. *Teoria do precedente judicial: a justificação e a aplicação de regras jurisprudenciais*. São Paulo: Noeses, 2012, p. 502-538.

o mesmo tratamento que foi fixado no caso anterior. Nessa hipótese, o que a parte está a fazer, em outras palavras, é requerer a aplicação do postulado da igualdade na aplicação do direito e passa a ser dever do magistrado se pronunciar sobre ele justificando o motivo pelo qual o precedente invocado pode ou não ser aplicado.

Em síntese, portanto, pode-se chegar aqui a uma conclusão parcial a respeito da aplicação do art. 489, § 1º, inc. VI, do Código de Processo Civil de 2015. Ao contrário do que se poderia supor a partir de uma leitura equivocada do REsp nº 1.698.774/RS, referido dispositivo legal não se aplica apenas aos casos envolvendo súmulas ou precedentes de caráter vinculante. Se uma parte invoca a aplicação de um precedente como fundamento para concessão de uma tutela jurisdicional e consegue demonstrar a relação de semelhança entre os fatos e fundamentos jurídicos que informam ambos os casos, o que foi decidido e o seu caso que está a ser analisado, o que ela está submetendo ao Poder Judiciário é a seguinte pergunta: por que esses casos não devem receber o mesmo tratamento e serem decididos da mesma forma? A prevalecer o entendimento de que o magistrado responsável pelo julgamento dessa lide está dispensado de responder a essa pergunta tão somente pela circunstância de o precedente invocado não ter sido firmado sob uma específica técnica de julgamento, o que se está a defender em outras palavras é que o princípio da isonomia e da igualdade tem sua promoção limitada e condicionada no âmbito de aplicação do direito, devendo o julgador se atentar a ele apenas em específicos casos, o que não é correto, conforme já exposto até aqui.

Sob essa perspectiva, a necessidade de motivação das decisões judiciais está relacionada com uma preocupação técnica de racionalizar a atividade jurisdicional. A obrigatoriedade da motivação nas decisões permite o controle (de legalidade e justiça) e utilidade das decisões no ordenamento jurídico. A exposição realizada pelo magistrado das razões da decisão propicia a eficiência das ferramentas de uniformização da jurisprudência.[27] Nesse âmbito, a obrigatoriedade da motivação, disciplinada no art. 489, § 1º, inc. VI, compele o magistrado a se pronunciar sobre um precedente – ainda que persuasivo – que faça parte dos argumentos relevantes das partes.

27 BARBOSA MOREIRA, José Carlos. "A motivação das decisões judiciais como garantia inerente ao Estado de Direito". In: *Temas de direito processual: segunda série*. 3 ed. Rio de Janeiro: GZ, 2023, p. 121.

Desse modo, se é correta a orientação do REsp nº 1.698.774/RS de que um magistrado não tem o dever de se manifestar sobre a orientação jurisprudencial de um outro tribunal, na medida em que ele não está vinculado a ele, disso não se pode extrair uma conclusão geral e abstrata de que o art. 489, § 1º, inc. VI, do Código de Processo Civil não se aplica nos casos em que uma parte invoca um precedente não repetitivo como solução para o seu caso. Nessas hipóteses, uma vez demonstrada a relação de identidade, o que a parte está a fazer é pleitear a aplicação do princípio da isonomia no caso e, por essa razão, também é dever do magistrado se manifestar expressamente sobre essa questão, sob pena de incompletude da motivação de sua decisão.

## IV. ENCERRAMENTO: POSSÍVEIS APLICAÇÕES DOS PRECEDENTES DO SUPERIOR TRIBUNAL DE JUSTIÇA NA MATÉRIA

A tarefa de justificar as decisões judiciais torna-se cada vez mais complexa nos dias atuais diante de fenômenos como a hiperinflação legislativa e a utilização de termos indeterminados para regulamentação de diversas condutas. Nesse sentido, a atividade de justificação exige, dentre outras atividades, a necessidade de:

i. demonstração do significado atribuído a cada um desses termos indeterminados,

ii. realização de um juízo de ponderação para solução de conflitos entre normas de caráter principiológico e

iii. indicação do estado ideal de coisas a ser promovido com uma determinada decisão.

Diante desse contexto normativo, o maior desafio dos magistrados, em especial daqueles que compõem os Tribunais Superiores, é utilizar em suas decisões fundamentos universalizáveis, não particularistas, que possam ser replicados em decisões futuras, promovendo-se, com isso, o tratamento isonômico aos jurisdicionados e, do mesmo modo, a segurança jurídica.

As ferramentas processuais para a aplicação de precedentes, como o *distinguishing*, são para a uniformização da jurisprudência e aplicação de premissas processuais. O julgamento do AgInt no AREsp 2.452.973/SP pelo STJ, sob relatoria do Min. Humberto Martins, demonstra a aplicação da diferenciação entre o caso em análise e o caso que originou o precedente ou súmula com *biding force* a fim de identificar a identidade entre os fatos e razões dos casos.

Esse reconhecimento dos Tribunais Superiores como Cortes de Precedentes, responsáveis também pela criação de direito na medida em que dão concretude aos dispositivos legais, implica o dever correspondente imposto aos magistrados das instâncias inferiores de interpretar de maneira correta essas normas para assegurar com isso uma devida e adequada aplicação desses precedentes. Nesse sentido, o objetivo desse ensaio foi demonstrar as possíveis interpretações e aplicações que podem ser extraídas da orientação emitida pelo Superior Tribunal de Justiça no julgamento do REsp nº 1.698.774/RS.

Como visto, por ocasião desse julgamento, o Superior Tribunal de Justiça firmou um paradigma de que o art. 489, § 1º, inc. VI, do Código de Processo Civil, que impõe aos magistrados o dever de justificar a não aplicação de um precedente ao caso concreto, só se aplicaria nos casos em que suscitada a incidência de precedentes ou súmulas de caráter reconhecidamente vinculante. Como mencionado nos *itens II e III* acima, essa orientação, embora correta, não é completa, porque não abrange todo o fenômeno de justificação das decisões judiciais e os princípios que os informam, voltados principalmente à uniformização de jurisprudência e à promoção da igualdade na aplicação do direito.

Nesse sentido, embora correto se afirmar que um magistrado não é obrigado a se pronunciar sobre decisões emitidas por outro tribunal de igual hierarquia e ao qual ele não está vinculado, disso não decorre a conclusão de que o art. 489, § 1º, inc. VI, do CPC apenas se aplicaria às súmulas vinculantes e aos precedentes firmados sob a sistemática dos recursos repetitivos.

As demais decisões relacionadas no art. 927 do Código de Processo Civil, que representam em diferentes medidas o entendimento de um tribunal a respeito de uma determinada questão jurídica, também devem ser objeto de manifestação judicial, pois só assim será possível a esse tribunal manter estável, íntegra e coerente a sua jurisprudência, como impõe e determina o art. 926 do Código. A par disso, outras decisões que não estão dentre aquelas listadas no art. 927 do Código de Processo Civil também devem ser objeto de manifestação judicial na fundamentação das decisões judiciais sempre que a parte as invocar e justificar que a sua aplicação na prática é necessária para a promoção e o respeito à isonomia na aplicação do direito.

Portanto, a par da primeira e mais objetiva interpretação que se extrai do julgamento do REsp nº 1.698.774/RS também devem ser acrescidas essas outras, para que o âmbito de aplicação desse precedente abranja e esteja em consonância com os diretrizes estabelecidas pelo Código de Processo Civil de 2015 para delimitação do dever de motivação imposto aos magistrados.

## V. REFERÊNCIAS

BARBOSA MOREIRA, José Carlos. "A motivação das decisões judiciais como garantia inerente ao Estado de Direito". In: *Temas de direito processual: segunda série*. 3 ed. Rio de Janeiro: GZ, 2023.

BULYGIN, Eugenio. "Creación y aplicación del derecho". In: *Lagunas en el derecho*, Madrid: Marcial Pons, 2005.

BUSTAMANTE, Thomas da Rosa de. *Teoria do precedente judicial: a justificação e a aplicação de regras jurisprudenciais*. São Paulo: Noeses, 2012.

CARVALHO, Fabiano. *Comentários ao Código de Processo Civil: volume XIX*. São Paulo: Saraiva, 2022.

CROSS, Rupert; HARRIS, J. W. *Precedent in English Law*. 4ª ed. Oxford: Clarendon Press, 2004.

FONSECA, João Francisco Naves da. *Comentários ao Código de Processo Civil: volume IX*. São Paulo: Saraiva, 2017.

LEVI, Edward H. *Introducción al razonamiento jurídico*. Buenos Aires: EUDEBA, 1964.

LIEBMAN, Enrico Tulio. "Do arbítrio à razão: reflexões sobre a motivação da sentença". *Revista de Processo*, São Paulo, v. 29, 1983.

LUCON, Paulo Henrique dos Santos. "Motivação das decisões jurídicas e o contraditório: identificação das decisões imotivadas de acordo com o NCPC". *Revista do Advogado*, v. 126, pp. 169-174.

MARINONI, Luiz Guilherme; MITIDIERO, Daniel. *Comentários ao Código de Processo Civil: volume XV*. São Paulo: Revista dos Tribunais, 2016.

__________. *Precedentes obrigatórios*. São Paulo: Revista dos Tribunais, 2010.

MENDES, Aluísio Gonçalves de Castro. "Breves considerações sobre o caráter vinculativo da jurisprudência e dos precedentes no artigo 927 do novo Código de Processo Civil". In: NUNES, Dierle; MENDES, Aluísio; JAYME, Fernando Gonzaga. *A nova aplicação da jurisprudência e precedentes no CPC/2015*. São Paulo: Revista dos Tribunais, 2017.

SCHAUER, Frederick. *Precedent.* In: Stanford Law Review, 39, 1987.

TARUFFO, Michele. *La motivazione della sentenza civile.* Padova: Cedam, 1975.

TUCCI, José Rogério Cruz e. *Comentários ao Código de Processo Civil: volume VIII.* São Paulo: Revista dos Tribunais, 2016.

_________. In: BUENO, Cassio Scarpinella. *Comentários ao Código de Processo Civil: volume 4.* São Paulo: Saraiva, 2017.

ZANETI JR., Hermes. *O valor vinculante dos precedentes: teoria dos precedentes normativos formalmente vinculantes.* 2ª ed. Salvador: JusPodivm, 2016.

## O JUÍZO COMPETENTE PARA JULGAR RECUPERAÇÃO JUDICIAL DE GRUPOS DE EMPRESAS: QUESTÕES RELEVANTES

*Daniel Carnio Costa*[1]

A competência para processar e julgar processos de insolvência empresarial (falência e recuperação judicial de empresas) é tema relevante e constantemente analisado pelo Superior Tribunal de Justiça. Não são raros os conflitos negativos ou positivos de competência envolvendo diferentes juízos estaduais que aportam ao Tribunal da Cidadania para definição de qual o juízo legalmente investido do poder de conduzir esses relevantes processos.

Conforme dispõe a legislação de regência (art. 3º da Lei nº 11.101/2005), será competente para homologar o plano de recuperação extrajudicial, deferir a recuperação judicial ou decretar a falência o Juízo do local do principal estabelecimento do devedor ou da filial de empresa que tenha sede fora do Brasil.

Entretanto, não há uma definição legal do que seja o principal estabelecimento do devedor. E mais. Tratando-se de recuperação judicial de grupos econômicos, com diversas empresas situadas e atuantes em diferentes locais, a aferição do que seja o principal estabelecimento do grupo impõe a consideração sobre critérios variados.

Pode-se afirmar que o principal estabelecimento de uma empresa poderia ser aferido a partir de três critérios: a sede da empresa, conforme consta nos seus atos constitutivos (critério formal); o local de onde parte as decisões estratégicas da empresa ou onde estão seus diretores (critério funcional); ou o local onde está o seu maior volume de negócios ou contratos (critério econômico).

A escolha sobre qual o melhor critério para definição do principal estabelecimento da empresa dependerá das circunstâncias do caso concreto e das finalidades do procedimento de insolvência em questão, sempre com vistas a potencializar o atingimento dos objetivos maiores protegidos pelo sistema legal de enfrentamento da crise da empresa.

Diga-se o mesmo quando se tem em consideração um grupo de empresas e não apenas uma empresa isolada. A definição de qual seria o

1 Advogado e parecerista; ex-juiz titular da 1ª Vara de Falências e Recuperações Judiciais de São Paulo

principal estabelecimento do grupo impõe considerações sobre a forma de atuação de cada empresa do grupo, além das circunstâncias do caso concreto e das finalidades do procedimento em questão.

Tratando-se de processo falimentar, que tem como objetivo realizar a rápida realocação dos ativos da devedora para outras cadeias produtivas e promover o rápido e eficaz pagamento dos credores, parece preponderar o critério para definição de principal estabelecimento aquele que reúna a maior quantidade de ativos da devedora. Assim, o juízo terá melhores condições de arrecadar e vender os bens, de forma direta, sem a necessidade de deprecação de atos processuais e com maior proximidade para fiscalização e criação de soluções tendo em consideração as circunstâncias próprias do local. Dessa forma, o procedimento falimentar terá melhores condições para atingir eficazmente seus objetivos.

Tratando-se de recuperação judicial, que tem por objetivo criar um ambiente equilibrado de negociação entre credores e devedores a fim de que possa prevalecer a melhor decisão coletiva, poderão preponderar outros critérios para a definição de principal estabelecimento, pois importa mais que o juízo esteja perto do centro decisório da devedora e do local onde está o maior volume de negócios, otimizando, assim, a catalização e a fiscalização das atividades de negociação entre credores e devedora.

É dizer, importa mais para o sucesso da reorganização das atividades da devedora a consideração sobre onde a recuperação judicial tem melhores condições de atingir o objetivo de preservar os benefícios econômicos e sociais, do que o endereço da sua sede.

Além disso, o magistrado deve estar inserido na comunidade onde está o principal estabelecimento da empresa devedora, pois isso propicia ao julgador mais proximidade com a realidade dos fatos que envolvem o processo[2].

A aferição do principal estabelecimento da devedora pressupõe, portanto, uma análise ampla da atuação da devedora ou do grupo de devedores. A identificação do local onde se situa o polo econômico mais importante ou onde está localizado o maior volume de negócios da devedora são fatores essenciais para a definição do juízo competente para processar e julgar o seu processo de reestruturação.

---

2 COSTA, Daniel Carnio; MELO, Alexandre Correa Nasser de. Comentários à lei de recuperação de empresas e falência: Lei 11.101, de 09 de fevereiro de 2005. 5ª ed. rev. atual. Curitiba: Juruá, 2024, pág. 121.

A avaliação desses fatores não é estática, mas dinâmica, devendo ser aferida à luz do caso concreto e sempre com vistas ao atingimento do objetivo de preservar os benefícios econômicos e sociais da empresa.

No Brasil, a Lei de Recuperação Judicial e Falência deve ser interpretada e aplicada conforme propõe a teoria da superação do dualismo pendular. Vale aqui relembrar essa teoria para sua aplicação concreta na melhor interpretação da nossa lei e para definição dinâmica do *principal estabelecimento* da empresa devedora.

A observação do que acontece nas reformas legislativas ao longo dos tempos releva a existência de um movimento pendular constante que oscila na proteção dos polos da relação de direito material inseridos no procedimento de insolvência. Trata-se do que Fábio Konder Comparato chamou de dualismo pendular na proteção do interesse dos credores ou dos devedores relativamente à legislação de insolvência.

Nesse sentido, observa-se que a lei ora protege mais o credor, ora mais o devedor; o consumidor ou fornecedor, o inquilino ou locador; e assim por diante. Esse fenômeno também é observado em relação ao intérprete. Assim, não só a lei toma partido na proteção de um dos polos da relação de direito material, mas também o intérprete busca aplicar a lei sempre em favor de um dos polos da relação de direito discutida no processo de solução de um caso concreto.

Entretanto, impõe-se a superação desse dualismo pendular, deslocando-se o foco da interpretação para a busca da finalidade útil do sistema jurídico dentro do qual se inserem os direitos materiais. A finalidade do instituto e o bom funcionamento do sistema jurídico devem prevalecer sobre a proteção do interesse de um dos polos da relação de direito material.

Diante de uma situação real, é possível que o intérprete encontre diversas soluções, todas elas tecnicamente sustentáveis e de acordo com o sistema legal na qual se insere. Pode-se interpretar a lei em favor do credor ou em favor do devedor. Entretanto, qual deve ser a interpretação correta? Será aquela que prestigia a finalidade do sistema, em eficiência plena.

Por isso é necessária a superação do dualismo pendular. A preservação da eficiência do sistema deve ser o limite ao exercício da interpretação da lei.

Tal entendimento vem sendo adotado pelo Superior Tribunal de Justiça, conforme trecho de decisão proferida pelo Ministro Humberto

Martins, nos autos da Suspensão de Liminar e de Sentença nº 3018[3], que se reproduz a seguir:

> "No Brasil, prevalece a visão de que a crise da empresa não impacta apenas os seus credores, mas também os empregados, os consumidores, o Estado e a sociedade em geral. A crise da empresa é um fenômeno complexo e que afeta diversos interesses distintos, muito além dos interesses dos credores.
>
> É evidente que os credores são diretamente afetados pela crise da empresa, uma vez que deixaram de receber seus créditos. Mas o encerramento da atividade da empresa também afetará negativamente os seus empregados, pelo desaparecimento do posto de trabalho; os consumidores deixarão de usufruir de produtos e serviços; o Estado deixará de recolher tributos. Enfim, no Brasil, há uma forte tradição de reconhecimento da importância da função social da empresa.
>
> Assim sendo, o art. 47 da Lei nº 11.101/2005 diz que a recuperação judicial tem por objetivo superar a crise econômica e financeira da devedora, a fim de tutelar os interesses dos credores, mas não somente dos credores. Todos os demais interesses atingidos pela crise da empresa devem ser considerados pelo juiz no momento de decidir sobre a preservação da empresa.
>
> Assim dispõe o art. 47:
>
> A recuperação judicial tem por objetivo viabilizar a superação da situação de crise econômico-financeira do devedor, a fim de permitir a manutenção da fonte produtora, do emprego dos trabalhadores e dos interesses dos credores, promovendo, assim, a preservação da empresa, sua função social e o estímulo à atividade econômica.
>
> **O sistema brasileiro adotou a chamada teoria da superação do dualismo pendular**, na medida em que os objetivos das ferramentas de tratamento da crise da empresa não são direcionados para a tutela dos interesses exclusivos do credor (pró-credor), nem dos interesses exclusivos do devedor (pró-devedor), mas para a tutela dos benefícios econômicos e sociais que decorrem da preservação da atividade econômica (empregos, tributos, produtos, serviços, circulação e produção de riquezas). Deslocou-se o pêndulo de proteção legal dos polos integrantes da relação crédito-débito para a proteção das finalidades sociais e públicas do sistema dentro do qual se inse-

3 SLS nº 3.018, Ministro Humberto Martins, DJe de 12/11/2021

> re a relação de direito material (credor e devedor). Por isso, afirma-se que o Brasil superou o dualismo pendular". (destaque inserido)

Nesse sentido, a interpretação correta, quando se trata de recuperação de empresas, será sempre aquela que prestigiar a recuperação da atividade empresarial em função dos benefícios econômicos e sociais relevantes que dela resultam.

Os objetivos previstos no art. 47 da Lei nº 11.101/05 devem ter preponderância na interpretação e aplicação dos dispositivos legais relacionados à recuperação de empresas. Deve-se buscar sempre a preservação do emprego, do recolhimento de tributos, do aquecimento da atividade econômica, da renda, do salário, da circulação de bens e riquezas, mesmo que isso se dê em prejuízo do interesse imediato da própria devedora ou dos credores.

A aferição do principal estabelecimento do devedor deve ser feita no momento do protocolo ou distribuição do pedido recuperacional, oportunidade na qual o Juízo competente será estabilizado para os fins da lei de recuperação judicial, conforme o entendimento do Superior Tribunal de Justiça.

> CONFLITO DE COMPETÊNCIA. PROCESSUAL CIVIL. 1. PEDIDO DE RECUPERAÇÃO JUDICIAL AJUIZADO NO FORO DO LOCAL DO PRINCIPAL ESTABELECIMENTO DO DEVEDOR. ART. 3º DA LEI Nº 11.101/05. COMPETÊNCIA FUNCIONAL. PRECEDENTES. 2. ALTERAÇÃO DO ESTADO DE FATO SUPERVENIENTE. MAIOR VOLUME NEGOCIAL TRANSFERIDO PARA OUTRO ESTABELECIMENTO DO DEVEDOR NO CURSO DA DEMANDA RECUPERACIONAL. IRRELEVÂNCIA. NOVOS NEGÓCIOS QUE NÃO SE SUBMETEM AO PROCESSO DE RECUPERAÇÃO JUDICIAL. COMPETÊNCIA ABSOLUTA INALTERADA. 3. CONFLITO CONHECIDO PARA DECLARAR COMPETENTE O JUÍZO DE DIREITO DA VARA DE PORTO NACIONAL/TO.
>
> 1. **O Juízo competente para processar e julgar pedido de recuperação judicial é aquele situado no local do principal estabelecimento (art. 3º da Lei nº 11.101/2005), compreendido este como o local em que se encontra "o centro vital das principais atividades do devedor"**. Precedentes.
>
> 2. **Embora utilizado o critério em razão do local, a regra legal estabelece critério de competência funcional, encerrando hipótese legal de competência absoluta, inderrogável e impror-**

> **rogável, devendo ser aferido no momento da propositura da demanda – registro ou distribuição da petição inicial.**
>
> 3. A utilização do critério funcional tem por finalidade o incremento da eficiência da prestação jurisdicional, orientando-se pela natureza da lide, assegurando coerência ao sistema processual e material.
>
> 4. No curso do processo de recuperação judicial, as modificações em relação ao principal estabelecimento, por dependerem exclusivamente de decisões de gestão de negócios, sujeitas ao crivo do devedor, não acarretam a alteração do Juízo competente, uma vez que os negócios ocorridos no curso da demanda nem mesmo se sujeitam à recuperação judicial.
>
> 5. Conflito conhecido para declarar competente o Juízo de Direito da Vara de Porto Nacional/TO.
>
> (CC nº 163.818/ES, relator Ministro Marco Aurélio Bellizze, Segunda Seção, julgado em 23/9/2020, DJe de 29/9/2020, destaque inserido)

Questões relacionadas à prevenção do juízo podem interferir na análise do juízo competente para os processos que lidam com a insolvência empresarial. De fato, o art. 6º, §8º, da Lei nº 11.101/2005, prevê que a distribuição do pedido de falência ou de recuperação judicial ou a homologação de recuperação extrajudicial previne a jurisdição para qualquer outro pedido de falência, de recuperação judicial ou de homologação de recuperação extrajudicial relativo ao mesmo devedor.

Essa previsão é aplicável aos casos em que diversos credores requeiram a falência de um devedor (mas não em litisconsórcio ativo), ou, na hipótese em que, requerida a falência, o devedor, no prazo de contestação, apresente seu pedido de recuperação judicial como forma de defesa[4]. Assim, conforme prevê o dispositivo ora citado, a distribuição do primeiro de um desses pedidos previne a jurisdição, incluindo turmas e câmaras recursais, até mesmo do Superior Tribunal de Justiça e do Supremo Tribunal Federal.

Entretanto, não há que se falar em prevenção quando não constatada a identidade das relações jurídicas discutidas em processos que apresentam partes, causas de pedir e pedidos distintos.

4 COSTA, Daniel Carnio; MELO, Alexandre Correa Nasser de. Op. cit. Curitiba: Juruá, 2024, pág. 148.

A regra de prevenção prevista no art. 6º, §8º, da Lei nº 11.101/2005 pressupõe a existência de mais de um pedido de falência ou recuperação judicial relativo "**ao mesmo devedor**", conforme a literalidade do referido dispositivo legal, cujo teor se transcreve:

> Art. 6º (...)
>
> § 8º A distribuição do pedido de falência ou de recuperação judicial ou a homologação de recuperação extrajudicial previne a jurisdição para qualquer outro pedido de falência, de recuperação judicial ou de homologação de recuperação extrajudicial relativo **ao mesmo devedor**.

A existência de processos de recuperação judicial de grupos de empresas também merece análise cuidadosa para fins de definição do juízo competente.

É importante observar que uma empresa integrante de um grupo econômico não se confunde com o próprio grupo econômico. Assim, embora possa coincidir, o "principal estabelecimento" da empresa isolada não necessariamente será o "principal estabelecimento" do grupo societário do qual ela integra.

Tanto é assim que, de acordo com o art. 69-G, §2º, da Lei nº 11.101/2005, o juízo competente para deferir a recuperação judicial sob consolidação processual, ou seja, de devedores que integrem grupo sob controle societário comum, será aquele onde esteja localizado o principal estabelecimento das empresas (plural da flexão gramatical) em recuperação. Nesses casos, a análise do principal estabelecimento deve levar em consideração o grupo de empresas, e não uma empresa isolada.

Isso porque, quando a solicitação de recuperação judicial é feita em um contexto de consolidação processual, o foco principal se desloca para a reorganização abrangente do conjunto de empresas do grupo, ao invés de apenas lidar com a crise de uma única sociedade isoladamente.

Questão interessante é a relacionada à existência ou não de prevenção da competência do juízo para processar e julgar recuperação judicial de um grupo de empresas, quando houve previamente o ajuizamento de pedido de falência contra uma empresa integrante desse grupo econômico.

A existência de pedido de falência contra uma empresa isolada, em regra, não previne a competência para o ajuizamento da recuperação judicial de todo o grupo econômico do qual ela integra.

Isso porque, o disposto no art. 6º, §8º, da Lei nº 11.101/2005, deve ser interpretado sistematicamente, ou seja, à luz do contexto da própria legislação em que está inserido. Partindo do pressuposto de que o ordenamento jurídico é um todo unitário, sem incompatibilidades, o significado de uma norma específica deve ser coerente com todo o conjunto da espécie normativa a que pertence.

Assim sendo, em se tratando de pedido de recuperação judicial sob consolidação processual, a regra de prevenção contida no art. 6º, §8º, da Lei nº 11.101/2005 deve ser interpretada em conjunto com o art. 3º e o art. 69-G, §2º, da mesma lei, ou seja, ela deve levar em consideração o local do principal estabelecimento do grupo societário como um todo.

Em sentido semelhante, há julgado recente do Superior Tribunal de Justiça, relatado pelo Ministro Humberto Martins, cuja ementa se reproduz abaixo:

> CONFLITO DE COMPETÊNCIA. TRAMITAÇÃO DE FALÊNCIAS ENVOLVENDO EMPRESAS PERTENCENTES A UM MESMO GRUPO ECONÔMICO. LEI Nº 11.101/2005. CONFIGURAÇÃO DO CONFLITO. NECESSIDADE DE REUNIÃO DAS AÇÕES FALIMENTARES **PERANTE O JUÍZO DO LOCAL DO PRINCIPAL ESTABELECIMENTO DO DEVEDOR.**
>
> 1. Conflito de competência suscitado por empresas falidas em virtude da tramitação de processos falimentares envolvendo as sociedades.
>
> 2. Não tramitando as ações falimentares na origem em segredo de justiça, é incoerente que o presente incidente seja processado nessa condição restritiva de publicidade.
>
> 3. Conforme entendimento desta corte superior, a empresa falida possui legitimidade para ajuizar conflito de competência com a finalidade de proteger o acervo patrimonial da massa falida, ao passo que tal atribuição não é exclusiva do administrador judicial.
>
> 4. Terceiros interessados ou *amicus curiae* que não figuram como partes na origem não devem ser admitidos no incidente, uma vez que, além do fato de essas figuras poderem pleitear o resguardo de seus direitos perante o juízo declarado competente, o ingresso de terceiros tumultuaria o feito, atrasando a solução da controvérsia.
>
> 5. Cuidando a presente hipótese de controvérsia que envolve competência absoluta (art. 76 da Lei nº 11.101/2005), a discussão a esse respeito pode ser analisada em qualquer tempo e grau de jurisdição, considerando, ainda, que os processos falimentares encontram-se

em curso. Desse modo, não há se falar em utilização do incidente como sucedâneo de recurso.

6. Conforme documentação contida nos autos, as empresas MMX Mineração e Metálicos S.A., MMX Corumbá Mineração S.A. e MMX Sudeste Mineração S.A. fazem parte de mesmo grupo econômico, controlado pela "holding" MMX Mineração e Metálicos S.A. Considerada essa premissa, é inegável que a tramitação da falência relativa à empresa MMX Sudeste Mineração S.A. perante o Juízo mineiro e a falência referente às empresas MMX Mineração e Metálicos S.A., MMX Corumbá Mineração S.A. em curso no Juízo carioca devem ser reunidas perante um único juízo, em atenção aos princípios da universalidade, indivisibilidade, celeridade e da economia processual contidos nos arts. 75 e 76 da Lei nº 11.101/2005.

7. A prolação de atos judiciais envolvendo ativos relativos às empresas integrantes do mesmo grupo econômico configura a existência de conflito de competência entre os juízos.

8. **Considerando a existência de grupo econômico entre as empresas envolvidas e a configuração do conflito de competência, é impositivo que as falências devam ser reunidas perante o juízo onde fica localizado o "principal estabelecimento do devedor", conforme estabelecido no art. 3º da Lei nº 11.101/2005, que dispõe: "É competente para homologar o plano de recuperação extrajudicial, deferir a recuperação judicial ou decretar a falência o juízo do local do principal estabelecimento do devedor ou da filial de empresa que tenha sede fora do Brasil".**

9. **A Lei de Recuperação de Empresas e Falências, norma especial, previu, inicialmente, a necessidade de se definir o local do "principal estabelecimento do devedor" como referência para a definição da competência (art. 3º), para só depois estabelecer a prevenção daquele juízo que recebeu a primeira distribuição do pedido de falência ou de recuperação judicial (art. 6º, § 8º).**

10. **Levando em consideração essa premissa, conforme se depreende dos autos, o local do "principal estabelecimento do devedor" é o situado na Comarca do Rio de Janeiro (RJ), sede da controladora MMX Mineração e Metálicos S.A. e local onde funcionava o "centro de inteligência" ou o "núcleo de comando" do grupo.**

11. Nessa linha, compete ao Juízo carioca processar e julgar conjuntamente as ações falimentares relativas às empresas integrantes do mesmo grupo econômico.

12. As alegações de irregularidades relativas aos processos na origem devem ser combatidas pelas partes e pelos interessados

> utilizando-se dos meios adequados, e apresentadas diante dos competentes órgãos de controle, uma vez que a finalidade do conflito de competência é, unicamente, definir o juízo competente para o processamento e julgamento das ações em análise.
>
> Conflito conhecido para declarar a competência do Juízo de Direito da 4ª Vara Empresarial do Rio de Janeiro (RJ), mantendo hígidos os atos judiciais praticados pelo Juízo mineiro, que poderão ser reavaliados pelo juízo declarado competente. Prejudicados os agravos internos interpostos e determinada a retificação da autuação para retirar a condição de segredo de justiça dos autos.
>
> (CC nº 183.402/MG, relator Ministro Humberto Martins, Segunda Seção, julgado em 27/9/2023, DJe de 3/10/2023, destaques inseridos)

Consoante entendimento mais recente do STJ, a existência de grupo econômico entre as empresas envolvidas impõe que as falências devem ser reunidas perante o juízo onde fica localizado o principal estabelecimento do devedor conforme estabelecido no art. 3º da Lei nº 11.101/2005, sendo irrelevante a existência de pedido de falência ajuizado em data anterior contra uma das empresas que compõe o referido grupo.

E mais.

O juízo incompetente não tem o poder de gerar prevenção. Nesse sentido, o ajuizamento de um pedido de falência perante um juízo funcionalmente incompetente não gerará qualquer prevenção para o ajuizamento de futuros pedidos de recuperação judicial conforme entendimento consolidado pelo STJ no Conflito de Competência nº 133.426/DF.

Conclui-se, portanto, que o centro de principais interesses ou o principal estabelecimento do grupo de empresas para fins de fixação de competência territorial/funcional nas ações de recuperação e falência, inclusive para fins de incidência da regra de prevenção, deve levar em consideração todos os fatores acima já mencionados, de forma dinâmica, à luz das circunstâncias do caso concreto e sempre com vistas a promover a realização dos objetivos maiores tutelados pelo sistema de insolvência (preservação dos benefícios econômicos e sociais que decorrem da atividade empresarial). Em se tratando de devedores que integrem grupo sob controle societário comum, a análise de tais critérios deve levar em consideração o grupo de empresas devedoras sob consolidação processual, e não uma empresa isolada.

# Elementos do Direito Administrativo Brasileiro Influenciados pelo Pensamento de Fritz Fleiner

*Patrícia Cândido Alves Ferreira*[1]

**Sumário: 1.** Fritz Fleiner e seu ponto de partida. **2.** A "fuga para o direito privado". **3.** Teoria da Afetação (*Widmung*). **4.** Princípio da legalidade. **5.** Discricionariedade: um "elemento móvel". **6.** Atividade administrativa de ordenação (poder de polícia). **7.** Conclusão. **8.** Referências.

## 1. FRITZ FLEINER E SEU PONTO DE PARTIDA

Um dos legados da Primeira Guerra Mundial (1914 - 1918) corresponde ao necessário alargamento das atribuições do Estado. No cenário jurídico, essa realidade estimulou, por exemplo, a sistematização do Direito Administrativo.

Nesse contexto histórico, o suíço Fritz Fleiner (Aarau, 1867 - Ascona,1937) foi um notável professor de Direito Público na Alemanha, tendo lecionado em Tubingue e Heideberg e vindo a tornar-se catedrático da disciplina na Universidade de Zurich a partir de 1915.[2]

Ao ganhar notoriedade como estudioso da Escola Institucionalista do Direito Público, Fleiner tanto criou quanto desenvolveu várias teorias específicas. Sua obra preservou as bases do Direito Administrativo na Alemanha, mas também incorporou as alterações legislativas e a evolução jurisprudencial. Ele se revelou, ainda, um doutrinador que soube manter a proposta prática inicial do renomado administrativista alemão Otto Mayer, extraindo do trabalho deste último formas aceitas internacionalmente pelo Direito Positivo,[3] ao mesmo tempo que as la-

---

1 Doutora em Direito Civil pela Faculdade de Direito do Largo de São Francisco da Universidade de São Paulo (USP). Mestre em Direito do Trabalho e da Seguridade Social pela Faculdade de Direito do Largo de São Francisco da Universidade de São Paulo (USP). Assessora em Gabinete de Ministro no Superior Tribunal de Justiça (STJ)

2 STEINER, E. O ensino do direito administrativo e das ciências administrativas na Suíça. **Revista de Direito Administrativo**. Rio de Janeiro–São Paulo: DASP, p. 530-532, 1945, p. 531.

3 STOLLEIS, Michael. **A history of public law in Germany** - 1914-1945. Trad. Thomas Dunlap. New York: Oxford University Press, 2004, p. 236-238.

pidou em termos teóricos para que se projetassem além das fronteiras daquele país.

Fritz Fleiner não foi um autor da unificação da estrutura jurídica, e sim da construção dessa estrutura. Há, em sua obra, um grande empenho em estabelecer a autonomia e a individualização do Direito Administrativo perante o Direito Constitucional.

Sendo a experiência da Alemanha o legado mais exitoso do Sacro Império Romano-Germânico, não é de se estranhar a força dada ao Direito Privado, inclusive nos negócios celebrados pela Administração Pública. Fleiner trabalhou abertamente a interação do Direito Público com o Direito Privado, vendo neste um facilitador daquele diante da dilatação das tarefas do Estado havidas com a Primeira Guerra.

Ainda que seja mais frequentemente citado pela doutrina em aspectos pontuais, Fritz Fleiner motivou discussões substanciosas no Direito Administrativo brasileiro, a exemplo da antiga e tão conhecida dicotomia público-privado.

## 2. A "FUGA PARA O DIREITO PRIVADO"

A Administração Pública em "fuga para o Direito Privado" (*die Flucht in das Privatrecht*) é, até hoje, uma das ponderações mais debatidas da obra de Fritz Fleiner.

Por meio da expressão *Verwaltungsprivatrecht* (Direito Privado Administrativo), Fleiner, na vanguarda do pensamento da época, reconheceu a possibilidade de a Administração valer-se do Direito Privado (tal como ocorre contemporaneamente), desde que se preservassem as garantias dos administrados e o interesse público, ou seja, desde que não se distanciasse dos preceitos próprios do Direito Administrativo. Muito embora o Direito Privado e o Direito Público possam se relacionar e se complementar sem um necessário abismo entre ambos, a Administração não pode furtar-se ao seu dever nem abstrair da indisponibilidade do interesse público (de titularidade do Estado).

Talvez seja por isto – pela sistematização de um Direito Administrativo que não dispense recorrer a importantes institutos do Direito Privado – que a referência a Fleiner sempre esteve no debate de temas sensíveis trazidos por importantes administrativistas brasileiros.

Themístocles Cavalcanti admitiu que Fritz Fleiner foi quem melhor examinou a relação do Direito Público com o Direito Privado no conjunto do sistema jurídico, fazendo-o de modo que bem se aplica ao direito brasileiro. Assim como a maioria dos países, o Brasil possui um regime de Direito Público especial, que não dispensa normas do Direito Privado para regular certas relações jurídicas do Direito Público, sem suprimir, no entanto, a autonomia de ambos.[4] Tal como Fleiner,[5] Cavalcanti acreditou que essa procura do Direito Público pelo Direito Privado tem uma nobre razão: os problemas administrativos não se solucionam apenas com normas gerais e princípios doutrinários fundamentais, visto que as relações jurídicas do Estado não estão adstritas ao âmbito do Direito Público. Existem, sim, várias questões de Direito Civil a envolver o interesse imediato da Administração. O doutrinador brasileiro ressalvou, contudo, que os princípios gerais do Direito Privado têm aplicação secundária nas relações estritas de Direito Público, porque este não se pode desvencilhar dos preceitos inerentes à própria definição do Estado.

Igualmente, Almiro do Couto e Silva disse que, no âmbito internacional, o fim da Primeira Guerra desencadeou a "fuga para o direito privado", nos moldes descritos por Fleiner.[6] É um período em que começou a ruir o modelo de contrato de concessão de serviços públicos, o qual, à época, já tinha autonomia em relação ao contrato de empreitada ou construção de obra pública. Em meio às alternativas do Estado, optou-se por propagar uma descentralização tendente a constituir pessoas jurídicas de direito privado com o propósito de executar serviços outrora delegados a particulares.

Ao comentar a "privatização" do Direito Administrativo, que se acentuou no Brasil a partir dos anos 1990, Maria Sylvia Zanella Di Pietro refere-se a Fleiner para afirmar que essa "fuga para o direito privado" acontece porque o Direito Privado nunca foi derrogado pelo Direito Administrativo. Logo, sob a justificativa da eficiência, dos princípios da ordem econômica (em especial, a livre iniciativa e a livre competição) e dos direitos humanos fundamentais, ganham espaço novos institutos, novos modos de atuação administrativa e, enfim, um novo regime jurídico apto a suavizar as prerrogativas do Poder Público e capaz de nivelar parcialmente (já que inviável a nivelação total) o particular com a

4 CAVALCANTI, Themístocles B. **Instituições de direito administrativo brasileiro**, v. II. 2ª ed. Rio de Janeiro: Freitas Bastos, 1938, p. 13-14.

5 FLEINER, Fritz. **Principes généraux du droit administratif allemand**. Trad. Charles Eisenmann. Paris: Delagrave, 1933, p. 40.

6 COUTO E SILVA, Almiro do. Os indivíduos e o Estado na realização de tarefas públicas. **Revista de Direito Administrativo**. Rio de Janeiro, nº 209, p. 43.

Administração.[7] O uso abusivo do Direito Privado pela Administração Pública em detrimento do regime jurídico administrativo previsto para certa situação implica, porém, a nulidade dos atos praticados e a responsabilização do agente e, em casos de danos a terceiros, gera a responsabilidade civil da pessoa jurídica.[8]

Odete Medauar também comenta a "fuga para o Direito Privado" empreendida pela Administração, descrevendo-a como uma situação ocasionada *(i)* pelo favorecimento da economia de mercado; *(ii)* pela demanda de massa por uma melhor prestação de serviços públicos, aliada à escassez de recursos públicos, o que desencadeia concessões e privatizações; *(iii)* pela mitigação do caráter autoritário da Administração, a fim de conferir aos cidadãos mais visibilidade; *(iv)* pela prática da regulação em vez da "intervenção"; e *(v)* pelo uso intensivo dos contratos de Direito Privado e das parcerias público-privadas.[9]

Para Fritz Fleiner, a Administração Pública, ao celebrar contratos com particulares, pratica ato administrativo unilateral, cuja legitimidade depende do consentimento do interessado. Em razão disso, a Administração somente poderia celebrar contratos em substituição aos atos unilaterais se houvesse autorização expressa da lei e desde que sob a égide do Direito Civil. Tais contratos, entretanto, seriam passíveis de rescisão unilateral por iniciativa da Administração, haja vista a existência de interesse público.

Esse posicionamento de Fleiner é, em parte, combatido por Edmir Netto de Araújo, para quem o ato administrativo corresponde a uma espécie de ato jurídico, mas o contrato administrativo equivale a uma espécie de ato administrativo *lato sensu*, que confere à Administração uma posição contratual com prerrogativas. Essa supremacia do Estado no negócio não retira, todavia, a natureza contratual do ato administrativo nem suprime a manifestação do particular que figura no outro polo contratual. Isso se deve à constatação de que, contemporaneamente, o

---

7 A autora cita, para tanto, a quebra de monopólios, a privatização em sentido estrito, as formas privadas de gestão, a terceirização, a competição na prestação de serviços públicos e os termos de ajustamento de conduta, entre outros. (DI PIETRO, Maria Sylvia Zanella. Do direito privado na Administração Pública. **Direito privado administrativo**. São Paulo: Atlas, p. 1-20, 2013, p. 12-13).

8 Ibidem, p. 20.

9 MEDAUAR, Odete. Público-Privado. In: **Parcerias público-privadas** – reflexões sobre os 10 anos da Lei nº 11.079/2004. São Paulo: Revista dos Tribunais, p. 43-50, 2015, p. 46-48.

livre consentimento contratual corresponde à simples liberdade de estabelecer ou não um vínculo contratual, em uma realidade na qual os particulares não estão obrigados a manter relações contratuais com o Estado.[10]

Aparentemente, Fritz Fleiner enxergaria o contrato como um pacto do Direito Privado capaz de vincular sujeitos iguais.[11] Essa é, contudo, uma constatação precipitada. A perspectiva de Fleiner vai além: o conceito de contrato é mais um problema da Teoria Geral do Direito do que do Direito Privado, o que, depois, seria dito também por Hans Kelsen.[12]

Referida colocação de Fleiner é reafirmada por José Cretella Júnior, sob o argumento de que a Teoria Geral do Direito compreende um conjunto de princípios e regras dotados de generalidade, alcançando, previamente, todos os institutos antes mesmo de serem eles destinados ao público ou ao privado. Além disso, também incidem "aos contratos administrativos os princípios da teoria geral dos contratos, obtidos por meio indutivo, abstraindo-se e generalizando-se",[13] de sorte a resultar em um paradigma contratual.

## 3. A TEORIA DA AFETAÇÃO (*WIDMUNG*)

No desenvolvimento da doutrina administrativista, era comum (e ainda é) conceituar, inadvertidamente, o bem público apenas com base em sua diferença em relação aos bens privados, ou seja, quase um conceito por exclusão.

Trata-se de concepção de bem público como se fosse uma propriedade civil inserida no Direito Público e adaptada às necessidades administrativas, ou melhor, uma transposição da propriedade privada para o regime de direito público, como defendeu Otto Mayer.[14] Cuida-se, porém,

10 ARAÚJO, Edmir Netto. **Do negócio jurídico administrativo**. São Paulo: Revista dos Tribunais, 1992, p. 181 e 201.

11 FLEINER, Fritz. **Principes Généraux du Droit Administratif Allemand**. Op. cit., p. 133.

12 KELSEN, Hans. **Teoria geral do Direito e do Estado**. Trad. Luís Carlos Borges. 4ª ed. São Paulo: Martins Fontes, 2005, p. 200.

13 CRETELLA JÚNIOR, José. **Das licitações públicas** – comentários à Nova Lei Federal nº 8.666, de 21 de junho de 1993. 5ª ed. Rio de Janeiro: Forense, 1994, p. 273-274.

14 Nesse sentido: MAYER, Otto. **Le droit administratif allemand**. Paris: Ulan Press, 2012, p. 110.

de um conceito pouco dinâmico, pois centrado quase exclusivamente na titularidade dos bens, destinando pouca ou nenhuma importância para a funcionalidade do bem público.[15]

Jellinek foi quem primeiro esboçou a necessidade de proceder-se à afetação (*Windmung*) como um ato de autoridade (e não um acontecimento natural), voltado a constituir certos bens públicos e de domínio público. Mas é Fleiner quem passa a desenvolver essa teoria, consolidando que a afetação dos bens a uma finalidade pública constitui o diferencial que lhes tornavam peculiares perante os outros bens. A menos que uma coisa seja naturalmente pública, somente se pode imprimir o caráter público a um bem por ato administrativo emanado da autoridade competente e, do mesmo modo, apenas por ato administrativo se pode retirar o caráter público de determinado bem. Não somente a afetação é uma consequência do poder soberano como também o é a criação de normas (de natureza pública) que disponham sobre a utilização do bem público.[17]

Essa construção serviu de norte para Ruy Cirne Lima, que, se declarando mais adepto da corrente de Fleiner do que da de Mayer, entendeu o bem público como um elemento cujo "sinal distintivo" estaria em sua participação na atividade administrativa da União, dos Estados, dos Municípios, dos Territórios ou das entidades autárquicas, nestas últimas abrangidas as fundações públicas. Como a Administração Pública se caracteriza por "estar vinculada - não a uma vontade - porém, a um fim", este mesmo fim "há de ser, também, um dos atributos dos bens do domínio público e do patrimônio administrativo",[16] razão pela qual há quem diga que não são suscetíveis de propriedade (direito real) os bens de domínio público (por natureza) e os bens do patrimônio administrativo (por destino).

Análogo é o entendimento de Celso Antônio Bandeira de Mello no sentido de que bens públicos são todos os bens pertencentes às pessoas jurídicas de direito público e os que, não pertencendo a estas, se encontram afetados a um fim público (um destino categorial de uso comum ou

---

15 FLEINER, Fritz. **Instituciones de derecho administrativo**. Trad. Sabino A. Gendin. Barcelona-MadridBuenos Aires: Labor, 1933, p. 285-290.

16 LIMA, Ruy Cirne. **Princípios de direito administrativo**. 7ª ed. São Paulo: Malheiros, 2007, p. 184-186.

especial),[17] resultando do conjunto desses bens - móveis ou imóveis - o domínio público.

Odete Medauar também adota o critério funcionalista, segundo o qual os bens públicos pressupõem uma destinação que corresponda, direta ou indiretamente, ao interesse público, destinação que se torna possível pela via da afetação.[18]

O pensamento de Fleiner é ratificado novamente por José Cretella Júnior quando este diz que o Estado não detém o monopólio do bem público e, portanto, não pode impedir o particular de realizar obra de interesse coletivo,[19] como as associações e fundações de utilidade pública.

## 4. O PRINCÍPIO DA LEGALIDADE

Fritz Fleiner afirmou que a autoridade administrativa não está subordinada somente ao Direito produzido pelo legislador, visto que se subordina, igualmente, ao Direito por ela produzido, consubstanciado em seus próprios regulamentos e estatutos autônomos.[20]

O excerto acima foi invocado por Hely Lopes Meirelles quando comparou o sistema legal a um fundamento jurídico de toda ação administrativa, o qual possibilita a compreensão da legalidade como uma anuência com a lei e com as normas que nela se amparam para regular mais estritamente a conduta administrativa. Assim como Fleiner, Hely Lopes Meirelles concluiu que, sendo uma decorrência do princípio da legalidade, a prática de atos administrativos segmentados deve respeitar os atos genéricos que a Administração produz (com fundamento na lei) para regular sua própria conduta ulterior.[21]

A legalidade é, assim, um dos princípios básicos da Administração Pública que determina que o administrador sempre deverá pautar sua atividade funcional em conformidade com a lei e as exigências do

17 MELLO, Celso Antônio Bandeira de. **Curso de direito administrativo**. 30ª ed. São Paulo: Malheiros, 2012, p. 929-931.

18 MEDAUAR, Odete. **Direito administrativo moderno**. 19ª ed. São Paulo: Revista dos Tribunais, 2015, p.295.

19 CRETELLA JÚNIOR, José. **Direito administrativo brasileiro**. 2ª ed. Rio de Janeiro: Forense, 2000, p. 123-124.

20 FLEINER, Fritz. **Principes généraux du droit administratif allemand**. Op. cit., p. 87.

21 MEIRELLES, Hely Lopes. **Direito administrativo brasileiro**. 39ª ed. São Paulo: Malheiros, 2013, p. 79.

bem comum. Do contrário, incidirá o administrador na prática de ato inválido, sujeitando-se à responsabilidade disciplinar, civil ou criminal. Diferentemente da administração privada, na qual é possível fazer o que não for proibido por lei, a Administração Pública deve fazer apenas o que a lei permite.[22]

Por sua vez, Celso Antônio Bandeira de Mello explica que o princípio da legalidade – a subordinação da atividade administrativa à lei como decorrência natural da indisponibilidade do interesse público – guarda relação com a "Administração legal", que é descrita por Fleiner como a atividade administrativa impulsionada pela lei e exercida dentro dos limites traçados por ela, desde que resguardada a segurança jurídica.[23]

Em relação à higidez dos atos da Administração, Fritz Fleiner defendeu serem irrevogáveis os atos administrativos que criem direitos para terceiros ou sirvam de fundamento para uma sentença judicial. A autoridade administrativa pode alterar ou revogar uma decisão que tenha proferido, seja porque as circunstâncias externas não são mais as mesmas, seja porque houve mudança ou divergência de opinião em relação ao momento primeiro em que proferiu o ato. Até o próprio cidadão pode solicitar a modificação, a derrogação ou a revogação de um ato administrativo ditado para ele,[24] invocando, por exemplo, que a manutenção do referido ato não mais convém ao interesse comum.

Nessa linha, Miguel Seabra Fagundes esclareceu que a função administrativa traz implícito o poder de anular e revogar: tanto como um consectário da faculdade genérica de expedição de atos administrativos (na qual a anulação e a revogação também são atos administrativos, não obstante opostos aos atos que lhe precedem) quanto como um reverso do poder de execução política ou *ex-officio*.[25] Aqui, Seabra Fagundes aproxima-se bastante da compreensão de Fleiner, pois ambos afirma-

22 "A eficácia de toda atividade administrativa está condicionada ao atendimento da Lei e do Direito. É o que diz o inc. I do parágrafo único do art. 2º da Lei nº 9.784/1999. Com isso, fica evidente que, além da atuação conforme a lei, a legalidade significa, igualmente, a observância dos princípios administrativos." (Ibidem, p. 90-91).

23 MELLO, Celso Antônio Bandeira de. **Curso de direito administrativo**. Op. cit.p. 78, 79 e 85.

24 FLEINER, Fritz. **Instituciones de derecho administrativo**. Op. cit., p. 159.

25 SEABRA FAGUNDES, Miguel. Revogação e anulamento do ato administrativo. **Revista Forense**, v. 43, nº v. 43, nº 107, jul./set. 1946, p. 428-433.

ram que o mais adequado seria vincular a revogabilidade à inexistência de direito subjetivo surgido com o ato administrativo.

A partir da orientação de Fleiner, José Cretella Júnior diz que, no terreno da autotutela, a autoridade administrativa possui o poder-dever de revogar sua decisão não apenas na hipótese de mudança das circunstâncias, mas também na hipótese de modificar sua opinião ou de haver dissenso entre suas opiniões,[26] vale dizer, quando não mais remanescerem a apreciação dos fatos ou a interpretação das regras utilizadas pela autoridade no momento inicial da decisão.

## 5. DISCRICIONARIEDADE: UM "ELEMENTO MÓVEL"

É ampla a autonomia das partes de criar e modificar suas relações jurídicas no Direito Privado (a exemplo dos contratos), mas isso não ocorre no Direito Administrativo, no qual as relações jurídicas são traçadas primordialmente pela lei, conforme, aliás, o entendimento de Fleiner. A lei estabelece as prestações (positivas ou negativas) que a autoridade administrativa poderá exigir dos cidadãos como também determina as hipóteses em que os cidadãos ostentam direitos perante a Administração Pública.[27]

Esse rigor se deve ao intento estatal de obter segurança e igualdade jurídicas desejadas pelo Estado de Direito, o que, contudo, não se confunde com "rigidez", pois naquilo que a autoridade administrativa não estiver vinculada à lei decidirá ela com discricionariedade. Na legislação e na ciência do direito, fala-se de "arbítrio", o que equivale a falar de "poder discricionário",[28] ou seja, a esfera em que o Direito objetivo permite a um órgão político agir segundo sua própria determinação.

Em mais um de seus difundidos pensamentos, Fleiner esclareceu que, dentro da discricionariedade que lhe é outorgada pelo legislador, a autoridade administrativa, com base em sua experiência prática e técnica, deve determinar diante das várias possibilidades de solução aquela que melhor refletir a intenção da lei no caso concreto. Assim, ao permitir o "elemento móvel" da discricionariedade, o legislador torna possível a

26 CRETELLA JÚNIOR, José. **Direito administrativo brasileiro**. Op. cit., p. 328.

27 FLEINER, Fritz. **Instituciones de derecho administrativo**. Op. cit., p. 115-116.

28 Ibidem, p. 116.

execução dos preceitos legais, de modo que se corresponda às exigências da vida e do interesse público.[29]

O aforismo atribuído a Jellinek – *"Não se deve atirar em pardais com canhões"* – foi lembrado por Fleiner para demonstrar a importância da eleição criteriosa dos meios em assuntos que envolvam a restrição das liberdades individuais. Cabe ponderar, neste momento, a proporcionalidade entre as circunstâncias e a medida aplicada (o alcance dos fins com a máxima eficiência e os mínimos recursos),[30] sendo as medidas mais enérgicas relegadas à *ultima ratio*.

Celso Antônio Bandeira de Mello admitiu concordar com Fleiner, pois a Administração, seja na discricionariedade, seja na vinculação, deve pautar seu comportamento, de modo "subserviente" e "instrumental", para cumprir o propósito da lei. Por exemplo, alguns direitos individuais constam claramente do texto legal, enquanto outros direitos individuais demandarão que a Administração Pública, dentro dos limites da lei, analise o caso concreto e sua efetiva extensão diante de um contorno legal genérico ou pouco específico[31] (mas, nem por isso, esses direitos serão restringidos ou terão seu âmbito limitado).

Ao debate levantado por Fritz Fleiner, Hely Lopes Meirelles acresceu que – embora a discricionariedade seja uma liberdade que o legislador confere à autoridade de escolher "entre as várias possibilidades de solução, aquela que melhor corresponda, no caso concreto, ao desejo da lei" – subjaz sempre um dever de estrita observância à lei, porque a exorbitância do poder discricionário é ato ilícito, voluntarioso e carente de direito. Mesmo no exercício de seu poder discricionário, a Administração deve atender o fim legal, pois eventual mobilidade atribuída ao executor de eleger uma possibilidade de solução não se confunde com a deturpação da vontade da lei.[32]

Por fim, quando não houver possibilidade de escolha, a autoridade administrativa estará diante da vinculação à lei.

29 Ibidem, p. 117.

30 FLEINER, Fritz. **Principes généraux du droit administratif allemand**. Op. cit., p. 246.

31 MELLO, Celso Antônio Bandeira de. **Curso de direito administrativo**. Op. cit., p. 835.

32 MEIRELLES, Hely Lopes. **Direito administrativo brasileiro**. Op. cit., p. 180.

## 6. ATIVIDADE ADMINISTRATIVA DE ORDENAÇÃO (PODER DE POLÍCIA)

Ao contextualizar o sentido de "polícia", Fritz Fleiner descreve a evolução dessa atividade administrativa desde os tempos antigos (a constituição da cidade), passando pela Idade Média (a manutenção da paz jurídica) e pelo Estado dos séculos XVI e XVII (o *ius politiae* como garante do bem comum), conferindo ao príncipe o poder da promoção da felicidade terrena dos súditos.[33]

Por seu turno, Ruy Cirne Lima dedicou-se a analisar a polícia como atividade reguladora da Administração, extraindo quatro características relevantes de sua limitação ou restrição: *(i)* deve ser imposta pelo Poder Público privativamente; *(ii)* deve ser imposta pela Administração coercitivamente (pode-se empregar força para sua execução); *(iii)* assegura, em sentido amplo, o exercício concorrente de todas as atividades e a conservação da propriedade privada; e *(iv)* não se presta a atuar em outros "ramos" da Administração.[34] A segunda, a terceira e a quarta características são comentadas por Lima a partir da doutrina de Fleiner.

Segundo Lima, Fleiner concebeu a polícia como a função do Estado destinada a tomar as providências essenciais para manter a segurança pública. Eventuais restrições à liberdade individual devem ser feitas sem exceder a medida estritamente necessária para preservar a ordem e a segurança públicas. Aqui, também se aplica o aforismo *"Não se deve atirar em pardais com canhões"*, pois, no Estado de Direito, pressupõe-se uma liberdade individual incólume à intromissão do Estado,[35] sendo vedadas a arbitrariedade e a violência contra as liberdades fundamentais.

Fritz Fleiner compreendeu que a polícia, como uma função da Administração interior, deve atuar dentro do "ramo" ao qual pertence, e não utilizar seu poder de coação dentro de outros espaços da Administração (por exemplo, a ingerência policial nas atividades reservadas ao fisco). Lima destacou a importância desse raciocínio de Fleiner para o cenário administrativo brasileiro, no qual são frequentes, por exemplo, as requisições da Receita Federal e do Ministério Público para

33 FLEINER, Fritz. **Principes Généraux du Droit Administratif Allemand**. Op. cit., p. 14.

34 LIMA, Ruy Cirne. **Princípios de direito administrativo**. Op. cit., p. 306-308.

35 Ibidem, p. 307.

que a polícia atue no combate à sonegação fiscal, mesmo antes da instauração de processos administrativos e da propositura de ações judiciais.[36]

Além disso, duas considerações são inferidas da doutrina de Fleiner: *(i)* tendo a polícia a incumbência de proteger a ordem pública, descabe-lhe prestar diretamente seus serviços tanto para outros "ramos" administrativos quanto para proteger interesses meramente particulares (sindicáveis perante os tribunais); e *(ii)* a polícia até poderá intervir excepcionalmente em situações que envolvam outros "ramos" da Administração ou ocorrências relacionadas aos particulares (seu cotidiano, suas propriedades), desde que os interesses destes extravasem de suas respectivas esferas para assumirem uma dimensão pública.[37] A polícia tem o dever de proteger não somente a ordem e a segurança públicas, mas também tem o dever de proteger o Direito Público, devendo agir de modo razoável e proporcional diante das circunstâncias.

## 7. CONCLUSÃO

Há em Fritz Fleiner uma interessante busca por sistematizar o Direito Administrativo e estruturá-lo de maneira apurada. Fleiner parte de um Direito Administrativo autônomo em relação ao Direito Constitucional e, por isso mesmo, dotado de peculiaridades e empenhado em detalhar as inúmeras atividades que o Estado desempenha para realizar seus fins essenciais.

Talvez a dedicação de Fleiner ao estilo, à forma e ao conteúdo e sua preocupação em ser um doutrinador teórico (e que, portanto, supera o direito local) tenham levado os administrativistas brasileiros a recorrerem a ele nos mais diversos temas, como a "fuga para o direito privado", a afetação, a legalidade, a discricionariedade e a atividade administrativa de ordenação (poder de polícia), entre tantos outros.

O legado de Fleiner é de evidente completude e atualidade, aplicável, em grande parte, ao Direito Administrativo brasileiro, mas ainda com muito a ser explorado. Elencaram-se, assim, alguns pontos da doutrina de Fritz Fleiner debatidos por administrativistas brasileiros, sem prejuízo da existência de inúmeras questões desenvolvidas por esse doutrinador estrangeiro compatíveis com o Direito Administrativo nacional, mas

---

36 Ibidem, p. 308.

37 FLEINER, Fritz. **Instituciones de derecho administrativo**. Op. cit., p. 321.

não inseridas nos limites deste trabalho. Entretanto, se se puder encontrar um ponto de homogeneidade entre as diversas recorrências que os administrativistas fizeram a Fleiner, será, indubitavelmente, a dinâmica da Administração Pública, tão bem trabalhada por esse doutrinador.

A Administração Pública descrita por Fleiner está em movimento e em transformação, trilhando uma concepção que se renova sem abandonar suas bases teóricas e sem abandonar a lei. É uma Administração Pública focada na prossecução de seus fins, ainda que isso a impulsione a relacionar-se com o Direito Privado, a permitir novas formas de organização e, enfim, a superar seus próprios entraves burocráticos.

## 8. REFERÊNCIAS

ARAÚJO, Edmir Netto. **Do negócio jurídico administrativo**. São Paulo: Revista dos Tribunais, 1992.

CAVALCANTI, Themístocles Brandão. **Instituições de direito administrativo brasileiro**, v. II. 2ª ed. Rio de Janeiro: Freitas Bastos, 1938.

COUTO E SILVA, Almiro do. Os indivíduos e o Estado na realização de tarefas públicas. **Revista de Direito Administrativo**. Rio de Janeiro, nº 209, jul./set. 1997, pp. 43-70.

CRETELLA JÚNIOR, José. Cretella Júnior, José. **Das licitações públicas** - comentários à Nova Lei Federal nº8.666, de 21 de junho de 1993. 5ª ed. Rio de Janeiro: Forense, 1994.

_____. **Direito administrativo brasileiro**. 2ª ed. Rio de Janeiro: Forense, 2000.

_____. **O "desvio de poder" na administração pública**. 4ª ed. Rio de Janeiro: Forense, 1997.

DI PIETRO, Maria Sylvia Zanella. Do direito privado na Administração Pública. In: **Direito privado administrativo**. São Paulo: Atlas, 2013, pp. 1-20.

FLEINER, Fritz. **Instituciones de derecho administrativo**. Trad. Sabino A. Gendin. Barcelona, Madrid, Buenos Aires: Labor, 1933.

_____. **Principes généraux du droit administratif allemand**. Trad. Charles Eisenmann. Paris: Delagrave, 1933.

KELSEN, Hans. **Teoria geral do Direito e do Estado**. Trad. Luís Carlos Borges. 4ª ed. São Paulo: Martins Fontes, 2005.

LIMA, Ruy Cirne. **Princípios de direito administrativo**. 7ª ed. São Paulo: Malheiros, 2007.

MAYER, Otto. **Le droit administratif allemand**. Paris: Ulan Press, 2012.

MEDAUAR, Odete. **Direito administrativo moderno**. 19ª ed. São Paulo: Revista dos Tribunais, 2015.

_____. Público-privado. In: **Parcerias público-privadas** – reflexões sobre os 10 anos da Lei nº 11.079/2004. São Paulo: Revista dos Tribunais, 2015, pp. 43-50.

MEIRELLES, Hely Lopes. **Direito administrativo brasileiro**. 39ª ed. São Paulo: Malheiros, 2013.

_____. **Os poderes do administrador público**. Disponível em: < http://bibliotecadigital.fgv.br/ojs/index.php/rda/article/view/17733/16478">. Acesso em: 11 jun. 2024.

MELLO, Celso Antônio Bandeira de. **Curso de direito administrativo**. 30ª ed. São Paulo: Malheiros, 2012.

SEABRA FAGUNDES, Miguel. Revogação e anulamento do ato administrativo. **Revista Forense**, v. 43, nº 107, jul./set. 1946, pp. 428-433.

STEINER, E. O ensino do direito administrativo e das ciências administrativas na Suíça. **Revista de Direito Administrativo**. Rio de Janeiro–São Paulo: DASP, 1945, pp. 530-532.

STOLLEIS, Michael. **A history of public law in Germany** – 1914-1945. Trad. Thomas Dunlap. New York-Oxford: Oxford University Press, 2004.

# O ELEMENTO SUBJETIVO ESPECIAL DO CRIME DE LAVAGEM DE DINHEIRO

*Jorge Mussi*[1]
*Francisco Yukio Hayashi*[2]

## INTRODUÇÃO

O branqueamento de capitais é objeto de preocupação de governos, organismos internacionais e instituições financeiras, especialmente como um aspecto importante das atividades de organizações criminosas transnacionais. É um fenômeno complexo, manifestando-se em variadas formas econômicas.

Geralmente, a lavagem de dinheiro é definida como o processo de ocultação ou dissimulação da origem ilícita de um ativo.

A doutrina, ao conceituar a lavagem de dinheiro, parece divergir apenas na escolha das palavras, convergindo para a ideia de um processo de "legitimação" de proveitos ilícitos[3]. Badaró e Bottini enfatizam o "movimento" de desconexão dos bens em relação à infração penal que os originou: "Trata-se, em suma, do movimento de afastamento dos bens de seu passado sujo, que se inicia com a ocultação simples e termina com a introdução no circuito comercial ou financeiro, com aspecto legítimo"[4].

1 Ministro do Superior Tribunal de Justiça de 2007 a 2023, tendo ocupado a função de Vice-Presidente da Corte e Vice-Presidente e Corregedor-Geral do Conselho da Justiça Federal (2020 a 2022) e Corregedor-Geral da Justiça Federal (2015) Ministro do Tribunal Superior Eleitoral de 2017 a 2019 e Ministro Substituto do Tribunal Superior Eleitoral de 2015 a 2017, tendo ocupado a função de Corregedor Eleitoral (2018 a 2019). Desembargador do Tribunal de Justiça de Santa Catarina de 1994 a 2007, tendo ocupado o cargo de Presidente (2004 a 2006). Advogado.

2 Doutorando em Direito pela Universidade Federal de Santa Catarina e Mestre em Direito pela mesma instituição. Especialista em Direito Penal e Processo Penal. Advogado.

3 Nesse sentido, veja-se as definições em: FINANCIAL ACTION TASK FORCE. **Frequently asked questions – Money laundering**. Disponível em: https://www.fatf-gafi.org/faq/moneylaundering/#d.en.11223. ROSE-ACKERMAN, Susan; PALIFKA, Bonnie J. **Corruption and government**: causes, consequences, and reform. 2.ed. Cambridge: Cambridge University Press, 2016. p. 306. MENDRONI, Marcelo Batlouni. **Crime de lavagem de dinheiro**. 4.ed. São Paulo: Atlas, 2018. p. 22.

4 BADARÓ, Gustavo Henrique; BOTTINI, Pierpaolo Cruz. **Lavagem de dinheiro**: aspectos penais e processuais penais. São Paulo: Revista dos Tribunais, 2012. p. 21.

No modelo tradicional[5-6], esse processo ou movimento ocorre em três etapas: colocação (*placement*), circulação (*layering*) e integração (*integration*).

Essa noção preliminar é necessária, mas também é preciso avançar. Como se sabe, o ordenamento jurídico pátrio possui um conceito legal de lavagem de dinheiro, no art. 1º da Lei nº 9.613/1998. As condutas nele tipificadas alcançam um largo espectro de hipóteses, com uma grave pena mínima de 3 anos de reclusão.

O objetivo deste ensaio é propor o aprofundamento da compreensão do crime de lavagem de dinheiro, enfocando seu elemento subjetivo especial. Esse enfoque permite estabelecer critérios para identificar, com maior precisão e segurança, o alcance das condutas descritas na Lei nº 9.613/1998.

Trata-se, em suma, de realizar uma investigação em busca da "substância do que estamos protegendo e do tipo de proteção que é necessária"[7], de buscar o "ponto de referência do comportamento típico", especialmente, o "objeto da ação"[8], eventualmente descortinando "elementos implícitos do tipo legal"[9].

## A POLÍTICA INTERNACIONAL ANTILAVAGEM DE DINHEIRO

A ocultação de ativos obtidos ilicitamente não é um fenômeno exclusivamente moderno. Mesmo em arranjos criminosos existentes há

5 FINANCIAL ACTION TASK FORCE. **Frequently asked questions - Money laundering**. Disponível em: https://www.fatf-gafi.org/faq/moneylaundering/#d.en.11223.

6 A título ilustrativo, veja-se o famoso desenho da famoso desenho do Escritório das Nações Unidas sobre Drogas e Crime: ORGANIZAÇÃO DAS NAÇÕES UNIDAS. United Nations Office on Drugs and Crime. **The money-laundering cycle**. Disponível em: https://www.unodc.org/unodc/en/money-laundering/laundrycycle.html.

7 SCHMIDT, Andrei Zenkner. **O (ainda necessário) debate acerca do conceito material de lavagem de dinheiro**. In: LOBATO, José Danilo Tavares; MARTINELLI, João Paulo Orsini; SANTOS, Humberto Souza. Comentários ao Direito Penal Econômico brasileiro. Belo Horizonte: D'Plácido, 2018. p. 668.

8 MOURA, Bruno de Oliveira. **A causalidade nos delitos econômicos**: um panorama das condições de possibilidade do tema. In: LOBATO, José Danilo Tavares; MARTINELLI, João Paulo Orsini; SANTOS, Humberto Souza. Comentários ao Direito Penal Econômico brasileiro. Belo Horizonte: D'Plácido, 2018. p. 122.

9 MOURA. **Op.cit.** p. 165.

séculos, como os grupos saqueadores[10], pode ser útil algum processo de lavagem, pela simples dificuldade de guardar os bens.

Porém, a lavagem se tornou objeto de ampla atenção e preocupação a partir da ascensão da criminalidade organizada no século XX e sua ocupação de espaços econômicos e políticos.

Como explicam Badaró e Bottini, "a dinâmica dos processos de *lavagem de dinheiro* – e a criatividade dos agentes responsáveis por sua realização – acaba por gerar, diuturnamente, novas estratégias de mascaramento de capital sujo"[11]. Assim, "a ideia da lei, bem como das diretivas internacionais sobre o tema, é usar o direito penal para suprir a incapacidade do Estado de investigar o crime antecedente da lavagem de dinheiro e rastrear seu produto"[12].

Durante a década de 80, vendo-se os Estados sem capacidade de reação efetiva diante da ascensão do tráfico de drogas, a solução apresentada foi enfrentar os grupos criminosos como um "segmento de mercado"[13], estrangulando seus canais financeiros. Inicia-se, nesse quadro, um movimento antilavagem, primeiro com iniciativas locais, como a dos Estados Unidos, em 1986[14], mas logo alcançando o cenário internacional, por pressão dos próprios norte-americanos[15].

Em 1988, é editada, em Viena, a Convenção contra o Tráfico Ilícito de Entorpecentes e de Substâncias Psicotrópicas, prevendo a tipificação da lavagem do produto de crime de tráfico de drogas (art. 3º, item 1, "b", I e II, e "c", I). Já em 1989, é fundado o Grupo de Ação Financeira (Financial Action Task Force), com objetivo de definir padrões e promover efetivas

10 MENDRONI, Marcelo Batlouni. **Crime de lavagem de dinheiro**. 4.ed. São Paulo: Atlas, 2018. p. 5-6.

11 BADARÓ; BOTTINI. **Op.cit.** p. 30.

12 Ibidem. p. 61.

13 MAIA, Carlos Rodolfo Fonseca Tigre. **Lavagem de dinheiro (lavagem de ativos provenientes de crime)**: anotações às disposições criminais da Lei nº 9.613/98. 2.ed. São Paulo: Malheiros, 2007.

14 ESTADOS UNIDOS DA AMÉRICA. **Public law nº 99-570**, oct. 27, 1986. Anti-Drug Abuse Act of 1986. Disponível em: https://www.govinfo.gov/content/pkg/STATUTE-100/pdf/STATUTE-100-Pg3207.pdf.

15 ROSE-ACKERMAN; PALIFKA. **Op.cit.** p. 511.

medidas legais, regulatórias e operacionais de combate à lavagem de dinheiro[16], publicando-se no ano seguinte as suas 40 Recomendações[17].

Em 1990, o Conselho da Europa promulgou a Convenção sobre Lavagem, Busca, Apreensão e Confisco de Proveitos de Crime[18]. Em 1991, o Conselho da Comunidade Europeia adotou a Diretiva 91/308/CEE do Conselho, relativa à prevenção da utilização do sistema financeiro para efeitos de branqueamento de capitais[19].

Pouco mais de uma décadas depois, em 2000, é adotada a Convenção das Nações Unidas contra o Crime Organizado Transnacional, chamada Convenção de Palermo, determinando a criminalização da lavagem de produto da "mais ampla gama possível de infrações principais" (art. 6º, item 2, "b") e apresentando medidas como a regulamentação e controle de bancos, instituições financeiras não bancárias e outros organismos, além da cooperação em âmbito nacional e internacional (art. 7º).

O Brasil promulgou os dois tratados internacionais, a Convenção de Viena em 1991[20] e a Convenção de Palermo em 2004[21].

Em 1996, buscando executar as obrigações assumidas na Convenção de Viena e em outros compromissos[22], é proposta pelo Poder Executivo

---

16 FINANCIAL ACTION TASK FORCE. **Who we are**. Disponível em: https://www.fatf-gafi.org/about/.

17 FINANCIAL ACTION TASK FORCE. **The forty recommendations of the Financial Action Task Force on money laundering**. 1990. Disponível em: https://www.fatf-gafi.org/media/fatf/documents/recommendations/pdfs/FATF%20Recommendations%201990.pdf.

18 CONSELHO DA EUROPA. **Convention on laundering, search, seizure, and confiscation of proceeds of crime**, Strasbourg, de 8 nov. 1990. Disponível em: https://rm.coe.int/168007bd23.

19 CONSELHO DA COMUNIDADE EUROPEIA. **Directiva 91/308/CEE do Conselho**, de 10 de Junho de 1991, relativa à prevenção da utilização do sistema financeiro para efeitos de branqueamento de capitais. Disponível em: https://eur-lex.europa.eu/legal-content/EN/TXT/?uri=celex:31991L0308.

20 BRASIL. **Decreto nº 154, de 26 de junho de 1991**. Promulga a Convenção contra o Tráfico Ilícito de Entorpecentes e Substâncias Psicotrópicas. Disponível em: http://www.planalto.gov.br/ccivil_03/decreto/1990-1994/d0154.htm.

21 BRASIL. **Decreto nº 5.015, de 12 de março de 2004**. Promulga a Convenção das Nações Unidas contra o Crime Organizado Transnacional. Disponível em: http://www.planalto.gov.br/ccivil_03/_ato2004-2006/2004/decreto/d5015.htm.

22 BRASIL. Ministério da Justiça. **Exposição de motivos nº 692/MJ**, de 18 de dezembro de 1996. Para uma exposição de como a política brasileira contra lavagem

uma Lei de Lavagem, vindo a ser sancionada em 1998. A Lei nº 9.613, ainda vigente, tipifica o crime de lavagem, prevendo procedimentos especiais, estabelecendo mecanismos de controle e criando o Conselho de Controle de Atividades Financeiras - COAF.

Em 2012, seguindo mudanças nas tendências internacionais[23], é sancionada a Lei nº 12.683, promovendo alterações na política criminal, com destaque para a exclusão do rol de crimes antecedentes.

## A BANALIZAÇÃO DO CRIME DE LAVAGEM EM RAZÃO DA EXCLUSÃO DO ROL DE CRIMES ANTECEDENTES NA LEGISLAÇÃO DE TERCEIRA GERAÇÃO

Fala-se em três gerações da legislação antilavagem.

A primeira, inspirada pela Convenção de Viena, criminalizando operações tendo como objeto o proveito obtido pelo tráfico de drogas.

A segunda geração, inicialmente adotada pelo Brasil, com a Lei nº 9.613/1998, estipulando um rol maior de crimes antecedentes a permitir a punição autônoma da lavagem subsequente, mas, ainda assim, um rol taxativo.

---

resultou da adesão ao regime internacional: TEIXEIRA, Letícia Miranda. **A política contra lavagem de dinheiro no Brasil**: o processo de absorção de um regime internacional. Dissertação (Mestrado em Ciência Política) - Universidade de Brasília, Brasília, 2005. Disponível em: http://repositorio.unb.br/handle/10482/2362.

23 Nesse sentido: SÁNCHEZ RIOS, Rodrigo. **Alterações na lei de lavagem de dinheiro**: breves apontamentos críticos. Boletim IBCCRIM, nº 237, ago. 2012. Disponível em: https://www.ibccrim.org.br/boletim_artigo/4670-Alteracoes-na--lei-de-lavagem-de-dinheiro-breves-apontamentos-criticos. ARAS, Vladimir. **A investigação criminal na nova lei de lavagem de dinheiro**. Boletim IBCCRIM, nº 237, ago. 2012. Disponível em: https://www.ibccrim.org.br/boletim_artigo/4671-A-investigacao-criminal-na-nova-lei-de-lavagem-de-dinheiro. Estellita e Bottini afirmam que, com a Lei nº 12.683/2012, o legislador brasileiro se afastou do parâmetro da Convenção de Palermo, ao admitir infrações de baixa lesividade como crime antecedente da lavagem de dinheiro. ESTELLITA, Heloísa; BOTTINI, Pierpaolo Cruz. **Alterações na legislação de combate à lavagem**: primeiras impressões. Boletim IBCCRIM, nº 237, ago. 2012. Disponível em: https://www.ibccrim.org.br/boletim_artigo/4669-Alteracoes-na-legislacao-de-combate-a-lavagem-primeiras-impressoes.

Por fim, a terceira, no qual se insere a legislação atual, com as alterações promovidas pela Lei nº 12.683/2012, incriminando a lavagem de todo e qualquer ilícito anterior.

O fenômeno, na teleologia dessa última geração de leis antilavagem, preocupa por se constituir um "segmento terceirizado do mercado de serviços ilegais"[24], voltado à ocultação e dissimulação de propriedade criminosa. Justifica-se, nessa senda, uma nova arquitetura do Sistema Financeiro.

Quando se toma como base a clássica tricotomia do processo de lavagem, fica nítida a gama de produtos desse mercado autônomo. O criminoso pode precisar depositar a propriedade criminosa em uma instituição financeira, remetê-la a outros países, adquirir mercadorias em nome de terceiros etc. A circulação e integração exigem outros serviços, como complexas estruturas societárias de fachada, inclusive com *offshores* constituídas em paraísos fiscais, e empresas ativas, com destaque àquelas que permitam justificar movimentações atípicas.

É nessa complexa realidade econômico-jurídica que se insere o objeto deste estudo.

Após sancionada a Lei nº 12.683/2012, Sánchez Rios relatava a preocupação com a banalização do crime de lavagem de dinheiro, em razão da exclusão do rol taxativo de crimes antecedentes. O autor destacava a equiparação pelo legislador da lavagem de ganhos obtidos com atividades lícitas, em casos de sonegação fiscal, àqueles provenientes de atividades ilícitas, como o tráfico de entorpecentes, postulando a necessidade de "se encontrar um ponto de equilíbrio em favor de uma política criminal racional"[25].

Aras agregou o problema da diferenciação entre lavagem de dinheiro, receptação e favorecimento real, sustentando um critério – é preciso dizer, não previsto em lei – baseado em valores mínimos ou na gravidade do crime antecedente, na esteira da Convenção de Palermo[26].

---

24 MAIA, Carlos Rodolfo Fonseca Tigre. **Lavagem de dinheiro (lavagem de ativos provenientes de crime)**: anotações às disposições criminais da Lei nº 9.613/98. 2.ed. São Paulo: Malheiros, 2007.

25 SÁNCHEZ RIOS, Rodrigo. **Alterações na lei de lavagem de dinheiro**: breves apontamentos críticos. Boletim IBCCRIM, nº 237, ago. 2012. Disponível em: https://www.ibccrim.org.br/boletim_artigo/4670-Alteracoes-na-lei-de-lavagem-de-dinheiro-breves-apontamentos-criticos.

26 ARAS, Vladimir. **A investigação criminal na nova lei de lavagem de dinheiro**. Boletim IBCCRIM, nº 237, ago. 2012. Disponível em: https://www.ibccrim.org.br/boletim_artigo/4671-A-investigacao-criminal-na-nova-lei-de-lavagem-de-dinheiro.

Outra gama de questionamentos surgiu orbitando a elementar "proveniente". A questão é: Quais crimes e contravenções penais podem derivar "bens, direitos ou valores"? Na expressão de Aras, o que é um "crime produtor"[27]? Há situações dogmaticamente complexas. A mais emblemática diz respeito aos crimes materiais contra a ordem tributária.

Com a superveniência da Lei nº 12.683/2012, Estellita e Bottini, bem como Aras, logo apontaram o surgimento do problema da tipicidade dos crimes materiais contra a ordem tributária, em razão do disposto na Súmula Vinculante 24, opinando aqueles pela impossibilidade de configuração da lavagem antes da constituição definitiva do crédito tributário e esse pela ausência de impedimento à acusação[28].

A jurisprudência tem se orientado para a primeira corrente, reconhecendo a atipicidade da lavagem quando extinta a punibilidade do crime tributário antecedente pelo pagamento do crédito tributário[29] e, também, a inépcia da denúncia quando inexistente lançamento definitivo e a imputação de lavagem adota como conduta antecedente crime material contra a ordem tributária[30].

Certamente, cada caso comporta a delimitação do objeto material do crime de lavagem de dinheiro a partir do exame da infração penal antecedente e, portanto, de sua capacidade de derivar "bens, direitos ou valores". Ainda que excluído o rol taxativo de crimes antecedentes pela Lei nº 12.638/2021, nem todo crime produz coisa passível de ocultação ou dissimulação.

---

27 ARAS, Vladimir. **A investigação criminal na nova lei de lavagem de dinheiro**. Boletim IBCCRIM, nº 237, ago. 2012. Disponível em: https://www.ibccrim.org.br/boletim_artigo/4671-A-investigacao-criminal-na-nova-lei-de-lavagem-de-dinheiro.

28 ESTELLITA, Heloísa; BOTTINI, Pierpaolo Cruz. **Alterações na legislação de combate à lavagem**: primeiras impressões. Boletim IBCCRIM, nº 237, ago. 2012. Disponível em: https://www.ibccrim.org.br/boletim_artigo/4669-Alteracoes-na-legislacao-de-combate-a-lavagem-primeiras-impressoes. ARAS, Vladimir. **A investigação criminal na nova lei de lavagem de dinheiro**. Boletim IBCCRIM, nº 237, ago. 2012. Disponível em: https://www.ibccrim.org.br/boletim_artigo/4671-A-investigacao-criminal-na-nova-lei-de-lavagem-de-dinheiro.

29 SUPERIOR TRIBUNAL DE JUSTIÇA. **Recurso em Habeas Corpus nº 161.701**. Órgão julgador: Sexta Turma. Relator: Sebastião Reis Júnior. Data do julgamento: 5 mai. 2024.

30 SUPERIOR TRIBUNAL DE JUSTIÇA. **Recurso em Habeas Corpus nº 73.599**. Órgão julgador: Sexta Turma. Relator: Néfi Cordeiro. Data do julgamento: 13 set. 2016.

Aliás, não se deve somente atentar à capacidade da infração penal antecedente em produzir "bens, direitos ou valores" passíveis de ocultação e dissimulação, mas à própria viabilidade de distinguir entre o *iter criminis* e exaurimento da infração penal antecedente em relação ao *iter criminis* da lavagem de dinheiro[31]. Há *bis in idem* quando se imputa conduta que "configura mera fase de aprofundamento dentro de um mesmo ciclo de lavagem de capitais já exaurido"[32].

Contudo, ainda que o exame do crime produtor permita um recorte da incidência típica do tipo de lavagem de dinheiro – a partir da análise, primeiro, da efetiva capacidade de derivar "bens, direitos ou valores" e, segundo, da extensão do *iter criminis* da conduta antecedente –, a extensão do tipo do art. 1º da Lei nº 9.613/1998 não pode variar casuisticamente. Exige-se para a autonomia da repressão penal à lavagem de dinheiro a delimitação do âmbito de proibição próprio deste tipo penal.

Por isso, a importância da investigação dogmática de seu alcance semântico e prático, definição de seu âmbito normativo ou de proibição e delimitação do elemento subjetivo especial do crime de lavagem de dinheiro.

## O BEM PASSÍVEL DE LEGITIMAÇÃO COMO OBJETO MATERIAL DO CRIME DE LAVAGEM DE DINHEIRO

Como visto, um primeiro critério para delimitação da incidência do crime de lavagem de dinheiro é a efetiva capacidade da conduta antecedente de produzir "bens, direitos ou valores" e, um segundo, é a extensão do *iter criminis* do crime produtor. Além disso, como apontam Badaró e Bottini, não constituem lavagem "a ocultação ou dissimulação de bens de posse ilícita, como drogas ou armas, mesmo se produtos de infração"[33]. Ora, essa distinção não é simples decorrência da aplicação do critério da especialidade.

Está presente aqui um terceiro critério: o bem ser passível de legitimação. Somente são bens suscetíveis a ser objeto material da lavagem de dinheiro aqueles que podem integrar a ordem econômica lícita. Os bens que não podem ser integrados não são objetos possíveis do "movi-

31 BADARÓ; BOTTINI. **Op.cit.** p. 51.

32 TRIBUNAL REGIONAL FEDERAL DA 4ª REGIÃO. **Apelação Criminal nº 5029737-38.2015.4.04.7000**. Órgão julgador: Oitava Turma. Relator para acórdão: Leandro Paulsen. Data do julgamento: 6 set. 2018.

33 BADARÓ; BOTTINI. **Op.cit.** p. 69.

mento de afastamento" da origem ilícita que termina idealmente com a "introdução no circuito comercial ou financeiro, com aspecto legítimo"[34].

Assim, entende-se que o caractere específico da lavagem não repousa na tensão com a economia formal - o que, segundo Verde, é o objeto da tutela no caso da repressão à receptação[35]. Pelo contrário, a lavagem de dinheiro é fenômeno da economia *legítima* e não de mercados clandestinos ou proibidos. O processo de legitimação de "bens, direitos ou valores provenientes, direta ou indiretamente, de infração penal" tende a buscar adequação a todos os mecanismos de controle, e não sua violação.

De modo a reforçar essa colocação, cabe *reductio ad absurdum*. Não se levanta intuitivamente a hipótese de "lavagem" de um cadáver. A ocultação de cadáver (art. 211, Código Penal) permanece fora do horizonte de quem pensa nos crimes da Lei de Lavagem, não se associado à imagem habitual de "lavagem de dinheiro". Entretanto, um cadáver pode ter valoração econômica.

Aliás, há inegável preocupação do Estado com o mercado ilegal de tecidos, órgãos ou partes do corpo humano (art. 15, Lei nº 9.434/1997). Obviamente, o dinheiro obtido com esse tráfico é suscetível de branqueamento. Porém, existe a criminalização da "receptação" de órgãos, tecidos e partes do corpo humano, pelo art. 17 da Lei nº 9.434/1997.

Esse crime poderia evoluir para um crime de lavagem se presente o dolo de dissimulação da sua "natureza, origem, localização, disposição, movimentação ou propriedade" (art. 1º, *caput*, Lei nº 9.613/1998) ou o propósito final de lhe conferir aparência de licitude? Imagine-se um paciente cujos órgãos são removidos por um médico. Para dar ao produto de crime aparência de licitude, o profissional falsifica o prontuário da vítima e a autorização de retirada dos órgãos, conforme os requisitos legais para doação *post mortem*. Essa conduta do médico se caracteriza como a dissimulação da origem e disposição de bens, direitos ou valores provenientes de infração penal? Afinal de contas, trata-se de um processo dirigido pela intenção de reinserção, com aparência lícita, dos órgãos no sistema de disposição de tecidos, órgãos e partes do corpo humano regulado pela Lei nº 9.434/1997.

34 BADARÓ; BOTTINI. **Op.cit.** p. 21.

35 VERDE, Alejandra. **Receptación, no encubrimiento. Um delito contra el mercado formal.** Em Letra: Derecho Penal. a. VI, nº 10, p. 54-107, 2020. Também: VERDE, Alejandra. **Formas de encubrimiento: personal y real.** InDret, v. 1, 2020.

Aplicar o tipo da Lei nº 9.613/1998 soa inapropriado. Na prática, pode-se solucionar este conflito aparente de normas com o princípio da especialidade, considerando o disposto no art. 17 da Lei nº 9.434/1997. Entretanto, não se deve simplificar o problema. Há, *prima facie*, subsunção gramatical ao tipo do art. 1º, *caput*, da Lei nº 9.613/1998.

A existência de um sistema regulado para disposição de tecidos, órgãos e partes do corpo humano, ainda que sem a característica de um mercado, pois proibida a cobrança, significa não se tratar de coisas de ninguém. Por outro lado, a partir da proibição geral de disposição do próprio corpo (art. 13, Código Civil), é consistente a afirmação de não serem os tecidos, órgãos e partes do corpo humano "bens, direitos ou valores", no sentido da lei civil, que exige ser regra a faculdade de usar, gozar e dispor da coisa (art. 1.228, Código Civil). Porém, o recurso à legislação civil não pode ignorar que a tipificação de crimes, por si só, resulta na proibição geral de uso, gozo e disposição de determinadas coisas, já que todo produto de crime está sujeito a perdimento (art. 91, II, CP).

Assim, pode-se extrair do caso de tráfico de órgãos que nem toda coisa passível de valoração econômica em sentido amplo será, por esse motivo, objeto material do crime de lavagem de dinheiro. Para ser objeto de lavagem de dinheiro, os bens, direitos ou valores devem possuir qualidades especiais, definíveis a partir de interpretação sistêmica e teleológica do tipo penal[36].

## O PROBLEMA DA OCULTAÇÃO FÍSICA DE PRODUTO DE CRIME

Se somente são bens suscetíveis a ser objeto material da lavagem de dinheiro aqueles que podem integrar a ordem econômica lícita, deve ser punido como lavagem a ocultação física de produto de crime ou trata-se de exaurimento da conduta anterior? Para Mendroni, a conduta deve ser punida, "mesmo sem saber nem supor de que forma ele [o autor da conduta] pretenderia 'dar aparência de lícita [ao dinheiro]'"[37]. Por outro lado, enfatiza Schmidt, com a Lei nº 12.683/2012, deve-se ter

36 GOMES, Mariângela Gama de Magalhães. **Teoria geral da parte especial do direito penal**. São Paulo: Atlas, 2014.

37 MENDRONI, Marcelo Batlouni. **Crime de lavagem de dinheiro**. 4.ed. São Paulo: Atlas, 2018. p. 92-93.

em conta a possível "sobrecarga de resposta penal à prevenção do crime antecedente"[38].

Há um excesso de tutela penal. Schmidt alerta para o risco, de uma noção frouxa de lavagem de dinheiro, permitir a punição de atos de dissimulação e ocultação quase inerentes ao crime antecedente, inclusive dando o exemplo do autor de um furto que afixa placa falsa no veículo[39].

De todo modo, trata-se de um problema fundamental – implicando se a Lei nº 9.613/1998 pode ou não ser usada contra o mero enriquecimento ilícito – que recomenda tratamento dogmático. Além da desproporcional intervenção, quais as razões para impedir a punição nesse caso?

Poder-se-ia recorrer à teoria do bem jurídico. Essa solução reforçaria o critério de que a simples ocultação física não tem lesividade autônoma. Aliás, o referencial do bem jurídico também fortalece o argumento de que a conversão do produto de crime em outros ativos ilícitos não permite a punição por lavagem de dinheiro, porque essa conduta já seria punida por vedação especial.

Porém, a respeito do uso da teoria do bem jurídico, note-se que parcela da doutrina admite a condenação pelo crime do art. 1º, *caput*, da Lei nº 9.613/1998 e pelo art. 22 da Lei nº 7.492/1986, em concurso formal (art. 70, Código Penal).

Martinelli, mesmo partindo de uma compreensão do bem jurídico tutelado para "reduzir o âmbito do poder punitivo", admite a cominação em concurso formal das condutas, além de admitir a prática de lavagem através de "condutas que, por si só, já constituem crimes"[40].

Em sentido contrário, Föppel e Luz rejeitam a possibilidade da punição de lavagem tendo como crime antecedente condutas da Lei nº 7.492/1986, por uma alegada identidade dos bens jurídicos ofendidos

38 SCHMIDT. **Op.cit.** p. 684.

39 SCHMIDT, Andrei Zenkner. **O (ainda necessário) debate acerca do conceito material de lavagem de dinheiro**. In: LOBATO, José Danilo Tavares; MARTINELLI, João Paulo Orsini; SANTOS, Humberto Souza. Comentários ao Direito Penal Econômico brasileiro. Belo Horizonte: D'Plácido, 2018. p. 671-672.

40 MARTINELLI, João Paulo Orsini. **Lavagem de dinheiro e crimes contra o sistema financeiro.** In: LOBATO, José Danilo Tavares; MARTINELLI, João Paulo Orsini; SANTOS, Humberto Souza. Comentários ao Direito Penal Econômico brasileiro. Belo Horizonte: D'Plácido, 2018. p. 633, 647-648.

(a Ordem Econômica)[41]. Suas premissas, levadas ao extremo, têm como consequência o completo esvaziamento da utilidade do tipo penal de lavagem de dinheiro no reforço da política criminal econômica. Afinal de contas, tratando-se de crime antecedente econômico, sempre a "posterior ocultação de bens apenas continuará a primeira lesão ao bem jurídico"[42].

Ora, o recurso à teoria do bem jurídico não pode contradizer os fins mais inexoráveis da política criminal de combate à lavagem de dinheiro.

Nessa lógica que, apesar de dogmaticamente rigorosa, é problemática a proposta de Schmidt, identificando a ofensividade autônoma da lavagem de dinheiro na "inserção não-transparente de ativos no livre mercado regulado (ordem econômica stricto sensu)"[43]. O autor enfoca a "regulamentação de transparência"[44], de modo a chegar à conclusão de que "o delito de lavagem de dinheiro tem a necessidade de a conduta situar-se no âmbito do descumprimento dos deveres contidos nos arts. 10 e 11 da Lei nº 9.613/98"[45]. A repressão penal à lavagem de dinheiro, no prisma teórico proposto por Schmidt alcança certas condutas dolosas especialmente graves de agentes econômicos atuantes em "segmentos da economia que se apresentam vulneráveis a trocas econômicas não-transparentes"[46].

O problema desse enquadramento são seus efeitos práticos, em razão da provável resistência das agências estatais à drástica restrição da incidência típica. Ora, como visto, não é este o único objetivo da política criminal antilavagem. Ademais, os mecanismos de *compliance* funcionam antes como instrumentos de prevenção associados à repressão penal, e não como um bem jurídico autônomo. Do contrário, esse modelo, ademais, nos segmentos econômicos especificamente regulados, pode convergir ao uso do direito penal como "mero instrumento de reforço dos mecanismos de organização da *administração pública*"[47].

41 FÖPPEL, Gamil; LUZ, Ilana Martins. **Comentários críticos à lei brasileira de lavagem de capitais**. Rio de Janeiro: Lumen Juris, 2011. p. 1-44.

42 FÖPPEL; LUZ. **Op.cit.** p. 43.

43 SCHMIDT. **Op.cit.** p. 671.

44 SCHMIDT. **Op.cit.** p. 674.

45 SCHMIDT. **Op.cit.** p. 675.

46 SCHMIDT. **Op.cit.** p. 674.

47 BADARÓ; BOTTINI. **Op.cit.** p. 61.

Porém, a despeito disso, merece atenção a ideia de transparência econômica como manifestação do bem jurídico protegido, cabendo relacionar o conceito com controles fiscais de transparência.

Muitos países buscam criar uma vantagem competitiva, reduzindo controles financeiros. Afinal de contas, a arquitetura financeira antilavagem dificilmente é um estímulo para o aumento de investimentos estrangeiros, podendo, na realidade, até mesmo servir como obstáculo para o ingresso de capital legítimo, uma vez que ela aumenta os custos de transação[48].

Como lembra Martinelli, antes mesmo da Convenção de Viena, o Comitê de Ministros do Conselho da Europa aprovou a Recomendação nº R (80) 10, sobre medidas contra a transferência e custódia de fundos de origem criminosa[49], cujo objetivo era "utilizar o sistema financeiro como fonte de informação para investigações criminais"[50].

Evidentemente, isso exige um sistema de sanções, do contrário, o rigor do escrutínio de operações suspeitas será inversamente proporcional à lucratividade do cliente[51].

Nessa senda, há certa convergência com a doutrina que elege o bem jurídico da administração da Justiça. O problema, contudo, é que a adoção da administração da justiça como bem jurídico não elimina zonas cinzentas entre o favorecimento real, a receptação e a lavagem de dinheiro, restando o recurso ao elemento subjetivo.

Enfim, sem contraditar a utilidade da teoria do bem jurídico, no caso do crime de lavagem de dinheiro, a princípio, o grau de abstração do interesse jurídico tutelado se mostra como insuficiente para a delimitação do alcance do tipo penal. Diante disso, reforça-se a importância do estudo do elemento subjetivo especial.

## A SOLUÇÃO PELO ELEMENTO SUBJETIVO

Diante da dificuldade de estabelecer uma limitação de sentido a uma previsão legal intencionalmente abrangente, a alternativa a essa

48 ROSE-ACKERMAN; PALIFKA. **Op.cit.** p. 519.

49 CONSELHO DA EUROPA. Comitê de Ministros. **Recommendation nº R (80) 10**, de 27 jun. 1980. Disponível em: https://ms.hmb.gov.tr/uploads/sites/2/2019/04/R8010.pdf.

50 MARTINELLI. **Op.cit.** p. 635.

51 ROSE-ACKERMAN; PALIFKA. **Op.cit.** p. 514.

distinção é o exame do elemento subjetivo. Essa é a solução adotada tradicionalmente pela jurisprudência[52].

O e. Superior Tribunal de Justiça entende que "a conduta, para ser reconhecida com típica, deve estar acompanhada de um elemento subjetivo específico, qual seja, a finalidade de emprestar aparência de licitude aos valores ocultados, em preparação para as fases seguintes, denominadas dissimulação e reintegração"[53].

O saudoso Ministro Teori Zavaski pontuou, no julgamento de embargos infringentes opostos na Ação Penal 470 que, para configuração do delito de lavagem de dinheiro, não é suficiente a intenção do agente em ocultar valores que sabe ter origem ilícita, uma vez que "a ação objetiva de ocultar reclama, para sua tipicidade, a existência de um contexto capaz de evidenciar que o agente realizou tal ação com a finalidade específica de emprestar aparência de licitude aos valores"[54].

Ainda assim, quando se enfatiza a ocultação de bens provenientes de outra infração penal, constata-se que há diversos tipos legais assemelhados ao crime de lavagem de dinheiro, notadamente a receptação (art. 180, CP), em suas diversas modalidades (v. art. 180-A, CP), e o favorecimento real (art. 349, CP). Aquela pode ser distinguida deste pelo *lucri faciente causa* (interesse econômico do sujeito ativo, presente apenas na receptação)"[55]. A lavagem de dinheiro pela "peculiar finalidade do agente" de atingir o propósito de "facilitação do aproveitamento ('utilização') de produtos de crimes"[56].

De todo modo, ainda assim se impõe o esforço doutrinário de "alcançar a racionalidade do objeto do ilícito a fim de proteger o homem enquanto pessoa, porém, desta feita, contra a aplicação discricionária e imprevisível do direito penal"[57].

---

52 SUPERIOR TRIBUNAL DE JUSTIÇA. **Ação penal nº 472**. Órgão julgador: Corte Especial. Relator: Teori Albino Zavascki. Data do julgamento: 1º jun. 2011.

53 SUPERIOR TRIBUNAL DE JUSTIÇA. **Agravo Regimental no Agravo em Recurso Especial nº 328.229**. Órgão julgador: Sexta Turma. Relator: Rogério Schietti Cruz. Data do julgamento: 15 dez. 2015.

54 SUPREMO TRIBUNAL FEDERAL. **Sextos Embargos Infringentes na Ação Penal nº 470**. Órgão julgador: Tribunal Pleno. Relator: Roberto Barroso. Data do julgamento: 13 mar. 2014. fls. 43 do acórdão.

55 SCHMIDT. **Op.cit.** p. 680.

56 SUPERIOR TRIBUNAL DE JUSTIÇA. **Ação penal nº 472**.

57 SCHMIDT. **Op.cit.** p. 663.

Como visto, a estratégia de incriminação na lavagem de dinheiro é a proibição de transação com propriedade ilícita. Como Rose-Ackerman e Palifka corretamente observam, trata-se de uma "abordagem indireta", em relação aos crimes antecedentes[58].

Tendo em vista uma melhor avaliação da vulnerabilidade de produtos e serviços financeiros a práticas ilícitas, Platt apresenta um modelo distinto do clássico *"placement, layering, and integration"*. Basicamente, ele identifica três elementos constituintes do processo: o criminoso, o crime e a propriedade criminosa, conectados por três eixos, no chamado modelo *"enable, distance, and disguise"*[59].

A lavagem de dinheiro, segundo Platt, consiste nas condutas onde, presentes estes três elementos (criminoso, crime e propriedade criminosa), busca-se desconectar algum dos eixos que os vinculam. Por exemplo, o criminoso pode viabilizar a prática do crime por uma interposta pessoa, pode se distanciar da titularidade da propriedade ou disfarçar a propriedade como lícita.

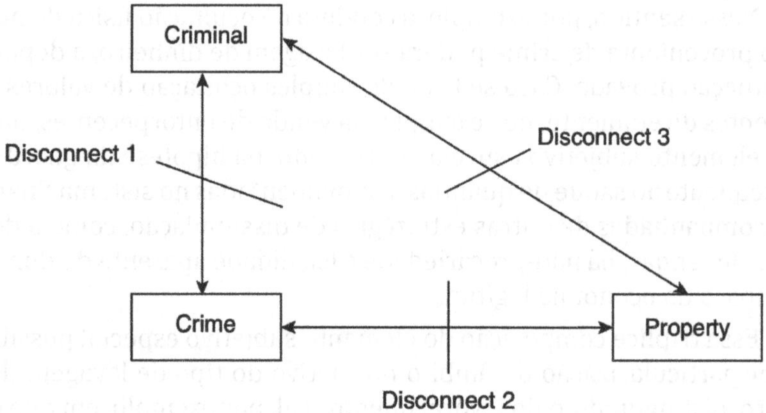


Figura 1 – Diagrama do modelo *"enable, distance, and disguise"* de Platt

O modelo de Platt não corresponde ao tipo da Lei nº 9.613/1998. Entretanto, ao chamar atenção para a realidade econômica do crime de

58 ROSE-ACKERMAN; PALIFKA. **Op.cit.** p. 315.

59 PLATT, Stephen. **Criminal capital**: how the finance industry facilitates crime. Londres: Palgrave Macmillan, 2015. p. 29-31.

lavagem de dinheiro, pode-se conceber uma estrutura de análise análoga, em especial, na relação triangular entre a propriedade, crime e criminoso.

A operação de lavagem de dinheiro se orienta à legitimação da faculdade de usar, gozar e dispor da coisa (art. 1.228, Código Civil), quebrando a precariedade do domínio inerente à propriedade criminosa (desvinculando propriedade-crime), produzindo uma legalidade aparente do domínio (reconectando propriedade-criminoso), no âmbito da economia legítima e não em mercados clandestinos ou proibidos, ou seja (desnaturando a relação crime-criminoso). Esses elementos são nítidos nas condutas dos incisos I e II do § 1º e do inciso I do § 2º do art. 1º da Lei nº 9.613/1998.

A não-precariedade ("facilitação do aproveitamento – 'utilização' – de produtos de crimes"[60]) e a legalidade aparente do domínio ("emprestar aparência de licitude" [61]) sobre o bem, direito ou revelam, com maior clareza, a finalidade da conduta, que se consuma na economia legítima e não em mercados clandestinos ou proibidos ("preparação para as fases seguintes, denominadas dissimulação e reintegração"[62]).

Nesse sentido, por exemplo, a conduta de ocultação física de numerário proveniente de crime poderá ser lavagem de dinheiro, a depender da situação provada. Caso se trate de simples ocultação de valores provenientes diretamente, por exemplo, da venda de entorpecentes, não há esse elemento subjetivo especial. Entretanto, na hipótese da guarda ser subsequente ao saque de quantias já movimentadas no sistema financeiro, acompanhadas de outras estratégias de dissimulação, como a declaração de rendas, há não-precariedade e legalidade aparente do domínio, no espaço da economia legítima.

Essa tríplice composição do elemento subjetivo especial possibilita maior particularização do âmbito normativo do tipo de lavagem de dinheiro, distinguindo-o do favorecimento real, por exemplo, em que existe somente o intento de quebrar a precariedade do domínio inerente à propriedade criminosa (desvinculando propriedade-crime), e da recep-

60 SUPERIOR TRIBUNAL DE JUSTIÇA. **Ação penal nº 472.**

61 SUPERIOR TRIBUNAL DE JUSTIÇA. **Ação penal nº 472.**

62 SUPERIOR TRIBUNAL DE JUSTIÇA. **Agravo Regimental no Agravo em Recurso Especial nº 328.229**. Órgão julgador: Sexta Turma. Relator: Rogério Schietti Cruz. Data do julgamento: 15 dez. 2015.

tação, que se insere em mercados clandestinos (sem alterar a relação crime-criminoso).

A distinção se soma aos outros critérios identificados para delimitação da incidência do crime de lavagem de dinheiro, como a efetiva capacidade da conduta antecedente de produzir "bens, direitos ou valores", a extensão do *iter criminis* do crime produtor e o bem ser passível de legitimação.

## CONCLUSÃO

Não se pode ignorar que os tipos do art. 1º da Lei nº 9.613/1998 "tem por único objetivo suprir a inoperância estatal diante da sofisticação da criminalidade contemporânea, e não proteger âmbitos de liberdade humana"[63]. Todavia, também se deve reconhecer necessidade de "proteger o indivíduo não só *mediante* o direito penal, senão também *do* direito penal"[64].

O legislador brasileiro, com certas variações, criminalizou a ocultação ou dissimulação de bens, direitos ou valores provenientes de infração penal. O problema, como visto, é que uma constelação de comportamentos, inclusive caracterizados como crimes, se subsome a esse conceito. Não bastasse, há diversos tipos legais assemelhados, notadamente a receptação, em suas diversas modalidades, e o favorecimento real.

A imputação de crime de lavagem de dinheiro pode ser instrumento pragmático das autoridades estatais para contornar as limitações impostas pelas regras processuais à produção de consequências político-criminal em curto período de tempo e também para contornar dificuldades na apuração dos fatos. Alegando a necessidade geral de desarticular financeiramente organizações criminosas, aplicadores da Lei nº 9.613/1998 podem implementar medidas assecuratórias de bens, direitos ou valores, justificando se tratar de instrumento, produto ou proveito de infrações penais, bem como receber e processar denúncias excessivamente especulativas quanto à delimitação dos crimes antecedentes e ao nexo de derivação para a lavagem de dinheiro.

Contudo, a lavagem de dinheiro é punida com penas comparativamente altas e, portanto, é especialmente preocupamente o baixo rigor

63 BADARÓ; BOTTINI. **Op.cit.** p. 62.

64 SCHMIDT. **Op.cit.** p. 663.

metodológico ou dogmático – isto é, o baixo controle racional – da atividade estatal de combate à lavagem de dinheiro, que tem consequências especialmente deletérias, pois implica em flexibilização de garantias fundamentais e culmina na privação de liberdade de pessoas. A importância e atualidade do tema decorre, assim, do risco de instrumentalização pragmática do regime de proibição à lavagem de dinheiro pelas autoridades estatais e da gravidade da questão.

A doutrina brasileira jamais ignorou a necessidade de limitação do exercício do poder de punir conferido pela Lei nº 9.613/1998, através da adequada interpretação das normas de direito material e processual desse diploma.

O legislador criou um diamante bruto, exigindo lapidação doutrinária e jurisprudencial.

Qual o caractere distintivo da lavagem de dinheiro? Responder não é uma tarefa fácil, por isso a persistência do problema na doutrina. A hipótese levantada é de passar essa resposta pela análise do iter criminis do crime antecedente e da sua capacidade de produzir propriedade criminosa, pelo exame da idoneidade desse bem ser objeto material do crime de lavagem e da ocorrência de lesão ao bem jurídico tutelado, mas, além disso, como elegeu a jurisprudência do Superior Tribunal de Justiça, por uma delimitação precisa do elemento subjetivo especial da lavagem de dinheiro.

A delimitação desse conceito é possível e se caracteriza pelo fim de justificabilidade da titularidade do bem, direito ou valor visada pela lavagem de dinheiro, isto é, pela legalidade aparente e não-precariedade do domínio, o que viabiliza e motiva o processo de colocação, circulação e reintegração dos valores na economia formal. É a trípice composição desse elemento subjetivo que legitima regime autônomo e especial de repressão a esse delito.

## REFERÊNCIAS

CONSELHO DA COMUNIDADE EUROPEIA. **Directiva 91/308/CEE do Conselho**, de 10 de Junho de 1991, relativa à prevenção da utilização do sistema financeiro para efeitos de branqueamento de capitais. Disponível em: https://eur-lex.europa.eu/legal-content/EN/TXT/?uri=celex:31991L0308. Acesso em 25 jul. 2019.

CONSELHO DA EUROPA. **Convention on laundering, search, seizure, and confiscation of proceeds of crime**, de 8 nov. 1990. Disponível em: https://rm.coe.int/168007bd23. Acesso 25 jul. 2019.

CONSELHO DA EUROPA. Comitê de Ministros. **Recommendation nº R (80) 10**, de 27 jun. 1980. Disponível em: https://ms.hmb.gov.tr/uploads/sites/2/2019/04/R8010.pdf. Acesso em 24 jul. 2019.

ESTADOS UNIDOS DA AMÉRICA. **Public law nº 99-570**, oct. 27, 1986. Anti-Drug Abuse Act of 1986. Disponível em: https://www.govinfo.gov/content/pkg/STATUTE-100/pdf/STATUTE-100-Pg3207.pdf.

SUPERIOR TRIBUNAL DE JUSTIÇA. **Ação penal nº 472**. Órgão julgador: Corte Especial. Relator: Teori Albino Zavascki. Data do julgamento: 1º jun. 2011. Disponível em: https://ww2.stj.jus.br/processo/revista/documento/mediado/?componente=ITA&sequencial=1065760&num_registro=200300518676&data=20110908&formato=PDF. Acesso em 25 ago. 2019.

TRIBUNAL REGIONAL FEDERAL DA 4ª REGIÃO. **Apelação Criminal nº 5029737-38.2015.4.04.7000**. Órgão julgador: Oitava Turma. Relator para acórdão: Leandro Paulsen. Data do julgamento: 6 set. 2018.

SUPERIOR TRIBUNAL DE JUSTIÇA. **Agravo Regimental no Agravo em Recurso Especial nº 328.229**. Órgão julgador: Sexta Turma. Relator: Rogério Schietti Cruz. Data do julgamento: 15 dez. 2015.

SUPREMO TRIBUNAL FEDERAL. **Sextos Embargos Infringentes na Ação Penal nº 470**. Órgão julgador: Tribunal Pleno. Relator: Roberto Barroso. Data do julgamento: 13 mar. 2014.

ARAS, Vladimir. **A investigação criminal na nova lei de lavagem de dinheiro**. Boletim IBCCRIM, nº 237, ago. 2012. Disponível em: https://www.ibccrim.org.br/boletim_artigo/4671-A-investigacao-criminal-na-nova-lei-de-lavagem-de-dinheiro. Acesso em 25 jul. 2019.

BADARÓ, Gustavo Henrique; BOTTINI, Pierpaolo Cruz. **Lavagem de dinheiro**: aspectos penais e processuais penais. São Paulo: Revista dos Tribunais, 2012. p. 21.

BRASIL. Ministério da Justiça. **Exposição de motivos nº 692/MJ**, de 18 de dezembro de 1996. Disponível em: http://www.fazenda.gov.br/orgaos/coaf/legislacao-e-normas/legislacao/exposicao-de-motivos-lei-9613.pdf/view. Acesso em 20 jul. 2019.

ESTELLITA, Heloísa; BOTTINI, Pierpaolo Cruz. **Alterações na legislação de combate à lavagem**: primeiras impressões. Boletim IBCCRIM, nº 237, ago. 2012. Disponível em: https://www.ibccrim.org.br/boletim_artigo/4669-Alteracoes-na-legislacao-de-combate-a-lavagem-primeiras-impressoes. Acesso em 3 ago. 2019.

FINANCIAL ACTION TASK FORCE. **Frequently asked questions – Money laundering**. Disponível em: https://www.fatf-gafi.org/faq/moneylaundering/#d.en.11223. Acesso em 21 jul. 2019.

FINANCIAL ACTION TASK FORCE. **The forty recommendations of the Financial Action Task Force on money laundering**. 1990. Disponível em: https://www.fatf-gafi.org/media/fatf/documents/recommendations/pdfs/FATF%20Recommendations%201990.pdf. Acesso em 25 jul. 2019.

FINANCIAL ACTION TASK FORCE. **Who we are**. Disponível em: https://www.fatf-gafi.org/about/. Acesso em 25 jul. 2019.

FÖPPEL, Gamil; LUZ, Ilana Martins. **Comentários críticos à lei brasileira de lavagem de capitais**. Rio de Janeiro: Lumen Juris, 2011.

MAIA, Carlos Rodolfo Fonseca Tigre. **Lavagem de dinheiro (lavagem de ativos provenientes de crime)**: anotações às disposições criminais da Lei nº 9.613/98. 2.ed. São Paulo: Malheiros, 2007.

MARTINELLI, João Paulo Orsini. **Lavagem de dinheiro e crimes contra o sistema financeiro**. In: LOBATO, José Danilo Tavares; MARTINELLI, João Paulo Orsini; SANTOS, Humberto Souza. Comentários ao Direito Penal Econômico brasileiro. Belo Horizonte: D'Plácido, 2018. pp. 631-649.

MENDRONI, Marcelo Batlouni. **Crime de lavagem de dinheiro**. 4.ed. São Paulo: Atlas, 2018.

MOURA, Bruno de Oliveira. **A causalidade nos delitos econômicos**: um panorama das condições de possibilidade do tema. In: LOBATO, José Danilo Tavares; MARTINELLI, João Paulo Orsini; SANTOS, Humberto Souza. Comentários ao Direito Penal Econômico brasileiro. Belo Horizonte: D'Plácido, 2018. pp. 115-165.

ORGANIZAÇÃO DAS NAÇÕES UNIDAS. United Nations Office on Drugs and Crime. **The money-laundering cycle**. Disponível em: https://www.unodc.org/unodc/en/money-laundering/laundrycycle.html. Acesso em 21 jul. 2019.

PLATT, Stephen. **Criminal capital**: how the finance industry facilitates crime. Londres: Palgrave Macmillan, 2015.

ROSE-ACKERMAN, Susan; PALIFKA, Bonnie J. **Corruption and government**: causes, consequences, and reform. 2.ed. Cambridge: Cambridge University Press, 2016.

SÁNCHEZ RIOS, Rodrigo. **Alterações na lei de lavagem de dinheiro**: breves apontamentos críticos. Boletim IBCCRIM, nº 237, ago. 2012. Disponível em: https://www.ibccrim.org.br/boletim_artigo/4670-Alteracoes-na-lei-de-lavagem-de-dinheiro-breves-apontamentos-criticos. Acesso em 3 ago. 2019.

SCHMIDT, Andrei Zenkner. **O (ainda necessário) debate acerca do conceito material de lavagem de dinheiro**. In: LOBATO, José Danilo Tavares;

MARTINELLI, João Paulo Orsini; SANTOS, Humberto Souza. Comentários ao Direito Penal Econômico brasileiro. Belo Horizonte: D'Plácido, 2018. pp. 651-685.

TEIXEIRA, Letícia Miranda. **A política contra lavagem de dinheiro no Brasil**: o processo de absorção de um regime internacional. Dissertação (Mestrado em Ciência Política) - Universidade de Brasília, Brasília, 2005. Disponível em: http://repositorio.unb.br/handle/10482/2362. Acesso em 21 jul. 2019.

# Soluções consensuais na Administração Pública: A experiência do TCU

*Jorge Antônio de Oliveira Francisco*[1]
*Emerson Cesar da Silva Gomes*[2]

## 1. INTRODUÇÃO

O Direito Administrativo brasileiro vem passando por profundas transformações nas últimas décadas, buscando se adaptar aos novos desafios de uma sociedade civil cada vez mais complexa e dinâmica e que exige respostas mais rápidas e efetivas para os problemas públicos.

Nesse contexto, os meios alternativos de solução de controvérsias (MASCs) têm ganhado destaque como ferramentas eficazes para a resolução de conflitos envolvendo a Administração Pública, oferecendo vantagens significativas em relação à jurisdição tradicional.

Entre os principais benefícios dos MASCs, destacam-se a celeridade na resolução dos conflitos; a redução de custos para as partes, para a Administração Pública e para o Judiciário; a maior flexibilidade na busca de soluções adequadas a cada caso concreto; e o potencial para preservar relacionamentos de longo prazo entre os envolvidos. Além disso, esses métodos promovem uma cultura de diálogo e cooperação, em contraste com a abordagem adversarial típica dos litígios judiciais.

Nesse cenário de mudanças, o STJ desempenha um papel fundamental na uniformização da interpretação da legislação federal que versa sobre os meios alternativos de solução de controvérsias. Leis como o Código de Processo Civil de 2015, a Lei de Mediação (Lei nº 13.140/2015) e as alterações na Lei de Introdução às Normas do Direito Brasileiro (LINDB) trouxeram importantes inovações nessa seara, cabendo ao STJ a missão de pacificar entendimentos e orientar a aplicação desses dispositivos em todo o território nacional.

O presente artigo se propõe a explorar a experiência do TCU na adoção de soluções consensuais, analisando como essa importante insti-

---

1 Ministro do Tribunal de Contas da União. Ex-ministro de Estado Chefe da Secretaria-Geral da Presidência da República. Bacharel em Direito e especialista em Direito Público.

2 Auditor Federal de Controle Externo – Mestre e Doutor em Direito pela USP.

tuição de controle tem se valido dos MASCs para aprimorar sua atuação e promover resultados mais efetivos na proteção do interesse público. Ao longo do texto, serão abordados os fundamentos teóricos que embasam essa mudança de paradigma, os avanços legislativos na matéria, casos concretos de aplicação dos métodos consensuais no âmbito do TCU, bem como os desafios e perspectivas para o futuro dessa prática na Administração Pública brasileira.

## 2. NOVOS PARADIGMAS DA ADMINISTRAÇÃO PÚBLICA E A CONSENSUALIZAÇÃO

Desde o advento da Constituição de 1988, o Direito Administrativo brasileiro vem adotando novos paradigmas alinhados ao processo de redemocratização do país. O Direito Administrativo pré-constitucional, sistematizado pelo saudoso Hely Lopes Meirelles, estava fundado "sob a pedra angular da autoridade pública" e construído como "um direito de prerrogativas estatais e poderes exorbitantes" (PEREZ, 2017)[3].

Mais recentemente, vários fatores passaram a induzir o Direito Administrativo à mudança. Dentre esses, a agenda (re-)inaugurada com a Constituição de 1988, por exemplo, trouxe, de um lado, a ampliação das funções socioeconômicas do Estado e, de outro, a ampliação dos mecanismos republicanos de controle da Administração (PEREZ, 2017).

Foram superados velhos dogmas, outros foram mitigados, dando lugar a um Direito Administrativo moderno calcado em novos paradigmas, tais como o diálogo e a participação dos cidadãos no processo decisório.

Se, no já antigo sistema sociojurídico, havia um "excessivo distanciamento entre a Administração e as necessidades concretas da sociedade e do mercado", no mundo pós-CF/1988, foram criados diversos "instrumentos de participação e diálogo, voltados justamente a possibilitar que os administrados possam diretamente influenciar na formação

3 Marcos. A. Perez (2017), a propósito, destaca que: "No sistema jurídico recortado por Hely as estruturas da Administração Pública e seus poderes eram coerentes: 'disciplina', 'hierarquia', 'polícia' e 'autoridade pública' eram expressões decorrentes de uma lógica de organização do Estado. O mesmo acontecia com o serviço público e com o poder de polícia; com os atos e contratos administrativos; com a Administração indireta, parestatal e com os servidores públicos. Ainda que lhes faltasse regulamentação precisa e coerente, Hely explicava, sistematizava e lhes dava sentido".

da vontade e das políticas públicas, bem como colaborar no seu planejamento e na sua execução" (PEREZ, 2017).

Os novos ventos da transformação também nos trouxeram maior preocupação com a transparência e com o controle da motivação e racionalidade decisória das decisões públicas. Nesse cenário, merece destaque o princípio da indisponibilidade do interesse público, que passou a ser reinterpretado, flexibilizando-se sua aplicação em situações específicas.

Por um lado, superou-se a ideia de existência de um interesse público superior, autônomo e indisponível, para reconhecer a existência de diversos interesses públicos que podem ser acomodados por meio de um processo dialógico. Destaco, a propósito, o seguinte ensinamento de Bruno Grego Santos (2019):

> "Nesse cenário, denota-se uma mudança essencial no entendimento acerca do interesse público, abrangendo especialmente a titularidade e o método para a sua definição. Assim como na passagem do ato para o processo administrativo, a nova visão acerca do interesse público implica no reconhecimento de que a administração pública não repousa sozinha na posição de protagonista e artífice da definição unilateral do interesse público a ser promovido por si, mesmo porque o estado atual da sociedade implica na multiplicidade de interesses aos quais pode ser aposto tal rótulo e aplicada a proteção dele consequente".

Por outro, o princípio da indisponibilidade do interesse público não pode mais constituir um óbice intransponível à transação no âmbito do Poder Público. De fato, a necessidade de otimizar a gestão pública, a eficiência, e alcançar melhores resultados para a coletividade, a efetividade, exige a busca por instrumentos jurídicos mais eficazes que possibilitem a conciliação de interesses públicos e privados.

Conforme esclarece o jurista e ministro do TCU Bruno Dantas (2020):

> "A perquirição do conteúdo do interesse público nos leva à clássica definição de Celso Antônio Bandeira de Melo (2009), formulada a partir das lições colhidas de Alessi, que o divide em interesse público primário e secundário, identificando-se o primeiro com o interesse social, o interesse da sociedade ou da comunidade, e o último com o interesse tão só do aparelho estatal como uma entidade personalizada.

> O interesse público a ser confrontado pela hipótese não pode ignorar a dupla acepção de sua natureza. Sendo assim, a indisponibilidade do interesse público não pode vedar a renúncia a determinadas posições jurídicas, nem ao reconhecimento de direitos legítimos ou trocas bilaterais entre a Administração e o administrado quando estas se revelarem desejáveis ao interesse público primário. A sociedade tem interesse legítimo no atendimento a suas demandas com a celeridade, economia e qualidade que, em alguns casos, podem ser atingidas por meio de acordos. Transigir, em muitas das hipóteses, não significa abrir mão do interesse público, mas atingi-lo de forma mais expedita (...)"

E essa reinterpretação do princípio serviu de base para a adoção dos métodos alternativos de soluções de disputa (ADRs) no âmbito da Administração Pública, incluindo, a arbitragem, a mediação e a conciliação.

De início, esses métodos alternativos foram utilizados em concessões e parcerias com o setor privado com vistas a conferir maior rapidez e segurança jurídica às soluções, fomentando os investimentos privados. Porém, com o tempo, foram também abarcando atos de império praticados pela Administração Pública, tais como, o exercício do poder de polícia.

Destaco, a propósito, a utilização de meios alternativos no âmbito do Direito Administrativo sancionador, notadamente, no âmbito disciplinar. Com efeito, a Controladoria-Geral da União (CGU) vem, desde 2009, adotando instrumentos de solução negociada (Termo Circunstanciado Administrativo, Termo de Ajustamento de Conduta) como alternativa para o atendimento dos interesses públicos no campo das relações jurídico-disciplinares, notadamente, para infrações de baixa materialidade ou de menor potencial ofensivo. Destacam-se, nesse sentido, as Instruções Normativas CGU 4/2009, 17/2019, 4/2020 e 27/2022.

Segundo César Henrique Lima, busca-se um controle ou uma redução dos custos relativos ao financiamento do sistema punitivo estatal (LIMA, 2024):

> "A aposta na figura do TAC tem se intensificado na seara do direito sancionador disciplinar especialmente diante da necessidade da Administração Pública de controlar/reduzir custos relativos ao financiamento do sistema punitivo estatal, considerando-se a finitude dos recursos públicos e de um contexto de notória escassez. Busca-se, por meio deles e de ferramentas análogas evitar 'a geração de custos indesejados para o erário e com a alocação/reserva do

pessoal disponível para as apurações, máxime quando treinados para atuar como membros de comissões sindicantes e de processo disciplinar, para os casos mais graves, dada a impossibilidade na prática de se investigarem, antes a escassez de recursos humanos e materiais do Estado, todos os ilícitos disciplinares de menor expressão'".

Ainda segundo Henrique Lima (2024), esse quadro de transformações que o direito punitivo estatal tem vivenciado - incluindo-se o Direito Administrativo sancionador disciplinar - está alinhado com o princípio constitucional da eficiência, constante do *caput* do art. 37 da Constituição da República de 1988, e passa ainda por uma nova compreensão das finalidades precípuas da sanção administrativa. O arcabouço de penalidades administrativas deve ser visto como ferramentas de gestão de 'RH do Estado', superando a concepção de aplicação de sanções disciplinares como atividade vinculada do Estado.

Nos dizeres de Alice Bernardo Voronoff (2018), a sanção administrativa deve ser entendida como "ferramenta a serviço de finalidades públicas cometidas à Administração, que, em seu *modus operandi*, deve produzir incentivos adequados à conformação da conduta dos particulares em vista desses interesses, sob os menores custos".

Importa mencionar, ainda, que, até mesmo no âmbito do Direito Penal, ramo do Direito destinado à repressão de condutas mais lesivas à coletividade, existem instrumentos de solução negociada dos litígios, tais como a transação penal, no art. 76 da Lei nº 9.099/1995 (Juizados Especiais), e o Acordo de Não Persecução Penal - ANPP, na Lei nº 13.964/2019 (Pacote Anticrime), não sendo justificável excluir a aplicação desses métodos no âmbito da Administração Pública.

## 3. AVANÇOS LEGISLATIVOS RUMO AO CONSENSUALISMO

Convém, neste momento, traçar um panorama dos avanços legislativos rumo à adoção de métodos alternativos de solução de conflitos envolvendo a Administração Pública, que fundamentam, também, a sua utilização no âmbito do TCU.

A arbitragem foi instituída no Brasil pela Lei nº 9.307/1996, porém, a submissão da Administração Pública ao juízo arbitral enfrentou diversas objeções.

Em primeiro lugar, a arbitragem seria incompatível com o princípio da indisponibilidade do interesse público, tido como corolário do princípio da legalidade. Sendo indisponíveis os interesses postos sob a guarda da Administração, não está preenchido o requisito do art. 1º da Lei nº 9.307/1996 ("direitos patrimoniais disponíveis"). Em segundo lugar, a arbitragem, por ser confidencial e sigilosa, seria incompatível com o princípio da publicidade a que se submete a Administração Pública. Em terceiro lugar, seria necessária a existência de autorização legal específica para que seja possível a pactuação de cláusula compromissória por ente da Administração, em face do princípio da legalidade (PEREIRA, 2017).

Observe-se que a própria Lei nº 8.666/1993 (Lei de Licitações e Contratos), em vigor à época, dispunha que era cláusula obrigatória dos contratos celebrados com a Administração a eleição do "foro da sede da Administração para dirimir qualquer questão contratual" (art. 55, §2°).

Nessa mesma linha, o TCU entendia que (Decisão 286/1993 – Plenário, rel. Min. Homero Santos): "o juízo arbitral é inadmissível em contratos administrativos por falta de expressa autorização legal e por contrariedade a princípios básicos de direito público".

A partir da Lei nº 11.079/2004 (Parcerias Público-Privadas) e da Lei nº 11.196/2005, esse cenário começou a mudar, passando-se a admitir que o contrato de concessão preveja "o emprego de mecanismos privados para resolução de disputas decorrentes ou relacionadas ao contrato, inclusive a arbitragem, a ser realizada no Brasil e em língua portuguesa, nos termos da Lei nº 9.307, de 23 de setembro de 1996". Posteriormente, esses mecanismos também foram autorizados no chamado Regime Diferenciado de Contratações Públicas – RDC (art. 44-A) e na Lei de Licitações e Contratos atualmente em vigor (Lei nº 14.133/2021).

Um segundo marco no caminho da consensualização foi a Resolução CNJ 125/2010, que instituiu a Política Nacional de Tratamento Adequado dos Conflitos de Interesses no Âmbito do Poder Judiciário, sendo uma importante iniciativa do próprio Poder Judiciário no sentido da promoção da consensualidade. Ela introduziu a ideia de "justiça multiportas", reconhecendo a importância de alternativas ao processo judicial tradicional.

Foram estabelecidas diversas medidas administrativas para incentivar o uso dos MASC, como a obrigatoriedade de sua oferta em todos os Juizados e Tribunais, a criação de Centros Judiciários de Solução de Conflitos e Cidadania (CEJUSCs) e a capacitação de magistrados e servidores em métodos consensuais de resolução de conflitos.

Quanto aos conflitos com a Administração Pública, a Resolução CNJ 125/2010 não faz uma menção específica. No entanto, o normativo pode abarcar os conflitos envolvendo a Administração Pública, que representam parcela relevante dos processos em tramitação no Judiciário brasileiro.

Um terceiro marco é o Código de Processo Civil de 2015 (CPC/2015), que trouxe significativas inovações aos métodos alternativos de solução de controvérsias, reforçando a importância de mecanismos como a mediação e a conciliação na resolução de conflitos.

Logo no início desse diploma, o art. 3°, §2°dispõe que o "Estado promoverá, sempre que possível, a solução consensual dos conflitos", e o §3° explicita que "a conciliação, a mediação e outros métodos de solução consensual de conflitos deverão ser estimulados por juízes, advogados, defensores públicos e membros do Ministério Público, inclusive no curso do processo judicial".

Outra contribuição significativa é a institucionalização dos CEJUSCs, previstos no artigo 165 do CPC/2015. Esses centros são responsáveis pela realização de sessões de mediação e conciliação, tanto pré-processuais quanto processuais, funcionando como importantes instrumentos de acesso à Justiça e de agilização na resolução de litígios.

O CPC/2015 também estabeleceu sessão de conciliação e mediação inicial obrigatória. De fato, conforme disposto no artigo 334 do CPC/2015, o juiz designará uma audiência de conciliação ou de mediação, a ser realizada com antecedência mínima de trinta dias, logo após a apresentação da petição inicial, salvo as exceções previstas em lei. Essa medida visa facilitar a resolução dos conflitos de maneira consensual antes do prosseguimento do processo judicial, reduzindo assim a sobrecarga do Judiciário.

No Resp. 1769949/SP, o STJ reforçou a obrigatoriedade da audiência de conciliação no código processual em vigor. No caso, a parte autora manifestou o seu interesse na realização da audiência de conciliação, a despeito do desinteresse do réu – o Instituto Nacional do Seguro Social (INSS). Nesse cenário, o STJ entendeu que a realização da audiência era obrigatória, com a indispensável presença das partes.

Não comparecendo o INSS à audiência de conciliação, foi-lhe aplicada a multa prevista no art. 334, §8°, do CPC/2015, haja vista que o não comparecimento injustificado do autor ou do réu a tal audiência é considerado ato atentatório à dignidade da Justiça.

Transcrevo, por elucidativo, a ementa do julgado:

> "DIREITO PROCESSUAL CIVIL. PREVIDENCIÁRIO. RECUSO ESPECIAL. A AUDIÊNCIA DE CONCILIAÇÃO É FASE OBRIGATÓRIA DO PROCESSO CIVIL ATUAL. NOVA LEGISLAÇÃO PROCESSUAL

CIVIL. JUSTIÇA MULTIPORTAS. VALORIZAÇÃO DA COMPOSIÇÃO AMIGÁVEL. TAREFA A SER IMPLEMENTADA PELO JUIZ DO FEITO. AUSÊNCIA DE COMPARECIMENTO DO INSS. APLICAÇÃO DE MULTA DE 2% SOBRE O VALOR DA CAUSA. ART. 334, § 8o. DO CPC/2015. INTERESSE DO AUTOR NA REALIZAÇÃO DO ATO. MULTA DEVIDA. RECURSO ESPECIAL DO INSS A QUE SE NEGA PROVIMENTO.

1. A nova legislação processual civil instrumentaliza a denominada Justiça Multiportas, incentivando a solução consensual dos conflitos, especialmente por meio das modalidades de conciliação e mediação.

(...)

2. Em seus artigos iniciais, o Código de Processo Civil prescreve que o Estado promoverá, sempre que possível, a solução consensual dos conflitos (art. 3º, §2°. do CPC/2015), recomendando que a conciliação, a mediação e outros métodos de solução harmoniosa de conflitos sejam estimulados por Juízes, Advogados, Defensores Públicos e Membros do Ministério Público (art. 3°, §3°, do CPC/2015), inclusive no curso do processo judicial (art. 139, V do CPC/2015). Esses dispositivos do CPC pressupõem que os Julgadores abram as mentes para a metodologia contemporânea prestigiadora da visão instrumentalista do processo, levando-o, progressivamente, a deixar de ser um objetivo em si mesmo.3. Reafirmando esse escopo, o CPC/2015, em seu art. 334, estabelece a obrigatoriedade da realização de audiência de conciliação ou de mediação após a citação do réu. Excepcionando a sua realização, tão somente, na hipótese de o direito controvertido não admitir autocomposição ou na hipótese de ambas as partes manifestarem, expressamente, desinteresse na composição consensual (art. 334, § 4° do CPC/2015).

4. O caráter obrigatório da realização dessa audiência de conciliação é a grande mudança da nova Lei Processual Civil, mas o INSS, contudo, intenta repristinar a regra de 1994, que estabelecia ser optativa a audiência de conciliação (art. 125, IV do CPC/1973 com redação dada pela Lei nº 8.952/1994), retirando o efeito programado e esperado pela legislação processual civil adveniente.

(...)

6. No caso dos autos, o INSS manifestou desinteresse na realização da audiência, contudo, a parte autora manifestou o seu interesse, o que torna obrigatória a realização da audiência de conciliação, com a indispensável presença das partes.

(...)

7. Assim, não comparecendo o INSS à audiência de conciliação, inevitável a aplicação da multa prevista no art. 334, §8° do CPC/2015,

> que estabelece que o não comparecimento injustificado do autor ou do réu à audiência de conciliação é considerado ato atentatório à dignidade da Justiça e será sancionado com multa de até 2% da vantagem econômica pretendida ou do valor da causa, revertida em favor da União ou do Estado. Qualquer interpretação passadista desse dispositivo será um retrocesso na evolução do Direito pela via jurisdicional e um desserviço à Justiça.
>
> 8. Recurso Especial do INSS a que se nega provimento."
>
> (Resp. 1.769.949/SP, Primeira Turma, rel. Min. Napoleão Nunes Maia Filho, j. 8/9/2020).

O estatuto processual, para esse trabalho de conciliação e mediação, destacou também a importância da qualificação dos profissionais que atuam como mediadores e conciliadores. De acordo com o artigo 167, esses profissionais devem ser capacitados e habilitados conforme os critérios estabelecidos pelo Conselho Nacional de Justiça (CNJ), garantindo a qualidade e a eficácia dos métodos alternativos de solução de controvérsias.

O CPC/2015 também prevê a possibilidade de suspensão do processo para a realização de métodos consensuais de solução de conflitos, conforme os artigos 313, II, e 139, V. Por fim, o código reconhece a força executiva dos acordos de mediação e conciliação, desde que homologados pelo juiz. Em caso de descumprimento do acordo homologado, a parte prejudicada pode iniciar o processo de execução, com base no título executivo judicial (arts. 487, inciso III, 525 e 529).

A propósito, o STJ recentemente entendeu que, em transações judiciais envolvendo a Fazenda Pública, pode ser dispensado o reexame necessário, previsto no art. 475, I, do CPC/1973, e no art. 496, I, do atual estatuto processual, o que reforça a efetividade do acordo homologado perante o juízo. Transcrevo a ementa da decisão:

> "PROCESSUAL CIVIL. TRANSAÇÃO ENVOLVENDO A FAZENDA PÚBLICA. SENTENÇA HOMOLOGATÓRIA. REEXAME NECESSÁRIO. DESNECESSIDADE. 1. A remessa necessária é instrumento de exceção no sistema processual e visa servir como mecanismo de controle da atividade jurisdicional em casos que envolvam a Fazenda Pública, de modo que não deve comportar interpretações ampliativas, à luz da hermenêutica geral. 2. O que justifica a aplicação do instituto da remessa obrigatória, tanto no CPC/1973 quanto no atual código processual, é o fato de a sentença ser proferida contra a

> Administração Pública. 3. Não se pode dizer que a sentença homologatória do acordo firmado, ainda que uma das partes seja a Fazenda Pública, é contrária aos interesses daqueles que transigiram, pois implicaria em revisitar o acerto ou desacerto da escolha administrativa, fugindo ao fundamento do instituto. 4. Agravo interno provido para afastar a necessidade de reexame necessário da sentença que homologou acordo celebrado entre as partes, que já se encontra em fase final de execução, negando provimento ao recurso especial." (AgInt nos EDcl no Resp 1870577/SP, Primeira Turma, Red. Min. Gurgel de Faria, j. 5/12/2023).

Um quarto marco é a Lei nº 13.140/2015, denominada Lei de Mediação. Essa lei dispõe sobre a mediação como meio de solução de controvérsias entre particulares e sobre a autocomposição de conflitos no âmbito da Administração Pública.

No art. 32, a lei previu a criação de câmaras de prevenção e resolução administrativa de conflitos entre órgãos e entidades da Administração Pública.

Esse dispositivo ratificou a criação da Câmara de Mediação e de Conciliação da Administração Pública Federal (CCAF), integrante da Consultoria-Geral da União, órgão de direção superior da Advocacia-Geral da União, tendo por missão institucional atuar, por meio de autocomposição, na busca da prevenção e solução consensual de conflitos que envolvam órgãos e entidades públicas federais (*vide* Portaria AGU 1.099, de 28/7/2008). A CCAF é representada nos estados pelas Câmaras Locais de Conciliação – CLCs.

Por outro lado, a Lei autorizou que as controvérsias jurídicas que envolvam a Administração Pública Federal poderão ser objeto de transação por adesão, tendo por base autorização do Advogado-Geral da União, com base na jurisprudência pacífica do Supremo Tribunal Federal (STF) ou de tribunais superiores ou em parecer do Advogado-Geral da União, aprovado pelo Presidente da República (art. 35, inciso I e II).

Por fim, merece destaque a alteração promovida pela Lei nº 13.655/2018 na Lei de Introdução às Normas do Direito Brasileiro (LINDB). A Lei nº 13.655/2018 incluiu na LINDB disposições atinentes à segurança jurídica e eficiência na criação e na aplicação do Direito Público.

Essa lei oferece uma **cláusula geral de consensualização,** voltada a eliminar irregularidade ou situação contenciosa na aplicação do Direito Público. Transcrevo, a seguir, o art. 26 do Decreto-Lei nº 4.657/1942 (alterado pela Lei nº 13.655/2018):

> "Art. 26. Para eliminar irregularidade, incerteza jurídica ou situação contenciosa na aplicação do direito público, inclusive no caso de expedição de licença, a autoridade administrativa poderá, após oitiva do órgão jurídico e, quando for o caso, após realização de consulta pública, e presentes razões de relevante interesse geral, **celebrar compromisso com os interessados, observada a legislação aplicável, o qual só produzirá efeitos a partir de sua publicação oficial.**
>
> §1º O compromisso referido no caput deste artigo:
>
> I - buscará solução jurídica proporcional, equânime, eficiente e compatível com os interesses gerais;
>
> (...)
>
> III - não poderá conferir desoneração permanente de dever ou condicionamento de direito reconhecidos por orientação geral;
>
> IV - deverá prever com clareza as obrigações das partes, o prazo para seu cumprimento e as sanções aplicáveis em caso de descumprimento." (grifo nosso)

Diante desse cenário, não se pode excluir a transação como ferramenta à disposição desta Corte de Contas com vistas a atender, de forma mais expedita, o interesse público primário e a cumprir a sua missão institucional.

## 4. APLICAÇÃO DO CONSENSUALISMO NO TCU

Poderíamos resumir as competências legais e constitucionais do TCU em dois ramos: a função fiscalizatória de natureza financeira, orçamentária, contábil, patrimonial e operacional e a função de julgamento das contas de responsáveis por bens, dinheiros e valores públicos.

De um lado, o exercício dessas funções poderá levar a determinações corretivas, que incluem a sustação de atos e contratos ou medidas cautelares voltadas a prevenir a ocorrência de dano (ex. retenção cautelar de pagamentos em contratos com sobrepreço ou superfaturados).

De outro, pode levar à chamada "responsabilidade financeira" dos jurisdicionados ao Tribunal (art. 5° da Lei nº 8.443/1992). Essa espécie de responsabilidade se divide em dois tipos: responsabilidade financeira reintegratória ou sancionatória. No primeiro caso, trata-se do ressarcimento aos cofres públicos de eventual dano causado ao erário. No segundo, de aplicação de multas e outras sanções (por exemplo, inabilitação para exercício de cargo em comissão ou função de confiança) em razão de infrações às normas de gestão pública (GOMES, 2012).

Percebe-se, assim, que essa atuação do TCU pode levar a situações conflituosas entre o Estado e os jurisdicionados, inclusive, os particulares contratantes com o poder público. Por vezes, os conflitos são meramente aparentes, representando, tão somente, visões diferentes do(s) interesse(s) público(s) que deveria(m) ser tutelado(s) naquela situação.

Diante desses conflitos, ao longo da história do Tribunal, a Corte pautou-se por soluções unilaterais, e não por uma postura dialógica com os jurisdicionados, fortemente influenciado por uma visão estrita dos princípios da legalidade e da indisponibilidade do interesse público, que representavam a concepção majoritária do Direito Administrativo à época.

É preciso reconhecer, entretanto, que esse modelo histórico nem sempre resulta em decisões que atendem o interesse público primário, ou ainda, os diversos interesses públicos envolvidos na questão submetida à apreciação da Corte de Contas. Há, ainda, muitas críticas às decisões do TCU, no tocante à sua efetividade e à insegurança jurídica que acaba por afetar os jurisdicionados, notadamente, os gestores públicos, ocasionando o chamado "apagão das canetas".

Um primeiro passo na atuação dialógica do Tribunal foi dado com a edição da Resolução TCU 315/2020, que disciplinou as determinações do TCU feitas aos jurisdicionados, tendo a preocupação com a formulação de "deliberações racionais, viáveis, claras, objetivas, que possam culminar em resultados efetivos para a Administração Pública ao menor custo possível". A resolução estabeleceu a "construção participativa das deliberações", permitindo a oitiva prévia dos destinatários das determinações de modo a oportunizar-lhes a apresentação de comentários sobre as propostas e informações quanto às consequências práticas da implementação das medidas aventadas e eventuais alternativas.

Um segundo passo foi a edição da Instrução Normativa TCU 91/2022 para disciplinar os "procedimentos de solução consensual de controvérsias relevantes e prevenção de conflitos afetos a órgãos e entidades da Administração Pública Federal". A iniciativa considerou a experiência de outros órgãos federais na adoção de soluções consensuais e teve por objetivo principal conferir celeridade e segurança jurídica na solução de conflitos atinentes aos reequilíbrios em contratos de infraestrutura.

Cumpre lembrar, por oportuno, que o Tribunal de Contas da União fiscaliza os processos de desestatização realizados pela Administração Pública Federal, compreendendo as privatizações de empresas, as concessões e permissões de serviço público, a contratação das Parcerias Público-Privadas (PPP) e as outorgas de atividades econômicas reservadas ou monopolizadas pelo Estado, por força das Leis 9.491/1997, 13.334/2016 e 13.448/2017. É uma espécie de controle prévio exercido pela Corte de Contas, antes, portanto, que os atos controlados produzam eficácia.

Acerca do tema, Bruno Dantas (2020) assim se pronunciou:

> "Dentro do cenário de crescente pluralismo administrativo, um setor de ampla relevância é o da infraestrutura. As concessões são permeadas por uma pluralidade de interesses, convergindo, nelas, interesses do setor público, do setor privado e dos próprios usuários do serviço concedido, o que as faz um campo fértil para a implementação de fórmulas consensuais. Já é hora, porém, de tais fórmulas não se limitarem à mera elaboração das cláusulas contratuais, alcançando também a própria modelagem de um procedimento fiscalizatório que prestigie a cooperação em vez da unilateralidade, buscando-se inserir as instâncias controladoras no processo de confecção do contrato. A ideia é adquirir, com essa modelagem, mais segurança jurídica nas contratações públicas.
>
> (...)
>
> O que a experiência do TCU tem revelado é que se os reequilíbrios econômico-financeiros nos contratos de infraestrutura não forem homologados imediatamente, o contrato acabe se tornando um cadáver insepulto a assombrar dirigentes de agências e gestores públicos. Daí por que necessário um procedimento mais expedito para a homologação desses aditivos, o que vai ao encontro do pluralismo e da eficiência administrativa, além da segurança jurídica."

Faz-se mister ressaltar que a introdução dos procedimentos de solução consensual no TCU teve por fundamento a Lei de Mediação e a cláusula geral da consensualização prevista na LINDB.

A propósito, a comunidade jurídica tem elogiado a iniciativa em conferir maior eficiência e segurança jurídica à gestão pública, além de fomentar métodos alternativos de resolução de litígios que ofereçam soluções dotadas de maior legitimidade democrática.

## 5. INSTRUÇÃO NORMATIVA TCU 91/2022: O PROCEDIMENTO DE SOLUÇÃO CONSENSUAL

A Instrução Normativa TCU 91/2022 definiu os procedimentos de solução consensual de controvérsias no âmbito do TCU.

Na época da sua edição, também foi criada a Secretaria de Controle Externo de Solução Consensual e Prevenção de Conflitos

(SecexConsenso), unidade técnica com a finalidade de instruir, em conjunto com as demais secretarias de controle externo, os processos que tratem da busca de solução consensual de controvérsias, incluindo, o acompanhamento de processos relacionados à negociação de acordos de leniência (Lei nº 12.846/2013) e a instrução de processos relevantes de acordo de não persecução civil, previstos no §3° do art. 17-B da Lei nº 8.429, de 2 de junho de 1992.

Essa Instrução Normativa adotou um procedimento expedito para a solução de controvérsias no âmbito do TCU, atendendo às preocupações de eficiência e segurança jurídica.

Foi criado o tipo processual denominado Solicitação de Solução Consensual (SSC), que é autuado a partir da provocação de um dos seguintes legitimados:

a) autoridades legitimadas a submeter uma consulta ao Tribunal de Contas da União, nos termos do art. 264 do Regimento Interno;

b) dirigentes de agências reguladoras;

c) relator de processo no TCU.

Como se pode observar, o processo de SSC tem sua origem na demanda de autoridades públicas, que, muitas vezes, encontram-se "paralisadas" diante de situações de incerteza, que acabam por comprometer o próprio atendimento ao interesse público. Observe-se, nesse contexto, a importância da atuação do Tribunal de Contas em mediar soluções e conferir maior segurança jurídica ao acordo que vier a ser celebrado.

O pleito deve vir acompanhado de elementos que indiquem o objeto da busca de solução consensual, com a discriminação da materialidade, do risco e da relevância da situação apresentada, de pareceres técnicos e jurídicos sobre a controvérsia, e da manifestação de interesse na solução consensual pelos órgãos, entidades públicas e particulares envolvidos na controvérsia.

Autuado o processo, passa-se ao exame de admissibilidade, de competência do Presidente do Tribunal, tendo por base análise prévia formulada pela SecexConsenso.

A admissibilidade está sujeita a critérios de conveniência e oportunidade, levando-se em conta os seguintes fatores: a competência do TCU para tratar da matéria; a relevância e a urgência da matéria; a quantidade de processos de SSC em andamento; e a capacidade operacional disponível no Tribunal para atuar nos processos de SSC.

Admitida a controvérsia, será designada uma Comissão de Solução Consensual (CSC), onde serão realizados os debates sob a coordenação de um servidor da SecexConsenso. A comissão também deverá ser integrada, necessariamente, por um representante da unidade de auditoria do TCU especializada responsável pela matéria tratada e por um representante de cada órgão ou entidade da Administração Pública Federal que tenha solicitado a solução consensual ou que tenha manifestado interesse na solução consensual. Apesar de facultativa, a admissão na CSC de representantes de particulares envolvidos na controvérsia tem sido a regra com a presença, em especial, de prepostos de concessionárias de serviço público nos quadros da comissão.

A CSC dispõe de noventa dias para elaborar proposta de solução, podendo o referido prazo ser prorrogado por até trinta dias. Nesse período, os trabalhos da Comissão são intensos, com muitas reuniões e debates, e é nesse momento que os múltiplos interesses se afloram e a participação de servidor da SecexConsenso, com treinamento em técnicas de negociação, é fundamental para a busca de um consenso.

Não sendo possível, nesse prazo, encontrar uma solução, o processo é arquivado. Havendo acordo, ainda que parcial, um relatório com a minuta dos seus termos é elaborado e submetido ao parecer do dirigente da SecexConsenso e do Ministério Público junto ao TCU.

Em seguida, é feito o sorteio do relator dentre os Ministros do Tribunal, que deverá analisar a proposta de solução e submetê-la à apreciação do Plenário em até trinta dias, sendo permitida uma prorrogação por igual período.

Via de regra, o sorteio do relator é feito após a formulação da proposta de solução consensual, até mesmo como uma forma de garantir maior imparcialidade na análise da minuta, uma vez que o julgador não participa nem interfere nas negociações travadas no âmbito da CSC.

É importante destacar que, se a SSC disser respeito a um processo já em tramitação da Corte de Contas, o relator original deverá ratificar o exame de admissibilidade feito pelo Presidente do TCU e, em caso afirmativo, será considerado prevento para relatar a SSC. Ainda que seja designado relator antes mesmo da constituição da comissão, ele só deverá atuar num momento posterior, após a formulação da proposta de solução ou da negativa de acordo, não interferindo, assim, nas negociações.

O Plenário poderá acatar ou recusar, integralmente, a proposta de solução consensual ou, ainda, sugerir alterações. Neste último caso, os membros da CSC (excetuados os servidores do TCU) deverão se manifestar acerca das sugestões no prazo de 15 dias. Nessa fase, não há mais espaço para negociações e, não havendo concordância de algum dos membros da CSC, a proposta será arquivada.

Homologando a proposta de solução consensual, o Plenário concederá autorização para que o Presidente do TCU formalize o termo de solução consensual, juntamente com os dirigentes máximos dos órgãos e entidades públicas envolvidas e com os representantes das empresas e/ou particulares interessados.

A formalização deverá ter lugar em até 30 dias após a deliberação final do Plenário do Tribunal que aprovar a referida solução.

Por fim, a unidade técnica do TCU responsável pela matéria deverá realizar um monitoramento da implementação do acordo, encerrando-se, assim, a solução da controvérsia.

## 6. ACORDOS APRECIADOS PELO TCU

Desde a edição da Instrução Normativa TCU 91/2022, foram formuladas 26 solicitações de solução consensual (SSC), sendo 24 atinentes ao setor de infraestrutura, abarcando as áreas de aeroportos, rodovias, ferrovias e o setor elétrico. Desses pleitos, cinco não foram admitidos, três foram arquivados sem acordo, treze encontram-se em andamento e cinco acordos foram homologados. Neste tópico, discorro sobre os principais acordos homologados pelo Tribunal.

### 6.1. Acórdão 2.472/2023-Plenário

Um dos primeiros casos apreciados pelo Tribunal teve por objeto alterações no caderno de obrigações da concessionária da ferrovia Malha Paulista, concedida à empresa Rumo Malha Paulista S.A. A Malha Paulista, a propósito, compreende um trecho ferroviário que cruza o estado de São Paulo e tem 1.989 km de extensão. A concessionária teve seu contrato prorrogado antecipadamente em 2020, por um prazo de 30 anos a contar de 2029.

O pleito referiu-se à necessidade de alterações no contrato para garantir a entrega de investimentos previstos e evitar a caducidade do contrato. A principal preocupação era a possibilidade de não entrega de 80% dos investimentos obrigatórios até o 7º ano do contrato, o que poderia impedir a prorrogação contratual.

A análise dessa solicitação foi realizada por uma comissão composta por representantes da Agência Nacional de Transportes Terrestres –

ANTT, Ministério dos Transportes, Concessionária Rumo Malha Paulista e técnicos do TCU, culminando em um relatório final que propõe a aprovação integral da proposta.

O Ministério Público junto ao TCU manifestou-se favoravelmente à proposta, sugerindo providências adicionais para assegurar a transparência, adequação e razoabilidade dos valores e das obras a serem realizadas. Além disso, recomendou o acompanhamento contínuo da execução do acordo.

As alterações propostas no Caderno de Obrigações incluem a modernização da linha tronco, modernização de ramais, duplicação de trechos ferroviários, sinalização e sistemas, contornos ferroviários, e recuperação de ramais. Foi proposto também um pagamento adicional pela Rumo de R$ 670 milhões como aumento de vantajosidade à Administração Pública, a ser pago em quatro parcelas anuais.

A solução acolhida pelo Tribunal foi a aprovação integral da proposta de alteração do Caderno de Obrigações da Concessionária Rumo Malha Paulista, com a inclusão de providências adicionais sugeridas pelo Ministério Público para garantir a transparência e adequação do acordo.

### 6.2. Acórdãos 1.130/2023-Plenário e 2.508/2023-Plenário

O caso mais emblemático das soluções consensuais no TCU diz respeito aos Contratos de Energia de Reserva (CER) firmados pelo Ministério de Minas e Energia (MME) com a Karpowership Brasil Energia Ltda (KPS) no âmbito do Procedimento de Contratação Simplificado (PCS) 01/2021.

Esses contratos foram celebrados num contexto de riscos de desabastecimento energético decorrente da crise hídrica e drástica redução no nível dos reservatórios ocorrida de 2020 a 2021, resultando em alto custo para os consumidores, tendo em vista a geração inflexível de energia contratada. Ocorre que, dois anos após a sua celebração, o cenário hidrológico já havia se alterado completamente, tornando desnecessária essa contratação emergencial.

Por outro lado, a KPS não entrou em operação nas datas previstas nos contratos, sujeitando-se a penalidades contratuais que somavam cerca de R$ 1 bilhão. No entanto, a empresa obteve liminares judiciais que permitiram a geração de energia sem o pagamento dessas multas.

O MME, então, buscava uma solução que evitasse a continuidade da geração de energia mais cara pelas usinas da KPS até o fim dos contratos em 2025, sem a aplicação das multas, onerando os consumidores. Por outro lado, a rescisão unilateral dos contratos enfrentava riscos de decisões judiciais desfavoráveis à União.

A análise do TCU sobre a economicidade desses contratos motivou a busca por uma solução que pudesse mitigar os impactos tarifários aos consumidores, sem comprometer a segurança do fornecimento de eletricidade.

A proposta de acordo inicialmente acertada buscou reduzir a geração inflexível de energia pelas usinas da KPS, o que geraria uma economia estimada de R$ 580 milhões para os consumidores. Foi celebrado, então, um acordo temporário até 31/12/2023, que permitiu uma redução significativa nos custos.

Posteriormente, um segundo acordo, agora definitivo, foi aprovado pelo Acórdão 2.508/2023-Plenário, contemplando os seguintes pontos:

a) redução das multas editalícias e contratuais aplicadas à KPS de R$ 1,1 bilhão para R$ 336 milhões, sem reconhecimento de responsabilidade entre as partes, com prazo de 12 meses para pagamento sem juros;

b) redução definitiva da geração inflexível das usinas de 144 MW médios para 29 MW médios, alocados integralmente na usina termoelétrica UTE Karkey 013, com redução de 78,5% da receita fixa associada a combustível;

c) contabilização da energia inflexível em base mensal e não mais horária;

d) preservação da eficácia das outorgas, garantia física e potência contratada;

e) ajuste das datas de início e fim do período de suprimento dos contratos, totalizando 44 meses de operação;

f) encerramento dos processos arbitrais, judiciais e administrativos relacionados aos contratos.

A principal vantagem apontada foi a economia estimada de até R$ 1,6 bilhão para os consumidores em comparação com a execução integral dos contratos originais. Mesmo com a redução das multas, o acordo é visto como vantajoso frente aos riscos de decisões judiciais desfavoráveis que manteriam os contratos onerosos até o fim da vigência.

### 6.3. Acórdão 51/2024-Plenário

Outra SSC submetida ao TCU envolveu a Agência Nacional de Aviação Civil (ANAC) e tratou da necessidade de adequação do sistema de pista do Aeroporto de Cuiabá, no estado do Mato Grosso.

A questão central se referia à obrigação de investimento para que o aeroporto atendesse ao Regulamento Brasileiro de Aviação Civil – RBAC nº 154, conforme previsto no Contrato nº 002/ANAC/2019 – Centro-Oeste, celebrado entre a ANAC e a Concessionária Aeroeste Aeroportos S/A. O requisito 154.217(e) do RBAC 154 determina um distanciamento mínimo de 158 metros entre as pistas de pouso/decolagem e táxi.

A controvérsia girava em torno da necessidade de construir uma nova pista de pouso para cumprir com o distanciamento mínimo exigido pelo regulamento, o que impactaria a capacidade de processamento de aeronaves em condições climáticas específicas.

A solução aprovada pelo TCU, após análise da Comissão de Solução Consensual, foi não prosseguir com a construção da nova pista, mantendo o acordo operacional vigente. Essa decisão foi baseada na avaliação de que a não construção da nova pista (mantendo-se a distância atual de 123 metros entre as pistas) não prejudicaria a segurança operacional e teria um impacto mínimo na capacidade de processamento de aeronaves.

Além disso, foram propostos ajustes nas obrigações e um reequilíbrio econômico-financeiro em favor do poder concedente, no valor de R$ 71,4 milhões.

O TCU autorizou a assinatura do Termo de Autocomposição e o monitoramento da execução do termo, considerando que a solução proposta atendia ao interesse público, especialmente levando em conta os impactos da pandemia de COVID-19, que tornaram o investimento inicialmente previsto desnecessário para a adequada prestação do serviço público.

A solução foi considerada um ganho de eficiência em prol do usuário, mantendo a adequada prestação do serviço público e resultando em um reequilíbrio em favor do poder concedente.

### 6.4. Acórdãos 2.514/2023-Plenário e 857/2024-Plenário

Uma última controvérsia que teve solução perante o TCU girava em torno da devolução de um trecho ferroviário entre Presidente Prudente e Presidente Epitácio, em São Paulo, integrante da chamada Malha Sul e gerido pela concessionária Rumo Malha Sul S.A.

A solicitação tratava de matéria de extrema importância para o desenvolvimento do modal ferroviário de transportes no Brasil: a devolução de trechos ferroviários inoperantes ou antieconômicos. Nunca é demais ressaltar que 64% da malha ferroviária brasileira encontra-se subutilizada ou inoperante, e que a devolução de trechos constitui um caminho para a solução desse problema público.

A controvérsia dizia respeito ao cálculo da indenização devida pela concessionária e tinha por base a inadequação de alguns parâmetros e premissas da metodologia contida na Instrução Normativa Dnit 31/2020, normativo que regula a matéria.

A CSC discutiu vários aspectos da metodologia, incluindo trilhos, dormentes, lastro, aparelhos de mudança de via, faixa de domínio, taxa de manutenção, taxa de depreciação e Benefícios e Despesas Indiretas (BDIs). Houve convergência em sete aspectos, mas dois tópicos restaram sem consenso na comissão: a incidência dos BDIs e a data-base para o cálculo da indenização dos trilhos.

A decisão aprovada pelo Plenário (Acórdão 2.514/2023-Plenário) tratou detalhadamente desses dois aspectos em que houve divergência na CSC, além de outras questões secundárias. Assim, o TCU condicionou a aprovação do acordo à inclusão de cláusula específica, fazendo incidir a parcela de BDIs, nos termos da Instrução Normativa Dnit 31/2020 e do Sicro. Em relação à data-base para cálculo da indenização, foi acolhida a proposta do dirigente da SecexConsenso, que contou com a anuência da concessionária, no sentido de adotar uma data-base diferenciada para os trilhos, tendo em vista que a sua matéria-prima sofreu aumentos de preços relevantes desde 2019.

Devolvidos os autos à CSC, as condicionantes foram acatadas pela concessionária e demais atores envolvidos.

Ressalte-se, ainda, que, nesse ínterim, foi ouvido o Ministério Público Federal acerca dos termos da solução consensual, considerando a existência de um Termo de Ajustamento de Conduta, anteriormente não cumprido, versando sobre a questão da dilapidação e abandono da malha ferroviária federal, em trechos concedidos à Rumo Malha Sul S.A.

Em resposta, a 3ª Câmara de Coordenação e Revisão do Ministério Público Federal emitiu nota técnica em que reconhece que as deliberações do Tribunal nesse processo de SSC estabeleceram parâmetros e premissas razoáveis e adequadas, que contribuem para o aprimoramento normativo e regulatório.

Em razão disso, o Acórdão 857/2024-Plenário aprovou a celebração do acordo.

## 7. LIMITAÇÕES DA INSTRUÇÃO NORMATIVA TCU 91/2022 E O ACÓRDÃO 978/2024-PLENÁRIO

A Instrução Normativa TCU 91/2022 constitui, sem dúvida, uma importante inovação na forma de trabalho desta Corte de Contas. No entanto, muitos processos em tramitação no TCU poderiam ter uma solução negociada e não conseguem ser abarcados diretamente por este normativo.

Ocorre que, na admissibilidade das SSCs, há um importante "filtro" que acaba por restringir os procedimentos de solução consensual às controvérsias de elevada materialidade e relevância, impedindo que litígios como tomadas de contas especiais envolvendo infraestrutura de municípios de menor porte tenham um desfecho negociado, com maior efetividade e melhor atendimento ao interesse público.

Algumas destas controvérsias até poderiam ser solucionadas em prazo inferior aos noventa dias previstos no art. 7°, §4°, da Instrução Normativa TCU 91/2022. Elas também dispensariam a formação de uma comissão plural e não exigiriam um procedimento formal como o disciplinado nessa Instrução Normativa. Por vezes, a mera alteração no prazo de vigência de um convênio ou contrato ou a repactuação de uma ou outra cláusula poderia proporcionar uma solução de fundo à questão, atendendo o interesse público.

Tendo em mente essas considerações, foi exarado o Acórdão 978/2024-Plenário (rel. Min. Jorge Oliveira), que representou uma evolução na aplicação dos métodos consensuais no âmbito do Tribunal de Contas da União. A proposta aprovada teve por finalidade viabilizar a retomada de obras ou de políticas públicas (ou de outros objetos), paralisadas ou inacabadas, executadas com recursos de transferências voluntárias da União. A inspiração foi a experiência do Fundo Nacional de Desenvolvimento da Educação (FNDE), consolidada na Lei nº 14.719/2023.

De início, é importante fazer um esclarecimento. Um dos tipos processuais mais comumente apreciados no TCU são as tomadas de contas especiais (TCEs), que são procedimentos voltados à "apuração dos fatos, identificação dos responsáveis e quantificação do dano", conforme preconiza o art. 8°, *caput*, da Lei nº 8.443/1992.

Com frequência, as TCEs são instauradas pela autoridade administrativa competente e são instruídas no âmbito administrativo (fase interna) e, posteriormente, submetidas Tribunal de Contas da União para julgamento num procedimento contraditório (fase externa). As TCEs também podem ser instauradas a partir da conversão de processos de fiscalização do próprio Tribunal, sem passar pela fase interna (art. 47 da Lei nº 8.443/1992).

Dentre os fatos geradores que mais levam à instauração das TCEs, destacam-se as irregularidades na execução de convênios, contratos de repasse, termos de compromisso ou outros instrumentos de repasse de recursos públicos federais para os entes subnacionais. Nesse caso, a TCE é instaurada pelos órgãos ou entidades federais repassadores dos recursos.

Impõe-se destacar que cerca de 14% das TCEs em tramitação no TCU, desde 2017, dizem respeito à inexecução parcial do objeto pactuado entre os entes, com ou sem aproveitamento de parcela útil. Nessas situações, em regra, os responsáveis pela gestão dos recursos têm suas contas julgadas irregulares e são condenados a débito e multa pelo Tribunal. Entretanto, a obra permanece inconclusa, sem gerar benefício à população-alvo.

Nesse contexto, o Acórdão 978/2024-Plenário inovou ao determinar que o órgão concedente inicie tratativas junto ao convenente, com vistas à execução total do objeto pactuado e à sua colocação em funcionamento, em benefício do público-alvo. Durante as tratativas e no eventual período de vigência da repactuação, a TCE deverá ser sobrestada no âmbito da Corte de Contas.

Por um lado, reconhece-se que a conclusão das obras paralisadas ou inacabadas atende melhor ao interesse público que eventual condenação em débito dos responsáveis. Por outro, busca-se oferecer um tratamento diferenciado ao administrador de boa-fé que, em função de fatores fora do seu controle, não consegue concluir com funcionalidade o objeto ajustado com a União, durante o seu período de gestão ou mandato eletivo. Entenda-se, nesse conceito de administrador, tanto aquele que celebrou o ajuste com a União quando o sucessor que recebeu a obra em andamento.

Ademais, buscou-se obter do órgão concedente e dos gestores estaduais e municipais, inclusive dos sucessores, um maior compromisso com a execução de obras, serviços e outras atividades em parceria com os entes subnacionais.

No caso concreto, tratava-se de um sistema de abastecimento de água, executado 100%, porém, inoperante. O Tribunal entendeu que a proposta poderia extrapolar o caso em análise e servir de paradigma para outras TCEs, ainda que não abrangidas pela Lei nº 14.718/2023 (restrita às áreas de saúde e educação), contribuindo para a solução do grave problema das obras inacabadas.

Essas medidas deverão ser adotadas em outros casos, se houver o preenchimento das seguintes condições:

a) nas hipóteses de instauração de TCE por inexecução parcial do objeto contratual ou por execução total do objeto pactuado sem funcionalidade;

b) viabilidade da consecução plena do objeto pactuado ou da sua funcionalidade;

c) inexistência de comprovada má-fé dos responsáveis, caracterizada pela ausência de desvio, pagamentos indevidos ou outras irregularidades graves na execução do ajuste.

Em suma, o TCU, nesse caso paradigma, não atuou diretamente na mediação do conflito, tal como ocorre com a disciplina da Instrução Normativa TCU 91/2022, mas serviu de indutor para que o órgão repassador pudesse adotar tratativas com os receptores dos recursos a fim de permitir a finalização das obras paralisadas ou inacabadas, adotando-se, por analogia, a Lei nº 14.718/2023.

## 8. PRÓXIMOS PASSOS NA CONSENSUALIZAÇÃO

Dentro da ampla gama de atribuições do TCU, existem outros espaços ou campos onde seria possível aplicar as técnicas de mediação ou conciliação, além das definidas pela Instrução Normativa 91/2022. De fato, a adoção dos métodos alternativos de solução de disputas (ADRs) é algo incipiente na Corte de Contas e há, ainda, um longo caminho a ser percorrido. Nesse sentido, o Acórdão 978/2024 – Plenário foi apenas um primeiro passo. Certamente, o aprendizado de outros órgãos, inclusive o do STJ, poderá contribuir nesse percurso.

Vislumbramos, a propósito, a possibilidade de aplicação de soluções consensuais em auditorias *pari passu* realizadas pelas unidades de auditoria do TCU.

Como se sabe, desde 1997, as Leis de Diretrizes Orçamentárias (LDO) determinam que o TCU informe à Comissão Mista de Orçamento do Congresso Nacional as obras com indícios de irregularidades graves. Os gestores das obras são comunicados sobre as constatações feitas pelo Tribunal durante as fiscalizações e têm a oportunidade de apresentar justificativas ou comprovar a adoção de medidas saneadoras.

Assim, identificado sobrepreço ou superfaturamento nas obras, ao invés de converter os autos em TCE, como seria de praxe, poderia se cogitar uma alternativa negociada para sanar a irregularidade, envolvendo todos os interessados, resultando na repactuação de preços e/ou a compensação de valores superfaturados.

A alternativa seria a conversão dos autos em TCE e o seu julgamento exige um procedimento contraditório que leva muito mais tempo (vários anos) até uma decisão de mérito, o que pode até ultrapassar a vigência do contrato.

Por sua vez, a deliberação fica ainda sujeita a recursos no próprio âmbito do TCU até um provimento definitivo que constitui o título executivo extrajudicial (art. 71, §3°, da CF/88). Posteriormente, tem-se a execução judicial das decisões, o que, nem sempre, resulta em efetivo ressarcimento do dano causado ao erário.

Percebe-se, assim, que uma repactuação, rápida e negociada, ainda durante a execução das obras ou durante a vigência do contrato, seria mais efetiva na proteção ao patrimônio público, além de promover maior segurança jurídica aos gestores e aos demais jurisdicionados (ex. contratados do poder público).

Após um indispensável período de consolidação e experimentação dos novos métodos, um ponto da Instrução Normativa TCU 91/2022 que poderia ser objeto de avaliações futuras seria permitir a adoção da consensualização em qualquer fase processual, seguindo o entendimento do STJ. Atualmente, não é admitida a SSC nos casos em que há processo com decisão de mérito no TCU sobre o objeto da busca de solução consensual (art. 5°, §1°, da IN TCU 91/2022).

Recentemente, o STJ manifestou-se no sentido da possibilidade de solução consensual em qualquer fase do processo. O caso discutido no STJ envolvia um acordo celebrado por ex-casal, separado de fato desde 2011, que concordou em se submeter a um procedimento de mediação. O resultado foi o encerramento de pelo menos 15 ações civis e de família em diferentes instâncias judiciais, incluindo um recurso especial (Resp) recebido pelo STJ em 2013, que tramitou em segredo de justiça. O complexo acordo envolveu definições sobre transferências de cotas empresariais, indenizações, pagamento de dividendos e partilha de bens. A ideia da mediação surgiu após a análise de diferentes recursos oriundos do mesmo processo de partilha, sem que a ação principal tivesse sido decidida ainda em primeiro grau.

Outro possível aperfeiçoamento na Instrução Normativa TCU 91/2022 seria a inclusão de representantes da Advocacia-Geral da União, da Controladoria-Geral da União e do Ministério Público Federal na CSC. Tal inclusão tem por objetivo conferir maior efetividade e segurança jurídica ao acordo que vier a ser celebrado. Eventualmente, pode ser necessária a desistência de ações judiciais em curso ou, ainda, levar em conta o aprendizado prévio com termos de ajuste de conduta ou acordos de leniência celebrados, o que justificaria a participação desses agentes nessas negociações.

## 9. PRINCIPAIS DESAFIOS ÀS SOLUÇÕES CONSENSUAIS NA CORTE DE CONTAS

Implementar e expandir o uso dos métodos de autocomposição na Corte de Contas não está isento de desafios e percalços. Ademais, nem todos os conflitos envolvendo a Administração Pública podem ser solucionados por meios alternativos.

O primeiro desafio diz respeito à capacidade operacional do Tribunal, ou seja, à disponibilidade de pessoal para atuar na mediação, sem que isso acarrete prejuízo ao exercício de suas funções fiscalizatórias. Convém lembrar que é necessário um treinamento específico para que os servidores do TCU possam atuar na mediação, ademais, as reuniões exigem a participação de auditores que atuam na área específica objeto da controvérsia, retirando-os da função precípua do Tribunal.

Em segundo lugar, a arraigada cultura do litígio representa um desafio significativo à adoção dos meios consensuais de resolução de conflitos. Essa cultura privilegia a confrontação em detrimento da cooperação, onde as partes envolvidas frequentemente buscam a vitória a qualquer custo em vez de uma resolução mutuamente benéfica.

Com efeito, o enfoque em soluções impostas por autoridades externas tende a marginalizar os métodos consensuais que promovem o diálogo e a colaboração. Esse cenário dificulta a construção de acordos duradouros e satisfatórios para ambas as partes, perpetuando ciclos de disputa e insatisfação, ao mesmo tempo em que sobrecarrega o Tribunal e gera custos elevados.

A transição para uma cultura mais orientada ao consenso exige mudanças profundas na mentalidade de todas as partes envolvidas, o que pode começar pela própria formação dos advogados e agentes públicos.

Um terceiro desafio diz respeito à representação de todos os interesses envolvidos nas comissões de solicitação consensual. Notadamente, nas controvérsias atinentes a concessões de serviços públicos, há uma pluralidade de interesses envolvidos, todos legítimos, fazendo-se mister não só a participação da concessionária, mas também de outros possíveis interessados na concessão, incluindo, os representantes das diversas categorias de usuários. Nesse contexto, pode ser necessária a realização de audiências ou consultas públicas para que todas as contribuições possam ser contempladas no ajuste final a ser celebrado.

Um quarto desafio diz respeito à inflexibilidade das normas administrativas, que conferem margem de liberdade restrita ao administrador para transigir à luz de uma concepção absoluta dos princípios da legalidade e da supremacia do interesse público, ainda arraigados em nossa cultura[4]. Assim, a indefinição quanto aos limites da mutabilidade dos contratos pode travar negociações e impedir inovações e resultados satisfatórios.

Por fim, é importante destacar os possíveis comportamentos oportunistas de concessionárias e outros agentes, que devem ser coibidos, de plano, pelo Tribunal. De fato, a existência de um mecanismo alternativo de solução de controvérsias no âmbito do TCU pode acabar induzindo comportamentos indesejados (*moral hazard*), tais como, o descumprimento de um contrato administrativo para, posteriormente, requisitar repactuação ou isenção de aplicação de penalidades.

---

4 Nessa linha, é importante observar que o STJ vinha se pronunciando pela impossibilidade de adoção de soluções consensuais em caso de improbidade administrativa, a despeito da cláusula geral de consensualização da LINDB (art. 26). Isso, pelo menos, antes da Lei 13.964/2019. No AgInt no Resp 1.654.462/MT (Primeira Turma, rel. Min. Sérgio Kukina, j. 7/6/2018), por exemplo, o STJ entendeu que é "inviável o acolhimento do pedido de suspensão do processo, a fim de que sejam buscados os meios de compensação da conduta ímproba praticada, à luz da Lei 13.655/2018, uma vez que deve prevalecer a regra especial contida no art. 17, § 1º, da Lei 8.429/1992".

## 10. CONCLUSÃO

A experiência do Tribunal de Contas da União na adoção de soluções consensuais representa um importante avanço na modernização da Administração Pública brasileira. Desde a edição da Instrução Normativa TCU 91/2022, o Tribunal tem atuado na mediação de controvérsias relevantes, especialmente no setor de infraestrutura, abrangendo áreas como aeroportos, ferrovias e o setor elétrico.

Os casos analisados demonstram que a abordagem consensual tem proporcionado resultados positivos, como a economia de recursos públicos, a melhoria na prestação de serviços e a resolução mais célere de conflitos. Destaca-se, por exemplo, o acordo envolvendo os Contratos de Energia de Reserva, que resultou em uma economia estimada de R$ 1,6 bilhão para os consumidores, e o acordo para cálculo da indenização da devolução de trechos ferroviários, que pode servir de parâmetro para outras devoluções e permitir uma maior utilização da malha ferroviária nacional.

Além disso, o TCU tem expandido a aplicação dos métodos consensuais para além do escopo inicial da Instrução Normativa 91/2022, como evidenciado pelo Acórdão 978/2024-Plenário, que busca viabilizar a retomada de obras ou políticas públicas paralisadas ou inacabadas executadas com recursos de transferências voluntárias da União.

No entanto, é fundamental ressaltar que a consensualização não deve ser vista como uma panaceia para todos os conflitos envolvendo a Administração Pública. Cada caso deve ser analisado individualmente, considerando suas particularidades e a adequação do método consensual para sua resolução. Existem situações em que a atuação tradicional do TCU, por meio de suas funções fiscalizatórias e de julgamento, continua sendo a mais apropriada para a proteção do interesse público e a garantia da legalidade e eficiência na gestão dos recursos públicos.

Nesse contexto de transformação e adoção de métodos alternativos de solução de controvérsias, é crucial destacar o papel fundamental do STJ na uniformização da interpretação da legislação federal que versa sobre esses meios. O STJ tem a importante missão de pacificar entendimentos e orientar a aplicação de dispositivos essenciais, como o Código de Processo Civil de 2015, a Lei de Mediação (Lei nº 13.140/2015) e as alterações na Lei de Introdução às Normas do Direito Brasileiro (LINDB).

## REFERÊNCIAS

DANTAS, Bruno. **Consensualismo, eficiência e pluralismo administrativo: um estudo sobre a adoção da mediação pelo TCU**. Revista Jurídica da Presidência, v. 22, nº 127, jul./set. 2020.

GOMES, Emerson C. S. **Responsabilidade financeira: uma teoria sobre a responsabilidade no âmbito dos Tribunais de Contas**. Porto Alegre: Núria Fabris, 2012.

LIMA, Cesar Henrique. **Desafios à consensualização no direito administrativo disciplinar: reflexões à luz da literatura jurídica, da legislação e da prática administrativa**. Revista Digital de Direito Administrativo, v. 11, nº 1, pp. 23-43, 2024. Disponível em: https://www.revistas.usp.br/rdda/article/view/215155/202675. Acesso em: 21 jun. 2024.

PEREIRA, César Guimarães. **Arbitragem e Administração**. In: CAMPILONGO, Celso Fernandes; GONZAGA, Alvaro de Azevedo; FREIRE, André Luiz (coords.). Enciclopédia Jurídica da PUC-SP. Tomo: Direito Administrativo e Constitucional. São Paulo: PUC-SP, 2017. Disponível em: https://enciclopediajuridica.pucsp.br. Acesso em: 21 jun. 2024.

PEREZ, Marcos A. **O mundo que Hely não viu: governança democrática e fragmentação do Direito Administrativo. Diálogo entre a teoria sistêmica de Hely e os paradigmas atuais do Direito Administrativo**. In: O Direito Administrativo na atualidade: estudos em homenagem ao centenário de Hely Lopes Meirelles (1917-2017) defensor do Eestado de Direito. São Paulo: Malheiros, 2017.

SANTOS, Bruno Grego. **Transação extrajudicial na Administração Pública**. São Paulo: RT, 2019.

SUPERIOR TRIBUNAL DE JUSTIÇA (Brasil). ***Mediação de sucesso no STJ reforça possibilidade de solução consensual em qualquer fase do processo.*** 2023. Disponível em: https://www.stj.jus.br. Acesso em: 21 jun. 2024.

VORONOFF, Alice. **Direito Administrativo Sancionador no Brasil: justificação, interpretação e aplicação**. Belo Horizonte: Fórum, 2018.

# O ÍNDICE ADOTADO PARA O REAJUSTE CONTRATUAL DE PREÇOS E SUA ALTERAÇÃO

*Marçal Justen Filho*[1]

*Nicole Mendes Müller*[2]

**Sumário: 1.** Introdução; **2.** Considerações gerais sobre a equação econômico-financeira; **2.1.** Conceito de equação econômico-financeira; **2.2.** A intangibilidade da equação econômico-financeira do contrato administrativo; **2.3.** A alocação de obrigações e riscos na contratação; **2.4.** A variação da tutela em vista das peculiaridades da contratação; **3.** O fundamento econômico da tutela à equação econômico-financeira; **3.1.** Insegurança e elevação dos custos de transação; **3.2.** A Administração Pública e a obtenção do menor preço possível; **3.3.** A tutela da equação econômico-financeira e os custos de transação; **4.** A disciplina constitucional e infraconstitucional; **4.1.** A disciplina constitucional; **4.2.** A disciplina infraconstitucional; **5.** A figura do reajuste; **5.**1 A desvalorização monetária; **5.2.** Inflação: certezas e incertezas; **5.3.** A inflação e a equação econômico-financeira dos contratos administrativos; **5.4.** Ainda a inflação e a (in)eficiência nas contratações administrativas; **5.5.** A solução do reajuste de preços; **6.** A disciplina legal sobre a figura do reajuste de preços; **6.1.** A limitação quanto ao prazo; **6.2.** A evolução da disciplina legislativa sobre o reajuste; **7.** A disciplina na Lei nº 8.987/1995; **7.1.** A garantia genérica sobre o tema; **7.2.** A exigência de previsão normativa no edital; **7.3.** A imposição da disciplina contratual; **8.** A disciplina na Lei nº 14.133/2021; **8.1.** Definição legal; **8.2.** Prazo para sua aplicação; **8.3.** A determinação da obrigatoriedade da previsão do reajuste; **8.4.** A ausência de alteração nas condições originais da contratação; **8.5.** A ausência de competência discricionária; **9.** A indexação a um índice de variação de preços; **9.1.** A questão da variação dos custos para execução da prestação; **9.2.** A inviabilidade de uma revisão individualizada de todos os custos; **9.3.** A avaliação da inflação média; **9.4.** Os índices de preço e sua função; 9.5. A definição contratual do índice para o reajuste; **10.** A opção por um índice e as implicações jurídicas decorrentes; **10.1.** O planejamento empresarial; **10.2.** A integração na equação econômico-financeira do contrato; **10.3.** O descabimento da diferenciação entre reajuste e índice; **11.** A possibilidade de alteração do índice; **12.** A inadequação do índice de reajuste; **12.1.** A inadequação desde a escolha prévia do índice; **12.2.** A desconexão entre o índice escolhido e a variação efetiva dos custos; **12.3.** A desconexão e a frust-

1 Doutor e Mestre em Direito pela PUC-SP. Advogado.

2 Graduada em Direito pelo CEUB. Advogada

## 1. INTRODUÇÃO

O reajuste contratual de preços se constitui em uma das manifestações da intangibilidade da equação econômico-financeira dos contratos administrativos.[3] Destina-se a preservar o valor real dos preços contratuais. Traduz-se na indexação dos valores monetários previstos no contrato a índice de variação de preços.

Especialmente a partir da vigência da Lei nº 14.133/2021, tornou-se obrigatória a previsão contratual do reajuste anual de preços, independentemente do tempo de duração do contrato. Isso compreende inclusive a previsão de um índice de variação de preços específico, destinado a apurar a inflação ocorrida durante um período certo.

Pode ocorrer, no entanto, questionamento quanto à adequação do índice de reajuste de preços previsto no contrato e a possibilidade de sua alteração. É necessário examinar o tema para determinar a solução jurídica cabível para o caso.

## 2. CONSIDERAÇÕES GERAIS SOBRE A EQUAÇÃO ECONÔMICO-FINANCEIRA

A contratação administrativa traduz um acordo de vontades entre a Administração Pública e um particular, que envolve a assunção por cada parte de encargos e vantagens.

---

3 O reajuste contratual de preços é também praticado no âmbito das relações de direito privado. No entanto, o presente estudo versa especificamente sobre o reajuste nas contratações administrativas, tomando em vista o regime jurídico diferenciado a elas aplicável.

## 2.1. Conceito de equação econômico-financeira

A contratação reflete a assunção pelas partes de situações econômicas e financeiras. Algumas delas são vantajosas, enquanto outras são onerosas. Em termos genéricos, pode-se afirmar que o conjunto das situações vantajosas equivale àquelas onerosas. Essa equivalência não se estabelece de modo necessário em uma dimensão objetiva – ainda que o tema apresente uma relação com os custos e os benefícios relacionados com a execução do contrato. A equivalência é produzida pela avaliação das partes quanto à relação entre os benefícios e os encargos pertinentes à contratação. Significa que as partes participam do contrato porque reconhecem uma equivalência entre os encargos e as vantagens extraíveis da avença.

## 2.2. A intangibilidade da equação econômico-financeira do contrato administrativo

A relação entre encargos e vantagens de um contrato administrativo, tal como estabelecida no momento original, deve ser mantida ao longo da execução do contrato. Mais precisamente, o direito determina que essa relação original seja preservada durante a contratação.[4]

A dinâmica da realidade pode produzir eventos que afetem essa relação original. Um acontecimento posterior à contratação pode gerar a redução ou a elevação dos encargos e (ou) das vantagens originalmente atribuídas a uma das partes. Alude-se, em tal caso, ao rompimento da equação econômico-financeira.

## 2.3. A alocação de obrigações e riscos na contratação

É evidente que a avaliação sobre o rompimento da equação econômico-financeira depende da alocação de obrigações e riscos adotada na contratação. Um dos aspectos fundamentais de qualquer contrato (inclusive do contrato administrativo) reside na distribuição entre as partes dos deveres, das obrigações e dos riscos relacionados à execução das prestações atribuídas às partes.

4 Sobre o tema confira-se MOREIRA, Egon Bockmann; GARCIA, Flavio Amaral. *Contratos Administrativos na Lei de Licitações*: comentários aos artigos 89 a 154 da Lei 14.133/2021. São Paulo: Thomson Reuters Brasil, 2024, p. 239.

O rompimento da equação econômico-financeira somente se configura quando o evento superveniente afetar a parte à qual os deveres, as obrigações e (ou) os riscos tinham sido alocados.

A questão apresenta relevância especificamente no tocante aos riscos – eventos supervenientes incertos e de conteúdo insuscetível de estimativa precisa. A parte que assumiu o risco deve arcar com os efeitos decorrentes se posteriormente tal risco vier a se consumar.

### 2.4. A variação da tutela em vista das peculiaridades da contratação

A intensidade e a amplitude da tutela à intangibilidade da equação econômico-financeira do contrato administrativo variam em vista das peculiaridades da contratação. Significa que existem variações em vista da natureza da atividade desenvolvida e das características próprias da execução do objeto contratual. Assim, há contratos versando sobre atividades sujeitas a um maior grau de incerteza. Quando a variação das condições originais for inerente à natureza do próprio objeto contratual, a proteção à equação econômico-financeira será atenuada.

## 3. O FUNDAMENTO ECONÔMICO DA TUTELA À EQUAÇÃO ECONÔMICO-FINANCEIRA

A tutela à equação econômico-financeira do contrato administrativo destina-se a proteger as partes (especialmente a Administração Pública) de certos efeitos negativos inerentes à atividade econômica.

### 3.1. Insegurança e elevação dos custos de transação

Um dos temas centrais do pensamento econômico envolve a questão dos chamados "custos de transação"[5]. O preço praticado no mercado reflete não apenas as despesas diretas e indiretas necessárias à execu-

5 O tema foi objeto de estudo de COASE, Ronald H (*The firm, the market and the law, Chicago and London*: The University of Chicago Press, 1988), cuja teorização é acatada de modo universal e que fundamentou a atribuição ao autor do prêmio Nobel da Economia em 1991. Consulte-se também WILLIAMSON, Oliver E. *The Economics of Organization*: The Transaction Cost Approach. American Journal of Sociology, vol. 87, nº 3, 1981, p. 548–77. Disponível em: http://www.jstor.org/stable/2778934. Acesso em 07.04.2024.

ção da prestação propriamente dita, mas também traduz a estimativa do valor monetário necessário para o sujeito obter o resultado pretendido.

Isso significa que os preços no mercado incorporam uma parcela relacionada à insegurança. Quanto maior a insegurança verificada numa situação concreta, mais elevado é o preço praticado pela parte. Ou seja, a insegurança é "precificada" pelos agentes econômicos, na acepção da alocação de um valor econômico no preço praticado para fazer face a eventos futuros incertos.

### 3.2. A Administração Pública e a obtenção do menor preço possível

A Administração Pública recorre a contratações com a iniciativa privada para satisfação das necessidades de interesse coletivo. Impõe-se que seja promovida a contratação economicamente mais vantajosa. Isso envolve a obtenção do menor preço possível, sem deixar de levar em conta os critérios mínimos de qualidade aceitáveis para cada contratação.

### 3.3. A tutela da equação econômico-financeira e os custos de transação

A proteção à equação econômico-financeira do contrato administrativo é orientada a produzir a redução dos custos de transação. Propicia a redução da incerteza, o que se reflete no preço praticado.

Ou seja, a intangibilidade da equação econômico-financeira é uma solução necessária e decorrente diretamente da exigência da obtenção da contratação mais vantajosa possível para a Administração.

A adoção de mecanismos para preservar a relação original entre encargos e vantagens produz, de modo direto, a redução da insegurança das partes. Mais ainda, permite que o sujeito pratique a oferta mais vantajosa possível, tomando em vista os custos diretos e os custos indiretos inerentes à execução futura do objeto.

## 4. A DISCIPLINA CONSTITUCIONAL E INFRACONSTITUCIONAL

As considerações anteriores conduziram à disciplina consagrada na Constituição e nas leis relativamente à preservação da equação econômico-financeira do contrato administrativo[6].

---

6 A doutrina se manifesta, de modo unânime, no sentido da proteção constitucional à equação econômico-financeira do contrato administrativo. Nesse sentido, con-

### 4.1. A disciplina constitucional

Existem diversas normas constitucionais orientadas à tutela da equação econômico-financeira do contrato administrativo.

Sob o prisma dos sujeitos privados, a tutela constitucional à propriedade privada impede que a Administração se aproprie, sem a observância das formalidades constitucionais, dos bens e direitos dos particulares.

Numa dimensão coletiva, a garantia constitucional da isonomia se constitui em obstáculo à partilha desigual dos encargos necessários à satisfação dos interesses coletivos. Todos devem arcar, na medida de sua capacidade, com os efeitos onerosos de medidas indispensáveis à satisfação dos direitos fundamentais coletivos e difusos.

No tocante à Administração Pública, o princípio da República exige contratações economicamente mais eficientes, de modo a promover a utilização mais vantajosa e o desembolso do menor montante possível dos recursos do Erário.

Numa abordagem mais ampla, a segurança jurídica e a moralidade impõem que a Administração paute a própria conduta pela previsibilidade e pelo respeito aos interesses dos agentes privados.

Essas determinações constitucionais são sintetizadas na previsão do inc. XXI do art. 37 da Constituição:

> "XXI – ressalvados os casos especificados na legislação, as obras, serviços, compras e alienações serão contratados mediante processo de licitação pública que assegure igualdade de condições a todos os concorrentes, com cláusulas que estabeleçam obrigações de pagamento, mantidas as condições efetivas da proposta, nos termos da lei, o qual somente permitirá as exigências de qualificação técnica e econômica indispensáveis à garantia do cumprimento das obrigações".

---

firam-se: JUSTEN FILHO, Marçal. Ainda a questão da intangibilidade da equação econômico-financeira dos contratos administrativos. *Revista do Advogado*, v. 107, pp. 122-131, 2009. MARQUES NETO, Floriano Peixoto de Azevedo. Alteração de contrato administrativo – antecipação de etapas de execução – intangibilidade das condições econômicas e financeiras originais – alteração do regime de execução e pagamento como fator de neutralização do ônus excedentes – noção jurídica de "antecipação de pagamento" vedada em lei. *Fórum de Contratação e Gestão Pública*. Belo Horizonte, ano 1, nº 5, p. 4, maio 2002; e DI PIETRO, Maria Sylvia Zanella. *Direito Administrativo* (e-book). Grupo GEN, 2023, p. 317.

## 4.2. A disciplina infraconstitucional

O fundamento constitucional foi incorporado na esfera infraconstitucional. Há diversos dispositivos que visam a proteção da equação econômico-financeira. Dentre eles, destaca-se o art. 124, II, d, da Lei nº 14.133, que estabelece norma geral no sentido de que:

> "Art. 124. Os contratos regidos por esta Lei poderão ser alterados, com as devidas justificativas, nos seguintes casos:
>
> (...)
>
> II - por acordo entre as partes:
>
> (...)
>
> d) para restabelecer o equilíbrio econômico-financeiro inicial do contrato em caso de força maior, caso fortuito ou fato do príncipe ou em decorrência de fatos imprevisíveis ou previsíveis de consequências incalculáveis, que inviabilizem a execução do contrato tal como pactuado, respeitada, em qualquer caso, a repartição objetiva de risco estabelecida no contrato".

O referido dispositivo prevê diversos eventos aptos a afetar a relação original entre encargos e vantagens. Conforme exposto em tópico anterior, será realizada a recomposição da equação econômico-financeira quando o evento afetar a parte à qual o risco não tenha sido alocado.

A Lei nº 14.133 contemplou diversos instrumentos que poderão ser utilizados para recompor a equação econômico-financeira: revisão, reajuste, repactuação e atualização monetária. Para os fins do presente artigo, cabe aprofundar a análise da figura do reajuste de preços.

## 5. A FIGURA DO REAJUSTE

O reajuste contratual de preços consiste em instrumento destinado a promover a atualização do valor nominal da contratação, através de um índice previamente definido no contrato, de modo a neutralizar os efeitos da inflação e preservar a equação econômico-financeira.

O mecanismo se relaciona diretamente ao fenômeno da variação do valor nominal da moeda. De modo genérico, a questão se relaciona com a inflação.

### 5.1. A desvalorização monetária

Ao longo do tempo, o valor da moeda sofre variações. Verifica-se a perda ou a elevação do valor real da moeda.

A inflação consiste na perda do valor real da moeda, em virtude da elevação dos preços nominais.[7] Isso significa que a remuneração estimada pela parte ("preço") torna-se insuficiente para assegurar a amortização dos investimentos, o custeio das despesas e a obtenção de lucro, tal como originalmente estimados pela parte em uma contratação (administrativa ou não).

É relevante destacar que a inflação não é um fenômeno homogêneo. Cada setor, cada atividade, cada "preço" é afetado de modo distinto pela inflação. A desvalorização não é uniforme, mas se manifesta em termos diversos em vista das mais variadas circunstâncias.

### 5.2. Inflação: certezas e incertezas

Pode-se afirmar que, numa economia como a brasileira, a ocorrência da inflação é um fenômeno previsível. Assim se passa porque, excetuados períodos muito excepcionais, a inflação tem sido verificada de modo contínuo no Brasil. Mais ainda, as condições estruturais da economia brasileira permitem estimar que esse processo de desvalorização monetária, tal como verificado no passado, continuará a ocorrer no presente e no futuro.

O aspecto problemático reside na dificuldade quanto à estimativa da variação inflacionária futura. Em condições mais estáveis, a variação inflacionária apresenta certo grau de previsibilidade. No entanto, é muito problemático formular projeções inflacionárias mais seguras para o longo prazo.

### 5.3. A inflação e a equação econômico-financeira dos contratos administrativos

A remuneração prevista em favor do particular contratado se constitui em um dos aspectos nucleares da relação original entre encargos e

---

7 As causas da inflação são variadas e envolvem controvérsias, cuja análise é impertinente para o presente estudo. De todo modo, consulte-se FERREIRA, Marcelo. Manual básico de análise econômica [livro eletrônico]. Curitiba: Editora InterSaberes, 2019, p. 324.

vantagens pactuada entre as partes. Essa remuneração é estimada em valor monetário, tomando em vista o valor real da moeda à época.

O fenômeno da inflação produz um efeito de redução da remuneração real prevista para a parte. Afinal, a quantidade de unidades monetárias prevista no momento da contratação não será mais suficiente para assegurar a obtenção das utilidades indispensáveis à execução do contrato. Os custos pertinentes à execução do contrato se elevam, eis que os preços no mercado são dinâmicos.

A elevação ou a perda do valor real da moeda acarreta uma distorção correspondente no tocante à valoração monetária de uma mesma riqueza[8].

Isso significa que a inflação acarreta a redução da remuneração real prevista e que tinha sido assegurada ao particular.

Logo, a desvalorização da moeda produz efeito de rompimento da equação econômico-financeira do contrato.

## 5.4. Ainda a inflação e a (in)eficiência nas contratações administrativas

Inexistindo qualquer mecanismo de atualização do valor nominal do contrato e de preservação da equação econômico-financeira, os agentes econômicos incluirão em sua oferta inicial um acréscimo de preço destinado a compensar a inflação que será constatada ao longo da futura execução contratual.

Um exemplo concreto permite compreender melhor a questão. No início dos anos 1990, foi promovida a licitação para aquisição de milhares de bicicletas, destinadas à prestação dos serviços postais brasileiros. Foi estabelecido que os preços seriam irreajustáveis, independentemente de variações inflacionárias. À época, a inflação se encontrava descontrolada. Diante da perspectiva de prazo de vários meses para o pagamento, os licitantes formularam ofertas de valor extremamente elevado.

8 Sobre o tema, confiram-se FRANK, Robert H.; BERNANKE, Ben S. *Princípios de Economia*. Tradução: Heloisa Fontoura, Monica Stefani. 4ª ed., Porto Alegre: AMGH, 2012, p. 482; DORNBUSH, Rudiger; FISCHER, Stanley; STARTS, Richard. *Macroeconomia*. 11ª ed., Porto Alegre: AMGH, 2013, p. 465; e LUQUE, Carlos Antonio; VASCONCELLOS, Marco Antonio Sandoval de. *Considerações sobre o problema da inflação*. Disponível em: https://edisciplinas.usp.br/pluginfile.php/4621711/mod_resource/content/1/infla%C3%A7%C3%A3o%20Luque%20%20Vasconcellos%20-%20Manual%20FEA.pdf. Acesso em 08.04.2024.

O preço de mercado de uma bicicleta, na data da licitação, era muito mais reduzido. Ou seja, verificou-se a incorporação no preço ofertado da estimativa da inflação futura. Isso gerou uma reação generalizada da opinião pública, fundada na circunstância de que o preço ofertado na licitação por uma bicicleta era muito superior ao praticado no mercado na data da proposta. O problema residia em que não se tratava de pagamento do preço na data da formulação da proposta. O preço seria pago muitos meses depois (em data incerta), sem a previsão de reajuste em vista da inflação.

Nesse cenário, a estimativa formulada pelo interessado quanto à remuneração pela contratação adquiria natureza aleatória. Ainda que fosse certo e determinado o preço de uma bicicleta na data da proposta, a variação inflacionária futura até a data do efetivo pagamento era insuscetível de qualquer previsão. Logo, cada proposta incorporava uma variação estimada de modo arbitrário – o que tornava, inclusive, impossível a comparação objetiva entre as diversas propostas apresentadas na licitação.

### 5.5. A solução do reajuste de preços

A adoção do reajuste de preços produz a adequação do valor reconhecido à parte, de modo a compensar a variação monetária efetivamente verificada no período posterior à formulação da proposta. Desse forma, as partes têm a possibilidade de apresentar a menor proposta possível, tomando em vista as condições econômicas contemporâneas à data da proposta. Será assegurado ao contratado obter remuneração pelo valor nominal atualizado. O preço oferecido na licitação acrescido ou decrescido da variação monetária ocorrida.

O reajuste contratual de preços consiste, portanto, em procedimento destinado a promover a adequação do valor nominal da contratação ao seu valor real, de modo a neutralizar os efeitos da inflação[9], preservar a equação econômico-financeira e assegurar contratações mais eficientes.

9 Nesse sentido, JUSTEN FILHO, Marçal ressalva: "não se trata de compensar genericamente a inflação. A ressalva é relevante porque não existem variações homogêneas de custos". *Comentários à Lei de Licitações e Contratações Administrativas.* 2ª ed., São Paulo: Thomson Reuters Brasil, 2023, p. 1.441.

## 6. A DISCIPLINA LEGAL SOBRE A FIGURA DO REAJUSTE DE PREÇOS

A própria experiência evidenciou a inafastável necessidade da previsão de reajuste em contratações administrativas. Essa é a única solução jurídica admissível, em vista das circunstâncias econômicas.

### 6.1. A limitação quanto ao prazo

Durante os períodos de hiperinflação, a figura do reajuste se difundiu e foi aplicada largamente, em todos os setores da economia brasileira. No entanto, houve o reconhecimento de que a atualização monetária praticada de modo generalizado se constituía em fator inflacionário. Por decorrência, uma regra fundamental adotada para combater a inflação foi a restrição à prática do reajuste.

O art. 2°, caput, da Lei nº 10.192/2001 determinou o prazo de 1 ano (doze meses) para aplicação do reajuste:

> "Art. 2° É admitida estipulação de correção monetária ou de reajuste por índices de preços gerais, setoriais ou que reflitam a variação dos custos de produção ou dos insumos utilizados nos contratos de prazo de duração igual ou superior a um ano".

Por sua vez, o art. 3° do referido diploma previu a adoção das regras de reajuste para os contratos administrativos:

> *"Os contratos em que seja parte órgão ou entidade da Administração direta ou indireta da União, dos Estados, do Distrito Federal e dos Municípios, serão reajustados ou corrigidos* monetariamente *de acordo com as disposições desta Lei, e, no que com ela não conflitarem, da Lei n° 8.666, de 21 de junho de 1993".*

Em relação ao termo inicial da contagem do prazo de doze meses, o art. 3°, §1°, da Lei nº 10.192 determinou o seguinte:

> "A periodicidade anual nos contratos de que trata o caput deste artigo será contada a partir da data limite para apresentação da proposta ou do orçamento a que essa se referir".

### 6.2. A evolução da disciplina legislativa sobre o reajuste

A figura do reajuste foi disciplinada nas diversas leis sobre contratação administrativa. Ao longo do tempo, foi sendo produzido o aperfeiçoamento das soluções legislativas. De todo modo, a figura do reajuste é disciplinada tanto na Lei nº 8.987/1995, que trata dos contratos de delegação de serviço público, como na Lei nº 14.133/2021, que dispõe sobre os contratos administrativos de colaboração.

A disciplina da Lei nº 14.133 sobre o reajuste é muito mais detalhada e minuciosa. Deve-se reputar que as suas regras sobre o tema se aplicam também no âmbito dos contratos de delegação de serviços públicos.

## 7. A DISCIPLINA DA LEI Nº 8.987/1995

Como dito, a Lei nº 8.987 contemplou regras mais sumárias e singelas sobre a questão do reajuste.

### 7.1. A garantia genérica sobre o tema

O art. 9° da Lei nº 8.987 estabelece a obrigatoriedade da previsão do reajuste de preços:

> "A tarifa do serviço público concedido será fixada pelo preço da proposta vencedora da licitação e preservada pelas regras de revisão previstas nesta Lei, no edital e no contrato".

### 7.2. A exigência de previsão normativa no edital

O art. 18 da Lei nº 8.987 dispôs sobre o edital de licitação e previu o seguinte:

> "O edital de licitação será elaborado pelo poder concedente, observados, no que couber, os critérios e as normas gerais da legislação própria sobre licitações e contratos e conterá, especialmente:
>
> (...)
>
> VIII – os critérios de reajuste e revisão da tarifa;".

### 7.3. A imposição da disciplina contratual

O art. 23 do diploma impôs:

> "São cláusulas essenciais do contrato de concessão as relativas:
>
> (...)
>
> IV – ao preço do serviço e aos critérios e procedimentos para o reajuste e a revisão das tarifas;".

## 8. A DISCIPLINA NA LEI Nº 14.133/2021

A Lei nº 14.133 é bastante minuciosa no tocante ao tratamento do reajuste contratual.

### 8.1. Definição legal

A preocupação legal com o tema conduziu inclusive à formulação de uma definição legislativa específica. O art. 6°, LVIII, da Lei nº 14.133/2021 determina que o reajuste contratual consiste no seguinte:

> "forma de manutenção do equilíbrio econômico-financeiro de contrato consistente na aplicação do índice de correção monetária previsto no contrato, que deve retratar a variação efetiva do custo de produção, admitida a adoção de índices específicos ou setoriais".

### 8.2. Prazo para sua aplicação

Como visto, prevalece disciplina legal genérica no sentido de que o prazo para a aplicação do reajuste é de doze meses, computados a partir da data prevista para a apresentação da proposta ou da data-base do orçamento a que ela se referir.

### 8.3. A determinação da obrigatoriedade da previsão do reajuste

O art. 25, § 7°, da Lei nº 14.133 determinou que o edital deverá prever, obrigatoriamente, cláusula de reajuste em toda e qualquer contratação administrativa, inclusive naquelas em que o prazo for inferior a doze meses:

> "Independentemente do prazo de duração do contrato, será obrigatória a previsão no edital de índice de reajustamento de preço, com data-base vinculada à data do orçamento estimado e com a possibilidade de ser estabelecido mais de um índice específico ou seto-

rial, em conformidade com a realidade de mercado dos respectivos insumos".[10]

A regra refletiu a experiência da atividade administrativa. Em muitos casos, o período de efetiva execução do contrato ultrapassa as estimativas originais. Assim, há casos em que se previa que a contratação não atingiria os doze meses, mas circunstâncias variadas impõem a ampliação do prazo contratual. A obrigatoriedade da previsão do reajuste reflete a vontade legislativa de que, em qualquer hipótese de execução contratual por prazo igual ou superior a doze meses, haja a incidência do reajuste.

## 8.4. A ausência de alteração nas condições originais da contratação

O reajuste contratual não produz a alteração do valor real da prestação. A elevação ou redução do valor nominal não afeta a remuneração da parte, que permanece inalterada. Justamente por isso, a aplicação do reajuste não configura alteração contatual. Esse entendimento reflete uma certeza econômica e incorporado na Lei nº 14.133, cujo art. 136, I, prevê o seguinte:

> "Art. 136. Registros que não caracterizem alteração do contrato podem ser realizados por simples apostila, dispensada a celebração de termo aditivo, como nas seguintes situações:
>
> I - variação do valor contratual para fazer face ao reajuste ou à repactuação de preços previstos no próprio contrato;".

Esse dispositivo evidencia que o reajuste não implica qualquer inovação na relação entre as partes. A sua formalização se faz por meio de mero lançamento da informação nos arquivos do ente administrativo.

Portanto, atingido o referido prazo de doze meses, caberá aplicar o índice de reajuste previsto contratualmente de forma automática. Não há sequer a necessidade de provocação do interessado. Uma vez preen-

---

10 A regra foi repetida pelo art. 92, § 3° (*"Independentemente do prazo de duração, o contrato deverá conter cláusula que estabeleça o índice de reajustamento de preço, com data-base vinculada à data do orçamento estimado, e poderá ser estabelecido mais de um índice específico ou setorial, em conformidade com a realidade de mercado dos respectivos insumos"*).

chidos os pressupostos do reajuste, a Administração deverá, de ofício, implementá-lo.

### 8.5. A ausência de competência discricionária

Inexiste competência discricionária para a Administração deliberar sobre a incidência do reajuste. A questão não se relaciona com juízos de conveniência ou de oportunidade sobre a solução a ser adotada num caso concreto. Basta o decurso do prazo de doze meses (computado nos termos antes referido), para tornar-se obrigatória a aplicação do reajuste.

Admitir que a aplicação do reajuste seria condicionada à avaliação de conveniência e oportunidade da autoridade pública implicaria tornar inútil a disciplina jurídica adotada. Se houvesse autonomia para a Administração rejeitar a aplicação do reajuste ou alterar as condições previstas, ter-se-ia de reconhecer que as regras legais acima referidas seriam inúteis e destituídas de qualquer eficácia.

Afinal, se a Administração não estivesse vinculada à observância da disciplina legal, editalícia e contratual quanto ao reajuste, o efeito jurídico seria a eliminação da força normativa das regras legais, dos atos administrativos e das normas contratuais sobre o tema.

## 9. A INDEXAÇÃO A UM ÍNDICE DE VARIAÇÃO DE PREÇOS

Portanto, a figura do reajuste contratual traduz-se na indexação[11] dos preços contratuais a um índice de variação de preços[12]. A previsão do mecanismo de reajuste nos contratos administrativos pressupõe a escolha de um índice de preços.

11 A indexação consiste na "prática do aumento da quantidade nominal de cada período em um montante igual ao aumento da porcentagem de um índice de preços específico. A indexação evita que o poder de compra da quantidade nominal seja corroído pela inflação", cf. FRANK, Robert H; BERNANKE, Ben S. *Princípios de economia*. Tradução: Heloisa Fontoura, Monica Stefani. 4ª ed., Porto Alegre: AMGH, 2012, (e-book), p. 489.

12 Nesse sentido, CÂMARA, Jacinto Arruda; SUNDFELD, Carlos Ari. Alteração nas regras da concessão sobre reajuste tarifário. *Interesse Público - IP*. Belo Horizonte, ano 15, nº 80, jul./ago. 2013; MELLO, Celso Antônio Bandeira de. Concessão de serviço público e sua equação econômico-financeira. *Revista de Direito Administrativo - RDA*. Belo Horizonte, ano 2012, nº 259, p. 5, jan./abr. 2012.

### 9.1. A questão da variação dos custos para execução da prestação

Não existe uma inflação única, que afete de modo uniforme a todos os preços no mercado. Logo, a execução de cada prestação é afetada por variações de custos inflacionários muito distintos.

### 9.2. A inviabilidade de uma revisão individualizada de todos os custos

É inviável promover uma revisão específica quanto a cada um dos custos que compõem a execução de uma determinada prestação. Quanto mais complexa for a prestação, tanto mais problemática é a determinação da inflação verificada.

### 9.3. A avaliação da inflação média

Logo, a única solução admissível é a identificação de uma certa inflação "média". Ou seja, adota-se um índice que reflita as variações inflacionárias dos principais fatores de formação do custo incorrido para executar a prestação. A função do índice de preços é demonstrar a variação de preços de um determinado grupo de produtos (bens e serviços) ao longo do tempo, relativamente aos custos necessários à execução do objeto contratual[13].

### 9.4. Os índices de preço e sua função

Existem diversos índices de variação de preços, difundidos no mercado. Cada um desses índices é composto por fatores diferentes, que se referem a produtos, setores, atividades e (ou) locais geográficos diversos.

Por exemplo, o IPA[14] (Índice de Preços ao Produtor Amplo) mede a variação de preços de produtos agropecuários e industriais nas transações interempresariais. O IPC[15] (Índice de Preços ao Consumidor)

---

13 Sobre o tema, confira-se BERTRAN, Maria Paula. Índices econômicos e reajuste nos contratos de concessão: uma análise do setor elétrico. *Revista de Direito Público da Economia – RDPE.* Belo Horizonte, nº 16, ano 4, Outubro/Dezembro, 2006. Disponível em: <http://www.bidforum.com.br/bid/PDI0006.aspx?pdiCntd=38666>. Acesso em: 14 jun. 2024.

14 Cf.: <https://portalibre.fgv.br/ipa>. Acesso em 16 jun. 2024.

15 Cf.: < https://portalibre.fgv.br/ipc>. Acesso em: 16 jun. 2024.

mede a variação de preços de um conjunto fixo de bens e serviços componentes de despesas habituais de famílias com nível de renda situado entre 1 e 33 salários mínimos mensais. O INCC[16] (Índice Nacional de Custo da Construção) mede a variação de preços de materiais, serviços e mão-de-obra mais relevantes para a construção civil.

### 9.5. A definição contratual do índice para o reajuste

Como visto, quanto maior a complexidade das atividades abrangidas na execução do objeto contratual, tanto maiores são as variações de custo. Portanto, é muito problemático identificar um índice que reflita, de modo absolutamente perfeito, a variação do conjunto dos custos incorridos na execução da prestação contratual.

A adoção de um determinado índice de preços para cálculo do reajuste envolve a escolha de um dentre os diversos disponíveis. Nada impede que seja adotado um índice específico para o contrato, composto a partir dos diversos índices setoriais.

Em muitos casos, as partes optam por produzir um índice específico, constituído a partir de uma cesta de índices gerais. Já em outras hipóteses, as partes selecionam um índice geral dentre aqueles apurados pelas diversas instituições. A escolha é norteada por uma avaliação genérica de compatibilidade entre o índice escolhido e as variações de custo atinentes à execução da prestação[17].

## 10. A OPÇÃO POR UM ÍNDICE E AS IMPLICAÇÕES JURÍDICAS DECORRENTES

A escolha de um determinado índice apresenta implicações significativas no tocante à situação jurídica das partes.

16 Cf.: <https://portalibre.fgv.br/incc>. Acesso em: 16 jun. 2024.

17 Sobre o tema, Thiago Marrara e André Souza lecionam: "Importante é que o índice empregado ou constituído guarde pertinência com os insumos empregados na execução do contrato. Ilegal se mostra a escolha de índices formados integral ou predominantemente por elementos desconectados com o objeto do contrato e os insumos necessários à sua execução". MARRARA, Thiago; SOUZA, André. Equilíbrio econômico-financeiro e redução tarifária. IN: MOREIRA, Egon Bockmann. *Tratado do Equilíbrio Econômico-financeiro*. 2ª ed., Belo Horizonte, Fórum, 2019.

### 10.1. O planejamento empresarial

O índice de reajuste escolhido afeta o planejamento empresarial quanto à execução das prestações devidas. A parte devedora estrutura as suas obrigações, define os seus investimentos e organiza a sua atuação tomando em vista os reflexos inerentes ao índice escolhido.

Um exemplo permite compreender a questão. A empresa necessita contrair empréstimos para cumprir as suas obrigações. Dispõe da alternativa de escolher entre os recursos em moeda estrangeira ou em moeda nacional. As implicações, em médio prazo, são evidentes. Mútuos em moeda estrangeira estão sujeitos a riscos cambiais, diversamente do que se passa nas operações em moeda nacional. Ocorre que as taxas de juros nas operações com moeda estrangeira podem ser muito inferiores àquelas praticadas no mercado interno.

O índice de reajuste adotado no contrato apresenta implicações fundamentais. Haverá um forte incentivo à realização do empréstimo em moeda estrangeira se a variação de custo correspondente compuser o índice de reajuste previsto no contrato.

De modo genérico, todas as demais escolhas da empresa tomarão em vista as peculiaridades e características do índice de reajuste previsto no contrato.

### 10.2. A integração na equação econômico-financeira do contrato

Ou seja, o índice de preços calculado para o reajuste anual compõe a equação econômico-financeira do contrato. Trata-se de um critério específico e predeterminado, previsto para ser aplicado no futuro, destinado a preservar o valor real da prestação contratual.

### 10.3. O descabimento da diferenciação entre reajuste e índice

Nem se contraponha que a previsão do reajuste integraria a equação econômico-financeira do contrato e diversamente se passaria com o índice específico a ser adotado. Trata-se de argumento especioso, incompatível com a natureza do próprio instituto do reajuste contratual.

Se fosse viável ignorar o índice previsto contratualmente, então seria possível conceder "reajuste" igual a zero. Dir-se-ia que a garantia do reajuste teria sido atendida, ainda que o valor contratual fosse mantido inalterado.

Independentemente desse argumento, é inquestionável que o índice previsto contratualmente para o reajuste se constitui em um aspecto fundamental da relação estabelecida entre as partes. Negar a eficácia ao índice adotado equivale a rejeitar a obrigatoriedade do reajuste.

## 11. A POSSIBILIDADE DE ALTERAÇÃO DO ÍNDICE

Assimilar a integração do índice de reajuste à equação econômico-financeira do contrato não significa, no entanto, admitir a sua imutabilidade. Existirão situações em que o índice previamente escolhido poderá ou até mesmo deverá ser alterado.

No presente artigo serão analisadas duas hipóteses de alteração: (i) a alteração por inadequação do índice inicialmente previsto; e (ii) a alteração por interesse da Administração Pública em modificar a política tarifária.

## 12. A INADEQUAÇÃO DO ÍNDICE DE REAJUSTE

É possível cogitar de uma desconexão entre o índice previsto contratualmente e a variação efetiva dos custos. Isso se passaria nos casos em que a variação inflacionária verificada no período de doze meses fosse substancialmente distinta daquela refletida no índice escolhido.

Essa hipótese envolve diversas variáveis, que impõem uma análise abrangente. Contudo, para facilitar a compreensão da questão, apresentam-se dois exemplos que demonstram a inadequação do índice inicialmente escolhido.

### 12.1. A inadequação desde a escolha prévia do índice

A inadequação poderá ocorrer por erro na escolha prévia do índice de reajuste. Suponha-se, por exemplo, que um contrato tinha por objeto a realização de uma obra e o índice previamente estabelecido para o reajuste fora o INCC (Índice Nacional de Custos da Construção)[18]. Considere-

18 O exemplo foi retirado do acórdão 1413/2023, Plenário, do TCU. No caso concreto, não ocorreu a alteração do índice de preços porque os itens orçamentários que não guardavam correlação com o INCC representavam apenas 8% do valor total da contratação. Contudo, o Tribunal encaminhou no acórdão orientação no sentido de que a melhor opção à luz da jurisprudência será sempre a previsão de índice setorial específico para cada item orçamentário.

se que, no âmbito desse contrato, existissem itens orçamentários que não tinham qualquer correlação com o índice estabelecido (INCC). Esses itens representavam um montante significativo do valor total do contrato. Logo, existiria o risco de uma dissociação entre a variação monetária atinente aos custos e às despesas efetivamente incorridas para execução do contrato e a variação do índice de reajuste previamente escolhido.

## 12.2. A desconexão entre o índice escolhido e a variação efetiva dos custos

A inadequação também pode surgir ao longo da execução contratual. Ou seja, inicialmente o índice escolhido era adequado e refletia de modo satisfatório a variação de preços de uma cesta determinada de produtos. Imagine-se que inovações no mercado conduzam a alterações nos produtos utilizados para execução contratual. Isso pode resultar na desconexão entre o índice inicialmente escolhido e a variação efetiva dos custos durante a execução do contrato.[19]

## 12.3. A desconexão e a frustração da função do reajuste

Seja qual for a razão, a dissociação entre a variação monetária atinente aos custos e despesas incorridos para executar a prestação e a variação do índice de reajuste produz a frustração da função do reajuste.

Se a variação apurada no índice for inferior àquela efetivamente verificada no tocante aos custos e despesas, configurar-se-á uma forma de redução indireta dos preços contratuais. Se a variação for superior, dar-se-á uma elevação indireta nos ditos preços. Cabe analisar a solução jurídica para a situação.

---

19 Há um exemplo mencionado por Jacintho Silveira Dias de Arruda Câmara e Carlos Ari Sundfeld. No setor de telecomunicações foi alterada a forma de computação da tarifa dos serviços públicos de telefonia fixa local. O método de medição por pulsos foi substituído pela aferição baseada no tempo de duração das chamadas. A partir das prorrogações dos contratos de concessão no setor, o índice utilizado para o reajuste também mudou. O IPCA entrou no lugar do IGPM, visando melhor cumprir a atualização do valor da tarifa. (CÂMARA, Jacintho Arruda; SUNDFELD, Carlos Ari. Alteração nas regras da concessão sobre reajuste tarifário. Interesse Público – IP, Belo Horizonte, ano 15, nº 80, jul/ago, 2013).

## 13. A SOLUÇÃO JURÍDICA PARA A HIPÓTESE DA INADEQUAÇÃO DO ÍNDICE

Como exposto, a função do reajuste consiste em assegurar a preservação da relação entre encargos e vantagens atribuídos às partes.

A previsão do reajuste se destina a assegurar a integridade da equação. A desconexão entre o índice de reajuste e a variação efetiva dos custos acarreta o potencial desequilíbrio. Logo, a solução consiste numa revisão de preços.

### 13.1. A quebra da equação econômico-financeira e a revisão contratual

A ruptura da relação entre encargos e vantagens do contrato administrativo autoriza a revisão contratual[20]. Trata-se de um processo administrativo, destinado a realizar a reconstrução histórica da relação entre custos e vantagens contratuais, identificar a ocorrência de um evento superveniente imprevisto, apurar a situação superveniente quanto aos custos e vantagens contratuais, e adotar as providências cabíveis.

### 13.2. A impossibilidade da afirmativa "externa" quanto à desconexão

A desconexão do índice somente pode ser examinada tomando em vista uma análise efetiva dos custos e das despesas do particular. Qualquer conclusão sobre a inadequação do índice geral de preços relativamente aos custos do particular depende de reconstrução histórica dos fatos. Trata-se de matéria de fato, que não comporta solução mediante estimativas genéricas.

Assim se passa especialmente porque, como visto, a adoção de um índice de variação de preços específico e determinado influencia a organização das atividades empresariais.

Um exemplo permite compreender a problemática. Suponha-se o argumento de que o IGP-M seria um índice inadequado para avaliar

20 Acerca do conceito de revisão contratual, confiram-se: JUSTEN FILHO, Marçal. *Curso de Direito Administrativo*, 15ª ed., Rio de Janeiro: Forense, 2024, pp. 311-312; SCHIRATO, Vitor Rhein. O reajuste tarifário nas concessões de serviços públicos. *Revista de Direito Administrativo & Constitucional – R&A*. Belo Horizonte, ano 13, nº 54, p. 150. Out./dez.. 2013; GASPARINI, Diógenes. *Direito Administrativo*. 8ª ed., São Paulo: Saraiva, 2003, p. 656-657.

a variação de custos do particular porque compreenderia a avaliação de variação cambial. Essa argumentação é insuficiente para respaldar a conclusão da inadequação da aplicação do IGP-M para o reajuste de determinado contrato, mesmo quando a execução da prestação não incorporar insumos oriundos do estrangeiro. Assim se passa porque é possível que o particular tenha contraído empréstimos em moeda estrangeira e que tal decisão tenha sido fundada precisamente na previsão do reajuste estabelecido no IGP-M.

### 13.3. A abrangência da revisão contratual

Em tal caso, impor-se-á uma análise ampla quanto à variação dos custos do particular. Cabe não apenas verificar se o índice adotado refletiu adequadamente a variação dos custos do particular. Mais do que isso, cabe examinar a efetiva variação ocorrida, o que pode implicar inclusive a eventual elevação de preços em montante superior àquele decorrente da aplicação do índice questionado.

### 13.4. Síntese sobre a questão

Em síntese, qualquer imputação de desconexão entre o índice contratual previsto e a variação efetiva dos custos do particular somente pode resultar na instauração de um processo administrativo de revisão contratual. Não é admissível promover de modo unilateral a alteração do índice de reajuste mediante argumentos genéricos e externos, não embasados em exame da realidade concreta dos fatos.

## 14. A QUESTÃO DA ALTERAÇÃO DO ÍNDICE DE REAJUSTE NOS CONTRATOS DE CONCESSÃO

Por outro lado, pode ser que o índice de reajuste seja adequado, mas a sua alteração seja desejada pela Administração Pública como forma de modificar a política tarifária.

### 14.1. A proposta de redução da tarifa

A alteração do índice de reajuste pode ser orientada ao fim de promover a redução do valor real da tarifa.

Um exemplo permite compreender melhor a hipótese. Considere-se que um contrato de concessão tenha previsto o IGP-M como índice de reajuste. Admita-se que, num determinado período, constate-se que a aplicação do IGP-M produziria elevação muito significativa dos valores tarifários. Para evitar esse efeito, pode ser cogitada a alteração do índice, de modo a evitar que a atualização monetária da tarifa resulte em valores reputados como superiores à capacidade financeira dos usuários.

Observe-se que a adoção do índice poderá configurar a redução do valor real da tarifa. Isso poderia implicar a diminuição dos recursos necessários para a continuidade e a adequação do serviço público.

### 14.2. A estrutura tarifária e o serviço público adequado

Ocorre que, ao selecionar um particular para a concessão do serviço público, o poder concedente obtém a proposta mais vantajosa - inclusive no tocante à tarifa mais reduzida possível (em vista do serviço adequado).

Logo, há uma presunção absoluta e insuscetível de afastamento no sentido de que a receita tarifária, calculada nos termos do contrato, é indispensável para assegurar a continuidade e a adequação dos serviços públicos. Essa tutela abrange inclusive o índice de reajuste previsto no edital.

### 14.3. Os riscos decorrentes da alteração do índice

Portanto, a alteração do índice de reajuste tarifário, visando a evitar efeitos nocivos aos usuários, produz a ruptura da equação econômico-financeira original. Destituído dos recursos tarifários previstos contratualmente, o concessionário não disporá de condições para prestar o serviço público nas condições previstas.

## 15. A SOLUÇÃO JURÍDICA PARA A ALTERAÇÃO DO ÍNDICE DE REAJUSTE

O índice de reajuste encontra-se previsto no edital e consta do contrato. Logo, a sua modificação configura uma hipótese de alteração contratual. Sendo assim, incidem as regras atinentes ao tema.

### 15.1. O efeito vinculante da disciplina contratual

A finalidade essencial de qualquer contrato é a consagração de normas para disciplinar a conduta futura das partes. O instituto do contrato tem por fundamento a autonomia das partes para disporem sobre os seus interesses, os seus direitos e as suas obrigações. As normas estabelecidas consensualmente entre as partes são dotadas de eficácia vinculante.

Destaca-se que a submissão do contrato administrativo a um regime diferenciado não implica a ausência da eficácia vinculante da disciplina pactuada entre as partes. O direito positivo determina a obrigatoriedade da observância das cláusulas contratuais.

Conforme já mencionado, o art. 37, XXI, da Constituição determina a edição de regras legais que imponham a observância das condições pactuadas entre as partes.

A Lei nº 14.133 consagra regra cristalina, que não comporta qualquer dúvida, tal como adiante reproduzido:

> "Art. 115. O contrato deverá ser executado fielmente pelas partes, de acordo com as cláusulas avençadas e as normas desta Lei, e cada parte responderá pelas consequências de sua inexecução total ou parcial".

É cabível introduzir modificações no contrato administrativo. Mas, enquanto inexistir modificação, exige-se que o contrato seja executado exatamente nos termos em que vigorar.

### 15.2. O direito adquirido ao reajuste

Sendo regra contratual, o reajuste possui efeito vinculante entre as partes. Mas além disso, a figura se refere aos eventos ocorridos em momento anterior. Trata-se de determinar a alteração do valor monetário do preço contratual em vista dos eventos ocorridos no período anterior de doze meses.

Logo, o decurso do tempo implica não apenas o direito adquirido ao reajuste, mas também o direito adquirido à aplicação do reajuste tomando em vista o índice de preços previstos contratualmente.

Portanto, qualquer alteração do índice de reajuste deverá observar o regime de alterações contratuais aplicável aos contratos administrativos.

### 15.3. O regime jurídico das alterações contratuais

Uma das características dos contratos administrativos consiste no regime diferenciado para a sua modificação. Admite-se inclusive a competência da Administração para modificação unilateral das condições originalmente pactuadas.

Por outro lado, as modificações se subordinam à disciplina jurídica contemplada na Lei e no próprio contrato.

Qualquer alteração contratual que afete a equação econômico-financeira do contrato administrativo depende da concordância do contratado. Essa regra se encontra no art. 104, §1°, da Lei nº 14.133, cujo teor está a seguir transcrito:

> "As cláusulas econômico-financeiras e monetárias dos contratos não poderão ser alteradas sem prévia concordância do contratado".

O dispositivo referiu-se, de modo amplo e abrangente, a todas as previsões contratuais que disponham sobre questões econômicas. É relevante observar que o texto legal alude não apenas às cláusulas "financeiras", mas também às "monetárias".

Os vocábulos "financeiras" e "monetárias" podem ser considerados sinônimos. A adoção de ambas as expressões evidenciou a vontade legislativa de abranger toda e qualquer previsão contratual versando sobre valores monetários ou que envolvam reflexos sobre aspectos financeiros da contratação.

Portanto, a Lei reconhece a competência da Administração para promover alterações unilaterais, mas determina que sejam adotadas providências para assegurar a preservação da equação econômico-financeira, a qual não comporta modificações sem a concordância do contratado.

## 15.4. A manutenção da equação econômico-financeira

Daí se segue que, nas hipóteses em que a Administração reputar que a aplicação prevista contratualmente para o reajuste acarretar efeitos nocivos para a coletividade, existirá a possibilidade de alteração do índice de reajuste, desde que a medida seja motivada, devidamente acompanhada dos mecanismos destinados a assegurar a integridade do equilíbrio econômico-financeiro e conte com a concordância do concessionário. Não será admissível a alteração das cláusulas econômico-financeiras ou monetárias sem a concordância do concessionário.

## 16. CONCLUSÃO

O índice de reajuste de preços destina-se a proteger a equação econômico-financeira dos efeitos da inflação.

Existirão situações em que o índice escolhido previamente será considerado inadequado para cumprir com a função do reajuste. Nessa hipótese, sendo devidamente constatada a inadequação, o efeito será o desequilíbrio da equação econômico-financeira. E a solução será a instauração de um processo administrativo de revisão contratual para o reestabelecimento da equação.

Por outro lado, existirão situações em que o índice previamente escolhido será considerado adequado. Contudo, a Administração desejará a sua alteração por reputar que a sua aplicação acarretará efeitos nocivos para a coletividade. Nessa hipótese será necessário realizar a alteração contratual mediante a concordância do concessionário, acompanhada de medidas destinadas a assegurar a integridade do equilíbrio econômico-financeiro da concessão.

De todo modo, em qualquer hipótese, não será admitida a alteração unilateral do índice de reajuste pela Administração Pública.

## REFERÊNCIAS

BERTRAN, Maria Paula. Índices econômicos e reajuste nos contratos de concessão: uma análise do setor elétrico. *Revista de Direito Público da Economia - RDPE.* Belo Horizonte, nº 16, ano 4, Outubro/Dezembro, 2006.

CÂMARA, Jacintho Arruda; SUNDFELD, Carlos Ari. Alteração nas regras da concessão sobre reajuste tarifário. *Interesse Público - IP.* Belo Horizonte, ano 15, nº 80, jul./ago. 2013;

COASE, Ronald H. *The firm, the market and the law, Chicago and London*: The University of Chicago Press, 1988.

DI PIETRO, Maria Sylvia Zanella. *Direito Administrativo* (e-book). Grupo GEN, 2023.

DORNBUSH, Rudiger; FISCHER, Stanley; STARTS, Richard. *Macroeconomia.* 11ª ed., Porto Alegre: AMGH, 2013.

FERREIRA, Marcelo. Manual básico de análise econômica [livro eletrônico]. Curitiba: Editora InterSaberes, 2019.

FRANK, Robert H.; BERNANKE, Ben S. *Princípios de Economia.* Tradução: Heloisa Fontoura, Monica Stefani. 4ª ed., Porto Alegre: AMGH, 2012.

GASPARINI, Diógenes. *Direito Administrativo.* 8ª ed., São Paulo: Saraiva, 2003.

JUSTEN FILHO, Marçal. Ainda a questão da intangibilidade da equação econômico-financeira dos contratos administrativos. *Revista do Advogado,* v. 107, pp. 122-131, 2009.

JUSTEN FILHO, Marçal. *Comentários à Lei de Licitações e Contratações Administrativas*. 2ª ed., São Paulo: Thomson Reuters Brasil, 2023.

JUSTEN FILHO, Marçal. *Curso de Direito Administrativo*, 15ª ed., Rio de Janeiro: Forense, 2024.

LUQUE, Carlos Antonio; VASCONCELLOS, Marco Antonio Sandoval de. *Considerações sobre o problema da inflação*. Disponível em: https://edisciplinas.usp.br/pluginfile.php/4621711/mod_resource/content/1/infla%C3%A7%C3%A3o%20Luque%20%20Vasconcellos%20-%20Manual%20FEA.pdf. Acesso em 08.04.2024.

MARQUES NETO, Floriano Peixoto de Azevedo. Alteração de contrato administrativo - antecipação de etapas de execução - intangibilidade das condições econômicas e financeiras originais - alteração do regime de execução e pagamento como fator de neutralização do ônus excedentes - noção jurídica de "antecipação de pagamento" vedada em lei. *Fórum de Contratação e Gestão Pública*. Belo Horizonte, ano 1, nº 5, p. 4, maio 2002.

MARRARA, Thiago; SOUZA, André. Equilíbrio econômico-financeiro e redução tarifária. IN: MOREIRA, Egon Bockmann. Tratado do Equilíbrio Econômico-financeiro. 2ª ed., Belo Horizonte, Fórum, 2019.

MOREIRA, Egon Bockmann; GARCIA, Flavio Amaral. *Contratos Administrativos na Lei de Licitações*: comentários aos artigos 89 a 154 da Lei nº 14.133/2021. São Paulo: Thomson Reuters Brasil, 2024.

MELLO, Celso Antônio Bandeira de. Concessão de serviço público e sua equação econômico-financeira. *Revista de Direito Administrativo - RDA*. Belo Horizonte, ano 2012, nº 259, p. 5, jan./abr. 2012.

SCHIRATO, Vitor Rhein. O reajuste tarifário nas concessões de serviços públicos. *Revista de Direito Administrativo & Constitucional - R&A*. Belo Horizonte, ano 13, nº 54, p. 150. Out./dez.. 2013.

WILLIAMSON, Oliver E. *The Economics of Organization*: The Transaction Cost Approach. American Journal of Sociology, vol. 87, nº 3, 1981, pp. 548–77. Disponível em: http://www.jstor.org/stable/2778934. Acesso em 07.04.2024.

## A Intervenção de terceiros como consequência do ataque colateral via habeas corpus

*Messod Azulay Neto*[1]

**Sumário**: 1. Introdução; **2.** A natureza jurídica do *habeas corpus* e sua utilização como mecanismo de ataque colateral ao processo; **3.** A excepcional intervenção de terceiros no *habeas corpus* e a participação da vítima; **4.** Considerações finais; **5.** Referências bibliográficas.

### 1. INTRODUÇÃO

O *habeas corpus*, como regra, não admite intervenção de terceiros. Por constituir ação de garantia constitucional para a tutela individual ou coletiva do direito de liberdade de locomoção contra constrangimento ilegal, não se extrai, aprioristicamente, legitimidade ou interesse de agir para a intervenção. É que o *habeas corpus* constitui meio processual em que não existem partes litigantes, requisito lógico para o ingresso de terceiro na lide.

De forma geral, são apontados dois fundamentos afastar a intervenção de terceiro no *habeas corpus* na modalidade de assistência simples ou litisconsorcial: i) o *habeas corpus* não se enquadraria nos tipos de procedimentos previstos no Código de Processo Civil; e ii) a intervenção de terceiros não estaria prevista no Código de Processo Penal, na Lei nº 8.038/90 ou, ainda, nas normas regimentais dos tribunais[2].

Já na condição de *amicus curiae* e de assistente de acusação, a inviabilidade da intervenção se relaciona com a finalidade do remédio constitucional. Por constituir meio de exercício da garantia da liberdade de locomoção[3],

1 Ministro do Superior Tribunal de Justiça

2 STJ. AgRg no HC nº 849.502/SP, relator Ministro Reynaldo Soares da Fonseca, relator para acórdão Ministro Ribeiro Dantas, Quinta Turma, julgado em 19/10/2023, DJe de 6/11/2023; e HC nº 692.000/PE, Relatora Ministra Nancy Andrighi, Terceira Turma, julgado em 19/10/2021, DJe de 21/10/2021.

3 STJ. HC nº 411.123/RJ, Relator Ministro Sebastião Reis Júnior, Sexta Turma, julgado em 6/3/2018, DJe de 22/6/2018; AgInt no MS nº 23.909/DF, Relator Ministro Luis Felipe Salomão, Corte Especial, julgado em 6/11/2019, DJe de 4/2/2020; AgRg no HC nº 849.502/SP, relator Ministro Reynaldo Soares da Fonseca, relator para acórdão Ministro Ribeiro Dantas, Quinta Turma, julgado em 19/10/2023, DJe de 6/11/2023.

não seria compatível a atuação de terceiro para dedução de resistência à pretensão de tutela do direito de liberdade, ou seja, seria, em tese, ilógica eventual atuação para a defesa de uma situação de violência ou de constrangimento ilegal.

Entretanto, em razão da construção brasileira do amplo cabimento do *habeas corpus* – ainda que, jurisprudencialmente, resistida, mas, na prática, admitida de modo excepcional –, surgiu a necessidade da flexibilização do entendimento acerca da vedação de intervenção de terceiros. Isso porque a extensão da utilização do remédio constitucional acabou por criar cenários atípicos que demandam tratamento jurídico distinto.

A hipótese mais relevante é a possiblidade de trancamento de ação penal via *habeas corpus*. É que os precedentes do Superior Tribunal de Justiça têm admitido, excepcionalmente, a pretensão de trancamento de ação penal pela via do *habeas corpus* nas hipóteses de atipicidade da conduta, da incidência de causa de extinção da punibilidade ou da ausência de indícios de autoria ou de prova sobre a materialidade do delito – justa causa[4].

Nesse contexto, surge o problema deste ensaio. Quando a impetração tem por objetivo o trancamento de ação penal de inciativa privada surge a discussão sobre a legitimidade e o interesse de agir do querelante para a intervenção no *writ*.

O Superior Tribunal de Justiça tem se manifestado, pontualmente, para afirmar a possibilidade extraordinária de intervenção do querelante – em ação penal de iniciativa privada subsidiária da pública – em julgamento de *habeas corpus*, tendo em vista que a decisão a ser tomada repercute em seu interesse de agir[5].

---

4 STJ, AgRg no RHC nº 165.264/SC, relatora Ministra Daniela Teixeira, Quinta Turma, julgado em 27/5/2024, DJe de 11/6/2024; AgRg no HC nº 877.765/SP, relator Ministro Ribeiro Dantas, Quinta Turma, julgado em 10/6/2024, DJe de 13/6/2024; AgRg no RHC nº 189.813/MG, relator Ministro Rogerio Schietti Cruz, Sexta Turma, julgado em 27/5/2024, DJe de 3/6/2024; AgRg no RHC nº 192.607/SP, relator Ministro Antonio Saldanha Palheiro, Sexta Turma, julgado em 13/5/2024, DJe de 16/5/2024.

5 STJ. AgRg no REsp nº 1.956.757/SP, relator Ministro Messod Azulay Neto, Quinta Turma, julgado em 6/2/2024, DJe de 15/2/2024; REsp nº 1.413.879/DF, relatora Ministra Maria Thereza de Assis Moura, Sexta Turma, julgado em 7/8/2014, DJe de 18/11/2014.

Por sua vez, o Supremo Tribunal Federal, no mesmo sentido, tem julgado, com repercussão geral reconhecida, em que ficou definida a legitimidade e o interesse de agir dos querelantes para intervir em ação de *habeas corpus* que busca o trancamento da ação penal privada e recorrer da decisão que, eventualmente, concede a ordem[6].

Motivado, portanto, por essa excepcionalidade, sem a pretensão de inovar ou de esgotar o tema, o trabalho, em homenagem aos dezoito anos do Ministro Humberto Martins no Superior Tribunal de Justiça, tem por objetivo estudar os fundamentos da viabilidade extraordinária da intervenção de terceiros no *habeas corpus*.

6 STF. ARE 859251 RG, Relator Ministro Gilmar Mendes, Tribunal Pleno, julgado em 16-04-2015, Processo eletrônico repercussão geral - mérito DJe-094 Divulgado 20-05-2015 Publicado 21-05-2015: Recurso extraordinário com agravo. Repercussão geral. Constitucional. Penal e processual penal. 2. Habeas corpus. Intervenção de terceiros. Os querelantes têm legitimidade e interesse para intervir em ação de habeas corpus buscando o trancamento da ação penal privada e recorrer da decisão que concede a ordem. 3. A promoção do arquivamento do inquérito, posterior à propositura da ação penal privada, não afeta o andamento desta. 4. Os fatos, tal como admitidos na instância recorrida, são suficientes para análise da questão constitucional. Provimento do agravo de instrumento, para análise do recurso extraordinário. 5. Direito a mover ação penal privada subsidiária da pública. Art. 5º, LIX, da Constituição Federal. Direito da vítima e sua família à aplicação da lei penal, inclusive tomando as rédeas da ação criminal, se o Ministério Público não agir em tempo. Relevância jurídica. Repercussão geral reconhecida. 6. Inquérito policial relatado remetido ao Ministério Público. Ausência de movimentação externa ao Parquet por prazo superior ao legal (art. 46 do Código de Processo Penal). Surgimento do direito potestativo a propor ação penal privada. 7. Questão constitucional resolvida no sentido de que: (i) o ajuizamento da ação penal privada pode ocorrer após o decurso do prazo legal, sem que seja oferecida denúncia, ou promovido o arquivamento, ou requisitadas diligências externas ao Ministério Público. Diligências internas à instituição são irrelevantes; (ii) a conduta do Ministério Público posterior ao surgimento do direito de queixa não prejudica sua propositura. Assim, o oferecimento de denúncia, a promoção do arquivamento ou a requisição de diligências externas ao Ministério Público, posterior ao decurso do prazo legal para a propositura da ação penal, não afastam o direito de queixa. Nem mesmo a ciência da vítima ou da família quanto a tais diligências afasta esse direito, por não representar concordância com a falta de iniciativa da ação penal pública. 8. Reafirmação da jurisprudência do Supremo Tribunal Federal. 9. Recurso extraordinário provido, por maioria, para reformar o acórdão recorrido e denegar a ordem de habeas corpus, a fim de que a ação penal privada prossiga, em seus ulteriores termos.

## 2. A NATUREZA JURÍDICA DO *HABEAS CORPUS* E SUA UTILIZAÇÃO COMO MECANISMO DE ATAQUE COLATERAL AO PROCESSO

Apesar de constar do Código de Processo Penal como recurso[7], ao menos desde sua previsão expressa no texto constitucional, na Constituição Republicana de 1891, predomina na doutrina e na jurisprudência a definição da natureza jurídica do *habeas corpus* como ação autônoma de garantia. Antes da prescrição constitucional, contudo, vigia "(...) na doutrina do Império a opinião de que o *habeas corpus* era recurso propriamente dito, de rito peculiar, o que permitia caracterizá-lo como extraordinário. A principal consequência do entendimento foi subordiná-lo às regras que regem os recursos em geral e, tratando-se de 'recurso extraordinário' não admitir seu cabimento quando previsto outro recurso para a hipótese"[8]. Já na República Velha, a previsão do *habeas corpus* na Declaração de Direitos da Constituição de 1891 alterou substancialmente a visão da doutrina, que passou a classificar o remédio como "garantia constitucional, distinguindo garantias e direitos constitucionais"[9].

O *habeas corpus* foi a primeira ação de garantia ativa - instrumento cujo objeto é a defesa e a implementação de direitos - consagrada em sede constitucional[10]. E, também, a única prevista na Constituição de 1891, que, embora contivesse um extenso rol de direitos individuais previa, apenas, um instrumento de garantia: o *habeas corpus*[11]. Ante a singularidade do *habeas corpus* como instrumento constitucional para tutela de direitos fundamentais, no período da Primeira República, "o tempo e a prática judiciária evidenciaram a carência de instrumentos para a defesa de inúmeros direitos. A consequência foi uma reinterpretação do instituto do *habeas corpus* decorrente dos esforços doutriná-

7 Previsto nos arts. 647 e ss., do Código de Processo Penal, Capítulo X, dentro do Título II - Recursos em geral.

8 BUSANA, Dante. *O Habeas Corpus no Brasil*. São Paulo: Atlas, 2009. p. 30.

9 Ibidem.

10 A Constituição de 1988 prevê, atualmente, ao lado do *habeas corpus*, o mandado de segurança, o mandado de injunção, o *habeas data*, a ação popular e a ação civil pública.

11 SOUZA, Luiz Henrique Boselli de. *A doutrina brasileira do habeas corpus e a origem do mandado de segurança: Análise doutrinária de anais do Senado e da jurisprudência histórica do Supremo Tribunal Federal*. Revista de Informação Legislativa. Brasília a. 45 nº 177 jan/mar. 2008. p. 75.

rios e da jurisprudência do Supremo Tribunal Federal, dando origem à doutrina brasileira do *habeas corpus*, que conferiu, em nossa terra, ao antigo instrumento processual inglês, maior extensão. Segundo alguns, a maior do mundo"[12].

Dando um salto histórico – para não fugir do objeto deste ensaio –, a Constituição de 1988, normativamente, ao prever o *habeas corpus*, em seu art. 5º, *caput*, inciso LXVIII, exigiu, apenas, a *ameaça* de violência ou coação ao direito de liberdade, razão por que parte da doutrina passou a defender a não recepção do art. 647, do Código de Processo Penal, que demanda, por sua vez, a *iminência*, e não apenas a *ameaça*. E, por consequência, alguns autores chegam à conclusão da possibilidade do amplíssimo cabimento do *habeas corpus* para a tutela do direito de liberdade de locomoção frente a toda e qualquer ameaça, ainda que de forma longínqua ou remota[13].

Seja como for, a prática brasileira tem experimentado a utilização do *habeas corpus*, dada sua efetividade e celeridade, como instrumento de ataque colateral ao processo penal, isto é, como mecanismo de controle da persecução penal[14]. E, como resultado, o *habeas corpus* acaba por atrair a possiblidade de apreciação e alteração de decisão judicial, ainda que de forma excepcional, por autoridade que, em tese, não seria a competente para o exame da matéria em um primeiro momento, "(...) ou seja, trata-se de mecanismo que possibilita a impugnação de atos de um processo por um juízo distinto daquele que é originalmente competente para a apreciação do mérito da questão (...)"[15].

---

12 SOUZA, Luiz Henrique Boselli de. A doutrina brasileira do habeas corpus e a origem do mandado de segurança: Análise doutrinária de anais do Senado e da jurisprudência histórica do Supremo Tribunal Federal. Revista de Informação Legislativa. Brasília a. 45 nº 177 jan/mar. 2008. p. 76-79.

13 BADARÓ, Gustavo Henrique. *Manual dos Recursos Penais.* 6 ed. São Paulo: Thomson Reuters Brasil, 2023. P. 574.

14 CASARA, Rubens R. R.; MELCHIOR, Antonio Pedro. *Teoria do processo penal brasileiro: dogmática e crítica.* Rio de Janeiro: Lumen Juris, 2013. p. 170.

15 VASCONCELLOS, Vinicius Gomes de. *Limites cognitivos do exame judicial em habeas corpus nos tribunais superiores. In* PEDRINA, Gustavo Mascarenhas Lacerta; NUNES, Mariana Madera; SOUZA, Rafael Ferreira de; VASCONCELLOS, Vinicius Gomes de (Organizadores). *Habeas Corpus no Supremo Tribunal Federal.* 3 ed. São Paulo: Thomson Reuters Brasil, 2023. p. 159.

Sobre essa amplitude do cabimento do *habeas corpus* como instrumento de ataque colateral ao processo penal, Gustavo Henrique Badaró retrata que

> "A Constituição de 1988 manteve o cabimento do *habeas corpus preventivo* nesse sentido mais amplo. Seu art. 5º, *caput*, LXVIII, da CR, apenas exige que o indivíduo se ache "*ameaçado de sofrer* violência ou coação", (destacamos). Não foi recepcionado o art. 647 do CPP, que exigia a "iminência" da coação. Logo atualmente âmbito de cabimento do *habeas corpus* preventivo tornou-se amplíssimo.
>
> Assim, é cabível o *habeas corpus* preventivo mesmo no caso em que a ameaça de prisão constitua apenas um evento possível, no longo prazo, ainda que longínquo ou remoto. Justamente por isso é possível a utilização do *habeas corpus* em caso de qualquer nulidade processual, mesmo que em uma fase inicial do feito, visto que poderá levar futuramente, a uma condenação à pena privativa de liberdade ilegal. Trata-se de uma ameaça longínqua de prisão, mas ameaça há, e o *habeas corpus* será cabível.
>
> A situação descrita transformou o *habeas corpus* em um amplíssimo "agravo" cabível contra toda e qualquer decisão interlocutória proferida em processo penal. E, mesmo nos casos em que há recurso específico, prefere-se o *habeas corpus*, por ser medida mais eficaz. (...)"[16].

Sem entrar propriamente no mérito da extensão do cabimento ou da respectiva cognição em sede de *habeas corpus*, fato é que a jurisprudência dos Tribunais Superiores tem, ao longo dos anos, reagido a essa amplitude. Todavia, ainda que não se admita, em regra e de forma expressa, o cabimento amplo, a prática judicial brasileira tem revelado hipóteses excepcionais de impugnação na via do *habeas corpus* que acabam por implicar situações, igualmente, atípicas.

Um exemplo disso é o caso da admissão excepcional de trancamento de ação penal.

Como exposto anteriormente, os precedentes do Superior Tribunal de Justiça têm admitido, excepcionalmente, a pretensão de trancamento de ação penal pela via do *habeas corpus* nas hipóteses de atipicidade

16 BADARÓ, Gustavo Henrique. *Manual dos Recursos Penais*. 6 ed. São Paulo: Thomson Reuters Brasil, 2023. P. 574-575.

da conduta, da incidência de causa de extinção da punibilidade ou da ausência de indícios de autoria ou de prova sobre a materialidade do delito - justa causa[17]. E, por consequência, quando a impetração tem por objetivo o trancamento de ação penal de inciativa privada é que surge a discussão sobre a legitimidade e o interesse de agir do querelante para a intervenção, como terceiro, no *writ*.

## 3. A EXCEPCIONAL INTERVENÇÃO DE TERCEIROS NO *HABEAS CORPUS* E A PARTICIPAÇÃO DA VÍTIMA

A intervenção de terceiro é instituto, naturalmente, afeto às demandas de natureza privada. E, por essa razão, tem sua disciplina detalhada no processo civil.

Sobre o tema, o Código de Processo Penal dispõe expressamente, apenas, sobre uma intervenção de terceiros. O art. 268 prevê a hipótese do assistente de acusação, figura que não é titular do direito de punir, mas tem sua atuação legitimada, estritamente, pelo interesse jurídico que apresenta sobre determinado caso concreto.

Diante da aparente lacuna, sobre a possibilidade de aplicação dos institutos do Código de Processo Civil, no processo penal, o art. 15[18], do diploma processual civil, prevê regra de aplicação subsidiária a procedimentos de naturezas distintas, porém não estabelece, de forma expressa, sua aplicabilidade ao processo penal. Apesar da omissão, o Superior Tribunal de Justiça tem entendimento consolidado no sentido de que o Código de Processo Civil é subsidiariamente aplicável no processo penal com fundamento no art. 3º do Código de Processo Penal[19].

17 STJ, AgRg no RHC nº 165.264/SC, relatora Ministra Daniela Teixeira, Quinta Turma, julgado em 27/5/2024, DJe de 11/6/2024; AgRg no HC nº 877.765/SP, relator Ministro Ribeiro Dantas, Quinta Turma, julgado em 10/6/2024, DJe de 13/6/2024; AgRg no RHC nº 189.813/MG, relator Ministro Rogerio Schietti Cruz, Sexta Turma, julgado em 27/5/2024, DJe de 3/6/2024; AgRg no RHC nº 192.607/SP, relator Ministro Antonio Saldanha Palheiro, Sexta Turma, julgado em 13/5/2024, DJe de 16/5/2024.

18 CPC. Art. 15. Na ausência de normas que regulem processos eleitorais, trabalhistas ou administrativos, as disposições deste Código lhes serão aplicadas supletiva e subsidiariamente.

19 STJ. REsp nº 1.568.445/PR, relator Ministro Rogerio Schietti Cruz, relator para acórdão Ministro Ribeiro Dantas, Terceira Seção, julgado em 24/6/2020, DJe de 20/8/2020.

Tramita, inclusive, nesse sentido, no Poder Legislativo, projeto de lei, o PL n.º 49/23, que propõe alterar o art. 15, do Código de Processo Civil, para autorizar expressamente sua aplicação supletiva e subsidiária ao processo penal.

Assim, ante uma eventual omissão e desde que materialmente compatível, apresenta-se juridicamente viável a aplicação dos institutos da intervenção de terceiros ao processo penal, nos termos do entendimento da jurisprudência.

O conceito de *terceiro* é determinado por exclusão, uma vez que "é terceiro quem não é parte"[20]. A intervenção de terceiro é, pois, "o ingresso, num processo, de quem não é parte"[21]. Ao ingressar no processo, o terceiro se torna parte do processo, porém, nem sempre é parte da demanda, como explica Alexandre Freitas Câmara:

> O terceiro, pois ao intervir, torna-se *parte do processo*. Nem sempre, porém, será ele *parte da demanda*. É que em algumas modalidades de intervenção de terceiro o interveniente não assume nem a posição de demandante nem a de demandado (como se dá por exemplo, nas assistências). Em outros casos, porém, o terceiro interveniente se torna parte da demanda, como acontece no chamamento ao processo, em que o chamado vira réu, assumindo uma posição passiva na demanda que deu origem ao processo (e, assim, litisconsorciando ao demandado original)[22].

O *habeas corpus*, entendido como garantia constitucional, muito embora de rito célere e cognição sumária, possui natureza de ação de conhecimento. Do ponto de vista estritamente processual, portanto, em tese, não existiria óbice para a intervenção de terceiros. Contudo, como exposto já na introdução, o impedimento se fundamenta em aspectos típicos do instrumento constitucional.

Na modalidade de assistência simples ou litisconsorcial, a inviabilidade da intervenção encontra impedimento no fato de o *habeas corpus* não se enquadrar nos tipos de procedimentos previstos no Código de Processo Civil; e, também, em razão de a intervenção de terceiros não

---

20 CÂMARA, Alexandre Freitas. *Manual de direito processual civil.* 3 ed. Barueri/SP: Atlas, 2024. p. 218.

21 Ibidem.

22 Ibidem.

estar regulamentada especificamente no Código de Processo Penal, na Lei nº 8.038/90 ou, ainda, nas normas regimentais dos tribunais[23].

E nas modalidades de *amicus curiae* ou como assistente de acusação, igualmente, não se admite a intervenção em razão da finalidade do remédio constitucional. Por constituir meio de exercício da garantia da liberdade de locomoção[24], não seria possível atuação de terceiro no *habeas corpus* para dedução de resistência à pretensão de tutela do direito de liberdade, ou seja, seria, teoricamente, ilógica eventual atuação de defesa de uma situação de violência ou de constrangimento ilegal.

A justificativa da existência da figura de intervenção de terceiros, em suma, deriva da possiblidade de o processo produzir efeitos na esfera jurídica de pessoas estranhas à relação jurídica originária, ou seja, a intervenção demanda que o interveniente tenha interesse jurídico no feito, seja com uma ou ambas as partes e, ainda, com a relação jurídica objeto do processo[25]. Os terceiros possuem, assim, estrita relação com os efeitos da decisão judicial que, de alguma forma, atinge sua esfera jurídica[26].

No caso do *habeas corpus*, é verdade que, em regra, não se extrai repercussão jurídica na esfera de outras pessoas que não sejam o paciente, uma vez que a garantia tem por objetivo, especificamente, a tutela de sua liberdade.

Entretanto, como visto, nos casos em que o *habeas corpus* é impetrado como instrumento de controle para trancamento de ações penais privadas, surge uma hipótese atípica que permite exceção à regra.

A ação penal de iniciativa exclusivamente privada, ou privada personalíssima, diferentemente da ação penal pública, revela figura pro-

---

23 STJ. AgRg no HC nº 849.502/SP, relator Ministro Reynaldo Soares da Fonseca, relator para acórdão Ministro Ribeiro Dantas, Quinta Turma, julgado em 19/10/2023, DJe de 6/11/2023; e HC nº 692.000/PE, Relatora Ministra Nancy Andrighi, Terceira Turma, julgado em 19/10/2021, DJe de 21/10/2021.

24 STJ. HC nº 411.123/RJ, Relator Ministro Sebastião Reis Júnior, Sexta Turma, julgado em 6/3/2018, DJe de 22/6/2018; AgInt no MS nº 23.909/DF, Relator Ministro Luis Felipe Salomão, Corte Especial, julgado em 6/11/2019, DJe de 4/2/2020; AgRg no HC nº 849.502/SP, relator Ministro Reynaldo Soares da Fonseca, relator para acórdão Ministro Ribeiro Dantas, Quinta Turma, julgado em 19/10/2023, DJe de 6/11/2023.

25 GRECO, Leonardo. *Instituições de Processo Civil – Introdução ao Direito Processual Civil*. 5 ed. Rio de Janeiro: Grupo GEN, 2015. *E-book*. p. 473-474.

26 BUENO, Cassio S. *Manual de direito processual civil*. São Paulo: SRV Editora LTDA, 2024. *E-book*. p. 108.

cessual em que se verifica a dedução de uma pretensão disponível, em que predomina o interesse particular sobre o coletivo[27]. O ofendido ou legitimado, individualmente, propõe em juízo inicial acusatória em que narra os fatos que sustentam o delito. O exercício do direito de queixa é passível de renúncia e deve ser exercido dentro de prazo decadencial legalmente previsto.

Já a ação de iniciativa privada subsidiária da pública, por outro lado, não constitui pretensão inserta na esfera de disponibilidade privada. Aqui, a situação é diversa. Cuida de autorização constitucional, prevista no art. 5º, inciso LIX, da Constituição, que permite à vítima ou ao seu representante legal o exercício direto do direito de ação penal, por meio do oferecimento de queixa, quando o Ministério Público, nas hipóteses de ações de iniciativa pública, não o faça no prazo legal. Inadmissível, desse modo, perdão, ato de disponibilidade possível, apenas, nas ações penais de iniciativa exclusivamente privadas[28].

Por conseguinte, na hipótese em que o *habeas corpus* é utilizado como mecanismo de impugnação do recebimento de ação penal de iniciativa privada, independentemente se exclusivamente privada ou subsidiária da pública, é evidente que a interferência produz efeitos na esfera jurídica do querelante. Isso porque eventual trancamento da ação penal impede a pretensão punitiva deduzida em juízo pela vítima.

Nesses casos, o que define a existência da legitimidade e do interesse de agir do terceiro interveniente no *habeas corpus não é a natureza da ação constitucional de tutela da liberdade, mas a legitimidade ad causam* do querelante para dar início ao processo penal que deu origem àquela impetração.

O Supremo Tribunal Federal possui precedente, com repercussão geral reconhecida, em que definiu a legitimidade e o interesse de agir dos querelantes para intervir em ação de *habeas corpus* que busca o trancamento da ação penal privada e recorrer da decisão que, eventualmente, concede a ordem[29].

---

27 NUCCI, Guilherme de Souza. *Manual de Processo Penal.* Volume Único. Rio de Janeiro: Grupo GEN, 2023. E-book. p. 122.

28 Ibidem. p. 130-131.

29 STF. ARE 859251 RG, Relator Ministro Gilmar Mendes, Tribunal Pleno, julgado em 16-04-2015, Processo eletrônico repercussão geral – mérito DJe-094 Divulgado 20-05-2015 Publicado 21-05-2015: Recurso extraordinário com agravo. Repercussão geral. Constitucional. Penal e processual penal. 2. Habeas corpus. Inter-

E, recentemente, no julgamento do Recurso Especial n.º 1.956.757/SP[30], a Quinta Turma do Superior Tribunal de Justiça reafirmou a tese

venção de terceiros. Os querelantes têm legitimidade e interesse para intervir em ação de habeas corpus buscando o trancamento da ação penal privada e recorrer da decisão que concede a ordem. 3. A promoção do arquivamento do inquérito, posterior à propositura da ação penal privada, não afeta o andamento desta. 4. Os fatos, tal como admitidos na instância recorrida, são suficientes para análise da questão constitucional. Provimento do agravo de instrumento, para análise do recurso extraordinário. 5. Direito a mover ação penal privada subsidiária da pública. Art. 5º, LIX, da Constituição Federal. Direito da vítima e sua família à aplicação da lei penal, inclusive tomando as rédeas da ação criminal, se o Ministério Público não agir em tempo. Relevância jurídica. Repercussão geral reconhecida. 6. Inquérito policial relatado remetido ao Ministério Público. Ausência de movimentação externa ao Parquet por prazo superior ao legal (art. 46 do Código de Processo Penal). Surgimento do direito potestativo a propor ação penal privada. 7. Questão constitucional resolvida no sentido de que: (i) o ajuizamento da ação penal privada pode ocorrer após o decurso do prazo legal, sem que seja oferecida denúncia, ou promovido o arquivamento, ou requisitadas diligências externas ao Ministério Público. Diligências internas à instituição são irrelevantes; (ii) a conduta do Ministério Público posterior ao surgimento do direito de queixa não prejudica sua propositura. Assim, o oferecimento de denúncia, a promoção do arquivamento ou a requisição de diligências externas ao Ministério Público, posterior ao decurso do prazo legal para a propositura da ação penal, não afastam o direito de queixa. Nem mesmo a ciência da vítima ou da família quanto a tais diligências afasta esse direito, por não representar concordância com a falta de iniciativa da ação penal pública. 8. Reafirmação da jurisprudência do Supremo Tribunal Federal. 9. Recurso extraordinário provido, por maioria, para reformar o acórdão recorrido e denegar a ordem de habeas corpus, a fim de que a ação penal privada prossiga, em seus ulteriores termos.

30 STJ. AgRg no REsp nº 1.956.757/SP, relator Ministro Messod Azulay Neto, Quinta Turma, julgado em 6/2/2024, DJe de 15/2/2024: (...) I – O entendimento quanto à impossibilidade de intervenção de terceiros em sede de habeas corpus é flexibilizado quando se objetiva trancamento de ação penal privada, ao se permitir que o querelante participe do julgamento do writ. Precedentes. II – Se o querelado pretende manejar uma ação constitucional com o objetivo de fulminar a queixa (inclusive subsidiária), deve-se assegurar ao querelante o direito de resguardar o seu interesse – o qual se concretiza na entrega jurisdicional final – em todos os graus de jurisdição. III – O que define a existência do interesse de agir de terceiro em ação de habeas corpus não é apenas a natureza da ação de fundo, mas especialmente a legitimidade ad causam do querelante para dar início ao processo penal, com base nos artigos 29 e 30 do Código de Processo Penal. IV – Matéria já ventilada nesta Corte. Precedentes. V – Ainda que a questão concernente à possibilidade de intervenção do querelante em ação de habeas corpus não esteja abarcada pela tese firmada em repercussão geral pelo STF no julgamento do Tema 811, ela foi

para se admitir o cabimento da intervenção do querelante no *habeas corpus* impetrado pelo querelado com o objetivo de trancar a ação penal privada ou privada subsidiária da pública.

Sob outro referencial, não menos importante, vale observar, ainda, que a instrumentalização da intervenção no *habeas corpus* permite a efetiva a participação da vítima na tutela de seus direitos fundamentais. O processo penal, informado pelas normas constitucionais e internacionais de proteção de direitos humanos, deve reconhecer que a vítima, para além dos interesses de natureza indenizatória ou meramente protetiva, tem, também, o interesse de participar para o resultado da tutela penal adequada[31].

O acesso efetivo da vítima à jurisdição é, pois, característica importante de um processo penal democrático e constitucional que conforma a totalidade dos interesses envolvidos na relação jurídica: acusado, vítima e coletividade[32].

## 4. CONSIDERAÇÕES FINAIS

O ensaio, como proposto, teve por finalidade o estudo da viabilidade excepcional de intervenção de terceiros no *habeas corpus* como consequência da amplitude do cabimento do remédio constitucional, como instrumento de ataque colateral ao processo, experimentado na prática judiciária brasileira, especialmente, em relação à possibilidade, admitida pela jurisprudência dos Tribunais Superiores, de trancamento da ação penal via *writ*.

Embora, como regra, a jurisprudência não admita a intervenção no *habeas corpus*, ao permitir, excepcionalmente, a impetração para contro-

objeto de análise preliminar pelo Tribunal Pleno da Excelsa Corte, a viabilizar o julgamento do mérito do recurso interposto pelo querelante naqueles autos. VI – Violados os artigos 29, 30 e 577 do Código Processo Penal pela decisão a quo, que não permitiu a intervenção do querelante em writ que buscava o trancamento da ação penal privada subsidiária da pública por ele iniciada. Agravo regimental a que se nega provimento.

31 MARTINS. Charles Emil Machado. *O Processo Penal no Estado Democrático de Direito, suas tendências orientadoras e a vítima de crime. Revista Brasileira de Ciências Criminais*. vol. 189. ano 30. p. 51-94. São Paulo: Ed. RT, março de 2022. DOI: https://doi.org/10.54415/rbccrim.v189i189.15. Acesso em: 10.06.2024. p. 13.

32 Ibidem. p. 13-14.

le de continuidade de ação penal de iniciativa privada, ou privada subsidiária da pública, a repercussão da decisão judicial na esfera da vítima justifica o tratamento distinto de modo a viabilizar sua interferência. Um exemplo do bom caminho que percorre, atualmente, a jurisprudência dos Tribunais Superiores no sentido de uma participação democrática e constitucional da vítima no processo penal.

## 5. REFERÊNCIAS BIBLIOGRÁFICAS

BADARÓ, Gustavo Henrique. *Processo Penal.* 11 ed. São Paulo: Thomson Reuters Brasil, 2023.

BADARÓ, Gustavo Henrique. *Manual dos Recursos Penais.* 6 ed. São Paulo: Thomson Reuters Brasil, 2023.

BUENO, Cassio Scarpinella. *Manual de direito processual civil.* São Paulo: SRV Editora LTDA, 2024. *E-book.*

BUSANA, Dante. *O Habeas Corpus no Brasil.* São Paulo: Atlas, 2009.

CÂMARA, Alexandre Freitas. *O Novo Processo Civil Brasileiro.* Rio de Janeiro: Grupo GEN, 2022. *E-book.*

CÂMARA, Alexandre Freitas. *Manual de direito processual civil.* 3 ed. Barueri/SP: Atlas, 2024.

CASARA, Rubens R. R.; MELCHIOR, Antonio Pedro. *Teoria do processo penal brasileiro: dogmática e crítica.* Rio de Janeiro: Lumen Juris, 2013.

DINAMARCO, Cândido Rangel. *Teoria geral do processo.* Cândido Rangel Dinamarco, Gustavo Henrique Righi Ivahy Badaró, Bruno Vasconcelos Carrilho Lopes. 34ª ed. São Paulo: Malheiros, 2023.

GRECO, Leonardo. *Instituições de Processo Civil – Introdução ao Direito Processual Civil.* Vol. I. 5 ed. Rio de Janeiro: Grupo GEN, 2015. *E-book.*

MARTINS. Charles Emil Machado. *O Processo Penal no Estado Democrático de Direito, suas tendências orientadoras e a vítima de crime. Revista Brasileira de Ciências Criminais.* vol. 189. ano 30. pp. 51-94. São Paulo: Ed. RT, março de 2022. DOI: https://doi.org/10.54415/rbccrim.v189i189.15. Acesso em: 10.06.2024. Disponível em: https://www.revistadostribunais.com.br/maf/app/resultList/document?&src=rl&srguid=i0ad6adc5000001904aafddb82df1609c&docguid=I4d3d4dd0fa5911edab2c8c3112114430&hitguid=I4d3d4dd0fa5911edab2c8c3112114430&spos=1&epos=1&td=11&context=18&crumb-action=append&crumb-label=Documento&isDocFG=false&isFromMultiSumm=&startChunk=1&endChunk=1#

MIRANDA, Francisco Cavalcanti Pontes de. *História e prática do Habeas Corpus.* 3 ed. Campinas: Brookseller, 2007.

NUCCI, Guilherme de Souza. *Manual de Processo Penal.* Rio de Janeiro: Grupo GEN, 2023. *E-book.*

RODRIGUES, Daniel Colnago. *Aportes para uma teoria geral das intervenções de terceiros. Revista de Processo.* vol. 341. ano 48. pp. 53-65. São Paulo: Ed. RT, julho 2023. Acesso em 10.06.2024. Disponível em:

https://www.revistadostribunais.com.br/maf/app/resultList/document?&src=rl&srguid=i0ad6adc5000001904ab48902988baf67&docguid=I68c749f09ab211ec89e4c6939eeef9cb&hitguid=I68c749f09ab211ec89e4c6939eeef9cb&spos=8&epos=8&td=14&context=36&crumb-action=append&crumb-label=Documento&isDocFG=false&isFromMultiSumm=&startChunk=1&endChunk=1

SABINO, Vicente Júnior. *O Habeas Corpus e a Liberdade Pessoal.* São Paulo: Revista dos Tribunais, 1964.

SOUZA, Luiz Henrique Boselli de. *A doutrina brasileira do habeas corpus e a origem do mandado de segurança: Análise doutrinária de anais do Senado e da jurisprudência histórica do Supremo Tribunal Federal.* Revista de Informação Legislativa. Brasília a. 45 nº 177 jan/mar. 2008.

TORON, Alberto Zacharias. *Habeas corpus: controle do devido processo legal: questões controvertidas e de processamento do writ.* 6 ed. São Paulo: Thomson Reuters Brasil, 2023.

VASCONCELLOS, Vinicius Gomes de. *Limites cognitivos do exame judicial em habeas corpus nos tribunais superiores. In* PEDRINA, Gustavo Mascarenhas Lacerta; NUNES, Mariana Madera; SOUZA, Rafael Ferreira de; VASCONCELLOS, Vinicius Gomes de (Organizadores). *Habeas Corpus no Supremo Tribunal Federal.* 3 ed. São Paulo: Thomson Reuters Brasil, 2023.

# A INTERDEPENDÊNCIA ENTRE O SUPERIOR TRIBUNAL DE JUSTIÇA E O CONSELHO NACIONAL DO MINISTÉRIO PÚBLICO NO JULGAMENTO DE CONFLITOS DE COMPETÊNCIA E DE ATRIBUIÇÃO

*Engels Augusto Muniz*[1]

*Pedro Paulo Nascente Macedo Bichuette*[2]

## INTRODUÇÃO

Dentre as funções atribuídas ao Superior Tribunal de Justiça (STJ) pela Constituição Federal (CF) estão o julgamento de conflitos de competência e de conflitos de atribuição. Naqueles, a Corte soluciona divergências entre juízos que se dizem, simultaneamente, responsáveis pelo julgamento de determinada causa (conflito positivo) ou consideram não lhes caber a resolução daquela lide (conflito negativo). Nestes, por sua vez, debate-se a controvérsia entre uma autoridade administrativa e uma autoridade judiciária no exercício de atividade atípica, ou seja, atividade administrativa do órgão jurisdicional.

Uma das espécies mais corriqueiras de conflito de atribuição diz respeito às dúvidas entre membros do Ministério Público brasileiro para oficiarem em determinada causa. Apesar da previsão constitucional de um MP regido pelos princípios da unidade e da indivisibilidade, sabe-se que há regras específicas sobre qual ramo ou unidade do MP é responsável por uma matéria, nascendo a ideia da atribuição ministerial, que significa a organização interna das tarefas dentro da estrutura prevista no art. 128 da CF: Ministério Público da União (e seus ramos) e os Ministérios Públicos dos Estados. Nesse sentido, os conflitos de atribui-

1 Advogado há 10 anos. Foi Ministro de Estado Interino e Secretário Executivo do Ministério dos Direitos Humanos, Chefe de Gabinete da Subchefia para Assuntos Jurídicos (SAJ) da Casa Civil da Presidência da República, Gerente Executivo da Caixa de Assistência dos Advogados do Distrito Federal, Orientador Jurídico do Núcleo de Assistência Jurídica do UniCEUB e Assessor na Secretaria Executiva e na Consultoria Jurídica do Ministério da Justiça. Ocupou, ainda, a cadeira de membro titular dos Conselhos Fiscais da Eletrosul, da CaixaPAR e do Banco do Brasil.

2 Assessor-Chefe de Gabinete no Conselho Nacional do Ministério Público (CNMP), especialista em Direito Administrativo pelo Instituto Brasileiro de Ensino, Desenvolvimento e Pesquisa (IDP) e graduado em Direito pela Universidade de Brasília (UnB).

ção ministeriais são, muitas vezes, impasses que inviabilizam a prestação jurisdicional efetiva, uma vez que o *Parquet* atua precipuamente em temas da defesa da democracia, de direitos individuais indisponíveis e coletivos e, havendo divergência sobre qual MP deve atuar para tutelar determinado direito, estagna-se todo o caminho processual.

O presente artigo tratará destes conflitos sob um enfoque histórico da autoridade competente para solucioná-los. Verificar-se-á que, atualmente, após uma guinada jurisprudencial do Supremo Tribunal Federal (STF), compete ao Conselho Nacional do Ministério Público dirimir estas dúvidas entre membros do MP.

Os conceitos de competência e atribuição são distintos, mas se interligam na medida em que uma influencia na outra, sendo comum que, diante da adoção de um sistema de jurisdição una adotada pelo Brasil, materializada no princípio da inafastabilidade da jurisdição (art. 5º, XXXV, da CF), decidir de quem é a atribuição para conduzir um expediente demanda adiantar uma conclusão sobre qual seria o juízo competente, em virtual ação judicial, para aquela controvérsia.

Nesse contexto, então, surge a necessidade de uma interseção e um alinhamento entre os entendimentos do Superior Tribunal de Justiça no julgamento de conflitos de competência e do Conselho Nacional do Ministério Público nos de atribuição. Este será o ponto focal deste estudo. Para tanto, fixar-se-ão algumas premissas teóricas relacionadas aos conceitos de competência, atribuição, dos respectivos conflitos e do princípio da inafastabilidade da jurisdição. Ao final, diante da jurisprudência sobre ambos os conflitos, demonstrar-se-á como os entendimentos do STJ e do CNMP se interligam e qual a relevância de uma atuação coordenada para o bom funcionamento do ordenamento jurídico brasileiro.

## Premissas teóricas

### *a) Competência*

Entende-se, tradicionalmente, que competência significa a medida da jurisdição. Esta, por sua vez, seria "a atuação estatal visando à aplicação do direito objetivo ao caso concreto" (NEVES, 2021, p. 61). A doutrina processualista evoluiu o conceito de competência diante da ideia de que a jurisdição é una e indivisível, razão pela qual seria inviável medi-la para cada juízo. Nesse sentido, competência passou a ser "a limitação do exercício legítimo da jurisdição" (NEVES, 2021, p. 221). Isso porque Nunca faltará jurisdição ao órgão jurisdicional, o que inclusive ocasionaria o mais grave dos vícios processuais: a inexistência jurídica. Afirmar que qualquer juiz, de qualquer órgão jurisdicional, tem jurisdição em todo o território nacional não significa que possa exercer a função jurisdicional de forma ilimitada. O ato do juiz, devidamente investido de jurisdição, sempre existirá, mas por vezes, quando exercido fora de certos limites traçados pela lei, poderá ser nulo, estando nessa determinação de limites a importância do fenômeno da competência. [...]

O juiz incompetente estará, portanto, exercendo de forma ilegítima sua jurisdição, algo bem diferente, inclusive em termos da gravidade do vício gerado, da situação em que um sujeito qualquer pratica atos que exigiriam o poder jurisdicional sem estar devidamente investido. Prova maior de que o órgão jurisdicional, mesmo sem competência, tem jurisdição é a aplicação do princípio Kompetenz Kompetenz, que atribuiu ao órgão incompetente a competência para declarar sua própria incompetência. Caso a ausência de competência gerasse ausência de jurisdição, essa declaração de incompetência seria ato inexistente, o que naturalmente não ocorre. (NEVES, 2021, pp. 221- 222)

Na prática, portanto, a competência se relaciona com a definição de qual juízo atuará em cada caso, dizendo respeito a regras de organização judiciária.

### *b) Conflitos de Competência*

Segundo o Código de Processo Civil, "há conflito de competência quando: I – 2 (dois) ou mais juízes se declaram competentes; II – 2 (dois) ou mais juízes se consideram incompetentes, atribuindo um ao outro a competência; III – entre 2 (dois) ou mais juízes surge controvérsia acerca da reunião ou separação de processos" (art. 66 do CPC). Previsão semelhante consta do Código de Processo Penal, no art. 114, nele denominado "conflito de jurisdição".

Em síntese, o conflito de competência diz respeito à dúvida quanto à autoridade judicial que conduzirá o processo. Caso dois ou mais juízes entendam ser competentes para uma mesma causa, haverá o conflito positivo. Na hipótese de a incompetência ser declarada por tais juízos simultaneamente, será negativo o conflito.

Assim ocorre porque

> [...] o conflito é decorrência do princípio de que cada órgão jurisdicional é juiz da própria competência pela adoção por parte do sistema nacional, do princípio germânico Kompetenz--Kompetenz,

> necessário, porque a questão envolve pressuposto processual de validade, que é matéria conhecível de ofício. Assim, se cada juiz é "senhor de sua competência", o conflito pode surgir quando um magistrado pretende, através de suas razões, sobrepujar as razões do outro quanto ao tema da competência. Desta sorte, o juiz quando se declara competente nega a competência dos demais juízes e o que se declara incompetente afirma, por via reflexa, a competência de outro juízo. (FUX, 2023, p. 172)

Examinaremos que o órgão responsável pela solução do CC dependerá dos Juízos envolvidos, ficando a cargo do Superior Tribunal de Justiça (STJ) a resolução de conflitos entre tribunais; entre tribunal e juiz a ele não vinculado e entre juízes vinculados a tribunais distintos. Por outro lado, nas hipóteses em que haja a presença de Tribunais Superiores no conflito, é do Supremo Tribunal Federal a competência para dirimir a controvérsia.

### *c) Atribuição*

A Constituição Federal de 1988 trouxe importantes alterações na estrutura organizacional e das funções do Ministério Público brasileiro, que passou a ser considerado instituição permanente, essencial à função jurisdicional do Estado, a quem compete a defesa da ordem jurídica, do regime democrático e dos interesses sociais e individuais indisponíveis, nos termos do art. 127 da Carta Magna.

Para tanto, observando os princípios da unidade, da indivisibilidade e da independência funcional, a Constituição elencou como funções institucionais do MP um rol extenso de atividades correlacionadas com as incumbências supracitadas. Daí surge a ideia de "atribuição". Como bem explicado por Wallace Paiva Martins Junior, "as funções são estabelecidas à instituição, enquanto as atribuições são direcionadas à sua partilha e à especificação entre seus membros" (MARTINS JUNIOR, 2015, p. 104).

É dizer, portanto, que o Ministério Público brasileiro, organizado pelo texto constitucional em Ministério Público dos Estados e Ministério Público da União (Federal, Trabalho, Militar e Distrito Federal e Territórios) desempenha funções essenciais à jurisdição, defendendo a democracia e a ordem jurídica, e, para tanto, precisa de regras claras para a definição de qual dos ramos e das unidades irá atuar. A atribuição é, em verdade, "o arranjo interno das competências dos órgãos e membros de cada esfera do Ministério Público" (MARTINS JUNIOR, 2015, p. 104).

A definição dessas atribuições fica reservada às leis orgânicas de cada Ministério Público, as quais "tem o poder de disposição concreta e específica das atribuições, assim como a disciplina abstrata e genérica do processo de distribuição dessas atribuições de acordo com parâmetros e critérios por ela fornecidos, confiando a órgão interno sua concretude" (MARTINS JUNIOR, 2015, p. 104).

Em maior extensão, a definição de atribuições está correlacionada com o princípio do promotor natural, reconhecido pela doutrina e jurisprudência pátrios como garantia fundamental. Sobre o postulado, utiliza-se da lição de Nelson Nery Jr., segundo a qual:

> Para que seja respeitado, o princípio exige a presença de quatro requisitos: a) a investidura no cargo de Promotor de Justiça; b) a existência de órgão de execução; c) a lotação por titularidade e inamovibilidade do Promotor de Justiça no órgão de execução, exceto as hipóteses legais de substituição e remoção; e d) a **definição em lei das atribuições do** órgão. (NERY JUNIOR, 2019, p. 257)

Evidentemente, a atribuição ministerial se correlaciona com a competência jurisdicional e, portanto, definir a qual Ministério Público cabe a condução de um procedimento envolve saber perante qual juízo aquela demanda poderá vir a ser processada. Ademais, não raras vezes as regras de atribuição se entrelaçam em hipóteses concretas, fazendo nascer o conflito de atribuições entre Ministérios Públicos, expediente que será pormenorizado nos pontos seguintes.

### *d) Inafastabilidade da jurisdição*

Diz a Constituição da República de 1988, em seu art. 5º, XXXV, que "a lei não excluirá da apreciação do Poder Judiciário lesão ou ameaça a direito". Trata-se do princípio da inafastabilidade da jurisdição, adotado pelo ordenamento jurídico brasileiro, segundo o qual, na prática, será do Juízo a definitividade das decisões acerca de uma controvérsia. Ensina Daniel Amorim que este princípio se subdivide em dois aspectos: "a relação entre a jurisdição e a solução administrativa de conflitos e o acesso à ordem jurídica justa" (ASSUMPÇÃO NEVES, 2021, p. 92). Para os fins deste artigo, concentremo-nos no primeiro.

O referido postulado implica a "inexistência de coisa julgada material em decisão proferida no processo administrativo, de forma que, mesmo após o esgotamento das vias administrativas de solução de conflitos, a parte que se sentir prejudicada poderá buscar o Poder Judiciário alegando lesão a seu direito" (ASSUMPÇÃO NEVES, 2021, p. 94).

Em relação aos conflitos de competência e de atribuição, objetos deste estudo, o princípio da inafastabilidade da jurisdição seria aplicável no sentido de que eventuais soluções quanto à controvérsia sobre a atribuição do Ministério Público não vinculariam o Poder Judiciário em análise futura quanto à competência. Como se verá no decorrer do presente, este foi um dos fundamentos que ensejou uma autocontenção da autoridade administrativa competente para decidir conflitos de atribuição, porquanto não seria possível obrigar um órgão jurisdicional que houvesse se manifestado sobre sua (in)competência.

## *Conflitos de Atribuição: conceito e retrospectiva histórica acerca da autoridade competente para solução do caso*

O conflito de atribuições diz respeito à controvérsia entre membros do Ministério Público a respeito da atuação em determinado expediente. Considerando a estrutura constitucional do Ministério Público brasileiro, temos a existência dos Estaduais e do MP da União, este subdividido entre Federal, do Trabalho, Militar e do Distrito Federal e Territórios.

Em estudo sobre o processo penal, mas cujas conclusões podem ser estendidas para uma análise genérica dos conflitos de atribuição, Renato Brasileiro conceitua o procedimento da seguinte maneira:

Por conflito de atribuição entende-se a divergência estabelecida entre membros do Ministério Público acerca da responsabilidade ativa para a persecução penal, em razão da matéria ou das regras processuais que definem a distribuição das atribuições ministeriais, a partir do cometimento de fato supostamente definido como crime (LIMA, 2021, p 1043).

E esclarece, ainda, ser distinto do conflito de competência, uma vez que "[C]uidando-se de ato de natureza jurisdicional, o conflito será de competência; tratando-se de controvérsia entre órgãos do Ministério Público sobre ato que caiba a um deles praticar, ter-se-á um conflito de atribuições" (LIMA, 2021, p. 1043).

Há previsão legislativa acerca da autoridade que irá solucionar conflitos envolvendo Promotores de Justiça de um mesmo Ministério

Público Estadual, qual seja o respectivo Procurador-Geral de Justiça. No mesmo sentido, tratando-se de Procuradores da República conflitantes, caberá às Câmaras de Coordenação e Revisão do Ministério Público Federal dirimir a controvérsia, sendo possível o recurso ao Procurador-Geral da República.

Outrossim, atuando como chefe do Ministério Público da União, o PGR será responsável por decidir conflitos envolvendo membros de um dos ramos do MPU, quais sejam Ministério Público Federal, Ministério Público do Trabalho, Ministério Público Militar e Ministério Público do Distrito Federal e Territórios[3].

A maior celeuma se materializa nos conflitos entre diferentes Ministérios Públicos Estaduais ou entre um Estadual e um dos ramos do MPU.

A uma primeira vista, esta situação não estaria expressamente contemplada nas legislações orgânicas do Ministério Público, bem como não encontraria integral correspondência na Constituição Federal.

Ao longo dos anos, a autoridade competente para dirimir estes conflitos foi sendo alterada pela jurisprudência do Supremo Tribunal Federal até haver uma deliberação definitiva mais recentemente nos autos da Ação Civil Ordinária nº 843/SP. Em longínquo entendimento, a controvérsia entre membros do Ministério

Público Estadual e Federal era entendida como "virtual conflito de jurisdição entre os juízos federal e estadual perante os quais funcionam os órgãos do *Parquet* em dissensão", de tal sorte que, por "[I]nterpretação analógica do art. 105, I, *d*, da Carta da República", não se conhecida do CA e se fixava "a competência do Superior Tribunal de Justiça" (Pet nº 1.503/MG, Rel. Min. Maurício Corrêa, Plenário do STF, julgado em 3/10/2002, DJ 14/11/2002). Também esta era a conclusão do Supremo para as celeumas envolvendo Promotores de Justiça de Estados diferen-

3 Sobre o tema, não se ignora que a atuação do MPDFT mais se assemelha àquela desempenhada pelos Ministérios Públicos dos Estados, circunstância que poderia levar a crer que a solução de um conflito de atribuição entre um dos ramos do MPU e o Ministério Público distrital seria dirimido pelo Conselho Nacional do Ministério Público. Contudo, por expressa previsão da Lei Complementar nº 75/93, a resolução deste conflito caberá ao Procurador--Geral da República. Nesse sentido, inclusive, a jurisprudência do CNMP está pacificada. Confira-se: CA nº 1.00241/2024-89, Rel. Cons. Antônio Edílio Magalhães Teixeira, Plenário do CNMP, julgado em 14/5/2024.

tes (CC nº 7.117/MG, Rel. Min. Sidney Sanches, Plenário do STF, julgado em 8/8/2002, DJ 21/2/2003).

Sobrevindo outros casos similares, a Suprema Corte se debruçou novamente sobre a matéria e evoluiu sua jurisprudência para passar ela própria a solucionar tais controvérsias. Aplicou-se o art. 102, I, *f*, da Constituição Federal[4] para conhecer do conflito de atribuições, porquanto seria de competência do STF julgar conflito entre órgãos de Estados-membros diversos (Pet nº 3.631/SP, Rel. Min. Cezar Peluso, Plenário do STF, julgado em 6/12/2007, DJ 7/3/2008 e ACO nº 1.179-8/PB, Rel. Min. Ellen Gracie, Plenário do STF, julgado em 11/9/2008, DJ 30/10/2008).

Após razoável período examinando os conflitos de atribuição dos membros ministeriais, o STF verificou que estes não se assemelhavam a um conflito federativo com estatura razoável para inaugurar sua competência nos termos do art. 102, I, *f*, da CF. Isso porque "(...) não é qualquer causa que legitima a invocação do preceito constitucional referido, mas, exclusivamente, aquelas controvérsias de que possam derivar situações caracterizadoras de conflito federativo" (AgRg na ACO nº 597/SC, Rel. Min. Celso de Mello, Plenário do STF, julgado em 3/10/2002, DJ 10/8/2006).

Houve, então, uma diferenciação entre os conflitos de atribuição e o conflito federativo, tendo-se concluído que

> Não é porque órgãos de dois entes federativos distintos sejam, potencialmente, partes em feitos que haja um típico conflito federativo. A noção de Conflito federativo gravita em torno da ideia de que a lide pode criar uma ruptura na federação. No que tange ao disposto no artigo 102, inciso I, alínea "f", da Constituição de 1988, a competência originária do STF se justifica para decidir sobre o equilíbrio do sistema federativo, para julgar causas que possam comprometer a existência do Estado brasileiro. A ampliação do sentido lógico da regra constitucional que atribui competência a esta Corte, mormente na ausência de previsão expressa, ofende o telos do dispositivo constitucional. (ACO nº 1.394/RN, Rel. Min. Marco Aurélio, Red. para Acórdão Min. Teori Zavascki, julgado em 19/5/2016, DJe 28/8/2017)

4 Art. 102. Compete ao Supremo Tribunal Federal, precipuamente, a guarda da Constituição, cabendo- lhe: I – processar e julgar, originariamente: f) as causas e os conflitos entre a União e os Estados, a União e o Distrito Federal, ou entre uns e outros, inclusive as respectivas entidades da administração indireta;

> Aliás, interessante a lição do saudoso Min. Teori Zavascki no sentido de que [C]onsiderar essa divergência um conflito federativo significaria, por igual razão, atribuir essa mesma natureza à divergência, que certamente poderia ocorrer, entre órgãos das polícias judiciárias federais e estaduais para apuração desse mesmo fato. A exemplo do que ocorre no âmbito da polícia judiciária, **cumpre ao próprio Ministério Público, e não ao Judiciário, identificar e afirmar ou não, as atribuições investigativas de cada um dos seus órgãos em face de um fato concreto.** (ACO nº 2820/RJ, Rel. Min. Teori Zavascki, decisão monocrática, julgado em 6/9/2016, DJe 12/9/2016)

Por tais razões, em mais uma guinada jurisprudencial, a Suprema Corte passou a não mais resolver tais conflitos, considerando não se tratar discussão federativa e em prestígio à independência funcional do Ministério Público, e a encaminhá-los ao Procurador-Geral da República para que, como chefe do Ministério Público, desse-lhes solução. Nesse sentido, confira-se ACO nº 924/PR, Rel. Min. Luiz Fux, Plenário do STF, julgado em 19/5/2016, DJe 26/9/2016).

O mais atual posicionamento, entretanto, veio com o julgamento da ACO nº 843/SP em 8/6/2020. Nele, a nosso ver, acertadamente, o Supremo Tribunal Federal reviu a competência do Procurador-Geral da República para solucionar os conflitos, consignando que, em verdade, ele seria parte interessada no feito e não funcionaria como chefe dos Ministérios Público Estaduais, sendo necessário que se buscasse órgão imparcial para dirimir as controvérsias. Foi vencedor o voto do Min. Alexandre de Moraes, segundo o qual

> [A] interpretação sistemática da Constituição Federal, após a edição da EC 45/2004, aponta como mais razoável e compatível com a própria estrutura orgânica da Instituição reconhecer no Conselho Nacional do Ministério Público a necessária atribuição para solucionar os conflitos de atribuição entre seus diversos ramos, pois, constitucionalmente, tem a missão precípua de realizar o controle de atuação administrativa e financeira do Ministério Público (ACO nº 843/SP, Rel. Min. Marco Aurélio, Red. para Acórdão Min. Alexandre de Moraes, julgado em 8/6/2020, DJe 4/11/2020).
>
> Sua Excelência ainda consignou que dirimir o conflito de atribuição significaria exercer "o controle da atuação administrativa do Ministério Público e, ao mesmo tempo, zela[r] pela autonomia funcional e independência da instituição", circunstância que "reforça o

> mandamento constitucional que [atribuiu ao CNMP] o controle da legalidade das ações administrativas dos membros e órgãos dos diversos ramos ministeriais, sem ingressar ou ferir a independência funcional".

Neste mesmo julgamento, o Min. Luiz Fux bem sintetizou a tese, explicando que

> A competência do Conselho Nacional do Ministério Público, diferentemente das demais, é ponto convergente do interesse das partes envolvidas. Em primeiro lugar, trata-se de órgão de cunho nacional, sendo composto por todos os segmentos do Ministério Público, o que lhe garante imparcialidade e isenção bastantes para administrar os conflitos de atribuições, sem necessitar de intervenção judiciária externa sobre questão já reconhecida pela jurisprudência como insuficiente para abalar o pacto federativo.
>
> Em segundo lugar, não se questiona a legalidade do exame dos conflitos pelo órgão, eis que o art. 130-A, § 2º, da Constituição (incluído pela EC 45/2004), dispõe a competência do CNMP para realizar o controle da atuação administrativa do Ministério Público, bem como a fiscalização do desempenho dos deveres funcionais de seus membros.
>
> A solução, assim, se revela a mais proporcional das soluções possíveis, congregando as prerrogativas constitucionais do Ministério Público com a função constitucional do Conselho Nacional do Ministério Público, para além de resguardar sua autonomia – vez que o Judiciário realiza apenas o controle de legalidade do julgamento dos conflitos de atribuições (Voto do Min. Luiz Fux na ACO nº 843/SP, Rel. Min. Marco Aurélio, Red. para Acórdão Min. Alexandre de Moraes, julgado em 8/6/2020, DJe 4/11/2020).

Vige, então, a jurisprudência segundo a qual o Conselho Nacional do Ministério Público é o órgão responsável por julgar os conflitos de atribuição entre Ministérios Públicos de diferentes Estados e entre membros de um MP Estadual e um dos ramos do Ministério Público da União.

Decerto, com a nova competência, foi preciso que o CNMP se adaptasse normativamente, levando à aprovação de um novo capítulo em seu Regimento Interno sobre a classe processual dos Conflitos de Atribuição, bem como que o Conselho se alinhasse à jurisprudência do Superior Tribunal de Justiça, uma vez que, como visto inclusive nos entendimentos da Suprema Corte, a "competência" e a "atribuição" sempre foram e permanecem sendo interligadas, evidenciando a importância de as conclusões dos órgãos competentes para julgar cada um desses conflitos estarem em sintonia.

Nesse sentido, o posicionamento do Superior Tribunal de Justiça sobre Conflitos de Atribuição e Conflitos de Competência repercutia no Conselho Nacional do Ministério Público, razão pela qual aprofundaremos o estudo daquele no próximo tópico.

### *A jurisprudência do Superior Tribunal de Justiça sobre conflitos de competência e de atribuição*

Nos termos do art. 105, I, *g*, da Constituição Federal, compete ao Superior Tribunal de Justiça processar e julgar, originariamente, conflito de atribuições suscitado entre autoridades administrativas e judiciárias, ou entre autoridades judiciárias de um Estado e administrativas de outro, ou do Distrito Federal, ou entre as deste e da União. Contudo, "para haver Conflito de Atribuições, é necessário existir controvérsia entre uma autoridade administrativa e uma autoridade judiciária no exercício de atividade atípica, ou seja, atividade administrativa do órgão jurisdicional", porquanto "[O] conflito de atribuição se dá no âmbito de matéria puramente administrativa" (CAt nº 297/MG, Rel. Min. Herman Benjamin, Primeira Seção do STJ, julgado em 12/6/2019, DJe 1/7/2019).

Outrossim, dispõe a Constituição Federal que cabe à Corte da Cidadania o julgamento de conflitos de competência entre quaisquer tribunais, bem como entre tribunal e juízes a ele não vinculados e entre juízes vinculados a tribunais diversos, ressalvada a competência do Supremo para o julgamento de conflitos entre o Tribunais Superiores.

Nesse contexto, diversas hipóteses em que o membro do Ministério Público defendia a ausência de atribuição chegavam à Corte da Cidadania, havendo uma interseção tênue entre a seara da "competência" e a da "atribuição".

Entende-se que, na existência de uma manifestação judicial acerca da controvérsia, estar-se-ia diante de um ato jurisdicional típico, o que afastaria a caracterização de um conflito de atribuição[5]. Paradigmáticos

5 "Evidenciado que as autoridades judiciárias se pronunciaram a respeito da controvérsia, ainda que acolhendo as manifestações ministeriais, configura-se o conflito de competência. [...] Conflito de atribuição conhecido como de competência, para declarar competente o Juízo de Direito da 1ª Vara Criminal da comarca de Angra dos Reis/RJ, o suscitado" (CAt nº 272/SP, relator Ministro Sebastião Reis Júnior, Terceira Seção, julgado em 12/11/2014, DJe 19/11/2014).

são os julgados envolvendo hipóteses de dúvida para continuidade da investigação na esfera criminal. Isso porque, como se sabe, os atos praticados pela autoridade policial e pelo agente ministerial estão sujeitos a um controle jurisdicional atípico e, portanto, havia uma discussão se, levantada a questão pelo membro do Ministério Público acerca da autoridade que deveria conduzir o expediente, acolhendo o Juízo a manifestação ministerial, já se adentraria no campo da "competência".

A Terceira Seção firmou entendimento de que "[N]ão se configura conflito de atribuições se a discordância é instaurada entre o magistrado que declina da competência para o inquérito policial, em decisão judicial típica, e o agente ministerial do novo foro". E a razão para tanto era que "[A] deliberação de encaminhamento do inquérito a outra jurisdição é compreendida como decisão de arquivamento indireto do inquérito naquele juízo, não podendo o agente ministerial do novo foro diretamente declinar da competência" (AgRg no CAt nº 187/SP, Rel. Min. Rogerio Schietti Cruz, Red. para Acórdão Min. Nefi Cordeiro, Terceira Seção, julgado em 28/5/2014, DJe 11/9/2014).

Em igual sentido, "a decisão do Juízo que acolhe prévia manifestação do *Parquet* como razão de decidir e declina de sua competência para julgamento do feito configura efetiva decisão judicial apta a dar ensejo a conflito de competência, não se podendo afirmar que o dissenso nela fundado corresponderia a conflito de atribuições" (AgRg no CC nº 161.975/DF, Rel. Min. Sebastião Reis Júnior, Terceira Seção, julgado em 13/3/2019, DJe 19/3/2019).

Nesses casos, o STJ não conhecia do conflito de atribuição e determinava o encaminhamento do inquérito para que o magistrado aceitasse sua competência ou suscitasse o adequado conflito de competência.

Veja-se que o fato de ainda se estar em sede de Inquérito Policial não impediria a configuração do conflito de competência, bastando que haja decisão pelas autoridades judiciais acerca da matéria. Por elucidativa, colhe-se lição da Min. Maria Thereza de Assis Moura:

> [...] não merece acolhimento a alegação do Ministério Público Federal, trazida apenas nesta oportunidade, no sentido de que a hipótese seria de conflito de atribuição, e, não, de conflito de competência. Com efeito, extrai-se dos autos que, não obstante a causa esteja em fase de inquérito policial, houve pronunciamento das autoridades judiciárias acerca da competência para processar e julgar o feito, circunstância que autoriza o conhecimento do incidente objeto deste agravo regimental. (AgRg no CC nº 159.032/SP,

Rel. Min. Maria Thereza de Assis Moura, Terceira Seção, julgado em 22/8/2018, DJe 27/8/2018)

Em mais recentes precedentes, o Superior Tribunal de Justiça ratificou seu entendimento de que somente se terá conflito de competência se houver uma "judicialização bilateral da controvérsia", o que caracterizaria o conflito de atribuições mesmo diante de uma decisão judicial acerca da competência. Confira-se:

> **PROCESSUAL PENAL. CONFLITO DE COMPETÊNCIA. INEXISTÊNCIA DE CONFLITO DE COMPETÊNCIA. AUSÊNCIA DE JUDICIALIZAÇÃO BILATERAL DA CONTROVÉRSIA. INCIDENTE NÃO CONHECIDO.**
>
> **Para a configuração de conflito de competência é indispensável a judicialização bilateral da controvérsia, porquanto, nos termos do artigo 114 do Código de Processo Penal - CPP, dá-se conflito de competência, quando duas ou mais autoridades judiciárias se considerarem competentes, ou incompetentes, para conhecer do mesmo fato criminoso ou quando entre elas surgir controvérsia sobre unidade de juízo, junção ou separação de processos.** Precedentes.
>
> No caso dos autos, o Ministério Público do Estado de Santa Catarina opinou pelo declínio de competência em favor da Justiça do Estado do Paraná. Todavia o Juízo de Direito do Estado de Santa Catarina, sem se pronunciar acerca da competência, entendeu que a questão deveria ser resolvida no âmbito do Ministério Público.
>
> Diante disso, os autos foram encaminhados para o Estado do Paraná, onde o Parquet daquela unidade federativa suscitou conflito negativo de atribuição e pleiteou o envio do feito à Procuradoria-Geral da República. Entretanto, a despeito do pedido ministerial, o Juízo de Direito o Estado do Paraná determinou o encaminhamento do feito ao Superior Tribunal de Justiça suscitando conflito de competência.
>
> **Nesse contexto em que não houve manifestação de uma das autoridades judiciais acerca da competência, não se identifica conflito a ser dirimido pelo Superior Tribunal de Justiça.**
>
> Conflito de competência não conhecido. (CC nº 171.100/PR, Rel. Min. Joel Ilan Paciornik, Terceira Seção, julgado em 14/10/2020, DJe 16/10/2020 - grifei)

Este é, então, o mais atualizado entendimento do STJ sobre os conflitos de competência, repisado em decisões monocráticas proferidas no CC nº 204.478, Rel. Min. Sebastião Reis Júnior, DJe 6/5/2024 e no CC nº 200.800, Rel. Min. Joel Ilan Paciornik, DJe 7/6/2024.

Nos feitos em que haja apenas uma manifestação judicial, portanto, há espaço para duas situações, quais sejam: a devolução do expediente ao juízo que não se manifestou para que o faça acerca da competência e, então, seja formado o conflito de competência adequadamente; ou a solução da controvérsia pelo CNMP em sede de conflito de atribuições, circunstância que analisaremos a seguir.

### *O julgamento de conflitos de atribuição pelo Conselho Nacional do Ministério Público e sua correlação com o entendimento do Superior Tribunal de Justiça*

Vimos que a missão de o Conselho Nacional do MP processar e julgar conflitos de atribuição foi outorgada a partir do julgamento da ACO nº 843/SP pelo Supremo Tribunal Federal. Inicialmente, estes casos eram autuados como Pedidos de Providência, classe processual residual prevista no Regimento Interno do órgão, implementando-se uma nova dinâmica ao julgamento destes feitos.

Foram encaminhadas centenas de conflitos pela Procuradoria-Geral da República ao CNMP, em cumprimento ao que decidido pelo STF, fazendo com que a pauta de julgamentos do Conselho fosse majoritariamente dedicada a fixar atribuições de Ministérios Públicos.

Sobreveio, a partir da Emenda Regimental nº 32, de 10 de março de 2021, novel capítulo no Regimento Interno do CNMP para dispor sobre a classe processual dos Conflitos de Atribuição. Disciplinaram-se regras sobre a forma de se suscitar um CA perante o Conselho, hipóteses de sobrestamento do procedimento na origem até deliberação acerca da atribuição, designação de um dos envolvidos para adoção de medidas provisórias até o término do julgamento, bem como questões relativas à mediação entre o suscitante e o suscitado.

Após um período de adaptação, o Conselho Nacional se estruturou normativa e jurisprudencialmente para a nova realidade dos julgamentos de CAs. E, em todo este processo, apoiou-se naquilo que era implementado no Superior Tribunal de Justiça para a classe dos Conflitos de Competência.

Tanto é assim que uma das mais relevantes discussões envolvia justamente a possibilidade do conhecimento de conflitos em procedimentos nos quais existentes uma decisão judicial.

Em um primeiro momento, à luz da mencionada jurisprudência do STJ de que a manifestação do Juízo em inquéritos policiais configurava ato jurisdicional, o CNMP adotou o entendimento de que a decisão que acolhia manifestação ministerial, declinava da competência e remetia o expediente a outra Comarca possuía caráter jurisdicional e eventual dissenso nela fundado ensejaria a instauração de conflito de "competência", não de "atribuições". Assim, bastava que um dos Juízos envolvidos proferisse decisão com tal conteúdo para que não se conhecesse do CA, consignando que o pedido não se enquadraria na competência do CNMP.

Isso se deu em respeito ao princípio da inafastabilidade da jurisdição, mencionado como premissa teórica deste artigo, tendo sido consignado pelo Plenário do Conselho que não parecia possível que um órgão administrativo fixasse a atribuição do Ministério Público oficiante junto a um juízo que já houvesse se declarado incompetente para processar e julgar determinado assunto. É dizer: a manifestação de um dos Juízos já seria suficiente para retirar a discussão da esfera da "atribuição" e, por não se tratar de ato administrativo, não haveria fundamento para que o Conselho superasse o reconhecimento da incompetência de um juiz.

Este entendimento foi tornado paradigmático no julgamento do CA nº 1.01150/2021-90, no qual o Plenário inclusive deliberou acerca da desnecessidade de a decisão judicial ser extensa ou complexa. Colaciona-se, por relevante, a ementa do caso:

> **CONFLITO NEGATIVO DE ATRIBUIÇÕES. MINISTÉRIO PÚBLICO FEDERAL. MINISTÉRIO PÚBLICO DO ESTADO DO PARANÁ. MANIFESTAÇÃO DECLINATÓRIA DA COMPETÊNCIA PELO MAGISTRADO EM ACOLHIMENTO AO PARECER MINISTERIAL. INEXISTÊNCIA DE CONFLITO DE ATRIBUIÇÕES. NÃO CONHECIMENTO.**
>
> Conflito negativo de atribuições entre o Ministério Público do Estado do Paraná e o Ministério Público Federal a respeito de inquérito policial instaurado para apurar o crime do art. 132 do Código Penal, decorrente da existência de irregularidades nas condições de trabalho em obra de construção civil.
>
> Nos termos do entendimento do Superior Tribunal de Justiça "A decisão do Juízo que acolhe prévia manifestação do Parquet como razão de decidir e declina de sua competência para julgamento do feito configura efetiva decisão judicial apta a dar ensejo a conflito de competência, não se podendo afirmar que o dissenso nela fundado corresponderia a conflito de atribuições." (CC nº 159.497/CE, Min. Reynaldo Soares da Fonseca, Terceira Seção, DJ 2/10/2018).
>
> **Não há necessidade de observar extensão ou complexidade, basta que, presente a devida fundamentação, ainda que fulcrada apenas no acolhimento as razões do Parquet ou da**

> **Autoridade Policial, o magistrado decline de sua competência. Inexistência de conflito de atribuição.**
>
> Assim, não pode o membro do Ministério Público suscitar conflito de atribuições, cabendo apenas ao novo Juízo declinar diretamente de sua competência.
>
> Não conhecimento. (CA nº 1.01150/2021-90, Rel. Cons. Sebastião Caixeta, Red. para Acórdão Cons. Sandra Krieger, julgado em 18/10/2021 - grifei)

Com fundamento nesta tese, diversos foram os CAs não conhecidos pelo Conselho Nacional. Entretanto, na prática, a medida carecia de resolutividade.

Tomando como base este entendimento, nos casos em que o Promotor dizia não ter atribuição e o juiz acolhia esta manifestação remetendo o feito a outro Juízo, as situações ideais que deveriam ocorrer seriam: (i) o novo Juízo concordar com o remetente e conduzir o caso; ou (ii) o juiz que recebeu o expediente, não se reconhecendo competente, suscitar o Conflito de Competência perante o Superior Tribunal de Justiça.

Contudo, a experiência mostrou que o que realmente ocorria gerava uma situação de limbo, na qual não se decidia quem deveria conduzir o expediente e o fato deixava de ser investigado e processado. Em verdade, após a manifestação ministerial pela ausência de atribuição/competência e a concordância do juízo com a remessa a outro órgão jurisdicional, se este encaminhasse a matéria ao CNMP, de acordo com a supracitada jurisprudência, não se conheceria do conflito e devolveria o expediente sem resolução do mérito.

A circunstância se agravava diante da jurisprudência do Superior Tribunal de Justiça que exigia a "judicialização bilateral da controvérsia" para formação dos conflitos de competência. Assim, existindo apenas uma decisão judicial, o STJ não examinaria a controvérsia, mas também o CNMP não o faria em razão da existência daquela mesma decisão. Tinha-se, na prática, um limbo quanto à solução do caso.

Em boa hora, portanto, o Conselho Nacional reformou então seu entendimento para, mesmo diante da manifestação de um dos juízos, deliberar sobre a atribuição ministerial, impedindo que o expediente, na origem, fosse interrompido por questões procedimentais e pelo não conhecimento de conflitos.

Nesse sentido, tem-se o CA nº 1.00114/2022-90, de relatoria do Cons. Otavio Luiz Rodrigues Jr., julgado em 22/2/2022, no qual se iniciou a superação da antiga jurisprudência, consignando que "[A]s manifestações dos membros do MP têm por objeto verdadeira matéria de atribuição e não de competência", de tal sorte que se verificada "a ausência de bilateralidade, na medida em que o juízo determinou a remessa dos autos ao CNMP, para fins de determinação da atribuição ministerial para a apuração dos fatos envolvendo o Inquérito Policial", caberia o conhecimento do CA e sua resolução com a fixação da atribuição de um dos Ministérios Públicos.

Atualmente, portanto, adota-se a seguinte linha:

> Superação do entendimento deste CNMP pelo não conhecimento de Conflitos de Atribuições quando presente uma decisão judicial, adequando-se à jurisprudência do Superior Tribunal de Justiça que exige "a judicialização bilateral da controvérsia" para que esteja configurado o Conflito de Competência. Nesse sentido, ainda que haja uma decisão do Juízo acolhendo o parecer ministerial e declinando da competência, caso inexistente decisão do outro Juízo envolvido, a controvérsia permanecerá na seara da "atribuição" e não da "competência". Conflito de Atribuições conhecido. (CA nº 1.00803/2023-30, Rel. Cons. Engels Augusto Muniz, Plenário do CNMP, julgado em 5/2/2024)

Esta é, a nosso sentir, a maneira juridicamente mais adequada para, após a decisão do Supremo Tribunal Federal quanto à função do CNMP de julgar conflitos de atribuição, coadunar a jurisprudência do Superior Tribunal de Justiça e observar as distinções teóricas entre "competência" e "atribuição" e, ao mesmo tempo, obter solução resolutiva fixando a atribuição do órgão ministerial que atuará nos procedimentos originários.

## CONCLUSÃO

Viu-se, ao longo deste estudo, que os conceitos de competência e atribuição mais do que se relacionam, mas são codependentes entre si. Definir qual o membro do Ministério Público deverá conduzir um procedimento demanda saber perante qual juízo aquela matéria poderá vir a ser apresentada e vice-versa. Tal fato, por si só, já evidencia a necessidade de um alinhamento entre os julgamentos de conflitos de atribuição e de competência.

A partir do novo entendimento da Suprema Corte no sentido de que o Conselho Nacional do Ministério Público é a instituição imparcial a qual cabe solucionar os conflitos envolvendo ramos e unidades do MP, mais premente se tornou o diálogo entre Superior Tribunal de Justiça e CNMP. As teses fixadas pela Corte Cidadã em conflitos de competência e seus entendimentos quanto ao conhecimento e formação destes repercutem na seara administrativa, sendo inegável a importância de uma harmonia entre as tarefas atribuídas a cada um destes órgãos.

Além disso, considerando o princípio da inafastabilidade da jurisdição, eventuais decisões do CNMP poderão vir a ser reanalisadas pelo STJ em momento posterior. Nesse contexto, instrumentos de diálogo entre o Conselho Nacional e o Superior Tribunal de Justiça são medidas a serem estimuladas, já que, em maior extensão, permitirão a consolidação de orientações aos juízes e membros do Ministério Público sobre seus espaços de atuação nas mais diversas causas, garantindo a legalidade e assegurando a proteção dos direitos fundamentais.

Perfilar as jurisprudências destes órgãos e delimitar as balizas para os julgamentos dos conflitos, inclusive com a realização de fóruns e debates interinstitucionais, permitirá garantir segurança jurídica, coerência sistêmica e, mais do que isso, a eficiência do sistema jurisdicional brasileiro, identificando com clareza as hipóteses em que a divergência está no campo da atribuição ou da competência e quais são as soluções dadas pelo STJ e pelo CNMP quando interagem para resolver disputas complexas e garantir a ordem jurídica.

## REFERÊNCIAS

FUX, Luiz. Curso de direito processual civil. 6ª ed. Rio de Janeiro: Forense, 2023.

LIMA, Renato Brasileiro de. Manual de processo penal: volume único. 9ª ed. rev., ampl. e atual. Salvador: Ed. JusPodivm, 2021.

MARTINS JUNIOR, Wallace Paiva. Ministério Público: a constituição e as leis orgânicas. São Paulo: Atlas, 2015.

NERY JUNIOR, Nelson. Direito constitucional brasileiro: curso completo. 2ª ed. São Paulo: Thomson Reuters Brasil, 2019.

NEVES, Daniel Amorim Assumpção. Manual de direito processual civil: volume único. 13ª ed. Salvador: Ed. JusPodivm, 2021.

# Direito dos Idosos e a Jurisprudencia do Superior Tribunal de Justiça

***Apenas a LEI não é o bastante para assegurar o direito. É necessário o exercício da cidadania para a efetividade de suas normas.***

*Fernando Cerqueira Norberto*[1]

O envelhecimento é um processo inexorável da vida e por isso a sociedade precisa se estruturar para enfrentar o gradual aumento da idade de seus cidadãos. Com o passar do tempo o corpo e a mente adquirem vulnerabilidades que devem ser reconhecidas e protegidas por regras sociais para assegurar aqueles que um dia participaram efetivamente da construção do país possam ser amparados por políticas públicas de am-

1 MAGISTRADO DE CARREIRA DO TRIBUNAL DE JUSTIÇA DE PERNAMBUCO
DESEMBARGADOR PRESIDENTE DO TJPE GESTÃO 2020/2022
SECRETARIO GERAL, VICE-PRESIDENTE E PRESIDENTE DO COLÉGIO DE PRESIDENTES DOS TRIBUNAIS DE JUSTIÇA DO BRASIL 2020/2022
CORREGEDOR GERAL DA JUSTIÇA DO TJPE GESTÃO 2018/2020
PRESIDENTE DO COLÉGIO DE CORREGEDORES GERAIS DE JUSTIÇA DO BRASIL - 2019
SECRETÁRIO GERAL DA ENFAM NA GESTÃO DO MINISTRO HUMBERTO MARTINS - 2015/2016
DIRETOR GERAL DA ESMAPE - ESCOLA DA MAGISTRATURA DE PERNAMBUCO GESTÃO 2012
DIRETOR GERAL DA ESCOLA JUDICIAL DE PERNAMBUCO GESTÃO 2013
PROFESSOR DA ESCOLA JUDICIAL DE PERNAMBUCO
MEMBRO E CONFERENCISTA DO COPEDEM
PROFESSOR VISITANTE DA UNIVERSIDADE DA GEORGIA - ESTADOS UNIDOS DA AMÉRICA
PRESIDENTE DA COMISSÃO (COPEDEM/AMB/ENFAM/ENAMAT/ENAJUM) DO VII CONGRESSO INTERNACIONAL DE ESCOLAS JUDICIAIS DO MUNDO) REALIZADO EM PERNAMBUCO NO ANO DE 2015 PELO IOJT - INTERNATIONAL ORGANIZATION OF JUDICIAL TRAINING.
CURSOS DE EXTENSÃO, APERFEIÇOAMENTO E ESPECIALIZAÇÃO:
- PELA UNICRI/ONU EM TURIM, ITÁLIA.
- UNIVERSIDADE DE AUSTIN - TEXAS - USA
- FACULDADE DE DIREITO - LISBOA - PORTUGAL
- FACULDADE DE DIREITO DA UNIVERSIDADE DA GEORGIA - USA
- FACULDADE DE DIREITO DE MENDOZA - ARGENTINA
- GOETHE UNIVERSITAT FRANKFURT AM MAIN - ALEMANHA
- ESCOLA NACIONAL DE FORMAÇÃO DE MAGISTRADOS - PEQUIM - CHINA
- ENFAM - FORMAÇÃO DE FORMADORES - BRASIL
- FACULDADE DE DIREITO DA UNIVERSIDADE FORDHAM - NOVA YORK - USA
- FACULDADE DE DIREITO DA UNIVERSIDADE DE STANFORD

paro a velhice e preservem a qualidade de vida valorizando o exercício da cidadania pela população idosa.

A plenitude da cidadania é aquela que não apenas garante o direito mas a que realiza e assegura a concretude das normas para um maior número de pessoas.

Em uma nação constituída pela garantia de igualdade de seus cidadãos, discriminar ou omitir um seguimento que produziu em seu tempo a construção da sociedade em que vivemos soa como um ato de injustiça social de imensa gravidade.

Dai porque o Brasil em boa hora instituiu o Estatuto da pessoa idosa através da Lei nº 10.741 de 01/10/2003 atualizada pela Lei nº 14.423 de 2022 definindo não apenas o conceito sobre pessoa idosa mas também estatuindo o arcabouço de direitos e garantias asseguradas a esse seguimento de pessoas com + de 60 anos de idade. Nesse ponto, o Brasil se alinha com a Organização mundial de Saúde e com a sua própria Carta Magna seguindo os princípios da CARTA DE PESSOAS IDOSAS da ONU e desde 2015, o Brasil é signatário da CONVENÇÃO INTERAMERICANA SOBRE DIREITOS DAS PESSOAS IDOSAS, instrumento jurídico elaborado pela Organização dos Estados Americanos (OEA). Além disso, o STJ está alinhado à agenda 2030 da ONU, cujos objetivos de desenvolvimento sustentátel (ODS) contemplam diretrizes como saúde e bem estar para todos, em todas as idades; redução das desigualdades e cidades e comunidades inclusivas e sustentáveis.

Essa legislação afirma a garantia dos direitos fundamentais inerentes a pessoa humana em especial ao idoso, com a proteção integral e todas as oportunidades e facilidades para a preservação da saúde física, mental, moral, intelectual, espiritual e social em condições de liberdade e dignidade e atribui obrigação para a família, a comunidade, a sociedade e ao Poder Público no cuidado da pessoa idosa, com absoluta prioridade, a efetivação do direito à vida, à saúde, à alimentação, a educação, à cultura, ao esporte, ao lazer, ao trabalho, à cidadania, à liberdade, à dignidade, ao respeito e a convivência familiar, comunitária e social, em especial aos maiores de 80 (oitenta) anos sobre os demais.

A Lei assegura inclusive o trabalho ou emprego sem qualquer discriminação ou limite de idade até mesmo para concursos, ressalvada a natureza do cargo e erige como critério de desempate em concurso público, a preferencia aos de idade mais elevada além de assegurar o benefício de um salário mínimo para os maiores de 65 anos que não tenham meios de prover sua subsistência.

O trabalho do CENTRO DEMOGRÁFICO DE 2022 informa que o número de pessoas com 65 anos de idade ou mais cresceu 57,4% em 12 anos alcançando 10,9% dos habitantes do país. Segundo o IBGE existia em 2018 cerca de 26 milhões de habitantes com mais de 60 anos e esse contingente deve somar 37 milhões até 2027. Em um cenário em que a fatia da população considerada idosa (com mais de 60 anos) cresce continuamente, também tende a aumentar o desafio do Poder Judiciário na tarefa de garantir a efetivação de seus direitos e, como consequência, o exercício de sua cidadania. Em uma norma

A vocação portanto, do Judiciário está na proteção dos direitos e da cidadania e nesse campo se destaca a pessoa idosa como titular de direitos fundamentais como tem sido reconhecida pela Corte da cidadania.

O Ministro Sergio Kukina considera que, embora tenha demorado 15 anos para que o reconhecimento dos direitos da pessoa idosa na Constituição fosse regulamentado, a aprovação da Lei resultou em uma norma que invoca como matriz a doutrina da proteção integral - a Lei não só contempla direitos, mas leva em conta as condições próprias da idade para o seu exercício.

Um exemplo da proteção integral a que o ministro se refere foi a decisão tomada na MC 25.053, sob sua relatoria. O acórdão garantiu a concessão de um percentual de rendimentos a casal de idosos que teve os investimentos e a única conta bancária bloqueados em razão de dívida tributária com a Fazenda Nacional. A decisão levou em consideração a proteção devida em função da avançada idade do casal.

Em 2014, o STJ definiu que o Estatuto da pessoa idosa é norma imperativa e de ordem pública. Significa dizer que seu interesse social é implícito e exige aplicação imediata em todas as relações jurídicas de trato sucessivo. O entendimento se deu no julgamento do REsp 1.280.211, sob relatoria do Ministro Marco Buzzi em que se considerou o abusivo reajuste na mensalidade do plano de saúde de uma consumidora idosa após completar 60 anos, por disposição contratual de mudança de faixa etária, anterior ao estatuto do idoso, presente a boa fé da segurada no caso concreto. A posição de que o Estatuto do idoso deve ser aplicado até mesmo nos contratos de saúde formados anteriormente a sua vigência se confirmou no AREsp 1.045.603, da relatoria do Ministro Marco Aurélio Bellizze, julgado em outubro de 2017.

Uma decisão do Tribunal que reforça a proteção aos idosos foi a proferida no REsp 1.543.465 em que se afirmou a necessidade de assegurar sua participação na comunidade, seu bem estar e sua dignidade.

A decisão definiu que as taxas de pedágio e de utilização de terminais rodoviários estão incluídas na gratuidade das vagas asseguradas aos idosos nos ônibus interestaduais. Assim, ficou garantido a esse público o direito de adquirir a passagem interestadual gratuitamente, sem pagar taxas adicionais.

Decisão semelhante ocorreu no REsp 1.512.087, em fevereiro de 2016, relatado pelo Ministro Herman Benjamin, em que o STJ reconheceu o direito dos idosos ao desconto legal de 50% em um serviço de ônibus que levava os passageiros aos principais pontos turísticos de Curitiba, sendo possível conhecer parques, praças e atrações diversas. O caso se referia a uma Ação Civil Pública em que o Ministério Público do Paraná buscava a isenção ou a redução do valor da tarifa, em no mínimo 50% para os usuários do serviço com mais de 65 anos de idade. Para o Tribunal, como o serviço era diretamente vinculado ao lazer - visita a pontos turísticos da cidade -, o idoso tinha direito ao desconto legal de 50% no valor do ingresso, nos termos do Estatuto da Pessoa Idosa.

Em seu artigo 88, o Estatuto prevê a possibilidade de pagamento das custas processuais ao final do processo, todavia, tal possibilidade aplica-se somente ás ações referentes a interesses difusos, coletivos e individuais indisponíveis ou homogêneos. Esse entendimento é evidenciado no AgRg no AREsp 625.324 da relatoria da Ministra Regina Helena Costa, julgado em junho de 2015, e também no AgRg no AREsp 645393, da relatoria do Ministro Mauro Campbell Marques, julgado em abril de 2015. Nesse último, a parte afirmava que, conforme previsão do artigo 88 do Estatuto, não é necessário o adiantamento de qualquer custas ou despesas nas ações em que o idoso é parte. O caso tratava de uma ação de execução de sentença individual.

O STJ pacificou o entendimento de que é desnecessária a intervenção do Ministério Público na qualidade de fiscal da lei, em demandas que não envolvam direitos coletivos ou em que não haja exposição de idoso aos riscos previstos no artigo 43 do Estatuto. Esse dispositivo prevê que as medidas de proteção ao idoso são aplicáveis sempre que os direitos reconhecidos no Estatuto forem ameaçados ou violados por ação ou omissão da sociedade ou do Estado, por falta, omissão ou abuso da família, curador ou entidade de atendimento, ou em razão de sua condição pessoal. No AgRg no AREsp 755.993, de relatoria do ministro João Otávio de Noronha, a agravante defendeu a participação do Ministério Público nos autos, pois a segunda agravante era idosa e corria risco de vida. O caso teve origem em uma ação de obrigação de fazer com indenização por danos materiais e morais, em razão da negativa de cobertura, por parte de um plano de saúde, de cirurgia cardíaca com colocação de marca passo. O ministro Noronha entendeu que era desnecessária a intimação do MP na demanda, já que não envolveu direitos coletivos e se tratava de idoso fora das situações de risco previstas no artigo 43.

No AgRg no AREsp 557.517, da relatoria do Ministro Luis Felipe Salomão, a agravante suscitou nulidade do processo em razão de o MP não ter se manifestado nos autos que envolviam pessoa idosa que faleceu por infecção hospitalar. A infecção surgiu no pós-operatório, depois da alta médica, mas foi tecnicamente classificada como infecção hospitalar. O ministro defendeu que, conforme a jurisprudência do STJ, a intervenção do Ministério Público nas ações que envolvam o interesse do idoso NÃO É OBRIGATÓRIA, DEVENDO FICAR COMPROVADA A SITUAÇÃO DE RISCO DE QUE TRATA O ARTIGO 43 DA LEI Nº 10.741/2003. O só fato de a relação jurídico-processual conter pessoa idosa não denota parâmetro suficiente para caracterizar a relevância social a exigir intervenção do Ministério Público.

Como se vê, o Tribunal da cidadania, de forma uníssona considera que o direito à vida, à dignidade e ao bem estar das pessoas idosas encontra especial proteção no artigo 230 da Constituição de 1988, tendo culminado na edição do Estatuto da pessoa idosa e a sua aplicação deve se dar de forma imediata, retroativa e imperativa, na defesa desses princípios fundamentais.

## O TESTEMUNHO INDIRETO E SUA INADEQUAÇÃO AOS *STANDARDS* DE PROVA DA PRONÚNCIA

*Marcelo Navarro Ribeiro Dantas*[1]
*Thiago de Lucena Motta*[2]

*"Os fatos são tudo."*
Machado de Assis (1839-1908)

## 1. INTRODUÇÃO

Em um país com quase 50.000 mortes violentas por ano[3] e 80.338 indivíduos presos pelos crimes de homicídio simples ou qualificado (cerca de 12% da população carcerária total)[4], não espanta que discussões relativas à pronúncia ocupem lugar central no exercício da jurisdição criminal. No âmbito do Superior Tribunal de Justiça (STJ), ao longo do ano de 2023, foram recebidos 14.691 processos recursais e originários tendo o homicídio como tema principal – o segundo assunto com a maior distribuição processual de todo o Tribunal, atrás apenas dos processos por tráfico de drogas e afins (46.218)[5].

O processamento criminal dos delitos dolosos contra a vida, sendo o homicídio o mais comum deles, é marcado pela peculiaridade de seu rito cindido em duas etapas, a receber no Código de Processo Penal (CPP) um capítulo inteiro, dos arts. 406 a 497, de regras próprias. Nesse procedimento especial, dois são os momentos centrais de valoração da prova: a pronúncia, ao final da primeira etapa, quando o juiz afere se

1 Mestre e Doutor em Direito (PUC/SP), Professor de Cursos de Graduação (UnB) e Pós-Graduação (Uninove) em Direito. Ministro do Superior Tribunal de Justiça

2 Especialista em Direito Anticorrupção (Enfam). Bacharel (UFRN/Universidade do Porto) e mestrando em Direito (Uninove). Analista judiciário e assessor de Ministro do Superior Tribunal de Justiça

3 FÓRUM BRASILEIRO DE SEGURANÇA PÚBLICA. *Anuário brasileiro de segurança pública*. São Paulo: FBSP, 2023. p. 21. Em 2021, segundo dados do Anuário, o Brasil teve 48.288 mortes violentas intencionais; em 2022, o número total foi de 47.452.

4 BRASIL. Ministério da Justiça. Secretaria Nacional de Políticas Penais. *Relatório de informações penais:* 2º semestre de 2023. Brasília: SISDEPEN, 2024.

5 BRASIL. Superior Tribunal de Justiça. *Relatório estatístico*. Brasília: STJ, 2023. p. 11.

há lastro probatório suficiente para dar continuidade à persecução; e o próprio julgamento em plenário pelo tribunal do júri, a concretizar sua soberania constitucional (art. 5º, XXXVIII, da Constituição da República de 1988 – CR/1988).

Historicamente, a análise que o juiz (togado ou leigo) fazia das provas, nesses dois momentos cruciais, era tratada pelo direito brasileiro com certo distanciamento: confiava-se que, com a observância das regras de procedimento, o juízo sobre o conteúdo das provas em si permaneceria apenas na mente insondável do jurado. Na primeira fase da persecução, havendo alguma incerteza sobre os fatos, o juiz pronunciava o acusado; na segunda, depositava-se uma fé quase mística na capacidade do júri para discernir verdade e mentira e, assim, acertar em sua conclusão.

Essa tendência eminentemente subjetiva de valoração da prova (seja pelo magistrado profissional, seja pelo jurado) tem passado, nos últimos anos, por uma releitura constitucional pelo STJ[6], com a finalidade de atribuir contornos mais racionais à adjudicação dos fatos nessas ações penais e resgatar, com isso, alguma "vocação epistêmica"[7] na atuação do júri. No cerne desse movimento jurisprudencial há uma questão de suficiência probatória ou *standards* de prova: *quanto* de prova se precisa, enfim, para pronunciar ou condenar alguém?

Visando a contribuir com o debate acadêmico acerca do tema, este trabalho analisará o posicionamento do STJ sobre a definição dos *standards* de prova da pronúncia e, especificamente, se o testemunho indireto (ou por "ouvir dizer") é útil para, nessa etapa processual, considerar como provada a hipótese acusatória e submeter o réu a julgamento popular. Serão apresentados nas partes 2 e 3 deste artigo, para tanto, os fundamentos que nortearam o STJ em dois julgamentos que trataram dos *standards*[8] e de sua

6 DANTAS, Marcelo Navarro Ribeiro; MOTTA, Thiago de Lucena. A aplicação do art. 155 do CPP nas duas fases do rito do tribunal do júri. *In*: BEZERRA NETO, Bianor Arruda *et al.* (coord.). *O futuro do direito administrativo*: estudos em homenagem ao Prof. Edilson Nobre. São Paulo: Noeses, 2023. p. 495-524.

7 CASTRO, Cássio Benvenutti de. *Standards de prova na perspectiva da tutela dos direitos*. Londrina: Thoth, 2021. p. 120.

8 BRASIL. Superior Tribunal de Justiça. Quinta Turma. AREsp nº 2.236.994/SP. Relator Ministro Ribeiro Dantas, julgado em 21 de novembro de 2023. *DJe*, Brasília, 28 nov. 2023.

relação com o testemunho indireto[9], enquanto a parte 4 concluirá com considerações finais.

## 2. ARESP 2.236.994/SP: OS *STANDARDS* DE PROVA DA PRONÚNCIA

Nos autos do AREsp 2.236.994/SP, a Quinta Turma do STJ foi confrontada em 21/11/2023 com um recurso especial defensivo interposto contra acórdão que, reformando decisão de primeiro grau, pronunciou o acusado por homicídio tentado contra policiais militares. Segundo a denúncia, o réu teria disparado contra os policiais após ser seguido até um ponto de venda de drogas, tendo os agentes reagido e alvejado o acusado com um disparo de fuzil, encaminhando-o para atendimento médico em seguida. Para a defesa, diferentemente, o réu foi pego no fogo cruzado de um tiroteio entre policiais e traficantes, mas nunca efetuou nenhum disparo.

O juízo de primeira instância impronunciou o acusado por considerar que, além de ter sido ele baleado pelas costas, não havia impressões digitais suas na arma do crime, nem rastros de pólvora em suas mãos. Ademais, a perícia grafotécnica atestou que não era sua a grafia em registros escritos de comércio de drogas encontrados próximos a seu corpo, enquanto a perícia no local dos fatos foi inconclusiva sobre a dinâmica do tiroteio.

Em apelação do Ministério Público, o Tribunal de Justiça do Estado de São Paulo (TJ/SP) reformou a decisão do magistrado singular porque, em nome do *in dubio pro societate*, entendeu que os depoimentos dos policiais bastariam para a pronúncia, cabendo ao júri aprofundar-se no exame das provas. Foi contra este acórdão que a defesa interpôs o recurso especial julgado pelo STJ, provido pela Quinta Turma para restabelecer a decisão terminativa de impronúncia. No cerne da solução dada à causa pelo colegiado estiveram o conteúdo do *in dubio pro societate* e a definição de qual é, enfim, o grau de suficiência probatória exigido para se pronunciar alguém.

Como revela o acórdão recorrido no AREsp 2.236.994/SP, o nível de profundidade da cognição exercida pelo juiz no momento da pronúncia esteve, tradicionalmente, ligada ao *in dubio pro societate*: havendo

9 BRASIL. Superior Tribunal de Justiça. Quinta Turma. HC nº 776.333/ES. Relatora Ministra Daniela Teixeira, julgado em 11 de junho de 2024. *DJe*, Brasília, 19 jun. 2024.

qualquer dúvida sobre a procedência da hipótese acusatória (isto é, na falta de certeza sobre a inocência do acusado), a pronúncia era a solução corriqueira. Essa compreensão focava-se, pois, no *convencimento* pessoal do julgador, entre dúvida e certeza – estados mentais insondáveis e insuscetíveis de alguma espécie de controle objetivo.

Na visão dos autores, a rigor, o *in dubio pro societate* não existe propriamente como princípio. A interpretação que, talvez, lhe conferiria alguma utilidade jurídica é de considerá-lo como uma simples metáfora ou um atalho argumentativo, para expressar, em poucas palavras, que a pronúncia tem *standards* probatórios próprios, não se confundindo com uma sentença condenatória. Para este artigo, o *in dubio pro reo* é que, ele sim, desempenha a função de um verdadeiro princípio com carga constitucional (art. 5º, LVII, da CR/1988), incidindo igualmente em todas as fases do processo – inclusive na pronúncia.

Como explica o primoroso estudo feito pelo Ministro Reynaldo Soares da Fonseca em coautoria com os pesquisadores Humberto Fabretti e Amanda Scalisse Silva, o *in dubio pro societate* ingressou na jurisprudência do STF, ainda na década de 1950, em precedentes que versavam sobre a prisão preventiva. Foi apenas 40 anos depois que o brocardo retornou àquela Corte, desta vez no julgamento da pronúncia[10]:

> Apesar de, como visto anteriormente, a doutrina relacionar a origem e a fundamentação jurídica do *in dubio pro societate* com a previsão legal dos requisitos para a pronúncia no rito do Tribunal do Júri, curiosamente, os primeiros precedentes do Supremo Tribunal Federal que fazem referência ao instituto dizem respeito à análise da prisão preventiva.
>
> No Recurso em Habeas Corpus n.º 32.769, julgado, pelo Tribunal Pleno, em 30 de setembro de 1953, de relatoria do Ministro Nelson Hungria, restou consignado que 'NA DECRETAÇÃO DA PRISÃO PREVENTIVA, NÃO ESTÁ O JUIZ ADSTRITO, NO TOCANTE A IMPUTADA AUTORIA DO CRIME, A UM CONVENCIMENTO IDÊNTICO AO QUE É NECESSÁRIO PARA A CONDENAÇÃO', pois 'ANTES DA

10 FONSECA, Reynaldo Soares da; FABRETTI, Humberto; SILVA, Amanda Scalisse. O in dubio pro societate no processo penal brasileiro: uma análise da origem e do histórico de sua aplicação pelo Supremo Tribunal Federal. *In*: CRUZ, Rogerio Schietti; BADARÓ, Gustavo; DEZEM, Guilherme (coord.). *Código de Processo Penal*: estudos comemorativos aos 80 anos de vigência. São Paulo: Thomson Reuters Brasil, 2021. v. 1, p. 303-304.

> SENTENÇA FINAL, NÃO PREVALECE O IN DUBIO PRO REO, MAS O IN DUBIO PRO SOCIETATE'.
>
> [...]
>
> O instituto só voltou a ser objeto de debate na Suprema Corte em 1996, já para análise de sua aplicação na fase de pronúncia do procedimento do Júri, tendo a Primeira Turma decidido, no julgamento do Habeas Corpus n.º 73.512, em 23 de abril daquele ano, que o princípio deve ser observado nessa fase processual, pois 'não seria de exigir-se, notadamente em face do que dispõem o art. 408 do Código de Processo Penal, o primado do *in dubio pro societate* e a própria jurisprudência do Supremo Tribunal Federal, no sentido de que a pronúncia deve evitar converter um mero juízo fundado de suspeita, que a caracteriza, num inadmissível juízo de certeza, onde haveria inquestionável prejuízo à competência constitucional do Tribunal do Júri para apreciar a questão de mérito' (HC 73.512, Relator(a): ILMAR GALVÃO, Primeira Turma, julgado em 23/04/1996, Dj 01-07-1996 PP-23862 EMENTVOL-01834-01 PP-00189).
>
> A partir daí, foram proferidos inúmeros julgados nos quais as Turmas do Supremo Tribunal Federal entenderam que a sentença de pronúncia se trata de mero juízo de admissibilidade, de forma que basta que o magistrado fundamente sua decisão em indícios, pois a certeza necessária para condenação só poderá ser analisada pelo juízo natural da causa, o Tribunal do júri, prevalecendo, assim, nessa fase, o *in dubio pro societate*).

Há tempos a doutrina canta suas justas catilinárias contra o referido princípio. O *in dubio pro societate* não obstante viveu, até agora, num curioso estado de duplicidade: morto e sepultado na academia, que de longa data percebeu sua ausência de base legal ou constitucional, mas vivo ainda na jurisprudência de praticamente todos os tribunais[11].

A crítica doutrinária pauta-se na constatação de que simplesmente não há, em nenhum texto normativo passado pelo legislador brasileiro,

11 SANTOS, Natália Petersen dos; DUARTE, Isa Guimarães. In dubio pro societate: uma medida de justiça? *In*: ESPIÑERA, Bruno; COLAVOLPE, Luís Eduardo; MATTOS FILHO, Maurício (org.). *A prova e o processo penal constitucionalizado*: estudos em homenagem ao Ministro Sebastião Reis. Belo Horizonte: D'Plácido, 2021. p. 518; ANDRADE, Flávio da Silva. *Standards de prova no processo penal*: quanto de prova é necessário para deferir medidas cautelares, receber a denúncia, pronunciar e condenar? São Paulo: JusPodivm, 2022. p. 244-245; PEIXOTO, Ravi. *Standards probatórios no direito processual brasileiro.* Salvador: JusPodivm, 2021. p. 299.

um fundamento remoto que seja para se entender que, em certas etapas processuais (como a pronúncia), vale o *in dubio pro societate*. Nada há no direito posto que permita alcançar, no processo penal, algum tipo de presunção diversa daquela de não culpabilidade, tratada no art. 5º, LVII, da CR/1988.

Nem é coincidência que assim o seja. Todos os sistemas penais democráticos e ocidentais, a bem da verdade, baseiam-se na presunção de não culpabilidade em alguma forma. Sua origem histórica remonta, para uns, à cláusula de devido processo da Magna Carta de 1215; para outros, ao art. 9º da Declaração de Direitos do Homem e do Cidadão, de 1789; para outros tantos, ao nascedouro da civilização. A própria exigência da lei mosaica para a corroboração de uma acusação por duas testemunhas, nos casos sujeitos à pena capital, pode ser entendida como expressão da presunção de não culpabilidade, por exigir um *standard* probatório mais elevado para se vencer o estado de inocência do imputado e, com isso, impor-lhe a pena fatal.

É mesmo difícil achar elementos que tão bem caracterizem a cultura ocidental como a ideia de que, em princípio, cremos na inocência dos que nos cercam, sendo encargo de eventuais acusadores a comprovação de suas acusações. Essa distribuição quase que intuitiva do ônus da prova é a marca distintiva da presunção de não culpabilidade.

Dizer que é a acusação quem precisa provar sua hipótese, como faz o art. 156 do CPP, é o mesmo que afirmar a inocência presumida do réu enquanto não produzida essa prova. A própria aplicação do art. 156 do CPP à etapa da pronúncia, pois, indica que a presunção de não culpabilidade (*in dubio pro reo*) incide também aqui, não havendo espaço para qualquer outra presunção que seja. Quão forte precisa ser a prova é questão que diz respeito ao estabelecimento de *standards*, a quem cumpre montar a barreira a ser saltada pela acusação com sua hipótese. Se o *standard* para se analisar a autoria delitiva na pronúncia é menor do que o da sentença, nos termos do art. 413 do CPP, isso em nada afeta a incidência do *in dubio pro reo* nessa fase, nem reclama sua substituição pelo *in dubio pro societate*. Um *standard* probatório, afinal, deve ser vencido pelo órgão acusador sem nenhuma dúvida, independentemente de quão alto ou baixo seja o *standard* em si. A dúvida sobre o seu atendimento, por outro lado, deve sempre levar à rejeição da hipótese acusatória, como decorrência do art. 156 do CPP.

Veja-se, então, quão bem dialogam: a repartição dos ônus da prova; a imputação da carga probatória à acusação no que diz respeito aos elementos do crime (art. 156 do CPP); a valoração racional da prova (art.

155 do CPP); a presunção de não culpabilidade do acusado (art. 5º, LVII, da CR/1988); e a necessidade de superação do *standard* decorrente dessa presunção por prova de materialidade e indícios *suficientes* de autoria (art. 413 do CPP). O *in dubio pro societate* não cabe nesse sistema, estruturado em sua totalidade como uma *garantia* do acusado contra imputações levianas.

Fato é que, usando-se ou não o *in dubio pro societate* como atalho argumentativo (e, se for ele usado, deve sê-lo apenas nesses termos), a leitura do art. 413 do CPP mostra que o legislador estabeleceu dois níveis de suficiência probatória distintos para a pronúncia: quanto à materialidade, exigiu a lei *certeza* da existência do fato criminoso, enquanto para a autoria contentou-se o Código com "indícios *suficientes*".

Isso significa que, em relação à materialidade, o juiz só pode pronunciar o réu que, não fosse a competência constitucional do júri, estaria pronto para condenar. Não pode haver dúvida (objetivamente considerada) sobre a existência do fato em si, sob pena de repetirmos os grotescos erros judiciários que assombram a história forense nacional – a exemplo do famoso caso dos irmãos Naves, condenados em 1939 pelo assassinato de um homem que, anos depois, descobriu-se estar vivo. A certeza de materialidade é, pois, um dos aspectos mais tranquilos da questão[12].

Foi essa, aliás, a visão que a Quinta[13] e a Sexta Turmas do STJ[14] adotaram em dois recentes acórdãos, além do AREsp 2.236.994/SP: concluiu-se, em ambos, que a comprovação da materialidade precisa superar o *standard* da certeza, com o mesmo nível de segurança requerido da sentença condenatória. Não se pode deixar de observar que o termo "certeza" foi usado com ressalvas, na falta de outro melhor, porque, em epistemologia da prova, a certeza sobre eventos pretéritos é em alguma

12 Em sentido contrário, argumentando que esse nível de exigência é excessivo: RAMOS, Vitor de Paula. A apuração dos fatos, o Tribunal do Júri e a decisão de pronúncia: um standard probatório mínimo na constante busca por um modelo objetivista com possibilidades de controle intersubjetivo. *In*: BORGES, Ademar; VERANO, Cristiano; SICILIANO, Benedito (org.). *Homenagem ao Ministro Rogerio Schietti*: 10 anos de STJ. Ribeirão Preto: Migalhas, 2023. p. 798.

13 BRASIL. Superior Tribunal de Justiça. Quinta Turma. AgRg no AgRg no REsp nº 1.991.574/SP. Relator Ministro João Batista Moreira (Desembargador Convocado do TRF1), julgado em 3 de outubro de 2023. *DJe*, Brasília, 8 nov. 2023.

14 BRASIL. Superior Tribunal de Justiça. Sexta Turma. REsp nº 2.091.647/DF. Relator Ministro Rogerio Schietti Cruz, julgado em 26 de setembro de 2023. *DJe*, Brasília, 3 out. 2023.

medida inatingível, já que não se pode acessar o passado diretamente para testemunhá-lo em primeira mão. A jurisdição contenta-se, então, com sua reconstrução imperfeita a partir de provas, que conferem maior ou menor grau de probabilidade a determinada hipótese sobre como os fatos efetivamente ocorreram no passado.

Há, evidentemente, uma forte dimensão argumentativa na definição da hipótese prevalecente, para não falar na presença de limites epistêmicos (como eventuais imprecisões de exames periciais) e não epistêmicos (como a preclusão e a inadmissibilidade de provas obtidas ilicitamente) na atividade probatória[15]. Daí resulta que a transposição dos fatos históricos para o processo judicial não é algo automático ou autoexplicativo, mas decorre de um esforço prático e cognitivo limitado de diversas formas, para no final produzir algo que almeje se aproximar da verdade.

Assim colocada a questão, a ideia de certeza parece mesmo distante, "mas isso não implica que não possamos preferir racionalmente uma hipótese em relação a outra com base na maior corroboração da primeira"[16]. Fica-se, então, com essa conclusão: a materialidade deve ser comprovada, para fins de pronúncia, com essa "certeza" que equivale ao mais alto *standard* de prova do processo penal. A hipótese da acusação sobre a materialidade deve, pois, ser capaz de explicar todos os dados probatórios, restando corroborada por um conjunto completo e sólido, com a exclusão de hipóteses defensivas razoáveis capazes de explicar os mesmos dados.

Quando o art. 413 do CPP diz que, para pronunciar, o juiz deve ser "convencer" da materialidade do fato, mas encontrar apenas "indícios suficientes" de autoria, deixou-se clara a opção legislativa de impor, para o exame da autoria, um umbral de exigência probatória (a ser vencido pela acusação) menor que o aplicável à materialidade. Ao mesmo tempo, o uso do adjetivo "suficientes" aponta que não é qualquer indício de autoria que justifica a pronúncia, mas indícios fortes o bastante para comprová-la com uma probabilidade considerável.

A vagueza da redação legal pouco auxilia na definição mais precisa de qual seria, então, o *standard* para aferir a demonstração da autoria

15 DAMAŠKA, Mirjan. Evidentiary barriers to conviction and two models of criminal procedure: a comparative study. *University of Pennsylvania Law Review*, Philadelphia, v. 121, nº 3, p. 506-589, 1973.

16 FERRER-BELTRÁN, Jordi. *Valoração racional da prova*. 3ª ed. Salvador: JusPodivm, 2023. p. 141.

delitiva; sabe-se apenas que ele é inferior ao da materialidade, e superior ao de meros indícios (já que a lei demanda "indícios *suficientes*").

Sendo o julgamento pelo tribunal do júri um direito fundamental (art. 5º, XXXVIII, *d*, da CR/1988), a primeira etapa do rito dos crimes dolosos contra a vida (arts. 406 a 421 do CPP) desempenha a função de *garantia* do réu. Fosse desnecessário comprovar sua autoria delitiva, nessa etapa processual, com um nível relevante de probabilidade, nem haveria sentido em exigir legalmente o gasto de tanto tempo e recursos públicos para se realizar uma instrução prévia à pronúncia. Se bastasse à demonstração da autoria sua presunção enquanto não desconstituída pela defesa, nem seria necessário tamanho dispêndio com a primeira etapa do processo; melhor seria submeter o acusado diretamente ao júri.

Não se procede desse modo porque, em nosso direito, a pronúncia é verdadeira *garantia* do réu, destinada a filtrar acusações improcedentes e impedir que se condene, por um tribunal leigo (e cujo veredito é recorrível apenas em situações estritas), uma pessoa inocente. A própria existência dessa etapa preparatória implica, pois, a necessidade de enxergá-la como uma garantia do acusado. Afinal, como decide o STJ ao vedar a pronúncia lastreada apenas em elementos extrajudiciais, "diante da possibilidade da perda de um dos bens mais caros ao cidadão – a liberdade –, o Código de Processo Penal submeteu o início dos trabalhos do tribunal do júri a uma cognição judicial antecedente. Perfunctória, é verdade, mas munida de estrutura mínima a proteger o cidadão do arbítrio e do uso do aparelho repressor do Estado para satisfação da sanha popular por vingança cega, desproporcional e injusta"[17].

Se é virtualmente unânime a percepção do STJ e da academia sobre a função garantista da pronúncia, o específico nível de suficiência probatória que deve ser empregado na análise da autoria delitiva (o *standard* probatório a ela inerente) é objeto de alguma controvérsia doutrinária.

Flávio da Silva Andrade argumenta que basta, para a pronúncia, a preponderância das provas de culpabilidade do réu – isto é, a maior probabilidade de que o réu seja culpado do que inocente –, *standard* comumente aplicável a demandas cíveis patrimoniais e, no campo penal, às decisões de admissão da acusação[18]. De maneira um pouco diversa,

17 BRASIL. Superior Tribunal de Justiça. Quinta Turma. HC nº 560.552/RS. Relator Ministro Ribeiro Dantas, julgado em 23 de fevereiro de 2021. *DJe*, Brasília, 26 fev. 2021.

18 ANDRADE, Flávio da Silva. *Standards de prova no processo penal*: quanto de prova é necessário para deferir medidas cautelares, receber a denúncia, pronunciar e

Gustavo Badaró[19] aponta que comprovação da autoria na pronúncia deve observar o *standard* intermediário da presença de provas claras e convincentes (*clear and convincing evidence*), o que implica um nível de corroboração maior do que o exigido para o recebimento da denúncia, mas ainda inferior ao da condenação criminal. O professor assim o diz porque a pronúncia não se situa no começo da persecução penal, mas é proferida quando já finalizada uma etapa instrutória – que se espera – criteriosa:

> Além disso, cabe ressaltar que a relevância do bem tutelado não é o único critério para diferenciar os standards de prova. Mesmo no processo penal, nada impede que a técnica dos standards de prova seja utilizada em níveis distintos, com vista às decisões a serem proferidas ao longo da persecução penal. Por exemplo, o grau de convencimento sobre a autoria delitiva que se exige para iniciar uma ação penal, identificado com a expressão 'indício de autoria', pode ser considerado como de mera preponderância de prova, entendida com uma probabilidade simples. Já no procedimento bifásico do júri, para a pronúncia, é necessário que haja 'indícios suficientes de autoria', o que pode ser considerado como uma probabilidade elevada, que na jurisprudência norte-americana é identificado com o parâmetro da 'prova clara e convincente'.

A proposta de Badaró se justifica sobretudo porque, enquanto etapa intermediária do processo, com uma cognição mais aprofundada do que a feita no recebimento da denúncia, mas ainda inferior à da sentença (até pela exigência do art. 413, § 1º, do CPP), é coerente que a pronúncia requeira corroboração também intermediária.

Já Jordi Ferrer-Beltrán, infenso como é às fórmulas mais genéricas dos três *standards* clássicos do *common law*, propõe que os *standards* sejam formulados quase como quesitos, valendo-se do vasto referencial teórico atinente à argumentação por probabilidades indutivas. Dentre os 7 exemplos de *standards* sugeridos didaticamente

condenar? São Paulo: JusPodivm, 2022. p. 247-248. No mesmo sentido: PEIXOTO, Ravi. *Standards probatórios no direito processual brasileiro.* Salvador: JusPodivm, 2021. p. 299-300.

19 BADARÓ, Gustavo. *Epistemologia judiciária e prova penal.* 2ª ed. São Paulo: Thomson Reuters Brasil, 2023. E-book não paginado.

pelo autor em sua mais recente obra, o que parece mais próximo da pronúncia é o seguinte[20]:

> Uma hipótese sobre os fatos será considerada provada quando ocorrerem, conjuntamente, as duas seguintes condições:
>
> a) Que seja a hipótese mais provavelmente verdadeira, à luz dos elementos de juízo existentes nos autos do processo; e
>
> b) Que o peso probatório do conjunto de elementos de juízo relevantes incorporados ao processo seja completo (excluídas as provas redundantes).

Embora Ferrer-Beltrán não diga que é esse o *standard* aplicável à pronúncia (já que foi formulado pelo autor apenas como um exemplo possível), o grau de corroboração por ele exigido bem se adequa a essa etapa processual. Requer-se, primeiramente, que a hipótese da acusação seja a mais provável, dentre todas aquelas que poderiam ser formuladas a partir dos mesmos fatos. Para evitar que se instaure uma competição apenas entre hipóteses fracas, sem grande corroboração probabilística para nenhuma delas, o segundo requisito demanda que o "peso probatório" – isto é, a abrangência do conjunto de provas – seja "completo". Vale dizer: se poucas provas foram produzidas, perdendo-se a chance de introduzir no conjunto probatório elementos importantes para a elucidação dos fatos, a hipótese fática da acusação não se considerará comprovada, mesmo que seja a mais provável, porque as provas falham no teste de completude.

Se o acervo de provas é pequeno e incompleto, com a sonegação de outras fontes de prova independentes e importantes, nenhuma hipótese do órgão acusador (por melhor que seja) pode ser tida por provada. Essa direta correlação entre corroboração e completude, presente no *standard* de Ferrer-Beltrán, em muito se assemelha à vedação que a jurisprudência do STJ tem feito, nos últimos anos, às diversas perdas de chances probatórias no processo penal[21], inclusive na etapa da pronúncia[22].

20 FERRER-BELTRÁN, Jordi. *Prova sem convicção*: standards de prova e devido processo. 2ª ed. São Paulo: JusPodivm, 2023. p. 373.

21 ROSA, Alexandre Morais da; RUDOLFO, Fernanda Mambrini. A teoria da perda de uma chance probatória aplicada ao processo penal. *Revista Brasileira de Direito*, Passo Fundo, v. 13, nº 3, p. 455-471, 2017.

22 Por exemplo: BRASIL. Superior Tribunal de Justiça. Quinta Turma. AgRg no AREsp nº 2.097.685/MG. Relator Ministro Ribeiro Dantas, julgado em 16 de agosto de 2022. *DJe*, Brasília, 22 ago. 2022.

Esse nível de corroboração não é satisfeito pela existência de qualquer prova, tampouco pela mera possibilidade de ser verdadeira a hipótese da acusação, e nem mesmo que ela seja mais provável do que as demais. A pronúncia, lembre-se, é uma *garantia* do réu, destinada a evitar o risco de erros judiciários gravíssimos decorrentes de julgamentos indiscriminados pelo tribunal do júri. Para que o acusado seja pronunciado, então, não basta à hipótese acusatória ser possível, coerente ou a *melhor*; além de tudo isso, a pronúncia exige que a imputação de autoria esteja fortemente corroborada pelas provas, com alto grau de probabilidade, e que o conjunto probatório seja completo, sem a omissão de provas importantes para a elucidação dos fatos.

Acervos de provas frágeis e incompletos, meras suspeitas, boatos, testemunhos indiretos, ou até mesmo a mais sedutora imputação: nada disso permite a pronúncia. O réu que pode ser submetido ao julgamento popular é, somente, aquele que tiver em seu desfavor uma hipótese acusatória corroborada com alta probabilidade por provas claras, independentes e convincentes[23].

Em resumo, portanto, foi esta a conclusão alcançada pelo STJ no julgamento do AREsp 2.236.994/SP: (I) o *standard* aplicável à demonstração da materialidade delitiva na pronúncia é o mesmo da sentença condenatória, que exige, senão uma certeza talvez utópica no processo penal, a comprovação de que o fato existiu, com altíssima corroboração pelas provas; (II) o *standard* da autoria, por sua vez, é o intermediário; pode-se pensar no *standard* da prova clara e convincente (*clear and convincing evidence*), capaz de corroborar com elevada probabilidade a hipótese da acusação. Nos dois casos, o conjunto probatório precisa ser completo o suficiente para que dele se extraiam conclusões seguras, sem a omissão na produção de provas relevantes para a elucidação dos fatos.

Com as ressalvas da visão pessoal do Ministro relator, a Quinta Turma não assentou, nesse caso, a completa inaplicabilidade do *in dubio pro societate*. A solução dada à causa pelo colegiado mostra, porém, que o conteúdo desse brocardo foi reinterpretado à luz de regras probatórias mais objetivas e que, caso seja ele mencionado em outros acórdãos, é essa a interpretação que lhe deve ser dada: um simples atalho argumentativo para expressar a diversidade de *standards* em cada fase processual.

23 SILVA, Rodrigo Faucz Pereira e; AVELAR, Daniel. *Manual do tribunal do júri*. 2ª ed. São Paulo: Thomson Reuters Brasil, 2023. p. 304.

## 3. HC 776.333/ES: LIMITAÇÕES PROBATÓRIAS DO TESTEMUNHO INDIRETO

Uma vez estabelecidos os *standards* de comprovação da autoria e da materialidade delitivas na pronúncia, o STJ foi chamado a definir se o testemunho indireto é suficiente para atendê-los. Trata-se de uma das situações mais frequentemente analisadas pela Corte Superior no controle recursal da pronúncia: embora seja comum existir prova sólida da materialidade (em geral, o exame necroscópico direto), a indicação da autoria termina por depender, não raro, de dados probatórios mais frágeis. Na dificuldade de localizar testemunhas diretas do fato para depor em juízo, ou vestígios materiais que o conectem a um suposto autor, o aparato de acusação por vezes pretende que o testemunho indireto baste, na etapa da pronúncia, para a demonstração da autoria delitiva.

Foi esse o caso analisado pela Quinta Turma, em 11/6/2024, nos autos do HC 776.333/ES. Ali, estava-se diante de *habeas corpus* impetrado contra acórdão estadual que, no âmbito de outro *writ*, manteve a pronúncia de dois acusados pelo crime de homicídio tentado. A denúncia alegava que os réus, num contexto de disputa territorial entre gangues, teriam tentado matar as vítimas com disparos de armas de fogo. Os ofendidos sobreviveram ao atentado e prestaram depoimento à polícia civil, mas não foram inquiridos em juízo, sem justificativa documentada nos autos para tanto. A única prova de autoria indicada na decisão de pronúncia foi, então, o depoimento judicial do policial civil que ouviu as vítimas no inquérito, tendo o policial relatado ao juízo de origem o que os ofendidos lhe disseram extrajudicialmente.

Em votação por maioria (de 3 votos a 2)[24], prevaleceu o voto da Ministra relatora, para quem o depoimento do policial que não testemunhou pessoalmente os fatos, mas narrou somente o que as testemunhas oculares (as vítimas) lhe disseram, é de natureza indireta, e como tal não atende ao *standard* para o estabelecimento da autoria na pronúncia.

Como a controvérsia passava pela própria definição do que é um testemunho indireto em si, vale relembrar a lição de um dos maiores

24 Os Ministros Ribeiro Dantas e Messod Azulay Neto acompanharam a relatora, a Ministra Daniela Teixeira, que proferiu o voto condutor do acórdão. Votaram vencidos, pelo não conhecimento do *habeas corpus*, os Ministros Joel Ilan Paciornik e Reynaldo Soares da Fonseca.

precursores históricos do direito probatório – o professor John Henry Wigmore[25] – para conceituá-lo:

> Sob o conceito da 'regra de *hearsay*' compreendemos a norma que proíbe o uso da afirmação de uma pessoa enquanto equivalente a um testemunho do fato afirmado, a não ser que tal pessoa seja apresentada para testemunhar perante o juízo, onde será questionada e examinada sobre os fundamentos de sua afirmação e suas qualificações para fazê-la.

No direito norte-americano, o conceito do testemunho indireto (*hearsay testimony*) é dado também no item 801 das *Federal Rules of Evidence*. Pelo texto normativo, *hearsay* é o relato de qualquer alegação, «exceto aquela feita pelo declarante ao prestar testemunho em juízo ou audiência». Tem-se aqui uma dinâmica envolvendo duas pessoas: uma delas, o declarante, é aquele que teve contato com os fatos, que efetivamente testemunhou sua ocorrência; a outra é a pessoa que, após ter ouvido do declarante sua versão sobre os fatos, os relata em juízo. Para a regra norte-americana, esse segundo testemunho é indireto.

Isto é: se a testemunha ouvida em juízo se reporta a palavras ditas por qualquer outra pessoa (o declarante a que se refere a norma) fora do processo judicial, seu depoimento é considerado *hearsay*. Não é relevante, para tanto, que o declarante original seja identificado ou não: mesmo que a testemunha identifique a pessoa que lhe passou a informação, será indireto o testemunho quanto àquilo que o declarante original disse.

O ordenamento jurídico dos EUA foi o campo fértil para a elaboração doutrinária e pretoriana a respeito do *hearsay testimony*, em processo histórico que remonta ao nascedouro do Poder Judiciário daquele país. Fortemente permeada por valores cristãos, uma das principais preocupações com o depoimento de "ouvir dizer" era o fato de que o declarante original – isto é, a testemunha ocular dos fatos, que os repassou à testemunha indireta – não se submetia ao juramento de contar a verdade, até por não ser ouvido em juízo. Com isso, acreditava-se que as palavras do declarante, relatadas indiretamente pela testemunha no processo judicial, não mereciam confiança.

25 WIGMORE, John Henry. History of the hearsay rule. *Harvard Law Review*, Cambridge, v. 17, nº 7, p. 437, 1904.

O declarante, note-se, não estava sujeito às consequências *espirituais* de uma eventual mentira, já que não prestou o juramento, perante Deus e os homens, de dizer a verdade. Logo nos primórdios da história judicial norte-americana, assim, o depoimento por *hearsay* foi considerado inadmissível pelos Tribunais, em uma construção jurisprudencial influenciada pelo poder dissuasório divino do juramento, considerado capaz de estimular a testemunha a contar somente a verdade pelo medo de cometer um pecado mortal.

Outras considerações de ordem prática também inspiraram a edificação da doutrina de *hearsay*, bem resumidas por Edmund Morgan[26]:

> Antes do início do século XVIII, então, encontramos três razões apresentadas para a exclusão do *hearsay*. O tribunal e o júri devem basear suas conclusões no que a testemunha sabe, e não no que ela é crédula o suficiente para acreditar; a testemunha deve revelar esse conhecimento sob a sanção e o medo das consequências que eventual falsidade lhe traria; e a parte adversária deve ter a oportunidade de também lhe inquirir.

Para o direito norte-americano, como dito, a orientação geral é a inadmissibilidade do *hearsay testimony* (regra 802), ainda que sejam previstas dezenas de exceções (regra 803). No ordenamento jurídico brasileiro, diversamente, não há nenhuma norma que impeça a própria produção do testemunho indireto. A legislação até a admite implicitamente, quando o art. 209, § 1º, do CPP dá ao juiz a faculdade de ouvir as testemunhas referidas; ora, se foram referidas, assim o foram porque um testemunho indireto anterior as mencionou, o que somente é possível se o testemunho indireto foi ele próprio admitido e colhido previamente.

A questão se resolve, entre nós, não no campo da *admissibilidade*, mas da *valoração*: na definição de quais são as *inferências probatórias* que o juiz pode logicamente fazer diante de um depoimento indireto, dentro do sistema de persuasão racional do art. 155 do CPP. Há ainda um problema de *standard*: uma vez feitas as inferências cabíveis, precisa-se aferir se o acervo probatório é suficiente para se atender ao umbral de prova exigido naquela etapa processual. Dizer que determinado dado probatório é *admissível*, afinal, não significa dizer que o Judiciário é obri-

26 MORGAN, Edmund. *Hearsay dangers and the application of the hearsay concept. Harvard Law Review*, Cambridge, v. 62, nº 2, p. 182-183, 1948.

gado a encampar a hipótese fática que ele sustenta. Ao contrário, o magistrado tem o dever de valorar racionalmente a prova, a fim de verificar qual o grau de corroboração que ela, objetivamente, traz à hipótese de culpa ou inocência do acusado.

Aqui, o testemunho indireto falha.

O processo penal brasileiro é dependente conhecido da prova testemunhal. Pouco se produz, aqui, de investigações com fontes de prova variadas, e não raro os órgãos estatais deixam de perseguir provas importantíssimas, de alto valor epistêmico e qualidade científica, por se contentarem com a coleta pouco sistemática de depoimentos. Isso requer do Judiciário um cuidado ainda maior na valoração dos relatos de testemunhas, até porque serão eles na vasta maioria dos casos o único dado probatório de um ou mais elementos do crime.

Há diversas cautelas e procedimentos que precisam ser adotados para se produzir com qualidade a prova testemunhal e permitir seu controle, desde evitar perguntas indutivas e a contaminação por outras fontes de prova, até verificar se a testemunha tinha, de fato, condições objetivas de perceber os fatos que narrou[27]. É impossível fazer uma valoração minimamente justa da prova testemunhal se o juiz nem tem contato direto com a testemunha. Justamente para revelar eventuais deficiências de seu relato – desde problemas na percepção sensorial dos fatos, até vieses e mentiras propriamente ditas – é que o art. 212 do CPP estabelece que a testemunha é ouvida em juízo, com a possibilidade de perguntas por ambas as partes. Não é esse um meio perfeito e à prova de falhas para se descobrir inconsistências no relato da testemunha, mas é a principal ferramenta de que a defesa dispõe para fazê-lo. Aqui reside um dos problemas centrais do testemunho indireto: substituir a ouvida das vítimas pelo relato de quem as ouviu extrajudicialmente tira da defesa a possibilidade de fazer perguntas à própria testemunha dos fatos e, com isso, acaba com suas chances de impugnar (com alguma probabilidade de êxito) o relato testemunhal.

Quando a testemunha ocular dos fatos é inquirida perante o juiz, não só o magistrado tem mais subsídios para aferir a credibilidade de suas alegações, mas também a defesa tem chances mais efetivas de combatê-las. Se tudo que vem ao processo é o resumo de uma ouvida extrajudicial (por exemplo, e como no HC 776.333/ES, aquela feita uni-

27 KAGUEIAMA, Paula. *Prova testemunhal no processo penal: um estudo sobre falsas memórias e mentiras.* São Paulo: Almedina, 2021. p. 290-292.

lateralmente pela polícia e contendo somente as impressões do policial sobre o que as testemunhas disseram), não há praticamente nada que o acusado possa fazer para discutir a veracidade do relato, exceto se tiver prova de algum álibi. Um dos mais importantes (únicos, na realidade) instrumentos que a legislação lhe dá para sindicar a prova testemunhal, que é a colocação da testemunha numa cadeira diante do juiz e a possibilidade de, nessa situação, lhe fazer perguntas, é indevidamente subtraído do réu.

Ademais, o simples fato de a testemunha ocular ser identificada pela testemunha indireta em nada resolve essas complicações. A identificação do declarante original é sempre ideal, porque aí ele pelo menos poderá ser ouvido em juízo (art. 209, § 1º, do CPP), mas não altera as dificuldades epistêmicas acima relatadas. Quando a testemunha relata os fatos em juízo diretamente – ou seja, a partir do que efetivamente percebeu acontecer –, as partes e o juiz têm a oportunidade de questionar "os fundamentos de sua afirmação e suas qualificações para fazê-la", na lição de Wigmore[28]. Com isso, é possível que as respostas da testemunha às perguntas que lhe forem feitas tragam ainda mais força ao depoimento, se demonstrarem a solidez da narrativa; ou lhe retirem a credibilidade, caso restem frágeis as razões de sua percepção.

Esse procedimento fica completamente inviabilizado com o testemunho indireto, subtraindo das partes a prerrogativa, garantida no art. 212 do CPP, de inquirir a testemunha direta e buscar expor ao magistrado eventuais inconsistências de seu relato. É claro que a testemunha indireta pode ser questionada quando ouvida em juízo, mas isso não afasta a ofensa ao art. 212 do CPP, porque o declarante direto – aquele que efetivamente percebeu a ocorrência dos fatos – não é inquirido judicialmente.

Além de lesar esse direito legalmente assegurado, a dependência do testemunho indireto também obstaculiza, em alguma medida, a pretensão de se chegar à verdade dos fatos. Conquanto muito se discuta o papel da verdade no processo penal (seja no confronto entre as ideias de verdade formal e material, seja na noção epistêmica de verdade como correspondência)[29], o depoimento de *hearsay* não tem a segurança ne-

28 WIGMORE, John Henry. History of the hearsay rule. *Harvard Law Review*, Cambridge, v. 17, nº 7, p. 437, 1904.

29 FERRER-BELTRÁN, Jordi. *Valoração racional da prova*. 3ª ed. Salvador: Juspodivm, 2023. p. 50.

cessária para aproximar o processo de qualquer verdade que seja[30]. Se o fizer, o fará apenas por sorte, mas não por sua segurança ou pela conformidade com a legislação processual, para quem a construção do desfecho do processo exige a participação plena de todos os interessados - participação essa obstada, pelo menos com as prerrogativas do art. 212 do CPP, no caso de um testemunho indireto.

O risco de erros judiciários é enorme nessa situação. A investigação policial já tem dificuldades em localizar provas sólidas e diversificadas de autoria, induzindo a dependência da prova testemunhal. Se, mesmo quanto a esta, for permitido o uso da modalidade indireta, será ainda maior a precarização do trato probatório no direito brasileiro: nem mesmo o contato das testemunhas oculares com o juiz será necessário, bastando que alguém tenha ouvido a testemunha ocular e diga ao juiz o teor daquela conversa, numa espécie de **telefone sem fio**.

Para além do cerceamento de defesa, com a burla aos arts. 155 e 212 do CPP, e da perda de qualidade na valoração da prova em si, aceitar um testemunho indireto como prova de qualquer coisa equivale a renunciar à própria essência da jurisdição. É trabalho do juiz, e não da testemunha indireta, examinar e valorar diretamente as provas importantes para a resolução da causa. O magistrado não pode terceirizar para nenhuma outra pessoa tarefa de ouvir as testemunhas para que depois alguém lhe conte o que aconteceu na inquirição extrajudicial. Nada há na legislação que permita essa delegação da atividade instrutória, nem que a delegação seja feita à polícia civil, como aconteceu na situação julgada no HC 776.333/ES.

Isso, evidentemente, não significa que a ouvida judicial do policial civil responsável pelas investigações é inútil. O policial pode e deve explicar como se desenrolou o inquérito e qual o contexto em que cada prova foi produzida, enriquecendo assim o conjunto probatório e colocando em perspectiva as etapas do raciocínio desenvolvido na investigação. Entretanto, seu depoimento não pode substituir os dados probatórios propriamente ditos. Se, no curso no inquérito, a polícia encontrou fontes de prova (como a arma do crime, testemunhas oculares, filmagens, documentos etc.), essas fontes precisam aportar diretamente aos autos, para que o juiz as valores também diretamente.

30 SEEBODE, Manfred; SYDOW, Fritz. *‚Hörensagen ist halb gelogen': Das Zeugnis vom Hörensagen im Strafprozeß. Juristen Zeitung, Berlin, v. 35, nº 15, p. 506-516, 1980.*

Deve o juiz, então, ler e valorar ele próprio a perícia sobre a arma, ouvir e valorar ele próprio os testemunhos colhidos em sua presença e sob o contraditório, assistir e valorar ele próprio as filmagens. Isso é extremamente trabalhoso, mas é essa a atividade de julgar. Não pode o magistrado renunciar ao contato direto com todos esses itens e deixar que o policial civil os valore, para então somente encampar essa valoração feita pela polícia quando ouvir o testemunho do agente. Dito de outro modo: as provas precisam integrar diretamente o processo, e são elas que o juiz deve valorar - não o que disse o policial ou qualquer outra pessoa (mesmo em juízo e identificando a fonte da informação) a seu respeito.

Examinar o teor de um laudo pericial sobre a arma usada para praticar o crime é diferente de ouvir o que o policial diz sobre esse laudo, assim como assistir à filmagem dos fatos é diferente de ouvir o que o policial diz sobre a filmagem. Da mesma forma, ouvir as palavras da boca da própria testemunha numa audiência judicial, com a participação ativa de acusação e defesa, é completamente diferente de ouvir apenas as impressões do policial sobre o que ele perguntou à vítima em outra ocasião, no interior de uma delegacia de polícia e sem a lente ampliadora do contraditório. Por mais fiel que seja o depoimento do agente estatal, ele poderá apenas relatar o que a testemunha ocular lhe falou extrajudicialmente, mas nunca poderá recontar a própria experiência sensorial da testemunha no momento da prática do crime - simplesmente porque nunca a experimentou.

Com efeito, a reconstrução histórica de determinado fato a partir da prova testemunhal é sujeita às imprecisões que lhe são peculiares, porque parte de três elementos distintos: (I) o relato atual de uma pessoa, sobre (II) a impressão que teve no passado ao perceber com seus sentidos físicos (III) determinado evento do mundo externo. Haja vista a construção fluida da memória humana e a dificuldade - para não dizer impossibilidade - de que nossos sentidos registrem a realidade completa e perfeitamente, todos esses três elementos podem ser diferentes entre si. Tal conclusão é até mesmo intuitiva: o que efetivamente aconteceu no mundo externo não corresponde necessariamente à percepção que a testemunha teve daquele evento, a qual, por sua vez, não é necessariamente igual ao relato feito pela testemunha anos após o fato.

Esses limites epistêmicos da prova testemunhal crescem exponencialmente quando se adiciona um intermediário, no depoimento de "ouvir dizer", porque agora a testemunha terá de informar não suas *próprias* impressões, mas sim as de um *terceiro* não ouvido em juízo. Às três camadas de imprecisão referidas no parágrafo anterior, acrescenta-se pelo menos mais uma: o relato da testemunha indireta não é necessariamente igual ao relato extrajudicial do declarante direto, nem à experiência sensorial daquele e muito menos aos já distantes fatos do mundo externo.

O testemunho indireto até pode, então, servir como prova unicamente de que a testemunha e o declarante original tiveram aquela conversa. Nada prova, contudo, sobre os *fatos* relatados pelos declarantes primevos.

Veja-se que há uma diferença sutil: uma coisa é provar que determinado diálogo aconteceu, como aquele travado entre as vítimas e o policial durante a investigação. Essa informação até pode ser provada pelo testemunho indireto do policial, que foi um dos participantes do diálogo. Não é este o meio de prova ideal, já que o inquérito é um procedimento formal e exige a documentação de seus atos (para testemunhos, idealmente em vídeo), mas pode servir para complementar a linguagem padronizada dos autos de ouvida extrajudicial.

Outra coisa, completamente diferente, é inferir que os fatos narrados pelas naquele diálogo são verdadeiros, e para isso o depoimento indireto não tem utilidade nenhuma. Somente com a inquirição direta da testemunha ocular, sob o crivo do contraditório e com a possibilidade de perguntas pela parte adversa (inclusive para testar a solidez de seu testemunho e descobrir eventuais inconsistências), na forma do art. 212 do CPP, é que seu relato pode comprovar a hipótese fática da acusação.

Por todos esses fatores, a Quinta Turma do STJ considerou indireto (*hearsay*, por "ouvir dizer") o testemunho de qualquer pessoa, mesmo quando prestado em juízo, que diga aquilo que um terceiro (identificado ou não) lhe falou anteriormente. Se há uma testemunha ocular dos fatos, é ela quem deve ser inquirida diretamente pelo juiz (art. 209, § 1º, do CPP), e não se pode substituir seu depoimento judicial por declarações extrajudiciais ou pelo relato de outra pessoa que a ouviu em outra ocasião. Se tudo o que houver para comprovar algum dos elementos do crime (principalmente a autoria) for o testemunho indireto, a resposta do STJ é clara: a pronúncia não é possível, por não restar superado o *standard* probatório por ela exigido[31].

---

31 SILVA, Rodrigo Faucz Pereira e; AVELAR, Daniel. O Superior Tribunal de Justiça e a construção de um standard probatório para a decisão de pronúncia. In: BORGES, Ademar; VERANO, Cristiano; SICILIANO, Benedito (org.). *Homenagem ao Ministro Rogerio Schietti*: 10 anos de STJ. Ribeirão Preto: Migalhas, 2023. p. 210.

## 4. CONSIDERAÇÕES FINAIS

Os fatos, voltando à frase que epigrafa este texto, são tudo. A jurisdição criminal que almeje a justiça precisa, para pronunciar e condenar um réu pela grave imputação de tirar a vida de seu semelhante, *acertar* quanto a eles. Em outras palavras, só é justa a decisão de pronúncia ou condenação que *acerte* os fatos e puna o réu que, efetivamente, é culpado da imputação contra ele formulada[32]. Não é esse acerto fático o único requisito de legitimidade da pronúncia ou condenação, é verdade, mas é ele fundamental. Localizar fontes de prova diversas e sólidas, formando um conjunto probatório completo e seguro, deve ser a prioridade dos órgãos de persecução penal, e não pode o Judiciário admitir que se considere provada uma hipótese amparada somente em dados probatórios frágeis.

Caso contrário, corre-se justamente o risco de ignorar os *fatos*: submeter alguém a julgamento popular sem dados probatórios veementes de sua culpabilidade eleva desproporcionalmente o risco de se condenar uma pessoa inocente, afastando o processo penal do acertamento fático que dele se espera. Só é justa a decisão condenatória que corresponde aos fatos ocorridos no passado, e só com provas firme sobre a hipótese acusatória é que há alguma chance de a jurisdição, racionalmente, reconstruí-los de maneira precisa.

O exame dos dois acórdãos aqui apresentados mostra que o STJ está atento às mais recentes evoluções doutrinárias sobre o controle probatório da pronúncia e preocupa-se, sobretudo, com a prevenção de erros judiciários potencialmente irreparáveis. Ao reafirmar a imprestabilidade do testemunho indireto para justificar a pronúncia, o STJ restringe sua eficácia à indicação de outra fonte de prova (a testemunha direta, na forma do art. 209, § 1º, do CPP) que é dotada de maior aptidão epistêmica, elevando assim as chances de se descobrir alguma verdade sobre os fatos.

Se, de fato, ainda não há um consenso jurisprudencial quanto à precisão terminológica do *in dubio pro societate*, é igualmente verdade que o STJ tem buscado construir uma jurisprudência íntegra e coerente sobre a legislação atinente à pronúncia, comprometido com a finalidade institucional de qualificar o trato da prova no direito brasileiro. Remanescendo algum conteúdo possível para o *in dubio pro societate*, sua interpretação

32 FERRER-BELTRÁN, Jordi. *Valoração racional da prova*. 3ª ed. Salvador: Juspodivm, 2023. p. 50.

reside na diferenciação de *standards* proposta pela Corte Superior, sem aceitar que provas de baixa qualidade criem para o cidadão acusado (e potencialmente inocente) o risco de perder sua liberdade.

## REFERÊNCIAS

ANDRADE, Flávio da Silva. *Standards de prova no processo penal*: quanto de prova é necessário para deferir medidas cautelares, receber a denúncia, pronunciar e condenar?. São Paulo: JusPodivm, 2022.

BADARÓ, Gustavo. *Epistemologia judiciária e prova penal*. 2ª ed. São Paulo: Thomson Reuters Brasil, 2023.

BRASIL. Ministério da Justiça. Secretaria Nacional de Políticas Penais. *Relatório de informações penais*: 2º semestre de 2023. Brasília: SISDEPEN, 2024.

*BRASIL. Superior Tribunal de Justiça. Relatório estatístico. Brasília: STJ, 2023. Disponível em: https://www.stj.jus.br/docs_internet/processo/boletim/2023/Relatorio2023.pdf. Acesso em: 20 jun. 2024.*

CASTRO, Cássio Benvenutti de. *Standards de prova na perspectiva da tutela dos direitos*. Londrina: Thoth, 2021.

DAMAŠKA, Mirjan. Evidentiary barriers to conviction and two models of criminal procedure: a comparative study. *University of Pennsylvania Law Review*, Philadelphia, v. 121, nº 3, pp. 506-589, 1973.

DANTAS, Marcelo Navarro Ribeiro; MOTTA, Thiago de Lucena. A aplicação do art. 155 do CPP nas duas fases do rito do tribunal do júri. *In*: BEZERRA NETO, Bianor Arruda *et al.* (coord.). *O futuro do direito administrativo*: estudos em homenagem ao Prof. Edilson Nobre. São Paulo: Noeses, 2023. pp. 495-524.

FERRER-BELTRÁN, Jordi. *Valoração racional da prova*. 3ª ed. Salvador: JusPodivm, 2023.

FERRER-BELTRÁN, Jordi. *Prova sem convicção*: standards de prova e devido processo. 2ª ed. São Paulo: JusPodivm, 2023.

FONSECA, Reynaldo Soares da; FABRETTI, Humberto; SILVA, Amanda Scalisse. O in dubio pro societate no processo penal brasileiro: uma análise da origem e do histórico de sua aplicação pelo Supremo Tribunal Federal. *In*: CRUZ, Rogerio Schietti; BADARÓ, Gustavo; DEZEM, Guilherme (coord.). *Código de Processo Penal*: estudos comemorativos aos 80 anos de vigência. São Paulo: Thomson Reuters Brasil, 2021. v. 1, pp. 297-306.

FÓRUM BRASILEIRO DE SEGURANÇA PÚBLICA. *Anuário Brasileiro de Segurança Pública*. São Paulo: FBSP, 2023.

KAGUEIAMA, Paula. *Prova testemunhal no processo penal: um estudo sobre falsas memórias e mentiras*. São Paulo: Almedina, 2021.

MORGAN, Edmund. *Hearsay dangers and the application of the hearsay concept. Harvard Law Review*, Cambridge, v. 62, nº 2, pp. 177-219, 1948.

PEIXOTO, Ravi. *Standards probatórios no direito processual brasileiro*. Salvador: JusPodivm, 2021.

RAMOS, Vitor de Paula. A apuração dos fatos, o Tribunal do Júri e a decisão de pronúncia: um standard probatório mínimo na constante busca por um modelo objetivista com possibilidades de controle intersubjetivo. *In*: BORGES, Ademar; VERANO, Cristiano; SICILIANO, Benedito (org.). *Homenagem ao Ministro Rogerio Schietti*: 10 anos de STJ. Ribeirão Preto: Migalhas, 2023. pp. 791-801.

ROSA, Alexandre Morais da; RUDOLFO, Fernanda Mambrini. A teoria da perda de uma chance probatória aplicada ao processo penal. *Revista Brasileira de Direito*, Passo Fundo, v. 13, nº 3, pp. 455-471, 2017.

SANTOS, Natália Petersen dos; DUARTE, Isa Guimarães. In dubio pro societate: uma medida de justiça? *In*: ESPIÑERA, Bruno; COLAVOLPE, Luís Eduardo; MATTOS FILHO, Maurício (org). *A prova e o processo penal constitucionalizado*: estudos em homenagem ao Ministro Sebastião Reis. Belo Horizonte: D'Plácido, 2021. pp. 515-522.

SEEBODE, Manfred; SYDOW, Fritz. *‚Hörensagen ist halb gelogen': Das Zeugnis vom Hörensagen im Strafprozeß. Juristen Zeitung, Berlin, v. 35, nº 15, pp. 506-516, 1980.*

SILVA, Rodrigo Faucz Pereira e; AVELAR, Daniel. *Manual do tribunal do júri*. 2ª ed. São Paulo: Thomson Reuters Brasil, 2023.

*SILVA, Rodrigo Faucz Pereira e; AVELAR, Daniel. O Superior Tribunal de Justiça e a construção de um standard probatório para a decisão de pronúncia. In: BORGES, Ademar; VERANO, Cristiano; SICILIANO, Benedito (org.). Homenagem ao Ministro Rogerio Schietti: 10 anos de STJ. Ribeirão Preto: Migalhas, 2023, pp. 207-216.*

WIGMORE, John Henry. History of the hearsay rule. *Harvard Law Review*, Cambridge, v. 17, nº 7, pp. 437-458, 1904.

# INTERPRETANDO O DIREITO PROCESSUAL CIVIL: UM EXAME DA ATUAÇÃO DO MINISTRO HUMBERTO MARTINS E DO PRINCÍPIO DA NÃO-SURPRESA NA JURISPRUDÊNCIA DO SUPERIOR TRIBUNAL DE JUSTIÇA

*Afranio Vilela*[1]

## 1. INTRODUÇÃO

Com muita felicidade recebi o convite para participar desta obra, denominada *Direito Federal interpretado*, em homenagem ao Ministro Humberto Martins, por quem sempre guardei imensa admiração. Dono de vasta produção intelectual e conhecido por sua preocupação com a consolidação da jurisprudência no âmbito do Superior Tribunal de Justiça, outro não poderia ser o título deste tributo.

Alagoano de Maceió, o Ministro Humberto Martins passou parte da infância na cidade de Arapiraca, formou-se em Direito pela Universidade Federal de Alagoas e em Administração de Empresas pelo Centro de Estudos Superiores de Maceió.

A trajetória e carreira jurídica de Sua Excelência é singular, sempre contribuindo com a atividade jurisdicional em sua terra natal, o "paraíso das águas". Foi Promotor de Justiça na Comarca de União dos Palmares até 1982, e advogado militante até março de 2002. Nesse ínterim, exerceu o cargo Procurador do Estado de Alagoas, foi Conselheiro e, posteriormente, Presidente da Ordem dos Advogados do Brasil, Secção de Alagoas.

Em 2002, foi nomeado Desembargador do Tribunal de Justiça de Alagoas – TJAL, pelo quinto constitucional, desenvolvendo suas funções na Primeira Câmara Cível e na Seção Especializada Cível e, posteriormente, como Presidente da Câmara Criminal do órgão.

Foi agraciado, em novembro de 2011, pelo Presidente do TJAL, Desembargador Sebastião Costa Filho, com a concessão da comenda Desembargador Moura Castro, a maior honraria concedida pelo Judiciário alagoano.

1 acadêmicos e profissionais que serão utilizados na obra: Ministro do Superior Tribunal de Justiça

Em 2006, Humberto Martins tomou posse como Ministro do Superior Tribunal de Justiça – STJ – e, desde então, foi membro da Segunda Turma e da Primeira Seção, colegiados especializados em Direito Público, da Corte Especial, ocupando atualmente cadeira na Terceira Turma e na Segunda Seção, com especialização no Direito Privado.

Rememorando os tempos de magistério em sua *alma mater*, foi Diretor-Geral da Escola Nacional de Formação e Aperfeiçoamento de Magistrados Sálvio de Figueiredo Teixeira – ENFAM – de 16/12/2015 a 30/08/2016.

Entre as diversas funções jurisdicionais e administrativas que exerceu com maestria, destacam-se, sem dúvida, as atuações como Vice-Presidente do Superior Tribunal de Justiça, no biênio 2016-2018, e Presidente do Superior Tribunal de Justiça, do Conselho de Administração do STJ e do Conselho da Justiça Federal, de 27/8/2020 a 25/8/2022.

Sua gestão firme e marcante à frente da Presidência do STJ foi pautada por iniciativas voltadas à promoção do diálogo com o cidadão, da sustentabilidade e dos direitos humanos, enfrentando com sucesso o desafio apresentado pela pandemia da covid-19.

Idealizou, em 2021, o projeto "Fale com o Presidente – De mãos dadas: magistratura e cidadania", no qual foram realizadas audiências públicas com apresentação de demandas pelos cidadãos, com o fito de aproximar o Tribunal da Cidadania do seu jurisdicionado.

Sempre atento à importância da virtualização do Poder Judiciário brasileiro e do esforço para uma melhor prestação jurisdicional no País, Humberto Martins já manifestou que as inovações da informatização judicial e a virtualização fazem parte da vida moderna do Judiciário brasileiro.

No curso de seu mandato como Presidente, foi realizado amplo esforço e mobilização institucional para a defesa e posterior promulgação da Emenda Constitucional nº 125, que criou o filtro da relevância para a admissão dos recursos especiais.

A bibliografia do Ministro Humberto Martins demonstra a sua preocupação com a consolidação do ordenamento jurídico, com a segurança jurídica e com o respeito ao contraditório. Essa preocupação é refletida na atividade jurisdicional do magistrado, que completou recentemente 18 anos como Ministro na Corte Cidadã.

Sempre apresentou reflexões, questionamentos e ponderações acerca do Código de Processo Civil de 2015, participando ativamente do amadurecimento acadêmico e jurisprudencial do diploma.

O tema do princípio da não-surpresa, novidade no diploma processual, não passou despercebido pelo homenageado, que contribuiu notoriamente para a discussão jurídica acerca do dispositivo, assim como para sua correta aplicação.

Este artigo visa investigar os meandros da positivação do princípio da não-surpresa no Código de Processo Civil de 2015, assim como analisar as contribuições do Ministro Humberto Martins e a atuação do Superior Tribunal de Justiça, responsável pela uniformização da interpretação da lei federal, na aplicação do art. 10, do CPC/2015.

## 2. OS FUNDAMENTOS DO PRINCÍPIO DA NÃO-SURPRESA: SEGURANÇA JURÍDICA, PRINCÍPIO DA COOPERAÇÃO E CONTRADITÓRIO EFETIVO

Com ímpar percepção e clarividência, o Ministro Humberto Martins questionou, nos idos de 2015, as inovações apresentadas pelo então novo Código de Processo Civil, ao indagar "como proteger a segurança jurídica, a unicidade da interpretação das leis, a perenidade da prestação jurisdicional no tempo sem deixar, simultaneamente, de respeitar as mudanças no Direito inerentes à evolução natural da sociedade?".[2]

O atual Código de Processo Civil estabelece um modelo coparticipativo e cooperativo de processo[3], fruto das garantias constitucionais do devido processo legal e do respeito ao contraditório, e que tem como fundamento a garantia da influência e da não-surpresa.

Em discurso proferido no Seminário Processo Civil e Constituição, sediado no Centro de Estudos Judiciários do Conselho da Justiça Federal, o Ministro Humberto Martins, ao manifestar sobre o direito processual constitucional, consignou que:

> A Constituição apresenta-se dinâmica, ultrapassando, consequentemente, o papel de texto apenas garantidor, para transformar-se em texto determinante de efetivação de direitos fundamentais. De fato, caso observadas apenas as premissas Kelsenianas, a Constituição apresenta-se formalmente como um conjunto de normas hierarquicamente superior.

2 Lei nº 13.105/2015. Código de Processo Civil.

3 Art. 6º Todos os sujeitos do processo devem cooperar entre si para que se obtenha, em tempo razoável, decisão de mérito justa e efetiva.

> Contudo, o seu escopo vai além dos esquemas jurídicos formais para agregar o seu conteúdo protetivo ao próprio contrato social, não sendo diferente em relação aos direitos fundamentais processuais. A constitucionalização do processo denota a sua extrema relevância na objetivação dos instrumentos da efetivação dos desejos de justiça. Discutir Processo e Constituição é buscar soluções para que o Poder Judiciário possa garantir os imperativos trazidos pelo Poder Constituinte.[4]

A garantia da não-surpresa, nesse sentido, se mostra como salvaguarda ao direito dos sujeitos processuais de influir e participar de uma prestação jurisdicional efetiva. É princípio indissociável do contraditório, de natureza processual garantidora da participação da parte na construção do processo e, portanto, essencial ao Estado Democrático de Direito. Isso porque se relaciona, ainda, com o dever de fundamentação de decisões judiciais, de modo que a manifestação das partes deve ser considerada no processo, e pode influir em seu curso, sendo garantido o enfrentamento de seu teor, consubstanciado na motivação do julgador, garantida processual e constitucionalmente.

Essa compreensão reflete os ideais e a aplicação da lei pelo homenageado, na medida em que sempre se mostrou observador das garantias às partes no processo, seja em sua atuação no Direito Público ou Privado.

Com os possíveis defeitos de uma obra humana, feita por centenas de mãos, penso que é preciso compreender que o CPC/2015 procurou conferir efetividade, eficácia e eficiência à prestação jurisdicional uniforme e conjunta, via de instrumentos processuais que tencionam à satisfação do direito material.

Na exposição de motivos da Lei nº 13.105/2015, explicitou-se que: "Um sistema processual civil que não proporcione à sociedade o reconhecimento e a realização dos direitos, ameaçados ou violados, que têm cada um dos jurisdicionados, não se harmoniza com as garantias constitucionais de um Estado Democrático de Direito."

Nessa senda, para que o processo cumpra sua finalidade social, é necessário permitir que o jurisdicionado obtenha a efetiva tutela de seu direito material, que essa tutela se concretize dentro de prazo razoável e com eficiência e, ainda, que os operadores do direito e as partes não sejam surpreendidos com decisões divergentes do mesmo fato que estão sob a mesma situação jurídica. Indispensável, pois, a segurança jurídica.

4 Seminário Processo Civil e Constituição, 2014, São Paulo. Auditório do TRF3.

É sob essa perspectiva, de um processo constitucional democrático, que o contraditório não é mais um diálogo exclusivo entre partes litigantes, sendo inserido também o juiz.

A doutrina já vinha identificando a possibilidade de se enxergar o princípio da não-surpresa como uma ferramenta que gera mora processual, burocracia desnecessária ou mesmo excesso de formalismo.

O Ministro Humberto Martins, com sapiência e perspicácia, registra essas preocupações, apontando um norte a ser seguido:

> Eis que surge – para provar que nada é obvio – um novo conceito de contraditório, depreendido do art. 10 do novel diploma, ao qual se apelidou de "proibição de decisões surpresa". Esta é uma das mudanças processuais mais comentadas, normalmente com elogios. O Novo Contraditório extrapolaria o binômio "conhecer" e "reagir" para incluir as próprias partes na realização dos atos preparatórios à decisão judicial. Desta forma, o magistrado ficará proibido de decidir – em qualquer grau de jurisdição – com base em fundamento a respeito do qual não se tenha dado aos litigantes oportunidade de manifestação, "ainda que se trate matéria sobre a qual deva decidir de ofício". A princípio poderia parecer o exílio da máxime "dá-me os fatos que eu te darei o direito". Acredito que esta questão despertará muita controvérsia no Judiciário.[5]

Estamos diante da perspectiva do processo constitucional democrático, sendo inolvidável que a indicação e prévia manifestação das partes acerca dos pontos relevantes da lide leva a um pronunciamento judicial mais adequado e coerente.

A segurança jurídica é um dos principais fundamentos do princípio da não-surpresa, assegurando previsibilidade e confiança no desenlace da controvérsia, evitando decisões inesperadas, ainda que sobre matéria cognoscível de ofício, que possam prejudicar o direito de defesa e a condução regular do processo. A intenção é sempre assegurar que todas as partes possam ser ouvidas e preservar, dentro dos ditames legais, os direitos e as garantias fundamentais, inclusive a dignidade da pessoa humana.

Segundo o Ministro Humberto Martins, a segurança jurídica "passa pela compreensão de que, ao lado de uma necessária permanência de atos e decisões dos poderes públicos, há (i) a confiança dos administra-

5 Inovações do novo Código de Processo Civil.

dos de que, para além dos direitos adquiridos, suas legítimas expectativas estarão a salvo de mudanças repentinas na administração, ou seja, de que existe (ii) a razoável estabilidade dos provimentos administrativos (lato sensu)"[6].

Na exposição de motivos do Código de Processo Civil de 2015, a Comissão de Juristas registra essa necessária preocupação em prestigiar o "princípio da segurança jurídica, obviamente de índole constitucional, pois que se hospeda nas dobras do Estado Democrático de Direito e visa a proteger e a preservar as justas expectativas das pessoas. Todas as normas jurídicas devem tender a dar efetividade às garantias constitucionais, tornando 'segura' a vida dos jurisdicionados, de modo a que estes sejam poupados de 'surpresas', podendo sempre prever, em alto grau, as consequências jurídicas de sua conduta. Se, por um lado, o princípio do livre convencimento motivado é garantia de julgamentos independentes e justos, e neste sentido mereceu ser prestigiado pelo novo Código, por outro, compreendido em seu mais estendido alcance, acaba por conduzir a distorções do princípio da legalidade e à própria ideia, antes mencionada, de Estado Democrático de Direito. A dispersão excessiva da jurisprudência produz intranquilidade social e descrédito do Poder Judiciário. Se todos têm que agir em conformidade com a lei, ter-se-ia, *ipso facto*, respeitada a isonomia. Essa relação de causalidade, todavia, fica comprometida como decorrência do desvirtuamento da liberdade que tem o juiz de decidir com base em seu entendimento sobre o sentido real da norma."[7]

É possível concluir, portanto, que a implementação do princípio da não-surpresa no CPC/2015 revela a pertinência, em contraposição ao Código anterior, de trazer para o processo civil, de forma objetiva, os princípios constitucionais da ampla defesa, do contraditório e da segurança jurídica, por vezes não palpáveis, até então, no curso processual.

## 3. A IMPLEMENTAÇÃO NO NOVO CÓDIGO DE PROCESSO CIVIL

Os trabalhos da Comissão se orientaram por cinco objetivos: 1) estabelecer expressa e implicitamente verdadeira sintonia fina com a Constituição Federal; 2) criar condições para que o juiz possa proferir decisão de forma mais rente à realidade fática subjacente à causa; 3)

6 MARTINS, Humberto. Segurança Jurídica e Estado de Direito, p. 322.

7 Código de Processo Civil e Normas Correlatas. Exposição de Motivos, p. 28-29.

simplificar, resolvendo problemas e reduzindo a complexidade de subsistemas, como, por exemplo, o recursal; 4) dar todo o rendimento possível a cada processo em si mesmo considerado; e, 5) finalmente, sendo talvez este último objetivo parcialmente alcançado pela realização daqueles mencionados antes, imprimir maior grau de organicidade ao sistema, dando-lhe, assim, mais coesão.

De fato, o art. 10 do CPC estabelece que: "O juiz não pode decidir, em grau algum de jurisdição, com base em fundamento a respeito do qual não se tenha dado às partes oportunidade de se manifestar, ainda que se trate de matéria sobre a qual deva decidir de ofício."

A regra descrita acima impõe ao juiz que, ao vislumbrar a possibilidade de aplicação, na sentença, de fundamento jurídico não aventado por qualquer das partes no processo, conceda prazo para que se manifestem sobre a questão inovadora, antes da prolação da decisão, não sendo possível, ao revés, empregar esse fundamento na motivação do *decisum*, sob pena de invalidade do ato.

Sabe-se que o juiz deve julgar a causa aplicando o direito à situação de fato posta em juízo. Todavia, notadamente após a vigência do CPC/2015, não pode o juiz surpreender a parte com fundamento jurídico sem oportunizá-la a se manifestar a respeito do acerto ou desacerto da solução que pretende conferir ao caso concreto.

Nesse sentido, a proteção processual aqui discutida não confronta os célebres brocardos d*a mihi factum, dabo tibi ius* e *iura novitu curia*.

O Superior Tribunal de Justiça vem definindo que o fundamento jurídico ao qual se refere o art. 10 é circunstância de fato qualificada pelo direito, e não se confunde com o fundamento legal. A aplicação do princípio da não-surpresa não impõe, portanto, ao julgador que informe previamente às partes os dispositivos legais passíveis de aplicação para o exame da causa.

Novamente, colho das lições do nosso homenageado, Ministro Humberto Martins, ao proferir substancioso voto no Agravo Interno no Agravo em Recurso Especial nº 2.058.628/AL:

> De início, sem amparo a alegação de decisão surpresa, visto que a proteção conferida pelo Código de Processo, nos termos do art. 10 do CPC, não pode inviabilizar que o juiz conheça do direito alegado e determine a exegese a ser aplicada ao caso.
>
> A propósito, esta Corte entende que "não há falar em decisão-surpresa quando o magistrado, diante dos limites da causa de pedir, do

> pedido e do substrato fático delineado nos autos, realiza a tipificação jurídica da pretensão no ordenamento jurídico posto, aplicando a lei adequada à solução do conflito, ainda que as partes não a tenham invocado (*iura novit curia*) e independentemente de ouvi-las, até porque a lei deve ser de conhecimento de todos, não podendo ninguém se dizer surpreendido com a sua aplicação" (AgInt no AREsp nº 2.028.275/MS, relator Ministro Herman Benjamin, Segunda Turma, DJe de 29/6/2022)
>
> Assim, **no caso dos autos, a causa foi decidida nos limites do objeto do recurso, não podendo ter causado surpresa à parte se era uma das consequências previsíveis do julgamento o provimento do apelo nobre, com aplicação da jurisprudência desta Corte à questão jurídica relativa à impenhorabilidade prevista no art. 833, X, do CPC**.

Não se vê espaço para discricionariedade: a proibição da decisão surpresa, manifestação do contraditório processo, vincula o juiz ou o tribunal a abrir o debate entre as partes sobre todas as questões que podem ser resolvidas de ofício no processo.[8] Não se confunde, todavia, com extirpação do "dá-me os fatos que lhe darei o Direito», que perdura sendo, em última análise, o papel do magistrado.

Em mais uma valorosa lição, o Ministro Humberto Martins aponta que não há surpresa na decisão que, ao analisar os requisitos de admissibilidade de agravo em recurso especial, verifica o não preenchimento de algum deles, considerando que a discussão já existia nos autos:

> PROCESSUAL CIVIL. AGRAVO INTERNO NOS EMBARGOS DE DECLARAÇÃO NO AGRAVO EM RECURSO ESPECIAL. AÇÃO DE RESOLUÇÃO DE CONTRATO DE COMPRA E VENDA C/C REINTEGRAÇÃO DE POSSE E INDENIZAÇÃO POR PERDAS E DANOS. ILEGITIMIDADE RECURSAL ESTABELECIDA NA DECISÃO AGRAVADA. REQUISITO DE ADMISSIBILIDADE. ANÁLISE. DECISÃO SURPRESA. NÃO OCORRÊNCIA. MORTE DO RÉU. ESPÓLIO. SUCESSÃO PROCESSUAL. INVENTARIANTE NOMEADO. REPRESENTANTE DO ESPÓLIO. HERDEIRO. ATUAÇÃO PARALELA NA CONDIÇÃO DE TERCEIRO INTERESSADO. IMPOSSIBILIDADE. DECISÃO MONOCRÁTICA MANTIDA.

8 NERY JÚNIOR, Nelson; NERY, Rosa Maria de Andrade. **Código de Processo Civil comentado**. 21 ed. rev. atual. e ampl. São Paulo: Thomson Reuters Brasil, 2023.

> 1. Não há surpresa na decisão que, ao analisar os requisitos de admissibilidade, verifica o não preenchimento de algum desses.
>
> 2. "A decisão que averigua os requisitos legais e constitucionais para a admissão do recurso não viola o art. 10 do CPC/15, pois 'a aplicação do princípio da não surpresa não impõe, portanto, ao julgador que informe previamente às partes quais os dispositivos legais passíveis de aplicação para o exame da causa' (EDcl no REsp 1.280.825/RJ, Rel. Ministra MARIA ISABEL GALLOTTI, Quarta Turma, julgado em 27/06/2017, DJe de 1º/08/2017; AgInt no RMS nº 67.607/PR, relator Ministro Gurgel de Faria, Primeira Turma, julgado em 14/11/2022, DJe de 12/12/2022)".
>
> 3. Outrossim, a parte recorrente incluiu em suas razões recursais, por ocasião do agravo em recurso especial, a discussão acerca da assistência litisconsorcial pretendida (fls. 5.279-5.281), de modo que não há falar em vilipêndio ao contraditório.
>
> 4. Na linha dos precedentes desta Corte, se o de cujus foi regularmente substituído no processo pelo espólio e se este está devidamente representado pelo inventariante, não há como admitir que o herdeiro atue paralelamente ao espólio, na condição de terceiro interessado (AgInt no AREsp nº 804.374/PR, relator Ministro Moura Ribeiro, Terceira Turma, DJe de 14/8/2019).
>
> Agravo interno improvido (AgInt nos EDcl no AREsp nº 2.200.000/PR, relator Ministro Humberto Martins, Terceira Turma, julgado em 26/2/2024, DJe de 29/2/2024).

O princípio da não-surpresa, como visto, funciona como garantidor, na prática, de princípios constitucionais basilares, a corroborar o devido processo legal. Não deve servir, contudo, como óbice à celeridade processual a fomentar a torpeza de uma das partes. Assim, sua aplicação não se basta com mera menção ao artigo que o prevê, mas se dá com a análise do caso concreto, pela parcimônia do julgador, aqui bem ilustrada pelo julgado que representa essa característica do Ministro Humberto Martins, ora homenageado.

## 4. APLICAÇÃO NO TJMG

Sempre compartilhei da preocupação do Ministro Humberto Martins com o necessário respeito ao devido processo legal. Essa problemática não me passou despercebida, ainda no âmbito do Tribunal de Justiça de Minas Gerais, e mesmo antes da promulgação do Código de Processo Civil de 2015.

No julgamento do Recurso de Apelação nº 1.0024.08.234761-8/001, de minha relatoria, a 2ª Câmara Cível do TJMG, que integrei por 15 anos, acolheu preliminar de nulidade da sentença, por ausência de intimação para manifestação acerca dos documentos juntados com a impugnação aos embargos à execução fiscal.

Na oportunidade, a Turma julgadora, à unanimidade, registrou que foi proferida sentença sem que houvesse sido intimada a parte embargada acerca dos referidos documentos, em violação ao art. 398 do Código de Processo Civil de 1973.

A disposição legislativa visava oportunizar à parte adversa conhecer não só o mérito do documento, mas o momento para apresentar prova desconstitutiva do direito apresentado, falando sobre seu teor ou indicando seus supostos vícios.

Os documentos, no caso, serviram inclusive como base à fundamentação constante na sentença, o que destaca sua importância porquanto influenciaram no resultado do julgamento, considerando a matéria exclusivamente de direito em debate, corroborando a necessidade de a parte conhecer de seu conteúdo, afigurando-se o cerceamento de seu direito de defesa e violação ao contraditório.

Com amparo no mesmo dispositivo, a 11ª Câmara Cível do TJMG suscitou e acolheu, de ofício, preliminar de nulidade da sentença, no julgamento do Recurso de Apelação nº 1.0079.05.230151-6/002.

Também foi identificado que houve a prolação de sentença sem prévia manifestação da parte sobre documentos acostados pela parte adversa, em desatenção ao comando inserto no art. 398 do CPC, configurando inobservância ao princípio do contraditório e da ampla defesa, uma vez constatada a relevância e a influência dos documentos no pronunciamento judicial.

## 5. O PAPEL DO SUPERIOR TRIBUNAL DE JUSTIÇA NA UNIFORMIZAÇÃO DA INTERPRETAÇÃO DA LEI FEDERAL

No âmbito dos tribunais superiores, não poderia ser diferente. Criado pela Constituição Federal de 1988, o Superior Tribunal de Justiça (STJ) é a Corte responsável por uniformizar a interpretação da lei federal em todo o Brasil, seguindo os princípios constitucionais e a garantia e defesa do Estado de Direito.

O STJ é a última instância da Justiça brasileira para as causas infraconstitucionais. Como órgão de convergência da Justiça comum, aprecia causas oriundas de todo o território nacional, em todas as vertentes jurisdicionais não especializadas. Sua competência está prevista no art. 105 da Constituição Federal, o qual estabelece os processos que têm início no STJ (originários) e os casos em que o Tribunal age como órgão de revisão, especialmente nos julgamentos de recursos especiais.

O Ministro Humberto Martins aponta que o Superior Tribunal de Justiça vem desempenhando papel de coordenação do sistema judiciário brasileiro, com papel destacado para servir com ponto de referência essencial para a sua organização[9].

O papel do Superior Tribunal de Justiça, quanto à temática deste artigo, é pacificar, uniformizar e nortear a aplicação dos preceitos inerentes à perspectiva da decisão surpresa, positiva na legislação processual, como forma de garantia do contraditório, da ampla da defesa e da prestação jurisdicional adequada.

Nesse sentido, ao consolidar entendimentos sobre a aplicação do art. 10 do Código de Processo Civil, o Superior Tribunal de Justiça busca assegurar a interpretação uniforme e coerente do princípio da decisão não surpresa em todo o território nacional, proporcionando maior segurança jurídica.

## 6. O SUPERIOR TRIBUNAL DE JUSTIÇA, O ART. 10 DO CÓDIGO DE PROCESSO CIVIL E A NÃO-SURPRESA: UMA BREVE INVESTIGAÇÃO

Como essa uniformização vem ocorrendo? De pronto, é de se registrar que o art. 933 do CPC complementa o art. 10, ao prever que "se o relator constatar a ocorrência de fato superveniente à decisão recorrida ou a existência de questão apreciável de ofício ainda não examinada que devam ser considerados no julgamento do recurso, intimará as partes para que se manifestem no prazo de 5 (cinco) dias", reforçando a necessidade de garantir o contraditório e a ampla defesa.

Por outro lado, é certo que a regra da decisão não-surpresa aplica-se a todos os processos, de competência original ou recursal, em qualquer grau de jurisdição, uma vez que se trata de paradigma decorrente, como visto, de princípios constitucionais como o contraditório, a ampla defesa e o devido processo legal.

9 MARTINS, Humberto. O Superior Tribunal de Justiça e sua importância para a consolidação do ordenamento jurídico brasileiro, p. 195-203.

Decisões do STJ têm reiteradamente enfatizado a importância de não surpreender as partes com decisões baseadas em fundamentos jurídicos, ainda que em questões cognoscíveis de ofício, sobre os quais elas não tiveram oportunidade de se manifestar.

Como sói acontecer, o provimento jurisdicional resultante, nesses casos de desobediência da regra processual, tem sido a nulidade das decisões.

E certo que, nos termos do art. 10 do Código de Processo Civil, já diversamente citado nesse artigo, o Superior Tribunal de Justiça entende ser vedado ao juiz proferir decisões surpresa, que subtraiam das partes o direito a se manifestarem antecipadamente sobre todas as questões relevantes do processo, mesmo que a decisão possa ser tomada de ofício.

No julgamento do REsp nº 2.049.725/PE, de relatoria do Ministro Humberto Martins, estampado no recentíssimo Informativo de Jurisprudência nº 772/2023, Sua Excelência sintetiza a abordagem que a Segunda Turma, e o Superior Tribunal de Justiça, vêm apresentando acerca do tema.

No caso, estava em análise recurso especial interposto contra acórdão do Tribunal de Justiça do Estado de Pernambuco que, ao apreciar embargos de declaração em recurso de apelação, anulou o primeiro julgamento, determinando fosse dada oportunidade para pronunciamento de matéria que influiu no resultado.

Foi ajuizada ação de desapropriação indireta, por força da edição do Decreto municipal n.19.336/2002, declarando a totalidade da área como de utilidade pública para fins de desapropriação, que foi julgada parcialmente procedente, condenando o Município de Recife a indenizar particulares.

O inteiro teor do acórdão revela que foi apresentado um argumento novo em sustentação oral, no curso do julgamento em segunda instância, de que uma lei municipal posterior, ato administrativo concreto, com roupagem de lei formal, não deu uma nova denominação a uma área de proteção ambiental, mas sim significou o reconhecimento municipal da ocorrência da desapropriação indireta.

As lições e conclusões apresentadas pela Segunda Turma do STJ acerca da aplicabilidade do art. 10 do CPC/2015, assim como da interpretação dada ao termo "fundamento jurídico", são esclarecedoras.

Colho do voto do relator o excerto de que o "fato jurídico novo foi utilizado como fundamento apto a moldar o convencimento daquele Tribunal; portanto, logicamente, a ausência de oportunidade de debate dialético sobre tal tema fático-jurídico por parte da parte recorrida causa prejuízos ao exercício eficiente de sua defesa".

Diante do necessário respeito ao princípio da não-surpresa, sendo vedado proferir decisão com base em fundamentos jurídicos não submetidos ao contraditório, entendeu a Segunda Turma pela correta providência do Tribunal de origem em anular o acórdão, com novo julgamento do recurso após manifestação das partes.

A decisão prolatada com fundamento em questão não antes submetida à manifestação das partes é nula, não só por ofensa à disposição legal que estabeleceu o princípio da não-surpresa no Código de Processo Civil, mas por violação ao princípio do contraditório.

Veja-se, portanto, que o Superior Tribunal de Justiça vem cumprindo seu papel constitucional, definindo, em casos paradigmáticos, o norte de aplicação da regra insculpida no art. 10 do Código de Processo Civil.

Para isso, é notável e distinta a contribuição do Ministro Humberto Martins ao longo desses 18 anos de atuação, a fazer jus ao STJ à alcunha de Tribunal da Cidadania.

## 7. CONCLUSÃO

Diante da incorporação do princípio da não-surpresa ao Direito Processual Civil brasileiro, a partir dos arts. 10 e 933 do CPC, confere-se proteção aos corolários do devido processo legal e do respeito ao contraditório, conforme definidos pela Constituição Federal.

O Superior Tribunal de Justiça, como guardião e responsável pela uniformidade da intepretação da legislação federal, vem desempenhando papel substancial na aplicação e consolidação do art. 10, resguardando a segurança jurídica.

Como reiteradamente visto na jurisprudência da Corte Cidadã, a observância do princípio da não-surpresa é essencial para a validade das decisões judiciais, sob pena de nulidade, de forma que os julgadores devem primar pelo respeito ao contraditório e pela conferência de possibilidade às partes de efetivamente contribuírem para a prestação jurisdicional adequada.

A valorosa contribuição do Ministro Humberto Martins, representada por julgado paradigmático acerca da aplicação do princípio da não-surpresa, sintetiza o compromisso do Tribunal da Cidadania com a prestação jurisdicional adequada ao cumprimento dos preceitos constitucionais.

## REFERÊNCIAS

BRASIL. **Constituição da República Federativa do Brasil** 1988. Brasília, DF: Presidência da República.

BRASIL. **Lei nº 13.105**, de 16 de março de 2015. Institui o Código de Processo Civil.

CHINI, Alexandre; GABRIEL, Anderson de Paiva; PORTO, Fábio Ribeiro (org.). **O Judiciário do futuro: Justiça 4.0 e o processo contemporâneo**. FUX, Luiz; MARTINS, Humberto; Shuenquener, Valter (coord.). 1ª ed. São Paulo: Thomson Reuters Brasil, 2022.

**CÓDIGO DE PROCESSO CIVIL E NORMAS CORRELATAS**. Exposição de Motivos. 7ª ed. Brasília: Senado Federal, Coordenação de Edições Técnicas, 2015. Disponível em: https://www2.senado.leg.br/bdsf/bitstream/handle/id/512422/001041135.pdf Acesso em: jun. 2024, pp. 28-29.

INOVAÇÕES DO NOVO CÓDIGO DE PROCESSO CIVIL. Disponível em> https://www.stj.jus.br/internet_docs/ministros/Discursos/0001182/inovacoes_do_novo_codigo_de_processo_civil.pdf Acesso em: jun./2024.

MARTINS, Humberto. Segurança jurídica e Estado de direito. *In*: MENDES, Denise; BACEKAR, Jeferson Antônio Fernandes; MENDES, Giussepp (coord.). **Direito público e suas transversalidades**. Belo Horizonte: Fórum, 2024. pp. 321-331.

MARTINS, Humberto. O Superior Tribunal de Justiça e sua importância para a consolidação do ordenamento jurídico brasileiro. *In*: MARTINS, Humberto (coord.). **O Poder Judiciário e o Direito na atualidade: estudos em homenagem aos 200 anos de Independência do Brasil**. Londrina: Thoth, 2022. pp. 195-203.

MARTINS, Humberto. Perspectivas para o futuro da magistratura: a tecnologia como ponte entre o Judiciário e a cidadania. *In*: FUX, Luiz; MARTINS, Humberto; Shuenquener, Valter (coord.). **O Judiciário do futuro: Justiça 4.0 e o processo contemporâneo**. 1ª ed. São Paulo: Thomson Reuters, 2022. pp. 373-386.

MARTINS, Humberto. Tenho fé em um Tribunal participativo. **Justiça & Cidadania**, Rio de Janeiro, v. 21, nº 240, pp. 10-15, ago. 2020.

MARTINS, Humberto. Acesso à Justiça e duração razoável do processo no Código de Processo Civil de 2015: considerações sobre elementos essenciais ao Sistema de Justiça. *In*: CRUZ, Felipe Santa; FUX, Luiz; GODINHO, André (coord.). **Avanços do sistema de justiça: os 5 anos de vigência do novo Código de Processo Civil**. Brasília: OAB, 2021.

NERY JÚNIOR, Nelson; NERY, Rosa Maria de Andrade. **Código de Processo Civil comentado**. 21 ed. rev. atual. e ampl. São Paulo: Thomson Reuters Brasil, 2023.

SEMINÁRIO PROCESSO CIVIL E CONSTITUIÇÃO, 2014, São Paulo. Auditório do Tribunal Regional Federal da 3ª Região. Disponível em: https://www.stj.jus.br/internet_docs/ministros/Discursos/0001182/seminario%20processo%20civil%20e%20constitui%C3%A7ao.pdf Acesso em: jun.2024.

SUPERIOR TRIBUNAL DE JUSTIÇA. Disponível em: https://www.stj.jus.br/sites/portalp/Paginas/Comunicacao/Noticias/Principio-da-nao-surpresa-a-busca-por-um-contraditorio-efetivo.aspx Acesso em: jun. 2024.

SUPERIOR TRIBUNAL DE JUSTIÇA. Agravo Interno no AREsp nº 2.058.628/AL, Relator Ministro Humberto Martins, Terceira Turma, julgado no período de 27/2/2024 a 4/3/2024, DJe de 6/3/2024.

SUPERIOR TRIBUNAL DE JUSTIÇA. AgInt nos EDcl no AREsp nº 2.200.000/PR, Relator Ministro Humberto Martins, Terceira Turma, julgado em 26/2/2024, DJe de 29/2/2024.

THEODORO JÚNIOR, Humberto; NUNES, Dierle. BAHIA, Alexandre Melo Franco; PEDRON, Flávio Quinaud. **Novo CPC: Fundamentos e sistematização.** 2ª ed. rev. atual. e ampl. Rio de Janeiro: Forense, 2015.

THEODORO JÚNIOR, Humberto. **Curso de Direito Processual Civil**. v. 1. Rio de Janeiro: Forense, 2015.

TUCCI, José Rogério Cruz. A "decisão surpresa" na jurisprudência do Superior Tribunal de Justiça. **Consultor Jurídico**, São Paulo, 28 de maio de 2019. Disponível em: https://www.conjur.com.br/2019-mai-28/paradoxo-corte-decisao-surpresa-jurisprudencia-superior-tribunal-justica/ Acesso em: jun. 2024.

VECCHIATTI, Paulo Roberto Iotti; BAHIA, Alexandre Melo Franco. Os princípios da fundamentação e do contraditório no Novo Código de Processo Civil. Primeiras impressões. *In:* DIDIER JR., Fredie. (coord.). **Novo CPC: doutrina selecionada**, v. 1, parte geral. Salvador: Juspodivm, 2015.

RABELLO, Bruno Resende. **Novas perspectivas e potencialidades para o contraditório**. Orientador: Prof. Dr. Humberto Theodoro Júnior. 2011. Tese Pós-Graduação em Direito – Universidade Federal de Minas Gerais, Belo Horizonte, 2011.

CAMPAGNANI, Arnaldo Lares. **A motivação sobre a valoração da prova testemunhal pela perspectiva de adequação ao dever de fundamentação das decisões judiciais no modelo constitucional de processo penal**. Orientador: Prof. Dr. Felipe Martins Pinto. Tese Pós-Graduação em Direito – Universidade Federal de Minas Gerais, Belo Horizonte, 2019.

# O DEVER DE MOTIVAÇÃO DAS DECISÕES JUDICIAIS E OS LIMITES AO EXERCÍCIO DA JURISDIÇÃO NA APRECIAÇÃO DO *HABEAS CORPUS*

*Nilson Soares Castelo Branco*[1]

*Costumo dizer que, algumas vezes, melhor seria nem impetrar o habeas corpus, pois o Acórdão acaba sendo mais fundamentado (contra o réu) do que a própria decisão de primeiro grau, o que é um absurdo se considerarmos o habeas corpus como uma ação constitucional que visa a garantir, justamente, a liberdade humana.*

*(Rômulo de Andrade Moreira*[2]*)*

## 1. INTRODUÇÃO

O exercício da jurisdição criminal apresenta peculiaridades que merecem ser destacadas quando vinculadas à apreciação da ação de *habeas corpus.*

Embora exista um amplo consenso sobre o significado dos princípios e das garantias processuais, à luz da Constituição Federal de 1988, na qual se vê consagrado o sistema acusatório, o direito ao devido processo legal, ao contraditório e à ampla defesa em processo público conduzido pelo juiz natural, imparcial e competente, com observância da presunção de inocência, do dever de motivação das decisões judiciais e da vedação de utilização de provas ilícitas, apresenta-se, ainda, desafiador o exercício da jurisdição criminal quando o(a) Magistrado(a) é

1 Desembargador do Tribunal de Justiça do Estado da Bahia

2 Procurador de Justiça do Ministério Público do Estado da Bahia. Professor de Direito Processual Penal da Universidade Salvador-UNIFACS. Pós-graduado, lato sensu, pela Universidade de Salamanca/Espanha (Direito Processual Penal). Especialista em Processo pela Universidade Salvador-UNIFACS (Curso coordenado pelo Professor J. J. Calmon de Passos). Membro da Association Internationale de Droit Penal, da Associação Brasileira de Professoresde Ciências Penais e do Instituto Brasileiro de Direito Processual. Membro Correspondente da Associação Cearense de Direito. Associado ao Instituto Brasileiro de Ciências Criminais-IBCCrim e ao Movimento Ministério Público Democrático.

provocado(a) a decidir, especificamente, sobre a garantia do direito à liberdade.

Nesse sentido, a percepção deriva da análise de casos nos quais atuei como Julgador, deparando-me com a necessidade de refletir sobre os limites da matéria passível de cognição e apreciação, quando provocado o exercício da jurisdição em sede de *habeas corpus*. Refiro-me, de modo concreto, a casos em que se colocou em questão a própria natureza jurídica do *writ*, como instituto voltado à proteção da liberdade de locomoção, direito fundamental consubstanciado no art. 5º, XV, da CF, suscitando verdadeira controvérsia sobre a possibilidade, ou não, de o Tribunal legitimar a segregação da liberdade com a correção dos fundamentos, originalmente, declinados pelo Juiz de Primeiro Grau.

Assim, o presente estudo visa esclarecer os limites à apreciação do *habeas corpus*. Concretamente, pretende-se responder ao seguinte questionamento: é possível, nesse âmbito, o acréscimo ou a integração da fundamentação do ato coator pelas instâncias superiores?

Trata-se de questão ainda pouco discutida, por sua especificidade, mas que se apresenta com alguma frequência no cotidiano da atividade judicante na seara criminal, cuja importância pode ser percebida nitidamente, dado o impacto na esfera da liberdade individual.

A análise, nesse campo, considerada a raiz histórica e a natureza jurídica do *habeas corpus*, dirige-se, portanto, à identificação dos limites impostos ao julgador na apreciação da ação de *habeas corpus*, quando identificada a deficiência de fundamentação na decisão que consubstancia ameaça ou coação à liberdade de locomoção.

Com esse intuito, inicia-se o estudo com a apresentação de um breve esboço conceitual sobre a ação de *habeas corpus*, passando pelo exame do alcance do princípio do *non reformatio in pejus*, para delinear, assim, os contornos da atuação jurisdicional nesse campo. Por fim, diferenciam-se o acréscimo de fundamentação e o esforço argumentativo, com o exame da jurisprudência dos Tribunais Superiores em cada caso.

Para o alcance do objetivo proposto, a fim de elucidar a problemática apresentada e explicitar a sua relevância prática, apresentam-se dois casos que serão solucionados com base nas conclusões obtidas no curso deste estudo:

> **Caso 1.** O Magistrado de Primeiro Grau decretou a prisão preventiva de **X**, acusado da prática do crime tipificado no artigo 33 c/c 40, V, da Lei nº 11.343/2006, com fundamento na necessidade da medida extrema para a garantia da ordem pública, fazendo referência

textual aos requisitos elencados nos artigos 312 e 313 do Código de Processo Penal. Contudo, deixou de indicar os elementos concretos que justificassem a convicção formada sobre o *periculum libertatis* do acusado. Limitou-se a afirmar que o crime de tráfico de drogas afeta a comunidade local, causando a intranquilidade, além de fomentar outros crimes. A defesa impetrou ordem de *habeas corpus* em favor de **X**, sustentando a existência de constrangimento ilegal à liberdade ambulatorial, ao argumento de que o decreto prisional estaria lastreado em fundamentação genérica. Ao apreciar a ação mandamental, o Tribunal especificou as circunstâncias e o *modus operandi* da conduta criminosa imputada ao Paciente **X**, indicando que o decreto prisional se deve ao fato de o paciente ter sido preso em flagrante quando transportava, na rodovia interestadual, 4 kg (quatro quilogramas) de cocaína prensada e possuir registro de outras ações penais em curso. Levando em conta esses elementos, não declinados, originalmente, no decreto de prisão preventiva, denegou-se a ordem e manteve-se a segregação cautelar da liberdade.

**Caso 2.** Comunicada a prisão em flagrante **W**, acusado da suposta prática do crime de feminicídio, o Magistrado de Primeiro Grau, após a realização da audiência de custódia com a participação da defesa técnica, atendendo ao requerimento do Ministério Público, decretou a prisão preventiva de **W**, com fundamento na garantia da ordem pública e por conveniência da instrução criminal, indicando tratar-se de acusado reincidente na prática de violência doméstica e familiar contra a mulher e que ofereceu resistência no momento da prisão, proferindo ofensas e ameaças aos familiares da vítima pelo fato de estes terem comunicado o ocorrido à polícia. A defesa impetrou ordem de *habeas corpus* em favor de **W**, sustentando a existência de constrangimento ilegal à liberdade ambulatorial do paciente, ao argumento de que não estariam presentes os requisitos legais da segregação cautelar, notadamente pela primariedade e pela favorabilidade das condições pessoais daquele. Ao apreciar a ação mandamental, o Tribunal denegou a ordem, reafirmando a necessidade da custódia para a garantia da ordem pública e por conveniência da instrução criminal, com a especificação dos registros de condenações pretéritas do Paciente e transcrevendo, no Acórdão, as ameaças proferidas pelo acusado aos familiares da vítima, consignada pela autoridade policial no auto de prisão em flagrante.

## 2. O PONTO DE PARTIDA: A NATUREZA JURÍDICA E AS FINALIDADES DA ORDEM DE *HABEAS CORPUS*

Derivada do latim, a expressão *habeas corpus*, em sentido literal, quer dizer "tome o corpo". Segundo Pontes de Miranda, a ordem contida no *habeas corpus*, de caráter mandamental, exprime, em sua origem, a seguinte ideia: "Toma (literalmente: tome, no subjuntivo, *habeas*, de *habeo*, ter, exibir, tomar, trazer, etc.) o corpo deste detido e vem submeter ao Tribunal o homem e o caso"[3].

No ordenamento jurídico brasileiro, o *habeas corpus* foi introduzido com o Código de Processo Criminal de 1832, no artigo 340, cuja redação foi definida nos seguintes termos: "Todo o cidadão que entender que ele ou outrem sofre uma prisão ou um constrangimento ilegal, em sua liberdade, tem direito de pedir uma ordem de *Habeas Corpus* em seu favor". Sua previsão constitucional, por outro lado, efetuou-se quase 60 (sessenta) anos depois, por meio do art. 72º, § 22º, da Constituição de 1891, que estipulava: "Dar-se-á o *habeas corpus* sempre que o indivíduo sofrer ou se achar em iminente perigo de sofrer violência, ou coação, por ilegalidade, ou abuso de poder"[4]. A partir de então, passou a ser previsto em todas as constituições subsequentes.

---

3 MIRANDA, Pontes de. *História e Prática do Habeas Corpus*. Campinas: Bookseller, 1999, p. 43. Há quem afirmeque, originariamente, o *habeas corpus* era utilizado não para garantir liberdade individual, senão como reforço centralizador do poderio dos tribunais centrais (o rei) sobre os tribunais comuns. Nesse contexto, as primeiras tentativas de aplicação desse "instituto" ocorreram com o intuito de corroborar a validade da ordem de prisão emanada pelas autoridades administrativas. Foi, apenas no século XVII, que o rei Carlos II se viu obrigado a aprovar o *Habeas Corpus Act* de 1979, por meio do qual se fixou a finalidade de resguardo da liberdade individual contra os mandados de detenção emanados do rei. Ver sobre em COSTA, Eduardo Maia. Habeas Corpus: passado, presente, futuro. *Julgar*, nº 29, 2016, pp. 219-220.

4 No ordenamento jurídico pátrio, relaciona-se, diretamente, com a batalha pela efetivação dos direitos humanos, conforme explica SOUZA, Luiz Henrique Boselli de. A doutrina brasileira do *habeas corpus* e a origem do mandadode segurança. Análise doutrinária de anais do Senado e da jurisprudência histórica do Supremo Tribunal Federal. *Revista de Informação Legislativa*, Brasília, 45 nº 177 jan./mar., 2008, p. 75. No contexto atual, o writ corresponde, conforme explica Ramos, a uma "peça-chave na equação constitucional; sem um instrumento como ele, diversas das garantias postas na Constituição não passariam de promessas vãs. A Constituição seria, por isso, tecnicamente, um falho arcabouço de normas". RAMOS, João Gualberto Garcez. Habeas corpus: histórico e perfil no ordenamento jurídico brasileiro. *Revista da Faculdade de Direito da UFPR*, v. 31, 1999, p. 51.

No atual cenário, o *habeas corpus* tem previsão no art. 5º, LXVIII, da Constituição Federal de 1988, que estabelece: "Conceder-se-á *habeas corpus* sempre que alguém sofrer ou se achar ameaçado de sofrer violência ou coação em sua liberdade de locomoção, por ilegalidade ou abuso de poder". Tal instituto possui, ainda, previsão legal e regulação de seu procedimento nos artigos 647 e seguintes do Código de Processo Penal (CPP)[5].

Fundamenta-se o instituto na proteção da liberdade de locomoção, direito fundamental consubstanciado no art. 5º, *caput* e XV, da CF/88, quando ela seja afetada ou ameaçada de indevida restrição, fora, portanto, dos casos em que, excepcionalmente, pode ser constringida por ação dos agentes estatais. Como ensinam Gleizer, Montenegro e Viana, "os direitos fundamentais, enquanto direitos de defesa, servem para impor atitude geral de abstenção por parte do Estado", razão pela qual, para intervir nesses direitos, o Estado precisa estar devidamente justificado[6]. Sob essa perspectiva, tendo como desiderato tornar efetiva a garantia da liberdade de ir e vir, o *habeas corpus* conserva a importante missão de protegê-la de abusos ou ilegalidades.

Embora esteja incluído no rol dos recursos previstos no Código de Processo Penal, o instituto em comento é compreendido, pela literatura dominante, como uma ação constitucional[7]. Cuida-se de uma ação autônoma que não exige capacidade postulatória, ou seja, pode ser ajuizada

5 Art. 647. Dar-se-á *habeas corpus* sempre que alguém sofrer ou se achar na iminência de sofrer violência ou coaçãoilegal na sua liberdade de ir e vir, salvo nos casos de punição disciplinar.

6 GLEIZER, Orlandino; MONTENEGRO, Lucas; VIANA, Eduardo. *O direito de proteção de dados no processo penal e na segurança pública*. São Paulo: Marcial Pons, 2021, p. 49.

7 Nesse sentido, cf. BADARÓ, Gustavo Henrique. *Processo penal*. 9 ed. rev., atual e ampl. São Paulo: Thomson Reuters Brasil, 2021, p. 1091. O Ministro do STF, Alexandre de Moraes, manifestando-se a favor dessa ideia, aduz que: "O *habeas corpus* é uma ação constitucional de caráter penal e de procedimento especial [...] que visa evitar ou cessar violência ou ameaça na liberdade de locomoção, por ilegalidade ou abuso de poder. Não se trata, portanto, de uma espécie de recurso, apesar de regulamentado no capítulo a eles destinado no Código de Processo Penal". MORAES, Alexandre de. *Direito Constitucional*. 32ª ed. São Paulo: Atlas, 2016, p. 139. No mesmo sentido, Guarcía Morelos defende que "O *habeas corpus* latino-americano paulatinamente vai se consolidando como um processo de natureza constitucional, alijando-se de seu tratamento processual penal". GARCÍA MORELOS, Gumesindo. *El proceso de habeas corpus y los derechos fundamentales*. México: Ubijus, 2010, p. 77.

por qualquer cidadão, razão pela qual é considerada como um "remédio histórico"[8]. Além disso, possui duas modalidades: o preventivo, aplicado aos casos em que o paciente se encontra na iminência de sofrer uma restrição ilegal em sua liberdade de ir e vir; e o repressivo/liberatório, empregado para fazer cessar uma restrição ilegal em curso[9].

Como já possivelmente percebido pelo leitor, o objetivo primário e substancial dessa ação constitucional é conceder liberdade a quem dela se veja injustamente privado ou garantir que ela seja preservada, quando existente a ameaça de ilegal privação. Por via de consequência, a primeira condição da ação (interesse) – extraída do art. 5º, LXVIII, da CF/88 e do art. 647, do CPP – é, justamente, a existência de privação ou ameaça ilegal de privação à liberdade de locomoção[10].

Não é cabível, por outro lado, em sede de *habeas corpus*, a discussão sobre o mérito da pretensão acusatória que esteja em curso em desfavor do Paciente, cujo exame deve ser realizado nas vias ordinárias de conhecimento ou em grau de recurso. Mostra-se, no entanto, factível, como se evidenciará, nesse estudo, a apreciação da legalidade das decisões proferidas, atentatórias ou constritivas da liberdade, inclusive a regularidade da pena infligida na Sentença Condenatória.

---

8 LOPES JR, Aury. *Direito Processual Penal.* 21ª ed. São Paulo: SaraivaJur, 2024, p. 1327.

9 O *habeas corpus* preventivo, introjetado no direito nacional com a Lei nº 2.033/1871, que alterou a Lei Processual de 1932, exige, conforme ensina Pontes de Miranda, que os indícios de ameaça de constrangimento ilegal sejam devidamente fundamentados. MIRANDA, *História e Prática do Habeas Corpus*, P. 47. Uma posição minoritária da literatura processual afirma, ainda, a existência de uma espécie de *habeas corpus* processual, cabível quando há um constrangimento ilegal, ainda que o réu não esteja preso ou ameaçado concretamente de prisão. ASSUNÇÃO, AntônioZetti. *Habeas Corpus.* São Paulo: Lawbook, 2000, p. 20. A jurisprudência dos Tribunais Superiores dominante, contudo, não admite o *writ* para contestar questões alheias à privação de liberdade de locomoção. Nesse sentido, ver, STF. RHC 120571/RJ. Órgão Julgador: 1ª Turma. Relator: Min. Dias Toffoli. Julgamento: 11/03/2014. Publicação: 31/03/2014.

10 Atualmente, há quem defenda que o alcance do *habeas corpus* tem incorporado não só os casos que envolvem diretamente uma prisão, mas também todos nos quais a liberdade de locomoção esteja, de algum modo, sendo limitada indevidamente. Nessa linha, cf. NUCCI, Guilherme de Souza. *Habeas Corpus.* 3ª ed. Rio de Janeiro: Forense, 2019, p. 20.

A segunda condição da ação (adequação) é a evidência de um direito líquido e certo, podendo ser atestado por um documento, provas pré-constituídas pelo Impetrante ou, simplesmente, pela informação da autoridade coatora[11], sem necessidade de instrução probatória[12]. Dito de outro modo, nas palavras de Pontes de Miranda, trata-se de um direito "que não precisa ser aclarado com o exame de provas em dilações, que é, de si mesmo, concludente e inconcusso"[13].

Cumpre frisar que por ilegalidade se entende aquilo que é contrário ao ordenamento jurídico vigente. A esse respeito, o art. 648 do CPP[14] apresenta um rol exemplificativo com situações nas quais a coação será considerada ilegal. Nesse sentido, cabe à autoridade judicial, ao julgar um *habeas corpus*, verificando a existência de constrangimento ilegal à liberdade de ir e vir do cidadão, fazer cessá-lo. Afinal, a função desse instituto é, justamente, amparar o cidadão que tenha a sua liberdade ilegalmente ameaçada ou restringida.

Por essa senda, o exercício da jurisdição, na apreciação do *habeas corpus*, é desenvolvido pelo Tribunal *ad quem* com o controle da motivação do ato decisório proferido pelo Juiz *a quo*, que se apresenta como objeto do *mandamus*. Correlativamente, efetua-se a análise dos fundamentos utilizados para a justificação da necessidade do cerceamento da liberdade ambulatorial do Paciente, ou seja, perquire-se sobre a legalidade do conteúdo da decisão judicial impugnada.

Na lição de Barbosa Moreira, a motivação das decisões judiciais é essencial à interpretação do julgado para a "determinação precisa do

11 Ver NUCCI, *Habeas Corpus*, p. 22.

12 Aury Lopes adverte que a dilação probatória não deve ser confundida com a análise da prova pré-constituída, quepode ocorrer mesmo quando o processo for de alta complexidade, se necessário à identificação da ilegalidade no casoconcreto. LOPES JR, *Direito Processual Penal*, p. 1325.

13 MIRANDA, Pontes de. *Comentários à Constituição de 1967*, com a Emenda nº I, de 1969. 2ª ed. São Paulo: RT, 1971, p. 361.

14 Art. 648. A coação considerar-se-á ilegal: I - Quando não houver justa causa; II - Quando alguém estiver preso pormais tempo do que determina a lei; III - Quando quem ordenar a coação não tiver competência para fazê-lo; IV - Quando houver cessado o motivo que autorizou a coação; V - Quando não for alguém admitido a prestar fiança, nos casos em que a lei a autoriza; VI - Quando o processo for manifestamente nulo; VII - Quando extinta a punibilidade.

respectivo conteúdo, o que pode revestir grande significação quando se queira delimitar o âmbito da *res iudicata*"[15].

Como bem evidenciado por Luigi Ferrajoli:

> (...) el poder jurisdiccional no es el "poder tan inhumano" puramente potestativo de la justicia del cadí, sino que está fundado en el "saber", también sólo opinable y probable, pero precisamente por ello refutable y controlable tanto por el imputado y por su defensa como por la sociedad. Precisamente, la motivación permite la fundamentación y el control de las decisiones tanto *en derecho*, por violación de ley o defectos de interpretación o subsunción, como *en hecho*, por defecto o insuficiencia de pruebas o bien por inadecuada explicación del nexo entre convicción y pruebas.[16]

Também importante a dicção de Beltran, segundo a qual:

> Para proteger al individuo contra toda arbitrariedad, el deber de motivación se incardina dentro de un conjunto de garantías jurídico-procesales que intentan asegurar el máximo de racionalidad y fiabilidad posible en el pronunciamiento de las resoluciones judiciales: garantías que se estructuran, antes que todo, dentro de un esquema de verificabilidad y refutabilidad de las múltiples cuestiones fácticas y normativas que respaldan el *thema decidendi* y cuyo fin último pasa por prevenir que personas inocentes sean injustamente condenadas.[17]

Sob a égide das garantias que asseguram o devido processo legal, é certo que o dever de motivação das decisões judiciais – extraído do artigo 93, IX, da CF/88 – conclama os integrantes do Poder Judiciário a um

---

15 MOREIRA, José Carlos Barbosa. *Temas de direito processual*: segunda série. São Paulo: Saraiva, 1980, p. 86.

16 FERRAJOLI, Luigi. *Derecho y razón*. Teoría del garantismo penal. Traducción del italiano para el español de Perfecto Andrés Ibáñez, Alfonso Ruiz Miguel, Juan Carlos Bayón Mohino, Juan Terradillos Basoco y Rocío CantareroBandrés. Madrid: Trotta, 1995, p. 623.

17 BELTRÁN CALFURRAPA, Ramón. Os vícios de motivação como causa do erro judiciário: um primeiro esboço*Rev. Bras. de Direito Processual Penal*, Porto Alegre, v. 10, nº 2, e924, mai-ago. 2024, pp. 15/17. Disponível em: https://doi.org/10.22197/rbdpp.v10i2.924. Acessado em: 20/05/2024.

exercício contínuo de aprimoramento dos seus pronunciamentos com conteúdo decisório. Ademais, com esteio na doutrina de Michele Taruffo, observada a conexão do princípio da obrigatoriedade da motivação das decisões judiciais com o princípio da legalidade, também entendo como certo que o comando decisório deve ser legal, com observância dos limites e das formalidades que possibilitam aferir e controlar o acertamento do ditame jurisdicional. Na profícua dicção do Mestre italiano, cabe destacar que:

> (...) para além de todas as afirmações abstratas a respeito do vínculo do juiz ao julgar segundo a lei, a legalidade da decisão deve poder ser verificada em todos os casos concretos mediante a aferição da procedência das razões a partir das quais o juiz afirma ter aplicado a lei de determinado modo para obter certos resultados concretos. A decisão deve ser, portanto,"legal", mas de fato só é nos limites e nos modos com que demonstra sê-lo e enquanto permite o controle sobre a validade de semelhante demonstração. Sob esse perfil, o dever de motivação significa, então, dever, para o juiz, de demonstrar que o princípio da legalidade foi, efetivamente, respeitado a propósito de cada uma das suas decisões.[18]

Mas tendo por norte o dever de motivação que se apresenta como um comando normativo claro e cogente, o qual expressa, em última instância, *"la exigencia general y constante de controlabilidad sobre la manera en la que los* órganos *estatales ejercen el poder que el ordenamiento les confiere"*[19], seria permitido deduzir, ante a constatação de um vício de fundamentação, a possibilidade irrestrita de integração do ato decisório que afeta a liberdade ambulatorial?

Diante disso, a questão que se sobreleva como objetivo específico de indagação no presente estudo é a seguinte: se a finalidade do *habeas corpus* é fazer cessar um ato coator prévio, seria possível a integração da decisão impugnada no intuito de mantê-la? Em outros termos, considerada a natureza jurídica dessa ação, existem limites à apreciação do ato coator e ao controle de legalidade deste pelo Juiz ad quem? Concretamente: é possível, nesse âmbito, o acréscimo ou a integração da

---

18 TARUFFO, Michele. *A motivação da sentença civil.* Tradução de Daniel Mitidiero, Rafael Abreu, Vitor de PaulaRamos. São Paulo: Marcial Pons, 2015, p. 337.

19 TARUFFO, *A motivação da sentença civil*, p.354.

fundamentação do ato coator pelas instâncias superiores sem descaracterizar o próprio instituto?

## 3. A VEDAÇÃO AO *REFORMATIO IN PEJUS* E O ACRÉSCIMO DE FUNDAMENTAÇÃO

Para a melhor compreensão dos questionamentos suscitados, é necessário trazer à tona a importância do princípio do *non reformatio in pejus* para o processo penal e seu papel determinante no julgamento de recursos exclusivos da defesa, cujas bases, segundo se pretende demonstrar, devem servir de norte à apreciação do *habeas corpus*.

É cediço que o art. 617 do CPP[20] impõe a vedação do *reformatio in pejus* nos recursos interpostos pelo réu. Em síntese, aquele que recorreu não pode ter a sua condição agravada no julgamento do recurso defensivo[21]. Cuida-se de um princípio que decorre do modelo acusatório adotado no sistema de justiça e no processo penal pátrio, nos quais se consagra clara separação dos poderes de acusar, julgar e defender[22], materializado com a introdução do art. 3º-A, no CPP, pela Lei nº 13.964/2019.

A princípio, trata-se de uma proibição pacificada pelos tribunais brasileiros, contudo, existe certa controvérsia quando o julgamento pela instância revisora não modifica, por exemplo, o montante da pena, mas complementa ou corrige os fundamentos da decisão proferida pelo Juiz *a quo*, no intuito de ajustá-la aos comandos legais.

Para exemplificar a situação, imaginemos o seguinte caso: o Magistrado de Primeiro Grau, na primeira fase da dosimetria, fixou a pena acima do mínimo legal, valorando, negativamente, a personalidade

---

20 CPP. Art. 617. O tribunal, a câmara ou a turma atenderá, nas suas decisões, ao disposto nos artigos 383, 386 e 387,no que for aplicável, não podendo, porém, ser agravada a pena, quando somente o réu houver apelado da sentença.

21 O princípio da personalidade dos recursos, por sua vez, indica que somente a parte recorrente pode ser beneficiada.Nessa linha, cf. BADARÓ, *Processo penal*, p. 948.

22 Entende-se, assim, que "agravando a situação do apelante, sem que a parte houvesse recorrido, o tribunal estaria agindo de ofício. Convém não esquecer que o efeito devolutivo pleno é próprio do sistema inquisitório e não se compadece com o acusatório". ÁLVAREZ GARCÍA, Francisco Javier; QUERALT JIMÉNEZ, Argelia. Derecho a lalibertad y la seguridad y su sistema de garantías en el Convenio de Roma: un standard mínimo europeo (Art. 5 CEDH).In: GARCIA ROCA; SANTOLAYA (Coord.). *La Europa de los Derechos*. 2 ed. Madrid: Centro de Estudos Políticosy Constitucionales, 2009, p. 277.

do agente, devido à sua reincidência criminal. Após, considerou, novamente, a reincidência, agora para aumentar a pena na segunda fase do procedimento dosimétrico. O Juiz de Segundo Grau, ao julgar o recurso defensivo, reconheceu a hipótese de *bis in idem*, contudo, manteve a pena final fixada, valorando, negativamente, a circunstância judicial diversa, não apreciada na Sentença, para manter a pena-base no *quantum* fixado pelo Juiz a quo.

Nos moldes em que foi deliberado, o Tribunal agiu, acertadamente, na apreciação do recurso defensivo? Pode o Tribunal efetuar a correção dos fundamentos da Sentença (análise qualitativa) para ajustar a dosimetria, ainda que mantenha a pena inalterada ou semelhante prática constitui, por via transversa, violação ao princípio do *non reformatio in pejus*? Ou só haveria *reformatio in pejus* quando, no julgamento de recurso exclusivo da defesa, o Tribunal promovesse o aumento quantitativo da reprimenda?

Em suma, questiona-se: tal vedação abrange apenas o agravamento da situação do recorrente sob a ótica quantificativa ou também sob o prisma qualitativo?

Acerca do tema, os Tribunais Superiores se manifestam em sentidos conflitantes.

Na apreciação do EDv nos EREsp nº 1.826.799/RS, os Ministros integrantes da Terceira Seção do Superior Tribunal de Justiça, apreciando, especificamente, a divergência existente em torno das questões levantadas, assim deliberou:

> PENAL E PROCESSO PENAL. EMBARGOS DE DIVERGÊNCIA EM RECURSO ESPECIAL. CRIMES CONTRA A DIGNIDADE SEXUAL. EXCLUSÃO DE CIRCUNSTÂNCIA JUDICIAL DESFAVORÁVEL. REDUÇÃO PROPORCIONAL DA PENA-BASE. EMBARGOS DESPROVIDOS.
>
> É imperiosa a redução proporcional da pena-base quando o Tribunal de origem, em recurso exclusivo da defesa, afastar uma circunstância judicial negativa do art. 59 do CP reconhecida no édito condenatório.
>
> Embargos de divergência desprovidos.
>
> (EDv nos EREsp nº 1.826.799/RS, Relator: Ministro Ribeiro Dantas. Redator do Acórdão: Ministro Antônio Saldanha Palheiro, Terceira Seção, julgado em 8/9/2021, DJe de 8/10/2021.).

No entanto, como se pode observar no julgamento posterior do AgRg no HC 806737, a Quinta Turma do Superior Tribunal de Justiça admitiu a possibilidade de acréscimo de fundamentação, para manter a dosimetria impugnada em recurso exclusivo da defesa. Confira-se:

> Como cediço, nos termos da jurisprudência firmada nesta Corte, o efeito devolutivo da apelação é amplo, permitindo a revisão da dosimetria da pena e do regime de cumprimento, mesmo que em recurso exclusivo da defesa, sem que haja violação do disposto no art. 617 do CPP.
>
> O Tribunal, portanto, quando provocado a se manifestar sobre algum critério da dosimetria, fica autorizado a reanalisar, inclusive, as circunstâncias judiciais e a rever todos os termos da individualização da pena definidos no decreto condenatório.
>
> Dessa forma, possibilita-se nova ponderação dos fatos e das circunstâncias em que ocorreu o delito, ainda que seja em recurso exclusivo da defesa, sem que ocorra *reformatio in pejus*, desde que não seja agravada a situação do acusado, vale dizer que não se aumente a sua pena final ou se lhe imponha um regime de cumprimento mais rigoroso, o que, no caso dos autos, não ocorreu. (...)
>
> Assim, não há ilegalidade no acréscimo da fundamentação para manter a negativa do redutor do § 4º do art. 33 da Lei nº 11.343/2006, uma vez que a Corte local, além de apresentar motivação idônea, não agravou a situação dos pacientes.[23]

No mesmo sentido, mostram-se os julgados da Sexta Turma da Corte Infraconstitucional, apontando a possibilidade de nova ponderação dos fatos e das circunstâncias pertinentes à dosimetria, na apreciação de recurso exclusivo da defesa, ainda quando resulte em fundamentos alterados para justificar a manutenção ou a redução das reprimendas ou do regime inicial[24].

Seguindo essa linha de relativa flexibilização dos limites interpretativos das hipóteses de *reformatio in pejus*, torna-se possível a reali-

---

23 STJ. AgRg no HC nº 806.737/GO. Órgão Julgador: Quinta Turma. Relator: Min. Reynaldo Soares da Fonseca, Julgamento: 11/4/2023. Publicação: 14/4/2023. No mesmo sentido, STJ. AgRg no HC 551.112/MT. Órgão Julgador: Sexta Turma. Relatora: Min. Laurita Vaz, Julgamento: 02/3/21. Publicação: 11/03/2021.

24 STJ. AgRg no REsp nº 2.017.267/PA. Órgão Julgador: Sexta Turma. Relator: Ministro Sebastião Reis Júnior. Julgamento: 26/6/2023. Publicação: 28/6/2023. STJ. AgRg no REsp nº 2.073.632/MG. Órgão Julgador: Sexta Turma.Relator: Ministro Sebastião Reis Júnior. Julgamento: 19/3/2024. Publicação: 22/3/2024.

zação de ajustes qualitativos na fundamentação da pena, operando-se uma compensação ou uma substituição de argumentos, desde que não se promova o aumento quantitativo da reprimenda. É dizer que, caso o Tribunal, na apreciação de recurso exclusivo da defesa, complemente ou conserte as razões da Sentença sem que haja o incremento da sanção penal, não estará configurada hipótese de *reformatio in pejus*.

Por sua vez, a Quinta Turma, no recente julgamento do AgRg no AREsp nº 2.385.878/RS, evidenciando a persistência da controvérsia, reafirmou a regra de julgamento definida pela Terceira Seção, aduzindo, ainda, que: "em uma interpretação sistemática do art. 617 do CPP, o reconhecimento de circunstâncias desfavoráveis não previstas na sentença ou em patamar mais elevado gera *reformatio in pejus*, ainda que a pena definitiva seja igual ou inferior à anteriormente fixada".

Por outro lado, o Supremo Tribunal Federal tem entendido, de forma pacífica, que há ofensa à vedação do *non reformatio in pejus*, mesmo quando o acréscimo de fundamentação não implique o agravamento da pena. Firmou-se a compreensão, no julgamento do AgrRg no RHC 194.952, de que o "Tribunal não pode inovar na fundamentação da dosimetria da pena, contra o condenado, ainda que a inovação não resulte em aumento de pena"[25].

De igual modo, concluiu-se, no HC 126.763, que o "aumento da pena-base mediante reconhecimento de circunstâncias desfavoráveis não previstas na sentença monocrática gera *reformatio in pejus*, ainda que a pena definitiva seja igual ou inferior à anteriormente fixada"[26]. Considera-se, assim, que o *quantum* da pena fixada não é o único efeito que baliza a condenação. Na mesma direção, acolheu-se, por unanimemente, no RCH 126.763, a tese de que a vedação da *reformatio in pejus* impede toda diferença para pior, seja ela quantitativa, seja qualitativa, pois "não cabe ao Tribunal derrogar o erro constante da sentença"[27].

---

25 STF. AgRg no RHC 194.952/SP. Órgão Julgador: Segunda Turma. Relator: Min. Ricardo Lewandowski.Julgamento: 13/04/2021. Publicação: 15/06/2021.

26 STF. RHC 126.763/MS. Órgão Julgador: Segunda Turma. Relator: Min. Dias Toffoli. Redator do Acórdão: Min. Gilmar Mendes. Julgamento: 01/09/2015. Publicação: 10/09/2015. O entendimento foi, inclusive, reafirmado, no julgamento do STF. HC 226783 AgR-ED. Órgão Julgador: Segunda Turma. Relator: Min. Edson Fachin. Redator doAcórdão: Min. Gilmar Mendes. Julgamento: 02/10/2023. Publicação: 09/11/2023.

27 STF. RHC 136.356/RJ. Órgão Julgador: Segunda Turma. Relator: Min. Gilmar Mendes. Julgamento: 18/10/2016.Publicação: 08/11/2016.

O entendimento já havia sido, inclusive, destacado no Informativo nº 800 do Supremo Tribunal Federal, ao noticiar o julgamento do RHC nº 117.756[28], em cujo âmbito a Corte concluiu, ante a análise do caso concreto, que houve violação do princípio em comento, apesar de a pena não ter sido agravada. Veja-se:

> Os Ministros Luiz Fux e Marco Aurélio, ao dar provimento ao recurso, entenderam configurada, na hipótese, a "reformatio in pejus", dado que o tribunal "a quo", apesar de afastar a reincidência, não dera o devido efeito a isso, fazendo a compensação com argumento próprio. Assim, a situação do recorrente fora piorada - apesar de a pena ter sido diminuída no julgamento da apelação -, porquanto tivesse sido feita a redução, ante a constatação da inexistência da reincidência, a pena seria ainda menor se não tivesse havido a compensação com outro argumento.

Apresentados os possíveis caminhos, passo às minhas considerações. Penso que o segundo entendimento, consistente na impossibilidade de correção ou inovação dos fundamentos de deliberação judicial no julgamento de recurso exclusivo da defesa, merece prosperar. E já indico as razões.

No âmbito jurídico, a interpretação das normas deve suceder de forma sistemática[29]. Isso porque as normas contidas em um sistema jurídico se encontram imersas em um conjunto organizado de ideias e devem ter o seu conteúdo extraído da lógica geral compatível com o viés metodológico de todo o arcabouço normativo. Significa dizer que o Direito deve ser aplicado em sua totalidade[30].

O art. 617 do CPP, em sua literalidade, dispõe que "O tribunal, a câmara ou a turma atenderá, nas suas decisões, ao disposto nos artigos 383, 386 e 387, no que for aplicável, não podendo, porém, ser agravada

---

28 STF. RHC 117756/DF. Órgão Julgador: Primeira Turma. Relator: Min. Dias Toffoli. Redator do Acórdão: Min. Luiz Fux. Julgamento: 22.9.2015. Publicação: 11/02/2016.

29 A "interpretação sistemática tem por objetivo o sistema jurídico na sua condição de totalidade axiológica". FREITAS, Juarez. *A interpretação Sistemática do Direito.* São Paulo: Malheiros Editores, 1995, p. 15.

30 É o que defende PASQUALINI, Alexandre. Sobre a interpretação sistemática do direito. *Revista do Tribunal Regional Federal 1ª Região.* v. 7, nº 4, out./dez., 1995, p. 96.

a pena, quando somente o réu houver apelado da sentença". De acordo com uma interpretação sistemática, e não literal, entendo que a vedação do *reformatio in pejus*, firmada no dispositivo citado, não se cinge somente à quantidade final de pena. Afinal, a pena, enquanto principal consequência da prática delitiva, não se trata apenas do mero cálculo aritmético, senão a efetiva valoração da conduta.

Na doutrina, seguindo essa perspectiva, Grinover, Filho e Fernandes explicam que "não se admite a *reformatio in pejus*, entendida como diferença para pior, entre a decisão recorrida e a decisão no recurso, não podendo a piora ocorrer nem do ponto de vista quantitativo, nem sob o ângulo qualitativo"[31]. Tamanha é a importância de não se admitir qualquer decisão em desfavor de quem recorre que, conforme destacam os autores, o enunciado da Súmula n° 160 do STF veda o reconhecimento de nulidade absoluta quando desfavorece o réu, caso não arguida em recurso da acusação[32].

Realizando uma interpretação sistemática do art. 617 (CPP), deve-se considerar, ainda, o princípio devolutivo, segundo o qual o recurso interposto devolve ao tribunal somente o conhecimento da matéria impugnada, nos exatos termos da expressão *tantum devolutum quantum appellatum*. Nas palavras de Aury Lopes Jr., "essa regra tem um campo limitado de incidência, pois deve ser pensado à luz da vedação da *reformatio in pejus* e da possibilidade de *reformatio in mellius*"[33].

O efeito devolutivo reenvia ao Juiz *ad quem*, exclusivamente, a matéria suscitada no recurso. Diante disso, questiona-se: como aceitar que o tribunal reconheça – e os agregue à decisão e ao teor da condenação – elementos desfavoráveis ao réu, não contemplados na decisão recorrida, quando se está diante de recurso exclusivo da defesa? Tal forma de proceder, sob a ótica apresentada, vai de encontro à lógica recursal vigente.

Tomemos como base a hipótese por mim apresentada acima. O Juiz *ad quem*, no caso em comento, reconheceu a nítida violação a um dos princípios mais importantes do Direito Penal, o do *ne bis in idem*,

---

31 GRINOVER, Ada Pelegrini; FILHO, Antônio Magalhães Gomes; FERNANDES, Antônio Scarance. *Recursos noProcesso Penal.* 7ª ed. São Paulo: Revista dos Tribunais, 2011, p. 41.

32 *Ibidem.* STF – Súmula 160 – É nula a decisão do Tribunal que acolhe, contra o réu, nulidade não arguida no recursoda acusação, ressalvados os casos de recurso de ofício.

33 LOPES JR, *Direito Processual Penal*, p. 1245.

na Sentença recorrida. Diante disso, o caminho lógico a ser seguido pela instância revisora não é outro senão o do afastamento da valoração em duplicidade da reincidência, para que ela se mantenha em apenas uma das fases da dosimetria. Tal ato acarreta, naturalmente, a redução da pena fixada e, por conseguinte, um evidente benefício ao réu.

De outro modo, se, apesar de reconhecer o *bis in idem*, o Tribunal mantiver o montante de pena fixado, em virtude de razões diversas àquelas apresentadas pelo Juiz *a quo* não contempladas, originalmente, na Sentença, estará, em verdade, ignorando a ilegalidade contida no *decisum*, suportada pelo acusado. Além disso, ao acrescentar razões inovadoras para manter a fração anteriormente aplicada, a Corte, também, extrapolará o escopo da matéria impugnada pela defesa, configurando, assim, *reformatio in pejus*.

Em síntese, se o recurso é exclusivo da defesa, não considero legítimos o acréscimo, a compensação e a substituição de fundamentos à deliberação judicial impugnada. A partir das premissas desenvolvidas nesse estudo, só é possível deduzir a existência, como regra, de duas opções plausíveis: ou mantém-se, na integralidade, inclusive de fundamentação, a decisão recorrida; ou melhora-se, quantitativa ou qualitativamente, a situação do acusado. A preservação da decisão impugnada não poderá derivar, contudo, do acertamento da deliberação judicial por meio de inovação do Tribunal *ad quem*.

Esboçados os contornos do princípio do *non reformatio in pejus*, desponta sua transcendência na prática judicial relativa à apreciação, pelo Tribunal *ad quem*, da ordem de *habeas corpus*.

Impende, portanto, no próximo tópico responder aos questionamentos, inicialmente, suscitados concretamente: se a finalidade do *habeas corpus* é fazer cessar um ato coator prévio, seria possível a integração da decisão impugnada no intuito de mantê-la? Em outros termos, considerada a natureza jurídica dessa ação, existem limites à apreciação do ato coator e ao controle de legalidade deste, pelo Juiz *ad quem*? É possível, nesse âmbito, o acréscimo ou a integração da fundamentação do ato coator pelas instâncias superiores sem descaracterizar o próprio instituto?

## 4. LIMITES À APRECIAÇÃO DO OBJETO DO *HABEAS CORPUS*

A partir dos contornos delineados no tópico anterior, vê-se que, por força da vedação legal ao *reformatio in pejus*, não é cabível a admissão de inovação integrativa dos fundamentos da deliberação impugnada no julgamento de recurso exclusivo da defesa, para expurgar a ilegalidade detectada.

Embora o *habeas corpus* não ostente a natureza jurídica de recurso, entendo, na linha da postura já sustentada pelo STF, que o mesmo raciocínio deve ser a ele aplicado[34]. Imaginemos a seguinte casuística: o Tribunal, apesar de reconhecer que não foi comprovada justa causa para uma prisão preventiva decretada, acrescenta elementos, não apreciados na decisão recorrida, para sanar o vício de fundamentação, desprezando-se a ilegalidade sofrida pelo paciente. Consequentemente, em vez de lhe conceder a liberdade, hipótese mais benéfica, mantém-se a prisão. Mesmo que a situação do réu, em tese, não tenha sido agravada, mantendo-se o status de réu preso, por exemplo, há uma diferença qualitativa que para ele é desfavorável.

Renato Brasileiro pontua, acertadamente, que o dever de fundamentar a decisão que decreta a prisão preventiva é do Juiz Natural, razão pela qual a Corte só poderá decretá-la no Segundo Grau de Jurisdição, quando um recurso for interposto pela acusação[35]. Sob essa perspectiva, conclui o autor que "não se admite, assim, que o órgão *ad quem supra* eventual deficiência da fundamentação do Juiz *a quo* por ocasião do julgamento de *habeas corpus*"[36].

À vista disso, torna-se evidente que, procedendo dessa forma, o Segundo Grau, em manifesta incompetência constitucional e funcional, resulta por surpreender o Impetrante, incidindo em ofensa ao contraditório e, mais especificamente, ao devido processo legal. A par da violação às normas constitucionais, estaria, ante o próprio *habeas corpus* impetrado a favor do Paciente, agravando a situação deste, consubstanciando, portanto, uma autêntica hipótese de *reformatio in pejus*.

---

34 Vale ressaltar, de acordo com o entendimento do STF, que: "A proibição da *reformatio in pejus*, princípio imanenteao processo penal, aplica-se ao *habeas corpus*, cujo manejo jamais poderá agravar a situação jurídica daquele a quembusca, exatamente, favorecer". STF. HC 121.907/AM. Órgão Julgador: Primeira Turma. Relator: Min. Dias Toffoli. Julgamento 30.09.2014. Publicação: 28/10/14. STF. HC 126.869/RS. Órgão Julgador: Segunda Turma. Relator: Min.Dias Toffoli. Julgamento: 23/06/15. Publicação: 21/08/2015.

35 LIMA, Renato Brasileiro de. *Manual de Processo Penal*. 8ª ed. Salvador: Juspodium, 2020, p. 1095.

36 LIMA, *Manual de Processo Penal*, p. 1095.

Como bem pontuado por Antônio Magalhães Gomes, o dever de enunciar a motivação de uma decisão implica levar em conta os resultados do contraditório[37]. Conforme explica o autor, "de nada serviria outorgar às partes o complexo feixe de prerrogativas, poderes e faculdades que constituem o conteúdo do contraditório se as atividades concretamente realizadas pudessem ser desprezadas pelo Juiz no momento da decisão"[38].

O mesmo raciocínio é válido no âmbito das decisões das cortes revisoras, devendo ser, também, aplicado no julgamento do *habeas corpus*. Assim, o Tribunal deve apreciar, no *mandamus*, a decisão recorrida nos exatos termos nos quais ela foi redigida, por corresponder à matéria impugnada pela Defesa. Sob essa lógica, o Paciente não pode ser surpreendido com o acréscimo de fundamentos que não foram, anteriormente, utilizados pelo Juiz *a quo*, por extrapolar o conteúdo da matéria submetida ao crivo do contraditório.

Como já tive a oportunidade de destacar ao longo da minha atividade judicante, a motivação do ato judicial impugnado deve ser contemporânea à sua edição, sob pena de o Tribunal, ao invés de controlar a legalidade do ato contestado, construir, repita-se, em manifesta incompetência constitucional e funcional, uma motivação *ad hoc*, após a impetração, não raro por ocasião da sustentação oral, surpreendendo o Impetrante e violando o princípio do contraditório.

A esse respeito convém explicitar que o princípio da não surpresa, consagrado no art. 10 do CPC, tem aplicabilidade no processo penal[39], sendo referenciado, inclusive, pelas turmas criminais do STJ[40].

---

37 GOMES, Antonio Magalhães. A motivação das decisões judiciais na Constituição de 1988: funções políticas e processuais. *Revista do Advogado*. v. 28, nº 99, 2008, p. 19.

38 *Ibidem*

39 Confira-se BADARÓ, *Processo penal*, pp. 64-65; LOPES JR, *Direito Processual Penal*, p. 433.

40 "O princípio da não surpresa, consagrado no art. 10 do CPC/2015, é dirigido ao juiz, vedando-lhe a possibilidadede proferir decisões com base em fundamento a respeito do qual não se tenha dado às partes oportunidade de se manifestar previamente" (STJ – AgRg no RHC nº 137.159/PR. Órgão Julgador: Quinta Turma. Relator: Ministro Reynaldo Soares da Fonseca. Julgamento: 25/5/2021. Publicação: 01/6/2021). "O writ não pode ser utilizado para exame de tese não decidida pelas instâncias ordinárias, com lastro em fundamento sobre o qual nunca se deu à parte adversa da ação a oportunidade de se manifestar. O princípio da não surpresa e do contraditório substancial também devem ser observados no processo penal" (STJ – AgRg no HC nº 563.715/RO. Órgão Julgador: Sexta Turma. RelatorMinistro Rogerio Schietti Cruz. Julgamento: 15/9/2020. Publicação: 21/9/2020).

Mais recentemente, na apreciação dos *Habeas Corpus* 8026881-62.2020.8.05.0000, 8009738-60.2020.8.05.0000 e 8028941-71.2021.8.05.0000, no âmbito da Primeira Câmara Criminal do Tribunal de Justiça do Estado da Bahia, mantive firme o posicionamento pela impossibilidade do uso de fundamentos inovadores, para suprir vício de motivação das instâncias antecedentes ou para justificar a adoção do regime prisional mais gravoso, indicando, expressamente, que haveria, para além da ofensa aos princípios do contraditório, da não surpresa e do devido processo legal, uma clara violação ao princípio do *non reformatio in pejus*.

Ademais, há de levar em consideração, conforme previamente demonstrado (item 2), que o fundamento da ação de *habeas corpus* é a garantia da liberdade de locomoção. Na sua modalidade repressiva, possui a função específica de fazer cessar uma violência ou um ato coator prévio. Percebe-se, assim, que, ao agregar fundamentos ao decreto prisional no caso narrado, a fim de conservar o ato impugnado, o Tribunal termina por alterar a decisão, originalmente, proferida, descaracterizando, por completo, a própria natureza jurídica da ação que, por via transversa, é utilizada com finalidade integrativa, que não lhe é própria, para sanear o vício identificado.

Considerando, portanto, que a matéria passível de apreciação, no âmbito do *habeas corpus*, está circunscrita à garantia da liberdade ambulatorial, sob a ótica do Paciente que se apresenta como sujeito do direito ameaçado ou coartado, não se mostra possível, repita-se, que a cognição da matéria, pelo Colegiado, se dê sob ótica distinta, isto é, com vistas à preservação do ato impugnado.

Por essa senda, o *decisum* recorrido fica, por assim dizer, congelado no instante em que é proferido, na extensão de seu conteúdo[41]. Por isso, na via estreita do *habeas corpus*, só se pode aferir a idoneidade formal e material da motivação das decisões judiciais de acordo com o que tenha sido ditado pelo Juiz Primevo, sendo incabível às instâncias revisoras suprir eventuais lacunas ou falhas com novos elementos de cognição, para reafirmar o ato coator.

Em outras palavras, não cabe ao Tribunal acrescer fundamentos à decisão originária, para substituí-la ou modificá-la, a fim de limitar a liberdade de locomoção. À Corte comporta, apenas, fazer o controle de le-

41 Confira-se LENART, André. O STF e a fundamentação do decreto de prisão preventiva. *Revista SJRJ*. nº 22, pp. 61-89, 2008, p. 73.

galidade do ato impugnado. Assim, mesmo que, na concretude dos fatos, seja possível vislumbrar a existência de fundamentos para a segregação instrumental, inviável à confirmação do comando jurisdicional atacado pelo Colegiado, quando detectada a ausência de motivação idônea no ato emanado do Juiz *a quo*.

Comungam desse posicionamento o Supremo Tribunal Federal[42] e o Superior Tribunal de Justiça[43]. Cita-se, como exemplo do quanto defendido neste estudo, trecho do voto do Ministro Edson Fachin, no julgamento do HC 122.626[44]:

> Não se admite, com assento no Princípio Acusatório, que o vício de fundamentação seja suprido, de ofício, pelas instâncias superiores (...) tal proceder, por importar gravame à situação processual do paciente, revela- se incompatível com a razão de ser do *habeas corpus*, garantia constitucional dirigida à proteção do cidadão em face do arbítrio estatal. De tal forma, não é razoável que o Estado-Juiz forta-

42 STF. HC 166.655/PA. Órgão julgador: Segunda Turma. Relator: Min. Ricardo Lewandowski. Julgamento: 12/03/2019. Publicação: 13/03/2019. STF. HC 125.555/PA. Órgão Julgador: Segunda Turma. Relator: Min. Teori Zavascki. Julgamento: 10/02/2015. Publicação: 14/04/2015. STF. HC 119.457/SP. Órgão Julgador: Segunda Turma. Relator: Min. Teori Zavascki. Julgamento: 13/05/2014. Publicação: 29/05/2014. STF. RCH 123.529/GO. Órgão Julgador: Primeira Turma. Relator: Min. Dias Toffoli. Julgamento: 30/09/2014. Publicação: 17/11/2014. STF. HC 118.697/SP. Órgão Julgador: Segunda Turma. Relator: Min. Teori Zavascki. Julgamento: 06/05/2014. Publicação: 27/05/2014. STF. HC 113.945/SP. Órgão Julgador: Segunda Turma. Relator: Min. Teori Zavascki. Julgamento: 29/10/2013. Publicação: 12/11/2013. STF. HC 118.389. Órgão Julgador: Segunda Turma. Relator: Min. Teori Zavascki. Julgamento: 05/11/2013. Publicação: 21/11/2013.

43 STJ. HC 872.530/SP. Órgão Julgador: Sexta Turma. Relator: Min. Sebastião Reis Júnior. Julgamento: 06/02/2024. Publicação: 08/02/2024. STJ. AgRg no RHC 173.165/SC. Órgão Julgador: Quinta Turma. Relator: Min. Ribeiro Dantas. Julgamento: 13/03/2023. Publicação: 20/03/2023. STJ. AgRg no RHC 177.037/MG. Órgão Julgador: Quinta Turma. Relator: Min. Ribeiro Dantas. Julgamento: 22/05/2023. Publicação: 26/05/2023. STJ. AgRg no RHC 828.133/RS. Órgão Julgador: Quinta Turma. Relator: Min. Joel Ilan Paciornik. Julgamento: 02/10/2023. Publicação: 04/10/2023. STJ. AgRg no RHC 182.968/MG. Órgão Julgador: Sexta Turma. Relator: Min. Jesuíno Rissato. Julgamento: 02/10/2023. Publicação: 05/10/2023. STJ. AgRg no RHC nº 133.484/SP. Órgão Julgador: Sexta Turma. Relatora: Min. Laurita Vaz. Julgamento: 15/3/2022. Publicação: 22/3/2022. STJ. AgRg no RHC 155.054/SP. Órgão Julgador: Sexta Turma. Relator: Min. Rogerio Schietti Cruz. Julgamento: 14/12/2021. Publicação: 17/12/2021.

44 STF. HC 122.626/SP. Órgão Julgador: Primeira Turma. Relator: Min. Dias Toffoli. Julgamento: 07/10/2014. Publicação: 17/11/2014.

leça o poderio persecutório estatal por meio da utilização deturpada de garantia posta à disposição do indivíduo.

A partir dos argumentos apresentados, é possível concluir que, sendo incabível, em sede de *habeas corpus*, agregar fundamentos inovadores para complementar a deficiência de fundamentação do *decisum a quo*, sua legalidade deve ser aferida estritamente à luz da motivação empregada na decisão. No entanto, tal assertiva resolve apenas em parte o problema, pois, na prática judiciária, muitas vezes, a linha entre o simples reforço argumentativo e o verdadeiro acréscimo de fundamentos é muito tênue. Por isso, faz-se necessário traçar critérios aptos a diferenciar ambas as situações.

## 5. INOVAÇÃO DE FUNDAMENTAÇÃO *VERUS* REFORÇO ARGUMENTATIVO NO JULGAMENTO DE *HABEAS CORPUS*

Na jurisprudência das Cortes Superiores, alguns critérios costumam ser empregados para distinguir os casos em que se está diante de simples reforço argumentativo daqueles em que ocorre verdadeiro acréscimo de fundamentação desvirtuando, na apreciação da pretensão do Impetrante e em detrimento do Paciente, a natureza jurídica do *habeas corpus*.

Consoante apontado no tópico anterior, o acréscimo de fundamentação se dá quando o Tribunal, ao efetuar o controle da legalidade da decisão judicial impugnada, para além da análise da motivação nela contida, acresce elementos à decisão originária, substituindo ou modificando o conteúdo do ato decisório coator, com repercussão negativa na liberdade de locomoção do paciente que postula a garantia do seu direito à liberdade.

A percepção dos casos em que semelhante prática acontece requer um entendimento prévio e aprimorado dos vícios de fundamentação que podem comprometer a motivação da deliberação judicial, legitimando o interesse na sua reforma e conseguinte delineamento das hipóteses em estudo.

Existe um amplo desenvolvimento teórico, pela doutrina especializada, sobre os vícios na motivação que podem afetar uma deliberação judicial[45].

45 A esse respeito, veja-se a obra magistral de Michele Taruffo, *"A motivação da sentença civil"*. Confira-se, ainda,o artigo de Beltrán, *"Os vícios de motivação como causa do erro judiciário: um primeiro esboço"*.

Longe do propósito de descrever essa ampla problemática, cabe, aqui, referir alguns tipos de motivação cuja utilização é questionada pela duvidosa idoneidade dos fundamentos que nela são apresentados.

A identificação dos casos em que a motivação se apresenta, de algum modo, viciada tem por lastro, nesse estudo, a doutrina de Michele Taruffo, segundo a qual:

> (...) o modelo estrutural da motivação como justificação racional das escolhas do juiz representa, sob o perfil que aqui interessa, um conjunto orgânico de critérios a partir dos quais seria possível valorar a adequação da motivação. Isso vale em relação aos critérios de completude, segundo os quais a motivação deveria exprimir as escolhas que condicionam a decisão (e, portanto, justificam-na, na medida em que essa última seja sua consequência lógica), fundando-as sobre critérios - jurídicos, factuais, valorativos - segundo os quais essas escolhas são racionalizáveis. Analogamente, também os parâmetros que determinam a estrutura lógica da motivação podem ser vistos como critérios à luz dos quais é possível valorar a adequação de cada uma das motivações particulares: basta lembrar, a propósito, os exemplos constituídos pela ordem lógica da prejudicialidade, da regra da coerência contextual e das regras que definem a validade dos diferentes tipos de raciocínio lógico ou argumentativo.[46]

Por essa direção, ao menos três cenários podem ser delineados de forma ampla, como representativos dos problemas mais recorrentes acerca da motivação: a) ausência ou carência de motivação; b) motivação *per relationem*; e c) motivação implícita, impactando, correlativamente, sobre os efeitos da decisão judicial que, por alguma das referidas hipóteses, venha a ser impugnada[47].

A ausência de motivação é um verdadeiro vício de fundamentação entendido não só como a "total omissão de fundamentação, mas tam-

46 TARUFFO, *A motivação da sentença civil*, p. 352.

47 *TARUFFO, A motivação da sentença civil*, p. 347 e seguintes. Seguindo as lições do Mestre italiano, Badaró, também, aponta que são três as hipóteses específicas de vícios de fundamentação: ausência ou carência de motivação;motivação *per relationem;* e motivação implícita. BADARÓ, *Processo penal*, p. 79.

bém como a falta de fundamentação de um ponto que deveria ser motivado em face do dispositivo"[48].

A esse respeito, mostra-se produtiva a proposta de Taruffo quando ele descreve a decisão completa como sendo aquela que oferece uma justificação adequada para a verificação dos fatos, a interpretação das normas aplicadas, a qualificação jurídica do fato analisado e a declaração jurídica das consequências advindas da decisão. E, ainda, quando ele delineia a conexão existente entre a plenitude da motivação e as exigências de justificação[49]. Nesse sentido, a *contrario sensu*, haverá ausência ou carência de motivação quando o juiz deixar de enunciar dados fáticos e/ou regras de julgamento essenciais para a decisão, de tal modo que o *decisio* não corresponda a uma consequência válida de suas premissas[50].

Por sua vez, a motivação *per relationem* é aquela que se caracteriza quando o juiz não elabora uma justificação autônoma, mas aproveita a justificação contida em outra decisão, ou incorpora como próprios argumentos apresentados em documentos e manifestações contidas no processo, fazendo remissão aos aludidos elementos de referência, podendo abarcar, inclusive, o reenvio à jurisprudência sobre as matérias tratadas na decisão[51]. Como advertido por Taruffo, ela implica, de certa forma, na renúncia do juiz de justificar, de maneira autônoma, suas próprias afirmações[52].

Embora se trate de motivação admitida como válida pela jurisprudência dos Tribunais brasileiros[53], é preciso ter em mente que ela

48 *Ibidem.*

49 Veja-se TARUFFO, *op. Cit.*, p. 375.

50 *Ibidem.*

51 Consulte-se, mais amplamente, *Ibidem*, p. 353.

52 TARUFFO, *A motivação da sentença civil*, p.354.

53 Entre outros julgados, o STF já decidiu que: "A utilização, pelo Poder Judiciário, da técnica da motivação *per relationem*, reveste-se de plena legitimidade jurídico--constitucional e se mostra compatível com o que dispõe o artigo93, IX, da Constituição Federal. A remissão feita pelo magistrado – referindo-se, expressamente, aos fundamentos (defato e/ou de direito) que deram suporte à anterior decisão (ou, então, a pareceres do Ministério Público ou, ainda, a informações prestadas por órgão apontado como coator) – constitui meio apto a promover a formal incorporação, ao ato decisório, da motivação a que o juiz se reportou como razão de decidir". STF. AI nº 825.520-AgR-Ed. Órgão Julgador: Segunda Turma. Relator: Min. Celso de Mello. Julgamento: 31/05/2011. Publicação: 12/09/11). De modo similar, o Superior Tribunal de Justiça entende que: "A fundamentação *per relacionem*

somente é aceitável quando a decisão contiver um juízo de idoneidade sobre o teor da motivação referida[54]. De tal modo que não se entende como válida a mera repetição irrefletida de trechos extraídos de outras fontes, em cujo caso a motivação *per relationem* se torna equiparável a uma hipótese de ausência de motivação, revelando-se, assim, viciada.

Por fim, a motivação implícita se consubstancia a partir da premissa de que o juiz não está obrigado a examinar, analiticamente, todas as teses e hipóteses argumentativas apresentadas pelas partes no processo, podendo limitar-se a expressar somente aquilo que seja necessário para justificar o conteúdo da decisão.

No entanto, como bem adverte Taruffo, as dúvidas sobre a legitimidade da motivação implícita devem ser esclarecidas com observância da relação existente entre o dever de motivação e a garantia do direito de defesa. Isso porque: "admitir a motivação implícita não pode significar admitir a omissão da motivação sobre uma parte do *thema decidendum*"[55].

Assim, a motivação implícita torna-se um vício de fundamentação quando existe uma relação lógica entre "aquilo que ficou expresso no discurso judicial e aquilo que, também, deveria ter sido objeto de justificação, mas não foi"[56]. Correlativamente, a motivação implícita válida

---

constitui medida de economiaprocessual e não malfere os princípios do juiz natural e da fundamentação das decisões." STJ. REsp nº 1.443.593/RS.Órgão Julgador: Sexta Turma. Relator: Min. Nefi Cordeiro. Julgamento: 02/06/2015. Publicação: 12/06/2015.

---

54 Claramente, nesse sentido, os julgados do STJ: "É certo que a jurisprudência desta Corte Superior admite o fundamento *per relationem*. No entanto, exige que o julgador apresente elementos próprios de convicção, ainda que de forma sucinta, de modo a enfrentar todas as questões relevantes para o julgamento do processo." STJ. REsp nº 2.050.338/MA. Órgão Julgador: Segunda Turma. Relator: Min. Herman Benjamin. Julgamento: 21/3/2023. Publicação: 05/06/2023. "De acordo com a orientação jurisprudencial, é válido o uso da fundamentação *per relationem*,se o Tribunal apresentar os seus próprios argumentos para manter a decisão de primeiro grau, ainda que de forma sucinta". STJ. AgRg nos EDcl no HC nº 760.300/SP. Órgão Julgador: Sexta Turma. Relator: Min. Rogerio Schietti Cruz. Julgamento: 29/4/2024. Publicação: 02/5/2024.

55 TARUFFO, *A motivação da sentença civil*, p. 362.

56 STF. HC 84.383/RS. Órgão Julgador: Segunda Turma. Relator: Min. Cezar Peluso. Julgamento: 31/10/2006. Publicação: 07/12/2006. Na opinião de Badaró, a motivação implícita não deve ser admitida no processo penal, pois "ou há motivação específica e expressa, ou não há motivação". BADARÓ, *Processo penal*, p. 80. Manifes-

se manifesta como aquele teor que, sem ser expressamente externalizado, pode ser deduzido logicamente do que o juiz afirmou de forma explícita[57].

Apreendidos os grupos de casos em que, em maior medida, se apresentam vícios na motivação da decisão judicial por ausência de fundamentos que expliquem o comando decisório; por remissão genérica a trechos de outras fontes que digam respeito à parte essencial da decisão; ou por omissão de fundamentos sobre a parte essencial do *thema decidendum*, alcança-se maior clareza na resposta ao problema proposto neste estudo.

A partir do cenário delineado, alcança-se a conclusão de que haverá acréscimo de fundamentação pelo Tribunal, com repercussão negativa na liberdade de locomoção do paciente que postula a garantia do seu direito à liberdade, quando a Corte, ao efetuar o controle da legalidade da decisão judicial impugnada no julgamento de *habeas corpus*, constatar algum dos vícios analisados e, no intuito de preservar a decisão originária, a ela acrescer elementos, substituindo ou modificando o conteúdo viciado do ato decisório coator.

Por outro lado, haverá apenas um reforço argumentativo, quando a decisão impugnada não possuir nenhum vício, por ter sido, expressamente, fundamentada nos seus elementos essenciais, ainda que de forma sucinta[58].

Cabe, inclusive, destacar, em harmonia com a compreensão explicitada, a postura do Mestre italiano, no sentido de que o princípio da plenitude da motivação não contrasta com as exigências de brevidade e clareza do discurso do juiz[59]. A redução quantitativa da motivação, com

tando-se pela impossibilidade de integração ao ato decisório de decisões viciadas por fundamentação implícita, o STJ entendeuque "a constitucional exigência das decisões judiciais impede o acolhimento de fundamentação implícita, geradora inclusive de gravosos danos à defesa - que fica impedida de enfrentar a motivação, por ser incerta ou presumida". STJ.AgRg nos Edcl no RHC nº 32.933/SP. Órgão Julgador: Sexta Turma. Relator: Min. Sebastião Reis Júnior. Julgamento:03/10/2017. Publicação: 09/10/2017.

57 Nesse sentido, cf. TARUFFO, *op. Cit.*, p. 362.

58 A motivação suscita, mas válida, acontece quando o julgador apresentar a justificativa essencial para a tomada a decisão, ainda que não o faça de forma exaustiva ou detalhada. BADARÓ, *Processo penal*, p. 80.

59 TARUFFO, *A motivação da sentença civil*, p. 375.

o abandono de justificações carregadas de *obter dicta* e de divagações doutrinais acessórias, não repercute, necessariamente, na estrutura válida daquela.

Sob essa perspectiva, sendo verificada a presença dos elementos essenciais que tornam a deliberação judicial originária completa – por oferecer uma justificação adequada sobre a verificação dos fatos, a interpretação das normas aplicadas, a qualificação jurídica do fato analisado e a declaração jurídica das consequências advindas da decisão, ainda que de forma resumida –, é possível ao Tribunal apresentar detalhamentos que, sem constituir inovação, se apresentam como mero reforço argumentativo.

Alinhando-se a esse entendimento, os Tribunais Superiores vêm apontando que há somente reforço argumentativo quando a Corte, no julgamento do *habeas corpus*, (*i*) se limita a aludir ou especificar os fatos narrados na decisão recorrida[60] e (*ii*) não traz nenhuma alteração substancial à decisão, que, por si só, se encontra alicerçada em elementos concretos aptos à sua manutenção[61].

Desse modo, inexiste acréscimo indevido de fundamentação quando o Tribunal apenas detalha ou esclarece as circunstâncias, atinentes a elementos essenciais da decisão já expostas pelo Juiz Primevo.

Sob essa ótica, o Superior Tribunal de Justiça, no julgamento do AgRg no RHC 155.837[62], entendeu que "é legítimo que o Tribunal Estadual, no julgamento do *habeas corpus*, especifique as circunstâncias já expostas pelo Juiz de Origem no decreto de prisão preventiva". Concluiu-se, ainda, que:

> Com efeito, o que se proíbe é o efetivo acréscimo de motivos que não foram, em nenhum momento, expostos pela instância antecedente. Se assim não fosse, se estaria atribuindo ao Órgão Judiciário de se-

60 Confiram-se os julgados: STF. HC 166.655/PA. Órgão Julgador: Segunda Turma. Relator: Min. Ricardo Lewandowski. Julgamento: 12/03/2019. Publicação: 13/03/2019. STJ AgRg no HC 889.648/PR. Órgão Julgador: Quinta Turma. Relator: Min. Reynaldo Soares da Fonseca. Julgamento: 08/04/2024. Publicação: 11/04/2024.

61 Confiram-se os julgados: STF. HC 119.457/SP. Órgão Julgador: Segunda Turma. Relator: Min. Teori Zavascki. Julgamento: 13/05/2014. Publicação: 29/05/2014.

62 STJ. AgRg no RHC 155.837/CE. Órgão Julgador: Sexta Turma. Relatora: Min. Laurita Vaz. Julgamento: 16/11/2021. Publicação: 25/11/2021

gunda instância tão somente a competência de transcrever, *ipsis litteris*, a fundamentação do Juiz de Primeiro Grau de Jurisdição.

Tampouco haverá inovação quando a instância revisora, apesar de mencionar um elemento não indicado na decisão, não trouxer nenhuma alteração substancial.

Nesses contextos, quando há apenas um reforço argumentativo, para aludir, para especificar os fatos narrados na decisão recorrida, ou para ilustrar aspecto acessório ou secundário do caso, o julgamento do *habeas corpus* não se dá com o desvirtuamento de sua finalidade, tampouco se configura hipótese de *reformatio in pejus*. Isso porque a decisão impugnada possui elementos aptos à manutenção do ato impugnado, inexistindo, portanto, uma coação ilegal a ser sanada. Dessa forma, o Tribunal, ao adicionar elementos periféricos ou detalhar aqueles já apresentados, não está suprindo uma deficiência de fundamentação do Juiz *a quo*, pois o vício de fundamentação, simplesmente, não existe.

## 6. CONSIDERAÇÕES FINAIS

Por fim, resta resolver os casos, inicialmente, apresentados com base nas soluções obtidas no transcurso deste trabalho. Busca-se saber quais os limites à apreciação de um *habeas corpus*, especificamente em relação ao acréscimo de fundamentação e ao reforço argumentativo.

**Caso 1.** No primeiro caso, o Magistrado de Primeiro Grau decretou a prisão preventiva de **X**, sem indicar os elementos concretos que justificassem a convicção formada sobre o seu *periculum libertatis*. Na apreciação do *habeas corpus* impetrado pela defesa de **X**, o Tribunal Estadual especificou as circunstâncias e o *modus operandi* da conduta criminosa imputada ao Paciente **X**, não declinados, originalmente, no decreto de prisão preventiva, para denegar a ordem e manter a cautelar.

No contexto delineado, a decisão primeva está eivada pelo vício de ausência de fundamentação quanto ao elemento essencial do *thema decidendum*, por não por oferecer justificativa sobre a verificação dos fatos que consubstanciam os requisitos da prisão preventiva.

Diante disso, o Juiz *ad quem*, ao adicionar elementos à decisão originária, de modo a substituir o conteúdo do ato decisório coator, realizou um verdadeiro acréscimo de fundamentação.

No entanto, não cumpre ao Tribunal suprir o referido vício de fundamentação, pois esse ato de proceder mostra-se incompatível com a própria razão de ser do *habeas corpus*, qual seja, a proteção do cidadão contra o arbítrio estatal. Uma vez reconhecida a ilegalidade do ato coator, ela deve ser declarada.

A convalidação da decisão, no julgamento de *habeas corpus*, ainda que não piore a situação prisional do Paciente, configura *reformatio in pejus*, conquanto tivesse sido relaxada a cautelar, o Paciente **X** estaria em liberdade, situação evidentemente mais benéfica.

**Caso 2.** No segundo caso, o Magistrado de Primeiro Grau decretou a prisão preventiva de **W**, com fundamento na garantia da ordem pública e por conveniência da instrução criminal, indicando tratar-se de acusado reincidente na prática de violência doméstica e familiar contra a mulher e que ofereceu resistência no momento da prisão, proferindo ofensas e ameaças aos familiares da vítima.

Ao apreciar a ação mandamental impetrada em favor de **W**, o Tribunal denegou a ordem, reafirmando a necessidade da custódia, com a especificação dos registros de condenações pretéritas do Paciente e transcrevendo, no Acórdão, as ameaças proferidas pelo acusado aos familiares da vítima, consignada pela autoridade policial no auto de prisão em flagrante.

No contexto delineado, a decisão primeva não possui vício de fundamentação, uma vez que o Juiz *a quo* apresentou as justificativas essenciais para a tomada de decisão, ainda que não o tenha feito de forma exaustiva ou detalhada. O Juiz *ad quem*, por sua vez, não realizou acréscimo de fundamentação, mas tão somente um reforço argumentativo, pois limitou-se a especificar os fatos narrados na decisão recorrida.

Nesse liame, não há desvirtuamento da finalidade da ação de *habeas corpus*, pois o *decisum* impugnado possui elementos aptos à sua manutenção.

Além disso, não é hipótese de *reformatio in pejus*, porque não se evidencia qualquer prejuízo ao paciente.

Como é possível perceber, os casos propostos são, por motivos didáticos, desprovidos de complexidade, no intuito de elucidar a problemática apresentada.

Adverte-se, contudo, que a identificação dos vícios de fundamentação pode se revelar difícil, desafiando a acurácia dos membros do Tribunal na apreciação da decisão judicial impugnada, quando esta dispuser sobre casos de maior envergadura, com pluralidade de crimes e agentes envolvidos.

Semelhante contexto robustece a necessidade de uma análise sempre cuidadosa da matéria, caso a caso, bem como o aperfeiçoamento da apresentação dos critérios decisórios pelos órgãos do Poder Judiciário, no intuito de precaver a subversão do sistema acusatório, a ofensa ao contraditório e ao devido processo legal, protegendo-se a vocação jurídica do *habeas corpus*, que sempre há de ser visto como um instrumento em prol da garantia da liberdade ambulatorial, frente a abusos e ilegalidades.

## REFERÊNCIAS

ÁLVAREZ GARCÍA, Francisco Javier; QUERALT JIMÉNEZ, Argelia. Derecho a la libertad y la seguridad y su sistema de garantías en el Convenio de Roma: un standard mínimo europeo (Art. 5 CEDH). In: GARCIA ROCA; SANTOLAYA (Coord.). *La Europa de los Derechos*. 2 ed. Madrid: Centro de Estudos Políticos y Constitucionales, 2009.

ASSUNÇÃO, Antônio Zetti. *Habeas Corpus*. São Paulo: Lawbook, 2000.

BADARÓ, Gustavo Henrique. *Processo penal*. 9 ed. rev., atual e ampl. São Paulo: Thomson Reuters Brasil, 2021.

BELTRÁN CALFURRAPA, Ramón. Os vícios de motivação como causa do erro judiciário: um primeiro esboço. *Rev. Bras. de Direito Processual Penal*, Porto Alegre, v. 10, nº 2, e924, mai-ago. 2024. Disponível em: https://doi.org/10.22197/rbdpp.v10i2.924. Acessado em: 20/05/2024.

COSTA, Eduardo Maia. *Habeas Corpus*: passado, presente, futuro. Julgar, nº 29, 2016.

FERRAJOLI, Luigi. *Derecho y razón*. Teoría del garantismo penal. Traducción del italiano para el español de Perfecto Andrés Ibáñez, Alfonso Ruiz Miguel, Juan Carlos Bayón Mohino, Juan Terradillos Basoco y Rocío Cantarero Bandrés. Madrid: Trotta, 1995.

FREITAS, Juarez. *A interpretação Sistemática do Direito*. São Paulo: Malheiros Editores, 1995.

GARCÍA MORELOS, Gumesindo. *El proceso de habeas corpus y los derechos fundamentales*. México: Ubijus, 2010.

GLEIZER, Orlandino; MONTENEGRO, Lucas; VIANA, Eduardo. *O direito de proteção de dados no processo penal e na segurança pública*. São Paulo: Marcial Pons, 2021.

GOMES, Antonio Magalhães. A motivação das decisões judiciais na Constituição de 1988: funções políticas e processuais. *Revista do Advogado*. v. 28. nº 99, 2008.

GREGORY, Anthony. *The Power of Habeas Corpus in America:* from the King's Prerogative to the War on Terror. Nova York: Cambridge University Press, 2013.

GRINOVER, Ada Pelegrini; FILHO, Antônio Magalhães Gomes; FERNANDES, Antônio Scarance. *Recursos no Processo Penal.* 7ª ed. São Paulo: Revista dos Tribunais, 2011.

JENKS, Edward. The story of the Habeas Corpus. Law Quarterly Review. Vol XVIII, 1902.

LENART, André. O STF e a fundamentação do decreto de prisão preventiva. *Revista SJRJ.* nº 22, pp. 61-89, 2008.

LIMA, Renato Brasileiro de. *Manual de Processo Penal.* 8ª ed. Salvador: Juspodium, 2020. LOPES JR, Aury. Direito *Processual Penal.* 21ª ed. São Paulo: SaraivaJur, 2024.

MIRANDA, Pontes de. *Comentários* à *Constituição de 1967,* com a Emenda nº I, de 1969. 2ª ed. São Paulo: RT, 1971.

MIRANDA, Pontes de. *História e Prática do Habeas Corpus.* Campinas: Bookseller, 1999. MORAES, Alexandre de. *Direito Constitucional.* 32ª ed. São Paulo: Atlas, 2016.

MOREIRA, José Carlos Barbosa. *Temas de direito processual*: segunda série. São Paulo: Saraiva, 1980.

NUCCI, Guilherme de Souza. *Habeas Corpus.* 3ª ed. Rio de Janeiro: Forense, 2019.

PASQUALINI, Alexandre. Sobre a interpretação sistemática do direito. *Revista do Tribunal Regional Federal 1ª Região.* v. 7, nº 4, out./dez., 1995.

RAMOS, João Gualberto Garcez. *Habeas corpus*: histórico e perfil no ordenamento jurídico brasileiro. Revista da Faculdade de Direito da UFPR, v. 31, 1999.

SOUZA, Luiz Henrique Boselli de. A doutrina brasileira do habeas corpus e a origem do mandado de segurança. Análise doutrinária de anais do Senado e da jurisprudência histórica do Supremo Tribunal Federal. *Revista de Informação Legislativa,* Brasília, 45 nº 177 jan./mar., 2008.

STF. HC 226783 AgR-ED. Órgão Julgador: Segunda Turma. Relator: Min. Edson Fachin. Redator do Acórdão: Min. Gilmar Mendes. Julgamento: 02/10/2023. Publicação: 09/11/2023.

STF. AgRg no RHC 194.952/SP. Órgão Julgador: Segunda Turma. Relator: Min. Ricardo Lewandowski. Julgamento: 13/04/2021. Publicação: 15/06/2021.

STF. HC 166.655/PA. Órgão Julgador: Segunda Turma. Relator: Min. Ricardo Lewandowski. Julgamento: 12/03/2019. Publicação: 13/03/2019.

STF. RHC 136.356/RJ. Órgão Julgador: Segunda Turma. Relator: Min. Gilmar Mendes. Julgamento: 18/10/2016. Publicação: 08/11/2016.

STF. RHC 117756/DF. Órgão Julgador: Primeira Turma. Relator: Min. Dias Toffoli. Redator: Min. Luiz Fux. Julgamento: 22.9.2015. Publicação: 11/02/2016.

STF. RHC 126.763/MS. Órgão Julgador: Segunda Turma. Relator Min. Dias Toffoli. Redator: Min. Gilmar Mendes. Julgamento: 01/09/2015. Publicação: 10/09/2015.

STF. HC 126.869/RS. Órgão Julgador: Segunda Turma. Relator: Min. Dias Toffoli. Julgamento: 23/06/15. Publicação: 21/08/2015.

STF. HC 125.555/PA. Órgão Julgador: Segunda Turma. Relator: Min. Teori Zavascki. Julgamento: 10/02/2015. Publicação: 14/04/2015.

STF. HC 122.626/SP. Órgão Julgador: Primeira Turma. Relator: Min. Dias Toffoli. Julgamento: 07/10/2014. Publicação: 17/11/2014.

STF. RCH 123.529/GO. Órgão Julgador: Primeira Turma. Relator: Min. Dias Toffoli. Julgamento: 30/09/2014. Publicação: 17/11/2014.

STF. HC 121.907/AM. Órgão Julgador: Primeira Turma. Relator: Min. Dias Toffoli. Julgamento 30.09.2014. Publicação: 28/10/2014.

STF. HC 119.457/SP. Órgão Julgador: Segunda Turma. Relator: Min. Teori Zavascki. Julgamento: 13/05/2014. Publicação: 29/05/2014.

STF. HC 118.697/SP. Órgão Julgador: Segunda Turma. Relator: Min. Teori Zavascki. Julgamento: 06/05/2014. Publicação: 27/05/2014.

STF. RHC 120571/RJ. Órgão Julgador: 1ª Turma. Relator: Min. Dias Toffoli. Julgamento: 11/03/2014. Publicação: 31/03/2014.

STF. HC 113.945/SP. Órgão Julgador: Segunda Turma. Relator: Min. Teori Zavascki. Julgamento: 29/10/2013. Publicação: 12/11/2013.

STF. HC 118.389. Órgão Julgador: Segunda Turma. Relator: Min. Teori Zavascki. Julgamento: 05/11/2013. Publicação: 21/11/2013.

STF. AI nº 825.520-AgR-Ed. Órgão Julgador: Segunda Turma. Relator: Min. Celso de Mello. Julgamento: 31/05/2011. Publicação: 12/09/11.

STF. HC 84.383/RS. Órgão Julgador: Segunda Turma. Relator: Min. Cezar Peluso. Julgamento: 31/10/2006. Publicação: 07/12/2006.

STJ. AgRg nos EDcl no HC nº 760.300/SP. Órgão Julgador: Sexta Turma. Relator Ministro Rogerio Schietti Cruz. Julgamento: 29/4/2024. Publicação: 02/05/2024.

STJ AgRg no HC 889.648/PR. Órgão Julgador: Quinta Turma. Relator: Min. Reynaldo Soares da Fonseca. Julgamento: 08/04/2024. Publicação: 11/04/2024.

STJ. AgRg no REsp nº 2.073.632/MG. Órgão Julgador: Sexta Turma. Relator: Ministro Sebastião Reis Júnior. Julgamento: 19/3/2024. Publicação: 22/03/2024.

STJ. HC 872.530/SP. Órgão Julgador: Sexta Turma. Relator: Min. Sebastião Reis Júnior. Julgamento: 06/02/2024. Publicação: 08/02/2024.

STJ. AgRg no RHC 182.968/MG. Órgão Julgador: Sexta Turma. Relator: Min. Jesuíno Rissato. Julgamento: 02/10/2023. Publicação: 05/10/2023.

STJ. AgRg no RHC 828.133/RS. Órgão Julgador: Quinta Turma. Relator: Min. Joel Ilan Paciornik. Julgamento: 02/10/2023. Publicação: 04/10/2023.

STJ. AgRg no REsp nº 2.017.267/PA. Órgão Julgador: Sexta Turma. Relator: Ministro Sebastião Reis Júnior. Julgamento: 26/6/2023. Publicação: 28/6/2023.

STJ. AgRg no RHC 177.037/MG. Órgão Julgador: Quinta Turma. Relator: Min. Ribeiro Dantas. Julgamento: 22/05/2023. Publicação: 26/05/2023.

STJ. REsp nº 2.050.338/MA. Órgão Julgador: Segunda Turma. Relator: Ministro Herman Benjamin. Julgamento: 21/3/2023. Publicação: 05/06/2023.

STJ. AgRg no HC nº 806.737/GO. Órgão Julgador: Quinta Turma. Relator: Min. Reynaldo Soares da Fonseca, Julgamento: 11/4/2023. Publicação: 14/4/2023.

STJ. AgRg no RHC 173.165/SC. Órgão Julgador: Quinta Turma. Relator: Min. Ribeiro Dantas. Julgamento: 13/03/2023. Publicação: 20/03/2023.

STJ. AgRg no RHC nº 133.484/SP. Órgão Julgador: Sexta Turma. Relatora: Min. Laurita Vaz. Julgamento: 15/3/2022. Publicação: 22/3/2022.

STJ. AgRg no RHC nº 137.159/PR. Órgão Julgador: Quinta Turma. Relator: Ministro Reynaldo Soares da Fonseca. Julgamento: 25/5/2021. Publicação: 01/6/2021

STJ. AgRg no RHC 155.054/SP. Órgão Julgador: Sexta Turma. Relator: Min. Rogerio Schietti Cruz. Julgamento: 14/12/2021. Publicação: 17/12/2021.

STJ. AgRg no RHC 155.837/CE. Órgão Julgador: Sexta Turma. Relatora: Min. Laurita Vaz. Julgamento: 16/11/2021. Publicação: 25/11/2021.

STJ. AgRg no HC 551.112/MT. Órgão Julgador: Sexta Turma. Relatora: Min. Laurita Vaz, Julgamento: 02/3/21. Publicação: 11/03/2021.

STJ. AgRg no HC nº 563.715/RO. Órgão Julgador: Sexta Turma. Relator Ministro Rogerio Schietti Cruz. Julgamento: 15/9/2020. Publicação: 21/9/2020.

STJ. REsp nº 1.443.593/RS. Órgão Julgador: Sexta Turma. Relator: Ministro Nefi Cordeiro. Julgamento: 02/06/2015. Publicação: 12/06/2015.

TARUFFO, Michele. *A motivação da sentença civil.* Tradução de Daniel Mitidiero, Rafael Abreu, Vitor de Paula Ramos. São Paulo: Marcial Pons, 2015, p. 337.

# A INTERIORIZAÇÃO DA JUSTIÇA FEDERAL NO BRASIL: AVANÇO PARA DEMOCRACIA E CIDADANIA NOS MUNICÍPIOS

*Vilmar Rocha*[1]

## INTRODUÇÃO

O acesso à justiça é um direito fundamental previsto na Constituição Federal Brasileira. No entanto, a concentração de varas federais nas capitais e grandes centros urbanos trazia dificuldade de acesso de cidadãos e empresas ao atendimento judicial, especialmente em regiões mais remotas de nosso país.

A história da interiorização da Justiça Federal no Brasil é marcada por um árduo processo de luta pela democratização e fortalecimento da cidadania. Nesse contexto, a partir do Projeto de Lei nº 5756/2001, do qual fui relator, conseguimos aprovar uma medida que autorizou expansão das varas pelo território nacional, com foco nas áreas interioranas, democratizando a justiça e levando desenvolvimento socioeconômico a essas regiões. Por forma que, com sua aprovação, entre 2003 e 2006, foram criadas 183 novas varas federais em todo o país.

Logo, no Brasil, essa descentralização tem sido um tema de grande relevância desde a implementação do ordenamento aprovado - Lei nº 10.772/2003 - que impulsionou as demais iniciativas legislativas e administrativas em anos conseguintes voltadas para a expansão e melhoria do sistema judiciário brasileiro, como a Reforma do Judiciário e a instituição da informatização do Processo Judicial Eletrônico - PJe, com garantia de acessibilidade, eficiência e transparência nos atendimentos. Facilitou ainda mais o acesso à justiça, especialmente para aqueles em regiões mais afastadas.

A implementação gradativa das 183 varas federais, decidida pelos TRFs, discorreu conforme as necessidades do serviço e a disponibilidade de recursos orçamentários. Essa abordagem flexível assegurou que a expansão da Justiça Federal fosse realizada de maneira sustentável e eficiente, promovendo uma maior inclusão social e acesso à justiça em todo o território nacional.

---

1 Ex-Deputado Federal

Esta criação permitiu uma distribuição mais equitativa da carga de trabalho, com elevada melhoria na eficiência judicial e entrega de um serviço de melhor qualidade aos cidadãos. O objetivo norteador de oferecer uma jurisdição mais próxima e acessível, representou e continua a representar um avanço significativo para o fortalecimento do Estado de Direito e a promoção da juridicidade social em nosso país.

Portanto, neste ensaio, examinaremos as nuances deste processo de interiorização, promovida pela Lei nº 10.772/2003, como avanço significativo para a democratização do acesso à justiça no Brasil. Desse modo, examinarei os aspectos constitucionais, legais e administrativos do projeto, além dos seus impactos socioeconômicos, incluindo a criação de empregos e a promoção do desenvolvimento regional.

## UM BRASIL DESIGUAL: A NECESSIDADE DA INTERIORIZAÇÃO

Um país de dimensões continentais, com uma população carente de atendimento jurídico fora dos grandes centros urbanos, este era o panorama da Justiça Federal no início dos anos 2000, marcado por uma profunda disparidade com relação às grandes cidades, quando tratada das regiões interioranas do país.

Ainda em um período de convergência digital, em que se iniciava a informatização dos sistemas de atendimento públicos, as peculiaridades do território brasileiro se apresentavam como desafio para o acolhimento da população mais carente.

Por consequência, a concentração das varas permanecia nas capitais e grandes centros urbanos, deixando à margem milhões de brasileiros, especialmente aqueles em regiões mais remotas, do acesso à justiça. Essa realidade impedia o pleno exercício da cidadania e dificultava a resolução de conflitos e a defesa de direitos básicos da população.

Em lembrança da trajetória da Justiça Federal no Brasil, é revelado um percurso marcado por diversas mudanças políticas e institucionais. Quando a Constituição de 1946 restabeleceu parcialmente a dualidade da justiça apenas no âmbito do segundo grau e sua reinstalação, com o Ato Institucional nº 2, de 1965, foi marcada por deficiências estruturais significativas.

O lapso de infraestrutura física, como a falta de imóveis adequados, comunicações deficientes, a escassez de material de expediente e até mesmo de papel, comprometeram a eficiência do sistema.

Por consequência, magistrados e servidores muitas vezes tiveram que contribuir pessoalmente para a aquisição de recursos necessários ao funcionamento das novas unidades judiciais.

A mudança significativa foi desencadeada a partir de três eventos marcantes desta ruptura: a interiorização, a descentralização com a criação dos Tribunais Regionais Federais e a criação dos Juizados Especiais Federais.

A interiorização começou efetivamente com a instalação da primeira vara federal no interior do país, em Uberaba/MG, em 1987, seguida por outras localidades estratégicas. Essa expansão foi o primeiro passo de aproximação observado da Justiça Federal do cidadão comum, reduzindo custos e melhorando o acesso à justiça.

A Constituição de 1988 consolidou a estrutura da Justiça Federal, mantendo-a no sistema judiciário brasileiro e ampliando suas competências. A interiorização não apenas trouxe a Justiça Federal de primeiro grau para mais perto dos jurisdicionados, mas também contribuiu para uma distribuição mais racional do serviço, tornando-a menos onerosa e mais acessível. Cada vara passou a contar com juiz titular e, em muitas outras, também com um juiz substituto, o que acelerou a prestação jurisdicional.

Mesmo com esses esforços, apesar das reformas, as Seções Judiciárias permaneceram com maior concentração nas capitais, com fortes gargalos no atendimento, mantendo a Justiça Federal distante e inacessível para a maioria da população, também onerosa devido à necessidade de deslocamento.

A criação dos Juizados Especiais Federais representou um avanço significativo ao oferecer uma justiça gratuita, ágil e efetiva, rompendo com o sistema tradicional e suas deficiências, como o excesso de recursos, formalismos exagerados e procedimentos ultrapassados.

Dessa maneira, a história da interiorização da Justiça Federal no Brasil é marcada por um árduo processo de luta pela democratização do acesso e fortalecimento da cidadania. Diante dessa realidade, a necessidade de interiorizar a Justiça Federal esteve presente em meu mandato como representante do povo na Câmara dos Deputados. Nesse contexto, a partir do PL 5657/2003, o qual fui relator, foi autorizada a expansão do sistema a fim de suster a disparidade regional.

Motivado pela convicção da importância do acesso à justiça para todos os brasileiros, assumi a missão de liderar essa iniciativa histórica. Atuando como relator na Comissão de Justiça (CCJ) da Câmara dos

Deputados, desenvolvi um relatório detalhado e um substitutivo ao projeto de lei original, dessa forma, a proposta foi aprimorada e garantiu sua viabilidade.

O PL, de autoria do Superior Tribunal de Justiça (STJ), propôs, então, a criação de 183 varas federais com o objetivo de interiorizar a Justiça Federal de Primeiro Grau e implantar os Juizados Especiais Federais em diversas regiões do país.

A descentralização administrativa autorizou que cada Tribunal Regional Federal (TRF) decidisse sobre a localização, competência e jurisdição das novas varas. Isso foi essencial para otimizar a prestação jurisdicional em um país com disparidades regionais significativas.

Inicialmente, é importante destacar que o projeto permitiu que cada TRF decidisse, no âmbito de sua região e mediante ato próprio, sobre a localização, competência e jurisdição das varas criadas, conforme as necessidades e interesses da Justiça Federal.

Os dispêndios decorrentes da execução da lei, suportadas por dotações orçamentárias consignadas à Justiça Federal de Primeiro Grau, conforme aprovado pelas Comissões de Trabalho, de Administração e Serviço Público e de Finanças e Tributação, validaram a adequação financeira e orçamentária do projeto, ressaltando sua viabilidade.

Do ponto de vista constitucional, o Projeto de Lei atendeu aos requisitos formais relativos à competência legislativa da União, às atribuições do Congresso Nacional e à legitimidade da iniciativa do Poder Judiciário, conforme estabelecido na Constituição Federal. Ademais, não foram identificados vícios de constitucionalidade material ou de juridicidade no projeto.

No mérito, foram acolhidas as ponderações exaradas pelo Deputado Coriolano Sales na Comissão de Trabalho, de Administração e Serviço Público, em discordância na distribuição de varas federais na 1ª Região, argumentando que o Estado de Goiás apresentava a maior demanda jurisdicional em comparação aos Estados da Bahia e Minas Gerais.

Goiás possui um número médio superior de processos em tramitação por vara, evidenciando uma carência maior na criação de novas varas federais. Observou-se que, mesmo uma região tão próxima ao centro do poder, localizada aos arredores da capital do país, era experienciado o sistema oneroso para atender essa demanda.

Portanto, propusemos no substitutivo a criação de dois Juizados Especiais Federais em Goiânia, duas varas em Anápolis, uma vara em

Rio Verde, uma vara em Luziânia e dois Juizados Especiais Federais em Aparecida de Goiânia.

Ademais, sugeriu-se a transferência da vara de Águas Lindas para Luziânia, atendendo a um pleito da Seção Judiciária do Estado de Goiás. Essa redistribuição corrigiu desigualdades existentes e melhorou a eficiência da prestação jurisdicional na localidade.

No parecer da CCJ, datado de 29 de outubro de 2002, foi elaborada uma análise criteriosa sobre a constitucionalidade, a juridicidade e a técnica legislativa do projeto. Com destaque, o PL 5756/2001 atendeu plenamente aos requisitos constitucionais, ressaltando a necessidade de descentralizar a Justiça Federal para melhoria do acesso.

O parecer enfatizou que a criação de novas varas federais é uma medida estratégica para descongestionar as varas existentes e reduzir o tempo de tramitação dos processos, promovendo uma justiça mais ágil e eficiente, além de abordar a importância socioeconômica da proposta, afirmando que a instalação de varas federais no interior do país contribui para o desenvolvimento regional.

O relatório também reconheceu os desafios logísticos e operacionais para a implementação das novas varas, mas destacou que esses obstáculos são superáveis com planejamento e a alocação adequada de recursos. A CCJ destacou a relevância social e econômica da proposta, confirmando sua constitucionalidade e legalidade.

Esse apoio legislativo foi fundamental para a aprovação do projeto, que resultou na Lei Ordinária nº 10.772/2003, sancionada em 21 de novembro de 2003, a qual concretizou a proposta do PL 5756/2001, estabelecendo enfim a criação de diversas varas federais em cidades do interior do país. A lei detalha as localidades previstas a receber novas unidades judiciárias e os requisitos para sua implementação.

Foi-se então certificado que a interiorização da Justiça Federal sempre teve em vista socorrer os grandes centros urbanos sobrecarregados e otimizar a estrutura existente, já que a concentração nos grandes centros não só prejudica a qualidade dos serviços prestados, como sobrecarrega servidores e magistrados.

## DESENVOLVIMENTO SOCIOECONÔMICO NAS REGIÕES METROPOLITANAS

A criação de novas varas federais permitiu uma distribuição mais equitativa da carga de trabalho, proporcionando a melhoria da eficiência judicial e um serviço de melhor qualidade aos cidadãos.

Assim, a implementação gradativa das 183 varas federais previstas, a qual foi decidida pelos TRFs conforme as necessidades do serviço e a disponibilidade de recursos orçamentários, assegurou que a expansão da Justiça Federal fosse realizada de maneira sustentável e eficiente.

Essa expansão teve impactos socioeconômicos significativos, a partir da criação de milhares de empregos diretos e indiretos ao longo desses mais de vinte anos da sua aprovação.

O desencadear da instalação de varas federais em cidades do interior atraiu investimentos, bem como profissionais qualificados e fomentou a circulação de recursos econômicos na região. Assim, além dos empregos diretos para juízes, servidores e outros profissionais necessários para o funcionamento das unidades judiciárias, surgiram oportunidades indiretas em setores como segurança, manutenção e serviços gerais.

Ao facilitar o acesso à justiça e em reduzir a necessidade de deslocamento para grandes centros urbanos, foi assegurado que todos os cidadãos, independentemente de sua localização, tivessem acesso ao sistema judiciário de forma equitativa.

Ainda, essa descentralização contribui significativamente para uma distribuição mais equilibrada da carga de trabalho entre os juízes, potencializando a eficiência no julgamento dos casos e reduzindo o tempo de espera para a resolução dos processos. Além disso, há o fortalecimento do Estado de Direito, assegurando que a aplicação da lei seja mais uniforme e abrangente em todo o território nacional.

Segundo dados do Conselho Nacional de Justiça (CNJ), cada vara federal inaugurada pode gerar, em média, 30 novos postos de trabalho entre juízes, servidores, estagiários e pessoal de apoio administrativo. Esse influxo de oportunidades não só reduz o desemprego local, mas também impulsiona a economia da localidade através do aumento do consumo e da circulação de renda.

O descongestionamento das varas federais existentes também consagra nosso objetivo norteador. Além de estimular a economia daquela localidade, a descentralização da estrutura judicial promove maior cidadania e confiança nas instituições.

Gilson Dipp, em sua análise sobre a administração da Justiça Federal, destacou que a interiorização enfrentava um desafio significativo devido à falta de acompanhamento por parte dos órgãos diretamente vinculados a ela. Desse modo, a celeridade e eficiência da prestação jurisdicional dependiam da presença e atuação adequada desses órgãos, mas também compartilhou o entendimento de que não se pode esperar que se estruture para que possa dar a devida resposta à sociedade. (DIPP, 2001).

A presença de varas federais nos municípios não apenas fortalece a estrutura jurídica da cidade onde está alocada, mas também melhora a qualidade de vida da população.

Anos depois, a premissa estabelecida pelo Projeto de Lei nº 5756/2001 foi reforçada com a aprovação do Projeto de Lei nº 5829/05, do Superior Tribunal de Justiça (STJ), pelo plenário da Câmara dos Deputados em 16 de agosto de 2005. Este novo projeto visou continuar a expansão e interiorização da Justiça Federal, criando novas varas federais em diversas localidades.

De acordo com dados de relatório do Ipea sobre o acesso à Justiça Federal, de 2012, processo de interiorização da Justiça Federal nos últimos anos promoveu a ampliação do número de juizados especiais federais, que, oito anos após a sua criação, estavam presentes em 245 cidades, sendo 218 delas localizadas no interior dos estados.

A implantação dos juizados especiais aproveitou-se da estrutura de distribuição geográfica das varas federais já instaladas, concentrando-se principalmente nas capitais dos estados. Por outro lado, a ampliação dos juizados especiais federais também seguiu políticas de redução das taxas de congestionamento, focando na ampliação da capacidade de processamento das varas já instaladas.

No entanto, muitas regiões do país ainda permanecem sem acesso próximo a juizados especiais federais, forçando as populações dessas áreas a percorrer longas distâncias até chegar à sede do juizado ou a recorrer à Justiça Estadual.

Desse modo, as peculiaridades territoriais e sociais brasileiras devem ser acompanhadas e avaliadas constantemente para mensuração dos impactos da expansão da Justiça Federal, ponto essencial para identificar desafios e propor soluções que garantam o bom funcionamento das novas varas ao longo dos anos. É um processo que carece de permanecer em continuidade, com aprimoramento constante.

## CONSIDERAÇÕES FINAIS

A evolução da Justiça Federal no Brasil, com a sua consolidação e expansão nas décadas seguintes, demonstra a importância de uma gestão estratégica e responsável, capaz de adaptar-se às necessidades da sociedade e promover um acesso mais justo e equitativo ao judiciário e à jurisdição. A interiorização e modernização contínuas são essenciais para garantir que a Justiça Federal cumpra seu papel fundamental na promoção da justiça e na defesa dos direitos dos cidadãos brasileiros.

A lei de interiorização da Justiça Federal abordada neste ensaio, sancionada a partir do PL 5657, do qual fui relator na CCJ, sancionada em 2003, representou um marco histórico na democratização do acesso à justiça no Brasil. A criação de 183 novas varas federais em diferentes regiões do país não se limitou à expansão da estrutura judicial.

Essa iniciativa gerou um impacto socioeconômico positivo e duradouro, com a criação de milhares de empregos diretos e indiretos, fato que levou ao fomento do desenvolvimento regional e o fortalecimento do Estado de Direito em todo o território nacional.

A interiorização da Justiça Federal no Brasil é, portanto, um legado para a população brasileira, reforçando a nossa luta, enquanto representante do povo, pela democratização do acesso à justiça que inspirou gerações e contribuiu para a construção de um país mais justo e equitativo.

Este permanece sendo um passo significativo para democratizar o acesso à justiça no Brasil, contribuindo para a redução das desigualdades regionais e promovendo o desenvolvimento socioeconômico, sendo fundamental para que o judiciário federal pudesse atender de maneira mais eficaz e justa a todos os cidadãos brasileiros, independentemente de sua localização geográfica.

Com um sistema judicial mais próximo e eficiente, a confiança na administração da justiça aumenta, promovendo um ambiente mais seguro e propício para investimentos e desenvolvimento social.

No entanto, é de extrema relevância ponderar que a gestão responsável e o planejamento estratégico são essenciais para garantir que esses benefícios sejam maximizados, a fim de superar os desafios e assegurar que a Justiça Federal continue a atender de forma eficaz e equitativa a população brasileira.

Além disso, foi observado que a presença de varas federais nos municípios fortalece a estrutura jurídica local e melhora a qualidade de vida da população, com índices reduzidos de criminalidade e maior engajamento cívico.

Assim, o processo de interiorização da Justiça Federal promoveu a ampliação dos juizados especiais federais, que, oito anos após a criação, estavam presentes em 245 cidades, sendo 218 no interior. Essa expansão só beneficiou e continua a beneficiar a população brasileira.

Assim, a abertura de varas federais em municípios cria uma demanda por infraestrutura jurídica local, resultando na geração de empregos diretos e indiretos. Esse influxo de oportunidades não apenas reduz o desemprego local, mas também impulsiona a economia regional através do aumento do consumo e da circulação de renda.

## REFERÊNCIAS

CÂMARA DOS DEPUTADOS. Relatório da Comissão de Constituição e Justiça sobre o Projeto de Lei nº 5756/2001. 2002. Disponível em: <https://www.camara.leg.br/proposicoesWeb/prop_mostrarintegra?codteor=55771&filename=Tramitacao-PL%205756/2001 >. Acesso em: 20 jun. 2024.

CONSELHO NACIONAL DE JUSTIÇA. Justiça em números. Brasília: CNJ, 2022. Disponível em: <https://www.cnj.jus.br/wp-content/uploads/2022/09/justica-em-numeros-2022-1.pdf >. Acesso em: 20 jun. 2024.

DARÓS, Vilson. A Justiça Federal e o Acesso à Jurisdição. Revista da AJUFERGS, nº 3, pp. 91-97, out. 2006. Disponível em: <https://egov.ufsc.br/portal/sites/default/files/anexos/29985-30115-1-PB.pdf>. Acesso em: 22 jun. 2024.

DIAS, Francisco Geraldo Apoliano. Juizados especiais federais – problemas e soluções. Disponível em: <https://revista.trf5.jus.br/index.php/esmafe/article/view/238/229 >. Acesso em: 21 jun. 2024.

DIPP, Gilson. A realidade da administração da Justiça Federal. Revista CEJ. Brasília, v. 5, nº 13, pp. 104-107, jan./abr. de 2001. Disponível em: <https://egov.ufsc.br/portal/sites/default/files/anexos/15750-15751-1-PB.pdf >. Acesso em: 20 jun. 2024.

IPEA – Instituto de Pesquisa Econômica Aplicada. Acesso à Justiça Federal: dez anos de juizados especiais. Brasília: Conselho da Justiça Federal, Centro de Estudos Judiciários, 2012. 228 p. : il. (Série pesquisas do CEJ ; 14). Disponível em: <https://corteidh.or.cr/tablas/28568.pdf >. Acesso em: 21 jun. 2024.

LAZZARI, João Batista. Juizados especiais federais: uma análise crítico-propositiva para maior efetividade no acesso à justiça e para a obtenção de um processo justo. Itajaí-SC, 2014. Tese (Doutorado em Ciência Jurídica) – Universidade do Vale do Itajaí – UNIVALI. Disponível em: <https://www.univali.br/Lists/TrabalhosDoutorado/Attachments/55/Tese%20Jo%C3%A3o%20Batista%20Lazzari.pdf >. Acesso em: 21 jun. 2024.

LEI Nº 10.772, DE 21 DE NOVEMBRO DE 2003. Disponível em: <https://www.planalto.gov.br/ccivil_03/leis/2003/l10.772.htm#:~:text=LEI%20

No%2010.772%2C%20DE%2021%20DE%20NOVEMBRO%20DE%202003.&text=Disp%C3%B5e%20sobre%20a%20cria%C3%A7%C3%A3o%20de,Pa%C3%ADs%20e%20d%C3%A1%20outras%20provid%C3%AAncias >. Acesso em: 21 jun. 2024.

MEIRA, José de Castro. Revista CEJRIN, v. 1, n. 1, p. 154, jul.-dez. 1994. Apud FREITAS, Op. cit., p. 37. Disponível em: <https://core.ac.uk/reader/79069850 >. Acesso em: 20 jun. 2024.

OAB RS. Câmara aprova novas varas para interiorização da Justiça Federal. Ordem dos Advogados do Brasil – Seção Rio Grande do Sul, Porto Alegre, 14 jun. 2023. Disponível em: <https://www2.oabrs.org.br/noticia/camara-aprova-novas-varas-para-interiorizacao-da-justica-federal/349 >. Acesso em: 21 jun. 2024.

PEIXOTO, Maurício M. de F. As novas tendências do poder judiciário e as atribuições e novos desafios da Advocacia-Geral da União: uma abordagem de planejamento estratégico para a segunda década do século XXI. Amicus Curiae, v. 7, n. 7 (2010), 2011. Disponível em: <https://periodicos.unesc.net/ojs/index.php/amicus/article/view/561/550 >. Acesso em: 21 jun. 2024.

TRIBUNAL REGIONAL FEDERAL DA 1ª REGIÃO. A História da Justiça Federal: 1966-2011. Disponível em: <https://www.trf1.jus.br/portaltrf1/pagina-inicial.htm >. Acesso em: 21 jun. 2024.

TRF4. Juiz Federal José Pedro de Vito Pereira de Souza assume a presidência da 4ª Região da AJUFE. Tribunal Regional Federal da 4ª Região, Porto Alegre, 18 jun. 2020. Disponível em: <https://www.trf4.jus.br/trf4/controlador.php?acao=noticia_visualizar&id_noticia=20190 >. Acesso em: 21 jun. 2024.

# Embargos de declaração: Uma abordagem sobre a jurisprudência do Superior Tribunal de Justiça

*Jadson Santana de Sousa*[1]

**Sumário:** **1.** Introdução. **2.** Da natureza integrativa dos embargos de declaração. **3.** Recurso especial interposto antes do julgamento dos embargos de declaração. **4.** Da utilização dos embargos de declaração como meio para prequestionamento. **5.** Da possibilidade de conversão dos embargos de declaração em agravo interno. **6.** Aplicação de tese definida em recurso repetitivo em embargos de declaração. **7.** Deficiência de fundamentação e interrupção do prazo recursal. **8.** Embargos de declaração contra decisão que não admite recurso especial. **9.** Da ampliação do julgamento em embargos de declaração. **10.** Considerações finais. **11.** Referências bibliográficas.

## 1. INTRODUÇÃO

Este artigo tem por objetivo analisar os principais precedentes do Superior Tribunal de Justiça (STJ) relacionados ao recurso de embargos de declaração.

A jurisprudência do STJ indica que os embargos de declaração são frequentemente admitidos quando há necessidade de aprimorar a fundamentação da decisão ou corrigir eventuais equívocos, garantindo assim maior clareza e precisão nas decisões judiciais.[2] Contudo, prevalece o entendimento no sentido de que os aclaratórios não se destinam a promover um reexame da causa, mas sim a aprimorar a prestação jurisdicional, sanando vícios que possam comprometer a clareza ou a completude da decisão judicial, contribuindo para o aprimoramento da prestação jurisdicional.[3]

---

1 Procurador Federal. Foi Secretário-Geral do Superior Tribunal de Justiça. Foi Procurador-Chefe do Instituto Nacional de Tecnologia da Informação.

2 De modo geral, pode-se dizer que os embargos de declaração têm por conteúdo vícios de fundamentação, na decisão judicial, que digam respeito à sua clareza (obscuridade, contradição e, sob certo ponto de vista, erro material) e, em hipóteses mais graves, de fundamentação deficiente ou falsa (ou fictícia). MEDINA, José Miguel Garcia. Código Processo Civil Comentado. 8ª ed. São Paulo: Thomson Reuters Revista dos Tribunais, 2022, pág. 1.270.

3 "Os declaratórios longe ficam de configurar crítica ao órgão investido do ofício judicante. Ao reverso, contribuem para o aprimoramento da prestação jurisdicional,

O Código de Processo Civil, ao tratar das espécies recursais, inseriu os embargos de declaração em seu Título II, Capítulo V, mais precisamente no art. 1.022, cujo dispositivo legal elenca as hipóteses do seu cabimento.[4] O legislador foi claro ao enquadrá-lo entre as espécies recursais.[5] Esse enquadramento – não é por demais lembrar – é uma decorrência do que já existia nos revogados Códigos de 1939 (arts. 808, V, 839, 840 e 862) e de 1973 (arts. 463, II, 496, IV, e 535 a 538)[6].

Esse recurso tem fundamentação vinculada[7], caracterizando-se pelo seu cabimento nas específicas situações estipuladas pela legislação.[8] Os pressupostos objetivos que possibilitam a embargabilidade do ato judicial com conteúdo decisório são: a ocorrência de omissão, de obscuridade, de contradição ou de erro material.[9]

devendo ser tomados com alto espírito de compreensão." (STF, RE 154.159/PR, relator Ministro Marco Aurélio, Segunda Turma, DJe de 8/11/1996.)

4 CPC, art. 1.022. Cabem embargos de declaração contra qualquer decisão judicial para: I - esclarecer obscuridade ou eliminar contradição; II - suprir omissão de ponto ou questão sobre o qual devia se pronunciar o juiz de ofício ou a requerimento; III - corrigir erro material.

5 CPC, art. 994. São cabíveis os seguintes recursos: I - apelação; II - agravo de instrumento; III - agravo interno; IV - embargos de declaração; V - recurso ordinário; VI - recurso especial; VII - recurso extraordinário; VIII - agravo em recurso especial ou extraordinário; IX - embargos de divergência.

6 "A arquitetura originária do CPC de 1973, após realizar nítida opção pelo caráter recursal do remédio, inserindo-o no rol do art. 496 do CPC de 1973, dividiu a disciplina dos embargos de declaração em dois capítulos, conforme o ato impugnado: tratando-se de sentença, do recurso cuidavam os arts. 464 e 465 do CPC de 1973, posteriormente, revogados; cuidando-se de acórdão, ocupavam-se dos embargos os arts. 535 a 538 do CPC de 1973." ASSIS, Arakem de. Manual dos Recursos. 9ª ed. São Paulo: Editora Thomson Reuters Revista dos Tribunais, 2017, p. 708.

7 "Os embargos de declaração são recurso de fundamentação vinculada, o que significa que seus fundamentos não são de livre escolha da parte recorrente, mas estão definidos em hipóteses previstas em lei." RODRIGUES, Marco Antonio. Manual dos recursos, ação rescisória e reclamação. 1ª ed. São Paulo: Atlas. 2017, p. 198.

8 Trata-se de recurso de fundamentação vinculada, sendo que a fundamentação das decisões judiciais tem lastro constitucional, seja no artigo 93, IX, seja na própria estrutura do Estado de Direito. CAMPBELL MARQUES, Mauro; ALVIM, Eduardo Arruda; NEVES, Guilherme Pimenta da Veiga; e TESOLIN, Fabiano. Recurso especial. 2ª ed. - Curitiba/PR: Editora Direito Contemporâneo, 2023, p. 352.

9 Os embargos de declaração constituem recurso de rígidos contornos processuais, exigindo-se, para seu acolhimento, os pressupostos legais de cabimento. (STJ, EDcl

A omissão ocorre quando aspectos ou questões submetidos à apreciação do julgador não são examinados.[10] O Código foi rigoroso quanto ao dever de motivação, pois, no § 1º do art. 489, de forma sistemática, deu ênfase à necessidade de fundamentação, estabelecendo para tanto que não se considera fundamentada nenhuma decisão judicial, seja ela interlocutória, sentença ou acórdão, que: i) se limitar à indicação, à reprodução ou à paráfrase de ato normativo sem explicar sua relação com a causa ou a questão decidida; ii) empregar conceitos jurídicos indeterminados sem explicar o motivo concreto de sua incidência no caso; iii) invocar motivos que se prestariam a justificar qualquer outra decisão; iv) não enfrentar todos os argumentos deduzidos no processo capazes de, em tese, infirmar a conclusão adotada pelo julgador; v) limitar-se a invocar precedente ou enunciado de súmula sem identificar seus fundamentos determinantes nem demonstrar que o caso sob julgamento se ajusta àqueles fundamentos; vi) deixar de seguir enunciado de súmula, jurisprudência ou precedente invocado pela parte sem demonstrar a existência de distinção no caso em julgamento ou a superação do entendimento.

A omissão representa a hipótese mais frequente de cabimento que justifica a oposição de embargos de declaração. Nesse sentido, o Código de Processo Civil apresentou avanços significativos ao considerar como omissa a decisão que deixa de se manifestar sobre tese firmada em julgamento de casos representativos de controvérsias repetitivas ou em incidente de assunção de competência aplicável ao caso sob julgamento. Além disso, a lei estabelece os critérios vinculados ao dever de motivação (arts. 489, § 1º, e 1.022, parágrafo único).

Para Teresa Arruda Alvim Wambier, "a omissão, pode ser verificada se se colocar, lado a lado, a sentença e o processo: ou seja, aquela deve ser contrastada com este. Isso porque a fundamentação da sentença, de acordo com o NCPC, para que seja considerada juridicamente existente, tem que abranger todas as alegações feitas pelas partes, no curso do

no AgInt nos EDcl no AREsp nº 2.318.031/RJ, relator Ministro Herman Benjamin, Segunda Turma, DJe de 2/5/2024.)

10 "A omissão supõe que algo tenha estado na petição, ou na contestação, ou em embargos, ou em qualquer ato processual de declaração de conhecimento ou de vontade, a que o juiz ou tribunal tinha de dar solução, e tenha deixado de atender." MIRANDA, Pontes de. Comentários ao Código de Processo Civil. Tomo VII. Rio de Janeiro: Forense, 1975, p. 402-403.

feito, a) que levaram à conclusão a que se chegou; ou b) que teriam o condão de conduzir o magistrado a conclusão diferente daquela a que chegou o *decisum*".[11]

Considera-se obscura uma decisão quando seu conteúdo se torna impreciso e de difícil entendimento. Em recente precedente, o Superior Tribunal de Justiça entendeu que a obscuridade se verifica quando há evidente dificuldade na compreensão do julgado. Isso ocorre quando há falta de clareza da decisão que resulta na ininteligibilidade da questão decidida pelo órgão judicial. Em última análise, a obscuridade se configura quando a decisão aborda, de maneira incompreensível, algum aspecto crucial da controvérsia.[12]

A contradição que dá ensejo ao acolhimento dos aclaratórios é aquela que surge internamente na decisão judicial, quando o julgador adota proposições inconciliáveis, dificultando a sua compreensão e interpretação. Isso pode acontecer entre as premissas estabelecidas na decisão ou entre essas e a conclusão final do julgado.

Por sua vez, o erro material passível de correção por meio da via dos embargos de declaração é aquele que pode ser prontamente identificado, sem a necessidade de revisão dos elementos probatórios dos autos, e refere-se a incorreções internas do próprio julgado.[13]

Em termos procedimentais, os embargos de declaração devem ser opostos no prazo de 5 (cinco) dias úteis[14], diferentemente das demais espécies recursais, que possuem prazo para interposição e para resposta de 15 (quinze) dias úteis (art. 1.003, § 5º, do CPC)[15]. Vale ressaltar

---

11 Temas Essenciais do Novo CPC. Análise das principais alterações do sistema processual civil brasileiro, de acordo com a Lei nº 13.256/2016. Coordenadores Wambier, Luiz Rodrigues; Wambier, Tereza Arruda Alvim. Editora Thomson Reuters. Revista dos Tribunais, p. 565.

12 STJ, EDcl no AgInt no REsp nº 1.594.595/SP, relator Ministro Humberto Martins, Segunda Turma, DJe de 13/3/2023.

13 STJ, EDcl no AgInt no AREsp nº 2.006.905/PR, relator Ministro Mauro Campbell Marques, Segunda Turma, DJe de 17/10/2022.

14 São intempestivos os embargos de declaração opostos após o prazo de 5 (cinco) dias úteis previsto no artigo 1.023 do Código de Processo Civil de 2015. (STJ, EDcl no AgInt nos EAREsp nº 1.749.042/SP, relator Ministro Ricardo Villas Bôas Cueva, Segunda Seção, DJe de 17/6/2022.)

15 Em matéria penal, o prazo para oposição de embargos de declaração é o previsto no art. 619 do Código de Processo Penal, qual seja, 2 (dois) dias, conforme dispõe o art. 263 do Regimento Interno do Superior Tribunal de Justiça. A entrada em

que o Ministério Público[16], a União, os Estados, o Distrito Federal, os Municípios e suas respectivas autarquias e fundações de direito público[17] e a Defensoria Pública[18] possuem o prazo dobrado para apresentarem as suas manifestações processuais, cuja contagem terá início a partir da intimação pessoal, que deverá ser realizada por carga remessa ou meio eletrônico.

Com efeito, a tempestiva oposição de embargos de declaração interrompe o prazo para a interposição do recurso subsequente (art. 1.026 do CPC), fazendo cessar a contagem do prazo fluente para ambas as partes envolvidas no litígio, independentemente do resultado no novo julgamento.[19] Contudo, a sua apresentação por uma das partes não interrompe o prazo para que a outra parte igualmente oponha embargos ao mesmo julgado.[20] Da mesma forma, os embargos de declaração não possuem efeito suspensivo, pois sua finalidade é esclarecer obscuridade, eliminar contradição, suprir omissões ou corrigir erro material.

Conforme estabelece a legislação processual civil brasileira, a parte que interpõe embargos de declaração está dispensada do pagamento de preparo, de acordo com o mencionado anteriormente (art. 1.026 do CPC). No entanto, essa isenção não elimina a obrigação de realizar o depósito prévio da multa que possa ter sido aplicada à parte, conforme previsto no art. 1.026, § 2º, do CPC, nos casos de apresentação repetitiva de embargos de declaração considerados meramente protelatórios (art. 1.026, § 3º). Essa exigência configura-se como uma verdadeira condição para a admissibilidade de recursos subsequentes.

vigor do novo Código de Processo Civil não repercutiu no prazo dos embargos em processo penal, que possui disciplina própria. (STJ, AgRg nos EDcl no AREsp nº 2.407.487/SP, relator Ministro Reynaldo Soares da Fonseca, Quinta Turma, DJe de 15/12/2023.)

16 Art. 180 do CPC.

17 Art. 183 do CPC.

18 Art. 186 do CPC.

19 Os embargos de declaração suspendem o prazo para interposição de outros recursos apenas e tão somente em relação ao respectivo acórdão embargado, não possuindo efeitos ultraprocessuais, para o fim de suspender o prazo em relação a outros acórdãos em demais incidentes processuais. (STJ, AgInt no REsp nº 1.845.957/RS, relatora Ministra Maria Isabel Gallotti, Quarta Turma, DJe de 8/10/2021.)

20 STJ, EDcl nos EDcl no REsp nº 1.829.862/SP, relator Ministro Antonio Carlos Ferreira, Segunda Seção, DJe de 15/6/2021.

## 2. DA NATUREZA INTEGRATIVA DOS EMBARGOS DE DECLARAÇÃO

Trata-se de um recurso de natureza integrativa,[21] cuja finalidade é corrigir eventuais vícios na decisão judicial, de modo a facilitar o seu entendimento ou complementar o julgado. O seu caráter integrativo consiste em esclarecer o que já foi decidido ou o que ficou omisso na decisão. Assim, essa via recursal não se mostra como adequada para a renovação do julgamento que ocorreu com o cuidado técnico, respeitando as formalidades processuais, e apresentar defeitos.[22]

De fato, os vícios autorizadores dos embargos de declaração, quando não sanados ou corrigidos, podem prejudicar a eficácia das decisões judiciais, por dificultar a exata compreensão do que foi decidido em sua exatidão. Carlos Roberto Barbosa Moreira destaca a gravidade dessa questão porque as impropriedades no julgado, quando subsistentes, "podem tornar extremamente árdua a tarefa de interpretar a decisão embargada, dificultando, em consequência, sua execução".[23]

Nesse contexto, o provimento jurisdicional deve ser sempre motivado, de modo a apreciar a integralidade das questões postas e debatidas pelas partes. É sempre importante ressaltar que é possível mensurar a completude de uma decisão por sua motivação, tanto que possui estrita relação com os princípios constitucionais do devido processo legal e da inafastabilidade da jurisdição.

---

21 "Os embargos de declaração, recurso de natureza integrativa destinado a sanar obscuridade, contradição, omissão ou erro material, são incabíveis quando a parte embargante pretende apenas a obtenção de efeitos infringentes." (STJ, EDcl no AgInt na SLS nº 2.805/MG, relator Min. Humberto Martins, Corte Especial, DJe de 5/4/2022.)

22 "A nota mais marcante do recurso de embargos de declaração está em que a sua oposição não visa propriamente à modificação do julgado. Essa é a razão pela qual se diz que esse recurso é de simples "declaração". Os embargos de declaração não têm por função modificar ou reformar a decisão embargada, mas apenas torná-la mais clara, consistente ou completa." MARINONI, Luiz Guilherme e MITIDIERO, Daniel. Recurso extraordinário e recurso especial: do *jus litigatoris* ao *jus constitutionis*. 2ª ed. rev. atual. e ampl. São Paulo: Thomson Reuters Revista dos Tribunais, 2020, p. 305.

23 A "crise da motivação" e o julgamento ("à moda da casa") dos embargos de declaração: crônica de uma experiência frustrante. Estados em Homenagem a Sergio Bermudes. Coordenados por Firly Nascimento Filho, Márcio Vieira Souto Costa Ferreira e Renato Beneduzi. GZ Editora., 2022, p. 113.

Para que se atribuam efeitos modificativos aos embargos de declaração, é imprescindível a prévia intimação do embargado para que ele apresente impugnação, em conformidade com os princípios constitucionais do contraditório e da ampla defesa.[24] Por consequência, a dispensa das contrarrazões somente é admitida nos casos de rejeição dos embargos declaratórios, pois a intimação para a apresentação de resposta é condição de validade da decisão que causa prejuízo ao recorrente.[25]

## 3. RECURSO ESPECIAL INTERPOSTO ANTES DO JULGAMENTO DOS EMBARGOS DE DECLARAÇÃO

A extemporaneidade de recurso prematuro (no caso em estudo do recurso especial) sempre foi uma questão que envolveu muitos debates tanto na doutrina como na jurisprudência.[26] Todavia, em 16 de setembro de 2015, a Corte Especial do STJ, em Questão de Ordem submetida pela Quarta Turma, conferiu nova interpretação à Súmula 418/STJ[27] e considerou que a única exegese cabível para referido enunciado é "aquela que prevê o ônus da ratificação do recurso interposto na pendência de embargos declaratórios apenas quando houver alteração na conclusão do julgamento anterior".[28]

Com a entrada em vigor do Código de Processual Civil em 2015, o STJ cancelou a Súmula n. 418 e aprovou a Súmula n. 579 para estabelecer que: "Não é necessário ratificar o recurso especial interposto na pendência do julgamento dos Embargos de Declaração quando inalterado o julgamento anterior". Dessa forma, o recurso especial – preenchendo os

24 STJ, AgInt nos EDcl no REsp nº 1.297.558/RJ, relator Ministro Raul Araújo, Quarta Turma, DJe de 14/6/2017.

25 STJ, AgInt nos EDcl no AREsp nº 2.292.044/GO, relator Ministro Humberto Martins, Terceira Turma, DJe de 6/12/2023.

26 No julgamento do REsp nº 776.265/SC, por maioria de votos (7x6), o STJ entendeu que "é prematura a interposição de recurso especial antes do julgamento dos embargos de declaração, momento em que ainda não esgotada a instância ordinária e que se encontra interrompido o lapso recursal" (relator Ministro Humberto Gomes de Barros, relator p/ acórdão Ministro Cesar Asfor Rocha, DJ de 6/8/2007).

27 A Súmula 418/STJ possuía a seguinte redação: "É inadmissível o recurso especial interposto antes da publicação do acórdão dos embargos de declaração, sem posterior ratificação".

28 STJ, REsp nº 1.129.215/DF, relator Ministro Luis Felipe Salomão, Corte Especial, DJe de 3/11/2015.

demais requisitos legais – deve ser conhecido na hipótese de inexistência de alteração do julgado no julgamento dos embargos de declaração.

Ficou clara a necessidade de se privilegiar a análise do mérito recursal, conferindo efetividade à garantia constitucional do acesso à Justiça, atendendo-se a melhor dogmática na apreciação dos requisitos de admissibilidade recursais, afastando-se a tão criticada jurisprudência defensiva, ultrapassando-se formalismos exagerados e tornando o processo instrumento para a realização da justiça.

## 4. DA UTILIZAÇÃO DOS EMBARGOS DE DECLARAÇÃO COMO MEIO PARA PREQUESTIONAMENTO

A admissibilidade do recurso especial requer o prequestionamento da matéria discutida ou do dispositivo legal tido por violado. Ao tratar do tema, a Constituição Federal, no seu art. 105, inciso III, estabelece que compete ao Superior Tribunal de Justiça julgar, em recurso especial, as causas decididas, em única ou última instância, pelos Tribunais Regionais Federais ou pelos tribunais dos Estados, do Distrito Federal e Territórios, quando a decisão recorrida: a) contrariar tratado ou lei federal, ou negar-lhes vigência; b) julgar válido ato de governo local contestado em face de lei federal; e c) der à lei federal interpretação divergente da que lhe haja atribuído outro tribunal.

O elemento essencial do prequestionamento está associado à noção de causa decidida. Assim, é crucial destacar que o recurso especial somente será admitido se o julgado impugnado tiver sido judicialmente estabilizado e a instância tenha sido esgotada.[29] Por exemplo, um acórdão, cujo teor, hipoteticamente, não tenha analisado determinado tema alegado na apelação, no agravo de instrumento ou em contrarrazões, é considerado omisso. Nesse caso, deve ser integrado por meio da oposição de embargos de declaração, sob pena de o conhecimento do recurso especial subsequente ficar prejudicado pela ausência do prequestio-

29 "O recurso especial somente é cabível quando esgotadas as vias recursais ordinárias em razão de sua finalidade de preservação da legislação federal infraconstitucional, da qual se infere que o especial não se presta a mais um grau de jurisdição. Aplicação analógica da Súmula nº 281/STF. O julgamento colegiado dos embargos declaratórios opostos contra decisão monocrática não acarreta o exaurimento da instância." (STJ, AgInt no REsp nº 1.982.853/SP, relator Ministro Humberto Martins, Terceira Turma, DJe de 19/12/2023.)

namento[30]. Em síntese, havendo decisão sobre o tema pelo Tribunal, por meio de um colegiado, o requisito do prequestionamento estará atendido.

Segundo a jurisprudência do STJ, o prequestionamento significa a prévia manifestação do Tribunal de origem, com emissão de juízo de valor, acerca da matéria referente ao dispositivo de lei federal apontado como violado. Trata-se, portanto, de requisito constitucional indispensável para o acesso à instância especial.[31]

No que concerne ao recurso extraordinário dirigido ao Supremo Tribunal Federal, o Superior Tribunal de Justiça tem pacífico entendimento no sentido de que não cabe ao tribunal examinar na via especial, nem sequer a título de prequestionamento, eventual violação de dispositivo constitucional, com vista à interposição do recurso extraordinário, sob pena de usurpação da competência do Excelso Pretório.[32]

Por outro lado, a interposição de embargos de declaração com notório propósito de prequestionamento não tem caráter protelatório. Inteligência da Súmula 98 do STJ. Em consequência, não verificado o abuso do direito de recorrer da parte embargante, revela-se descabida a imposição da multa processual prevista no art. 1.026, § 2º, do CPC[33]. A penalidade a que se refere o dispositivo legal aplica-se nas hipóteses em que os embargos se revelarem inadmissíveis "não de uma forma corriqueira, mas explicitamente descabido", vale dizer, quando a parte embargante não tem a mínima chance de êxito especificamente considerando entendimento pacificado no tribunal superior.[34]

---

30 Sobre o prequestionamento são frequentemente utilizadas pelo Superior Tribunal de Justiça as Súmulas 282 e 356 do STF, cujos enunciados são utilizados para apreciar a admissibilidade do recurso especial.

31 STJ, AgInt no AREsp nº 2.227.794/RO, relator Ministro João Otávio de Noronha, Quarta Turma, DJe de 12/6/2024.

32 STJ, EDcl no AgInt no AREsp 2.069.889/SP, relator Ministro Humberto Martins, Segunda Turma, DJe de 11/5/2023.

33 Quando manifestamente protelatórios os embargos de declaração, o juiz ou o tribunal, em decisão fundamentada, condenará o embargante a pagar ao embargado multa não excedente a dois por cento sobre o valor atualizado da causa.

34 STJ, AgInt no REsp nº 2.103.436/SE, relator Ministro Mauro Campbell Marques, Segunda Turma, DJe de 3/5/2024.

## 5. DA POSSIBILIDADE DE CONVERSÃO DOS EMBARGOS DE DECLARAÇÃO EM AGRAVO INTERNO

No Superior Tribunal de Justiça (STJ), tanto as ações quanto os recursos tramitam de acordo com a legislação processual em vigor e as normas estabelecidas no seu Regimento Interno. Assim, de acordo com o Regimento Interno do STJ, as decisões unipessoais de ministro Presidente (arts. 21-E, 216-A, 216-O, 270, 271 e 301, I), de presidente de Seção (art. 301, II), de presidente de Turma (art. 301, III) ou do relator (arts. 34 e 301, IV) são embargáveis.

Após a publicação da decisão ou do acórdão, começa a contagem do quinquídio legal para a oposição dos embargos de declaração. Consoante o disposto no art. 1.024, § 3º, do CPC, o órgão julgador conhecerá dos embargos de declaração como agravo interno se entender ser este o recurso cabível, desde que determine previamente a intimação do recorrente para, no prazo de 5 (cinco) dias, complementar as razões recursais, de modo a ajustá-las às exigências do art. 1.021, § 1º, do CPC.

É frequente o recebimento dos embargos de declaração como agravo interno, mas o STJ dele não conhecerá quando a parte requerente, intimada a complementar as razões recursais, não se manifestar no prazo legal[35]. Todavia, é desnecessária a intimação para a complementação das razões recursais quando os embargos de declaração são recebidos como agravo interno em decorrência do princípio da fungibilidade e da economia processual, nas hipóteses em que não há deficiência da impugnação recursal, ou seja, quando todos os fundamentos da decisão monocrática foram especificamente impugnados, não havendo falar, portanto, em cerceamento de defesa ou irregularidade procedimental.[36]

## 6. APLICAÇÃO DE TESE DEFINIDA EM RECURSO REPETITIVO EM EMBARGOS DE DECLARAÇÃO

Nos últimos anos, observa-se uma sensível melhoria da gestão dos recursos repetitivos no STJ, inclusive com a adoção da inteligência artificial para a seleção e identificação de casos específicos. A estrita obser-

35 STJ, AgInt na Rcl nº 44.151/DF, relator Ministro João Otávio de Noronha, Segunda Seção, DJe de 1/9/2023.

36 STJ, EDcl nos EDcl no RE no AgInt no AREsp nº 1.159.136/SP, relatora Ministra Maria Thereza de Assis Moura, Corte Especial, DJe de 14/12/2018.

vância dos precedentes judiciais auxilia na unificação da jurisprudência infraconstitucional, fortalece a missão constitucional do STJ e traz segurança e produtividade aos Juízos de primeira e segunda instâncias, que terão diretrizes claras para seguir quando se depararem com teses jurídicas firmadas nas instâncias superiores.

O Código de Processo Civil considera omissa a decisão que deixa de se pronunciar sobre tese firmada em julgamento de casos repetitivos ou em incidente de assunção de competência aplicável ao caso sob julgamento (art. 1.022, parágrafo único, I).

Essa positivação legal deriva de uma construção jurisprudencial já estabelecida no Superior Tribunal de Justiça antes da promulgação da mencionada legislação processual, que excepcionalmente permite o uso dos embargos de declaração para ajustar a decisão à orientação estabelecida em recursos julgados pelo procedimento dos repetitivos.[37] Tem-se possibilitado ainda o acolhimento do recurso integrativo, com efeito modificativo, para anulação do acórdão embargado, com a determinação de sobrestamento do feito na instância de origem para aguardar o julgamento do paradigma e do consequente juízo de conformação.[38]

O julgamento de teses por meio da sistemática da repercussão geral pelo Supremo Tribunal Federal também influencia a aplicação dessa orientação jurisprudencial. Isso porque a integração excepcional dos julgados nessas hipóteses privilegia o princípio da instrumentalidade das formas, a primazia do julgamento de mérito e a eficácia da prestação jurisdicional.

Com efeito, mesmo o CPC tendo previsto a possibilidade de questionamento de omissão do acórdão que deixar de se pronunciar sobre tese firmada em julgamento de casos repetitivos, essa omissão somente se configurará se o juiz for obrigado a se pronunciar de ofício ou a requerimento sobre a tese repetitiva. Nesse contexto, a tese suscitada não

37 STJ, EDcl no AgRg nos EREsp nº 924.992/PR, relator Ministro Humberto Martins, Corte Especial, DJe de 29/5/2013.

38 STJ, EDcl nos EDcl no AgInt no REsp nº 2.064.024/AM, relator Ministro Benedito Gonçalves, Primeira Turma, DJe de 13/6/2024.

pode ser inovação recursal,[39] e, além disso, o recurso especial necessita ser conhecido.[40]

Por outro lado, importante destacar que o STJ tem firme entendimento de que, não havendo tese consolidada por meio da sistemática dos repetitivos ou da sistemática da repercussão geral, não é possível a adequação do julgado embargado à eventual nova jurisprudência sobre o tema, sob pena de grave violação do princípio da segurança jurídica e desrespeito aos limites técnicos do recurso integrativo.[41] Isso ocorre porque o julgamento desses recursos não permite reexaminar a causa, revisitando questões já decididas anteriormente.

## 7. DEFICIÊNCIA DE FUNDAMENTAÇÃO E INTERRUPÇÃO DO PRAZO RECURSAL

Na atual jurisprudência do STJ, é frequente o não conhecimento dos embargos de declaração quando suas fundamentações se mostram deficientes. A hipótese mais frequente de deficiência de argumentação recursal é quando a parte recorrente não individualiza de forma precisa o dispositivo legal supostamente violado ou não desenvolve raciocínio lógico coerente que permita a compreensão da controvérsia que está em discussão. A penalidade tem sido a incidência da Súmula 284/STF, segundo a qual "É inadmissível o recurso extraordinário, quando a deficiência na sua fundamentação não permitir a exata compreensão da controvérsia."

Em recente julgado, a Corte Especial considerou deficiente de fundamentação embargos de declaração em que a alegação de ofensa ao art.

---

39 "A tese, suscitada somente nos segundos embargos de declaração, configura inequívoca inovação recursal, tanto aos primeiros aclaratórios quanto aos próprios embargos de divergência, e seu acolhimento acarretaria o reconhecimento de uma omissão inexistente – tanto no acórdão que julgou o agravo interno quanto no acórdão que apreciou os primeiros embargos de declaração – e o mero rejulgamento do recurso especial, fase há muito ultrapassada." (STJ, EDcl nos EDcl nos EDcl no AgRg nos EREsp nº 1.019.717/RS, relator Ministro João Otávio de Noronha, relatora para acórdão Ministra Nancy Andrighi, Corte Especial, DJe de 27/11/2017.)

40 STJ, EDcl no AgInt no AREsp nº 2.110.198/PR, relator Ministro Humberto Martins, Terceira Turma, julgado em 14/8/2023, DJe de 18/8/2023.

41 STJ, EDcl no AgRg no REsp nº 952.439/RO, relator Ministro Humberto Martins, relator para acórdão Ministro Mauro Campbell Marques, Segunda Turma, DJe de 1º/3/2016.

1.022, II, parágrafo único, II, c/c o art. 489, § 1º, IV, foi realizada de forma genérica, dissociada dos fundamentos da decisão embargada, sem demonstrar com exatidão os pontos com erro, obscuridade, contradição ou omissão.[42] A ausência de tal demonstração resultou no não conhecimento dos embargos declaratórios por não atender o disposto no art. 1.023 do CPC e comprometer a exata compreensão da controvérsia a ser dirimida, o que atraiu a aplicação da Súmula 284/STF.

O não conhecimento dos embargos de declaração por ausência de indicação de qualquer dos dispositivos do art. 1.022 do CPC tem gerado a pior das consequências ao recurso subsequente: a intempestividade. Para o Superior Tribunal de Justiça, o recurso de embargos de declaração, "quando não conhecido por ser manifestamente incabível, intempestivo, ou por almejar atribuir efeitos infringentes sem a indicação, na peça de interposição, de vício próprio de embargabilidade, não possui a aptidão de interromper o prazo para a interposição de novos recursos".[43]

Conforme destaca o Ministro Raul Araújo, "a oposição de embargos de declaração não é capaz de interromper o prazo recursal quando os embargos forem intempestivos ou incabíveis ou quando deixarem de indicar os vícios próprios de embargabilidade (omissão, contradição, obscuridade ou erro material)".[44]

## 8. EMBARGOS DE DECLARAÇÃO CONTRA DECISÃO QUE NÃO ADMITE RECURSO ESPECIAL

Muito se debateu sobre o cabimento de embargos de declaração contra decisão do Presidente ou Vice-Presidente dos Tribunais de Justiça estaduais e pelos Tribunais Regionais Federais que indefere o processamento do recurso especial.

A jurisprudência estabelecida durante a vigência do Código de Processo Civil de 1973 consolidou o entendimento de que, em geral, os embargos de declaração interpostos contra a decisão que inadmite o recurso especial na origem não têm o efeito de suspender o prazo para a interposição do agravo em recurso especial, por ser este o único recur-

42 STJ, EDcl no AgInt no CC nº 187.144/DF, relator Ministro Benedito Gonçalves, Corte Especial, DJe de 15/12/2023.

43 STJ, AgRg nos EAREsp nº 2.216.810/SP, relator Ministro Mauro Campbell Marques, Corte Especial, DJe de 3/7/2023.

44 STJ, AgRg nos EDcl nos EREsp nº 1.961.507/PR, Corte Especial, DJe de 31/10/2023.

so cabível nessa situação. Essa regra, porém, foi excepcionada quando a decisão que inadmitir o apelo especial for tão genérica que não seja possível dela se recorrer sem antes obter esclarecimentos que permitam ao embargante identificar seus fundamentos para, então, atacá-los. Essa foi a posição adotada em 2014, à unanimidade, pela Corte Especial, no julgamento dos EAREsp n. 275.615/SP, de relatoria do Ministro Ari Pargendler.

A entrada em vigor do novo Código de Processo Civil não alterou o meio de impugnação ao primeiro juízo de admissibilidade do recurso especial, quando exercido na forma do inciso V do art. 1.030 do CPC/2015[45], a teor do que dispõe o art. 1.042 do atual CPC. Em suma, trata-se do agravo em recurso especial (AREsp). Essa posição foi reafirmada pela Corte Especial, em dezembro 2016, por ocasião do julgamento do AgInt nos EAREsp n. 166.402/PE, de relatoria do Ministro Luis Felipe Salomão.[46] Até os dias atuais, esse é o entendimento do STJ.[47]

Ainda que a nova redação sobre o recurso de embargos declaratórios faça a menção de que o recurso é cabível contra qualquer decisão, o STJ só tem permitido o manejo desse recurso quando a decisão que indefere o processamento do recurso especial tem fundamentação flagrantemente genérica. A integração da decisão de inadmissibilidade não deve ser uma preocupação do recorrente, pois, como muito bem ponderado pela Ministra Isabel Gallotti, "qualquer questão pode ser objeto de reexame pelo segundo juízo de admissibilidade, não havendo sequer efeito vinculante entre a primeira decisão proferida pelo Tribunal de origem e o destinatário do recurso de natureza especial ou extraordinária, de modo que não há sentido em opor embargos de declaração contra a primeira decisão de admissibilidade."[48]

---

45 Art. 1.030, § 1º Da decisão de inadmissibilidade proferida com fundamento no inciso V caberá agravo ao tribunal superior, nos termos do art. 1.042.

46 Os embargos de declaração, quando opostos contra decisão de inadmissibilidade do recurso especial na origem, não interrompem, em regra, o prazo para a interposição do agravo, único recurso cabível, salvo quando essa decisão for tão genérica que impossibilite ao recorrente aferir os motivos pelos quais teve seu recurso obstado, inviabilizando-o totalmente de interpor o agravo. (STJ, AgInt nos EAREsp nº 166.402/PE, relator Ministro Luis Felipe Salomão, Corte Especial, DJe de 7/2/2017.)

47 STJ, AgInt no AREsp nº 2.519.675/PE, relator Ministro Humberto Martins, Terceira Turma, DJe de 12/6/2024.

48 STJ, AgInt no AREsp nº 2.100.730/RJ, relatora Ministra Maria Isabel Gallotti, Quarta Turma, DJe de 18/11/2022.

Há, na doutrina, preocupação sobre o tema. Teresa Arruda Alvim enfatiza que os embargos de declaração são cabíveis de toda e qualquer decisão judicial, mas que "o atual posicionamento do Superior Tribunal de Justiça quanto à oposição de Embargos de Declaração contra decisão que inadmite Recurso Especial: sempre foi, infelizmente, o de entender que esta decisão não estaria sujeita a embargos de declaração. Exceção apenas se faz quando a decisão de inadmissibilidade tiver conteúdo extremamente genérico, inviabilizando a própria interposição de Agravo". Conclui afirmando que esse posicionamento é "contrário a lei", pois o art. 1.022 do CPC não deixa dúvidas quanto ao cabimento de embargos de declaração contra toda e qualquer decisão judicial. Além disso, essa posição "gera insegurança nos jurisdicionados" e nos advogados.[49]

## 9. DA AMPLIAÇÃO DO JULGAMENTO EM EMBARGOS DE DECLARAÇÃO

A técnica do julgamento ampliado prevista no art. 942 do CPC é aplicável no julgamento dos embargos de declaração? Segundo o mencionado dispositivo legal, a ampliação do colegiado se dá nas hipóteses de julgamento não unânime de recurso de apelação, de ação rescisória (quando o resultado for a rescisão da sentença) e de agravo de instrumento (quando houver reforma da decisão que julgou parcialmente o mérito). Esse procedimento objetiva a formação de uma maioria qualificada e é de observância automática e obrigatória, independentemente da vontade das partes.

O STJ, em reiterados precedentes, tem afirmado que a ampliação do colegiado é aplicada no julgamento dos embargos de declaração em razão do seu efeito integrativo. Nesse sentido, o princípio da inalterabilidade das decisões judiciais, consoante se observa dos incisos do art. 494 do CPC, é excepcionado para: i) a correção de inexatidões ou erros de cálculo; ou ii) o julgamento de embargos de declaração.

A modificação da decisão por meio do recurso integrativo está restrita às situações de omissão, contradição, obscuridade ou erro material. São possibilidades delimitadas e específicas.

49 ALVIM, Teresa Arruda. Embargos de declaração. Como se motiva uma decisão judicial? 5ª ed. São Paulo: Editora Thomson Reuters Revista dos Tribunais, 2020. p. 299.

Segundo a jurisprudência do Tribunal da Cidadania, para que essa técnica de julgamento seja aplicada, é necessário que "o voto vencido nascido apenas nos embargos for suficiente a alterar o resultado primitivo da apelação, independentemente do desfecho não unânime dos declaratórios (se rejeitados ou se acolhidos, com ou sem efeito modificativo), em razão do efeito integrativo deste recurso".[50] Para tanto, o julgamento será suspenso para a convocação de novos julgadores, em número apto à modificação do entendimento dissonante.

A Primeira Turma do STJ, no julgamento do AgInt no REsp n. 2.052.565/SC, de relatoria do Ministro Benedito Gonçalves, caracterizou com precisão a técnica de ampliação no julgamento dos embargos de declaração quando o acórdão embargado é oriundo de agravo de instrumento. No caso, a Corte regional, ao julgar o agravo de instrumento, deu provimento ao recurso, reformando a decisão agravada, por unanimidade. Todavia, o recurso integrativo foi acolhido com efeitos infringentes, por maioria, modificando o acórdão principal quanto ao mérito (prescrição intercorrente), mantendo, contudo, inalterada a decisão da primeira instância, ou seja, em julgamento não unânime, o agravo de instrumento não foi provido, não havendo reforma da decisão então agravada para aplicação da técnica do art. 942, § 3º, II, do CPC.[51]

Portanto, tratando-se de embargos opostos contra acórdão que julga agravo de instrumento, a jurisprudência do STJ tem compreendido que "a convocação de outros julgadores para compor o colegiado ampliado [...] somente ocorrerá se os embargos de declaração forem acolhidos para modificar o julgamento originário do magistrado de primeiro grau que houver proferido decisão parcial de mérito".[52]

## 10. CONSIDERAÇÕES FINAIS

Os diversos temas que permeiam os embargos de declaração estão bem sedimentados na jurisprudência do Superior Tribunal de Justiça. Os

50 STJ, REsp nº 1.833.497/TO, relatora Ministra Nancy Andrighi, relator para acórdão Ministro Marco Aurélio Bellizze, Terceira Turma, DJe de 1/9/2020.

51 STJ, AgInt no REsp nº 2.052.565/SC, relator Ministro Benedito Gonçalves, Primeira Turma, DJe de 26/2/2024.

52 STJ, REsp nº 1.841.584/SP, relator Ministro Ricardo Villas Bôas Cueva, Terceira Turma, DJe de 13/12/2019.

diversos precedentes encontrados sobre o tema detalham uma tutela jurisdicional coerente com a utilidade e a efetividade do recurso estudado.

Os embargos de declaração não devem ser considerados como crítica ao julgador, mas sim como um recurso que pleiteia a continuidade do julgamento anterior com a integração do que foi decidido, de modo a afastar todo e qualquer vício da decisão, uma vez que esta deve ser perfeita em seu sentido formal.

A função dos embargos de declaração tem sido de importante relevância no STJ, por permitirem a complementação de decisão eventual imprecisa ou defeituosa. Uma decisão completa atende ao dever constitucional de fundamentação das decisões judiciais, privilegiando a celeridade e a eficiência na prestação jurisdicional.[53] O atual CPC trouxe uma interessante adaptação inerente à teoria dos precedentes vinculante ao considerar omissa a decisão que deixa de se manifestar sobre tese firmada em casos repetitivos ou incidentes de assunção de competência. Essa nova realidade deve sempre analisar as especificidades do caso concreto.

Sob o ponto de vista sistêmico, observa-se que os precedentes consultados são no sentido de que cabe à parte embargante o dever de especificar fundamentadamente os motivos pelos quais há vícios na decisão judicial, sem, no entanto, pleitear novo julgamento do que já foi decidido. Essa fundamentação necessita sempre lastrear-se em correta indicação dos defeitos, a teor do art. 1.022 do CPC, sob pena do conhecimento do recurso integrador.

## 11. REFERÊNCIAS

ALVIM, Teresa Arruda. Embargos de declaração. Como se motiva uma decisão judicial? 5ª ed. São Paulo: Editora Thomson Reuters Revista dos Tribunais, 2020.

ASSIS, Arakem de. Manual dos Recursos. 9ª ed. São Paulo: Editora Thomson Reuters Revista dos Tribunais, 2017.

53 "A fundamentação das decisões judiciais tem, dentre outros, o intuito de impedir arbitrariedades, já que permite o acesso às razões do *decisium*, proporcionando um controle pelos interessados ou destinatários." TAVARES, André Ramos. O dever de fundamentação e a *ratio decidendi*. Súmulas, teses e precedentes: estudos em homenagem a Roberto Rosas. Coordenação MENDES, Gilmar Ferreira e PINHEIRO, Victor Marcel. 1ª ed. Rio de Janeiro: GZ Editora, 2023, p. 50.

CAMPBELL MARQUES, Mauro; ALVIM, Eduardo Arruda; NEVES, Guilherme Pimenta da Veiga; e TESOLIN, Fabiano. Recurso especial. 2ª ed. – Curitiba/PR: Editora Direito Contemporâneo, 2023.

COSTA, Marcus Vinícius Americano da. Embargos de declaração: prequestionamento, efeito modificativo, devido processo legal, contraditório e ampla defesa. Aspectos polêmicos e atuais dos recursos cíveis e assuntos afins. Coordenação Nery Junior, Nelson; Wambier, Teresa Arruda Alvim. São Paulo: Editora Revista dos Tribunais, v. 11, 2007.

CUNHA, Leonardo Carneiro da. Código de Processo Civil Comentado. 1ª ed. Rio de Janeiro: Editora Forense, 2023.

MARINONI, Luiz Guilherme e MITIDIERO, Daniel. Recurso extraordinário e recurso especial: do *jus litigatoris* ao *jus constitutionis*. 2ª ed. rev. atual. e ampl. São Paulo: Thomson Reuters Revista dos Tribunais, 2020.

MEDINA, José Miguel Garcia. Código Processo Civil Comentado. 8ª ed. São Paulo: Thomson Reuters Revista dos Tribunais, 2022.

MIRANDA, Pontes de. Comentários ao Código de Processo Civil. Tomo VII. Rio de Janeiro: Forense, 1975.

MOREIRA, Carlos Roberto Barbosa. A "crise da motivação" e o julgamento ("à moda da casa") dos embargos de declaração: crônica de uma experiência frustrante. Estados em Homenagem a Sergio Bermudes. Coordenados por Firly Nascimento Filho, Márcio Vieira Souto Costa Ferreira e Renato Beneduzi. GZ Editora., 2022.

NERY JUNIOR, Nelson e NERY, Rosa Maria de Andrade. Código de Processo Civil comentado. 21ª ed. São Paulo: Editora Thomson Reuters Revista dos Tribunais, 2023.

RODRIGUES, Marco Antonio. Manual dos recursos, ação rescisória e reclamação. 1ª ed. São Paulo: Atlas. 2017.

TAVARES, André Ramos. O dever de fundamentação e a *ratio decidendi*. Súmulas, teses e precedentes: estudos em homenagem a Roberto Rosas. Coordenação MENDES, Gilmar Ferreira e PINHEIRO, Victor Marcel. 1ª ed. Rio de Janeiro: GZ Editora, 2023.

WAMBIER, Teresa Arruda Alvim. Temas Essenciais do Novo CPC. Análise das principais alterações do sistema processual civil brasileiro, de acordo com a Lei nº 13.256/2016. Coordenadores Wambier, Luiz Rodrigues; Wambier, Tereza Arruda Alvim. Editora Thomson Reuters. Revista dos Tribunais.

# O PEDIDO DE SUSPENSÃO DE SEGURANÇA À LUZ DA JURISPRUDÊNCIA DO STJ

*Cesar Asfor Rocha*[1]

**Sumário**: **1.** O tema deste artigo; **2.** Breves notas sobre a evolução legislativa do pedido de suspensão de segurança; **3.** A natureza jurídica; **4.** A finalidade; **5.** Três exemplos concretos de grave lesão; **6.** O cabimento; **7.** Legitimidade ativa; **8.** Conclusão.

## 1. O TEMA DESTE ARTIGO

Nesta justíssima e oportuna obra coletiva intitulada *"Direito Federal interpretado,"* em homenagem ao eminente Ministro Humberto Martins, ocorreu-me de tratar de um assunto que reputo ser de grande relevância à ciência jurídica, em especial ao ramo do direito público: refiro-me, aqui, ao instituto do pedido de *suspensão de segurança*.

Saliento, desde logo, que essa terminologia – suspensão de segurança – será adotada no decorrer deste artigo em detrimento de outras equivalentes. Isso, porque tal pedido *"foi, originariamente, criado para o processo de mandado de segurança, com vistas a suspender os efeitos da liminar ou da segurança concedida."*[2] Sem embargo, não se desconhece as outras possíveis terminologias corriqueiramente empregadas na praxe forense para aludir ao mesmo pedido de suspensão, a exemplo das expressões *suspensão de liminar*, *suspensão de sentença* e *suspensão de acórdão*.[3]

O tema escolhido parece-me se enquadrar no contexto da obra coletiva em questão, tendo em conta que o homenageado – que, há mais de duas décadas exerce, com percuciência, a função de julgar – ocupou

---

1 Advogado e presidente do Conselho Superior de Assuntos Jurídicos da Fiesp. Foi ministro e presidente do Superior Tribunal de Justiça

2 Leonardo Carneiro da Cunha. *A Fazenda Pública em juízo*. 14ª ed. Rio de Janeiro: Forense, 2017, p. 606.

3 O emprego de outras terminologias, todas elas utilizadas na maior parte das vezes como sinônimas, deve-se ao fato de que atualmente *"o pedido de suspensão cabe em todas as hipóteses em que se concede tutela provisória contra a Fazenda Pública ou quando a sentença produz efeitos imediatos, por ser impugnada por recurso desprovido de efeito suspensivo automático."* (Leonardo Carneiro da Cunha. *A Fazenda Pública em juízo*. 14ª ed. Rio de Janeiro: Forense, 2017, p. 607).

o honroso cargo de Presidente do STJ no biênio de 2020-2022, e, nos termos do art. 21, XIII, "b", do Regimento Interno do STJ, compete à Presidência do Tribunal da Cidadania decidir *"os pedidos de suspensão da execução de medida liminar ou de sentença, sendo ele o relator das reclamações para preservar a sua competência ou garantir a autoridade das suas decisões nesses feitos."*

Com efeito, busco neste artigo examinar as peculiaridades do instituto da suspensão de segurança a partir do estudo de precedentes do STJ, muitos dos quais são da lavra do homenageado, bem como através da doutrina especializada.

Para atingir tal objetivo, organizei o presente estudo em oito capítulos, incluindo este tópico de abertura. No Capítulo 2, ainda a título introdutório, farei uma breve contextualização da evolução legislativa do pedido de suspensão no Brasil. No Capítulo 3, tecerei comentários sobre a natureza jurídica desse instituto. Nos Capítulos 4 e 5, respectivamente, enfrentarei a temática acerca da finalidade do pedido de suspensão de segurança, seguindo-se a isso a indicação de três casos concretos em que o homenageado concedeu essa medida. Já no Capítulo 6 falarei do cabimento do pedido de suspensão. O Capítulo 7 ocupa-se da legitimidade ativa e, por fim, o Capítulo 8 encerra este artigo, pontuando a minha conclusão.

## 2. BREVES NOTAS SOBRE A EVOLUÇÃO LEGISLATIVA DO PEDIDO DE SUSPENSÃO DE SEGURANÇA

Introduzido no ordenamento jurídico brasileiro pela Lei n. 191, de 16 de janeiro de 1936, durante a Era Vargas, o pedido de suspensão regulou, de início, o mandado de segurança, que tinha previsão expressa na Constituição Federal de 1934, estando, por sinal, listado entre os *"direitos e garantias individuaes"* enumerados em seu art. 113.[4] À época, a

4 CF/1934: *"Art. 113. A Constituição assegura a brasileiros e a estrangeiros residentes no paiz a inviolabilidade dos direitos concernentes á liberdade, á subsistencia, á segurança individual e á propriedade, nos termos seguintes: 33) Dar-se-á mandado de segurança para a defesa de direito, certo e incontestavel, ameaçado ou violado por acto manifestamente inconstitucional ou illegal de qualquer autoridade. O processo será o mesmo do habeas-corpus, devendo ser sempre ouvida a pessoa de direito publico interessada. O mandado não prejudica as acções petitorias competentes."*

finalidade do pedido de suspensão *"consistia em conferir efeito suspensivo ao recurso interposto contra decisão favorável ao impetrante."*[5]

O Código de Processo Civil de 1939 incorporou o pedido de suspensão, dispondo no art. 328 o seguinte: *"A requerimento do representante da pessoa jurídica de direito público interessada e para evitar lesão grave à ordem, à saúde ou à segurança pública, poderá o presidente do Supremo Tribunal Federal ou do Tribunal de Apelação, conforme a competência, autorizar a execução do ato impugnado."*

Em 1951, a Lei n. 1.533 promoveu alterações na disciplina do mandado de segurança regulamentado pelo Código de Processo Civil de 1939. No entanto, a referida lei *"não se referiu aos motivos do requerimento de suspensão, deixando ao alvedrio do presidente do tribunal a justificativa para o deferimento ou não da suspensão de segurança."*[6]

De mais relevante sobre o pedido de suspensão, o art. 13 - cuja redação seria ligeiramente alterada pela Lei n. 6.014, de 1973 - previa apenas que, quando *"o mandado fôr concedido e o presidente do Supremo Tribunal Federal, do Tribunal Federal de Recursos ou do Tribunal de Justiça ordenar ao juiz a suspensão da execução da sentença, dêsse seu ato caberá agravo de petição para o Tribunal a que presida."*

A timidez da legislação de 1951 foi superada em 1964, com o advento da Lei n. 4.348, a qual estabeleceu normas processuais também relativas ao mandado de segurança. O art. 4º determinava o seguinte:

> *"Quando, a requerimento de pessoa jurídica de direito público interessada e para evitar grave lesão à ordem, à saúde, à segurança e à economia públicas, o Presidente do Tribunal, ao qual couber o conhecimento do respectivo recurso suspender, em despacho fundamentado, a execução da liminar, e da sentença, dessa decisão caberá agravo, sem efeito suspensivo no prazo de (10) dez dias, contados da publicação do ato."*

Anos depois, em 2009, com a promulgação da relevantíssima Lei n. 12.016, mais conhecida por *"Lei do Mandado de Segurança,"* repetiu-se a

5 Leonardo Carneiro da Cunha. *A Fazenda Pública em juízo*. 14ª ed. Rio de Janeiro: Forense, 2017, p. 606.

6 Leonardo Carneiro da Cunha. *A Fazenda Pública em juízo*. 14ª ed. Rio de Janeiro: Forense, 2017, p. 606.

regra da legislação de 1964. Isso torna-se de clareza meridiana quando se lê o art. 15 da Lei do Mandado de Segurança:

> *"Quando, a requerimento de pessoa jurídica de direito público interessada ou do Ministério Público e para evitar grave lesão à ordem, à saúde, à segurança e à economia públicas, o presidente do tribunal ao qual couber o conhecimento do respectivo recurso suspender, em decisão fundamentada, a execução da liminar e da sentença, dessa decisão caberá agravo, sem efeito suspensivo, no prazo de 5 (cinco) dias, que será levado a julgamento na sessão seguinte à sua interposição."*

A ideia central do pedido de suspensão – suspender decisões proferidas contra o Poder Público que poderiam lhe causar danos graves –, o qual se originou, repise-se, no contexto do mandado de segurança, encontra-se reproduzida em outras legislações esparsas, senão vejamos.

A Lei n. 7.347, de 24 de julho de 1985, que disciplina a ação civil pública de responsabilidade por danos causados ao meio-ambiente, ao consumidor, a bens e direitos de valor artístico, estético, histórico, turístico e paisagístico, prevê o pedido de suspensão no § 1º de seu art. 12; *in verbis*:

> *"A requerimento de pessoa jurídica de direito público interessada, e para evitar grave lesão à ordem, à saúde, à segurança e à economia pública, poderá o Presidente do Tribunal a que competir o conhecimento do respectivo recurso suspender a execução da liminar, em decisão fundamentada, da qual caberá agravo para uma das turmas julgadoras, no prazo de 5 (cinco) dias a partir da publicação do ato."*

O art. 4º da Lei n. 8.437, de 30 de junho de 1992, que versa sobre a concessão de medidas cautelares contra atos do Poder Público, vai ao encontro das disposições legais acima mencionadas:

> *"Compete ao presidente do tribunal, ao qual couber o conhecimento do respectivo recurso, suspender, em despacho fundamentado, a execução da liminar nas ações movidas contra o Poder Público ou seus agentes, a requerimento do Ministério Público ou da pessoa jurídica de direito público interessada, em caso de manifesto interesse público ou de flagrante ilegitimidade, e para evitar grave lesão à ordem, à saúde, à segurança e à economia públicas."*

Para citar mais uma lei que regulamenta o pedido de suspensão, vale lembrar também da Lei n. 9.507, de 12 de novembro de 1997, que regula o direito de acesso a informações e aspectos processuais do *habeas data*. Seu art. 16 pontifica que, quando *"o habeas data for concedido e o Presidente do Tribunal ao qual competir o conhecimento do recurso ordenar ao juiz a suspensão da execução da sentença, desse seu ato caberá agravo para o Tribunal a que presida."*

## 3. A NATUREZA JURÍDICA

O pedido de suspensão de segurança não tem natureza de recurso. Há duas evidentes razões para isso. Primeira: o pedido de suspensão não está previsto no art. 994 do Código de Processo Civil como um dos recursos cabíveis. Segunda: na medida em que no pedido de suspensão não se almeja propriamente a reforma nem a anulação do ato impugnado – tal como se sucederia na hipótese de interposição de recurso –, mas, sim, tão somente a sustação de seus efeitos, não há mesmo que se falar em natureza recursal.

A Ministra Ellen Gracie pronunciou-se nesse sentido no âmbito acadêmico, escrevendo que, no pedido de suspensão, *"a natureza do ato presidencial não se reveste de caráter revisional, nem se substitui ao reexame jurisdicional na via recursal própria."*[7] Exatamente por isso o pedido de suspensão de segurança não ostentaria, também na visão da eminente jurista, natureza jurídica recursal.

A orientação da Corte Especial do STJ perfilha esse mesmo entendimento, consignando que a *"suspensão de liminar e de sentença é medida excepcional que não tem natureza jurídica de recurso."*[8] Nesse julgado, de relatoria do homenageado Ministro Humberto Martins, ficou igualmente consignado que, em decorrência da aludida constatação, o pedido de suspensão *"não propicia a devolução do conhecimento da matéria para eventual reforma."*[9]

---

7 Ellen Gracie Northfleet. Suspensão de sentença e de liminar. *Revista de Processo*, vol. 97, p. 183-184.

8 AgInt na SS nº 3.394/MA, relator Ministro Humberto Martins, Corte Especial, julgado em 23/8/2022.

9 AgInt na SS nº 3.394/MA, relator Ministro Humberto Martins, Corte Especial, julgado em 23/8/2022.

Em outra ocasião, o homenageado posicionou-se veementemente contra a indevida utilização do pedido de suspensão de segurança como se recurso fosse. Em suas palavras: *"A suspensão de segurança não pode funcionar como sucedâneo recursal diante de um debate jurídico que está ocorrendo na origem."*[10]

Esses são, bem se vê, dois relevantes desdobramentos práticos da não qualificação do pedido de suspensão de segurança como recurso, quais sejam, a não incidência do efeito devolutivo típico dos recursos em geral ao pedido de suspensão e a impossibilidade de se usar o requerimento de suspensão como meio de impugnação da decisão que se pretender suspender a eficácia.

Qual seria, então, a natureza jurídica desse pedido? O STJ já respondeu essa pergunta, concluindo, sem hesitar, que tal requerimento tem a natureza de incidente processual. O homenageado desta obra já declarou, por exemplo, que o *"incidente da suspensão de segurança, por não ter natureza jurídica de recurso, é inadequado para a apreciação do mérito da controvérsia."*[11]

Na mesma toada, em um caso recente, muito noticiado na mídia – disputa envolvendo a Confederação Brasileira de Futebol (CBF), seu atual presidente e ex-diretores afastados da entidade –, a eminente Ministra Maria Thereza de Assis Moura afirmou, em decisão monocrática, que *"o pedido de suspensão constitui incidente processual."*[12]

A mais abalizada doutrina corrobora a orientação predominante no STJ. Em profunda obra monográfica sobre o tema, o jurista Caio Cesar Rocha consignou que *"o pedido de suspensão possui natureza de incidente processual preventivo, já que se manifesta através do surgimento de uma questão processual que pode ser arguida mediante defesa impeditiva sustentada pela Fazenda Pública."*[13]

Prosseguindo em sua atenta análise, registrou ainda ser tal pedido um *"típico incidente processual voluntário, que deve ser suscitado por*

---

10 AgInt na SS nº 3.314/MA, relator Ministro Humberto Martins, Corte Especial, julgado em 8/9/2021.

11 AgInt na SS nº 3.314/MA, relator Ministro Humberto Martins, Corte Especial, julgado em 8/9/2021. No mesmo sentido, AgInt na SLS nº 3.033/RJ, relator Ministro Humberto Martins, Corte Especial, julgado em 9/8/2022, DJe de 12/8/2022.

12 SLS nº 3.375, Ministra Maria Thereza de Assis Moura, DJe de 26/12/2023.

13 Caio Cesar Rocha. *Pedido de suspensão de decisões contra o Poder Público*. São Paulo: Saraiva, Série IDP – Linha pesquisa acadêmica, 2012, p. 158.

*partes legitimamente interessadas, dirigido ao Presidente do Tribunal ao qual couber o respectivo recurso,"* sendo certo que *"o pedido de suspensão depende da existência de um processo anterior, o que lhe dá contorno acessório ou secundário, elemento básico de todo incidente processual."*[14]

A tese que defende a natureza do pedido de suspensão como sendo a de um incidente processual está, sem dúvida, correta. O pedido de suspensão surge incidentalmente a uma discussão jurídica já em curso perante o Poder Judiciário – por isso esse requerimento suspensivo é acessório – e tem uma finalidade pontual, que será enfrentada no tópico seguinte.

## 4. A FINALIDADE

A finalidade da suspensão de segurança é absolutamente clara: *"sobrestar o cumprimento da liminar ou da ordem concedida, subtraindo seus efeitos, com o que desobriga a Fazenda Pública do cumprimento da medida."*[15] Dito de outro modo, cuida-se de medida excepcional que se volta à tutela de interesses difusos, consubstanciados na proteção de bens jurídicos caros ao Poder Público, tais como a ordem, a saúde, a segurança e a economia públicas.

A propósito, decidiu-se que a *"suspensão de segurança, assim como a suspensão de liminar e sentença, é medida excepcional de defesa do interesse público com o propósito de obstar a eficácia de decisão judicial provisória proferida em ação cognitiva proposta contra o Poder Público, cuja finalidade é impedir a ocorrência de lesão grave à economia, saúde, segurança e economia públicas."*[16]

De fato, o excepcional pedido de suspensão de segurança *"tem a finalidade de obstar a eficácia de decisão judicial proferida em ação cognitiva em curso proposta contra o Poder Público, constituindo incidente no qual se busca a reparação de situação inesperada que tenha promovido a alteração no status quo ante em prejuízo da Fazenda Pública."*[17]

---

14 Caio Cesar Rocha. *Pedido de suspensão de decisões contra o Poder Público.* São Paulo: Saraiva, Série IDP – Linha pesquisa acadêmica, 2012, p. 158.

15 Leonardo Carneiro da Cunha. *A Fazenda Pública em juízo.* 14ª ed. Rio de Janeiro: Forense, 2017, p. 605.

16 AgInt na SS nº 3.469/RJ, relatora Ministra Maria Thereza de Assis Moura, Corte Especial, julgado em 29/11/2023.

17 AgInt na SLS nº 3.318/SP, relator Ministro Maria Thereza de Assis Moura, Corte Especial, julgado em 12/12/2023, DJe de 15/12/2023.

## 5. TRÊS EXEMPLOS CONCRETOS DE GRAVE LESÃO

Para melhor compreender-se a finalidade do pedido de suspensão é necessário que se entenda o que poderia configurar lesão grave à economia, saúde, segurança e economia públicas. Embora esse seja um conceito indeterminado - a permitir, *a priori*, que o intérprete tenha certa margem de criatividade nos julgamentos -, é certo que não são muitas as situações que autorizam o deferimento do pedido de suspensão. Na verdade, a excepcionalidade do instituto tem contribuído para frear certos impulsos subjetivistas nesse tocante, restringindo o acesso ao STJ a hipóteses efetivamente graves.

A *grave lesão* acima referenciada merece uma breve digressão. É que, para a concessão da suspensão de decisão contra o Poder Público, *"não basta haver perigo de grave lesão, mas essa lesão deve se mostrar em intensidade tal, cuja mera projeção seja capaz de demonstrar a necessidade da suspensão."*[18] É, pois, preciso mais do que isso. Consoante observa a mais abalizada doutrina a esse respeito, tal *"ponderosa lesão deve necessariamente acompanhar-se do risco de irreparabilidade, constituído pela impossibilidade de reversão, ou, pelo menos, por uma reversão muito difícil de ser considerada."*[19]

O Ministro Humberto Martins vislumbrou a gravidade de lesão a interesses públicos em alguns casos concretos. Em um deles, por exemplo, entendeu que estaria caracterizada a *"lesão à ordem e à economia públicas na medida em que o Poder Judiciário, desconsiderando a presunção de legitimidade do ato administrativo, imiscuiu-se na seara administrativa e substituiu a administração pública judiciária ao interferir nas conclusões do mérito administrativo e no exercício de seu dever fiscalizatório com relação ao convênio realizado."*[20]

Em outro caso, o homenageado concluiu que a excepcionalidade prevista na lei para o cabimento do pedido de suspensão estaria presente, *"diante da constatação de diversas irregularidades na execução do contrato de prestação de serviço público, algumas inclusive de aparente*

---

18 Caio Cesar Rocha. *Pedido de suspensão de decisões contra o Poder Público.* São Paulo: Saraiva, Série IDP - Linha pesquisa acadêmica, 2012, p. 179.

19 Caio Cesar Rocha. *Pedido de suspensão de decisões contra o Poder Público.* São Paulo: Saraiva, Série IDP - Linha pesquisa acadêmica, 2012, p. 179.

20 AgInt na SS nº 3.370/AM, relator Ministro Humberto Martins, Corte Especial, julgado em 24/5/2022.

*incursão na esfera penal e que levaram à sua intervenção administrativa, o que colocaria em xeque a aptidão da agravada para prestação do serviço de transporte, devendo-se prestigiar, em hipóteses como a presente, o princípio da presunção de legitimidade dos atos administrativos (no caso, o decreto de caducidade)."*[21]

Do mesmo modo, reconheceu-se a violação da ordem pública, mais especificamente à ordem e à economia públicas, *"porque o Poder Judiciário, sem fundamentação adequada, imiscuiu-se na seara administrativa, substituindo o Poder Executivo e desarrumando a implementação de política pública de transporte (construção de novas linhas de metrô na região metropolitana de São Paulo),"* bem como porque o Poder Judiciário *"descartou as avaliações técnico-administrativas dos órgãos competentes, Companhia Ambiental do Estado de São Paulo – CETESB e Instituto do Patrimônio Histórico e Artístico Nacional – IPHAN, sem o mínimo de indício de inidoneidade e de riscos de prejuízo à saúde, ao meio ambiente, à paisagem e ao patrimônio histórico e artístico nacional."*[22]

*É preciso ter-se em mente, de qualquer forma, que a análise do pedido de suspensão de segurança, ademais de ser excepcional, deve ser feita com cautela pelo magistrado. O Ministro Humberto Martins, com sabedoria, fez esse alerta em ao menos dois acórdãos que relatou na Corte Especial do STJ durante seu mandato como Presidente.*

No primeiro acórdão acima referenciado, Sua Excelência ressaltou que a *"interferência do Poder Judiciário para exercer o controle de legalidade de processo parlamentar deve ser excepcional, razão pela qual exige rigorosa cautela,"* sendo, por conseguinte, *"recomendável que a ingerência no exercício dessa competência por decisão judicial observe cognição, senão exauriente, ao menos profunda o suficiente para justificá-la."*[23] Ao final, concluiu que teria havido lesão à ordem pública, haja vista que a decisão impugnada suspendeu a eficácia de uma Lei Complementar, configurando-se, assim, indevida intromissão do Poder Judiciário no Poder Legislativo.

---

21 AgInt na SLS nº 3.071/SP, relator Ministro Humberto Martins, Corte Especial, julgado em 24/5/2022.

22 AgInt na SLS nº 2.940/SP, relator Ministro Humberto Martins, Corte Especial, julgado em 16/8/2023.

23 AgInt na SS nº 3.354/BA, relator Ministro Humberto Martins, Corte Especial, julgado em 18/5/2022.

No segundo caso, ao revés do que aconteceu no primeiro, o homenageado não identificou, em seu dizer, *"argumentos robustos"* que pudessem evidenciar a lesão aos bens jurídicos tutelados no pedido de suspensão de segurança, mas deixou registrada esta valiosa lição: *"Deve-se ter cautela na interferência do Judiciário na seara meritória discricionária do ente municipal, quando a referida decisão é marcada por critérios técnicos."*[24]

## 6. O CABIMENTO

A finalidade do instituto em questão – tratada nos Capítulos 4 e 5 acima – está intimamente ligada ao seu cabimento. Tal pedido será cabível nas circunstâncias que a legislação de regência assim estabelecer, tal como, inclusive, viu-se no Capítulo 2 deste artigo.

Seja como for, no pedido de suspensão de segurança cabe *"ao requerente a efetiva demonstração da alegada ofensa grave aos bens jurídicos tutelados pela legislação de regência, quais sejam, ordem, saúde, segurança e/ou economia públicas."*[25] Não foi sem razão que o Ministro Humberto Martins enfatizou que o *"deferimento do pedido de suspensão está condicionado à cabal prova de que a permanência da decisão judicial impugnada causa efetiva, grave e iminente lesão ao interesse público."*[26]

Percebe-se, com facilidade, que o STJ atribui o ônus da prova dos fatos constitutivos do direito ao autor do pedido de suspensão, consoante a regra processual que impera no direito brasileiro.[27] O *standard* probatório é elevado nesse aspecto: deve-se provar de *forma cabal* a lesividade a algum relevante interesse do Poder Público.

Ademais, o cabimento do pedido de suspensão no STJ independe do esgotamento das vias ordinárias.

Em agosto de 2010, tive a oportunidade de relatar um agravo regimental no qual a Corte Especial concluiu, por unanimidade e nos ter-

---

24 AgInt na SLS nº 3.056/SC, relator Ministro Humberto Martins, Corte Especial, julgado em 24/5/2022.

25 AgInt na SLS nº 3.021/MT, relator Ministro Humberto Martins, relator para acórdão Ministro Humberto Martins, Corte Especial, julgado em 18/10/2023.

26 AgInt na SLS nº 2.940/SP, relator Ministro Humberto Martins, Corte Especial, julgado em 16/8/2023.

27 No mesmo sentido, ver: Caio Cesar Rocha. *Pedido de suspensão de decisões contra o Poder Público.* São Paulo: Saraiva, Série IDP – Linha pesquisa acadêmica, 2012, p. 274.

mos do meu voto, ser *"desnecessário o prévio esgotamento da instância ordinária para efeito de ajuizamento de suspensão de liminar, de sentença ou de segurança no Superior Tribunal de Justiça. Assim, é suficiente que tenha sido mantida na segunda instância liminar de primeiro grau contra o poder público."*[28]

Em outro caso, relatei acórdão também unânime da Corte Especial do STJ em que destaquei, para fins de esclarecer os contornos tanto da finalidade, quanto do cabimento do pedido de suspensão, que as *"questões jurídicas de mérito, relacionadas à legalidade das decisões de primeiro e de segundo graus, ultrapassam os limites traçados para a suspensão de liminar, de sentença ou de segurança, cujo objetivo é afastar a concreta possibilidade de grave lesão à ordem, à saúde, à segurança e à economia públicas."*[29]

Ou seja: o exame do pedido de suspensão restaria limitado à análise da concreta possibilidade de se lesar certos valores de ordem pública, não servindo para questionar a legalidade de decisões emanadas de tribunais hierarquicamente inferiores, pois isso diria respeito ao mérito da demanda principal.

Essa visão perdura até os dias de hoje no STJ, sendo evidência disso um acórdão da Corte Especial, proferido em julgamento levado a cabo em dezembro de 2023, do qual se extrai o seguinte excerto: *"São incompatíveis com a excepcional via da Suspensão de Liminar e de Sentença – que não constitui sucedâneo recursal apto a propiciar o exame do acerto ou do desacerto da decisão impugnada – argumentos que se confundem com o mérito da demanda em trâmite nas instâncias ordinárias."*[30]

Há, porém, mais um requisito que é preciso ser levado em consideração: o pedido de suspensão de segurança será cabível *"em ações movidas contra o Poder Público."*[31] Em decorrência disso, tem-se que não há que se falar em cabimento do pedido de suspensão quando a ação originária tiver sido promovida pelo próprio Poder Público.

---

28 AgRg na SLS nº 1.078/MT, relator Ministro Cesar Asfor Rocha, Corte Especial, julgado em 18/8/2010, DJe de 10/9/2010.

29 AgRg na SLS nº 1.262/SP, relator Ministro Cesar Asfor Rocha, Corte Especial, julgado em 18/8/2010, DJe de 2/9/2010.

30 AgInt na SLS nº 3.322/SP, relator Ministro Maria Thereza de Assis Moura, Corte Especial, julgado em 12/12/2023, DJe de 15/12/2023.

31 AgInt na SLS nº 2.655/PE, relator Ministro Humberto Martins, Corte Especial, julgado em 1/2/2021, DJe de 4/5/2021.

A eminente Ministra Maria Thereza de Assis Moura manifestou-se nesses exatos termos ao rejeitar o segundo requerimento de suspensão apresentado na recente disputa pelo comando da CBF – a propósito da qual comentei acima –, dessa vez intentado pelo Ministério Público do Rio de Janeiro, e não pela entidade futebolística.

Em sua decisão, a eminente magistrada foi enfática ao consignar que *"a suspensão, via excepcional de defesa do interesse público, depende da existência de ação cognitiva em curso proposta contra o Poder Público requerente – e não pelo poder público como autor,"* sendo certo que a *"exigência legal de que a ação tenha sido ajuizada contra o Poder Público tem sua razão de ser, na medida em que objetiva afastar uma situação de surpresa a que o ente público poderia ser submetido, resguardando a coletividade de potencial risco de lesão aos bens legalmente tutelados."*[32]

Naquela hipótese, todavia, o próprio Ministério Público do Rio de Janeiro havia ajuizado a ação originária, consubstanciada em uma ação civil pública. À luz desse fato, outra não foi a conclusão da eminente Relatora que não a rejeição do pedido de suspensão promovido pelo ente público:

> *"a ação de origem foi proposta pelo poder público (neste caso, o Ministério Público Estadual), e não contra o poder público, que agora pretende se valer do instituto da Suspensão da Liminar e de Sentença para sustar os efeitos dos acórdãos nos quais foi sucumbente, mas em demanda por ele desencadeada, o que se revela manifestamente incabível, por ausência de amparo legal."*[33]

## 7. LEGITIMIDADE ATIVA

Um outro requisito importante para o ajuizamento do pedido de suspensão de segurança diz respeito à legitimidade ativa. Qualquer pessoa pode se valer desse instituto excepcional? Definitivamente, não. Um exemplo inconteste nesse sentido está na própria Lei n. 8.437/1992, cujo art. 4º, *caput*, dispõe que a suspensão poderá ser requerida pelo Ministério Público ou pela pessoa jurídica de direito público interessada.

---

32 SLS nº 3.375, Ministra Maria Thereza de Assis Moura, DJe de 26/12/2023.

33 SLS nº 3.375, Ministra Maria Thereza de Assis Moura, DJe de 26/12/2023.

Já proferi decisões tratando desse assunto. Nelas, firmei as seguintes teses, que prevalecem no STJ até hoje: **(I)** *"A concessionária de serviço público, atuando na defesa de interesses particulares, não detém legitimidade para pedir a suspensão de segurança;"*[34] **(II)** *"As pessoas físicas, assim, na defesa de interesse particular, que não são contempladas no restrito elenco da lei, não possuem legitimidade ad causam para figurar nos pedidos de suspensão de liminar, motivo por que é inadmissível sua admissão como litisconsorte no presente feito;"*[35] e **(III)** *"A fundação privada, no caso concreto mera prestadora de serviços e colaboradora na realização de um concurso público, não tem legitimidade para ajuizar pedido de suspensão de provimento liminar com base no art. 4º da Lei n. 8.437/1992."*[36]

Com efeito, o pedido de suspensão não pode, em regra, ser aviado para tutelar interesses meramente particulares. O Ministro Humberto Martins frisou isso em reiteradas oportunidades. Em dada ocasião, disse que *"a ausência da legitimidade é notória, considerando que a causa de pedir da ação manejada contra a Corregedoria-Geral da Justiça do Estado de Goiás tem como fundamento disputa que envolve interesses particulares sem demonstração de violação da ordem pública ou de qualquer dos valores protegidos pelo instituto da suspensão de segurança."*[37]

Recentemente, sob a presidência da Ministra Maria Thereza de Assis Moura, o STJ voltou a afastar a ausência de legitimidade para se defender interesses particulares pela via da suspensão de segurança, ainda que o requerente tenha se esforçado para superar tal empecilho.

Em referida decisão, a eminente Ministra concluiu, dentre outros fundamentos, que a CBF careceria de legitimidade para impugnar acórdãos da lavra do Tribunal de Justiça do Rio de Janeiro que destituíram dirigentes da entidade de seus cargos, justamente porque essa preten-

34 AgRg na SS nº 1.884/DF, relator Ministro Cesar Asfor Rocha, Corte Especial, julgado em 1/4/2009, DJe de 7/5/2009.

35 AgRg na SLS nº 758/CE, relator Ministro Cesar Asfor Rocha, Corte Especial, julgado em 4/2/2009, DJe de 9/3/2009.

36 AgRg na SLS nº 1.059/TO, relator Ministro Presidente do STJ, relator para acórdão Ministro Cesar Asfor Rocha, Corte Especial, julgado em 29/6/2010, DJe de 12/8/2010.

37 AgInt na SS nº 3.384/GO, relator Ministro Humberto Martins, Corte Especial, julgado em 3/8/2022. Em igual sentido: AgInt na SS nº 3.348/SP, relator Ministro Humberto Martins, Corte Especial, julgado em 7/6/2022.

são nada versaria sobre a coisa pública. Sua Excelência pontuou o seguinte a esse respeito:

> *"A Confederação Brasileira de Futebol, assim como as demais confederações de outras modalidades esportivas, à qual se iguala, não exercem atividade pública, seja pela natureza fática dos seus fins, seja pela ausência de ato normativo que as reconheça como prestadoras de serviço estatal; não desempenham serviço público; não exercem parcela de poder estatal; não são delegatárias e nem concessionárias de qualquer atividade essencial ao Estado ou que se relacione com a Administração Pública; e não administram interesse público primário. E, exatamente por isso, não há hipótese de serem enquadradas nas restritas exceções nas quais se admite que pessoas jurídicas de direito privado manejem a Suspensão de Liminar e de Sentença."*[38]

Antes disso, a eminente Ministra apresentou um panorama muito elucidativo acerca do estado da arte da legitimidade para propositura do pedido de suspensão de segurança no STJ. Vale a pena conferir os seguintes trechos de sua judiciosa decisão monocrática, com destaque nosso:

> *"Não se desconhece, obviamente, que a jurisprudência flexibilizou o conceito de poder público para abarcar as paraestatais, as concessionárias, as delegatárias e outras formas constitutivas de pessoas jurídicas, como os consórcios de empresas e as parcerias público privadas, mas **desde que exerçam parcela do poder público e que prestem serviço público de natureza essencial**, como é o caso, verbi gratia, das concessionárias de energia elétrica, de serviço de água e de esgoto, de serviços de iluminação pública, de serviços de coleta de lixo, dos serviços de saúde, de educação etc.*
>
> *O critério de admissibilidade da SLS está exatamente na outorga de parcela do poder estatal para entidades privadas que passam a exercê-lo de forma direta, mas em nome do Estado, em atividade nata de administração pública. Entretanto, mesmo nessas excepcionais situações, **só se admite o manejo do instituto da Suspensão de Liminar e de Sentença quando os assuntos em litígio atinjam diretamente – e nunca reflexa ou transversamente – o interesse***

38 SLS nº 3.365, Ministra Maria Thereza de Assis Moura, DJe de 28/02/2024.

> ***público primário**, de forma a acarretar grave lesão à ordem, à saúde, à segurança e à economia públicas.*"[39]

De mais a mais, independentemente de quem seja o autor do pedido de suspensão, frise-se que *"deve ele ser parte no processo principal, ou, pelo menos, requeira, antes ou simultaneamente ao aforamento do incidente, a sua participação como assistente, ou como litisconsorte passivo."*[40]

## 8. CONCLUSÃO

Encerro este artigo destacando que o pedido de suspensão de segurança é uma importantíssima medida judicial que, respeitadas a sua excepcional finalidade e seus requisitos, tem contribuído significativamente para o amadurecimento e o desenvolvimento do direito federal brasileiro, notadamente na esfera do direito público.

Nas linhas acima pôde se verificar, sem grandes esforços, que o eminente Ministro Humberto Martins, homenageado do livro para o qual o presente artigo foi redigido, em caráter inédito, exerceu papel de suma relevância nesse sentido enquanto Presidente do Tribunal da Cidadania, contribuindo para a materialização de um arcabouço jurisprudencial sólido em torno do pedido de suspensão de segurança, pelo que merece esse dileto magistrado, de formação humanista, ser parabenizado e aplaudido efusivamente.

39 SLS nº 3.365, Ministra Maria Thereza de Assis Moura, DJe de 28/02/2024.

40 Caio Cesar Rocha. *Pedido de suspensão de decisões contra o Poder Público.* São Paulo: Saraiva, Série IDP – Linha pesquisa acadêmica, 2012, p. 172.

# Litigância Predatória e Poder Público em Juízo

*Jorge Rodrigo Araújo Messias*[1]
*Marcelo Eugênio Feitosa Almeida*[2]

**Sumário:** introdução. **1.** Conceito de Litigância Predatória (e o que não é litigância predatória); **2.** Impactos da Litigância Predatória; **3.** Subsistema Processual Antilitigância Predatória; **4.** Litigância Predatória Associativa; **5.** Litigância Predatória Passiva; **6.** A Jurisprudência do STJ sobre Litigância Predatória; **7.** Estratégias de Combate à Litigância Predatória; conclusão; referências.

## INTRODUÇÃO

A litigância predatória, fenômeno que desafia a integridade e a eficiência do sistema judiciário brasileiro, surge como uma barreira significativa ao acesso à justiça. Esta prática abusiva, caracterizada pela multiplicidade de ações judiciais infundadas ou desleais, não apenas sobrecarrega o Judiciário, mas também compromete os princípios de equidade e justiça. O propósito deste capítulo é analisar a litigância predatória enfrentada pela fazenda pública em juízo, ou mesmo antes, a interpretação adequada do direito processual relacionado ao fenômeno e propor novos caminhos para a prevenção e combate a tais práticas.

Prefacialmente, para o correto posicionamento do debate, toda análise sobre litigância predatória deve assumir, de forma honesta e leal, a necessária distinção que há entre este fenômeno e a defesa de direitos homogêneos, realizada por meio das técnicas processuais adequadas e bases jurídicas idôneas. Essa realidade é vivida diariamente por todos os atores do sistema de justiça, em todos os órgãos jurisdicionais do Brasil, sobretudo em demandas que tratam de relações de consumo, relações trabalhistas e demandas envolvendo o poder público.

---

1 Advogado-Geral da União, Procurador da Fazenda Nacional de carreira, graduado em direito pela Universidade Federal de Pernambuco (UFPE) e mestre e doutorando em Desenvolvimento, Sociedade e Cooperação Internacional pela Universidade de Brasília (UnB).

2 Procurador-Geral da União, Advogado da União de carreira, Doutor em Direito pela *Universidad de Salamanca, Visiting Researcher* no Centro de Estudos Sociais da Universidade de Coimbra, possui graduação em Direito pela Universidade Federal do Ceará e mestrado em Direito Processual pela Universidade Católica de Pernambuco.

O sistema processual brasileiro admite a defesa de Direitos de Grupos de Pessoas, seja na forma de ações coletivas, seja por meio de ações individuais, que serão repetitivas. Nosso sistema prevê, ainda, técnicas processuais adequadas ao tratamento de cada uma dessas situações, que, destacamos e repetimos, não se confundem com o fenômeno da litigância predatória.

É muito importante reiterar, para a correta compreensão do debate ora proposto, que defesa ou busca em juízo de direitos de grupos de pessoas não se caracteriza, por si só, como litigância predatória. O simples fato de a demanda ser pulverizada não significa que se trata de demanda predatória. Esse ponto é essencial e será oportuna e adequadamente tratado: a demarcação de fronteiras claras entre litigância predatória e litigância de massa.

Fixado esse esclarecimento, voltamos ao tema da litigância predatória, tema que não é um problema novo, mas ganhou maior destaque nos últimos anos devido ao aumento significativo do número de processos judiciais no Brasil. Com finalidade de problematizar, justificar e alertar acerca da urgência do tema, vale lembrar que o Brasil tem hoje 82 milhões de processos pendentes, segundo o dataJud, a base nacional de dados do poder judiciário[3].

Em face da administração pública federal direta e indireta, tem-se observado indícios de litigância predatória no ajuizamento de demandas envolvendo vícios construtivos, atrasos na entrega de obras no âmbito do SFH, reajuste do FGTS, empréstimos consignados, DPVAT, dano moral em ações de direito bancário, ações de saúde, ações sobre políticas educacionais, ações sobre auxílios de natureza especial e em ações previdenciárias, entre outras.

A proliferação de ações judiciais com características de litigância predatória representa um grande desafio para o sistema judiciário, que já enfrenta dificuldades em administrar a alta demanda de litígios. Este fenômeno impõe um fardo adicional sobre os recursos judiciais, causando atrasos e aumentando os custos processuais para todas as partes envolvidas.

No entanto, como dito, e iniciaremos este capítulo falando justamente disso, é fundamental distinguir entre litigância predatória e liti-

---

3 https://justica-em-numeros.cnj.jus.br/painel-estatisticas/, acesso em 240/06/2024, com dados até31/03/2024.

gância repetitiva legítima. A litigância predatória é caracterizada por ações desleais e abusivas, enquanto a litigância repetitiva pode ser uma ferramenta necessária para a proteção de direitos coletivos e individuais. A distinção clara entre esses dois tipos de litigância, sobretudo na judicialização de direito público, é crucial para a implementação de medidas eficazes de combate à litigância predatória sem comprometer o acesso à justiça.

Este capítulo também discutirá tipos específicos de demandismo, como o STJ tem tratado o tema e as estratégias para identificar e coibir práticas predatórias, destacando a importância da colaboração interinstitucional e do uso de tecnologias de gestão do conhecimento. Além disso, serão examinados os impactos da litigância predatória no acesso à justiça e as perspectivas futuras para mitigar esse problema. Ao final, espera-se fornecer uma análise abrangente que contribua para um sistema judiciário mais justo e eficiente.

## 1. CONCEITO DE LITIGÂNCIA PREDATÓRIA (E O QUE NÃO É LITIGÂNCIA PREDATÓRIA)

A litigância predatória pode ser definida como o uso abusivo do direito de ação com o objetivo de obter vantagens indevidas, reduzir direitos de defesa ou sobrecarregar o sistema judicial. Essa prática inclui a criação de conflitos artificiais, o ajuizamento sucessivo e repetitivo de ações sem fundamentação idônea e com elementos fraudulentos ou a utilização de meios para induzir o Judiciário a erro. Diferente da litigância de massa, que visa à defesa de direitos homogêneos de maneira legítima, a litigância predatória se caracteriza pela deslealdade processual e pelo intuito doloso de prejudicar a parte adversa ou o sistema de justiça.

A criação de conflitos artificiais é uma das características mais evidentes da litigância predatória. Litigantes predatórios frequentemente fabricam situações ou exageram circunstâncias para justificar a propositura de ações judiciais. Essas ações não têm mérito substancial e são frequentemente usadas como táticas para esgotar recursos do poder judiciário ou reduzir a capacidade de defesa da parte adversa. Esse comportamento não apenas desperdiça recursos financeiros, humanos, lógicos e estruturais, mas também mina a confiança pública no sistema judicial.[4]

4 Sousa, V. C., & Medrado, L. C. (2023). As Demandas Predatórias Como Fator De Violação Do PrincípioDa Razoável Duração Do Processo. Revista Ibero-Americana de Humanidades, Ciências e Educação, *9*(9)p. 4331.

No caso da judicialização de direito público, agrega-se aos efeitos perniciosos da litigância predatória a redução da capacidade ou alcance de uma política pública de atingir seus objetivos, quando objeto de demandismo ilegítimo de alto volume, como visto em casos de judicialização perniciosa da saúde ou de políticas educacionais.

A utilização de meios fraudulentos para induzir o Judiciário a erro também é uma tática empregada por litigantes predatórios. Isso pode incluir a apresentação de provas falsas, a manipulação de testemunhas ou a omissão de informações cruciais. Tais práticas não apenas violam os princípios éticos e legais, mas também comprometem a integridade do sistema judicial. Identificar e sancionar esses comportamentos é essencial para manter a confiança no Judiciário.

De acordo com informações da rede de monitoramento da litigância predatória, organizada pela Corregedoria Nacional de Justiça, existem sinais que podem indicar a presença de demandas predatórias: um número excessivo e desproporcional de ações propostas por autores residentes fora das comarcas habituais; petições iniciais utilizando o mesmo comprovante de residência para várias ações; um grande volume de postulações por advogados de fora da comarca, concentradas em um curto período; petições iniciais sem documentos mínimos para comprovar as alegações ou com documentos irrelevantes para a causa; procuração genérica, desatualizada e/ou com assinatura montada, colada, a rogo ou com uso de certificado digital não qualificado.[5]

Compreender e desenvolver um teste para a identificação da litigância predatória é crucial para o correto tratamento do fenômeno. Identificar prontamente práticas predatórias permite ao sistema judicial evitar o desperdício de recursos e tempo em litígios infundados, focando seus esforços em demandas legítimas e relevantes.

Um teste de identificação assegura que o direito de acesso à justiça não seja abusado, garantindo que o sistema não seja sobrecarregado por práticas desleais e permitindo que os processos legítimos sejam tratados com a celeridade e a atenção devidas[6]. Ao estabelecer um método claro para a identificação de litigância predatória, cria-se um desincentivo para que partes e advogados utilizem práticas abusivas, sabendo que essas serão detectadas e sancionadas.

5 NOTA TÉCNICA CONJUNTA Nº 02/ 2024 – REINT/CLIPR/CLISC/CLIRS

6 Sousa, V. C., & Medrado, L. C. *op cit.*, p. 4349.

O teste que propomos, em duas etapas, busca identificar a litigância predatória, assumindo uma dimensão extraprocessual. Primeiramente, diante dos casos concretos, deve-se perguntar: há ajuizamento sucessivo e repetitivo de ações, relacionáveis entre si, com objeto semelhante? Em caso afirmativo, a segunda pergunta a ser feita é: existem elementos de fraude ou abusividade presentes, como ofensa ao juízo natural, violação ao código de ética da OAB, redução de direito de defesa, documentos pessoais da parte desatualizados etc.? Se ambas as perguntas forem respondidas positivamente, estamos diante de um caso de litigância predatória.

Finalmente, a distinção entre litigância predatória e litigância repetitiva é fundamental para a correta aplicação de medidas preventivas e sancionatórias. Enquanto a litigância repetitiva pode ser uma manifestação legítima do direito de ação, especialmente em questões que envolvem direitos coletivos, a litigância predatória é marcada pela intenção de abusar do sistema judicial, criando entraves desnecessários ao andamento processual e à realização da justiça.

## 2. IMPACTOS DA LITIGÂNCIA PREDATÓRIA

A litigância predatória afeta diretamente o acesso à justiça ao sobrecarregar o Judiciário com demandas infundadas e constituídas em bases fraudulentas, prolongando a resolução de conflitos e desviando recursos de casos legítimos. Esse fenômeno não só prejudica as partes envolvidas, que enfrentam atrasos e custos adicionais, mas também compromete a eficiência do sistema judicial como um todo, aumentando a taxa de congestionamento processual e dificultando a prestação jurisdicional efetiva.

A sobrecarga do Judiciário decorrente da litigância predatória tem implicações profundas para a sociedade. O aumento no tempo de tramitação dos processos reduz a confiança dos cidadãos na capacidade do sistema de resolver disputas de maneira justa e célere. Ademais, os recursos gastos com a administração de ações predatórias poderiam ser melhor utilizados para melhorar a infraestrutura judicial e promover a capacitação de magistrados e servidores.

Portanto, o direito fundamental ao acesso à justiça está exposto ao exercício abusivo do direito, e dele deve ser protegido. Michele Taruffo argumenta que as garantias processuais têm um propósito fundamental de proteger os direitos dos litigantes, garantindo que o processo judicial seja justo e equitativo. No entanto, ele enfatiza que essas garantias não devem ser usadas para justificar ou proteger práticas abusivas dentro do sistema judicial. De forma bastante precisa, defende que "garantias processuais não protegem e não legitimam práticas abusivas. Elas visam a proteger direitos, não a legitimar condutas injustas e nocivas".[7] No contexto da litigância predatória, a perspectiva de Taruffo é particularmente relevante justamente porque litigantes predatórios frequentemente tentam se valer das garantias processuais para aplicar suas estratégias. A aplicação rigorosa dos princípios de boa-fé e cooperação, juntamente com a identificação e punição de práticas de má-fé, são essenciais para manter a justiça e a integridade do sistema processual.

Dessa forma, a visão de Taruffo proporciona uma base teórica importante para a implementação de mecanismos que previnam a litigância predatória e garantam que as garantias processuais cumpram sua verdadeira função de proteger direitos e promover a justiça. Assim, a defesa do sistema de justiça ante práticas predatórias é, na verdade, defesa do próprio direito fundamental ao acesso à justiça.[8]

Um dos maiores desafios da litigância predatória é seu impacto negativo sobre a celeridade processual. A multiplicação de ações infundadas atrasa a resolução de processos legítimos, aumentando o tempo necessário para que as partes obtenham uma decisão final. Isso pode ser particularmente prejudicial em casos que envolvem direitos fundamentais, onde a demora na prestação jurisdicional pode resultar em danos irreparáveis para as partes envolvidas[9].

Além disso, a litigância predatória aumenta os custos do processo para todas as partes envolvidas. Os litigantes precisam gastar mais tempo e recursos para defender-se contra ações infundadas, e o próprio sistema judicial enfrenta custos adicionais com a administração dessas demandas. Esses custos adicionais podem desincentivar o acesso à justiça, especialmente para indivíduos e grupos com recursos limitados.

Para o sistema judicial, a litigância predatória representa um desafio significativo na administração da justiça. Além de aumentar a carga de trabalho dos juízes e servidores, essas práticas abusivas também podem distorcer as estatísticas judiciais, dificultando a análise precisa

7 Taruffo, M. (2009). *La Prueba de los Hechos*. Madrid: Trotta Editorial, p.165.

8 *Op. cit.*, p.165

9 Sousa, V. C., & Medrado, L. C. *op cit.*, p. 4344.

da eficiência e eficácia do sistema. Identificar e coibir a litigância predatória é, portanto, crucial para a manutenção de um sistema judicial funcional e confiável.

Para além do prejuízo ao acesso à justiça, é crucial destacar, na litigância de direito público, os efeitos nefastos sobre as políticas públicas que são alvo de demandas abusivas. A judicialização da saúde é um exemplo marcante dessa problemática, afetando significativamente o ciclo das políticas públicas.

Ao interferir em cada etapa do ciclo das políticas públicas, essas práticas comprometem a formulação, implementação, monitoramento e avaliação de políticas, desviando recursos essenciais e prejudicando a eficácia dos serviços. Portanto, é essencial desenvolver mecanismos para identificar e coibir a litigância predatória, protegendo a integridade e a eficiência das políticas públicas e assegurando um acesso justo e equitativo aos serviços essenciais.

Ademais, a correta e clara identificação de casos de demandismo abusivo protege também as demandas justas e legítimas relacionadas a políticas públicas. Essas ações, mesmo que repetitivas, promovem um debate dialético importante no poder judiciário, que leva à correção de situação de injustiças, ao aperfeiçoamento da política pública e entrega de direitos a indivíduos e grupos elegíveis para determinada política pública.

## 3. SUBSISTEMA PROCESSUAL ANTILITIGÂNCIA PREDATÓRIA

O subsistema processual antilitigância predatória é um conjunto de ferramentas e princípios previstos no Código de Processo Civil (CPC) brasileiro e outras normas legais e infralegais, que visam prevenir e combater as práticas abusivas no exercício do direito de ação. Essas ferramentas são essenciais para garantir que o direito de ação seja exercido de maneira ética e responsável, protegendo o sistema judicial de sobrecargas desnecessárias e assegurando um acesso à justiça efetivo e justo para os jurisdicionados.

Um dos principais pilares do subsistema processual antilitigância predatória é o princípio da boa-fé processual. Conforme o artigo 5º do CPC, todas as partes devem comportar-se de acordo com a boa-fé, colaborando para que o processo alcance uma decisão justa em tempo razoável. Esse princípio impõe um dever de lealdade e honestidade às partes, evitando práticas que possam prejudicar o andamento processual ou induzir o juiz a erro. A boa-fé processual é um baluarte contra a litigância predatória, pois desestimula comportamentos desleais e abusivos.

Outro princípio fundamental é o da cooperação, estabelecido no artigo 6º do CPC, que determina que todos os sujeitos do processo devem cooperar entre si para que se obtenha uma decisão de mérito justa e efetiva. A cooperação processual visa a construção de um ambiente colaborativo, onde as partes e o juiz trabalham juntos para a resolução do conflito. Esse princípio é especialmente relevante no combate à litigância predatória, pois promove um comportamento proativo e ético das partes, dificultando o uso de estratégias abusivas.

O instituto da litigância de má-fé, previsto no artigo 80 do CPC, é uma ferramenta poderosa contra a litigância predatória. Considera-se litigante de má-fé aquele que deduzir pretensão ou defesa contra texto expresso de lei, alterar a verdade dos fatos, usar do processo para conseguir objetivo ilegal, opor resistência injustificada ao andamento do processo, proceder de modo temerário em qualquer incidente ou ato do processo, provocar incidente manifestamente infundado ou interpor recurso com intuito manifestamente protelatório. As sanções para a litigância de má-fé incluem multas, indenização à parte contrária e outras penalidades cabíveis.

Além das sanções específicas para a má-fé, o CPC também prevê a responsabilidade das partes por atos atentatórios à dignidade da justiça. O artigo 77 estabelece deveres das partes, como expor os fatos conforme a verdade e não formular pretensão ou defesa quando cientes de que são destituídas de fundamento. O descumprimento desses deveres pode resultar em multas de até 20% do valor da causa, conforme a gravidade da conduta. Essa previsão é um importante mecanismo de desestímulo à litigância predatória.

Outro instituto relevante é a tutela provisória de urgência, que pode ser utilizada pelo juiz para prevenir ou cessar práticas predatórias. A tutela provisória pode ser concedida quando houver elementos que evidenciem a probabilidade do direito e o perigo de dano ou o risco ao resultado útil do processo. Essa medida permite uma atuação rápida e eficiente do Judiciário para coibir abusos e garantir que o processo siga seu curso de maneira justa e equilibrada.

O poder geral de cautela, previsto no artigo 139, IV do CPC, permite ao juiz adotar medidas necessárias para prevenir ou remediar abusos processuais. Esse poder é uma ferramenta flexível e eficaz para combater práticas predatórias, permitindo ao juiz agir de maneira proativa para proteger o processo e garantir uma decisão justa. A aplicação do poder geral de cautela é um componente essencial do subsistema processual antilitigância predatória, tema em debate no âmbito no STJ, que será tratado oportunamente.

As consequências aqui mencionadas são aplicáveis também aos casos envolvendo o poder público. Multas, indenizações e outras penalidades podem ser impostas aos litigantes que abusam do direito de ação contra o Estado. Além disso, a utilização de medidas cautelares e de contracautela pode prevenir danos de difícil reparação ao erário público e assegurar que apenas litígios legítimos avancem no sistema judicial. Essas medidas são essenciais para proteger os interesses públicos e garantir um sistema judicial mais justo e eficiente.

Compõe ainda o subsistema antilitigância predatória as normas deontológicas que regulam o exercício da advocacia, consolidadas no Código de Ética e Disciplina da Ordem dos Advogados do Brasil (OAB), anexo único da Resolução n. 02/2015 - CFOAB. A estas normas devem ser somadas as interpretações do Código de Ética fixadas pelos Tribunais de Ética e Disciplina das seções da OAB e do Conselho Federal.

Trata-se de instrumento crucial na luta contra a litigância predatória, pois estabelece os princípios éticos que devem orientar a atuação dos advogados. O artigo 2º do Código de Ética dispõe que o advogado deve atuar com diligência e ética. Esse compromisso ético é fundamental para evitar práticas de litigância predatória e garantir que a advocacia seja exercida de maneira responsável e íntegra.

Assim, advogados que se envolvem em práticas predatórias não apenas comprometem a integridade do sistema judicial, mas também violam seu dever ético para com a profissão e a sociedade. As penalidades para esses comportamentos podem incluir censura, suspensão e até mesmo a exclusão dos quadros da OAB.

Além disso, o artigo 2º do Código de Ética da OAB estabelece que o advogado deve velar pela sua reputação pessoal e profissional, evitando qualquer conduta que possa comprometer a dignidade da advocacia. A litigância predatória é uma prática que claramente compromete essa dignidade, pois envolve a utilização de meios antiéticos para alcançar objetivos processuais. A promoção de uma advocacia ética e responsável é essencial para prevenir a litigância predatória e assegurar que o sistema judicial funcione de maneira justa e eficiente.

O Código de Ética da OAB também prevê mecanismos para a denúncia e punição de práticas predatórias. Advogados, partes e juízes podem denunciar comportamentos antiéticos à OAB, que então investiga as alegações e toma as medidas disciplinares cabíveis. Esse sistema de fiscalização e punição é crucial para manter a integridade da profissão e combater a litigância predatória de maneira eficaz.

O subsistema processual antilitigância predatória é, portanto, uma construção complexa e multifacetada, que envolve a aplicação de princípios éticos, institutos processuais específicos e o uso de tecnologias de gestão do conhecimento. A combinação dessas ferramentas permite ao Judiciário brasileiro enfrentar de maneira eficaz os desafios impostos pela litigância predatória, protegendo o direito de ação e garantindo um acesso à justiça mais justo e eficiente. A contínua evolução e aprimoramento dessas estratégias são essenciais para a manutenção da integridade e da confiança no sistema judicial brasileiro.

## 4. LITIGÂNCIA PREDATÓRIA ASSOCIATIVA

A litigância predatória associativa representa um dos desafios mais complexos enfrentados pelo sistema de justiça. Este fenômeno ocorre quando associações ou grupos de indivíduos utilizam o direito de ação de maneira abusiva, com o intuito de sobrecarregar o sistema judicial ou obter vantagens indevidas. No contexto do poder público em juízo, essa prática pode ter consequências ainda mais graves, prejudicando a administração pública e afetando a política pública destinatária das ações.

A litigância predatória associativa é caracterizada pela apresentação de múltiplas ações judiciais por parte de associações, sindicatos ou grupos de indivíduos manejando artifícios fraudulentos. Essa prática se distingue da litigância coletiva legítima, que visa a proteção de direitos homogêneos de maneira ética e responsável.

Como dito, o Código de Processo Civil brasileiro oferece várias ferramentas para combater a litigância predatória associativa. Entre elas, destaca-se o instituto da litigância de má-fé, previsto no artigo 80 do CPC. Associações que utilizam o processo de maneira abusiva podem ser sancionadas por litigância de má-fé, sendo aplicadas multas e outras penalidades. Além disso, o artigo 77 do CPC impõe deveres de boa-fé e cooperação às partes, estabelecendo que comportamentos desleais e desonestos podem resultar em sanções processuais.

Outra ferramenta importante é o poder geral de cautela, previsto no artigo 139, IV do CPC. Este poder permite que o juiz adote medidas necessárias para prevenir ou remediar abusos processuais, incluindo a concessão de tutelas provisórias para evitar danos ao erário público e garantir que o processo siga seu curso de maneira justa e equilibrada. Essas medidas são essenciais para proteger o poder público contra práticas predatórias e assegurar a integridade do sistema judicial. Da mesma forma, como dito, a ética profissional é um componente crucial na luta contra a litigância predatória associativa. Advogados que representam associações em práticas predatórias violam princípios éticos já mencionados e comprometem a dignidade da profissão.

A contínua evolução e aprimoramento das estratégias de combate à litigância predatória associativa são essenciais para assegurar um acesso à justiça mais justo e eficiente. O compromisso com a ética profissional e a responsabilidade legal é fundamental para garantir que o direito de ação seja exercido de maneira responsável e que o sistema judicial possa continuar a servir a sociedade de maneira justa e eficaz. Somente através de um esforço conjunto e coordenado é possível enfrentar os desafios impostos pela litigância predatória associativa e promover um sistema de justiça mais resiliente e equitativo.

## 5. LITIGÂNCIA PREDATÓRIA PASSIVA

A litigância predatória passiva é uma forma de abuso processual em que o réu, ao invés de agir de forma ética e cooperativa, utiliza táticas fraudulentas e dilatórias para atrasar o andamento do processo judicial. Essas práticas incluem a apresentação de defesas estabelecidas em artifícios fraudulentos, ocultação de bens, esconder-se para evitar comunicações processuais, interpor recursos meramente protelatórios ou a ausência injustificada em audiências. O objetivo é prejudicar a parte adversa, dificultar a solução do litígio e sobrecarregar o sistema judicial, comprometendo a eficácia e a celeridade processual.

Os impactos da litigância predatória passiva são amplos e profundos. Para o sistema judicial, essa prática resulta em um aumento significativo da carga de trabalho dos juízes e servidores, prolongando o tempo de tramitação dos processos e congestionando os tribunais. Esse cenário não só compromete a celeridade processual, como também mina a confiança pública na capacidade do Judiciário de resolver disputas de maneira justa e eficiente. O congestionamento dos tribunais cria um ambiente onde litígios legítimos também sofrem atrasos injustificados.

Para as partes envolvidas, a litigância predatória passiva representa um custo adicional, tanto financeiro quanto emocional. Os autores, que buscam uma resolução rápida e justa para suas demandas, enfrentam atrasos e custos processuais elevados devido às manobras dilatórias dos réus. Esse desgaste pode ser particularmente oneroso para indivíduos e grupos com recursos limitados, que podem ser desestimulados a buscar justiça devido aos obstáculos fraudulentos e artificiais criados pelos réus. O prolongamento desnecessário dos processos também pode resultar em prejuízos irreparáveis, especialmente em litígios envolvendo direitos fundamentais.

## 6. A JURISPRUDÊNCIA DO STJ SOBRE LITIGÂNCIA PREDATÓRIA

O Superior Tribunal de Justiça tem adotado uma postura firme no combate à litigância predatória, desenvolvendo uma jurisprudência robusta que visa coibir tais práticas. Decisões recentes do STJ têm estabelecido critérios claros para a identificação de litigância predatória e a aplicação de tratamentos adequados. Essas medidas incluem a imposição de multas, a responsabilização dos litigantes de má-fé e a adoção de mecanismos processuais para prevenir o abuso do direito de ação.

O STJ tem há muito fixada a interpretação das normas constantes do subistema antilitigância predatória mencionadas anteriormente. Por exemplo, a caracterização da litigância de má-fé, na esteira da jurisprudência já consolidada sobre o assunto, exige no mínimo dois requisitos: o enquadramento específico da conduta em uma das hipóteses taxativamente elencadas no art. 80 e o dolo específico da parte à efetividade do processo, conforme o REsp nº 418.342, Rel. Min. Castro Filho e REsp nº 316.438, Rel. Min. Felix Fisher. Importante lembrar que não se mostra suficiente a afirmação genérica de incidência de quaisquer das hipóteses elencadas no art. 80, sob pena de não permitir à parte o exercício da ampla defesa e do contraditório, conforme o REsp nº 1.035.604, Min. Eliana Calmon.

Além de configurar uma infração disciplinar conforme previsto no Estatuto da Advocacia (art. 34), o advogado que apresentar uma pretensão contrária ao texto legal expresso ou distorcer o conteúdo de normas, doutrinas ou jurisprudências estará sujeito às sanções processuais estabelecidas no § 2º do art. 81 do CPC, conforme fixado no REsp nº 947.927-AgRg, Rel. Min. Nancy Andrighi.

O tema 1198, ainda em julgamento, é particularmente relevante nesse contexto. Este tema aborda a possibilidade de utilização do poder geral de cautela pelo juiz no momento da propositura da ação para identificar e coibir práticas predatórias. A discussão sobre o tema reflete a necessidade de um balanceamento entre o direito de acesso à justiça e a proteção do sistema judicial contra abusos.

As sustentações orais realizadas na audiência pública e as manifestações dos ministros do STJ destacaram, outrossim, a importância de distinguir entre litigância predatória e litigância repetitiva. A adoção de critérios claros e objetivos para identificar práticas predatórias é essencial para garantir que o direito de ação não seja utilizado de maneira abusiva.

Um aspecto importante do tema 1198 é a consideração do poder geral de cautela como uma ferramenta preventiva. Esse poder permite que os juízes tomem medidas antecipadas para evitar danos irreparáveis ou prejuízos significativos decorrentes de práticas predatórias. A aplicação adequada desse poder pode ser um instrumento eficaz na proteção do sistema judicial contra abusos, garantindo que as ações judiciais sejam fundamentadas e legítimas.

Além disso, o STJ tem promovido a colaboração interinstitucional como uma estratégia para combater a litigância predatória. A cooperação entre diferentes órgãos judiciais e administrativos permite uma abordagem mais coordenada e eficaz no combate a práticas abusivas. Essa colaboração é essencial para a criação de um sistema judicial mais resiliente e capaz de enfrentar os desafios impostos pela litigância predatória.

## 7. ESTRATÉGIAS DE COMBATE À LITIGÂNCIA PREDATÓRIA

Para mitigar os efeitos da litigância predatória, os atores do sistema de justiça têm adotado diversas estratégias. Entre elas, destaca-se a combinação do manejo das normas que compõem o subsistema antilitigância predatória com a utilização de tecnologias avançadas, como sistemas de Business Intelligence (BI) e análise de grandes volumes de dados (Big Data), para monitorar e identificar padrões de litigância abusiva. Essas ferramentas permitem uma análise mais precisa e eficiente dos processos, facilitando a identificação de práticas predatórias e a tomada de medidas preventivas.

A utilização de tecnologias de gestão do conhecimento é uma das abordagens mais promissoras no combate à litigância predatória. Ferramentas como o BI e o Big Data podem ajudar a identificar padrões suspeitos em ações judiciais, permitindo que a parte prejudicada ou o Judiciário atuem de maneira proativa para coibir práticas abusivas. A análise de grandes volumes de dados pode revelar tendências e comportamentos que seriam difíceis de detectar por meio de métodos tradicionais, proporcionando uma vantagem significativa na luta contra a litigância predatória.

Assim, o desenvolvimento de painéis e dashboards de monitoramento é uma ferramenta poderosa na identificação de práticas predatórias. Esses painéis podem fornecer uma visão analítica detalhada da judicialização, permitindo uma resposta mais rápida e eficaz às ações abusivas. A utilização de tecnologias avançadas para monitoramento e análise de processos pode ajudar a identificar padrões de litigância predatória e informar a tomada de decisões estratégicas.

A regulamentação e a promoção de boas práticas também são essenciais para combater a litigância predatória. A promoção de uma cultura de exercício ético da advocacia pode ajudar a reduzir a incidência de ações abusivas. Essas medidas podem ser complementadas por campanhas para advogados e partes, promovendo uma maior compreensão dos impactos negativos da litigância predatória[10].

O Conselho Nacional de Justiça, com o objetivo de combater esse tipo de prática abusiva de efeitos deletérios para o Poder Judiciário, concebeu a Diretriz Estratégica n. 7[11] para as Corregedorias. A diretriz determina que as Corregedorias envidem esforços no sentido de regulamentar e promover práticas e protocolos para o combate à litigância predatória, preferencialmente com a criação de meios eletrônicos para o monitoramento de processos e alimentação de um painel único pela Corregedoria Nacional de Justiça.

Nesse sentido, foi criado um painel com informações acerca dos órgãos responsáveis pelo monitoramento e fiscalização de feitos judiciais com características predatórias e os dados de contato das unidades em cada tribunal. Ademais, sistematiza decisões exaradas e notas técnicas editadas pelos tribunais sobre o assunto, com ampla possibilidade de consulta.

---

10 https://www.cnj.jus.br/programas-e-acoes/litigancia-predatoria/, acesso em 25/06/2024.

11 A Diretriz Estratégica n. 7 determina que cabe aos Tribunais regulamentar e promover práticas eprotocolos para o combate à litigância predatória, preferencialmente com a criação de meios eletrônicos para o monitoramento de processos, bem como transferir as respectivas informações à Corregedoria Nacional, com vistas à alimentação de um painel único, que deverá ser criado com essa finalidade.

A diretriz foi mantida para o ano de 2024, sob o número 6, que determina:

> "Promover práticas e protocolos para tratamento da litigância predatória, no que couber e dentro das atribuições da Corregedoria, inclusive mediante a criação de painel eletrônico e alimentação periódica do banco de informações na página da Corregedoria Nacional de Justiça."

Da mesma forma, os Centros de Inteligências dos Tribunais têm sugerido aos magistrados diligências e providências processuais, a serem adotadas, ao prudente critério do magistrado e de acordo com a conveniência do caso concreto, com fundamento no princípio constitucional do regular acesso à justiça e no poder geral de cautela do juiz.[12]

As recomendações compreendem, em linha preconizada e debatida no já mencionado Tema 1198, a intimação da parte para a emenda à inicial; intimação da parte para a juntada de procuração atualizada e/ ou regularizada; intimação da parte para a apresentação de comprovante de endereço atualizado e novos documentos pessoais; intimação da parte para apresentação de documentos que comprovem a condição informada na inicial quanto ao seu enquadramento na tese narrada; intimação da parte para apresentar documentos expedidos pelo próprio órgão do registro, nos casos de cadastros de restrição a crédito ou de registros públicos, ou com comprovação de data e local da expedição, no caso de laudos e fotos; designação de audiência de conciliação na unidade e, entre outros, intimação para comparecimento pessoal da parte perante o Juízo, quando houver dúvida de que tenha ela consentido com o ajuizamento da demanda.[13]

A colaboração interinstitucional é outra estratégia crucial no combate à litigância predatória. No âmbito da justiça federal, a integração entre Advocacia-Geral da União, os Tribunais Regionais e a Ordem dos Advogados do Brasil permite um fluxo de informações mais eficaz e a implementação de medidas coordenadas para coibir o abuso do direito de ação[14]. Além disso, a regulamentação e a promoção de práticas e protocolos específicos para o combate à litigância predatória são essenciais para fortalecer a resposta institucional a esse fenômeno.

---

12 NOTA TÉCNICA CONJUNTA Nº 02/ 2024 – REINT/CLIPR/CLISC/CLIRS.

13 *Idem.*

14 NOTA TÉCNICA CIJMG Nº 1/2022.

## CONCLUSÃO

A litigância predatória é um desafio persistente que exige uma abordagem equilibrada e eficaz para assegurar que o direito de acesso à justiça não seja comprometido por práticas desleais. O Superior Tribunal de Justiça, por meio de sua jurisprudência e do julgamento do tema 1198 em curso, tem desempenhado um papel fundamental na identificação e coibição dessas práticas. A utilização de tecnologias avançadas, a colaboração interinstitucional e a adoção de medidas preventivas são estratégias essenciais para mitigar os efeitos da litigância predatória e promover um sistema de justiça mais eficiente e justo.

Este capítulo espera contribuir para a compreensão e o desenvolvimento de estratégias eficazes no combate à litigância predatória, promovendo um sistema de justiça mais acessível, eficiente e equitativo. A análise detalhada das decisões do STJ e do tema 1198 oferece insights valiosos para advogados, magistrados e formuladores de políticas públicas na busca por um Judiciário mais justo e resiliente.

A importância de um sistema judicial eficiente não pode ser subestimada. A capacidade de resolver disputas de maneira justa e rápida é fundamental para a manutenção da ordem social e a proteção dos direitos individuais e coletivos. A litigância predatória, ao comprometer essa capacidade, representa uma ameaça significativa que deve ser enfrentada com determinação, cooperação e inovação.

A colaboração entre diferentes instituições e a utilização de tecnologias avançadas são passos importantes na luta contra a litigância predatória. Ao trabalhar juntos e utilizar as ferramentas disponíveis de maneira eficaz, é possível criar um sistema judicial mais resiliente e capaz de enfrentar os desafios do futuro. Essa abordagem integrada é essencial para garantir que o sistema judicial possa continuar a servir a sociedade de maneira justa e eficaz.

Por fim, é crucial continuar a promover a educação e a conscientização sobre os impactos negativos da litigância predatória. Advogados públicos, privados, magistrados e partes devem estar cientes das consequências dessas práticas e comprometidos com a promoção de uma cultura de responsabilidade ética e legal. Somente através de um esforço conjunto podemos garantir um acesso à justiça verdadeiramente equitativo para todos.

## REFERÊNCIAS

MOURÃO,S.A.deF.,Freitas,T.A.de,&Guglinski,V.(2023,22denovembro).Afaláciado termo 'litigância predatória'. *Consultor Jurídico*. Recuperado de https://www.conjur.com.br/2023-nov-22/a-falacia-do-termo-litigancia-predatoria/.

SILVA, L. H. S., Zucoloto, G. F., & Barbosa, D. B. (2009). Litigância predatória no Brasil. *Instituto de Pesquisa Econômica Aplicada (IPEA).*

SOUSA, V. C., & Medrado, L. C. (2023). As Demandas Predatórias como Fator de Violação do Princípio da Razoável Duração do Processo. *Revista Ibero-Americana de Humanidades, Ciências e Educação, 9*(9), 4328-4354.

SOUZA NETTO, José Laurindo; Garcel, Adriane; Hippertt, Karen Paiva (2022). Acesso inautêntico à justiça e a crise da jurisdição: as taxas processuais na litigância predatória. Revista de Processo, Jurisdição e Efetividade da Jjustiça, v. 8, n. 1, pp. 15-47.

SOUZA, F. R. (2020). O acesso à justiça pela via do litígio estratégico: enfrentando a litigiosidade habitual predatória. *Revista da Defensoria Pública do Estado de Minas Gerais, 109.*

TARUFFO, M. (2009). *La Prueba de los Hechos.* Madrid: Trotta Editorial.

VIARO, F. (2022, 2 de maio). O fenômeno das 'fake lides'. *Consultor Jurídico.* Recuperado de https://www.conjur.com.br/2022-mai-02/felipe-viaro-fenomeno-fake-lides/

VIARO, F. (2022, 9 de maio). Litigiosidade predatória: Conceitos e casos. *Consultor Jurídico.* Recuperado de https://www.conjur.com.br/2022-mai-09/felipe-viaro- litigiosidade-predatoria-conceitos-casos/

ZULIANI, G. (2022). Litigância predatória: Juiz explica modus operandi dos profissionais. *Migalhas.*

# A POSSIBILIDADE DE O CNJ AFASTAR AS LEIS QUE CONFLITEM COM A CONSTITUIÇÃO FEDERAL E SEU IMPACTO NA AUTONOMIA DOS TRIBUNAIS A PARTIR DA JURISPRUDÊNCIA DO STF

*Fernando Cesar Baptista de Mattos*[1]

**Sumário: 1.** Introdução. **2.** A EC nº 45/04 e a EC nº 61/09. O Conselho Nacional de Justiça como órgão administrativo nacional de controle e planejamento estratégico do Poder Judiciário. **3.** A possibilidade de o CNJ afastar a leis que conflitem com a Constituição Federal e seu impacto na autonomia dos tribunais a partir da jurisprudência do STF. **4.** Conclusão. **5.** Referências.

## 1. INTRODUÇÃO

A grande expectativa de modernização do Poder Judiciário Brasileiro se deu com a criação pela Emenda Constitucional nº 45/04 do Conselho Nacional de Justiça pensado para ser um órgão central de coordenação dos tribunais brasileiros, na elaboração de políticas públicas, planejamento estratégico e controle censório.

Neste artigo se almeja resgatar, inicialmente, a origem do Conselho Nacional de Justiça, ainda na sua formulação no início dos anos 1990, pouco depois da promulgação da Constituição de 1988. A seguir, cuida-se da promulgação da chamada primeira etapa da Reforma do Poder Judiciário e o subsequente debate sobre a constitucionalidade da criação de um órgão central e nacional de controle e planejamento estratégico da Justiça brasileira, com exceção do Supremo Tribunal Federal.

Na segunda parte deste artigo é tratado o impacto da instituição do CNJ sobre o autogoverno dos tribunais. Examina-se a construção jurisprudencial do Supremo Tribunal Federal, com foco na possibilidade de órgãos administrativos de estatura constitucional afastarem normas estaduais que desbordem da juridicidade e o impacto dessa providência na autonomia dos tribunais.

---

1 Juiz Federal. Juiz auxiliar do Gabinete do Ministro Humberto Martins do Superior Tribunal de Justiça. Mestre em Direito pela Faculdade de Direito da UERJ. Conselheiro do CNJ (biênios 2015-2017 e 2017-2019).

## 2. A EC Nº 45/04 E A EC Nº 61/09. O CONSELHO NACIONAL DE JUSTIÇA COMO ÓRGÃO ADMINISTRATIVO NACIONAL DE CONTROLE E PLANEJAMENTO DO PODER JUDICIÁRIO.

A origem da chamada Reforma do Poder Judiciário foi a Proposta de Emenda Constitucional nº 96, de 26/03/1992. Depois de uma tramitação de mais de doze anos, foi promulgada a Emenda Constitucional nº 45, de 30 de dezembro de 2004, que, dentre outros aspectos, instituiu o direito fundamental à duração razoável do processo, as súmulas com efeito vinculante, a repercussão geral, estabeleceu a equivalência dos tratados de direitos humanos aprovados por quorum qualificado às emendas constitucionais e, no que no que será aqui tratado, criou o Conselho Nacional de Justiça – CNJ.

Note-se que parte do regime jurídico-institucional do Conselho Nacional de Justiça terminou por ser devolvida para reexame pela Câmara dos Deputados, diante de alterações na proposta de emenda constitucional pelo Senado Federal (PEC nº 358/2005). Veja-se, por exemplo, que a EC nº 45/04 (a) cuidou de estabelecer o foro por prerrogativa de função para os integrantes do CNJ e do CNMP no Senado Federal para o processamento e julgamento dos crimes de responsabilidade (CF, art. 52, II), mas não para os crimes comuns no Supremo Tribunal Federal (PEC nº 358/05 - art. 102, I, b) e (b) não tratou expressamente das vedações dos membros do CNJ e do CNMP (PEC nº 358/05 - art. 103-B, § 8º e 130-A, § 6º)[2].

Parte dessas lacunas foi preenchida pelo Supremo Tribunal Federal no julgamento da ADI 3367 em que se debateu a higidez constitucional do CNJ. Em acórdão de relatoria do Ministro Cezar Peluso[3] foi reconhecida a juridicidade da instituição do CNJ.

2 Art. 103-B, (...) §8º É vedado ao membro do Conselho, referido nos incisos XII e XIII, durante o exercício do mandato: a) exercer outro cargo ou função, salvo uma de magistério; b) dedicar-se a atividade político-partidária; c) exercer, em todo o território nacional, a advocacia. Art. 130-A (...) § 6º É vedado ao membro do Conselho, referido nos incisos V e VI do caput, durante o exercício do mandato: a) exercer outro cargo ou função, salvo uma de magistério; b) dedicar-se a atividade político-partidária; c) exercer, em todo o território nacional, a advocacia.ttps://www.camara.leg.br/proposicoesWeb/prop_mostrarintegra?codteor=261223&filename=PEC%20358/2005 (acesso em 18/06/2024).

3 ADI 3367, Relator(a): CEZAR PELUSO, Tribunal Pleno, julgado em 13-04-2005, DJ 17-03-2006 PP-00004 EMENT VOL-02225-01 PP-00182 REPUBLICAÇÃO: DJ 22-09-2006 PP-00029.

De fato, ficou assentado que o Conselho Nacional de Justiça é órgão integrante do Poder Judiciário Nacional, formado por maioria de magistrados, com competência estritamente administrativa, de controle financeiro e disciplinar da magistratura. Daí porque não ofende o princípio da separação dos poderes ou da independência dos magistrados e dos tribunais, na medida em que respeita os instrumentos previstos na Constituição para o exercício da independência judicial (*vg* CF, arts. 95, 96 e 99).

Por outro lado, o Conselho Nacional de Justiça está submetido ao Supremo Tribunal Federal, guardião da Constituição responsável por velar pela independência e imparcialidade da magistratura, como se observa de trecho do voto do Ministro Cezar Peluso:

> "Ninguém pode, aliás, alimentar nenhuma dúvida, a respeito da posição constitucional de superioridade absoluta desta Corte como órgão supremo do Judiciário e, como tal, armado de preeminência hierárquica sobre o Conselho, cujos atos e decisões, todos de natureza só administrativa, estão sujeitos a seu incontrastável controle jurisdicional."

O Supremo Tribunal Federal cuidou de distinguir a criação do CNJ do enunciado da Súmula 649 (*"É inconstitucional a criação, por Constituição Estadual, de órgão de controle administrativo do Poder Judiciário do qual participem representantes de outros poderes ou entidades"*). A hipótese vedada pelo STF está relacionada a leis estaduais que criaram conselhos da magistratura estaduais, como órgãos externos de controle, sem a presença majoritária de membros pertencentes às respectivas magistraturas. Diversamente, o CNJ é órgão interno formado por maioria qualificada (três quintos) de magistrados e magistradas.

Por fim, ficou assentado que os integrantes do CNJ são membros do Poder Judiciário e, portanto, os representantes indicados pelo ministério público, advocacia e pelo parlamento estão sujeitos às mesmas vedações impostas aos magistrados durante o exercício dos respectivos mandatos, ainda que pendente de aprovação a PEC 358/05[4] (CF, arts. 95, parágrafo único e 128, § 5º, inc. II) [5].

---

4 Registre-se que a PEC 358/05 foi arquivada. https://www.camara.leg.br/proposicoesWeb/fichadetramitacao?idProposicao=274765&fichaAmigavel=nao (acesso em 18/06/2024)

5 O Regimento Interno do CNJ prevê no § 3º do art. 11: "Os Conselheiros não integrantes das carreiras da magistratura terão os mesmos direitos, prerrogativas,

O Conselho Nacional de Justiça, originariamente, era composto por quinze integrantes, presidido por Ministro do Supremo Tribunal Federal e tendo por Corregedor Nacional de Justiça, o Ministro indicado pelo Superior Tribunal de Justiça. Interessante notar que todos os membros do CNJ deveriam ter entre trinta e cinco e sessenta e seis anos de idade e seriam nomeados pelo Presidente da República após aprovação pela maioria absoluta do Senado Federal. A EC nº 01/09 estabeleceu que o Presidente do Conselho Nacional de Justiça é o Presidente do Supremo Tribunal Federal e nas suas ausências e impedimentos será substituído pelo Vice-Presidente do STF. A referida emenda também suprimiu os limites de idade e a necessidade de aprovação pelo Senado Federal do Presidente e do Vice-Presidente do Supremo Tribunal Federal[6].

A justificativa para a supressão do limite de idade estava focada na possibilidade de um Ministro do Supremo Tribunal Federal assumir a presidência da Corte Constitucional com idade superior a sessenta e seis anos, mas ficar impedido de assumir a presidência do Conselho Nacional de Justiça, o que seria inadequado. Do mesmo modo, eventuais restrições de idade deveriam estar presentes nas instituições de origem dos conselheiros e conselheiras do CNJ.[7]

A Emenda Constitucional nº 45/04 cuidou, portanto, de criar um órgão com variadas competências que percorrem desde o controle administrativo e financeiro do Poder Judiciário, o cumprimento dos princípios da administração pública (CF, art. 37), dos deveres funcionais dos magis-

deveres, impedimentos constitucionais e legais, suspeições e incompatibilidades que regem a carreira da magistratura, no que couber, enquanto perdurar o mandato". O Regimento Interno do CNMP traz vedação menos restritiva: "Os demais Conselheiros terão as mesmas prerrogativas, deveres, impedimentos, suspeições e incompatibilidades que regem a carreira do Ministério Público, no que couber, **salvo quanto à vedação do exercício da advocacia, que será regulada pelo disposto na Lei nº 8.906, de 4 de julho de 1994**" (art. 22, §2º). Em ambos os casos há previsão de quarentena de dois anos após o encerramento dos mandatos para advogar perante os conselhos.

6 A PEC 37/2017 do Senado Federal pretendeu excluir o Ministro do STJ de arguição pública promovida pelo Senado Federal para apreciar sua indicação para compor o Conselho Nacional de Justiça. No entanto, a proposta foi arquivada em 21/12/2018. https://www25.senado.leg.br/web/atividade/materias/-/materia/131536 (acesso em 18/06/2024).

7 https://legis.senado.leg.br/sdleg-getter/documento?dm=3647203&ts=1630409347057&disposition=inline (acesso em 18/07/2024).

trados, recebendo reclamações, revisando procedimentos administrativos disciplinares, mas também a defesa da autonomia do Poder Judiciário.

O controle administrativo e financeiro do Poder Judiciário por um órgão nacional traduz a expectativa de toda sociedade brasileira pela maior transparência e eficiência da justiça, lembrando que em 1998 a EC nº 19 introduziu o princípio da eficiência como um dos princípios da administração pública, ao lado dos princípios da legalidade, impessoalidade, moralidade e publicidade, procurando instituir uma administração gerencial centrada em metas e resultados.

Especialmente deve-se considerar a importante função do CNJ que está relacionada com o planejamento estratégico de todo o Poder Judiciário e da instituição de políticas públicas para a melhoria orgânica e dos serviços prestados pelo Poder Judiciário brasileiro. Isso se reflete, de início, na própria composição do CNJ, representada por todos os integrantes do sistema de justiça (magistratura, ministério público e advocacia) como também por representantes da sociedade civil indicados um pela Câmara dos Deputados e outro pelo Senado Federal[8]. A magistratura está representada por todas as instâncias do Poder Judiciário, desde juízes de primeiro grau, passando por desembargadores e ministros dos Tribunais Superiores e do Supremo Tribunal Federal.

O CNJ surge também como um órgão de diálogo e integração dos diversos tribunais e os ramos da Justiça brasileira[9]. A Justiça Federal e a Justiça do Trabalho já contavam com órgãos centrais de supervisão administrativa e controle quais sejam o Conselho da Justiça Federal – CJF

8 O Ministro Celso de Mello deferiu medida liminar no MS 26715 (DJ de 18/06/2007) para assentar a impossibilidade de a Câmara dos Deputados indicar membros do Ministério Público na vaga que lhe é destinada na composição do CNMP forte na violação à necessária diversidade corporativa e social e na possível ruptura na relação de proporcionalidade do Ministério Público e de um ramo do Ministério Público articuladas pela EC nº 45/04 na composição do CNMP. O processo foi extinto em virtude da homologação de pedido de desistência (https://portal.stf.jus.br/processos/detalhe.asp?incidente=2528259 – acesso em 22/06/2024).

9 Como bem pontua o Ministro Gilmar Mendes, o CNJ "foi concebido como modelo de integração e coordenação dos diversos órgãos do Poder Judiciário, por meio de uma instituição central com atribuições de controle e fiscalização de caráter administrativo, financeiro e correcional". (A criação do CNJ pela Emenda Constitucional nº 45 e a consolidação do Judiciário como Poder Nacional *in* DIAS TOFFOLI, Felipe Santa Cruz, André Godinho (organizadores). Emenda Constitucional nº 45/2004: 15 anos do novo poder judiciário – Brasília: OAB, Conselho Federal, 2019, p. 197-209).

e o Conselho Superior da Justiça do Trabalho - CSJT[10], mas com a instituição do CNJ, todas as justiças brasileiras puderam dialogar e interagir, atuando o CNJ como responsável pela construção de políticas públicas comuns, respeitando as peculiaridades de cada uma.

Assim, a Emenda Constitucional nº 45/04 estabeleceu, em definitivo, o caráter nacional do Poder Judiciário. Até a criação do Conselho Nacional de Justiça cada tribunal resolvia em definitivo, à exceção de eventual controle jurisdicional no próprio tribunal, todas as questões administrativas. Esse novo desenho institucional do Poder Judiciário, agora dotado de um órgão central e nacional de controle administrativo, financeiro e planejamento, importou em readequação da autonomia administrativa até então vivenciada pelas cortes brasileiras na redação originária da Constituição de 1988. E sobre o Conselho Nacional de Justiça, como seu órgão de controle, o Supremo Tribunal Federal.

É importante registrar que tem sido bastante ampla a atuação do CNJ, na maior parte das vezes em conjunto com os tribunais, para o estabelecimento de medidas para o aprimoramento dos serviços judiciários[11]. No início, o CNJ passou por momentos de afirmação, des-

---

10 Necessário anotar que no caso do CNJ, a EC nº 45/04 cuidou de elencar suas competências, enquanto que no caso do CJF e do CSTJ manteve-se a expressão "cabendo exercer, na forma da lei", valendo dizer que o exercício das competências constitucionais do CNJ prescindiria de integração legislativa posterior. Essa distinção foi registrada pelo Ministro Ayres Britto relator da ADC nº 12 no seguinte trecho de seu voto: "Dá-se que duas outras coordenadas interpretativas parecem reforçar esta compreensão das coisas. A primeira é esta: a Constituição, por efeito da Emenda 45/04, tratou de fixar o regime jurídico de três conselhos judiciários: a) o Conselho da Justiça Federal (inciso II do parágrafo único do art. 105); b) o Conselho Superior da Justiça do Trabalho (inciso II do § 2o do art. 111-A); e c) o Conselho Nacional de Justiça (art. 103-B). Ao cuidar dos dois primeiros Conselhos, ela, Constituição, falou expressamente que as respectivas competências - todas elas, enfatize-se - seriam exercidas "na forma da lei". Esse inequívoco fraseado "na forma da lei" a anteceder, portanto, o rol das competências de cada qual das duas instâncias. Ora, assim não aconteceu com o tratamento normativo dispensado ao Conselho Nacional de Justiça. Aqui, a Magna Carta inventariou as competências que houve por bem deferir ao CNJ, quedando silente quanto a um tipo de atuação necessariamente precedida de lei." (ADC 12 MC, Relator(a): CARLOS BRITTO, Tribunal Pleno, julgado em 16-02-2006, DJ 01-09-2006 PP-00015)

11 Dias Toffoli, Jose Antonio. Conselho Nacional de Justiça: um papel determinante. *In* Sadek, Maria Tereza[et ai.]: organização. O judiciário do nosso tempo: grandes nomes escrevem sobre o desafio de fazer justiça no Brasil. 1ª ed. - Rio de Janeiro: Globo Livros, 2021, p. 47-54.

de sua instalação física, até os primeiros passos. Foi combatido por segmentos da magistratura, basta que se observe que a ação questionando a constitucionalidade de sua criação por emenda constitucional foi proposta por uma entidade de magistrados. No entanto, posteriormente essa mesma entidade ajuizou ação declaratória de constitucionalidade para afirmar higidez da vedação da prática do nepotismo contida na Resolução nº 07/2005, um dos primeiros atos normativos do CNJ[12].

Como bem observa o Ministro Gilmar Mendes[13], nos anos iniciais o CNJ esteve focado na maior eficiência da prestação jurisdicional. O CNJ teve de solicitar dados estatísticos[14] aos tribunais para conhecer dos problemas e poder dialogar com os tribunais para alcançar soluções. Esses relatórios são os chamados Justiça em Números com séries desde o ano-base 2003, que, ao longo dos anos, foram se aprimorando para permitir uma radiografia mais precisa do Poder Judiciário. O primeiro Encontro Nacional do Poder Judiciário foi realizado em 2008, na gestão do Ministro Gilmar Mendes, com a presença dos presidentes de todos os tribunais. No Encontro Nacional de 2009 foi aprovado o Planejamento Estratégico do Poder Judiciário e foram, pela primeira vez, aprovadas 10 metas nacionais para conferir maior agilidade e eficiência no julga-

12 O Ministro Gilmar Mendes chama a coincidência de ironia do destino em seu voto na ADC 12-MC (item 1.1, p. 64/65 https://redir.stf.jus.br/paginadorpub/paginador.jsp?docTP=AC&docID=372910)

13 MENDES, GILMAR. A criação do CNJ pela Emenda Constitucional nº 45 e a consolidação do Judiciário como Poder Nacional in DIAS TOFFOLI, Felipe Santa Cruz, André Godinho (organizadores). Emenda Constitucional nº 45/2004: 15 anos do novo poder judiciário – Brasília: OAB, Conselho Federal, 2019, p. 202.

14 O Selo Justiça em Números conferido anualmente pelo CNJ teve por objetivo inicial o reconhecimento da excelência dos sistemas de gestão, produção e disseminação das informações previstas na Resolução nº 76, de 12 de maio de 2009, que cuida do sistema de estatística do Poder Judiciário. Veja-se a propósito a Portaria 186/13, que institui o Selo Justiça em Números e estabelece seu regulamento (https://atos.cnj.jus.br/atos/detalhar/atos-normativos?documento=1871 – consulta em 24.06.2024). Nas edições posteriores foram inseridos outros elementos de avaliação de promoção de transparência, participação e aprimoramento da prestação jurisdicional. A partir de 2019, o Selo Justiça em Números foi substituído pelo Prêmio CNJ de Qualidade que, para o ano de 2024, tem os seguintes eixos temáticos: I – governança; II – produtividade; III – transparência; e IV – dados e tecnologia (art. 8º da Portaria 353/23 – https://atos.cnj.jus.br/atos/detalhar/5366 – acesso em 24/06/24).

mento de processos, aprimorando a qualidade dos serviços judiciários e ampliando o acesso à justiça[15].

Todos os anos é realizado um Encontro Nacional onde, dentre outros pontos, são aprovadas metas nacionais do Poder Judiciário, que são o resultado de um processo democrático, garantindo uma ampla participação de magistrados e servidores na sua formulação (Resolução nº 221/2016).

Além de uma série de programas de melhoria na gestão da justiça garantindo maior eficiência na prestação jurisdicional em tempo socialmente adequado, o CNJ é responsável por coordenar, em conjunto com os tribunais, diversos programas e ações que envolvem atenção à infância e adolescência, enfrentamento à violência doméstica, métodos alternativos de solução de conflitos, saúde, demandas complexas e combate à corrupção e lavagem de dinheiro, dentre outras.

Neste último tópico, o Conselho Nacional de Justiça está integrado na Estratégia Nacional de Combate à Corrupção e à Lavagem de Dinheiro - ENCCLA e no ano de 2019 foi estabelecida a Ação nº 09 voltada a "Integrar notários e registradores no combate e prevenção aos crimes de lavagem de dinheiro e corrupção". Esse objetivo foi cumprido com a participação de vários órgãos e entidades com a edição do Provimento nº 88/2019 da Corregedoria Nacional de Justiça, na gestão do Ministro Humberto Martins[16]. Em apertada síntese, o provimento estabeleceu a necessidade de os responsáveis pelos serviços delegados extrajudiciais adotarem medidas para a prevenção de crimes referidos, primeiro com um cadastro completo dos envolvidos nos atos notariais protocolares e de registro com conteúdo econômico, com informações atualizadas no momento da prestação do serviço, mantendo um registro eletrônico de todas as operações realizadas e comunicar à Unidade de Inteligência Financeira - UIF todos os atos suspeitos da prática de crime de lavagem de dinheiro ou financiamento do terrorismo. Posteriormente, o referido provimento foi incorporado à Código Nacional de Normas da Corregedoria Nacional de Justiça do Conselho Nacional de Justiça (Provimento nº 149/23).

---

15 https://www.cnj.jus.br/gestao-estrategica-e-planejamento/metas-2009/ (acesso em 26/06/24).

16 https://online.fliphtml5.com/yoesa/mqnf/#p=48 (acesso em 26/06/24).

## 3. A POSSIBILIDADE DE O CNJ AFASTAR A LEIS QUE CONFLITEM COM A CONSTITUIÇÃO FEDERAL E SEU IMPACTO NA AUTONOMIA DOS TRIBUNAIS A PARTIR DA JURISPRUDÊNCIA DO STF.

Como foi mencionado no tópico anterior, a criação do Conselho Nacional de Justiça deu caráter nacional ao Poder Judiciário. A EC nº 45/04 trouxe um novo órgão com ampla gama de competência de controle e planejamento estratégico sobre todos os demais órgãos do Poder Judiciário, com exceção do Supremo Tribunal Federal, assentado como guardião derradeiro da Constituição Federal e controlador dos atos do CNJ.

Inegável o impacto sobre o cenário de autonomia administrativa até então vivenciado, em especial no exercício das competências dos arts. 96 e 99 que consagram o autogoverno dos tribunais dotados de autonomia administrativa, orçamentária e financeira. Acrescente-se, ainda, que na dicção do art. 103-B, § 4º, o CNJ é órgão de controle, a quem cabe zelar pela autonomia do Poder Judiciário.

O que se pretende aqui é examinar, a partir da jurisprudência do Supremo Tribunal Federal, casos em que a autonomia dos tribunais e a atuação do CNJ se pôs em conflito.

O primeiro caso selecionado é relativo à possibilidade de órgãos administrativos realizarem controle de constitucionalidade ou deixarem de aplicar leis que reconheçam como inconstitucionais.

Há respeitada doutrina que rechaça essa possibilidade. Registre-se a firme posição do professor e integrante da primeira composição do CNJ Alexandre de Moraes, em artigo publicado em obra referente aos 10 anos do CNJ[17], antes, portanto, de sua investidura no cargo de Ministro do Supremo Tribunal Federal. Em síntese, defende que o controle de constitucionalidade é atribuído somente em caráter excepcional aos órgãos que exercem função jurisdicional, sendo o CNJ órgão exclusivamente de controle administrativo. Demais disso, eventual afirmação de inconstitucionalidade pelo CNJ representaria a transcendência dos efeitos do controle difuso, o que o Supremo Tribunal Federal não admite para si mesmo. E, por fim, a possibilidade de juízo de constitucionalidade pelo

---

17 MORAES, ALEXANDRE. A PRIMEIRA DÉCADA DO CONSELHO NACIONAL DE JUSTIÇA. FREIOS E CONTRAPESOS *in* LEWANDOWSKI, Ricardo; NALINI, José Renato(org.). O Conselho Nacional de Justiça e sua Atuação como Órgão do Poder Judiciário – Homenagem aos 10 Anos do CNJ – São Paulo: Qyartier Latin, 2015

CNJ fere frontalmente os mecanismos de freios e contrapesos, pilares do princípio da separação dos poderes e, portanto, cláusula pétrea.

Deveras, há diversas decisões proferidas pelo Supremo Tribunal Federal que rechaçam a possibilidade de o CNJ declarar a inconstitucionalidade de lei estadual[18], afastar a sua aplicação com base em normas do conselho[19] ou ainda determinar a sustação de ato praticado por outro

18 E M E N T A: MANDADO DE SEGURANÇA - CONSELHO NACIONAL DE JUSTIÇA - SERVIDORES PÚBLICOS VINCULADOS AO PODER JUDICIÁRIO - ADICIONAL DE FUNÇÃO INSTITUÍDO PELA LEI ESTADUAL Nº 6.355/91 - RESOLUÇÃO Nº 01/92 DO E. TRIBUNAL DE JUSTIÇA DO ESTADO DA BAHIA, QUE REGULAMENTOU, NO ÂMBITO DO PODER JUDICIÁRIO DAQUELA UNIDADE DA FEDERAÇÃO, A CONCESSÃO DE REFERIDO BENEFÍCIO - SUPOSTA EIVA DE INCONSTITUCIONALIDADE RECONHECIDA PELO CNJ - IMPOSSIBILIDADE DE O CONSELHO NACIONAL DE JUSTIÇA, SOB ALEGAÇÃO DE "FLAGRANTE INCOMPATIBILIDADE COM OS PRECEITOS CONSTITUCIONAIS" E DE PREVALÊNCIA DO "PRINCÍPIO DA RESERVA DE LEI", IMPOR, CAUTELARMENTE, AO PRESIDENTE DO TRIBUNAL DE JUSTIÇA LOCAL QUE SE ABSTENHA DE CUMPRIR O DIPLOMA LEGISLATIVO EDITADO, EM RAZÃO DE SUA SUPOSTA ILEGITIMIDADE CONSTITUCIONAL - LIMITAÇÕES QUE INCIDEM SOBRE A COMPETÊNCIA DO CONSELHO NACIONAL DE JUSTIÇA (CF, ART. 103-B, § 4º), CONSIDERADO O CARÁTER ESTRITAMENTE ADMINISTRATIVO DE QUE SE REVESTE O SEU PERFIL INSTITUCIONAL - PRECEDENTES - MAGISTÉRIO DA DOUTRINA - A QUESTÃO DO CONTROLE DE CONSTITUCIONALIDADE PELO CONSELHO NACIONAL DE JUSTIÇA - INADMISSIBILIDADE DE REFERIDA FISCALIZAÇÃO, SEGUNDO ORIENTAÇÃO FIRMADA PELO STF E, TAMBÉM, PELO PRÓPRIO CNJ - PARECER DA PROCURADORIA-GERAL DA REPÚBLICA PELO NÃO PROVIMENTO DESTA ESPÉCIE RECURSAL - RECURSO DE AGRAVO IMPROVIDO. (MS 28924 AgR, Relator(a): CELSO DE MELLO, Segunda Turma, julgado em 29-11-2019, ACÓRDÃO ELETRÔNICO DJe-028 DIVULG 11-02-2020 PUBLIC 12-02-2020).

19 O caso envolvia decisão do CNJ que suspendeu o provimento de cargos de desembargador criados por lei estadual, com fundamento em norma do conselho. EMENTA AGRAVO INTERNO EM MANDADO DE SEGURANÇA. DECISÃO UNIPESSOAL AGRAVADA QUE CONCEDEU A ORDEM, PARA ANULAR O ACÓRDÃO DO CONSELHO NACIONAL DE JUSTIÇA QUE DETERMINOU, DE MODO LINEAR, SEM O ESTABELECIMENTO DE PRAZO OU CONDIÇÃO, A SUSPENSÃO DE ATOS TENDENTES A DAR EFETIVIDADE AO ESTATUÍDO EM LEI ESTADUAL. CONDUTA QUE, ENQUANTO EQUIVALENTE AO DEFERIMENTO DE MEDIDA CAUTELAR EM AÇÃO DIRETA DE INCONSTITUCIONALIDADE, NÃO ADERE AO ROL DE ATRIBUIÇÕES DA AUTORIDADE IMPETRADA. 1. Não encontra guarida na jurisprudência desta Suprema Corte a linear suspensão, pelo Conselho Nacional de Justiça, sem o estabelecimento de qualquer prazo ou condição, da eficácia de diploma legal estadual, em procedimento que se assemelha ao deferimento de medida cautelar em ação direta de inconstitucionalidade (arts. 10 a 12 da Lei nº 9.868/1999). 2. Desprovido de função jurisdicional e do papel de Corte Constitucional, o Conselho Nacional de Justiça, embora integrante do Poder Judiciário, não exerce fiscalização abstrata

Poder, como a nomeação, pelo Governador do Estado, de desembarga-

---

de validade de lei. Compreensão consentânea com a esposada pelo Plenário desta Casa no recente julgamento de 8 (oito) impetrações coletivas (mandados de segurança nºs 35.410, 35.490, 35.494, 35.498, 35.500, 35.812, 35.824 e 35.836). 3. Inviabilidade, na espécie, de promover-se fiscalização de juridicidade à luz de resoluções do CNJ, uma vez que elas não se revestem de patamar hierárquico superior nem constituem fundamento de validade da lei estadual enfocada (Lei nº 13.964/2018 do Estado da Bahia, que criou, no âmbito do Tribunal de Justiça local, 09 (nove) cargos de Desembargador, e os correlatos cargos comissionados de Assessor de Desembargador, símbolo TJ-FC-2, e de Assistente de Gabinete, símbolo TJ-FC-3). 4. Agravo interno conhecido e não provido. (MS 36133 AgR-terceiro, Relator(a): ROSA WEBER, Primeira Turma, julgado em 20-09-2021, PROCESSO ELETRÔNICO DJe-190 DIVULG 22-09-2021 PUBLIC 23-09-2021). No entanto, o STF declarou a constitucionalidade da Resolução 184/13 que cuida do encaminhamento ao CNJ de projeto de lei sobre criação de cargos no Poder Judiciário da União e dos Estados, afastando alegação de violação da autonomia dos tribunais. Veja-se: EMENTA AÇÃO DIRETA DE INCONSTITUCIONALIDADE. CONTROLE DO PODER JUDICIÁRIO. ARTIGO 1º, § 3º, DA RESOLUÇÃO Nº 184/2013 DO CONSELHO NACIONAL DE JUSTIÇA – CNJ. ASSOCIAÇÃO NACIONAL DOS MAGISTRADOS ESTADUAIS – ANAMAGES. LEGITIMIDADE ATIVA. NORMA DE INTERESSE DA MAGISTRATURA ESTADUAL. ALEGAÇÃO DE OFENSA À ISONOMIA POR TRATAMENTO DIFERENCIADO DOS TRIBUNAIS DE JUSTIÇA. INEXISTÊNCIA. CONTROLE DA ATUAÇÃO ADMINISTRATIVA E FINANCEIRA DO PODER JUDICIÁRIO. ARTIGO 103-B, §4º, DA CONSTITUIÇÃO FEDERAL. IMPROCEDÊNCIA DO PEDIDO. (...) 2. Competência constitucional do CNJ para controlar a atuação administrativa e financeira do Poder Judiciário, forte no artigo 103-B, §4º, da Constituição Federal. Precedente. Resolução editada em consideração à Lei Complementar nº 101/2000 – Lei de Responsabilidade Fiscal. Execução orçamentária de forma responsável e equilibrada, nos termos do artigo 167 da Constituição Federal. 3. Aplicabilidade dos atos normativos emanados do CNJ a todos os tribunais, com exceção deste Supremo Tribunal Federal. Precedente. Critérios da Resolução destinados aos Tribunais de Justiça apenas no que for cabível. Dever de encaminhamento dos respectivos projetos de lei, nos termos do caput do art. 1º, para, se necessário, emissão de nota técnica. Leis de Diretrizes Orçamentárias: exigência de emissão de parecer do CNJ quanto aos projetos da União. **4. A adoção da nota técnica, no que couber, quanto aos Estados-membros e respectivos Tribunais de Justiça prestigia, a um só tempo: (i) o cumprimento da missão constitucional do CNJ para realizar o controle financeiro em relação a toda a magistratura nacional; e (ii) o respeito ao federalismo, à autonomia dos Estados-membros no que tange à programação financeiro-orçamentária (art. 24, I, CF) e ao autogoverno dos Tribunais de Justiça quanto à gestão de recursos humanos (art. 96, I, CF).** Inexistência de tratamento normativo antiisonômico. Inconstitucionalidade não configurada. 5. Ação direta conhecida e pedido julgado improcedente.(ADI 5119, Relator(a): ROSA WEBER, Tribunal Pleno, julgado em 21-06-2022, PROCESSO ELETRÔNICO DJe-129 DIVULG 30-06-2022 PUBLIC 01-07-2022).

dor oriundo do quinto constitucional[20].

Necessário registrar caso submetido a exame pelo Supremo Tribunal Federal em que o Conselho Nacional de Justiça havia afastado a aplicação de lei estadual que determinava a destinação de parte das custas judiciais a pessoas jurídicas de direito privado. Muito embora se tenha concluído pela impossibilidade de o órgão administrativo exercer controle de constitucionalidade, a conclusão foi pela denegação da segurança, considerando que entender de modo diverso seria descurar de jurisprudência pacificada da Corte Suprema, adotada pelo CNJ em sua decisão[21].

Em precedentes mais recentes, o Supremo Tribunal Federal passou a aceitar que os órgãos administrativos de estatura constitucional, como é o caso do CNJ, possam afastar a aplicação de leis e atos normativos que desbordem da jurisprudência consolidada da Excelsa Corte.

Assentou-se que a administração, pelo princípio da autotutela, pode deixar de aplicar lei em conflito com o entendimento uníssono do STF ou

---

20 (MS 27033 AgR, Relator(a): CELSO DE MELLO, Segunda Turma, julgado em 30-06-2015, ACÓRDÃO ELETRÔNICO DJe-214 DIVULG 26-10-2015 PUBLIC 27-10-2015).

21 EMENTA: MANDADO DE SEGURANÇA. CONSELHO NACIONAL DE JUSTIÇA. ATO QUE DETERMINOU AO TRIBUNAL DE JUSTIÇA MATOGROSSENSE QUE DEIXASSE DE COBRAR EMOLUMENTO JUDICIAL COM DESTINAÇÃO A QUALQUER ENTIDADE DE CLASSE OU COM FINALIDADE PRIVADA. INADMISSIBILIDADE. NATUREZA ADMINISTRATIVA DO CNJ. DECRETAÇÃO DE INCONSTITUCIONALIDADE DE LEI. IMPOSSIBILIDADE. REESTABELECIMENTO DA COBRANÇA. INVIABILIDADE. SEGURANÇA DENEGADA. I – O Conselho Nacional de Justiça, órgão de natureza administrativa que é, não possui competência para determinar o afastamento de cobrança de emolumento judicial com fundamento na sua inconstitucionalidade, mesmo porque tal ato termina por afastar a aplicação da própria lei tributária. II – A providência a ser adotada, por eventuais interessados em afastá-la, é a propositura de ação direta de inconstitucionalidade com o intuito de por fim a cobrança de tal exação. **III – Embora o CNJ não pudesse, no caso, afastar a cobrança da contribuição instituída pela Lei 8.943/2008, para a Associação Matogrossense dos Defensores Públicos – AMDEP, não é possível a concessão da segurança, pois restabelecer a citada cobrança seria fazer tabula rasa da jurisprudência desta Corte, que é absolutamente pacífica no sentido de que é vedada a destinação de valores recolhidos a título de custas e emolumentos a pessoas jurídicas de direito privado.** IV – Opiniões divergentes de Ministros quanto à decretação de inconstitucionalidade, no caso. V – Segurança denegada. (MS 28141, Relator(a): RICARDO LEWANDOWSKI, Tribunal Pleno, julgado em 10-02-2011, DJe-125 DIVULG 30-06-2011 PUBLIC 01-07-2011 EMENT VOL-02555-01 PP-00045 RTJ VOL-00220-01 PP-00253)

com a Constituição. Por outro lado, quando a Corte Constitucional fixa determinada interpretação, esta deve ser seguida por todos os órgãos da administração, ainda que não se esteja diante da hipótese de edição de súmula vinculante. O Supremo Tribunal Federal não pode aceitar diminuir sua jurisprudência quando outros órgãos a desprezam ao confrontá-la de atos e leis com ela incompatíveis, o que, ao final, fragiliza a força normativa da Constituição[22].

O controle de constitucionalidade difuso ou concentrado é exercido pelo Poder Judiciário no desempenho de sua função típica jurisdicional. O CNJ como órgão administrativo, em princípio, não pode afastar a aplicação de norma que entenda por inconstitucional. No entanto, a posição da Constituição Federal como centro e fundamento de validade de todo o ordenamento jurídico e a efetividade de suas normas, aliada ao fato de ser o Supremo Tribunal Federal seu guardião último, autoriza o CNJ a afastar, excepcionalmente, a aplicação de norma jurídica de esteja em desacordo com a jurisprudência pacificada da Corte Constitucional.

Nessas hipóteses, em que o CNJ prestigia o entendimento do Supremo Tribunal Federal, determinando que não se aplique norma que

---

22 Ementa(...) **2. Insere-se entre as competências constitucionalmente atribuídas ao Conselho Nacional de Justiça a possibilidade de afastar, por inconstitucionalidade, a aplicação de lei aproveitada como base de ato administrativo objeto de controle, determinando aos órgãos submetidos a seu espaço de influência a observância desse entendimento, por ato expresso e formal tomado pela maioria absoluta dos membros do Conselho.** (...) 4. Além dos indícios de cometimento de ofensa ao decidido na Ação Direta de Inconstitucionalidade nº 3.233/PB, a leitura das atribuições conferidas ao cargo criado pelo art. 5º da Lei nº 8.223/2007, da Paraíba, evidencia burla ao comando constitucional previsto no inc. V do art. 37 da Constituição da República: declaração incidental de inconstitucionalidade. 5. Mandado de segurança denegado. (MS 28112, Relator(a): CÁRMEN LÚCIA, Tribunal Pleno, julgado em 19-12-2016, ACÓRDÃO ELETRÔNICO DJe-168 DIVULG 31-07-2017 PUBLIC 01-08-2017). No mesmo sentido (Pet 4656, Relator(a): CÁRMEN LÚCIA, Tribunal Pleno, DJe-278, PUBLIC 04-12-2017). Interessante notar que no ano de 2010, examinando situação bastante assemelhada sobre a mesma norma jurídica, entendeu-se pela impossibilidade de controle pelo CNJ. EMENTA: (...) **4. A Lei nº 8.223/2007, decretada e sancionada pelos Poderes Legislativo e Executivo do Estado da Paraíba, não pode ter o controle de constitucionalidade realizado pelo Conselho Nacional de Justiça, pois a Constituição da República confere essa competência, com exclusividade, ao Supremo Tribunal Federal. 5. Medida liminar referendada.** (AC 2390 MC-REF, Relator(a): CÁRMEN LÚCIA, Tribunal Pleno, julgado em 19-08-2010, DJe-080 DIVULG 29-04-2011 PUBLIC 02-05-2011 EMENT VOL-02512-01 PP-00021)

claramente desprestigia no ordenamento jurídico, não viola a autonomia dos tribunais que, ao contrário, deveriam, em sua função administrativa e no exercício de seu autogoverno, adotar semelhante posição. No entanto, não parece ser possível que lei estadual não produza seus efeitos por decisão administrativa do CNJ por vício de eventual inconstitucionalidade, que não se funde em jurisprudência inequívoca. Nesse caso, o CNJ deverá representar para que um dos legitimados proponha a ação para que a revisão judicial resolva definitivamente a dúvida sobre a higidez da norma.

## 4. CONCLUSÃO

O Conselho Nacional de Justiça, criado pela EC nº 45/04, conferiu um caráter nacional ao Poder Judiciário brasileiro. A sua composição é integrada por todos os integrantes do sistema de justiça, magistrados de todas as instâncias e representantes da sociedade civil indicados pelo Senado e pela Câmara dos Deputados.

Tem por missão zelar pela autonomia do Poder Judiciário e o controle administrativo, orçamentário e censório, bem como o planejamento estratégico. O CNJ tem definido diversas políticas públicas em coordenação com os tribunais e os demais poderes, visando racionalizar e desburocratizar os serviços judiciários, de modo a implementar uma administração focada em metas e resultados, efetivando, assim, o princípio constitucional da duração razoável do processo.

No exercício da sua missão de fiscalização administrativa dos tribunais, o CNJ pode eventualmente se deparar com normas que entende por inconstitucionais. Nessas hipóteses deverá perquirir se aquela norma está em conflito com a jurisprudência pacífica do Supremo Tribunal Federal sobre a matéria. Se a resposta for positiva, deve determinar que o tribunal se abstenha de aplicá-la, não importando essa atuação em desrespeito a autonomia do tribunal. No entanto, se a resposta for negativa, deve representar ao legitimado para que, se assim entender, proponha o controle jurisdicional da norma em conflito com a Constituição.

## 5. REFERÊNCIAS

Dias Toffoli, Felipe Santa Cruz, André Godinho (organizadores). **Emenda Constitucional nº 45/2004: 15 anos do novo poder judiciário** – Brasília: OAB, Conselho Federal, 2019.

Lewandowski Ricardo; Nalini, José Renato(org.). **O Conselho Nacional de Justiça e sua Atuação como Órgão do Poder Judiciário - Homenagem aos 10 Anos do CNJ** - São Paulo: Quartier Latin, 2015.

Moraes, Alexandre de. **Justiça comentada**. São Paulo: Atlas, 2015.

Salomão, Luis Felipe, Erika Branco; Tiago Salles / Durval Augusto Rezende Filho[et al.]: coordenação. **Magistratura do futuro**. 1ª ed., Rio de Janeiro: JC Editora, 2020.

Sadek, Maria Tereza [et ai]: organização. **O judiciário do nosso tempo: grandes nomes escrevem sobre o desafio de fazer justiça no Brasil.** 1ª ed. - Rio de Janeiro: Globo Livros, 2021.

# Atualização do Direito Empresarial no Código Civil

*Flavio Galdino*[1]

## A COMISSÃO DO CÓDIGO CIVIL E A SUBCOMISSÃO DE DIREITO EMPRESARIAL

Como amplamente noticiado, o Presidente do Senado Federal, Senador Rodrigo Pacheco, instituiu em 2023 uma Comissão para Revisão e Atualização do Código Civil, cometendo a função de presidi-la ao Ministro Luis Felipe Salomão, do Superior Tribunal de Justiça. Integram a Comissão quase quarenta juristas de todas as regiões do País, com as mais variadas formações acadêmicas e práticas profissionais, sendo a Vice-Presidência ocupada pelo Ministro Marco Aurélio Bellizze e as Relatorias-Gerais pelos Professores Doutores Rosa Maria de Andrade Nery e Flavio Tartuce, além de contar com outros quatro magistrados integrantes do Superior Tribunal de Justiça.

A Comissão tem composição plural, contando jovens juristas, como a Professora Laura Porto, dedicada ao Direito Digital e juristas experientes, como o Decano, o encantador Professor Doutor Edvaldo Brito, dedicado aos Títulos de Crédito, além de magistrados de todas as instâncias judiciárias, de que são exemplos a Juíza de Direito Patrícia Carrijo (Responsabilidade Civil), o Desembargador Marco Aurélio Bezerra de Mello (Direitos Reais) e o Ministro Marco Buzzi (Direito de Família), além de expoentes da advocacia, como o Professor Doutor Rodrigo Mudrovitch (Parte Geral) e da Academia, como a Professora Doutora Giselda Hironaka (Direito das Sucessões). Além dos integrantes da Comissão, foram convidados outros juristas que atuaram como consultores – como seja o destacado magistrado federal Vicente de Paula Ataíde Jr., que prontifica em temas envolvendo Direitos dos Animais e prestou serviço relevantíssimo à Comissão.

De modo a otimizar os trabalhos, na primeira fase, a Comissão foi dividida em subcomissões às quais coube elaborar proposta de atualização de cada Livro do Código Civil, além da subcomissão especializada em

1 Professor da Faculdade de Direito da UERJ. Doutor em Direito. Advogado especializado em conflitos empresariais e integrante da Comissão de Juristas do Senado Federal para atualização do Código Civil. Estudo escrito para integrar coletânea organizada em merecida homenagem ao eminente Ministro Humberto Martins, do Superior Tribunal de Justiça.

direito digital. No âmbito do Direito de Empresa, os trabalhos couberam aos eminentes Professores Doutores Moacyr Lobato (MG), Daniel Carnio (SP), Marcus Vinicius Furtado Coelho (PI), secundados pelo autor deste breve ensaio.

Tratou-se de uma subcomissão plural, com advogados especializados, magistrados de primeira e segunda instâncias com competências focadas em matéria empresarial, todos atuantes durante décadas - e todos docentes em reputadas Faculdades, comandados pela eminente Professora Doutora Paula Forgioni, que honra as melhores tradições da Faculdade de Direito do Largo de São Francisco (da Universidade de São Paulo), ocupando a sua cátedra de Direito Comercial.

### *Aggiornamento*

Seguindo a orientação da Presidência, a Comissão como um todo e as Subcomissões em particular deveriam focar os esforços de atualização do Código Civil na incorporação da jurisprudência consolidada pelos tribunais e avançar, com escopo de propiciar o mais elevado grau de segurança jurídica nas relações reguladas pelo Código, além da evidente atualização dos institutos à luz das mudanças sociais ocorridas nas últimas décadas - muitas delas verdadeiramente disruptivas - que seria o *aggiornamento* propriamente dito da base da nossa legislação civil.

Na moderna Teologia, a expressão italiana *aggiornamento* acabou assumindo um significado importante que transcende a atualização e compreende também a *adaptação* aos novos tempos - na linguagem de um célebre teólogo que depois ocuparia o Papado, o *aggiornamento* expressaria a *vitalidade permanente* dos cânones religiosos. De volta ao mundo laico, tomo a ousadia de servir-me da mesma expressão para dizer que a revisão do Código Civil pelo Parlamento brasileiro não será mera atualização, mas verdadeiro *aggiornamento*: adaptação aos novos tempos e às novas relações sociais.

É exemplo expressivo dessa necessidade de atualização/adaptação a inclusão no Anteprojeto de um Livro de Direito Digital, com vistas a prover a regulação de fenômenos que não eram sequer imaginados quando o Código foi concebido.

Não há o que atualizar em sentido estrito nessa seara - há que se desenvolver os institutos civilísticos e adaptá-los às novas circunstâncias e relações sociais em geral (familiares, empresariais *et coetera*), eventualmente criando-se institutos. Por evidente, a douta Comissão que elaborou o Anteprojeto na década de 1970 e os parlamentares que aprovaram o Código Civil de 2002 não poderiam pensar em regulação das redes sociais, nem da herança digital, nem de diversas questões correlatas, inexistentes àquela altura. Por outro lado, não há razão para que essas questões não sejam reguladas hoje, sendo reprovável eventual omissão.

Por evidente, também a subcomissão de Direito da Empresa não poderia passar incólume pelas evoluções tecnológicas – e, como se demonstra adiante, nesta parte o Anteprojeto evolui de modo substancial.

**Debate amplo, plural e transparente**

Como não poderia deixar de ser, os trabalhos da Comissão propiciaram amplo debate. No âmbito do Direito Constitucional e do Controle de Constitucionalidade cunhou-se expressão que se tornou clássica, falando-se em *sociedade aberta de intérpretes da Constituição*. Não há exagero em dizer que a elaboração do Anteprojeto de Revisão do Código Civil contou também com uma *sociedade aberta* de intérpretes, assegurando o pluralismo na elaboração da proposta de reforma legislativa, como é e deve ser próprio do processo legislativo em ambiente democrático.

Um exemplo expressivo sob o prisma quantitativo: enquanto projetos anteriores foram elaborados por um jurista ou pequenos grupos de juristas – há, por evidente, que se considerar as limitações logísticas de então –, a Comissão trabalhou com mais de quarenta estudiosos, de modo a ser suficientemente representativa de experiências e visões *diversas*, o que também propiciaria, como de fato propiciou, maior agilidade na formulação e deliberação das propostas.

Adicionalmente, a Comissão e as Subcomissões empreenderam profícuo debate com o meio jurídico e com a sociedade em geral. A Comissão realizou três audiências públicas, em São Paulo, Salvador e Porto Alegre, além de dois debates com juristas argentinos, responsáveis pela elaboração de um novo Código Civil e Comercial naquele País recentemente. Nestes conclaves a Comissão ouviu e recebeu sugestões de centenas de pessoas. As Subcomissões também realizaram inúmeras reuniões abertas em praticamente todos os Estados da Federação. A Subcomissão de Direito da Empresa realizou reuniões abertas com a participação de representantes do meio acadêmico – das principais Escolas de Direito do País que gentilmente aceitaram os convites para debater o Código – e integrantes dos Tribunais de Justiça com competência para julgamento de casos empresariais: no Rio de Janeiro, em São Paulo e Minas Gerais, essas reuniões contaram com a presença de centenas de professores, magistrados, advogados e interessados – os quais não necessariamente possuíam formação jurídica, como representantes de associações comerciais e industriais e de outras entidades representativas.

Todas as sessões da Comissão foram abertas, concedendo-se voz a todas as pessoas inscritas, fossem integrantes, consultores ou mesmo interessados. Todas essas sessões foram também públicas, transmitidas pela internet e registradas em vídeo, constando dos assentos do Parlamento, como trabalhos preparatórios do Anteprojeto, para controle social e eventuais consultas acadêmicas, que permitirão acompanhar a formação da chamada *mens legislatoris*.

## Um Anteprojeto do seu tempo

Em 2024, observados os prazos regimentais do processo legislativo, a Comissão concluiu seu trabalho, apresentando à Presidência do Senado Federal um Anteprojeto de Revisão do Código Civil, cabendo reiterar que todas as alterações propostas foram objeto de amplo debate, deliberação e votação nas referidas Subcomissões e por fim na Comissão, espelhando, portanto, a compreensão da maioria dos juristas convocados para esta nobre missão.

Não se diga que os trabalhos da Comissão foram por demais expeditos. Pelo contrário, em tempos de mudanças sociais e tecnológicas aceleradas, a demora na apresentação de soluções gera um custo de oportunidade altíssimo – muito maior do que em momentos anteriores. No período de uma *geração* a utilização de aparelhos de fax como meios de comunicação processual passou de novidade a anacronismo. Demais disso, trata-se de trabalho preparatório – o trabalho legislativo propriamente dito cabe aos parlamentares não tem *prazo*. Todavia, é de se encarecer a necessidade de agilidade por parte do Parlamento.

Basta observar o que ocorreu com o próprio Código Civil de 2002 e que, neste passo em particular, não serve de exemplo: a preparação e a tramitação consumiram mais de trinta anos e a lei já nasceu defasada para o seu tempo – o que reforça de modo veemente a necessidade de revisão, a qual terá sido empreendida pela Comissão, como se destaca adiante. O mesmo fenômeno, com cores e efeitos diversos já havia ocorrido no trâmite legislativo do Código Civil de 1916, embora certamente àquela altura o tempo corresse de forma *menos acelerada*.

Neste sentido, estima-se que o Congresso Nacional aprecie com sabedoria e prudência o Anteprojeto, mas também com agilidade e que não se permita prolongar excessivamente a análise respectiva, caso em que novamente a lei poderá já nascer desatualizada.

**Revisão Necessária**

Parece realmente haver consenso em que o Código Civil em vigor, malgrado tenha vigência de apenas 20 anos, foi pensado e conformado muito antes, nas décadas de 1960 e 1970, sendo submetido a um longo processo legislativo - demasiadamente longo, seja consentido grifar. Alguns dos seus conceitos são inspirados em normas europeias anteriores, eventualmente datadas da década de 1940 ou antes disso.

Talvez não haja exagero em dizer que o Código Civil de 2002 já nasceu verdadeiramente *ultrapassado*. É igualmente induvidoso que ao longo dos seus vinte anos de vigência - de mudanças tecnológicas disruptivas, insista-se - terá se tornado ainda mais ultrapassado, sendo certo que um problema mais grave de anacronismo terá sido evitado pelo labor ingente da jurisprudência. Como pontuou um dos nossos mais eminentes civilistas durante os trabalhos da Comissão, *a insuficiência do Código pode condená-lo à obsolescência*.

Fato é que hoje atravessamos o que a sociologia vem chamando de *Era da Aceleração*, que afeta de modo especialmente sensível as leis, restando notória a desatualização do Código Civil em relação às demandas e mesmo às práticas sociais brasileiras nestas décadas de 2010 e 2020, o que impôs aos tribunais a um esforço constante de adaptação por via hermenêutica das normas do Código Civil. Não raro, os tribunais foram criticados por determinados setores da doutrina e da opinião pública pela suposta prática de alguma espécie nociva de ativismo judicial.

Com as vênias devidas, essa atuação mostrava-se absolutamente indispensável sob pena de potencial instauração de um estado geral de anomia - e não se trata de fenômeno exclusivo da experiência brasileira, já tendo sido anotado que o *tempo da produção normativa* pelos Parlamentos, mercê da própria lógica legislativa, que exige participação e reflexão, não vem acompanhando o *tempo acelerado da sociedade*.

O próprio Supremo Tribunal Federal já foi chamado a efetuar leitura constitucional do Código Civil e promoveu atualizações em matérias deveras sensíveis, como seja, por exemplo, na área do Direito de Família. Com o auxílio da jurisprudência formada nos tribunais locais e através da criação de precedentes – formalmente vinculantes ou não –, o Superior Tribunal de Justiça vem diuturnamente atualizando as disposições do Código Civil, notadamente através da sua Segunda Seção e da Corte Especial, com competência para matérias de Direito Privado. Todavia, parece mister sistematizar as alterações já implementadas até aqui e promover a atualização/adaptação dos nossos institutos civis aos *novos tempos*.

Ocorre que a atualização jurisprudencial naturalmente padece de problemas sensíveis, notadamente quanto à sistematização, o que diz com a integridade e a coerência, atributos fundamentais do ordenamento jurídico e pressupostos de segurança jurídica. Mister se faz um esforço periódico de integração da jurisprudência ao corpo legislativo propriamente dito – com potenciais correções, se necessário a juízo do legislador, de que é bom exemplo a recente reforma do sistema brasileiro de insolvência, que absorveu quinze anos de jurisprudência do Superior Tribunal de Justiça e incorporou novidades reputadas relevantes pelo legislador – todas muito bem recebidas pela comunidade jurídica e pela sociedade em geral, melhorando muito a coerência e a integridades deste sistema.

## Atualizar o Direito da Empresa e adaptá-lo aos novos tempos

Nessa tarefa de incorporação da jurisprudência e de atualização/adaptação, tem lugar de destaque a atualização do Livro de Direito de Empresa. Não é ocioso lembrar que mais de 95% das empresas brasileiras em funcionamento regular ocupam formas societárias reguladas pelo Código Civil. Tais empresas promovem a maioria absoluta dos empregos formais brasileiros e a maior parte dos recolhimentos dos tributos relacionados à circulação e ao consumo de bens e serviços e à seguridade social.

Sem qualquer embargo da relevância econômica das sociedades anônimas para determinados investimentos e para o mercado de capitais em geral, que propiciam investimentos vultosos, no Brasil, o empreendedorismo individual é exercido de modo predominante através de outras formas societárias mais simples.

De um tempo a esta parte – a lei de liberdade econômica é um exemplo notável – tem-se procurado restaurar no ambiente empresarial e dos negócios a força vinculante dos contratos, com prestígio à autonomia privada, de modo que as partes, os sócios e contratantes em geral, possam ter a maior previsibilidade possível quanto às relações jurídicas entabuladas.

Se a segurança jurídica pode ser compreendida de modo simplório através de vetores correlatos, tais como cognoscibilidade, estabilidade, confiabilidade e calculabilidade ou previsibilidade, é imperativo que, salvo hipótese de violação manifesta de normas legais de ordem pública, as avenças empresariais sejam cumpridas e a elas seja dada força executiva pelos órgãos públicos e especialmente pelo Poder Judiciário, sendo excepcional o *revisionismo* – também designado através da expressão *intervenção mínima*. O respeito à alocação de riscos estabelecida pelos empresários nos atos constitutivos das sociedades e no direito empresarial em geral é fator essencial ao desenvolvimento econômico. Como se diz no *mercado*, o melhor indício da boa-fé dos contratantes é dar cumprimento aos contratos celebrados, sejam eles contratos sociais e/ou empresariais.

**Principiologia específica**

A proposta de atualização do Livro de Direito de Empresa procura enfaticamente revigorar a força obrigatória dos contratos no ambiente empresarial – incluindo, mas não se limitando aos contratos sociais – e simplificar e otimizar a prática de atos societários em geral, resolvendo questões que afligem os operadores do Direito e muito sensivelmente os empresários. Demais disso, procura-se reafirmar a autonomia patrimonial das sociedades e a limitação da responsabilidade patrimonial dos sócios – um conceito diuturnamente desafiado na jurisprudência brasileira.

Na verdade, sugere-se a adoção ou explicitação de uma principiologia específica para o direito da empresa, com o escopo central de estimular o empreendedorismo. Seja-nos permitido afirmar de modo direito: as relações empresariais ressentem-se do que se vem designando como risco de *consumerização* dos parâmetros de interpretação e aplicação das normas empresariais – legais e convencionais. É necessário, portanto, explicitar de modo firme que o direito empresarial deve ser regido por parâmetros próprios, diversos daqueles consumeristas que exercem influência – talvez excessiva – sobre as relações privadas e civis em geral.

Para tanto, o Livro de Direito da Empresa principia por aperfeiçoar o conceito de empresa, destacando desde a conceituação a função precípua de *obtenção de lucro*. É preciso dar por ultrapassado o momento em que parecia ser vexaminoso ou mesmo pecaminoso perseguir atividades lucrativas, pois, permita-se dizer o óbvio, a obtenção de lucro é da essência da atividade empresarial e a mola-mestra do desenvolvimento econômico, especialmente em sociedades em fase de desenvolvimento. Sugere-se a seguinte redação para o Art. 966 do Código Civil:

> Art. 966. Considera-se empresa a organização profissional de fatores de produção que, no ambiente de mercado, exerce atividade de circulação de riquezas, com escopo de lucro, em prestígio aos valores sociais do trabalho e do capital humano.

No mesmo sentido, de modo unânime, pareceu à Subcomissão e depois à Comissão indispensável a adoção e/ou reconhecimento expresso da principiologia específica que informa a atividade empresarial, na senda de modelos normativos mais modernos. Notadamente em relação aos contratos sociais, sugeriu-se a inclusão de um novo dispositivo já na abertura do Livro de Direito da Empresa, o Art. 966-A:

> Art. 966-A. As disposições deste Livro devem ser interpretadas e aplicadas visando ao estímulo do empreendedorismo e ao incremento de um ambiente favorável ao desenvolvimento dos negócios no país, observados os seguintes princípios:
>
> I – da liberdade de iniciativa e da valorização e aperfeiçoamento do capital humano;
>
> II – da liberdade de organização e livre concorrência, da atividade empresarial, nos termos da lei;
>
> III – da autonomia privada, que somente será afastada se houver violação de normas legais de ordem pública;
>
> IV – da autonomia patrimonial, das pessoas jurídicas, conforme seu tipo societário;
>
> V – da limitação da responsabilidade dos sócios, conforme o tipo societário adotado, nos termos legais;
>
> VI – da deliberação majoritária do capital social, salvo se o contrário for previsto no contrato social;
>
> VII – da força obrigatória das convenções, desde que não violem normas de ordem pública;
>
> VIII – da preservação da empresa, de sua função social e de estímulo à atividade econômica;

IX – da observância dos usos, práticas e costumes quando a lei e os interessados se refiram a eles ou em situações não reguladas legalmente, sempre que não sejam contrários ao direito;

X – da simplicidade e instrumentalidade das formas.

Com esse dispositivo, o Código Civil colmata uma lacuna importante, pois fornece ao intérprete e ao aplicador de modo expresso guias seguros para solução de problemas e mesmo de disputas empresariais. Na impossibilidade de regulação prévia de todas as discussões que podem surgir no ambiente empresarial, ainda mais em tempos de mudanças rápidas e constantes, é imperativo dotar o ordenamento de instrumentos que orientem as soluções para os problemas não previstos expressamente. Como se costuma dizer, normalmente o direito empresarial reflete em momento posterior as ferramentas que o mercado e os empresários desenvolvem para otimizar as suas relações: a lei incorpora o que o mercado testa e aprova – i.e. considera eficiente.

A norma principiológica proposta merece avaliação positiva, pois ressalta valores e vetores realmente muito caros às atividades empresariais, como autonomia patrimonial, limitação de responsabilidade, deliberação majoritária, preservação da empresa, simplicidade e instrumentalidade das formas – com especial destaque para a força obrigatória dos contratos. Ademais, na forma do Art. 421-F, o Anteprojeto propõe a aplicação desta mesma principiologia (encartada no Livro de Direito da Empresa) aos contratos empresariais, por evidente, naquilo que for compatível.

## Contratos Sociais: Autonomia Privada e Força Obrigatória

Possivelmente a maior contribuição do Anteprojeto quanto ao Direito da Empresa é a ênfase na força obrigatória dos contratos, que prestigia a autonomia privada, procurando atribuir padrões mais elevados de segurança jurídica aos negócios empresariais.

Muito se tem dito e escrito acerca da autonomia privada. Em razão das limitações formais impostas a este ensaio, não é possível aqui discorrer acerca deste profícuo debate acadêmico. Todavia, mister ressaltar brevissimamente dois pontos aqui – que devem parecer óbvios, mas merecem ser destacados.

Em primeiro lugar, a autonomia privada é consectário natural e indissociável da liberdade, que é a base da nossa organização social.

Permita-se dizer o óbvio: às pessoas deve ser assegurada na maior medida possível a possibilidade e a capacidade de conformarem as suas vidas, o que se faz através de regulações autonomamente pensadas e desenvolvidas pelas próprias pessoas, que o Direito deve reconhecer e prestigiar. Com ênfase: a liberdade é a regra – a limitação é a exceção. A par de constituir direito fundamental universalmente reconhecido, a possibilidade e a capacidade de se vincular a comportamentos futuros possui valor moral relevantíssimo.

Em segundo lugar, como se ressalta em diversas passagens desse breve ensaio, em prol da ênfase: a força obrigatória das convenções. Tenho especial apreço pela parêmia latina: *pacta sunt servanda*, que parece carregar um sentido moral, jurídico e econômico de grande monta. Já se disse que a capacidade de se vincular a convenções difere as pessoas humanas de outros seres. A liberdade de contratar compreende a liberdade de celebrar um contrato e de determinar o seu conteúdo, assim como de modificá-lo e/ou extingui-lo, sempre com caráter vinculativo para as partes celebrantes. De novo, permita-se o óbvio: a vida em sociedade depende de ordenação, que se obtém através de regras e depende de que essas regras sejam observadas pelas pessoas, se possível voluntariamente, se necessário coativamente. A princípio, não é relevante saber se as regras são resultantes da atividade normativa estatal ou das convenções das pessoas, cuja observância é igualmente imperativa.

## Ainda sobre a Autonomia Privada: empresas e família

Como se passa a evidenciar, o Anteprojeto procura prestigiar a autonomia privada e a força obrigatória dos contratos em diversos momentos diferentes, mas claramente complementares, procurando guardar coerência entre os dispositivos. Um exemplo inicial pode bem ser a revogação da superada restrição ao estabelecimento de sociedades entre cônjuges, independentemente do regime de bens adotado entre eles, neste passo com interface relevante com o Direito de Família:

> Art. 977. Faculta-se aos cônjuges ou conviventes em união estável contratar sociedade, entre si ou com terceiros, independentemente do regime de bens adotado.

De um modo geral – o que também transcende os estreitos limites deste escrito – o Anteprojeto procura reforçar a autonomia privada no âmbito do Direito de Família. No Livro de Direito da Empresa sente-se esse movimento sutilmente, reconhecendo-se que muitas empresas são formadas em ambientes familiares – talvez a maioria das pequenas empresas, e o protecionismo exacerbado deve ceder espaço à liberdade e à autonomia privada, permitindo-se que as pessoas organizem e regulem livremente as suas relações familiares e, ainda, os empreendimentos empresariais que pretendam desenvolver conjuntamente (ou não).

## Nascimento da empresa: aprimoramento

Atenta aos problemas que surgem na vida das sociedades empresariais, a Comissão propõe o aprimoramento do instrumento destinado à sua constituição, contemplando não apenas formalidades ou dados informativos, mas também dados que se prestem a auxiliar a solver problemas que podem ocorrer na vida societária – e como se constata, ocorrem com frequência.

Neste sentido, para que possam ser regularmente registrados, os contratos sociais necessitarão conter endereços eletrônicos para a efetivação dos atos de comunicação social, indicação de sítios eletrônico para publicações ainda previstas, opção (ou não) pela via arbitral como esfera de solução de controvérsias entre os sócios e, principalmente, os parâmetros de apuração de haveres em hipótese de dissolução total ou parcial da sociedade, dentre outros elementos. A Proposta vem com os seguintes termos:

> Art. 997. (...)
>
> I – nome, nacionalidade, estado civil, profissão e residência dos sócios, se pessoas naturais ou jurídicas, e o nome empresarial, nacionalidade e sede dos sócios, se jurídicas, o método e os parâmetros de apuração de haveres, o prazo se demais condições de pagamento dos haveres;
>
> II – nome empresarial, objeto, sede e prazo da sociedade;
>
> (...)
>
> IX – se as disputas entre sócios e entre sócios e a sociedade serão decididas por arbitragem
>
> X – endereços eletrônicos para efetivação das comunicações sociais, incluindo mas não se limitando às convocações para os atos societários, sendo certo que as comunicações efetuadas através desses endereços serão consideradas válidas e eficazes;

> XI – se for o caso, sítio eletrônico da empresa no qual serão realizadas as publicações exigidas pela legislação, na forma do disposto no Art. 1.152 deste Código.
>
> Parágrafo único. Os órgãos de registro de sociedades não levarão a registro, na forma do disposto no art. 35 da Lei nº 8.934, de 18 de novembro de 1994, os contratos sociais que não contenham os requisitos constantes dos incisos I, II, III, IV, VI, VII e X deste artigo.

Em paralelo, registra-se aqui uma nota de preocupação acerca de Proposta referente à atuação de empresas estrangeiras em território brasileiro. O Anteprojeto refere-se à atuação empresarial presencial ou virtual em território nacional e, como não poderia deixar de ser, submete quaisquer operações às leis e ao controle pelas autoridades brasileiras. Todavia, vai além:

> Art. 1.137. Como condição para exercer atividade empresarial no Brasil, de modo presencial ou virtual, a sociedade estrangeira:
>
> I – está sujeita à Constituição Federal, às leis e ao Poder das autoridades brasileiras, quanto aos atos, atividades ou operações realizadas no Brasil ou com consequência econômico-social no território brasileiro;
>
> II – é obrigada a manter, em território nacional, permanentemente, sede física e representante com poderes amplos para receber citação judicial ou arbitral, ou quaisquer outras formas de interpelação, em nome e por conta da sociedade.

A Comissão acolheu por maioria a exigência de manutenção de sede física e representação por pessoa física em território nacional, como condição para o exercício da atividade empresarial. Os debates evidenciaram uma preocupação legítima, reportada com ênfase pelos experientes magistrados integrantes da Comissão, a saber, a eventual dificuldade de efetuar citações e outros atos de comunicação processual em relação a entidades e pessoas estrangeiras que não mantenham sede nem representação no Brasil.

O problema existe – e vem sendo reportado e estudado em diversas frentes, especialmente em uma sociedade globalizada, na qual os mercados operam de modo transnacional, inclusive para as mais simples relações de consumo. Na mesma toada, o problema diz respeito não apenas aos atos de comunicação processual, mas à própria eficácia e autoridade das jurisdições nacionais em face de atividades que se desenvolvem fora dos territórios nacionais, mas afetam os bens e pessoas presumivelmente submetidos àquela autoridade. São cada vez mais frequentes as normativas que fomentam a cooperação judicial como forma de atribuir alguma eficácia transnacional aos julgados locais.

Sem descurar, portanto, do problema, tem-se aqui realmente um ponto de atenção: a solução alvitrada pode ser excessiva, pois as atividades empresariais via de regra se desenvolvem a partir de parâmetros de eficiência e a proposta tende a ser ineficiente em tempos de comunicações instantâneas e intenso desenvolvimento logístico, que dispensam o elemento *presencial*. Para piorar, em vários campos empresariais – de que é exemplo sensível o dos serviços financeiros –, a norma tende a ser cabalmente ineficaz em economias de mercado que propiciam elevado grau de mobilidade aos capitais, comprometendo a credibilidade do sistema como um todo.

## Vida da empresa: desburocratização

Um objetivo adicional da proposta de revisão do Código Civil no Livro de Direito da Empresa foi simplificar e otimizar a prática de atos societários, reduzindo as formalidades desnecessárias – e a burocracia – em prol da eficiência e promovendo redução nos custos respectivos. Cabe aqui relembrar a memorável proposta acadêmica que analisou as formas jurídicas, destacando que há muitas formas/formalidades que se prestam à relevante função de promover o valor segurança jurídica (falou-se a propósito em *formalismo valorativo*). Todavia, há formalidades que se mostram desnecessárias, notadamente com a evolução dos instrumentos tecnológicos, que permitem que se alcancem os mesmos resultados – e a mesma segurança, seja consentido salientar – através de meios mais eficientes.

Neste sentido, à guisa de exemplo, são incorporados pelo Anteprojeto expressamente os meios eletrônicos para as comunicações societárias e simplificadas as formalidades exigidas para a respectiva prática. Com efeito, as comunicações societárias servem como um bom exemplo de simplificação. Como visto acima, não será admitido o registro de sociedade sem a inclusão de dados que permitam a implementação de comunicações eletrônicas, donde se provê que as comunicações eletrônicas através dos endereços fornecidos geram presunção absoluta de validade e eficácia:

> Art. 1072-A. As convocações para as reuniões e demais atos societários serão dirigidas, por duas vezes, em dias sequenciais, para, ao menos, dois endereços, físicos ou eletrônicos, fornecidos pelos sócios e constantes do contrato social.
>
> § 1º As comunicações efetuadas na forma do caput geram a presunção absoluta de validade e eficácia do ato.
>
> Art. 1.152. (...)
>
> § 6º Sem prejuízo das publicações efetuadas em consonância com o disposto neste artigo, as convocações para as reuniões e demais atos societários serão efetuadas através dos endereços eletrônicos constantes do contrato social, na forma do disposto no art. 1.072-A deste Código.

Ainda mais relevante, o Anteprojeto busca simplificar sobremodo os atos societários consistentes em deliberações – os atos jurídicos mais relevantes da vida societária. Trata-se, por exemplo, da eventual dispensa de convocações e da realização de tais atos preferencialmente em ambiente virtual. Merecem destaque a disposição que autoriza o contrato a dispor sobre a forma e a periodicidade das reuniões e demais atos deliberativos e, ainda, a disposição que autoriza a realização de deliberações por escrito, sem a necessidade de realização efetiva de reuniões.

Essa proposta finalmente consagra na legislação o que ocorre na prática na maioria absoluta das empresas brasileiras de pequeno e em muitas de médio porte: as assim chamadas "*reuniões de papel*". Não parece haver sentido em manter um regime que pratica de modo perene essa simulação (inocente) de reuniões que nunca existiram do ponto de vista material, mas as deliberações terão sido legitimamente tomadas através de outras formas e procedimentos. Na nossa avaliação, cuida-se de avanços sensíveis:

> Art. 1.072. As deliberações dos sócios, obedecido o disposto no art. 1.010 deste Código, serão tomadas em reunião, conforme previsto no contrato social, devendo ser convocadas pelos sócios ou administradores nos casos previstos em lei ou no contrato social.
>
> § 1º O contrato social dispõe sobre a forma e a periodicidade de realização das reuniões e demais atos societários.
>
> § 2º Na ausência de disposição no contrato social, as reuniões e demais atos societários serão realizados preferencialmente em ambiente virtual, facultada a realização em formato híbrido, de modo síncrono ou assíncrono, sempre respeitados os direitos contratu-

al ou legalmente previstos, de participação e de manifestação dos sócios.

§ 3º Ficam dispensadas as formalidades de convocação previstas no § 3º do art. 1.152 deste Código, quando todos os sócios comparecerem ou quando se declararem, por escrito, cientes da forma de realização, local, data, hora e ordem do dia.

§ 4º Ressalvados os atos realizados com a finalidade de exclusão de sócio, a reunião torna-se dispensável quando os sócios representativos da maioria do capital social decidirem, por escrito, sobre a matéria que seria objeto dela.

§ 5º No caso do inciso VIII do art. 1.071 deste Código, os administradores, se houver urgência e com autorização de sócios titulares de quotas com direito a voto correspondente a mais da metade do capital social, podem requerer a recuperação judicial da sociedade.

§ 6º As deliberações tomadas de conformidade com a lei e o contrato vinculam todos os sócios, ainda que ausentes ou dissidentes.

§ 7º Aplica-se às reuniões dos sócios, nos casos omissos no contrato social, o mesmo disposto que se aplica às reuniões.

Art. 1.152. (...)

§ 3º Os anúncios de convocação de reunião de sócios devem ser remetidos para os dois sítios eletrônicos, fornecidos pelo sócio empresário, por duas vezes, bem como colocados no sítio eletrônico da sociedade, constantes do contrato social.

§ 4º Os anúncios, publicados com antecedência mínima de oito dias, devem permanecer acessíveis e disponibilizados até o dia da realização da reunião.

§ 5º Caso a empresa não disponha de sítio eletrônico, as publicações poderão ser realizadas em repositório de acesso público irrestrito na internet, a ser também indicado pelo contrato social. (...).

## Vida da empresa: atualização

Ainda no âmbito da *atualização com ares de modernização*, a Proposta da Comissão revigora a regra majoritária, que volta a ser aplicável a todas as deliberações sociais – nos tipos societários regulados pelo Código. Além da previsão constante da principiologia do Direito Empresarial, aludida acima, propõe-se a alteração da redação do Art. 1.076 do Código Civil:

> Art. 1.076. Todas as deliberações, salvo disposição contratual diversa, serão tomadas por votos correspondentes a mais da metade do capital social, impliquem ou não em alteração do contrato.

A aprovação desta alteração tende a ser muito salutar. O estabelecimento de diversos *quora* diferentes a depender da tipologia da deliberação societária pode ser ineficiente. A eficiência depende de critérios muito bem determinados e mesmo na presença destes pode conduzir a problemas ou pelo menos permitir discussões e litigiosidade afinal desnecessárias diante da possibilidade de um critério único ou uniforme. Demais disso, a afirmação do princípio majoritário no âmbito das deliberações privadas não interfere minimamente com a legitimidade de tais deliberações.

A Proposta da Comissão contempla, ainda, normas sobre acordos de cotistas e sobre a possibilidade de criação de cotas preferenciais nas sociedades limitadas, demandas antigas do mercado especializado, dentre outras. Na verdade, os empresários já celebravam acordos de cotistas e estabeleciam previsões de cotas preferenciais nas suas contratações. Todavia, a ausência de normas legais expressas traz algum grau de insegurança jurídica para os negócios empresariais, de modo que a alteração proposta parece muito bem-vinda:

> Art. 1.054. O contrato mencionará, no que couber, as indicações do art. 997 deste Código.
>
> Parágrafo único. Os sócios poderão celebrar acordo de quotistas que será observado pela sociedade quando arquivado em sua sede; e será oponível a terceiros quando arquivado no Registro Público de Empresas Mercantis.
>
> Art. 1.055. Salvo nas sociedades limitadas unipessoais, o capital social divide-se em quotas, iguais ou desiguais, cabendo uma ou diversas a cada sócio.
>
> § 1º Pela exata estimação de bens conferidos ao capital social, respondem solidariamente todos os sócios, até o prazo de cinco anos da data do registro da sociedade.
>
> (...)
>
> § 3º São admitidas quotas preferenciais, nas proporções e condições definidas no contrato social, que atribuam aos seus titulares direitos econômicos e políticos diversos, podendo ser suprimido ou delimitado o direito de voto pelo sócio titular de quota preferencial res-

pectiva, observados os limites da Lei nº 6.404, de 15 de dezembro de 1976, ainda que o contrato social não preveja a sua aplicação.

§ 4º Consideram-se apenas as quotas com direito a voto, para os efeitos de cálculo dos quóruns de deliberação e instalação das reuniões que dizem respeito à sociedade.

## Doença e Morte da empresa: de novo a segurança jurídica

Merece especial destaque a adoção de um sistema de prevalência do contrato no ambiente das dissoluções de sociedades, as quais sugerem diversos temas nos quais a jurisprudência dos tribunais locais oscilara muito ao longo dos últimos vinte anos, trazendo imensa sensação de insegurança para o ambiente empresarial.

Diante da oscilação da jurisprudência dos tribunais locais, muitas vezes errática, a doutrina também é extremamente dispersa quanto às soluções possíveis e/ou plausíveis. O Código de Processo Civil de 2015 parece ter intensificado o problema ao ampliar os poderes do juiz para interferir nos *critérios* de avaliação dos *haveres*. Como dizem os próprios empresários, não se está diante da escolha entre sistemas certos ou errados em termos de apuração de haveres, mas sim da busca por previsibilidade, de modo que os empresários/sócios possam conformar os seus comportamentos com segurança, sendo certo que o sistema jurídico deve estimular a formação e manutenção de sociedades empresárias, respeitando as alocações de riscos estabelecidas nos contratos sociais, cabendo ao legislador, na omissão das partes, gerar estímulos à manutenção das sociedades e desestímulos às dissoluções, que consomem relevantes custos de transação, notadamente em ambientes de litígios, o que se chama corriqueiramente de *destruição de valor*.

Em termos simples, sempre respeitando-se a autonomia privada, a liberdade de organização da atividade empresarial e o direito de qualquer pessoa de não se manter como sócio por tempo indeterminado em uma determinada empresa, do ponto de vista dos interesses da comunidade, os estímulos jurídicos e econômicos devem ser dirigidos ao respeito às alocações de riscos contratadas e a promover a manutenção das sociedades ao invés de promover ou estimular indiretamente a sua dissolução através de prêmios para os sócios que deixam as sociedades – notadamente nas hipóteses em que a saída resulta de atos voluntários.

A proposta encontra-se vazada nos seguintes termos:

> Art. 1.031. Nos casos em que a sociedade se resolver em relação a um sócio, o valor da sua quota, considerada pelo montante efetivamente realizado, liquidar-se-á conforme determinado no contrato social.
>
> § 1º Os haveres serão calculados, em regra, de acordo com os critérios fixados no contrato social.
>
> § 2º Em caso de omissão do contrato social, o juiz observará, como critério de apuração de haveres, o valor apurado em balanço de determinação, tomando-se por referência a data da resolução e avaliando-se, a preço de saída, os bens e direitos do ativo, tangíveis e intangíveis, inclusive os gerados internamente, além do passivo, a ser apurado de igual forma.
>
> § 3º O critério de determinação do valor das quotas para fins de apuração de haveres estabelecidos no contrato social será observado, mesmo que resulte em valor inferior ao apurado em qualquer outro método de ava**liação.**

Os §§ 1º e 3º realmente denotam a busca pela segurança jurídica que vem sendo enfatizada neste sucinto ensaio.

**Após a empresa: prestígio à concorrência e aos contratos empresariais.**

Por derradeiro, mas não menos importante, o Anteprojeto tenciona solucionar discussão doutrinária e jurisprudencial relevante quanto à liberdade de concorrência para o alienante de atividade empresarial. É preciso atentar para o que vem depois da empresa também.

> Art. 1.147. O alienante pode atuar livremente no mesmo mercado do estabelecimento alienado, salvo solução diversa pactuada por escrito entre as partes, quanto ao tempo e ao espaço de não-concorrência.
>
> Parágrafo único. Revogado.

O dispositivo parece consistente por várias razões. Em primeiro lugar, porque novamente reforça a autonomia privada e a força obrigatória dos contratos, repisada aqui *ad nauseam*. Demais disso, porque reafirma o valor da livre iniciativa e da concorrência, que usualmente é um motor poderoso para o empreendedorismo e para boa parte dos setores da economia. Assim é que, além da referência principiológica constante do art. 966-A, o Anteprojeto inverte a polaridade em relação ao direito vigente e estabelece a premissa de que a concorrência é livre, salvo se pactuado de modo diverso entre as partes, que estabelecerão as condições para essa restrição à liberdade de iniciativa.

A Proposta traz ainda várias disposições específicas acerca dos contratos empresariais – isto é, aqueles celebrados entre empresários. A Lei de Liberdade Econômica havia dado um passo importante no sentido de revigorar a força vinculante dos contratos no ambiente empresarial, no qual presume-se a celebração de contratos paritários e simétricos entre contratantes devidamente informados e no qual as dúvidas quanto à interpretação devem ser solvidas em prestígio à autonomia privada. A Proposta pretende avançar neste sentido, tendo como norte, ainda e sempre, a segurança jurídica e a força vinculante dos contratos, regulando novamente temas importantes como a interpretação dos contratos empresariais – com referências específicas aos contornos da boa-fé e aos usos e costumes no ambiente empresarial, às cláusulas penais e ao sigilo empresarial. Todavia, os contratos empresariais integram um corpo mais amplo de normas relativas à teoria geral dos contratos, que desafiam outras análises mais aprofundadas e serão tema de outro estudo.

## Conclusão

A proposta da subcomissão de Direito Empresarial quanto ao Livro de Direito da Empresa foi submetida à elevada apreciação dos demais integrantes da Comissão, que certamente trouxeram aportes valiosos e aprovaram a maioria das sugestões apresentadas, afinal incorporadas ao texto do Anteprojeto apresentado ao Senado Federal. Agora cabe ao Parlamento brasileiro, mercê da sua legitimidade democrática, a atualização do nosso corpo legislativo. Como se usa dizer informalmente, o Código Civil é uma espécie de *Estatuto da vida privada* das pessoas, de máxima relevância para a estabilidade das relações pessoais e sociais. Espera-se que o Parlamento possa desenvolver seus elevados trabalhos com prudência e sabedoria – e agilidade –, atualizando e quiçá melhorando o sistema jurídico brasileiro.

# A IMUNIDADE TRIBUTÁRIA DAS ENTIDADES RELIGIOSAS QUE PRESTAM ASSISTÊNCIA SOCIAL

*Regina Helena Costa*[1]

## I. INTRODUÇÃO

Aceitamos, com alegria, o convite para participar desta obra coletiva em homenagem ao Ministro Humberto Martins.

Nosso homenageado foi Desembargador do Tribunal de Justiça de Alagoas e integra o Superior Tribunal de Justiça desde 2006. Após ocupar o cargo de Corregedor Nacional de Justiça, exerceu a Presidência da Corte no período de 2020 a 2022.

Durante toda essa jornada, sempre cativou a todos com sua personalidade marcante e participativa.

Escolhemos, neste singelo estudo, tratar de uma controvérsia extraída do universo das imunidades tributárias, tema clássico sobre o qual já nos detivemos em trabalho monográfico.[2]

As breves considerações a serem apresentadas voltam-se à análise do acórdão do Supremo Tribunal Federal proferido no julgamento do tema 336 de Repercussão Geral, relativo à imunidade das entidades religiosas que prestam assistência social.

## II. A IMUNIDADE TRIBUTÁRIA E SEU REGIME JURÍDICO: ASPECTOS GERAIS

A imunidade tributária, como sabido, constitui expressiva limitação constitucional ao poder de tributar. Seu conceito pode ser definido como *a exoneração, fixada constitucionalmente, traduzida em norma expressa impeditiva da atribuição de competência tributária ou extraível, neces-*

1 Livre-docente em Direito Tributário, Doutora e Mestre em Direito do Estado pela PUC/SP. Professora Associada dos cursos de graduação e pós-graduação da mesma universidade. Ministra do Superior Tribunal de Justiça. Autora dos livros *Curso de Direito Tributário – Constituição e Código Tributário Nacional* (Saraiva, 14ª ed., 2024); e *Código Tributário Nacional Comentado em sua Moldura Constitucional* (Forense, 4ª ed. 2024), dentre outros.

2 *Imunidades Tributárias – Teoria e Análise da Jurisprudência do STF*, São Paulo : Malheiros Editores, 3ª ed., 2015.

*sariamente, de um ou mais princípios constitucionais, que confere direito público subjetivo a certas pessoas, nos termos por ela delimitados, de não se sujeitarem à tributação.*

Assim entendida, imunes são as pessoas, bens ou situações não abrangidos pelos contornos das regras de competência tributária, mediante normas explícitas ou implícitas, porque extraíveis de um ou mais princípios constitucionais. Sendo o reverso da atribuição de competência tributária, a vedação da possibilidade de imposição tributária em dada hipótese, mediante norma constitucional explícita ou implícita, implica, necessariamente, imunidade.

As normas imunizantes visam sempre prestigiar valores constitucionalmente consagrados, tais como o Estado Federal, a autonomia municipal, a liberdade religiosa, a liberdade de expressão, o acesso à cultura etc., *afastando a possibilidade de embaraços de natureza tributária ao exercício dos direitos correspondentes.*

A Constituição contempla dezenas de normas imunizantes, alusivas a distintos tributos – impostos, taxas e contribuições. Os dispositivos do CTN a respeito do tema, em sua maioria, revelam-se meramente didáticos, porquanto a disciplina das imunidades exaure-se quase que integralmente no plano da Lei Maior.

A imunidade tributária apresenta, assim, *dúplice natureza*: de um lado, exsurge como *norma constitucional* demarcatória da competência tributária, por continente de hipótese de intributabilidade; de outro, constitui *direito público subjetivo* das pessoas direta ou indiretamente por ela alcançadas.

Desse modo, a imunidade tributária pode ser visualizada sob os aspectos formal e substancial. Sob o prisma *formal*, a imunidade excepciona o *princípio da generalidade da tributação*, segundo o qual todos aqueles que realizam a mesma situação de fato, à qual a lei atrela o dever de pagar tributo, estão a ele obrigados, sem distinção. *Assim, sob esse aspecto, a natureza jurídica da imunidade corresponde à impossibilidade de tributação – ou intributabilidade – de pessoas, bens e situações, resultante da vontade constitucional.*

E sob o aspecto *material* ou *substancial*, por sua vez, a imunidade consiste no *direito público subjetivo de certas pessoas não se sujeitarem à tributação, nos termos delimitados por essa norma constitucional exonerativa.*

## III. A IMUNIDADE DAS INSTITUIÇÕES DE ASSISTÊNCIA SOCIAL

A imunidade tributária das instituições de assistência social é condicionada ao atendimento de requisitos constitucionais - quais sejam, a ausência de finalidade lucrativa de tais entes, bem como sua aplicação apenas ao patrimônio, à renda e aos serviços relacionados com suas finalidades essenciais (art. 150, VI, c, *in fine* e § 4º) - e infraconstitucionais (art. 14 CTN).

Tais instituições devem atentar para a disciplina constitucional da assistência social (arts. 203 e 204), que já estabelece dois pressupostos a serem atendidos para o gozo da imunidade: a *ausência de finalidade lucrativa* e a *adstrição da exoneração tributária ao patrimônio, à renda e aos serviços relacionados com as finalidades essenciais* da entidade.

A assistência social é, assim, conceito constitucional[3], qualificando-se como *atividade de interesse público*, não traduzindo exploração econômica - e, portanto, não indicadora de capacidade contributiva daqueles que as desenvolvem.

A razão da outorga dessa imunidade é a realização, pelas instituições por ela beneficiadas, de atividade própria do Estado, de relevante interesse público: a assistência social, em suas diversas modalidades (médica, hospitalar, odontológica, jurídica etc.).

Assim, por ajudarem a *suprir as deficiências da atuação estatal nessa área*, são recompensadas com a vedação constitucional da exigência de impostos.

Em razão disso, as instituições de assistência social que atendam a todos os requisitos constitucionais e legais estão exoneradas das exigências do IPTU quanto aos seus imóveis; do Imposto sobre Serviços, com relação aos serviços que prestarem a terceiros; do Imposto sobre a Renda, no tocante aos rendimentos auferidos; do Imposto sobre Transmissão de Bens Imóveis, na aquisição desses bens; do Imposto de

---

3 "Art. 203. A assistência social será prestada a quem dela necessitar, independentemente de contribuição à seguridade social, e tem por objetivos: I - a proteção à família, à maternidade, à infância, à adolescência e à velhice; II - o amparo às crianças e adolescentes carentes; III - a promoção da integração ao mercado de trabalho; IV - a habilitação e reabilitação das pessoas portadoras de deficiência e a promoção de sua integração à vida comunitária; V - a garantia de um salário mínimo de benefício mensal à pessoa portadora de deficiência e ao idoso que comprovem não possuir meios de prover à própria manutenção ou de tê-la provida por sua família, conforme dispuser a lei".

Importação sobre os bens que importarem para o desempenho de suas atividades; do Imposto sobre a Propriedade de Veículos Automotores sobre os veículos utilizados para seus fins – e assim por diante.

A par da imunidade relativa aos impostos, vale lembrar que as entidades dedicadas à assistência social que atendam os requisitos constitucionais e legais podem igualmente desfrutar da imunidade outorgada às entidades beneficentes voltadas a essa atividade concernente às contribuições para o financiamento da seguridade social, estampada no art. 195, § 7º, da Constituição.

## IV. A ABRANGÊNCIA DAS ATIVIDADES DESENVOLVIDAS PELA ENTIDADE ASSISTENCIAL PARA EFEITO DE FRUIÇÃO DA IMUNIDADE TRIBUTÁRIA

Questão debatida é a concernente à *generalidade* (ou universalidade) das atividades desenvolvidas pela instituição de assistência social sem fins lucrativos como requisito para a fruição da imunidade. Com relação a esse aspecto, parecenos não ser cabível tal exigência, diante do próprio papel que essas entidades desempenham no seio social.

Como anteriormente assinalado, as atividades desenvolvidas pelas instituições de educação e de assistência social sem fins lucrativos ajudam a suprir as deficiências do próprio Estado. Este, por óbvio, tem de desenvolver as atividades voltadas ao público em geral, à coletividade, por força do princípio da supremacia do interesse público sobre o particular.

Mas tais entidades a isso não estão obrigadas, nem pelo texto constitucional, nem por norma infraconstitucional. Podem, muito bem, exercer suas atividades de maneira setorizada, voltadas para um universo determinado de sujeitos, pois ainda assim estarão auxiliando o Poder Público a suprir suas deficiências no campo da prestação de educação e de assistência social.

## V. A CONTROVÉRSIA CONTIDA NO TEMA 336 DE REPERCUSSÃO GERAL

Interessante a controvérsia contida no Tema 336 de Repercussão Geral, consistente em definir a aplicação da imunidade tributária em relação ao Imposto de Importação e ao Imposto sobre Produtos Industrializados às entidades que executam atividades fundadas em preceitos religiosos.

Relatado pelo Ministro Luís Roberto Barroso, o acórdão tem a seguinte ementa:

> "Direito tributário. Recurso extraordinário com repercussão geral. Impostos sobre a importação. Imunidade tributária. Entidades religiosas que prestam assistência social. 1. Recurso extraordinário com repercussão geral reconhecida a fim de definir (i) se a filantropia exercida à luz de preceitos religiosos desnatura a natureza assistencial da entidade, para fins de fruição da imunidade prevista no art. 150, VI, c, da Constituição; e (ii) se a imunidade abrange o II e o IPI incidentes sobre as importações de bens destinados às finalidades essenciais das entidades de assistência social. 2. A assistência social na Constituição de 1988. O art. 203 estabelece que a assistência social será prestada "a quem dela necessitar". Trata-se, portanto, de atividade estatal de cunho universal. Nesse âmbito, entidades privadas se aliam ao Poder Público para atingir a maior quantidade possível de beneficiários. Porém, a universalidade esperada das instituições privadas de assistência social não é a mesma que se exige do Estado. Basta que dirijam as suas ações indistintamente à coletividade por elas alcançada, em especial às pessoas em situação de vulnerabilidade ou risco social, sem viés discriminatório. 3. Entidades religiosas e assistência social. Diversas organizações religiosas oferecem assistência a um público verdadeiramente carente, que, muitas vezes, instala-se em localidades remotas, esquecidas pelo Poder Público e não alcançadas por outras entidades privadas. Assim sendo, desde que não haja discriminação entre os assistidos ou coação para que passem a aderir aos preceitos religiosos em troca de terem suas necessidades atendidas, essas instituições se enquadram no art. 203 da Constituição. 4. O alcance da imunidade das entidades assistenciais sem fins lucrativos. A imunidade das entidades listadas no art. 150, VI, 48 Art. 9.º c, da CF/1988, abrange não só os impostos diretamente incidentes sobre patrimônio, renda e serviços, mas também aqueles incidentes sobre a importação de bens a serem utilizados para a consecução dos seus objetivos estatutários. Além disso, protege a renda e o patrimônio não necessariamente afetos às ações assistenciais, desde que os valores oriundos da sua exploração sejam revertidos para as suas atividades essenciais. Precedentes desta Corte. 5. Recurso extraordinário conhecido e provido, a fim de reformar o acórdão recorrido e reconhecer a imunidade tributária da recorrente quanto ao II e ao IPI sobre as operações de importação tratadas nos presentes autos. 6. Proponho a fixação da seguinte tese de repercussão geral: 'As entidades religiosas podem se caracterizar como instituições de assistência social

> a fim de se beneficiarem da imunidade tributária prevista no art. 150, VI, c, da Constituição, que abrangerá não só os impostos sobre o seu patrimônio, renda e serviços, mas também os impostos sobre a importação de bens a serem utilizados na consecução de seus objetivos estatutários" (RE 630.790/SP, j. 21.03.2022).

Como exposto, as questões a serem apreciadas no recurso interposto foram: *(i)* definir se a filantropia exercida à luz de preceitos religiosos desnatura a natureza assistencial da entidade, para fins de fruição da imunidade prevista no art. 150, VI, *c*, da Constituição; e *(ii)* determinar se a imunidade prevista em tal dispositivo abrange o Imposto de Importação e o Imposto sobre Produtos Industrializados incidentes sobre as importações de bens destinados às finalidades essenciais da associação recorrente.

Quanto à primeira questão, diante do exposto nos itens anteriores, entendemos escorreita a conclusão segundo o qual uma entidade religiosa pode ter por finalidade a assistência social, como bem consignado ou em seu voto o Ministro Relator.

Deveras, o caráter religioso de uma entidade de assistência social, em princípio, não a desqualifica como sujeito imune. Uma vez preenchidos os requisitos constitucionais e legais para tanto, não há que se lhe negar o reconhecimento do direito à exoneração constitucional tributária pleiteada por se tratar de entidade que promova a difusão de preceitos religiosos.

Sendo assim, consequentemente, fará jus à imunidade a impostos, nos termos antes apontados.

Em relação à indagação acerca do alcance dessa imunidade, se abrangente do Imposto de Importação e o Imposto sobre Produtos Industrializados incidentes sobre as importações de bens destinados às finalidades essenciais da entidade, por sua vez, pensamos que a resposta seja inequivocamente positiva, consoante ressaltou o Sr. Ministro Relator:

> "31. Assim, a imunidade das entidades previstas no art. 150, VI, c, da Constituição, abrange não só os impostos diretamente incidentes sobre patrimônio, renda e serviços, mas também aqueles devidos na importação de mercadorias ou serviços a serem utilizados em suas atividades essenciais. Além disso, a imunidade recai sobre a renda e o patrimônio não necessariamente afetos às ações assistenciais, desde que os valores da sua exploração sejam revertidos para a atividade-fim das entidades assistenciais. (...)

34. A recorrente pleiteia, em síntese, que seja reconhecida a sua natureza jurídica assistencial – e consequentemente a imunidade tributária –, bem como fique estabelecido que os dispositivos constitucionais – art. 150, VI, c e § 4º – abrangem o II e o IPI que incidem sobre a *importação de papel especial para impressão de bíblias, limpador de banda de papel e de outros bens para uso próprio destinados às suas finalidades essenciais.*

35. Entendo que o acórdão recorrido merece ser reformado.

36. A parte recorrente é entidade religiosa, constituída como associação civil de direito privado, sem fins lucrativos, tendo por finalidade a divulgação dogmática, bem como o desenvolvimento de programas de educação, formação humana e de assistência social. Pela leitura do art. 2º do seu Estatuto Social (transcrito no acórdão recorrido) e à luz do art. 203 da Constituição, não há como negar o seu caráter assistencial. Além da difusão da fé cristã, ela tem como finalidade a assistência social, por meio de obras de caridade e de promoção de ações de capacitação e habilitação de pessoas com deficiência, bem como pela doação de recursos materiais e pecuniários a entidades afins. Tal finalidade se comprova também por meio de documentos trazidos aos autos, notadamente do Certificado de Entidade Beneficente de Assistência Social (CEBAS) e de declarações de utilidade pública. Dessa forma, não resta dúvida de que seus objetivos estatutários permitem qualificá-la como instituição de assistência social.

37. Vale frisar que tal situação fática restou devidamente comprovada por meio do Estatuto Social e dos certificados expedidos pelo Poder Público, constantes nos autos. *Ademais, pelo tipo de mercadoria importada, é de se reconhecer que os equipamentos e mercadorias serão utilizados em suas finalidades essenciais*" (destaques nossos).

## VI. A EMENDA CONSTITUCIONAL N. 132/2023 E O NOVO DESENHO DA IMUNIDADE DOS TEMPLOS DE QUALQUER CULTO

A Emenda Constitucional n. 132/2023, ao veicular a reforma tributária, alterou os contornos da imunidade dos templos de qualquer culto, que passou a ter a seguinte redação:

"Art. 150. Sem prejuízo de outras garantias asseguradas ao contribuinte, é vedado à União, aos Estados, ao Distrito Federal e aos Municípios:

(...)

> VI – instituir impostos sobre:
>
> (...)
>
> b) entidades religiosas e templos de qualquer culto, inclusive suas organizações assistenciais e beneficentes".

Com efeito, a norma imunizante foi reescrita para sublinhar sua abrangência em relação aos seus destinatários, incluindo, expressamente, as organizações assistenciais e beneficentes das entidades religiosas.

A nosso ver, houve aperfeiçoamento na dicção constitucional, na linha em que, um ano antes, já havia interpretado o Supremo Tribunal Federal.

## VII. CONCLUSÃO

A Constituição, ao arrolar os objetivos fundamentais da República Federativa do Brasil, apresenta, dentre outros, a *construção de uma sociedade livre, justa e solidária* bem como a *erradicação da pobreza e da marginalização* e a *redução das desigualdades sociais e regionais* (art. 3º, *caput* e incisos I e III, destaques nossos). Assim prescrevendo, vincula a interpretação teleológica de todo o ordenamento jurídico a tais resultados.

Tal diretriz é especialmente relevante no exame da aplicação das normas imunizantes.

Nessa linha de raciocínio, não se pode desconsiderar a assistência social promovida por entidades religiosas e, àquelas que cumpram os requisitos constitucionais e legais, impõe-se reconhecer-lhes as imunidades tributárias a impostos e contribuições sociais.

A Emenda Constitucional n. 132/2023, ao alterar a redação do art. 150, VI, *b*, ao explicitar os destinatários da norma imunizante dos templos de qualquer culto, na esteira da interpretação já acolhida pelo Supremo Tribunal Federal, promoveu o aperfeiçoamento da dicção constitucional.

# Competência em caso de delegação de função federal: intervenção do Banco Central em instituição financeira[1-2]

*Flávio Luiz Yarshell*[3]



## 1. INTRODUÇÃO

Recebo com honra o convite para participar desta obra coletiva em homenagem ao Ministro Humberto Martins, cujo objeto é a interpretação do Direito federal. O presente trabalho se propõe a tratar da competência no caso de delegação de função federal, na particular hipótese da decretação de Regime de Administração Especial Temporária (RAET) pelo Banco Central do Brasil (BACEN).

## 2. DETERMINAÇÃO DA COMPETÊNCIA: SUJEITO QUE ATUA COMO DELEGADO DE FUNÇÃO PÚBLICA FEDERAL. A ESPECIAL HIPÓTESE DE INTERVENÇÃO EM INSTITUIÇÃO FINANCEIRA POR CONTA E ORDEM DO BACEN

Na premissa de ser inviável o exercício da jurisdição de forma rigorosamente unificada (talvez o ideal que se harmonizaria com a unidade do

---

1 Registro meu particular agradecimento ao Doutor Rafael Stefanini Auilo, pela inestimável colaboração, não apenas na localização e estudo das fontes de pesquisa, mas também pela valiosa troca de ideias.

2 Ao ensejo é feita a ressalva de que parte expressiva do presente trabalho (por vezes, de forma literal) é fruto de texto desenvolvido em parecer jurídico e outros textos escritos por mim. Como não há identificação de caso ou de partes envolvidas; e como as opiniões dadas diante de casos concretos se alinham perfeitamente à construção conceitual ora apresentada, reputam-se desnecessárias outras referências de fonte, que não aquelas constantes das notas de rodapé ora lançadas.

3 Professor Titular da Faculdade de Direito da Universidade de São Paulo. Advogado e árbitro.

poder), é preciso fracioná-la em órgãos. O que ocorre, então, é uma divisão do trabalho a ser realizado e que tem por objeto a massa de processos[4].

Para saber qual a Justiça competente, estabelecida a premissa de que a causa esteja submetida (exclusiva ou concorrentemente) à jurisdição brasileira, é preciso, naturalmente, conhecer as bases da organização judiciária brasileira, que estão essencialmente contidas na Constituição Federal. Essa topologia de normas que disciplinam o tema, conquanto obviamente relevante, não autoriza confundir os conceitos de jurisdição e de competência. Todos os magistrados integrantes de cada uma das diferentes Justiças são igualmente investidos de jurisdição. A divisão de tarefas – com a especialização que aí se convém – continua a ser tema de competência, ainda que reconhecido o relevante interesse público que inspira as normas pertinentes ao assunto. Eventual desrespeito a tais regras leva à incompetência absoluta, a gerar a invalidade dos atos decisórios, mas não sua inexistência. Nem se pode falar em ausência de jurisdição.

Em essência, a organização brasileira está assentada em divisão que confronta categorias *especiais* e categorias *comuns*. Assim, para determinação das assim denominadas Justiças especiais, adotou-se essencialmente o critério objetivo e, dentro dele, mais especificamente o critério objetivo e, dentro dele, mais especificamente, o da matéria. Dessa forma, são consideradas como tal a *Justiça do Trabalho,* a *Justiça Eleitoral* e a *Justiça Militar*. Fora daí, por exclusão, o que não for especial será parte da chamada Justiça *Comum*; que, por seu turno, engloba a *Justiça Federal* e as *Justiças dos Estados* membros da Federação.

Dentro da Justiça Comum, a Justiça Federal – cuja competência é essencialmente ditada pelo critério objetivo da pessoa (art. 109 da CF) – poder ser considerada *especial*, no confronto com a Justiça dos Estados; que, portanto, tem um caráter residual: quando a causa não se inscrever na competência de qualquer uma das Justiças especializadas, e não couber à Justiça comum Federal, competente será, por exclusão, a Justiça de algum dos Estados da Federação ou do Distrito Federal.

A competência para a Justiça Comum Federal, portanto, considera essencialmente o critério da pessoa; notadamente a União, entidades autárquicas federais, empresas públicas federais (CF, art. 109, I) ou au-

4 O tema da competência foi tratado com maior riqueza de detalhes no nosso *Curso de Direito Processual Civil*, 2ª ed., São Paulo, Marcial Pons, 2020, capítulos IV a VI.

toridades federais (CF, art. 109, VIII)[5]. Contudo, há casos em que, não obstante a União ou alguns dos mencionados entes não figurem formalmente como parte no processo, ali se encontram substancialmente. Nesse contexto, o exame do objeto do processo (pedido à luz da causa de pedir) se torna ainda mais relevante, na medida em que não se trata de pessoa originalmente arrolada pela norma constitucional, mas de sujeito que, por delegação, passou a atuar em seu nome.

Vem de prestigiosa doutrina a lição segundo a qual "A determinação da competência faz-se sempre a partir do modo como a demanda houver sido concretamente concebida (...)". Assim, "Não importa se o demandante postulou adequadamente ou não, se indicou para figurar como réu a pessoa adequada ou não (parte legítima ou ilegítima), se poderia ou deveria ter pedido coisa diferente da que pediu (...)". Por isso, "Questões como essas não influem na determinação da competência, e se algum erro dessa ordem houver sido cometido a consequência jurídica será outra e não a incompetência. Esta afere-se invariavelmente pela natureza do processo concretamente instaurado e pelos elementos da demanda proposta, *in statu assertionis*"[6], tal como se dá na avaliação da legitimidade para a causa e do interesse de agir[7]. E isso é definido a par-

---

5 Não se ignora que a CF também recorre ao critério objetivo, quando submete à Justiça Federal, por exemplo, causas relativas a direitos humanos (CF, art. 109, II e III) ou direitos indígenas (CF, art. 109, XI). O critério objetivo é empregado para exclusão parcial. Porém, isso não infirma que o critério é precipuamente da pessoa.

6 Cf. DINAMARCO, Cândido Rangel. *Instituições de direito processual civil*, vol. I, 8ª ed., São Paulo, Malheiros, 2016, pp. 605-606. Em idêntico sentido, já se disse que "Para avaliar da competência brasileira deve levar-se em conta a relação jurídica tal qual foi apresentada em juízo e, que será objeto da controvérsia judicial (*quid disputandum*), deixando-se de lado a questão, que é de mérito, da efetiva existência da obrigação (*quid decidendum*)" (cf. TORNAGHI, Hélio. *Comentários ao Código de Processo Civil*, vol. I, São Paulo, RT, 1974, p. 306).

7 Na doutrina, ver, exemplificativamente: BARBOSA MOREIRA, José Carlos. "Legitimação para Agir. Indeferimento de Petição Inicial", in *Temas de Direito Processual*, 1ª Série, São Paulo, Saraiva, 1977, p. 200; YARSHELL, Flávio Luiz. *Tutela jurisdicional específica nas obrigações de declaração de vontade*, São Paulo, Saraiva, 1993, p. 112; WATANABE, Kazuo. *Da Cognição no Processo Civil*, 3ª ed., São Paulo, DPJ, 2005, pp. 92-93; COSTA, Susana Henriques da. *Condições da Ação*, São Paulo, Quartier Latin, 2005, p. 135; YARSHELL, Flávio Luiz. *Tutela jurisdicional*, 2ª ed., São Paulo, DPJ Editora, 2006, pp. 106-107; BEDAQUE, José Roberto dos Santos. *Direito e Processo*, 4ª ed., São Paulo, Malheiros, 2006, pp. 92-97; LUCON, Paulo Henrique dos Santos. *Relação entre demandas*, Brasília, Gazeta Jurídica, 2016, pp. 169-170; YARSHELL, Flávio Luiz.

tir do objeto do processo, tal como fixado pelo demandante, justamente porque, como dito, a competência "deve ser aferida à luz da teoria da asserção, isto é, unicamente à vista das alegações feitas pelo autor em sua petição inicial"[8].

Esse também é o entendimento da jurisprudência, ao reconhecer que, "Conforme a teoria da asserção, a competência territorial é fixada a partir da narrativa formulada pelo autor, de acordo com os fatos alegadamente constitutivos do seu direito", de tal sorte que "Se houve ou não o contrato, a questão não diz respeito a fixação da competência, mas a juízo de mérito"[9]. Assim, a jurisprudência do Superior Tribunal de Justiça "firmou entendimento de que a competência deverá ser firmada de acordo com as narrativas feitas na inicial, em homenagem à Teoria da Asserção, de modo que a fixação da competência deverá ser feita mediante análise do pedido preponderante da ação"[10].

De volta ao exame da hipótese proposta, parece certo afirmar a competência da Justiça Federal para processar e julgar demandas nas quais se debatam, direta ou indiretamente, atos praticados por administrador especial, nomeado durante o RAET, conforme ordem do BACEN.

Com ressabido, o BACEN, como agente regulador e fiscalizador do sistema financeiro, é dotado de mecanismos para controle da estabilidade do mercado financeiro, em caráter preventivo e corretivo. Quanto a este último, a atuação do BACEN tem por objetivo controlar danos mediante emprego de medidas legais interventivas, em determinadas instituições em crise que sejam por ele reguladas. A despeito do campo das atividades econômicas ser regido pela liberdade privada, o BACEN, como braço da Administração Pública federal, dispõe de mecanismos cuja função é preservar a instituição financeira e a consequente a estabilidade do sistema, corrigindo as anomalias existentes.

---

*Curso de Direito Processual Civil*, 2ª ed., São Paulo, Marcial Pons, 2020, pp. 334-335. Na jurisprudência, mais recentemente, ver: STJ, 3ª T., REsp 1.991.550/MS, rel. Min. Nancy Andrighi, j. 23.8.2022, DJe 25.8.2022, v.u.

---

8 Cf. QUEIROZ, Pedro Gomes de. "As hipóteses de competência internacional da Justiça brasileira expressamente previstas pelo CPC/2015", in *Revista de Processo*, vol. 275, jan./2018, p. 5 da versão da versão eletrônica.

9 Cf. STJ, 4ª T., REsp 1.119.437/AM, rel. Min. Luis Felipe Salomão, j. 16.11.2011, DJe 20.6.2011, m.v.

10 Cf. STJ, 3ª T., AgInt no AREsp 1.763.841/PR, rel. Min. Marco Aurélio Bellizze, j. 19.4.2021, DJe 22.4.2021, v.u.

O RAET é uma modalidade de intervenção estatal prevista pelo Decreto-lei n. 2.321/1987 que "não interrompe as atividades normais da instituição financeira, que permanece operando regularmente seus negócios. Os administradores e membros de seu Conselho Fiscal, no entanto, imediatamente perdem seus respectivos mandatos, ficando a administração da entidade a cargo de um conselho diretor nomeado pelo BACEN, com plenos poderes de gestão, para condução dos negócios da sociedade"[11]. É esse diretor ou administrador nomeado que, ao menos momentaneamente, atuará em função delegada pelo ente federal.

Conquanto naturalmente sujeito aos limites constitucionais e legais, tal entidade está autorizada a arrecadar livros e documentos de instituições financeiras, a implementar medidas de saneamento (Lei nº 9.447/1997, art. 6º, II), e dar continuidade a atos e continuação dos negócios da instituição financeira. Ao decretar o regime especial, o BACEN afasta a administração (Decreto-Lei nº 2.321/1987, art. 2º) e os controladores da instituição financeira (Lei nº 9.447/1997, art. 2º), que perdem seu poder de gestão e disposição de bens em favor de administrador especial (Decreto-Lei nº 2.321/1987, art. 3º). No contexto do uso de seu *jus imperii*[12] ou poder de polícia[13], o BACEN tem, inclusive, discricionariedade para escolher, dentre os regimes disciplinados em lei, aquele que mais se adéqua ao caso concreto[14].

O administrador especial (ou conselho diretor, nos termos do art. 3º do Decreto-Lei nº 2.321/1987) atua mediante delegação da função pública federal que cabe ao BACEN, isto é, como *longa manus* ou preposto do BACEN na prática de atos vinculados às suas atribuições fiscalizadoras. Os atos do administrador são praticados em nome, por conta e sob as diretrizes ditadas pelo BACEN, a quem cabe estabelecer a estratégia para saneamento da crise. Como exerce função pública e assume essa qualidade, o administrador se enquadra no conceito de agente público

---

11 Cf. AMARO, Anderson de Souza. *A responsabilidade civil dos administradores e controladores de instituições financeiras nos regimes interventivos do Banco Central do Brasil*, dissertação de mestrado, Faculdade de Direito da Universidade de São Paulo, São Paulo, 2018, p. 64.

12 Cf. STJ, 4ª T., REsp 1.470.356/RJ, rel. Min. Luis Felipe Salomão, j. 29.10.2019, DJe 18.12.2019, v.u.

13 Cf. STJ, 1ª T., REsp 930.970/SP, rel. Min. Luiz Fux, j. 14.10.2008, DJe 3.11.2008, v.u.

14 Cf. GRAU, Eros Roberto. "Liquidação e intervenção em instituição financeira - Anulação de ato administrativo complexo - Discricionariedade e revisão judicial", in *Revista de Direito Administrativo*, v. 203, 1996, p. 398.

e, como tal, seus atos são controlados administrativamente pelo BACEN, a quem compete julgar eventuais recursos administrativos (Decreto-Lei nº 2.321/1987, art. 6º) e examinar as contas prestadas (art. 7º).

Trata-se de entendimento secundado pelo Superior Tribunal de Justiça, para o qual "a jurisprudência deste Tribunal Superior firmou-se no sentido de que o administrador/liquidante 'atua em nome e por conta do Banco Central do Brasil, como verdadeira *longa manus* dessa autarquia, administrando a empresa em liquidação sob as diretrizes ditadas pelo próprio BACEN, como se pode deduzir do que preconizam diversos dispositivos da Lei nº 6.024/74'"[15]. Da doutrina também se colhe que "é de todo impossível se imaginar o interventor ou liquidante como alguém absolutamente independente, mas sim de uma verdadeira *longa manus* da autarquia federal"[16].

Daí decorre que os contratos firmados durante o RAET têm "caráter eminentemente público", não se sujeitando "a normas de direito privado e à hermenêutica jusprivatística tradicional". Diante da presença, quando menos indireta, do Poder Público federal na administração e condução das atividades da instituição, que se baseia precipuamente no interesse público de bem regulamentar e proteger o sistema financeiro, qualquer negócio firmado no período de intervenção "submete-se a um regime jurídico híbrido: predominantemente composto de normas privadas, mas aberto a influxos do direito público, principalmente dos princípios constitucionais que regem a Administração"[17].

Então, na medida em que se imputa à parte prática de eventual ato ilícito, ocorrido no exercício de função originariamente atribuída a enti-

---

15 Cf. STJ, 1ª T., REsp 1.569.427/SP, rel. Min. Sérgio Kukina, j. 14.3.2023, DJe 11.4.2023, v.u. No mesmo sentido, ver: STJ, 1ª T., REsp 1.187.947/BA, rel. p/ acórdão Min. Benedito Gonçalves, j. 27.5.2014, DJe 4.8.2014, m.v.; STJ, 2ª T., AgRg no REsp 1.099.724/RJ, rel. Min. Castro Meira, j. 17.9.2009, DJe 5.10.2009, v.u.

16 Cf. PAULIN, Luiz Alfredo. "O conceito de intervenção e liquidação extrajudicial", in SADDI, Jairo (org.). *Intervenção e liquidação extrajudicial no Sistema Financeiro Nacional*, São Paulo, Textonovo-UNICID, 1999, p. 131.

17 Cf. BARROSO, Luís Roberto. "Instituição financeira sob regime de administração especial temporária. Legitimidade jurídico-constitucional de medidas adotadas por agentes do banco central, em caráter emergencial, com vistas à estabilidade do sistema financeiro nacional. Discricionariedade administrativa, realização eficiente dos fins legais e observância dos princípios constitucionais", in *Revista de Direito Bancário e do Mercado de Capitais*, vol. 26, out.-dez. 2004, pp. 9-10 da versão eletrônica (RT *online*).

dade autárquica federal; ou de descumprimento de obrigações assumidas naquele período; e considerando que a competência estatuída pelo art. 109 da CF é precipuamente determinada pelo critério da pessoa da União e de todos os entes a ela de alguma forma conectados, é possível confirmar a conclusão adiantada, de que em hipóteses de delegação do poder federal incide referido dispositivo constitucional.

Na jurisprudência, colhem-se outros casos nos quais se reconhece a competência da Justiça Federal, quando se trata de ato praticado em delegação feita por ente também federal. Nesse contexto, já se decidiu que "a pretensão e a ação não se dirigem contra a instituição financeira, em si, da qual nada se demanda, mas contra o interventor e liquidante, nomeado pelo Banco Central, que nada mais é do que um delegado e executor deste, o qual não comparece como pessoa física, mas como órgão da autarquia federal, a cuja esfera jurídica se reportam os atos por ele praticados. Com efeito, a Lei nº 6.024/74, que dispõe sobre a intervenção e liquidação extrajudicial das instituições financeiras, prevê que estas serão efetuadas e decretadas pelo Banco Central (art. 1º), sendo a intervenção e liquidação executadas por interventor e liquidante por ele nomeado, com plenos poderes de gestão, administração e liquidação, dependentes de prévia autorização os atos de oneração do patrimônio ou admissão e dispensa de pessoal (arts. 5º e 16). O interventor liquidante prestará contas ao Banco Central (arts. 14 e 33), cabendo, das respectivas decisões, recurso, sem efeito suspensivo, ao Banco, em única instância (arts. 15 e 30). Nesse contexto legal, os atos do interventor e liquidante, como órgão e executor da intervenção ou liquidação decretadas pelo Banco, e praticados sob o seu imediato controle, recaem na esfera jurídica da autarquia, como primordial interessada e responsável, e quando menos como litisconsorte necessária do interventor e liquidante, se este é chamado como sujeito passivo da relação processual"[18].

Ainda da jurisprudência do STJ, já se decidiu que "o ato administrativo federal de alienação de bens e direitos é válido e legítimo, visto que não foi anulado por juiz competente em demanda que naturalmente deveria integrar o Bacen em litisconsórcio passivo necessário. Como visto, não bastasse não se extrair do apurado e das teses do recorrente nada que pudesse afastar a higidez do ato de alienação promovido pelo Banco

18 Cf. STF, 1ª T., AgRg no Ag 103.696-6/RJ, rel. Min Rafael Mayer, j. 25.6.1985, DJ. 2.8.1985, v.u. No mesmo sentido, ver: STJ, 1ª T., CC 4.862-9/PB, rel. Min. José de Jesus Filho, j. 8.6.1993, DJ 2.8.1993, v.u.

Central, o exame da questão esbarra em óbice de competência, pois, na verdade, a Justiça estadual estaria definindo a higidez de ato administrativo de autarquia federal, e o princípio do juiz constitucionalmente competente integra as garantias do devido processo legal"[19].

E tudo isso é confirmado pela doutrina, segundo a qual "embora as ações propostas em face das instituições financeiras, que não sejam empresas públicas federais, estejam na esfera da justiça dos Estados, eventuais demandas ajuizadas contra o liquidante, comumente na via mandamental, serão, segundo os precedentes do Supremo Tribunal Federal e do Superior Tribunal de Justiça, processadas e julgadas pelos Juízes Federais"[20]

Finalmente, isso também ocorre, por exemplo, quando se busca invalidar atos praticados por direção de entidades privadas de ensino superior, pelo reconhecimento de que se trata de serviço público delegado (CF, art. 208)[21]. De forma análoga, isso também se passa no controle de atos praticados por agentes de Juntas Comerciais, caso em que eventualmente atos são praticados com subordinação técnica ao Departamento Nacional de Registro Empresarial e Integração (DREI) – que integra o Ministério do Desenvolvimento, Indústria, Comércio e Serviços (Lei nº 8.934/1994, art. 1º c/c art. 44, III)[22]. Em ambas as situações, diante do exercício de função delegada, prevalece a especialidade em função da pessoa que delega e, portanto, dos interesses de que é titular, como bem restou estabelecido na tese fixada no julgamento do tema 722 de pre-

---

19 Cf. STJ, 4ª T., REsp 1.470.356/RJ, rel. Min. Luis Felipe Salomão, j. 29.10.2019, DJe 18.12.2019, v.u.

20 Cf. MENDES, Aluisio Gonçalves de Castro, *Competência cível da justiça federal*, 3ª ed., São Paulo, RT, 2009, pp. 67-68.

21 Na doutrina, ver: CARVALHO, Milton Paulo de. *Manual de competência civil*, São Paulo, Saraiva, 1995, p. 38. É o que também se decidiu em STJ, 1ª T., REsp 883.497/GO, rel. Min. Luiz Fux, j. 4.11.2008, DJe 1.12.2008, v.u.

22 Nesse sentido, ver: STF, 1ª T., RE nº 1999.793-1/RS, rel. Min. Octavio Gallotti, j. 4.4.2000, DJ 18.8.2000, v.u.; TJSP, 6ª Câm. Dir. Púb., Apel. 1009147-24.2018.8.26.0286, rel. Des. Silvia Meirelles, j. 23.9.2019, DJe 26.9.2019, v.u.; TJSP, 2ª Câm. Dir. Púb., Apel. 0015080-88.2013.8.26.0053, rel. Des. Vera Andrisani, j. 9.12.2019, DJe 9.12.2019, v.u.; TJSP, 12ª Câm. Dir. Púb., Apel. 0240014-33.2009.8.26.0000, rel. Des. Osvaldo de Oliveira, j. 11.4.2012, DJe 13.4.2012, v.u.; TJSP, Câm. Dir. Púb., Apel. 0002260-32.2016.8.26.0053, rel. Des. Ricardo Dip, j. 22.2.2018, DJe 22.2.2018, v.u. Na doutrina: COELHO, Fábio Ulhoa. *Curso de Direito Comercial*, v. I, 23ª ed., São Paulo, RT, 2019, p. 50; CAMPINHO, Sérgio. *O Direito de Empresa à Luz do Código Civil*, 13ª ed., Rio de Janeiro, Renovar, 2014, pp. 390-391.

cedentes qualificados do STJ, segundo a qual "Compete à justiça federal comum processar e julgar mandado de segurança quando a autoridade apontada como coatora for autoridade federal, considerando-se como tal também os dirigentes de pessoa jurídica de direito privado investidos de delegação concedida pela União".

## 3. JUÍZO UNIVERSAL DA FALÊNCIA E POSSÍVEL CONFLITO DE COMPETÊNCIA

É correto supor que a intervenção imposta pelo BACEN não necessariamente será bem-sucedida, de tal sorte que a instituição poderá eventualmente ter decretada sua falência. Mas, mesmo nesses casos, a ideia de competência do juízo universal da falência inserta no art. 76 da Lei nº 11.101/2005 deve ser recebida com um grão de sal, de tal modo que, a depender do objeto do processo, a competência para processar e julgar a causa envolvendo ente para o qual foi delegado o exercício de poder federal, ainda assim, será da Justiça Federal.

Como é cediço, nem toda demanda que envolva a massa falida é privativamente submetida ao juízo universal. Basta pensar, por exemplo, que é possível a instauração e o prosseguimento de processos arbitrais envolvendo a massa, que se fará representar e atuará perante aquele órgão jurisdicional privado. No caso previsto pelo art. 6º da Lei nº 11.101/2005, por exemplo, a competência do juízo universal nasce se e quando vier a ser definido um crédito em favor da Massa. Apenas para ilustrar a partir de situação relevante e que gerou uma série de demandas indenizatórias, no caso daquelas promovidas pela Massa Falida do Banco Santos, ninguém colocou em dúvida que a competência era das Varas Cíveis. Ao contrário, como já se decidiu "Não haveria mesmo sentido em inundar a Vara Falimentar para receber uma multiplicidade de ações que envolvem, em grande medida, a análise casuística de danos que tangenciam, sobretudo, nas esferas públicas dos agentes cumpridores das ordens acoimadas de abusivas"[23]. A partir do momento em que o crédito é constituído e ingressam recursos em favor da Massa, aí sim prevalece a coordenação – subjetiva (de credores) e objetiva (de ativos) – que só pode mesmo estar a cargo do juízo universal.

23 Cf. TJSP, 10ª Câm. de Dir. Púb., AI 2019052-89.2016.8.26.0000, rel. Des. Marcelo Semer, j. 11.4.2016, DJe. 12.4.2016, v.u.

Nesse sentido, lembra a doutrina que "a regra [do juízo universal] comporta certas exceções. Existem ações não falimentares consistentes naquelas cuja existência independe do processo concursal. São as não reguladas na Lei Falimentar, 'em que o falido figurar como autor ou litisconsorte ativo' (art. 76, caput, in fine). (...) Também não o serão aqueles em que a massa falida atuar como autora ou litisconsorte ativa, desde que não reguladas pela Lei de Recuperação e Falência. Essa é a inteligência que se deve extrair do preceito. Seriam os casos de uma ação de despejo proposta pelo administrador judicial no interesse da massa falida, a fim de recobrar o bem objeto do arrendamento, ou de uma ação na qual persiga a reparação de ato ilícito contratual, cometido por um contratante do devedor falido, que descumpre a avença comercial, gerando prejuízos para a massa"[24]. Esta última hipótese, inclusive, tende a abarcar grande parte das pretensões que se poderiam deduzir em razão da intervenção na administração da instituição financeira pela pessoa investida no poder originalmente atribuído ao BACEN.

Da mesma forma, já se afirmou que "A regra da indivisibilidade diz respeito às ações em que a massa figure como ré, seja porque o devedor agora falido aparecia nesta posição, seja porque o autor moveu a ação depois da sentença de quebra. A Lei n. 11.101/2005 estabelece exceções a ela em seu art. 76. Estão excluídas da regra do Juízo indivisível as ações em que o devedor, posteriormente falido, e a massa falida sejam autores ou litisconsortes ativos, não reguladas pela própria Lei de Falências. As ações já distribuídas e as que vierem a ser, figurando a massa falida como autora ou litisconsorte ativa, terão a competência estabelecida livremente, segundo as regras do direito comum, isto é, não se sujeitam à norma geral prevista no art. 76. Por exemplo: ação destinada à declaração de ineficácia de título emitido contra a massa falida promovida pelo administrador judicial; ação indenizatória promovida pela massa falida; ação de cobrança que tenha a falida como autora ou litisconsorte ativa. Em todos esses casos, por ser a massa falida autora ou litisconsorte ativa, a distribuição é livre, não ocorrendo a vis attractiva do Juízo falimentar"[25].

---

24 Cf. CAMPINHO, Sérgio. *Curso de direito comercial: falência e recuperação de empresa*, 13ª ed., São Paulo, Saraiva, 2023, p. 137 da versão eletrônica.

25 Cf. NEGRÃO, Ricardo. *Curso de direito comercial e de empresa*, v. 3, 17ª ed., São Paulo, Saraiva, 2023, p. 161 da versão eletrônica.

Ainda a esse respeito, a doutrina lembra que "Exceção ao juízo indivisível ocorre, também, nas hipóteses de ações promovidas em face da Massa Falida pela União, autarquias e empresas públicas federais ou em que estas são interessadas. O art. 109, I, da Constituição Federal excetua a competência da justiça federal apenas para as ações falimentares. O entendimento quanto às referidas ações, contudo, é estrito e não em relação a todas as ações em face da Massa Falida. Apenas as ações com pedido de decretação da falência ou as ações disciplinadas pela própria legislação falimentar, caso tenham como partes ou interessados a União, suas autarquias federais ou empresas públicas, serão atraídas para o juízo falimentar"[26].

De forma análoga, já se afirmou que "Em cinco hipóteses (...) abrem-se exceções ao princípio da universalidade do juízo falimentar", das quais pode ser destacada aquela que diz com "ações de conhecimento de que é parte ou interessada a União, entidade autárquica ou empresa pública federal, hipótese em que a competência é da Justiça Federal (CF, art. 109, I); se aquele acidente de trânsito envolvesse um veículo da sociedade ou empresário posteriormente declarado falido e, imagine-se, um pertencente à Caixa Econômica Federal (empresa pública sob controle da União), a ação de indenização teria curso perante juiz federal, seja proposta pela massa falida ou contra ela. Claro está que a competência para o processo da falência não se desloca para a Justiça Federal, em nenhuma circunstância, nem mesmo se a União tiver interesse na cobrança de um crédito e, a despeito da garantia do art. 187 do CTN, resolva habilitá-lo no processo falimentar. É a ação de conhecimento referente a obrigação ilíquida de que seja parte a massa falida, de um lado, e a União, entidade autárquica ou empresa pública federal, de outro, que não se encontra sujeita à universalidade do juízo falimentar"[27].

Ora, se o objeto do processo (pedido e correspondente causa de pedir) se relaciona de alguma forma com a atuação de pessoa como delegada, interventora e executora do BACEN ou, quando menos, com o período no qual já havia sido decretada a liquidação, o respectivo controle

26 Cf. SACRAMONE, Marcelo Barbosa. *Comentários à lei de recuperação de empresas e falência*, 3ª ed., São Paulo, SaraivaJur, 2022, p. 420 da versão eletrônica.

27 Cf. COELHO, Fábio Ulhoa. *Comentário à lei de falências e de recuperação de empresas*, 9ª ed., São Paulo, Saraiva, 2016, pp. 99-100 da versão eletrônica. No mesmo sentido, ver: NEGRÃO, Ricardo. *Curso de direito comercial e de empresa*, v. 3, 17ª ed., São Paulo, Saraiva, 2023, p. 161 da versão eletrônica.

jurisdicional só pode ser feito pela Justiça Federal. Eventual revisão e potencial desconstituição de tais atos, pelo juízo estadual, é inviável porque não é dado a este último – obviamente sem qualquer desdouro para sua atuação – controlar a higidez de atos administrativos praticados por autarquia federal.

## 4. PREFERÊNCIA DA JUSTIÇA FEDERAL NA DETERMINAÇÃO DE SUA PRÓPRIA COMPETÊNCIA. POSSÍVEL INVALIDADE DOS ATOS PRATICADOS POR JUIZ ABSOLUTAMENTE INCOMPETENTE

Na hipótese de que acima se tratou, é importante pontuar que a Justiça Federal, consoante entendimento consolidado[28], é exclusivamente competente para decidir sobre sua própria competência. Tal é o que decorre da regra competência-competência, um postulado de teoria geral, aplicável a qualquer órgão investido de poder e que se atua como regra geral em tema de competência e jurisdição. Então, assim como se dá em relação aos árbitros (Lei nº 9.307/96, art. 8º, § único) também se dá ao Judiciário – e, no caso, à Justiça Federal – a prerrogativa de decidir sobre a medida da jurisdição em processos nos quais figuram a União, suas autarquias e empresas públicas federais. Portanto, ainda que eventual demanda seja ajuizada por ou em desfavor de administrador judicial, sob fundamento do exercício da função a ele delegada pelo BACEND, quem deverá decidir precipuamente a respeito de sua própria competência é a Justiça especializada.

Isso é especialmente relevante nas hipóteses em que a demanda é originalmente ajuizada perante a Justiça Comum Estadual. Nesses casos, é forçoso que tão logo quanto possível, a competência seja declinada, com o consequente envio dos autos à Justiça Federal para que ela, dentro de sua esfera de poder, decida a respeito.

Nesse contexto, contrariar o desenho constitucional e federal dado à matéria, pode ter implicações sobre a validade de eventuais atos decisórios proferidos pelo juízo estatal. É que, como ressabido, trata-se de competência de caráter absoluto, cuja "ausência de dispositividade associa-se intimamente às razões de *ordem pública* que motivaram sua

28 Nesse sentido, ver enunciado 150 da súmula de jurisprudência dominante do Superior Tribunal de Justiça: "Compete à Justiça Federal decidir sobre a existência de interesse jurídico que justifique a presença, no processo, da união, suas autarquias ou empresas públicas".

edição – no caso, a conveniência da correta distribuição da Justiça, pelos critérios que sensibilizaram o constituinte e o legislador, levando-os a editar tais normas"[29].

É certo que no CPC/15 foi atenuada a regra de invalidade de atos decisórios na hipótese de ser reconhecida a incompetência absoluta. Com clara inspiração na instrumentalidade das formas, a decisão proferida por órgão incompetente pode produzir efeitos até que sobrevenha decisão judicial em contrário. Porém, se eventualmente a Justiça Estadual entendesse por bem não remeter os autos para a Justiça Federal, as decisões eventualmente proferidas por aquela primeira, sem embargo da ressalva constante do novo Diploma processual, ficariam certamente expostas ao risco de futura invalidação, com potencial prejuízo ao que tivesse sido decidido. Assim poderia ocorrer se e quando a questão da competência desaguasse no Superior Tribunal de Justiça, por força de eventual conflito suscitado com bases no disposto no art. 105, I, letra "d"[30]; ou, mais adiante, via recurso especial, fundado no mesmo art. 105, III, "a" e/ou "c" – sem falar na perspectiva eventual de recurso extraordinário, diante de bem caracterizada questão constitucional, emergente do art. 109 da CF. Mais do que isso, mesmo que eventuais decisões transitassem em julgado, fato é que o Legislador continua a reputar o vício grave a ponto de ensejar ação rescisória, conforme disposto no inciso II, segunda figura, do art. 966 do CPC vigente.

Então, qualquer fosse o caminho percorrido, haveria prejuízo aos litigantes, pelo alargamento do tempo até a prestação jurisdicional pelo órgão competente, e ao ordenamento como um todo, pela prática de atos possivelmente não aproveitáveis. Afinal, "todo empenho deve ser feito para evitar possíveis retrocessos ou perda de esforços empreendidos no processo, o que pode comprometer inclusive a promessa constitucional de duração razoável do processo"[31].

---

29 Cf. DINAMARCO, Cândido Rangel. *Instituições de direito processual civil,* v. I, 8ª ed., São Paulo, Malheiros, 2016, p. 800.

30 É certo que, em termos lógicos, não há conflito entre Justiça Federal e Estadual porque quem decide sobre sua própria competência é a primeira. Contudo, o conflito poderá caber justamente para garantir à Justiça Federal que exerça a prerrogativa inerente à regra competência-competência.

31 Cf. YARSHELL, Flávio Luiz. *Curso de direito processual civil,* v. I, 2ª ed., São Paulo, Marcial Pons, 2020, p. 227.

## 5. CONCLUSÃO

Sendo a competência da Justiça Federal precipuamente determinada pelo critério da pessoa da União e de todos os entes a ela de alguma forma conectados, conclui-se pela incidência do art. 109 da CF independentemente de manifestação da União ou de seus entes acerca de seu interesse no processo ou de sua atuação formal.

A competência será da Justiça Federal quando o objeto do processo (pedido e causa de pedir) se relacionar substancialmente com a atuação do ente privado em razão do exercício de função originariamente atribuída a entidade autárquica federal ou à própria União; o que, como se viu, ocorre na hipótese de intervenção de pessoa na administração de instituição financeira por conta e ordem do BACEN.

Na hipótese de falência da intervinda, a competência do juízo universal não necessariamente se sobreporá à competência da Justiça Federal. É preciso considerar o que dispõe o art. 76 da Lei nº 11.101/2005. Nesse e nos demais casos envolvendo a delegação de poder federal, caberá precipuamente à própria Justiça Federal avaliar se e em que medida ela é competente.

## 6. BIBLIOGRAFIA

AMARO, Anderson de Souza. *A responsabilidade civil dos administradores e controladores de instituições financeiras nos regimes interventivos do Banco Central do Brasil,* dissertação de mestrado, Faculdade de Direito da Universidade de São Paulo, São Paulo, 2018.

BARBOSA MOREIRA, José Carlos. "Legitimação para Agir. Indeferimento de Petição Inicial", in *Temas de Direito Processual,* 1ª Série, São Paulo, Saraiva, 1977.

BARROSO, Luís Roberto. "Instituição financeira sob regime de administração especial temporária. Legitimidade jurídico-constitucional de medidas adotadas por agentes do banco central, em caráter emergencial, com vistas à estabilidade do sistema financeiro nacional. Discricionariedade administrativa, realização eficiente dos fins legais e observância dos princípios constitucionais", in *Revista de Direito Bancário e do Mercado de Capitais,* vol. 26, out.-dez. 2004.

BEDAQUE, José Roberto dos Santos. *Direito e Processo,* 4ª ed., São Paulo, Malheiros, 2006.

CAMPINHO, Sérgio. *Curso de direito comercial: falência e recuperação de empresa,* 13ª ed., São Paulo, Saraiva, 2023.

__________. *O Direito de Empresa à Luz do Código Civil*, 13ª ed., Rio de Janeiro, Renovar, 2014.

CARVALHO, Milton Paulo de. *Manual de competência civil*, São Paulo, Saraiva, 1995.

COELHO, Fábio Ulhoa. *Comentário à lei de falências e de recuperação de empresas*, 9ª ed., São Paulo, Saraiva, 2016.

__________. *Curso de Direito Comercial*, v. I, 23ª ed., São Paulo, RT, 2019.

COSTA, Susana Henriques da. *Condições da Ação*, São Paulo, Quartier Latin, 2005.

DINAMARCO, Cândido Rangel. *Instituições de direito processual civil*, vol. I, 8ª ed., São Paulo, Malheiros, 2016.

GRAU, Eros Roberto. "Liquidação e intervenção em instituição financeira - Anulação de ato administrativo complexo - Discricionariedade e revisão judicial", in *Revista de Direito Administrativo*, v. 203, 1996.

LUCON, Paulo Henrique dos Santos. *Relação entre demandas*, Brasília, Gazeta Jurídica, 2016.

MENDES, Aluisio Gonçalves de Castro, *Competência cível da justiça federal*, 3ª ed., São Paulo, RT, 2009.

NEGRÃO, Ricardo. *Curso de direito comercial e de empresa*, v. 3, 17ª ed., São Paulo, Saraiva, 2023.

PAULIN, Luiz Alfredo. "O conceito de intervenção e liquidação extrajudicial", in SADDI, Jairo (org.). *Intervenção e liquidação extrajudicial no Sistema Financeiro Nacional*, São Paulo, Textonovo-UNICID, 1999.

QUEIROZ, Pedro Gomes de. "As hipóteses de competência internacional da Justiça brasileira expressamente previstas pelo CPC/2015", in *Revista de Processo*, vol. 275, jan./2018.

SACRAMONE, Marcelo Barbosa. *Comentários à lei de recuperação de empresas e falência*, 3ª ed., São Paulo, SaraivaJur, 2022.

TORNAGHI, Hélio. *Comentários ao Código de Processo Civil*, vol. I, São Paulo, RT, 1974.

WATANABE, Kazuo. *Da Cognição no Processo Civil*, 3ª ed., São Paulo, DPJ, 2005.

YARSHELL, Flávio Luiz. *Curso de direito processual civil*, v. I, 2ª ed., São Paulo, Marcial Pons, 2020.

__________. *Tutela jurisdicional*, 2ª ed., São Paulo, DPJ Editora, 2006.

__________. *Tutela jurisdicional específica nas obrigações de declaração de vontade*, São Paulo, Saraiva, 1993.

# O controle de convencionalidade pelo Superior Tribunal de Justiça (STJ): a aplicação de tratados internacionais pela justiça brasileira

*José Alberto Simonetti*[1]

*Sara de Assis Aquino*[2]

## 1. INTRODUÇÃO

O art. 33 da Convenção das Nações Unidas relativa ao Estatuto dos Refugiados estabelece a proibição da expulsão ou do rechaço – que consiste na vedação, por parte dos países signatários, de expulsar ou rechaçar pessoa refugiada para "territórios em que sua vida ou a sua liberdade seja ameaçada em virtude da sua raça, da sua religião, da sua nacionalidade, do grupo social a que pressente ou das suas opiniões políticas".[3]

Aprovada em julho de 1951 e assinada pelo Brasil em julho de 1952, a referida Convenção foi formalmente incorporada ao ordenamento brasileiro por meio do Decreto Legislativo nº 11, de 1960. Com base nela, o ministro Humberto Martins, homenageado nesta obra, decidiu o *habeas corpus* (HC) nº 333.902, de sua relatoria.[4]

No caso concreto, o paciente Barnabas Salvi Mukuko, nacional de Burundi, país localizado no interior da região dos Grandes Lagos Africanos, encontrava-se preso em razão de sentença condenatória por

---

1 Advogado e Presidente do Conselho Federal da Ordem dos Advogados do Brasil (CFOAB). Atuou como secretário-geral do CFOAB e presidente da Coordenação Nacional do Exame de Ordem Unificado (2019- 2022). Foi diretor-geral da Escola Nacional de Advocacia (2016-2019) e diretor-geral da sede da OAB/AM. Como conselheiro federal pela OAB/AM, atuou em diversas comissões temáticas, sendo vice-presidente da Comissão Nacional de Acesso à Justiça (2010-2013). E-mail: presidencia@oab.org.br. Orcid: https://orcid.org/0000-0002-4526-104X.

2 Advogada. Assessora na Presidência do CFOAB. Mestre em Direito, Estado e Constituição pela Universidade de Brasília (UnB). E-mail: sara.aquino99@gmail.com.

3 BRASIL. Decreto Legislativo nº 11, de 1960. Aprova a Convenção de 25 de julho de 1951, relativa ao Estatuto dos Refugiados, assinada pelo Brasil a 15 de julho de 1952. Disponível em: https://www2.camara.leg.br/legin/fed/decleg/1960-1969/decretolegislativo-11-7-julho-1960-349947-publicacaooriginal-1-pl.html. Acesso em: 17.5.2024.

4 STJ, Habeas Corpus (HC) nº 333.902, Rel. Min. Humberto Martins, Primeira Seção, j. em 14.10.2015.

envolvimento com tráfico de drogas. Após a condenação, o Ministério da Justiça expediu portaria determinando a expulsão de Barnabas do território brasileiro. Em seus fundamentos, a defesa alegou inconstitucionalidade e ilegalidade da expulsão, considerando o *status* de refugiado conferido ao paciente ainda em 2007 pelo Comitê Nacional para os Refugiados (COANRE).

Sob a relatoria do ministro Humberto Martins, o caso foi julgado em outubro de 2015, pela 1ª Seção do Superior Tribunal de Justiça (STJ), à qual compete julgar *habeas corpus* referente às matérias de sua competência. O voto condutor do ministro relator destacou a Convenção das Nações Unidas relativa ao Estatuto dos Refugiados, no ponto em que impõe aos estados signatários, o Brasil incluído, a não expulsão de "refugiado que se encontre regularmente no seu território senão por motivos de segurança nacional ou ordem pública".[5]

Nessa esteira, o voto do relator, seguido pela unanimidade do colegiado, concedeu a ordem de *habeas corpus* para anular o ato administrativo de expulsão do referido paciente, uma vez que não considerou a condição de refugiado e suas consequências jurídico-políticas previstas tanto em normas nacionais quanto internacionais.

O HC nº 333.902 é um dos tantos exemplos encontrados na jurisprudência do Superior Tribunal de Justiça (STJ), nos quais a Corte aplica tratados internacionais como fundamento jurídico de seus julgados. Esse movimento é marcado não apenas pela dimensão quantitativa, mas também pelo incentivo contínuo à internacionalização da jurisprudência nacional, coordenada sobretudo pelos tribunais superiores. Para citar apenas alguns exemplos no âmbito do STJ: (i) o tribunal adotou o fundamento da supralegalidade definido no Tema de Repercussão Geral 60 pelo Supremo Tribunal Federal (STF) ao julgar o caso da possibilidade de prisão civil do depositário infiel,[6] (ii) realizou o controle de convencionalidade do crime de desacato, ao concluir pela manutenção da tipificação no ordenamento jurídico,[7] (iii) consagrou o princípio da não

5 *Idem*, p. 8.

6 STJ, REsp nº 914.253, Rel. Min. Luiz Fux, Tema Repetitivo 220, Corte Especial, j. em 2.12.2009.

7 STJ, HC nº 379.269, Rel. Min. Reynaldo Soares da Fonseca, Redator para o acórdão Min. Antonio Saldanha Palheiro, Terceira Seção, j. em 24.5.2017.

autoincriminação e do direito ao silêncio,[8] (iv) aplicou o princípio da precaução em matéria ambiental,[9] dentre diversos outros.

Ao presidir o STJ entre agosto de 2020 e agosto de 2022, o ministro Humberto Martins empenhou-se em consolidar a internacionalização da jurisprudência durante o estado de calamidade pública decorrente da pandemia da Covid-19. Em várias oportunidades, ressaltou a missão do judiciário de mudar a realidade da população brasileira, por meio da concretização dos direitos fundamentais constantes do texto constitucional e de tratados internacionais.[10] Ademais, demonstrou sensibilidade ao reconhecer a particularidade do contexto latino-americano, cujas desigualdades sociais, econômicas e políticas hão de ser superadas, necessariamente, com a efetiva cooperação internacional.[11]

Atendo-se ao diálogo internacional proposto pelo ministro homenageado em seus votos e durante seu período na presidência do STJ, o presente artigo trata do controle de convencionalidade realizado pela Corte, da sua importância para a jurisprudência nacional e de seu impacto no sistema jurídico brasileiro.

Em primeiro lugar, analisa a recepção dos tratados internacionais no direito brasileiro, com a descrição de competências, procedimentos e os efeitos na ordem jurídica interna. Em seguida, relaciona o controle convencional e o postulado da dignidade humana em contexto transnacional. Por último, destaca o papel vanguardista do STJ para o controle convencional na justiça brasileira, tratando da competência do tribunal e de casos célebres de sua jurisprudência.

---

8 STJ, REsp nº 1.479.542, Rel. Min. Benedito Gonçalves, Primeira Turma, j. em 18.2.2016.

9 STJ, REsp nº 1.285.463, Rel. Min. Humberto Martins, Segunda Turma, j. em 28.2.2012.

10 STJ. Presidente do STJ defende cooperação internacional em evento sobre segurança e direitos humanos na América Latina. Disponível em: https://www.stj.jus.br/sites/portalp/Paginas/Comunicacao/Noticias/11042022-Presidente-do-STJ-defende-cooperacao-internacional-em-evento-sobre-seguranca-e-direitos-humanos-na-America-Latina-.aspx. Acesso em: 17.5.2024.

11 CONJUR. **Humberto Martins defende cooperação internacional por Judiciário digital.** Disponível em: https://www.conjur.com.br/2022-jun-29/humberto-martins-cooperacao-internacional-justica-digital/. Acesso em: 17.5.2024.

## 2. A RECEPÇÃO DOS TRATADOS INTERNACIONAIS DO DIREITO BRASILEIRO

A equação entre soberania e intercâmbio entre Estados simboliza o campo das relações entre o Direito Internacional e o Direito Interno. O futuro do Direito Internacional depende dessa relação[12]. De uma maneira geral, a vida internacional funciona quase que primordialmente por meio de tratados[13], os quais exercem, no plano do direito internacional, funções semelhantes às que têm no direito interno as leis e os contratos[14].

No procedimento internacional de formalização de tratados disposto nas Convenções de Viena de 1969 e 1986, os Estados precisam regular, dentro do seu direito interno, a incorporação dos atos internacionais os quais são signatários. O primeiro texto constitucional que desenvolveu o controle das relações exteriores pelo Poder Legislativo foi a Constituição Francesa de 1791, em sintonia com os ideais constitucionais e democráticos da Revolução Francesa[15]. Esse formato encontrou estabilidade em outras constituições que sobrevieram à francesa, com variação apenas no que diz respeito à natureza dos tratados.

No Brasil, a participação do Poder Legislativo na consagração de atos internacionais não sofreu grandes mudanças na história constitucional. Os artigos 84 e 49 da Carta Cidadã de 1988[16] delimitam as competências:

---

12 GALINDO, George Rodrigo Bandeira. **Tratados Internacionais de direitos humanos e constituição brasileira.** Ed. Del Rey. Belo Horizonte. 2002.

13 A Convenção de Viena sobre o Direito dos Tratados definiu precisamente o que se entende por tratado internacional: Artigo 2: I Para os fins da presente Convenção: a) "tratado" significa um acordo internacional concluído por escrito entre Estados e regido pelo Direito Internacional, quer conste de um instrumento único, quer de dois ou mais instrumentos conexos, qualquer que seja sua denominação específica". BRASIL, Decreto Legislativo nº 7.030/2009. Promulga a Convenção de Viena sobre o Direito dos Tratados, concluída em 23 de maio de 1969, com reserva aos Artigos 25 e 66. Disponível em: https://www.planalto.gov.br/ccivil_03/_ato2007-2010/2009/decreto/d7030.htm. Acesso em 03 jun. 2024.

14 MAZUOLLI, Valério de Oliveira. Curso de Direito Internacional. 2º ed. São Paulo. **Revista dos Tribunais**. 2007. p. 128.

15 *Ibidem.*

16 BRASIL. [Constituição (1988)]. **Constituição da República Federativa do Brasil de 1988**. Brasília, DF: Presidência da República. Disponível em: https://www.planalto.gov.br/ccivil_03/constituicao/constituicaocompilado.htm. Acesso em 03 jun. 2024

> Art. 49. É da competência exclusiva do Congresso Nacional:
>
> I - resolver definitivamente sobre tratados, acordos ou atos internacionais que acarretem encargos ou compromissos gravosos ao patrimônio nacional;
>
> Art. 84. Compete privativamente ao Presidente da República: [...]
>
> VIII - celebrar tratados, convenções e atos internacionais, sujeitos a referendo do Congresso Nacional;

A Constituição distribui a competência de *celebrar* acordo ao Presidente da República, o que é diferente de *ratificar,* ato que consolida a aprovação no Congresso; ao Congresso, cabe resolver em definitivo os acordos. Mazzuoli sintetiza que "enquanto cabe ao Poder Executivo presidir a política externa do país, ao Poder Legislativo, cumpre exercer o controle dos atos do executivo, uma vez que àquele incube a defesa da nação no cenário internacional"[17]. De outro modo, o referendo legislativo atende ao art. 2º da Constituição, que define a relação entre os poderes como independentes e harmônicos entre si.

Em caso de aceitação pelo Congresso, a incorporação do acordo é realizada via decreto legislativo, sem possibilidade de alteração no conteúdo do texto do acordo. Após o referendo via decreto, o tratado passa a ter vigência no ordenamento jurídico brasileiro com sua posterior ratificação e promulgação pelo Presidente da República. Este processo dá ao tratado *status* de lei interna.

O Poder Judiciário aparece no procedimento por meio do Supremo Tribunal Federal (STF), ao avaliar a constitucionalidade de tratado ou lei federal via recurso extraordinário (art. 102, III, alínea b), do Superior Tribunal de Justiça (STJ), via recurso especial em face das decisões de tribunais regionais federais ou tribunais estaduais que contrariem tratados ou lei federal, ou negar-lhe vigência (Art. 105, III, alínea a, CF/88); além da competência de juízes federais de julgar causas fundadas em tratado ou contrato da União com Estado Estrangeiro ou organismo internacional; ou crimes previstos em tratados ou convenções internacionais (art. 109, III e V da CF).

Após a incorporação do tratado, alguns efeitos são subsequentes. O primeiro deles é a revogação imediata de todas as disposições contrárias

17 MAZUOLLI, Valério de Oliveira. **Curso de Direito Internacional.** 2° ed. São Paulo. Revista dos Tribunais. 2007. p. 278

ou incompatíveis com o dispositivo no âmbito infraconstitucional. Vale ressaltar que movimento contrário não ocorre. Para revogar o compromisso internacional, o Estado parte deve realizar o procedimento formal de denúncia. Aos cidadãos, fica o direito de pleitear em instâncias ordinárias o direito neles estabelecido.

Tratados de matéria econômica gestam as regras do comércio internacional ou decisões de soluções de controvérsias a nível doméstico. O Brasil adotou medidas para implementar padrões internacionais de troca de informações fiscais para lidar com o enfrentamento da evasão fiscal e lavagem de dinheiro, por exemplo.[18]. A cooperação internacional, portanto, favorece a aplicação de tratados internacionais, o que reflete a permanente postura de integração de normas internacionais no ordenamento jurídico nacional.

Com relação ao campo dos direitos humanos, o caso da lei Maria da Penha é figurativo. Em 1998, o estado brasileiro foi representado junto à Comissão Interamericana de Direitos Humanos (CIDH) em razão da tolerância com as agressões sofridas pela farmacêutica Maria da Penha Fernandes, perpetradas pelo seu então esposo, Marco Antônio Heredia Viveiros, em Fortaleza, Ceará. Por mais de 15 anos, o estado não tomou medidas necessárias para processar e punir o agressor, não obstante as denúncias realizadas.

Representada pelo Centro pela Justiça e pelo Direito Internacional (CEJIL) e pelo Comitê Latino-Americano de Defesa dos Direitos da Mulher (CLADEM), a farmacêutica denunciou a tentativa de homicídio sofrida em 29 de maio de 1983. A vítima levou um tiro de revólver enquanto dormia, além de várias agressões concomitantes, em razão disto, Maria da Penha sofre de paraplegia irreversível e outros traumas.

A petição baseou-se na violação dos artigos 1 (Obrigação de respeitar os direitos); 8 (Garantias judiciais); 24 (Igualdade perante a lei) e 25 (Proteção judicial) da Convenção Americana, em relação aos artigos II e XVIII da Declaração Americana dos Direitos e Deveres do Homem[19],

18 ESTELLITA, H; BASTOS, F. S.. Tax Exchange Of Information And International Cooperation In Brazil. **Revista Direito GV**, v. 11, nº 1, p. 13-35, jan, 2015.

19 Organização dos Estados Americanos, Convenção Americana de Direitos Humanos ("Pacto de San José de Costa Rica"), 1969. Disponível em: https://www.cidh.oas.org/basicos/portugues/c.convencao_americana.htm . Acesso em 22 jun. 2024.

bem como dos artigos 3, 4, a, b, c, d, e, f, g, 5 e 7 da Convenção de Belém do Pará[20].

Em abril de 2001, o estado brasileiro foi condenado por negligência e omissão em relação à violência doméstica. O Brasil assumiu o dever junto à comunidade internacional de adotar medidas e instrumentos eficazes para o acesso à justiça de mulheres vítimas de violência, devendo atuar para prevenir, processar, reparar, punir e prevenir a violência contra a mulher[21].

Os tratados internacionais de proteção aos direitos humanos tem influência particular no ordenamento jurídico brasileiro, sobretudo após a promulgação da CF/88, que ratificou inúmeros instrumentos de proteção aos direitos humanos, tendo como marco histórico a ratificação da Convenção contra a Tortura e outros Tratamentos Cruéis e Degradantes[22], em 1989, seguido de a) a Convenção Interamericana para Prevenir e Punir a Tortura, em 20 de julho de 1989[23]; b) a Convenção sobre os Direitos da Criança, em 24 de setembro de 1990[24]; c) o Pacto Internacional dos Direitos Civis e Políticos, em 24 de janeiro de 1992[25]; d) o Pacto Internacional dos Direitos Econômicos, Sociais e Culturais,

20 Organização dos Estados Americanos. Convenção Interamericana para a Prevenção, Punição e Erradicação da Violência contra a Mulher ("Convenção de Belém do Pará"), 1994. Disponível em:https://www.cidh.org/Basicos/Portugues/m.Belem.do.Para.htm Acesso em 22 jun 2024.

21 PIOVESAN, Flávia; PIMENTEL, Sílvia. A Lei Maria da Penha na perspectiva da responsabilidade internacional do Brasil. In: CAMPOS, Carmen Hein de. **Lei Maria da Penha comentada em uma perspectiva jurídico-feminista.** Rio de Janeiro: Lumen Juris, 2011.

22 Organização das Nações Unidas. Convenção contra a Tortura e outros Tratamentos Cruéis e Degradantes,1984. Nova York.

23 Convenção Interamericana para previnir e punir a tortura. 9 de dezembro de de 1985. Promulgada pelo decreto. **Decreto nº 98.386, de 9 de dezembro de 1989**. Disponível em: https://www.planalto.gov.br/ccivil_03/decreto/1980-1989/d98386.htm

24 BRASIL. **Decreto nº 99.710, de 21 de novembro de1990.** Promulga a Convenção sobre os Direitos da Criança.Diário Oficial da República Federativa do Brasil, Brasília, DF,22 nov. 1990. Disponível em: https://www.planalto.gov.br/ccivil_03/decreto/1990-1994/d99710.htm Acesso em: 22 jun 2024.

25 BRASIL. **Decreto nº 592, de 06 de julho de 1992**. Promulga o Pacto Internacional dos Direitos Civis e Políticos. Disponível em: https://www.planalto.gov.br/ccivil_03/decreto/1990-1994/d0592.htm . Acesso em 23 jun 2024.

em 24 de janeiro de 1992[26]; e) a Convenção Americana de Direitos Humanos, em 25 de setembro de 1992; f) a Convenção Interamericana para Prevenir, Punir e Erradicar a Violência contra a Mulher, em 27 de novembro de 1995[27].

Este caráter supralegal dos tratados de direitos humanos foi firmado pelo Supremo Tribunal Federal[28] na esteira de uma tendência global de um constitucionalismo baseado em "documentos legislados nacionalmente para pactos construídos negocialmente em escala internacional sob o formato de tratados, como é o caso dos tratados internacionais de direitos humanos".[29] A emenda constitucional nº 45, que incluiu o 3º parágrafo no art. 5º da CF/88, conferiu este lugar especial no ordenamento jurídico brasileiro.

O parágrafo prevê a existência de normas de hierarquia constitucional fora do texto da Constituição. O chamado bloco de constitucionalidade pode ser definido como o conjunto de normas materialmente constitucionais que formam um bloco de dispositivos de hierarquia constitucional de um Estado. Conforme preleciona Flávia Piovesan:

> [...] advém de interpretação sistemática e teleológica do texto, especialmente em face da força expansiva dos valores da dignidade humana e dos direitos fundamentais, como parâmetros axiológicos a orientar a compreensão do fenômeno constitucional. A esse raciocínio se acrescentam o princípio da máxima efetividade das normas constitucionais referentes a direitos e garantias fundamentais e a natureza materialmente constitucional dos direitos fundamentais[30].

---

26 BRASIL. **Decreto nº 591 de 06 de julho de 1992**. promulga o Pacto Internacional sobre os Direitos Econômicos, Sociais e Culturais. Disponível em: https://www2.camara.leg.br/legin/fed/decret/1992/decreto-591-6-julho-1992-449000-publicacaooriginal-1-pe.html . Acesso em 23 junho de 2024.

27 PIOVESAN, Flávia. **Direitos humanos e o direito constitucional internacional.** 10ª ed. rev. atualizada. Editora Saraiva: São Paulo. 2009.

28 Recurso Extraordinário nº 466.343 e do Habeas Corpus nº 87.585.

29 VIEIRA, Gustavo Oliveira; MORAIS, José Luis Bolzan de. **A internacionalização do Direito a partir dos direitos humanos** – reflexões iniciais para o futuro do constitucionalismo. Revista de Estudos Constitucionais, Hermenêutica e Teoria do Direito (RECHTD), São Leopoldo, v. 4, nº 2, p. 175-184, jul./dez. 2012. p. 183.

30 PIOVESAN, Flávia. **Direitos humanos e o direito constitucional internacional.** 9ª ed. São Paulo: Saraiva, 2008. p.195.

O conceito veio do direito francês, por meio de decisão do *Conseil Constitutionnel*, em 1971, que definiu a existência de um bloco de princípios e regras dotadas de nível constitucional, composto pela Constituição de 1958, o Preâmbulo da Constituição de 1946, a Declaração dos Direitos do Homem e do Cidadão de 1789 e os princípios fundamentais previstos nas leis da república francesa[31].

No Brasil, não há posição unívoca sobre a existência do bloco de constitucionalidade, malgrado haja decisões que considerem sua existência, como a decisão do Ministro Edson Fachin que reconheceu na ADI no 5.357/2015[32], a constitucionalidade do Estatuto da Pessoa com Deficiência com base na hierarquia constitucional da Convenção Internacional de Pessoas com Deficiência, em virtude da sua aprovação com base no art. 5°, §3° da CF/88, assegurando o acesso de pessoas com deficiência às instituições públicas e privadas de ensino.

## 3. O CONTROLE CONVENCIONAL COMO CONCRETIZAÇÃO DA DIGNIDADE HUMANA EM CONTEXTO TRANSNACIONAL

A incorporação dos tratados de direitos humanos ao direito interno contribui para que os Estados cumpram e guiem suas ações de acordo com os direitos humanos. Os tratados de direitos humanos devem servir como critério interpretativo constitucional no Brasil, de modo a harmonizar o direito interno e o internacional.

O princípio da dignidade da pessoa humana, enquanto paradigma fundante do pacto constitucional brasileiro (art. 1.º c/c. art. 3º, CF/88), situa o país como referência internacional no campo. Nessa esteira, o artigo 4º define a prevalência dos direitos humanos, a autodeterminação

31 FAVOREU, Louis. Ponencia francesa. In: FAVOREU, Louis; RUBIO LLORENTE, Francisco (org.). **El Bloque de la Constitucionalidad** - simposium franco-espanhol de Derecho Constitucional. Madrid: Civitas, 1991; CHEHAB,Isabelle Maria Campos Vasconcelos; LOPES,Ana Maria DÁvila. Bloco de constitucionalidade e controle de convencionalidade: reforçando a proteção dos direitos humanos no Brasil. **Revista Brasileira de Direito**, 12(2): 82-94, jul.-dez. 2016 - ISSN 2238-0604. DOI: 10.18256/2238-0604/revistadedireito.v12n2p82-94. Disponível em: https://dialnet.unirioja.es/servlet/articulo?codigo=5776417 Acesso em 22 jun. 2024.

32 BRASIL. Supremo Tribunal Federal. Ação Direta de Inconstitucionalidade n.º 5357. Origem: DF - Distrito Federal. Relator: Min. Edson Fachin. Relator do último incidente: Min. Edson Fachin (ADI-MC-Ref-ED). Disponível em: https://portal.stf.jus.br/processos/detalhe.asp?incidente=4818214. Acesso em: 24 jun. 2024.

dos povos, além de inscrever no parágrafo único a exigência do fomento da criação e inclusão do estado brasileiro em uma comunidade latino-americana de nações.

O Sistema Interamericano de Proteção dos Direitos Humanos (SIDH), criado em 1948 por meio da Carta da Organização dos Estados Americanos (OEA), é um conjunto de normas[33] e instituições internacionais responsáveis pela proteção da sociedade contra ações e omissões abusivas estatais contrárias às normas jurídicas derivadas do direito interamericano de proteção da pessoa humana.

A Comissão Interamericana de Direitos Humanos (CIDH) e a Corte Interamericana de Direitos Humanos (Corte IDH) são os dois órgãos que compõem o Sistema. A relação entre o direito interno e o direito internacional, em especial no campo dos direitos humanos, vem a formar o que se entende por "bloco de convencionalidade". Isto é, tanto os juízes da Corte IDH quanto os juízes nacionais teriam o dever de controlar a validade dos atos internos a partir das normas internacionais dos direitos humanos no plano regional[34].

A Corte Interamericana de Direitos Humanos (CIDH) criou o que se denomina de controle de convencionalidade como estratégia hermenêutica de proteção aos direitos humanos. Esse movimento se enquadra em um esforço da comunidade internacional em parametrizar a dignidade humana numa dimensão global. O processo de globalização inseriu novas tendências de integração supranacional, inclusive a comunicação de culturas constitucionais, aumentando o diálogo entre o direito constitucional público e direito internacional público.

Em termos gerais, o controle de convencionalidade, consiste:

> [...] em um mecanismo complementar e coadjuvante ao controle de constitucionalidade, visando adaptar ou conformar os atos e as leis produzidos internamente aos compromissos de direitos hu-

---

33 Os seus principais documentos são: a Declaração Americana de Direitos e Deveres do Homem (1948); a Convenção Americana sobre Direitos Humanos ou Pacto de San José da Costa Rica (1969) e o Protocolo Adicional à Convenção Americana em Matéria de Direitos Econômicos, Sociais e Culturais ou Protocolo de San Salvador (1998).

34 CONCI, Luiz Guilherme Arcaro. O controle de convencionalidade como parte de um constitucionalismo transnacional fundado na pessoa humana. **Revista de Processo** | vol. 232/2014 | p. 363 | Jun / 2014.

manos assumidos pelos Estados na esfera internacional. Há que se esclarecer que se utiliza o termo "convencionalidade" porque, diferentemente do que ocorre com o controle de constitucionalidade, o paradigma de controle em questão não reside na Constituição Nacional, mas nas convenções de direitos humanos[35].

Trata-se do que se define como diálogo entre cortes ou diálogo interjurisdiccional. Nele, não importa o nível hierárquico do tratado no âmbito interno, mas o seu conteúdo, devendo ser levado em consideração a matéria mais protetiva em relação à legislação nacional, verificada caso a caso. A aderência dos estados nacionais aos procedimentos e jurisdição da Corte IDH também cria a obrigação de observância de juízes nacionais aos precedentes da Corte[36].

É a imposição do princípio *pro homine* a que se refere Cançado Trindade[37]. A conjuntura global exige o reforço do argumento de se observar de forma aprofundada caso a caso a norma mais protetiva ao indivíduo, prevalecendo a mais expansiva, independentemente do nível hierárquico que adquiram os tratados internacionais de direitos humanos. O controle de convencionalidade é estratégia de concretização da dignidade humana em contexto transnacional.

Seja no plano concreto ou abstrato, às autoridades cabe verificar o nível de proteção no âmbito interno e internacional para aplicar normas mais protetivas ou menos restritivas. "Não é a mera contrariedade entre a normas internas e as internacionais (além da jurisprudência internacional) que torna as primeiras inconvencionais, mas sim, o déficit de proteção em sede nacional que pode causar tal resultado que gere invalidação"[38].

---

35 LIMA SOBRINHO, Luis Carlos dos Santos. **Controle de convencionalidade sob a abordagem da transjuridicidade no sistema interamericano de proteção dos direitos humanos.** Tese de Doutorado. Programa de Pós-Graduação em Ciências Jurídicas. Universidade Federal da Paraíba. 2017. 246 fls. p. 142. Disponível em: https://repositorio.ufpb.br/jspui/handle/123456789/12940 Acesso em: 23 jun 2024.

36 CONCI, Luiz Guilherme Arcaro. O controle de convencionalidade como parte de um constitucionalismo transnacional fundado na pessoa humana. **Revista de Processo** | vol. 232/2014 | p. 363 | Jun / 2014.

37 TRINDADE, Antônio Augusto Cançado. **Tratado de Direito Internacional dos Direitos Humanos**. Porto Alegre: SAFE, 2003. v. 1,p. 435

38 CONCI, Luiz Guilherme Arcaro. O controle de convencionalidade como parte de um constitucionalismo transnacional fundado na pessoa humana. **Revista de Processo**. vol. 232/2014. Jun / 2014. p. 10-11.

No próximo tópico será abordado o instituto do controle de convencionalidade na justiça brasileira à luz da experiência do Superior Tribunal de Justiça.

## 4. O PAPEL DO STJ PARA O CONTROLE CONVENCIONAL NA JUSTIÇA BRASILEIRA

No sistema brasileiro, o controle de convencionalidade não é reservado a alguma jurisdição ou a tribunal específico. Qualquer magistrado pode, na solução do caso concreto, aplicar tratados ou convenções internacionais, inclusive em detrimento do direito interno, em caso de antinomia entre normas.

Nesse ponto, é possível estar diante de três situações. No caso de tratados de direitos humanos incorporados pelo rito do art. 5º, §3º, da Constituição Federal, é possível sua aplicação por qualquer órgão jurisdicional. Nessa hipótese, haverá o controle de constitucionalidade propriamente dito, uma vez que os tratados de direitos humanos incorporados segundo da referida forma equivalem a emendas constitucionais e compõem o bloco de constitucionalidade.

Por outro lado, os tratados de direitos humanos que não passaram pelo rito do art. 5º, §3º, da Constituição, possuem *status* de norma supralegal. Ou seja, as antinomias entre normas supralegais e o direito interno resolvem-se por meio do controle convencional, utilizando o critério hierárquico.[39]

Os tratados internacionais em geral, por sua vez, possuem natureza e hierarquia de lei ordinária ao serem incorporados pelo ordenamento brasileiro. Isso indica que as contradições entre essas normas internacionais e as leis internas serão resolvidas com métodos tradicionais de solução de antinomias, como a especialidade e cronologia, a serem aplicadas para o controle de convencionalidade, por qualquer magistrado, independente do grau de jurisdição.

O controle de convencionalidade distingue-se do controle concentrado de constitucionalidade, exercido exclusivamente pelo Supremo Tribunal Federal, quando o parâmetro é a Constituição Federal, e pelos Tribunais de Justiça dos Estados e dos Distrito Federal, em relação às

39 PORTELA, Paulo Henrique Gonçalves. **Direito Internacional Público e Privado**. 8ª ed. rev. ampl. e atual. Salvador: JusPodivm, 2016, p. 135.

Constituições Estaduais e à Lei Orgânica do Distrito Federal. Também se distingue do controle incidental de constitucionalidade, que, a despeito de ser exercido em qualquer grau de jurisdição, atrai a cláusula de reserva de plenário nos tribunais (art. 97 da Constituição Federal), inaplicável ao controle convencional.

A despeito de estar presente em todos os graus de jurisdição, há razões para que o STJ seja proeminente no controle convencional, ao lado do STF. As matérias de competência originária e recursal são um dos motivos. Compete ao Tribunal da Cidadania julgar, originariamente, a homologação de sentenças estrangeiras e a concessão de exequatur às cartas rogatórias (art. 105, I, *i*, CF); em recurso ordinário, as causas em que forem partes Estado estrangeiro ou organismo internacional, de um lado, e, do outro, Município ou pessoa residente ou domiciliada no País (art. 105, II, *c*, CF); em recurso especial, as causas decididas em única ou última instância, pelos tribunais de segundo grau, quando a decisão recorrida contraria tratado ou lei federal, ou negar-lhes vigência (art. 105, III, *a*, CF).

Vale ressaltar que o controle convencional exercido pelo STJ não se restringe às classes processuais alhures. Pelo contrário, quando se trata de conflito envolvendo direitos humanos, há posição doutrinária e uma tendência jurisprudencial de solucionar o caso não a partir do conflito normativo entre instrumentos internos e internacionais, mas segundo o princípio da primazia da norma mais favorável.[40] Esse processo hermenêutico é explicado pelo STF, no julgamento do HC nº 96.772, em que a Corte julgou o célebre caso da prisão civil do depositário infiel:[41]

> O Poder Judiciário, nesse processo hermenêutico que prestigia o critério da norma mais favorável (que tanto pode ser aquela prevista no tratado internacional como aquela positivada no próprio direito interno do Estado), deverá extrair a máxima eficácia das declarações internacionais e das proclamações constitucionais de direitos, como forma de viabilizar o acesso dos indivíduos e dos grupos sociais, notadamente os mais vulneráveis, a sistemas institucionalizados de proteção a direitos fundamentais da pessoa humana, sob pena de a liberdade, a tolerância e o respeito à alteridade humana tornarem-se palavras vãs.

40 *Ibidem*, p. 134.

41 STF, HC nº 96.772, Rel. Min. Celso de Mello, j. em 9.6.2009, p. 2.

Nesse sentido, a importância do STJ para o controle convencional na justiça brasileira não se assenta na exclusividade do órgão para exercê-lo. Na verdade, explica-se pela função da Corte no sistema de justiça nacional, responsável por uniformizar a interpretação da lei federal e solucionar definitivamente casos que não envolvam matéria constitucional, eleitoral, trabalhista ou militar.

A função sistêmica, constitucionalmente atribuída, de manter a unidade do direito infraconstitucional evidencia-se na competência recursal do STJ para julgar recursos especiais, como observa Andrighi.[42] A autora reconhece a similaridade entre os recursos especial e extraordinário, esse de competência do STF, os quais cumprem o objetivo, em larga medida, de conferir integridade e coerência ao sistema judicial nacional.

A aplicação de normas convencionais pelo STJ, ainda, serve como paradigma para que os magistrados e tribunais em segundo grau se atentem aos tratados internacionais na solução de casos concretos. A popularização do controle convencional na justiça brasileira é mecanismo que aproxima a realidade dos estados nacionais vinculados ao tratado respectivo. Luiz Guilherme Conci chama atenção para a relevância desse "diálogo entre cortes ou diálogo interjurisdicional" para a construção de um sistema jurídico transnacional horizontal e protetor da dignidade humana.[43]

Destaca-se, nesse particular, que a internacionalização de normas e jurisprudências internacionais não decorre da mera submissão do direito interno ao direito internacional. Pelo contrário, o largo uso do controle de convencionalidade em um ordenamento sugere uma "vinculación de cooperación en la interpretación 'pro homine' de los derechos humanos", ressalta Victor Bazán.[44] A abertura normativa e cognitiva dos sistemas

---

42 ANDRIGHI, Fátima Nancy. Comentário ao art. 105. In: CANOTILHO, J. J. Gomes; MENDES, Gilmar Ferreira; SARLET, Ingo Wolfgang; STRECK, Lenio Luiz (coords.). **Comentários à Constituição do Brasil**. São Paulo: Saraiva/Almedina, 2013, p. 1.450.

43 CONCI, Luiz Guilherme Arcaro. O controle de convencionalidade como parte de um constitucionalismo transnacional fundado na pessoa humana. **Revista de Processo**, vol. 232, p. 363-390, junho, 2014, n.p.

44 BAZÁN, Victor. Hacia un diálogo crítico entre la Corte Interamericana de Derechos Humanos y las cortes supremas o tribunales constitucionales latinoamericanos. In: Eduardo Ferrer Mac-Gregor; Alfonso Herrera Garcia (Coord). **Diálogo jurisprudencial en derechos humanos: entre Tribunales Constitucionales y Cortes Internacionales.** Valencia: Tirant lo Blanch, 2013, p. 569-598, p. 591.

internos para os tratados internacionais, sobretudo aqueles de direitos humanos, confere, como diz Bazán, uma "protección multinível".[45]

Nesse sentido, a recepção de normas internacionais pelos tribunais internos e o estabelecimento de um diálogo transnacional e intersistêmico produz o que Cançado Trindade chama de direito à justiça material.[46] O autor refere-se à realização da justiça material como resultado do acesso à justiça ampliado, promovido pela intersecção entre os planos nacional e internacional.

Compreendida a relevância do controle convencional para a plena garantia dos direitos do cidadão, cumpre exemplificar os casos em que o STJ aplica normas convencionais. A Corte possui casos célebres que contribuíram para a construção de uma jurisprudência benéfica para a cidadania global.

Em decisão recente, de relatoria do ministro homenageado Humberto Martins, a Terceira Turma do STJ aplicou a Convenção de Nova Iorque sobre Prestação de Alimentos no Estrangeiro no bojo do REsp nº 1.705.928.[47] Embora não seja reconhecida como tratado internacional de direitos humanos, a referida Convenção trata de tema indiscutivelmente ligado à dignidade humana, qual seja, a prestação de alimentos. O seu preâmbulo evoca, assim, a "urgência de uma solução para o problema humanitário surgido pela situação das pessoas sem recursos que dependem, para o seu sustento, de pessoas no estrangeiro".[48]

No caso concreto, discutia-se a extensão da garantia de isenção prevista no artigo IX da Convenção de Nova Iorque, segundo o qual "os demandantes gozarão do tratamento e das isenções de custos e de des-

45 BAZÁN, Victor. Control de convencionalidad, aperturas dialógicas e influencias jurisdiccionales recíprocas. **DPU**, nº 45, maio-junho, p. 215.

46 CANÇADO TRINDADE, Antônio. Reminiscencias de la Corte Interamericana de Derechos Humanos en cuanto a su jurisprudencia en materia de reparaciones. In: VON BOGDANDY, Armin; FERRER MAC-GREGOR, Eduardo; MORALES ANTONIAZZI, Mariela (coords.). **La Justicia constitucional y su internacionalización: ¿hacia un ius constitutionale commune en América Latina?**. Méximo, UNAM-Max Planck Institut, tomo II, 2010, p. 214.

47 STJ, REsp nº 1.705.928, Rel. Min. Humberto Martins, Terceira Turma, j. em 12.12.2023.

48 BRASIL. **Decreto nº 56.826, de 2 de setembro de 1965,** que promulga a Convenção sobre a prestação de alimentos no estrangeiro. Disponível em: https://www2.camara.leg.br/legin/fed/decret/1960-1969/decreto-56826-2-setembro-1965-397343-publicacaooriginal-1-pe.html.

pesas concedidas aos demandantes residentes no Estado em cujo território for proposta a ação". A questão era saber se a isenção se restringe aos custos judiciais ou se engloba todos os procedimentos necessários à concretização do direito do alimentando.

Em seu voto-condutor, o ministro relator Humberto Martins apontou que a interpretação ampliativa da norma está alinhada ao princípio da efetividade da jurisdição, de modo que a isenção abrange também as tarifas bancárias incidentes sobre a transação internacional. Em suas palavras,

> [...] como a remessa para o exterior de verba alimentar fixada judicialmente representa a efetivação da decisão judicial e, consequentemente, a obtenção dos alimentos, a isenção prevista na Convenção de Nova Iorque deve incidir também sobre as tarifas bancárias exigidas em tal operação, independentemente de norma regulamentar editada pelo Banco Central do Brasil.[49]

A maioria do colegiado seguiu o voto do relator, para reconhecer a extensão da garantia de isenção aos procedimentos administrativos e bancários inerentes ao pagamento regular da prestação alimentícia. A leitura conferida pelo STJ contribui para aprimorar a remessa de pensão alimentícia ao exterior não apenas no Brasil, mas estabelece um precedente importante para todos os países signatários da Convenção. Aplicar normas internacionais tem o objetivo de ampliar direitos, em especial de sujeitos vulneráveis.

Em outro caso, também de relatoria do ministro homenageado neste artigo, o STJ utilizou princípios oriundos de normas internacionais para vedar atos potencialmente ofensivos ao meio ambiente. O REsp nº 1.285.463[50] foi interposto pelo Ministério Público do Estado de São Paulo (MP SP) contra decisão do Tribunal de Justiça do Estado de São Paulo (TJSP) que permitiu a queima da palha da cana-de-açúcar, sob fundamento de que não existe comprovação científica de que a fuligem tivesse implicação cancerígena ou que causasse danos ao meio ambiente.

Em seu voto, o ministro relatou destacou o princípio da precaução, previsto na Conferência das Nações Unidas sobre o Meio Ambiente e o

49 STJ, REsp nº 1.705.928, Rel. Min. Humberto Martins, Terceira Turma, j. em 12.12.2023, acórdão, p. 14-15.

50 STJ, REsp nº 1.285.463, Rel. Min. Humberto Martins, Segunda Turma, j. 28.2.2012.

Desenvolvimento, também conhecida como "Rio" 92 ou "Eco 92", internalizada pelo Decreto Legislativo nº 2/1994. O princípio da precaução está expresso na Declaração do Rio de Janeiro:

> De modo a proteger o meio ambiente, o princípio da precaução deve ser amplamente observado pelos Estados, de acordo com as suas capacidades. Quando houver ameaça de danos sérios ou irreversíveis, a ausência de absoluta certeza científica não deve ser utilizada como razão para postergar medidas eficazes e economicamente viáveis para prevenir a degradação ambiental.[51]

Com base no tratado internacional e em normas internas, como o Código Florestal, o ministro Humberto Martins ressaltou que o princípio da precaução obsta que a ausência de certezas científicas seja argumento legítimo a postergar o uso de medidas de combate à degradação ambiental. Pelo contrário, para o relator: "a ausência de certeza científica, longe de justificar uma ação possivelmente degradante do meio ambiente, deveria incitar o julgador a mais prudência".[52]

Em *obter dicta*, o ministro Humberto Martins ainda esclareceu que é possível ao poder público permitir a queima da palha da cana-de-açúcar, se precedida de estudo de impacto ambiental e licenciamento e acompanhada de medidas que amenizem os danos ambientais. Em última análise, as decisões que causem qualquer ônus ao meio ambiente – e, portanto, à coletividade – devem ser ponderadas, a partir de normas internas, estrangeiras e dados científicos.

A ideia de precaução é basilar no direito ambiental e, nas palavras de Canotilho, "significa que o ambiente deve ter em seu favor o benefício da dúvida quando haja incerteza, por falta de provas científicas evidentes, sobre o nexo causal entre uma atividade e um determinado fenômeno de poluição ou degradação do ambiente".[53]

A unanimidade da Segunda Turma do Tribunal, assim, seguiu o voto do ministro relator e buscou compatibilizar a proteção constitucio-

51 DECLARAÇÃO DO RIO DE JANEIRO. A Conferência das Nações Unidas sobre Meio Ambiente e Desenvolvimento. **Estudos Avançados.** nº 6, v. 15, p. 153- 159, 1992.

52 STJ, REsp nº 1.285.463, Rel. Min. Humberto Martins, Segunda Turma, j. 28.2.2012, acórdão, p. 9.

53 CANOTILHO, J. J. G (ed.). **Introdução ao Direito do Ambiente**. Universidade Aberta, Lisboa, 1998, p. 48.

nal, internacional e nacional do meio ambiente, com as necessidades do desenvolvimento agrícola.

Observa-se a postura de abertura do ministro Humberto Martins de promover a internacionalização da jurisprudência brasileira. O olhar atento é característica multidimensional da globalização que produz impactos significativos no campo do direito, seja no campo da emergência climática, tema que não é afeto apenas à realidade brasileira, seja na complexidade dos efeitos das relações de cidadania entre populações.

## 5. CONSIDERAÇÕES FINAIS

A superação das fronteiras estatais e a busca por um diálogo jurídico-democrático há muito dá o tom das relações internacionais entre os Estados nacionais. A difusão de novas tecnologias, a circulação de pessoas e mercadorias, o crescimento de conflitos e a fragmentação de poderes locais, centralizam cada vez mais a importância de uma cultura jurídica transnacional parametrizada nos direitos humanos.

No primeiro tópico, foi traçado um panorama sobre a recepção dos tratados internacionais no direito brasileiro, analisando os procedimentos legais e os efeitos jurídicos internos após incorporação de tratados de maneira ampla, inicialmente. Em seguida, foram abordadas as especificidades dos tratados de direitos humanos, com uma reflexão acerca da importância do controle de convencionalidade para a efetivação da dignidade da pessoa humana.

Para cumprir o objetivo deste artigo, foi destacado o papel de vanguarda do Superior Tribunal de Justiça na utilização do controle de convencionalidade na justiça brasileira, tratando da competência do tribunal e de casos célebres de sua jurisprudência. Foi observado que as decisões do STJ nos recursos especiais explorados neste artigo, ambos de relatoria do ministro Humberto Martins, dialogam com tratados internacionais dos quais o Brasil é signatário e implementam normas estrangeiras de forma a ampliar as garantias fundamentais.

No primeiro caso, a decisão facilitou a remessa de pensão alimentícia ao exterior, ao estender a isenção prevista na Convenção de Nova Iorque para todos os procedimentos necessários à implementação da prestação alimentícia. No segundo caso, a aplicação das normas internas complementou a legislação nacional e robusteceu a proteção ao meio ambiente, ao ratificar e fortalecer o princípio da precaução.

As decisões são exemplos do importante papel do Superior Tribunal de Justiça na popularização do controle convencional no sistema brasileiro, e por conseguinte, na consagração e fortalecimento do compromisso e da postura do Estado brasileiro junto ao Sistema Interamericano de Direitos Humanos e demais jurisdições internacionais.

## REFERÊNCIAS

ANDRIGHI, Fátima Nancy. Comentário ao art. 105. In: CANOTILHO, J. J. Gomes; MENDES, Gilmar Ferreira; SARLET, Ingo Wolfgang; STRECK, Lenio Luiz (coords.). **Comentários à Constituição do Brasil.** São Paulo: Saraiva/ Almedina, 2013.

BAZÁN, Victor. Control de convencionalidad, aperturas dialógicas e influencias jurisdiccionales recíprocas. **DPU**, nº 45, maio-junho.

BAZÁN, Victor. Hacia un diálogo crítico entre la Corte Interamericana de Derechos Humanos y las cortes supremas o tribunales constitucionales latinoamericanos. In: Eduardo Ferrer Mac-Gregor; Alfonso Herrera Garcia (Coord). **Diálogo jurisprudencial en derechos humanos: entre Tribunales Constitucionales y Cortes Internacionales.** Valencia: Tirant lo Blanch, 2013, pp. 569-598, p. 591.

BRASIL, **Decreto Legislativo nº 7.030/2009.** Promulga a Convenção de Viena sobre o Direito dos Tratados, concluída em 23 de maio de 1969, com reserva aos Artigos 25 e 66. Disponível em: https://www.planalto.gov.br/ccivil_03/_ato2007-2010/2009/decreto/d7030.htm. Acesso em 03 jun. 2024.

______________. Decreto nº 56.826, de 2 de setembro de 1965, que promulga a Convenção sobre a prestação de alimentos no estrangeiro. Disponível em: https://www2.camara.leg.br/legin/fed/decret/1960-1969/decreto-56826-2-setembro-1965-397343-publicacaooriginal-1-pe.html.

______________. **[Constituição (1988)].** Constituição da República Federativa do Brasil de 1988. Brasília, DF: Presidência da República. Disponível em: https://www.planalto.gov.br/ccivil_03/constituicao/constituicaocompilado.htm. Acesso em 03 jun. 2024.

______________. **Decreto Legislativo nº 11, de 1960.** Aprova a Convenção de 25 de julho de 1951, relativa ao Estatuto dos Refugiados, assinada pelo Brasil a 15 de julho de 1952. Disponível em:https://www2.camara.leg.br/legin/fed/decleg/19601969/decretolegislativo-11-7-julho-1960-349947-publicacaooriginal-1-pl.html. Acesso em: 17.5.2024.

______________. **Decreto nº 56.826, de 2 de setembro de 1965**, que promulga a Convenção sobre a prestação de alimentos no estrangeiro. Disponível em: https://www2.camara.leg.br/legin/fed/decret/1960-1969/decreto-56826-2-setembro-1965-397343-publicacaooriginal-1-pe.html.

______________. **Decreto nº 591 de 06 de julho de 1992**. promulga o Pacto Internacional sobre os Direitos Econômicos, Sociais e Culturais. Disponível em: https://www2.camara.leg.br/legin/fed/decret/1992/decreto-591-6-julho-1992-449000-publicacaooriginal-1-pe.html . Acesso em 23 jun de

2024.

______________. **Decreto nº 592, de 06 de julho de 1992**. Promulga o Pacto Internacional dos Direitos Civis e Políticos. Disponível em: https://www.planalto.gov.br/ccivil_03/decreto/1990-1994/d0592.htm . Acesso em 23 jun 2024.

______________. **Decreto nº 98.386 de 9 de dezembro de 1989**. Promulga a Convenção Interamericana para prevenir e punir a tortura. 9 de dezembro de 1985. Disponível em: https://www.planalto.gov.br/ccivil_03/decreto/1980-1989/d98386.htm

______________. **Decreto nº 99.710, de 21 de novembro de 1990.** Promulga a Convenção sobre os Direitos da Criança. Diário Oficial da República Federativa do Brasil, Brasília, DF, 22 nov. 1990. Disponível em: https://www.planalto.gov.br/ccivil_03/decreto/1990-1994/d99710.htm Acesso em: 22 jun 2024.

______________. Supremo Tribunal Federal. Ação Direta de Inconstitucionalidade n.º 5357. Origem: DF – Distrito Federal. Relator: Min. Edson Fachin. Relator do último incidente: Min. Edson Fachin (ADI-MC-Ref-ED). Disponível em: https://portal.stf.jus.br/processos/detalhe.asp?incidente=4818214. Acesso em: 24 jun. 2024.

BRASIL. Superior Tribunal de Justiça. *Habeas Corpus* (HC) nº 333.902, Rel. Min. Humberto Martins, Primeira Seção, j. em 14.10.2015.

______________. Superior Tribunal de Justiça. *Habeas Corpus* (HC) nº 379.269, Rel. Min. Reynaldo Soares da Fonseca, Redator para o acórdão Min. Antonio Saldanha Palheiro, Terceira Seção, j. em 24.5.2017.

______________. Superior Tribunal de Justiça. Recurso Especial nº 1.285.463, Rel. Min. Humberto Martins, Segunda Turma, j. em 28.2.2012.

______________. Superior Tribunal de Justiça. Recurso Especial nº 1.479.542, Rel. Min. Benedito Gonçalves, Primeira Turma, j. em 18.2.2016.

______________. Superior Tribunal de Justiça. Recurso Especial nº 1.285.463, Rel. Min. Humberto Martins, Segunda Turma, j. 28.2.2012.

____________. Superior Tribunal de Justiça. Recurso Especial nº 1.285.463, Rel. Min. Humberto Martins, Segunda Turma, j. 28.2.2012, acórdão.

____________. Superior Tribunal de Justiça. Recurso Especial nº 1.705.928, Rel. Min. Humberto Martins, Terceira Turma, j. em 12.12.2023.

____________. Superior Tribunal de Justiça. Recurso Especial nº 1.705.928, Rel. Min. Humberto Martins, Terceira Turma, j. em 12.12.2023, acórdão, pp. 14-15.

____________. Supremo Tribunal Federal. *Habeas Corpus* nº 96.772, Rel. Min. Celso de Mello, j. em 9.6.2009.

____________. Supremo Tribunal Federal. Recurso Especial nº 914.253, Rel. Min. Luiz Fux, Tema Repetitivo 220, Corte Especial, j. em 2.12.2009.

____________. Supremo Tribunal Federal. Ação Direta de Inconstitucionalidade nº 5337. Rel. Ministro Edson Fachin. Pub. 09/06/2016. Disponível em: https://redir.stf.jus.br/paginadorpub/paginador.jsp?docTP=TP&docID=12012290. Acesso em 23 de jun 2024.

____________. Supremo Tribunal Federal. Recurso Extraordinário nº 466.343. Rel. Ministro Cezar Peluso. DJe nº 104. Publicação 05 de junho de 2009. Disponível em: https://redir.stf.jus.br/paginadorpub/paginador.jsp?docTP=AC&docID=595444 Acesso em 23 jun de 2024.

CANÇADO TRINDADE, Antônio. Reminiscencias de la Corte Interamericana de Derechos Humanos en cuanto a su jurisprudencia en materia de reparaciones. In: VON BOGDANDY, Armin; FERRER MAC-GREGOR, Eduardo; MORALES ANTONIAZZI, Mariela (coords.). **La Justicia constitucional y su internacionalización: ¿hacia un ius constitutionale commune en América Latina?**. Méximo, UNAM-Max Planck Institut, tomo II, 2010.

CANOTILHO, J. J. G (ed.). **Introdução ao Direito do Ambiente**. Universidade Aberta, Lisboa, 1998.

CHEHAB,Isabelle Maria Campos Vasconcelos; LOPES,Ana Maria DÁvila. Bloco de constitucionalidade e controle de convencionalidade: reforçando a proteção dos direitos humanos no Brasil. R**evista Brasileira de Direito**, 12(2): 82-94, jul.-dez. 2016 - ISSN 2238-0604. DOI: 10.18256/2238-0604/revistadedireito.v12n2p82-94. Disponível em: https://dialnet.unirioja.es/servlet/articulo?codigo=5776417 Acesso em 22 jun. 2024.

CONCI, Luiz Guilherme Arcaro. O controle de convencionalidade como parte de um constitucionalismo transnacional fundado na pessoa humana. **Revista de Processo** | vol. 232/2014 | p. 363 | Jun / 2014.

CONJUR. Humberto Martins defende cooperação internacional por Judiciário digital. Disponível em: https://www.conjur.com.br/2022-jun-29/humberto-martins-cooperacao-internacional-justica-digital/. Acesso em: 17.5.2024.

DECLARAÇÃO DO RIO DE JANEIRO. A Conferência das Nações Unidas sobre Meio Ambiente e Desenvolvimento. **Estudos Avançados**. n. 6, v. 15, pp. 153-159, 1992.

ESTELLITA, H; BASTOS, F. S.. Tax Exchange Of Information And International Cooperation In Brazil. **Revista Direito GV**, v. 11, n. 1, pp. 13-35, jan. 2015.

FAVOREU, Louis. Ponencia francesa. In: FAVOREU, Louis; RUBIO LLORENTE, Francisco (org.). **El Bloque de la Constitucionalidad – simposium franco-espanhol de Derecho Constitucional**. Madrid: Civitas, 1991;

GALINDO, George Rodrigo Bandeira. Tratados Internacionais de direitos humanos e constituição brasileira. Ed. Del Rey. Belo Horizonte. 2002.

LIMA SOBRINHO, Luis Carlos dos Santos. **Controle de convencionalidade sob a abordagem da transjuridicidade no sistema interamericano de proteção dos direitos humanos.** Tese de Doutorado. Programa de Pós-Graduação em Ciências Jurídicas. Universidade Federal da Paraíba. 2017. 246 fls. p. 142. Disponível em: https://repositorio.ufpb.br/jspui/handle/123456789/12940 Acesso em: 23 jun 2024.

MAZUOLLI, Valério de Oliveira. Curso de Direito Internacional. 2º ed. São Paulo. Revista dos Tribunais. 2007.

MAZZUOLI. Valério de Oliveira. A incorporação dos tratados internacionais de proteção dos direitos humanos no ordenamento brasileiro. **Revista de Informação Legislativa.** Brasília a. 37 n. 147 jul./set. pp. 179-200. 2000. Disponível em: https://www2.senado.leg.br/bdsf/bitstream/handle/id/618/r147-15.PDF . Acesso em 06 jun. 2024.

ORGANIZAÇÃO DAS NAÇÕES UNIDAS. Convenção contra a Tortura e outros Tratamentos Cruéis e Degradantes,1984. Nova York.

ORGANIZAÇÃO DOS ESTADOS AMERICANOS, Convenção Americana de Direitos Humanos ("Pacto de San José de Costa Rica"), 1969. Disponível em: https://www.cidh.oas.org/basicos/portugues/c.convencao_americana.htm . Acesso em 22 jun. 2024.

ORGANIZAÇÃO DOS ESTADOS AMERICANOS. Convenção Interamericana para a Prevenção, Punição e Erradicação da Violência contra a Mulher ("Convenção de Belém do Pará"), 1994. Disponível em:https://www.cidh.org/Basicos/Portugues/m.Belem.do.Para.htm Acesso em 22 jun 2024.

PIOVESAN, Flávia. Direitos humanos e o direito constitucional internacional. 10ª ed. rev. atualizada. Editora Saraiva: São Paulo. 2009.

PIOVESAN, Flávia. Direitos humanos e o direito constitucional internacional. 9ª ed. São Paulo: Saraiva, 2008.

PIOVESAN, Flávia; PIMENTEL, Sílvia. A Lei Maria da Penha na perspectiva da responsabilidade internacional do Brasil. In: CAMPOS, Carmen Hein de. Lei Maria da Penha comentada em uma perspectiva jurídico-feminista. Rio de Janeiro: Lumen Juris, 2011.

PORTELA, Paulo Henrique Gonçalves. *Direito Internacional Público e Privado.* 8ª ed. rev. ampl. e atual. Salvador: JusPodivm, 2016.

SUPERIOR TRIBUNAL DE JUSTIÇA. Presidente do STJ defende cooperação internacional em evento sobre segurança e direitos humanos na América Latina. Disponível em: https://www.stj.jus.br/sites/portalp/Paginas/Comunicacao/Noticias/11042022-Presidente-do-STJ-defende-cooperacao-internacional-em-evento-sobre-seguranca-e-direitos-humanos-na-America-Latina-.aspx. Acesso em: 17.5.2024.

TRINDADE, Antônio Augusto Cançado. Tratado de Direito Internacional dos Direitos Humanos. Porto Alegre: SAFE, 2003. v. 1,p. 435.

VIEIRA, Gustavo Oliveira; MORAIS, José Luis Bolzan de. A internacionalização do Direito a partir dos direitos humanos – reflexões iniciais para o futuro do constitucionalismo. Revista de Estudos Constitucionais, Hermenêutica e Teoria do Direito (RECHTD), São Leopoldo, v. 4, n. 2, pp. 175-184, jul./dez. 2012. p. 183.

# Garantias constitucionais do processo e submissão de "terceiros" à arbitragem (a questão dos administradores de fundos de investimento)

*José Rogério Cruz e Tucci*[1]

*Foi com muita alegria e enorme satisfação que escrevi este breve artigo, destinado a integrar a coletânea em homenagem ao eminente Ministro Humberto Martins.*

Dentre as normas introduzidas pela denominada Lei da Arbitragem (Lei n. 9.307/96) destaca-se a equiparação da sentença arbitral à sentença judicial, como, com todas as letras, dispõe o art. 31: "*A sentença arbitral produz, entre as partes e seus sucessores os mesmos efeitos da sentença proferida pelos órgãos do Poder Judiciário e, sendo condenatória, constitui título executivo*".[2]

Infere-se, de logo, que o legislador atribuiu natureza publicística ao juízo arbitral, consubstanciado em equivalente jurisdicional, por opção das partes. A despeito de ser instituído por meio de um instrumento negocial de cunho privado (convenção arbitral), o desenrolar do processo de arbitragem é tão jurisdicional quanto aquele que tramita perante a justiça estatal.

Nesse sentido, verifica-se que os requisitos estruturais da sentença arbitral são exatamente os mesmos exigidos pela legislação processual

---

1 Advogado. Ex-Presidente da Associação dos Advogados de São Paulo. Professor Titular Sênior da Faculdade de Direito da Universidade de São Paulo. Membro da Academia Brasileira de Letras Jurídicas. Membro do Instituto Brasileiro de Direito Processual. Conselheiro do Movimento de Defesa da Advocacia. Vice-Presidente do Conselho Superior de Assuntos Jurídicos da FIESP.

2 A anterior regulamentação, regrada na redação original do CPC de 1973, estabelecia que, após o laudo arbitral ser proferido, para que pudesse ser exigido seu cumprimento, ter eficácia e força executiva quando fosse condenatório, seria necessária a confirmação pelo Judiciário, em sede de ação de homologação de laudo arbitral (cf. Selma M. Ferreira Lemes, *A sentença arbitral entre as partes e em relação a terceiros*, palestra proferida no Curso de Práticas Arbitrais: A arbitragem como meio de solução de conflitos, na AASP, em 28-11-2002, e publicada na Revista Consultor Jurídico, ed. de 23-12-2002).

civil (art. 489): relatório, motivação (na qual deverão ser examinadas questões de fato e de direito, aludindo expressamente se os árbitros julgaram por equidade) e o dispositivo (no qual os árbitros resolverão a matéria que lhes foi submetida e estabelecerão o prazo para cumprimento da decisão) (art. 26 da Lei n. 9.307/96).

Importa também frisar que o procedimento da arbitragem, a teor do art. 21, § 2º, deverá ser informado, não só pela imparcialidade e pelo livre convencimento motivado dos árbitros, mas, ainda, pelos princípios do contraditório e do tratamento paritário das partes.

Esclarece, a respeito, Humberto Theodoro Júnior que: "a garantia do devido processo legal com os consectários do contraditório e da ampla defesa são, modernamente, direitos assegurados no plano constitucional, o mesmo ocorrendo com a exigência de motivação de todas as decisões judiciais (CF, arts. 5º, LIV e LV, e 93, IX). Por isso, qualquer que seja o procedimento a prevalecer no juízo arbitral esses preceitos fundamentais nunca poderão ser descurados pelos árbitros, sob pena de nulidade. A matéria é de ordem pública e não se sujeita à disponibilidade negocial na convenção de arbitragem. Sobre o tema, a lei brasileira é expressa: 'serão sempre respeitados no procedimento arbitral os princípios do contraditório, da igualdade das partes, da impessoalidade do árbitro e de seu livre convencimento' (art. 21, § 2º)".[3]

Para a concretização da arbitragem é exigida uma convenção particular, pela qual as partes concordam em submeter a decisão do litígio a um árbitro. Observa-se, destarte, que a convenção de arbitragem é delimitada, sob o aspecto subjetivo, em princípio, pelas pessoas que firmam a cláusula compromissória ou o compromisso arbitral.

Como a arbitragem se circunscreve aos limites do contrato celebrado entre as partes e entre estas e o árbitro, sua extensão subjetiva e objetiva não pode manifestar-se senão entre os contratantes. A legitimidade de parte para o procedimento arbitral, por isso, só se estabelece entre os sujeitos contratuais. A única via de legitimação, ativa ou passiva, para quem queira participar, ou seja, chamado a integrar a arbitragem, condiciona-se à própria convenção arbitral. Pouco importa, portanto, seja

3 *Arbitragem e terceiros – litisconsórcio fora do pacto arbitral – outras intervenções de terceiros*, Revista de direito bancário, v. 14, 2001, p. 375. Consulte-se, ainda, Carlos Alberto Carmona, *Arbitragem e processo*, cit., p. 252-253; e p. 327-328; Edoardo Ricci, *O contraditório na arbitragem de equidade*, Lei de arbitragem brasileira, São Paulo, Ed. RT, 2004, p. 149.

necessário ou facultativo o litisconsórcio: "sua formação só será admissível, de forma cogente, entre os que celebraram a convenção arbitral".[4]

Não obstante, em algumas situações, especialmente na área do direito societário, já enfrentadas pela nossa doutrina e pelos nossos tribunais, sobretudo a partir do conhecido caso *Trelleborg Brasil*, tem sido reconhecida a legitimidade para se submeter à cláusula compromissória mesmo daquele que não é signatário do contrato ou de outro documento no qual vem ela prevista.

Prevalece, nestas hipóteses, o denominado "consentimento tácito", que decorre da própria lógica dos negócios e da posição contratual assumida pela parte. No precedente *Trelleborg*, o Tribunal de Justiça de São Paulo, há mais de 15 anos, considerou que não havia exigência de assinatura, pela holding do grupo empresarial, no contrato no qual se convencionou a cláusula compromissória para sujeitá-la à arbitragem, quando comprovado que participou ativamente do negócio jurídico, desde a sua tratativa preliminar até a sua execução.[5]

Nesta direção, no contexto da reforma da Lei de Arbitragem, entre outras alterações, tendo presente as sociedades anônimas, foi incluído, em 2015, na Lei n. 6.404/76, o art. 136-A, pelo qual todos os acionistas

---

4 Cf. Theodoro Júnior, *Arbitragem e terceiros – litisconsórcio fora do pacto arbitral – outras intervenções de terceiros*, cit., p. 373-374; que, complementando o raciocínio, assevera: "se todos os que devem ser litisconsortes são aderentes à convenção arbitral, tudo se desenvolverá naturalmente dentro da força contratual. Se, contudo, o terceiro, que se deseja incluir no processo, não firmou o ajuste, sua inserção no litisconsórcio, ainda que necessário, somente se tornará possível se ele consentir em aderir ao compromisso. Havendo, pois, recusa de sua parte, o árbitro não terá força para submetê-lo à relação processual. Se o caso for de litisconsórcio facultativo, o procedimento da arbitragem terá de prosseguir só com as partes vinculadas à convenção arbitral. Se for necessário o litisconsórcio, só restará ao árbitro encerrar o procedimento sem julgamento de mérito, por falta de integração da convenção de arbitragem. Proferirá sentença terminativa na esfera arbitral, para que a lide possa ser resolvida pelo Poder Judiciário. Diante do caráter voluntário da arbitragem, falece à parte e ao árbitro o poder de impor ao terceiro toda e qualquer espécie de arbitragem forçada. Em relação a quem não é parte da convenção, cabe ao árbitro ouvi-lo, mas não convocá-lo a se submeter a um *imperium* que não existe". V., ainda, em senso análogo, Antonio de Pádua Soubhie Nogueira, *Considerações sobre os limites da vinculação da arbitragem (lei 9.307/96): breve análise de pontos controvertidos*, Revista dos Tribunais, v. 780, 2000, p. 83-84; Joel Dias Figueira Júnior, *Arbitragem, jurisdição e execução*, São Paulo, Ed. RT, 1999, p. 259.

5 V., a propósito, Paula Butti Cardoso, *Limites subjetivos da convenção de arbitragem*, Virtual Books, 2017.

passaram a ficar vinculados à convenção de arbitragem inserida no estatuto da companhia – como já defendia a melhor doutrina –, assegurado o direito de retirada do acionista dissidente.

A opção do legislador foi, na verdade, a de explicitar tal submissão, a partir da prevalência do princípio majoritário "como regra fundamental para a regência das relações entre os acionistas".[6]

Atualmente, esta questão encontra-se pacificada, inclusive na esfera das sociedades limitadas – muito embora na respectiva legislação não haja previsão similar à do art. 136-A, da Lei n. 6.404/1976 –, como se extrai, *v. g.*, de recente precedente da 4ª Turma do Superior Tribunal de Justiça, no julgamento do Agravo Interno no Agravo em Recurso Especial n. 1.230.431/SP, da relatoria do Ministro Antonio Carlos Ferreira, no qual restou decidido que: "A cláusula compromissória arbitral, inserta no contrato social por ocasião da constituição da sociedade, como *in casu*, ou posteriormente, respeitado o quórum legal para tanto, sujeita a sociedade e a todos os sócios, atuais e futuros, tenham estes concordado ou não com tal disposição, na medida em que a vinculação dos sócios ao conjunto de normas societárias (em especial, do contrato social) dá-se de modo unitário e preponderante sobre a vontade individual eventualmente dissonante".

Como bem ressalta, em monografia específica, Renato Fernandes Coutinho[7], o mais importante, na realidade, é saber se determinado sujeito não signatário da cláusula compromissória está ou não a ela atada. Tal perquirição é realizada a partir de sua declaração negocial ou de seu comportamento. Desse modo, a eficácia da convenção arbitral lhe é aplicável, por *vinculação própria*, mas não por mera extensão.

E tal fenômeno, segundo a lúcida explicação de Carlos Alberto Carmona, exposta em parecer inédito, "aplica-se ao administrador de companhia cujo estatuto estabeleça convenção arbitral para a resolução de litígios decorrentes das posições jurídicas ali estabelecidas. A assunção da posição de administrador é ato voluntário, e não pode contar com

6 Cf. Ricardo de Carvalho Aprigliano, *Sociedades limitadas e arbitragem: possibilidade, abrangência e vinculação dos sócios,* Arbitragem e outros temas de direito privado – Estudos jurídicos em homenagem a José Emílio Nunes Pinto, São Paulo, Quartier Latin, 2021, pág. 472.

7 *Convenção de arbitragem – vinculação de não signatários,* São Paulo, Almedina, 2020.

reservas mentais silenciadas relativamente ao acatamento do método heterocompositivo que acompanha o direito material a que se vincula".

De todo coerente, a propósito, a analogia que se pode traçar entre o estatuto das sociedades anônimas e do regulamento de fundos de investimento, quando prevejam cláusula compromissória, aos quais aderem não apenas acionistas e cotistas, como, à toda evidência, em posição simétrica, respectivamente, os controladores, administradores e gestores. Isso sem olvidar que, no caso dos fundos de investimento, existe uma circunstância adicional: a de que o seu administrador *efetivamente subscreve* o regulamento, ao contrário do que ocorre com os administradores de sociedade, que não participam da elaboração de seu estatuto e não assinam o documento.

Ademais, já no que se refere aos fundos de investimentos, a experiência revela que as desavenças ocorrem, em regra, entre o administrador e o gestor e os respectivos cotistas. E as regras contratuais que regem essa relação jurídica estão previstas, justamente, no regulamento, documento que estabelece qual será a "política de investimentos" que balizará a gestão dos recursos dos investidores (Instrução CVM 409, art. 41, § 6º).

É exatamente para dirimir eventuais conflitos eclodidos entre estes atores, então, que se justifica a inserção da cláusula compromissória de arbitragem no regulamento de um fundo de investimento.

Não faz sentido algum restringir, sob a ótica subjetiva, a eficácia da convenção arbitral quando, na verdade, o administrador, num primeiro momento, e, na sequência, o gestor, aceitaram cumprir as obrigações minudentemente regradas no próprio regulamento, sem quaisquer ressalvas.

Com relação ao administrador, vale repetir, a manifestação de seu inequívoco consentimento ocorre mediante a própria elaboração do regulamento, necessariamente realizada por ele.

Sobre essa questão, há expressivo precedente que enfrentou o tema, como se infere do julgamento da 20ª Câmara Cível do Tribunal de Justiça do Rio de Janeiro, ao ensejo do julgamento da Apelação n. 0059645-84.2019.8.19.0001, que reconheceu a submissão à cláusula compromissória de arbitragem, estipulada no Regulamento do fundo de investimento, da respectiva gestora.

Vale transcrever o seguinte trecho do acórdão: "O fundo em questão é regido por um Regulamento o qual prevê que qualquer litígio relacionado ao Fundo, bem como a interpretação e/ou execução do ali exposto será solucionado por arbitragem, nos termos do art. 1º da Lei nº 9.307/96. De igual modo, foi celebrado entre as partes Contrato de Gestão de Carteira de Fundo de Investimento em Participação no qual, na cláusula 10.9, as partes elegeram o foro Central do Rio de Janeiro como o competente para dirimir dúvidas e questões oriundas daquele instrumento. A aí instaurou-se a controvérsia. A sentença afastou a cláusula de arbitragem, entendendo que o Regulamento não foi assinado pela apelada, que seria ali terceira, e que, uma vez que tal cláusula deve ser convencionada, não se oporia à apelada, mas sim a regra do contrato de gestão. O exame dos dois documentos em questão deixa claro que o Regulamento do Fundo é o instrumento que o institui, disciplinando de forma completa e minuciosa o seu regramento, incluindo as obrigações e o âmbito de atuação do Administrador e do Gestor. Não resta dúvida que tal documento, peça pilar do Fundo, foi elaborado pelo Administrador e pela Gestora, ora apelada, que é de fato a protagonista da atividade, porquanto é quem realiza as operações com os ativos da carteira, incluindo as decisões sobre os investimentos destes (...) O litígio que se coloca neste feito diz respeito à exigibilidade da remuneração da apelada e que é negada pela ré ante a alegação de que a primeira não cumpriu regularmente suas obrigações de gestora as quais, repita-se, estão assentadas de forma basilar no Regulamento (...) A falta de assinatura, tanto da Gestora como da Administradora, se coaduna com a natureza do Regulamento que é um 'ato regra' onde são estabelecidas norma de funcionamento, no caso do Fundo em referência, que devem ser cumpridas por seus idealizadores e operadores, bem como pelos cotistas. (...) Forçoso, pois, concluir que o conflito posto nos moldes retro definidos por sua magnitude, qual seja o descumprimento dos deveres do gestor com a consequente suspensão da remuneração, deverá ser dirimido pela Corte Arbitral conforme estabelecido pelo Regulamento do Fundo. As questões mais específicas atinentes à gestão que foram deslocadas para o contrato de gestão e que não constam do Regulamento deverão, então, seguir a regra de eleição de foro ali indicada, bem como as medidas judiciais não comportadas pela arbitragem, como execução ou anulação da sentença arbitral...".

Assim, com fundamento nesta exemplar *ratio decidendi*, o Tribunal de Justiça do Rio de Janeiro, anulou a sentença e julgou extinto o processo sem resolução do mérito.

Esse acórdão foi mantido pelo Superior Tribunal de Justiça (3ª T., AREsp n. 1.987.392/RJ, rel. Min. Moura Ribeiro), que entendeu não existir violação à legislação federal em decorrência do fato de o Tribunal de origem ter assentado que o gestor se submete à cláusula compromissória prevista no regulamento, a despeito de não assinar o documento.

Saliente-se, por outro lado, que, proferida a sentença arbitral, não há previsão legal para que seja ela submetida a qualquer reexame. Ela é irrecorrível (art. 18). Excetuando-se a regra do art. 30, que autoriza pedido de correção de erro material ou de esclarecimento acerca de omissão, dúvida ou contradição da sentença arbitral, irrompe ela definitiva.

Todavia, o art. 33, também da Lei n. 9.307/96, possibilita o ajuizamento, pela parte interessada, de ação visando à anulação do ato decisório arbitral, com arrimo num dos fundamentos catalogados no precedente art. 32. Essa demanda poderá ser proposta, perante o Judiciário, no prazo decadencial de 90 dias, a contar do recebimento da notificação da respectiva sentença, devendo ser processada pelas regras do procedimento comum ordinário.

Aduza-se que, sendo de sinal condenatório a sentença, o vício que a inquina é passível de ser arguido pela via da impugnação, nos termos dos arts. 33, § 3º, da Lei de Arbitragem, e 525 do Código de Processo Civil, ao ensejo da execução do título executivo (art. 515, VII, CPC).

Decorrido o lapso de 90 dias, a sentença arbitral torna-se imutável em relação às partes e seus sucessores.[8] A sucessão (universal ou singular) enseja a transferência ao sucessor de todas as posições jurídicas ativas e passivas do sucedido, sendo de ressaltar que, na sucessão *inter vivos*, o conhecimento da pendência da arbitragem ou da sentença arbitral, pelo sucessor, que por alguma razão não substitui o transmitente no procedimento da arbitragem, é fundamental para que ele fique vinculado à coisa julgada.[9]

8 Examinando o texto legal brasileiro, afirma Edoardo Ricci que: "A sentença arbitral com trânsito em julgado não pode mais ser impugnada. Depois do trânsito em julgado, a imutabilidade de seus efeitos é absoluta, porque não cabe ação rescisória... a celeridade da arbitragem não diz respeito somente ao procedimento, mas também à produção dos efeitos da tutela definitiva, bem como de sua imutabilidade" (*Reflexões sobre o art. 33 da lei de arbitragem*, Lei de arbitragem brasileira, cit., nº 4, p. 201; Revista de Processo, nº 93, 1999, p. 52-53).

9 A exemplo do que ocorre com a alienação da coisa ou do direito litigioso durante ou após a pendência do processo judicial, também no âmbito da arbitragem não se descarta a existência de situação na qual deva ser ressalvada a boa-fé do terceiro adquirente, podendo este furtar-se à eficácia da sentença arbitral por meio dos remédios previstos na Lei nº 9.307/96.

Tendo-se em vista os limites subjetivos da convenção arbitral não há como se admitir que a imutabilidade do conteúdo decisório da sentença possa atingir terceiros. Ressalta, outrossim, Theodoro Júnior que: "a jurisprudência brasileira já teve a oportunidade de enfrentar o problema e assentou: *a*) a convenção arbitral vinculante 'somente é válida e eficaz em relação às partes contratantes'; e *b*) em havendo litisconsorte que não subscreveu a convenção arbitral não pode ser constrangido a aderir ao 'negócio de que não participou'".[10]

A propósito desse tema, cumpre ainda esclarecer que a sentença arbitral é considerada inválida quando restarem violados o contraditório e a igualdade das partes. É a regra do inc. VIII do art. 32: "*É nula a sentença arbitral se:... VIII – forem desrespeitados os princípios de que trata o art. 21, § 2º, desta Lei*".[11]

Assim, em conclusão, a sentença arbitral que acarrete prejuízo jurídico a um terceiro é passível de ser contestada perante o Poder Judiciário.

Afirme-se, de logo, que, sendo condenatória a sentença arbitral, o terceiro que for atingido pela respectiva eficácia, poderá oferecer impugnação (arts. 33, § 3º, da Lei n. 9.307/96, c.c. art. 525 do CPC) no momento processual em que estiver sofrendo, *in concreto*, tais efeitos.

A ação rescisória, segundo a clara exposição de Flávio Yarshell, não é cabível para desconstituir o julgamento de mérito proferido pelo árbitro, porque os mecanismos de controle jurisdicional deste já se encontram previstos na própria lei especial. Na verdade, é como se a ação rescisória da sentença arbitral estivesse regulada pelo citado art. 33, a excluir, portanto, o remédio do Código.[12]

---

10 *Arbitragem e terceiros – litisconsórcio fora do pacto arbitral – outras intervenções de terceiros*, cit., p. 379.

11 V., a respeito, Joel Dias Figueira Júnior, *Manual da arbitragem*, nº 49, São Paulo, Ed. RT, 1997, p. 186.

12 *Ação rescisória: juízos rescindente e rescisório*, nº 66, São Paulo, Malheiros, 2005, p. 204-205. Embora não examinando o problema do terceiro no contexto da arbitragem, Flávio Yarshell não afasta a legitimação do Ministério Público, por analogia da regra do art. 967, III, do CPC, para pleitear a desconstituição da sentença arbitral por ato fraudulento, destacando que, em tal hipótese, "o que justifica a iniciativa do MP é a fraude à lei, pouco importando decorra ela de colusão referendada por sentença estatal ou não-estatal, observando-se, contudo, o disposto no art. 168 do CC, e especialmente a legitimação outorgada ao MP segundo a regra do art. 129 da Constituição da República, conforme a função institucional desse órgão" (p. 207, nt. 7). V., também, inadmitindo a rescisória da sentença arbitral, Paulo Cezar Pi-

Não sujeito aos termos da convenção de arbitragem, o terceiro prejudicado legitima-se a demandar a anulação da sentença arbitral, com fundamento no art. 33, § 2º, VIII, da Lei de Arbitragem.

## REFERÊNCIAS

APRIGLIANO, Ricardo de Carvalho. *Sociedades limitadas e arbitragem: possibilidade, abrangência e vinculação dos sócios*, Arbitragem e outros temas de direito privado - Estudos jurídicos em homenagem a José Emílio Nunes Pinto, São Paulo, Quartier Latin, 2021.

CARMONA, Carlos Alberto. *Arbitragem e processo*, 3ª ed., São Paulo, Atlas, 2009.

CARDOSO, Paula Butti Cardoso. *Limites subjetivos da convenção de arbitragem*, Virtual Books, 2017.

CARNEIRO, Paulo Cezar Pinheiro. *Aspectos processuais da nova lei de arbitragem*, Revista Forense, v. 339, 1997.

COUTINHO, Renato Fernandes. *Convenção de arbitragem - vinculação de não signatários*, São Paulo, Almedina, 2020.

FIGUEIRA JÚNIOR, Joel Dias. *Arbitragem, jurisdição e execução*, São Paulo, Ed. RT, 1999.

--o-- *Manual da arbitragem*, São Paulo, Ed. RT, 1997

LEMES, Selma M. Ferreira. *A sentença arbitral entre as partes e em relação a terceiros*, palestra proferida no Curso de Práticas Arbitrais: A arbitragem como meio de solução de conflitos, na AASP, em 28-11-2002, e publicada na Revista Consultor Jurídico, ed. de 23-12-2002.

NOGUEIRA, Antonio de Pádua Soubhie. *Considerações sobre os limites da vinculação da arbitragem (Lei nº 9.307/96): breve análise de pontos controvertidos*, Revista dos Tribunais, v. 780, 2000.

RICCI, Edoardo. *O contraditório na arbitragem de equidade*, Lei de arbitragem brasileira, São Paulo, Ed. RT, 2004

RICCI, Edoardo. *Reflexões sobre o art. 33 da lei de arbitragem*, Revista de Processo, n. 93, 1999.

---

nheiro Carneiro, *Aspectos processuais da nova lei de arbitragem*, Revista Forense, v. 339, 1997, p. 140; Edoardo Ricci, *Reflexões sobre o art. 33 da lei de arbitragem*, Lei de arbitragem brasileira, cit., nº 4, 201; Revista de Processo, nº 93, 1999, p. 52.

THEODORO JÚNIOR, Humberto. *Arbitragem e terceiros - litisconsórcio fora do pacto arbitral - outras intervenções de terceiros*, Revista de direito bancário, v. 14, 2001.

YARSHELL, Flávio Luiz. *Ação rescisória: juízos rescindente e rescisório*, n. 66, São Paulo, Malheiros, 2005.

# A REGULAÇÃO DAS NOVAS TECNOLOGIAS E A PROTEÇÃO DE DIREITOS FUNDAMENTAIS

*Marcio Luiz Coelho de Freitas*[1]

Em um discurso proferido em 1943, em meio às discussões sobre a reconstrução do edifício da Câmara dos Comuns em Londres, que havia sido destruído pelos bombardeios alemães na segunda guerra mundial, Winston Churchill defendeu a manutenção do formato tradicional do plenário, insistindo que o formato retangular da antiga Câmara havia sido responsável pelo bipartidarismo que era a essência da democracia britânica. Churchill, então, cunhou a frase que serve de epígrafe a este capítulo: "*we shape our buildings and afterwards our buildings shape us.*"[2]

Anos depois, a frase seria reformulada por John Culkin, em um trabalho que ajudou a disseminar as ideias de Marshall McLuhan: "nós moldamos nossas ferramentas e em seguida nossas ferramentas nos moldam"[3]. A frase reflete bem as ideias de McLuhan, que, mesmo tendo falecido em 1980, anos antes da invenção da *World Wide Web* por Tim Berners-Lee, previu a existência da internet e a formação de uma aldeia global, afirmando que as ferramentas eletrônicas iriam provocar alterações na sociedade tão ou mais profundas do que a invenção da imprensa por Gutemberg[4].

A ideia de tecnologia evoca a utilização de técnicas modernas e complexas. Tecnologia, entretanto, não está necessariamente ligada à ciência de ponta e ao desenvolvimento de máquinas e aparelhos sofisticados, mas pode ser entendida como o conjunto de conhecimentos científicos ou práticos para a solução de problemas, mediante o uso de técnicas,

---

1 Juiz Federal no DF. Doutor em Direito e Estado (UNB). Mestre em Direito ambiental (UEA). Foi Conselheiro do CNJ, Secretário-Geral do CJF, juiz auxiliar da Corregedoria Nacional de Justiça, juiz auxiliar da presidência e da vice-presidência do STJ e juiz instrutor no STJ.

2 PARLAMENTO DO REINO UNIDO. **Churchill and the Commons Chamber. disponível** em https://www.parliament.uk/about/living-heritage/building/palace/architecture/palacestructure/churchill/

3 MCLUHAN GALAXY. **A Schoolman's Guide to Marshall McLuhan by John Culkin, S.J., 1967.** disponível em: https://mcluhangalaxy.wordpress.com/2017/09/19/a-schoolmans-guide-to-marshall-mcluhan-byjohn-culkin-s-j-1967/

4 CF KEEN, Andrew. **The internet is not the answer.** New York: Grove Press, 2015, p. 10 e ss.

máquinas e ferramentas (materiais ou não) para esta finalidade. Para utilizar uma definição que remonta a um artigo clássico do sociólogo Read Bain[5], tecnologia inclui toda e qualquer ferramenta, máquina, utensílio, arma, instrumento, mobiliário, vestuário, dispositivos de comunicação e transporte, bem como as habilidades pelas quais eles são produzidos e utilizados, constituindo-se, nessa concepção ampla, "no mais importante fator na produção, integração e destruição de fenômenos culturais"[6].

Ainda segue muito difundida a crença na tecnologia como algo apto a, por si só, solucionar a maior parte dos problemas que afligem a humanidade. De fato, há uma certa vinculação mental entre o potencial impacto das novas tecnologias nas tarefas cotidianas e sua aplicação prática, fazendo com que a maioria das pessoas, inclusive muitos teóricos, acabem se deixando encantar pelo imenso potencial das novas tecnologias e percam um pouco da necessária visão crítica acerca de sua aplicação concreta à sociedade.

A internet fornece um bom exemplo dessa visão otimista acerca do desenvolvimento das tecnologias, como bem demonstra o discurso do então presidente do Banco Mundial, James Wolfensohn[7], que, em uma conferência proferida em julho de 2000, afirmou que

> As novas tecnologias de comunicação e a queda dos custos da computação estão diminuindo as distâncias e reduzindo as fronteiras e o tempo - e as vantagens de um maior conhecimento e de uma maior capacidade de aprendizagem se tornam ainda maiores.
>
> A aldeia mais remota tem a possibilidade de explorar um estoque global de conhecimento além do que se teria imaginado um século

5 BAIN, Read. **Technology and State Government**. American Sociological Review, vol. 2, no. 6, 1937, pp. 860–874. disponível em www.jstor.org/stable/2084365.

6 IDEM, IBIDEM. Tradução nossa. No original: "is the most important single factor in producing, integrating and destroying cultural phenomena"

7 WOLFENSOHN, James D. **Development and international cooperation in the twenty-first century : the role of information technology in the context of a knowledge-based global economy (ECOSOC).** 2000. Disponível em http://documents.worldbank.org/curated/en/519081467994605225/Development-andinternational-cooperation-in-the-twenty-first-century-the-role-of-information-technology-in-the-context-of-aknowledge-based-global-economy-ECOSOC-by-James-D-Wolfensohn-President

atrás, e de forma mais rápida e barata do que qualquer um imaginava que seria possível apenas há algumas décadas[8].

Entretanto, essa visão extremamente otimista sobre os efeitos das novas tecnologias frequentemente não encontra eco na realidade que observamos. Para ficarmos no exemplo das novas tecnologias de informação e comunicação, basta lembrar os potenciais efeitos perversos que uma estrutura de controle como a internet pode gerar sobre as dissidências políticas e ideológicas, especialmente em locais com menor margem de atuação democrática. Não é por outra razão que Lessig[9] ressalta que o ciberespaço, deixado livre de regulação, acabaria se tornando uma ferramenta perfeita de controle. Não necessariamente controle pelo governo ou por alguma mente maligna, mas ainda assim uma forma de controle que seria muito distante dos ideiais libertários que orientaram a criação da internet. Como afirma Siva Vaidhyanathan[10],

> Embora tenha parecido óbvio e fácil declarar a ascensão de uma "sociedade em rede" na qual os indivíduos poderiam se realinhar, ganhar poder e minar os métodos tradicionais de controle social e cultural, parece claro que a comunicação digital em rede não precisa servir a tais fins libertadores.

Na verdade, as disputas entre forças extremas - anarquia informacional e oligarquia informacional - tornaram qualquer formulação simples da nova era criativa quase imediatamente arcaica.[11]

8 Tradução nossa. No original: New communications technologies and plummeting computing costs are shrinking distance and reducing borders and time - and the advantages of greater knowledge and superior ability to learn become even greater. The remotest village has the possibility of tapping a global store of knowledge beyond what one would have imagined a century ago, and more quickly and cheaply than anyone imagined possible only a few decades ago.

9 LESSIG, Lawrence. **Code and other laws of cyberspace v. 2.0,** New York: Basic Books, 2006. Disponível em http://codev2.cc/download+remix/Lessig-Codev2.pdf, p. 4.

10 VAIDHYANATHAN, Siva. **Remote Control: The Rise of Electronic Cultural Policy**. The Annals of the American Academy of Political and Social Science. Nº 597, 2005. Disponível em https://www.researchgate.net/publication/228232631_Remote_Control_The_Rise_of_Electronic_Cultural_Polic y

11 Tradução nossa. No original: "While once it seemed obvious and easy to declare

Na verdade, essa visão exageradamente otimista e acrítica das novas tecnologias está na raiz de uma forma de compreender a relação da sociedade com a tecnologia conhecida como determinismo tecnológico ou tecnodeterminismo.

De fato, é muito comum que as novas tecnologias com características disruptivas sejam vistas através de um olhar tecnodeterminista, no qual elas passam a assumir quase que uma feição messiânica, com os analistas se limitando a descrever as "maravilhas" das novas tecnologias.

Cria-se, assim, uma visão triunfalista, que muitas vezes passa ao largo dos problemas reais e concretos criados pela implementação da tecnologia. As análises da relação entre sociedade e tecnologia baseadas nessa perspectiva tecnodeterminista seguem uma lógica muito própria, como apontado por Wilson III[12]. Elas partem sempre da tecnologia, com a descrição de seus aspectos mais marcantes e de seus componentes, para depois assinalar sua evolução recente, de modo a deixar clara sua importância. Em seguida, uma vez estabelecida e realçada a importância, o aspecto disruptivo e inovador passa a ser o foco da análise, com as propriedades internas da tecnologia sendo apresentadas como capazes de moldar toda a sociedade ao redor, o que inclui tudo, desde aspectos relativos às atividades econômicas e ao mercado de trabalho até a ampliação e promoção das liberdades públicas.

Essa análise, entretanto, deixa de atentar para os problemas e riscos decorrentes de sua aplicação concreta, especialmente aqueles ligados não só aos efeitos diretos da aplicação das novas tecnologias como, por exemplo, o aumento inicial do desemprego em decorrência da automação de uma dada tarefa), mas também para os possíveis "efeitos colaterais" da utilização da nova tecnologia, como a ampliação da desigualdade em decorrência da falta de acesso.

A visão tecnodeterminista tem como pressuposto a ideia da tecnologia como algo neutro, esquecendo sua origem eminentemente social. Nesse sentido, são comuns afirmações como a feita pelo diretor Geral da

the rise of a "network society" in which individuals would realign themselves, empower themselves, and undermine traditional methods of social and cultural control, it seems clear that networked digital communication need not serve such liberating ends.".

12 WILSON III, Ernest. **The Information Revolution and Developing Countries**. Londres: Routledge, 2004.

Nasdaq Bwise, Claudinei Elias, de que a "tecnologia é agnóstica"[13], querendo significar que a tecnologia é unicamente uma ferramenta que, do ponto de vista político e social, seria neutra, podendo ser utilizada para uma enorme variedade de finalidades, todas dependentes da intenção daqueles que as utilizam. Ocorre, entretanto, que tanto a internet, como qualquer outra tecnologia, sempre se desenvolve dentro de uma dada ordem social e econômica.

O mais grave problema dessa perspectiva tecnocêntrica é provavelmente que ela ignora as origens sociais das tecnologias de informação e comunicação, sugerindo que elas tenham surgido no vácuo, deixando de enxergar os interesses específicos que as geraram. Essa abordagem faz com que seja muito difícil para os responsáveis pela definição das políticas públicas perceberem que o atingimento do pleno potencial de uma nova tecnologia está muito mais ligado à organização institucional do que às suas características técnicas de desempenho. O desenvolvimento, a disseminação e a utilização da tecnologia, entretanto, estão longe de serem fatores neutros e isentos de efeitos perversos, podendo em muitos casos até mesmo ter o efeito de criar novos problemas sociais ou agravar os anteriormente existentes. Nesse sentido, vale notar que o Relatório de Desenvolvimento Humano 2019 do PNUD[14] chama atenção para o fato de que

> tem surgido uma nova geração de graves desigualdades no desenvolvimento humano, ainda que muitas das que ficaram por resolver no século XX estejam em declínio. Sob o espectro da crise climática e das arrebatadoras mudanças tecnológicas, as desigualdades no desenvolvimento humano têm assumido novas formas no século XXI. As desigualdades ao nível das capacidades estão a evoluir de variadas maneiras. [...]. as desigualdades no domínio das capacidades avançadas estão a aumentar, o que reflete aspetos da vida que, provavelmente, se tornarão mais importantes no futuro, ao proporcionarem uma maior capacitação. As pessoas que, nos dias de hoje,

13 CF. MEDEIROS, Henrique. **Nunca as leis de Asimov estiveram tão presentes, diz especialista em direito digital.** Mobiletime, 3/10/18 21:52. disponível em https://www.mobiletime.com.br/noticias/03/10/2018/nunca-as-leis-de-asimov-estiveram-tao-presentes-dizespecialista-em-direito-digital/

14 PROGRAMA DAS NAÇÕES UNIDAS PARA O DESENVOLVIMENTO . **Relatório de desenvolvimento humano 2019.** Deisponível em http://hdr.undp.org/sites/default/files/hdr_2019_overview_-_pt.pdf

se encontram adequadamente capacitadas parecem destinadas a avançar ainda mais amanhã.

Por isso, é preciso sempre ter em mente que a análise de qualquer tecnologia (e com maior razão aquelas ligadas à informação e comunicação) deve ser sempre feita a partir de uma perspectiva ampla, que não se limite à descrição dos aspectos técnicos e evolutivos e no potencial disruptivo de sua implantação, mas que esteja atenta às consequências sociais, políticas e econômicas que a ela são inerentes. A dizer, apesar de ser evidentemente importante a análise de uma nova tecnologia levar em conta os seus aspectos técnicos e funcionalidades, a análise não pode ser limitada a tais aspectos. É preciso ter sempre em mente a inter-relação entre tecnologia e sociedade.

A tecnologia permeia a sociedade e media as relações dos homens entre si e com a natureza. Como afirma Castells, "a tecnologia é a sociedade, e a sociedade não pode ser entendida ou representada sem suas ferramentas tecnológicas"[15]. Há uma inter-relação dialética entre a sociedade e a tecnologia, de modo que a organização social condiciona o surgimento, o desenvolvimento e a disseminação das tecnologias, inclusive favorecendo ou desestimulando a criatividade e o empreendedorismo, da mesma forma que as tecnologias acabam por condicionar novas formas e processos sociais.

Nesse ponto, é preciso ainda estar atento para o fato de que, se por um lado não se pode adotar uma postura que pense a tecnologia como algo neutro e fora das relações humanas, por outro lado tampouco é possível sustentar-se uma perspectiva determinística, que enxerga na tecnologia a causa e a razão última para todas as mudanças sociais.

Assim, muito embora seja certo que a configuração da organização social permite estimular ou sufocar o desenvolvimento de novas tecnologias, especialmente por intermédio da atuação do Estado, a relação entre sociedade e tecnologia é dialética, e não determinística, por isso que a tecnologia não determina a evolução histórica ou as transformações sociais, mas incorpora a capacidade de transformação das sociedades e os usos que, a partir da correlação de forças existentes, a sociedade decide conferir a seu potencial tecnológico. Por isso, tanto parece inadequado adotar-se uma posição segundo a qual a tecnologia é neutra ("ag-

---

15 CASTELLS, Manuel. **A Sociedade em Rede - a Era da Informação: economia, sociedade e cultura**. 14a Reimpressão. São Paulo: Paz e Terra, 2011 , p. 43

nóstica"), quanto afirmar-se que a tecnologia determina linearmente a evolução da sociedade.

Nesse sentido, tem toda razão o historiador Melvin Kranzberg, fundador da Sociedade para a História da Tecnologia nos Estados Unidos, que, ao tratar do papel da tecnologia no desenvolvimento da sociedade, afirmou que é até possível aceitar-se a ideia bastante difundida de que a tecnologia apenas abre uma porta, mas não obriga ninguém a entrar. Entretanto, como ele bem ressalta, uma porta aberta é sempre um convite, sendo importante notar que há alguém que decide quais portas devem ser abertas. Além disso, uma vez que a pessoa decida aceitar o convite, sua jornada será guiada pelos contornos do corredor ou da câmara na qual ele entrou, sendo ainda igualmente importante saber se, tendo ingressado na porta, há alguma forma de voltar atrás[16].

Kranzberg afirma que, apesar de os historiadores ainda não terem chegado a uma resposta para a questão do determinismo tecnológico, os anos de imersão no estudo do desenvolvimento tecnológico e suas relações com as mudanças sociais lhe permitiram formular uma série de truísmos que sumarizam os consensos existentes acerca da relação entre a tecnologia e a sociedade, e que passaram a ser conhecidos como leis de Kranzberg e que, de um modo geral, podem servir de guia para a correta compreensão da relação entre a sociedade e a tecnologia:

> **1. A tecnologia não é boa nem má; tampouco é neutra.** O desenvolvimento da tecnologia se dá dentro de um determinado ambiente social e suas consequências geralmente têm um alcance muito maior do que aquele inicialmente imaginado, por isso que uma mesma tecnologia pode ter resultados diferentes dependendo do contexto e das circunstâncias em que ela é introduzida;
>
> **2. A invenção é a mãe da necessidade.** Todas as inovações implicam a necessidade de outros avanços técnicos para serem plenamente operacionais;
>
> **3. A tecnologia vem sempre em pacotes, grandes e pequenos.** Os mecanismos complexos das tecnologias atuais normalmente envolvem vários processos e componentes;

16 KRANZBERG, Melvin. **Technology and History: 'Kranzberg's Laws.** Technology and Culture, vol. 27, no. 3, 1986, pp. 544–560. Disponível em www.jstor.org/stable/3105385 .

**4. Apesar de a tecnologia constituir um elemento primordial em muitas questões públicas, há inúmeros fatores não técnicos que assumem precedência na tomada de decisões sobre a regulação das tecnologias.** Há vários fatores essencialmente humanos na tomada de decisões sobre as tecnologias. Economia, religião, ideologia e várias outras razões socioculturais acabam exercendo um papel fundamental no desenvolvimento tecnológico, de modo que nem sempre a solução mais adequada tecnicamente triunfa sobre as forças políticas e sociais;

**5. Toda história é relevante, mas a história da tecnologia é a mais relevante.** Ignorar o elemento tecnológico no estudo da história pode fazer com que a disciplina perca relevância para a compreensão do presente e para a tomada de decisões acerca do futuro;

**6. A tecnologia é uma atividade essencialmente humana, assim como a história da tecnologia**. Por detrás de cada máquina há muitas faces. É necessária a atuação de engenheiros, operários, executivos, e um sem-número de outros profissionais para possibilitar o desenvolvimento e a implantação de uma nova tecnologia. Além disso, a função da tecnologia é essencialmente ser usada pelas pessoas – o que por vezes leva ao abuso ou à utilização incorreta.

Cumpre notar, ainda, que vivemos tempos de intensas e radicais mudanças provocadas pelas novas tecnologias, cujos impactos são amplamente sentidos em nossa organização social. Esse fator certamente cria várias dificuldades para os analistas, dado que a análise de mudanças significativas que sejam contemporâneas aos analistas é muito difícil. Como bem salientou Sassia Sasken[17], frequentemente eles não terão o vocabulário, as categorias e as imagens mentais necessárias para capturar a mudança e isso é especialmente verdadeiro quando a aceleração da evolução tecnológica fez com que a sucessão de tecnologias disruptivas passasse a se dar em uma velocidade vertiginosa e inédita na história da humanidade.

De fato, entre o desenvolvimento da agricultura no crescente fértil e a invenção da roda houve um período de quatro mil anos. Entre a invenção da catapulta e a do canhão, houve um espaço de dois mil anos e entre a invenção do papel e a da imprensa por tipos móveis passaram-se

17 SASKEN, Sassia. **Losing Control?: Sovereignty in an Age of Globalization.** New York: Columbia University Press, 1996. Disponível em https://www.researchgate.net/publication/30529999

mil anos. Entretanto, em um espaço de menos de um século, tivemos não só a invenção, mas também a massificação do uso de tecnologias como a dos automóveis a combustível, dos aviões, dos telefones, dos computadores, da internet, do *big data* e agora caminhamos a passos largos para a ampla difusão da inteligência artificial, da internet das coisas e da realidade aumentada, só para citar algumas das mais promissoras.

O primeiro computador digital eletrônico foi o ENIAC (acrônimo para *Electronic Numerical Integrator and Computer*), criado em 1949. Ele pesava cerca de 30 toneladas, ocupava toda uma sala de 10 x 15m e precisava de um ar condicionado de 10 toneladas para mantê-lo resfriado, tendo custado cerca de US$500.000,00. Com a invenção dos microprocessadores, no início dos anos 1970, desencadeou-se um processo tão rápido na evolução da computação que atualmente um pequeno microchip menor do que uma unha armazena uma quantidade de informação equivalente a 450,000 válvulas e é utilizado em um computador cujo custo é de menos de US$ 100,00[18].

Mas não foi somente o espantoso aumento na capacidade de processamento o responsável pelo imenso impacto da computação em nossas vidas. A ligação de computadores em rede teve um papel fundamental na construção do mundo digital em que atualmente vivemos.

Entre as décadas de 1960 e 1980, os computadores, que haviam sido inicialmente criados como máquinas isoladas capazes de realizar operações lógicas e cálculos em frações de segundos, passaram a ser vistos como um meio de comunicação que permite que a informação seja quase instantaneamente compartilhada para qualquer localidade no mundo.

No início da era dos computadores, quando eles ainda eram máquinas gigantescas e extremamente caras, praticamente a única forma de se compartilhar informações entre eles era mediante a utilização de algum meio físico que permitisse a gravação da informação do computador de origem e que pudesse ser transportado até o local onde ficava o computador de destino. Apesar de os primeiros modems terem surgido no final da década de 1950, o ajuste de sua conexão à rede telefônica era caro, muito difícil e a conexão era bem instável. Como afirma Janet Abbate[19],

18 KRANZBERG, Melvin. **Software for human hardware?** in ZUNDE, Pranas e Hocking, Dan. **Empirical foundations of information and software science.** New York.: Plenum Press, 1990. disponível em https://doi.org/10.1007/978-1-4684-5862-6_1

19 ABBATE, Janet. **Inventing the internet.** Cambridge: The MIT Press, 2000.

um cientista que precisasse usar um computador que estivesse em um local distante certamente acharia mais fácil pegar um avião e ir pessoalmente até a localidade em que o computador se encontrava.

A internet desenvolveu e popularizou a tecnologia de redes, colocando os computadores no centro das tecnologias de comunicação. Entre 1960 e 1990, a internet deixou de ser um experimento conectando uma dúzia de localidades nos Estados Unidos e se tornou uma rede que conecta todo o globo.

A cada dia a internet se firma mais como uma infraestrutura essencial para uma enorme gama de serviços e setores sociais, a ponto de ter se tornado lugar comum falar-se na existência de uma sociedade da informação[20]. Para Manuel Castells, vivemos uma nova era, em que o padrão de relação entre a natureza e a cultura alcançou um estágio tal que a convergência da evolução histórica e a transformação tecnológica engendraram um modelo genuinamente cultural de interação e organização social, no qual a informação representa o principal ingrediente de nossa organização cultural[21]. O desenvolvimento de uma sociedade global da informação diminuiu consideravelmente os custos da informação e de transação, criando o que muitos autores chamam de "sociedade da informação", definida por Marsden como aquela que

> atualmente está sendo construída, onde o baixo custo da informação e as tecnologias de armazenamento e transmissão passaram a ser de uso geral. Esta generalização da informação e do uso de dados é acompanhada por inovações organizacionais, comerciais, sociais e legais que irão modificar profundamente a vida tanto no mundo do trabalho quanto na sociedade em geral[22]

---

20 Essa referência tornou-se de tal forma difundida que a expressão guarda pouca precisão analítica, por vezes referindo-se a realidades diversas. Para maiores discussões quanto ao sentido da expressão, ver WERTHEIN, Jorge. **A sociedade da informação e seus desafios,** disponível em http://www.scielo.br/pdf/ci/v29n2/a09v29n2.pdf.

21 CASTELLS, Manuel. **A sociedade em rede. Volume I**. P. 573

22 MARSDEN, Christopher. **Information and communications technologies, globalization and regulation.** in MARSDEN, Christopher (org). **Regulating the Global Information Society.** Londres: Routledge, 2000.p.1. (tradução nossa).

Ainda é cedo para saber se o período que vivemos poder ser classificado como uma nova era histórica, a da sociedade global da informação, marcada pela vida digital e pela construção de um novo local de interações sociais, diferente do espaço físico, o ciberespaço[23]. Inexiste consenso entre os autores que estudam a sociedade e as novas tecnologias sobre estarmos ou não em uma nova era. Entretanto, por mais diversas que sejam suas visões acerca das mudanças atuais, todos os autores concordam em um ponto: o reconhecimento do caráter especial da informação e de sua importância para o mundo contemporâneo[24].

As tecnologias digitais e as conexões em rede se tornaram tão onipresentes que hoje é quase impossível imaginar o funcionamento de nossa sociedade sem a internet. Para onde quer que se olhe, os impactos do uso das novas tecnologias de comunicação e informação, em especial da internet, são facilmente perceptíveis. Novos modelos de negócios são criados, trazendo consigo novas formas de produção, de troca e de consumo; no mercado de trabalho, diminuem os postos na indústria e crescem postos na prestação de serviços, especialmente na área informacional. Os novos meios digitais de comunicação em massa, como as redes sociais, blogs e canais de vídeos, cada vez mais se tornam referências culturais centrais, ocupando lugar que anteriormente foi dos meios tradicionais de comunicação, como jornais impressos, rádio e televisão. Novas redes são estabelecidas de modo a permitir contatos e interações imediatas, independentemente das distâncias geográficas[25]. Como afir-

23 "Ciberespaço" é aqui entendido como algo distinto da internet, já que esta é apenas a base física da rede mundial de computadores, o meio sobre o qual aquele é construído. A expressão "ciberespaço", refere-se a uma experiência mais profunda, que envolve a utilização das estruturas de conexão de rede de tal forma a criar um espaço de comunicação no qual o usuário imerge. Vale notar, ainda, que a referência a um mundo "virtual" não se contrapõe ao mundo "real", uma vez que, o virtual, mesmo sendo fruto da engenhosidade humana, compõe também uma parte da realidade. Sobre o tema, ver LESSIG, Lawrence. **Code and other laws of cyberspace v. 2.0**, 2006. Disponível em http://codev2.cc/download+remix/Lessig-Codev2.pdf. p. 9 e SS.

24 WEBSTER, Frank. **Theories of information society**, 2014. p. 20

25 Os exemplos aqui apontados correspondem às definições utilizadas por Frank Webster para categorizar as diversas concepções sobre a sociedade da informação (tecnológica, econômica, ocupacional, espacial e cultural), que são por ele analisadas sob uma perspectiva crítica no capítulo 2 de seu **Theories of information society**, 2014. PP. 10 - 23.

mam Vint Cerf, Barry Leiner e David Clark, cientistas responsáveis pela criação da internet[26],

> A invenção do telégrafo, do telefone, do rádio e do computador criaram as condições para esta integração de capacidades sem precedentes. A internet é a um só tempo uma ferramenta com capacidade de transmissão mundial, um mecanismo para a disseminação de informação, e um meio para a colaboração e interação entre indivíduos e seus computadores sem levar em conta sua localização geográfica[27].

A interligação de computadores por todo o globo trouxe como efeito mais visível o aumento quantitativo das informações coletadas, transmitidas e processadas. A quantidade de informação disponível graças à internet é algo sem paralelo na história da humanidade. Em um único dia, o Google efetua 3,5 bilhões de pesquisas[28] e processa um volume de informações milhares de vezes maior do que todo o material impresso na Biblioteca do Congresso dos Estados Unidos. A quantidade de informação armazenada cresce a uma taxa quatro vezes maior do que a média da economia mundial, enquanto o crescimento da capacidade de processamento é nove vezes maior que o da economia[29].

Essa gigantesca quantidade de informação à disposição para processamento, que revolucionou a organização de nossa sociedade, somente foi possível pela utilização da internet,[30] que possibilitou o tráfego

26 LEINER, Barry M., CERF, Vinton G. CLARK, David D. et alli. **A brief history of internet.** Internet Society, 1997. Disponível em https://www.internetsociety.org/resources/doc/2017/brief-history-internet/

27 Tradução nossa. No original: The invention of the telegraph, telephone, radio, and computer set the stage for this unprecedented integration of capabilities. The Internet is at once a world-wide broadcasting capability, a mechanism for information dissemination, and a medium for collaboration and interaction between individuals and their computers without regard for geographic location

28 CF. https://www.internetlivestats.com/google-search-statistics/#trend

29 MAYER-SCHONBERGER, Viktor e CUKIER, Kenneth. **Big Data : como extrair volume, variedade, velocidade e valor da avalanche de informação cotidiana,** 2013, p. 5

30 CF. LESSIG, Lawrence. **The Future of Ideas: the Fate of the Commons in a Connected World,** New York: Random House: 2001. disponível em http://www.the-future-of-ideas.com/download/lessig_FOI.pdf

de informações em larga escala, a uma velocidade anteriormente inimaginável e de forma suficientemente simples e barata para permitir que a criatividade humana encontrasse campo fecundo para desenvolver suas possibilidades.

Entretanto, toda essa verdadeira revolução na forma como lidamos com a informação obviamente não pode ser reduzida a seu aspecto quantitativo, uma vez que também qualitativamente houve uma profunda alteração na forma de tratamento da informação em razão do advento da internet.

Pelo fato de estarmos imersos em uma sociedade onde a cada dia mais se torna natural termos acesso às facilidades da internet, muitas vezes é difícil até perceber todo o impacto que essa nova forma de comunicação gerou na forma como lidamos com a informação, por isso talvez um exemplo seja necessário para ilustrar os efeitos dessa diferenciação qualitativa: os registros de ações judiciais sempre foram públicos, até como decorrência do devido processo legal e da imparcialidade do Judiciário. O segredo de justiça é algo excepcional, reservado para situações limítrofes. Entretanto, a partir do momento em que os processos se tornaram eletrônicos e o tratamento de um imenso volume de informações processuais passou a poder ser feito de modo rápido e barato, criou-se uma situação paradoxal, onde uma garantia fundamental do estado do direito, a publicidade processual, passou a representar um risco concreto à privacidade e a outros direitos fundamentais.

Para configurar-se essa nova situação de risco à privacidade sequer é preciso chegar a extremos mais evidentes, como ocorreria na obtenção de informações que envolvam discussões sobre temas mais sensíveis, como casos criminais ou ações envolvendo questões de saúde.

Na verdade, basta imaginarmos os potenciais efeitos dessa agregação de dados relativos a situações mais corriqueiras, como ações relativas a relações de consumo, ações de responsabilidade civil ou reclamações trabalhistas e pensar na possibilidade de empresas financeiras estabelecerem a partir de tais informações o perfil de risco de seus potenciais consumidores para definir se aprovam ou não um empréstimo, ou ainda na criação de "cadastros" de reclamantes em ações trabalhistas, para vermos como o processamento maciço de informações pode transformar dados públicos e cuja divulgação pareça algo singelo e desimportantes em informações valiosas, que podem definir a vida de pessoas sem que elas sequer se deem conta disso.

Aliás, não foi por outra razão que a França proibiu a utilização de dados relacionados a juízes ou servidores do judiciário para "avaliar, analisar, comparar ou prever suas práticas profissionais, reais ou supostas"[31]. Segundo a reportagem, essa medida, que tipificou criminalmente a conduta de quem publica o resultado dessas análises, teria sido adotada em razão do receio da prática de empresas que usam inteligência artificial para, com base em dados públicos, analisar como os magistrados costumam decidir e se comportar em determinados assuntos para tentar prever o resultado de julgamentos.

A vigilância governamental é uma outra área em que se pode verificar de forma muito evidente as consequências dessa nova forma de coletar, transmitir e processar informações, que criam possibilidades inexistentes anteriormente.

Um bom exemplo é a forma como a Interpol passou a lidar com seu banco de dados de passaportes furtados e extraviados. Da base de dados da Interpol constam mais de 39 milhões de ocorrências, que são alimentadas por 166 países. Atualmente, graças aos recursos computacionais, é possível aos agentes de segurança nos aeroportos verificarem em uma fração de segundos se os documentos apresentados pelos passageiros estão na lista da interpol. Por isso que, como afirma Amitai Etzioni, a diferença entre a coleta e processamento de informações no mundo digital e no mundo analógico "é muito maior do que a diferença entre o impacto de uma granada de mão e o de uma bomba nuclear"[32]

De qualquer forma, os dados disponibilizados pelos usuários e coletados na internet pelas empresas de tecnologia, seja pelo seu aspecto quantitativo, seja pelo aspecto qualitativo, assumem atualmente um papel essencial nas vidas das pessoas, o que atrai para este setor as atenções do estado regulador, que busca meios de intervir na atividade dos atores responsáveis pela prestação dos serviços digitais de forma a conformar sua atuação às finalidades definidas pelos agentes públicos, nomeadamente a tutela dos direitos dos cidadãos, por isso que um trabalho que se propõe a tratar da coleta de dados pela internet e sua utilização para efeitos penais não pode passar ao largo do *big data* e da inteligência artificial.

---

31 RODAS, Sérgio. **França proíbe divulgação de estatísticas sobre decisões judiciais.** Conjur, 5 de junho de 2019. Disponível em https://www.conjur.com.br/2019-jun-05/franca-proibe-divulgacao-estatisticasdecisoes-judiciais

32 ETZIONI, Amitai. **Privacy in a cyber age: policy and practice**. Studies in Cybercrime and Cybersecurity series. New York: Palgrave Macmillan, 2015. p. 20

A ampla disseminação da internet e a enorme proliferação de serviços à disposição da população criou um ambiente digital extremamente complexo e prevalente. As facilidades proporcionadas pela computação em nuvem, pelo *big data* e pela inteligência artificial levaram ao desenvolvimento de uma enorme gama de serviços e comodidades digitais que, como contrapartida, requerem o compartilhamento de uma quantidade anteriormente inimaginável de dados sobre os usuários, possibilitando que os fornecedores de tais serviços tenham acesso a tantas e tão profundas informações acerca de seus usuários (que vão desde os gostos, preferências, orientações políticas, religiosas, morais, etc, até o completo histórico de localização e com quem a pessoa manteve proximidade física) que não é exagero afirmar que os detentores dos dados conhecem a intimidade dos usuários melhor do que suas próprias famílias.

De fato, a combinação de dados obtidos a partir de diversas fontes conectadas à internet, como buscadores de pesquisa, histórico de compras, histórico de buscas, postagens, curtidas e visualizações nas redes sociais, além do monitoramento de geolocalização pelo GPS dos celulares, fornecem uma descrição muito precisa não só dos hábitos, gostos e atividades do usuário, mas também de sua personalidade. Para Daniel Solove, estamos nos tornando uma sociedade de registros de dados, e nossos dados não são nossos, mas de terceiros[33] .

Nossos registros digitais revelam com quem falamos, onde estivemos, o que compramos, onde trabalhamos, como nos divertimos, com quem interagimos e fornecem uma boa visão sobre nossas orientações políticas e religiosas, nossa situação financeira e aspirações. Trata-se do fenômeno conhecido como dataficação, que se refere à coleta de informações, inclusive de fontes que nunca haviam sido imaginadas como tal, para que elas sejam transformadas em dados que possam ser mensurados e analisados[34].

A dataficação não se confunde com a mera digitalização de dados. Basta se pensar no que ocorre com autos de processos judiciais digitalizados para que essa diferença fique evidente. O processo eletrônico é

33 SOLOVE, Daniel J. **Digital Dossiers and the Dissipation of Fourth Amendment Privacy,** 75 South California Law. Review. 2002. Disponível em https://scholarship.law.gwu.edu/faculty_publications/943/

34 MAYER-SCHONBERGER, Viktor e CUKIER, Kenneth. **Big Data: como extrair volume, variedade, velocidade e valor da avalanche de informação cotidiana.** Rio de Janeiro : Elsevier, 2013, p. 51 e ss.

exemplo de dataficação, uma vez que todas as informações contidas nos autos do processo judicial, inclusive aquelas relativas ao conteúdo dos autos, ficam disponíveis para pesquisa, agrupamento, análise e quantificação, possibilitando que softwares de gestão de dados (plataformas de *business intelligence)* possam apresentar estatísticas detalhadas sobre o fluxo processual e sobre o conteúdo das decisões, por exemplo. Por outro lado, os processos que foram simplesmente digitalizados, isto é, que eram físicos e cujos autos foram escaneados e passados para uma plataforma eletrônica, não permitem toda essa análise dos conteúdos, sendo necessária a intervenção humana para traduzir a imagem "fotografada" da página dos autos físicos.

O processo de dataficação refere-se a uma nova forma de lidar com a informação, que foi potencializado pela tecnologia da internet e pela ampliação da capacidade de processamento dos modernos computadores. Atualmente, praticamente tudo é transformado em dado para ser mensurado. Até mesmo as relações pessoais, experiências e estados de humor dos usuários de redes sociais, atividades físicas, padrões de sono e batimentos cardíacos de usuários de aplicativos fitness e a localização das pessoas passaram a ser informações passíveis de serem coletadas e convertidas em dados mensuráveis e analisáveis. Como afirmam Mayer-Schonberger e Cukier[35],

> Estamos em meio a um grande projeto de infraestrutura que, de certo modo, rivaliza com os do passado, dos aquedutos romanos à Enciclopédia do Iluminismo. Somos incapazes de valorizar esse fato porque, ao contrário da água que flui pelos aquedutos, o produto de nosso trabalho é intangível. O projeto é a dataficação. Como aqueles outros avanços infraestruturais, ele gerará alterações fundamentais na sociedade.

O impacto das transformações sociais decorrentes das novas tecnologias de informação e comunicação, do *big data* e da inteligência artificial, atinge fortemente o Direito, já que os contornos e os limites da lei e da regulação face às novas tecnologias dificilmente podem ser muito bem estabelecidos. Assim, elementos que estão na base das soluções

35 MAYER-SCHONBERGER, Viktor e CUKIER, Kenneth. **Big Data: como extrair volume, variedade, velocidade e valor da avalanche de informação cotidiana**. Rio de Janeiro : Elsevier, 2013, p. 66.

tradicionalmente adotadas pelo Direito, especialmente do Direito Penal, como a importância do estabelecimento da relação de causalidade entre uma ação e sua consequência jurídica, perdem muito de seu sentido.

Essas tecnologias, tal como acontece em relação à internet e à web, também são frequentemente apresentadas sob um discurso tecnodeterminista que somente enxerga as vantagens. O *big data* e a IA são apresentados como solução mais eficiente para a tomada de decisões mais corretas e precisas. Segundo esse discurso, podemos sossegar e deixar que os algoritmos nos ajudem a preservar o meio ambiente, encontrem curas para doenças e tomem as melhores decisões em diversas áreas de nossas vidas, desde sobre que filme assistir no serviço de *streaming* até sobre quem deve ser contratado numa seleção de emprego. No limite, poderão até chegar a decidir quais as penas que deverão ser aplicadas aos criminosos (malgrado as experiências negativas registradas com os programas de auxílio a juízes criminais no estado de Wisconsin, nos EUA, que revelaram uma série de vieses fortemente racistas[36]).

O *big data*, entretanto, traz consigo alguns desafios que deverão ser devidamente tratados pelo estado de direito. Neil Richards e Jonathan King[37] apresentam três desses desafios sob a forma do que ele denomina de paradoxos do big data. O primeiro é o da *transparência*. Apesar de a IA lidar com informações privadas coletadas extensivamente, seu funcionamento quase sempre é completamente opaco, pois opera amparado por segredo comercial das empresas que o desenvolvem. O segundo paradoxo é o da *identidade*, já que ele busca identificar e rotular o indivíduo às custas da identidade individual e coletiva. Finalmente, o terceiro paradoxo é o do *poder*, já que, apesar de ser decantado o enorme poder do *big data* de transformar a sociedade, esse poder sempre está a serviço de empresas e governos, que já detêm poder em comparação com os indivíduos.

Há, portanto, um enorme desafio ao direito quando se trata da regulação dessas novas tecnologias, em particular quando se cuida da proteção do indivíduo ante o poder de grandes corporações ou do estado. Na era analógica, quando se discutia a delimitação do campo legítimo de

36 CF. MAYBIN, Simon. **Sistema de algoritmo que determina pena de condenados cria polêmica nos EUA.** BBC News, 31 outubro de 2016. Disponível em https://www.bbc.com/portuguese/brasil-37677421

37 RICHARDS, Neil. e KING, Jonathan. **Three paradoxes of big data.** Stanford Law Reviewonline Vol. 66:41. Disponível em https://review.law.stanford.edu/wp-content/uploads/sites/3/2016/08/66_StanLRevOnline_41_RichardsKing.pdf

atuação do poder público na persecução penal, buscando estabelecer-se o espaço juridicamente protegido do indivíduo, a principal questão a ser definida era se o Estado poderia coletar determinadas provas contra o indivíduo sem autorização judicial. Foi o que deu ensejo ao reconhecimento da necessidade de proteção do domicílio como um direito protegido pela cláusula da reserva de jurisdição e à necessidade de que a situação de flagrância que excepciona a necessidade de mandado judicial seja amparada em justa causa existente antes da entrada das forças policiais no domicílio[38].

Todas essas questões reforçam a necessidade de que a regulação das novas tecnologias seja feita de modo a tentar sempre compatibilizar a liberdade para o desenvolvimento dos avanços necessários com a necessidade de se resguardar os direitos fundamentais individuais e coletivos.

A internet e o ambiente digital que sobre ela é construído, o ciberespaço, que inclui os aplicativos e serviços que coletam, armazenam e processam informações pessoais utilizando big data e inteligência artificial, constituem o principal desafio regulatório de nossa época. Na regulação do ciberespaço, assim como na de todas as novas tecnologias, o momento em que se dá a regulação é uma variável de extrema importância, uma vez que a regulação das novas tecnologias encerra um paradoxo, conhecido como dilema de Collingridge[39], segundo o qual, quando as novas tecnologias ainda são incipientes e pouco difundidas, sua regulação e controle são fáceis, mas ainda não é possível antever quais riscos seu desenvolvimento poderá acarretar, de modo que a regulação ainda será desnecessária.

Por outro lado, quando as tecnologias já estão bastante estabelecidas e seus efeitos adversos já são conhecidos, a sua regulação se tornará difícil, cara e, por vezes, impraticável. Assim, tem-se que as possibilidades fáticas de regulação de uma nova tecnologia são inversamente proporcionais a seu grau de difusão e tempo de desenvolvimento, especialmen-

---

38 O Supremo Tribunal Federal definiu, em repercussão geral, que o ingresso forçado em residência sem mandado judicial apenas se revela legítimo – a qualquer hora do dia, inclusive durante o período noturno – quando amparado em fundadas razões, devidamente justificadas pelas circunstâncias do caso concreto, que indiquem estar ocorrendo, no interior da casa, situação de flagrante delito (RE nº 603.616/RO, Rel. Ministro Gilmar Mendes, DJe 8/10/2010).

39 BAPTISTA ,Patrícia e KELLER, Clara Iglesias. **Por que, quando e como regular as novas tecnologias? Os desafios trazidos pelas inovações disruptivas.** RDA – Revista de Direito Administrativo, Rio de Janeiro, v. 273, p. 123-163, set./dez. 2016

te quando a regulação implicar a necessidade de alteração da arquitetura dos códigos em que se baseia a tecnologia. Assim, a questão relativa ao momento da regulção tem também um papel de extrema importância na discussão acerca da efetividade da regulação das novas tecnologias.

De toda sorte, a tecnologia deve ser compreendida a partir de suas consequências concretas nas relações sociais, sem que se perca de vista o fato de que ela é um produto das relações sociais, sendo construída a partir de determinados interesses e com vistas a alcançar determinados objetivos que muitas vezes têm pouca relação com as maravilhas prometidas por seus defensores. Por isso que a análise das relações entre tecnologia e sociedade não pode ser feitas acriticamente, dado que, apesar das belíssimas promessas que as novas tecnologias da informação e comunicação apresentam, sua regulação e o tratamento que o direito dá a elas deve se pautar por dados concretos decorrentes de sua aplicação, e não a partir de suas possibilidades.

Por tudo isso, é preciso que as novas tecnologias sejam pensadas e reguladas pelo direito a partir de uma noção fundada na ideia da necessidade de tutela de direitos fundamentais. Não se pode compreender a atividade regulatória como mero instrumento de controle de atividades econômicas tendente a combater falhas de mercado. O escopo deve ser mais amplo, incluindo a tutela dos direitos fundamentais dos indivíduos como elemento essencial da atividade regulatória.

# Função Social dos Contratos e Funcionalização do Direito Civil à Luz da Jurisprudência do Superior Tribunal de Justiça[1]

*Gustavo Tepedino*[2]

*Danielle Tavares Peçanha*[3]

**Sumário: 1.** Introdução. Da estrutura à função: notas sobre a dogmática do direito civil; – **2.** Conteúdo e alcance da função social do contrato; – **3.** Função social do contrato e ordem pública; – **4.** Notas sobre o art. 421 do Código Civil: projeções da função social entre liberdade e solidariedade; – **5.** A função social do contrato na jurisprudência do Superior Tribunal de Justiça; – **6.** Conclusão. Referências.

## 1. INTRODUÇÃO. DA ESTRUTURA À FUNÇÃO: NOTAS SOBRE A DOGMÁTICA DO DIREITO CIVIL

Todo negócio jurídico possui uma estrutura e uma função. A identificação da função que se pretende alcançar e sua compatibilidade com os valores constitucionais precedem e definem a estrutura a ser utilizada. Não será, pois, a estrutura do negócio, ou seja, o *modus operandi* (os dispositivos do Código Civil previstos para determinada tipologia ou modelo), que definirá a função a ser desempenhada, mas, ao contrário, é a função que se pretende desempenhar que indicará a estrutura a ser utilizada diante de determinado arranjo negocial.[4] Tal perspectiva funcional é informada pela tábua axiológica do ordenamento e se associa à

---

1 Texto elaborado em homenagem ao eminente Ministro Humberto Martins, cuja atuação exemplar na magistratura e, notadamente, no Superior Tribunal de Justiça, inspira os estudiosos do direito e enaltece o extraordinário papel da jurisprudência brasileira na reconstrução do direito na legalidade constitucional.

2 Professor Titular de Direito Civil e ex-diretor da Faculdade de Direito da Universidade do Estado do Rio de Janeiro – UERJ. Doutor em Direito Civil pela Universidade de Camerino (Itália). Sócio fundador do Escritório Gustavo Tepedino Advogados.

3 Mestre em Direito Civil pela Faculdade de Direito da Universidade do Estado do Rio de Janeiro – UERJ. Professora de cursos de Pós-Graduação em Direito Civil. Integra a equipe do Escritório Gustavo Tepedino Advogados. Advogada e Pesquisadora.

4 Assim, PERLINGIERI, Pietro. *Manuale de Diritto Civile*, Napoli: Edizioni Scientifiche Italiane, 1997, p. 60 e ss.

utilidade social das relações jurídicas, de modo a justificar a promoção dos interesses socialmente relevantes dos respectivos titulares de direitos. Daqui decorrem diversas consequências para a teoria do direito, em particular, a reformulação das categorias jurídicas em perspectiva funcional (ou dinâmica), que necessariamente requer a sua contextualização histórica e a compreensão da relatividade dos conceitos jurídicos de acordo com as circunstâncias fáticas – e históricas – em que se inserem.

A análise dos institutos e categorias jurídicas em perspectiva histórica, funcional e relativizada, estabelece, assim, renovadas bases teóricas que, abandonando o dogmatismo estático do passado, impõem a reconstrução de todo o arcabouço teórico do direito privado. Adota-se como dogmática, vale advertir, concepção teórica essencialmente dinâmica, que não se confunde com o dogmatismo, do qual se deve afastar.[5]

Norberto Bobbio, de modo pioneiro, entreviu e estabeleceu bases teóricas para o que consagraria como "função promocional do direito",[6] o que, em certa medida, redimensiona o debate em torno da função social do contrato ou da propriedade, já que todos os negócios e atividades, analisados em concreto e incidentes sobre bens jurídicos, devem ser compreendidos como projeção de liberdade e responsabilidade. Dessa maneira, autonomia privada e solidariedade convergem e interagem na promoção dos valores que, apreendidos pelo Constituinte, definem a identidade cultural da sociedade. Liberdade e solidariedade, portanto, caminham de modo integrado, como binômio inseparável.

Por outro lado, a repercussão da perspectiva funcional se mostra particularmente intensa na teoria dos bens e dos negócios jurídicos.[7]

---

5 Sobre o tema, v. TEPEDINO, Gustavo. Texto e contexto na teoria da interpretação. Editorial. In: *Revista Brasileira de Direito Civil* (RBDCivil), vol. 29, nº 3, Belo Horizonte, 2021.

6 BOBBIO, Norberto. *Dalla struttura alla funzione*, Milano: Edizioni di Comunità, 1977.

7 O Supremo Tribunal Federal examinou, por exemplo, no ano de 2017, a temática em torno do livro eletrônico, com o escopo de determinar se a imunidade tributária, tradicionalmente incidente sobre livros impressos, deveria ser aplicada também aos bens jurídicos em análise. O STF excluía até então a imunidade de uma série de acessórios que não eram exatamente previstos na Constituição como sujeitos a imunidade, como os equipamentos acessórios às publicações e a impressora. A interpretação restritiva da imunidade condiz com sua índole de excepcionalidade. No julgamento em referência, contudo, o STF decidiu, por unanimidade, que o que caracteriza o livro é o seu conteúdo, não seu invólucro, e, portanto, o livro eletrôni-

Nessa direção, o aproveitamento racional e funcional dos bens exige esforço especial do intérprete diante do surgimento de novas funções desempenhadas pelos negócios, por conta do desenvolvimento das tecnologias,[8] suscitando instigantes controvérsias nos Tribunais brasileiros.[9] Ao analisar a repercussão de tal construção na metodologia do Direito, observou-se, argutamente, que "a atividade interpretativa necessariamente envolve valores – e, portanto, é necessário revelá-los –", tornando-se por isso mesmo indispensável "priorizar, na análise de um instituto, seu perfil funcional, seus efeitos, passando, assim, do *como ele é* para o *para que ele serve*."[10] Isto é, o aspecto funcional da situação jurídica subjetiva, que explicita a sua "profunda e complexa razão justificadora",[11] condiciona o aspecto estrutural, que identifica os poderes

co, independentemente da base física na qual se insere, deveria ser abarcado pela imunidade tributária constitucional (STF, Tribunal Pleno, RE 330.817/RJ, Rel. Min. Dias Toffoli, julg. 8.3.2017, publ. DJ 31.8.2017).

8 Como anotado em outra sede: "Com a evolução científica e tecnológica, novas coisas passam a ser incluídas no mundo jurídico, em número impressionante, tornando-se objetos de situações subjetivas: o *software*, o *know-how*, a informação veiculada pela mídia, os papéis e valores de mercado mobiliário, os elementos utilizados na fertilização assistida, os recursos do meio ambiente, incluindo o ar, mais e mais protegido como interesse difuso, dentre outros. A cada dia surgem novos bens jurídicos, ganhando significativa importância a distinção entre bens materiais, formados por coisas corpóreas, e os bens imateriais, constituídos por coisas incorpóreas que passam a integrar, quotidianamente, o patrimônio das pessoas" (TEPEDINO, Gustavo. Teoria dos bens e situações subjetivas reais: esboço de uma introdução. In: *Temas de direito civil*, t. II, Rio de Janeiro: Renovar, 2006, p. 138).

9 Conforme observado anteriormente, ainda quanto ao livro eletrônico: "Por desempenhar a mesma finalidade e função, o livro eletrônico é modalidade contemporânea de livro, a atrair as mesmas normas que disciplinam o livro impresso, do qual somente se distingue pelo modo de consulta e de acesso ao seu conteúdo. Nesta perspectiva, o conceito de livro não pressupõe o papel, podendo apresentar diversas formas de exteriorização, desde que se preservem a sua finalidade e função." (TEPEDINO, Gustavo. Livro (eletrônico) e o perfil funcional dos bens jurídicos na experiência brasileira. In: VICENTE, Dário Moreira; VIEIRA, José Alberto Coelho; CASIMIRO, Sofia de Vasconcelos; SILVA, Ana Maria Pereira da Silva (orgs.). *Estudos de Direito Intelectual em homenagem ao Prof. Doutor José de Oliveira Ascensão*, Coimbra: Almedina, 2015, pp. 273-274).

10 KONDER, Carlos Nelson. Causa do Contrato x Função Social do Contrato: Estudo Comparativo sobre o Controle da Autonomia Negocial. In: *Revista Trimestral de Direito Civil – RTDC*, vol. 43, jul/set 2010, Rio de Janeiro: Padma, p. 33.

11 PERLINGIERI, Pietro. *Perfis do direito civil*, Rio de Janeiro: Renovar, 2002, 3ª ed., p. 96.

conferidos ao seu titular em razão dela. Assim, de acordo com a função que a situação jurídica subjetiva desempenha, entendida como a síntese de seus efeitos essenciais,[12] concretamente considerados, serão definidos os poderes atribuídos ao seu titular. Daí dizer-se que é a função que determinará a estrutura a ser adotada, e não o contrário.

Tal perspectiva funcional, se por um lado impõe a identificação e qualificação dos negócios jurídicos a partir de sua função prático-social,[13] por outro lado, se subordina à promoção da utilidade social da atividade econômica e da autonomia privada.[14] Trata-se de expressão do princípio da solidariedade social, que se traduz, dentre suas mais relevantes manifestações, na conceção de função social dos contratos e da propriedade.[15] Particularmente no âmbito dos contratos, avulta a necessidade de identificar a função perseguida em cada negócio *in concreto*, "de forma a aferir mais cuidadosamente se há compatibilidade com

---

12 PUGLIATTI, Salvatore. Precisazioni in tema di causa del negozio giuridico. *Diritto Civile: Metodo - Teoria - Pratica*, Milano: Giuffrè, 1951, pp. 110-111.

13 A designação de causa ou função prático-social, ou ainda função prático-individual, é utilizada pela doutrina para designar a causa *in concreto*, ou seja, no específico negócio que se pretende qualificar, e não somente a função do tipo negocial em abstrato, conforme previsto pelo legislador. Ao propósito, como leciona Pietro Perlingieri, "a função é a síntese causal do fato, a sua profunda e complexa razão justificadora: ela refere-se não somente à vontade dos sujeitos que o realizam, mas ao fato em si, enquanto social e juridicamente relevante. A razão justificadora é ao mesmo tempo normativa, econômica, social, política e por vezes também psicológica (assim é, por exemplo, em muitos atos familiares com conteúdo não patrimonial). É necessária uma avaliação circunstanciada e global do fato. Avaliação e qualificação são uma coisa só, porque *o fato se qualifica com base na função prático-social que realiza*" (*Perfis de Direito Civil: Introdução ao Direito Civil Constitucional*, trad. Maria Cristina De Cicco, Rio de Janeiro: Renovar, 2002, p. 96 - grifou-se).

14 Como destacado pela doutrina italiana, o negócio é tutelado por atender não somente o interesse do titular, mas também por atender o interesse da coletividade" (PERLINGIERI, Pietro. *Perfis de Direito Civil: Introdução ao Direito Civil-Constitucional*, cit., pp. 106-107). Para o autor: "*ogni fatto è giuridicamente rilevante, ma la sua attitudine ad incidere sulla realtà dipende dalla valutazione che di esso esprime il sistema normativo*" (PERLINGIERI, Pietro. *Manuale di Diritto Civile*, cit., p. 429). Em tradução livre: "qualquer fato é juridicamente relevante, mas a sua aptidão para incidir na realidade depende da valoração que lhe imprime o sistema normativo".

15 Sobre a necessária interação interpretativa entre a função prático-individual e a função social dos contratos, v. KONDER, Carlos Nelson. *Causa do Contrato x Função Social do Contrato: Estudo Comparativo sobre o Controle da Autonomia Negocial*, cit., p. 33-75.

aqueles interesses em razão dos quais a própria liberdade de contratar é tutelada".[16]

Notadamente na seara contratual, portanto, em que a autonomia privada permite às partes escolherem os efeitos jurídicos que pretendem produzir, deve-se atentar à função perseguida concretamente pelo negócio, buscando-se identificar se esta é compatível com os interesses em razão dos quais a liberdade é tutelada no ordenamento jurídico. Reconhece-se, assim, que a proteção dos interesses privados se justifica não somente como expressão da liberdade individual, mas também com base na função que desempenha para a promoção de interesses externos, identificados pela ordem pública contratual como socialmente relevantes. Vincula-se, assim, "a proteção dos interesses privados ao atendimento de interesses sociais, a serem promovidos no âmbito da atividade econômica (socialização dos direitos subjetivos)".[17]

Em tal cenário, e tendo em conta o desmedido apego à dogmática tradicional – estática e essencialmente estrutural – por grande parte da civilística brasileira do século passado, não foi sem polêmica que o tema da função social se desenvolveu no Brasil. Embora o princípio tenha sido introduzido no ordenamento jurídico brasileiro pela Constituição da República de 1967, por meio da função social da propriedade, e há mais de cinquenta anos fosse objeto de estudo por parte da doutrina italiana, no Brasil, o princípio, inicialmente, apresentou tímidos contornos, associado à ciência política ou ao plano metajurídico. Com efeito, a função social, sob a ótica individualista característica das codificações oitocentistas, não era entendida como princípio jurídico, reduzido à genérica admissão do papel que o contrato e a propriedade deveriam desempenhar no fomento às trocas e à prática comercial como um todo.[18]

16 KONDER, Carlos Nelson. *Causa do Contrato x Função Social do Contrato: Estudo Comparativo sobre o Controle da Autonomia Negocial*, cit., p. 34.

17 TEPEDINO, Gustavo. Notas sobre a função social dos contratos, p. 149. In: TEPEDINO, Gustavo. *Temas de Direito Civil*, tomo III, Rio de Janeiro: Renovar, 2009, pp.145-156.

18 A longa transição da função social do plano filosófico para a ciência jurídica pode ser percebida em Orlando Gomes: "A *função econômico-social* do contrato foi reconhecida, ultimamente, como a razão determinante de sua proteção jurídica. Sustenta-se que o Direito intervém, tutelando determinado contrato, devido à sua função econômico-social. Em conseqüência, os contratos que regulam interesses sem utilidade social, fúteis ou improdutivos não merecem proteção jurídica. Merecem-na apenas os que têm função econômico-social reconhecidamente útil" (GOMES, Orlando. *Contratos,* Rio de Janeiro: Forense, 2019, 27ª ed., p. 20).

Provavelmente por tal circunstância histórica, arraigada intensamente à cultura jurídica dominante – associada ao excessivo apego à técnica regulamentar –, a função social afigura-se tema até hoje polêmico. Note-se que nem mesmo o advento do Código de Defesa do Consumidor, que deu ensejo a acalorado debate acerca da boa-fé objetiva, suscitou o aprofundamento da discussão sobre a função social. De fato, a categoria somente passou a ser objeto de maior reflexão a partir de sua introdução no art. 421 do Código Civil de 2002, em cuja redação original se lia: "A liberdade de contratar será exercida *em razão* e nos limites da função social do contrato".

Mostram-se eloquentes as severas críticas sofridas pelo dispositivo, que resultaram na supressão da expressão "*em razão de*", pela Lei n. 13.874 de 2019,[19] conferindo-lhe a redação atual: "A liberdade contratual será exercida nos limites da função social do contrato". A aludida alteração legislativa denota a injusta preocupação, por parte da doutrina liberal, quanto à possível contaminação dos fundamentos da liberdade de contratar, a qual, segundo seus autores, seria conceito pré-jurídico associado à liberdade humana, à qual ao codificador seria dado tão somente reconhecer e limitar.

## 2. CONTEÚDO E ALCANCE DA FUNÇÃO SOCIAL DO CONTRATO

Com o acolhimento pelo codificador civil da função social do contrato, acirraram-se as divergências doutrinárias, sendo possível identificar, grosso modo, três principais correntes que buscaram delimitar o conteúdo e alcance do instituto.

A primeira delas sustenta que a função social do contrato não é dotada de eficácia jurídica autônoma, sendo uma espécie de orientação de política legislativa, que revela sua importância em diversos institutos que, como expressão da função social, autorizam ou justificam soluções normativas específicas, tais como a resolução por excessiva onerosidade (CC, art. 478), a lesão (CC, art. 157), a conversão do negócio jurídico (CC,

19 Para análise da lei e das mudanças por ela implementadas nos dispositivos do Código Civil, permita-se remeter a TEPEDINO, Gustavo; CAVALCANTI, Laís. Notas sobre as alterações promovidas pela Lei nº. 13.874/2019 nos artigos 50, 113 e 421 do Código Civil. In: SALOMÃO, Luis Felipe; CUEVA, Ricardo Villas Bôas; FRAZÃO, Ana (orgs.), *Lei de Liberdade Econômica e seus Impactos no Direito Brasileiro*, São Paulo: Revista dos Tribunais, 2020, pp. 487-514.

art. 170), a simulação como causa de nulidade (CC, art. 167), e assim por diante.[20]

Como se vê, tal posição acaba por esvaziar a importância da função social, vez que esta se expressaria por meio de institutos já positivados, presentes de forma difusa no ordenamento, prescindindo, por isso mesmo, de eficácia jurídica autônoma. Assim, acabar-se-ia interpretando a Constituição à luz do Código Civil, vale dizer, o princípio da função social, de matriz constitucional, à luz da disciplina (conferida pelo legislador infraconstitucional) dos diversos institutos codificados, reduzindo a sua relevância, já que os demais institutos, por estarem suficientemente regulados, dispensariam a sua existência.

A segunda corrente de pensamento afirma que a função social do contrato expressa o valor social das relações contratuais, enaltecendo a importância destas relações na ordem jurídica. Tal concepção, nesta esteira, concebe a função social do contrato como forma de reforçar a proteção do contratante mesmo em face de terceiros, alçando-a a fundamento de tutela na lesão contratual provocada por terceiro cúmplice. Dito por outras palavras, a função social do contrato imporia aos terceiros o dever de colaborar com os contratantes, de modo a respeitar a situação jurídica obrigacional anteriormente constituída da qual têm co-

20 Assim, Humberto Theodoro Júnior, "a lei prevê a função social do contrato, mas não a disciplina sistemática ou especificamente. Cabe à doutrina e à jurisprudência pesquisar sua presença difusa dentro do ordenamento jurídico e, sobretudo, dentro dos princípios informativos da ordem econômica e social traçada pela Constituição" (TEODORO JÚNIOR, Humberto Theodoro. *O Contrato e sua Função Social*, Rio de Janeiro: Forense, 2003, p. 93). E remata: "O grande espaço da função social, de certa maneira, deve ser encontrado no próprio bojo do Código Civil, ou seja, por meio de institutos legalmente institucionalizados para permitir a invalidação ou a revisão do contrato e assim amenizar a sua dureza oriunda dos moldes plasmados pelo liberalismo. Parece, portanto, que a função social vem fundamentalmente consagrada na lei, nesses preceitos e em outros, mas não é, nem pode ser entendida como destrutiva da figura do contrato, dado que, então, aquilo que seria um valor, um objetivo de grande significação (função social), destruiria o próprio instituto do contrato'. O campo propício ao desempenho da função social, assim como à realização da eqüidade contratual é o da aplicação prática das cláusulas gerais com que o legislador definiu os vícios do negócio jurídico, os casos de nulidade ou de revisão. Seria pela prudente submissão do caso concreto às noções legais com que o Código tipificou as hipóteses de intervenção judicial do contrato que se daria a sua grande adequação às exigências sociais acobertadas pela lei civil" (p. 106).

nhecimento. Assim, o princípio da relatividade dos contratos seria lido e interpretado à luz do princípio da função social dos contratos.[21]

Todavia, a despeito da relevância do "valor social da livre iniciativa", um dos fundamentos constitucionais da República (art. 1º, IV, C.F.), esta posição acaba por reduzir a função social a instrumento adicional de garantia da posição contratual, sem se dar conta de que a função social se destina, a rigor, a impor deveres aos contratantes – e não o contrário. Tal orientação, portanto, desvirtua o princípio da função social, em favor dos interesses patrimoniais contidos na avença contratual, já suficientemente tutelados.[22]

Em outras palavras, tal posição doutrinária acabaria por transformar o instituto em – mais um – instrumento de constituição de direitos para os contratantes, e não já de deveres, o que desvirtuaria a própria perspectiva funcional na qual o contrato deve estar inserido.[23] Deste modo, verifica-se que a responsabilidade do terceiro cúmplice não se encontra fundamento no princípio da função social, vez que os interes-

---

21 NEGREIROS, Teresa. *Teoria do Contrato: Novos Paradigmas*, Rio de Janeiro: Renovar, 2006, 2ª ed., p. 244, que sintetiza: "A partir de agora, o princípio da relatividade será enfocado, sempre à luz da função social do contrato, mas não mais a propósito da extensão da responsabilidade em favor de um terceiro e, sim, a propósito da responsabilidade do terceiro que contribui para o descumprimento de uma obrigação originária de um contrato do qual não seja parte"

22 Como observado em outra sede, o princípio não há de representar a "ampliação da proteção dos próprios contratantes, o que amesquinharia a função social do contrato, tornando-a servil a interesses individuais e patrimoniais que, posto legítimos, já se encontram suficientemente tutelados pelo contrato" (TEPEDINO, Gustavo. *Novos princípios contratuais e a teoria da confiança:* a exegese da cláusula to the best knowledge of the sellers. In: *Temas de Direito Civil*, t. 2, Rio de Janeiro: Renovar, 2006, p. 251). E, na mesma direção, destaca-se: "A função social não se presta, portanto, à tutela dos interesses de qualquer dos contratantes, ainda que técnica ou economicamente mais fraco. (...) A função social está para o interesse da sociedade assim como a função econômica está para o interesse das partes, cuja promoção se garante por instrumentos próprios, como a boa-fé objetiva e o equilíbrio das posições contratuais." (TERRA, Aline de Miranda Valverde; GUEDES, Gisela Sampaio da Cruz. Adimplemento substancial e tutela do interesse do credor: análise da decisão proferida no REsp 1.581.505, p. 107. In: *Revista Brasileira de Direito Civil – RBDCivil*, vol. 11, 2017, pp. 95-113).

23 TEPEDINO, Gustavo; KONDER, Carlos Nelson; BANDEIRA, Paula Greco. *Fundamentos do Direito Civil*, vol. 3: Contratos, Rio de Janeiro: Forense, 2024, 5ª ed., p. 47.

ses em questão se restringem à esfera privada e patrimonial dos contratantes, não já aos interesses extracontratuais socialmente relevantes.[24]

Já a terceira linha de entendimento mencionada concebe a função social do contrato como princípio que, informado pelos princípios constitucionais da dignidade da pessoa humana (art. 1º, III), do valor social da livre iniciativa (art. 1º , IV) – fundamentos da República – e da igualdade substancial (art. 3º, III) e da solidariedade social (art. 3º, I) – objetivos da República – impõe às partes o dever de perseguir, ao lado de seus interesses individuais, interesses extracontratuais socialmente relevantes, dignos de tutela jurídica, alcançados pelo contrato.[25]

## 3. FUNÇÃO SOCIAL DO CONTRATO E ORDEM PÚBLICA

Mostra-se, de fato, consentânea com a legalidade constitucional, a percepção de que o princípio da função social do contrato impõe aos contratantes o dever de perseguir, ao lado de seus interesses individuais, interesses extracontratuais socialmente relevantes, dignos de tutela jurídica. Deste modo, a função social amplia para as relações patrimoniais entre particulares a noção de ordem pública. A função destina-se à promoção de valores inderrogáveis para cuja promoção se justifica a imposição de preceitos inafastáveis pela vontade das partes. Por isso mesmo, dispõe o parágrafo único do art. 2.035 do Código Civil que "nenhuma convenção prevalecerá se contrariar preceitos de ordem pública, tais como os estabelecidos por este Código para assegurar a função social da propriedade e dos contratos".

---

24 Com efeito, é o princípio da boa-fé objetiva, não já a função social do contrato, o fundamento para a proteção do crédito em face de terceiros: "(...) o princípio da boa-fé objetiva, informado pela solidariedade constitucional, por não se limitar ao domínio do contrato, alcança todos os titulares de situações jurídicas subjetivas patrimoniais, vinculando-os ao respeito de posições contratuais, suas ou de terceiros. Por isso mesmo, fundamenta-se na boa-fé objetiva a proteção do crédito em face de terceiros, não já no princípio da função social" (TEPEDINO, Gustavo. *Novos princípios contratuais e a teoria da confiança: a exegese da cláusula to the best knowledge of the sellers.* In: *Temas de Direito Civil,* cit., p. 251).

25 "Tais interesses dizem respeito, dentre outros, aos consumidores, à livre concorrência, ao meio-ambiente, às relações de trabalho" (TEPEDINO, Gustavo. *Crise de fontes normativas e técnica legislativa na parte geral do Código Civil de 2002.* In: *Temas de direito civil.* t. 2, Rio de Janeiro: Renovar, 2006, p. 20).

Na perspectiva funcional assim delineada e acolhida pelo Código Civil, de acordo com a função que a situação jurídica desempenha, serão definidos os poderes atribuídos ao titular do direito subjetivo e das situações jurídicas subjetivas. De outra parte, os interesses patrimoniais dos titulares da atividade econômica só merecerão tutela na medida em que interesses socialmente relevantes, posto que alheios à esfera individual, venham a ser igualmente tutelados. A proteção dos interesses privados justifica-se não apenas como expressão da liberdade individual, mas em virtude da função que desempenha para a promoção de posições jurídicas externas, integrantes da ordem pública contratual. Vincula-se, assim, a proteção dos interesses privados ao atendimento de interesses sociais, a serem promovidos no âmbito da atividade econômica (socialização dos direitos subjetivos).

Nesta esteira, o princípio da função social dos contratos enseja a mitigação da relatividade dos contratos, ou a relativização da relatividade,[26] por meio da imposição de deveres aos contratantes, não devendo ser entendido como mera ferramenta para ampliação das garantias contratuais na hipótese de lesão contratual provocada por terceiro cúmplice – o que seria contraditório com a finalidade do instituto.

Tal visão costuma gerar reações de duas espécies. A primeira é que esta perspectiva funcional seria contrária à liberdade individual. O sentido técnico de função, contudo, decorre da tábua axiológica constitucional, que associa visceralmente as relações patrimoniais a valores existenciais. Significa dizer que, longe de teorias comunitárias de matrizes autoritárias, que subordinaram, ao longo da história, as liberdades individuais a interesses supraindividuais ou estatais, a função social, no ordenamento jurídico brasileiro, impõe ao exercício das relações patrimoniais deveres indispensáveis à promoção da pessoa humana. Igualdade, solidariedade e justiça distributiva, portanto, são princípios constitucionais que enaltecem a liberdade – de todos – e visam à redução das desigualdades regionais e sociais, à sustentabilidade e à dignidade humana. A invocação da função social, portanto, não comprime a liberdade, reduzindo-a quantitativamente, mas serve-lhe de contorno qualitativo à luz dos valores constitucionais.

26 Cfr., para ampla análise do tema: KONDER, Carlos Nelson de Paula. A 'relativização da relatividade': aspectos da mitigação da fronteira entre partes e terceiros nos contratos. In: *Scientia Iuris*, Londrina, vol. 23, nº 1, mar. 2019, pp. 81-100.

A segunda reação à funcionalização das situações jurídicas subjetivas pretende preservar a autonomia privada como uma garantia pré-legislativa, apenas reconhecida pelo constituinte, como tradução das liberdades individuais. Assim, os limites à liberdade de contratar jamais poderiam ser essenciais ou internos ao negócio, mas, ao contrário, seriam sempre externos, contrapondo à liberdade os interesses de ordem pública. Nesta ótica individualista, uma vez respeitados os limites externos pontuais fixados pelo Estado-legislador, a atividade contratual poderia desenvolver-se livre de qualquer restrição ou condicionamento. Ou seja, uma vez considerado válido o ato jurídico – porque não colidente com as normas imperativas de intervenção –, os contratantes disporiam de uma espécie de salvo-conduto, que lhes daria a prerrogativa de exercer a liberdade contratual em termos qualitativamente absolutos, embora quantitativamente delimitados.

Tais objeções, contudo, referem-se a conceito de função inteiramente defasado do sistema constitucional brasileiro. O recurso à função social deve revelar o mecanismo dinâmico de vinculação das estruturas do direito, em especial dos fatos jurídicos, dos centros de interesse privado e das relações jurídicas, aos valores da sociedade consagrados pelo ordenamento, a partir de seu vértice hierárquico, o Texto Constitucional. Por isso, a função consiste em elemento interno e razão justificativa da autonomia privada. Não para subjugar a iniciativa privada a entidades ou elementos institucionais supraindividuais, mas para instrumentalizar as estruturas jurídicas aos valores do ordenamento, permitindo o controle dinâmico e concreto da atividade privada. Torna-se fundamental, nessa direção, a releitura dos conceitos e categorias do direito civil a partir dos preceitos constitucionais, pois "as normas constitucionais afiguram-se parte integrante da dogmática do direito civil, remodelando e revitalizando seus institutos, em torno de sua força reunificadora do sistema".[27]

Se assim é, nos termos do art. 421 do Código Civil, toda situação jurídica patrimonial, integrada a uma relação contratual, deve ser considerada originariamente justificada e estruturada em razão de sua função social. Como ocorrido em relação à propriedade, opera-se uma transformação qualitativa do contrato, que passa a consubstanciar instrumen-

27 TEPEDINO, Gustavo. Direito Civil e Ordem Pública na Legalidade Constitucional. In: ANTONIAZZI, Nelcir (org.), *República, Poder e Cidadania: Anais da XIX Conferência Nacional dos Advogados*, VOL. 2, Brasília: OAB, Conselho Federal, 2006, p. 1139.

to para a concretização das finalidades constitucionais.[28] Desta feita, a função social - elemento interno do contrato - impõe aos contratantes a obrigação de perseguir, ao lado de seus interesses privados, interesses extracontratuais socialmente relevantes, assim considerados pelo legislador constitucional.

Busca-se, nesta direção, tutelar com o contrato não apenas os interesses dos contratantes mas, também, o interesse da coletividade.[29] Como sublinhado em doutrina, "em um sistema inspirado na solidariedade política, econômica e social e ao pleno desenvolvimento da pessoa, o conteúdo da função social assume um papel de tipo promocional, no sentido de que a disciplina das formas de propriedade e as suas interpretações deveriam ser atuadas para garantir e para promover os valores sobre os quais se funda o ordenamento".[30] Ilustrativamente, no caso das relações de consumo, a função intrínseca à destinação dos bens a seu destinatário final, o consumidor, que se encontra em posição de vulnerabilidade, define a disciplina jurídica a ser aplicada, diferentemente da normativa aplicável às relações paritárias.

A partir da análise funcional do contrato e dos direitos subjetivos, a grande dicotomia do direito privado deixa de ser baseada na estrutura dos direitos subjetivos - como ocorre na distinção entre direitos reais e obrigacionais - dando lugar à distinção funcional entre as relações patrimoniais e existenciais.[31] Tais relações são dicotômicas porque desempenham funções díspares, promovendo valores distintos, de maneira a atrair, por conseguinte, disciplinas diferenciadas.

---

28 TEPEDINO, Gustavo; *et alii, Código civil interpretado conforme a Constituição da República,* vol. 2, Rio de Janeiro: Renovar, 2006, p. 10.

29 "No ordenamento moderno, o interesse é tutelado se, e enquanto for conforme não apenas ao interesse do titular, mas também àquele da coletividade" (PERLINGIERI, Pietro, *Perfis do Direito Civil: Introdução ao Direito Civil-Constitucional,* cit., p. 121).

30 PERLINGIERI, Pietro. *Perfis do Direito Civil: Introdução ao Direito Civil-Constitucional,* cit., p. 226.

31 "De um ponto de vista objetivo, a situação é um interesse que, essencial à sua existência, constitui o seu núcleo vital e característico. Interesse que pode ser ora patrimonial, ora de natureza pessoal e existencial, ora um e outro juntos (...). No ordenamento dito privatístico encontram espaço sejam as situações patrimoniais e entre essas a propriedade, o crédito, a empresa, a iniciativa econômica privada; sejam aquelas não patrimoniais (os chamados direitos da personalidade) às quais cabe, na hierarquia das situações subjetivas e dos valores, um papel primário" (PERLINGIERI, Pietro. *Perfis do Direito Civil: Introdução ao Direito Civil-Constitucional,* cit., p. 106).

Constata-se, então, que a função social, em sua "dimensão metaindividual", longe de oprimir a liberdade individual, se torna pressuposto do seu exercício em respeito à igualdade, "já que os contratantes não conseguem existir apartados da sociedade em que se inserem, nem pode o contrato assumir significado normativo descolado do contexto comunitário que lhe dá origem e ao qual se destina".[32] Além disso, a autonomia privada não pode mais ser concebida como direito subjetivo absoluto, o qual sofreria restrições pontuais por meio de normas de ordem pública. Ao revés, o princípio da autonomia privada deve ser revisitado e lido à luz dos valores constitucionais, não sendo possível admitir espécies de zonas francas de atuação da autonomia privada, imunes ao controle axiológico ditado pela Constituição da República.

## 4. NOTAS SOBRE O ART. 421 DO CÓDIGO CIVIL: PROJEÇÕES DA FUNÇÃO SOCIAL ENTRE LIBERDADE E SOLIDARIEDADE

A redação original do art. 421 do Código Civil de 2002 previa que "a liberdade de contratar será exercida *em razão* e nos limites da função social do contrato". O texto sofreu, todavia, severas críticas, a denotar, segundo os defensores das transformações posteriores, suposta preocupação quanto à contaminação dos fundamentos da liberdade de contratar. Pode-se dizer, contudo, que a chamada Lei de Liberdade Econômica (Lei nº. 13.874/2019), não ofereceu contribuição consistente para a pretendida objetivação da noção de função social dos contratos. Na nova redação do *caput* do art. 421, lê-se: "*A liberdade contratual será exercida nos limites da função social do contrato*". Inseriu-se, ainda, parágrafo único, segundo o qual: "*Nas relações contratuais privadas, prevalecerão o princípio da intervenção mínima e a excepcionalidade da revisão contratual*". O intuito do legislador parece ter sido preservar o contrato imune à valoração subjetiva pela magistratura, relançando a autonomia privada. Todavia, como já se pôde observar, a função social do contrato tem fundamento na Constituição da República e a nova redação evidentemente não possui o condão de afastar o controle de utilidade social das relações patrimoniais, incidente sobre o conteúdo do contrato.[33]

32 KONDER, Carlos Nelson. *Função social na conservação de efeitos do contrato*, São Paulo: Editora Foco, 2024, p. 182.

33 Nessa mesma direção, KONDER, Carlos Nelson de Paula; COBBET, Lucas Goldfarb. A Função Social do Contrato após a Lei de Liberdade Econômica, pp. 18-19. In:

A alteração promovida pela referida Lei, nessa direção, parece ignorar o deslocamento assistido pelo Direito Civil de seus princípios fundantes para a Constituição, em contexto de profunda transformação social, em que a autonomia privada, embora altamente prestigiada pelo sistema, passa a ser remodelada por valores não patrimoniais, de cunho existencial, inseridos na noção de ordem pública. Como realçado, propriedade, empresa, família, relações contratuais tornam-se institutos funcionalizados à realização da dignidade da pessoa humana, fundamento da República, para a construção de uma sociedade livre, justa e solidária, objetivo central da Constituição brasileira de 1988.[34]

A proteção das vulnerabilidades deflagrou intervenção específica destinada à redução das desigualdades, seja nas relações de consumo e nos contratos de massa, seja no exercício do direito de propriedade e do controle das empresas, seja no seio das entidades familiares e de todas as relações contratuais. Informado pelos princípios da solidariedade social e igualdade substancial, o direito civil preocupa-se com a pessoa humana, e não mais com o sujeito de direito abstrato, anônimo e titular de patrimônio. A pessoa humana, portanto, qualificada na concreta relação jurídica em que se insere, de acordo com o valor social da atividade desenvolvida e protegida pelo ordenamento segundo o grau de vulnerabilidade que apresenta, torna-se a categoria central do direito privado.[35]

---

*Revista Brasileira de Direito Contratual.* Porto Alegre: LexMagister, vol. 1, out/dez 2019, pp. 5-22.

---

34 TEPEDINO, Gustavo; OLIVA, Milena Donato, Personalidade e capacidade na legalidade constitucional. In: MENEZES, Joyceane Bezerra de (org.), *Direito das pessoas com deficiência psíquica e intelectual nas relações privadas – Convenção sobre os direitos da pessoa com deficiência e Lei Brasileira de Inclusão*, Rio de Janeiro: Processo, 2016, pp. 227-247.

35 Na preciosa lição do Professor Stefano Rodotà, trata-se de promover a compatibilidade entre o sujeito abstrato e o reconhecimento das diferenças, sempre funcionalizados à tutela da dignidade humana, vale dizer, "*il soggetto non si presenta più come compotto, unificante, risolto. È, più che problema, enigma. Si fa nomade. Esprime uma realtà frantumata e mobile. Non è approdo, ma processo*" (RODOTÀ, Stefano. Dal soggetto alia persona. In: *Il citrino di avere diritti*, Roma: Laterza, 2012, p. 147). Tradução livre: "o sujeito não se apresenta mais como um compacto, unificante, explicado. É, mais que problema, enigma. Faz-se nômade. Exprime uma realidade fragmentada e móvel. Não é chegada, mas processo." E, nessa mesma direção, já se afirmou em outra sede acerca da necessidade de compatibilização entre as duas construções (sujeito e pessoa): "o primado da dignidade humana comporta o reconhecimento da pessoa a partir dos dados da realidade, realçando-lhe

Da mesma forma, a autonomia privada, informada pelo valor social da livre iniciativa encontra limites não somente negativos (art. 170, parágrafo único, C.R.), como positivos, vinculando o seu titular à promoção de valores, fundamentos e objetivos fundamentais da República.[36] Em consequência, no exercício da autonomia privada, de acordo com a função que a situação jurídica subjetiva desempenha, serão definidos os poderes atribuídos ao seu titular e tuteladas as pretensões individuais dos titulares da atividade econômica que promovam, concomitantemente, interesses socialmente relevantes (socialização das situações jurídicas subjetivas).[37]

Por isso mesmo, em que pese a alteração realizada pelo legislador ordinário, a função social permanece consistindo em elemento interno da liberdade contratual. A legitimidade de tal perspectiva funcional depende, assim, fundamentalmente, da aplicação direta dos princípios constitucionais às relações privadas, como núcleo normativo hierarquicamente superior e prevalente na unificação do sistema.[38] Evita-se, as-

---

as diferenças, sempre que tal processo se revelar necessário à sua tutela integral. A abstração do sujeito, de outra parte, assume grande relevância nas hipóteses em que a revelação do dado concreto possa gerar restrição à própria dignidade, ferindo a liberdade e a igualdade da pessoa." (TEPEDINO, Gustavo. O papel atual da doutrina do direito civil entre o sujeito e a pessoa, p. 18. In: TEPEDINO, Gustavo; TEIXEIRA, Ana Carolina Brochado; ALMEIDA, Vitor. (coords.). *O Direito Civil entre o sujeito e a pessoa*: estudos em homenagem ao professor Stefano Rodotà, Belo Horizonte: Fórum, 2016, pp. 17-35).

---

36 "Significa dizer que a livre iniciativa, além dos limites fixados por lei, para reprimir atuação ilícita, deve perseguir a justiça social, com a diminuição das desigualdades sociais e regionais e com a promoção da dignidade humana. A autonomia privada adquire assim conteúdo positivo, impondo deveres à autorregulamentação dos interesses individuais, de tal modo a vincular, já em sua definição conceitual, liberdade à responsabilidade" (TEPEDINO, Gustavo. Esboço de uma classificação funcional dos atos jurídicos, p. 10. In: *Revista Brasileira de Direito Civil*, vol. I, 2014, pp. 8-37).

37 PERLINGIERI, Pietro. *Perfis de Direito Civil:* Introdução ao Direito Civil Constitucional, cit., pp. 106-107.

38 "A norma constitucional torna-se a razão primária e justificadora (e, todavia, não a única, se for individuada uma normativa ordinária aplicável ao caso) da relevância jurídica de tais relações, constituindo parte integrante da normativa na qual elas, de um ponto de vista funcional, se concretizam. Portanto, a normativa constitucional não deve ser considerada sempre e somente como mera regra hermenêutica, mas também como norma de comportamento, idônea a incidir sobre o conteúdo das relações entre situações subjetivas, funcionalizando-as aos novos valores" (PERLINGIERI, Pietro. *Perfis do Direito Civil: Introdução ao Direito Civil Constitucional*, cit., p. 12).

sim, que os princípios constitucionais possam ter a sua força prescritiva desintegrada em favor de regras infraconstitucionais, dotadas de maior densidade normativa (detalhamento regulamentar).[39]

Caracteriza-se, nesse sentido, transformação qualitativa do contrato, o qual, unindo liberdade e solidariedade, passa a consubstanciar instrumento para a concretização da legalidade constitucional.[40] A autonomia privada, embora valiosa e fundamental ao sistema, não poderia ser concebida como princípio absoluto, livre do controle axiológico da Constituição da República, como parece pretender declarar, ingenuamente, a Lei nº. 13.874/2019. Ao revés, há de ser compreendida a partir da associação com outros valores constitucionais, não havendo espaço de subjetividade imune ao raio de incidência do ordenamento jurídico, unitário e complexo. Sob esse prisma, a autonomia privada molda-se a princípios e valores aos quais se subordina.[41]

Por outro lado, o parágrafo único do art. 421 do Código Civil estabelece "o princípio da intervenção mínima" e consigna a excepcionalidade da revisão contratual. A rigor, não se trata de reduzir a intervenção nos contratos, ou declarar a sua natureza excepcional, mas de conter a atuação judicial aos princípios e valores da ordem pública constitucional. Do ponto de vista técnico, não existe na ordem jurídica o chamado princípio

39 Torna-se fundamental, por isso mesmo, a releitura dos conceitos do direito privado (não somente à luz, mas) incorporados aos valores constitucionais, afirmando-se nessa direção que "as normas constitucionais se afiguram parte integrante da dogmática do direito civil, remodelando e revitalizando seus institutos, com notável capacidade de reunificação do sistema" (TEPEDINO, Gustavo. Direito Civil e Ordem Pública na Legalidade Constitucional. In: *Anais da XIX Conferência Nacional dos Advogados*, vol. 2, Brasília; OAB, Conselho Federal, 2006, p. 1.142).

40 TEPEDINO, Gustavo; KONDER, Carlos Nelson; BANDEIRA, Paula Greco. *Fundamentos do Direito Civil*, vol. 3: Contratos, Rio de Janeiro: Forense, 2024, 5ª ed., p. 33.

41 Nessa direção, ressalta Pietro Perlingieri: "Os atos de autonomia têm, portanto, fundamentos diversificados; porém encontram um denominador comum na necessidade de serem dirigidos à realização de interesses e funções que merecem tutela e são socialmente úteis (...) a autonomia privada não é um valor em si e, sobretudo, não representa um princípio subtraído ao controle de sua correspondência e funcionalização ao sistema das normas constitucionais" (PERLINGIERI, Pietro. *Perfis do Direito Civil:* Introdução ao Direito Civil-Constitucional, cit., pp. 18-19 e 277). Na mesma direção, em outra sede, cfr. TEPEDINO, Gustavo; KONDER, Carlos Nelson; BANDEIRA, Paula Greco. *Fundamentos do Direito Civil*, vol. 3: Contratos, Rio de Janeiro: Forense, 2024, 5ª ed., p. 48.

de intervenção mínima.[42] Ao contrário, há um conjunto de pressupostos e requisitos, autorizados pela Constituição da República e incorporados ao Código Civil, para a intervenção judicial. De outra parte, a revisão e a resolução contratual encontram-se previstas nos arts. 317 e 478 do Código Civil, sendo esses os parâmetros norteadores da intervenção judicial nos contratos e que a tornam, só por si, pelo rigor dos requisitos ali previstos, limitada e excepcional.[43] Ou seja, a previsão de excepcionalidade da revisão contratual nada adicionou ao ordenamento, vez que os requisitos exigidos para tanto permanecem os mesmos. Não se trata de impedir posições de vantagem (ou alocações de risco) estabelecidas consensualmente pelas partes, mas de coibir desproporções contingenciais que não merecem tutela do ordenamento.[44]

---

42 TEPEDINO, Gustavo; CAVALCANTI, Laís. *Notas sobre as alterações promovidas pela Lei nº. 13.874/2019 nos artigos 50, 113 e 421 do Código Civil*, cit., pp. 487-514.

43 Ao propósito, alude-se em doutrina que a mudança legislativa, na tentativa de combater, de forma repetida e redundante, o perigo de intervenção estatal de modo discricionário nas relações contratuais acabou produzindo verdadeiro "efeito placebo sobre as inseguranças das intervenções estatais no campo dos contratos". Vale dizer, "afirmar isso sem indicar critérios para identificar quando se está diante da excepcionalidade poder ser inútil, inclusive, porque, reconheça-se, um dos poucos estudos quantitativos existentes já indica que, na prática, a revisão dos contratos é excepcional. Com efeito, limitar-se a prever a excepcionalidade da intervenção cria para os contratantes uma loteria às avessas: enquanto alguns podem ser sorteados para serem vítimas da exceção arbitrária, outros, que talvez merecessem a intervenção dependendo dos critérios adotados, cairiam na regra geral." (KONDER, Carlos Nelson de Paula; COBBET, Lucas Goldfarb. A Função Social do Contrato após a Lei de Liberdade Econômica, pp. 18-19. In: *Revista Brasileira de Direito Contratual*, cit., pp. 5-22). Também em crítica às alterações promovidas pelo legislador no art. 421 do Código Civil: SOUZA, Eduardo Nunes de. De volta à causa contratual: aplicações da função negocial nas invalidades e nas vicissitudes supervenientes do contrato, p. 44. *Revista Eletrônica de Direito Civil*, vol. 2, 2019, pp. 1-53.

44 A análise dos critérios de revisão contratual à luz dos fundamentos constitucionais tem sido ressaltada em doutrina: "A correspectividade ou comutatividade consiste no liame funcional entre as obrigações reciprocamente assumidas pelos contratantes. Trata-se do sinalagma que, por indicar o escopo funcional, revela o equilíbrio pretendido entre as prestações. Percebe-se, assim, a relevância do princípio do equilíbrio das prestações para a garantia da comutatividade, que se associa à função contratual e cuja preservação, por isso mesmo, torna-se imperativo da boa-fé objetiva. (...)." (TEPEDINO, Gustavo. Hermenêutica contratual no equilíbrio econômico dos contratos, pp. 461-462. In: *Soluções Práticas de Direito:* relações obrigacionais e contratos, vol. II, São Paulo: Editora Revista dos Tribunais, 2012, pp. 451-472).

## 5. A FUNÇÃO SOCIAL DO CONTRATO NA JURISPRUDÊNCIA DO SUPERIOR TRIBUNAL DE JUSTIÇA

A função social do contrato tem ganhado notoriedade nos últimos anos, desde a promulgação do Código Civil de 2002 e, notadamente, após a alteração promovida em seu art. 421 pela Lei n. 13.874/2019. Visando a melhor entender, em termos práticos, de que forma o princípio se liga ao processo de redefinição da autonomia privada, com base no itinerário por ele percorrido na atividade interpretativa, vale trazer à luz alguns de seus principais registros no Superior Tribunal de Justiça. Embora tradicionalmente reduzido a uma função meramente informadora, cuja aplicação era quase sempre subsidiária, condicionada à existência de lacunas, ao princípio reconhece-se hoje força normativa, a demandar procedimento próprio para a solução das contendas que se colocam diuturnamente ao intérprete.

Em que pese todos os avanços na tarefa de identificar o conteúdo da função social do contrato, colhem-se, ainda, grandes desafios em sua aplicação fática.[45] Não é raro identificar decisões que ainda mencionam o princípio como mero reforço argumentativo, ao lado de outros princípios contratuais, muitas vezes com sua citação vazia e sem aprofundamento dogmático, ou simplesmente absorvido por outros institutos jurídicos, que já possuem regulamentação própria, a ignorar sua eficácia jurídica autônoma. Além disso, há ainda pontuais julgados que concebem a função social do contrato como reforço da proteção do contratante em face de terceiros, revestindo-se no fundamento de tutela na lesão contratual provocada por terceiro cúmplice.[46] Como visto, a solução desvirtua a perspectiva funcional do contrato, transformando o princípio em – mais um – instrumento de constituição de direitos para os contratantes.

Há, por outro lado, julgados que caminham bem no sentido de definir premissas basilares que podem auxiliar na definição de seu conteú-

45 De acordo com "ainda se está longe de esgotar o assunto da função social do contrato, a qual permanece sem consenso doutrinário e no Superior Tribunal de Justiça, todavia, pretende-se, com esse artigo, facilitar o estudo do princípio e a interação entre as teorias." (BELLOIR, Arnaud Marie Pie; POSSIGNOLO, André Trapani Costa, Ensaio de classificação das teorias sobre a função social do contrato. *Revista Brasileira de Direito Civil – RBDCivil*, vol. 11, jan.-mar. 2017, pp. 37-56).

46 Nesse sentido: STJ, 3ª T., REsp 2023942/SP, julg. 25.10.2022, publ. DJe 28.10.2022; e STJ, 2ª T., REsp 468062/CE, julg. 11.11.2008, publ. DJe 01.12.2008.

do vivo, como elemento interno de cada tipo contratual. Ao propósito, podem-se observar decisões que aplicam o princípio no sentido de que o interesse na execução do contrato não se restringe às partes que o celebraram, existindo também um interesse social no cumprimento do pactuado. Embora nascido da autonomia privada das partes no arranjo concreto de interesses, o contrato pode vir a adquirir feição mais ampla, a consagrar interesses extrapatrimoniais merecedores de proteção na linha dos – ou até contra os – interesses particulares dos contratantes. É dizer: o contrato traduz-se em instrumento para a realização de uma finalidade maior, protegida pelo ordenamento.[47]

Assim entendeu a 3ª Turma do STJ, no REsp 1476395/RS, ao examinar a lógica dos contratos celebrados no âmbito do Sistema Financeiro Habitacional (SFH),[48] levando em conta que tais contratos priorizam interesses socialmente relevantes, com "a construção de conjuntos habitacionais destinados à população de baixa renda, buscando a eliminação de favelas, mocambos e outras aglomerações em condições sub-humanas de habitação". No caso, observando a existência de um sistema de amortização do saldo devedor claramente deficiente, que gerava dívidas colossais, maiores que o próprio valor dos bens adquiridos, determinou-se que os pagamentos fossem recalculados durante todo o contrato, garantindo-se a amortização do saldo devedor paralelamente ao pagamento dos juros, de modo a resultar na solvência do saldo devedor no prazo contratualmente estabelecido ou, ao menos, em sua sensível redução.

---

47 KONDER, Carlos Nelson. Para além da principialização da função social do contrato. *Revista Brasileira de Direito Civil*, vol. 13, nº 03, jul.-set. 2017, pp. 39-59.

48 Na ocasião, afirmou-se o seguinte: "Interpretando-se sistematicamente a Lei 4.380/64 e, ainda, tendo em conta o fato de o contrato ter de ver preservada a sua função social, em qualquer das hipóteses a considerarem amortização e juros mediante o pagamento das mensalidades, há de se concluir, como o fizera o acórdão recorrido, no sentido do direito a que, com o pagamento da parcela do financiamento, haja também alguma amortização, evitando-se que, ao final do prazo previsto contratualmente para a amortização, dívidas enormes remanesçam insolúveis. Esse reconhecimento traz solução ao grave problema legalmente criado, revela-se mais compatível com o Sistema Financeiro Habitacional – a amparar as parcelas mais baixas da população –, preserva, ainda, o mínimo existencial, que também se projeta ao direito à habitação, especialmente porque traz cobro à situação de, passadas décadas de financiamento, remanescerem dívidas enormes, cujas prestações são, também, muito elevadas para os padrões do SFH." (STJ, 3ª T., REsp 1476395/RS, Rel. Min. Paulo de Tarso Sanseverino, julg. 14.8.2018, publ. DJe 11.10.2018).

Levando-se em consideração o direito à educação como interesse socialmente relevante, ademais, no Agravo Regimental no Recurso Especial nº 1.272.995/RS,[49] afirmou-se que o contrato de crédito educativo, em razão de sua finalidade social peculiar, merece tratamento diferenciado. Com isso, foi possível reduzir multa contratual por inadimplemento de estudante beneficiada pelo sistema de crédito universitário. Salientou-se que "a função social se apresenta hodiernamente como um dos pilares da teoria contratual. É um princípio determinante e fundamental que, tendo origem na valoração da dignidade humana (art. 1º da CF), deve determinar a ordem econômica e jurídica permitindo uma visão mais humanista dos contratos, que deixou de ser apenas um meio para obtenção de lucro."

Por outro lado, buscando preservar o conteúdo do princípio e evitar sua utilização como subterfúgio às estipulações contratuais, no âmbito do REsp 783.404/GO, a 3ª Turma do STJ decidiu que "a função social infligida ao contrato não pode desconsiderar seu papel primário e natural, que é o econômico".[50] O caso envolvia pedido de resolução de contrato de compra e venda de safra futura, a preço certo, por agricultor que alegava onerosidade excessiva decorrente da infestação nas lavouras pela praga 'ferrugem asiática', o que teria acarretado a baixa na produtividade e inevitáveis perdas, com o consequente desequilíbrio econômico do contrato. Dentre os argumentos aduzidos pelo contratante, destaca-se a menção ao fato de que manter os efeitos normais do contrato representaria afronta à função social desempenhada por aquele contrato.

A Corte observou que, ao contrário, o papel econômico do contrato "não pode ser ignorado, a pretexto de cumprir-se uma atividade beneficente. Ao contrato incumbe uma função social, mas não de assistência social. Por mais que o indivíduo mereça tal assistência, não será no contrato que se encontrará remédio para tal carência. O instituto é econômico e tem fins econômicos a realizar, que não podem ser postos de lado pela lei e muito menos pelo seu aplicador. A função social não se apresenta como objetivo do contrato, mas sim como limite da liberdade dos contratantes em promover a circulação de riquezas".

---

49 STJ, 1ª T., AgRg no REsp nº 1.272.995/RS, Relator Ministro Napoleão Nunes Maia Filho, publ. 15.2.2012.

50 STJ, 3ª T., REsp 783.404/GO, Rel. Min. Nancy Andrighi, julg. 28.6.2007, publ. DJ 13.8.2007.

Com isso, considerou-se que, no ato da contratação, o agricultor é movido pela expectativa de alta produtividade do setor, não sendo incomum, todavia, que seja surpreendido por pragas ou condições climáticas anômalas, circunstâncias previsíveis neste ramo. Assim, tratando-se de contrato cuja finalidade econômica é assegurar lucratividade mínima e reduzir o risco de prejuízo das partes, tendo como contrapeso um estreitamento das margens de lucro, ao assegurar a venda de sua colheita futura, é de se esperar que o produtor inclua nos seus cálculos todos os custos em que poderá incorrer, incluindo aqueles derivados das possíveis condições da lavoura. Dessa forma, não haveria como admitir que, tendo calculado mal tais variáveis, ou, pior, estando arrependida com o preço acordado, a parte pretenda, sob o manto da função social do contrato, pleitear a resolução deste.

A bem da verdade, o que se discutiu no caso foi – não a incidência do princípio da função social do contrato, com eficácia jurídica própria, senão – a ocorrência de onerosidade excessiva, apta a gerar a revisão ou resolução do contrato nos termos legais. A menção genérica pelo contratante ao princípio parece mais se amoldar à compreensão da função social como mera orientação de política legislativa, que somente teria eficácia indireta, quando incorporada a outros institutos. Como se viu, essa interpretação esvaziaria a importância da função social, expressando-a por institutos já positivados.

Outro campo de assídua invocação da função social do contrato no Judiciário revela-se em controvérsias relativas a planos privados de assistência à saúde, em demandas por parte dos consumidores tendo por objeto a cobertura de tratamentos, internações ou fornecimento de medicamentos negados pelas operadoras do plano contratado. O tema se encontra na ordem do dia, associado à análise da possível abusividade contratual, no caso, por exemplo, de restrição à duração de tratamento médico,[51] a suscitar o pronunciamento do Poder Judiciário.

Em processo relativo a pedido de manutenção do plano de saúde da beneficiária enquanto permanecia em tratamento médico, já se decidiu que "a liberdade de contratar deve ser exercida nos limites e em razão da função social dos contratos", levando-se em conta que a situação gira em torno de bens de máxima relevância, ou seja, da saúde e da vida do

51 Sobre o tema, em especial, cfr. o teor do Enunciado nº 302 da súmula do STJ: "É abusiva a cláusula contratual de plano de saúde que limita no tempo a internação hospitalar do segurado."

beneficiário.[52] Na mesma linha, a 3ª Turma entendeu devida a manutenção de custeio, pelo plano de saúde, do tratamento médico-hospitalar de recém-nascido, mesmo ultrapassados os primeiros 30 (trinta) dias depois do parto, com base no princípio da função social do contrato.[53]

Acerca das demandas de manutenção do vínculo obrigacional, com base na necessidade de observância da função social do contrato, salienta-se em doutrina que há certos parâmetros que devem ser levados em consideração pelo magistrado. Alude-se, ao propósito, ao (i) ônus

52 STJ, 3ª T., AgInt no Agravo em Recurso Especial nº 1695498/SP, Rel. Min. Nancy Andrighi, julg. 17.10.2023, publ. DJ 23.10.2023.

53 De acordo com o julgado: "(...) A opção de inscrição do recém-nascido no plano de saúde é para filho do titular, bem como para filho de seu dependente. A lei emprega o termo "consumidor", possibilitando a inscrição não só do neonato filho do titular, mas também de seu neto no plano de saúde, na condição de dependente e não de agregado. 5. Independentemente de haver inscrição do recém-nascido no plano de saúde do beneficiário-consumidor, da segmentação hospitalar com obstetrícia, possui o neonato proteção assistencial nos primeiros 30 (trinta) dias depois do parto, sendo considerado, nesse período, um usuário por equiparação, ao lado, portanto, de seu genitor titular ou genitor dependente (art. 12, III, "a", da Lei nº 9.656/1998). 6. O esgotamento do prazo de 30 (trinta) dias após o parto não pode provocar a descontinuidade do tratamento médico-hospitalar, devendo haver a extensão do trintídio legal até a alta médica do recém-nascido. 7. O recém-nascido sem inscrição no plano de saúde não pode ficar ao desamparo enquanto perdurar sua terapia, sendo sua situação análoga à do beneficiário sob tratamento médico, cujo plano coletivo foi extinto. Em ambas as hipóteses deve haver o custeio temporário, pela operadora, das despesas assistenciais até a alta médica, em observância aos princípios da boa-fé, da função social do contrato, da segurança jurídica e da dignidade da pessoa humana. 8. Nessas situações, exaurido o prazo legal, o neonato não inscrito, a título de contraprestação, deve ser considerado como se inscrito fosse, mesmo que provisoriamente, o que lhe acarreta não o ressarcimento de despesas conforme os valores de tabela da operadora, mas o recolhimento de quantias correspondentes a mensalidades de sua categoria, a exemplo também do que acontece com os beneficiários sob tratamento assistencial em planos extintos. Manutenção do equilíbrio econômico-financeiro da avença. 9. É ilícita a conduta da operadora de plano de saúde que nega a inscrição do recém-nascido no plano de saúde de titularidade do avô, seja a genitora dependente/beneficiária de plano individual ou coletivo. É abusiva também a atitude da operadora que tenta descontinuar o custeio de internação do neonato após ultrapassado o prazo de 30 (trinta) dias de seu nascimento. 10. Na hipótese, com a inscrição do recém-nascido assegurada como dependente no plano de saúde, deverá arcar com os valores de mensalidades correspondentes à sua faixa etária após o exaurimento do período de 30 (trinta) dias, contado do parto." (STJ, 3ª T., REsp 2049636/SP, Rel. Min. Ricardo Villas Bôas Cueva, julg. 25.4.2023, publ. DJe 28.4.2023).

argumentativo, a justificar a manutenção do vínculo obrigacional, parcial ou integralmente considerado, tendo em conta o alcance dos efeitos do contrato sobre os interesses metaindividuais e a sua essencialidade para a coletividade; e (ii) a temporariedade da conservação dos efeitos, evitando-se o prolongamento das relações obrigacionais para além do período necessário à proteção dos interesses sociais ameaçados.[54] Tais parâmetros servem de guia ao intérprete nessa difícil equação de identificar o *giusto rimedio* à proteção dos interesses concretamente reputados merecedores de tutela.

Em outra ocasião, ainda, quando da análise do REsp 2.019.136, entendeu o Superior Tribunal de Justiça que o fato de o consumidor se encontrar inscrito em cadastro de inadimplentes não justifica, por si só, a recusa da contratação de plano de saúde pela operadora, sob o pretexto de evitar a inadimplência presumida. De acordo o Relator do acórdão, Min. Moura Ribeiro, o princípio da autonomia privada deve ceder, em contratos de consumo de bens essenciais, como água, energia elétrica, saúde e educação, à função social do contrato, levando em conta que há interesses maiores que aqueles individuais das partes, a serem perseguidos pelo programa contratual. Ou seja, "a contratação de serviços essenciais não mais pode ser vista pelo prisma individualista ou de utilidade do contratante, mas pelo sentido ou função social que tem na comunidade, até porque o consumidor tem trato constitucional, não é vassalo, nem sequer um pária". Para o Relator, "não há dúvida de que a autonomia da vontade e a liberdade de contratar seguem merecedoras de relevância, mas é preciso lembrar que sempre estarão limitadas ao atendimento da função social do contrato".[55]

54 KONDER, Carlos Nelson. *Função social na conservação de efeitos do contrato*, São Paulo: Editora Foco, 2024, p. 139-180.

55 STJ, 3ª T., REsp 2.019.136, Rel. p/ acórdão Min. Moura Ribeiro, julg. 7.11.2023, publ. DJe 23.11.2023. E prosseguiu: "No trato das relações e negócios jurídicos contratuais, há algo maior e que se põe acima da vontade e da liberdade das partes. Não pode a parte, ao seu exclusivo talante, agir pensando apenas no que melhor lhe convém, mormente nos casos de contratos de consumo de bens essenciais como água, energia elétrica, saúde, educação etc. Em casos tais sobrepõem-se interesses maiores, visto que não há propriamente um poder de autonomia privada, porque o contratante (em especial o aderente) não é livre para discutir e determinar o conteúdo da regulação contratual. Nem sempre é livre, sequer, para contratar ou não contratar, visto que colocado diante de um único meio de adquirir bens ou serviços essenciais e indispensáveis à vida. Nessas condições, portanto, negar o direito à contratação de serviços essenciais constitui evidente afronta à dignidade da pessoa, além de incompatível com os princípios do Código de Defesa do Consumidor (CDC)."

Ainda no âmbito das relações de consumo, notadamente quanto à concessão de crédito bancário aos consumidores e aos limites de sua cobrança, tem-se feito uso da função social do contrato em sede jurisprudencial.[56] Em situações em que se discutem os limites da cobrança feita pelas instituições financeiras pelos créditos concedidos aos consumidores, não raro invoca-se o princípio visando a limitar os descontos em folha nas hipóteses de empréstimo consignado,[57] como forma de combater ao superendividamento. De fato, trata-se de problema social e econômico que atinge consumidores no mundo inteiro, identificado como interesse socialmente relevante, a ser observado pelos contratantes, ao lado dos deveres contratualmente estabelecidos.[58] Releva-se, entretanto, que os julgados que mencionam o princípio nem sempre o fazem nesse sentido, como forma de proteção de um interesse extracontratual, socialmente relevante, mas o utilizam superficialmente, quando muito em referência à situação particular do consumidor endividado, o que não se coaduna com o papel que lhe é próprio.

Nesse cenário, a função social dos contratos deve ser invocada com base em parâmetros objetivos, para que sua utilização, por ve-

---

56 PAULA, Marcos de Souza. O crédito bancário e a função social do contrato. In: TERRA, Aline de Miranda Valverde; KONDER, Carlos Nelson; GUEDES, Gisela Sampaio. *Princípios contratuais aplicados*: boa-fé objetiva, função social e equilíbrio contratual à luz da jurisprudência, São Paulo: Editora Foco, 2019, pp. 215-230.

57 De acordo com a 3ª Turma do STJ: "Validade da cláusula autorizadora do desconto em folha de pagamento das prestações do contrato de empréstimo, não configurando ofensa ao art. 649 do Código de Processo Civil, 3. Os descontos, todavia, não podem ultrapassar 30% (trinta por cento) da remuneração percebida pelo devedor." (STJ, 3ª T., AgRg no REsp 1206956/RS, Rel. Min. Paulo de Tarso Sanseverino, julg. 18.10.2012, publ. DJe 22.10.2012). Do acórdão, pode-se extrair, ainda: "Entretanto, o princípio da autonomia privada longe está de ser absoluto em nosso sistema jurídico. O próprio Código Civil de 2002, em seu art. 421, estabelece textualmente que 'a liberdade de contratar será exercida em razão e nos limites da função social do contrato'. Portanto, o princípio da autonomia privada não é absoluto, devendo respeito a outros princípios do nosso sistema jurídico (função social do contrato, boa-fé objetiva), inclusive um dos mais importantes, que é o princípio da dignidade da pessoa humana, positivado no art. 1º, III, da Constituição Federal".

58 Cfr., sobre o tema, MARTINS, Humberto. O consumidor no cenário do superendividamento: a importância das novas regras trazidas pela Lei 14.181/2021 como modernização e reforço das já existentes. In: BUZZI, Marco Aurélio; MARQUES, Claudia Lima; CABRAL, Trícia Navarro Xavier; ANDRADE, Juliana Loss de. *Superendividamento dos consumidores*: aspectos materiais e processuais, São Paulo: Editora Foco, 2024, pp. 43-54.

zes de forma atécnica, não acabe por subverter a lógica que lhe é inerente.[59] Há que se afastar de interpretações que, no afã de proteger a todo custo uma das partes contratuais – ainda que a parte vulnerável –, atribuam ao princípio o papel de salvo-conduto para a transgressão do conteúdo do concreto arranjo de interesses. Afinal, à proteção do contratante mais fraco há outros remédios próprios, muitos dos quais restam consagrados nos diplomas próprios, como o Código de Defesa do Consumidor, impondo-se respeitar sua finalidade precípua, qual seja, impor às partes o dever de perseguir, paralelamente aos seus interesses individuais, interesses extracontratuais socialmente relevantes.

## 6. CONCLUSÃO

O debate acerca do conteúdo e papel da função social do contrato no ordenamento jurídico brasileiro se insere no âmbito do processo de funcionalização dos fatos jurídicos, impondo-se ao intérprete qualificar os modelos contratuais a partir da função prático-social pretendida em determinada atividade negocial. A qualificação em concreto das situações jurídicas subjetivas a partir de sua função permite a adequada incidência normativa e amplia o controle social da atividade econômica, cuja utilidade social, de outra parte, há de ser perseguida, em favor dos interesses de seus titulares e, de forma mais ampla, de toda a coletividade. Nesse particular, a autonomia privada e a liberdade contratual – longe de serem suprimidas – recebem especial proteção do ordenamento, impondo aos contratantes, ao lado da perseguição de seus legítimos interesses patrimoniais, o dever de tutelar os interesses extracontratuais socialmente relevantes alcançados pelo negócio jurídico.

Nessa linha, a despeito da progressiva construção interpretativa do conteúdo da função social do contrato, colhem, ainda, grandes desafios para a definição dogmática do papel desempenhado pelo princípio, de modo a evitar que seja relegado a mero arrimo argumentativo, vazio de conteúdo.

59 Nessa direção, salienta-se que: "resta evidente certo caráter assistencialista na atuação do Judiciário, justificado com base em interpretação excessivamente ampla – e em certos casos atécnica – de princípios como a função social do contrato (...)" (TERRA, Aline de Miranda Valverde; ORLEANS, Helen Cristina Leite de Lima. A tutela da autonomia privada e a utilização atécnica dos novos princípios contratuais. *Revista dos Tribunais*, vol. 945, 2014, p. 4).

De acordo com o que já decidiu o Superior Tribunal de Justiça, "o exame da função social do contrato é um convite ao Poder Judiciário, para que ele construa soluções justas, rente à realidade da vida, prestigiando prestações jurisdicionais intermediárias, razoáveis, harmonizadoras e que, sendo encontradas caso a caso, não cheguem a aniquilar nenhum dos outros valores que orientam o ordenamento jurídico, como a autonomia da vontade".[60] Assim, em matéria de função social dos contratos, nas palavras do homenageado, o Min. Humberto Martins, cabe ao magistrado "decidir sobre questões que podem impulsionar, diante da interpretação da lei, fatores de transformações sociais", como se vislumbra da própria vocação da função social do contrato.[61]

Nessa esteira, ainda, pode-se dizer que a Lei de Liberdade Econômica não produziu o pretendido impacto na teoria contratual, sendo certo que o princípio da função social, previsto no Texto Constitucional e no Código Civil, produz alteração qualitativa na dogmática contratual. Por conseguinte, a intervenção legislativa e jurisdicional nos contratos atende a valores e princípios de ordem pública, que permeiam a leitura de todas as normas do ordenamento. Em última análise, a funcionalização da autonomia negocial mostra-se decorrência direta da legalidade constitucional e a função social, por isso mesmo, incide não apenas como limite externo, mas também como limite interno da liberdade contratual, subordinando a liberdade dos contratantes aos princípios da igualdade substancial e da solidariedade social.

Já passou da hora de superar estéril dicotomia, que se tornou ideológica e por isso mesmo pouco produtiva, acerca da contraposição entre, de um lado, a liberdade individual e a livre iniciativa, e, de outro, os interesses sociais tutelados pelo ordenamento e inevitavelmente alcançados, direta ou indiretamente, pelo programa contratual.[62] Em tal perspectiva, há de se promover a compatibilização dos princípios e valores que se mostram igualmente caros ao ordenamento, entre a solidariedade social e a autonomia privada.

---

60 STJ, 3ª T., REsp 972.436/BA, Rel. Min. Nancy Andrighi, julg. 17.3.2009, publ. Dje 12.6.2009.

61 MARTINS, Humberto. A influência do Poder Judiciário como instrumento de transformação social. In: *Justiça & Cidadania,* Rio de Janeiro, v. 9, nº 82, p. 18-20, maio 2007.

62 TEPEDINO, Gustavo. Resenha à obra 'Função social na conservação de efeitos do contrato', de Konder, Carlos Nelson. Indaiatuba: Foco, 2024. *Revista Brasileira de Direito Civil – RBDCivil,* vol. 32, nº 4, out./dez. 2023, pp. 227-229.

## REFERÊNCIAS

BANDEIRA, Paula Greco. *Contratos Incompletos*, São Paulo: Atlas, 2015.

BELLOIR, Arnaud Marie Pie; POSSIGNOLO, André Trapani Costa, Ensaio de classificação das teorias sobre a função social do contrato. *Revista Brasileira de Direito Civil - RBDCivil*, vol. 11, jan.-mar. 2017.

BOBBIO, Norberto. *Da estrutura à função: novos estudos de teoria do direito*, São Paulo: Manole, 2007.

GOMES, Orlando. *Contratos*, Rio de Janeiro: Forense, 2019, 27ª ed.

GUEDES, Gisela Sampaio da Cruz; KONDER, Carlos Nelson de Paula; TERRA, Aline de Miranda Valverde. *Princípios contratuais aplicados*: boa-fé, função social e equilíbrio contratual à luz da jurisprudência, São Paulo: Editora Foco, 2019.

KONDER, Carlos Nelson de Paula. A 'relativização da relatividade': aspectos da mitigação da fronteira entre partes e terceiros nos contratos. In: *Scientia Iuris*, Londrina, vol. 23, n. 1, mar. 2019.

KONDER, Carlos Nelson Konder., Causa do Contrato x Função Social do Contrato: Estudo Comparativo sobre o Controle da Autonomia Negocial., In: *Revista Trimestral de Direito Civil - RTDC*, Rio de Janeiro: Padma, vol. 43, jul/set 2010.

KONDER, Carlos Nelson de Paula; COBBET, Lucas Goldfarb. A Função Social do Contrato após a Lei de Liberdade Econômica, pp. 18-19. In: *Revista Brasileira de Direito Contratual*. Porto Alegre: LexMagister, vol. 1, out/dez 2019.

KONDER, Carlos Nelson. *Função social na conservação de efeitos do contrato*, São Paulo: Editora Foco, 2024.

KONDER, Carlos Nelson, Para além da "principialização" da função social do contrato. In: *Revista Brasileira de Direito Civil*, vol. 13, 2017.

MARTINS, Humberto. O consumidor no cenário do superendividamento: a importância das novas regras trazidas pela Lei nº 14.181/2021 como modernização e reforço das já existentes. In: BUZZI, Marco Aurélio; MARQUES, Claudia Lima; CABRAL, Trícia Navarro Xavier; ANDRADE, Juliana Loss de. *Superendividamento dos consumidores*: aspectos materiais e processuais, São Paulo: Editora Foco, 2024.

NEGREIROS, Teresa. *Teoria do Contrato: Novos Paradigmas*, Rio de Janeiro: Renovar, 2006, 2ª ed.

PAULA, Marcos de Souza. O crédito bancário e a função social do contrato. In: TERRA, Aline de Miranda Valverde; KONDER, Carlos Nelson; GUEDES,

Gisela Sampaio. *Princípios contratuais aplicados*: boa-fé objetiva, função social e equilíbrio contratual à luz da jurisprudência, São Paulo: Editora Foco, 2019.

PERLINGIERI, Pietro. *Manuale de Diritto Civile*, Napoli: Edizioni Scientifiche Italiane, 1997.

PERLINGIERI, Pietro. *Perfis de Direito Civil: Introdução ao Direito Civil Constitucional*, Rio de Janeiro: Renovar, 2002.

PUGLIATTI, Salvatore. Precisazioni in tema di causa del negozio giuridico. Diritto Civile: Metodo – Teoria – Pratica, Milano: Giuffrè, 1951.

RODOTÀ, Stefano. Dal soggetto alia persona. In: *Il diritto di avere diritti*, Roma: Laterza, 2012.

SOUZA, Eduardo Nunes de. De volta à causa contratual: aplicações da função negocial nas invalidades e nas vicissitudes supervenientes do contrato. In: *Revista Eletrônica de Direito Civil*, vol. 2, 2019.

TEODORO JÚNIOR, Humberto Theodoro. *O Contrato e sua Função Social,* Rio de Janeiro: Forense, 2003.

TEPEDINO, Gustavo. *Crise de fontes normativas e técnica legislativa na parte geral do Código Civil de 2002.* In: *Temas de direito civil.* t. 2, Rio de Janeiro: Renovar, 2006.

TEPEDINO, Gustavo. Direito Civil e Ordem Pública na Legalidade Constitucional. In: ANTONIAZZI, Nelcir (org.), *República, Poder e Cidadania: Anais da XIX Conferência Nacional dos Advogados*, VOL. 2, Brasília: OAB, Conselho Federal, 2006.

TEPEDINO, Gustavo. Esboço de uma classificação funcional dos atos jurídicos. In: *Revista Brasileira de Direito Civil*, vol. I, 2014.

TEPEDINO, Gustavo. Hermenêutica contratual no equilíbrio econômico dos contratos, pp. 461-462. In: *Soluções Práticas de Direito:* relações obrigacionais e contratos, vol. II, São Paulo: Editora Revista dos Tribunais, 2012.

TEPEDINO, Gustavo. Livro (eletrônico) e o perfil funcional dos bens jurídicos na experiência brasileira. In: VICENTE, Dário Moreira Vicente; VIEIRA, José Alberto Coelho Vieira; CASIMIRO, Sofia de Vasconcelos Casimiro; SILVA, Ana Maria Pereira da Silva (orgs.)., *Estudos de Direito Intelectual em homenagem ao Prof. Doutor José de Oliveira Ascensão*, Coimbra: Almedina, 2015.

TEPEDINO, Gustavo. Notas sobre a função social dos contratos. In: TEPEDINO, Gustavo. *Temas de Direito Civil*, tomo III, Rio de Janeiro: Renovar, 2009.

TEPEDINO, Gustavo. Novos princípios contratuais e a teoria da confiança: a exegese da cláusula to the best knowledge of the sellers. In: *Temas de Direito Civil*, t. 2, Rio de Janeiro: Renovar, 2006.

TEPEDINO, Gustavo. O ocaso da subsunção. In: *Temas de Direito Civil*, t. III, Rio de Janeiro: Renovar, 2009.

TEPEDINO, Gustavo. O papel atual da doutrina do direito civil entre o sujeito e a pessoa. In: TEPEDINO, Gustavo; TEIXEIRA, Ana Carolina Brochado; ALMEIDA, Vitor. (coords.). *O Direito Civil entre o sujeito e a pessoa*: estudos em homenagem ao professor Stefano Rodotà, Belo Horizonte: Fórum, 2016.

TEPEDINO, Gustavo. Resenha à obra 'Função social na conservação de efeitos do contrato', de Konder, Carlos Nelson. Indaiatuba: Foco, 2024. *Revista Brasileira de Direito Civil - RBDCivil*, vol. 32, n. 4, out./dez. 2023.

TEPEDINO, Gustavo. Texto e contexto na teoria da interpretação. Editorial. In: *Revista Brasileira de Direito Civil* (RBDCivil), vol. 29, n. 3, Belo Horizonte, 2021

TEPEDINO, Gustavo; CAVALCANTI, Laís. Notas sobre as alterações promovidas pela Lei nº. 13.874/2019 nos artigos 50, 113 e 421 do Código Civil. In: SALOMÃO, Luis Felipe; CUEVA, Ricardo Villas Bôas; FRAZÃO, Ana (orgs.), *Lei de Liberdade Econômica e seus Impactos no Direito Brasileiro*, São Paulo: Revista dos Tribunais, 2020.

TEPEDINO, Gustavo; *et alii, Código Civil Interpretado conforme a Constituição da República*, vol. 2, Rio de Janeiro: Renovar, 2006.

TEPEDINO, Gustavo; KONDER, Carlos Nelson; BANDEIRA, Paula Greco. *Fundamentos do Direito Civil*, vol. 3: Contratos, Rio de Janeiro: Forense, 2024, 5ª ed.

TEPEDINO, Gustavo; OLIVA, Milena Donato, Personalidade e capacidade na legalidade constitucional. In: MENEZES, Joyceane Bezerra de (org.), *Direito das pessoas com deficiência psíquica e intelectual nas relações privadas – Convenção sobre os direitos da pessoa com deficiência e Lei Brasileira de Inclusão*, Rio de Janeiro: Processo, 2016.

TEPEDINO, Gustavo Tepedino. Teoria dos bens e situações subjetivas reais: esboço de uma introdução. In: *Temas de direito civil*, t. II, Rio de Janeiro: Renovar, 2006.

TERRA, Aline de Miranda Valverde; GUEDES, Gisela Sampaio da Cruz. Adimplemento substancial e tutela do interesse do credor: análise da decisão proferida no REsp 1.581.505, p. 107. In: *Revista Brasileira de Direito Civil - RBDCivil*, vol. 11, 2017.

TERRA, Aline de Miranda Valverde; ORLEANS, Helen Cristina Leite de Lima. A tutela da autonomia privada e a utilização atécnica dos novos princípios contratuais. *Revista dos Tribunais*, vol. 945, 2014.

# A AUTONOMIA DO PROCESSO COLETIVO E A EFICÁCIA EXPANSIVA DA COISA JULGADA COLETIVA

*Teodoro Silva Santos*[1]

## INTRODUÇÃO

O processo coletivo representa um ramo do direito processual que se destina à proteção de direitos transindividuais, abrangendo interesses difusos, coletivos e individuais homogêneos. Essa espécie de processo surge como uma resposta às demandas sociais por efetivação de direitos que transcendem o âmbito individual

Contudo, a sua história é marcada por uma batalha travada entre aqueles que ampliam a eficácia da tutela coletiva e aqueles que insistem em fazer uma interpretação restritiva dos institutos coletivos, resistindo aos conceitos tradicionais do processo individualista, marcado pela bilateralidade e paridade de armas.

Nos últimos anos, a autonomia do processo coletivo tem ganhado destaque, mas ainda esbarra em forte resistência acadêmica e jurisprudencial. Dentre os temas que têm gerado intenso debate entre os juristas, a eficácia da coisa julgada coletiva é uma questão central no estudo do direito processual coletivo, cujo entendimento e aplicação são fundamentais para a segurança jurídica e a proteção dos direitos transindividuais.

Este ensaio explora a evolução e os principais aspectos da coisa julgada coletiva, discutindo sua natureza, fundamentos, requisitos, limites e impactos na sociedade contemporânea, com o objetivo de investigar em que medida o processo coletivo pode ser considerado como uma disciplina jurídica autônoma, essencial para a efetivação dos direitos coletivos e para a promoção da justiça social.

---

1 Doutor, Mestre e Especialista em Direito Constitucional pela Universidade de Fortaleza (Unifor). Especialista em Processo Penal pela Universidade Federal do Ceará (UFC). Pós-doutor em Ciências Jurídicas Penais na Universidade do Minho (UMinho). Professor da Unifor nas disciplinas de Direito Processual Penal II (Graduação) e Direito Processual Penal III (Pós-Graduação lato sensu). Ministro do Superior Tribunal de Justiça.

## 1. EVOLUÇÃO HISTÓRICA E NORMATIVA DO PROCESSO COLETIVO

O reconhecimento da autonomia do processo coletivo evoluiu ao longo do tempo, impulsionado por desenvolvimentos legislativos e jurisprudenciais que ampliaram sua aplicação e eficácia. Em diversos países, a criação de leis específicas para regular o processo coletivo foi um marco importante, estabelecendo procedimentos adequados e garantias processuais para as partes envolvidas.

A sua autonomia tem evoluído significativamente ao longo das últimas décadas, tanto no Brasil quanto em outros países que adotam sistemas jurídicos similares. No Brasil, por exemplo, a Constituição Federal de 1988 foi um marco importante ao estabelecer a defesa dos consumidores como direito fundamental, impulsionando o desenvolvimento de legislação específica para a proteção de direitos coletivos.

Além disso, normativas internacionais, como as convenções da Organização das Nações Unidas (ONU) e da Organização dos Estados Americanos (OEA), têm reforçado a importância da tutela coletiva como meio essencial para a promoção dos direitos humanos e sociais em níveis globais. Normas internacionais, como as estabelecidas pela Convenção Americana sobre Direitos Humanos e pelo Pacto Internacional sobre Direitos Econômicos, Sociais e Culturais, também têm contribuído para a consolidação da autonomia do processo coletivo, ao reconhecerem a importância da tutela coletiva dos direitos humanos e sociais.

A autonomia do processo coletivo se estabelece ao reconhecer que suas normas e princípios não são meramente uma extensão do processo individual, mas sim uma disciplina própria, com regras específicas que visam atender às particularidades das demandas coletivas. Essa autonomia se reflete na construção de um sistema processual que não apenas permite, mas incentiva a formação de litígios coletivos como meio privilegiado de acesso à justiça em casos de repercussão social ampla.

Com o desenvolvimento da percepção social e seus inevitáveis desdobramentos jurídicos, percebeu-se que a jurisdição exclusivamente individualista já não era capaz de resolver todos os conflitos existentes na era das sociedades massificadas (PINHO; PORTO, 2021). A massificação das relações sociais fez com que o processo civil fosse instado a se adequar à nova realidade de demandas multitudinárias, criando mecanismos ágeis para dar vazão ao volume indeterminado de litigantes.

Essa nova realidade levou "à necessidade de se revisitar a noção clássica da atividade jurisdicional, impulsionando a doutrina e a jurisprudência de todo o mundo a desenhar instrumentos novos, capazes de efetivamente pacificar litígios" (PINHO; PORTO, 2021), repercutindo de modo paradigmático nas ações coletivas, que passaram a possuir elementos estruturais próprios.

O subsistema do processo coletivo tem objetivos próprios (a tutela de direitos coletivos e a tutela coletiva de direitos), que são alcançados à base de instrumentos próprios (ações civis públicas, ações coletivas ordinárias, ações populares, ações de controle concentrado de constitucionalidade, mandados de segurança coletivos etc.), fundados em princípios e regras próprios, o que lhe confere uma identidade bem definida e específico no cenário processual brasileiro (ZAVASCKI, 2017), mesclando elementos de diferentes experiências ao redor do mundo.

Sem isso, as altas taxas de congestionamento que assolam o Poder Judiciário há décadas iam colapsar o sistema, pela falta de recursos humanos correspondente à demanda crescente. Assim, o novo processo civil, notadamente na sua dimensão coletiva, não pode ser mais visto sob o viés particularista, como se só houvesse duas partes em litígio - autor e réu -, sob pena de inviabilizar a própria prestação jurisdicional de forma célere e eficaz.

De fato, "os processos coletivos desafiam a concepção tradicional da jurisdição na medida em que demandam, para que se revelem úteis e efetivos, a revisão dos limites de instituições processuais básicas, em especial da legitimidade e da coisa julgada" (PINHO; PORTO, 2021). É o alto grau de relevância que possuirá para a coletividade que torna essa técnica de solução única de questões coletivas mais ampla e necessária do que aquela envolvida nos litígios subjetivos individuais.

Ainda que digam respeito a diretos individuais (homogêneos), existe uma autorização estratégica do ordenamento jurídico para que haja solução una e econômica para todos nesses casos, visando-se a evitar a existência de várias em vez de um único processo - cuja matéria, afinal, é comum entre todos eles -, prestigiando, a um só tempo, a isonomia e a economia processual.

Para assegurar um resultado isonômico, é preciso que se esteja diante de litígios iguais, de modo a exigir soluções idênticas. Se é necessário que o Estado poupe seus recursos, para que possa distribuí-los de maneira equânime entre todas as causas que é obrigado a decidir, o tratamento uniforme para situações que se encontrem em idênticas condições representa importante instrumento para atingir a essa finalidade. Se, também, as partes têm direito a serem tratadas igualmente quando submetidas às mesmas condições, qualquer outra solução representaria uma anomalia no sistema (ARENHART, 2015), gerando uma injustiça sistêmica.

A autonomia do processo coletivo se fundamenta na necessidade de proporcionar uma tutela efetiva para situações jurídicas que envolvem um número indeterminado de pessoas. Diferentemente do processo individual, o processo coletivo visa à proteção de interesses que ultrapassam a esfera individual, englobando questões de relevância social e econômica. Essa autonomia se reflete na criação de normas e procedimentos específicos que visam garantir a eficácia da tutela coletiva, adaptando-se às particularidades das demandas que envolvem grupos numerosos ou indetermináveis de indivíduos.

Contudo, alguns fatores são identificados como fontes de resistência ao desenvolvimento de formas de tutela de direitos de grupos, dentre elas, o próprio desconhecimento sobre a temática e o pensamento "ainda muito arraigado em um modelo no qual, fundamentalmente, indivíduos isoladamente considerados possuem proteção, quanto aos seus direitos, contra outros indivíduos, de forma que somente eles, assim considerados, estão revestidos do direito de ação, para proteger seus próprios e legítimos interesses" (GONÇALVES FILHO, 2023, p. 116).

Essa mentalidade, produto de uma histórica tradição, insiste em seguir a lógica do processo tradicional (individualista), desconsiderando a complexidade da sociedade atual e os avanços da tutela transindividual.

Se a investigação dos objetivos do processo revela uma sensível diferença entre o período liberal – marcado pelo individualismo e pelo dogma da separação de poderes – e o contexto contemporâneo – marcado pela eficácia dos direitos sociais –, essa revisão funcional tem de impor adaptações estruturais capazes de albergá-la. "A expectativa de um trabalho reflexivo mais detalhado por parte do magistrado pressuporia que lhe fossem dadas condições materiais de desempenhá-lo, mas não se pode desconsiderar as limitações estruturais e orçamentárias do Judiciário" (ARENHART; OSNA, 2022).

A autonomia do processo coletivo representa um avanço significativo no campo do direito processual, consolidando-se como uma disciplina autônoma e essencial para a tutela dos direitos transindividuais na contemporaneidade. Fundamenta-se, assim, na ideia de solidariedade social e na necessidade de proteção efetiva contra lesões de massa, que não poderiam ser adequadamente reparadas por meio de litígios individuais.

## 2. PRINCÍPIOS E CARACTERÍSTICAS DO PROCESSO COLETIVO

Dentre as principais funções desempenhadas pela tutela coletiva de direitos individuais para a estrutura jurisdicional como um todo – e, consequentemente, para as condições de prestação do serviço de justiça –, está a:

> de *racionalizar a distribuição da prestação jurisdicional*: (i) evitando a necessidade de manifestações judiciárias idênticas em casos dispersos; (ii) evitando o gasto de recursos judiciários para tratar de questões já resolvidas; (iii) otimizando o tempo da prestação de serviços públicos; e (iv) reduzindo o excesso de demandas a serem examinadas pelo Poder Judiciário (ARENHART; OSNA, 2022).

Para além das normas fundamentais que orientam a conduta dos sujeitos processuais nela envolvidos, surgem diversos princípios que, de forma mais concreta e objetiva, fundamentam a criação e o aperfeiçoamento da sistemática da tutela coletiva. Tal conjunto representa o devido processo legal coletivo, voltado à redução da burocracia estatal e ao incremento da efetividade processual (PINHO; PORTO, 2021).

Entre os princípios que regem o processo coletivo, destacam-se a instrumentalidade das formas, que busca simplificar e desburocratizar o acesso à justiça; a economia processual, que visa a evitar a multiplicidade de ações sobre o mesmo objeto; e a isonomia, que guia a atuação do Estado em assegurar o tratamento uniforme na proteção de direitos fundamentais. Ademais, características como a ampliação do contraditório, a litispendência coletiva e a ampla divulgação dos resultados dos processos coletivos contribuem para assegurar a transparência e a efetividade das decisões judiciais produzidas nessa esfera.

O aumento da participação de sujeitos no processo dialoga com o viés democrático do processo multidimensional. E, quanto maior o aspecto coletivo da tutela, a gerar efeitos para além de uma relação jurídica pontual, maior deve ser o cuidado de se assegurar o debate que legitima o processo, prestigiando-se o elemento de universalidade da jurisdição, sem reduzir o contraditório efetivo à mera participação no processo (PINHO; PORTO, 2021).

Em decorrência da primazia dada à proteção dos direitos coletivos em sentido amplo e da economia processual macroscópica, aponta-se a existência de um *standard* referente aos efeitos da solução judicial: o princípio do máximo benefício. "A ideia é que a resposta jurisdicional dada no processo coletivo produza o máximo de resultados favoráveis à coletividade, nos direitos transindividuais, ou aos indivíduos lesados, na hipótese dos direitos individuais homogêneos" (PINHO; PORTO, 2021).

> Concretamente, o microssistema traz mecanismos para esclarecer essa norma fundamental. Nessa linha, destacam-se a relação entre as ações coletivas e as individuais, permitindo a conversão da demanda em liquidação da sentença coletiva sobrevinda, e a extensão da coisa julgada coletiva para o plano individual (extensão *in utilibus*). Justamente por isso, há autores que mencionam a existência de um princípio do transporte (ou do regime jurídico) *in utilibus* das ações coletivas (PINHO; PORTO, 2021).

Em geral, tem-se que o microssistema prevê a formação de coisa julgada coletiva em favor dos indivíduos interessados quando a decisão coletiva os beneficiar, mas não quando os prejudicar. "A rigor, uma vez que estão adequadamente representados pelo legitimado coletivo, os indivíduos, nos moldes tradicionais, se submeteriam a qualquer que fosse a resposta jurisdicional, tanto em seu favor como em seu desfavor (coisa julgada *pro et contra*)" (PINHO; PORTO, 2021).

Contudo, fruto de acertada opção legislativa, assim não é. Para alguns, existe autêntica formação de coisa julgada *secundum eventum litis* (de acordo com o resultado do processo); outros preferem considerar que não é a coisa julgada formada *in utilibus*, mas apenas a extensão do resultado do litígio. De todo modo, o resultado prático equivalente, benéfico aos membros da coletividade, é idêntico, de sorte que todos poderão liquidar e executar o título formado, apesar da discussão terminológica (PINHO; PORTO, 2021).

A partir das premissas do mestre italiano Michele Taruffo, o processo é visto, necessariamente, sob o prisma constitucional. Pela teoria da constituição, a jurisdição tem como objeto primário a garantia de aplicação dos princípios constitucionais àquele processo. A lei deixa de ser o centro de gravidade do conceito de jurisdição. A partir dessa mudança gravitacional, surge a expressão do *juiz garantista* – muito usada no processo penal (SANTOS, 2022) –, como sendo aquele que está preocupado em aplicar os direitos e garantias fundamentais (LEAL, 2008, p. 37).

Ao cabo, isso representa um problema de efetivação constitucional (TARUFFO, 2001), já que, nada obstante o sistema da Constituição garanta o direito de ação para todas as pessoas, naqueles ordenamentos em que o acesso à justiça coletiva é negado, referida garantia fundamental é meramente formal, havendo uma considerável distinção entre o acesso à justiça formalmente estabelecido a todos e a efetiva possibilidade de que cada pessoa esteja apta a perseguir a tutela individual para a proteção de seus diretos (GONÇALVES FILHO, 2023, p. 116).

Não se pode falar em jurisdição contemporânea, no direito processual brasileiro, sem fazer referência à obra de Luiz Guilherme Marinoni, para quem o processo civil constitucionalizado leva à necessária revisão dos conceitos tradicionais de jurisdição (MARINONI, 2005, p. 13-66). Considera-se haver um terceiro modelo de processo, o cooperativo, em que todos os sujeitos processuais formam uma comunidade colaborativa, em pé de igualdade, buscando a melhor decisão de mérito possível (PINHO; PORTO, 2021), não sendo lícito sobrepor interesses individuais – ainda que sejam do Estado – a toda à coletividade.

Apesar dos avanços destacando a importância dessa disciplina no contexto jurídico atual, a autonomia do processo coletivo ainda enfrenta desafios significativos, carecendo de desenvolvimentos jurídicos. Dentre eles, destacam-se a necessidade de harmonização entre normas processuais e substanciais, a questão da efetividade das decisões coletivas e a garantia de acesso à justiça para grupos sociais vulneráveis.

Perspectivas futuras incluem o aprimoramento das técnicas de litígio coletivo, o desenvolvimento de mecanismos alternativos de resolução de conflitos para litígios de massa, o fortalecimento da jurisprudência que reconhece a autonomia do processo coletivo, a expansão do reconhecimento internacional da tutela coletiva como ferramenta fundamental para a proteção de direitos fundamentais e a ampliação do acesso à justiça para grupos sociais vulneráveis, assegurando-se que todos tenham a oportunidade de fazer valer seus direitos e que os direitos transindividuais sejam adequadamente protegidos sem comprometer os interesses individuais dos membros dos grupos envolvidos.

## 3. NATUREZA, FUNDAMENTOS E REQUISITOS DA COISA JULGADA COLETIVA

Em que pesem os argumentos em contrário, os "direitos individuais homogêneos" não constituem uma nova categoria de direitos subjetivos (ou materiais), mas sim uma forma processualmente adequada de tratar direitos individuais de massa. Em outras palavras, os direitos individuais chamados "homogêneos" são assim classificados por estarem agregados "para tratamento coletivo; sob o prisma do direito material, permanecem com sua natureza própria e individual, alterando-se apenas o percurso procedimental para sua tutela" (ARENHART; OSNA, 2022).

Se o que caracteriza os interesses individuais homogêneos é a particular forma de proteção processual outorgada a uma gama de direitos, logo o cerne da definição está no campo do processo (ARENHART; OSNA, 2022). Autores como Rodolfo Mancuso (2008, p. 63) e Sérgio Shimura (2004, p. 49) ainda conceituam processo coletivo por meio de seus elementos essenciais, elegendo um critério finalístico, para além da legitimidade extraordinária do autor coletivo, já que o crucial seria a finalidade de tutelar interesses metaindividuais, alcançando a faixa do universo coletivo.

Para a definição dos direitos de massa, a preocupação deve estar centrada na identidade da tutela jurisdicional oferecida, e não na relevância social do interesse protegido. Inverte-se, assim, o raciocínio, partindo da homogeneidade da proteção para identificar as situações que poderiam inserir-se nesse feixe de "demandas individuais", mas que, pela quantidade de sujeitos envolvidos, demandam uma solução unificada. Ou seja, a identificação dos direitos individuais homogêneos é obtida a partir da verificação das situações que poderiam valer-se de uma decisão judicial idêntica (ARENHART; OSNA, 2022).

Por isso, o seu elemento diferenciador consiste na peculiar feição da coisa julgada alcançada no sistema coletivo, em que a imutabilidade do comando da sentença atinge toda a coletividade ou um grupo, categoria ou classe em especial, indo além da mera eficácia subjetiva *inter partes*, que seria insuficiente para a tutela dos interesses em questão. A faceta coletiva dessa tutela não decorre tanto da natureza coletiva do direito material discutido quanto do alcance transindividual da decisão coletiva, a atingir todos os que se encontram na mesma situação jurídica (PINHO; PORTO, 2021).

Com efeito, a coisa julgada coletiva decorre da decisão judicial proferida em ações coletivas, que visa à proteção de direitos difusos, coletivos ou individuais homogêneos. Diferentemente da individual, que se limita aos direitos das partes litigantes, a coisa julgada coletiva estende seus efeitos a todos os membros do grupo ou categoria que foi objeto da demanda, é dizer, substituído pelo legitimado coletivo.

Essa qualidade atribuída à decisão judicial vincula todos os membros do grupo ou categoria representados, desde que observados os requisitos legais específicos, tais como a legitimação adequada do autor coletivo, a adequada representação dos interesses tutelados por substituição, a homogeneidade dos direitos discutidos e a observância dos princípios constitucionais e processuais aplicáveis.

De fato, para que uma decisão judicial alcance a qualidade de coisa julgada coletiva, alguns requisitos são imprescindíveis. Primeiramente, é necessário que o autor da ação coletiva esteja devidamente legitimado para representar o grupo afetado, assegurando-se a efetiva proteção dos interesses coletivos. Além disso, deve haver homogeneidade nos direitos discutidos, ou seja, os membros do grupo devem possuir direitos idênticos ou pelo menos semelhantes.

Acerca da substituição processual pelos sindicatos em relação aos integrantes da categoria que eles representam, o Supremo Tribunal Federal fixou, sob o rito de repercussão geral, o entendimento segundo o qual é ampla a legitimidade extraordinária dos sindicatos para defenderem em juízo direitos e interesses coletivos ou individuais dos integrantes da categoria que representam, independente de autorização dos substituídos.

Na definição do Tema 823 da Repercussão Geral, foi ratificado que:

> a jurisprudência do Supremo Tribunal Federal é no sentido da ampla legitimidade extraordinária dos sindicatos para defender em juízo os direitos e interesses coletivos ou individuais dos integrantes da categoria que representam, inclusive nas liquidações e execuções de sentença, independentemente de autorização dos substituídos (BRASIL, 2015).

Ato contínuo, o Superior Tribunal de Justiça seguiu esta orientação, em voto capitaneado pelo Ministro Humberto Martins (BRASIL, 2016), passando a entender "que o sindicato, na qualidade de substituto processual, detém legitimidade para atuar judicialmente na defesa dos interesses da categoria que representa, independentemente de autorização expressa ou relação nominal, a qual só é exigida das associações, porque atuam na condição de representantes" processuais (BRASIL, 2023).

Isso porque "os legitimados em geral podem atuar sem autorização dos substituídos, mas as associações não, porque atuam apenas representando aqueles que estão de fora, dependendo de uma autorização específica, ainda que dada por uma assembleia" (PINHO; PORTO, 2021, p. 309).

Outro requisito crucial é o respeito ao contraditório ampliado, garantindo que todos os interessados tenham a oportunidade de participar do processo e de fazer valer seus argumentos e defesas. Esses requisitos não apenas asseguram a legitimidade da decisão como também reforçam a sua eficácia e aceitação na comunidade jurídica, garantindo a formação de uma autoridade que beneficiará um universo determinável de pessoas.

Seus fundamentos residem na eficiência do sistema processual em resolver litígios de massa de forma uniforme e definitiva, evitando decisões contraditórias e garantindo a estabilidade das relações jurídicas coletivas. Assim, não abrange somente os interesses das partes diretamente envolvidas no processo, mas também os interesses dos integrantes do grupo que se encontram na mesma situação jurídica.

A necessidade de garantir maior eficiência do sistema processual vai de encontro à multiplicidade de demandas idênticas, assegurando-se a uniformidade de tratamento para situações fáticas similares. Além disso, promove a economia processual ao concentrar esforços e recursos na resolução de conflitos de massa de maneira definitiva.

A justificativa para esse julgamento aglutinado de causas individuais é a distribuição mais adequada dos recursos jurisdicionais, com o conexo favorecimento das garantias fundamentais e, em especial, do acesso à justiça. É a satisfação desses valores que leva o legislador a não permitir que a mesma espécie de causa possa dar origem a vários processos paralelos. Se não é razoável analisar, em momentos diferentes, a mesma espécie de litígio – apenas envolvendo sujeitos distintos –, também não é racional supor o cabimento da apreciação judicial da mesma questão em vários processos (ARENHART; OSNA, 2022).

O manto da coisa julgada resguarda a sentença contra a multiplicidade de demandas sobre a mesma causa, em um viés negativo de admissibilidade; contudo, no processo coletivo, deve ir além disso: deve, ainda, proteger os substituídos de se submeterem a uma nova marcha processual de reconhecimento do direito pleiteado, permitindo-lhes ingressar diretamente na fase de execução, em um viés marcadamente positivo.

## 4. LIMITES E EXTENSÃO DOS EFEITOS DA COISA JULGADA COLETIVA: OS IMPACTOS SOCIOJURÍDICOS DA INTERPRETAÇÃO JURISPRUDENCIAL AUTÊNTICA

Os efeitos da coisa julgada coletiva são delimitados pela extensão dos direitos e interesses discutidos na demanda, não podendo ultrapassar os limites objetivos e subjetivos fixados pela decisão judicial. Isso implica que os efeitos da sentença coletiva não se estendem a pessoas que foram expressamente excluídas da demanda ou que possuem interesses divergentes dos membros do grupo representado.

Seus efeitos são amplamente reconhecidos e possuem um alcance significativo na ordem jurídica. A decisão adquire essa qualidade produz efeitos *erga omnes* ou *ultra partes* conforme o caso, ou seja, vincula todos os membros do grupo representado ou apenas aqueles que foram expressamente alcançados pela demanda coletiva, garantindo aos afetados pelo comando judicial a segurança jurídica e a certeza de seus direitos.

Isso implica que, uma vez formada a coisa julgada coletiva, não é mais possível discutir judicialmente a mesma questão, nem mesmo por meio de novas demandas individuais ou coletivas, a menos que surjam novos fatos ou fundamentos jurídicos que alterem substancialmente a situação jurídica discutida (coisa julgada *secundum eventum probationis*).

Nesse cenário, a jurisprudência da Corte Cidadã firmou a compreensão de que a listagem dos substituídos não se faz necessária na propositura da ação coletiva pelo sindicato e de que a eventual juntada de tal relação não gera, por si só, a limitação subjetiva da abrangência da sentença coletiva aos substituídos nela indicados (BRASIL, 2023).

Sobre a extensão subjetiva dos efeitos da decisão coletiva para fins de execução individual, a orientação adotada pelo Tribunal da Cidadania é no sentido de que, não tendo havido expressa limitação subjetiva no julgado coletivo, todos os integrantes da categoria substituída pelo sindicato possuem legitimidade para executar o título judicial, independentemente de autorização ou relação nominal eventualmente juntada à inicial.

Dito isto, o entendimento da Corte Superior está sedimentado no sentido de que os sindicatos, na qualidade de substitutos processuais, têm ampla legitimidade extraordinária para atuar judicialmente na defesa dos interesses coletivos de toda a categoria que representam, estejam eles nominados ou não em listagem, seja para promover a ação de conhecimento ou mesmo a execução do julgado.

Portanto, caso a sentença coletiva não tenha uma delimitação expressa dos seus limites subjetivos, especificando os beneficiários do título executivo judicial, a preclusão máxima advinda da ação coletiva deve alcançar todas as pessoas abrangidas pela categoria profissional, e não apenas pelos seus filiados.

Situação diversa e excepcional é aquela em que o título executivo limita expressamente a sua abrangência subjetiva diante de particularidades do direito tutelado. Nessas situações, o STJ compreende que é indevida a inclusão de servidor que não integrou a ação coletiva, sob pena de ofensa à coisa julgada

Contudo, uma dúvida se impõe quando se tratar de empregado filiado a outro sindicato: pode ser aproveitada por trabalhadores vinculados a outro ente sindical? A resposta foi positiva, no julgamento do AgInt no AREsp n. 2.399.352/MA pela Segunda Turma do STJ, em 23 de abril de 2024.

Na ocasião, ficou assentado que "a coisa julgada advinda da ação coletiva deve alcançar todas as pessoas abrangidas pela categoria profissional, e não apenas os seus filiados, podendo, ainda, ser aproveitada por trabalhadores vinculados a outro ente sindical, desde que contidos no universo daquele mais abrangente" (BRASIL, 2024).

Do direito do trabalho, colhe-se que a categoria profissional, como ponto de junção institucional dos trabalhadores em torno do sindicato, é constituída, em relação ao enquadramento sindical, pela "similitude de condições de vida oriunda da profissão ou trabalho em comum, em situação de emprego na mesma atividade econômica ou em atividades econômicas similares ou conexas" (art. 511, § 2º, CLT).

> Assim, o ponto de agregação na categoria profissional é a similitude laborativa, em função da vinculação a empregadores que tenham atividades econômicas idênticas, similares ou conexas. A categoria profissional, regra geral, identifica-se não pelo preciso tipo de labor ou atividade que exerce o obreiro (e nem por sua exata profissão), mas pela vinculação a certo tipo de empregador (BRASIL, 2016).

Nesse panorama, as regras da unicidade e especificidade sindicais (art. 570, CLT) não parecem constituir argumento suficiente para impedir a execução individual de título judicial formado por sindicato que abrange a generalidade da categoria substituída. Isto porque aquele instituto do direito do trabalho não influi neste do processo civil, mais especificamente do processo coletivo, por possuírem razões jurídicas distintas de ser e existir.

Logo, é inviável restringir os efeitos da decisão apenas aos filiados à mesma entidade sindical promotora do litígio coletivo, ainda mais quando o Estado reconheceu, na fase de liquidação, o direito da recorrente sindicalizada em categoria abrangida por aquela, em homenagem aos princípios do máximo benefício da coisa julgada coletiva e da máxima efetividade do processo coletivo.

O conceito de "grupo substituído" não é limitado pelos filiados ou associados do autor da demanda coletiva, mas se refere a todo aquele que eventualmente possa se beneficiar da decisão, por se enquadrar nos pressupostos fáticos e jurídicos decorrentes da origem comum do mesmo direito.

Se prevalecesse o entendimento contrário, haveria um estímulo para que diferentes sindicatos, apesar de possuírem a mesma causa de pedir e pedidos idênticos, ingressassem com múltiplas ações para o reconhecimento dos mesmos direitos aos seus filiados, congestionando de forma ineficiente o sistema de justiça, em contradição à lógica do processo civil para demandas massificadas. Isso abarrotaria o Judiciário de processos dos mais diversos sindicatos exigindo a implantação do mesmo direito reconhecido na demanda paradigma, gerando um aumento desnecessário do fluxo processual de cognição.

A aplicação eficaz da coisa julgada coletiva tem diversos impactos positivos na sociedade e na ordem jurídica. Em primeiro lugar, contribui para a pacificação social ao resolver de maneira definitiva litígios que envolvem um grande número de pessoas. Além disso, promove a segurança jurídica ao estabelecer padrões claros e uniformes de conduta para situações jurídicas semelhantes, impedindo que o requerido atue de modo diferente em relação a cada membro do grupo, dificultando o contraditório e a ampla defesa.

Ela também fortalece o sistema de justiça ao proporcionar um meio eficiente e acessível de proteção de direitos coletivos, especialmente em casos que envolvem interesses difusos ou coletivos, os quais, muitas vezes, não seriam adequadamente tutelados por meio de ações individuais, haja vista a inviabilidade da formação de litisconsórcio muito extenso ou com relação a causas de pequena monta.

Apesar de suas vantagens, a sua aplicação não está isenta de críticas e desafios. Um dos principais dilemas reside na dificuldade de individualização dos direitos dentro do grupo afetado, o que pode gerar insatisfação ou litígios posteriores. Além disso, há a necessidade de equilibrar a eficiência processual com o respeito aos direitos individuais dos membros do grupo, assegurando-se que todos sejam adequadamente representados e ouvidos durante o processo.

Em conclusão, a coisa julgada coletiva representa um instrumento essencial para a proteção de direitos transindividuais e a promoção da justiça social. Ao garantir a estabilidade e a segurança das decisões judiciais em litígios de massa, a expansão dos seus efeitos contribui para a construção de uma sociedade mais justa, equitativa e respeitosa dos direitos fundamentais de seus cidadãos.

Dentro desse contexto, o STF e o STJ têm desempenhado um verdadeiro papel de Cortes de Precedentes, fazendo com que o sistema jurídico brasileiro seja capaz de efetivar as três tarefas mínimas inerentes ao Estado Constitucional: "viabilizar um espaço jurídico de autodeterminação, tratar as pessoas de forma isonômica e propiciar um ambiente seguro para desenvolvimento da vida social" (MITIDIERO, 2022).

## CONCLUSÃO

A autonomia do processo coletivo consolida um progresso significativo no âmbito processual, como uma disciplina jurídica fundamental para tutelar interesses difusos, coletivos e individuais homogêneos. Ao empregar mecanismos mais eficazes na consecução de direitos sociais, proporciona a construção de uma sociedade mais justa, inclusiva e comprometida com a promoção da dignidade humana e dos direitos fundamentais de todos os seus membros.

O processo coletivo é informado pelos princípios da economia processual, do máximo benefício e da máxima efetividade, superando a lógica tradicional do processo individualista, ao ampliar as partes que poderão executar o título judicial formado na fase de conhecimento. Por isso, o legitimado coletivo que atua como substituto processual representa todo o grupo substituído, independentemente de filiação ou associação, elastecendo, invariavelmente, o conceito de coisa julgada.

Conforme visto, a jurisprudência do STJ tem se mostrado resiliente contra as tentativas de limitar os efeitos da preclusão máxima coletiva, dando-lhe interpretação extensiva, a fim de dar eficácia aos dispositivos constitucionais que fundamenta essa tutela específica. Isso representa não apenas um avanço técnico-jurídico, mas também um compromisso com a promoção da justiça social e a proteção efetiva dos direitos coletivos.

Ao reconhecer as especificidades e desafios do processo coletivo, abre-se caminho para a construção de um sistema processual mais inclusivo e responsivo às necessidades da sociedade contemporânea. Afinal, a coisa julgada coletiva representa um avanço na promoção da segurança jurídica e da economia processual.

De fato, a sua eficácia expansiva tem impactos significativos na sociedade e na ordem jurídica, promovendo a proteção efetiva de direitos coletivos, contribuindo para a pacificação social e fortalecendo o sistema de justiça ao fornecer um mecanismo eficiente e adequado para a resolução de conflitos de massa.

Contudo, é essencial ponderar os desafios e dilemas decorrentes da aplicação da coisa julgada coletiva, especialmente no que tange à individualização dos direitos, à garantia de acesso à justiça para todos os interessados e à preservação da igualdade processual entre as partes.

Portanto, reafirma-se a possibilidade de se enxergar o processo coletivo como uma disciplina autônoma, com institutos próprios, propondo uma releitura do conceito de "coisa julgada" à luz dos direitos e garantias fundamentais estabelecidos na Constituição, notadamente do acesso à justiça e da razoável duração do processo (art. 5º, incisos XXXV e LXXVIII, CF/1988), bem como aos objetivos fundamentais da República Federativa do Brasil (art. 3º, CF/1988), para dar plena eficácia à tutela coletiva.

## REFERÊNCIAS

ARENHART, Sérgio Cruz. **A tutela coletiva dos direitos individuais**: para além da proteção dos direitos individuais homogêneos. São Paulo: Editora Revista dos Tribunais, 2014.

ARENHART, Sergio Cruz; OSNA, Gustavo. **Curso de processo civil coletivo**. 4. ed. São Paulo: Thomson Reuters Brasil, 2022.

BRASIL. Consolidação das Leis do Trabalho. Decreto-Lei nº 5.452, de 1º de maio de 1943.

_____. Constituição da República Federativa do Brasil, 5 de outubro de 1988.

BRASIL. Supremo Tribunal Federal. RE n. 883.642/AL, relator Ministro Ricardo Lewandowski, Tribunal Pleno, julgado em 18/6/2015, DJe de 26/6/2015.

BRASIL. Superior Tribunal de Justiça. AgInt no RE nos EDcl no AgRg no REsp n. 1.331.592/RJ, relator Ministro Humberto Martins, Corte Especial, julgado em 16/11/2016, DJe de 24/11/2016.

_____. EDcl no AgInt no REsp n. 2.002.639/RS, relator Ministro Paulo Sérgio Domingues, Primeira Turma, julgado em 23/10/2023, DJe de 25/10/2023.

_____. AgInt no AREsp n. 2.348.977/RJ, relator Ministro Gurgel de Faria, Primeira Turma, julgado em 27/11/2023, DJe de 5/12/2023.

_____. AgInt no AREsp n. 2.399.352/MA, relator Ministro Teodoro Silva Santos, Segunda Turma, julgado em 23/4/2024, DJe de 25/4/2024.

BRASIL. Tribunal Superior do Trabalho. RO-18-89.2015.5.21.0000, Seção Especializada em Dissídios Coletivos, Relator Ministro Mauricio Godinho Delgado, DEJT 17/06/2016.

GONÇALVES FILHO, Edilson Santana. **Ação popular, acesso à justiça e vulnerabilidade**: antigas e novas perspectivas. São Paulo: Tirant Lo Blanch, 2023.

LEAL, André Cordeiro. **A instrumentalidade do processo em crise**. Belo Horizonte: Mandamentos, 2008.

MANCUSO, Rodolfo de Camargo. **Jurisdição coletiva e coisa julgada**. 2. ed. São Paulo: Revista dos Tribunais, 2008.

MARINONI, Luiz Guilherme. **A jurisdição no Estado contemporâneo**: estudos de direito processual civil. São Paulo: RT, 2005.

MITIDIERO, Daniel. **Cortes superiores e cortes supremas**: do controle à interpretação, da jurisprudência ao precedente. 3. ed. São Paulo: Thomson Reuters Brasil, 2022.

PINHO, Humberto Dalla Bernardina de; PORTO, José Roberto Mello. **Manual de tutela coletiva**. São Paulo: Saraiva, 2021.

SANTOS, Teodoro Silva. **O juiz das garantias sob a óptica do Estado Democrático de Direito**: a adequação ao ordenamento jurídico brasileiro. São Paulo: Juspodivm, 2022.

SHIMURA, Sérgio. Efetivação da tutela coletiva ressarcitória. Tese (Livre-docência) – Pontifícia Universidade Católica de São Paulo, São Paulo, 2004.

TARUFFO, Michele. Some remarks on group litigation in comparative perspective. **Duke Journal of Comparative & International Law**, Durham, v. 11, n. 2, p. 405-422, 2001.

ZAVASCKI, Teori Albino. **Processo coletivo**: tutela de direitos coletivos e tutela coletiva de direitos. São Paulo: Editora Revista dos Tribunais, 2017.

# Legitimidade ativa da Defensoria Pública para propor incidente de suspensão

*Maria Thereza de Assis Moura*[1]
*Márcia Maria Francisco Franco*[2]



## 1. INTRODUÇÃO

O incidente de suspensão tem sua origem na primeira lei que dispôs sobre o mandado de segurança, qual seja, a Lei nº 191, de 16 de janeiro de 1936, e objetiva impedir que uma decisão judicial precária desfavorável ao Poder Público produza efeitos causando grave lesão à ordem, à saúde, à segurança e à economia públicas.

Atualmente, o pedido de suspensão tem cabimento em todas as hipóteses nas quais o provimento provisório prejudicial ao Poder Público produza efeitos imediatos, sendo certo que há previsão expressa no art. 12, § 1º, da Lei n. 7.347, de 24 de julho de 1985, que trata da suspensão de liminar proferida em ação civil pública; no art. 4º da Lei n. 8.437, de 30 de junho de 1992, que disciplina a concessão de medidas cautelares contra atos do Poder Público; no art. 1º da Lei n. 9.494, de 10 de setembro de 1997, que, ao disciplinar a aplicação da tutela antecipada contra a Fazenda Pública, remete à Lei n. 8.437/1992; no art. 16 da Lei n. 9.507, de 12 de novembro de 1997, que versa sobre a suspensão de decisão provisória proferida em *habeas data* – hipótese menos comum; e no art. 15 da Lei n. 12.016, de 7 de agosto de 2009, regramento vigente do mandado de segurança.

Trata-se de instrumento processual destinado à proteção do interesse público dada sua supremacia sobre o interesse particular. Por ser uma medida exclusiva do Poder Público, mister que seja utilizada so-

1 Ministra e atual Presidente do Superior Tribunal de Justiça e do Conselho da Justiça Federal. Mestre e Doutora em Direito Processual Penal. Professora de Direito Processual Penal da Faculdade de Direito da Universidade de São Paulo.

2 Analista Judiciário, Assessora da Presidente do Superior Tribunal de Justiça.

mente em situações excepcionais, conforme bem asseverado por Pedro Miranda de Oliveira[3]:

> Todavia, o instituto deve ser utilizado apenas em situações excepcionais, em que de fato haja grave risco ao interesse público, sob pena de se mitigar indevidamente o direito dos particulares, especialmente em caso de concessão de mandado de segurança, cujo fundamento se encontra na Constituição, para a defesa de direitos privados, líquidos e certos, lesados ou ameaçados de lesão por ato de autoridade pública.

## 2. A NATUREZA JURÍDICA

O pedido de suspensão é um incidente processual destinado a impedir que um provimento precário proferido contra o Poder Público produza efeitos, não se confundindo, portanto, com recurso.

De fato, na via excepcional da contracautela não se examina o erro ou o acerto da decisão impugnada, até porque não haverá anulação ou qualquer reforma do provimento atacado, apenas a retirada de sua eficácia até o julgamento de mérito da ação principal, em regra, conforme previsto no art. 4º, § 9º, da Lei n. 8.437/1992 ("a suspensão deferida pelo Presidente do Tribunal vigorará até o trânsito em julgado da decisão de mérito na ação principal").

Outrossim, tem-se que, não obstante seja possível um juízo mínimo de delibação quanto ao mérito da causa originária, não há efeito devolutivo da matéria de fundo discutida nas vias ordinárias, tampouco se opera o efeito substitutivo, porquanto não se trata de recurso.

Nesse cenário, cabe ao requerente da medida de contracautela demonstrar que a decisão impugnada causará grave lesão à ordem, à saúde, à segurança e/ou à economia públicas, devendo, por isso, ser suspensa. Não há prazo para a propositura do incidente. Porém, a própria natureza acautelatória da pretensão impõe que a medida seja pleiteada na maior brevidade possível.

Consoante lição de Leonardo Carneiro da Cunha e Fredie Didier Jr[4], como todo ato postulatório, há pedido e causa de pedir no incidente de

---

3 MIRANDA DE OLIVEIRA, Pedro, *Introdução aos Recursos Cíveis*, 1 ed., São Paulo, Tirant lo Blanch, 2021, p. 761.

4 DIDIER Jr, Fredie, CUNHA, Leonardo Carneiro da, *Curso de direito processual civil, Meios de impugnação às decisões judiciais e processo nos tribunais*, 19 ed. rev., atual. e ampl. – Salvador: Editora JusPODIVM, 2022, p. 882.

suspensão. O pedido "é o da sustação da eficácia da decisão impugnada, sem que se peça sua anulação ou reforma. A causa de pedir é a violação a um dos interesses juridicamente protegidos previstos nas hipóteses de cabimento já examinadas (paz social, ordem pública, economia etc.). Eis, assim, o mérito do pedido de suspensão de segurança, dado muito importante para distinguir esse instituto de um recurso".

De ressaltar, ainda, o entendimento do Superior Tribunal de Justiça (AgInt na SLS n. 2.702/SP, relator Ministro João Otávio de Noronha, Corte Especial, julgado em 25/8/2020, DJe de 27/8/2020)[5] quanto ao juízo eminentemente político no exame de eventual lesividade da decisão impugnada na via suspensiva, o que afasta o cabimento de recurso especial contra a decisão tomada nos pedidos de suspensão pelos presidentes dos tribunais.

## 3. HIPÓTESES DE CABIMENTO

Os diplomas que disciplinam as hipóteses de cabimento do incidente de suspensão dispõem que a medida é cabível no âmbito de ações movidas contra o Poder Público, quando houver manifesto interesse público ou flagrante ilegalidade, e para evitar grave lesão à ordem, à saúde, à segurança e à economia públicas.

Decerto, exige a lei que o ente público figure como réu na ação originária no bojo da qual tenha sido proferida uma decisão precária e inesperada apta a causar grave lesão aos bens tutelados pela legislação de regência.

A respeito, colhe-se da doutrina de Marcelo Abelha Rodrigues[6]:

> Tal instituto foi criado como meio processual para que o Poder Público, na condição de réu, possa dele valer-se para impedir que uma decisão judicial, provisoriamente executada, tenha eficácia que cause risco de lesão a determinado interesse público. Por isso, a finalidade do instituto é amordaçar a eficácia executiva de uma decisão proferida contra o Poder Público, para que se mantenha de pé e intacta uma situação jurídica anterior do processo.

5 AgInt na SLS n. 2.702/SP, relator Ministro João Otávio de Noronha, Corte Especial, julgado em 25/8/2020, DJe de 27/8/2020

6 RODRIGUES, Marcelo Abelha. *Suspensão de segurança*: suspensão da execução de decisão judicial contra o Poder Público, 5. ed., Indaiatuba, SP. Editora Foco, 2022, p. 127.

> Exatamente por isso é que se exige que o Poder Público só possa lançar mão do instituto quando figure na posição de réu numa demanda contra si proposta, e, nesta condição, tenha contra si um título provisório com eficácia imediata que poderá causar grave lesão a interesses maiores da sociedade.
>
> (...)
>
> Apenas na condição de impetrado, réu, requerido etc. que a pessoa jurídica de direito público poderá lançar mão da suspensão de segurança nas hipóteses previstas em lei. Por isso, qualquer tentativa de valer-se da suspensão de segurança, quando o Poder Público ocupe o polo ativo de uma demanda, é desvirtuamento escancarado e inidôneo de burlar o sistema processual e aquilo que prevê a lei.

Nesse contexto, tem-se que o cabimento de incidente suspensivo quando o Poder Público é o autor da ação originária transforma o instituto em sucedâneo recursal.

## 4. LEGITIMIDADE

Dispõe o art. 4º da Lei nº 8.437/1992 que têm legitimidade para apresentar o pedido de suspensão de provimento jurisdicional capaz de causar grave lesão à ordem, à saúde, à segurança e à economia públicas a pessoa jurídica de direito público e o Ministério Público.

Não há, pois, controvérsia quanto à possibilidade de a União, Estados, Distrito Federal, Municípios, autarquias e fundações públicas, bem como o *Parquet* ingressarem com o incidente suspensivo.

No que se refere às pessoas jurídicas de direito privado, confere-se legitimidade ativa a elas para proporem o pedido de contracautela quando na condição de prestadoras de serviço público ou no exercício de função delegada pelo Poder Público, desde que na defesa do interesse público primário, correspondente aos interesses da coletividade como um todo, uma vez que a finalidade da via suspensiva é salvaguardar o interesse público.

Com efeito, cuida-se de legitimidade excepcional atribuída a quem está fazendo as vezes do ente público e tem contra si uma decisão judicial precária com capacidade para interferir no serviço público sujeito ao princípio da continuidade.

Firme, também, o entendimento doutrinário e jurisprudencial no sentido de que alguns entes despersonalizados como, por exemplo, as

Câmaras de Vereadores, têm, extraordinariamente, legitimidade para formular pedido suspensivo contra decisão relativa ao exercício dos poderes e/ou prerrogativas institucionais.

Outra hipótese ainda mais excepcional que vem sendo admitida pela jurisprudência é a legitimidade ativa do agente público afastado do cargo quando caracterizada a defesa de interesses públicos.

Nessa circunstância, permite-se que o agente político eleito democraticamente impugne a decisão que determinou seu afastamento desde que o objeto do pedido suspensivo esteja diretamente relacionado aos interesses da coletividade que ele representa em razão do voto.

Por fim, cumpre analisar mais detidamente a legitimidade ativa da Defensoria Pública para ingressar com o pedido de contracautela.

## 4.1. Legitimidade ativa da Defensoria Pública

De início, acentua-se o *status* constitucional de função essencial à Justiça da Defensoria Pública, conforme disposto no art. 134 da Carta Magna:

> Art. 134. A Defensoria Pública é instituição permanente, essencial à função jurisdicional do Estado, incumbindo-lhe, como expressão e instrumento do regime democrático, fundamentalmente, a orientação jurídica, a promoção dos direitos humanos e a defesa, em todos os graus, judicial e extrajudicial, dos direitos individuais e coletivos, de forma integral e gratuita, aos necessitados, na forma do inciso LXXIV do art. 5º desta Constituição Federal.

Não obstante, o entendimento predominante no Superior Tribunal de Justiça e no Supremo Tribunal Federal, quanto à legitimidade ativa da Defensoria Pública para propor incidente de suspensão de liminar e sentença, refere-se à defesa de suas prerrogativas e funções institucionais, não alcançando a hipótese de tutela dos necessitados como *custus vulnerabilis*.

Isso, porque não há previsão nos instrumentos normativos conferindo legitimidade ativa para a Defensoria Pública manejar o incidente de suspensão de liminar e de sentença, bem como o incidente de suspensão de segurança, na defesa de seus assistidos.

Ademais, o pedido suspensivo é um instrumento de uso exclusivo do Poder Público em situações extremas visando a proteção do interesse público primário, notadamente a continuidade dos serviços públicos e o funcionamento da máquina estatal, daí porque suas regras devem ser interpretadas restritivamente.

Ao ensejo, veja-se o seguinte precedente da lavra da Ministra Rosa Weber, na Presidência do Supremo Tribunal Federal[7]:

> SUSPENSÃO DE SEGURANÇA. DECISÃO QUE, NA ORIGEM, DETERMINA A EMISSÃO E A HOMOLOGAÇÃO DE LICENÇA ÚNICA AMBIENTAL E AUTORIZAÇÃO DE SUPRESSÃO DE VEGETAÇÃO. ALEGADA VIOLAÇÃO DO DIREITO À CONSULTA LIVRE, PRÉVIA E INFORMADA DA COMUNIDADE TRADICIONAL AFETADA. ILEGITIMIDADE ATIVA DA DEFENSORIA PÚBLICA PARA A CONTRACAUTELA. UTILIZAÇÃO DA VIA SUSPENSIVA COMO SUCEDÂNEO RECURSAL. IMPOSSIBILIDADE. NECESSIDADE DE EXAME DE FATOS E PROVAS E INTERPRETAÇÃO DA LEGISLAÇÃO INFRACONSTITUCIONAL. INVIABILIDADE NA SEDE SUSPENSIVA. NEGATIVA DE SEGUIMENTO.
>
> (...)
>
> 3. A Defensoria Pública afirma atuar como legitimada extraordinária dos povos e comunidades tradicionais e representante da Associação Solidária dos Moradores, Produtores e Trabalhadores Rurais do Povoado Estiva do Cangati, terceira prejudicada.
>
> (...)
>
> Consabido que o instituto da suspensão de liminar, desde a sua origem, com a Lei nº 191/1936, art. 13, sob a égide da Constituição de 1934, positivou-se como prerrogativa processual das pessoas jurídicas de direito público interessadas – União, Estados, Distrito Federal, Municípios, respectivas autarquias e fundações públicas –, para efeito de suspensão da eficácia das decisões judiciais desfavoráveis à Fazenda Pública nas hipóteses de grave lesão à ordem, saúde, segurança e à economia públicas. Ainda hoje é o que emerge da literalidade dos arts. 4º da Lei nº 8.437/1992 e 15 da Lei n 12.016/2009, que também contemplam o Ministério Público como legitimado universal.
>
> Embora a jurisprudência, ao influxo da Constituição de 1988, venha paulatinamente ampliando o rol dos legitimados ativos enumerados na legislação de regência, pontuo que a regra geral – pessoas jurídi-

7 SS 5628/MA, relatora Ministra Presidente Rosa Weber, julgado em 10/04/2023, DJe de 11/04/2023.

cas de Direito Público e Ministério Público - tem sofrido, e comporta mitigação - interpretada a lei conforme os fins a que se destina -, apenas em casos especialíssimos, nos quais presente a *ratio legis* de preservação do interesse público primário que a orienta.

É por essa razão que a jurisprudência desta Suprema Corte, em exegese ampliativa, tem reconhecido legitimidade ativa para medidas suspensivas a órgãos públicos despersonalizados, como Tribunais de Contas, Câmara Municipal e Mesa de Assembleia Legislativa quando na defesa de suas prerrogativas institucionais.

Acaso estivesse a Defensoria Pública, na espécie, utilizando a presente via para tal fim, deteria legitimidade ad causam. Contudo, está a veicular, nesta sede processual, pretensão voltada a assegurar a tutela dos direitos do grupo interessado que assiste, desvinculando-se, pois, do interesse público primário protegido pela legislação de regência, a despeito da sensibilidade e relevância do tema de fundo.

É preciso ressaltar, ainda, a absoluta distinção do presente caso com o precedente firmado na SL 866. Naquela oportunidade, ajuizada suspensão de liminar pela Defensoria Pública da União, o Ministro Ricardo Lewandowski, então Presidente, admitiu a legitimidade do referido órgão público, porquanto, embora despersonalizado, possui personalidade judiciária e capacidade processual para estar em juízo, a perseguir "a defesa de sua competência privativa para decidir onde deve lotar os defensores públicos federais". Posteriormente, em sede de agravo interno, o Tribunal Pleno confirmou o entendimento externado.

Vê-se que, naquela hipótese, reconhecida, de forma extraordinária, a legitimidade ativa da Defensoria Pública da União, pois litigavam o Poder Executivo e a DPU - que, embora não possua personalidade jurídica, goza de personalidade judiciária para atuar em defesa de suas prerrogativas institucionais -, circunstância que evidencia conflito *interna corporis* do Poder Público.

Assim, quando a Defensoria Pública, em razão da personalidade judiciária, integra o polo passivo da demanda, em defesa de prerrogativas institucionais, atua, em realidade, como o próprio Poder Público, a legitimar, excepcionalmente, a utilização do instrumento de contracautela.

No presente caso, contudo, reitero, a Defensoria Pública não deduz pretensão voltada a defender suas prerrogativas institucionais, mas a resguardar direitos de seus assistidos. Conquanto haja, na hipótese, decisão proferida contra o Poder Público — a liminar em desfavor da Secretaria Estadual do Meio Ambiente, autoridade coatora

> do mandado de segurança —, igualmente inviabilizada, pelas razões expostas, o reconhecimento de legitimidade ativa à requerente.
>
> (...)
>
> 8. Ante o exposto, nego seguimento à presente suspensão de segurança (art. 21, § 1º, do RISTF).
>
> (...)
>
> (SS n. 5.628/MA, Ministra Presidente Rosa Weber, DJe 11/4/2023)

Desse modo, em que pese a importância e a relevância social da atuação da Defensoria Pública em juízo na defesa dos interesses das classes menos favorecidas, mister que se observem os requisitos legais específicos para ingresso e atuação no incidente suspensivo, cuja finalidade é a proteção do interesse público primário.

Nesse sentido o julgado mais recente do Superior Tribunal de Justiça, resumido nos seguintes termos[8]:

> EMBARGOS DE DECLARAÇÃO NO AGRAVO INTERNO NA SUSPENSÃO DE LIMINAR E SENTENÇA. OMISSÃO E CONTRADIÇÃO. INEXISTÊNCIA. PRETENSÃO DE REEXAME. INEXISTÊNCIA DE VÍCIOS NO JULGADO.
>
> 1. Consoante a literalidade do art. 1.022 do CPC, os Embargos de Declaração são cabíveis para esclarecer obscuridade, eliminar contradição, suprir omissão de ponto ou questão sobre o qual devia se pronunciar o juiz, de ofício ou a requerimento, e/ou corrigir eventual erro material.
>
> 2. Os aclaratórios possuem finalidade integrativa e, portanto, não se prestam à reforma do entendimento aplicado ou ao rejulgamento do Pedido de Suspensão, conforme pretende a embargante.
>
> 3. Por configurar meio extraordinário de intervenção no regular andamento do processo, o instituto da suspensão de segurança, tal como disciplinado pela Lei n. 8.437/92, não comporta interpretações extensivas de modo a ampliar suas hipóteses de cabimento, nem o rol de legitimados à sua propositura.
>
> 4. A par do status constitucional da Defensoria Pública - função essencial à Justiça (CF, Título IV, Capítulo IV, Seção IV) - nos termos da

---

8 (Edcl no AgInt na SLS nº 3156/AM, relatora Ministra Maria Thereza de Assis Moura, Presidente, julgado, por maioria, na sessão ordinária da Corte Especial de 07/02/2024).

legislação em vigor, não lhe é reconhecida legitimidade ativa para manejar pedido de Suspensão de Segurança (SS) ou de Suspensão de Liminar e Sentença (SLS), afora "casos especialíssimos, nos quais presente a *ratio legis* de preservação do interesse público primário que a orienta", particularmente, quando, "em defesa de prerrogativas institucionais, atua, em realidade, como o próprio Poder Público" (STF, SS n. 5.628/MA).

5. "Reconhece-se tão somente a legitimidade da Defensoria Pública para ajuizar suspensão de segurança com o objetivo de obstar os efeitos de decisões que impliquem violação de suas prerrogativas institucionais" (STF, SS n. 5.049/BA).

6. Embargos de Declaração rejeitados.

(Edcl no AgInt na SLS nº 3156/AM, relatora Ministra Maria Thereza de Assis Moura, Presidente, julgado, por maioria, na sessão ordinária da Corte Especial de 07/02/2024)

De registrar que, no aludido julgamento, a eminente Ministra Nancy Andrighi proferiu voto-vogal reconhecendo a legitimidade ativa da Defensora Pública para formular pedido de suspensão.

Para tanto, destacou a simetria existente entre a Defensoria Pública e o Ministério Público, bem como a legitimidade da instituição defensorial para tutelar o interesse público primário, concluindo, pois, que "a Defensoria Pública detém plena legitimidade para propor o presente pedido de suspensão, já que a instituição defensorial objetiva, justamente, tutelar bem público municipal e o interesse público primário, evitando que centenas de pessoas, sem o devido processo legal, tenham negado o direito à moradia digna e sejam removidas liminarmente de suas residências (construídas em lotes aparentemente adquiridos de pessoa jurídica)".

Mencionou, ainda, a decisão proferida pelo Ministro Luís Roberto Barroso, no exercício da Presidência do Supremo Tribunal Federal, nos autos da SL 1696/SP, julgada em 30/12/2023[9].

Neste incidente de suspensão, o Presidente da Suprema Corte propõe que a questão relativa à legitimidade ativa da Defensoria Pública para manejar pedido suspensivo nas hipóteses relacionadas à competência para "a promoção dos direitos humanos e a defesa, em todos os graus, judicial e extrajudicial, dos direitos individuais e cole-

9 SL 1696/SP, relator Ministro Presidente Luís Roberto Barroso, julgado em 30/12/2023, DJe de 08/01/2024.

tivos, de forma integral e gratuita, aos necessitados" (art. 134, *caput*, da Constituição) seja revisitada.

Por oportuno, veja-se a fundamentação quanto ao ponto:

> (...)
>
> Há argumentos de ordem histórica, sistemática e teleológica que demonstram que tal dispositivo deve ser interpretado para permitir o uso de medidas de contracautela pela Defensoria Pública em casos de coincidência entre o interesse público que justifica o uso desses instrumentos processuais e a atuação da instituição na defesa dos necessitados.
>
> 18. Do ponto de vista *histórico*, a interpretação do art. 4º da Lei nº 8.437/1992 não pode desconsiderar a evolução do papel institucional da Defensoria Pública após a edição do dispositivo. Com a edição da Emenda Constitucional nº 80/2014, a redação do art. 134 da Constituição foi alterada para explicitar de forma mais detalhada a missão da instituição, com destaque para a atuação na promoção de direitos humanos e na defesa de direitos coletivos dos necessitados. No plano infraconstitucional, o art. 4º, VII, da Lei Complementar nº 80/1994, com redação dada pela Lei Complementar nº 132/2009, atribui à Defensoria Pública competência para promover "todas as espécies de ações capazes de propiciar a adequada tutela dos direitos difusos, coletivos ou individuais homogêneos quando o resultado da demanda puder beneficiar grupo de pessoas hipossuficientes". De forma coerente com esse novo perfil constitucional, o Supremo Tribunal Federal já reconheceu à instituição autonomia institucional, legitimidade para ações coletivas[5], prerrogativa de requisição de documentos de autoridades públicas6e status constitucional equivalente ao do Ministério Público[7]. Assim, em um contexto no qual a atuação da Defensoria Pública, na tutela de direitos coletivos, passou a ser explicitada no plano normativo e reconhecida pela jurisprudência, seria contraditório privá-la do uso de instrumento processual destinado à tutela do interesse público.
>
> 19. A interpretação *sistemática* busca preservar a coerência interna do sistema jurídico. Nesse sentido, as normas processuais devem ser interpretadas no sentido de permitir que as funções atribuídas às diversas instituições pela Constituição sejam exercidas com máxima eficácia. Atenta a essa circunstância, a jurisprudência desta Corte vem atribuindo ao art. 4º da Lei nº 8.437/1992 leitura constitucionalmente adequada, de modo a admitir pedidos de suspensão formulados por órgãos despersonalizados, na defesa de suas missões institucionais. No caso da Defensoria Pública, o art. 134 da

Constituição, o art. 8, subitem 8.2, e, da Convenção Americana sobre Direitos Humanos (Pacto de San José da Costa Rica) – que detém status supralegal no Brasil – e os precedentes do STF10 enfatizam que a atuação da instituição é essencial para tornar efetivos os direitos fundamentais dos necessitados. Diante desse cenário, não faria sentido interpretar a norma processual que cuida dos pedidos de suspensão de modo a tolher da Defensoria Pública o uso de instrumento que pode ser decisivo para o cumprimento de sua relevante missão institucional.

20. Por fim, para a interpretação teleológica, é necessário levar em consideração o objetivo que se pretendia alcançar com a edição da norma sob análise. Nos termos do art. 4º da Lei nº 8.437/1992, os pedidos de suspensão de liminar têm por finalidade evitar a manutenção dos efeitos de decisões judiciais que provoquem grave lesão à ordem, à saúde, à segurança e à economia públicas. Como se vê, o objetivo do instituto é impedir a imediata produção de efeitos de decisões que causariam caos social significativo, a ponto de se configurar cenário de grave lesão aos bens jurídicos mencionados no dispositivo. No caso da Defensoria Pública, parece contraditório restringir a aplicação do instituto, destinado à proteção de valores constitucionais tão relevantes, à defesa de interesses corporativos da instituição. Assim, é compatível com a finalidade dos pedidos de suspensão de liminar permitir o uso desse instrumento processual também para a defesa do interesse público primário, nas hipóteses em que for coincidente com a tutela dos direitos fundamentais dos necessitados.

21. Diante dos argumentos de natureza histórica, sistemática e teleológica apresentados, conclui-se, portanto, que o art. 4º da Lei 8.437/1992 deve receber interpretação que preserve a legitimidade da Defensoria Pública para requerer a suspensão de decisões judiciais, na defesa de grupos socialmente vulneráveis. De toda sorte, vale registrar que a jurisprudência do Supremo Tribunal Federal é firme no sentido de que a concessão de medidas de contracautela ostenta caráter de absoluta excepcionalidade. Assim, mesmo nos casos em que a Defensoria Pública atuar na qualidade de *custus vulnerabilis*, a suspensão da decisão somente se justificará nos casos em que efetivamente demonstrado risco de "grave lesão à ordem, à saúde, à segurança e à economia públicas". Veja-se, a título de exemplo: STP 914 AgR, Relª. Minª. Rosa Weber (Presidente), j. em 03.05.2023; SL 1.547 AgR, Rel. Min. Luiz Fux (Presidente), j. em 29.08.2022; SL 836 AgR, Rel. Min. Ricardo Lewandowski (Presidente), j. em 22.10.2015.

Tem-se, pois, que o julgado mais recente da Suprema Corte a respeito da legitimidade ativa da Defensoria Pública para formular incidente de suspensão é no sentido de reconhecer a instituição como parte legítima para requerer a contracautela tanto na hipótese de defesa de suas prerrogativas e funções institucionais, como no caso de atuação como *custus vulnerabilis.*

A decisão impugnada foi proferida no bojo de Ação Civil Pública ajuizada, na origem, pela Defensoria Pública e pela associação Conectas Direitos Humanos, para garantir o direito fundamental à segurança pública com determinação de utilização de câmeras corporais por policiais civis e militares em operações realizadas em resposta a ataques praticados contra policiais militares.

Entendeu-se que, no caso, há coincidência entre o interesse público tutelado e a defesa de grupos sociais vulneráveis.

Porém, no mérito, o pedido foi julgado improcedente, asseverando-se[10]:

> Em tal cenário, vê-se que houve decisão favorável que, por tudo o que foi dito até aqui, afigura-se, em linha de entendimento, correta. Porém, a providência tem implicações diversas, inclusive de natureza financeira, e, ademais, ainda não há decisão final do Tribunal, apenas a suspensão de liminar. Por essa razão, não se afigura adequado nesse momento uma intervenção pela via excepcional desta Presidência, na medida em que as vias ordinárias ainda não foram esgotadas. Releva mencionar também a existência de negociação para uma solução conciliatória. **Em suma: na visão desta Presidência, a utilização de câmeras é muito importante e deve ser incentivada**. Porém, não se justifica a intervenção de urgência e excepcional de uma suspensão de liminar.

Não há dúvida de que o julgado enseja reflexão sobre a possibilidade de reconhecimento da legitimidade ativa da Defensoria Pública para formular pedido suspensivo ao mesmo tempo em que acentua a imprescindibilidade de demonstração de risco de grave lesão à ordem, à saúde, à segurança e à economia públicas para o deferimento da medida, dado o caráter absolutamente excepcional da contracautela.

---

10 SL 1696/SP, relator Ministro Presidente Luís Roberto Barroso, julgado em 30/12/2023, DJe de 08/01/2024.

Importante registrar, contudo, que se trata de decisão unipessoal da Presidência do Egrégio Tribunal, em sentido oposto aos precedentes do próprio Supremo Tribunal Federal, bem como do Superior Tribunal de Justiça, razão pela qual há de se aguardar o pronunciamento do Colegiado sobre o tema.

## 5. CONSIDERAÇÕES FINAIS

Incontroverso, pois, que o incidente suspensivo é uma medida exclusiva do Poder Público capaz de impedir a eficácia de decisões judiciais precárias proferidas contra o ente público, evitando, assim, a ocorrência de grave lesão à ordem, à saúde, à segurança e à economia públicas e salvaguardando o interesse público primário.

Assim, conquanto haja simetria entre o Ministério Público, cuja legitimidade para o pedido suspensivo é expressa na lei, e a Defensoria Pública, de rigor a observância dos parâmetros legais, sendo certo, ademais, a possibilidade de utilização de outros instrumentos processuais previstos no ordenamento jurídico.

Por se tratar de instituto excepcional, as regras do incidente suspensivo devem ser interpretadas restritivamente, inclusive no tocante à legitimidade para postular a contracautela, sob pena de se ferir o princípio da paridade de armas.

## 6. REFERÊNCIAS

DIDIER JR, Fredie, CUNHA, Leonardo Carneiro da, *Curso de direito processual civil, Meios de impugnação às decisões judiciais e processo nos tribunais*, 19 ed. rev., atual. e ampl. – Salvador: Editora JusPODIVM, 2022.

OLIVEIRA, Pedro Miranda de. *Introdução aos Recursos Cíveis*. 1. ed. São Paulo: Tirant lo Blanch, 2021.

RODRIGUES, Marcelo Abelha. *Suspensão de segurança:* suspensão da execução de decisão judicial contra o Poder Público, 5. ed., Indaiatuba, SP. Editora Foco, 2022.

AgInt na SLS n. 2.702/SP, relator Ministro João Otávio de Noronha, Corte Especial, julgado em 25/08/2020, DJe de 27/8/2020.

SS 5628/MA, relatora Ministra Presidente Rosa Weber, julgado em 10/04/2023, DJe de 11/04/2023.

Edcl no AgInt na SLS nº 3156/AM, relatora Ministra Maria Thereza de Assis Moura, Presidente, julgado, por maioria, na sessão ordinária da Corte Especial de 07/02/2024.

SL 1696/SP, relator Ministro Presidente Luís Roberto Barroso, julgado em 30/12/2023, DJe de 08/01/2024.

# Decisão negativa de RQF: "a relevante irrelevância" como novo horizonte para os precedentes do STJ

*Luiz Henrique Krassuski Fortes*[1]

## NOTA AO HOMENAGEADO

Recebi com alegria o convite dos coordenadores Otávio Luiz Rodrigues Jr. e Jadson Santana de Sousa para participar da celebração dos 18 anos de jurisdição do Ministro Humberto Martins no Superior Tribunal de Justiça.

O tempo assusta a todos nós, humanos. Seu inevitável transcurso gera reverência e reflexão. Sem cuidado, o escorregadio correr do relógio atropela nossa transitoriedade. É preciso celebrar, no tempo e modo adequados, conquistas importantes como esta.

Como todos sabem, a passagem de dezoito anos é um marco importante no direito brasileiro, revelando maioridade. Claro que ninguém chega ao Tribunal da Cidadania sem ser, desde o primeiro dia, jurista maduro. É impossível ser alçado a uma das mais importantes cadeiras do nosso Judiciário senão como fruto de sua própria jornada.

Ainda assim, nas quase duas décadas de S. Exa. na Corte, tanto nos colegiados jurisdicionais quanto na Presidência, não faltam momentos ilustrativos da busca constante pelo aperfeiçoamento e refinamento do tribunal. Para pinçar um exemplo, mencione-se a importante atuação institucional que resultou na aprovação da Emenda à Constituição nº 125/2022, consagradora da relevância da questão federal no recurso especial.

Tem-se aqui um retrato da maturação do tribunal sobre suas funções, de modo a concretizar as altas missões confiadas a si pela nossa Constituição. Ao mesmo tempo, trata-se de questão relevante que nos coloca diante de um esforço significativo para fazer desse instituto *tudo o que pode ser* para a jurisdição nacional.

---

1 Doutor, mestre e graduado em Direito pela UFPR. Professor substituto da Faculdade de Direito da UnB. Professor de Direito Processual Civil e Constitucional na Pós-Graduação da Faculdade Presbiteriana Mackenzie (*lato sensu*) e no IDP (*lato* e *stricto sensu*). Membro do IBDP e do IADF. Secretário-Geral da ABPC. Presidente da Comissão de Direito Processual Civil da OAB/DF. Advogado.

Como disse Carlos Drummond de Andrade em "Mãos Dadas" (1940): "o tempo é a minha matéria, do tempo presente, os homens presentes, a vida presente". Parafraseando o poeta, o Ministro Humberto Martins, com positivo pragmatismo, não representa um modelo de jurista a cantar um mundo caduco por meio de suas decisões, tampouco, no extremo oposto, se perde na divagação utópica sobre o futuro. É, antes de tudo, presente.

Celebremos, no ano em que o STJ completa 35 anos e S. Exa. celebra 18 anos na jurisdição do tribunal, os desafios deste momento, encarando a realidade de um presente que é tão grande em suas questões.

Parabenizo, assim, os coordenadores e o homenageado, com felicidade ainda maior por saber que o Professor Roberto Rosas – com toda sua cortesia, inteligência e generosidade – é o responsável pela apresentação do volume, prefaciado por S. Exa., o Min. Dias Toffoli.

## 1. SITUANDO O PROBLEMA

O presente texto tem como pano de fundo a relevância da questão federal (RQF) no recurso especial (REsp). Incorporada pela Emenda Constitucional (EC) nº 125/2022 aos novos §§2º e 3º do art. 105 da Constituição (CF), o art. 2º da EC estabeleceu sua imediata exigibilidade.

O Superior Tribunal de Justiça (STJ), na esteira da literalidade do art. 105, §2º, CF e de forma prudente, em boa hora optou por permitir maior debate e diálogo institucional antes de exigir a relevância.

Afinal, ainda que a emenda tenha desenhado as "linhas mestras do instituto", o funcionamento do *REsp que exige relevância* será balizado pela lei, por sua regulamentação regimental e, claro, em um momento subsequente, pela concretização prática do tribunal.

No momento em que escrevemos estas linhas os debates ainda estão bastante intensos sobre o que é ou *deverá ser* a relevância. Já foram publicadas coletâneas aprofundadas de artigos sobre o instituto[2], importantes trabalhos monográficos[3], apresentadas novas edições de

2 *E.g.*: MARQUES, Mauro Campbell; FUGA, Bruno; TESOLIN, Fabiano; LEMOS, Vinícius (Coord.). **Relevância da questão federal no recurso especial.** Londrina: Thoth, 2023 e BRUSCHI, Gilberto *et. al.* **Relevância no REsp:** pontos e contrapontos. São Paulo: RT, 2022.

3 *E.g.*: MARINONI, Luiz Guilherme. **O filtro da relevância:** do precedente ingênuo ao precedente relevante. São Paulo: RT, 2023; MITIDIERO, Daniel. **Relevância no recurso especial.** São Paulo: RT, 2022.

cursos propondo possíveis direções na interpretação e aplicação da relevância[4], além de dissertações e teses[5] que têm sido produzidas sobre várias facetas do tema.

Participando desse debate doutrinário, tivemos a oportunidade de escrever ensaio sobre o *problema da solução prematura de divergências interpretativas*, de modo a colaborar tanto para o equacionamento *quantitativo* quanto *qualitativo* da RQF, à luz da necessidade de pensarmos o sistema de entrega da jurisdição civil no marco de sua *complexidade* e *sofisticação interpretativa*[6].

O problema que o presente texto busca evidenciar diz respeito a uma questão parecida, que parte dos mesmos *pressupostos* que recomendam que se olhe atentamente para evitar a *prematuridade* da edição de um precedente sob a égide da relevância, mas que é distinta e, de rigor, mais profunda.

Trata-se de se questionar: "quando não se deve editar um precedente"? E mais, por que a explicitação das razões que condizem à sua "não edição" são relevantes. Aquilo que aqui denominamos de "relevante *irrelevância*", a ser utilizada em decisões capazes de gerar *precedentes negativos* capazes de orientar a conduta processual de futuros recorrentes[7].

---

4 *E.g.*: MARINONI, Luiz Guilherme; ARENHART, Sérgio Cruz; MITIDIERO, Daniel. **Curso de Processo Civil Volume 2:** tutela dos direitos mediante procedimento comum. 9ª Ed. São Paulo: RT, 2023, *e-book*, parte II, item 11.12; ALVIM, Teresa Arruda; DANTAS, Bruno. **Precedentes, recurso especial e recurso extraordinário.** 7ª Ed. São Paulo: RT, 2023, *e-book,* Parte V, item 19.5.

5 O presente estudo não trata da negativa de relevância com eficácia específica para o caso concreto, mas sim de decisões negativas de relevância capazes de gerar *precedentes negativos*, ou seja, com eficácia expansiva e vinculante. Sobre os dois temas, ver a tese de doutorado "Relevância da questão federal: o novo recurso especial e a ressignificação das funções institucionais do Superior Tribunal de Justiça", de Fabiano da Rosa Tesolin, *no prelo.* Sustentando a provisoriedade das decisões negativas de repercussão geral/relevância e a possibilidade de sua restrição *ao caso concreto* como solução ao dilema por elas engendrado, ver MARINONI, Luiz Guilherme. **O filtro da relevância:** do precedente ingênuo ao precedente relevante. São Paulo: RT, 2023, *ebook*, Parte V.4.2.

6 KRASSUSKI, Luiz. Relevância da questão federal: o problema da solução prematura de divergências interpretativas e algumas sugestões para regulamentação/operação do instituto. In: MARQUES, Mauro Campbell; FUGA, Bruno; TESOLIN, Fabiano; LEMOS, Vinícius (Coord.). **Relevância da questão federal no recurso especial.** Londrina: Thoth, 2023, p. 367-377.

7 *E.g.*: a já citada tese de Fabiano da Rosa Tesolin, "Relevância da questão federal: o novo recurso especial e a ressignificação das funções institucionais do Superior Tribunal de Justiça", defendida na UFPR, e a tese de Fernando Natal Batista, defen-

Como se procurará demonstrar, não se trata de indagação puramente teórica. Revela questão capaz de lançar luzes sobre importantes efeitos sistêmicos da "decisão negativa de relevância" para o desafogamento *quantitativo* do número de recursos que aportam no STJ.

Ao mesmo tempo, pode, *qualitativamente*, colaborar para o desenvolvimento da jurisdição civil *em todos os graus de jurisdição* na perspectiva da *igualdade substancial* (equacionamento desigual de *casos desiguais* ou *não suficientemente assemelhados*). E, em especial, colaborar para o desempenho da função do Superior Tribunal de Justiça como *corte de precedentes* que desenvolve, de forma vinculativa, o *direito federal interpretado.*

## 2. OS PRESSUPOSTOS TEÓRICO-DOGMÁTICOS DO ENSAIO

Como não poderia deixar de ser, repetem-se aqui algumas das premissas adotadas em estudos anteriores[8], das quais, por dever de coerência, não se deve afastar. Expõe-se analiticamente quatro premissas.

*A uma*, a constatação da inexistência de sentido unívoco e prévio à interpretação aos textos normativos, ainda que seus sentidos possam se estabilizar ao longo do tempo, tal como ocorre pragmaticamente com a linguagem em geral[9].

A norma jurídica que nos revela o *direito federal interpretado*, portanto, é resultado de *decisões* interpretativas que envolvem um texto que

dida no IDP, já publicada comercialmente como livro BATISTA, Fernando Natal. **A relevância da questão federal e a reconfiguração do Superior Tribunal de Justiça como corte de precedentes.** Londrina: Thoth, 2024.

8 O presente item, em grande parte, reflete ideias constantes de seu estudo "coirmão", disponível em: KRASSUSKI, Luiz. Relevância da questão federal: o problema da solução prematura de divergências interpretativas e algumas sugestões para regulamentação/operação do instituto. In: MARQUES, Mauro Campbell; FUGA, Bruno; TESOLIN, Fabiano; LEMOS, Vinícius (Coord.). **Relevância da questão federal no recurso especial.** Londrina: Thoth, 2023, p. 367-377, p. 368-371

9 Sobre a questão, ver KRASSUSKI, Luiz. Direito Processual Constitucional e Racionalidade: raciocínio jurídico, interpretação e alguns aportes teóricos conclusivos a partir de Jerzy Wróblewski. In: MARINHO, Daniel Octávio Silva *et al* (Orgs.). **Interpretação e Processo Constitucional:** estudos sobre a efetivação contemporânea de direitos fundamentais. Londrina: Editora Thoth, 2022, p. 363-379, em especial p. 365-376.

não apenas conversa com a realidade dos fatos, mas cujo sentido se manifesta a partir de sua interpelação interpretativa pela força normativa da facticidade.

Aqui se tem um campo importante para ver a dupla indeterminação do direito a partir da *equivocidade* e *vagueza* da linguagem natural em que são vertidos os textos normativos. Nessa linha, esclarece Daniel Mitidiero, a fim cumprir as promessas de uma ordem jurídica pautada na *igualdade* e *liberdade* e, no final das contas, o direito possa orientar condutas, faz-se necessário reduzir sua indeterminação, o que se faz majoritariamente pela interpretação lógico-argumentativa e racional, cujo instrumento de estabilização por excelência é o *precedente* editado por cortes supremas[10].

Bem por isso "a seleção da questão federal relevante tem uma relação de causa e efeito com os precedentes obrigatórios" pois "objetiva uma decisão que importa a todos e, assim, deve ter eficácia geral e obri-

10 MITIDIERO, Daniel. **Relevância no recurso especial.** São Paulo: RT, 2022, *e-book*, Parte I, 1.2: "O direito é indeterminado basicamente por duas razões: os *textos em que vazado são equívocos* e as *normas são vagas*. Essa é a razão pela qual se costuma afirmar a *'duplice indeterminatezza del diritto'*. Os textos são equívocos porque ambíguos, complexos, implicativos, defectivos e por vezes se apresentam em termos exemplificativos ou taxativos. As normas são vagas porque não é possível antever exatamente quais são os fatos que recaem nos seus respectivos âmbitos de incidência. (...) Essa potencial equivocidade dos textos, contudo, não é algo que possa ser eliminado simplesmente pelo apuramento linguístico na sua redação. Na verdade, a equivocidade não é propriamente um defeito objetivo do texto, mas uma decorrência de diferentes interesses e concepções a respeito da justiça dos intérpretes e da multiplicidade de concepções dogmáticas e métodos interpretativos por eles utilizados que interferem na atividade de individualização, valoração e escolha de significados. (...) Uma norma é vaga porque dá lugar a dúvidas interpretativas a respeito dos casos que recaem ou não sob o seu campo de aplicação. As normas são vagas porque se valem de predicados para comunicar aquilo que esperam de seus destinatários. Os predicados aludem não a entidades individuais, mas a classes, isto é, um conjunto de entidades individuais, cujo significado depende das suas características (isto é, dos atributos do objeto) e da sua extensão (isto é, dos objetos que são alcançados pelas características). A vagueza normativa, portanto, deriva do fato de os predicados normativos terem seus confins de aplicação incertos por força da indeterminação das suas características e do seu alcance. (...) Conquanto, a fim de que o direito possa orientar condutas a fim de cumprir com os seus objetivos básicos de prover uma ordem jurídica pautada pela liberdade e pela igualdade, é preciso reduzir a sua indeterminação. A interpretação é o modo pelo qual essa operação é paulatina e contextualmente realizada".

gatória, ao passo que o precedente com esta eficácia só tem razão de ser quando responde a uma necessidade social relevante"[11].

*A duas*, se os significados dos *textos normativos* sempre estão em disputa, no mínimo potencialmente, a participação *democrática* na construção dos sentidos normativos que diretamente impactam na vida de todo e qualquer jurisdicionado dá-se, em grande parte pelo embate travado em contraditório por meio do processo.

O processo, por sua vez, é densificado no exercício do direito fundamental de ação realizado por meio da vivência concreta de inúmeras garantias capazes de conduzir a decisões idôneas e a ordenação de técnicas hábeis para prestar tutela adequada, efetiva e tempestiva do direito material em disputa[12]. Está-se, portanto, diante de um elemento central para o Estado Constitucional e Democrático de Direito que não pode ser ignorado[13].

*A três*, o REsp em razão da EC nº 125/2022 que instituiu a RQF, assim como ocorreu com o recurso extraordinário com a repercussão geral diante da EC nº 45/2004, passou, como regra geral, a ser um "novo instrumento processual", em que se faz clara a "passagem do *caso em si* para o *caso além de si mesmo*"[14]. Ou seja, foi-se da predominância do *jus litigatoris* ao *jus constitutionis*. Essa questão nos conduz a indagar, ainda

11 MITIDIERO, Daniel. **Relevância no recurso especial.** São Paulo: RT, 2022, *e-book*, Parte II, 1.2

12 MARINONI, Luiz Guilherme. ARENHART, Sérgio Cruz. MITIDIERO, Daniel. **Curso de Processo Civil Vol. 1:** teoria do processo civil. São Paulo: RT, 2015. p. 341.

13 KRASSUSKI, Luiz. **Supremo Processo Constitucional:** a guarda da Constituição em sentido estrito. Londrina: Thoth, 2024, p. 86: "(...) vale destacar a reflexão de Cristina Lafont, para quem, no debate sobre a legitimidade democrática da jurisdição constitucional, muitas vezes se opõe a cidadania, o povo, isso é as instâncias representativas, a uma minoria não eleita (Poder Judiciário), ignorando-se que a jurisdição constitucional tem o seu gatilho a partir do direito de ação. De modo ainda mais claro, 'uma vez que estes cidadãos [que provocam a jurisdição constitucional] certamente pertencem ao povo, é bastante enganador retratar a questão como algo que diz respeito a um desacordo entre alguns juízes, por um lado, e o 'povo' de outro'. O direito de ação (...) também tem o valor de 'reforçar o compromisso da comunidade política em tratar todos os cidadãos como livres e iguais', especialmente 'diante da onipresença de desacordos políticos' (...)".

14 FACHIN, Luiz Edson; KRASSUSKI, Luiz, Repercussão geral do recurso extraordinário: dever de demonstração da transcendência e relevância da questão constitucional, **Revista de Processo Comparado**, São Paulo, V. 7, No. 1, p. 227-252, jan./jun. 2018.

que o próprio texto constitucional já nos dê indícios relevantes, que a grande pergunta passa a ser: *quando haverá relevância*?

Como é intuitivo, não há uma resposta unívoca a essa questão, porém, *a quatro,* essa indagação pode ser desdobrada e indicar duas respostas em uma mesma direção, as quais se distinguem tão somente em grau de profundidade.

Em uma primeira camada, tem-se a resposta que pode ser assim apresentada: "quando for necessário reduzir divergências interpretativas do direito federal". O problema convida, porém, a olharmos para uma segunda camada: "o que é divergência indevida"? Quando não se recomenda a edição de um precedente?

## 3. "RELEVANTE *IRRELEVÂNCIA*": O PAPEL DA DECISÃO NEGATIVA DE RELEVÂNCIA COM EFICÁCIA VINCULANTE EM UM SISTEMA QUE OPERA COM CLÁUSULAS GERAIS

Quanto à necessidade reduzir divergências interpretativas do direito federal, o medo de se ferir a isonomia já nos permitiu identificar em estudo anterior o perigo da prematuridade na edição de precedentes.

Como sustentamos, essa forma de proceder pode retirar do STJ o material de trabalho adequado para construir um precedente diante de um debate judicial robusto proveniente das instâncias ordinárias.

Em outras palavras, a transformação de toda divergência interpretativa em *divergência interpretativa que deve ser reduzida/solucionada imediatamente* priva a corte de um debate não apenas com *pedigree* argumentativo-democrático, mas da efetiva participação e diálogo de razões e fundamentos pelos advogados, defensores públicos, membros do ministério público, juízes e desembargadores, capazes de levar ao conhecimento do STJ uma *questão federal relevante* e, acima de tudo, *amadurecida*. Com efeito:

> (...) por receio da insegurança jurídica, tem-se imaginado, apressadamente, que toda e qualquer divergência na reconstrução das normas jurídicas seria nefasta e, portanto, deveria ser evitada até mesmo dirimida preventivamente. Não se percebe, porém, que a divergência – e um *pool* relevante de casos e de interpretações a partir dos casos – são o *motor* que permitem que uma corte como o STJ desempenhe sua função de redução da equivocidade do direito e outorga de segurança jurídica.

> (...)
>
> O erro, porém, está em concluir que toda divergência interpretativa entre juízes e tribunais, *independente do tempo de sua permanência no sistema*, seria indevida e deveria ser evitada. Se é certo que a permanência indeterminada da divergência é incompatível com a segurança jurídica e a igualdade, não é menos certo que a divergência é o combustível que inicialmente conduz à constatação da necessidade de se editar um precedente obrigatório.
>
> Daí porque apresentar *preventivamente* como solução a criação de atalhos processuais que levem imediatamente toda e qualquer questão afeita à interpretação da lei federal ou constitucional ao STF e ao STJ, como, por exemplo, em razão de sua *repetibilidade*, é indevido. Afinal, ao invés de as cortes supremas atuarem na edição de precedente como ápice de um processo de maturação interpretativa democrático – dentro e fora do Judiciário –, faz com que elas se tornem, em realidade, *instância única de decisão*[15].

O debate, ao fim e ao cabo, é de que nem toda divergência é indevida. Como reconheceu Luiz Guilherme Marinoni, "abrir oportunidade para os Juízes e Tribunais interpretarem a lei é um pressuposto de legitimidade da instituição do precedente"[16].

Para além disso, é até mesmo lógico que o número de dúvidas interpretativas seja tanto maior quanto maior o número de textos normativos passíveis de interpretação. Considerando a ampla centralização constitucional de competências legiferantes na União no contexto da federação brasileira, a relevância não pode significar transformar o STJ em uma "fábrica de produção de decisões em série" para equacionar todas as possíveis dúvidas interpretativas de lei federal[17].

Quanto ao segundo ponto, isso é, "o que é divergência indevida?", torna-se necessário dialogar com a *primeira premissa* de que falamos

15 KRASSUSKI, Luiz. Relevância da questão federal: o problema da solução prematura de divergências interpretativas e algumas sugestões para regulamentação/operação do instituto. In: MARQUES, Mauro Campbell; FUGA, Bruno; TESOLIN, Fabiano; LEMOS, Vinícius (Coord.). **Relevância da questão federal no recurso especial.** Londrina: Thoth, 2023, p. 367-377, p. 371-373

16 MARINONI, Luiz Guilherme. **O filtro da relevância:** do precedente ingênuo ao precedente relevante. São Paulo: RT, 2023, *e-book*, Parte II.1.7.

17 MARINONI, Luiz Guilherme. **O filtro da relevância:** do precedente ingênuo ao precedente relevante. São Paulo: RT, 2023, *e-book*, Parte II.1.10.

acima, sobre a vagueza e indeterminação do direito, adicionando um novo desdobramento: sempre é necessário reduzir a indeterminação do direito por meio de precedentes? Como isso dialoga com a técnica das cláusulas gerais que expressamente revelam campo de densificação normativa pelo intérprete e, em especial, pelo juiz?

Como é sabido, textos normativos vertidos com "cláusulas gerais" ostentam em nosso sistema jurídico uma abertura expressa à realidade. Trata-se de técnica legislativa que revela escolha consciente do legislador a atribuir "espaço para o Judiciário participar da elaboração da norma jurídica"[18]. Como explorar a interface entre cláusulas gerais, precedentes e relevância?

A questão foi endereçada expressamente por Luiz Guilherme Marinoni, preocupado com o não esvaziamento do uso da técnica das cláusulas gerais, capaz de permitir que o "direito frutifique e se desenvolva conforme a evolução dos fatos sociais"[19]. Isso porque aqui até mesmo se poderia imaginar uma contraposição entre os dois instrumentos (cláusula geral e precedente).

A solução preconizada pelo autor foi identificar espaço para a edição de precedente não apenas a partir da possibilidade de *universalização* que emerge de uma específica situação concreta, ou seja, evidenciando a possibilidade de criação de *precedentes* que definam a norma adequada ao preenchimento da cláusula geral[20].

Mas também, e especialmente, o autor revela a importância da edição do precedente diante de uma *divergência* na concretização de uma cláusula geral em face de situações factuais concretas iguais similares, situação em que a corte "deve editar precedente para tutelar a segurança jurídica"[21].

Perceba-se, ainda, que o autor corretamente reconhece a manifesta *transitoriedade* de uma futura decisão negativa de relevância, uma vez que espelha a fotografia de um estado factual determinado, um instante

18 MARINONI, Luiz Guilherme. **O filtro da relevância:** do precedente ingênuo ao precedente relevante. São Paulo: RT, 2023, *e-book*, Parte III.3.1.

19 MARINONI, Luiz Guilherme. **O filtro da relevância:** do precedente ingênuo ao precedente relevante. São Paulo: RT, 2023, *e-book*, Parte III.3.1.

20 MARINONI, Luiz Guilherme. **O filtro da relevância:** do precedente ingênuo ao precedente relevante. São Paulo: RT, 2023, *e-book*, Parte III.3.5.

21 MARINONI, Luiz Guilherme. **O filtro da relevância:** do precedente ingênuo ao precedente relevante. São Paulo: RT, 2023, *e-book*, Parte III.3.2.

na vida da ordem jurídica, podendo vir a ter, diante da nova compreensão dos fatos e do direito, *relevância*[22]. A irrelevância de hoje pode se tornar a relevância de amanhã.

O problema passa a ser o de que, até efetivamente se instaurar eventual divergência interpretativa importante diante de situações factuais iguais ou similares de concretização de cláusulas gerais, restringir a eficácia da decisão que eventualmente negue relevância é, em realidade, convidar a uma constante interposição de recursos especiais ao Superior Tribunal de Justiça.

Perceba-se, portanto, que não se está aqui a tratar da hipótese de decisão negativa de relevância que afirma a "irrelevância automática" de se atribuir sentido a uma cláusula geral. O ponto seria um contrassenso à luz da própria existência de uma cláusula geral em dispositivo de lei federal. Afinal, o uso da técnica legislativa constitui abertura necessária do trânsito jurídico à normatividade decorrente da pluralidade factual em um convite perene à sua adaptabilidade evolutiva.

Ao fim e ao cabo, a discussão que tal decisão implica diz respeito à delimitação, mesmo provisória, sobre "quando não se deve editar um precedente". O debate posto, portanto, vai para além da perspectiva da mera prematuridade da edição de um precedente: não basta aqui a *mera* divergência, tampouco se trata de a levar de sobressalto ao enfrentamento pelo STJ.

Torna-se necessária, bem vistas as coisas, divergência interpretativa relevante da concretização cláusula geral à luz de diversos fatos idênticos ou similares submetidos à apreciação judicial, os quais, por sua vez, sejam capazes de sistemicamente baralhar o trânsito jurídico e gerar insegurança, a fim de se justificar a atuação e edição de precedente pelo Superior Tribunal de Justiça.

Fora disso, ou seja, diante de situações fáticas distintas, tem-se o espaço por excelência da própria *abertura sistêmica* que a cláusula geral procurou outorgar. Perceba-se a explicitação das razões que condizem à "não edição" de precedente na matéria podem ser especialmente relevantes.

Assim como a decisão que decide densificar, de forma vinculante e por meio de um precedente, o conteúdo de uma cláusula geral diante de

22 MARINONI, Luiz Guilherme. **O filtro da relevância:** do precedente ingênuo ao precedente relevante. São Paulo: RT, 2023, *e-book*, Parte IV.4.2.

uma determinada situação, temos aqui "relevante *irrelevância*", que até mesmo deixa de ser oxímoro.

Afinal, nesse caso, ser *relevante* é preservar a razão de ser das cláusulas gerais enquanto seja ainda *irrelevante* sob o ponto de vista sistêmico eventual divergência sobre a sua concretização diante de um grupo de fatos iguais ou similares.

A decisão de *irrelevância* na hipótese revela a importância de se gerarem decisões negativas que sejam capazes de orientar a conduta processual de futuros recorrentes, desincentivando a interposição de recursos especiais, os quais passam a poder ser absorvidos por técnicas sistêmicas similares à atualmente prevista no art. 1.030, I, do CPC, com preservação da isonomia.

## 4. REFERÊNCIAS

ALVIM, Teresa Arruda; DANTAS, Bruno. **Precedentes, recurso especial e recurso extraordinário.** 7ª Ed. São Paulo: RT, 2023.

BRUSCHI, Gilberto *et. al.* **Relevância no REsp:** pontos e contrapontos. São Paulo: RT, 2022.

FACHIN, Luiz Edson; KRASSUSKI, Luiz, Repercussão geral do recurso extraordinário: dever de demonstração da transcendência e relevância da questão constitucional, **Revista de Processo Comparado**, São Paulo, V. 7, No. 1, p. 227-252, jan./jun. 2018.

KRASSUSKI, Luiz. Direito Processual Constitucional e Racionalidade: raciocínio jurídico, interpretação e alguns aportes teóricos conclusivos a partir de Jerzy Wróblewski. In: MARINHO, Daniel Octávio Silva *et al* (Orgs.). **Interpretação e Processo Constitucional:** estudos sobre a efetivação contemporânea de direitos fundamentais. Londrina: Editora Thoth, 2022, p. 363-379.

________. Relevância da questão federal: o problema da solução prematura de divergências interpretativas e algumas sugestões para regulamentação/operação do instituto. In: MARQUES, Mauro Campbell; FUGA, Bruno; TESOLIN, Fabiano; LEMOS, Vinícius (Coord.). **Relevância da questão federal no recurso especial.** Londrina: Thoth, 2023, p. 367-377

________. **Supremo Processo Constitucional:** a guarda da Constituição em sentido estrito. Londrina: Thoth, 2024.

MARINONI, Luiz Guilherme. ARENHART, Sérgio Cruz. MITIDIERO, Daniel. **Curso de Processo Civil Volume 1:** teoria do processo civil. São Paulo: RT, 2015.

________. **Curso de Processo Civil Volume 2:** tutela dos direitos mediante procedimento comum. 9ª Ed. São Paulo: RT, 2023.

MARINONI, Luiz Guilherme. **O filtro da relevância:** do precedente ingênuo ao precedente relevante. São Paulo: RT, 2023.

MARQUES, Mauro Campbell; FUGA, Bruno; TESOLIN, Fabiano; LEMOS, Vinícius (Coord.). **Relevância da questão federal no recurso especial.** Londrina: Thoth, 2023.

MITIDIERO, Daniel. **Relevância no recurso especial.** São Paulo: RT, 2022.

# Precedentes, superação e a necessidade de sucessivos debates prévios

*Rodrigo Fux*[1]

## 1. INTRODUÇÃO

Os eminentes professores Roberto Rosas, Otavio Luiz Rodrigues Jr. e Jadson Santana de Sousa deram-me a honra de submeter este breve artigo ao *liber amicorum* do eminente Ministro Humberto Martins, jurista que há mais de 20 (vinte) anos engrandece a magistratura nacional.

Analisarei uma questão problemática deveras contemporânea, já antecipada pelo ilustre magistrado em seus relevantes votos: a importância da uniformização da interpretação normativa frente ao cenário da litigiosidade no Brasil e dos sucessivos debates para que ocorra a superação dos entendimentos consolidados.

O efetivo "sistema de precedentes", fruto de intensos estudos profundos sobre a Constituição da República e da necessidade de remodelação do Código de Processo Civil de 1973, foi finalmente consolidado nos artigos 489, 926 e 927 do Código de Processo Civil de 2015. O novel diploma processual – decorrente dos anseios da sociedade pela isonomia, segurança jurídica, eficiência e uniformidade – surge como resposta à litigância desenfreada, aos múltiplos recursos infundados interpostos, e à impossibilidade de controle individualizado de cada um dos processos conduzidos por Juízes e Tribunais[2].

---

1 Doutor e Mestre em Direito Processual pela Universidade do Estado do Rio de Janeiro – UERJ. Advogado. Professor Adjunto de Teoria Geral do Processo da Universidade do Estado do Rio de Janeiro. Professor da Escola Nacional da Magistratura – ENM e da Escola do Estado do Rio de Janeiro – EMERJ. Vice-Diretor do Instituto Brasileiro de Direito Processual – IBDP. Advogado. academia@fux.com.br

2 Ao comentar o Projeto de Lei que levou à edição do Código de Processo Civil de 2015, José Manoel de Arruda Alvim Netto destacava que "o que fez o Projeto foi estabelecer, para as demandas repetitivas, uma disciplina análoga àquela referente aos procedimentos da repercussão geral nos recursos extraordinários e do julgamento de 'recursos repetitivos' no Superior Tribunal de Justiça. Solucionam-se, a um só tempo, as questões pertinentes ao afogamento do Poder Judiciário e à uniformização das decisões judiciais". ALVIM NETTO, José Manoel de Arruda. Notas sobre o Projeto de Novo Código de Processo. *Revista de Informação Legislativa*, ano 48, n.º 190, t. 1, abril/junho de 2011, p. 43.

Destaque-se, pela importância do tema, que um sistema de precedentes respeitável requer a necessária segurança jurídica, tão almejada pelo ordenamento jurídico brasileiro. E, para fins de superação dos precedentes qualificados (*i.e. overruling*), como bem assentado pelo ilustre homenageado, "somente será possível após sucessivos debates e decisões contrárias a determinado julgado"[3].

Esse é o foco do presente ensaio, lastrado em relevante e parcimonioso pronunciamento jurisdicional do ilustre homenageado.

## 2. BREVE HISTÓRICO DAS REFORMAS PROCESSUAIS: DE QUE PONTO PARTIMOS?

Desde a promulgação da Constituição Federal de 1988, o ordenamento processual brasileiro, ainda sob a égide do CPC/1973, sofreu uma série de reformas visando à sua adequação às finalidades do Estado e às novas demandas da sociedade[4]. Em que pese o notável avanço alcan-

3 STJ, Ag. Int. No REsp 1.813.194/ES, Relator Ministro Humberto Martins, 3ª Turma, j. em 26/02/2024, DJe 29/02/2024.

4 Trata-se das denominadas "Reformas do Código de Processo Civil" – movimento inaugurado no Brasil no início da década de 1990 e liderado pelos juristas Athos Gusmão Carneiro e Sálvio de Figueiredo Teixeira, então Ministros do Superior Tribunal de Justiça – que instituíram consecutivas modificações na legislação processual do país, acentuadamente, na Lei nº 5.869/1973. Dentre essas Reformas, destaque-se pela sua avultada relevância, as implementadas pela Lei nº 8.952/1994, que instituiu a tutela antecipada, bem como as tutelas específicas; Lei nº 10.352/2001, que trouxe modificações ao sistema recursal e ao tratamento da coisa julgada; Lei nº 10.444/2002, que modificou regras atinentes às tutelas antecipadas e específicas e reforçando a execução provisória; Lei nº 11.232/2005, a qual concedeu nova regulamentação à execução por quantia certa em sentença; Lei nº 11.276/2006, que introduziu a figura da súmula impeditiva de recursos e trouxe alterações à apelação; Lei nº 11.382/2006, que adaptou a execução fundada em títulos extrajudiciais; Lei nº 11.419/2006, dispondo sobre a informatização do processo judicial; Lei nº 11.441/2007, a qual simplificou os procedimentos de inventário, partilha, separação e divórcio consensuais; Lei nº 12.008/2009, que estabeleceu a concessão de prioridade no trâmite processual às pessoas com mais de 60 anos, com deficiências física ou mental e pessoas acometidas de graves doenças; Lei nº 12.016/2009, regulamentando os mandados de segurança individual e coletivo; Emenda Constitucional nº 61/2009, a qual prescreveu mudanças no Conselho Nacional de Justiça; Emenda Constitucional nº 62/2009, com novos dispositivos acerca do sistema de precatórios; Lei nº 12.126/2009, que ampliou o rol de legitimados a ajuizar ações nos Juizados Especiais Cíveis; *etc.*

çado por tais reformas, a edição de sucessivas alterações legislativas no CPC/1973 acabou enfraquecendo a organicidade do sistema processual, tornando-o complexo e desorganizado, e comprometendo os próprios escopos que, inicialmente, as motivaram. Não raro se intitulava nos corredores forenses e na academia a ideia de que o antigo código acabara virando uma verdadeira "colcha de retalhos".

Com vistas a consolidar as alterações promovidas pelas reformas, incorporar outras reclamadas pela comunidade jurídica, bem como devolver organicidade ao ordenamento, o legislador viu-se impelido, de uma vez por todas, a aprovar novo diploma processual, o que culminou na promulgação do CPC/2015 (Lei 13.105/2015).

O código vigente foi elaborado com a pretensão de prestar a tutela jurisdicional efetiva[5], tendo em vista a complexidade das relações sociais, a dinâmica da vida contemporânea e o papel desempenhado pelo Estado em nossa sociedade[6]. Em sua elaboração, tomou-se em conta que o provimento jurisdicional tardio pode se tornar inútil ao detentor do direito e, por consequência, ineficaz à atuação da jurisdição[7].

---

5 A necessidade de efetividade do processo já era anotada por José Carlos Barbosa Moreira, para quem "[q]uerer que o processo seja efetivo é querer que desempenhe com eficiência o papel que lhe compete na economia do ordenamento jurídico. Visto que esse papel é instrumental em relação ao direito substantivo, também se costuma falar da instrumentalidade do processo. Uma noção conecta-se com a outra e por assim dizer a implica. Qualquer instrumento será bom na medida em que sirva de modo prestimoso à consecução dos fins da obra a que se ordena; em outras palavras, na medida em que seja efetivo. Vale dizer: será efetivo o processo que constitua instrumento eficiente de realização do direito material". MOREIRA, José Carlos Barbosa. Por um processo socialmente efetivo. *Revista de Processo*, volume 27, 2002, p. 181.

6 "(...) novas funções se acrescentaram ao papel do Estado, que deixou de ser apenas um sancionador (aquele que edita as regras e pune comportamentos antinormativos), passando também a assumir a tarefa de ser um indutor de condutas, estimulando os comportamentos em sociedade". CABRAL, Antônio do Passo. *Coisa Julgada e Preclusões Dinâmicas*: entre continuidade, mudança e transição de posições processuais estáveis. 3ª Ed. Salvador: Editora JusPodivm, 2018, p. 359.

7 "A preocupação global em torno da duração intolerável dos feitos é patente, já que esta configura um enorme obstáculo para que o processo cumpra seus compromissos institucionais. O tempo pode causar o perecimento das pretensões, ocasionar danos econômicos e psicológicos às partes e profissionais aos operadores do direito, estimular composições desvantajosas, e consequentemente, gerar descrédito ao Poder Judiciário e ao Estado como um todo". TUCCI, José Rogério Cruz e. *Tempo e Processo*: uma análise empírica das repercussões do tempo na fenomenologia processual (civil e penal). São Paulo: Revista dos Tribunais, 1997, p. 89.

Apesar do emprego de esforços hercúleos do legislador para corrigir as deficiências do sistema processual e acelerar a prestação jurisdicional – como a Emenda Constitucional 45 de 2004[8], por meio da qual se positivou, como garantia fundamental, o princípio da duração razoável do processo, como também a consagração da chamada "súmula vinculante", o que atribuiu grande peso aos precedentes, característica típica dos ordenamentos da *common law*[9-10] –, o Poder Judiciário se encontrava à beira de um colapso operando sob égide do CPC/1973[11-12].

---

8 A EC nº 45/2004 se notabilizou por criar e modificar vinte e cinco artigos da Carta Fundamental, todos atinentes ao Poder Judiciário. A Emenda em questão à Carta Cidadã foi fruto do Pacto Republicano, uma parceria firmada entre os três Poderes – representados pelo Supremo Tribunal Federal, Palácio do Planalto e o Congresso Nacional –, objetivando a melhoria e a modernização do Poder Judiciário.

9 Inobstante o Brasil ser, desde 1992, signatário da Convenção Interamericana de Direitos Humanos (o Pacto de San José da Costa Rica) –, que, por força do § 3º, do artigo 5º, da Constituição da República, foi recepcionada com *status* de emenda Constitucional –, e aquela já assegurasse expressamente o direito à duração razoável, a rigor, esse somente era concebido aos processos criminais e ao direito de oitiva dos presos.

10 FARIA, Luiz Alberto Gurgel de. Cinco Anos do Novo CPC: A Importância dos Precedentes. CRUZ, Felipe Santa; FUX, Luiz; e GODINHO, André. *Avanços do Sistema de Justiça*: Os 5 Anos de Vigência do Novo Código de Processo Civil. Brasília: OAB Editora, 2021, p. 292.

11 Em entrevista publicada pouco antes da promulgação do Código de Processo Civil de 2015, o Ministro do Supremo Tribunal Federal Luiz Fux chegou a declarar que "A Emenda Constitucional 45 inseriu nas cláusulas pétreas o direito a que todo cidadão tem à prestação da justiça em tempo razoável. Assim o Código de Processo Civil brasileiro estava a caminho da inconstitucionalidade. Uma inconstitucionalidade progressiva. Porque não seria possível declará-la nula, pois não haveria outro código". Disponível em http://www.conjur.com.br/2015-mar-02/fux-atual-cpc-corre-risco-declarado-inconstitucional. Acesso em 02 de julho de 2024.

12 A EC n.º 45/2004 representa verdadeiro Pacto Republicano, o qual concentrou seus esforços na viabilização de um Judiciário mais rápido e sensível às demandas social, tendo contribuído decisivamente para a regulamentação de institutos como súmula vinculante e a repercussão geral, por meio das Leis nº 11.417/2006 e 11.418/2006, respectivamente. Os referidos institutos, além de constituírem importantes mecanismos de uniformização de jurisprudência, foram decisivos para "desafogar" os ministros do STF, uma vez que restringiram a interposição de inúmeros recursos à Corte. Segundo dados oficiais, a aplicação da sistemática da repercussão geral impactou, desde 2007, na redução de 41,2% do número de recursos que chegam ao Tribunal Constitucional. SUPREMO TRIBUNAL FEDERAL. *Pacto Republicano: parceria entre os três Poderes a serviço da democracia.* Disponível em: http://www2.stf.jus.br/portalStfInternacional/cms/verConteudo.php?sigla=portalStfDestaque_pt_br&idConteudo=173547. Acesso em 02 de julho de 2024.

Naturalmente, a busca por novos mecanismos para entrega da tutela jurisdicional efetiva passa pela análise das necessárias reformas institucionais do Poder Judiciário. Na evolução histórica do sistema processual brasileiro, foi de notável importância o estudo desenvolvido pelos juristas Mauro Cappelletti e Bryant Garth. O denominado "Projeto de Florença" foi fundamental para que se pudesse compreender a situação do Poder Judiciário ao redor do mundo, identificando seus principais problemas e obstáculos, e propondo soluções baseadas nas alternativas encontradas.

Em síntese, o estudo, que representa a máxima expressão do Movimento de Acesso à Justiça[13], partiu do pressuposto de que o sistema jurídico deve ser acessível a todos (acesso à Justiça em sentido formal), bem como produzir resultados individual e socialmente justos (acesso à Justiça em sentido material)[14]. Concluiu ser imprescindível a atuação positiva do Estado, o seu papel indutivo, para garantir aos litigantes a mais completa "igualdade de armas"[15-16].

Inspirado pelos elevados axiomas da legalidade, da isonomia e da segurança jurídica – incluindo o viés do princípio da proteção da confiança –, e com vistas à otimização da boa administração da Justiça

13 No Brasil, apenas parte do relatório foi publicado, tendo sido intitulado de "Acesso à Justiça". Para melhor compreensão, ver: CAPPELLETTI, Mauro; GARTH, Bryant. *Acesso à Justiça*. Tradução de Ellen Gracie Northfleet. Porto Alegre: Sergio Antonio Fabris Editor, 2002.

14 CAPPELLETTI, Mauro; GARTH, Bryant. *Acesso à Justiça*. Tradução de Ellen Gracie Northfleet. Porto Alegre: Sergio Antonio Fabris Editor, 2002, p. 8.

15 "Esta moderna preocupação marca o fim da neutralidade da ciência processual em relação ao direito material carente de prestação jurisdicional, sob forte inspiração do 'Princípio da Efetividade' cujo escopo maior é observar a experiência jurídico-processual a ótica da utilidade social do processo...". FUX, Luiz. *Curso de Direito Processual Civil*, v. 1. Rio de Janeiro: Forense, 2008, p. 98.

16 Metodologicamente, o movimento é fracionado em três "ondas" – as Ondas Renovatórias do Direito Processual –, sendo a primeira responsável por soluções aos problemas de assistência judiciária; a segunda atinente à questão da representação jurídica para os interesses ditos difusos; e a terceira aquela que avança nos desafios anteriores de forma mais profunda, conhecida como "enfoque de acesso à Justiça". Sobre essa última, explicam seus criadores, "inclui os posicionamentos anteriores, mas vai muito além deles, representando, dessa forma, uma tentativa de atacar as barreiras de modo mais articulado e compreensivo". CAPPELLETTI, Mauro; GARTH, Bryant. *Acesso à Justiça*. Tradução de Ellen Gracie Northfleet. Porto Alegre: Sergio Antonio Fabris Editor, 2002, p. 88.

no Brasil[17] (também no afã de combater a chamada "jurisprudência lotérica")[18], o CPC/2015 reforçou a relevância dos precedentes judiciais no ordenamento jurídico brasileiro, levando a efeito uma "fusão singular entre os institutos das famílias jurídicas do *civil law* e do *common law*"[19].

Os precedentes "trazem mais racionalidade e previsibilidade ao sistema, como também redução da litigiosidade, pois os casos idênticos passarão a ter a mesma solução"[20].

Não se pode perder de vista, no entanto, que, como lembrava José Carlos Barbosa Moreira, "a jurisprudência nunca perdeu por completo o valor de guia para os julgamentos. Ainda onde se repeliu, em teoria, a vinculação dos juízes aos precedentes, estes continuaram na prática a funcionar como pontos de referência, sobretudo quando emanados dos mais altos órgãos da Justiça"[21].

O que fez o legislador, ao erigir o CPC/2015, foi pensar em uma latente reforma estrutural sistêmica, cujo foco central é a forma pela qual a jurisdição é efetivamente entregue ao jurisdicionado. E, nesse desiderato, os precedentes em geral possuem papel fundamental para concre-

---

17 A esse respeito, o Enunciado nº 323 do Fórum Permanente de Processualistas Civis assim dispõe: "A formação dos precedentes observará os princípios da legalidade, da segurança jurídica, da proteção da confiança e da isonomia".

18 A esse respeito, o seguinte precedente, de relatoria do Ministro Luis Felipe Salomão: "A observância à iterativa jurisprudência do STJ, a par de prestigiar o próprio sentido de federação, garante tratamento isonômico aos jurisdicionados e vai ao encontro da famosa lição de Cândido Rangel Dinamarco, para quem os tribunais superiores têm por missão propiciar segurança jurídica, prevenindo a denominada 'jurisprudência lotérica', que a par de ocasionar desprestígio ao Poder Judiciário e colocar em risco a autoridade de suas decisões, propicia insegurança social e ao setor produtivo, com inúmeros reflexos deletérios, inclusive o de ensejar que causas idênticas tenham soluções divergentes". STJ, REsp 1.412.667/RS, Relator Ministro Luis Felipe Salomão, 4ª Turma, j. em 12 de novembro de 2013, DJe 03 de fevereiro de 2014.

19 FUX, Luiz (Coord.), NEVES, Daniel Amorim Assumpção (Org.). *Novo Código de Processo Civil: comparado – Lei 13.105/2015*. Rio de Janeiro: Forense, São Paulo: Método, 2015, p. VII (Nota do Coordenador).

20 FARIA, Luiz Alberto Gurgel de. *Os 30 Anos do STJ e a Importância do Recurso Especial Repetitivo na Efetivação da Principal Missão da Corte*: Uniformizar a Interpretação da Lei Federal, p. 1.019. Disponível em https://bdjur.stj.jus.br/jspui/handle/2011/131432. Acesso em 02 de julho de 2024.

21 BARBOSA MOREIRA, José Carlos. Súmula, Jurisprudência e Precedentes: uma escalada e seus riscos. *Temas de Direito Processual*, 9ª série. São Paulo: Saraiva, 2007, p. 300.

ção do Acesso à Justiça e efetividade do processo, jamais se descurando da cláusula do *due process of law*.

### 3. O QUE SÃO OS PRECEDENTES?

Embora sejam tratadas como sinônimas, as expressões "precedente judicial" e "jurisprudência" não representam a mesma coisa, tendo, em verdade, conceituações distintas.

Ao passo que se faz menção a precedente como decisão judicial de um caso particular, cujos núcleo essencial, tese jurídica ou interpretação da norma[22] (*ratio decidendi* ou *holding*) podem destinar-se à parametrização de julgamentos posteriores de casos análogos, o conceito de jurisprudência é usualmente empregado para se fazer referência à pluralidade de decisões proferidas por Tribunais diversos concernentes a vários casos concretos sobre um (mesmo) determinado tema[23-24].

Valendo-se dos ensinamentos de Michele Taruffo[25], cabe assinalar que o precedente judicial - "em regra associado ao seu sentido mais estrito, qual seja, o vinculante"[26] - consubstancia na prática forense uma regra universal que pode ser aplicada como critério de decisão em casos futuros, tendo em vista a identidade ou a similitude entre os fatos do primeiro caso e os fatos do segundo caso e cuja finalidade precípua é a outorga de estabilidade e confiança da interpretação jurídica[27].

---

22 MARINONI, Luiz Guilherme. *Precedentes Obrigatórios*, 2ª edição. São Paulo: Revista dos Tribunais, 2011, p. 222.

23 TARUFFO, Michele. *Dimensiones del Precedente Judicial. In: Páginas sobre Justicia Civil - Proceso y Derecho.* Tradução por Maximiliano Aramburo Calle. Madrid: Marcial Pons, 2009, p. 559.

24 "Em suma, o vocabulário é o conjunto de múltiplas decisões contemporâneas, consoantes ou não, resultantes da atividade ou não, resultantes da atividade dos tribunais, sobre um mesmo determinado tema". CIMARDI, Claudia Aparecida. *A jurisprudência uniforme e os precedentes no Novo Código de Processo Civil brasileiro.* São Paulo: Editora Revista dos Tribunais, 2015, p. 90.

25 TARUFFO, Michele. *Dimensiones del Precedente Judicial. In: Páginas sobre Justicia Civil - Proceso y Derecho.* Tradução por Maximiliano Aramburo Calle. Madrid: Marcial Pons, 2009, p. 559.

26 CIMARDI, Claudia Aparecida. *A jurisprudência uniforme e os precedentes no Novo Código de Processo Civil brasileiro.* São Paulo: Editora Revista dos Tribunais, 2015, p. 91.

27 MARINONI, Luiz Guilherme. *Precedentes Obrigatórios*, 2ª edição. São Paulo: Revista dos Tribunais, 2011, p. 111.

O precedente funciona como verdadeiro preenchimento das lacunas presentes na legislação. Para Paulo Mendes de Oliveira, ele concretiza o direito, completando "uma moldura legislativa que dá ensejo a diversas interpretações"[28] e, na realidade do ordenamento jurídico pátrio, apenas poderá ser assim denominado "quando o STJ se manifestar sobre a interpretação da legislação federal e o STF sobre a Constituição"[29].

A jurisprudência, por sua vez, existe apenas a partir do momento em que o tribunal se manifesta em diversas oportunidades a respeito da mesma questão. A repetição dos casos é, portanto, fundamental para que adequadamente se possa extrair a *jurisprudência dominante* de determinado tribunal.

O precedente judicial, de forma diferente, possui quatro dimensões, quais sejam: (a) institucional, relacionada a fatores que gravitam em torno da organização judiciária e das relações de autoridade/de hierarquia dentro do sistema dos tribunais do país – ou seja, a organização hierárquica dos tribunais nos diversos ordenamentos; (b) objetiva, concernente ao objeto a que se pretende atribuir eficácia vinculante *pro futuro* – invocando-se, com frequência, a distinção entre *ratio decidendi*[30] e *obiter dictum*[31-32] para explicá-la; (c) estrutural, cuja função destina-se

28 OLIVEIRA, Paulo Mendes de. *Coisa julgada e precedente: limites temporais e as relações de trato continuado.* São Paulo: Editora Revista dos Tribunais, 2015, p. 168.

29 OLIVEIRA, Paulo Mendes de. *Coisa julgada e precedente: limites temporais e as relações de trato continuado.* São Paulo: Editora Revista dos Tribunais, 2015, p. 176. Sobre esse ponto específico, pede-se licença para divergir parcialmente, uma vez que parece desnecessário posicionamento de tribunais superiores para que de fato se tenha norma integrante do ordenamento jurídico.

30 A tese ou o princípio jurídico assentado na motivação do provimento decisório, ou, em termos mais simples, o que a corte afirme como correta interpretação da Lei. MARINONI, Luiz Guilherme. *Precedentes Obrigatórios*, 2ª edição. São Paulo: Revista dos Tribunais, 2011, p. 222-232.

31 Questões desnecessárias ao alcance da decisão, desconectadas com os fatos do caso concreto ou as que são dirigidas a um ponto que nenhuma das partes buscou arguir. Além disso, pode-se compreender como *obiter dictum* matérias decididas sem caráter vinculante, que nada têm a ver com o caso que está sendo enfrentado pela corte e matérias que, embora não demandem análise para que se solucione o caso, guardam pertinência com a questão *sub examen*. MARINONI, Luiz Guilherme. *Precedentes Obrigatórios*, 2ª edição. São Paulo: Revista dos Tribunais, 2011, p. 233-238.

32 Merece aplausos, pelo rigor e precisão técnicos, o Enunciado 318 do Fórum Permanente de Processualistas Civis, que – mesmo indiretamente – fornece valiosos subsídios para a compreensão do conceito de *obiter dictum*: "Enunciado n.º 318 – Os fundamentos prescindíveis para o alcance do resultado fixado no dispositivo da decisão (obiter dicta), ainda que nela presentes, não possuem efeito vinculante".

a identificar qual, dentre os diversos precedentes existentes sobre uma determinada questão, será utilizado como ponto de referência para decisões subsequentes; e (d) da eficácia, ou seja, a natureza e a intensidade com as quais o precedente poderá exercer influência sobre os provimentos jurisdicionais futuros.

Como assenta o professor Mark Tushnet: "numa perspectiva mais ampla, essas regras – as quais, é bom enfatizar, comportam qualificações sob outros enfoques importantes – repousam sobre duas diretrizes: eficiência e humildade. As motivações de eficiência soam óbvias no contexto do sentido vertical e apenas um pouco menos evidentes sob a ótica do sentido horizontal. Assim, ou bem o tempo e a energia das partes litigantes serão consumidos desnecessariamente, ou os valores que inspiram o Estado de Direito ficarão comprometidos. Contudo, existe outra consideração – humildade – que atua para prestigiar o precedente horizontal. A ideia nesse caso é simples. É importante enfatizar, aqui, que as razões de humildade operam em qualquer nível do sistema judiciário, desde o juiz de primeiro grau ao juiz da mais alta Corte. Mesmo Ministros da Suprema Corte devem ter em conta de que, em linha de princípio, eles não têm motivos específicos – exceto o mais genuíno egocentrismo – para pensar que são melhores ao produzir interpretação jurídica do que os seus predecessores"[33].

Interessante perceber, ainda, que o precedente pode ser entendido em duas concepções distintas: uma mais ampla e outra restrita. Em sentido amplo, precedente seria qualquer decisão anterior, ou seja, qualquer decisão pretérita que deve – em algum grau – ser levada em consideração nas situações semelhantes julgadas posteriormente[34]. Em sentido restrito, também chamado de sentido normativo, precedente pode ser identificado com a *ratio decidendi*, ou seja, é norma[35].

---

33 TUSHNET, Mark. *Os precedentes judiciais nos Estados Unidos*. Revista de Processo, volume 218, 2013.

34 Para Karl Larenz, precedentes são "resoluções em que a mesma questão jurídica, sobre a qual há que decidir novamente, já foi resolvida uma vez por um tribunal noutro caso". LARENZ, Karl. *Metodologia da ciência do direito*, 5ª edição. Lisboa: Calouste Gulbenkian, 2009, p. 611.

35 A esse respeito, ver MACÊDO, Lucas Buril de. *Precedentes judiciais e o direito processual civil*. Salvador: JusPodivm, 2016, p. 70-73.

## 4. O SISTEMA DE PRECEDENTES DO CPC/2015

No que tange às inovações veiculadas pelo CPC/2015, uma advertência preliminar é imprescindível, principalmente para a correta compreensão das disposições dos artigos 926 a 928: o legislador pátrio não pretendeu de forma genérica e abstrata importar cegamente para o Brasil uma "teoria geral dos precedentes".

O Professor Humberto Theodoro Júnior, com a maestria e a precisão que lhe são peculiares, apontou, em artigo publicado em 2016 sobre o CPC/2015 que "o sistema inspira-se nas tradições do Common Law, mas não se limita a uma simples versão do instituto anglo-saxônico. Respeita as peculiaridades da construção histórica de nosso ordenamento jurídico, dos movimentos doutrinários, bem como da experiência que, em torno da matéria, a lei e os tribunais têm vivido"[36].

Longe de tratar-se de mera enunciação vazia ou divagação acadêmica, o Código de Processo Civil de 2015 apresenta claro fundamento constitucional, sobretudo ao veicular normas que buscam garantir o Devido Processo Legal, a Isonomia e a Segurança Jurídica, corolários do Estado de Direito. Noutras palavras, a criação do sistema de precedentes tem assento constitucional, muito embora esteja positivada amiúde no Código de Processo Civil de 2015.

Para correta compreensão do sistema do CPC/2015, é ainda necessário ter em mente a relevante diferença existente entre os *precedentes obrigatórios* e os *precedentes persuasivos.*

Os primeiros, denominados *precedentes vinculantes* ou *obrigatórios*, plasmados no artigo 927 do CPC/2015, são aqueles que devem ser observados/cumpridos pelos juízes e tribunais, pois funcionam como norma, como fonte formal e imediata de direito.

Por outro lado, são *persuasivos* aqueles que funcionam como instrumentos de oxigenação do pensamento jurídico pelos tribunais (permitindo sua manutenção ou evolução no decorrer do tempo) e como fundamentos para a decisão, mas que não vinculam o julgador. Esses concorrem para a formação do convencimento do julgador e aprimoramento dos julgados. Muito embora os juízes não estejam obrigados a aplicar os precedentes persuasivos, isso não significa que devem ignorá-

36 THEODORO JÚNIOR, Humberto. 1. Jurisprudência e precedentes vinculantes no novo Código de Processo Civil – Demandas repetitivas. Revista de Processo, volume 255, 2016, versão eletrônica, item 8.

-los, pois o julgador deve ao menos levar em consideração essas decisões na formação de sua convicção até pelo dever de fundamentação/motivação das decisões previsto constitucionalmente no artigo 93, inciso IX, e repetido no CPC/2015, em seu artigo 489, § 1º, inciso IV[37-38].

Independentemente se vinculantes ou persuasivos, até pela estrutura piramidal e hierárquica do Poder Judiciário no Brasil, é "desejável que haja atitude respeitosa das instâncias inferiores com relação àquilo que decidem as cortes superiores"[39], sendo notório que as decisões proferidas pelas Cortes exercem influência sobre os magistrados em causas que venham a ser julgadas em seguida[40].

Sob a ótica da criação do sistema de precedentes no Brasil, diante do cenário de crescente litigiosidade do Brasil, o CPC/2015 positivou aquilo que já era constantemente defendido pela doutrina, a ponto de José Carlos Barbosa Moreira afirmar há mais de uma década que "ainda onde se repeliu, em teoria, a vinculação dos juízes aos precedentes, estes continuaram na prática a funcionar como pontos de referência, sobretudo quando emanados dos mais altos órgãos da Justiça"[41].

De igual modo, é natural que o CPC/2015, na linha do que já propunham o CPC/1973 e reformas legislativas anteriores e posteriores à codificação revogada[42], tenha absorvido conceitos e institutos da teoria do *stare decisis* e da *doctrine of binding precedent*[43] dos países da *common*

37 Ver MACÊDO, Lucas Buril de. *Precedentes judiciais e o direito processual civil*. Salvador: JusPodivm, 2016, p. 79-82.

38 Sobre a necessidade de os precedentes persuasivos serem levados em consideração pelo julgador, veja-se MARINONI, Luiz Guilherme. *Precedentes obrigatórios*, 2ª edição. São Paulo: RT, 2011, p. 117-118.

39 ALVIM, Teresa Arruda. Precedentes. *In* Teresa Arruda Alvim (Coord.). *CPC em foco temas essenciais e sua receptividade*: dois anos de vigência do novo CPC. São Paulo: Editora Revista dos Tribunais, 2018, p. 626.

40 CIMARDI, Claudia Aparecida. *A jurisprudência uniforme e os precedentes no Novo Código de Processo Civil brasileiro*. São Paulo: Editora Revista dos Tribunais, 2015, p. 138.

41 MOREIRA, José Carlos Barbosa. Súmula, Jurisprudência e Precedentes: uma escalada e seus riscos. *Temas de Direitos Processual*, 9ª série. São Paulo: Saraiva, 2007, p. 300.

42 MOREIRA, José Carlos Barbosa. Súmula, Jurisprudência e Precedentes: uma escalada e seus riscos. *Temas de Direitos Processual*, 9ª série. São Paulo: Saraiva, 2007, p. 222.

43 A propósito, recomenda-se a leitura do primoroso trabalho de STRECK, Lênio Luiz. *Jurisdição Constitucional e Decisão Jurídica*. 4ª. São Paulo: Revista dos Tribunais, 2014, p. 358-359.

*law*. Afinal, (a) a experiência forense comprovou serem catalisadores da efetividade do processo, da isonomia e da boa administração da Justiça; e (b) se mostraram compatíveis e adaptáveis ao ordenamento jurídico brasileiro, de família romano-germânica, ou seja, com características intrínsecas deveras distintas.

Historicamente, o sistema da *common law* não contava com conceito definido daquilo que poderia ser compreendido por precedente judicial, tampouco com a premissa de que os órgãos jurisdicionais seriam vinculados. O que se buscava, em suas origens, era a certeza e a confiança do Direito (*certainty*)[44]. Como nos sistemas de *common law* a construção do direito dá-se pela sua aplicação, nada mais natural que os julgadores busquem o respeito às decisões anteriores. Pode-se dizer que a construção do sistema de precedentes, além de lenta, consubstancia processo quase natural.

Nessa linha, a interpretação dos artigos 926 a 928 do Código de Processo Civil de 2015, que representam verdadeiro microssistema de precedentes, deve ter, como norte, a organicidade do sistema e a sintonia fina que se pretendeu estabelecer entre o CPC/2015 e postulados extraídos diretamente da Constituição da República (*e.g.*, isonomia, segurança jurídica, proteção da confiança, duração razoável do processo), justamente na esteira da Exposição de Motivos do Anteprojeto do CPC/2015.

É importante, então, que se tenham em conta os imperativos da harmonização das decisões judiciais e pronunciamentos jurisdicionais[45], bem como da vinculação dos órgãos do Poder Judiciário às decisões paradigmáticas proferidas, em primeiro lugar, pelos Tribunais Superiores, e, sucessivamente, pelos demais Tribunais pátrios quando da análise dos dispositivos ora em exame.

Afinal, como leciona Luiz Guilherme Marinoni, "a força obrigatória dos precedentes é necessária para garantir a coerência da ordem jurí-

44 É oportuna, nesse ponto, a máxima transcrita na Exposição de Motivos do Novo Código de Processo Civil no sentido de que "os jurisdicionados não podem ser tratados 'como cães, que só descobrem que algo é proibido quando o bastão toca seus focinhos' (...)". NEVES, Daniel Amorim Assumpção. *Novo Código de Processo Civil: Comparado – Lei 13.105/2015. Luiz Fux (Coord.); Daniel Amorim Assumpção Neves (Org.).* Rio de Janeiro: Forense, 2015, p. 308.

45 NEVES, Daniel Amorim Assumpção. *Novo Código de Processo Civil: Comparado – Lei 13.105/2015. Luiz Fux (Coord.); Daniel Amorim Assumpção Neves (Org.).* Rio de Janeiro: Forense, 2015. p. 461.

dica, a igualdade, a estabilidade e a previsibilidade, além de favorecer a efetividade do sistema de decisões"[46].

No mesmo sentido caminha o entendimento de Aluisio Mendes, para quem, como o Código de Processo Civil de 2015 é lei ordinária, "é, assim, também fonte primária e básica no direito brasileiro", razão pela qual "os juízes devem, nos termos do art. 35, inciso I, da Lei Complementar 35, cumprir e fazer cumprir as normas legalmente estabelecidas, dentre as quais a do art. 927 do novo CPC"[47].

Em síntese, o Código de Processo Civil de 2015 buscou prestigiar "a direção já abertamente seguida pelo Ordenamento Jurídico brasileiro, expressado na criação da Súmula Vinculante do Supremo Tribunal Federal e do regime de julgamento conjunto de recursos especiais e extraordinários repetitivos", com vistas a impulsionar a "tendência de criar estímulos para que a jurisprudência se uniformize, à luz do venham decidir tribunais superiores e até de segundo grau, e se estabilize"[48].

Os artigos 926 a 928 do Código de Processo Civil de 2015 podem – e devem – ser compreendidos como verdadeiro microssistema de precedentes no CPC/2015[49] – entendimento alinhado com a busca constante

---

46 MARINONI, Luiz Guilherme. *Precedentes Obrigatórios*, 5ª edição. São Paulo: Editora Revista dos Tribunais, 2017, p. 13.

47 MENDES, Aluisio Gonçalves de Castro. Breves Considerações sobre o caráter vinculativo da jurisprudência e dos precedentes no artigo 927 do novo Código de Processo Civil. NUNES, Dierle; Mendes, Aluisio Gonçalves de Castro; e JAYME, Fernando Gonzaga (coordenação). *A Nova Aplicação da Jurisprudência e Precedentes no CPC/2015*. São Paulo: Editora Revista dos Tribunais, 2017, p. 124.

48 NEVES, Daniel Amorim Assumpção. *Novo Código de Processo Civil: Comparado – Lei 13.105/2015*. Luiz Fux (Coord.); Daniel Amorim Assumpção Neves (Org.). Rio de Janeiro: Forense, 2015, p. 308.

49 Larissa Pochman aponta, ainda, outros dispositivos que devem ser observados. A autora afirma o seguinte: "(...) o novo CPC traz a possibilidade de participação na formação dos julgamentos com potencial a serem vinculantes (a exemplo do artigo 983 e do artigo 1.038, I), através da figura do amicus curiae (previsto no artigo 138) e de referência à audiência pública em seu texto legislativo (a exemplo do art. 983, § 1º e 1.038, II). A previsão de vinculação também não afasta – e nem deveria – a necessidade de argumentação racional no processo de interpretação/aplicação do direito. A decisão jurídica baseada em previsão de eficácia vinculante precisa de muito mais do que uma mera identificação, exige interpretação e compreensão. Não é dado ao julgador a faculdade de se eximir de interpretar (e, portanto, compreender)". SILVA, Larissa Clare Pochman da. A vinculação aos precedentes judiciais, o artigo 927 do novo Código de Processo Civil brasileiro e seus

pela uniformidade e coerência da jurisprudência, tutelando-se a segurança jurídica e a unidade do direito[50].

O 926 do CPC/2015 representa uma regra geral e fundamental. O legislador fez constar, de forma imperativa, que "[o]s tribunais devem uniformizar sua jurisprudência e mantê-la estável, íntegra e coerente" – desde que observada a competência que a lei lhe outorga[51]. O objetivo é claro e louvável: racionalizar a prestação jurisdicional, gerar jurisprudência uniforme e obter dos órgãos do Poder Judiciário – sempre que possível – decisões semelhantes para casos que apresentem os mesmos pressupostos fáticos[52-53].

---

impactos. NUNES, Dierle; Mendes, Aluisio Gonçalves; e JAYME, Fernando Gonzaga (coordenação). *A Nova Aplicação da Jurisprudência e Precedentes no CPC/2015*. São Paulo: Editora Revista dos Tribunais, 2017, p. 621-622.

---

50 "A relação meramente exemplificativa revela quantas mudanças foram introduzidas no novo estatuto processual civil. Há, por óbvio, vários outros preceitos relevantes, mesmo que não constituam uma novidade. Entre todos, considerando as inovações e as regras já conhecidas, existe um instituto previsto no CPCj2015 que é por demais importante, em face da pretensão de emprestar uma unidade ao nosso Direito: refiro-me ao precedente". FARIA, Luiz Alberto Gurgel de. O Novo CPC e a Vinculação aos Precedentes – Breves Considerações. ARAÚJO, Raul; MARCONI, Cid; e ROCHA, Tiago Asfor. *Temas Atuais e Polêmicos na Justiça Federal*. Salvador: Editora JusPodivm, 2018, p. 320.

51 "A princípio, seria lícito imaginar que à luz do art. 926, CPC, todos os 'tribunais' que compõem o Poder Judiciário brasileiro têm a mesma função diante da ordem jurídica. Essa suposição está equivocada. À luz do art. 926 do CPC, é preciso distinguir entre as funções da Cortes de Justiça – Tribunais de Justiça e Tribunais Regionais Federais – e as funções das Cortes de Precedentes – que ocupam o 'vértice' da organização judiciária, Supremo Tribunal Federal e Superior Tribunal de Justiça. Em outras palavras, importa perceber a necessidade de reconstrução do sistema judiciário. É preciso distinguir as funções das Cortes de Justiça – exercer controle retrospectivo sobre as causas decididas em primeira instância e uniformizar a jurisprudência – e as funções das Cortes de Precedentes – outorgar uma interpretação prospectiva e dar unidade ao direito. É imprescindível fazê-lo a fim que se dê uma adequada organização à administração judiciária". MITIDIERO, Daniel. *Precedentes*: da persuasão à vinculação, 3ª edição. São Paulo: Editora Revista dos Tribunais, 2018, p. 80-81.

52 WAMBIER, Teresa Arruda Alvim. Em Direção ao Common Law? MENDES, Aluísio Gonçalves de Castro; WAMBIER, Teresa Arruda Alvim (Coords.). *O Processo em perspectiva*: Jornadas brasileiras de Direito Processual – Homenagem a José Carlos Barbosa Moreira. São Paulo: Revista dos Tribunais, 2013, p. 371.

53 Vale destacar, no ponto, o teor do Enunciado n.º 316 do Fórum Permanente de Processualistas Civis, cujo teor é o seguinte: "A estabilidade da jurisprudência do Tribunal depende também da observância de seus próprios precedentes, inclusive por seus órgãos fracionários".

Com relação ao *caput* do artigo 927 do CPC/2015, vê-se que o legislador fez questão de manter coerência e sistematicidade com o disposto no artigo 926 do mesmo diploma, impondo aos magistrados o dever de observar as diferentes manifestações judiciais previstas nos seus incisos[54]. A redação não deixa dúvidas. Ao dispor que "[o]s juízes e os tribunais observarão", o dispositivo trouxe uma série de precedentes obrigatórios, cuja não observância poderá dar origem a *error in judicando* ou a *error in procedendo*[55].

O § 1º do mesmo dispositivo legal[56] ainda traz importantíssima disposição segundo a qual os juízes e tribunais devem observar o disposto

---

54 Acerca da exegese mais adequada do artigo 927 da novel codificação, é de bom alvitre a análise dos Enunciados n.os 169 e 170 do Fórum Permanente de Processualistas Civis:
"Enunciado n.º 169: Os órgãos do Poder Judiciário devem obrigatoriamente seguir os seus próprios precedentes, sem prejuízo do disposto nos §§ 7° e 11 do art. 521 [artigo 927, §§ 1° a 5°]".
Enunciado n.º 170: "As decisões e precedentes previstos nos incisos do *caput* do art. 521 [artigo 927] são vinculantes aos órgãos jurisdicionais a eles submetidos".

55 "(...) os arts. 926 e 927, CPC, apenas tornam mais visível a adoção da regra do stare decisis entre nós: o descolamento de uma perspectiva cognitiva (do juge inanime, dos juízes como oracles of the law) para uma perspectiva adscritivista da interpretação (em que se reconhece que os juízes concorrem para definição do significado do direito e que em certa medida - e apenas em certa medida - há judge-made--law) exige a alteração do referencial da segurança jurídica: não mais apenas a estática declaração da lei ou dos precedentes, mas a dinâmica reconstrução da relação entre a lei, a doutrina e os precedentes a partir de parâmetros racionais de justificação". MITIDIERO, Daniel. *Precedentes*: da persuasão à vinculação, 3ª edição. São Paulo: Editora Revista dos Tribunais, 2018, p. 88.

56 Adiante-se, por fidelidade teórica, que o texto do Código de Processo Civil de 2015 aprovado pelo Senado da República não contém um dispositivo específico que trate das hipóteses de distinção (*distinguishing*) - *i.e.*, não aplicação do precedente na hipótese *sub judice*, sem, contudo, verificar-se a sua revogação - entre um precedente judicial e o caso concreto. Nada obsta, porém, que juízes e tribunais, mediante a aplicação analógica do artigo 927, § 1° c/c artigo 1.037, §§ 8°, 9°, 10 e 11 e 12, ambos do Novo Código de Processo Civil, procedam, a requerimento das partes, do Ministério Público ou mesmo *ex officio*, à distinção entre a decisão paradigmática anterior e o novo processo judicial posto a julgamento, seja pela constatação de diferenças fáticas entre os casos, seja pelo fato de a corte vislumbrar um maior número de fatos materiais passíveis de edição de regras particulares. Sobre o *distinguishing*, Leonardo Greco lembra que "qualquer juízo ou tribunal inferior pode deixar de aplicá-lo se, cuidadosamente comparados o precedente e o novo caso, existir alguma circunstância fundamental que caracterize este último como um caso diverso do anterior (*distinguishing*), o que, evidentemente, exige um con-

nos artigos 10 e 489, § 1°, ambos do CPC/2015, sempre que decidirem com base nos precedentes judiciais elencados em caráter taxativo nos incisos do próprio artigo 927, do CPC/2015.

## 5. SUPERAÇÃO DO PRECEDENTE E NECESSIDADE DE AMPLOS DEBATES

Conforme já sublinhamos, o ilustre homenageado pontificou que "a superação de um precedente qualificado (overruling) somente será possível após sucessivos debates e decisões contrárias a determinado julgado"[57]. Significa dizer que o vetor segurança jurídica almejado pelo ordenamento jurídico com o sistema de precedentes apenas será devidamente protegido se, para superação (*overruling*), forem exigidos "sucessivos debates" ou o desgaste da *ratio decidendi* anteriormente firmada.

Da mesma forma que a fixação de tese deve ser vista com especial atenção, também a superação deve ser objeto de cuidadosa análise pelos julgadores. Foi com isso em mente que o § 2º do artigo 927 trouxe importante mecanismo de participação democrática nos casos de alteração da tese jurídica adotada em enunciado de súmula ou em julgamento de casos repetitivos.

Antes de o precedente ser superado, poderão ser designadas audiência públicas com a participação de pessoas, órgãos e entidades de representatividade que possam colaborar com a rediscussão da tese –

fronto minucioso de circunstâncias que somente o julgado na íntegra possibilita, e não um lacônico enunciado abstrato" (GRECO, Leonardo. Novas súmulas do STF e alguns reflexos sobre o mandado de segurança. *Revista Dialética de Direito Processual*, São Paulo: Dialética, 2004, n.º 10, p. 46). É de valiosa alusão o seguinte precedente do Supremo Tribunal Federal – STF: HC 85.185/SP, Relator Ministro Cezar Peluso, Tribunal Pleno, j. em 10/08/2005, DJe 01/09/2006.

57 STJ, Ag. Int. no REsp 1.813.194/ES, Relator Ministro Humberto Martins, 3ª Turma, j. em 26/02/2024, DJe 29/02/2024. No mesmo sentido, vejam-se: STJ, Ag. Int. no REsp 1.781.986/ES, Relator Ministro Humberto Martins, 3ª Turma, j. em 11/12/2023, DJe 18/12/2023; Ag. Int. no REsp 1.952.598/ES, Relator Ministro Humberto Martins, 3ª Turma, j. em 18/12/2023, DJe 20/12/2023; Ag. Int. no REsp 1.6760.10/ES, Relator Ministro Humberto Martins, 3ª Turma, j. em 16/10/2023; DJe 18/10/2023; Ag. Int. no REsp 1.776.057/ES, Relator Ministro Humberto Martins, 3ª Turma, j. em 09/10/2023; DJe 16/10/2023; e Ag. Int. no REsp 1.776.058/ES; Relator Ministro Humberto Martins, 3ª Turma, j. em 09/10/2023; DJe 16/10/2023.

"palco adequado e pertinentíssimo"[58] da figura já conhecido do *amicus curiae* –, o que decerto emprestará maior legitimidade democrática aos precedentes judiciais.

Os §§ 3º e 4º do artigo 927 do Código de Processo Civil de 2015 versam sobre matérias sobremaneira relevantes e que demandam especial cuidado na praxe forense, quais sejam, as hipóteses de modificação, superação e revogação dos precedentes judiciais (*overruling*), e os seus efeitos/a sua eficácia no plano concreto (*retrospective overruling* e *prospective overruling*).

Nos países da família da *common law*, opera-se o *overruling* sempre que o tribunal suplanta o precedente judicial, anulando-o e substituindo-o por nova *ratio decidendi* destinada a valer para casos futuros, quando o mesmo seja considerado ultrapassado diante de superveniente realidade jurídica (revogação ou modificação da norma que respaldava a antiga razão de decidir), econômica, política e/ou social.

Para Leonardo Greco, "o próprio tribunal que firmou o precedente pode abandoná-lo em julgamento futuro (*overruling*)"[59], sendo certo que "a revogação de um precedente depende da adequada confrontação entre os requisitos básicos para o *overruling* – ou seja, a perda de congruência social e o surgimento de inconsistência sistêmica – e os critérios que ditam as razões para a estabilidade ou para a preservação do precedente – basicamente a confiança justificada e a prevenção contra a surpresa injusta"[60].

Com relação aos efeitos/à eficácia do *overruling*, a experiência do sistema da *common law* autorizou fosse a superação dos precedentes judiciais classificada em *prospective overruling*, quando a nova *ratio decidendi* deva ser aplicada com efeitos prospectivos (ou *pro-futuro*), e *retrospective overruling*, ocasiões em que a novel orientação possa ser aplicada indistintamente a todos os casos passados e futuros[61].

---

58 BUENO, Cássio Scarpinella. *Amicus Curiae no Processo Civil Brasileiro: um terceiro enigmático*, 2ª edição. São Paulo: Saraiva, 2015, p. 573.

59 GRECO, Leonardo. Novas súmulas do STF e alguns reflexos sobre o mandado de segurança, *In*: *Revista Dialética de Direito Processual*, São Paulo: Dialética, 2004, n.º 10, p. 46.

60 MARINONI, Luiz Guilherme. *Precedentes obrigatórios.* São Paulo: Revista dos Tribunais, 2011, p. 393.

61 BODART, Bruno Vinícius da Rós. *Embargos de Declaração como Meio Processual Adequado a Suscitar a Modulação de Efeitos Temporais do Controle de Constitucio-*

A intenção do legislador pátrio foi nitidamente de aperfeiçoar, *cum granu salis*, tais ferramentas (*ad exemplum*, a modulação de efeitos prevista nas Leis 9.868/1999 e 9.882/1999) sempre com os olhos voltados (a) à experiência estrangeira, em especial dos Estados Unidos da América e da Inglaterra, que comprovou serem valiosas para catalisar a obediência, o respeito e a reverência aos precedentes judiciais; e (b) aos ideários da Isonomia, da Legalidade, da Segurança Jurídica e da Proteção da Confiança.

A disposição veiculada no § 3° do artigo 927 resguarda, em nome do interesse social e da segurança jurídica subjacentes ao caso concreto, a possibilidade de modulação de efeitos na hipótese de alteração da jurisprudência dominante do Supremo Tribunal Federal e dos tribunais superiores ou daquela oriunda do julgamento de casos repetitivos (*prospective overruling* e *retrospective overruling*).

Sem dúvidas, a modulação dos efeitos é deveras relevante para todas as áreas do direito, com maior ou menor intensidade, pois preserva valores caríssimos da nossa sociedade democrática e transcende muitíssimo a simples relação processual.

O § 4° do dispositivo legal, inspirado pelos já apregoados postulados da segurança jurídica, da proteção da confiança e da isonomia, mantendo-se coerente ao disposto nos artigos 9°, 10 e 489, § 1°, todos do novel *codex*, sedimentou a necessidade de que a modificação dos enunciados de súmula, de jurisprudência pacificada e de tese adotada em julgamento de casos repetitivos seja precedida de fundamentação adequada e específica.

Por fim, dando concretude elogiável no plano processual ao princípio da publicidade (artigo 37, *caput* c/c artigo 93, inciso IX, ambos da Carta Republicana de 1988), o § 5° do artigo 927 do CPC/2015 determina que os tribunais são obrigados a dar publicidade aos seus precedentes, organizando-os por questão jurídica decidida e divulgando-os, preferencialmente, na rede mundial de computadores – prática observada pela quase totalidade dos tribunais pátrios, em especial pelo STF e pelo STJ.

---

*nalidade. Revista de Processo*. São Paulo: Revista dos Tribunais, 2011, v. 198, ago. 2011, p. 391.

## 6. CONCLUSÃO

O CPC/2015 caminhou no sentido de mitigar a divisão clássica entre *civil law* e *common law*[62], buscando elementos adaptáveis do direito estrangeiro e promovendo a certeza e a previsibilidade do Direito e do entendimento dos tribunais. Isso, naturalmente, busca realizar a valiosa lição do saudoso Professor José Carlos Barbosa Moreira, para quem o processo deveria ser efetivamente democrático e célere, proporcionando a convivência entre os poderes do juiz e a autonomia das partes, a partir da incidência das garantias fundamentais processuais, verdadeiro ideário que pode ser alcançado pela análise e adaptação de institutos provenientes do direito estrangeiro.

As reformas constitucionais e legislativas, que ganharam tração com a Emenda Constitucional 45/2004, buscaram combater a litigiosidade inerente ao sistema processual brasileiro, que, ainda assim, antes da edição do Código de Processo Civil de 2015, apresentava claros sinais de exaustão.

É nesse contexto que surge o sistema de precedentes, a respeito do qual as lições do Ministro Luiz Fux, encarregado de presidir a Comissão do Anteprojeto que culminou no Código de Processo Civil de 2015, são sempre valiosas:

> "A Jurisprudência assumiu o destaque característico dos sistemas da família da *common law*, vinculando juízes e tribunais, reclaman-

62 "Costuma-se afirmar que o Brasil é o país cujo direito se estrutura de acordo com o paradigma do *civil law*, próprio da tradição jurídica romano-germânica, difundida na Europa continental. Não parece correta essa afirmação tão peremptória. O sistema jurídico brasileiro tem uma característica muito peculiar, que não deixa de ser curiosa: temos um direito constitucional de inspiração estadunidense (daí a consagração de uma série de garantias processuais, inclusive, expressamente, do devido processo legal) e um direito infraconstitucional (principalmente o direito privado) inspirado na família romano-germânica (França, Alemanha e Itália, basicamente). Há controle de constitucionalidade difuso (inspirado no *judicial review* estadunidense) e concentrado (modelo austríaco). Há inúmeras codificações legislativas (*civil law*) e, ao mesmo tempo, constrói-se um sistema de valorização dos precedentes judiciais extremamente complexo (súmula vinculante, súmula impeditiva, julgamento modelo para causas repetitivas, etc.), de óbvia inspiração no *common law*". DIDIER JR., Fredie. *Curso de Direito Processual Civil*, v. 1. Introdução ao Direito Processual Civil, Parte Geral e Processo de Conhecimento, 18ª edição. Salvador: JusPodivm, 2016, p. 59.

do, por seu turno, a perfeita adequação da causa ao precedente (*distinguishing*), a possibilidade de sua modificação (*overruling*), bem como a modulação temporal da modificação jurisprudencial no afã de evitar a surpresa judicial, interdição que conspira em prol da prometida segurança jurídica eclipsada em cláusula pétrea constitucional. Essa força emprestada à jurisprudência viabiliza, também, a previsibilidade das decisões, respeitando as justas expectativas dos jurisdicionados."[63]

Após introdução a respeito do que se pode ter como sistema de precedentes no ordenamento brasileiro, tentou-se demonstrar, neste artigo, a diferença existente entre os precedentes persuasivos e os precedentes obrigatórios. Tal diferenciação, longe de ser meramente teórica, é importantíssima para a correta compreensão do sistema trazido pelo CPC/2015, que, em seu artigo 927, colaciona uma série de decisões e enunciados com caráter normativo e vinculante.

Por fim, espera-se ter deixado claro que, assim como a fixação de precedente vinculante deve ser criteriosa, sua superação deve ser precedida de amplos debates e/ou da demonstração do desgaste da *ratio decidendi*, exatamente na esteira do que defendido pelo eminente Ministro Humberto Martins em seus pronunciamentos jurisdicionais. Apenas dessa forma se pode garantir as almejadas segurança e previsibilidade das decisões judiciais.

Esperamos que estas singelas linhas estejam à altura da grandeza do homenageado, bem como que sirvam para promover importante debate acerca desse instrumental tendente à racionalização das decisões judiciais, com a consequente redução da litigiosidade e promoção da eficiência do sistema processual também perante os Tribunais Superiores e da previsibilidade dos pronunciamentos jurisdicionais.

## 7. REFERÊNCIAS

ALVIM NETTO, José Manoel de Arruda. Notas a respeito dos aspectos gerais e fundamentais da existência dos Recursos – Direito Brasileiro. *Revista de Processo*, volume 48, outubro/dezembro de 1987, versão eletrônica.

63 FUX, Luiz. *Teoria geral do processo civil*, 3ª edição. Rio de Janeiro: Forense, 2019, p. 44.

ALVIM NETTO, José Manoel de Arruda. Notas sobre o Projeto de Novo Código de Processo. *Revista de Informação Legislativa*, ano 48, n.º 190, t. 1, abril/junho de 2011.

ALVIM, Teresa Arruda. Precedentes. *In* Teresa Arruda Alvim (Coord.). *CPC em foco temas essenciais e sua receptividade*: dois anos de vigência do novo CPC. São Paulo: Editora Revista dos Tribunais, 2018.

BODART, Bruno Vinícius da Rós. *Embargos de Declaração como Meio Processual Adequado a Suscitar a Modulação de Efeitos Temporais do Controle de Constitucionalidade. Revista de Processo*. São Paulo: Revista dos Tribunais, 2011, v. 198, ago. 2011.

BUENO, Cássio Scarpinella. *Amicus Curiae no Processo Civil Brasileiro: um terceiro enigmático*, 2ª edição. São Paulo: Saraiva, 2015.

CABRAL, Antônio do Passo. *Coisa Julgada e Preclusões Dinâmicas*: entre continuidade, mudança e transição de posições processuais estáveis. 3ª Ed. Salvador: Editora JusPodivm, 2018.

CAPPELLETTI, Mauro; GARTH, Bryant. *Acesso à Justiça*. Tradução de Ellen Gracie Northfleet. Porto Alegre: Sergio Antonio Fabris Editor, 2002.

CIMARDI, Claudia Aparecida. *A jurisprudência uniforme e os precedentes no Novo Código de Processo Civil brasileiro*. São Paulo: Editora Revista dos Tribunais, 2015.

CIMARDI, Claudia Aparecida. *A jurisprudência uniforme e os precedentes no Novo Código de Processo Civil brasileiro*. São Paulo: Editora Revista dos Tribunais, 2015.

DIDIER JR., Fredie. *Curso de Direito Processual Civil*, v. 1. Introdução ao Direito Processual Civil, Parte Geral e Processo de Conhecimento, 18ª edição. Salvador: JusPodivm, 2016.

FARIA, Luiz Alberto Gurgel de. Cinco Anos do Novo CPC: A Importância dos Precedentes. CRUZ, Felipe Santa; FUX, Luiz; e GODINHO, André. *Avanços do Sistema de Justiça*: Os 5 Anos de Vigência do Novo Código de Processo Civil. Brasília: OAB Editora, 2021.

FARIA, Luiz Alberto Gurgel de. O Novo CPC e a Vinculação aos Precedentes – Breves Considerações. ARAÚJO, Raul; MARCONI, Cid; e ROCHA, Tiago Asfor. *Temas Atuais e Polêmicos na Justiça Federal*. Salvador: Editora JusPodivm, 2018.

FARIA, Luiz Alberto Gurgel de. *Os 30 Anos do STJ e a Importância do Recurso Especial Repetitivo na Efetivação da Principal Missão da Corte*: Uniformizar a Interpretação da Lei Federal. Disponível em https://bdjur.stj.jus.br/jspui/handle/2011/131432. Acesso em 02 de julho de 2024.

FUX, Luiz (Coord.), NEVES, Daniel Amorim Assumpção (Org.). *Novo Código de Processo Civil: comparado - Lei 13.105/2015*. Rio de Janeiro: Forense, São Paulo: Método, 2015.

FUX, Luiz. *Curso de Direito Processual Civil*, v. 1. Rio de Janeiro: Forense, 2008.

*FUX, Luiz. Teoria geral do processo civil, 3ª edição*. Rio de Janeiro: Forense, 2019.

GRECO, Leonardo. Novas súmulas do STF e alguns reflexos sobre o mandado de segurança, *In*: *Revista Dialética de Direito Processual*, São Paulo: Dialética, 2004, n.º 10.

LARENZ, Karl. *Metodologia da ciência do direito*, 5ª edição. Lisboa: Calouste Gulbenkian, 2009.

MACÊDO, Lucas Buril de. *Precedentes judiciais e o direito processual civil*. Salvador: JusPodivm, 2016.

MARINONI, Luiz Guilherme. *Precedentes Obrigatórios*, 2ª edição. São Paulo: Revista dos Tribunais, 2011.

MENDES, Aluisio Gonçalves de Castro. Breves Considerações sobre o caráter vinculativo da jurisprudência e dos precedentes no artigo 927 do novo Código de Processo Civil. NUNES, Dierle; Mendes, Aluisio Gonçalves de Castro; e JAYME, Fernando Gonzaga (coordenação). *A Nova Aplicação da Jurisprudência e Precedentes no CPC/2015*. São Paulo: Editora Revista dos Tribunais, 2017.

MITIDIERO, Daniel. *Precedentes: da persuasão à vinculação*, 3ª edição. São Paulo: Editora Revista dos Tribunais, 2018.

MOREIRA, José Carlos Barbosa. Por um processo socialmente efetivo. *Revista de Processo*, volume 27, 2002.

MOREIRA, José Carlos Barbosa. Súmula, Jurisprudência e Precedentes: uma escalada e seus riscos. *Temas de Direito Processual*, 9ª série. São Paulo: Saraiva, 2007.

OLIVEIRA, Paulo Mendes de. *Coisa julgada e precedente: limites temporais e as relações de trato continuado*. São Paulo: Editora Revista dos Tribunais, 2015.

SILVA, Larissa Clare Pochman da. A vinculação aos precedentes judiciais, o artigo 927 do novo Código de Processo Civil brasileiro e seus impactos. NUNES, Dierle; Mendes, Aluisio Gonçalves; e JAYME, Fernando Gonzaga (coordenação). *A Nova Aplicação da Jurisprudência e Precedentes no CPC/2015*. São Paulo: Editora Revista dos Tribunais, 2017.

STRECK, Lênio Luiz. *Jurisdição Constitucional e Decisão Jurídica*. 4ª. São Paulo: Revista dos Tribunais, 2014.

TARUFFO, Michele. *Dimensiones del Precedente Judicial. In: Páginas sobre Justicia Civil - Proceso y Derecho*. Tradução por Maximiliano Aramburo Calle. Madrid: Marcial Pons, 2009.

THEODORO JÚNIOR, Humberto. *1. Jurisprudência e precedentes vinculantes no novo Código de Processo Civil - Demandas repetitivas*. Revista de Processo, volume 255, 2016, versão eletrônica.

TUCCI, José Rogério Cruz e. *Tempo e Processo*: uma análise empírica das repercussões do tempo na fenomenologia processual (civil e penal). São Paulo: Revista dos Tribunais, 1997.

TUSHNET, Mark. *Os precedentes judiciais nos Estados Unidos*. Revista de Processo, volume 218, 2013.

WAMBIER, Teresa Arruda Alvim. Em Direção ao Common Law? MENDES, Aluísio Gonçalves de Castro; WAMBIER, Teresa Arruda Alvim (Coords.). *O Processo em perspectiva*: Jornadas brasileiras de Direito Processual - Homenagem a José Carlos Barbosa Moreira. São Paulo: Revista dos Tribunais, 2013.

# CONTROLE JUDICIAL DOS ATOS DA ADMINISTRAÇÃO – UMA PERSPECTIVA PARA A INTERPRETAÇÃO DO SUPERIOR TRIBUNAL DE JUSTIÇA

*Fernando Tourinho de Omena Souza*[1]

*Alberto Jorge Correia de Barros Lima*[2]

**Sumário:** Introdução **1.** A velha discussão sobre a normatividade dos princípios **2.** O que significa a proeminência dos princípios. **3.** Os princípios constitucionais no Estado Democrático de Direito. **4.** O princípio da legalidade: vinculação e discricionariedade. **5.** Conceitos legais indeterminados. **6.** O controle pelo Poder Judiciário. **7.** À guisa de conclusão.

## INTRODUÇÃO

O Estado Democrático de Direito em que se constitui, segundo o artigo 1º da Constituição Federal, a República Federativa do Brasil, fundamentado na dignidade da pessoa humana (CF, art. 1º, III), tem como objetivo principal a promoção do bem de todos (CF, art. 3º, IV). A leitura primeira que se depreende destes dispositivos, localizados hierarquicamente no cimo da Carta Constitucional[3], é o reconhecimento de que a existência do Estado dá-se em função da pessoa humana e não o contrário. Em conseqüência, para atingir as metas de promover o bem dos seus cidadãos, os meios utilizados pelo Estado, primeiro não poderão olvidar a dignidade destes e ademais deverão estar pautados por critérios im-

---

1 Desembargador Presidente do Tribunal de Justiça de Alagoas. Professor da Escola da Magistratura do Estado de Alagoas. Foi Corregedor-Geral de Justiça, Diretor da Escola Superior da Magistratura e Presidente da Associação Alagoana de Magistrados.

2 Juiz de Direito Titular da 17ª Vara Cível de Maceió (Fazenda Pública). Doutor e mestre em Direito Penal pela Universidade Federal de Pernambuco; Professor Associado de Direito Penal Constitucional, Direito Penal e Criminologia do Mestrado e da Graduação em Direito da Universidade Federal de Alagoas; Coordenador Geral e Professor da Escola Superior da Magistratura do Estado de Alagoas.

3 O subsistema constitucional, parece-me, estrutura suas normas, hermeneuticamente, de forma escalonada. Mas essa hierarquia deve ser tomada axiologicamente. Há autores que sustentam uma hierarquia normativa entre as normas constitucionais, Souto Maior Borges (Pró-dogmática. Por uma hierarquização dos princípios constitucionais. **Revista de Direito Público**. São Paulo: Malheiros, n. 1, 1993) ao que parece, inclui-se entre esses.

postos pela própria Carta Constitucional e rigorosamente previstos em leis infraconstitucionais que subordinam absolutamente o administrador (princípio da legalidade estrita). Desse modo, é correto afirmar que todos os atos da administração que maltratem os direitos fundamentais da pessoa humana[4] submetem-se, inteiramente, ao controle judicial[5].

A Constituição, através de princípios, que chamaremos princípios constitucionais administrativos, limita de forma ampla a intervenção do administrador, fixando balizas intransponíveis no seu atuar e, ao mesmo tempo, delimita marcos ao próprio juiz quando investido na tarefa jurisdicional de controle dos atos da administração. Nesse passo, afirma-se: **há, também, um limite constitucional na atividade de controle**.

No Brasil, ao contrário do que se dá na maioria dos países da Europa continental, há unidade de jurisdição. Nenhum litígio sobre direitos, mesmo **qualquer** daqueles entre a Administração e os administrados, pode ser excluído da apreciação do Poder Judiciário por conta da **inafastabilidade** e **inderrogabilidade da jurisdição** (CF, art. 5º, XXXV). Ainda assim, discute-se se é possível o controle judicial nos casos da discricionariedade e dos conceitos indeterminados e, afirmativa a resposta, de que forma poderia se firmar o controle dos atos administrativos nesse caso e quais seriam os limites.

A inserção dos valores transportados com os princípios, constitucionalmente positivados (explícita ou implicitamente), ao contrário do apartamento proposto pelo positivismo jurídico metodológico, obriga a consideração deles não só pelo administrador, como pelo juiz na apreciação do controle dos atos da administração, isso sem que haja qualquer fuga da perspectiva dogmática.

Esse trabalho, produzido para homenagear o eminente Ministro Humberto Martins, pretendendo alcançar uma diretriz para a interpre-

---

4 Contemporaneamente, vide CANOTILHO, José Joaquim Gomes & MOREIRA Vital. **Constituição da República Portuguesa Anotada**, 2ª ed., v. 1º. Coimbra: Coimbra, 1984, p. 70, **a dignidade** é concebida como referência constitucional unificadora de todos os Direitos Fundamentais haja vista a positivação dos mesmos, como aceitação formal de todos, nas constituições.

5 Para Antônio Francisco de Souza (**"Conceitos Indeterminados" no Direito Administrativo**, Coimbra: Almedina, 1994, p. 231) em nenhum caso qualquer dos Direitos Fundamentais poderão ser tocados nos núcleos essenciais. O respeito pelos Direitos Fundamentais constitui limite à apreciação subjetiva da autoridade administrativa. É dever, pois, dos tribunais velar pela observância desse limite constitucional.

tação do Superior Tribunal de Justiça, elege a legalidade administrativa estrita como limite constitucional, dos mais importantes, para o administrador e para o próprio juiz quando de sua atividade jurisdicional de controle. Sobreleva-se, ainda, como relevante uma abordagem acerca da metodologia principiológica, para em seguida tecer considerações a respeito dos princípios constitucionais e sua interação com o controle dos atos da administração. Ao final, serão elencadas as principais conclusões.

## 1. A VELHA DISCUSSÃO SOBRE A NORMATIVIDADE DOS PRINCÍPIOS

As normas jurídicas constitucionais, afirma grande parte da doutrina, compreendem tanto os princípios quanto as regras. Princípio, advirta-se de logo, é um vocábulo polissêmico. Anota Carrió que, na linguagem comum, vincula-se, **no mínimo**, a sete focos de significação. Relaciona-se com a idéia de propriedade fundamental, núcleo básico; regra, guia ou orientação; fonte geradora, causa ou origem; finalidade, objetivo, proposta ou meta; premissa, axioma, verdade teórica postulada como evidente, essência; regra prática de conteúdo evidente, verdade ética inquestionável; e com as idéias de máxima, provérbio, aforismo[6].

Na linguagem jurídica, há também conceituações distintas, porém, a questão central para caracterização dos princípios é a revelação de sua normatividade[7]. Canotilho, na trilha de Dworkin[8] e Alexy, foi taxativo quando afirmou que as regras e princípios são duas espécies do gênero norma jurídica[9]. Entre nós, Paulo de Barros Carvalho, incisivamente já **prelecionou** que "os princípios são normas, com todas as implicações que esta proposição apodítica venha a suscitar"[10]. Embora utilizando da

6 CARRIÓ, Genaro R. **Notas Sobre Derecho y Lenguaje**, Buenos Aires: Abeledo-Perrot, 1990, p. 209-212

7 BONAVIDES, Paulo. **Curso de Direito Constitucional**. São Paulo: Malheiros, 1996, p. 230.

8 DWORKIN, Ronald. **Los Derechos en Serio**. Barcelona: Ariel, 1989.

9 CANOTILHO, J. J., Gomes. **Direito Constitucional**. Coimbra: Almedina, 1996, p. 166.

10 Sobre os Princípios Constitucionais Tributários. **Revista de Direito Tributário**. São Paulo: RT, n. 55, janeiro/março, 1991, p. 149. Na senda da normatividade dos princípios, vários estudos foram produzidos entre nós, além do trabalho de Paulo Bonavides (**Curso de Direito Constitucional**. São Paulo: Malheiros, 1996), no capítulo 'Dos Princípios Gerais do Direito aos Princípios Constitucionais', p. 228, destacam-se: GRAU, Eros Roberto. **A Ordem Econômica na Constituição de 1988**. RT: São Paulo, 1990, p. 125; ATALIBA, Geraldo. **República e Constituição**.

metodologia tradicional, distinguindo princípios de normas, faz ver Ivo Dantas que a ampla maioria dos princípios constitucionais catalogados no título I da Constituição de 1988 coincidem com o conteúdo das cláusulas pétreas do artigo 60, § 4º, da Carta Magna[11], o que, de certa forma implica na concepção de normatividade dos princípios, pois, neste caso, os mesmos se colocam como limites jurídicos que o legislador de reforma não pode transpor. Souto Maior Borges, apesar de também distinguir princípios de regras, acentua que os primeiros são sim normas de direito, aduzindo que essa distinção é um dos mais elevados problemas do Direito Constitucional da atualidade[12]. Há, mesmo entre nós, àqueles que criam uma terceira espécie, como Ávila, ao descrever o que chama de "postulados normativos" [13].

A diferenciação que se faz entre princípios e regras, como já cediço, é uma distinção entre duas espécies de normas. O critério mais freqüentemente utilizado, segundo Alexy, é o da generalidade[14]. Os princípios são normas dotadas de alto grau de generalidade, ao passo que as regras têm grau relativamente baixo de generalidade. Canotilho afirma que os princípios são normas com grau de abstração relativamente elevado, enquanto as regras possuem abstração relativamente reduzida[15].

Outra distinção faz-se com base no critério da determinabilidade na aplicação do caso concreto: os princípios, por serem indeterminados, precisam de mediações concretizadoras, advindas do legislador, ou do próprio juiz; as regras são suscetíveis de aplicação imediata.

---

São Paulo: RT, 1995, p. 6. MELLO, Celso Antônio Bandeira de. **Curso de Direito Administrativo**. São Paulo: Malheiros, 1995, p. 476-7 e com diferente contorno, BARROSO, Luis Roberto. **O Direito Constitucional e a Efetividade de suas Normas**. Rio de Janeiro: Renovar, 1996, p. 288; 291-2.

---

11 **Princípios Constitucionais e Interpretação Constitucional**. Rio de Janeiro: Lumem Juris, 1995, p. 53-4.

12 Pró-dogmática – Por uma hierarquização dos princípios constitucionais. **Revista de Direito Público**. São Paulo: Malheiros, n. 1, 1993, p. 143.

13 ÁVILA, Humberto. **Teoria dos princípios:** da definição à aplicação dos princípios jurídicos. São Paulo: Malheiros , 2010.

14 ALEXY, Robert. **Teoria de los Derechos Fundamentales**. Trad. Ernesto Garzón Valdés. Centro de Estudios Constitucionais: Madrid, 1997, p. 83.

15 CANOTILHO, J.J. Gomes. **Direito Constitucional**. Coimbra: Almedina, 1996, p. 166 e seguintes.

Os princípios são "standards" juridicamente vinculantes radicados nas exigências de "justiça" ou na "idéia de direito"; as regras podem ser normas vinculativas com um conteúdo meramente funcional.

Os princípios são fundamentos de regras, vale dizer, são normas que constituem a *ratio* de regras jurídicas, desempenhando, por isso, uma função normogenética fundamentante. Assim, afirma Alexy que o critério decisivo nessa distinção, e parece-nos que o melhor, é que os princípios são normas **que determinam que algo seja realizado da melhor maneira possível**[16].

Nessa senda, afirma Marcelo Neves:

> Com base nesses pressupostos, Alexy chega à distinção entre regras e princípios que se apresenta como a que mais se coaduna, no resultado, com o presente trabalho: "Princípios são sempre razões prima facie e regras são, se não houver o estabelecimento de alguma exceção, razões definitivas." Nesse sentido, regras e princípios são apresentados como razões ou fundamentos para normas, sejam essas universais (gerais-abstratas) ou individuais (juízos concretos de dever-ser), só indiretamente razões ou fundamentos para ações.[17]

Não é demais também insistir em que o afastamento de qualquer regra em nome de um princípio, ao exemplo do afastamento de qualquer norma em nome da constitucionalidade, máxime por conta de uma Constituição tão ampla como a nossa, deve se fazer com interpretação e argumentação sólida, observada a racionalidade do sistema, as linhas da doutrina mais importante e, bem assim, a trilha evolutiva da jurisprudência. Vale transcrever, por isso, o temor de Neves:

> ... A prática inconsistente rejeita as regras. Estas podem chegar a um ponto definitividade que torna manifesto o desvio. Os princípios, ao contrário, (...) podem ser mais facilmente articulados para encobrir soluções que minam a consistência da ordem jurídico a favor de interesses particularista que pressionam a solução do caso. Ou

16 ALEXY, Robert. **Teoria de los Derechos Fundamentales**. Trad. Ernesto Garzón Valdés. Centro de Estudios Constitucionais: Madrid, 1997, p. 84 e s.

17 NEVES, Marcelo. **Entre Hidra e Hércules** – princípios e regras constitucionais. São Paulo: Martins Fontes, 2013, p.68.

seja, os princípios são mais apropriados a abusos no processo de concretização...[18]

## 2. O QUE SIGNIFICA A PROEMINÊNCIA DOS PRINCÍPIOS

O ordenamento jurídico, para muitos, constitui um sistema[19], uma totalidade ordenada, um conjunto de entes entre os quais existe uma certa ordem[20]. Em um sistema, diz-se, não devem coexistir normas incompatíveis, pois elas não convivem isoladamente, umas enleiam outras, têm um certo relacionamento entre si, o que implica exclusão de quaisquer incompatibilidades[21]. Os princípios compõem os alicerces desse sistema, sendo os núcleos fundamentais do mesmo, uma vez que sustentam toda construção normativa do ordenamento jurídico, servindo-lhe de diretriz. Por isso é que se fala do caráter de fundamentalidade dos princípios, tanto por conta da sua importância estruturante no sistema jurídico, como por seu papel fundamental no ordenamento, dada a sua posição hierárquica (princípios constitucionais)[22].

Pode-se afirmar, seguindo os passos da concepção sistemática, que a ordem jurídica brasileira configura um sistema de normas. Esse sistema é composto por vários subsistemas que têm como fundamento de validade a Constituição[23]. Mas a própria Constituição compõe um sub-

---

18 NEVES, Marcelo. **Entre Hidra e Hércules** - princípios e regras constitucionais. São Paulo: Martins Fontes, 2013, p. 190.

19 O pensamento sistemático, segundo Tercio Sampaio Ferraz Jr. (**Introdução ao Estudo do Direito**. São Paulo: Atlas, 1995, p. 67) foi transposto da teoria da Música e da Astronomia para a Teologia, para a Filosofia e para a Jurisprudência (Ciência do Direito). Anota Tercio que o termo sistema vulgariza-se e se torna mais preciso com a obra de Christian Wolf. Entretanto, o uso pioneiro do termo "sistema" (derivado do grego *synhistanai* - "colocar junto"), tanto para denotar organismos vivos, como para sistema social, é atribuído ao bioquímico Lawrence Henderson. Desde essa época, a locução "pensamento sistêmico" passou a significar a compreensão de um fenômeno contextualmente. (Vide CAPRA, Fritjof. **A Teia da Vida**. Trad. Newton R. Eichemberg. São Paulo: Cultrix, 2001, p. 39).

20 BOBBIO, Norberto. **Teoria do Ordenamento Jurídico**. Trad. M. Celeste dos Santos. Brasília: UNB, 1996, p. 71.

21 BOBBIO, Norberto. **Teoria do Ordenamento Jurídico**. Trad. M. Celeste dos Santos. Brasília: UNB, 1996, p. 80.

22 CANOTILHO. J. J. Gomes. **Direito Constitucional**. Coimbra: Almedina, 1996, p. 166

23 KELSEN, Hans. **Teoria Pura do Direito**, trad. João B. Machado. São Paulo: Martins Fontes, 1995, p. 224.

sistema, o mais importante por certo, pois paira superior em relação aos demais, face ao seu singular posicionamento hierárquico, achando-se no ápice do ordenamento, contendo as **diretrizes essenciais** que orientam e vinculam a totalidade do sistema jurídico nacional.

Como um subsistema, as normas que compõem a Constituição não podem ser interpretadas apartadamente, pois umas condicionam outras, influenciando-se mutuamente, de modo que não se pode interpretar umas sem ter presente a significação das demais. Cada norma constitucional concorre para integrar o sentido das outras, formando uma rede interpenetrante, que confere coerência e unidade ao sistema pela conexão recíproca de significados[24].

Todas as normas assentes na Constituição Federal são superiores hierarquicamente às demais normas do sistema, ainda que a matéria tratada por aquelas sejam meramente formais, não dizendo respeito aos elementos básicos ou institucionais da organização política. Basta que a matéria seja introduzida no corpo da Constituição para gozar da garantia e do valor superior que lhe confere o texto constitucional.

Todavia, entre as normas constitucionais, há aquelas que são as linhas mestras, os núcleos fundamentais, havendo nelas uma superioridade até por sua densidade. É que o subsistema constitucional estrutura suas normas, hermeneuticamente, também de forma escalonada. Mas a hierarquia aqui é tomada axiologicamente. Princípios, portanto, dada a sua polissemia, tão tomados aqui de maneira lata, sejam mesmo regras, sejam princípios *stricto sensu*, caracterizando-se, ambos, como as normas jurídicas mais importantes e que, por isso, ocupam posições privilegiadas na Constituição.

Esse conjunto constitucional de normas mais importantes são, na verdade, as disposições fundamentais que se irradiam sobre as demais normas, servindo-lhes de **critério interpretativo**, exatamente por definir a lógica e a racionalidade do próprio sistema, apontando a direção e mostrando o sentido a partir do qual devem ser compreendidas as demais normas. Assim, pouco importa, a separação havida por setores doutrinários sobre regras e princípios, quando ambas são constitucionalmente relevantes. O princípio constitucional da legalidade administrativa é, rigorosamente, uma regra constitucional, mas, também, não

24 SILVA, José Afonso da. **Aplicabilidade das Normas Constitucionais**. São Paulo: Malheiros, 1998, p. 184.

deixa de ser um princípio *lato sensu*, dado sua importância para setor vital da República.

## 3. OS PRINCÍPIOS CONSTITUCIONAIS NO ESTADO DEMOCRÁTICO DE DIREITO

Compreendendo a abrangência da significação dos princípios, é fato que o Estado Democrático de Direito consagrou a junção dos princípios próprios do Estado Liberal e dos princípios inerentes ao Estado Social. Como o todo é mais do que a soma das partes[25], ou, em uma linguagem dialética hegeliana, como a síntese supõe uma superação dos componentes básicos isoladamente considerados, o Estado Democrático de Direito, em que se constitui a República Federativa do Brasil (CF, art. 1º) é, ou pretende ser, uma superação dos modelos de estado Liberal e Estado Social, vincado na concepção democrática de realizar o bem de todos respeitando o direito das minorias (CF, art. 3º, IV) e atuando mediante procedimentos estabelecidos que não façam nenhuma concessão ao arbítrio, todavia que possibilitem a participação dos múltiplos setores sociais na elaboração desses próprios procedimentos, impregnando-os não só de legalidade, mas também de legitimidade.

Os princípios constitucionais são, assim, todas as normas que ditam uma exigência de racionalização e legitimação impostas pela Carta Constitucional para elaboração e operacionalização do Direito em um Estado Democrático. São os limites que estreitam e condicionam tanto as possibilidades de formulações legislativas, **quanto ao agir do administrador e, para além, à atuação judicial** concernente à interpretação das regras existentes **e ao controle das atividades administrativas**.

Pode-se afirmar afinal, ao nível de interpretação, a exigência da ação difusiva e contagiante dos princípios constitucionais, não havendo possibilidade de dissociação das categorias administrativas da irradiação fundamentante das normas constitucionais[26], **isso tanto na interpretação das normas, quanto na análise da prova colhida**. O problema

25 HEISEMBERG, Werner. Der Teil und das Ganze, citado por CAPRA, Fritjof, in: **A Teia da Vida**. Trad. Newton R. Eichemberg. São Paulo: Cultrix, 2001,p. 41-2.

26 A supremacia da Constituição sobre todo o ordenamento opera a recusa da interpretação conforme as leis, o que pode levar à inconstitucionalidade. O essencial é que se interprete a lei segundo as normas constitucionais superiores, nunca ao contrário.

da interpretação não se cinge apenas ao ajuizamento do sentindo das expressões normativas (proposições), mas vai além, quando antes enfrenta a avaliação dos fatos e, após, a subsunção dos mesmos à lei.

É importante deixar registrado, ainda que tantas vozes tenham sido levantadas neste aspecto, um outro pilar do Estado Democrático de Direito: o princípio da separação dos Poderes. Rigorosamente o Poder é uno, mas as competências legislativas, executivas e judiciárias são exercidas por instituições diferentes, exatamente para que haja controle. O princípio implica, como todos sabem, em harmonia entre as competências e harmonia, necessariamente, significa reconhecimento de espaços próprios e reservados de atuação por cada uma das competências, em relação às demais. Se ao Judiciário, por força da inafastabilidade da jurisdição cabe a última palavra, é importante, por imperativo da harmonia, que saiba reconhecer, nesse instante, em que situações ele não pode, nem deve intervir.

## 4. O PRINCÍPIO DA LEGALIDADE: VINCULAÇÃO E DISCRICIONARIEDADE

O princípio da legalidade da administração seria mais propriamente designado pela locução "reserva legal administrativa", vez que ele traduz o propósito político de submeter os *exercentes* do poder administrativo **a nada poder fazer, a não ser, única e exclusivamente, o que lhes determinam as leis, havidas no Estado Democrático como a vontade geral de todas as tendências do grupamento social**[27]. Evidentemente que o princípio prende-se também a necessidade de lei anterior ao ato.

No Brasil o princípio da legalidade administrativa encontra constitucionalidade expressa, tanto pelo que dispõe o artigo 37, caput, estatuindo a legalidade como cânon da administração pública, como pelo conteúdo geral do artigo 5º, II, o qual se reporta, especificamente, a abstenção ou a prática de conduta em virtude **somente de lei** (legalidade geral).

A vinculação do administrador à lei atua duplamente. Por um lado submete a autoridade administrativa as leis editadas pelo parlamento, por outro subordina seus atos (do administrador) ao controle judicial. As assombradas preocupações de que a administração poderia com isso ser comprimida, obstada no desempenho de seu mister, nunca se con-

27 MELLO, Celso Antônio Bandeira de. **Curso de Direito Administrativo**. São Paulo: Malheiros, 1995, p. 47.

cretizaram[28]. Nem o parlamento, nem o Judiciário, se mostraram, rigorosamente, como empecilho à administração. O temido governo dos juízes - que é péssimo - não pode afastar o controle da administração pelo judiciário em nome da governabilidade.

É fundamental a autocontenção dos juízes antes de mais nada. Esse é um indicador importante de sua legitimidade. Ademais é certo que os juízes, na atividade de controle, somente atuam em um segundo momento e, via de regra, para casos concretos. Exclusivamente as autoridades administrativas são competentes para execução dos atos administrativos, os juízes e tribunais, para usar a expressão de Maurer, "*seguem* a execução da lei das autoridades administrativas"[29].

A vinculação primeira do administrador, ou seja, sua imediata submissão às leis editadas pelo parlamento pode ser tal que os espaços para que ele atue sejam extremamente apertados, de modo que é possível vislumbrar com maior clareza que a abstenção de sua conduta, ou sua conduta positiva (um fazer) e/ou aquilo que ele deva fazer, correspondem às exigências do **tipo legislado**[30].

Todavia, a vinculação pode se dar de modo mais folgado, oportunidade em que se confere às autoridades administrativas determinados

28 MAURER, Hartmut. **Elementos de Direito Administrativo Alemão**. Trad. L. Afonso Heck. Porto Alegre: Fabris, 2001, p. 47.

29 MAURER, Hartmut. **Elementos de Direito Administrativo Alemão**. Trad. L. Afonso Heck. Porto Alegre: Fabris, 2001, p. 47.

30 O **tipo** é a descrição da conduta (ou abstenção da conduta) do administrador apresentada no enunciado da lei. Utilizando os avanços da teoria do tipo em matéria Penal, é possível dizer que o tipo contém sempre um núcleo, representado pelo verbo, que indica a atividade ou ausência de atividade do administrador e de elementos descritivos e elementos valorativos, que determinam o modo de atuar daquele. Os elementos descritivos são aqueles que descrevem com o máximo de clareza e precisão esse modo de atuar do administrador, ao passo que os elementos valorativos (conhecidos também por normativos) implicam sempre dimensão maior de valoração e consequentemente maior grau de subjetivismo. Os elementos valorativos e até mesmo os descritivos, não deixam de ser espécies de conceitos legais indeterminados na ótica de Antônio Francisco de Souza ("Conceitos Indeterminados" no Direito Administrativo. Coimbra: Almedina, 1994, p. 23-9) para quem entre conceitos legais **determinados** e conceitos legais **indeterminados**, resta apenas a diferença do elevado grau de indeterminação que diz respeito aos últimos. O autor caracteriza esses os distinguindo em: a) conceitos descritivos; b) conceitos normativos; c) conceitos de valor e d) conceitos discricionários.

espaços de decisão e/ou atuação, espaços esses chamados por muitos de **poder discricionário**[31] e, por outros de **dever-poder discricionário**[32].

Para Maurer[33], o poder discricionário é relativo à **consequência jurídica** de uma regulação legal, assim, o poder é posto quando a autoridade, visto o tipo legal, pode fazer a escolha entre conseqüências jurídicas diferentes e, desse modo, tem um relativo espaço próprio de atuação. Segundo o autor em foco, o poder discricionário classifica-se em poder de resolução, o qual diz respeito à questão, da autoridade poder intervir, tornando-se ativa e o poder de seleção, pertinente, ao revés, à questão relativa as quais e tais medidas possíveis e admissíveis devem ser tomadas pelo administrador no caso concreto.

Discute-se, pois, se com relação a determinados momentos do exercício do poder discricionário seria (é) possível o controle judicial. E, sendo, quais os seus limites ?

## 5. CONCEITOS LEGAIS INDETERMINADOS

Os conceitos descritos na lei são geralmente indeterminados, isso porque a lei "reproduz significações ditadas por códigos linguísticos e por múltiplos processos de interação social"; os termos contidos na lei não são unívocos; mesmo que qualificadas como técnicas, as palavras da lei mantêm também imprecisões; o signo submete-se à gradual e incessante mudança em sua significação, frente ao tempo e determinada por forças sociais e históricas; o signo depende de sua correlação com a totalidade e outros signos. Por fim, pode-se ainda colocar a "dependência que a significação jurídica possui de termos que integram campos associativos ausentes em seu discurso" [34].

Todavia, se não se pode afirmar que um conceito é absolutamente determinado, é possível dizer que o grau de indeterminação dos concei-

31 MAURER, Hartmut. **Elementos de Direito Administrativo Alemão.** Trad. L. Afonso Heck. Porto Alegre: Fabris, 2001, p. 48.

32 MELLO, Celso Antônio Bandeira de. **Discricionariedade Administrativa.** Palestra proferida em 19 de maio de 2000 no salão nobre da Faculdade de Direito de Recife, transcrição de Kylee Anne Perreira, revisão por João Maurício Adeodato, p. 63.

33 MAURER, Hartmut. **Elementos de Direito Administrativo Alemão.** Trad. L. Afonso Heck. Porto Alegre: Fabris, 2001, p. 48.

34 CUNHA, Rosa Maria Cardoso da. **O Caráter Retórico do Princípio da Legalidade.** Porto Alegre: Síntese, 1979, p. 95-105.

tos pode variar extremamente: de um lado tornando possível um consenso generalizado em torno dele (v.g. o conceito de "cadeira" dificilmente suscitará grandes dúvidas), de outro, tornando difícil a obtenção do consenso (v.g. o que deve se entender por reputação ilibada? Ou por periculosidade?) ou mesmo quase impossível, nos casos em que a interpretação de certos conceitos associa-se as perspectivas pessoais de cada pessoa, fincadas de acordo com o que cada um de nós internalizamos durante toda nossa existência (padrões morais, sociais, religiosos, enfim culturais)[35].

Afirma Hart[36], que seja qual for o processo pautado, precedente ou legislação, para comunicação de padrões de comportamento, estes, não obstante a facilidade com que atuam sobre a maioria dos casos existentes, revelar-se-ão como indeterminados em certo ponto em que sua aplicação esteja em questão; "possuirão aquilo que foi designado como *textura aberta*". Mais a frente, o professor de Oxford assevera que somos homens e não deuses e "é um aspecto da condição humana (e, por isso da legislativa) que trabalhemos sobre a influência de duas desvantagens ligadas, sempre que procuramos regular, de forma não ambígua e antecipadamente, alguns aspectos da conduta por meio de padrões gerais a ser usados, sem directiva oficial ulterior, em ocasiões particulares". Prossegue o professor detalhando que a primeira desvantagem trata-se da nossa relativa ignorância de fato e a segunda a nossa relativa indeterminação de finalidade.

Afigura-se, nesse ponto, a questão relativa à decisão escorreita. Qual será a melhor interpretação? O controle judicial é possível? Se possível, é limitado?

## 6. CONTROLE PELO PODER JUDICIÁRIO

Primeiramente, com relação ao poder discricionário, de modo algum há de se concluir que o seu reconhecimento leva a uma flexibilidade, em nosso sistema, do princípio da legalidade, máxime tendo em vista nossa realidade[37]. Assim, a expressão "dever-poder discricionário"

35 SOUZA, Antônio Francisco de Souza. **"Conceitos Indeterminados" no Direito Administrativo**. Coimbra: Almedina, 1994, p. 23.

36 HART, Herbert L. A. **O conceito de Direito**. Trad. Ribeiro Mendes. Lisboa: Fundação Calouste Gulbenkian, 1996, p. 141.

37 No Brasil, muito embora seja costumeira a adoção acrítica de sistemas transplantados da doutrina e ordenamentos jurídicos alienígenas, não se pode perder de

parece-nos melhor posta, vez que o administrador, mesmo tendo margens menos apertadas de atuação, o tem em face da **própria concessão da lei** e, ainda assim resta duplamente cercado: a) em sentido amplo – por conta do interesse público; b) em sentido estrito – pela necessidade de atuar de modo otimizado, buscando sempre a melhor solução entre aquelas abertas pelo leque da discricionariedade[38], forte na vinculação normativa-principiológica determinada pelo **princípio da eficiência** (CF, art. 37).

> Se a lei confere discrição, não é porque qualquer das soluções comportadas pelo sistema normativo sejam, em qualquer caso, satisfatórias, mas porque algumas soluções são satisfatórias perante certos casos e outras são satisfatórias perante outros.[39]

O dever-poder discricionário, como já anotado, não é livre, mas juridicamente vinculado, impondo-se à autoridade administrativa a efetiva observação a essa vinculação, de modo que, é plenamente cabível o controle jurisdicional sempre que a vinculação não seja observada, por força vinculante do princípio da inafastabilidade das decisões judiciais (CF, art. 5º, XXXV) que leva a iniludível conclusão de que ao próprio Judiciário cabe dizer, alfim, se houve ou não regular exercício do poder discricionário. Ainda que a afirmação judicial fixe ter havido regular exercício do poder discricionário, incontestavelmente houve controle, mesmo para admitir a reserva de poder da administração.

vista em nossa realidade, mormente em face ao Direito Administrativo, o fato dos abusos que muitas vezes caracterizaram o Poder Executivo. Nosso administrador, talvez por conta da longa e nefasta influência escravocrata, em certos casos, ainda age como o senhor da Casa Grande, ao contrário do que em geral ocorre com os administradores dos países centrais, cuja consciência política com os deveres para com o cidadão é bem mais difundida.

38 MELLO, Celso Antônio Bandeira de. **Curso de Direito Administrativo**. São Paulo: Malheiros, 1995, p. 69. SOUZA, Antônio Francisco de Souza (**"Conceitos Indeterminados" no Direito Administrativo**. Coimbra: Almedina, 1994, p. 205) reporta-se ao princípio da "optimidade da acção administrativa", afirmando, nessa mesma linha, que o legislador impõe ao administrador não só que procure uma solução, mas também que encontre a melhor solução possível: a solução ótima.

39 MELLO, Celso Antônio Bandeira de. **Curso de Direito Administrativo**. São Paulo: Malheiros, 1995, p. 70.

É indiscutível, pois, que o controle seja sempre exercido nos casos de *vícios* no exercício do poder discricionário, assim enumerados por Maurer[40]: a) não-uso do poder discricionário; b) excesso do poder discricionário; c) uso defeituoso do poder discricionário e d) infração contra os direitos fundamentais e princípios administrativos gerais.

Pertinente aos conceitos indeterminados afigura-se presente que sua interpretação e aplicação também é sempre uma atividade da administração plenamente vinculada à lei[41], passível, portanto de controle judicial. E aqui utilizamos os mesmos argumentos acima expostos, a vinculação também ocorre, necessariamente, com o compromisso da adoção pelo administrador da solução ótima. Assim, Souza[42] reporta-se ao princípio da "optimidade da acção administrativa", afirmando, do mesmo modo, que o legislador impõe ao administrador não só que procure uma solução, mas também que encontre a *melhor solução* possível: a solução ótima, imposta no nosso sistema, repetimos, pelo princípio constitucional da eficiência.

Mas os juízes e tribunais, devem proceder, no controle de determinadas categorias de decisões relativas a conceitos legais indeterminados, o que Souza chama de auto-recuo, não se imiscuindo em campos de liberdade do administrador onde a vinculação compreende uma certa flexibilidade. Flexibilidade não face à lei, mas face à regulação do modo de agir, traduzida, em verdade, num déficit de regulação que será preenchido com elementos de política administrativa e que é maior em alguns domínios do que em outros, dependendo da matéria em causa[43].

Não é senão por isso que a própria lei assevera que "nas esferas administrativa, controladora e judicial, não se decidirá com base em valores jurídicos abstratos sem que sejam consideradas as consequências práticas da decisão", bem assim de que "na interpretação de normas sobre gestão pública, serão considerados os obstáculos e as dificuldades

---

40 MAURER, Hartmut. **Elementos de Direito Administrativo Alemão**. Trad. L. Afonso Heck. Porto Alegre: Fabris, 2001, p. 51.

41 SOUZA, Antônio Francisco de. **"Conceitos Indeterminados" no Direito Administrativo**. Coimbra: Almedina, 1994, p. 205.

42 SOUZA, Antônio Francisco de. **"Conceitos Indeterminados" no Direito Administrativo**. Coimbra: Almedina, 1994, nota de rodapé nº 15, p. 205.

43 SOUZA, Antônio Francisco de. **"Conceitos Indeterminados" no Direito Administrativo**. Coimbra: Almedina, 1994, nota de rodapé nº 13, p. 204-5.

reais do gestor e as exigências das políticas públicas a seu cargo, sem prejuízo dos direitos dos administrados" (LINDB, arts. 20 e 22).

A própria lei, portanto, já evidencia os limites do controle do ato administrativo, deveras importante no Brasil, dada a superlatividade (tamanho) do Poder Executivo, implicando em burocracia excessiva, desleixo, falta de controle e, por isso, em extrema dificuldade de gestão.

Para mais, o homenageado, Ministro Humberto Martins, fez ver na SLS 2819 - MA, que o Poder Judiciário não pode agir "sob a premissa de que os atos administrativos são editados em desconformidade com a legislação". Assevera o Ministro que conclusões como esta subvertem "o regime jurídico do direito administrativo, das competências concedidas ao Poder Executivo e do papel do Judiciário".

## 7. À GUISA DE CONCLUSÃO

No Estado Democrático de Direito os princípios são limites, balizas, devidamente positivados no ápice do ordenamento jurídico que irradiam comandos delimitadores para ação do legislador, do administrador e do juiz, demarcando suas possibilidades criativas, impedindo-os de oferecer respostas incompatíveis com a abrangência irradiada, que sigam em oposição às determinações traçadas e impostas.

Os princípios servem de critério e limite para o controle jurisdicional, observados, necessariamente, a ponderação de bens e um outro princípio que perpassa toda a Constituição, o da proporcionalidade.

A decisão judicial de controle carece de um estudo atento e de argumentos sólidos, fundado no suporte probatório, por parte do juiz, preservando o princípio constitucional da separação dos poderes, exercendo o já mencionado *auto-recuo*[44], quando verificado por ele espaços próprios para a administração.

Fornecendo critérios para os juízes no controle judicial dos atos da administração, **o princípio da proporcionalidade é ferramenta constitucional** para aferir se os meios empregados pelos agentes são justificados por sua finalidade.

Compõe-se o princípio em questão de três elementos ou subprincípios: a pertinência ou aptidão, que revela se determinada medida repre-

44 SOUZA, Antônio Francisco de. "**Conceitos Indeterminados" no Direito Administrativo**. Coimbra: Almedina, 1994, p. 204-5.

senta o meio apropriado para levar a termo um fim baseado no interesse público; a necessidade, que verifica se a medida excede os limites indispensáveis à consecução do fim legítimo a que se almeja; o terceiro elemento consiste na proporcionalidade mesma, tomada *stricto sensu*, a utilização da proporcionalidade impõe uma obrigação e uma interdição: obrigação de fazer uso dos meios adequados e interdição relativa ao uso e medidas desproporcionais.

Quando a medida revela-se "excessiva", "injustificável", vale dizer, não cabida na moldura da proporcionalidade[45], não há dúvidas da atividade de controle para reformar a decisão administrativa.

Os princípios constitucionais por fim, demarcam as fronteiras da possibilidade dos administradores públicos, fazendo deles servos da Constituição, delimitando, de maneira ampla, seu espaço de intervenção e, do juiz, um operador atento ao controle, ao mesmo tempo em que circunscrito, preso, limitado às respostas (decisões) não incompatíveis com o emanado dos princípios.

---

45 BONAVIDES, Paulo. O Princípio Constitucional da Proporcionalidade e a Proteção dos Direitos Fundamentais. **Revista da Faculdade de Direito da UFMG**, n 34, 199, pp. 279-281.

# A SEGURANÇA JURÍDICA E A CONDENAÇÃO EM HONORÁRIOS ADVOCATÍCIOS SUCUMBENCIAIS EM CASO DE ACOLHIMENTO DO INCIDENTE DE IMPUGNAÇÃO AO CRÉDITO NAS AÇÕES DE RECUPERAÇÃO JUDICIAL E DE FALÊNCIA – TEMA 1.250 DO STJ

*Benedito Gonçalves*[1]
*Camile Sabino Bezerra Corrêa*[2]

A segurança jurídica, como corolário do Estado Democrático de Direito, possui, no sistema judicial pátrio, o mesmo *status* de outros valores primordiais à sociedade. O Superior Tribunal de Justiça – STJ, como uniformizador da jurisprudência em matéria infraconstitucional, tem o dever de garantir a segurança jurídica das relações sociais. O Código de Processo Civil de 2015 - CPC/2015 dispôs sobre a uniformização da jurisprudência, cuja importância vem crescendo, como instrumento de promoção da segurança jurídica, da diminuição da litigiosidade e da duração razoável do processo.

O presente artigo, com o intuito de homenagear o Ministro Humberto Martins e a sua contribuição, no STJ, para a uniformização de jurisprudência infraconstitucional, aborda tema submetido à consideração da Segunda Seção do STJ que, por unanimidade, decidiu afetar os Recursos Especiais 2.090.060, 2.090.066 e 2.100.114, de relatoria do Ministro Humberto Martins, para julgamento pelo rito dos repetitivos.

A questão controvertida, cadastrada como Tema 1.250 na base de dados do STJ, está em definir "se é devida a condenação em honorários advocatícios sucumbenciais em caso de acolhimento do incidente de impugnação ao crédito nas ações de recuperação judicial e de falência"[3].

---

1 Formado em Ciências Jurídicas e Sociais pela Faculdade Nacional de Direito, da Universidade Federal do Rio de Janeiro (UFRJ). Especialista em Direito Processual Civil. Mestre em Direito. Ministro do Superior Tribunal de Justiça (STJ).

2 Formada em Ciência Política pela Universidade de Brasília. Formada em Direito pelo Centro Universitário Unieuro. Pós-Graduada em Contratos e Responsabilidade Civil pelo Instituto de Desenvolvimento e Pesquisa - IDP. Especialização em Governo e Direito na Universidad Autonoma de Madrid. Especialização em Administração Pública na École Nationale D'administration - L'ÉNA, em Paris. Assessora de Gabinete do Ministro Benedito Gonçalves.

3 BRASIL. STJ. Repetitivo discute honorários de sucumbência no acolhimento de

O colegiado decidiu pela suspensão do trâmite de todos os processos individuais ou coletivos que versem sobre a mesma questão jurídica, nos quais tenha havido a interposição de recurso especial ou de agravo em recurso especial na segunda instância, ou que estejam em tramitação no STJ.

## SEGURANÇA JURÍDICA

A Constituição Federal de 1988 assim dispões em seu Preâmbulo[4]:

> Nós, representantes do povo brasileiro, reunidos em Assembléia Nacional Constituinte para instituir um Estado Democrático, destinado a assegurar o exercício dos direitos sociais e individuais, a liberdade, a segurança, o bem-estar, o desenvolvimento, a igualdade e a justiça como valores supremos de uma sociedade fraterna, pluralista e sem preconceitos, fundada na harmonia social e comprometida, na ordem interna e internacional, com a solução pacífica das controvérsias, promulgamos, sob a proteção de Deus, a seguinte CONSTITUIÇÃO DA REPÚBLICA FEDERATIVA DO BRASIL.

Portanto, encontra-se no texto a importância da segurança, com a constituição do Estado Democrático, assegurando-lhe, de imediato, o mesmo *status* garantido aos outros valores primordiais à sociedade: o exercício de direitos sociais e individuais, liberdade, bem-estar, desenvolvimento, igualdade e justiça.

SILVA[5] observa que a segurança no direito pode ser, a princípio, compreendida como: segurança do direito a segurança jurídica. A segurança do direito:

impugnação ao crédito em recuperação e falência. Disponível em https://www.stj.jus.br/sites/portalp/Paginas/Comunicacao/Noticias/2024/20052024-Repetitivo-discute-honorarios-de-sucumbencia-no-acolhimento-de-impugnacao-ao--credito-em-recuperacao-e-falencia-.aspx#:~:text=A%20quest%C3%A3o%20controvertida%2C%20cadastrada%20como,recupera%C3%A7%C3%A3o%20judicial%20e%20de%20fal%C3%AAncia%22. Acesso em 4 julho 2024.

4 BRASIL. [Constituição (1988)]. Constituição da República Federativa do Brasil: promulgada em 5 de outubro de 1988.

5 SILVA, José Afonso da. Constituição e segurança jurídica. Biblioteca Digital Fórum Administrativo – Direito Público – FA, Belo Horizonte, ano 6, n. 59, jan. 2006. Disponível em: https://bdjur.stj.jus.br/jspui/handle/2011/39225. Acesso em 4 julho 2024.

> é a que exige a positividade do direito e é, neste contexto, que a segurança se entronca com a Constituição, na medida em que esta constitui o fundamento de validade do direito positivo.
>
> [...]
>
> E é também aqui que a segurança pode harmonizar-se com o valor do justo, na medida em que a Constituição tem por missão assegurar a vigência e eficácia do princípio da dignidade da pessoa humana, em que se centram todas as demais manifestações dos direitos fundamentais do homem. Direito seguro nem sempre é direito justo.
>
> Direito seguro legítimo só o é quando o seja para todos, quando essa segurança não seja apenas uma garantia de tranqüilidade das classes dominantes, mas o seja igualmente e na mesma proporção uma garantia de vida digna para as classes menos favorecidas.

Por seu turno, a segurança jurídica revela-se como uma garantia que decorre da positividade do direito. Parte da doutrina compreende segurança jurídica como um "valor" ou, frequentemente, como "princípio", ainda que muitas vezes não venha positivada de forma expressa no ordenamento, pois intrínseca ao princípio do Estado de Direito.

No entender de ÁVILA[6], o Estado de Direito caracteriza-se principalmente pela proteção dos direitos e a responsabilidade do Estado, materializando-se por meio de uma ordem legal clara, estável, previsível e uniforme. Não de outro modo é a posição da jurisprudência do STJ e do Supremo Tribunal Federal - STF, que entendem ser a segurança jurídica corolário do Estado de Direito.

O Código de Processo Civil de 2015 avançou neste ponto e trouxe a segurança jurídica contextualizada, de forma expressa, em diversos dispositivos; e, de forma implícita, ao observar a necessidade de se manter a jurisprudência dos tribunais de maneira estável, íntegra e coerente (art. 926); na possibilidade de modulação dos efeitos do acórdão, quando sobrevier alteração de jurisprudência dominante do STF e dos tribunais superiores ou daquela oriunda de julgamento de casos repetitivos (art. 927, § 3º); na modificação de enunciado de súmula, de jurisprudência pacificada ou de tese adotada em julgamento de casos

6 ÁVILA, Humberto. Segurança Jurídica: entre permanência, mudança e realização no Direito Tributário. São Paulo: Malheiros, 2011.

repetitivos (art. 927, § 4º); no cabimento do Incidente de Resolução de Demandas Repetitivas – IRDR (art. 976, II); no direito de os legitimados específicos requererem ao tribunal competente a suspensão de todos os processos individuais ou coletivos em curso no território nacional que versem sobre a mesma questão objeto do IRDR já instaurado (art. 982, § 3º); na extensão da suspensão de processos a todo território nacional, a ser determinada pelo Supremo Tribunal Federal ou pelo Superior Tribunal de Justiça, por ocasião do processamento de IRDR (art. 1.029, § 4º).

Desse modo, é plausível concluir que o princípio da segurança jurídica no ordenamento jurídico pátrio, ao mesmo tempo em que exerce a função de manter a estabilidade do sistema de proteção de direitos, também se categoriza como um subprincípio, constituindo-se num elemento fundante e estrutural para a concretização do próprio princípio do Estado de Direito.

## A UNIFORMIZAÇÃO DA JURISPRUDÊNCIA DO SUPERIOR TRIBUNAL DE JUSTIÇA

A Constituição da República Federativa do Brasil confere ao Poder Judiciário o dever de julgar as demandas que lhes são submetidas, cabendo ao STJ a função de definir a intepretação das leis federais e dos tratados internacionais, de acordo com o art. 105 da Constituição Federal de 1988.

Observa-se, no entanto, um progressivo aumento de demandas judiciais no decorrer dos anos, o que se tem mostrado um grande e permanente desafio no cumprimento dessa missão constitucional pela Corte da Cidadania.

Inúmeros fatores podem ser apontados para esse fenômeno: a ampliação e a democratização do acesso à justiça, como a criação de Juizados Especiais e a instituição da Gratuidade da Justiça; a divulgação de informações aos cidadãos pela mídia e redes sociais; a facilidade que os meios tecnológicos propiciam na identificação e reprodução de teses jurídicas; a participação das organizações sociais na defesa de direitos, especialmente os direitos coletivos; a atuação do Poder Público nas suas práticas gerenciais, no criação ou modificação de políticas públicas e até mesmo na cobrança de dívidas; as atividades de grandes corporações e instituições privadas, como os bancos e as seguradoras; e o próprio Poder Judiciário, que também atua como gerador de demandas, entre outros motivos, pela ausência de uniformização jurisprudencial[7].

O aumento da litigiosidade está impactando diretamente a atuação dos tribunais superiores, prejudicando a rapidez dos processos e a qualidade das decisões judiciais. Esse contexto gerou a insatisfação entre aqueles que dependem da justiça, e, por conseguinte, a insegurança jurídica, minando a confiança no Poder Judiciário.

Com isso, o novo Código de Processo Civil de 2015, influenciado pelo *common law*, além de manter importantes elementos já existentes, introduziu outros com o propósito de tornar o processo mais funcional, ágil e justo, adaptando-o melhor às necessidades da sociedade.

Essas significativas mudanças refletiram na maneira como os tribunais julgam, demonstrando um comprometimento maior com a eficiência e a coerência do sistema jurídico.

## O DEVER DE UNIFICAÇÃO DA JURISPRUDÊNCIA

O Código de Processo Civil de 2015 determina, em seu art. 926, que os tribunais têm a obrigação de unificar a jurisprudência e mantê-la estável, íntegra e coerente. A estabilidade da jurisprudência impede que os tribunais descartem abruptamente seus precedentes e modifiquem interpretações já estabelecidas sem uma análise cuidadosa.

A integridade da jurisprudência se evidencia quando o histórico de decisões do Tribunal sobre um tema específico é respeitado, ou seja, quando os fundamentos aprovados e rejeitados em decisões anteriores são levados em conta na formação de novos precedentes. Por sua vez, a jurisprudência coerente exige que a mesma solução jurídica seja aplicada a casos similares, garantindo o princípio da igualdade em sua plenitude.

Os arts. 926 e 927 do CPC/2015, assim dispõem:

> Art. 926. Os tribunais devem uniformizar sua jurisprudência e mantê-la estável, íntegra e coerente.

7 GABBAY, Daniela Monteiro. CUNHA, Luciana Gross. Diagnóstico sobre as causas de aumento das demandas judiciais cíveis, mapeamento das demandas repetitivas e propositura de soluções pré-processuais, processuais e gerenciais à morosidade da Justiça. Disponível em: https://www.cnj.jus.br/wp-content/uploads/2011/02/relat_pesquisa_fgv_edital1_2009.pdf. Acesso em 4 julho 2024.

> § 1º Na forma estabelecida e segundo os pressupostos fixados no regimento interno, os tribunais editarão enunciados de súmula correspondentes a sua jurisprudência dominante.
>
> § 2º Ao editar enunciados de súmula, os tribunais devem ater-se às circunstâncias fáticas dos precedentes que motivaram sua criação.
>
> Art. 927. Os juízes e os tribunais observarão:
>
> I - as decisões do Supremo Tribunal Federal em controle concentrado de constitucionalidade;
>
> II - os enunciados de súmula vinculante;
>
> III - os acórdãos em incidente de assunção de competência ou de resolução de demandas repetitivas e em julgamento de recursos extraordinário e especial repetitivos;
>
> IV - os enunciados das súmulas do Supremo Tribunal Federal em matéria constitucional e do Superior Tribunal de Justiça em matéria infraconstitucional;
>
> V - a orientação do plenário ou do órgão especial aos quais estiverem vinculados.
>
> § 1º Os juízes e os tribunais observarão o disposto no art. 10 e no art. 489, § 1º , quando decidirem com fundamento neste artigo.
>
> § 2º A alteração de tese jurídica adotada em enunciado de súmula ou em julgamento de casos repetitivos poderá ser precedida de audiências públicas e da participação de pessoas, órgãos ou entidades que possam contribuir para a rediscussão da tese.
>
> § 3º Na hipótese de alteração de jurisprudência dominante do Supremo Tribunal Federal e dos tribunais superiores ou daquela oriunda de julgamento de casos repetitivos, pode haver modulação dos efeitos da alteração no interesse social e no da segurança jurídica.
>
> § 4º A modificação de enunciado de súmula, de jurisprudência pacificada ou de tese adotada em julgamento de casos repetitivos observará a necessidade de fundamentação adequada e específica, considerando os princípios da segurança jurídica, da proteção da confiança e da isonomia.
>
> § 5º Os tribunais darão publicidade a seus precedentes, organizando-os por questão jurídica decidida e divulgando-os, preferencialmente, na rede mundial de computadores.

Por conseguinte, a eficácia vinculante do controle concentrado de constitucionalidade, dos enunciados de súmula vinculante e dos acórdãos em incidente de assunção de competência ou de resolução de demandas repetitivas e em julgamento de recursos extraordinário e especial repetitivo é inquestionável.

## OS PRECEDENTES NO JULGAMENTO DE CASOS REPETITIVOS

O art. 928 do CPC/2015 prevê que são hipóteses de julgamento de casos repetitivos as decisões proferidas em: (I) incidente de resolução de demandas repetitivas; e (II) recursos especial e extraordinário repetitivos[8].

O incidente de resolução de demandas repetitivas - IRDR, é uma inovação introduzida na legislação processual pelo CPC/2015 e ocorre quando houver a efetiva repetição de processos com controvérsia sobre a mesma questão unicamente de direito, que represente, ao mesmo tempo, risco de ofensa à isonomia e à segurança jurídica.

O procedimento previsto nos arts. 976 a 987 do CPC de 2015 aduz que o pedido de instauração do IRDR será dirigido ao presidente do tribunal pelo juiz ou relator, de ofício; pelas partes, pelo Ministério Público ou pela Defensoria Pública, sob apresentação de petição. Há um juízo de admissibilidade do tribunal, que irá avaliar a conveniência da fixação da tese paradigmática, ou seja, se a questão representa, efetivamente, risco de ofensa à isonomia e à segurança jurídica, ou se concerne à situação que não demanda a intervenção do tribunal para a solução do conflito.

Eleita a causa como representativa da controvérsia jurídica, há a suspensão dos outros processos nos quais se discute a idêntica questão de direito, permitindo-se, excepcionalmente, o julgamento de controvérsias que ultrapassem o objeto do IRDR.

Concomitantemente, admite-se a participação das partes e de outros interessados, na condição de *amicus curiae*, uma forma de pluralizar os debates e conferir maior legitimidade à decisão paradigma. Julgado o IRDR, submetem-se à tese jurídica firmada todos os juízes vinculados ao respectivo tribunal.

Com a inclusão dos arts. 543-A e 543-B no CPC/1973, pela Lei 11.418/2006, foi estabelecido o rito de julgamento dos recursos repe-

8 Art. 928. Para os fins deste Código, considera-se julgamento de casos repetitivos a decisão proferida em: I - incidente de resolução de demandas repetitivas; II - recursos especial e extraordinário repetitivos. Parágrafo único. O julgamento de casos repetitivos tem por objeto questão de direito material ou processual

titivos, com um procedimento especial para julgamentos de recursos extraordinários e especiais repetitivos que dispusessem sobre controvérsias idênticas. A intenção era unificar a jurisprudência, promovendo celeridade aos julgamentos e, assim, aumentando a credibilidade no sistema judiciário.

No mesmo sentido, o CPC/2015 não apenas manteve, mas sofisticou o instituto nos arts. 1.036 a 1.041, abrangendo a possibilidade de suspensão das demais ações que tramitam tanto no primeiro grau quanto nos tribunais superiores.

## CARÁTER REPETITIVO DO TEMA 1.250 DO STJ

Por unanimidade, a Segunda Seção do STJ decidiu afetar os Recursos Especiais 2.090.060, 2.090.066 e 2.100.114, de relatoria do Ministro Humberto Martins, para julgamento pelo rito dos repetitivos.

A questão controvertida, enumerada Tema 1.250 no STJ, está na definição "se é devida a condenação em honorários advocatícios sucumbenciais em caso de acolhimento do incidente de impugnação ao crédito nas ações de recuperação judicial e de falência".

Desse modo, decidiu-se pela suspensão do trâmite de todos os processos individuais ou coletivos que tratam da mesma questão jurídica, nos quais tenha havido a interposição de recurso especial ou de agravo em recurso especial na segunda instância, ou que estejam em tramitação no STJ.

O Ministro Humberto Martins ressaltou que o caráter repetitivo da matéria foi observado a partir de pesquisa à base de jurisprudência do STJ, tendo a Comissão Gestora de Precedentes e de Ações Coletivas (Cogepac) encontrado 12 acórdãos e 299 decisões monocráticas da corte sobre o tema.

Para o relator, isso demonstra a abrangência da matéria e a necessidade de interpretação da legislação sobre o tema. De acordo com o Ministro Humberto Martins, a afetação da matéria:

> possibilita a entrega de uma prestação jurisdicional igualitária, mais segura e célere, e ainda previne que novos recursos especiais e agravos em recursos especiais subam ao STJ, contribuindo com a redução da sobrecarga de processos[9].

---

9 BRASIL. STJ. Repetitivo discute honorários de sucumbência no acolhimento de impugnação ao crédito em recuperação e falência. Disponível em: https://www.stj.

## RECURSOS REPETITIVOS, CELERIDADE E SEGURANÇA JURÍDICA

Como afirmado alhures, o CPC/2015, nos arts. 1.036 e seguintes, regula o julgamento por amostragem, mediante a seleção de recursos especiais que tenham controvérsias idênticas, promovendo a celeridade e a segurança jurídica na solução de demandas repetitivas nos tribunais brasileiros.

No site do STJ, é possível acessar todos os temas afetados, bem como conhecer a abrangência das decisões de sobrestamento e as teses jurídicas firmadas nos julgamentos, entre outras informações[10].

## DO ACÓRDÃO DE AFETAÇÃO DO RESP 2.090.060

A ementa do acórdão na Proposta de Afetação no Recurso Especial n. 2.090.060 – SP assim dispõe:

> PROCESSUAL CIVIL. RECURSO ESPECIAL REPRESENTATIVO DE CONTROVÉRSIA REPETITIVA. PROPOSTA DE AFETAÇÃO. SEGUNDA SEÇÃO. RECUPERAÇÃO JUDICIAL. FALÊNCIA.
>
> 1. Tema proposto para afetação ao rito dos recursos especiais repetitivos: Definir se é devida a condenação em honorários advocatícios sucumbenciais - em caso de acolhimento do incidente de impugnação ao crédito - nas ações de recuperação judicial e de falência.
>
> 2. Determinada a suspensão do processamento de todos os processos individuais ou coletivos que versem sobre a mesma matéria, nos quais tenha havido a interposição de recurso especial ou de agravo em recurso especial, na segunda instância, ou que estejam em tramitação no STJ, respeitada, no último caso, a orientação prevista no art. 256-L do RISTJ.
>
> Recurso especial afetado ao rito do art. 1.036 e seguintes do CPC/2015 para que seja julgado na Segunda Seção (art. 256-I do

---

jus.br/sites/portalp/Paginas/Comunicacao/Noticias/2024/20052024-Repetitivo--discute-honorarios-de-sucumbencia-no-acolhimento-de-impugnacao-ao-credito--em-recuperacao-e-falencia-.aspx#:~:text=O%20ministro%20Humberto%20Martins%20destacou,da%20corte%20sobre%20o%20tema. Acesso em 4 julho 2024.

10 BRASIL. STJ. Precedentes Qualificados. Disponível em: https://processo.stj.jus.br/repetitivos/temas_repetitivos/. Acesso em 4 julho 2024.

RISTJ). Conjunto de recursos representativos afetados: REsp n. 2.100.114/SP; REsp n. 2.090.060/SP; e REsp n. 2.090.066/SP.

No caso dos autos sob análise, discute-se, em sede de recurso especial, o cabimento de honorários advocatícios sucumbenciais, em caso de acolhimento do incidente de impugnação ao crédito, nas ações de recuperação judicial e de falência.

O REsp n. 2.100.114 /SP e o REsp n. 2.090.066/SP foram também selecionados para representar a controvérsia em questão.

As arguições das partes foram devidamente analisadas no acórdão recorrido, que, de maneira expressa, fundamentou entendimento de que, ainda que acolhida a impugnação de crédito oposta na falência, incabível a condenação em honorários advocatícios sucumbenciais, haja vista a ausência de litigiosidade, tal como a habilitação e a impugnação de crédito em recuperação judicial seriam meros incidentes processuais regulados pela Lei n. 11.101/2005, e não pelo CPC, sem natureza propriamente condenatória, mas meramente declaratória, em possível violação do art. 85, caput e § 2º, do CPC.

O recorrente apresentou, nos autos da recuperação judicial, impugnação ao crédito que lhe foi atribuído na lista de credores apresentada nos autos principais, objetivando a sua majoração.

A empresa recuperanda anuiu aos termos do pedido. Em sua primeira manifestação, a administradora judicial requereu fosse o credor intimado a apresentar cópia dos títulos inadimplidos referentes à planilha acostada aos autos. Após atendida a intimação, a administradora judicial apontou divergência entre o montante histórico dos títulos apresentados e o valor pleiteado pelo credor, requerendo, pois, sua intimação para esclarecimentos, o que foi atendido.

Nova manifestação da administradora judicial demonstrou divergências inéditas de valores, em importe ainda maior, demandando, então, nova intimação do credor para esclarecimentos, o que, novamente, foi atendido, oportunidade em que o credor requereu novamente a majoração do seu crédito.

Em seu parecer conclusivo, a administradora judicial opinou pela inscrição do crédito na classe quirografária no montante atualizado até a data do pedido de recuperação judicial.

A sentença julgou procedente a impugnação para determinar a retificação do crédito e asseverou serem indevidos honorários advocatícios sucumbenciais ante a ausência de litigiosidade, o que foi mantido pelo Tribunal recorrido.

A leitura das razões recursais permite a exata compreensão da questão federal infraconstitucional debatida, mostrando-se nítido o devido prequestionamento, prescindindo de análise do conjunto probatório dos autos.

Ao sugerir a afetação, a então Ministra Presidente da Comissão Gestora de Precedentes e de Ações Coletiva informou que, somente no STJ, como informado alhures, foram recuperados 12 acórdãos e 299 decisões monocráticas sobre o tema na base de jurisprudência, o que evidencia a abrangência da matéria e atrai a necessidade de interpretação da legislação infraconstitucional federal, papel atribuído a este Tribunal pela Constituição de 1988, de modo a possibilitar a entrega de uma prestação jurisdicional igualitária, mais segura e célere, e ainda previne que novos recursos especiais e agravos em recursos especiais subam ao STJ, contribuindo com a redução da sobrecarga de processos e que consiste em um dos maiores desafios atualmente vivenciado por esta Corte.

Ponderados esses elementos, ante a relevância do tema, o atendimento dos requisitos de admissibilidade e a ausência de anterior submissão da questão ao regime dos repetitivos, o Ministro Humberto Martins, relator, entendeu que o presente feito encontrava-se apto para ser afetado, pela Segunda Seção do Superior Tribunal de Justiça, nos termos do art. 1.036 e seguintes do CPC/2015, c/c o art. 256-I e seguintes do RISTJ, como recurso especial representativo de controvérsia jurídica de natureza repetitiva, juntamente com o REsp n. 2.100.114/SP e o REsp n. 2.090.066/SP.

Desse modo, votou pela afetação do presente recurso especial ao rito dos recursos repetitivos, com a identificação do seguinte tema:

> Definir se é devida a condenação em honorários advocatícios sucumbenciais - em caso de acolhimento do incidente de impugnação ao crédito - nas ações de recuperação judicial e de falência.

A Segunda Seção, por unanimidade, afetou o recurso especial ao rito dos recursos repetitivos (art. 1036 do CPC/2015), nos termos do voto do Sr. Ministro Relator, para consolidação do entendimento da Segunda Seção sobre o tema supracitado. Por unanimidade, determinou-se a suspensão do processamento de todos os processos individuais ou coletivos que versem sobre a mesma matéria, nos quais tenha havido a interposição de recurso especial ou de agravo em recurso especial, na segunda instância, ou que estejam em tramitação no STJ, respeitada, no último caso, a orientação prevista no art. 256-L do Regimento Interno do STJ.

## CONCLUSÃO

Sem a pretensão de esgotar o assunto, este artigo busca demonstrar, por meio da apresentação do relatório do voto que culminou com o acórdão unânime e a afetação do Tema 1.250 do STJ, nos autos do REsp n. 2.090.060/ SP[11], de relatoria do Ministro Humberto Martins, que o sistema de precedentes estabelecido no CPC/2015 promoveu uma evolução na normatização dos mecanismos de unificação da jurisprudência do STJ, concretizando assim o princípio constitucional da segurança jurídica.

Diante do exposto, percebe-se que, no caso em tela, o STJ utilizou os mecanismos de unificação da jurisprudência inseridos no CPC/2015 como forma de privilegiar a igualdade e a estabilidade das relações jurídicas, promovendo, portanto, segurança jurídica.

Certamente, ainda há um longo caminho a percorrer para que o uso dessas técnicas processuais alcance resultados satisfatórios no que diz respeito à rapidez razoável do processo e à redução da litigiosidade. No entanto, é igualmente verdade que a mudança de paradigma operada no sistema processual brasileiro pelo CPC/2015 é a força motriz que permite ao STJ desempenhar de forma mais efetiva o seu papel como Corte de Precedentes.

## REFERÊNCIAS

ÁVILA, Humberto. Segurança Jurídica: entre permanência, mudança e realização no Direito Tributário. São Paulo: Malheiros, 2011.

BRASIL. [Constituição (1988)]. Constituição da República Federativa do Brasil de 1988. Brasília, DF: Presidência da República, [2020]. Disponível em: http://www.planalto.gov.br/ ccivil_03/constituicao/constituicao.htm. Acesso em 4 julho 2024.

11 Conjunto de recursos representativos afetados: REsp n. 2.100.114/SP; REsp n. 2.090.060/SP; e REsp n. 2.090.066/SP.

BRASIL. Lei n. 13.105, de 16 de março de 2015. Código de Processo Civil. Brasília, DF: Presidência da República, [2020]. Disponível em: http://www.planalto.gov.br/ ccivil_03/_ato 2015-2018/2015/lei/l13105.htm. Acesso em 4 julho 2024.

BRASIL. Lei n. 5.869, de 11 de janeiro de 1973. Código de Processo Civil revogado pela Lei n. 13.105, de 2015. Brasília, DF: Presidência da República, [2020]. Disponível em: http://www.planalto.gov.br/ccivil_03/leis/l5869impressao.htm. Acesso em 4 julho 2024.

BRASIL. STJ. Repetitivo discute honorários de sucumbência no acolhimento de impugnação ao crédito em recuperação e falência. Disponível em https://www.stj.jus.br/sites/portalp/Paginas/Comunicacao/Noticias/2024/20052024-Repetitivo-discute-honorarios-de-sucumbencia-no-acolhimento-de-impugnacao-ao-credito-em-recuperacao-e-falencia-.aspx#:~:text=A%20quest%C3%A3o%20controvertida%2C%20cadastrada%20como,recupera%C3%A7%C3%A3o%20judicial%20e%20de%20fal%C3%AAncia%22. Acesso em 4 julho 2024.

GABBAY, Daniela Monteiro. CUNHA, Luciana Gross. Diagnóstico sobre as causas de aumento das demandas judiciais cíveis, mapeamento das demandas repetitivas e propositura de soluções pré-processuais, processuais e gerenciais à morosidade da Justiça. Disponível em: https://www.cnj.jus.br/wp-content/uploads/2011/02/relat_pesquisa_fgv_edital1_2009.pdf. Acesso em 4 julho 2024.

SILVA, José Afonso da. Constituição e segurança jurídica. Biblioteca Digital Fórum Administrativo - Direito Público - FA, Belo Horizonte, ano 6, n. 59, jan. 2006. Disponível em: https://bdjur.stj.jus.br/jspui/handle/2011/39225. Acesso em 4 julho 2024.

TEMER, Sofia. Incidente de resolução de demandas repetitivas. 3.ed. rev. ampl. Salvador: Ed. Juspodivm, 2018.

## União estável e sociedade em comum

*Rui Celso Reali Fragoso*[1]

A sociedade de fato (tecnicamente, hoje sociedade em comum) e a união estável são institutos jurídicos distintos que não se confundem.

A sociedade de fato, no âmbito do Direito de Família, foi criação da jurisprudência diante da necessidade de regular situações não tipificadas em lei.

A extensão da teoria da sociedade de fato à questão do antigo concubinato foi um caminho natural, como já advertiam *Planiol e Ripert* porquanto as disputas judiciais, muitas vezes, envolviam sociedades de fatos originadas de chamadas relações concubinárias.

Hoje o termo concubinato ficou restrito para relacionamentos que não se enquadram no contexto de família com conotação de ligação afetiva oculta.

O Direito brasileiro evoluiu (Leis n. 8.971/94 e 9.278/96), Código Civil (2002) e a jurisprudência (admitindo a caracterização independente do gênero dos conviventes) consolidaram a união estável como fonte de direitos e deveres, tal como o casamento regido pelo regime de comunhão parcial de bens.

Fundamental, o avanço do Supremo Tribunal Federal ao reconhecer a possibilidade da união contínua, publica e duradoura entre pessoas do mesmo sexo como família, "*reconhecimento que é de ser feito segundo as mesmas regras e consequências da união estável heteroafetiva*" (ADI 4277 e ADPF 132).

Importante, ressaltar o contemporâneo estágio de caracterização da união estável e sua expansão nos tribunais de nosso País. Com a evolução dos costumes, os relacionamentos afetivos entre as pessoas passaram a dificultar a diferenciação entre o namoro e a união estável.

Restou ao julgador interpretar a convivência pública, contínua e duradoura com o abstrato conceito de intenção de constituir família (art. 1.732 do CC) diante dos fatos apresentados pelas partes e estes os mais diversos e variáveis conforme o nível social dos envolvidos. Ao adotar,

---

1 Advogado. Foi Presidente do Instituto dos Advogados de São Paulo e Professor de Direito da PUC/SP e das FMU.

corretamente, um sistema legal aberto permitindo ao julgador a apreciação de caso a caso, o Código Civil autoriza flexibilidade para interpretação da união estável.

A coabitação deixou de ser, por si só, elemento decisivo para configurar a união estável. Hoje, dependendo de outros fatos significativos, os casais podem residir separados, sem que isso descaracterize o relacionamento com intuito de verdadeira família.

Também, não é incomum a vida discreta entre casais dificultando a caracterização da convivência publica, neste caso, outras relevantes situações fáticas reunidas poderão caracterizar o relacionamento como estável e com intenção familiar.

A inexistência de elemento temporal, corrigido pela lei n.9.278/96 e adotado pelo Código Civil, permite interpretação elástica. Duradouro tem como sinônimos: permanente, constante, ou seja, de longa duração, mas a jurisprudência abrandou a interpretação, tornando indispensável a avaliação conjunta com outros elementos. Existem relações duradouras sem conotação familiar e outas de período menor, mas com todas as características legalmente enunciadas para o reconhecimento de união estável.

A regra natural ainda é o namoro anterior ao casamento, pois o noivado formal está em desuso. A união estável antecedente ao casamento é comum, mas não o padrão.

As declarações amorosas, ainda que revestidas de conotação familiar, não significam, isoladamente, caracterização de união estável, mas atos característicos de gentileza, educação e amor poderão influenciar o julgador e ter repercussão jurídica, ainda que desprovidos do desejo real de caracterização familiar

Inúmeros são os fatos para avaliação do Juiz, se descompromissados ou reveladores de intuito de vínculo familiar

Não há dúvida que a ampliação do conceito de união estável trouxe um número expressivo de ações judiciais como objetivo de aproveitar relacionamentos desprovidos de comprometimento ou ainda namoricos para a obtenção de vantagens financeiras.

O namoro ainda que cercado de fidelidade, afetividade, publicidade e duradouro não confere direitos. União estável é mais do que isso. É comum casamentos, especialmente aqueles com pacto de separação total de bens, serem precedidos de namoro duradouro, sendo certo que este período anterior foi o natural relacionamento que amadurecido antecedeu a verdadeira e futura intenção de constituir família, posteriormente confirmada pelo casamento. Entretanto, muitas vezes, quando ocorrido o fim da sociedade conjugal, uma das partes recorra ao Judiciário na busca indevida de vantagem patrimonial daquele período anterior ao matrimônio. Também, inúmeros são os casos de rompimento de relacionamento (namoro) seguidos da tentativa de caracterização de união estável.

Essencial a distinção para situações pretéritas a fim da configuração que permita gerar direitos. Reconhecida a união estável, os efeitos são idênticos ao do casamento regido pela comunhão parcial de bens com a consequente apuração e partilha do patrimônio constituído no período (exceção das doações e herança).

Ocorre que, sabidamente, uniões estáveis podem ocorrer em período anterior ao casamento celebrado com pacto de separação total de bens, mas nestes casos, o Superior Tribunal de Justiça, tem como não válida a incomunicabilidade de bens anteriores ao casamento, ainda que o contrato antenupcial assim disponha. Neste aspecto, merece atenção a duração da alegada união estável e o grau cultural das partes. Ora, um relacionamento de vários anos, público, com características de casamento, sendo uma das partes com maior ascendência intelectual e financeira sobre a outra, não pode privar direitos pelo posterior casamento com pacto de separação total de bens.

Por outro lado, de modo diverso, deve ser ainda mais cuidadosa a interpretação nos relacionamentos de menor duração, com posterior disposição expressa de incomunicabilidade de bens passados e futuros, sendo as partes com suficiente conhecimento intelectual das consequências do pacto declaratório que assinam livremente.

Importante a distinção. A comunicabilidade regressiva não pode ser regra absoluta.

Com muita sensibilidade e fundamento constitucional o Supremo Tribunal Federal já assentou: "*não cabe ao Judiciário, após escolha legítima dos particulares, sabedores da consequência, suprimir a manifestação de vontade com promoção de equiparações, sob pena de ter-se manifesta violação a um pilar do Estado Democrático de Direito – o direito à liberdade, à autodeterminação*" (Min. Luiz Roberto Barroso, STF RE, n 878.694 -MG).

O julgador deve estar atento a banalização da união estável com o consequente desaparecimento do namoro. A regra ainda é o namoro preceder o casamento e não todo casamento ser precedido de união estável, ainda que atualmente, muitas vezes, seja trabalhosa a distinção.

Por sua vez, sociedade em comum ou a antiga sociedade de fato do direito comercial, tem como fundamento o interesse mercantil, ou seja, o ânimo de investir conjuntamente, tomar riscos. Foi o prevalecimento da identificação societária, diametralmente oposta ao intuito familiar da antiga sociedade de fato, hoje cristalizada pela união estável.

Enfim, sociedade em comum é a designação adequada da antiga *sociedade de fato* ou *irregular* do direito societário. Assim, a falta de registro ou a irregularidade deste traz como consequência a aplicação das regras contidas entre os artigos 986 e 990 do CC destinadas às sociedades em comum. A ausência de personalidade jurídica pela não observância das formalidades legais exigidas, não impede a sociedade em comum, ou melhor seus sócios, da responsabilidade por contrair obrigações, pois o patrimônio dos sócios responderá pelas obrigações.

Para se provar a sociedade em comum entre pessoas cujo objetivo é comercial, como na união estável, é admitida a utilização de todos os meios de prova.

Ao contrário, quem pretende ver reconhecido sua condição de sócio de uma sociedade empresarial já existente é absolutamente indispensável a demonstração de documentos escritos nos quais estejam evidenciados investimentos e riscos conjuntos.

No campo societário a formalização é fundamental para a caracterização de uma sociedade em comum, entre sociedade regular e terceiro, exceto em pequenas atividades comerciais. Disso resulta que prova testemunhal só seria justificável em atividades de menor potencial econômico (ex.: pequeno comércio).

Empresas são atividades organizadas e resultantes de trabalho de diferentes pessoas. Se de um lado, estão os sócios idealizadores e investidores na nova atividade (sociedade), de outro, também há a participação de prestadores de serviço e funcionários para o surgimento da empresa. A contribuição para a existência da sociedade é diferente e com consequências distintas. Não é incomum o prestador de serviço ter na sua atividade

importância fundamental para a sociedade que poderá ser mais significativa de que a do próprio sócio, mas nem por isso pode reivindicar sua condição de sócio.

Da mesma forma, a intenção de ver reconhecida sua condição de sócio em sociedade já regularmente constituída é indispensável a distinção de sua forma de participação na sociedade. Pois, essencial verificar se a atividade não ocorreu como colaborador, prestador de serviço ou se realmente como sócio e disso resulta a necessária documentação expressa. Assim, por exemplo, o consultor, o tradutor ou o procurador, ainda que demonstrem extensa documentação no exercício de atividade vital para a empresa, não se tornarão sócios. Seria, como, absurdamente, uma pessoa se autoqualificar como sócio perante terceiros e este fundamento ser considerado válido para provar sua condição de sócio.

A intenção de caracterizar uma sociedade em comum entre terceiro e sociedade regular só se admite por meio de documento escrito (contrato) que demonstre a inequívoca vontade dos sócios em estabelecer um vínculo societário.

Ressalte-se, que se a causa de pedir for um contrato de compra e venda ou a vedação do enriquecimento ilícito admite-se maior campo probatório, mas ainda assim, merece exame apurado do julgador.

Enfim, a união estável e a sociedade em comum são institutos que comprovam a evolução legislativa em consonância com os nossos tempos, mas também abriram campo para postulações abusivas. A jurisprudência estável é a segurança da sociedade, mas a estabilidade pressupõe identidade absoluta de causas.

## BIBLIOGRAFIA

COELHO, Fábio Ulhoa. Curso de direito comercial, volume 1: direito de empresa: empresa e estabelecimento: títulos de crédito. - 24. ed. rev. e atual. - São Paulo: Thomson Reuters Brasil, 2021.

DINIZ, Gustavo Saad. Curso de Direito Comercial. - 2. ed. - Barueri, SP: Atlas, 2022.

TOMAZETTE, Marlon. Curso de Direito Empresarial: teoria geral e direito societário. - 14. ed. - São Paulo: SaraivaJur, 2023.

Piereck de Sá, RF 288/1984

# A EVOLUÇÃO DA JURISPRUDÊNCIA DO STJ ACERCA DA (IM) PENHORABILIDADE DE SALÁRIO SOB A ÓTICA DA PROTEÇÃO DA SUA FUNÇÃO CONSTITUCIONAL PRECÍPUA E GARANTIA DA EFETIVIDADE DE SUAS DECISÕES: REFLEXÕES SOBRE A CASSAÇÃO DE DECISÃO QUE NÃO PERMITIU PENHORA DO SALÁRIO

*Eduardo Martins*[1]

**Sumário: 1.** Introdução. **2.** Função Constitucional do STJ como Corte de Precedentes. **3.** Importância da efetividade das decisões do Superior Tribunal de Justiça. **4.** Decisão no Recurso Especial n. 2.040.607/ SP (2022/0233673-8). **5.** Considerações Finais. **6.** Referências Bibliográficas.

## 1. INTRODUÇÃO

Refletir sobre temáticas de proteção constitucional presentes nas leis federais e sua interpretação envolve uma análise minuciosa das competências e funções constitucionais atribuídas de forma harmônica aos Três Poderes. Essa avaliação visa à manutenção e proteção do Estado Democrático de Direito, que é a forma de Organização do Estado que permite a existência e a garantia de Direitos Fundamentais.

Jorge Miranda afirma que "não há verdadeiros Direitos Fundamentais sem que as pessoas estejam em relação imediata com o Poder Público [...] não há Direitos Fundamentais sem Estado que os Respeite ou que os proteja"[2].

Dessa forma, é possível afirmar, em nível de cognição associativa, que a proteção da função constitucional do Superior Tribunal de Justiça e a garantia da efetividade de suas decisões na uniformização da interpretação da Lei Federal são essenciais para a manutenção da organização do Estado e a efetividade dos direitos fundamentais. O exercício hermenêutico e uniformizador conferido à Corte contribui para a esta-

---

1 Desembargador Federal do Tribunal Regional Federal da 1ª Região. Mestrando em Políticas Públicas pela Universidade de Lisboa.

2 MIRANDA, Jorge. Curso de Direito Constitucional: Estado e constitucionalismo, constituição, direitos fundamentais. Vol. 1. Universidade Católica Editora, 2006.

bilidade e segurança jurídicas, conferindo confiança e credibilidade ao sistema de justiça brasileiro.

Segundo o Ministro Luís Roberto Barroso[3], a Carta que tem propiciado o maior período de estabilidade institucional republicana, mesmo em tão pouco tempo, é a Constituição de 1988, pois ela permitiu a redemocratização, após longo período de regime autoritário, instituindo e consolidando a Tripartição de Poderes e fixando as competências e funções dos poderes componentes.

É, portanto, uma forma de organizar o exercício dos Poderes em obediência aos princípios da independência e harmonia, na qual cada Poder possui sua esfera de atuação específica, sem que haja, em regra, interferência no âmbito de competência preponderante de outro Poder.

O que ocorre na organização brasileira desde a passagem para o Neoconstitucionalismo é a inserção do papel de intérprete da legislação na atividade dos julgadores, mesmo no sistema de *Civil Law*.[4]

Isso porque a evolução social acontece sem o acompanhamento do legislador (Poder Legislativo), fazendo com que no processo de solução jurídica de casos (Poder Judiciário), o julgador faça juízo de conformidade com a Constituição e com o contexto no qual essa solução está sendo proferida, pois a constitucionalização do direito expandiu o conteúdo material e axiológico da Constituição Federal.[5]

É uma atividade complexa conferida aos julgadores, principalmente no Brasil, que adota o sistema de *Civil Law*, no qual os julgamentos proferidos por juízes de todas as instâncias podem conformar a legislação aos Direitos Fundamentais, crescendo a necessidade de estabilização e segurança jurídica (previsibilidade jurisdicional), o que atrai o Sistema de Precedentes Obrigatórios, cuja teorização é função das Cortes

3 BARROSO, Luís Roberto. Neoconstitucionalismo e constitucionalização do Direito: O triunfo tardio do Direito Constitucional no Brasil. Jus Navigandi, Teresina, ano 9, n. 851, 1 nov. 2005.

4 CARDOSO, Mical Cruz. A função de corte de precedentes exercida pelo Superior Tribunal de Justiça e a reflexão de questões constitucionais no recurso especial. 2019. Trabalho de Conclusão de Curso (Graduação em Direito) – Faculdade de Ciências Jurídicas e Sociais, Centro Universitário de Brasília, Brasília, 2019.

5 BARROSO, Luís Roberto. Curso de direito constitucional contemporâneo: os conceitos fundamentais e a construção do novo modelo. 5 ed. São Paulo: Saraiva, 2015. p. 304.

Supremas, tendo por finalidade conferir a devida autoridade às decisões dessas Cortes (STJ e STF).[6]

É sob essa perspectiva que o presente artigo analisa a decisão no Recurso Especial n. 2.040.607/SP (2022/0233673-8), que cassou decisão do Tribunal de Justiça do Estado de São Paulo, a qual não havia permitido a penhora de salário, dando interpretação diversa ao entendimento do STJ sobre o tema.

Tal julgamento é representativo para a coerente aplicação dos precedentes firmados pela Corte, porque reforça a excepcionalidade da penhora de valores em conta salário, contribuindo para a efetividade das decisões do Superior Tribunal de Justiça.

## 2. FUNÇÃO CONSTITUCIONAL DO STJ COMO CORTE DE PRECEDENTES

Como mencionado, a instituição do Superior Tribunal de Justiça se deu pela Constituição Federal de 1988, um marco na redemocratização do Brasil. A sua competência está prevista no artigo 105 da Carta Magna, que estabelece três divisões de competência: a originária, a recursal ordinária e a recursal extraordinária. Esta última é exercida por meio dos julgamentos de Recurso Especial.

Pode-se afirmar que a competência do Superior Tribunal de Justiça, no sistema jurídico brasileiro, consiste na interpretação da matéria federal infraconstitucional em todo território nacional. Essa atribuição visa à uniformização do entendimento sobre questões sob sua competência, construindo, nesse sentido, a previsibilidade jurisdicional, o que acarreta segurança jurídica na solução dada aos casos que tratem da matéria uniformizada, por meio da aplicação dos entendimentos pelos Tribunais Pátrios.

De forma literal, a Constituição Federal atribuiu ao STJ a competência do "julgamento, mediante recurso especial, das causas decididas, em única ou última instância, pelos tribunais regionais federais ou pelos tribunais de justiça dos Estados, do Distrito Federal e dos Territórios, quando a decisão recorrida contrariar tratado ou lei federal, ou negar-lhes vigência, julgar válido ato de governo local contestado em face de

6 MARINONI, Luiz Guilherme. A ética dos precedentes: justificativa do novo CPC. 2 ed. rev., atual e ampl. São Paulo: Revista dos Tribunais, 2016. p.64.

lei federal e/ou der a lei federal interpretação divergente da que lhe haja atribuído outro tribunal".[7] Sobre o tema:

> A tutelabilidade da matéria federal infraconstitucional comum, isto é, que não for de competência dos órgãos jurisdicionais especializados incumbe, então, precipuamente, ao Superior Tribunal de Justiça, que vela pela segurança jurídica e coerência do sistema jurídico, mediante a interpretação uniforme da matéria de sua competência em todo o território nacional.[8]

A competência para o exercício da função de Corte de Precedentes é delineada pela função precípua do Superior Tribunal de Justiça. Essa competência de interpretação e uniformização da lei federal seria ineficaz e desprovida de efetividade se seus resultados não vinculassem os Tribunais de Justiça e os Tribunais Regionais Federais.

No entendimento de Luiz Guilherme Marinoni, seria "absurdo imaginar que, tendo o Superior Tribunal de Justiça o dever de uniformizar a interpretação de lei federal, possam os Tribunais de Justiça e Regionais Federais aplicá-la de modo diferente"[9], ressaltando, no entanto, que carece de competência para ser Corte de Correção.

Esse entendimento justifica, por exemplo, as súmulas que funcionam como filtro recursal e a Emenda Constitucional n. 125 de 2022. Essa emenda estabeleceu o requisito da relevância das questões de direito federal infraconstitucional no âmbito do recurso especial. Vale ressaltar que a aplicação desse requisito está condicionada à regulamentação por meio de lei complementar.[10]

---

7 BRASIL. Constituição da República Federativa do Brasil. 1988. Art. 105, III.

8 CARDOSO, Mical Cruz. A função de corte de precedentes exercida pelo Superior Tribunal de Justiça e a reflexão de questões constitucionais no recurso especial. 2019. Trabalho de Conclusão de Curso (Graduação em Direito) – Faculdade de Ciências Jurídicas e Sociais, Centro Universitário de Brasília, Brasília, 2019.

9 MARINONI, Luiz Guilherme. Precedentes obrigatórios. 5. ed. São Paulo: Revista dos Tribunais, 2016. p. 315.

10 Em 19/10/2022, o Pleno do Superior Tribunal de Justiça (STJ) aprovou o Enunciado Administrativo n. 8, que estabelece o seguinte teor: "A indicação, no recurso especial, dos fundamentos de relevância da questão de direito federal infraconstitucional somente será exigida em recursos interpostos contra acórdãos publicados após a data de entrada em vigor da lei regulamentadora prevista no artigo 105, parágrafo 2º, da Constituição Federal."

Esses mecanismos podem ser classificados como salvaguardas destinadas a preservar a função institucional do Superior Tribunal de Justiça. O Ministro Humberto Martins, então presidente da Corte quando da aprovação da referida Emenda Constitucional, afirmou que:

> A PEC corrige uma distorção do sistema, ao permitir que o STJ se concentre em sua missão constitucional de uniformizar a interpretação da legislação federal. O STJ, uma vez implementada a emenda constitucional, exercerá de maneira mais efetiva seu papel constitucional, deixando de atuar como terceira instância revisora de processos que não ultrapassam o interesse subjetivo das partes.[11]

Com efeito, o exercício da função atribuída por competência constitucional de interpretação da legislação infraconstitucional faz com que o Superior Tribunal de Justiça, através de suas decisões em Recurso Especial, consiga ultrapassar a questão das partes imediatas da lide e alcance o interesse social da questão de fundo, determinando a relevância da matéria tratada e estabelecendo um Sistema de Precedentes no Judiciário brasileiro capaz de gerar segurança jurídica pela previsibilidade jurisdicional.[12]

## 3. IMPORTÂNCIA DA EFETIVIDADE DAS DECISÕES DO SUPERIOR TRIBUNAL DE JUSTIÇA

Conforme afirmado anteriormente neste estudo, a proteção da função constitucional do Superior Tribunal de Justiça e a garantia da efetividade de suas decisões na uniformização da interpretação da lei federal são essenciais para a manutenção da organização do Estado e para a efetividade dos direitos fundamentais. Nesse sentido, o exercício hermenêutico e uniformizador conferido à Corte busca estabelecer se-

11 BRASIL, STJ. Disponível em: <https://www.stj.jus.br/sites/portalp/Paginas/Comunicacao/Noticias/14072022-Filtro-de-relevancia-do-recurso-especial--vira-realidade-com-a-promulgacao-da-Emenda-Constitucional-125.aspx>. Acesso em 28/06/2024.

12 ALVIM, Arruda. A alta função jurisdicional do Superior Tribunal de Justiça no âmbito do Recurso Especial e a relevância das questões. Revista de Direito Processual Civil, Curitiba, n. 17, p. 447- 448, jul./set. 2000.

gurança jurídica e conferir confiança e credibilidade ao Poder Judiciário brasileiro.

É através do exercício das suas competências de uniformização da aplicação e da interpretação da lei federal (direito infraconstitucional) que o Superior Tribunal de Justiça, por meio do julgamento de recurso especial (competência recursal extraordinária), protege e afirma os valores jurídicos, sociais e políticos do Estado Brasileiro.[13]

Não obstante, a proteção à competência do Superior Tribunal de Justiça é indispensável para assegurar o Estado Democrático de Direito, a supremacia jurídica e a força normativa da Constituição, por meio do juízo de conformidade.

Para a consecução desses objetivos, é fundamental que o STJ disponha de instrumentos que garantam a eficácia de suas próprias decisões, através do julgamento dos Recursos Especiais e do desenvolvimento e aplicação de um sistema de precedentes obrigatórios.

Durante a abertura do III Encontro Nacional sobre Precedentes Qualificados, o Ministro Humberto Martins destacou o pioneirismo do STJ na organização e aperfeiçoamento do sistema de precedentes judiciais no Brasil. Segundo ele, "a crescente sobrecarga numérica de ações judiciais traz um enorme desafio ao Poder Judiciário: fazer frente a essa demanda e, ao mesmo tempo, manter a garantia de acesso à Justiça, com a duração razoável do processo e a qualidade da prestação jurisdicional".[14]

Por essa razão, os julgamentos proferidos pela Corte Superior devem estar em conformidade não apenas com a Constituição, mas também com suas próprias decisões em matérias semelhantes ou em repetitivos. Caso contrário, perde-se o entendimento de que à Corte não cabe a função de instância correcional (terceira instância).

Embora a competência recursal extraordinária não seja a única destinada ao STJ, é por meio do exercício dela que essa Corte desenvolve

---

13 DOMINGOS, Ana Paula Silva. Reflexões sobre a alteração que se espera na jurisprudência do Superior Tribunal de Justiça diante do disposto nos arts. 1.032 E 1.033 do Código de Processo Civil de 2015. 2018. 94 f. Monografia (Graduação) – Faculdade de Ciências Jurídicas e Sociais, Centro Universitário de Brasília, Brasília, 2018.

14 <https://www.stj.jus.br/sites/portalp/Paginas/Comunicacao/Noticias/22092021-Para-o-presidente-do-STJ--gestao-eficiente-de-precedentes-reduz-judicializacao.aspx#:~:text=O%20presidente%20do%20Superior%20Tribunal,e%20%C3%A0%20desjudicializa%C3%A7%C3%A3o%20de%20demandas.>. Acesso em 4/7/2024.

a essencial função de "garantir a inteireza e a uniformização de entendimento atinentes ao direito federal infraconstitucional".[15]

É dizer, os julgamentos dos recursos especiais permitem ao STJ entender de que forma os Tribunais Estaduais e Regionais Federais aplicam a lei federal, a despeito da jurisprudência, sistema de precedentes e Constituição Federal, exercendo um juízo capaz de analisar se tais decisões estão ou não em conformidade com os precedentes fixados pela Corte.

Isso permite um controle sobre a eficácia das decisões proferidas pela Corte Superior, justificando a técnica diferenciada e especializada na interposição de Recursos Especiais, com a finalidade de delinear a controvérsia, submetendo-a à competência do STJ e permitindo o julgamento e a uniformização da questão posta.

De acordo com Teresa Arruda Alvim e Bruno Dantas, tendo em vista o sistema jurídico de *civil law* adotado pelo Brasil, a força da orientação jurisprudencial é diretamente proporcional à sua reiteração e uniformização[16], o que acarreta previsibilidade jurisdicional e segurança jurídica ao sistema brasileiro.

## 4. DECISÃO NO RECURSO ESPECIAL N. 2.040.607/SP (2022/0233673-8)

A relevância do STJ referida nos parágrafos anteriores se torna evidente ao analisarmos decisões que aplicam precedentes em casos concretos. Um exemplo, é a decisão no Recurso Especial n. 2.040.607/SP (2022/0233673-8)[17], proferida pelo Ministro Humberto Martins e publicada em 20 de junho de 2023. Nesse caso, o STJ cassou a decisão do TJSP que não havia permitido a penhora de valores em conta salário, sob o fundamento de que o valor e a natureza da dívida impediriam a flexibilização legal do artigo 833, IV, do CPC/2015.

15 CARDOSO, Mical Cruz. A função de corte de precedentes exercida pelo Superior Tribunal de Justiça e a reflexão de questões constitucionais no recurso especial. 2019. Trabalho de Conclusão de Curso (Graduação em Direito) – Faculdade de Ciências Jurídicas e Sociais, Centro Universitário de Brasília, Brasília, 2019.

16 ALVIM, Teresa Arruda. DANTAS, Bruno. Recurso especial, recurso extraordinário e a nova função dos tribunais superiores: Precedentes no direito brasileiro. 5. ed. rev., atual. e ampl. – São Paulo: Thomson Reuters Brasil, 2018. p. 543.

17 BRASIL. Superior Tribunal de Justiça. REsp nº 2040607/SP (2022/0233673-8), Rel. Ministro HUMBERTO MARTINS, DJe 20/06/2023;

A controvérsia que ensejou o Recurso Especial versava sobre a possibilidade, naquele caso concreto, da mitigação da regra geral de impenhorabilidade dos vencimentos dos devedores. No curso processual, o Tribunal local indeferiu pedido de penhora de conta salário, sob o fundamento da impossibilidade de flexibilização de acordo com o entendimento do STJ.

Ao interpor Recurso Especial, a parte exequente alegou divergência jurisprudencial e vulneração do art. 833, IV, § 2º, do CPC[18]. Argumentou que a penhora de verbas decorrentes de vencimentos é permitida quando preservado o suficiente para garantir a dignidade do devedor. No caso em questão, sustentou que a medida mostrava-se razoável, considerando o esgotamento das medidas constritivas infrutíferas, bem como a inércia da parte executada em solucionar o débito.

O Tribunal local exerceu juízo negativo de admissibilidade, chegando à Corte Superior por meio de Agravo em Recurso Especial, o qual foi convertido em Recurso Especial para análise da controvérsia.

O provimento recursal se deu em decorrência da fundamentação adotada pelo Tribunal local para indeferir o pedido de penhora. O Tribunal de Justiça do Estado de São Paulo (TJSP) deu à matéria interpretação diversa do entendimento fixado pelo Superior Tribunal de Justiça (STJ).

O dispositivo da decisão em questão foi para determinar o retorno dos autos à origem para novo julgamento, em conformidade com o entendimento fixado pelo STJ. Nesse sentido, deverá ser realizada uma pesquisa via Sistema de Busca de Ativos do Poder Judiciário (SISBAJUD) para localizar eventuais valores e/ou ativos financeiros existentes em conta salário da parte executada/recorrida.

Isso porque, a evolução jurisprudencial do STJ acerca do tema de impenhorabilidade evoluiu para tornar a penhora parcial de salário uma possibilidade excepcional, sob a ótica dos princípios da efetividade e da

---

18 "O § 2º do art. 833 do NCPC inovou ao permitir a penhora dos ganhos do executado que ultrapassem 50 (cinquenta) salários mínimos, mas, no meu sentir, errou na dose. Errou na dose porque estabeleceu um teto muito alto para a penhorabilidade. Quem ganha mais de 50 salários mínimos? Poucos, evidentemente. O alto limite deixa quase sem aplicação a nova regra do NCPC. Melhor teria sido o legislador reproduzir a regra que havia sido aprovada pelo Congresso Nacional e vetada pelo Presidente da República quando da edição da Lei n. 11.382/2006 [...]." MIRANDA, Gilson Delgado Miranda. Coordenado: BUENO, Cassio Scarpinella. Comentários ao Código de Processo Civil. 1. ed. São Paulo: Saraiva, 2017, p. 646.

razoabilidade, nos casos em que ficar demonstrado que a penhora não afeta a dignidade do devedor.

O cuidado na manutenção da regra geral também fora evidenciado na decisão analisada, visto que o julgador acautelou em seu texto a efetivação da interpretação do enunciado do art. 833, IV, do CPC/2015, sob a ótica da teoria do mínimo existencial, afirmando estar resguardado o salário do indivíduo, por se tratar de verba alimentar, com fundamento na preservação da dignidade da pessoa humana.[19]

Contudo, afirma que a interpretação dada pela Corte ao dispositivo processual é a de que a mitigação se refere ao que sobeja dos salários, vencimentos, proventos, pensões, soldos, resguardado o mínimo existencial, que poderá ser objeto de constrição judicial na conta salário para o adimplemento das dívidas contraídas pelo executado, o que pode ensejar, inclusive, penhora de parte da verba considerada alimentar.[20]

Dessa forma, a interpretação dada ao tema pelo Tribunal de Justiça do Estado de São Paulo, principalmente pela fundamentação utilizada, não se sustentaria, pois vulnerava a uniformização da interpretação exercida pelo STJ, violando a sua competência constitucional e a efetividade das suas decisões, sendo esse o fundamento da cassação do acórdão recorrido.

Essa decisão é representativa no sentido de evidenciar a proteção e reafirmar a competência do STJ e o controle da efetividade das decisões proferidas pela Corte Superior quando do exercício da função constitucional da competência recursal extraordinária.

19 "O NCPC perdeu grande oportunidade de ajustar esse dispositivo à realidade e assim aplicar com sabedoria a máxima da proporcionalidade e razoabilidade, pois bem se sabe que a remuneração do executado pode ser tão elevada que, se fosse penhorado um percentual de sua renda, isso não impediria que vivesse com dignidade para seu sustento e de sua família, e, ao mesmo tempo, efetivar-se-ia o direito fundamental do credor à satisfação do seu crédito." RODRIGUES, Marcelo Abelha. Manual de Execução Civil. 8 ed. São Paulo: Editora Foco, 2024, p.191.

20 "Restringir a penhorabilidade de toda a "verba salarial" ou apenas permiti-la no que exceder cinquenta salários-mínimos, mesmo quando a penhora de urna parcela desse montante não comprometa a manutenção do executado, pode caracterizar-se corno aplicação inconstitucional da regra, pois prestigia apenas o direito fundamental do executado, em detrimento do direito fundamental do exequente." DIDIER JR, Fredie; CUNHA, Leonardo Carneiro da; BRAGA, Paula Sarno; OLIVEIRA, Rafael Alexandria de. Curso de Direito Processual Civil – v. 5 Execução. 14 ed. rev., atual., e ampl. São Paulo: Editora JusPodivm, 2024, p. 896.

A interpretação das normas que conferem eficácia às decisões judiciais pela jurisprudência brasileira é indicativa de que a efetividade do processo no contexto civil ou penal no Brasil é resultado de uma nova abordagem, tanto no âmbito legislativo (por meio da proposição de projetos de lei para agilizar o processo) quanto no jurisdicional, com a evolução da interpretação normativa. Essa evolução tem como foco central a garantia do direito fundamental à duração razoável do processo.

Um marco significativo nessa evolução é a promulgação da Emenda Constitucional n. 45/2004, que estabelece como uma de suas principais metas a aceleração da prestação jurisdicional e o aumento da eficiência do sistema judiciário. Com isso, houve a constitucionalização da busca pela redução do tempo de tramitação dos processos judiciais.

O novo Código de Processo Civil é eficaz ao promover agilidade por meio da simplificação das formalidades, bem como ao possibilitar que a jurisprudência dos Tribunais Superiores estabeleça soluções uniformes para demandas semelhantes.

Com efeito, os direitos devem ser reconhecidos, efetivados. "Processo devido é processo efetivo", conforme ensina Chiovenda.[21] A efetividade da decisão judicial só se concretizará quando se revelar capaz de assegurar ao titular daquele direito exatamente aquilo que ele tem direito de conseguir.[22]

A atividade jurisdicional é complexa, principalmente porque no Brasil adotamos o sistema de *civil law*, no qual os julgamentos proferidos por juízes de todas as instâncias podem conformar a legislação aos Direitos Fundamentais, sendo esse um julgamento relevante por envolver a especificidade de princípios atinentes ao processo de execução que abarcam uma gama de direitos e outros princípios fundamentais estabelecidos pela constituição.

## 5. CONSIDERAÇÕES FINAIS

Constata-se por meio da análise feita neste artigo que a complexidade das temáticas de proteção constitucional insculpidas nas leis federais e sua interpretação, assim como a inserção do papel de intérprete da le-

21 CHIOVENDA, Giuseppe. **Instituições de Direito Processual Civil**. São Paulo: Bookseller. 2008, vol. II, p. 46.

22 CHIOVENDA, 2008, p. 46.

gislação na atividade dos julgadores a partir do Neoconstitucionalismo, delimitam as competências do Superior Tribunal de Justiça conforme determinadas pela Constituição Federal de 1988.

A função da Corte abarca o exercício de construção de um Sistema de Precedentes Obrigatórios que garante a proteção da uniformização da interpretação da legislação infraconstitucional sob sua competência. Esse sistema evolui em direção à previsibilidade jurisdicional, proporcionando segurança jurídica, e fortalece a força normativa jurisprudencial.

Nessa ótica, faz sentido a afirmação de que, através do exercício de sua função precípua atribuída por competência constitucional, o Superior Tribunal de Justiça, nos julgamentos dos Recursos Especiais, nos quais faz juízo de sentido e valor das normas infraconstitucionais, possui a capacidade de garantir a efetividade da Constituição Federal de 1988.

Por isso, a proteção da competência do Superior Tribunal de Justiça é uma das formas também de garantia do Estado Democrático de Direito e de guarda da supremacia jurídica, bem como da força normativa da Constituição por meio de juízo de conformidade exercido nos julgamentos dos Recursos Especiais.

Além disso, a função do STJ deve ser a de garantir a efetividade de suas próprias decisões, também por meio do julgamento dos Recursos Especiais, fortalecendo a construção e aplicação de um sistema de precedentes obrigatórios.

É por isso que os julgamentos proferidos pela Corte Superior devem estar em conformidade não apenas com a Constituição, mas também com as suas próprias decisões proferidas em julgamentos de matérias semelhantes ou em repetitivos, sob pena de perder o senso de que à Corte não cabe a competência de instância de correção (terceira instância), o que representaria um retrocesso, tendo em vista todos os mecanismos jurídicos e tecnológicos empregados para o juízo de admissibilidade dos Recursos Especiais.

Sob essa perspectiva, analisou-se a decisão que cassou o acórdão proferido pelo TJSP, no qual não foi concedido pedido de penhora de verbas salariais, dando interpretação ao art. 833, IV, do CPC/2015 diversa da consolidada pelo STJ em julgamentos de precedentes.

Dessa análise, concluiu-se que o Ministro Humberto Martins reafirmou a interpretação da regra geral do dispositivo retro mencionado, sob a ótica da teoria do mínimo existencial, afirmando estar resguardado o salário do indivíduo, por se tratar de verba alimentar, com fundamento na preservação da dignidade da pessoa humana.

Ao tempo em que garantiu a efetividade das decisões do STJ que consolidaram a interpretação de que a mitigação se refere à possibilidade excepcional de penhora dos valores em conta salário que sobejam os salários, vencimentos, proventos, pensões, soldos, desde que resguardado o mínimo existencial, para o adimplemento das dívidas contraídas pelo executado, com fundamento no princípio da prestação jurisdicional, razoabilidade e proporcionalidade, interpretação que pode, inclusive, justificar a penhora de parte da verba considerada alimentar.

Dessa forma, a cassação do acórdão se deu sob o fundamento de vulneração da uniformização da interpretação exercida pelo STJ, o que, nessa medida, viola a competência constitucional conferida à Corte.

Por esse motivo, considera-se a decisão como representativa da função do STJ como Corte de Precedentes, além de evidenciar o papel do julgador na proteção e reafirmação da competência do STJ, exercendo ainda o controle da efetividade das decisões proferidas pela Corte Superior quando do exercício da função constitucional da competência recursal extraordinária.

Com isso, pode-se afirmar a evolução acurada tanto da jurisprudência sobre o tema, como dos mecanismos de proteção e garantia da efetividade das competências do Superior Tribunal de Justiça e suas decisões, credibilizando a previsibilidade jurisdicional e a segurança jurídica decorrente do exercício delineado das funções de reiteração e uniformização da interpretação da legislação infraconstitucional da Corte.

## 6. REFERÊNCIAS

ALVIM, Arruda. **A alta função jurisdicional do Superior Tribunal de Justiça no âmbito do Recurso Especial e a relevância das questões.** Revista de Direito Processual Civil, Curitiba, n. 17, p. 447- 448, jul./set. 2000.

ALVIM, Teresa Arruda. DANTAS, Bruno. **Recurso especial, recurso extraordinário e a nova função dos tribunais superiores: Precedentes no direito brasileiro.** 5. ed. rev., atual. e ampl. – São Paulo: Thomson Reuters Brasil, 2018. p. 543.

BARROSO, Luís Roberto. **Curso de direito constitucional contemporâneo: os conceitos fundamentais e a construção do novo modelo.** 5 ed. São Paulo: Saraiva, 2015. p. 304.

BARROSO, Luís Roberto. **Neoconstitucionalismo e constitucionalização do Direito: O triunfo tardio do Direito Constitucional no Brasil**. Jus Navigandi, Teresina, ano 9, n. 851, 1 nov. 2005.

BRASIL. Superior Tribunal de Justiça. REsp nº 2.040.607/SP (2022/0233673-8), Rel. Ministro HUMBERTO MARTINS, TERCEIRA TURMA, julgado em 19/06/2023, DJe 20/06/2023);

BRASIL, STJ. Disponível em: <https://www.stj.jus.br/sites/portalp/Paginas/Comunicacao/Noticias/14072022-Filtro-de-relevancia-do-recurso-especial-vira-realidade-com-a-promulgacao-da-Emenda-Constitucional-125.aspx>. Acesso em 28/06/2024.

BRASIL. **Constituição da República Federativa do Brasil**. 1988. Art. 105, III.

CARDOSO, Mical Cruz. **A função de corte de precedentes exercida pelo Superior Tribunal de Justiça e a reflexão de questões constitucionais no recurso especial**. 2019. Trabalho de Conclusão de Curso (Graduação em Direito) – Faculdade de Ciências Jurídicas e Sociais, Centro Universitário de Brasília, Brasília, 2019.

CHIOVENDA, Giuseppe. **Instituições de Direito Processual Civil**. São Paulo: Bookseller. 2008, vol. II, p. 46.

DIDIER JR, Fredie; CUNHA, Leonardo Carneiro da; BRAGA, Paula Sarno; OLIVEIRA, Rafael Alexandria de. Curso de Direito Processual Civil – v. 5 Execução. 14 ed. rev., atual., e ampl. São Paulo: Editora JusPodivm, 2024.

DOMINGOS, Ana Paula Silva. **Reflexões sobre a alteração que se espera na jurisprudência do Superior Tribunal de Justiça diante do disposto nos arts. 1.032 E 1.033 do Código de Processo Civil de 2015.** 2018. 94 f. Monografia (Graduação) – Faculdade de Ciências Jurídicas e Sociais, Centro Universitário de Brasília, Brasília, 2018.

MARINONI, Luiz Guilherme. **A ética dos precedentes: justificativa do novo CPC**. 2 ed. rev., atual e ampl. São Paulo: Revista dos Tribunais, 2016. p.64.

MARINONI, Luiz Guilherme. **Precedentes obrigatórios**. 5. ed. São Paulo: Revista dos Tribunais, 2016. p. 315.

MIRANDA, Gilson Delgado Miranda. Coordenado: BUENO, Cassio Scarpinella. Comentários ao Código de Processo Civil. 1. ed. São Paulo: Saraiva, 2017.

MIRANDA, Jorge. **Curso de Direito Constitucional: Estado e constitucionalismo, constituição, direitos fundamentais.** Vol. 1. Universidade Católica Editora, 2006.

RODRIGUES, Marcelo Abelha. Manual de Execução Civil. 8 ed. São Paulo: Editora Foco, 2024.

# A COMPETÊNCIA DA ANTAQ NA REGULAMENTAÇÃO DO SERVIÇO DE SEGREGAÇÃO E ENTREGA DE CONTÊINERES

*Carlos Eduardo Caputo Bastos*[1]

Há décadas são travadas, em diversas frentes, discussões acerca da legalidade da cobrança pela prestação de serviços de segregação e entrega (SSE), também referenciada como *terminal handling charge 2* (THC2). Nessa conjuntura, excessiva e desnecessariamente combativa, ora são considerados ora são ignorados os regramentos regulatórios das autoridades competentes, o histórico e a dinâmica das operações portuárias, a relevância desse preço para a adequada prestação de serviços portuários públicos e essenciais para o desenvolvimento do país, entre outros pontos de primordial relevância.

No fundo dessas contendas, porém, há uma questão ainda mais preocupante, na medida em que aparenta estar diretamente atrelada à definição de políticas públicas e objetivos voltados para o bem da sociedade. É que a transferência de competências dentro da administração pública - desempenhada com respeito aos ditames do princípio da especialidade - materializa imprescindível ferramenta para otimizar o desenvolvimento da máquina pública e permitir sejam alcançados e aprimorados os resultados almejados.

## 1. CONTEXTUALIZAÇÃO – O SERVIÇO DE SEGREGAÇÃO E ENTREGA DE CONTÊINERES

Para melhor elucidar a questão central deste texto, mostra-se pertinente destacar um pouco do funcionamento dos portos, com ênfase para o alicerce do SSE, bem como para as funções dos principais agentes públicos e privados envolvidos na estruturação, regulamentação e prestação desses serviços essenciais.

---

1 Sócio fundador de Caputo Bastos e Fruet Advogados (1988); Ministro do Tribunal Superior Eleitoral (2000-2008); Bacharel em Direito pela Universidade de Brasília - UnB (1977); Pós-graduado em Direito Econômico e em Direito Constitucional pela UnB (1983

Em termos técnicos, a Agência Nacional de Transportes Aquaviários (ANTAQ) define o SSE na Resolução Normativa 72/2022 da seguinte forma:

> Art. 2º Para os efeitos desta Resolução, considera-se:
>
> (...)
>
> IX – Serviço de Segregação e Entrega de contêineres (SSE): preço cobrado, na importação, pelo serviço de movimentação das cargas entre a pilha no pátio e o portão do terminal portuário, pelo gerenciamento de riscos de cargas perigosas, pelo cadastramento de empresas ou pessoas, pela permanência de veículos para retirada, pela liberação de documentos ou circulação de prepostos, pela remoção da carga da pilha na ordem ou na disposição em que se encontra e pelo posicionamento da carga no veículo do importador ou do seu representante;
>
> Art. 9º O SSE na importação não faz parte dos serviços remunerados pela cesta de serviços ou box rate, nem daqueles cujas despesas são ressarcidas por meio do THC, salvo previsão contratual em sentido diverso.
>
> Parágrafo único. No caso em que restar demonstrada a verossimilhança de que exista abuso ilegal na cobrança do SSE, a ANTAQ poderá estabelecer o preço máximo a ser cobrado a esse título, mediante prévio estabelecimento e publicidade dos critérios a serem utilizados para sua definição.

O serviço de segregação e entrega de contêineres efetivamente configura atividade adicional que não está incluída no rol de serviços básicos de movimentação de contêineres remunerados por preços ou taxas (*como a terminal handling charge 1*). Daí já é possível denotar o equívoco de referenciar o SSE como THC2, tendo em vista que nada há de correlato entre ambos. Em verdade, o SSE remunera serviço autônomo que sempre existiu na logística dos portos e cujas prestação e cobrança remontam ao período em que a administração portuária cabia ao Governo Federal por meio das Companhias Docas.

À título ilustrativo, destaca-se a Companhia Docas do Estado de São Paulo (CODESP) – antiga razão social da Autoridade Portuária de Santos S.A. (APS) –, autoridade encarregada de desenvolver, administrar e fiscalizar o Porto de Santos. Quando detinha o monopólio das operações portuárias, a CODESP prestava os serviços de segregação e entrega de contêineres para as instalações portuárias alfandegadas (IPA) – também conhecidas como terminais portuários retroalfandegados (TRA) ou portos ou recintos secos, localizados na zona secundária do porto (*i.e.*, sem acesso ao mar) – bem como cobrava o preço atinente ao SSE.[2]

Naquela época, a cobrança estava amparada na Resolução 136/1989 da Empresa de Portos do Brasil (PORTOBRÁS), era conhecida como Taxa M-20 e teve sua legalidade confirmada pela Segunda Turma do egrégio Superior Tribunal de Justiça (STJ) no Recuso Especial (REsp) 419.141/SP[3], no qual se fixou que o "*serviço de descarga privilegiado pela urgência não acobertado pela taxa de capatazia*" poderia ser remunerado por taxa diferenciada "*mediante cobrança de um preço tarifário aprovado pelo Governo*".

Com o advento da Lei 8.630/1993 (Lei de Modernização dos Portos) e a privatização dos portos, foram licitados os arrendamentos de áreas dos portos, de modo a promover a modernização da infraestrutura portuária para suportar o aumento da movimentação de cargas. Nesse cenário, passaram a ter relevo os operadores portuários (OP), igualmente denominados como portos ou recintos molhados, que são os arrendatários dos terminais portuários (*i.e.*, alcançam essa posição após certame licitatório) e se localizam na zona primária do porto (com acesso direto ao mar e aos navios).

Como corolário, os editais de licitação e os respectivos contratos de arrendamento distinguiam os serviços básicos de movimentação de contêineres dos demais serviços não incluídos na cesta básica (entre os quais encontra-se a segregação e entrega de contêineres, custeados pelo SSE). Apesar de toda a conjuntura legislativa, regulatória e portuária, há *players* do setor que incessantemente se insurgiam – e continuam se insurgindo – contra a logística portuária, o SSE e a atuação dos órgãos públicos pertinentes.

## 2. *DIVIDE ET* [NON] *IMPERA* – A INGLÓRIA ESTRATÉGIA CONTRA O SSE

Não obstante as políticas e diretrizes portuárias delineadas pelo Poder Público e os arcabouços regulatório e normativo vigentes, parte do setor – em particular os TRAs – tem promovido – ao longo de quase

2 Disponível em https://www.portodesantos.com.br/conheca-o-porto/historia-2/. Acesso em 13/06/2024.

3 STJ, Segunda Turma, REsp 419.141/SP, Relatora Ministra ELIANA CALMON, DJ 02/12/2002, p. 287.

trinta anos – inúmeras investidas centradas no direito concorrencial (observância de parâmetros competitivos na prestação dos serviços), no direito regulatório (normatização e fiscalização da atividade portuária pela ANTAQ e pela CODESP), e/ou no direito civil (existência de relação jurídica entre o arrendatário do porto e o TRA que justifique a cobrança do SSE).

Perante o Conselho Administrativo de Defesa Econômica (CADE), *verbi gratia*, constata-se provocações que há décadas ensejam a desenvoltura de processos administrativos em face de operadores portuários. Em seus primevos julgados, a posição do Conselho estava amparada na potencialidade lesiva da cobrança do SSE, sobretudo considerada a ausência de parâmetros regulatórios que pudessem combater eventuais abusos.

Como exemplo, cita-se o Processo Administrativo 08012.007443/99-17, cuja decisão foi declarada nula pelo Tribunal Regional Federal da 3ª Região (TRF-3) nos autos do Processo 0014995-56.2005.4.03.6100/SP (REsp 1.774.301/SP e ARE 1.443.287/SP)[4], tendo em vista que: (*i*) o SSE é validado pela ANTAQ, responsável por regular, supervisionar e fiscalizar as atividades de prestação de serviços de exploração da infraestrutura portuária e aquaviária; (*ii*) os preços do encargo estavam fixados e limitados pela CODESP (Decisões DIREXE 371/2005 e 50/2006); e (*iii*) o mercado de armazenagem de contêineres se manteve estável.

O mesmo *decisum* administrativo foi anulado pelo TRF-1 nos autos do Processo 2005.34.00.037482-6/DF (AREsp 1.537.395/DF)[5]. O STJ manteve o acórdão regional, no qual está reconhecido que "*prevalece a competência da ANTAQ (sem eliminar a do CADE), com a regulamentação que lhe é inerente, que autoriza a incidência da* [SSE] *THC2*" e que "*No que tange à Resolução ANTAQ n° 2.389/2012, não prospera a alegação de que usurparia a competência do CADE ou que teve o condão de anular a decisão do CADE, uma vez que apenas estabelece, no âmbito de seu poder*

4 TRF-3, Quarta Turma, APC/Reexame Necessário 0014995-56.2005.4.03.6100/SP, Relatora Desembargadora MARLI FERREIRA, DJe 26/03/2015; no STJ, Primeira Turma, REsp 1.774.301/SP, Relator Ministro SÉRGIO KUKINA, DJe 17/04/2023; e no STF Segunda Turma, ARE 1.443.287/SP, Relator Ministro GILMAR MENDES, DJe 25/01/2024, com trânsito em julgado em 27/02/2024.

5 TRF-1, Quinta Turma, Apelação/Reexame Necessário 0036938-38.2005.4.01.3400, Relator Desembargador SOUZA PRUDENTE, e-DJF 17/11/2015; no STJ, Primeira Turma, AgInt no AREsp 1.537.395/DF, Relator Ministro SÉRGIO KUKINA, DJe 17/06/2022.

*regulamentar, parâmetros regulatórios a serem observados na prestação dos serviços de movimentação e armazenagem de contêineres".*

Mais recentemente, o Departamento de Estudos Econômicos (DEE) do CADE emitiu a Nota Técnica 29/2022/DEE/CADE[6], no sentido de que "*não há motivos para considerar a cobrança* [do SSE] *como ilícito, independentemente do nível da referida cobrança, como vem sendo a interpretação da jurisprudência do CADE nos últimos anos. Pelo contrário, entende-se que há justificativa lícita para cobrança dos valores referidos por THC2 ou SSE*". O estudo temático ainda foi enfático em sua conclusão de que:

> Como referido ao longo do presente documento, ao compreender que o SSE ou THC2 deve ser cobrado de maneira indistinta, dentro da rubrica THC, aos armadores, o CADE, na realidade, está subscrevendo a possibilidade de subsídio cruzado, o que pode gerar ineficiências. A cobrança não parece ser anticompetitiva, tendo justificativa relatada ao longo da nota. Aliás, é possível que as decisões do CADE que punam este tipo de conduta possam talvez desincentivar importantes investimentos no setor.

Na esfera administrativa, a CODESP havia exercido sua competência para fixar os valores máximos a serem cobrados a título de SSE e editou as Decisões DIREXE 371/2005 e 50/2006, medida que permitiu dissolver uma das preocupações externalizadas pelo CADE no mencionado Processo Administrativo 08012.007443/99-17. Esses atos administrativos da Autoridade Portuária foram questionados por Terminal Retroportuário na Ação Anulatória 0009820-26.2011.8.26.0562, tendo o Tribunal de Justiça do Estado de São Paulo (TJSP) reconhecido a sua validade em acórdão confirmado pelos Tribunais Superiores[7].

---

6 Estudo de Mercado 08700.003929/2019-23 (autos públicos). Disponível em https://sei.cade.gov.br/sei/modulos/pesquisa/md_pesq_documento_consulta_externa.php?HJ7F4wnIPj2Y8B7Bj80h1lskjh7ohC8yMfhLoDBLddaUh5xbg0c_AOgxkhGqQMdek0o3UhpWByTUj_lddjAhA98iavCeTeJFuyt0TgVbMf_tNH9XTHoDsswhZ_ka7Mc3. Acesso em 22/06/2024.

7 TJSP, 14ª Câmara de Direito Privado, APC 0009820-26.2011.8.26.0562, Relatora Desembargadora LÍGIA ARAÚJO BISOGNI, DJe 27/06/2017; no STJ, AgInt no AREsp 1.441.228/SP, Ministro MAURO CAMPBELL MARQUES, DJe 17/03/2020; e no STF, AgInt no ARE 1.286.157/SP, Ministro Presidente LUIZ FUX, DJe 12/03/2021, com trânsito em julgado em 20/03/2021.

A causa de pedir daquele feito judicial, porém, era a pretensa ilegalidade da cobrança do SSE. Após exame das normas legais e regulatórias, o Poder Judiciário concluiu que: (*i*) CODESP tinha competência para expedir as Decisões DIREXE com base na Lei dos Portos (art. 33, §1º, IV da Lei 8.630/1993[8]) e na Resolução 55/2002 da ANTAQ (art. 44, X); e (*ii*) o serviço de segregação e entrega existe e gera custos adicionais [para tanto, verificou a logística dos serviços prestados e amparou-se na Resolução 2.389/2012 da ANTAQ].

Mas não é só. Ainda são identificadas insurreições direcionadas contra a Agência Reguladora. Uma dessas insurgências, *exempli gratia*, foi materializada no processo 0023495-10.2011.4.01.3400, em que um TRA buscou a declaração de nulidade do Acórdão nº 13/2010, prolatado no Processo Administrativo nº 50300.000159/2002, no qual a ANTAQ considerou legítima a cobrança do SSE. A demanda foi julgada improcedente em primeiro grau de jurisdição pela 8ª Vara Federal da Seção Judiciária do Distrito Federal (SJDF)[9] e o subsequente recurso apelatório aguarda apreciação pelo TRF-1.

Em continuidade, questionou-se na via judicial a legalidade da Resolução 34/2019 da ANTAQ, que novamente sedimentou a existência dos serviços de segregação de entrega e a consequente legalidade do SSE. Esse ato foi substituído pela Resolução 72/2022, por meio da qual a Agência ratificou as resoluções pretéritas no tocante ao SSE, sua distinção dos serviços custeados por outros preços, bem assim sua cobrança.

Além de todas essas empreitadas, houve provocações no Tribunal de Contas da União (TCU). Em razão do Acórdão 1.448/2022-TCU-Plenário, em face do qual houve interposição de recursos, a ANTAQ cautelarmente suspendeu dispositivos da Resolução 72/2022 referentes ao SSE. Em paralelo, hoje tramita o Relatório de Auditoria TC 020.789/2023-8 "*para avaliar a regulação e a fiscalização do serviço adequado no setor portuário por parte da Antaq*"[10], com ênfase para os serviços de segregação e entrega de contêineres e o SSE.

---

8 Art. 33. A Administração do Porto é exercida diretamente pela União ou pela entidade concessionária do porto organizado. (...) § 1° Compete à Administração do Porto, dentro dos limites da área do porto: (...) IV - fixar os valores e arrecadar a tarifa portuária;

9 SJDF, 8ª Vara Federal, Sentença, Juiz Federal Substituto MÁRCIO DE FRANÇA MOREIRA, 02/05/2021.

10 Disponível em https://pesquisa.apps.tcu.gov.br/documento/processo/*/NUMEROSOMENTENUMEROS%253A2078920238/DTAUTUACAOORDENACAO%2520desc%252C%2520NUMEROCOMZEROS%2520desc/0. Acesso em 19/07/2024.

Por fim, indica-se a Ação Civil Pública (ACP) 9139157-20.2009.8.26.0000 (hoje, REsp 1.399.761/SP), em que há *decisum* do STJ (DJe 06/11/2015) referendando o entendimento de que "*a cobrança da taxa de segregação e entrega de contêineres* [SSE] *efetuada pelos Operadores Portuários não é ilegal*[11]". Esse processo, impende apontar, apenas não transitou em julgado porque um terceiro sequer admitido no feito – e, mesmo que tivesse composto a lide, sem legitimidade recursal[12] – busca retardar o desfecho processual.

Esse o cenário, tem-se que não foram medidos esforços nos ataques perpetrados contra o regular exercício das atribuições legais da ANTAQ e da CODESP, nem contra as políticas e diretrizes públicas do Governo Federal. Em decorrência, imperiosa a observância das leis federais que embasam as competências dessas entidades da Administração Pública (em especial, a Lei 12.815/2013 e a Lei 10.233/2001), respeitando-se, ainda, as resoluções, atos administrativos e contratos de arrendamento portuários.

## 3. A ESTRUTURA DA ORGANIZAÇÃO PORTUÁRIA BRASILEIRA E A REGULAMENTAÇÃO DO SSE

Consoante mencionado, como resultado da privatização dos portos (Lei 8.630/1993, revogada pela hoje vigente Lei 12.815/2013), consolidou-se profunda e estrutural alteração na dinâmica organizacional portuária brasileira, mormente no que concerne às funções das Companhias Docas (hoje, exercem papel de autoridades portuárias) e na participação de agentes privados nas atividades de movimentação e armazenagem de cargas.

Nesse período, entrou em vigor a Lei 10.233/2001, que criou a ANTAQ e definiu como seu objetivo a implementação das políticas formuladas pelo Governo Federal (art. 20, I[13]), com destaque para aquelas

11 TJSP, 37ª Câmara de Direito Privado, Apelação Cível 9139157-20.2009.8.26.0000, Relator Desembargador ROBERTO MAC CRACKEN, data de registro 28/02/2012.

12 Nos termos em que formulado o pedido na época em que vigente o CPC/1973.

13 Art. 20. São objetivos das Agências Nacionais de Regulação dos Transportes Terrestre e Aquaviário: I - implementar, nas respectivas esferas de atuação, as políticas formuladas pelo Conselho Nacional de Integração de Políticas de Transporte, pelo Ministério dos Transportes e pela Secretaria de Portos da Presidência da República, nas respectivas áreas de competência, segundo os princípios e diretrizes estabelecidos nesta Lei;

traçadas pelo Ministério dos Transportes[14], pela Secretaria de Portos da Presidência da República (Lei 12.815/2013) e, posteriormente, pelo Ministério de Portos e Aeroportos (Lei 14.600/2023[15]). Para tanto, estabeleceu-se que a atuação da Agência deve se dar em conformidade com os princípios e diretrizes estipulados em sua lei de criação.

No processo de consolidação desse novo arranjo legislativo, restou delimitada a competência legal da ANTAQ (Lei 10.233/2001), da União e da CODESP (*v.g.*, arts. 4º, 5º, 5º-B, 16 e 17 da Lei 12.815/2013[16]) de regulamentar o setor portuário, estabelecer os parâmetros dos contratos de arrendamento e celebrar os instrumentos contratuais [atos jurídicos

---

14 A teor das disposições do art. 1º do anexo I Decreto 11.360/2023, constam entre as competências do Ministério dos Transportes a "*participação no planejamento estratégico, no estabelecimento de diretrizes para sua implementação e na definição das prioridades dos programas de investimentos em transportes ferroviário e rodoviário, em articulação com o Ministério de Portos e Aeroportos*".

15 O Ministério de Portos e Aeroportos foi criado pela Lei 14.600/2023 e é competente para definir a "*política nacional de transportes aquaviário e aeroviário*" (art. 41, I).

16 Art. 4º A concessão de bem público destinado à exploração do porto organizado será realizada mediante a celebração de contrato, sempre precedida de licitação, em conformidade com o disposto nesta Lei e no seu regulamento.
Art. 5º São essenciais aos contratos de concessão as cláusulas relativas: (...).
Art. 5º-B. O arrendamento de bem público destinado à atividade portuária será realizado mediante a celebração de contrato, precedida de licitação, em conformidade com o disposto nesta Lei e no seu regulamento. Parágrafo único. Poderá ser dispensada a realização da licitação de área no porto organizado, nos termos do regulamento, quando for comprovada a existência de um único interessado em sua exploração e estiverem presentes os seguintes requisitos: (...).
Art. 16. Ao poder concedente compete: I - elaborar o planejamento setorial em conformidade com as políticas e diretrizes de logística integrada; II - definir as diretrizes para a realização dos procedimentos licitatórios, das chamadas públicas e dos processos seletivos de que trata esta Lei, inclusive para os respectivos editais e instrumentos convocatórios; III - celebrar os contratos de concessão e arrendamento e expedir as autorizações de instalação portuária, devendo a Antaq fiscalizá-los em conformidade com o disposto na Lei nº 10.233, de 5 de junho de 2001; e IV - estabelecer as normas, os critérios e os procedimentos para a pré-qualificação dos operadores portuários. (...).
Art. 17. A administração do porto é exercida diretamente pela União, pela delegatária ou pela entidade concessionária do porto organizado. § 1º Compete à administração do porto organizado, denominada autoridade portuária: (...) § 2º A autoridade portuária elaborará e submeterá à aprovação da Secretaria de Portos da Presidência da República o respectivo Plano de Desenvolvimento e Zoneamento do Porto. (...)

perfeitos que materializam direito adquirido dos operadores portuários, a teor do art. 6º, § 1º do Decreto-Lei 4.657/1942 (Lei de Introdução às normas do Direito Brasileiro - LINDB)].

É cediço que a administração pública indireta brasileira está alicerçada nos princípios da descentralização da função administrativa e da especialidade. Um dos propósitos da formalização dessa estrutura é aumentar a eficiência da máquina estatal (art. 37 da Constituição Federal - CF[17]) por meio da delegação das competências constitucionais dos órgãos dos entes da federação para pessoas jurídicas de direito público ou privado.

A ANTAQ, vinculada ao Ministério de Portos e Aeroportos, tem regime autárquico caracterizado pela independência administrativa, bem como pela autonomia financeira e funcional (art. 21, § 2º da Lei 10.233/2001). A justificativa para sua existência está, por óbvio, diretamente atrelada a sua alta especialização para gerenciar a infraestrutura e a operação dos transportes aquaviários (art. 11 da Lei 10.233/2001).

Ao ensejo do tema, Hely Lopes Meirelles esclarece que "*A vinculação das entidades da Administração Pública Indireta aos Ministérios se traduz pela supervisão ministerial, que tem por objetivos principais a verificação dos resultados, a harmonização de suas atividades com a política e a programação do Governo, a eficiência de sua gestão e a manutenção de sua autonomia administrativa, operacional e financeira*[18]".

Nesse sentido e pautada em valores de excelência técnica, responsabilidade social e imparcialidade, a ANTAQ deve alcançar seu objetivo de regular as atividades de prestação de serviços e de exploração da infraestrutura, garantindo o aprimoramento da movimentação de pessoas e bens (art. 20, II, "a" da Lei 10.233/2001[19]). Além disso, deve harmoni-

---

17 Art. 37. A administração pública direta e indireta de qualquer dos Poderes da União, dos Estados, do Distrito Federal e dos Municípios obedecerá aos princípios de legalidade, impessoalidade, moralidade, publicidade e eficiência e, também, ao seguinte: (...).

18 MEIRELLES, Hely Lopes. Direito administrativo brasileiro. 14. ed. atual. pela Constituição federal de 1988. São Paulo: Editora Revista dos Tribunais, 1989. Página 631.

19 Art. 20. São objetivos das Agências Nacionais de Regulação dos Transportes Terrestre e Aquaviário: (...) II - regular ou supervisionar, em suas respectivas esferas e atribuições, as atividades de prestação de serviços e de exploração da infra-estrutura de transportes, exercidas por terceiros, com vistas a: a) garantir a movimentação de pessoas e bens, em cumprimento a padrões de eficiência, segurança, conforto, regularidade, pontualidade e modicidade nos fretes e tarifas; (...).

zar os interesses públicos e privados, arbitrando conflitos e impedindo práticas que constituam infração da ordem econômica (inciso "b" do citado dispositivo).

De fato, por força do princípio da legalidade e da interpretação sistemática de sua lei de criação, a ANTAQ tem o dever de considerar as referenciadas normas ao efetivar suas atribuições de "*elaborar e editar normas e regulamentos relativos à prestação de serviços de transporte e à exploração da infra-estrutura aquaviária e portuária, garantindo isonomia no seu acesso e uso, assegurando os direitos dos usuários e fomentando a competição entre os operadores*" e "*estabelecer padrões e normas técnicas complementares relativos às operações de transporte terrestre de cargas especiais e perigosas*" (art. 27, IV e XIV da Lei 10.233/2001).

Ao perscrutar sobre os limites da competência regulatória das autarquias sob regime especial, Celso Antônio Bandeira de Mello foi distinto ao afirmar que, "*nos casos em que suas disposições se voltem para concessionários ou permissionários de serviço público, é claro que podem, igualmente, expedir as normas e determinações da alçada do poder concedente (cf. Capítulo XII, ns. 40-44) ou para quem esteja incluso no âmbito doméstico da Administração. Em suma: cabe-lhes expedir normas que se encontrem abrangidas pelo campo da chamada 'supremacia especial' (cf. Capítulo XIII, ns. 12 a 15)*[20]".

Some-se a isso que a ANTAQ também tem a obrigação legal de reprimir toda e qualquer prática lesiva à livre concorrência, devendo comunicar fatos que configurem ou possam configurar potencial infração à ordem econômica ao CADE (arts. 31 e 45 da Lei 10.233/2001[21]), bem como de monitorar e, se for o caso, definir a aplicação de sanções, na hipótese de se identificar legislação, procedimento ou prática de outros

20 MELLO, Celso Antônio Bandeira de. Curso de Direito Administrativo. 17ª edição, revista e atualizada. São Paulo: Editora Malheiros Editores Ltda, 2004. Página 159.

21 Art. 31. A Agência, ao tomar conhecimento de fato que configure ou possa configurar infração da ordem econômica, deverá comunicá-lo ao Conselho Administrativo de Defesa Econômica - CADE, à Secretaria de Direito Econômico do Ministério da Justiça ou à Secretaria de Acompanhamento Econômico do Ministério da Fazenda, conforme o caso.
Art. 45. Os preços dos serviços autorizados serão livres, reprimindo-se toda prática prejudicial à competição, bem como o abuso do poder econômico, adotando-se nestes casos as providências previstas no art. 31.

países que sejam prejudiciais aos interesses nacionais (art. 32 do mesmo diploma legal[22]).

### 3.1. As Resoluções Normativas da ANTAQ – base regulatória do SSE

Como exposto, não há dúvida de que a ANTAQ é dotada autonomia e capacidade para regular a prestação de serviços portuários com base em escolhas políticas e técnicas, em atenção às com as do Ministério de Portos e Aeroportos e do Ministério dos Transportes. Ademais, é importante frisar, as suas Resoluções são elaboradas em conformidade com o art. 27, IV da Lei 10.233/2001[23], *"garantindo isonomia no seu acesso e uso, assegurando os direitos dos usuários e fomentando a competição entre os operadores"*.

Quanto ao tema ora em debate, ao longo dos anos, a posição da ANTAQ tem reforçado que o serviço de segregação e entrega de contêineres existe e gera custos adicionais. Aliás, é fato inconteste que a cobrança do SSE - prática consolidada e necessária nos portos - sempre esteve amparada em atos normativos válidos de órgãos públicos, seja na época em que o serviço era prestado pela CODESP (*Resolução 136/1989 da PORTOBRÁS, repita-se, cuja Taxa M-20 foi confirmada pelo STJ*[24]) seja no período após a privatização dos portos (*Resoluções Normativas 55/2002, 2.389/2012, 34/2019 e 72/2022 da ANTAQ*).

---

22 Art. 32. As Agências acompanharão as atividades dos operadores estrangeiros que atuam no transporte internacional com o Brasil, visando a identificar práticas operacionais, legislações e procedimentos, adotados em outros países, que restrinjam ou conflitem com regulamentos e acordos internacionais firmados pelo Brasil. § 1o Para os fins do disposto no caput, a Agência poderá solicitar esclarecimentos e informações e, ainda, notificar os agentes e representantes legais dos operadores que estejam sob análise. § 2o Identificada a existência de legislação, procedimento ou prática prejudiciais aos interesses nacionais, a Agência instruirá o processo respectivo e proporá, ou aplicará, conforme o caso, sanções, na forma prevista na legislação brasileira e nos regulamentos e acordos internacionais.

23 Art. 27. Cabe à ANTAQ, em sua esfera de atuação: (...) IV – elaborar e editar normas e regulamentos relativos à prestação de serviços de transporte e à exploração da infra-estrutura aquaviária e portuária, garantindo isonomia no seu acesso e uso, assegurando os direitos dos usuários e fomentando a competição entre os operadores;

24 STJ, Segunda Turma, REsp 419.141/SP, Relatora Ministra ELIANA CALMON, DJ 02/12/2002, p. 287.

Cabe frisar que a regulação do setor portuário pela ANTAQ sempre envolveu o juízo de fatores (entre os quais o concorrencial) que impedem qualquer infração à ordem econômica, bem assim foi precedida por audiências e consultas públicas (art. 68 da Lei 10.233/2001[25] c/c art. 29 da LINDB[26]). A par disso, a edição ou alteração de seus atos normativos ainda está condicionada à realização de análise de impacto regulatório (art. 5º da Lei 13.874/2019[27], art. 6º da Lei 13.848/2019[28] e Decreto 10.411/2020).

A corroborar a legalidade e a higidez de sua postura na condução de assuntos referentes ao SSE, nos autos do REsp 1.906.785/SP[29], a Agência juntou informações de sua área técnica apontando que "*A posição institucional da ANTAQ é no sentido de que existe fundamento econômico e regulatório para a referida cobrança, a qual não destoa da prática internacional, seja na natureza da cobrança, seja no nível geral de custos. Esta Agência Reguladora buscou, inclusive,* benchmarks *internacionais para fundamentar sua posição.*"

---

25 Art. 68. As iniciativas de projetos de lei, as alterações de normas administrativas e as decisões das Diretorias Colegiadas para resolução de pendências que afetem os direitos de agentes econômicos ou de usuários de serviços de transporte serão precedidas de audiência pública.

26 Art. 29. Em qualquer órgão ou Poder, a edição de atos normativos por autoridade administrativa, salvo os de mera organização interna, poderá ser precedida de consulta pública para manifestação de interessados, preferencialmente por meio eletrônico, a qual será considerada na decisão.

27 Art. 5º As propostas de edição e de alteração de atos normativos de interesse geral de agentes econômicos ou de usuários dos serviços prestados, editadas por órgão ou entidade da administração pública federal, incluídas as autarquias e as fundações públicas, serão precedidas da realização de análise de impacto regulatório, que conterá informações e dados sobre os possíveis efeitos do ato normativo para verificar a razoabilidade do seu impacto econômico. Parágrafo único. Regulamento disporá sobre a data de início da exigência de que trata o caput deste artigo e sobre o conteúdo, a metodologia da análise de impacto regulatório, os quesitos mínimos a serem objeto de exame, as hipóteses em que será obrigatória sua realização e as hipóteses em que poderá ser dispensada.

28 Art. 6º A adoção e as propostas de alteração de atos normativos de interesse geral dos agentes econômicos, consumidores ou usuários dos serviços prestados serão, nos termos de regulamento, precedidas da realização de Análise de Impacto Regulatório (AIR), que conterá informações e dados sobre os possíveis efeitos do ato normativo. (...).

29 O processo é público e o acesso aos autos está disponível em https://cpe.web.stj.jus.br/#/processo/202003057639.

A valer, a atuação da Agência Reguladora está substancialmente interligada à otimização do gerenciamento do transporte aquaviário e em conformidade com as políticas públicas vigentes dos Ministérios pertinentes. Assim, devem ser observados os ditames normativos que alicerçam sua competência normativa para regulamentar os serviços portuários de forma que melhor atenda a logística do porto, o desenvolvimento do setor e o interesse público. Com isso à vista, as Resoluções Normativas 55/2002, 2.389/2012, 34/2019 e 72/2022 atestam o legítimo e escorreito exercício das competências legais da ANTAQ.

### 3.2. A orientação jurisprudencial dos Tribunais Superiores

A farta e harmoniosa a jurisprudência dos Tribunais Superiores constantemente reafirma o princípio da separação dos poderes (art. 2º da CF[30]) e a autonomia das agências reguladoras ao orientar seja respeitada a doutrina da deferência judicial.

A título ilustrativo, no julgamento do Tema 991 da Repercussão Geral, o Plenário do STF foi inequívoco ao assinalar que "*esta CORTE já proclamou a autonomia das agências reguladoras na definição das regras disciplinadoras do setor regulado, observados os limites da lei de regência, ante a complexidade técnica dos temas envolvidos que exigem conhecimento especializado e qualificado acerca da matéria objeto da regulação (ADI 2095, Rel. Min. CÁRMEN LÚCIA, Tribunal Pleno, DJe de 26//11/2019)*[31]".

No mesmo sentido, mas sob o prisma da legislação infraconstitucional, a Terceira Turma do STJ firmou que, "*tratando-se de matéria de indiscutível complexidade técnica, em que se exige certa expertise, notadamente sobre como surge a área de cobertura da telefonia móvel, além das chamadas 'zonas de sombra', deve-se adotar o princípio da deferência administrativa, observando-se a autocontenção judicial (*judicial self-restraint*), reduzindo-se, assim, a interferência do Poder Judiciário nas atribuições dos outros Poderes*[32]".

30 Art. 2º São Poderes da União, independentes e harmônicos entre si, o Legislativo, o Executivo e o Judiciário.

31 STF, Tribunal Pleno, RE 1.059.819/PE, Relator Ministro MARCO AURÉLIO, Relator para o acórdão Ministro ALEXANDRE DE MORAES, DJe 03/05/2022.

32 STJ, Terceira Turma, REsp 1.874.643/RJ, Relatora Ministra NANCY ANDRIGHI, Relator para acórdão Ministro MARCO AURÉLIO BELLIZZE, DJe 20/05/2022.

Essa orientação há muito é reiterada no Tribunal da Cidadania, como se depreende de julgados da Segunda Turma estressando que o "*entendimento do Superior Tribunal de Justiça* [é] *de que as agências reguladoras foram criadas no intuito de regular, em sentido amplo, os serviços públicos, havendo previsão na legislação ordinária delegando à agência reguladora competência para a edição de normas e regulamentos no seu âmbito de atuação*[33]" e que "*o poder regulamentar conferido às agências reguladoras é derivado da necessidade de transferência de vetores de ordem técnica a ser regulamentado*[34]".

O STJ foi além na análise dos limites à competência normativa das agências, em julgado da Primeira Turma, ao frisar haver "*entendimento assente nesta Corte Superior no sentido de que as agências reguladoras, no exercício de seu poder normativo-regulamentar, possuem aptidão para tipificar condutas passíveis de punição, relacionadas à sua especificidade técnica, sem que isso caracterize ofensa ao princípio da legalidade*[35]".

Extraída a *ratio decidendi* desses precedentes, é irrefutável a competência da ANTAQ para regular e fiscalizar a atividade portuária, bem como a especificidade técnica que embasa seus atos normativos (Lei 10.233/2001). Por sinal, no caso específico do SSE, a Agência não criou obrigações entre operadores portuários e TRAs, não alterou a abrangência de outros preços, como o THC1, nem interferiu nas competências de outras entidades da Administração Pública. Muito pelo contrário, apenas manteve-se atenta à realidade das operações portuárias e ateve-se à adoção de medidas indispensáveis para garantir o aprimoramento das atividades sob sua responsabilidade legal.

## CONCLUSÃO

O histórico do serviço de segregação e entrega de contêineres e da cobrança e regulamentação do preço atinente (SSE) atestam a sua relevância na logística portuária. O escorreito desempenho do

33 STJ, Segunda Turma, REsp 1.816.807/RS, Relator Ministro HERMAN BENJAMIN, DJe 18/10/2019.

34 STJ, Segunda Turma, REsp 1.494.081/RS, Relator Ministro MAURO CAMPBELL MARQUES, DJe 09/12/2015.

35 STJ, Primeira Turma, AgInt no REsp 2.110.867/SP, Relatora Ministra REGINA HELENA COSTA, DJe 03/06/2024.

papel institucional regulamentador da Agência Reguladora, aliado aos diversos estudos realizados pelas áreas técnicas de diferentes entidades públicas, corroboram que a cobrança do SSE é legítima e adequada para os seus fins.

Nesse sentir e salvo melhor juízo, parece que os princípios da separação dos poderes e da eficiência (arts. 2º e 37 da CF) clamam deferência à capacidade técnico-normativa da ANTAQ em sua respectiva área de competência (Lei 10.233/2001).

# O Superior Tribunal de Justiça e a Lei de Segurança Jurídica

*Antonio Augusto Junho Anastasia*[1]

## INTRODUÇÃO

A segurança jurídica[2] é um dos principais institutos do Direito. Por meio de sua força normativa garante-se que as normas sejam claras, estáveis e previsíveis, de modo a proporcionar confiança nas relações sociais e jurídicas.

Em busca desse ideal, cabe ao arcabouço jurídico zelar para que os cidadãos possam prever os efeitos de suas ações, planejar suas vidas com razoável estabilidade, e receber do Poder Público ações e decisões claras, bem fundamentadas e atentas à realidade.

Nesse contexto, a Lei nº 13.655, de 2018[3] (Lei de Segurança Jurídica), objeto do presente estudo, foi aprovada com o propósito de reforçar esses ideais, oferecendo um conjunto de dispositivos destinados a clarificar e estabilizar as interpretações jurídicas. Este artigo explora a maneira como essa lei está sendo interpretada e aplicada pelo Superior Tribunal de Justiça (STJ) nos primeiros seis anos de sua vigência.

A pesquisa está dividida em duas partes. Na primeira, será apresentada uma breve explanação do conteúdo da lei, destacando seus

---

1 Possui graduação em Direito pela Universidade Federal de Minas Gerais (1983) e mestrado em Direito pela Universidade Federal de Minas Gerais (1990). Foi Professor de Direito Administrativo da Faculdade de Direito da UFMG de 1993 a 2022. Atualmente é Professor da FGV, do IDP, da UNIPAC e do IMEPAC. Foi Secretário-Executivo dos Ministérios do Trabalho e da Justiça de 1995 a 2001; Secretário de Estado de diversas pastas no Governo de Minas Gerais; Vice-Governador do Estado de Minas Gerais de 2007 a 2010; Governador do Estado de Minas Gerais de 2010 a 2014; Senador da República por Minas Gerais de 2015 a 2022. Atualmente é Ministro do Tribunal de Contas da União desde 2022.

2 Entende-se por segurança jurídica, o conteúdo inerente à noção de Estado de Direito, a qual se concretiza quando garantidos os ideais de cognoscibilidade, confiabilidade e calculabilidade. Isto é, há segurança jurídica quando é possível (i) conhecer o direito; (ii) confiar nas instituições públicas e (iii) prever as consequências jurídicas do comportamento.

3 BRASIL. *Lei nº 13.655, de 25 de abril de 2018.*

principais dispositivos e a sua importância no ordenamento jurídico brasileiro. Na segunda parte, será realizada uma análise detalhada de todos os acórdãos do STJ que, nos primeiros seis anos de vigência da lei, se dedicaram a interpretar seus dispositivos.

A análise será conduzida artigo por artigo, com o objetivo de expor o estado da arte da aplicação da lei pelo STJ. Além de comentários pontuais acerca das determinações judiciais, serão extraídas conclusões específicas para cada artigo da lei utilizado pelo Tribunal, proporcionando uma visão abrangente e crítica da jurisprudência sobre a matéria.

Ao final, espera-se que este estudo contribua para uma melhor compreensão da aplicação da Lei de Segurança Jurídica, oferecendo subsídios para futuros estudos e para a prática jurídica, ao mapear e interpretar as principais decisões do STJ sobre o tema.

## 1. A LEI DE SEGURANÇA JURÍDICA

O objetivo geral da Lei de Segurança Jurídica é melhorar a qualidade da atividade decisória pública no Brasil, abrangendo os diversos níveis da Federação (federal, estadual, distrital e municipal) e os diferentes Poderes (Executivo, Legislativo e Judiciário), bem como órgãos autônomos de controle, como os Tribunais de Contas e Ministérios Públicos[4].

Em síntese, foi essa a ideia mãe dos professores Carlos Ari Sundfeld e Floriano de Azevedo Marques Neto, que coordenaram grupo de estudo que resultou no embrião do que hoje conhecemos como a Lei de Segurança Jurídica[5]. As provocações publicadas pelos pesquisadores foram essenciais na formação de um consenso acadêmico e político[6], no sentido de que "desafios da ação do Poder Público demandam que a ati-

4 SUNDFELD, Carlos Ari. *Segurança Jurídica e Eficiência na Lei de Introdução ao Direito Brasileiro.* In: PEREIRA, Flávio Henrique Unes (org.). *Segurança Jurídica e Qualidade das Decisões Públicas.* Brasília: Senado Federal. 2015.

5 Como consta na justificação do Projeto de Lei do Senado nº 349, de 2015, que de origem à lei, a minuta é "fruto de projetos de pesquisa mais amplos desenvolvidos por pesquisadores da Sociedade Brasileira de Direito Público em parceria com a Escola de Direito de São Paulo da Fundação Getúlio Vargas. O resultado desse trabalho foi publicado na obra 'Contratações Públicas e Seu Controle', pela Editora Malheiros, ano 2013.". BRASIL. Senado Federal. *Projeto de Lei do Senado nº 349, de 2015.*

6 À época, houve muita polêmica sobre o texto, incluindo desinformação e resistência de alguns setores de órgãos públicos.

vidade de regulamentação e aplicação das leis seja submetida a novas balizas interpretativas, processuais e de controle"[7].

Com efeito, por meio da inclusão de onze artigos[8] na Lei de Introdução às Normas do Direito Brasileiro (LINDB)[9] buscou-se munir o Direito Público de instrumentos sofisticados para corrigir o mau funcionamento que se identificara e aprimorar a qualidade da atividade administrativa e seu controle.

Passa-se a uma exposição condensada do conteúdo da Lei para, na sequência, investigar como o Superior Tribunal de Justiça tem concretizado a sua aplicação.

## 1.1. ART. 20

O art. 20 da LINDB realiza a positivação da motivação concreta como um dever de transparência[10] do Poder Público:

> Art. 20. Nas esferas administrativa, controladora e judicial, não se decidirá com base em valores jurídicos abstratos sem que sejam consideradas as consequências práticas da decisão.
>
> *Parágrafo único.* A motivação demonstrará a necessidade e a adequação da medida imposta ou da invalidação de ato, contrato, ajuste, processo ou norma administrativa, inclusive em face das possíveis alternativas.

Isto é, a Lei de Segurança Jurídica proíbe que o decisor invoque cláusulas gerais ou termos jurídicos indeterminados para se eximir de explicar os concretos motivos da decisão. A motivação da decisão torna-se indispensável, pois somente superando o ônus argumentativo com a exposição dos fundamentos de fato e de direito é possível avaliar se a adequabilidade normativa foi corretamente manejada.

7 BRASIL. Senado Federal. *Projeto de Lei do Senado nº 349, de 2015.*

8 Um foi vetado pelo Presidente da República.

9 BRASIL. *Decreto-Lei nº 4.657, de 4 de setembro de 1942.*

10 JUSTEN FILHO, Marçal. *Art. 20 da LINDB: dever de transparência, concretude e proporcionalidade.* RDA: Direito Público na Lei de Introdução às Normas de Direito Brasileiro - LINDB (Lei nº 13.655/2018). Rio de Janeiro, edição especial, nov. 2018.

Ademais, o art. 20 da LINDB tem um viés consequencialista, por criar o dever de considerar as consequências práticas da decisão. Isso ocorre porque fatores ideológicos, políticos e jurídicos exigem cada vez mais que, na atividade decisória, o Poder Público se concentre nas consequências gerais de suas decisões, em vez de apenas focar no caso concreto, como era a abordagem tradicional[11].

Finalmente, consagra-se a proporcionalidade das decisões, ao exigir a demonstração da necessidade da medida à luz das possíveis alternativas, inovando ao impor o exame das consequências de cada solução possível. A decisão será adequada e legítima quando menos danosa e mais eficaz, considerando as alternativas possíveis na situação fática[12]. Com isso, ganha-se em qualidade dado que será necessário, nas decisões discricionárias, apontar porque se adotou uma solução e não outra.

## 1.2. ART. 21

O art. 21 da LINDB estabelece regras gerais para balizar as decisões que invalidam atos públicos:

> Art. 21. A decisão que, nas esferas administrativa, controladora ou judicial, decretar a invalidação de ato, contrato, ajuste, processo ou norma administrativa deverá indicar de modo expresso suas consequências jurídicas e administrativas.
>
> *Parágrafo único.* A decisão a que se refere o *caput* deste artigo deverá, quando for o caso, indicar as condições para que a regularização ocorra de modo proporcional e equânime e sem prejuízo aos interesses gerais, não se podendo impor aos sujeitos atingidos ônus ou perdas que, em função das peculiaridades do caso, sejam anormais ou excessivos.

Novamente estão presentes o viés consequencialista e a necessidade de as decisões serem proporcionais. Acrescenta-se que o art. 21 da

11 SALAMA. Bruno Meyerhof; SUNDFELD, Carlos Ari. Chegou a hora de mudar a velha Lei de Introdução. In: PEREIRA, Flávio Henrique Unes (org.). *Segurança Jurídica e Qualidade das Decisões Públicas.* Brasília: Senado Federal. 2015.

12 PEREIRA, Flávio Henrique Unes. *Artigo 20.* In: PEREIRA, Flávio Henrique Unes (org.). *Segurança Jurídica e Qualidade das Decisões Públicas.* Brasília: Senado Federal. 2015.

LINDB coloca o decisor em contato com o mundo real, pois as invalidações não ocorrem em abstrato, mas sim diante de um contexto concreto no qual as consequências devem ser minimamente antevistas.

Assim, o dispositivo disciplina os efeitos da invalidação de atos, evitando-se danos ou prejuízos excessivos aos administrados. A decisão deixa de ser simplesmente uma anulação ou um reconhecimento de nulidade, e passa a expressar as consequências jurídicas e administrativas, inclusive com a possibilidade de regularização.

### 1.3. ART. 22

O art. 22 da LINDB destaca as dificuldades da realidade enfrentada pelo gestor público brasileiro e impede que isso seja ignorado na avaliação de seus atos:

> Art. 22. Na interpretação de normas sobre gestão pública, serão considerados os obstáculos e as dificuldades reais do gestor e as exigências das políticas públicas a seu cargo, sem prejuízo dos direitos dos administrados.
>
> § 1º Em decisão sobre regularidade de conduta ou validade de ato, contrato, ajuste, processo ou norma administrativa, serão consideradas as circunstâncias práticas que houverem imposto, limitado ou condicionado a ação do agente.
>
> § 2º Na aplicação de sanções, serão consideradas a natureza e a gravidade da infração cometida, os danos que dela provierem para a administração pública, as circunstâncias agravantes ou atenuantes e os antecedentes do agente.
>
> § 3º As sanções aplicadas ao agente serão levadas em conta na dosimetria das demais sanções de mesma natureza e relativas ao mesmo fato.

Do ponto de vista teórico, incorpora-se o conceito de equidade ao direito público[13]. Na prática, o texto pretende aproximar a fiscalização com a atividade administrativa. Em outras palavras, faz com que o controlador se coloque no lugar do gestor. Cuida-se de uma tentativa de evitar

13 ARAGÃO, Alexandre Santos de. Artigo 21. In: PEREIRA, Flávio Henrique Unes (org.). *Segurança Jurídica e Qualidade das Decisões Públicas*. Brasília: Senado Federal. 2015.

o "apagão das canetas" ao instituir parâmetros para o controle do comportamento do gestor público de modo a evitar abusos de órgãos controladores, protegendo o gestor que atua de boa-fé. Consequentemente, espera-se encerrar o cenário no qual o administrador tem que escolher entre se apegar ao formalismo ou resolver os problemas de forma eficiente e econômica, mas sofrer sanções por não cumprir exatamente o texto normativo.

## 1.4. ART. 23

O art. 23 da LINDB tem o propósito de garantir uma certa estabilidade em situação de mudanças conferindo aos particulares o direito à transição adequada quando da criação de novas situações jurídicas:

> Art. 23. A decisão administrativa, controladora ou judicial que estabelecer interpretação ou orientação nova sobre norma de conteúdo indeterminado, impondo novo dever ou novo condicionamento de direito, deverá prever regime de transição quando indispensável para que o novo dever ou condicionamento de direito seja cumprido de modo proporcional, equânime e eficiente e sem prejuízo aos interesses gerais.

Dessa maneira, protege-se as situações consolidadas pelo tempo e proíbe mudanças de interpretação retroativas ou abruptas. Com efeito, densifica-se o aspecto de confiabilidade da segurança jurídica — consoante seus artigos originais — ao consolidar o passado e evitar ônus imediatos aos administrados causados por decisão inovadora[14].

14 "Para fazer incidir a obrigação contida no art. 23 a decisão deve, de alguma forma, inovar na ordem jurídica. [...] Portanto, o primeiro requisito é que seja uma decisão que de algum modo vai em sentido diverso ou de decisões anteriores ou que inaugura uma interpretação ou delimitação que antes inexistia. Decisão inovadora, pois, é aquela que fixa entendimento em alguma medida diverso do que existia antes de seu avento. Que interpreta outra norma de conteúdo indeterminado. A decisão inovadora objeto do art. 23, porém, não é qualquer determinação inaugural. Ela deve ter como objetivo a hermenêutica de outra norma, esta construída sobre conteúdo indeterminado". MARQUES NETO, Floriano de Azevedo. *Art. 23 da LINDB: o equilíbrio entre mudança e previsibilidade na hermenêutica jurídica*. RDA: Direito Público na Lei de Introdução às Normas de Direito Brasileiro - LINDB (Lei nº 13.655/2018). Rio de Janeiro, edição especial, nov. 2018.

## 1.5. ART. 24

A noção mais básica de segurança jurídica é o princípio geral do Direito *tempus regit actum*, segundo a qual a validade do ato deve ser avaliada com base nas regras aplicáveis ao momento de sua prática. Inspirado nisso, o art. 24 da LINDB prevê:

> Art. 24. A revisão, nas esferas administrativa, controladora ou judicial, quanto à validade de ato, contrato, ajuste, processo ou norma administrativa cuja produção já se houver completado levará em conta as orientações gerais da época, sendo vedado que, com base em mudança posterior de orientação geral, se declarem inválidas situações plenamente constituídas.
>
> *Parágrafo único.* Consideram-se orientações gerais as interpretações e especificações contidas em atos públicos de caráter geral ou em jurisprudência judicial ou administrativa majoritária, e ainda as adotadas por prática administrativa reiterada e de amplo conhecimento público.

Demonstra-se prestígio ao aspecto de calculabilidade da segurança jurídica ao vedar a invalidação de atos por mudança de orientação no futuro. Igualmente, protege-se a confiança dos gestores e dos particulares com a tutela da boa-fé e das legítimas expectativas e a valorização das orientações vigentes ao tempo da decisão.

## 1.6. ART. 26

O art. 26 da LINDB concebe o instituto do compromisso a fim de sanar irregularidade ou resolver contendas:

> Art. 26. Para eliminar irregularidade, incerteza jurídica ou situação contenciosa na aplicação do direito público, inclusive no caso de expedição de licença, a autoridade administrativa poderá, após oitiva do órgão jurídico e, quando for o caso, após realização de consulta pública, e presentes razões de relevante interesse geral, celebrar compromisso com os interessados, observada a legislação aplicável, o qual só produzirá efeitos a partir de sua publicação oficial.
>
> § 1º O compromisso referido no caput deste artigo:
>
> I - buscará solução jurídica proporcional, equânime, eficiente e compatível com os interesses gerais;
>
> III - não poderá conferir desoneração permanente de dever ou condicionamento de direito reconhecidos por orientação geral;

> IV - deverá prever com clareza as obrigações das partes, o prazo para seu cumprimento e as sanções aplicáveis em caso de descumprimento.

Dessa leitura decorre que o dispositivo: (i) dá à autoridade o poder de negociar, e celebrar acordo para eliminar irregularidade, incerteza jurídica ou situação contenciosa; (ii) estabelece um regime jurídico geral para negociação entre autoridades públicas e particulares e (iii) cria uma hipótese de consensualidade na relação entre os particulares e a Administração.

## 1.7. ART. 27

O art. 27 da LINDB determina a compensação, dentro dos processos, de benefícios ou prejuízos injustos gerados para os envolvidos:

> Art. 27. A decisão do processo, nas esferas administrativa, controladora ou judicial, poderá impor compensação por benefícios indevidos ou prejuízos anormais ou injustos resultantes do processo ou da conduta dos envolvidos.
>
> § 1º A decisão sobre a compensação será motivada, ouvidas previamente as partes sobre seu cabimento, sua forma e, se for o caso, seu valor.
>
> § 2º Para prevenir ou regular a compensação, poderá ser celebrado compromisso processual entre os envolvidos.

Por meio dessa inserção, faculta ao Poder Público exigir compensação por benefícios indevidamente fruídos ou prejuízos causados resultantes do processo ou do comportamento dos envolvidos. Ao mesmo tempo, evita a judicialização das consequências de decisões que causem benefícios indevidos ou prejuízos anormais ou injustos.

## 1.8. ART. 28

O art. 28 da LINDB tem a seguinte redação: "[o] agente público responderá pessoalmente por suas decisões ou opiniões técnicas em caso de dolo ou erro grosseiro[15]". O objetivo do dispositivo é garantir a devida

---

15 Lamentavelmente a definição de erro grosseiro foi vetada. Contudo, para o servidor da Administração Federal, o decreto regulamentar retomou algumas das ideias do texto aprovado pelo Congresso Nacional. BRASIL. *Decreto nº 9.830, de 10 de junho de 2019.*

segurança para que o administrador possa desempenhar suas funções de forma adequada, sem o risco de ser punido por trabalhar. Cuida-se de mais um dispositivo que pretende evitar o apagão das canetas, incentivar o comportamento proativo do gestor, e parametrizar a atuação da Administração e dos órgãos de controle, conforme explica Carlos Ari Sundfeld:

> Partiu-se do diagnóstico de que os órgãos de controle estavam adotando parâmetros decisórios pouco claros e, com isso, tornando incertos os limites de atuação dos gestores públicos. Na tentativa de reverter esse cenário, o art. 28 estabeleceu uma regra geral para a aferição da culpabilidade de agentes públicos, que passou a limitar as hipóteses de responsabilização pessoal àquelas situações em que ficar comprovado que o agente público agiu com dolo ou cometeu erro grosseiro.[16]

No que se refere às opiniões técnicas, impede-se a responsabilização injusta de autoridade em caso de revisão de suas decisões, ao delimitar a responsabilidade do agente que emite parecer técnico. Como pondera a professora Maria Sylvia Zanella Di Pietro, "se o parecer está devidamente fundamentado, se defende tese aceitável, se está alicerçado em lição de doutrina ou de jurisprudência", e se não existe dolo, "não há como responsabilizar o advogado pela opinião manifestada em parecer jurídico nem a autoridade que, com base nele, proferiu a decisão"[17].

## 1.9. ART. 29

O art. 29 da LINDB impõe consulta pública obrigatória para a edição de regulamentos administrativos e aumenta a participação da sociedade civil no estabelecimento de regras:

> Art. 29. Em qualquer órgão ou Poder, a edição de atos normativos por autoridade administrativa, salvo os de mera organização interna, poderá ser precedida de consulta pública para manifestação de interessados, preferencialmente por meio eletrônico, a qual será considerada na decisão.

16 SUNDFELD, Carlos Ari. *Aplicação dos Novos Dispositivos da Lei de Introdução às Normas do Direito Brasileiro (LINDB) pelo Tribunal de Contas da União.* São Paulo: FVG, 2021.

17 DI PIETRO, Maria Sylvia Zanella. *Artigo 27.* In: PEREIRA, Flávio Henrique Unes (org.). *Segurança Jurídica e Qualidade das Decisões Públicas.* Brasília: Senado Federal. 2015.

> § 1º A convocação conterá a minuta do ato normativo e fixará o prazo e demais condições da consulta pública, observadas as normas legais e regulamentares específicas, se houver.

### 1.10. ART. 30

O art. 30 da LINDB empenha-se na concretização prática da segurança jurídica ao propor a utilização de instrumentos aptos a objetivar interpretações de modo a orientar aplicações futuras em casos semelhantes, com destaque para a vinculação interna imperativa:

> Art. 30. As autoridades públicas devem atuar para aumentar a segurança jurídica na aplicação das normas, inclusive por meio de regulamentos, súmulas administrativas e respostas a consultas.
>
> *Parágrafo único.* Os instrumentos previstos no caput deste artigo terão caráter vinculante em relação ao órgão ou entidade a que se destinam, até ulterior revisão.

A seguir, cada capítulo dedica-se a explorar os acórdãos do Superior Tribunal de Justiça que fizeram alusão a cada um desses dispositivos.

## 2. ART. 20: REGRAS DE MOTIVAÇÃO

Dezesseis acórdãos do Superior Tribunal de Justiça (STJ) discorreram sobre o art. 20 da LINDB e a necessidade de se levar em consideração as consequências práticas das decisões judiciais e administrativas nos mais diversos ramos do Direito.

Pôde-se verificar a importância do exame das consequências na tomada de decisão em suspensão de tutela antecipada. Em um dos casos, a Corte Especial do STJ identificou lesão ao interesse público em decisão liminar que suspendeu pagamento de contribuição e poderia "acarretar risco de insolvência [de plano de previdência] e risco sistêmico de contaminação de todo o setor fechado de previdência complementar"[18].

Em brilhante análise, o relator, Ministro Humberto Martins, ponderou que o colegiado deveria privilegiar "a autonomia administrativa

18 BRASIL. Superior Tribunal de Justiça. *Agravo Interno na Petição na Suspensão de Liminar e de Sentença nº 2.507 – RJ.*

da [operadora do plano] para avaliar, segundo estudos técnicos e sua expertise temática, a forma estratégica e eficiente para garantir a preservação do sistema de previdência complementar". Assim, com a suspensão do pagamento da maneira como preconizado pela entidade de previdência "podem ocorrer efeitos fáticos imediatos e prejudiciais com relação à eficiência da prestação dos serviços afetos ao fundo previdenciário". E fundamentou:

> [A] Lei de Introdução às Normas do Direito Brasileiro, após o advento da Lei n. 13.655/2018, impôs aos julgadores, tanto nas esferas administrativas, de controle e judicial, a necessidade de considerar as consequências jurídicas e administrativas de suas decisões, não podendo os julgados se fundamentar apenas em valores jurídicos abstratos [...]. [19]

O Ministro Humberto Martins ainda consignou que o acórdão da origem deveria ser suspenso dado que, "ao interferir, mesmo que de forma precária, nos mecanismos de equacionamento do déficit atuarial do plano deficitário", lesiona o interesse público, pois a entidade de previdência "demonstrou, com suficiência de argumentos, corroborados pela documentação anexada, os efeitos altamente deletérios do aresto impugnado sobre a ordem econômica e social":

> [A]o reduzirem, sem maiores considerações, o valor das contribuições extraordinárias devidas pelos participantes de um dos maiores planos de previdência complementar do país, os arestos questionados não apenas comprometem a solvência e liquidez do próprio plano, dificultando a (re)constituição das reservas garantidoras dos respectivos benefícios, mas também, o que é mais grave, colocam em risco a segurança de todo o sistema de previdência complementar, cuja relevância é atestada pela própria Constituição Federal. [20]

Ainda no tema da gestão pública, o Superior Tribunal de Justiça reformou decisão do Tribunal de Justiça do Estado de São Paulo (TJSP) que

19 BRASIL. Superior Tribunal de Justiça. *Agravo Interno na Petição na Suspensão de Liminar e de Sentença nº 2.507 – RJ.*

20 BRASIL. Superior Tribunal de Justiça. *Agravo Interno na Petição na Suspensão de Liminar e de Sentença nº 2.507 – RJ.*

reconheceu a responsabilidade civil de concessionaria de transporte público pelo falecimento de uma passageira que sofreu um mal súbito e caiu na linha férrea do metrô. Ao lado da análise sobre a responsabilidade objetiva e sobre a relação de consumo, a Quarta Turma do STJ ponderou que, considerar a responsabilização objetiva por serviço defeituoso nesse caso poderia repercutir de modo imprevisível nos contratos de concessão e na operacionalização de atividade essencial:

> O recente art. 20 da Lei de Introdução às normas do Direito Brasileiro, incluído pela Lei n. 13.655/2018, explicitou o dever do magistrado de considerar as consequências práticas da decisão.
>
> Em sendo confirmado o entendimento da Corte local e considerado o serviço defeituoso, estar-se-ia tacitamente a impor o dever, em violação da tripartição de poderes, de a Companhia instalar imediatamente a tecnologia mais moderna de segurança, sem nenhum necessário e criterioso exame das repercussões econômicas e dos efeitos externos da decisão, como um eventual abrupto aumento do preço da tarifa de transporte.[21]

Depreende-se desses dois julgados que a Lei de Segurança Jurídica é uma relevante aliada nos procedimentos de suspensão de tutela analisados pelos Tribunais, vez que sua estreita via engloba precisamente a análise de possíveis consequências indesejadas de decisões públicas. Similarmente, a lei é um parâmetro útil para medir os interesses em controvérsias envolvendo o interesse coletivo e os interesses individuais do usuário e da concessionária de serviço público.

Seis outros julgados abordaram o art. 20 da LINDB dentro do Direito Administrativo. Os três primeiros envolvem a consolidação de situações jurídicas subjetivas de servidores públicos em razão do tempo e da boa-fé. A Primeira Turma do STJ aplicou a Lei de Segurança Jurídica porque, considerando as consequências de eventual decisão distinta, entendeu que os casos refletiam situações excepcionais "em que a restauração da estrita legalidade ocasionaria mais danos sociais do que a manutenção da situação consolidada"[22].

---

21 BRASIL. Superior Tribunal de Justiça. *Recurso Especial nº 1.936.743 - SP.*

22 BRASIL. Superior Tribunal de Justiça. *Agravo Interno no Agravo em Recurso Especial n° 714.074 - PE*; BRASIL. Superior Tribunal de Justiça. *Agravo Regimental no Recurso Especial nº 1.207.490 - RJ*; e BRASIL. Superior Tribunal de Justiça. *Agravo Regimental no Agravo em Recurso Especial nº 672.435 - RS.*

Por outro lado, a Primeira Seção do STJ decidiu que "[o] candidato aprovado em concurso público pode assumir cargo que, segundo o edital, exige título de Ensino Médio profissionalizante ou completo com curso técnico em área específica, caso não seja portador desse título mas detenha diploma de nível superior na mesma área profissional". O art. 20 da LINDB adicionou um argumento de análise econômica do Direito para auxiliar na conclusão de que, ao permitir a nomeação em hipóteses dessa natureza, brindaria a Administração com consequências unicamente positivas:

> Sob um prisma da análise econômica do Direito, e considerando as consequências práticas da decisão – nos termos do art. 20 do Decreto-Lei nº 4.657/1942 [...] –, não se pode deixar de registrar que a aceitação de titulação superior à exigida traz efeitos benéficos para o serviço público e, consequentemente, para a sociedade brasileira. Destaco os seguintes: 1) o leque de candidatos postulantes ao cargo é ampliado, permitindo uma seleção mais abrangente e mais competitiva no certame; 2) a própria prestação do serviço público é aperfeiçoada com a investidura de servidores mais qualificados e aptos para o exercício da função pública.[23]

A análise econômica do Direito é um instrumento que vem sendo cada vez mais empregado na solução de lides em que o princípio da eficiência exige uma visão quantitativa da aplicação jurídica. Nesse sentido, o viés consequencialista do art. 20 da LINDB permite concretizar essa forma de análise por meio de fatores concretos e práticos do caso posto.

A Quarta Turma do STJ, em outro julgado, concluiu pela impossibilidade de invalidar negativa de anuência da Agência Nacional de Vigilância Sanitária (ANVISA) que impediu o prosseguimento de processo de concessão de patentes relativas a medicamentos. A Lei de Segurança Jurídica foi invocada para reforçar a inviabilidade da revisão judicial visto que o art. 20 da LINDB exige que órgão regulador realize as ponderações arguidas, não havendo provas de que a ANVISA teria se omitido desse mister:

> Não se deve olvidar, ademais, a submissão da autoridade administrativa da Anvisa — responsável pelo parecer (positivo ou negativo)

23 BRASIL. Superior Tribunal de Justiça. *Recurso Especial nº 1.888.049 - CE.*

> atinente ao privilégio de produto ou processo farmacêutico — ao disposto no artigo 20 da [LINDB], que impõe a motivação do ato administrativo à luz das "consequências práticas da decisão" e da análise das "possíveis alternativas".[24]

Em outro caso, a Primeira Turma do STJ acolheu embargos de declaração para esclarecer dúvida quanto à ordem de "determinar à autoridade judiciária impetrada que efetue novo processo de escolha do designado interino [de serventia notarial]". No processo atuaram como parte o Tribunal de Justiça local (como autoridade coatora), o autor (que pretendia a nomeação) e o interessado (que havia sido nomeado). No julgamento dos embargos de declaração o colegiado esclareceu que "as questões atinentes à destituição do [interessado] da condição de interino da Serventia Notarial [...] e à escolha de um novo interino pela autoridade impetrada deverão ser [...] equacionadas [pela autoridade coatora], na forma do art. 20, *caput*, da LINDB [e da legislação aplicável]"[25].

Desses dois casos retira-se a concepção de que, para o Superior Tribunal de Justiça, os órgãos e as entidades que não compõem a Administração Direita também se submetem à Lei de Segurança Jurídica. Isso porque, embora haja hipóteses nas quais o próprio STJ deva realizar o exame dos efeitos de decisões submetidas a sua jurisdição, há casos em que apenas o próprio emissor da determinação pode proceder a essa averiguação, seja por expertise técnica, seja pela proximidade da realidade local.

Em matéria civil, o art. 20 da LINDB auxiliou o STJ na interpretação de regras do Marco Civil da Internet em dois processos julgados em conjunto pela Terceira Turma. O colegiado entendeu que "[a] responsabilidade do provedor por atos de seus usuários, como regra, apenas se verifica quando há descumprimento de ordem judicial de remoção de conteúdo", mas, de modo excepcional, "em casos de divulgação, sem consentimento, de cenas de nudez ou de atos sexuais de caráter privado, há possibilidade de remoção de conteúdo mediante simples notificação da vítima". O voto do relator, Ministro Paulo de Tarso Sanseverino, demonstra a forma como a Lei de Segurança Jurídica auxiliou na conclusão:

---

24 BRASIL. Superior Tribunal de Justiça. *Recurso Especial nº 1.543.826 - RJ.*

25 BRASIL. Superior Tribunal de Justiça. *Embargos de Declaração no Recurso em Mandado de Segurança nº 68.474 - RS.*

> Esta parece ser a solução mais adequada a partir de duas constatações, verificadas à luz do art. 20 da LINDB, [...].
>
> Em primeiro lugar, uma interpretação excessivamente extensiva do art. 21 do Marco Civil da Internet poderia acabar por atribuir ao provedor de aplicação a obrigação de examinar cláusulas contratuais de negócios jurídicos envolvendo terceiros, a fim de averiguar, por exemplo, se a publicação [...] estava ou não dentro do consentimento [do usuário], tarefa que reconhecidamente não lhe pode ser atribuída.
>
> Em segundo lugar, equiparar casos [...] de divulgação pirata de fotos sensuais de caráter comercial [...] a casos de disseminação não consentida de imagens íntimas (NCII) poderia acabar por desvirtuar a proteção dada às vítimas dessa violência, diminuindo o grau de reprovabilidade desse tipo de conduta e diluindo os esforços da sociedade civil e do legislador no sentido de aumentar a conscientização acerca dessa nova forma de violência surgida com a internet.[26]

Ainda em matéria civil, o STJ utilizou-se do art. 20 da LINDB para firmar a seguinte tese: "O art. 782, §3º do CPC[27] é aplicável às execuções fiscais, devendo o magistrado deferir o requerimento de inclusão do nome do executado em cadastros de inadimplentes, [...], independentemente do esgotamento prévio de outras medidas executivas, salvo se vislumbrar alguma dúvida razoável à existência do direito ao crédito previsto na CDA". A Lei de Segurança Jurídica prestou-se a qualificar a argumentação em favor dos contemporâneos instrumentos de atualização dos dados sobre crédito, mais uma vez "sob um prisma da análise econômica do Direito": "não se pode deixar de registrar a relevância para a economia do país e para a diminuição do 'Custo Brasil' de que a atualização dos bancos de dados dos birôs de crédito seja feita por meio dos procedimentos menos burocráticos e dispendiosos, [...], a fim de manter a qualidade e precisão das informações prestadas"[28].

Na seara do Direito Empresarial, a Quarta Turma do STJ considerou a realidade de crise econômica pós pandemia para decidir sobre a concessão de antecipação dos efeitos de tutela recursal em processo fali-

26 BRASIL. Superior Tribunal de Justiça. *Recurso Especial nº 1.848.036 - SP*; e BRASIL. Superior Tribunal de Justiça. *Recurso Especial nº 1.840.848 - SP*.

27 "A requerimento da parte, o juiz pode determinar a inclusão do nome do executado em cadastros de inadimplentes". BRASIL. *Lei nº 13.105, de 16 de março de 2015*.

28 BRASIL. Superior Tribunal de Justiça. *Recurso Especial nº 1.807.180 - PR*.

mentar envolvendo corporação de ensino. O redator do acórdão, Ministro Luis Felipe Salomão inaugurou a corrente vencedora em voto no qual afirmou que, naquele momento, para aplicar as regras do processo de recuperação judicial, "deve se ter em conta em referida interpretação o art. 20 da [LINDB]", de modo que, não se pode olvidar "a quadra atual se insere em uma conjuntura econômica despedaçada pela pandemia da covid-19 e, agora, pela guerra Rússia x Ucrânia". Por essa razão, convém ao Poder Judiciário adotar, na linha do que se faz no exterior, "medidas justamente com o fito de viabilizar a reestruturação econômica, notadamente em razão de todo o aspecto social decorrente de tal viabilização". O Ministro ainda teve o cuidado de fazer referência *in verbis* da decisão local, proferida pelo Juízo que acompanhou a situação de perto:

> Como fator macroeconômico, pode-se explicitar que, nos últimos anos, o Brasil entrou na pior recessão de sua história, sendo duas nos últimos 05 anos. O cenário de retração econômico foi exacerbado com a pandemia do coronavírus, aliado ao aumento do desemprego para uma taxa de 13,9%, com redução de renda, impactando na busca por educação. Outro fator preponderante foi o declínio do FIES, onde os contratos ofertados anualmente sofreram uma redução de 86% na comparação de 2014 até o ano passado. A restrição do financiamento trouxe dificuldades na permanência do aluno no ensino privado, refletindo nas matrículas que sofreram fortes quedas nos últimos anos. Não adianta contrair uma dívida sem que haja perspectiva no mercado de trabalho.[29]

Em todas essas hipóteses a medição dos efeitos das decisões preconizada pela Lei de Segurança Jurídica foi responsável por balizar os elementos econômicos e sociais intrínsecos aos cenários fáticos nos quais os processos estavam inseridos. Com efeito, a legislação cumpriu o seu papel de aprimorar a qualidade das deliberações e de suas conclusões.

O art. 20 da LINDB também auxiliou o deslinde de controversas processuais. Sob a Presidência do Ministro Humberto Martins, a Corte Especial do STJ fixou entendimento sobre a fixação dos honorários por apreciação equitativa quando os valores da condenação, da causa ou o

29 BRASIL. Superior Tribunal de Justiça. *Agravo Interno no Pedido de Tutela Provisória nº 3.654 - RS.*

proveito econômico da demanda forem elevados. Consta na ementa dos julgados:

> [...]. O art. 20 da "Lei de Introdução às Normas do Direito Brasileiro" [exige que sejam] consideradas as consequências práticas da decisão [...]. Como visto, a consequência prática do descarte do texto legal do art. 85, §§ 2º, 3º, 4º, 5º, 6º e 8º, do CPC, sob a justificativa de dar guarida a valores abstratos como a razoabilidade e a proporcionalidade, será um poderoso estímulo comportamental e econômico à propositura de demandas frívolas e de caráter predatório.[30]

Sem deixar de considerar que a presunção de má-fé no uso de instrumentos jurídicos é capaz de questionar qualquer texto normativo, o Superior Tribunal de Justiça decidiu que a Lei de Segurança Jurídica pode coibir uma específica interpretação da lei quando se vislumbrar que de tal exegese resulte consequências injurídicas.

Embora nesse último caso os efeitos imaginados sejam, em uma certa medida, abstratos, em duas situações o STJ realizou o exame concreto das consequências práticas de leituras polissêmicas do arcabouço jurídico.

Primeiro, a Quinta Turma do STJ conjurou o art. 20 da LINDB em matéria penal por provocação do Ministério Público que argumentava a "necessidade de se analisar as consequências da decisão, nos termos do art. 20 da LINDB" em hipótese de extinção de punibilidade do autor e o efeito disso aos partícipes, a luz de um possível risco de estar "obstaculizando o direito de punir estatal em relação a todos os envolvidos". O Superior Tribunal de Justiça dedicou capítulo do acórdão às consequências da decisão e concluiu que não havia violação à Lei de Segurança Jurídica "visto que, conforme já exaustivamente exarado, ainda que declarada a prescrição dos crimes eleitorais, a competência da justiça especializada permanece inabalada", na linha de julgados do STF. Assim consta de modo sintético na ementa:

> [...] Permanecido incólume o processo em relação aos demais envolvidos no crime eleitoral e comuns a ele conexos, não há falar em

30 BRASIL. Superior Tribunal de Justiça. *Recurso Especial nº 1.644.077 - PR*; e BRASIL. Superior Tribunal de Justiça. *Recurso Especial nº 1.850.512 - SP*.

> consequência da decisão que se restringiu a declarar a extinção da punibilidade de apenas um dos autores do fato delituoso. [...].[31]

Segundo, a Primeira Seção do STJ elevou ainda mais a aptidão da Lei de Segurança Jurídica ao fazer a leitura do art. 20 da LINDB no sentido de que, nas discussões tributárias, o Poder Judiciário deve examinar os efeitos práticos das interpretações controversas:

> Não é demasiado invocar a letra do art. 20, do Decreto-Lei n. 4.657/1942 [...]. De fato, discussões tributárias desta envergadura e que envolvam a aplicação do princípio da não-cumulatividade não podem ser travadas sem que se examine os efeitos práticos da concessão de créditos presumidos, premiais ou fictícios, como é o caso aqui, a exemplo [de outros julgados] que apontaram para uma possível neutralização de toda a arrecadação dos setores mais fortes da economia.[32]

Com efeito, o Tribunal procedeu a ponderar "tabelas correspondentes às situações fáticas de cadeias de tributação monofásica mais correntes cujo creditamento [estava posto em debate]", e, dessa vez, dedicou não um, mas dois capítulos do acórdão à exposição dos efeitos práticos em relação à tributação nas cadeias de bebidas, produtos farmacêuticos e autopeças; e do contexto de pandemia da época. Novamente a ementa resume o resultado dessa notável aplicação da Lei de Segurança Jurídica:

> [...]. 7. Consoante o art. 20, [da] LINDB [...]. É preciso compreender que o objetivo da tributação monofásica não é desonerar a cadeia, mas concentrar em apenas um elo da cadeia a tributação que seria recolhida de toda ela caso fosse não cumulativa, evitando os pagamentos fracionados (dupla tributação e plurifasia). Tal se dá exclusivamente por motivos de política fiscal.
>
> 8. Em todos os casos analisados (cadeia de bebidas, setor farmacêutico, setor de autopeças), a autorização para a constituição de créditos sobre o custo de aquisição de bens sujeitos à tributação monofásica, além de comprometer a arrecadação da cadeia, coloca-

31 BRASIL. Superior Tribunal de Justiça. *Agravo Regimental no Recurso Especial nº 1.889.204 - MG.*

32 BRASIL. Superior Tribunal de Justiça. *Recurso Especial nº 1.894.741 - RS.*

ria a Administração Tributária e o fabricante trabalhando quase que exclusivamente para financiar o revendedor, contrariando o art. 37, *caput*, da CF/88 - princípio da eficiência da administração pública - e também o objetivo de neutralidade econômica que é o componente principal do princípio da não cumulatividade. Ou seja, é justamente o creditamento que violaria o princípio da não cumulatividade.

9. No contexto atual de pandemia causada pela COVID - 19, nunca é demais lembrar que as contribuições ao PIS/PASEP e COFINS possuem destinação própria para o financiamento da Seguridade Social [...], atendendo ao princípio da solidariedade, recursos estes que em um momento de crise estariam sendo suprimidos do [...] SUS e do Programa Seguro Desemprego para serem direcionados a uma redistribuição de renda individualizada do fabricante para o revendedor, em detrimento de toda a coletividade. A função social da empresa também se realiza através do pagamento dos tributos devidos, mormente quando vinculados a uma destinação social. [...].

## 3. ART. 21: REGRAS DE INVALIDAÇÃO

Em duas oportunidades o Superior Tribunal de Justiça se debruçou sobre o art. 21 da LINDB. Na primeira, foi necessário expressar as consequências de decisão judicial de invalidação de ato administrativo. Na segunda, fez-se a distinção entre as proteções que a segurança jurídica consagra no parágrafo único do art. 21 citado e nas regras de aplicação da lei no tempo.

A Primeira Turma reformou acórdão do Tribunal de Justiça do Estado de Santa Catarina (TJSC) para conceder a segurança e invalidar atos em processo licitatório[33]. O STJ reconheceu a nulidade da habilitação de um dos concorrentes do pregão que havia firmado acordo com o ente estatal. Com efeito, em voto que dispensa reparos, o Ministro Sérgio Kukina, procedeu a indicar as consequências da decisão, em respeito à regra geral do art. 21 da LINDB e a regra especial do art. 148 da Nova Lei de Licitações e Contratos Administrativos[34]:

33 BRASIL. Superior Tribunal de Justiça. *Recurso em Mandado de Segurança nº 62.150 - SC.*

34 "Art. 148. A declaração de nulidade do contrato administrativo requererá análise prévia do interesse público envolvido, na forma do art. 147 desta Lei, e operará retroativamente, impedindo os efeitos jurídicos que o contrato deveria produzir ordinariamente e desconstituindo os já produzidos.

§ 1º Caso não seja possível o retorno à situação fática anterior, a nulidade será resol-

Assim, tomando-se por base os aludidos lineamentos legais, ficam estabelecidas as seguintes CONSEQUÊNCIAS JURÍDICAS E ADMINISTRATIVAS DA PRESENTE DECISÃO COLEGIADA:

> 1ª) em ordem a não prejudicar a continuidade da atividade administrativa, com a eventual e abrupta interrupção no fornecimento de equipamentos de oxigenação imprescindíveis aos pacientes atendidos pela Secretaria de Saúde do Estado de Santa Catarina, a anulação do contrato [...], surtirá efeitos jurídicos somente 3 (três) meses após o trânsito em julgado da presente decisão, tempo suficiente para que se implemente a contratação de novo fornecedor pelo Estado, considerada, nesse aspecto, a já existência de anterior matriz editalícia; eventual prorrogação desse mesmo prazo, por uma única vez, ficará a cargo da autoridade licitante, mediante idônea justificativa;
>
> 2ª) o cumprimento do prazo definido no item anterior não ficará condicionado à apuração e ao pagamento de perdas e danos eventualmente devidos à contratada atual [...], nem tampouco à apuração de responsabilidades ou penalização dos responsáveis pelo malogro da contratação ora anulada.

Já, em outro caso, a Primeira Seção do STJ não conheceu de pedido de uniformização de interpretação de lei por compreender que, embora semelhantes sob o prisma da segurança jurídica, os acórdãos comparados continham diferenças fundamentais[35]. Em uma, a lide foi decidida tão somente sob o enfoque da aplicação da lei no tempo, ao passo que na outra, o parágrafo único do art. 21 da LINDB foi invocado para evitar que o administrado sofra um ônus desproporcional que não deu causa.

Trata-se de uma válida diferenciação, pois, embora ambos os institutos busquem concretizar a confiabilidade por meio da imutabilidade

vida pela indenização por perdas e danos, sem prejuízo da apuração de responsabilidade e aplicação das penalidades cabíveis.
§ 2º Ao declarar a nulidade do contrato, a autoridade, com vistas à continuidade da atividade administrativa, poderá decidir que ela só tenha eficácia em momento futuro, suficiente para efetuar nova contratação, por prazo de até 6 (seis) meses, prorrogável uma única vez.". BRASIL. *Lei nº 14.133, de 1º de abril de 2021.*

35 BRASIL. Superior Tribunal de Justiça. *Agravo Interno no Pedido de Uniformização de Interpretação de Lei nº 2.222 – DF.*

de situações pretéritas, as regras temporais dizem respeito a uma dimensão objetiva desse aspecto da segurança jurídica, enquanto o parágrafo único do art. 21 da LINDB tem um viés subjetivo. Isto é, as primeiras valem de modo geral e abstrato para todos, mas o segundo depende da situação individual que se pretende consolidar.

## 4. ART. 22: REALIDADE DO GESTOR

Embora a consideração dos obstáculos e das dificuldades reais do gestor seja matéria predominante relacionada a fatos e provas, em cinco julgados o STJ debateu a aplicação do art. 22 da LINDB.

No primeiro caso, a Primeira Turma do Tribunal procedeu à revalorização das provas contidas nos autos para dar provimento a recurso especial em favor de servidor de universidade pública e reformar acórdão que havia determinado a um professor a restituição de valores ao erário por suposto descumprimento do regime de dedicação exclusiva[36].

Na origem, o Tribunal de Justiça do Estado do Ceará (TJCE) havia negado o mandado de segurança impetrado pelo servidor, porém, o Ministro Paulo Sérgio Domingues, relator, verificou que o TJCE adotou uma presunção de que ao figurar como sócio de empresa o servidor recorrente teria violado a dedicação exclusiva. Com base nas provas colhidas nas instâncias ordinárias, o relator concluiu que, na realidade, não havia comprovação nos autos de que o servidor teria exercido funções na empresa da qual era sócio, enquanto, por outro lado, havia relatos de que o professor desempenhava suas atividades com excelência. Em razão desses fatores, a Primeira Turma do STJ aplicou o § 1º do art. 22 da LINDB para considerar "as circunstâncias práticas" que condicionaram o comportamento do agente na "decisão sobre regularidade de conduta" e concluiu que não havia, na prática, o descumprimento do regime ao qual estava submetido.

No segundo caso, também em sede de processo oriundo de mandado de segurança, o mesmo colegiado negou provimento a recurso de servidor e manteve a denegação da segurança contida no acórdão do Tribunal de Justiça do Estado do Paraná (TJPR). O objeto do caso dizia respeito a anulação de ato de contratação temporária sucessiva promovido pela própria Administração. O colegiado concluiu pela correção da

36 BRASIL. Superior Tribunal de Justiça. *Agravo Interno no Agravo em Recurso Especial nº 1.418.018 - CE.*

conduta do órgão público que, após sofrer condenações em situações semelhantes, empregou a autotutela para evitar nova irregularidade. Utilizando-se tanto do *caput* como do § 1º da LINDB, o STJ considerou que as circunstâncias práticas impuseram à Administração uma decisão de invalidação do ato. Eis o raciocínio do relator, Ministro Sérgio Kukina:

> Nesse peculiar contexto que dos autos exsurge, o desfazimento antecipado do ajuste, por iniciativa exclusiva do Poder Público, era, mesmo, medida acertada. De fato, a autotutela assim exercida guarda estreita harmonia com o preceito introduzido no art. 22, *caput* e § 1º, da LINDB, pela Lei Anastasia (Lei n. 13.655/2018) [...]. Portanto, autorizado pela lei e sopesando as potenciais consequências jurídicas da manutenção de ajustes sabidamente tidos por nulos, optou o gestor paranaense, no legítimo exercício da autotutela administrativa, por desfazer os vínculos contratuais eivados de vício [...]. Por tudo isso, e à guisa de conclusão: não se pode ter por ilegal, nem abusivo, ato do Poder Público que, no legítimo exercício do poder de autotutela, unilateralmente rescinde contrato administrativo firmado em idênticos moldes já reprovados por anteriores decisões judiciais.[37]

Nos outros três processos em que o STJ discutiu a incidência do art. 22 da LINDB, a corrente que defendia sua aplicação restou vencida.

Primeiro, o Ministro Napoleão Nunes Maia Filho invocou o disposto na LINDB por defender que a consideração sobre os obstáculos e as dificuldades reais do gestor e as exigências das políticas públicas a seu cargo seria "essencial ao completo deslinde da controvérsia referente à tipificação [de ato de improbidade administrativa supostamente cometido por ocupante do cargo de Prefeito]"[38]. No entanto, a maioria firmou-se no sentido de que a ausência dessa análise não seria apta a retratar o acórdão da origem como omisso, razão pela qual não foi constata a violação ao art. 1.022 do CPC e negou-se provimento ao recurso especial.

Segundo, novamente o Ministro Napoleão Nunes Maia Filho propôs a utilização do art. 22 da LINDB para invalidar a aplicação de multa apli-

37 BRASIL. Superior Tribunal de Justiça. *Recurso em Mandado de Segurança nº 70.209 - PR.*

38 BRASIL. Superior Tribunal de Justiça. *Agravo Interno no Agravo em Recurso Especial nº 1.323.896 - PB.*

cada ao Município de São Paulo pelo Tribunal de Justiça por descumprimento de decisão judicial que, em sede de ação civil pública, determinou ao ente municipal a "a feitura de obras de engenharia e a remoção de moradores residentes em áreas sob risco de alagamento decorrente de chuvas"[39]. No voto vencido, o Ministro ponderou que os obstáculos e as dificuldades reais do gestor do maior Município do país deveriam ser levados em consideração na aplicação das multas e criticou que a decisão de sanção pecuniária traria mais consequências negativas do que efeitos positivos. Embora a maioria não tenha concordado em suprimir a multa, a punição teve seu valor reduzido ao final do julgamento pela Primeira Turma do STJ.

Terceiro, o Ministro Ricardo Villas Bôas Cueva e o Ministro Moura Ribeiro afirmaram que a Defensoria Pública do Estado do Tocantins não poderia iniciar cumprimento de sentença para cobrança de honorários no valor de R$ 58,37. A corrente vencida defendeu que a cobrança judicial de montante irrisório seria uma escolha irracional do órgão, a qual violaria o art. 22 da LINDB, pois a consideração acerca da realidade do Poder Judiciário local e da própria Defensoria deveria impedir a demanda de honorários. Ademais, "vai de encontro à boa utilização dos recursos estatais e desconsidera as consequências práticas da conduta da instituição, quando há alternativas mais eficientes e inclusive previstas em suas normas de organização interna"[40]. E concluiu que, as alterações promovidas pela Lei de Segurança Jurídica tornaram a racionalidade dos agentes um pressuposto de atuação e um critério necessário a ser observado nas escolhas de gestão. Contudo, a maioria se firmou no sentido de que "[n]ão é lícito ao juiz rejeitar a pretensão cognitiva ao fundamento de que o pedido possuiria expressão econômica singela".

## 5. ART. 23: REGIME DE TRANSIÇÃO

Nove julgados do STJ circundaram o regime de transição previsto no art. 23 da LINDB. Em dois célebres casos, a própria Corte determinou a modulação dos efeitos de sua decisão em razão de virada jurisprudencial: no recurso especial em que a Corte Especial firmou entendimento sobre o rol taxativo das hipóteses de agravo de instrumento prevista no

39 BRASIL. Superior Tribunal de Justiça. *Recurso Especial nº 1.859.535 - SP.*

40 BRASIL. Superior Tribunal de Justiça. *Recurso Especial nº 2.041.163 - TO.*

Código de Processo Civil[41]; e no *habeas corpus* por meio do qual a Terceira Seção decidiu em favor da competência dos Juízos Especializados em Violência Doméstica para julgar crime de estupro de vulnerável cometido no ambiente doméstico contra criança ou adolescente[42].

Nessas duas oportunidades a mudança da jurisprudência do Tribunal teria um impacto imediato em milhares de processos em todo o Brasil, por isso o STJ optou por adotar um regime de transição modulando os efeitos da decisão para que só pudesse ser exigida após a publicação do acórdão que fixou o novo entendimento.

Em sua primeira análise sobre o art. 23 da LINDB, a Terceira Turma do STJ promoveu uma interpretação sistemática reunindo a leitura do dispositivo com o parágrafo único do art. 21:

> O regime de transição do art. 23 da LINDB está em íntima conexão com o princípio da menor onerosidade da regularização, previsto no art. 21, parágrafo único, de referido diploma legal, segundo o qual não se pode impor aos sujeitos atingidos pela modificação de jurisprudência ônus ou perdas anormais ou excessivos.[43]

Apreciação semelhante ocorreu no julgamento do Tema Repetitivo nº 1.064[44] em que a Primeira Seção do STJ rejeitou a previsão de regime de transição, interpretando o art. 23 da LINDB também de modo sistemático com os arts. 21 e 24 da mesma lei:

> Em atenção aos arts. 21 e 24, da LINDB, a indicação expressa das consequências jurídicas e administrativas já está nas teses aprovadas em repetitivo: a nulidade dos atos administrativos praticados antes das leis autorizativas e a necessidade de seu refazimento den-

---

41 BRASIL. Superior Tribunal de Justiça. *Recurso Especial nº 1.704.520 - MT*. Junto com o Recurso Especial nº 1.696.396/MT foi paradigma do Tema Repetitivo nº 988.

42 BRASIL. Superior Tribunal de Justiça. *Habeas Corpus nº 728.173 - RJ*.

43 BRASIL. Superior Tribunal de Justiça. *Embargos de Declaração no Recurso Especial nº 1.630.889 - DF*; BRASIL. Superior Tribunal de Justiça. *Embargos de Declaração no Recurso Especial nº 1.630.659 - DF*.

44 BRASIL. Superior Tribunal de Justiça. *Embargos de Declaração no Recurso Especial nº 1.860.018 - RJ*; e BRASIL. Superior Tribunal de Justiça. *Embargos de Declaração no Recurso Especial nº 1.852.691 - PB*.

> tro dos prazos prescricionais. Não há a necessidade de estabelecimento de regra de transição, pois a segurança jurídica está aqui a militar a favor do administrado, porque o tema já havia sido objeto de julgamento em sede de repetitivo anterior, [...], cuja *ratio decidendi* foi preservada. Sendo assim, não ocorreu a "mudança posterior de orientação geral" (art. 24, da LINDB), mas sim a adoção pela Administração Pública de interpretação particular ao precedente e que lhe era mais cômoda.

Nesses dois acórdãos o Tribunal concluiu pela ausência de desproporcionalidade na imediata adoção do resultado do julgamento, o que inviabiliza o regime de transição.

Em dois outros casos[45], o Superior Tribunal de Justiça negou a necessidade de transição sob a justificativa de que não houve o estabelecimento de nova interpretação, já que a questão era controvertida e inexistia uma expectativa de previsibilidade quanto ao tema:

> A modulação de efeitos prevista [no art. 23 da LINDB e no §3º do art. 927 do CPC], contudo, somente é aplicável quando efetivamente existia um pronunciamento "apropriado" anterior, capaz de despertar legítima confiança nos jurisdicionados, antes da mudança de entendimento.

Analogamente, a Primeira Turma do STJ negou provimento a recurso especial que desejava o retorno do processo ao Tribunal de Justiça do Estado do Paraná (TJPR) para que os desembargadores procedessem à confecção de regime de transição. Contudo, identificou-se que a hipótese não era de virada jurisprudencial dado que "a posição adotada pelo acórdão recorrido não implicou mudança da jurisprudência da Corte paranaense sobre o tema de fundo, inviabilizando, com isso, a modulação almejada"[46].

Realmente, o regime de transição introduzido pela Lei de Segurança Jurídica tem como requisitos cumulativos decisão que estabelece nova interpretação ou orientação, imposição de novo dever ou condição acerca de direito, indispensável necessidade de mitigar os efeitos imediatos, e ausência de prejuízo aos interesses gerais. A nova interpretação pres-

45 BRASIL. Superior Tribunal de Justiça. *Embargos de Declaração no Recurso Especial nº 1.777.553 – SP*; e BRASIL. Superior Tribunal de Justiça. *Embargos de Declaração no Recurso Especial nº 1.763.462 – MG.*

46 BRASIL. Superior Tribunal de Justiça. *Recurso Especial nº 1.894.744 – PR.*

supõe que a anterior seja majoritária (nos termos do parágrafo único do art. 24 da LINDB). A imposição de novo dever ou condição exige a imprevisibilidade da decisão. A necessidade de mitigar os efeitos deve ser indispensável em razão de desproporcionalidade na imediata adoção do novel entendimento. Portanto, quando não verificados um desses elementos, não se exige a transição

## 6. ART. 24: TEMPO DA DECISÃO

As regras temporais do art. 24 da LINDB foram tratadas em dezessete acórdãos do Superior Tribunal de Justiça. Em seis[47] deles (*i*) discutiu-se a possibilidade de utilizar ação rescisória para adequar decisão judicial transitada em julgado à jurisprudência posteriormente consolidada; em dez deles (*ii*) deliberou-se sobre os efeitos de mudança ou consolidação de jurisprudência em processos judiciais em andamento ou iniciados posteriormente; e no último (*iii*) tangenciou-se a possibilidade de aplicação imediata de ato administrativo com teor normativo a concursos públicos em andamento.

Nos casos (*i*) relativos à ação rescisória, as disposições da Lei de Segurança Jurídica foram utilizadas para reforçar que o instituto exige que uma decisão coberta pelo manto da coisa julgada não pode ser desconstituída em razão de interpretações divergentes à época e que foram, posteriormente, consolidadas. Nesse sentido, a violação manifesta de norma jurídica não ocorre porque, nos termos da LINDB é "vedado que, com base em mudança posterior de orientação geral, se declarem inválidas situações plenamente constituídas"[48].

Por sua vez, nos processos (*ii*) iniciados após a consolidação da jurisprudência ou em curso durante a fixação do entendimento, depreende-se que o STJ adotou as seguintes interpretações: (*ii.i*) não se considera jurisprudência majoritária precedentes à luz de legislação anterior

47 BRASIL. Superior Tribunal de Justiça. *Ação Rescisória nº 4.506 - SP*; BRASIL. Superior Tribunal de Justiça. *Ação Rescisória nº 5.261 - RS*; BRASIL. Superior Tribunal de Justiça. *Ação Rescisória nº 5.301 - RS*; BRASIL. Superior Tribunal de Justiça. *Ação Rescisória nº 5.274 - SC*; BRASIL. Superior Tribunal de Justiça. *Ação Rescisória nº 5.277 - RS*; BRASIL. Superior Tribunal de Justiça. *Ação Rescisória nº 5.367 - PR.*

48 Inciso IV do art. 966 do Código de Processo Civil. BRASIL. BRASIL. *Lei nº 13.105, de 16 de março de 2015.*

conflitante com a legislação atual[49]; (*ii.ii*) questões processuais a respeito de decisões proferidas sob a égide de lei posteriormente derrogada devem ser julgadas com observação do texto normativo anterior e do entendimento jurisprudencial acerca daquele[50]; (*ii.iii*) não se considera jurisprudência majoritária o entendimento consolidado no STJ, mas conflitante com a jurisprudência do STF; (*ii.iv*) não pode ser reformada decisão proferida em momento anterior à mudança jurisprudencial para alinhamento com o atual entendimento[51]; (*ii.v*) não é vedada a aplicação em processos em curso de novo enunciado da Súmula do STJ[52].

As duas primeiras decisões são complementares e dizem respeito à mudança legislativa e a estabilização exigida pela segurança jurídica. No caso de (*ii.i*) uma nova lei ser incompatível com a jurisprudência anterior a consequente inversão de posicionamento do Poder Judiciário não é virada jurisprudencial, mas sim adequação judicial ao novo texto normativo. Igualmente, (*ii.ii*) em matéria processual vigora o chamado "isolamento dos atos processuais" — corolário do princípio geral embrião da segurança jurídica *tempus regit actum* — "de modo que a nova lei processual tem incidência imediata sobre os feitos ainda em curso, mas não pode retroagir para alcançar os atos processuais praticados e as situações consolidadas sob a égide do regime anterior"[53]. Com efeito, um ato processual pretérito é considerado uma situação jurídica consolidada e, como tal, deve ser apreciada segundo o Direito regente à época, o que inclui tanto a legislação vigente quanto os entendimentos jurisprudenciais do tempo em que tal ato foi praticado.

Em cinco acórdãos[54] o Superior Tribunal de Justiça (*ii.iii*) decidiu que a consolidação na própria Corte de uma jurisprudência que

---

49 BRASIL. Superior Tribunal de Justiça. *Agravo Interno no Agravo em Recurso Especial nº 1.643.670 - SP.*

50 BRASIL. Superior Tribunal de Justiça. *Recurso Especial nº 1.502.635 - PI.*

51 BRASIL. Superior Tribunal de Justiça. *Recurso Especial nº 1.572.059 - RS.*

52 BRASIL. Superior Tribunal de Justiça. *Agravo Interno no Agravo Interno no Agravo em Recurso Especial nº 2.090.613 - MG.*

53 BRASIL. Superior Tribunal de Justiça. *Agravo Interno no Agravo em Recurso Especial nº 989.414 - SP.*

54 BRASIL. Superior Tribunal de Justiça. *Agravo Regimental no Habeas Corpus nº 665.379 - SC*; BRASIL. Superior Tribunal de Justiça. *Agravo Regimental no Recurso Especial nº 1.851.174 - BA*; BRASIL. Superior Tribunal de Justiça. *Agravo Regimental no Recurso Especial nº 1.894.560 - PR*; BRASIL. Superior Tribunal de Justiça. *Embargos de Declaração no Agravo Regimental no Embargos de Divergência em*

conflitava com entendimento do STF não poderia ser parâmetro de segurança jurídica:

> [H]avendo divergência jurisprudencial entre o entendimento firmado pelo Superior Tribunal de Justiça e pelo Supremo Tribunal Federal, órgão de cúpula do Poder Judiciário, não há se falar em segurança jurídica, em estabilidade das situações já consolidadas nem em proteção ao princípio da confiança.[55]

De fato, a exegese do parágrafo único do art. 24 diz respeito à jurisprudência majoritária não de um Tribunal, mas de todo o ordenamento. No caso concreto, a divergência com o Supremo Tribunal Federal ainda agrava a situação, pois aplicar o entendimento então consolidado no STJ abriria a possibilidade de mais instabilidade com uma provável reforma posterior pela Suprema Corte.

Por sua vez, dois julgados parecem expressar pontos de vista conflitantes. De um lado, a Segunda Turma do STJ decidiu que (***ii.iii***) por ter se tratar de um processo anterior à virada da jurisprudência da Corte, o art. 24 da LINDB "impede seja rejulgado para alinhamento com a atual jurisprudência, em respeito ao princípio da segurança jurídica"[56]. Do outro lado, a Terceira Turma afirmou que (***ii.iv***) "[a] alteração de entendimento jurisprudencial no âmbito desta Corte Superior aplica-se de imediato aos processos pendentes de julgamento, não se aplicando a proibição de irretroatividade por não se tratar de mudança normativa"[57].

Decerto o tema da irretroatividade da virada jurisprudencial necessitaria de um estudo específico para conferir-lhe a atenção devida. Nada obstante, em um primeiro momento poder-se-ia afirmar que o entendimento exarado pela Terceira Turma do STJ não se coaduna com o art. 24

*Agravo em Recurso Especial nº 1.638.943 – PB*; BRASIL. Superior Tribunal de Justiça. *Embargos de Declaração nos Embargos de Declaração no Agravo Regimental no Agravo em Recurso Especial nº 1.316.819 – RS*. Note que, os acórdãos citam o art. 23 da LINDB, porém a discussão diz respeito ao art. 24.

55 BRASIL. Superior Tribunal de Justiça. *Agravo Regimental no Habeas Corpus nº 665.379 – SC*.

56 BRASIL. Superior Tribunal de Justiça. *Recurso Especial nº 1.572.059 – RS*.

57 BRASIL. Superior Tribunal de Justiça. *Agravo Interno no Agravo Interno no Agravo em Recurso Especial nº 2.090.613 – MG*.

da LINDB, sobretudo porque o caso concreto tratava de um entendimento jurisprudencial consolidado em enunciado da Súmula do STJ (nº 610) que fora recentemente revogado e substituído por um novo enunciado (nº 61).

É verdade que essa situação é precisamente aquela à qual a Lei de Segurança Jurídica busca evitar. É preciso que haja um certo grau de estabilidade nas mudanças. Por esse motivo, uma sentença que aplica uma orientação jurisprudencial sumulada não deve ser reformada tempos depois com base em um novo enunciado de súmula sobre o mesmo tema, mas agora em sentido diverso. Seja sob a ótica material da segurança jurídica, seja na perspectiva processual da reforma de decisões judiciais por *error in judicando*, não é possível concluir que a referida sentença contém erro a ponto de merecer correção, pois à época em que foi tomada tratava-se da melhor interpretação jurídica conforme o então vigente enunciado da Súmula do STJ.

No entanto, um exame mais acurado da decisão impede uma crítica a seu conteúdo. O entendimento sumulado que fora revogado datava de 1992 e desde 2003 havia controvérsia acerca de sua validade jurídica em razão da entrada em vigor do Código Civil de 2002[58]. Desse modo, embora formalmente vigente o Enunciado nº 61, a jurisprudência era oscilante. Ademais, a sentença foi proferida semanas antes da substituição dos enunciados em 2018, porém anos após o início da consolidação do novo entendimento pela Segunda Seção em sede de embargos de divergência em 2015. Por tudo isso, o parágrafo único do art. 24 não autoriza a incidência do *caput*, dado que não havia jurisprudência majoritária no caso concreto.

Semelhante foi a hipótese na qual a Quinta Turma do STJ afirmou a inexistência de uma regra de "irretroatividade de interpretação jurisprudencial, uma vez que o ordenamento jurídico proíbe apenas a retroatividade da lei penal mais gravosa", todavia, ao investigar o teor da controvérsia, verificou-se que "o entendimento anterior [já abria a possibilidade consignada na nova corrente predominante], a evidenciar falta de prejuízo no caso concreto"[59].

58 O caso concreto versava sobre seguro de vida e suicídio. O Enunciado nº 61 adotava um critério subjetivo da premeditação para impedir a cobertura, ao passo que o Código Civil e o Enunciado nº 610 adotam um critério objetivo (prazo de dois anos).

59 BRASIL. Superior Tribunal de Justiça. *Agravo Regimental no Agravo em Recurso Especial nº 2.290.642 – SC*. Note que, os acórdãos citam o art. 23 da LINDB, porém a discussão diz respeito ao art. 24.

Finalmente, em sede de suspensão de tutela antecipada, a Corte Especial do Superior Tribunal de Justiça (***iii***) tangenciou o debate acerca da aplicação imediata de novos regulamentos administrativos a concursos públicos em andamento. Até pela natureza dos processos de suspensão de liminar e de sentença, a decisão do STJ não adentrou no tema. Porém, trouxe à baila a decisão do Tribunal Regional Federal da 1ª Região (TRF-1) no sentido de que "a Administração Pública não pode atribuir efeitos retroativos aos atos administrativos de caráter normativo, notadamente em relação aos atos que produzem efeitos externos"[60]. O caso cuidava da Resolução do Conselho Nacional de Justiça nº 478, de 2022, que determinava a aplicação imediata de suas disposições:

> Art. 3º Esta Resolução entra em vigor na data de sua publicação, aplicando-se aos concursos cujos editais ainda não tenham sido publicados ou que estejam suspensos, por qualquer motivo, na fase preliminar de inscrição, devendo o edital ser republicado em cumprimento às novas regras, se for o caso.
>
> *Parágrafo único.* As regras contidas nos §§ 6º e 7º do art. 1º desta Resolução aplicam-se imediatamente a todos os editais, independente do estágio em que se encontrem.[61]

Não houve uma aplicação do art. 24 da LINDB no acórdão, pois a questão demandaria um debate mais profundo[62] do que a suspensão de tutela autoriza. Todavia, é interessante notar que nas instâncias ordinárias já existem magistrados que utilizam a Lei de Segurança Jurídica para impedir que a Administração Pública outorgue efeitos retroativos a seus regulamentos.

---

60 BRASIL. Superior Tribunal de Justiça. *Agravo Interno na Suspensão de Liminar e de Sentença nº 3.331 - GO.*

61 BRASIL. Conselho Nacional de Justiça. *Resolução nº 478 de 27 de outubro de 2022.*

62 Alguns elementos poderiam ser considerados para avaliar um caso concreto como este, por exemplo, seria indispensável compreender o grau de semelhança entre a atividade normativa e regulatória da Administração e a atividade legislativa; seria preciso verificar se o teor das disposições do ato tem natureza material ou procedimental; seria necessário conhecer a situação fática a que se destina o ato administrativo; seria fundamental sopesar os interesses, as expectativas e os direitos dos envolvidos; dentre outros.

## 6. ART. 26: COMPROMISSO

No único caso em que o Superior Tribunal de Justiça se manifestou a respeito da interpretação do art. 26 da LINDB, a Primeira Turma do Tribunal entendeu pela impossibilidade de utilização do instrumento compromisso como forma de compensação de ato de improbidade administrativa.

> (...) 3. É inviável o acolhimento do pedido de suspensão do processo, a fim de que sejam buscados os meios de compensação da conduta ímproba praticada, à luz da Lei 13.655/2018, uma vez que deve prevalecer a regra especial contida no art. 17, § 1º, da Lei 8.429/1992. (...)[63]

A fundamentação utilizou como argumento a especialidade das disposições previstas na Lei de Improbidade Administrativa em relação ao preceito geral da LINDB. No momento do julgamento, o § 1º do art. 17 da Lei 8.429, de 1992, impedia transação, acordo ou conciliação nas ações destinadas a apurar a responsabilidade por ato de improbidade administrativa. Com efeito, parece lícito extrair duas conclusões da decisão da Primeira Turma do STJ: primeiro, o instituto do compromisso é uma espécie de autocomposição; e segundo, a celebração de compromisso nos termos da LINDB só pode ocorrer nas situações em que não haja conflito com o regramento específico da matéria objetivo do acordo[64].

## 7. ART. 27: COMPENSAÇÃO

Não há acórdãos em que o STJ se manifestou sobre o art. 27 da LINDB.

---

63 BRASIL. Superior Tribunal de Justiça. *Agravo Interno no Recurso Especial nº 1.654.462 - MT.*

64 Essa segunda conclusão pode ser objeto de discussão em breve, pois atualmente a Lei de Improbidade Administrativa prevê hipótese em que o Ministério Público pode celebrar acordo de não persecução civil. No entanto, uma rápida leitura do art. 17-B (incluído na LIA pela Lei nº 14.230, de 2021) demonstra que se trata de um instrumento muito mais complexo do que o compromisso a que se refere o art. 26 da LINDB. Assim, sendo incompatíveis, a regra hermenêutica da especialidade exige que seja utilizado o modelo previsto na LIA.

## 8. ART. 28: RESPONSABILIDADE DO AGENTE

Sobre o art. 28 da LINDB, dois julgados do STJ trazem lições importantes. O primeiro versa sobre condenação de parecerista em ação popular na qual se apurou lesão ao patrimônio público em processo licitatório. O TJSP havia entendido que parecer emitido estava "contaminado por erro grosseiro na interpretação da regra jurídica"[65]. A Primeira Turma do Superior Tribunal de Justiça desconstituiu o acórdão recorrido em *decisium* do qual podemos retirar: (*i*) o STJ pode proceder em recurso especial à verificação de erro grosseiro em parecer, pois esta não perpassa por reexame de fatos e provas; e (*ii*) a condenação de parecerista por erro grosseiro em sua opinião jurídica é medida excepcional condicionada à insustentabilidade do entendimento defendido no documento enviado ao gestor responsável pela decisão.

A competência do Superior Tribunal de Justiça para verificar em sede de recurso especial a ocorrência de erro grosseiro de um parecerista foi a primeira controvérsia decidida pelo colegiado. Inicialmente tanto o órgão responsável pela admissão do recurso no TJSP quanto o relator, Ministro Paulo Sérgio Domingues, haviam expressado entendimento no sentido de que o Enunciado da Súmula nº 7 do STJ impedia a análise recursal porque "demandaria necessariamente o revolvimento do mesmo conjunto fático-probatório"[66].

Entretanto, após a interposição do agravo interno, o relator reconsiderou sua decisão "compreendendo que o recurso especial deveria ser conhecido no capítulo em que alegada violação ao art. 32 da Lei 8.906/94 e ao art. 28 do Decreto-lei 4.657/42, providência essa que não se encontraria obstaculizada nos termos da Súmula 7/STJ". A mudança de concepção foi fundamentada pela natureza da averiguação de erro grosseiro, que se cuida de atividade exclusivamente jurídica e compatível com a análise de erro de direito procedida pelo Superior Tribunal de Justiça nos recursos especiais. Ademais, no caso concreto, a integralidade do parecer constava nos autos, portanto, não havia controversa sobre o seu conteúdo.

---

65 BRASIL. Superior Tribunal de Justiça. *Agravo Interno no Agravo Interno no Agravo em Recurso Especial nº 2.200.245 – SP.*

66 BRASIL. Superior Tribunal de Justiça. *Agravo Interno no Agravo Interno no Agravo em Recurso Especial nº 2.200.245 – SP.*

Finalmente, o relator fez uma importante distinção entre as hipóteses de responsabilização pessoal do parecerista previstas no art. 28 da LINDB, dolo e erro grosseiro:

> Não é preciso, então, nesse cenário processual, dissecar provas ou fatos da causa para se verificar a correção ou equívoco do acórdão recorrido quanto à afirmação de que teria havido "erro grosseiro" por parte da agravada [...] em seu parecer jurídico, mas sim e tão somente verificar se o conteúdo do parecer - incontroverso nos autos, repito - configura, tal como sustentado no acórdão, interpretação juridicamente insustentável da norma jurídica invocada.[67]

Esse raciocínio levou à conclusão de que quando se imputa erro grosseiro ao agente, o Poder Judiciário realiza um exame objetivo sobre a viabilidade jurídica da tese exposta no parecer, então, em caso de recurso, pode ocorrer a revaloração jurídica pelo STJ.

Outro processo apreciado pelo STJ no qual o art. 28 da LINDB fez parte da fundamentação do acórdão foi julgado por sua Quinta Turma, cuja competência é em Direito Penal. O caso dizia respeito a um recurso ordinário contra acordão do Tribunal de Justiça do Estado da Bahia que negou *habeas corpus* para o trancamento de ação penal na qual o Ministério Público ofereceu denúncia para apurar delito de fraude licitatória[68].

Novamente foi frisada a excepcionalidade da responsabilização do agente público que emite parecer, mas dessa vez abordou-se seus aspectos penais. O relator, Ministro Messod Azulay Neto, entendeu que o dispositivo introduzido pela Lei de Segurança Jurídica deveria ser interpretado conforme a jurisprudência do Supremo Tribunal Federal, a qual se consolidou do sentido de que, se não for comprovado o erro grosseiro ou o elemento subjetivo, "não cabe a responsabilização do advogado público pelo conteúdo de seu parecer de natureza meramente opinativa"[69]. Isto é, não se pode responsabilizar o agente "pela mera emissão de parecer"[70].

67 BRASIL. Superior Tribunal de Justiça. *Agravo Interno no Agravo Interno no Agravo em Recurso Especial nº 2.200.245 - SP.*

68 BRASIL. Superior Tribunal de Justiça. *Embargos de Declaração no Agravo Regimental nos Embargos de Declaração no Recurso em Habeas Corpus nº 158.747 - BA.*

69 BRASIL. Supremo Tribunal Federal. *Mandado de Segurança nº 24.631 - DF.*

70 BRASIL. Supremo Tribunal Federal. *Habeas Corpus nº 171.576 - RS.*

O colegiado então rejeitou os embargos de declaração e negou provimento ao recurso por entender que a denúncia havia apresentado elementos suficientes para comprovar a existência de indícios de dolo do parecerista, o que se enquadraria, *prima facie*, no preceito do art. 28 da LINDB. Assim, parece lícito concluir que o STJ sinalizou a aplicação da regra que consagra a excepcionalidade da responsabilização pessoal do agente na seara penal.

## 9. ART. 29: CONSULTA PÚBLICA

Não há acórdãos em que o STJ se manifestou sobre o art. 27 da LINDB.

## 10. ART. 30: INSTRUMENTOS DE SEGURANÇA JURÍDICA

O art. 30 da LINDB não foi objeto de interpretação *per se* pelo STJ, porém, seu conteúdo foi utilizado pela Corte para reforçar a necessidade de as autoridades observarem o dever de atuar para aumentar a segurança jurídica na aplicação do Direito.

Nesse sentido, a Quarta Turma do STJ destacou a "obrigação de levar em conta as consequências de suas decisões no mundo jurídico, no mundo fático, antes de proferi-las"[71] e reafirmou precedente envolvendo a cobertura de planos de saúde:

> O reembolso das despesas médico-hospitalares efetuadas pelo beneficiário com tratamento/atendimento de saúde fora da rede credenciada pode ser admitido somente em hipóteses excepcionais, tais como a inexistência ou insuficiência de estabelecimento ou profissional credenciado no local e urgência ou emergência do procedimento.[72]

O colegiado entendeu que permitir a ampliação judicial da cobertura de planos de saúde em casos não-excepcionais não seria compatível

71 BRASIL. Superior Tribunal de Justiça. *Agravo Interno no Agravo em Recurso Especial nº 1.585.959 - MT*. No mesmo sentido: BRASIL. Superior Tribunal de Justiça. *Agravo Interno no Recurso Especial nº 1.931.919 - SP*.

72 BRASIL. Superior Tribunal de Justiça. *Embargos de Divergência no Agravo em Recurso Especial nº 1.459.849 - ES*.

com a função social do contrato, com a boa-fé nem com a segurança jurídica. Esta última foi invocada sob o prisma de que uma decisão judicial nessa direção traria demasiadas consequências negativas tanto para os usuários como para as operadoras dos planos de saúde. Dessa maneira, o Superior Tribunal de Justiça reconheceu o próprio dever de atuar para solidificar a segurança jurídica ao julgar ações e recursos de sua competência.

Analogamente, a Primeira Seção do STJ se socorreu do art. 30 da LINDB para robustecer a fundamentação da modulação de efeitos da sua decisão, "em reverência à estabilidade e à previsibilidade dos precedentes judiciais". O objeto do processo tratava de complexas questões intertemporais de aplicação do Direito Tributário em relação a contribuições parafiscais. Na ocasião, a Ministra Regina Helena Costa afirmou que até aquela assentada havia uma uniformidade da jurisprudência sobre o tema que naquele momento estaria sendo revista, e acrescentou:

> [A] orientação ora firmada, sem a necessária calibração, destitui, de forma retroativa e sem distinções, situação juridicamente mais favorável aos interessados, vulnerando, assim, o interesse social, representado pela justa expectativa dos jurisdicionados na preservação de compreensão consolidada.[73]

Por todos esses motivos, o STJ "ao reconhecer a existência de uma jurisprudência sedimentada, composta por múltiplos pronunciamentos convergentes" novamente cumpriu sua missão de atuar para aumentar a segurança jurídica, prestigiando "a previsibilidade e a estabilidade dos julgamentos, evitando abrupta mudança de entendimento"[74], exatamente no espírito daquilo que prevê o art. 30 da LINDB.

## CONCLUSÕES

A análise dos acórdãos do Superior Tribunal de Justiça ao longo dos primeiros seis anos de vigência da Lei nº 13.655, de 2018, revela que, de maneira geral, o STJ tem interpretado e aplicado os dispositivos da lei de forma adequada, contribuindo para a consolidação de um ambiente jurídico mais estável e previsível.

---

73 BRASIL. Superior Tribunal de Justiça. *Recurso Especial nº 1.898.532 – CE.*

74 BRASIL. Superior Tribunal de Justiça. *Recurso Especial nº 1.898.532 – CE.*

Ao examinar as decisões do STJ, fica evidente que a Lei de Segurança Jurídica tem sido aplicada nas mais diversas esferas do direito, reafirmando seu caráter abrangente e sua importância para o ordenamento jurídico brasileiro. Os acórdãos analisados indicam que o Tribunal tem se esforçado para garantir que as decisões públicas sejam claras e bem fundamentadas, cumprindo assim o propósito da lei de aprimorar a segurança nas relações sociais e jurídicas.

A pesquisa permitiu extrair conclusões específicas para os artigos da lei utilizados pelo Superior Tribunal de Justiça:

Concluiu-se, em relação ao art. 20: que o exame das consequências é particularmente útil nos processos de suspensão de tutela antecipada; que se autoriza excepcionalmente a manutenção de irregularidade quando eventual restauração da estrita legalidade ocasionaria mais danos do que a manutenção da situação consolidada; que o consequencialismo permite concretizar a análise econômica do Direito por meio de fatores concretos; que a revisão de atos regulatórios exige a comprovação de que o ente regulador se omitiu na motivação, desconsiderando consequências práticas da decisão e/ou preterindo alternativas existentes; que ao ordenar uma nova decisão administrativa ou judicial, o STJ exige que a esta equacione os interesses envolvidos, sopesando as consequências e as alternativas possíveis; que ao reformar decisões, o STJ se obriga a justificar a escolha dentre as alternativas e a fazer prognose sobre os efeitos do provimento; que pode ser objeto de processo do STJ a medição dos elementos econômicos e sociais intrínsecos aos cenários fáticos que balizaram uma decisão; que pode ser objeto de processo no STJ os efeitos vislumbrados em uma decisão; e que, em casos que assim exigirem (como os recursos repetitivos), o STJ deve elencar as alternativas à sua decisão e as respectivas razões da rejeição, junto com a fundamentação de sua opção; que o exame das possíveis consequência de decisão deve se pautar por elementos concreto e não conjecturas abstratas.

Concluiu-se, em relação ao art. 21, que, ao invalidar decisão administrativa ou judicial, o STJ entende que se deve elencar as consequências do acórdão; e que são distintas materialmente decisões que tutelam situações subjetivas consolidadas em razão do decurso do tempo e decisões que resguardam direitos do administrado ao evitar ônus desproporcional que não deu causa.

Concluiu-se, em relação ao art. 22, que, com base nas provas dos autos, o STJ pode considerar as circunstâncias práticas que condicionaram o comportamento do agente quando instado a decidir sobre a regularidade da conduta; que a Administração pode empregar a autotutela para invalidar ato administrativo com base na realidade prática do gestor, de modo a evitar irregularidades e ilegalidades; que pode-se argumentar que a consideração sobre os obstáculos e as dificuldades reais do Prefeito e as exigências das políticas públicas a seu cargo são essenciais ao completo deslinde da controvérsia referente à tipificação de ato de improbidade administrativa; que pode-se argumentar a impossibilidade de multar Município por descumprimento de decisão judicial que determina o redesenho e/ou reexecução de política pública, quando as dificuldades práticas, sobretudo orçamentárias, assim exigirem; que pode-se argumentar a inadequação de os entes públicos realizarem execução ou cumprimento de sentença referentes a valores irrisórios, por conta do cenário de alto custo dos processos judiciais.

Concluiu-se, em relação ao art. 23, que ao resolver controvérsias que impactam muitos processos, o STJ deve estabelecer regime de transição; que pode ser objeto de recurso especial o pedido de retorno dos autos à origem para que o Tribunal local ou regional institua regime de transição; que a transição só pode ser exigida quando a decisão estabelece nova interpretação ou orientação (instabilidade), impõe novo dever ou condição acerca de direito (imprevisibilidade), e identifica-se a necessidade de mitigar os efeitos imediatos (desproporcionalidade).

Concluiu-se, em relação ao art. 24, que não se autoriza o manejo de ação rescisória por violação manifesta de norma jurídica para desconstituir decisão coberta pelo manto da coisa julgada sob o argumento de consolidação atual de interpretações divergentes à época da decisão transitada em julgado; que não se considera jurisprudência majoritária precedentes à luz de legislação anterior conflitante com a legislação atual; que questões processuais a respeito de decisões proferidas sob a égide de lei posteriormente derrogada devem ser julgadas com observação do texto normativo anterior e do entendimento jurisprudencial acerca daquele momento; que não se considera jurisprudência majoritária o entendimento consolidado no STJ, mas conflitante com a jurisprudência do STF; que não pode ser reformada decisão proferida em momento anterior à mudança jurisprudencial para alinhamento com o atual entendimento; que não é vedada a aplicação em processos em curso de novo enunciado da Súmula do STJ quando isso não implicar virada jurisprudencial; e que é possível discutir a outorga de efeitos retroativos a atos administrativos de caráter normativo, notadamente em relação àqueles que produzem efeitos externos, à luz da vedação de invalidade de situações plenamente constituídas sob orientações prévias.

Concluiu-se, em relação ao art. 26, que o STJ considera o instituto do compromisso uma espécie de autocomposição; e que, a celebração de compromisso nos termos da LINDB só pode ocorrer nas situações em que não haja conflito com o regramento específico de autocomposição na matéria objeto do acordo.

Concluiu-se, em relação ao art. 28, que, diferentemente do dolo, o STJ deve julgar recurso especial destinado a verificar a ocorrência de erro grosseiro, pois esta não perpassa por reexame de fatos e provas; que a condenação por erro grosseiro em sua opinião jurídica é medida excepcional condicionada à insustentabilidade do entendimento; que a excepcionalidade da responsabilização pessoal dos agentes públicos deve ser observada para a configuração de crime contra a Administração Pública.

Concluiu-se, em relação ao art. 30, que o STJ deve contribuir para a aumentar a segurança jurídica na aplicação do Direito e, por isso, tem a obrigação de levar em conta as consequências de suas decisões no mundo jurídico, no mundo fático, antes de proferi-las; e que o STJ deve respeitar a estabilidade e a previsibilidade dos precedentes judiciais evitando abruptas mudanças de entendimento ou, quando necessária a virada jurisprudencial, fazê-la com modulação de efeitos e/ou regime de transição.

Em suma, o estudo conclui que o STJ tem atuado de maneira efetiva na promoção da segurança jurídica, interpretando a Lei nº 13.655/2018 com competência e sensibilidade às necessidades da sociedade. Isso reforça a importância contínua do Tribunal na construção de um sistema jurídico que inspire confiança e estabilidade para todos os cidadãos. Enfim, os casos expostos demonstram o prestígio que a Lei de Segurança Jurídica adquiriu no Superior Tribunal de Justiça. Durante os debates que precederam a promulgação da lei, muitas críticas foram proferidas com a acepção de que "a lei não pegaria" e que os órgãos responsáveis pelas decisões públicas, mormente o Poder Judiciário, não se prestariam a conjecturar consequências ou realizar análises concretas. Com menos de uma década de vigência é possível pôr uma pá de cal nessa suposição infundada. A lei não só "pegou" como engrandeceu a qualidade das decisões com sofisticados argumentos orientados pela observação prática e pela prognose realística.

## REFERÊNCIAS

ARAGÃO, Alexandre Santos de. *Artigo 21*. *In*: PEREIRA, Flávio Henrique Unes (org.). *Segurança Jurídica e Qualidade das Decisões Públicas*. Brasília: Senado Federal. 2015.

BRASIL. Conselho Nacional de Justiça. *Resolução nº 478 de 27 de outubro de 2022*.

____. *Decreto nº 9.830, de 10 de junho de 2019*.

____. *Decreto-Lei nº 4.657, de 4 de setembro de 1942*.

____. *Lei nº 13.105, de 16 de março de 2015*.

____. *Lei nº 13.655, de 25 de abril de 2018*.

____. Senado Federal. Projeto de Lei do Senado nº 349, de 2015.

____. Superior Tribunal de Justiça. Ação Rescisória nº 4.506 - SP.

____. ____. Ação Rescisória nº 5.261 - RS;

____. ____. Ação Rescisória nº 5.274 - SC;

____. ____. Ação Rescisória nº 5.277 - RS;

____. ____. Ação Rescisória nº 5.301 - RS;

____. ____. Ação Rescisória nº 5.367 - PR.

____. ____. Agravo Interno na Petição na Suspensão de Liminar e de Sentença nº 2.507 - RJ.

____. ____. Agravo Interno na Suspensão de Liminar e de Sentença nº 3.331 - GO.

____. ____. Agravo Interno no Agravo em Recurso Especial n° 714.074 - PE.

____. ____. Agravo Interno no Agravo em Recurso Especial nº 1.323.896 - PB.

____. ____. Agravo Interno no Agravo em Recurso Especial nº 1.418.018 - CE.

____. ____. Agravo Interno no Agravo em Recurso Especial nº 1.585.959 - MT.

____. ____. Agravo Interno no Agravo em Recurso Especial nº 1.643.670 - SP.

____. ____. Agravo Interno no Agravo em Recurso Especial nº 989.414 - SP.

____. ____. Agravo Interno no Agravo Interno no Agravo em Recurso Especial nº 2.090.613 - MG.

____. ____. Agravo Interno no Agravo Interno no Agravo em Recurso Especial nº 2.200.245 - SP.

____. ____. Agravo Interno no Pedido de Tutela Provisória nº 3.654 - RS.

____. ____. Agravo Interno no Pedido de Uniformização de Interpretação de Lei nº 2.222 - DF.

____. ____. Agravo Interno no Recurso Especial nº 1.654.462 - MT.

____. ____. Agravo Interno no Recurso Especial nº 1.931.919 - SP.

____. ____. Agravo Regimental no Agravo em Recurso Especial nº 672.435 - RS.

____. ____. Agravo Regimental no Agravo em Recurso Especial nº 2.290.642 - SC.

____. ____. Agravo Regimental no Habeas Corpus nº 665.379 - SC.

____. ____. Agravo Regimental no Recurso Especial nº 1.207.490 - RJ.

____. ____. Agravo Regimental no Recurso Especial nº 1.889.204 - MG.

____. ____. Agravo Regimental no Recurso Especial nº 1.894.560 - PR.

____. ____. Agravo Regimental no Recurso Especial nº 1.851.174 - BA.

____. ____. Embargos de Declaração no Agravo Regimental no Embargos de Divergência em Agravo em Recurso Especial nº 1.638.943 - PB.

____. ____. Embargos de Declaração no Agravo Regimental nos Embargos de Declaração no Recurso em *Habeas Corpus* nº 158.747 - BA.

____. ____. Embargos de Declaração no Recurso em Mandado de Segurança nº 68.474 - RS.

____. ____. Embargos de Declaração no Recurso Especial nº 1.630.889 - DF.

____. ____. Embargos de Declaração no Recurso Especial nº 1.630.659 - DF.

____. ____. Embargos de Declaração no Recurso Especial nº 1.763.462 - MG.

____. ____. Embargos de Declaração no Recurso Especial nº 1.777.553 - SP.

____. ____. Embargos de Declaração no Recurso Especial nº 1.852.691 - PB.

____. ____. Embargos de Declaração no Recurso Especial nº 1.860.018 - RJ.

____. ____. Embargos de Declaração nos Embargos de Declaração no Agravo Regimental no Agravo em Recurso Especial nº 1.316.819 - RS.

____. ____. Embargos de Divergência no Agravo em Recurso Especial nº 1.459.849 - ES.

____. ____. *Habeas Corpus* nº 728.173 - RJ.

____. ____. Recurso em Mandado de Segurança nº 62.150 - SC.

____. ____. Recurso em Mandado de Segurança nº 70.209 - PR.

____. ____. Recurso Especial nº 1.502.635 - PI.

____. ____. Recurso Especial nº 1.543.826 - RJ.

____. ____. Recurso Especial nº 1.572.059 - RS.

____. ____. Recurso Especial nº 1.644.077 - PR.

____. ____. Recurso Especial nº 1.704.520 - MT.

____. ____. Recurso Especial nº 1.807.180 - PR.

____. ____. Recurso Especial nº 1.840.848 - SP.

____. ____. Recurso Especial nº 1.848.036 - SP.

____. ____. Recurso Especial nº 1.850.512 - SP.

____. ____. Recurso Especial nº 1.859.535 - SP.

____. ____. Recurso Especial nº 1.888.049 - CE.

____. ____. Recurso Especial nº 1.894.741 - RS.

____. ____. Recurso Especial nº 1.894.744 - PR.

____. ____. Recurso Especial nº 1.898.532 - CE.

____. ____. Recurso Especial nº 1.936.743 - SP.

____. ____. Recurso Especial nº 2.041.163 - TO.

____. Supremo Tribunal Federal. *Habeas Corpus* nº 171.576 - RS.

____. ____. Mandado de Segurança nº 24.631 - DF.

DI PIETRO, Maria Sylvia Zanella. *Artigo 27*. *In*: PEREIRA, Flávio Henrique Unes (org.). *Segurança Jurídica e Qualidade das Decisões Públicas*. Brasília: Senado Federal. 2015.

JUSTEN FILHO, Marçal. *Art. 20 da LINDB: dever de transparência, concretude e proporcionalidade*. RDA: Direito Público na Lei de Introdução às Normas de Direito Brasileiro - LINDB (Lei nº 13.655/2018). Rio de Janeiro, edição especial, nov. 2018.

MARQUES NETO, Floriano de Azevedo. *Art. 23 da LINDB: o equilíbrio entre mudança e previsibilidade na hermenêutica jurídica*. RDA: Direito Público na Lei de Introdução às Normas de Direito Brasileiro - LINDB (Lei nº 13.655/2018). Rio de Janeiro, edição especial, nov. 2018.

PEREIRA, Flávio Henrique Unes. *Artigo 20*. *In*: PEREIRA, Flávio Henrique Unes (org.). *Segurança Jurídica e Qualidade das Decisões Públicas*. Brasília: Senado Federal. 2015.

SALAMA. Bruno Meyerhof; SUNDFELD, Carlos Ari. *Chegou a hora de mudar a velha Lei de Introdução*. *In*: PEREIRA, Flávio Henrique Unes (org.). *Segurança Jurídica e Qualidade das Decisões Públicas*. Brasília: Senado Federal. 2015.

SUNDFELD, Carlos *Ari. Aplicação dos Novos Dispositivos da Lei de Introdução às Normas do Direito Brasileiro (LINDB) pelo Tribunal de Contas da União.* São Paulo: FVG, 2021.

____. *Segurança Jurídica e Eficiência na Lei de Introdução ao Direito Brasileiro. In*: PEREIRA, Flávio Henrique Unes (org.). *Segurança Jurídica e Qualidade das Decisões Públicas.* Brasília: Senado Federal. 2015.

## Entre certezas e presunções: as leituras do STJ sobre presunção de violência e vulnerabilidade

*Renato de Mello Jorge Silveira*[1]

### INTRODUÇÃO

Um trabalho em homenagem mostra-se, não raro, como um desafio. Um desafio posto ao autor. Um real desafio em relação ao homenageado, ao público leitor e, mesmo, à Academia. No presente caso, contudo, o perfil a ser saudado despe-se de dificuldade. Trata-se de situação de felicidade e alegria, que honra, em verdade, aquele que assume o papel de redator da reverência.

Humberto Martins está a completar dezoito anos junto ao Tribunal da Cidadania. Oriundo da chamada terra de presidentes, teve passagens gloriosas pelo Ministério Público de Alagoas e na Advocacia, pública e privada. Foi, também, Conselheiro da Ordem dos Advogados e Presidente da Secional daquele Estado. Em 2002 foi nomeado, pelo quinto constitucional, ao Tribunal de Justiça de Alagoas. Anos depois, em 2006, galgou o cargo de Ministro do Superior Tribunal de Justiça (STJ), sendo seu presidente no biênio 2020-2022.

A maioridade de sua envergadura como Ministro denota o jurista multifacetado que é. Honrou sua herança e seu antecessor – também muito próximo que era ao Instituto dos Advogados de São Paulo (IASP), o Ministro Domingos Franciulli Netto – e com inabalável fé de Deus pontifica a Justiça. Mais do que isso, evidenciou-se como um magistrado destemido. Não vacilou quando, contrário à imprensa ou ao desejo momentâneo de justiçamento, postou-se contra tantas questões midiáticas. Mesmo não sendo, hoje, tão próximo das lides criminais, sempre defendeu e salvaguardou a segurança jurídica, tendo finíssimo trato com os Advogados de modo geral.

É, assim, com estremada felicidade, pessoal e institucional, que se presta tributo ao Senhor Ministro Humberto Martins, seu associado honorário, em data tão simbólica. Personifica ele a função de magistrado como poucos. Honra seu Tribunal e mais. Distribui Justiça mesmo em

---

1 Advogado. Professor Titular da Faculdade de Direito da Universidade de São Paulo. Presidente do Instituto dos Advogados de São Paulo.

tempos em que o chamamento fácil dos holofotes bradava por adesão à violência judicial, evidenciando o porquê diz-se que o STJ é conhecido por Tribunal da Cidadania.

Em crédito ao estimado Ministro, Juiz absoluto que é, serão tecidas, assim, algumas pequenas considerações em tema, talvez, relativizado. Embora seja de se ver que o homenageado, ao momento, não se dedica particularmente ao Direito Penal, inegável que foi por ele bastante influenciado. Ainda em seus tempos de Universidade, fora aluno de Antonio Aleixo, e, ao depois, a esta área se aproximou. Quando de sua atuação como promotor de Justiça, destacou-se na seara criminal e, posteriormente, quando do início de sua docência, foi ser professor, justamente, de Direito Penal. Assim, a presente abordagem não lhe é estranha. Buscar-se-á, nela, tratar da dúvida posta sobre a presunção de violência e a noção de vulnerabilidade etária nos crimes sexuais, variando entre seu caráter absoluto ou relativo. Tema controverso desde sempre, tem recebido algumas considerações e reconsiderações por parte do STJ, o que, talvez, em respeito a uma busca de segurança jurídica e da Justiça, justifique certo repensar e justificativa dogmática.

Nesse aspecto, procurar-se-á avaliar o passado, o presente e o futuro da temática. Serão evidenciadas as muitas percepções da construção penal, as modificações legislativas e as variações de compreensão jurisprudencial junto ao próprio STJ. Ao fim, tentar-se-á uma resposta ao próximo momento, sempre com vistas a um patamar de buscada Justiça.

## 1. CRIMES SEXUAIS E A QUESTÃO DA VIOLÊNCIA: A CONSTRUÇÃO PENAL DE 1940

Antes de qualquer consideração, há de recordar que os chamados crimes sexuais são, em si, tema delicado. E, isso, por diversas razões. Em determinado momento de exame de concurso público, o Professor Dirceu de Mello, Titular da Pontifícia Universidade Católica de São Paulo (PUC-SP), e ex-Presidente do Tribunal de Justiça daquele Estado, disse a um determinado candidato que havia tido a audácia de escrever sobre o tema: "não gosto do tema escolhido, mas tenho a dizer que Vossa Senhoria é um bom pesquisador." Essa lembrança histórica bem denota certa dificuldade sentida no trabalhar da questão. Mas não só.

Em verdade, desde a Antiguidade já se indagava sobre os contornos de seus problemas. Assim, em Roma já se viam três grandes grupos do que hoje poderia se ter por bens jurídicos podiam ser encontrados na esfera sexual: um atinente à liberdade sexual; o outro concernente à moralidade sexual ou ao conceito da sociedade sobre as fronteiras das relações sexuais entre os seres humanos; e, por último, a categoria protetiva da ordem familiar.[2] Pois bem. Os bens jurídicos acabaram, pois por se cindir, restando, à esfera sexual, por primeiro, um verniz subjetivo do que outra coisa qualquer (já tendo se falado em pudor, moral, honestidade e costumes), chegando, ao depois, nas noções de liberdade sexual, e, mais particularmente, dignidade sexual.

Construções clássicas informam que o pudor defendido não visava à proteção da moral de uma única pessoa (como ocorre na tutela da honra ou da incolumidade física), mas, sim, pretenderia o interesse da generalidade social. Exemplos dessa tese podem ser vistos em autores como seria o exemplo de Grispigni, ao mencionar que se teria como criminosa a conduta, quando perceptível a ofensa ao direito subjetivo, público ou privado.[3]

Em relação ao contato sexual entre pessoas, o desenho da proteção penal se dá, no campo da liberdade sexual, em termos violentos, ou por grave ameaça, ou, ainda, mediante fraude. Limitando-se o constrangimento (mediante violência ou grave ameaça) à conjunção carnal, tem-se fundamentalmente a questão do estupro. Esse, o tipo fundamental,[4] sendo, entretanto, que, no campo da consubstanciação da violência sempre pairaram inúmeras dúvidas, principalmente quando se trata de vítimas crianças ou adolescentes.[5]

---

2 Cf. NUCCI, Guilherme de Souza. *Tratado dos crimes sexuais.* São Paulo: Forense, 2022, pp. 2 e ss. SILVEIRA, Renato de Mello Jorge. *Bases críticas para a reforma do direito penal sexual.* São Paulo: Quartier Latin, 2007, pp. 36 e ss.

3 Cf. GRISPIGNI, Filippo. *Diritto penale italiano.* Milano: Giuffrè, 1952, vol. primo, p. 283.

4 NUCCI, Guilherme de Souza. Op. cit., pp. 33 e ss.

5 Cf. BOTTKE, Wilfried. Sexualhoheit und Strafrecht: Sexualstrafrecht aus Opfersicht. *In*: AAVV. *Die Stellung des Opfers im Strafrechtssystem.* Berlim: Carl Heymanns Verlag, 2000, pp. 231 e ss. HOLZLEITHNER, Elisabeth. Autodeterminação sexual como direito individual e como bem jurídico - reflexões sobre a regulação da intimidade como restrição da autonomia sexual. *In*: CAMARGO, Beatriz Corrêa; RENZIKOWSKI, Joachim (orgs.). *Questões fundamentais do direito penal sexual.* São Paulo: Marcial Pons, 2023, pp. 21 e ss. RENZIKOWSKI, Joachim. A proteção da autodeterminação sexual no direito penal alemão. Tradução por Juliana Silva Pasqua e Beatriz Corrêa Camargo. *In*: CAMARGO, Beatriz Corrêa; RENZIKOWSKI, Joachim (orgs.). *Questões fundamentais do direito penal sexual.* São Paulo: Marcial Pons, 2023, pp. 41 e ss. SILVEIRA, Renato de Mello Jorge. *Bases críticas...*Op. cit., pp. 154 e ss.

Na construção penal original de 1940, tinha-se a noção de presunção de violência, vista, então, no art. 224, do Código Penal.[6] Dizia a Exposição de Motivos do Código Penal: "na identificação dos crimes contra a liberdade sexual é presumida a violência (artigo 224) quando a vítima: a) não é maior de 14 anos; b) é alienada ou débil mental, conhecendo o agente esta circunstância; ou c) acha-se em estado de inconsciência (provocado, ou não, pelo agente), ou, por doença ou outra causa, impossibilitada de oferecer resistência. Como se vê, o projeto diverge substancialmente da lei atual: reduz, para o efeito de presunção de violência, o limite de idade da vítima e amplia os casos de tal presunção (a lei vigente presume a violência no caso único de ser a vítima menor de dezesseis anos). Com a redução do limite de idade, o projeto atende à evidência de um fato social contemporâneo, qual seja a precocidade no conhecimento dos fatos sexuais. O fundamento da ficção legal de violência, no caso dos adolescentes, é a *innocentia consilii* do sujeito passivo, ou seja, a sua completa insciência em relação aos fatos sexuais, de modo que não se pode dar valor algum ao seu consentimento. Ora, na época atual, seria abstrair eventual realidade de que uma pessoa de 14 anos completos já pode ter uma noção teórica sobre a vida sexual." Nesse campo – etário – sempre pairaram inúmeras dúvidas interpretativas. Entretanto, semelhante situação foi um tanto mitigada a partir da Lei nº 12.015/2009, quando o art. 224 foi revogado e passou a ser previsto um crime próprio de estupro de vulnerável. De acordo com o art. 217-A, tem-se por crime ter conjunção carnal ou praticar outro ato libidinoso com menor de 14 anos, com penas de reclusão, de 8 a 15 anos.[7] E mais. Conforme seu parágrafo primeiro, incorre na mesma pena quem pra-

6 Presunção de violência - Art. 224 - Presume-se a violência, se a vítima: a) não é maior de catorze anos; b) é alienada ou débil mental, e o agente conhecia esta circunstância; c) não pode, por qualquer outra causa, oferecer resistência.

7 Estupro de vulnerável. Art. 217-A. Ter conjunção carnal ou praticar outro ato libidinoso com menor de 14 (catorze) anos: Pena - reclusão, de 8 (oito) a 15 (quinze) anos. § 1º Incorre na mesma pena quem pratica as ações descritas no caput com alguém que, por enfermidade ou deficiência mental, não tem o necessário discernimento para a prática do ato, ou que, por qualquer outra causa, não pode oferecer resistência.§ 2º (VETADO) § 3º Se da conduta resulta lesão corporal de natureza grave: Pena - reclusão, de 10 (dez) a 20 (vinte) anos. § 4º Se da conduta resulta morte: Pena - reclusão, de 12 (doze) a 30 (trinta) anos. § 5º As penas previstas no *caput* e nos §§ 1º, 3º e 4º deste artigo aplicam-se independentemente do consentimento da vítima ou do fato de ela ter mantido relações sexuais anteriormente ao crime.

tica as ações descritas no *caput* com alguém que, por enfermidade ou deficiência mental, não tem o necessário discernimento para a prática do ato, ou que, por qualquer outra causa, não pode oferecer resistência.

É de se perceber a normatização articulada da anterior previsão genérica. A pretensão deste pequeno ensaio é, pois, tentar verificar a variação de leitura do STJ nesse sentido, buscando, enfim, saber-se o estado da arte atual da matéria.

## 2. PRESUNÇÃO ABSOLUTA E PRESUNÇÃO RELATIVA

A violência, dir-se-ia, é intrínseca ao ato sexual.[8] Em toda a relação, presume-se um certo grau de violência animal tolerada. A situação invasiva é, por si só, permeada de noções agressivas. Entretanto, situações e tipos penais mais gritantes exigem, em seus núcleos verbais, a própria presença da violência. No alcunhado crime de atentado violento ao pudor, *v.g.*, ela é ínsita ao próprio tipo. A lei, contudo, não diz o que vem ela a ser, caracterizando, como pondera Leitão da Silveira, exclusivamente seus efeitos e manifestações.[9]

As percepções de violência não são dadas pela norma, sendo tidas apenas em caráter genérico e amplo. Em termos sexuais, ela há de ser considerada como o meio pelo qual se restringe a possibilidade de ampla autodeterminação do indivíduo, restando, de qualquer sorte, explicações várias quanto ao seu contexto. Por autodeterminação, leia-se, tem-se, em boa medida, a liberdade de escolha. E é nesse sentido que a violência prejudica tal liberdade.[10] Assim, na redação original do Código Penal, para além das hipóteses em que seriam constatáveis as presenças de violência ou ameaça, via-se, no art. 224, a noção de presunção de violência, quer em termos etários; quer quando houvesse restrição cognitiva da vítima e o autor soubesse dessa situação, quer quando, por qualquer outra forma, não se pudesse resistir.

Como visto, desde uma realidade anterior são variadas as formas percebidas na legislação brasileira quanto à violência presumida, das quais, aqui, se limita a questão etária. Em verdade, desde a década de 1940 tem sido suscitada a questão da violência relativa, amplos debates

8 Cf. SILVEIRA, Renato de Mello Jorge. *Bases críticas*...Op. cit., pp. 210 e ss.

9 SILVEIRA, Octávio Leitão da. *Rapto*. São Paulo: Hamburgo, 1968, p. 178.

10 Cf. RENZIKOWSKI, Joachim.Op. cit., pp. 44 e ss.

quanto à sua compreensão. Deveria ela, assim, ser tida em acepção absoluta ou relativa?

Desde Carrara é tida, e percebida, forte oposição à presunção de caráter absoluto.[11] É importante verificar que as ponderações sobre a violência presumida, nos casos de a vítima ser alienada ou débil mental ou não poder oferecer resistência, não causam tantas dúvidas na doutrina. A primeira, possuindo obrigatoriedade no próprio tipo, do conhecimento, por parte do agente, das particularidades da vítima, já intui a pormenorizada análise factual do caso concreto. No caso de o sujeito ativo desconhecer a particular situação de hipossuficiência de sua vítima, estará ele excluído de responsabilização penal, por incorrer em erro de tipo. Muitas vezes, em havendo um grau de debilidade que, a princípio, não possa ser percebido às claras, pode suscitar a dúvida quanto à má-fé do agente e, assim, excluído estará da apreciação penal. Mesmo tendo tomado a lei penal também o princípio e fundamento da *innocentia consilii*, aqui o faz de modo mitigado, cabendo, explicitamente, prova em contrário.[12] Igualmente, caso a vítima não possa oferecer resistência, também se defronta com situação relativa.

As presunções quanto à violência fizeram-se presentes ainda em realidade anterior, a partir do Código Penal de 1890. Então, presumia-se cometido com violência qualquer dos crimes de violência carnal ou de rapto sempre que a pessoa ofendida fosse menor de 16 anos. No Brasil, em célebre, e sempre recordado, concurso à Cátedra de Direito Penal na Faculdade de Direito da Universidade de São Paulo, em 23 de novembro de 1936, deu-se verdadeiro embate de posições. De um lado, o Professor José Soares de Mello sustentou a tese de a presunção ser de caráter absoluto. De outro, o Professor Candido Motta Filho assegurou pela presunção relativa. Vencedor o primeiro, dava-se verdadeiro amparo a uma tese que, em anos posteriores, acabou por gerar muitos reflexos na área penal.[13]

---

11 CARRARA, Francesco. Sulla presunzione. *Rivista Penale,* 1946, p. 291.

12 PRADO, Luiz Regis. *Curso de direito penal brasileiro.* Parte Especial. São Paulo: Revista dos Tribunais, 2002, vol. 3, p. 272.

13 Para Soares de Mello, "(...) entendem todos os que tem estudado o art. 272 do nosso Código Penal que mesmo que se faça a prova de que a menor consentiu livremente, que livremente permitiu que atentassem contra o seu pudor, ou com ela mantivessem cópula, ou que a tirassem do lar doméstico para fim libidinoso, não aproveitará essa prova ao transgressor da lei penal porque esse consentimento não pode ser recebido como espontâneo, não deve ser acolhido como livre, já pela

É bem verdade que a realidade do Código de 1890 era bem diversa, como também o era a realidade social de então. Já nas discussões anteriores ao Código Penal de 1940, Hungria, membro da Comissão Revisora do Projeto Alcântara Machado, postou-se em defesa da supressão da expressão "não se admitindo prova em contrário". Não seria de se admitir a inexorabilidade da presunção nem verdadeira responsabilidade sem culpa.[14] Nesse mesmo sentido, confirmando ser a presunção de índole relativa, Magalhães Noronha assegura que a questão da idade da vítima deve, igualmente, ser tida em ponto de relatividade.[15] De certo, seria incongruente, quer sob perspectiva histórica (como evidencia Hungria), quer sob perspectiva comparativa às outras situa-

---

idade da vítima, já principalmente, pela sua vida de recato, o que leva à convicção de que não poderia compreender, de forma alguma, o alcance daqueles atos, cuja gravidade a sua inexperiência não poderia avaliar. Nesse primeiro ponto não há divergências. Elas surgem na apreciação de outro aspecto que a questão apresenta. Nessa primeira hipótese tratava-se de moça de vida honesta, que livremente consentiu. E se sua vida fosse desregrada? Se fossem dissolutos os seus costumes? Se se fizer prova convincente de que ela era dada a práticas desonestas? Que frequentava lugares suspeitos? Que vivia com pessoas de vida errada? Que era, enfim, prostituta? Se o ato de que se cogita foi praticado em lupanar, persiste, ainda assim, a presunção de violência? Continuam as leis a proteger quem se tornou indigna de sua proteção? No resolver esse ponto é que se estabelece a divergência (...). Agora o argumento que nos parece decisivo e que, custa a crer, não foi ainda, segundo pensamos, aduzido. Dizem que a presunção deve ser condicional porque, se não aceita, levaria ao absurdo de se punir uma pessoa que mantivesse cópula carnal, num lupanar, e com menor de 16 anos que fizesse comércio de seu corpo. A esse respeito cumpre ponderar: a pessoa que mantivesse relações sexuais nas condições aludidas não poderia ser de forma alguma punida, não porque tivéssemos de concordar que a presunção do art. 272 não é absoluta, mas sim porque não teria ela, ao praticar o aludido ato, intenção criminosa. Que importa que a lei presuma cometido com violência o aludido ato? (...) O nosso Código Penal resolve a questão. Resolve-a negativamente. Aqui está o art. 24 do nosso Estatuto Penal: as ações ou omissões contrárias à lei penal, que não forem cometidas com intenção criminosa, não serão passíveis de pena." MELLO, José Soares de. Prova escrita ao concurso de Cátedra de Direito Penal da Faculdade de Direito da Universidade de São Paulo, 1936, *apud* SILVEIRA, Octávio Leitão da. Op. cit., pp. 191 e ss.

14 HUNGRIA, Nélson. *Comentários ao código penal*. Rio de Janeiro: Forense, 1959, vol. VIII, pp. 240 e ss.

15 NORONHA, Edgard Magalhães. *Direito penal*. São Paulo: Saraiva, 1986, vol. 3, pp. 222 e ss. No mesmo sentido, afirmando que haveria de se relativizar a presunção legal na realidade anterior, PRADO, Luiz Regis. *Curso*...cit., pp. 270 e ss.

ções discriminadas no art. 224, do Código Penal, procurar se entender ou justificar uma presunção *juris et de jure.*

Mesmo assim, sempre se encontraram diversas decisões estribadas em presunções absolutas quanto à violência, em especial no que tange às relações sexuais com menores de 14 anos.[16] A realidade dos anos 1940 do século passado (na qual já se entendia ser diferente da de 1890, justificando, assim, a redução da idade de presunção de violência) é bastante diferente da vivida no início do século XXI. Dificilmente poderia se negar o conhecimento sexual de alguns jovens. Verdades absolutas, assim, talvez tivessem alguma dificuldade de aceitação.

Mas, é de se observar que a ponderação sobre a presunção absoluta tem como raízes, de um lado, o positivismo jurídico, bem como um moralismo reinante na esfera penal sexual, e, de outro, a defesa da formação sexual da juventude. Diversos autores clássicos ponderam que a anteposição de um limite fixo para a definição da violência presumida, ainda que justificável, não seria justo, jurídico, tampouco logicamente aceitável que isso se dê de forma *juris et de jure*. Ponderável, assim, sempre a avaliação *ex post* do ocorrido sob pena de gritante injustiça. As críticas colocadas por Soares de Mello, *v.g.*, quanto à transferência do conceito de violência presumida ao elemento subjetivo, deram-se em momento anterior à transmutação da apreciação subjetiva à tipicidade tida no finalismo, configurando este em elemento bifronte: tipo objetivo e tipo subjetivo. A questão de sua aceitação, atualmente, poderia implicar a exclusão da tipicidade da conduta em um segundo grau de investigação, ou seja, quando da apreciação do que diz respeito ao tipo subjetivo. Ampla dificuldade, portanto, era assim sentida, o que acarretava a variação de percepção jurisprudencial sobre a matéria.

## 3. A REFORMA DE 2009, A LEITURA DOS TRIBUNAIS E A MUDANÇA DE PARADIGMAS

A questão, sempre duvidosa, teve passo diferencial com a Lei nº 12.015/2009, que modificou, significativamente, diversos artigos ati-

16 Cf. GOMES, Luiz Flávio. A presunção de violência nos crimes sexuais (enfoque crítico) – 1ª Parte. *Revista Brasileira de ciências criminais*, São Paulo, v. 4, n. 15, p. 158-181, jul./set. 1996, p. 158 e ss. GOMES, Luiz Flávio. A presunção de violência nos crimes sexuais (enfoque crítico) – 2ª Parte. *Revista Brasileira de Ciências Criminais*, São Paulo, v. 4, n. 16, p. 169-196, out./dez. 1996, p. 169 e ss.

nentes ao Direito Penal sexual. Entre tantas mudanças, revogou a disposição geral do art. 224, e criou um tipo penal específico, transmutando a questão da presunção por outra, relativa à vulnerabilidade da vítima.[17] Assim, passou-se a se entender por crime "ter conjunção carnal ou praticar outro ato libidinoso com menor de 14 anos: Pena - reclusão, de 8 a 15 anos. § 1º Incorre na mesma pena quem pratica as ações descritas no *caput* com alguém que, por enfermidade ou deficiência mental, não tem o necessário discernimento para a prática do ato, ou que, por qualquer outra causa, não pode oferecer resistência."

A dúvida que passou a reinar seria se, com a nova redação, o entendimento deveria ser relativo ou absoluto?[18] É de se notar que, mais recentemente, muitas leituras jurisprudenciais passaram a ser vistas

17 Para Luciano Anderson de Souza, "as situações de presunção da disciplina anterior cuidam-se de casos assemelhados às características das vítimas de estupro de vulnerável. Por isso, apesar da revogação formal do artigo que insculpia a presunção de violência, em realidade, a discussão apenas mudou de etiquetas, pois não deixa de haver uma presunção, visto que há uma suposição de há, relativamente às vítimas tratadas no art. 217-A, uma falta de capacidade para compreender e poder consentir com uma relação sexual ou libidinosa." SOUZA, Luciano Anderson de. *Direito penal*. Parte especial. São Paulo: Thomson Reuters Brasil, 2022, vol. 3, p. 652. De se notar, ainda, as considerações diferenciais postas por Bitencourt sobre presunção absoluta e presunção relativa de vulnerabilidade e vulnerabilidade absoluta e vulnerabilidade relativa. Cf. BITENCOURT, César Roberto. *Tratado de direito penal*. São Paulo: Saraiva, 2019, vol. 4, pp. 114 e ss.

18 Note-se que autores como Renzikowski entendem que a autodeterminação sexual é sempre violada quando não existe um consentimento eficaz. E esse consentimento não existiria, ou existiria de forma mitigada, quando se imagina a situação de crianças e jovens, formatando-se, assim, um crime de perigo. Dessa forma, "contatos sexuais entre adultos e crianças são inaceitáveis em razão da disparidade de poder." E, mais. Considera, ainda, que "ainda que faixas etárias rígidas como nos tipos penais de proteção ao adolescente sejam basicamente problemáticas, uma alternativa prática também não é evidente. A proposta de realizar uma perícia mais aprofundada no caso concreto não parece adequada, pois acarretaria uma grande sobrecarga para a vítima. Seria como uma porta de entrada para estratégias de defesa culpabilizadoras da vítima. A prova do dolo seria ilusória." RENZIKOWSKI, Joachim. Op. cit., pp. 52 e ss. Aqui, uma absoluta discordância a semelhante entendimento deve ser posta. Não se trata de "porta de entrada de estratégias de defesa" quaisquer. Trata-se, sim, de procurar, ao caso concreto, a ideal medida de Justiça. Da mesma forma que o crime de perigo abstrato deve comportar, na prática, uma verificação potencial do resultado, também no caso da presunção devem ser imaginadas situações potenciais de abrandamento das fronteiras etárias, ainda que em termos excepcionais.

em relação à clássica presunção de violência, redimensionadas, de certo modo, em relação à própria vulnerabilidade. Ainda em uma percepção mais ao cunho restritivo, é de se ver que, *v.g.*, o Supremo Tribunal Federal (STF) reiteradamente, em especial a partir dos anos 1990, passou a entender pela total desconsideração de avaliação sobre o consentimento ou experiência sexual anterior da vítima do crime de estupro.[19] Consagrava-se, portando, de forma ampla, a noção de constitucionalidade do entendimento acerca da presunção de violência com caráter absoluto.

Anos depois, tal estado de coisas fez, aliás, em sede do STJ, com que o Ministro Gilson Dipp, chegasse a afirmar, em voto (REsp 1.021.634/SP), que a "longa relação de precedentes, todos no mesmo sentido sem discrepância alguma, exceto a divergência isolada e obstinada do Ministro Marco Aurélio, revelam assim que a Corte Suprema ao longo de mais de 30 anos persevera no entendimento de que a interpretação do art. 224, 'a', do Código Penal (com a redação anterior), privilegiava uma presunção absoluta de violência."

No Tribunal da Cidadania, no entanto, a situação se mostrava bastante conflitante sobre o tema. Via-se um posicionamento na 5ª Turma e outro, mais que diametralmente oposto, junto à 6ª Turma. A primeira sustentava ser a presunção dotada de caráter absoluto, *jure et de jure*. A segunda, de feição relativa. Em verdade, esta leitura, incorporada pela 6ª Turma, apenas vinha a refletir a flexibilização do rigor legal que, inexoravelmente, poderia conduzir a injustiças patentes. O sempre recordado Ministro Luiz Vicente Cernicchiaro, nesse sentido, já assentara, de há muito, que "a vida prática foi trazendo para os tribunais situações, amoldadas ao texto legislativo, conduziriam à injustiça revoltante."[20] Em outras palavras, dever-se-ia sustentar a oportunidade judicial de vis-

---

19 Observe-se, nesse sentido, o RE 116.649/PR, julgado em 09/9/1988; HC 72.575/PE, julgado em 4/8/1995; HC 74.286/SC, julgado em 22/10/1996; HC 74.580/SP, julgado em 17/12/1996; HC 75.414/MG, julgado em 24/6/1997; HC 76.246/MG, julgado em 13/02/1998; RHC 79.788/MG, julgado em 02/5/2000; HC 81.268/DF, julgado em 16/10/2001; HC 93.263/RS, julgado em 19/02/2008; HC 99.897/PR, julgado em 17/11/2009; HC 99.993/SP, julgado em 24/11/2009; HC 97.052/PR, julgado em 16/8/2011. Em sentido oposto, entendendo pelo fato de que o STF caminhava no sentido de reconhecimento da presunção se mostrar relativa, BITENCOURT, César Roberto. Op. cit., pp. 113 e ss.

20 CERNICCHIARO, Luiz Vicente. Estupro: violência presumida. *Revista Jurídica: órgão nacional de doutrina, jurisprudência, legislação e crítica judiciária*, nº 228, 1996, p. 44.

lumbre do caso concreto para, a partir dele, traçar o entendimento de que aplicação, ou não, da presunção.

Tempos depois, contudo, o próprio STJ publicou a sua Tese nº 7, segundo a qual, sob a normativa anterior à Lei n° 12.015/2009, na antiga redação do art. 224, 'a', do CP, já era absoluta a presunção de violência nos crimes de estupro e de atentado violento ao pudor quando a vítima não fosse maior de 14 anos, ainda que esta anuísse voluntariamente ao ato sexual.[21] Apesar da significativa mudança de perspectiva advinda da Reforma trazida pela Lei nº 12.1015/2009 (com a revogação do art. 224, do Código Penal, e com a respectiva inserção do art. 217-A), boa parte da discussão ganhou novos contornos. Aceitando ter a vulnerabilidade feição próxima da presunção, em 2012, *v.g.*, deu-se o julgamento dos Embargos de Divergência em Recurso Especial 1.021.634/SP (junto à 3ª Seção do STJ), nos quais se procuraram esclarecimentos de sua abrangência.

Nesse sentido, acabou-se por entender, segundo o sensível voto condutor da Ministra Maria Thereza de Assis Moura (consoante precedentes da 6ª Turma), que "a presunção trazida no revogado art. 224, 'a', do CP, tem cunho relativo." Ressalte-se, aqui, a objeção posta pelo voto-vista do Ministro Gilson Dipp – que entendia pelo caráter absoluto; e pelo voto-vista do Ministro Sebastião Reis, o qual sustentou igual posição, embora que com fundamento outro, baseado, sempre de modo coerente, no respeito a ser tido e havido aos precedentes jurisprudenciais fixados pelo Supremo Tribunal.[22] Ainda se via, de modo geral, decisões de variada ordem.

---

21 Cf. AgRg no AgRg no AREsp 1.443.970/SP, Rel. Ministro Joel Ilan Paciornik, Quinta Turma, julgado em 04/02/2020, DJe 11/02/2020; AgRg no AREsp 1.255.436/MS, Rel. Ministro Jorge Mussi, Quinta Turma, julgado em 07/11/2019, DJe 19/11/2019; AgRg no AREsp 1.360.050/TO, Rel. Ministro Reynaldo Soares da Fonseca, Quinta Turma, julgado em 06/12/2018, DJe 19/12/2018; AgRg nos EREsp 1.577.738/MS, Rel. Ministro Rogerio Schietti Cruz, Terceira Seção, julgado em 27/09/2017, DJe 02/10/2017; HC 245.251/RS, Rel. Ministro Ribeiro Dantas, Quinta Turma, julgado em 02/05/2017, DJe 08/05/2017; AgRg no AREsp 189.952/BA, Rel. Ministro Antonio Saldanha Palheiro, Sexta Turma, julgado em 10/05/2016, DJe 19/05/2016.

22 Note-se que, segundo Ana Elisa Bechara, "contrapõe-se as noções de liberdade e intangibilidade sexual na tentativa de delimitar a partir de que momento e sob que condições deve ser permitido o exercício da sexualidade com outras pessoas. Referida contraposição advém da discussão sobre a própria noção de liberdade sexual, questionando-se se um individuo menor de 14 anos possui ou não autonomia para determinar seu comportamento. Nessa linha, ao se entender em geral que esses menores não possuem tal capacidade de autodeterminação, busca-se tu-

## 4. A ATUALIDADE PRESENTE DA QUESTÃO

Há de se constatar, por primeiro, que a situação de aparente tutela do art. 217-A, CP, em verdade, não se limita, como pode parecer, a uma simples dignidade sexual. A questão é de cunho mais elaborado e complexo. Ao se restringir o próprio exercício de atividade sexual, a redação do tipo penal em questão muito mais se aproxima do que se entende por preservação do exercício das faculdades sexuais dos jovens em formação.[23]

A partir de tal constatação, passa a fazer algum sentido a alteração de percepção proposta pela doutrina e pela jurisprudência. Em tal passo, interessante é a verificação da posição inicial assumida por Nucci. Naquele momento, mostrava-se, com base nos preceitos do Estatuto da Criança e do Adolescente (ECA), como defensor (ao exemplo de Luiz Flávio Gomes), da coexistência de duas modalidades de presunção – uma absoluta, aos menores de 12 anos, e outra relativa, para aqueles entre 12 e 14 anos. E, isso, mesmo com a inovação da Lei nº 12.015/2009.[24]

telar sua intangibilidade sexual, protegendo-se o normal desenvolvimento da sua personalidade para que, quando sejam adultos, possam decidir livremente nessa esfera. A norma penal incriminadora partiria, então, do pressuposto de que o exercício da sexualidade com menores de 14 anos pode afetar o desenvolvimento normal da personalidade destes, produzindo alterações negativas em sua vida ou equilíbrio psíquico. Há que se ver, porém, que tais pretensos riscos ou resultados negativos não estão empiricamente comprovados fundamentalmente nos casos de práticas sexuais consentidas com adolescentes que possuem conhecimentos na área de educação sexual. Ao contrário, nessas hipóteses pode-se afirmar que o exercício da sexualidade é apto a favorecer o desenvolvimento psíquico e a própria afetividade em futuras relações interpessoais. De outro lado, tampouco parece possível estabelecer de modo absoluto o marco biológico inicial da capacidade de autodeterminação sexual, dentro do complexo processo de desenvolvimento físico e psicológico do adolescente. Dessa forma, a eleição de um determinado limite etário mínimo acaba por identificar-se com um juízo apriorístico muitas vezes não condizente com a realidade social." BECHARA, Ana Elisa. Presunção de violência no estupro de vulnerável: comentário à decisão da 3ª Seção Criminal do STJ no EREsp 1.021.634. *Revista Brasileira de Ciências* Criminais, São Paulo, v. 20, n. 97, p. 511-551, jul./ago. 2012, p. 547.

23 Cf. BOTTKE, Wilfried. Op. cit., pp. 231 e ss.

24 NUCCI, Guilherme de Souza. Op. cit., pp. 217 e ss.

No entanto, em 2017, após ampla discussão, e inúmeros precedentes, o STJ, quando do julgamento do REsp 1.480.881,[25] sedimentou-se a

25 Tratou-se do que Bitencourt denomina de "voto antológico", do Ministro Rogério Schietti: "RECURSO ESPECIAL. PROCESSAMENTO SOB O RITO DO ART. 543-C DO CPC. RECURSO REPRESENTATIVO DA CONTROVÉRSIA. ESTUPRO DE VULNERÁVEL. VÍTIMA MENOR DE 14 ANOS. FATO POSTERIOR À VIGÊNCIA DA LEI 12.015/09. CONSENTIMENTO DA VÍTIMA. IRRELEVÂNCIA. ADEQUAÇÃO SOCIAL. REJEIÇÃO. PROTEÇÃO LEGAL E CONSTITUCIONAL DA CRIANÇA E DO ADOLESCENTE. RECURSO ESPECIAL PROVIDO. 1. A jurisprudência do Supremo Tribunal Federal e do Superior Tribunal de Justiça assentou o entendimento de que, sob a normativa anterior à Lei nº 12.015/09, era absoluta a presunção de violência no estupro e no atentado violento ao pudor (referida na antiga redação do art. 224, 'a', do CPB), quando a vítima não fosse maior de 14 anos de idade, ainda que esta anuísse voluntariamente ao ato sexual (EREsp 762.044/SP, Rel. Min. Nilson Naves, Rel. para o acórdão Ministro Felix Fischer, 3ª Seção, DJe 14/4/2010). 2. No caso sob exame, já sob a vigência da mencionada lei, o recorrido manteve inúmeras relações sexuais com a ofendida, quando esta ainda era uma criança com 11 anos de idade, sendo certo, ainda, que mantinham um namoro, com troca de beijos e abraços, desde quando a ofendida contava 8 anos. 3. Os fundamentos empregados no acórdão impugnado para absolver o recorrido seguiram um padrão de comportamento tipicamente patriarcal e sexista, amiúde observado em processos por crimes dessa natureza, nos quais o julgamento recai inicialmente sobre a vítima da ação delitiva, para, somente a partir daí, julgar-se o réu. 4. A vítima foi etiquetada pelo 'seu grau de discernimento', como segura e informada sobre os assuntos da sexualidade, que 'nunca manteve relação sexual com o acusado sem a sua vontade'. Justificou-se, enfim, a conduta do réu pelo 'discernimento da vítima acerca dos fatos e o seu consentimento', não se atribuindo qualquer relevo, no acórdão vergastado, sobre o comportamento do réu, um homem de idade, então, superior a 25 anos e que iniciou o namoro – 'beijos e abraços' - com a ofendida quando esta ainda era uma criança de 8 anos. 5. O exame da história das ideias penais - e, em particular, das opções de política criminal que deram ensejo às sucessivas normatizações do Direito Penal brasileiro - demonstra que não mais se tolera a provocada e precoce iniciação sexual de crianças e adolescentes por adultos que se valem da imaturidade da pessoa ainda em formação física e psíquica para satisfazer seus desejos sexuais. 6. De um Estado ausente e de um Direito Penal indiferente à proteção da dignidade sexual de crianças e adolescentes, evoluímos, paulatinamente, para uma Política Social e Criminal de redobrada preocupação com o saudável crescimento, físico, mental e emocional do componente infanto-juvenil de nossa população, preocupação que passou a ser, por comando do constituinte (art. 226 da C.R.), compartilhada entre o Estado, a sociedade e a família, com inúmeros reflexos na dogmática penal. 7. A modernidade, a evolução moral dos costumes sociais e o acesso à informação não podem ser vistos como fatores que se contrapõem à natural tendência civilizatória de proteger certos segmentos da população física, biológica, social ou psiquicamente fragilizados. No caso de crianças e adolescentes com idade inferior a 14 anos, o reconhecimento de que são

posição de que a presunção – agora vista como violência contra vulnerável, deveria ser compreendida em seu caráter absoluto.[26] Irrelevante seria, pois, por qualquer ângulo, o consentimento da vítima. Nesse sentido, traduziu-se tal compreensão na Súmula 593: "o crime de estupro de vulnerável se configura com a conjunção carnal ou prática de ato libidinoso com menor de 14 nos, sendo irrelevante eventual consentimento

---

pessoas ainda imaturas - em menor ou maior grau - legitima a proteção penal contra todo e qualquer tipo de iniciação sexual precoce a que sejam submetidas por um adulto, dados os riscos imprevisíveis sobre o desenvolvimento futuro de sua personalidade e a impossibilidade de dimensionar as cicatrizes físicas e psíquicas decorrentes de uma decisão que um adolescente ou uma criança de tenra idade ainda não é capaz de livremente tomar. 8. Não afasta a responsabilização penal de autores de crimes a aclamada aceitação social da conduta imputada ao réu por moradores de sua pequena cidade natal, ou mesmo pelos familiares da ofendida, sob pena de permitir-se a sujeição do poder punitivo estatal às regionalidades e diferenças socioculturais existentes em um país com dimensões continentais e de tornar írrita a proteção legal e constitucional outorgada a específicos segmentos da população. 9. Recurso especial provido, para restabelecer a sentença proferida nos autos da Ação Penal n. 0001476-20.2010.8.0043, em tramitação na Comarca de Buriti dos Lopes/PI, por considerar que o acórdão recorrido contrariou o art. 217-A do Código Penal, **assentando-se, sob o rito do Recurso Especial Repetitivo (art. 543-C do CPC), a seguinte tese: Para a caracterização do crime de estupro de vulnerável previsto no art. 217-A, caput, do Código Penal, basta que o agente tenha conjunção carnal ou pratique qualquer ato libidinoso com pessoa menor de 14 anos. O consentimento da vítima, sua eventual experiência sexual anterior ou a existência de relacionamento amoroso entre o agente e a vítima não afastam a ocorrência do crime".**(STJ. REsp 1480881/PI, Rel. Ministro Rogerio Schietti Cruz, Terceira Seção, julgado em 26/08/2015, DJe 10/09/2015) (grifou-se).

---

26 Cf., entre outros, REsp 1.361.564 MG 2013/0010777-9 Decisão: 12/04/2016; DJe 25/04/2016; HC 256.402/PR 2012/0211761-1 Decisão: 05/04/2016; DJe 18/04/2016; AgRg no REsp 1.472.138/GO 2014/0177687-0 Decisão: 23/02/2016; DJe 29/02/2016; AgRg no REsp 1.536.880/ES 2015/0136521-6 Decisão: 02/02/2016; DJe 15/02/2016; AgRg no REsp 1.465.769/SC 2014/0167874-3 Decisão: 10/11/2015; DJe: 25/11/2015; AgRg no REsp 1.427.049/TO 2013/0420795-5 Decisão: 27/10/2015; DJe: 16/11/2015; AgRg no REsp 1.439.120/MG 2014/0046701-8 Decisão: 08/09/2015; DJe: 29/09/2015; REsp 1.480.881/PI 2014/0207538-0 Decisão: 26/08/2015; DJe: 10/09/2015; JC VOL.:00131 PG:00066; RSSTJ VOL.:00046 PG:00689; AgRg nos EREsp 1.435.416/SC 2014/0326216-0 Decisão: 22/04/2015; DJe: 05/05/2015; AgRg no REsp 1.363.531/MG 2013/0027835-7 Decisão: 27/06/2014; DJe: 04/08/2014; EREsp 1.152.864/SC 2012/0044486-8 Decisão: 26/02/2014; DJe: 01/04/2014; REsp 1.184.236/TO 2010/0043308-1 Decisão: 07/12/2010; DJe: 17/12/2010.

da vítima para a prática do ato, sua experiência anterior ou existência de relacionamento amoroso com o agente."

Semelhante construção levou, inclusive, a autores, como Micheletto Naves, asseverar que "a jurisprudência nacional, mais uma vez, rechaça qualquer sorte de relativização, fixando que a vulnerabilidade da vítima é absoluta."[27] De todo modo, a isso se somou a publicação da Lei nº 13.718/2018, a qual instituiu o § 5º, ao art. 217-A: "as penas previstas no *caput* e nos §§1º, 3º e 4º, deste artigo aplicam-se independentemente do consentimento da vítima ou do fato de ela ter mantido relações sexuais anteriormente ao crime." Seria essa, pois, a consagração do legislador na tentativa de sagrar o caráter absoluto da presunção/vulnerabilidade, tanto é que gerou mudança copérnica no pensamento, *v.g.*, de Nucci. Passou ele, assim, a destacar a alteração de sua posição para validar a política criminal brasileira.[28] Mesma posição passou a ser seguida, em termos, por Regis Prado[29] e Bitencourt.[30] Ocorre que, ainda com olhos em Carrara, e mesmo ao se perceber a tendência hodierna, todo engessamento subjetivo em termos de presunção/vulnerabilidade parece ser deletério e perigoso.[31] Alternativas devem ser dadas a casos difíceis, que venham a suscitar dúvidas ou em que a condenação venha a gerar maiores e mais significativos prejuízos e efeitos colaterais à própria figura da vítima. A acomodação necessária da leitura jurisprudencial, portanto,

27 NAVES, José Paulo Micheletto. Art. 217-A. *In*: SOUZA, Luciano Anderson de (coord.). *Código penal comentado.* São Paulo: Thomson Reuters Brasil, 2021, p. 781.

28 NUCCI, Guilherme de Souza. Op. cit., p. 220.

29 Segundo o autor, "configura o delito em análise a conduta de ter conjunção carnal ou praticar ato libidinoso com pessoa menor de 14 anos, ainda que a vítima tenha consentido no ato, pois a lei ao adotar o critério cronológico acaba por presumir *jure et de jure*, pela razão biológica da idade, que o menor carece de capacidade de discernimento para compreender o significado do ato sexual." PRADO, Luiz Regis. *Tratado de direito penal brasileiro.* São Paulo: Revista dos Tribunais, 2014, vol. 5, p. 504.

30 Para Bitencourt, ainda que com as ressalvas já colocadas, "menores de 14 anos não têm capacidade para consentir." BITENCOURT, César Roberto. Op. cit., p. 123.

31 Nesse sentido, Luciano Anderson de Souza, ao mencionar que "em que pese a clara tentativa, por parte do legislador, assim com o fizera o STJ, em fixar a presunção de vulnerabilidade enquanto algo absoluto, entendemos que isso não pode se dar, devendo o aplicador da lei penal avaliar cada caso em concreto, mormente aqueles que envolvem jovens entre doze e catorze anos. Não se pode ignorar a evolução fisiopsíquica de cada qual, visto que eles podem, na hipótese particular, desvelar desenvolvimento e maturidade suficientes para entender e querer a relação sexual." SOUZA, Luciano Anderson de. Op. cit., p. 653.

buscaria saída gloriosa para entraves de interpretação que, ao fim e ao cabo, evitaria a possibilidade de gerar mais prejuízos à própria vítima. E, nesse sentido, é de recordar que a segurança jurídica deve ser entendida, sempre, em suas fronteiras máximas. Em relação às mínimas, não. A exclusão da responsabilidade penal, assim, não viola a segurança jurídica, senão que a consagra, como bem explica o dilema de Radbruch.[32] Aliás, a utilização de chaves hermenêuticas aquém do mínimo, portanto, em excepção à Súmula 593 seria perfeitamente válida. E foi assim que se deu a entender em casos pontuais.

Nesse esteio, alguns julgados da Corte da Cidadania passaram, ainda, a sustentar o afastamento da Súmula 593. Dessa forma, ainda que em caráter sempre excepcional, mesmo excepcionalíssimos, pontuou-se pelo *distinguishing* para afastar condenações que, em alguns casos concretos, se mostrassem prejudiciais por desestabilizar núcleos familiares formados entre vítimas e seus alegados agressores.[33] E, isso, veio a se

32 Cf. SILVEIRA, Renato de Mello Jorge. *Fundamentos da adequação social em direito penal.* São Paulo: Quartier Latin, 2010, pp. 223 e ss.

33 Observe-se, entre outros, REsp n. 1.524.494/RN, Rel. Min. Ribeiro Dantas, Quinta Turma, julgado em 18.5.2021: "PENAL E PROCESSO PENAL. RECURSO ESPECIAL. ESTUPRO DE VULNERÁVEL. CRIME COMETIDO QUANDO O AUTOR TINHA 19 E A VÍTIMA 11 A 12 ANOS DE IDADE. SÚMULA 593/STJ. IRRELEVÂNCIA DO CONSENTIMENTO OU DA EXPERIÊNCIA SEXUAL ANTERIOR. IMPOSSIBILIDADE, CONTUDO, DE IMPOSIÇÃO DE PENA, DIANTE DA EXCEPCIONALÍSSIMA SITUAÇÃO DOS AUTOS. NAMORO ENTRE RÉU E VÍTIMA DO QUAL RESULTOU UMA FILHA, SUSTENTADA FINANCEIRA E EMOCIONALMENTE PELO RÉU. PEDIDO EXPRESSO FORMULADO PELA VÍTIMA, EM 2017, PELA ABSOLVIÇÃO DO RECORRIDO. NECESSIDADE DE PRESERVAR A ESCOLHA FEITA LIVREMENTE PELA OFENDIDA, COMO FORMA DE EVITAR SUA VITIMIZAÇÃO SECUNDÁRIA E PROTEGER OS INTERESSES DA CRIANÇA. RECURSO ESPECIAL A QUE SE NEGA PROVIMENTO. 1. O réu P B DE A, à época com 19 anos de idade, manteve com a vítima L F G DA S, então com 11 a 12 anos de idade, relações sexuais no período de dezembro de 2009 a abril de 2010. 2. Nos termos da Súmula 593/STJ, o consentimento da vítima e sua experiência sexual prévia não afastam o crime do art. 217-A do CP. O caso concreto, todavia, possui peculiaridades que impedem a aplicação do enunciado sumular para impor, automaticamente, a condenação do recorrido. 3. 7 anos após o cometimento do crime, a vítima formulou apelo expresso para que o réu fosse absolvido (e-STJ, fl. 538), por considerá-lo um bom pai, que convive com a filha e atende suas necessidades, além de ser a única fonte de sustento da criança. 4. A vitimização secundária consiste no sofrimento imposto à vítima de um crime pelo aparato estatal sancionador, por deixar de considerar seus anseios e sua dignidade enquanto pessoa humana. 5. Impor a pena de reclusão ao recorrido constituiria, na prática, em nova vitimização da ofendida. Esta, uma jovem moça com atualmente 21 anos, seria deixada com a hercúlea tarefa de educar e sustentar, sozinha, sua filha pequena, que hoje é sustentada integralmente pelo recorrido. 6. Configura

repetir, em especial, em 2024. Nessa ocasião, no julgamento do AREsp 2.389.611/MG, verificou-se certa discórdia entre o entendimento de alguns Ministros quanto à exceção à Sumula 593. No caso concreto, um homem de 20 anos teria engravidado uma menina de 12, tendo havido, em

verdadeira contradição causar à vítima um sofrimento desta natureza, colocando sobre seus ombros tão pesada missão, quando o objetivo da norma penal é justamente protegê-la. 7. Não se propõe a superação da Súmula 593/STJ (tampouco da tese repetitiva firmada pela Terceira Seção no julgamento do REsp 1.480.881/PI), mas apenas se reconhece distinção entre a situação tratada pelo enunciado sumular e a excepcionalíssima hipótese dos autos, a reclamar tratamento jurídico diferenciado que preserve a liberdade de escolha da vítima e o desenvolvimento de sua filha. 8. Recurso especial a que se nega provimento. (REsp 1.977.165/MS, Rel. p. Acordão Min. Sebastião Reis, julgado em 16.05.2023) Ainda: "RECURSO ESPECIAL. ESTUPRO DE VULNERÁVEL. DENÚNCIA REJEITADA PELO JUÍZO DE ORIGEM. RECEBIMENTO PELO TRIBUNAL DE JUSTIÇA. VÍTIMA COM 12 ANOS E RÉU COM 19 ANOS AO TEMPO DO FATO. NASCIMENTO DE FILHO DA RELAÇÃO AMOROSA. AQUIESCÊNCIA DOS PAIS DA MENOR. MANIFESTAÇÃO DE VONTADE DA ADOLESCENTE. DISTINGUISHING. PUNIBILIDADE CONCRETA. PERSPECTIVA MATERIAL. CONTEÚDO RELATIVO E DIMENSIONAL. GRAU DE AFETAÇÃO DO BEM JURÍDICO. AUSÊNCIA DE RELEVÂNCIA SOCIAL DO FATO. 1. A Terceira Seção, no julgamento do REsp 1.480.881/PI, submetido ao rito dos recursos repetitivos, reafirmou a orientação jurisprudencial, então dominante, de que é absoluta a presunção de violência em casos da prática de conjunção carnal ou ato libidinoso diverso com pessoa menor de 14 anos. 2. A presente questão enseja *distinguishing* quanto ao acórdão paradigma da nova orientação jurisprudencial, pois, diante dos seus componentes circunstanciais, verifica-se que o réu possuía, ao tempo do fato, 19 anos de idade, ao passo que a vítima, adolescente, contava com 12 anos de idade, sendo que, do relacionamento amoroso, resultou no nascimento de um filho, devidamente reconhecido, fato social relevante que deve ser considerado no cenário da acusação. 3. 'Para que o fato seja considerado criminalmente relevante, não basta a mera subsunção formal a um tipo penal. Deve ser avaliado o desvalor representado pela conduta humana, bem como a extensão da lesão causada ao bem jurídico tutelado, com o intuito de aferir se há necessidade e merecimento da sanção, à luz dos princípios da fragmentariedade e da subsidiariedade' (RHC 126.272/MG, Relator Ministro Rogerio Schietti Cruz, Sexta Turma, julgado em 01/06/2021, DJe 15/06/2021). 4. Considerando as particularidades do presente feito, em especial, a vontade da vítima de conviver com o recorrente e o nascimento do filho do casal, somados às condições pessoais do acusado, denotam que não houve afetação relevante do bem jurídico a resultar na atuação punitiva estatal. 5. 'A manutenção da pena privativa de liberdade do recorrente, em processo no qual a pretensão do órgão acusador se revela contrária aos anseios da própria vítima, acabaria por deixar a jovem e o filho de ambos desamparados não apenas materialmente, mas também emocionalmente, desestruturando e entidade familiar constitucionalmente protegida' (REsp n. 1.524.494/RN e AREsp 1.555.030/GO, Relator Ministro Ribeiro Dantas, julgado em 18/5/2021, DJe 21/5/2021). 6. Recurso especial provido. Restabelecimento da decisão que rejeitou a denúncia". (AgRg no REsp 2.019.664/CE, relator Ministro Reynaldo Soares da Fonseca, Quinta Turma, julgado em 13/12/2022, DJe de 19/12/2022).

sequência, união estável entre agressor e vítima. Nesse sentido, ainda que se mantendo a Súmula 593, ao se reconhecer a existência de precedentes, e ao sustentar pela prioridade absoluta da criança, erro de proibição constatado, bem como relacionamento de união estável e, mesmo, a existência de filho do relacionamento, manteve-se, em sensibilidade aguçada da Corte (em especial, quando da afirmação de que a vida é maior que o Direito), a absolvição decretada no Tribunal de origem.[34] De todo modo, flexibilizava-se o radicalismo de uma presunção absoluta.

---

34 STJ, AgRg no AREsp n. 2.389.611/MG, Relator Ministro Reynaldo Soares da Fonseca, Quinta Turma, julgado em 12/3/2024, DJe de 10/4/2024: "PENAL E PROCESSO PENAL. AGRAVO REGIMENTAL NO AGRAVO EM RECURSO ESPECIAL. 1. ESTUPRO DE VULNERÁVEL. ERRO DE PROIBIÇÃO INVENCÍVEL. RECORRIDO ABSOLVIDO PELO TRIBUNAL LOCAL (TJMG). PEDIDO DE CONDENAÇÃO. REVOLVIMENTO DO CONJUNTO FÁTICO-PROBATÓRIO. ÓBICE DA SÚMULA 7/STJ. 2. DEFESA INTRANSIGENTE DOS DIREITOS DA CRIANÇA E DOS ADOLESCENTES. REAFIRMAÇÃO DA PRINCIPIOLOGIA DA JURISPRUDÊNCIA. RECURSO ESPECIAL REPETITIVO E SÚMULA 593/STJ. SITUAÇÃO EXCEPCIONALÍSSIMA. PRIORIDADE ABSOLUTA DA CRIANÇA NA PRIMEIRA INFÂNCIA. 3. ERRO DE PROIBIÇÃO CONSTATADO PELA CORTE LOCAL. STJ TRATADO COMO TERCEIRA INSTÂNCIA RECURSAL. RECURSO ESPECIAL UTILIZADO COMO NOVA APELAÇÃO. IMPOSSIBILIDADE. 4. PONDERAÇÃO ENTRE VERBETES 7/STJ E 593/STJ. ENUNCIADOS QUE REFLETEM NORMAS DE HIERAQUIAS DISTINTAS. PREVALÊNCIA DA NORMA CONSTITUCIONAL. TEORIA DE KELSEN. 5. ART. 227 DA CF. PRIORIDADE ABSOLUTA. CRIANÇA, ADOLESCENTE E JOVEM. TODOS PRESENTES NOS AUTOS. PROTEÇÃO INTEGRAL DA CRIANÇA NA PRIMEIRA INFÂNCIA. 6. NUANCES DO CASO CONCRETO. JOVEM TRABALHADOR RURAL DE 20 ANOS. ADOLESCENTE DE 12 ANOS. 2013. UNIÃO ESTÁVEL E FILHA. CONSTITUIÇÃO DE NÚCLEO FAMILIAR. DISTINÇÃO NECESSÁRIA. 7. APLICAÇÃO LITERAL DA LEI. COLISÃO COM O PRINCÍPIO DA DIGNIDADE DA PESSOA HUMANA. DERROTABILIDADE DA NORMA. HARD CASES. PRECEDENTES DO STF E DO STJ. 8. VITIMIZAÇÃO SECUNDÁRIA. DESESTRUTURAÇÃO DO VÍNCULO FAMILIAR. OFENSA MAIOR. 9. PRINCÍPIOS CONSTITUCIONAIS. NECESSIDADE DE PONDERAÇÃO. MANUTENÇÃO DA ABSOLVIÇÃO QUE SE IMPÕE. 10. AGRAVO REGIMENTAL NÃO PROVIDO. 1. A Terceira Seção do Superior Tribunal de Justiça, sob o rito dos recursos repetitivos, no julgamento do REsp 1.480.881/PI, firmou entendimento no sentido de que, 'para a caracterização do crime de estupro de vulnerável previsto no art. 217-A, caput, do Código Penal, basta que o agente tenha conjunção carnal ou pratique qualquer ato libidinoso com pessoa menor de 14 anos. O consentimento da vítima, sua eventual experiência sexual anterior ou a existência de relacionamento amoroso entre o agente e a vítima não afastam a ocorrência do crime'. Tal orientação, inclusive, foi sedimentada por meio da edição do verbete n. 593/STJ. - Na presente hipótese, o Tribunal local, com base no acervo fático-probatório constante dos autos, consistente no depoimento da vítima, na prova testemunhal e no interrogatório do acusado, concluiu que 'não se verificou, *in casu*, o conhecimento sobre a ilicitude da conduta'. Consta,

ainda, do acórdão recorrido que 'a pouca escolaridade do acusado e sua boa-fé de que estaria em um relacionamento lícito, aferida a partir da prova produzida em juízo, permitem a conclusão de que o apelante agiu em erro de proibição invencível'. - Nesse contexto, a desconstituição das conclusões da Corte de origem, fundadas em exame exauriente do conjunto de fatos e provas constante dos autos, para restabelecer a condenação do réu, mediante afastamento do erro de proibição invencível, demandaria necessariamente aprofundado revolvimento de matéria fático-probatória, providência vedada em sede de recurso especial, conforme o enunciado n. 7/STJ. Precedentes. 2. Reafirmação pela Relatoria da defesa intransigente dos direitos da criança e da adolescente, no sentido de que a menor de 14 anos deve, na verdade, estudar, brincar e participar de atividades próprias para sua idade. Não deve namorar, pois está ainda em formação biológica e emocionalmente. De igual sorte, deve-se ratificar incansavelmente a principiologia trazida na jurisprudência firmada pela Terceira Seção desta Corte Superior sobre a matéria e sedimentada por meio do enunciado n. 593/STJ. - No entanto, não se deve deixar de levar em consideração que a vida é maior que o direito. Logo, a indesejável antecipação da adolescência ou mesmo da fase adulta não pode acarretar um prejuízo maior para aqueles que estão envolvidos, em especial para a criança que adveio do relacionamento do casal (que durou mais ou menos 1 ano - e-STJ fl. 199) e é a prioridade absoluta do sistema brasileiro, por meio do estatuto da primeira infância. Descendo aos fatos, registro que, embora o casal não esteja mais junto, consta que o pai continua dando assistência à criança. Ademais, o Tribunal de origem destacou se tratar de um trabalhador rural, com 20 anos de idade à época dos fatos, que incidiu em erro de proibição invencível. Nesse contexto, está-se diante de situação excepcionalíssima, na qual se deve priorizar a nova vida, em atenção ao estatuto da primeira infância, que, como já afirmado, tem prioridade absoluta. 3. Relevante registrar, dando às coisas o exato nome que elas têm, que a hipótese dos autos não trata de atipicidade da conduta em virtude de eventual consentimento da vítima ou pelo fato de o réu 'ser matuto', nem de excludente de ilicitude por paixão. De igual sorte, não se está diante de erro de tipo, mas sim de excludente de culpabilidade, por erro de proibição invencível. Não é possível retirar das instâncias ordinárias, no ponto, a soberania a respeito do exame do conjunto fático e probatório dos autos, uma vez que o STJ não pode ser considerado uma terceira instância recursal bem como o recurso especial não pode ser tratado como nova apelação.4. Não se mostra adequada, de outra parte, a suscitada ponderação entre os verbetes 7/STJ e 593/STJ, principalmente porque os enunciados sumulares não são princípios mas sim o resumo de entendimentos consolidados. Ainda que assim não fosse, o enunciado n. 7/STJ reflete a norma constante do art. 105, III, da CF, que trata da missão constitucional do STJ. Já o verbete n. 593/STJ diz respeito ao art. 217-A do CP. São enunciados que tratam, portanto, de normas de hierarquias distintas, cujo eventual conflito deve se resolver em benefício da norma de maior hierarquia, em atenção à teoria de Hans Kelsen. 5. Ainda que se considere que o enunciado n. 593/STJ reflete, em verdade, o art. 227 da CF, não se pode descurar que o caput do mencionado dispositivo, com redação dada pela EC 65/2010, dispõe que 'é dever da família, da sociedade e do Estado assegurar à criança, ao adolescente e ao jovem, com absoluta prioridade, o direito à vida, à saúde, à alimentação, à educação, ao lazer, à profissionalização, à cultura, à dignidade, ao respeito, à liberdade e à convivência familiar e comunitária, além de colocá-los a salvo de toda forma de negligência, discriminação, exploração, violência, crueldade e opressão'.- Mais uma vez, dando às coisas o nome que elas têm, registro que o legislador infraconstitucional estabeleceu que se considera 'criança, para os efeitos desta Lei, a pessoa até doze anos de idade incompletos, e adolescente aquela entre doze e dezoito anos de idade' (art. 2º da Lei n. 8.069/1990). Ademais, 'são consideradas jovens as pessoas com idade entre 15 (quinze) e 29 (vinte e nove) anos de idade' (art. 1º, § 1º, da Lei n. 12.852/2013). Tem-se, portanto, norma constitucional que protege igualmente a criança nascida da relação tida entre a adolescente de 12 anos e o jovem de 20 anos, à época dos fatos. Dessa forma, necessário, de fato, realizar uma ponderação de princípios, mas não no formato em que sugerido. Com efeito, o legislador ordinário, por meio da Lei n. 13.257/2016, estabeleceu a necessidade de se atentar para a especificidade e a relevância dos primeiros anos de vida, denominada primeira infância, no desenvolvimento infantil e no desenvolvimento do ser humano. Assim, a prioridade absoluta, na hipótese, deve ser a proteção integral da criança que nasceu desta relação. 6. Um exame acurado das nuances do caso concreto revela que a conduta imputada, embora formalmente típica, não constitui infração penal, haja vista a ausência de culpabilidade, em virtude do reconhecimento do erro de proibição. Ademais, deve se levar igualmente em consideração a ausência de relevância social e de efetiva vulneração ao bem jurídico tutelado, uma vez que se trata do relacionamento de dois jovens, que havia sido, em um primeiro momento, aceito pela família da adolescente, sobrevindo uma filha e a efetiva constituição de núcleo familiar, apesar de não estarem mais juntos como casal. Não se está a infirmar a orientação sedimentada no enunciado sumular n. 593/STJ. Com efeito, não obstante a necessidade de uniformização da jurisprudência pátria, por meio da fixação de teses em recursos repetitivos, em incidentes de assunção de competência bem como por meio da edição de súmulas, não se pode descurar do caso concreto, com as suas particularidades próprias, sob pena de a almejada uniformização acarretar injustiças irreparáveis. - Da mesma forma que o legislador não consegue prever todas as variáveis possíveis da conduta incriminada, igualmente as teses firmadas em repetitivos nem sempre albergam as peculiaridades do caso concreto. Assim, cabe ao aplicador da lei, aferir se a conduta merece a mesma resposta penal dada, por exemplo, ao padrasto que se aproveita de sua enteada ou àquele que se utiliza de violência ou grave ameaça para manter conjunção carnal. É nesse ponto, inclusive, que reside o instituto da *distinguishing* ou distinção. 7. A condenação de um jovem de 20 anos, que não oferece nenhum risco à sociedade, ao cumprimento de uma pena de mais de 11 anos de reclusão, revela uma completa subversão do direito penal, em afronta aos princípios fundamentais mais basilares, em rota de colisão direta com o princípio da dignidade humana. Dessa forma, estando a aplicação literal da lei na contramão da justiça, imperativa a prevalência do que é justo, utilizando-se as outras técnicas e formas legítimas de interpretação (hermenêutica constitucional). O Supremo Tribunal Federal, por mais de uma vez, já deixou de aplicar um tipo penal ao caso concreto, nos denominados hard cases, se valendo da teoria da derrotabilidade do enunciado normativo, a qual trata da possibilidade de se afastar a aplicação de uma norma, de forma excepcional e pontual, em hipóteses de relevância do caso concreto. Nesse sentido: HC 124306, Relator(a) p/ Acórdão: Roberto Barroso, Primeira Turma, julgado em 09/08/2016, DJe 16/3/2017 publicado 17/3/2017 e ADI 3689, Relator(a): Eros Grau, Tribunal Pleno, julgado em 10-05-2007, DJe-047 divulgado 28-06-2007 publicado 29-06-2007). STJ: REsp n. 1.953.607/SC, Relator Ministro Ribeiro Dantas, Terceira Seção, julgado em 14/9/2022, DJe de 20/9/2022 (Tema Repetitivo 1.120) e CC n. 199.079/RN, Relatora para acórdão Ministra Nancy Andrighi, Segunda Seção, julgado em 13/12/2023, DJe de 18/12/2023. Doutrina sobre a Teoria da derrotabilidade do enunciado normativo no Direito Penal. 8. Não se mostra coerente impor à vítima uma vitimização secundária pelo aparato estatal sancionador, ao deixar de considerar 'seus anseios e sua dignidade enquanto pessoa humana'. A manutenção da pena privativa de liberdade do recorrido acabaria por deixar a adolescente e a filha de ambos desamparadas não apenas materialmente mas também emocionalmente, desestruturando entidade familiar constitucionalmente protegida. 'Está em julgamento a vida de três pessoas que, mesmo chegando a este Tribunal disfarçadas de autos processuais, são as mais diretamente interessadas na resolução do conflito decorrente do crime'. (AREsp 1555030/GO e REsp 1524494/RN, Rel. Ministro Ribeiro Dantas, Quinta Turma, julgado em 18/5/2021). No mesmo sentido: AgRg no REsp n. 2.015.310/MG, relator Ministro Jesuíno Rissato (Desembargador Convocado do TJDFT), Sexta Turma, julgado em 12/9/2023 e REsp n. 1.977.165/MS, relator para acórdão Ministro Sebastião Reis Júnior, Sexta Turma, julgado em 16/5/2023. 9. Se por um lado a CF consagra a proteção da criança e do adolescente quanto à sua dignidade e respeito (art. 227), não fez diferente quando também estabeleceu que a família é a base da sociedade, e que deve ter a proteção do Estado, reconhecendo a união estável como entidade familiar (art. 226, §3°). Antes, ainda proclamou a dignidade da pessoa humana como um dos fundamentos do Estado Democrático de Direito (1º, III) e o caminho da sociedade livre, justa e fraterna como objetivo central da República (preâmbulo e art. 3º, III). - Proclamar uma censura penal no cenário fático esquadrejado nestes autos é intervir, inadvertidamente, no novo vínculo familiar (que existiu e que ainda permanece- pai e filha; mãe e filha - onze anos depois - 2013/2024), de forma muito mais prejudicial do que se pensa sobre a relevância do relacionamento e da relação sexual prematura entre a vítima e o recorrido, haja vista o nascimento da filha do casal. E a partir disso, um novo bem jurídico também merece atenção: a absoluta proteção da criança em sua primeira infância (no caso um bebê, hoje uma criança quase adolescente). No jogo de pesos e contrapesos jurídicos não há, neste caso, outra medida a ser tomada: a manutenção da opção absolutória quer na perspectiva da ausência de culpabilidade quer na de atipicidade material. – '(....) essa particular forma de parametrar a interpretação das normas jurídicas (internas ou internacionais) é a que mais se aproxima da Constituição Federal, que faz da cidadania e da dignidade da pessoa humana dois de seus fundamentos, bem como tem por objetivos fundamentais erradicar a marginalização e construir uma sociedade livre, justa e solidária (incisos I, II e III do art. 3º). Tudo na perspectiva

É de se notar, contudo, que a Ministra Daniela Teixeira, abriu divergência, entendendo que o marco dos 14 anos deveria ser visto, sim, como absoluto. Segundo suas palavras, "o que vai acontecer é que os coronéis desse país vão misteriosamente se apaixonar pelas meninas de 12 anos. Essa será a principal excludente de ilicitude em todos os casos de estupro de vulnerável." Em que pese a objeção posta pela cultuada Ministra, tal leitura não parece de todo correta. E, isso, por inúmeras razões. Em primeiro lugar, porque a presunção absoluta e imutável é sempre, senão equivocada, ao menos controversa, pois casos podem surgir em que se mostra necessária a mitigação. Em segundo lugar, porque a própria redação da súmula não afasta situações pontuais, por exemplo, de erro, já levantadas desde a época de Soares de Mello. Em terceiro lugar, porque já se encontram diversas exceções à Súmula, e, nem por isso, a desculpa da paixão se viu tão repetida pelos mencionados "coronéis".

Existem, é verdade, muitas possibilidades de justificativa para a flexibilização. De todo modo, ao se assumir a colocação de um agir comunicativo, obrigatória seria a mencionada leitura interpretativa da Súmula,[35] possibilitando eventuais – ainda que raras – exceções. A regra posta limita, disciplina e tutela a formação do exercício das faculdades sexuais dos jovens. Entretanto, em casos específicos, haveria de se entender não punível determinada conduta, pois haveriam de se avaliar, também, tantos outros princípios constitucionais.

Apesar de ser inarredável verdade que a Constituição Federal venha a consagrar a proteção da criança e do adolescente quanto à sua dignidade e respeito (art. 227), existe situação correlata em termos de tutela da união estável como entidade familiar (art. 226, § 3º), para além da própria salvaguarda da dignidade da pessoa humana como um dos fun-

da construção do tipo ideal de sociedade que o preâmbulo da respectiva Carta Magna caracteriza como 'fraterna' (HC n. 94163, Relator Min. Carlos Britto, Primeira Turma do STF, julgado em 2/12/2008, DJe 22/10/2009'. (AgRg no RHC 136.961/RJ, Rel. Ministro Reynaldo Soares da Fonseca, Quinta Turma, julgado em 15/06/2021, DJe 21/06/2021) 10. Agravo regimental não provido".

35 Recorde-se, com Busato, que "a validação das normas passa a depender da justificação pelo contexto, pela expressão de comunicação, de um sentido que as torne válidas para um grupamento humano determinado. É justamente a realização dessa ponte entre o ser e o dever ser que insere o direito enquanto expressão linguística." BUSATO, Paulo César. *Direito penal.* Parte geral. São Paulo: Atlas, 2018, p. 235.

damentos do Estado Democrático de Direito (art. 1ª, inc. III). Portanto, em situações recordadas como de estupro bilateral (quando se dá relação entre dois menores de 14 anos), ou, ainda, de simples erro por parte do agente, é de se imaginar a possibilidade de uma não intervenção penal.[36] O *distinguishing* posto é claro, no sentido de permitir a reapreciação dos fatos no caso concreto, e, ainda que mantido o entendimento sumular em mais de 99% dos casos julgados, deve, sempre, ser permitida a excepcionalização,[37] tudo em prol de uma real Justiça.[38] Assim, entre idas e vindas, entre fechamentos, aberturas e novos fechamentos de interpretação quanto à violência presumida, ou, como se prefere, teor de vulnerabilidade, é de se ver que, hoje, caberia a constatação de que, genericamente, a leitura é absoluta, ainda que, seja permitida sua leitura relativizada conforme o caso.

---

36 Para Souza, é de se ressaltar a possibilidade de o agente "incorrer em erro de tipo, *e.g.*, no caso do menor aparentar ser maior de catorze anos, quando, na verdade, não o é." SOUZA, Luciano Anderson de. Op. cit., p. 659. Também Micheletto Naves é esclarecedor nesse sentido, destacando que "caso o agente acredite ser a vítima maior de 14 anos, estar-se-ia diante do instituto do erro de tipo, uma vez que a sua idade constitui elemento essencial do tipo penal, acarretando a exclusão do dolo, nos termos do art. 20, do Código Penal." NAVES, José Paulo Micheletto. Op. cit., p. 786. Nesse sentido, também o entendimento do STJ: REsp 1.746.712/MG, Rel. Min. Jorge Mussi, Quinta Turma, julgado em 14/08/2018, Dje 22/8/2018; AgRg REsp 1.639.356/MG, Rel. Min. Jorge Mussi, Quinta Turma, julgado em 08/02/2018, Dje. 19/02/2018.

37 Cf. levantamento realizado pelo Ministro Reynaldo Soares da Fonseca, segundo o qual, na 5ª Turma do STJ, deu-se respeito à Súmula 593 em 99,2% dos casos julgados de estupro de vulnerável, tendo, no universo amostral, havido apenas 16 distinções. Disponível na internet: https://www.conjur.com.br/2024-mar-20/5a-turma-do-stj-mantem-presuncao-de-estupro-de-vulneravel-em-986-dos-casos/. Acesso em 30/06/2024.

38 Nesse sentido, de se recordar Bitencourt, o qual, apontava, com a edição da Súmula 593, a pacificação da "interpretação da vulnerabilidade do menor de 14 anos, caracterizador desse estupro especial." E continuava, "contudo, sempre haverá a possibilidade de variantes ante o caso concreto, como, por exemplo, quando se tratar de relacionamento entre dois menores, cujo namoro seja, inclusive, do conhecimento das famílias. Certamente, situações como essas precisam do exame casuístico das peculiaridades individuais, para enfrentar adequadamente a existência ou não de lesão ao bem jurídico tutelado, a configuração ou não da conduta criminosa etc." BITENCOURT, César Roberto. Op. cit., p. 118. Note-se, entretanto, que em certa medida isso acaba, sim, por flexibilizar a regra geral *jure et de jure*, o que é de todo válido na busca final de Justiça.

## CONCLUSÕES

De todo o exposto, algumas verdades parecem ficar evidentes. Em primeiro lugar, seria de se ver que, mesmo com ressalvas, na realidade anterior se mostrava aceita a possibilidade (ainda que limitada) do entendimento inicial sobre a presunção relativa sobre a violência, no caso dos crimes sexuais. Com o afastamento do art. 224, pela Lei nº 12.015/2009, contudo, a questão sofreu significativa alteração.

Deu-se, então, uma aparente tipificação com imbricação necessária à presunção absoluta, que agora poderia ser vista como vulnerabilidade. Esse o caminho assumido por boa parte da jurisprudência, consubstanciando-se na Súmula do STJ 593, e, também, na Lei nº 13.518/2018. Aparentemente, a questão etária estaria, a partir daí, resolvida. Entrementes, o sistema, em busca perene da Justiça ao caso concreto, sempre encontra válvulas de escape. Nenhum entendimento, pois, pode, ou deve, ser absoluto. Ao menos em grau de interpretação. E, por isso, acabou-se por permitir excepcionalizações – mesmo que remota – à previsão sumulada.

Leituras contrárias a esse pensamento devem recordar toda a discussão evolutiva verificada, a qual, contrariamente ao que podem sustentar alguns, não está a consubstanciar uma perda de direitos das crianças e adolescentes. Estar-se-ia, sim, a buscar saídas outras para combater injustiças. E, para tanto, alguma flexibilidade negativa há de ser vista na leitura jurisprudencial. Positiva, nunca, pois o papel da Justiça deve ser, acima de tudo, buscar uma contenção do Poder do Estado face aos mais fracos. Nesse esteio, aliás, a leitura proposta não se aproxima nem mesmo da antiga redação do art. 107, do Código Penal, antes da Reforma dada pela Lei nº 11.106/2005. Ao tratar das possibilidades de extinção de punibilidade, tinha-se, então, que ela podia também se dar "VII - pelo casamento do agente com a vítima, nos crimes contra os costumes, definidos nos Capítulos I, II e III do Título VI da Parte Especial deste Código," e, também, "VIII - pelo casamento da vítima com terceiro, nos crimes referidos no inciso anterior, se cometidos sem violência real ou grave ameaça e desde que a ofendida não requeira o prosseguimento do inquérito policial ou da ação penal no prazo de sessenta dias a contar da celebração." Tais dicções, aliás, talvez pudessem legitimar a indesejável atuação dos "coronéis" destacados. Uma simples excepcionalização da Súmula 593, face ao caso concreto, não.

Portanto, talvez mesmo na realidade da Lei nº 12.015/2009, ainda caiba razão a Luiz Flávio Gomes quando mencionava, na realidade anterior, que sempre haveria de se dar o exame de cada caso em concreto.[39] Sempre há de se ter a possibilidade de elaboração de prova em contrário da vulnerabilidade, ou, mesmo, de seu afastamento por motivos outros. Dessa forma, só se pode parabenizar ao STJ pelo retorno às considerações que visam à busca de uma segurança da Justiça ao caso concreto, bem como cumprimentar os Senhores Ministros que souberam perceber que o Direito não é, nem pode ser visto, como estático e imutável, e, assim, souberam mitigar um problema posto, da mesma forma que o fizera, anos antes, o STF, em relação à higidez da Súmula 691.

Por tudo isso, porque, entre certezas e presunções, talvez caibam e sejam presentes incertezas e patentes injustiças. E, assim, em um mundo dialético e comunicacional, verdades absolutas talvez só possam ser vistas, desde uma perspectiva com foco religioso. E, nesse sentido, recordando-se as palavras do homenageado, quiçá fosse de se supor que, entre tantas, somente pode ser imaginada uma única verdade absoluta, encontrada, esta, na infinita misericórdia de Cristo. Essa, talvez, uma lição a ser tida em conta. Afora isso, ter-se-iam apenas presunções, necessariamente sempre relativas. De todo modo, em saudação ao Tribunal da Cidadania, de se dizer obrigado ao caríssimo Ministro Humberto Martins, por uma vida dedicada ao Direito e à Justiça.

39 Em relação à antiga redação do art. 224, do Código Penal, mencionava Gomes: "um ato sexual praticado contra uma criança significa abuso sempre ou praticamente sempre (somente em casos escabrosos e raríssimos, de criança com vida sexual pública militante e notória, poder-se-ia imaginar o afastamento do delito sexual, inclusive com o apoio num eventual erro de tipo sobre a idade). Já o ato sexual praticado com um adolescente, com sua anuência, em regra é juridicamente válido. Valendo-se do critério do legislador (que pode não ser o melhor, mas é um critério legal), pelo *ius positum* vigente, podemos afirmar que a autodeterminação sexual, em regra, ocorre quando a criança se transforma em adolescente. Enquanto se trata de criança há a *innocentia consilli.* Cuidando-se de adolescente, cada caso e um caso. Pode haver violência real, pode haver consentimento válido. Tudo depende do caso concreto." GOMES, Luiz Flávio. A presunção de violência nos crimes sexuais (enfoque crítico) 2ª parte. *Revista Brasileira de Ciências Criminais, São Paulo, v. 4, n. 16, p. 169-196, out./dez. 1996, p.*195.

## BIBLIOGRAFIA

BECHARA, Ana Elisa. Presunção de violência no estupro de vulnerável: comentário à decisão da 3ª Seção Criminal do STJ no EREsp 1.021.634. *Revista Brasileira de Ciências Criminais*, São Paulo, v. 20, n. 97, p. 511-551, jul./ago. 2012.

BOTTKE, Wilfried. Sexualhoheit und Strafrecht: Sexualstrafrecht aus Opfersicht. *In*: AAVV. *Die Stellung des Opfers im Strafrechtssystem*. Berlim: Carl Heymanns Verlag, 2000.

BITENCOURT, César Roberto. *Tratado de direito penal*. São Paulo: Saraiva, 2019, vol. 4.

BUSATO, Paulo César. *Direito penal*. Parte geral. São Paulo: Atlas, 2018.

CARRARA, Francesco. Sulla presunzione. *Rivista Penale*, 1946.

CERNICCHIARO, Luiz Vicente. Estupro: violência presumida. *Revista Jurídica: órgão nacional de doutrina, jurisprudência, legislação e crítica judiciária*, nº 228, 1996.

GOMES, Luiz Flávio. A presunção de violência nos crimes sexuais (enfoque crítico) - 1ª Parte. *Revista Brasileira de Ciências Criminais*, São Paulo, v. 4, n. 15, p. 158-181, jul./set. 1996.

GOMES, Luiz Flávio. A presunção de violência nos crimes sexuais (enfoque crítico) - 2ª Parte. *Revista Brasileira de Ciências Criminais*, São Paulo, v. 4, n. 16, p. 169-196, out./dez. 1996.

GRISPIGNI, Filippo. *Diritto penale italiano*. Milano: Giuffrè, 1952, vol. Primo.

HOLZLEITHNER, Elisabeth. Autodeterminação sexual como direito individual e como bem jurídico - reflexões sobre a regulação da intimidade como restrição da autonomia sexual. *In*: CAMARGO, Beatriz Corrêa; RENZIKOWSKI, Joachim (orgs.). *Questões fundamentais do direito penal sexual*. São Paulo: Marcial Pons, 2023.

HUNGRIA, Nélson. *Comentários ao código penal*. Rio de Janeiro: Forense, 1959, vol. VIII.

NAVES, José Paulo Micheletto. Art. 217-A. *In*: SOUZA, Luciano Anderson de (coord.). *Código penal comentado*. São Paulo: Thomson Reuters Brasil, 2021.

NORONHA, Edgard Magalhães. *Direito penal*. São Paulo: Saraiva, 1986, vol. 3.

NUCCI, Guilherme de Souza. *Tratado de crimes sexuais*. São Paulo: Forense, 2022.

PRADO, Luiz Regis. *Curso de direito penal brasileiro*. Parte Especial. São Paulo: Revista dos Tribunais, 2002, vol. 3.

PRADO, Luiz Regis. *Tratado de direito penal brasileiro.* São Paulo: Revista dos Tribunais, 2014, vol. 5.

RENZIKOWSKI, Joachim. A proteção da autodeterminação sexual no direito penal alemão. Tradução por Juliana Silva Pasqua e Beatriz Corrêa Camargo. *In*: CAMARGO, Beatriz Corrêa; RENZIKOWSKI, Joachim (orgs.). *Questões fundamentais do direito penal sexual.* São Paulo: Marcial Pons, 2023.

SILVEIRA, Renato de Mello Jorge. *Bases críticas para a reforma do direito penal sexual.* São Paulo: Quartier Latin, 2007.

SILVEIRA, Renato de Mello Jorge. *Fundamentos da adequação social em direito penal.* São Paulo: Quartier Latin, 2010.

SOUZA, Luciano Anderson de. *Direito penal.* Parte especial. São Paulo: Thomson Reuters Brasil, 2022, vol. 3.

# O "NOVO" PRINCÍPIO DA RELATIVIDADE DAS OBRIGAÇÕES

*José Roberto de Castro Neves*[1]

O século XX foi marcado pelo holocausto. Esta triste página da história representou para o Direito um aspecto sombrio. Infelizmente, o Direito foi cúmplice. Isso porque toda a construção da política nazista foi fundada numa regra jurídica formalmente perfeita, inquebrantável e chancelada por juristas brilhantes. Os ovos da serpente foram chocados num arcabouço jurídico cerebrino, que tratava o Direito como uma ciência exata, como se ele se justificasse por si mesmo. Construiu-se uma defesa jurídica perfeita para as discriminações que permitiram o holocausto. Terminada a Segunda Grande Guerra, era necessário rever o modelo do positivismo e o conceito da perfeita subsunção dos fatos às regras. Reclamava-se a edificação de outro sistema, que não abandonasse por completo a segurança jurídica, mas que também abrigasse a sociedade da aplicação robótica de normas abstratamente perfeitas para fins moralmente reprováveis.

Reconheceu-se que os grandes valores que animam e justificam a sociedade não podem distanciar-se da aplicação do direito. Este não deve dissociar-se por completo da moralidade, da ética, da essência da humanidade. Cabia ao jurista moderno reincorporar os princípios do direito ao ordenamento.

Filósofos contemporâneos do direito, como Hart, separaram as regras concretas ("rules") dos princípios gerais do direito, identificando as regras como comandos mais concretos, enquanto os princípios seriam abstratos.[2] Os princípios contêm uma maior carga valorativa.

Dworkin, por sua vez, defende que as regras são aplicadas na base do "tudo ou nada", enquanto os princípios admitem uma gradação, devendo incidir com maior ou menor força de acordo com o caso concreto, por meio de um critério de ponderação.[3]

1 Doutor em Direito Civil pela Universidade do Estado do Rio de Janeiro (UERJ). Mestre em Direito pela Universidade de Cambridge, Inglaterra. Professor de Direito Civil da Pontifícia Universidade Católica (PUC-Rio) e da Fundação Getúlio Vargas – FGV-Rio. Advogado. Membro da Academia Brasileira de Letras Jurídicas. Advogado.

2 Ver: H. L. A. Hart, *O Conceito de Direito*, São Paulo: Martins Fontes, 2009.

3 Ver: Ronald Dworkin, *Uma questão de princípio*, 2. ed., São Paulo: Martins Fontes, 2005.

Os princípios funcionam como grandes vetores do ordenamento jurídico e, não raro, entram em aparente conflito, sendo fundamental, nesses casos, que o aplicador os pondere, flexibilizando-os. Comumente, por exemplo, o princípio da liberdade de imprensa colide com o princípio da proteção à intimidade. Não há, em absoluto, uma prevalência de um princípio sobre o outro. Os princípios não se apresentam como imperativos. Apenas o criterioso estudo do caso concreto permitirá definir qual deles merece preponderar.

Segundo a imagem de Eduardo Couture, os princípios se revelam nas leis. Funcionam como grandes vetores.[4] No conceito de normas jurídicas abertas, vê-se o fenômeno da normatização de princípios. Ao mesmo tempo, com um enorme número de regras escritas, para cuidar de um sem-fim de situações, é necessário eleger um vértice, que permita garantir uma unidade ao ordenamento.

Nesse referido fenômeno, surge a Constituição Federal como grande ponto central de convergência, ápice da ordem axiológico-normativa. Todas as demais regras jurídicas devem ser interpretadas a partir da Constituição, exatamente para garantir a harmonia e coerência do sistema. Portanto, também o Direito Civil deve ser examinado pelo prisma da Constituição.

A Constituição e o Código Civil oferecem diversas regras abertas, que refletem princípios. O intérprete tem condição de aplicá-las não de forma maniqueísta – como se elas incidissem ou não ao caso concreto –, porém de forma que a norma atue como um "toner", que admita gradações, para que sua força seja maior ou menor dependendo das circunstâncias.

Tome-se um exemplo extremo: o artigo 569 do Código Civil diz que o locatário deve usar a coisa alugada para os usos convencionados ou presumidos.[5] Essa regra positivada se aplica de modo radical, positiva ou negativamente. Em outras palavras, ou o bem locado foi usado de for-

4 Eduardo Couture, *Interpretação das Leis Processuais*, São Paulo: Max Limonad, 1956, p. 49.

5 "Art. 569. O locatário é obrigado: I - a servir-se da coisa alugada para os usos convencionados ou presumidos, conforme a natureza dela e as circunstâncias, bem como tratá-la com o mesmo cuidado como se sua fosse; II - a pagar pontualmente o aluguel nos prazos ajustados, e, em falta de ajuste, segundo o costume do lugar; III - a levar ao conhecimento do locador as turbações de terceiros, que se pretendam fundadas em direito; IV - a restituir a coisa, finda a locação, no estado em que a recebeu, salvas as deteriorações naturais ao uso regular."

ma correta ou não. Já a regra do artigo 422 do Código Civil determina que as partes atuem de boa-fé.[6] O conceito de boa-fé é muito aberto. Na verdade, trata-se de um princípio: as partes sempre devem agir de boa-fé, isto é, de forma leal, transparente e colaborativa. A sua concretização, contudo, pode dar-se de diversas formas. O intérprete terá mais amplitude na aplicação desse conceito. Afinal, por vezes, para dar um exemplo, a necessidade de informação e transparência é maior numa hipótese do que em outra. A sensibilidade de quem analisa a situação dirá em que extensão e intensidade o princípio se aplica, partindo-se, sempre, do caso concreto.

A interpretação, buscando proteger princípios, reclama uma leitura valorativa do intérprete. O aplicador da lei, assim, ganha uma função crucial: ele não é apenas a boca da lei, mas se investe do espírito dessa lei. Afinal, "a interpretação cria o texto".

É, portanto, lugar comum, hoje, reconhecer a importância dos princípios gerais do direito como norte na interpretação e na aplicação das normas jurídicas. Mais ainda, os princípios servem de liga entre as muitas regras, garantindo a inteireza do ordenamento. Com efeito, sem os princípios, o ordenamento jurídico ficaria despedaçado.

Enquanto a norma, teoricamente, apresenta um preceito e uma sanção, o princípio serve de vetor. Ele oferece um conceito geral, para que, a partir daí, brotem diversas ordens. Como se disse, os princípios se diferenciam das regras na medida em que estas são mais concretas e se dirigem, normalmente, a uma situação típica. Já o princípio indica um norte, um conceito aberto.

Segundo a conhecida lição de Alexy, as regras se aplicam por meio da subsunção (ou seja, elas se adequam ou não ao caso concreto), ao passo que os princípios incidem de forma diferente.[7] Pela sua natureza, toleram uma incidência mais genérica. De outro lado, os princípios aceitam uma aplicação gradual, uma modulação, ao contrário das regras jurídicas. Comumente, mais de um princípio se encontra presente numa determinada situação, devendo o intérprete ponderá-los, a fim de aplicar aquele de maior relevância ao caso.

6 "Art. 422. Os contratantes são obrigados a guardar, assim na conclusão do contrato, como em sua execução, os princípios de probidade e boa-fé.".

7 Robert Alexy, *Teoria dos Direitos Fundamentais*, São Paulo: Malheiros Editores, 1986, p. 86 e seguintes.

Tome-se, num outro exemplo, a regra do artigo 591 do Código Civil.[8] Segundo o dispositivo, se o mútuo – o empréstimo de um bem fungível, como o dinheiro – for feito com fins econômicos, presumem-se devidos os juros. Trata-se de uma regra jurídica bem definida: ela apresenta uma situação – a de existir um fim econômico nesse empréstimo – para estabelecer um efeito, consistente na presunção de que quem tomou o empréstimo deva arcar com os juros. Diante dessa circunstância concreta, incide a regra.

Situação diferente ocorrerá, por exemplo, com o princípio da obrigatoriedade dos contratos. Não existe regra específica na lei informando que as partes devam cumprir os contratos por elas celebrados. Entretanto, ninguém discute a validade e importância desse comando. Trata-se de um princípio, como logo veremos. Dele se extraem diversas consequências e conceitos.

Ressalte-se o importante e clássico conceito jurídico, de enorme aplicação no âmbito dos contratos, conhecido como o da relatividade das obrigações. Segundo ele, a obrigação vincula as partes, e não terceiros, isto é, as pessoas que não participaram da relação contratual. Os romanos já diziam que o contrato é *res inter alios acta tertio neque nocet neque prodest*; trocando em miúdos, o contrato é negócio entre as partes.[9]

Com efeito, em regra as relações obrigacionais vinculam apenas as partes nela envolvidas. As obrigações, portanto, têm, em princípio, seus efeitos relativos apenas ao credor e ao devedor. O direito inglês denomina o fenômeno de "privity of contract". O credor tem direito de exercer seu poder de reclamar a prestação do devedor e de mais ninguém. Nesse sentido – e de modo categórico – o artigo 1.165 do Código Civil francês dispõe que: "Os contratos somente surtem efeitos entre as suas partes; não prejudicam terceiros e somente lhes poderão beneficiar no caso previsto pelo art. 1121.".

Os princípios se desenvolveram. Caminharam. Afinal, como ensinou Jhering, "o Direito não é uma pura teoria, mas uma força viva".[10] Com o princípio da relatividade dos contratos não foi diferente. Nesse passo,

---

8 "Art. 591. Destinando-se o mútuo a fins econômicos, presumem-se devidos juros, os quais, sob pena de redução, não poderão exceder a taxa a que se refere o art. 406, permitida a capitalização anual".

9 Ver Gustavo Tepedino, *Fundamentos do Direito Civil - Vol. III – Contratos*, 5ª ed., São Paulo, Grupo GEN, 2024, p. 37.

10 Rudolf Von Ihering, *A luta pelo Direito*, 12ª ed., Rio de Janeiro, Forense, 1992, p.1.

convém a referência ao conceito do terceiro cúmplice, ou da tutela externa do crédito.[11]

Como se vem expondo, a teoria clássica do direito obrigacional é a de que a relação obrigacional vincula apenas o credor e o devedor. Ninguém mais. Do ponto de vista tradicional, o dever de exigir a prestação apenas pode ser exercido pelo credor contra o devedor. O credor, e só ele, encontra-se autorizado a exercer o poder, ao passo que somente o devedor teria o dever de prestar. Contudo, o direito moderno acordou para algumas situações nas quais terceiros (isto é, todos aqueles que não são partes), embora não participem da relação obrigacional, atuam de forma a impedir que ela se aperfeiçoe. Esse terceiro que prejudica, ou mesmo impede que a prestação do devedor seja entregue, pode ser responsabilizado.

Imagine-se uma usina que produz açúcar e tem um contrato de fornecimento exclusivo de seu produto a uma certa fábrica de chocolate (até mesmo porque toda a produção da usina é destinada para a tal fábrica). Suponha-se que uma outra empresa ofereça àquela usina um preço melhor pelo açúcar, embora ciente da existência da obrigação dela com a fábrica de chocolate (e de que o novo contrato da usina impedirá que esta siga fornecendo açúcar a tal fábrica de chocolate). Em função do novo contrato, a usina deixa de cumprir seu dever de entregar a sua produção de açúcar para a fábrica, que, claro, amarga (sem trocadilho) prejuízos.

Do ponto de vista do direito obrigacional clássico, a fábrica de chocolate apenas poderia reivindicar uma indenização da usina de açúcar, pois o contrato – a obrigação – atrelava apenas a usina e a fábrica. A outra empresa seria uma perfeita estranha à situação.

Hoje, contudo, defende-se que, em certas situações, pode-se, para reclamar uma indenização decorrente do descumprimento do acordo, também incluir o terceiro que contribuiu decisivamente para o não cumprimento da obrigação, notadamente se o terceiro souber que a sua atitude iria comprometer decisivamente o negócio.[12]

11 Sobre o tema: Humberto Theodoro Neto, *Efeitos Externos do Contrato*, Rio de Janeiro: Forense, 2007; Paula Greco Bandeira, *Fundamentos da Responsabilidade Civil do Terceiro Cúmplice, in* Revista Trimestral do Direito Civil, v. 30, Rio de Janeiro: Padma, 2007; e Flávio Tartuce, *Direito Civil: Teoria Geral dos Contratos e Contratos em Espécie*, v.3, 18ª ed., São Paulo, Forense, 2023, p. 145-146.

12 Ver Gustavo Tepedino, *Fundamentos do Direito Civil - Vol. III – Contratos*, 5ª ed., São Paulo, Grupo GEN, 2024, p. 106.

Veja-se que o artigo 608 do Código Civil[13] prevê a possibilidade de responsabilização de terceiro em casos de aliciamento de prestadores de serviço. Esse dispositivo possui peculiaridades próprias, tal como o fato de que dispensa a prova do prejuízo, na medida em que a lei pré-fixou a indenização.[14] Assim, muito embora o artigo 608 do Código Civil guarde relação com a teoria do terceiro cúmplice,[15] os requisitos da referida teoria são distintos daqueles mencionados no dispositivo. Além disso, a teoria do terceiro cúmplice não se restringe aos contratos de prestação de serviço, abrangendo outras modalidades contratuais.[16]

Os franceses distinguem os conceitos de relatividade do contrato e oponibilidade do contrato. Com relação ao cumprimento específico da prestação, o credor apenas pode exigi-lo do devedor, pois, afinal, trata-se de uma relação de direito subjetivo relativo, oponível apenas à parte.[17] Diferentemente, a oponibilidade do contrato se dá à coletividade, pois terceiros não podem comportar-se como se o contrato não existisse.[18] Terceiros não são vinculados a adotar condutas específicas para cumprir a prestação, entretanto não podem, por outro lado, agir ignorando a existência da relação obrigacional mesmo que não sejam parte dela.[19]

No exemplo antes oferecido, a empresa que contratou a usina, embora ciente do contrato desta com a fábrica de chocolate e sabedora de que o novo negócio acarretaria a impossibilidade de cumprimento de

---

13 "Art. 608. Aquele que aliciar pessoas obrigadas em contrato escrito a prestar serviço a outrem pagará a este a importância que ao prestador de serviço, pelo ajuste desfeito, houvesse de caber durante dois anos."

14 STJ, 3ª T., REsp. 2.023.942, Relator Ministro Ricardo Villas Bôas Cueva, julgado em 25.10.2022.

15 Ver Giovanni Ettore Nanni., *Comentários Ao Código Civil: Direito Privado Contemporâneo*, 2ª ed., São Paulo, Saraiva, 2021, p. 573.

16 Ver Otávio Luiz Rodrigues Junior, *A doutrina do terceiro cúmplice: autonomia da vontade, o princípio res inter alios acta, função social do contrato e a interferência alheia na execução dos negócios jurídicos*, v. 93, n. 821, São Paulo, Revista dos Tribunais, 2004, p. 90-91.

17 Ver Sílvio de Salvo Venosa, *Direito Civil: Contratos*, v. 3, 23ª ed., São Paulo, Grupo GEN, 2023, p. 37.

18 Assim, Antônio Junqueira de Azevedo, *Estudos e Pareceres de Direito Privado*, São Paulo, Saraiva, 2004, *p. 142.*

19 Ver Orlando Gomes, *Contratos*, 28ª ed., São Paulo, Grupo GEN, 2022, p. 71.

uma obrigação assumida pela usina, foi determinante para o inadimplemento da obrigação.

Segundo a teoria do terceiro responsável ou do terceiro cúmplice, pode-se chamar um terceiro para responder pelos danos a que deu causa ao lesar o direito de crédito alheio. Isso deve ser feito em até três anos do fato, pois este é o prazo prescricional para reclamar a reparação civil (artigo 206, § 3º, do Código Civil).

Evidentemente, essa vinculação extraordinária apenas pode ocorrer se o terceiro tiver conhecimento de que seu ato irá impedir que o devedor cumpra os deveres previamente assumidos, ou seja, esse dever "está condicionado a que los terceros lo conozcan antes.".[20] Afinal, há um dever legal de não violar direitos alheios.

No Brasil, deu-se caso de enorme notoriedade, que ficou conhecido pelo nome de seu protagonista e popular artista Zeca Pagodinho. Este fora contratado por uma empresa cervejeira para atuar, com exclusividade, como seu garoto-propaganda. No curso do contrato, outra empresa cervejeira concorrente celebrou novo acordo com o mesmo Zeca Pagodinho, que passou a estrelar a campanha publicitária da concorrente. Dessa forma, o artista, em violação ao contrato inicialmente firmado, passou a atuar para a segunda empresa do ramo de cerveja, concorrente da primeira. O inadimplemento do Zeca Pagodinho com a primeira empresa cervejeira fora total. E qual seria a relação entre as duas empresas de cerveja? Poderia a primeira reclamar algo da segunda? Afinal, esta firmou contrato que acarretava o inadimplemento do Zeca Pagodinho com a empresa cervejeira que inicialmente o contratara como garoto-propaganda. Diga-se mais: a relação do artista com a primeira empresa era notória, pois o anúncio era propagado pela grande mídia.

O Tribunal de Justiça de São Paulo concedeu liminar à primeira empresa, a fim de evitar a veiculação da publicidade da concorrente com o Zeca Pagodinho, por entender que houve uma conduta antiética e o desrespeito aos contratos.[21]

20 Luis Díez-Picazo e Antonio Gullón, *Sistema de Derecho Civil*, vol. II, 4ª ed., Madri, Tecnos, 1983, p. 126.

21 Comentando especificamente o caso, Rosalice Fidalgo Pinheiro e Frederico Eduardo Zenedin Glitz, *A tutela externa do crédito e a função social do contrato: possibilidades do caso "Zeca Pagodinho", in* Diálogos sobre o Direito Civil, vol. II, Rio de Janeiro, Renovar, 2008, p. 323/344.

Curiosamente, o caso "Zeca Pagodinho" em muito se assemelha a outro, registrado como um precedente histórico do Direito inglês: o caso Lumley vs. Gye. Em 1853, Lumley, empresário do ramo de teatro, contrata a soprano Johana Wagner, para cantar em seus estabelecimentos, ajustando, ainda, que a artista não poderia apresentar-se em outros locais. Um concorrente de Lumley, Gye, embora ciente da existência do referido contrato, alicia a cantora e consegue que ela firme um novo acordo, para se apresentar nos seus teatros. Com isso, a artista deixa de cumprir seus deveres com Lumley. A questão foi submetida aos tribunais, que concluíram no sentido de que Gye deveria também responder pelo inadimplemento da cantora de ópera.[22]

Na 1ª Jornada de Direito Civil, promovida pelo Superior Tribunal de Justiça, para discutir o então novo Código Civil de 2002, foi editado o Enunciado 21, com a seguinte redação:

> "A função social do contrato, prevista no art. 421 do novo Código Civil, constitui cláusula geral a impor a revisão do princípio da relatividade dos efeitos do contrato em relação a terceiros, implicando a tutela externa do crédito."

O Superior Tribunal de Justiça vem indicando sua aceitação à possibilidade de envolver terceiros, inicialmente estranhos à relação. É o que se vê dos acórdãos abaixo transcritos:

> "Recurso Especial. Responsabilidade Civil. Negativa de prestação jurisdicional. Não ocorrência. Cerceamento de defesa. Prescindibilidade da prova requerida. Suspensão do processo. Desnecessária. Compensação por danos morais. Eficácia transubjetiva das obrigações. Envio de carta a patrocinadora de jogador de futebol. Teoria do terceiro cúmplice. Danos morais. Ocorrência. Valor da compensação. Observância dos princípios da proporcionalidade e da razoabilidade. Multa aplicada nos embargos de declaração. Súmula 98/stj. Afastamento. Recurso Especial conhecido e parcialmente provido. (...) 5.1. Ante o reconhecimento e a ampliação de novas áreas de proteção à pessoa humana, resultantes da nova realidade social e da ascensão de novos interesses, surgem também

22 Sobre as primeiras aplicações do precedente nos Estados Unidos, ***Lumley v. Gye in the Supreme Court***, Harvard *Law Review*, Vol. 7, No. 7, 1894, p. 428-429.

novas hipóteses de violações de direitos, o que impõe sua salvaguarda pelo ordenamento jurídico, inclusive quanto ao comportamento de terceiro que interfere ou induz o inadimplemento da obrigação. 5.2. Os contratos são protegidos por deveres de confiança, os quais se estendem a terceiros em razão da cláusula de boa-fé objetiva. De acordo com a Teoria do Terceiro Cúmplice, terceiro ofensor também está sujeito à eficácia transubjetiva das obrigações, haja vista que seu comportamento não pode interferir indevidamente na relação, perturbando o normal desempenho da prestação pelas partes, sob pena de se responsabilizar pelos danos decorrentes de sua conduta. 5.3. O envio de carta por terceiro a patrocinadora do jogador, relatando e emitindo juízo de valor sobre suposta conduta criminosa, sem nenhum intuito informativo e com nítido caráter difamatório e vingativo, buscou unicamente incentivar a rescisão do contrato firmado entre o atleta e a destinatária da carta, estando configurado ato danoso indenizável. (...) 8. Recurso especial conhecido e parcialmente provido."[23]

"Administrativo e processual civil - Recurso Especial - Sistema Financeiro da Habitação - FCVS - Caução de títulos - Quitação antecipada - Exoneração dos mutuários - Cobrança superveniente pela caixa econômica federal, sucessora do BNH - Doutrina do terceiro cúmplice - Eficácia das relações contratuais em relação a terceiros - oponibilidade - Tutela da confiança. 1. Causa e controvérsia. A causa (a lide deduzida em juízo) e a controvérsia (a questão jurídica a ser resolvida), para se usar de antiga linguagem, de bom e velho sabor medieval, ainda conservada no direito anglo-saxão (cause and controverse), dizem respeito à situação jurídica de mutuários em relação à cessão de títulos de crédito caucionados entre o agente financeiro primitivo e a Caixa Econômica Federal - CEF, sucessora do BNH, quando se dá quitação antecipada do débito. A CEF pretende exercer seus direitos de crédito contra os mutuários, ante a inadimplência do agente financeiro originário. Ausência de precedentes nos órgãos da Primeira Seção. 2. Princípio da relatividade dos efeitos do contrato. Doutrina do terceiro cúmplice. Tutela externa do crédito. O tradicional princípio da relatividade dos efeitos do contrato (res inter alios acta), que figurou por séculos como um dos primados clássicos do Direito das Obrigações, merece hoje ser mitigado por meio da admissão de que os negócios entre as partes eventualmente podem interferir na esfera jurídica de terceiros de modo positivo ou

23 STJ, 3ª T., REsp. 1.895.272, Relator Ministro Marco Aurélio Bellizze, julgado em 26.4.2022.

> negativo. Bem assim, tem aptidão para dilatar sua eficácia e atingir pessoas alheias à relação inter partes. As mitigações ocorrem por meio de figuras como a doutrina do terceiro cúmplice e a proteção do terceiro em face de contratos que lhes são prejudiciais, ou mediante a tutela externa do crédito. Em todos os casos, sobressaem a boa-fé objetiva e a função social do contrato. 3. Situação dos recorridos em face da cessão de posições contratuais. Os recorridos, tal como se observa do acórdão, quitaram suas obrigações com o agente financeiro credor - TERRA CCI. A cessão dos direitos de crédito do BNH sucedido pela CEF ocorreu após esse adimplemento, que se operou inter partes (devedor e credor). O negócio entre a CEF e a TERRA CCI não poderia dilatar sua eficácia para atingir os devedores adimplentes. 4. Cessão de títulos caucionados. A doutrina contemporânea ao Código Civil de 1916, em interpretação aos arts. 792 e 794, referenda a necessidade de que sejam os devedores intimados da cessão, a fim de que não se vejam compelidos a pagar em duplicidade. Nos autos, segundo as instâncias ordinárias, não há prova de que a CEF haja feito esse ato de participação. 5. Dissídio Pretoriano. Não se conhece da divergência, por não-observância dos requisitos legais e regimentais. Recurso Especial conhecido em parte e improvido."[24]

Como visto acima, o STJ reconhece que a Teoria do Terceiro Cúmplice incide nos casos nos quais o comportamento de terceiro interfere indevidamente na relação das partes.

No último acórdão mencionado, o relator do caso, Ministro Humberto Martins, destacou a importância da tutela da confiança e da eficácia das relações contratuais em relação a terceiros. O relator registrou também que, na atualidade, se admite a mitigação do princípio da relatividade pela admissão de que outros valores. Diz o voto que "independentemente do teor da lei, a aplicação dos princípios relativos à proteção das relações jurídicas em face de terceiros é fundamento suficiente, ao lado da função social e da boa-fé objetiva, para impedir a responsabilização dos recorridos."

O julgador contemporâneo não pode se apegar a esse ou a aquele valor. Ao aplicar o Direito, faz-se necessário ter presente diversos vetores que se comunicam – e, por vezes, entram em conflito. Os princípios

---

24 STJ, 2ª T., REsp n. 468.062, Relator Ministro Humberto Martins, julgado em 11.11.2008.

do Direito evoluem constantemente, demandando perene humildade do jurista, aberto a aprender novamente todos os dias.

Os Tribunais, assim, fazem vivo o Direito, ao conjugar, para oferecer a melhor resposta jurisdicional, diversos princípios, demonstrando a necessidade de ciência e sensibilidade de seu aplicador. A relatividade dos contratos torna-se "relativa" para atender a outros valores dignos de proteção pelo ordenamento jurídico, o que se faz de forma fundamentada - ciente de que o Direito é um meio, não um fim.

# Teto das contribuições ao Sistema S: um estudo acerca da decisão do Superior Tribunal de Justiça no Tema 1079

*Marcus Vinicius Furtado Coêlho*[1]

**Sumário: 1.** Considerações iniciais. **2.** A evolução legislativa a respeito da limitação da contribuição para terceiros em vinte salários mínimos. **3.** A decisão do Superior Tribunal de Justiça no Tema 1079. **4.** A discussão acerca da modulação de efeitos da decisão. **5.** Considerações finais.

## 1. CONSIDERAÇÕES INICIAIS

O Sistema S é um conjunto de organizações que têm como objetivo principal proporcionar formação profissional, educação, cultura, lazer, saúde e assistência social aos trabalhadores brasileiros e suas famílias. Ele é composto por várias entidades, cada uma focada em um setor específico da economia. Dentre essas entidades podemos citar o SESI (Serviço Social da Indústria), o SENAI (Serviço Nacional de Aprendizagem Industrial), o SESC (Serviço Social do Comércio), o SEST (Serviço Social do Transporte) entre outros.

O Sistema S promove formação profissional e técnica para trabalhadores de diversos setores da economia e oferece serviços de saúde, educação, cultura e lazer para esses empregados e seus familiares. Esse amplo rol de atividades e serviços oferecidos é financiado por meio de contribuições parafiscais, isto é, tributos pagos por empresas de diversos setores, como indústria, comércio e serviços, que são destinados ao financiamento do chamado Sistema S.

Em outras palavras, as contribuições a terceiros são uma das formas pelas quais empresas (em regime de apuração de lucro real ou presumido) contribuem com a concretização de direitos sociais, como educação, saúde, lazer e bem-estar, destinadas predominantemente às entidades que formam o "Sistema S"[2]

1 Advogado, doutor em Direito Processual pela Universidade de Salamanca – Espanha, Ex-Presidente da OAB Nacional, Presidente da Comissão Constitucional da OAB.

2 RIGATO FILHO, Roberto; MAGDALENO, Rafael Tubone. **A limitação da base de cálculo das contribuições a terceiros em 20 salários.** Revista Eletrônica Con-

Em importante e recente julgamento, o Superior Tribunal de Justiça (STJ), ao apreciar o Tema 1079, decidiu que não se aplica o limite de vinte salários-mínimos à base de cálculo das contribuições ao Sistema S. O objeto do referido tema foi delimitado pelo tribunal nos seguintes termos:

> Tema 1.079. Definir se o limite de 20 (vinte) salários mínimos é aplicável à apuração da base de cálculo de "contribuições parafiscais arrecadadas por conta de terceiros", nos termos do art. 4º da Lei n. 6.950/1981, com as alterações promovidas em seu texto pelos arts. 1º e 3º do Decreto-Lei n. 2.318/1986.

O mencionado julgamento teve origem nos Recursos Especiais 1898532/CE e 1905870/PR, interpostos, respetivamente pelas empresas Cigel Industrial LTDA./Cigel Distribuidora de Cosméticos LTDA. e GCA – Distribuidora Comercial de Alimentos LTDA. Dada a relevância social e jurídica da matéria, os recursos foram afetados como representativos de controvérsia e submetidos à sistemática dos recursos repetitivos.

A discussão de fundo gira em torno do art. 4º e parágrafo único da Lei nº 6.950/81. O art. 4º estabelece que o limite máximo do salário-de-contribuição deve ser fixado em valor correspondente a vinte vezes o salário mínimo vigente. Já o parágrafo único do mencionado dispositivo estipulou que o referido limite de vinte salários mínimos deve ser aplicado às contribuições parafiscais arrecadadas por conta de terceiros, a exemplo do Sistema S.

Ocorre que o Decreto-lei nº 2.318/86 revogou a limitação do art. 4º, prevendo que "para efeito do cálculo da contribuição da empresa para a previdência social, o salário de contribuição não está sujeito ao limite de vinte vezes o salário mínimo, imposto pelo art. 4º da Lei nº 6.950, de 4 de novembro de 1981".

Diante da previsão do Decreto-lei nº 2.318/86, os contribuintes ajuizaram ações por defenderem o entendimento de que a revogação do limite de 20 salários-mínimos não se aplicaria às contribuições parafiscais arrecadadas por terceiros, uma vez que o parágrafo único do art. 4º da Lei nº 6.950/81 continuaria em vigor.

---

sultor Jurídico. Disponível em: https://www.conjur.com.br/2023-jan-21/rigato-magdaleno-base-calculo-contribuicoes-terceiros/ Acesso em: 25 jun. 2024.

## 2. A EVOLUÇÃO LEGISLATIVA A RESPEITO DA LIMITAÇÃO DA CONTRIBUIÇÃO PARA TERCEIROS EM VINTE SALÁRIOS MÍNIMOS

Há uma longa cadeia de atos normativos, entre leis e decretos, que regulamentam a base de cálculo das contribuições parafiscais. Assim, a correta compreensão do assunto, requer que se faça uma incursão histórica nas sucessivas legislações que tratam do tema, a fim de permitir um claro entendimento sobre quais as normativas em vigor se aplicam ao financiamento do Sistema S e se subsiste ou não, no ordenamento jurídico, a limitação na base de cálculo de vinte salários mínimos.

Inicialmente, a Lei Orgânica da Previdência Social - LOPS (Lei n. 3.807/1960), em seu artigo 76, inciso I, estabelecia que o limite máximo do salário de contribuição era de 20 (vinte) vezes o maior salário mínimo vigente no País, regulamentado pela Lei n. 5.890 de 08.06.1973. Já as contribuições recolhidas pela Previdência Social, mas destinadas a terceiros (SESI, SENAI, SESC e SENAC) ou fundos, passaram a ter a mesma base de cálculo das contribuições da Previdência Social, porém com o limite de 10 (dez) vezes o salário mínimo mensal de maior valor vigente no País, conforme dispôs o artigo 14 da Lei n. 5.890/1973.

Assim, como o limite aplicável às contribuições destinadas a terceiros estava previsto no artigo 14 da Lei n. 5.890/1973, o qual possuía regra de reajustamento próprio, a Lei n. 6.332/1976[3] não se aplicava a tais contribuições porque ela era específica para benefícios previdenciários e suas respectivas contribuições.

Consequentemente, em 25.02.1981, foi editado o Decreto-Lei n. 1.861, que, posteriormente alterado pelo Decreto-Lei n. 1.867, de 17 de abril de 1981, passou a dispor, em seu artigo 1º, que as contribuições devidas a terceiros incidiriam sobre o limite máximo de exigência das contribuições previdenciárias. Ou seja, voltaram a observar o limite máximo do salário de contribuição da Previdência Social de 20 (vinte) vezes o maior salário mínimo vigente no País.

Na sequência, em 04.11.1981, em seu artigo 4º, a Lei n. 6.950[4], objetivando corrigir a defasagem do valor do limite teto de contribuição em

3 A Lei n. 6.332/1976 desvinculou a contribuição à Previdência do salário mínimo, passando a adotar o denominado "fator de reajustamento salarial".

4 Lei n.º 6.950/81. Art 4º. O limite máximo do salário-de-contribuição, previsto no art. 5º da Lei nº 6.332, de 18 de maio de 1976, é fixado em valor correspondente a 20 (vinte) vezes o maior salário-mínimo vigente no País.

razão do processo inflacionário (decorrente do critério fixado pela Lei n. 6.332/1976), manteve o limite teto contributivo de 20 (vinte) vezes o salário mínimo vigente no País. Logo, revogou o critério de reajustamento que havia sido fixado pela Lei n. 6.332/1976.

Ademais, cumpre destacar que a regra estabelecida pelo artigo 4º, caput, da Lei n. 6.950/1981 foi instituída para as contribuições devidas à Previdência Social, eis que tratou do salário de contribuição destinado ao então INPS.

No que tange ao seu artigo 4º, parágrafo único, o valor do limite máximo do salário contribuição foi apenas estendido para a parcela devida a terceiros, de forma genérica, sem menção específica às entidades parafiscais.

Evidentemente, por tal razão não houve revogação das regras legais anteriores que instituíam o limite teto contributivo para as contribuições devidas a terceiros, tendo ocorrido apenas atualização do valor e alteração do critério de reajustamento do limite teto para todas as contribuições destinadas às entidades parafiscais, em consonância com o que determina o artigo 11 da LC n. 95/1998. Corroborando com tal entendimento, a ementa (preâmbulo) da Lei 6.950/1981 estabelece que a sua finalidade é a de fixar novo limite máximo do salário-de-contribuição previsto na Lei nº 6.332, de 18 de maio de 1976.

Posteriormente, em 30.12.1986, o Decreto-Lei n. 2.318/1986 foi editado provocando substancial alteração na matéria referente ao limite das contribuições devidas pelas empresas. Com efeito, o artigo 1º, inciso I, do referido diploma normativo, tratando de forma específica apenas das contribuições devidas ao SESI, SENAI, SESC e SENAC, revogou (...) "o teto limite a que se referem os artigos 1º e 2º do Decreto-lei nº 1.861, de 25 de fevereiro de 1981, com a redação dada pelo artigo 1º do Decreto-lei nº 1.867, de 25 de março de 1981".

Por sua vez, o respectivo artigo 3º do referido Decreto-Lei, mantendo as contribuições devidas à Previdência Social, afastou com relação às referidas contribuições o limite de teto (...) "imposto pelo art. 4º da Lei n. 6.950, de 4 de novembro de 1981".

Dessa forma, analisando o encadeamento histórico e o conteúdo normativo dos dispositivos acima transcritos, conclui-se que o Decreto-Lei n. 2.318/1986 foi editado essencialmente para extinguir o limite

Parágrafo único - O limite a que se refere o presente artigo aplica-se às contribuições parafiscais arrecadadas por conta de terceiros.

teto para todas as contribuições, tanto previdenciária (pelo artigo 3º) quanto as destinadas a terceiros, os quais foram expressamente designados pelo referido Decreto-Lei (SESI, SENAI, SESC e SENAC, cf. artigo 1º, caput, inciso I).

Com a promulgação da Constituição Federal de 1988, tais contribuições devidas a terceiros (entidades de serviço social e de formação profissional vinculadas ao sistema sindical) foram recepcionadas na qualidade de contribuições sociais de interesse de categorias econômicas ou profissionais (arts. 149 e 240, CF).

A partir da análise da evolução do histórico normativo da matéria, se depreende que atualmente não incide o limite de 20 salários mínimos para as contribuições devidas ao aos serviços sociais autônomos.

## 3. A DECISÃO DO SUPERIOR TRIBUNAL DE JUSTIÇA NO TEMA 1079

Como visto, a discussão foi levada ao STJ por meio de recursos especiais, os quais foram distribuídos à relatoria da ministra Regina Helena Costa. Em julgamento concluído em 13/03/2024, a Corte Superior concluiu pela não incidência do limite teto de vinte salários mínimos para as contribuições parafiscais por conta de terceiros.

Em seu voto, após longo apanhado da evolução normativa acerca do tema, a ministra relatora registrou que os objetivos do Decreto-Lei n. 2.318/1986, declarados na Exposição de Motivos, foram "[...] fortalecer as entidades responsáveis pelo aprendizado profissional e pelo desenvolvimento social da classe trabalhadora, no comércio e na indústria, estimular o aproveitamento intensivo do menor, bem assim incrementar as fontes de custeio da previdência social".

Em síntese, na evolução histórico-normativa apresentada, fez constar o seguinte:

> I. A base de cálculo das contribuições parafiscais foi igualada a das contribuições previdenciárias, limitadas, estas últimas, à importância de vinte vezes o maior salário mínimo vigente no País (Leis ns. 4.863/1965 e 5.890/1973);
>
> II. As contribuições destinadas a "terceiras entidades ou fundos" sujeitavam-se a teto menor, de dez vezes o maior salário mínimo em vigor (Lei n. 5.890/1973);
>
> III. Por sua vez, as contribuições destinadas ao SESI, SENAI, SESC e SENAC tiveram o limite máximo parificado ao das contribuições previdenciárias (Decreto-Lei n. 1.861/1981);

> IV. O *quantum* dessa limitação foi fixado em vinte salários mínimos (Lei n. 6.950/1981); e
>
> V. Os tetos previstos no Decreto-Lei n. 1.861/1981 foram revogados pelo art. 1º do Decreto-Lei n. 2.318/1986, e, pelo seu art. 3º, afastada a aplicação do limite máximo encartado no art. 4º, *caput*, da Lei n. 6.950/1981.

A decisão registrou, ainda, que as contribuições em tela foram expressamente recepcionadas pela Constituição da República, conforme disposto no seu art. 240: "Ficam ressalvadas do disposto no art. 195 as atuais contribuições compulsórias dos empregadores sobre a folha de salários, destinadas às entidades privadas de serviço social e de formação profissional vinculadas ao sistema sindical".

No tocante especificamente ao SENAI, SESI, SENAC e SESC, o Superior Tribunal de Justiça concluiu pela ausência de limitação para o cálculo das contribuições. Segundo registrou o acórdão, o escopo normativo do art. 4º da Lei n. 6.950/1976 e seu parágrafo único foi estabelecer um limite para o cálculo das contribuições recolhidas pelo então INPS por conta de terceiros, e incidentes sobre o salário-de-contribuição. Vale dizer, a norma do parágrafo único referia-se às contribuições parafiscais então recolhidas à Previdência Social, cuja base de cálculo fosse o salário-de-contribuição.

Razão pela qual, conclui-se que as contribuições parafiscais patronais, isto é, devidas pelas empresas e destinadas aos serviços sociais autônomos, não se submetiam ao limite imposto pelo art. 4º, parágrafo único, da Lei n. 6.950/1981, porquanto tinham – e ainda têm – base imponível distinta, vale dizer, a folha salarial.

Para além disso, o STJ entendeu ainda que o parágrafo único do art. 4º da Lei n. 6.950/1981 foi revogado, outra razão pela qual não se pode legalmente defender a limitação ao teto de 20 salários mínimos das contribuições destinadas ao sistema S.

Conforme asseverou, o Decreto-Lei n. 2.318/1986, ao tratar, nominalmente, dos serviços sociais autônomos, revogou, pelo seu art. 1º, I, a regra (teto) encartada no parágrafo único do art. 4º, vale dizer, extinguiu a extensão desse limite às contribuições parafiscais, outrora prevista no Decreto-Lei n. 1.861/1981[5].

5 Acórdão – Resp 1898532.

Concluiu, assim, que o art. 3º do Decreto-Lei de 1986, ao abolir a aplicação do teto de vinte salários mínimos, trouxe disposição posterior e contrária, e, por conseguinte, incompatível com o conteúdo do *caput* do art. 4º da Lei n. 6.950/1981, dedicado a disciplinar, unicamente, o limite máximo.

Interessante destacar, ainda, trecho citado na decisão da Corte Superior do parecer exarado pelo Ministério Público acerca do caso:

> No caso, assim, a edição do art. 3º do DL 2.318 privou o art. 4º da Lei 6.950 de toda validade, ao nada dele ressalvar. Afinal, como nota Kelsen, mesmo quando a lei posterior se refere à anterior, não se tem aí a manutenção de pedaços de normas, mas apenas um expediente de legislação simplificada, ou seja, a forma encurtada de se editar norma por inteiro nova com conteúdo parcialmente alterado. Portanto, a falta de ressalva do parágrafo único do art. 4º fez com que desaparecesse. O teto das contribuições, ordenado pela lei velha, desapareceu com a lei nova, à falta de sua repetição: o antigo limite perdeu sua referência textual e normativa. (fl. 338e do REsp n. 1.905.870/PR).

Por fim, reforça-se o fundamento em favor de uma interpretação sistemática e teleológica do Decreto-Lei n. 2.318/1986. Isso porque fica evidente que a referida legislação, quando analisada em sua totalidade, foi editada para fomentar os serviços sociais autônomos, por meio do incremento de suas receitas. Por essa razão, interpretação diversa, no sentido de que perduraria o limite às contribuições, iria de encontro à própria razão de ser da norma e ao objetivo por esta pretendido.

A partir desses fundamentos, o Superior Tribunal de Justiça julgou o mérito da questão e firmou a seguinte tese:

> *i)* a norma contida no parágrafo único do art. 4º da Lei n. 6.950/1981 limitava o recolhimento das contribuições parafiscais cuja base de cálculo fosse o salário-de-contribuição; e *ii)* os arts. 1º e 3º do Decreto-Lei n. 2.318/1986, ao revogarem o *caput* e o parágrafo único do art. 4º da Lei n. 6.950/1981, extinguiram, independentemente da base de cálculo eleita, o limite máximo para o recolhimento das contribuições previdenciárias e parafiscais devidas ao SENAI, SESI, SESC e SENAC.

Portanto, a partir do julgamento do tema 1079 pelo Superior Tribunal de Justiça, restou pacificado o tema, não mais subsistindo dúvidas quanto à inexistência de limitação para o recolhimento das contribuições parafiscais por conta de terceiros.

## 4. A DISCUSSÃO ACERCA DA MODULAÇÃO DE EFEITOS DA DECISÃO

No mesmo julgamento, o STJ procedeu à modulação dos efeitos da decisão. A Corte entendeu ter havido mudança de entendimento na jurisprudência do Tribunal, afirmando haver decisões de ambas as Turmas do STJ em sentido contrário à tese firmada, ou seja, pelo reconhecimento da limitação, em vinte salários mínimos, da base de cálculo das contribuições ora examinadas.

Portanto, uma vez verificada a existência de *overruling*, isto é, da superação do entendimento jurisprudencial então vigente, e em observância à estabilidade e à previsibilidade dos precedentes judiciais, entendeu por bem modular a decisão. Os efeitos do julgado foram modulados especificamente em

> (...) relação às empresas que ingressaram com ação judicial e/ou protocolaram pedidos administrativos até a data do início do presente julgamento, obtendo pronunciamento (judicial ou administrativo) favorável, restringindo-se a limitação da base de cálculo, porém, até a publicação do acórdão.

Conforme se nota, à exceção das empresas que interpuseram os recursos especiais e que foram sucumbentes em todas as instâncias, a eminente Ministra Relatora propôs a modulação dos efeitos da decisão que vier a confirmar o seu voto com relação a empresas que tenham ingressado até a data do início do julgamento com ações e pedidos administrativos exitosos relativamente ao tema julgado em seu voto, restringindo-se a limitação da base de cálculo, porém, até a publicação do acórdão.

Contudo, faz-se necessário se debruçar mais detidamente acerca da premissa fundamental sobre a qual se baseou a modulação de efeitos, qual seja a de que teria havido alteração de jurisprudência pacífica acerca do tema. Essa análise se faz pertinente posto que, uma vez inexistente tal premissa, a modulação de efeitos é incabível, por força das previsões normativas acerca do assunto.

Ao que se infere da modulação aplicada pela Corte, as empresas que seriam beneficiárias não seriam titulares de decisões definitivas, vale dizer, transitadas em julgado, mas de decisões marcadas pela provisoriedade e que, por isso mesmo, estariam sujeitas à revisão mediante a sistemática de impugnação e recursos. Não fosse assim, não haveria necessidade de modular efeitos com relação a empresas que houvessem obtido decisões definitivas, vale dizer, transitadas em julgado com relação à matéria consubstanciada no tema em discussão. Em outras palavras, a coisa julgada não poderia ser afetada ou desconstituída por via da decisão proferida nos recursos especiais improvidos.

Ademais, no caso objeto do presente estudo, não se verifica o pressuposto básico para a modulação de efeitos, que é a alteração da jurisprudência dominante do Superior Tribunal de Justiça sobre o tema julgado nos recursos especiais em referência, vale dizer, a alteração de jurisprudência sedimentada ou consolidada do Tribunal. E isto não ocorre na espécie, pois não se tem notícia da existência de decisões transitadas em julgado das duas Turmas integrantes da 1ª Seção, ou mesmo da própria 1ª Seção sobre o tema que está sendo solucionado no julgamento.

As empresas recorrentes procuraram mostrar, sem êxito, a existência de jurisprudência consolidada ou sedimentada do STJ sobre o tema em sentido oposto ao que veio a ser decidido. Isso porque, além de só existirem precedentes isolados com relação ao tema, os precedentes não se aplicam em absoluto ao caso das entidades integrantes do referido "Sistema S".

Exemplificativamente, veja-se que o RESP nº 953.742/SC mencionado para fundamentar a suposta jurisprudência do STF em sentido contrário, teve como objeto a tese jurídica do salário-contribuição para fins de recolhimento do salário-educação e INCRA. Ou seja, não examinou o caso das contribuições às entidades do "Sistema S" objeto dos recursos especiais em julgamento no tema 1079. Apesar disso, está relacionado como precedente integrante da alegada existência de jurisprudência consolidada em favor das recorrentes.

No tocante à conceituação de jurisprudência predominante, ao apreciar Questão de Ordem sobre a possibilidade de modulação de efeitos temporais da decisão com que o Supremo Tribunal Federal deu provimento a recurso extraordinário da União[6] para negar a determinada empresa o direito ao creditamento do "IPI - insumo - alíquota zero", o Plenário da Suprema Corte rejeitou a Questão de Ordem mediante a consideração de que só se pode cuidar excepcionalmente da modulação de efeitos quando efetivamente ocorrer substancial alteração da juris-

6 RE nº 353.657/PR, Rel. Min. MARCO AURÉLIO, DJ de 22/10/2007.

prudência sedimentada ou consolidada do Tribunal, consubstanciando o que ali se denominou de "virada jurisprudencial", consoante se colhe de alguns votos representativos do entendimento prevalecente.

O ministro Carlos Britto rejeitou a Questão de Ordem visando a modulação de efeitos da decisão de provimento do referido recurso extraordinário dizendo que a proposta seria "excelente para um caso típico de consolidada jurisprudência, e cristalizada jurisprudência, naquele sentido de múltiplas decisões convergentes, uniformes, no mesmo sentido". Mas, a rigor, não era o caso porque as decisões existentes no âmbito da Suprema Corte, em sua maioria, eram decisões colegiadas impugnadas por recursos internos, existindo diversas decisões monocráticas não confirmadas pelas Turmas ou pelo Plenário, embora se pudesse identificar alguma decisão que tivesse transitado em julgado.

Já o eminente Ministro Eros Grau, por sua vez, ponderou que realmente não há que se cogitar de modulação de efeitos de decisões proferidas em processos subjetivos, como era o caso do julgamento do recurso extraordinário que o Plenário acabara de realizar, sem a verificação segura da ocorrência de seu pressuposto basilar: alteração da jurisprudência pacífica da Corte sobre determinado tema jurídico.

Afinal, concluiu que o exame do caso concreto lhe permitia afirmar que "O que detém força de verdade legal é a coisa julgada, cuja autoridade, quando reiterada, faz jurisprudência". E isso não se verificava no caso concreto então examinado, pois existiam decisões isoladas da Suprema Corte veiculando entendimento favorável à parte recorrida, mas não se poderia falar na existência de jurisprudência pacífica ou consolidada sobre a matéria.

O ministro Sepúlveda Pertence também aderiu ao entendimento prevalecente da esmagadora maioria do Plenário da Suprema Corte ao pontuar que, naquele caso, não se cuidava de "virada de jurisprudência, mas de reversão de um precedente, é o que se veio a dar, em função da mudança da composição do Tribunal e da rediscussão longa do assunto, nesses casos em que hoje se suscita a questão de ordem". Por isso mesmo, concluiu que ficara impressionado também com "o argumento versado pela Fazenda, e hoje enfatizado pelo magnífico voto do Ministro Marco Aurélio, de que essa modulação com relação aos casos concretos pode levar a um tratamento diferenciado e insolúvel, em função dos prazos prescricionais e decadenciais consumados" no tocante às empresas que não ingressaram em juízo.

Noutra perspectiva, o que se verifica do acórdão proferido no tema 1079, objeto deste estudo, é a modulação de efeitos generalizantes, com eficácia expansiva para além dos limites objetivos e subjetivos da causa, sendo certo, ainda, que propõe, nada mais nada menos, do que a prorrogação de vigência de preceitos normativos reconhecidamente revogados com relação à pretensão de limitação da base de cálculo das contribuições devidas às entidades do "Sistema S".

Estas são, em síntese, algumas objeções relevantes a serem consideradas ao apreciar a decisão do Superior Tribunal de Justiça, notadamente no que diz respeito à modulação de efeitos aplicada.

## 5. CONSIDERAÇÕES FINAIS

A modulação de efeitos tem sido muito usada pelo Supremo Tribunal Federal, mas passou a ser adotada muito recentemente pelo STJ nas causas tributárias, em dezembro de 2023. É necessário que os critérios e hipóteses de cabimento da modulação sejam verificados e aplicados com rigor, a fim de permitir a segurança jurídica e isonomia na aplicação das decisões do Tribunal.

Na realidade, no caso aqui analisado, modularam-se os efeitos de decisão judicial que reconheceu e declarou a ocorrência de revogação de normas legais - especificamente com relação ao SESI, SENAI, SESC e SENAC, e não uma alteração na sua interpretação. A modulação impacta não apenas em seus aspectos *temporais* (eficácia prospectivas às normas revogadas), mas também em seus aspectos *subjetivos* (para beneficiar alguns contribuintes, não a todos) sem que, contudo, possa se falar, no caso, da existência pretérita de "jurisprudência dominante" ou "jurisprudência pacificada" do STJ quanto ao específico tema versado nos autos dos recursos especiais.

Em não havendo inequívoca virada jurisprudencial, não se pode modular efeitos da decisão, sob pena de violação princípios constitucionais da segurança jurídica e da confiança legítima. Isso porque estabeleceu-se uma modulação de efeitos sem que existentes os seus pressupostos fundamentais em um caso no qual se reconheceu a revogação do parágrafo único do art. 4º da Lei 6.950/1981 especificamente com relação ao SESI, SENAI, SESC e SENAC pelo art. 1º do Decreto-Lei nº 2.318/1986. Contudo, referida norma não foi examinada pelo STJ nos precedentes apontados para se defender que havia jurisprudência dominante sobre o assunto.

Por fim, importa destacar que aqui não se tem mais um caso típico de direito tributário, que tem como consequência eventual redução da carga tributária para os contribuintes. O que se tem aqui é diferente: trata-se do funcionamento de relevantes entidades com décadas de serviços sociais prestados a trabalhadores de todos os setores ou segmentos da sociedade.

As contribuições destinadas ao SESI e ao SENAI, por exemplo, conforme já assentado pelo Supremo Tribunal Federal no julgamento do RE nº 138.284/CE, são classificadas como contribuições sociais gerais e destinadas à manutenção ou ao custeio das atividades estatais relacionadas à ordem social.

No momento da realização do presente estudo, ainda pendem de julgamento, pelo STJ, diversos embargos de declaração opostos em face do acórdão, exatamente questionando a modulação de efeitos aplicada ao caso.

O Superior Tribunal de Justiça terá, portanto, quando do julgamento dos embargos, o desafio de analisar as alternativas possíveis e suas respectivas consequências para permitir um resultado prático que melhor atenda ao interesse público. Trata-se de processo decisório inaugurado pela Lei Federal nº 13.655/18, que alterou significativamente a Lei de Introdução às Normas do Direito Brasileiro - LINDB, com a inserção de um novo modelo pragmatista e consequencialista de tomada de decisões pelos órgãos de controle brasileiros, inclusive o Poder Judiciário, de forma a levar à ponderação das alternativas existentes e suas respectivas consequências para o atingimento do valor abstrato que se pretende tutelar: o interesse público relacionado à concretização dos fins institucionais das entidades.

Para Marçal Justen Filho, o novo processo decisório inaugurado pela LINDB "exige a concretização de normas e valores ideais, o que impõe tomar em consideração as situações da realidade. Se uma norma pode propiciar diferentes conclusões para o caso concreto, é indispensável analisar os potenciais efeitos pertinentes a cada qual[7]".

Ainda segundo Marçal Justen Filho

7 JUSTEN FILHO, Marçal. **Art. 20 da LINDB - Dever de transparência, concretude e proporcionalidade nas decisões públicas.** Revista De Direito Administrativo, 13–41. Disponível em: <https://doi.org/10.12660/rda.v0.2018.77648> Acesso em: 25 jun. 2024.

> a previsão dos efeitos práticos da decisão é indispensável para determinar a compatibilidade da escolha realizada com o valor abstrato invocado. Como observado, o valor em sua dimensão abstrata comporta uma pluralidade de significados e compreende decorrências variadas. O processo de concretização do valor envolve não apenas a escolha de um dentre esses diversos significados, mas também exige a ponderação quanto ao resultado prático que será produzido pela decisão adotada. A previsão dos efeitos práticos da solução adotada é indispensável para verificar a compatibilidade entre a dita decisão e o próprio valor invocado de modo abstrato.

Como o produto da arrecadação das contribuições dos serviços sociais autônomos, considerada a compulsoriedade de aplicação de recursos em atividades de cunho social, enseja o alcance da função social desses tributos, parece lógico concluir que a equivocada modulação, baseada inclusive em precedentes (colegiados e monocráticos) que sequer são aplicáveis ao SESI, SENAI, SESC e SENAC e foram em sua maior parte tornada sem efeito, ensejará a perda de centenas de milhões de reais que deixarão de ser aplicados na execução de suas atividades sociais finalísticas. Portanto, a modulação realizada pode significar reduzir o acesso da população aos direitos sociais previstos no art. 6º da Constituição Federal.

## REFERÊNCIAS

JUSTEN FILHO, Marçal. **Art. 20 da LINDB - Dever de transparência, concretude e proporcionalidade nas decisões públicas.** Revista De Direito Administrativo, 13–41. Disponível em: <https://doi.org/10.12660/rda.v0.2018.77648> Acesso em: 25 jun. 2024.

RIGATO FILHO, Roberto; MAGDALENO, Rafael Tubone. **A limitação da base de cálculo das contribuições a terceiros em 20 salários.** Revista Eletrônica Consultor Jurídico. Disponível em:

https://www.conjur.com.br/2023-jan-21/rigato-magdaleno-base-calculo-contribuicoes-terceiros/ Acesso em: 25 jun. 2024.

# Reflexões sobre a atuação judicial com relação à governança do ciberespaço

*Karina Nathércia Sousa Lopes*[1]

**Sumário:** Introdução; **1.** Natureza do ciberespaço como espaço sociológico de interações entre as pessoas e a necessidade de perquirição sobre o exercício de controle de seu conteúdo; **2.** Sobre necessidade de governança do ciberespaço; **3.** Ciberespaço e reflexões sobre a atuação judicial; **4.** Elocubrações sobre democracia e ciberespaço; conclusão.

## INTRODUÇÃO

O presente texto vem trazer indagações sobre o ciberespaço como espaço de exercício da liberdade de expressão, e de como é possível realizar a sua governança, destacando o papel de protagonista que tem sido realizado pelo Judiciário, com análise sobre construção jurisprudencial que vem ocorrendo no Superior Tribunal de Justiça.

Primeiramente, serão realizadas reflexões sobre a natureza do ciberespaço, suas consequências e eventual necessidade de controle de seu conteúdo. Nesse contexto, será debatida a necessidade de governança do ciberespaço, e sobre quem são os atores que devem fazê-lo.

Bem assim, serão trazidas algumas reflexões sobre o papel do Judiciário e sobre a imprescindibilidade de reflexão sobre a governança no ciberespaço considerando a necessidade de proteção e promoção de direitos fundamentais, sobretudo da liberdade de expressão, bem como do Estado Democrático de Direito.

## 1. NATUREZA DO CIBERESPAÇO COMO ESPAÇO SOCIOLÓGICO DE INTERAÇÕES ENTRE AS PESSOAS E A NECESSIDADE DE PERQUIRIÇÃO SOBRE O EXERCÍCIO DE CONTROLE DE SEU CONTEÚDO

Constata-se que a ciberespaço surgiu de forma estarrecedora para os cidadãos comuns que a olhavam com fascínio e desconfiança, começando a fazer parte da vida das pessoas em suas variadas interrelações pessoais, sociais, profissionais, intelectuais, dentre outras. E diante de

1 Advogada da União, Procuradora Nacional da União da Defesa da Democracia

tal quebra de paradigma sociológico em termos de nova forma de interação social, exsurgiu a necessidade de entender o ciberespaço, sua natureza ontológica, sua distinção com os espaços físico-reais, tudo para fins de um início de reflexão sobre os impactos, de todas as ordens, que o ciberespaço pode provocar em nosso cotidiano.

Julie E. Cohen,[2] estudando a natureza do ciberespaço como um espaço à parte para fins de entendê-lo, alega que o importante não é definir que tipo espaço pode ser classificável como ciberespaço, mas sim como é e como será o espaço do mundo que o inclui em suas interrelações variadas.

Assim, ela argumenta que não é necessário decidir que tipo de espaço separado é ciberespaço, mas o que interessa é a investigação de como o ciberespaço pode mudar o espaço experienciado, não sendo necessário, portanto, que se conclua que o ciberespaço é fenômeno unitário ou um lugar, devendo-se, na verdade, entendê-lo como uma multiplicidade de lugares e experiências, que estão conectados ao espaço vivenciado de muitas formas variadas.

Assim, ela entende que o ciberespaço deve ser compreendido indubitavelmente levando em consideração que ele faz parte do espaço vivido por todos, sem olvidar, portanto, as variadas conexões vivenciadas pelas pessoas em suas relações. Para ela, uma verdadeira promissora teoria do ciberespaço deve considerar a ascensão do espaço em rede, e sobretudo o espaço corporificado e as formas pelas quais o espaço em rede altera e interrompe esse espaço corporificado, como influencia e atinge as geografias de poder.

E faz uma crítica a uma construção metafórica do ciberespaço como espaço separado que possa fundamentar e apoiar uma reivindicação de conceituação de diferença do que se entenda por ciberespaço e mundo real, o que pode se dar às custas do real significado do ciberespaço experimentado por seus usuários da vida real, destacando que isso tende a negar a espacialidade corporificada dos usuários do ciberespaço, os quais estão situados em ambos os espaços ao mesmo tempo.

Ressalte-se, assim, o quanto tais reflexões da autora em foco são importantes neste momento político mundial, mas também se pode dar muita ênfase com o que ocorre no Brasil, porquanto o entender o espaço

2 **Configuring the Networked Citizen**, Stanford, Cal.: Stanford University Press, 2012.

do ciberespaço como apartado do mundo real, como se não se pudesse entender que os usuários estão situados em ambos os espaços ao mesmo tempo, tende a negar a espacialidade corporificada dos usuários do ciberespaço, o que, em última análise, pode sim levar a uma dificuldade de responsabilidade do usuário do ciberespaço que está por trás dos teclados do computador ou do celular.

Daí se percebe a importância de debates filosóficos e sociológicos sobre o que é o ciberespaço, sobre nossas interações, as mais variadas, que nela ocorrem, para que as plataformas digitais não sejam ambientes justificadores de atuações sem nenhum tipo de responsabilização.

Portanto, concluindo-se que não há como entender o ciberespaço como apartado do mundo real e que é de extrema relevância considerar não somente o projeto técnico, a arquitetura digital, mas também a regulamentação legal específica à seara digital, não se pode esquecer de um dos autores mais debatidos e influenciadores acerca do tema da regulação da ciberespaço, que é Lawrence Lessig,[3] o qual propõe quatro mecanismos não excludentes de regulação do ciberespaço, quais sejam, o direito, as normas sociais, o mercado e a arquitetura da rede. Ele discorda da ideia difundida nos primórdios do aparecimento do ciberespaço de que esta seria incontrolável.

As normas jurídicas inibem comportamentos desviantes *ex ante*, preventivamente, portanto, e os que descumprem as normas, sofreram as sanções *ex post*. Já as normas sociais são advindas espontaneamente dos mais diversos grupos sociais, nas comunidades virtuais, em decorrência de valores compartilhados entre si. Outro meio regulatório do ciberespaço é a economia, porquanto o fator econômico conduz comportamentos, considerando que o custo de determinado serviço pode estimular ou mitigar o acesso às plataformas digitais. Por fim, pontua outro importante meio regulatório do ciberespaço que é a regulação invisível realizada pela própria arquitetura da rede, mapeando e direcionando os comportamentos de todos os usuários da rede.

Vê-se, assim, que essa é a premissa estabelecida para nossa análise sobre o exercício da liberdade de expressão nas plataformas digitais, que o ciberespaço não tem um conceito exato e que não é incontrolável, importando, portanto, o estudo sobre as consequências fático-jurídicos do ciberespaço num mundo em que é ele uma das principais formas de interação social e negocial.

---

3 **Code 2.0.** New York: Basic Books. 2006.

De consequência, é intuitivo que emerge uma necessidade incontestável de regulação, e, como destacado pelo autor citado acima, expoente dos estudos do ciberespaço, não se pode aceitar apenas uma forma de regulação do ciberespaço, que é um ambiente de comunicação de alta complexidade que exige melhor consideração de todos os envolvidos em seu desenvolver.

Necessário, assim, refletir sobre o ciberespaço como espaço de crescente e permanente concretização de interrelações entre as pessoas e sobre as consequências jurídicas, judiciais, sociais, etc., de tais interrelações, extirpando qualquer falsa sensação, que às vezes ainda parecer existir, que é um território à parte das consequências do mundo real experienciado, no qual tudo se pode fazer e falar.

Como bem destacado por Susan P. Crawford,[4] qualquer um pode alcançar uma audiência de milhões a um custo trivial e o ciberespaço é muito mais do que fios e cabos, é um ambiente complexo no qual as ações de bilhões de seres humanos autônomos estão constantemente criando formas persistentes e não lineares de ordem e criatividade.

Diante de tal quebra de paradigma social, em termos de nova forma de interação social, um direito fundamental passou a ser exercido de forma intensa e ilimitada, o direito fundamental da liberdade de expressão, inobstante não seja um direito fundamental absoluto.[5]

E nesse ambiente das plataformas digitais de acesso fácil e disseminação rápida e global, milhares de pessoas têm exercido a liberdade de expressão, e isso tem sido crescente, e em algumas situações concretas há consequências jurídicas civis, criminais e constitucionais, e a governança no ciberespaço não tem conseguido impedir por completo veiculações ilícitas, cabendo ao Estado, por meio do Judiciário, uma atuação posterior de contenção de danos.

4 **Network Rules.** In: http://law.duke.edu/journals/lcp/. Acesso em 25 fev 2023.

5 SUNSTEIN, Cass. **Republic: Divided Democracy in the age of social media.** Princeton: Princeton University Press, 2018, p. 200-202. Conforme destaca tal autor nesta mesma obra: "Free speech is never an Absolute. Every democratic system regulates some forms of speech not merely by creating property rights, but also by controlling a variety of forms of expression, such as perjury, bribery, threats, child pornography, and fraudulent comercial advertising (not to mention viruses sent by e-mail). The question is how we can regulate some kinds of speech while promoting the values associated with system of free expression, emphatically including democratic self-government" (p. 258).

Portanto, percebe-se que o crescente exercício de liberdade de expressão pelos cidadãos nas plataformas digitais, que têm causado consequências de naturezas variadas, inclusive ilícitas, tem sido tema objeto de análise, debate e julgamento pelo Judiciário, e o Superior Tribunal de Justiça tem sido instado a decidir casos que envolvam remoções de conteúdo no ciberespaço, começando, de consequência, a formar uma jurisprudência acerca de tema tão relevante para toda a sociedade.

## 2. SOBRE A NECESSIDADE DE GOVERNANÇA DO CIBERESPAÇO

O ciberespaço trouxe avanços inegáveis no processo de circulação informacional na sociedade, porquanto houve democratização do acesso à informação, com mais acesso a ampla gama de conhecimentos e de opiniões.

Diante de tal revolução tecnológica que levou a uma intensa vida virtual experienciada diuturnamente pelos cidadãos, mostrou-se necessário pensar sobre a governança do ciberespaço, o que conduz atualmente a intensos debates em níveis nacional e internacional sobre a necessidade de sua regulamentação.

Destaque-se que o conceito de governança é escorregadio, caracterizando-se como um termo de difícil operacionalização, com quase nenhuma pista ou direcionamento sobre sua ideal estrutura, ou correto processo e quais atores específicos deveriam participar obrigatoriamente de sua execução.

O termo governança do ciberespaço existe há quase duas décadas e é, portanto, mais antigo do que a maioria das organizações, processos, atores e questões que vêm surgindo acerca da vida em rede. Foi cunhado em meados da década de 1990 e tem tido seu significado debatido e ampliado consideravelmente.

Conforme Dmitry Epstein et. al.,[6] conceito de governança em si ainda é controverso e objeto de reflexões e incertezas. O conceito de governança no ciberespaço é uma grande fonte de incertezas. Destacam que o uso acadêmico do termo governança do ciberespaço começou por volta de 1996 no US. O Harvard Information Infrastructure Project, o predecessor do Berkman Center, fez duas publicações que discutiram vários

6 **Doing internet governance: practices, controversies, infrastructures, and institutions.** Internet Policy Review, 5(3). DOI: 10.14763/2016.3.435, 2016.

problemas da governança do ciberespaço, explicando que tais publicações introduziram as questões conceituais que moldaram as pesquisas sobre governança no ciberespaço e definiram seu escopo. Explicitam, ainda, que, com a fundação da ICANN em 1998, houve uma mudança na pesquisa sobre governança do ciberespaço voltada para aspectos institucionais, incluindo a processos políticos e seus diversos atores.

Propõem, assim, que deve ser repensada a governança do ciberespaço com retirada da ênfase tão somente em questões macro de política e poder, mas também devendo haver protagonismo de análise das práticas mundanas, como práticas na constituição do design, regulação e uso da tecnologia, que constituem a concepção, regulamentação, manutenção e uso de técnicas e arranjos institucionais de sua governança.

Concluem que a ideia primordial deve ser um repensar a governança do ciberespaço com inclusão da análise da diversidade de sua governança, com inclusão de ambientes com baixa formalização, formas organizacionais heterogêneas, grande número de atores e distribuição massiva de autoridade e poder de decisão.

Uma interessante conclusão dos autores é no sentido de que governança técnica e política estão cada vez mais entrelaçadas, o que faz necessário reconhecer a pluralidade desses modos de governança, bem como entender que eles não podem ser totalmente separados. Nesse diapasão, que destacam a necessidade de revisitação do *multistakeholderism,* defendendo que os resultados socialmente desejáveis devem ser perseguidos por combinações de intervenções políticas e tecnológicas em diferentes camadas do ciberespaço por diversos atores.

Outro interessante estudo sobre o tema da governança no ciberespaço, foi o desenvolvido por Jeanette Hofmann et. al.,[7] que ressalta exatamente esse raciocínio de que envolve muitos atores, bem como que a real governança é descentralizada e emergente, menos hierárquica e autoritativa, realizada pela interação de milhares de operadores de rede, serviços de provedores conectados com protocolos do ciberespaço.

Ao final, tais autores fazem uma proposta de uma governança realizada como uma coordenação reflexiva, como um processo contínuo e heterogêneo de ordenação sem um início e um fim claros.

7 **Between coordination and regulation: Finding the governance in Internet governance.** Berlim: New Media & Society, 2016.

Percebe-se quantos estudos existem sobre a natureza do ciberespaço, sobre seu conceito, sobre a possibilidade de sua regulação, sobre a necessidade de sua governança, e pode se afirmar que tais questionamentos que vêm sendo desenvolvidos há décadas ganham força num momento mais virtualizado de todas as sociedades com a chegada da pandemia do covid-19, em que houve uma clara intensificação de forma de interação negocial e social via ciberespaço, o que faz florescer a emergência de contínuos estudos acerca do tema.

No Brasil, foi estabelecido o Marco Civil da Internet, instituído pela Lei n. 12.965, de 23/4/2014, que trata de princípios, garantias, direitos e deveres para o uso da Internet no Brasil. O Marco Civil da Internet, no Brasil, foi estabelecido tendo como premissa o resguardo da liberdade de expressão e foi prescrito desenho legal no sentido de que as plataformas digitais não são responsáveis pelos conteúdos de terceiros.

Há responsabilidade civil de provedor de internet, websites e gestores de aplicativos de redes sociais, conforme art. 19 do Marco Civil da Internet (Lei nº 12.965/14), com relação à retirada de perfil falso ou indisponibilidade de conteúdo apontado como infringente à legalidade, somente após ordem judicial específica.

Portanto, somente é possível se cogitar da responsabilidade civil do provedor de aplicações do ciberespaço por danos decorrentes de conteúdo gerado por terceiros após ordem judicial específica.

Tal legislação atualmente está sob debate no Supremo Tribunal Federal que reconheceu a repercussão geral, conforme Tema n. 987, por meio do qual se discute a constitucionalidade do art. 19 da Lei n. 12.965/2014 (Marco Civil da Internet) que determina a necessidade de prévia e específica ordem judicial de exclusão de conteúdo para a responsabilização civil de provedor de internet, websites e gestores de aplicativos de redes sociais por danos advindos de ilicitudes praticadas por terceiros.

Dessarte, diante do fato de que as atuações no ciberespaço podem afetar direitos individuais e coletivos, é que se vem discutindo o modelo de responsabilidade definido pelo art. 19 do Marco Civil da Internet e a necessidade de uma regulamentação do funcionamento do ciberespaço.

Vê-se, assim, que para fins da melhor governança do ciberespaço, diversos atores são interessados e devem envidar esforços para tornar o espaço digital inclusivo e seguro para todas os cidadãos, o que inclui o Estado, as plataformas digitais, dentre outros, tendo sempre como guia a defesa inarredável do direito à liberdade de opinião e expressão e o direito de acesso à informação. E, nesse contexto, a função jurisdicional é imprescindível para assegurar que o ambiente virtual funcione da maneira mais segura e eficiente para toda a sociedade e o Superior Tribunal de Justiça tem participado de tal governança com produção jurisprudencial que está moldando o funcionamento do ecossistema digital no Brasil.

## 3. CIBERESPAÇO E REFLEXÕES SOBRE A ATUAÇÃO JUDICIAL

Sabe-se que se vive um modelo intervencionista de Estado, o que faz recair sobre o Judiciário intensas expectativas e pressão da sociedade no sentido de consecução dos difíceis objetivos desenhados pela Constituição Federal de 1988, estimulando-se, ao final, o ativismo judicial.

Pode-se concluir sim que a mudança para o ativismo judicial, em nosso país, decorreu da emergência em responder ao legado antidemocrático.[8] Nesse caminhar histórico com postura ativista do Judiciário, ele tem configurado um participante ativo da construção das novas sensibilidades jurídicas da sociedade.

Michael Tonry[9] destaca que o conceito de sensibilidade jurídica é utilizado nas ciências sociais, configurando o sentimento sobre os direitos e deveres, sobre a aplicabilidade de leis e seu descumprimento, variando de acordo com o espírito filosófico de cada época. Nesse sentido, percebe-se que as redes sociais têm participado da construção e da mudança das sensibilidades jurídicas.

Para fins de trazer luz a tais considerações, necessário tecermos algumas ponderações e fazermos uma análise do papel do Judiciário ao longo da história. Percebe-se que o Judiciário se tornou importante ator político em nosso regime democrático, definidor dos rumos políticos do país em diversas situações, com um efetivo exercício de sua prerrogativa de dar a última palavra institucional, tendo uma influência determinante nos destinos de toda a sociedade, fato perceptível quando se observa o impacto de decisões dos Tribunais Superiores.

O Judiciário, atuando em diversas situações de debate de conteúdo de direitos fundamentais, funciona como prolator da última palavra ins-

---

8 Juliano Benvindo ressalta a necessidade, à época da promulgação da CF/88, de incrementar o poder do Judiciário para obstar o retorno à época de autoritarismo. (**On The Limits of Constitutional Adjudication: Deconstructing Balancing and Judicial Activism.** Heidelberg; New York: Springer, 2010, p. 91-92)

9 TONRY, Michael. **Thinking about crime: sense and sensibility in America penal culture.** Oxford: OxfordUniversity Press, 2004.

titucional, fazendo parte da tensão paradoxal e produtiva que deve existir entre democracia e constitucionalismo, tensão esta que estimula um diálogo institucional pulsante e uma aprendizagem contínua a respeito do que deve ser inserido no conteúdo dos direitos.

O ministro do Supremo Tribunal Federal Luís Roberto Barroso[10] identifica o Judiciário como protagonista, destacando seu papel de resguardar o processo democrático e promover os valores constitucionais, superando o *deficit* de legitimidade dos demais poderes.

Nessa seara, relevante ressaltar que o Judiciário não era considerado um ator importante em política pública, tradicionalmente, na história do exercício do seu mister institucional. Partia-se da premissa de que o papel do Judiciário é realizar a produção do código de direito, isto é, tem a tarefa institucional de dizer o que é lícito ou ilícito, o que levaria à conclusão de que seu papel circunscreve-se tão somente à produção jurídica. Contudo, o Judiciário faz parte do sistema político complexo que é exercido em nossa democracia, interferindo, consequentemente, na tomada de decisão política. Num sistema político consensual e pluralista, como o nosso, no qual a tomada de decisão é altamente custosa tanto pelo Executivo quanto pelo Legislativo, o Judiciário acaba por funcionar como mais um mecanismo de controle da política pública e um tomador de decisão importante em matéria de política pública, diante de uma governabilidade tão custosa e dificultosa num presidencialismo de coalizão.

No exercício de seu papel institucional, o Judiciário não configura um ente tão somente aplicador das leis, como exercício de função robótica sem nenhuma agregação de novas sensibilidades jurídicas, sem desempenho de um papel político pautado por princípios jurídicos. Na verdade, sem seu papel institucional, participa na democracia da definição dos rumos de nossa sociedade e do Estado. Configura, assim, um participante a mais no diálogo institucional juntamente com outros poderes.

De suma relevância, por conseguinte, que o Estado esteja aberto a abraçar as mudanças sociais que clamam por consideração e acolhimento e, nesse contexto, com tantas interações sociais rápidas nas plataformas digitais com consequências com efeitos incalculáveis sobre pessoas e territórios diversos, é que o Judiciário tem surgido como importante

10 BARROSO, Luis Roberto. **Neoconstitucionalismo e constitucionalização do Direito. O triunfo tardio do Direito Constitucional no Brasil.** Jus Navigandi, Teresina, ano 9, n. 851, 1 nov. 2005.

participante na definição das sensibilidades jurídicas e de suas consequências nas interações no ciberespaço.

E nesse contexto do ciberespaço, são diversos *stakeholderes* que realizam a governança das atuações virtuais, como os provedores, os usuários das redes, a própria arquitetura da rede, dentre tantos outros atores, mas é indubitável que o Judiciário tem sido chamado para atuar como prolator de última palavra institucional sobre as consequências jurídicas de violação de direitos fundamentais no ciberespaço com determinações de eventuais responsabilizações.

O Superior Tribunal de Justiça tem se deparado com casos concretos que exigiram a devida aplicação do art. 19 do Marco Civil da Internet, e a Corte cidadã tem se posicionado em respeito ao conteúdo do dispositivo legal em referência.

Conforme o desenho legal atualmente previsto para a responsabilidade de conteúdos inseridos nas plataformas digitais, o Superior Tribunal de Justiça se posiciona no sentido de ausência de responsabilização, como pode ser visto no exemplo a seguir transcrito:

> AGRAVO INTERNO NO RECURSO ESPECIAL. AÇÃO QUE VISA A REMOÇÃO DE CONTEÚDO DA INTERNET. RESPONSABILIDADE DO SITE DE BUSCAS. IMPROCEDÊNCIA. AGRAVO INTERNO DESPROVIDO.
>
> 1. Segundo a jurisprudência do Superior Tribunal de Justiça, os sites de buscas não são responsáveis pelas informações disponibilizadas na internet por terceiros.
>
> 2. Agravo interno desprovido.
>
> (AgInt no REsp n. 1.938.063/RJ, relator Ministro Marco Aurélio Bellizze, Terceira Turma, julgado em 19/6/2023, DJe de 21/6/2023.)

Segundo Superior Tribunal de Justiça, a responsabilidade do provedor por atos de seus usuários, como regra, apenas se verifica quando há descumprimento de ordem judicial de remoção de conteúdo, conforme determinação do art. 19 do Marco Civil da Internet, que prevê a reserva de jurisdição como premissa para a responsabilização.

Em outro importante precedente, o Superior Tribunal de Justiça entendeu que, mesmo com a entrada em vigor do Marco Civil da Internet, ficou mantido o entendimento de que não cabe aos provedores de pesquisa exercerem controle prévio de filtragem de resultados de busca ou de determinados arquivos, associados a parâmetros de pesquisa definidos por usuários outros daquele serviço de aplicação, tudo para fins de evitar prejuízos ao exercício da liberdade de expressão e para evitar uma prévia censura que seriar feita pelas plataformas digitais. Deve-se, portanto, ser aplicado o art. 19 do Marco Civil da Internet com responsabilização subjetiva solidária posterior em caso de não cumprimento de decisão judicial:

> AGRAVO INTERNO NOS EMBARGOS DE DECLARAÇÃO NO AGRAVO EM RECURSO ESPECIAL. AÇÃO DE INDENIZAÇÃO POR DANOS MORAIS CUMULADA COM OBRIGAÇÃO DE FAZER. NEGATIVA DE PRESTAÇÃO JURISDICIONAL. NÃO CONFIGURAÇÃO. INTERNET. CONTEÚDO OFENSIVO. URL. INDICAÇÃO CLARA E ESPECÍFICA. REMOÇÃO. RESPONSABILIDADE CIVIL SUBJETIVA. PROVEDOR. CARACTERIZAÇÃO. CULPA. NOTIFICAÇÃO. OMISSÃO. REVISÃO. SÚMULA Nº 7/STJ.
>
> 1. A discussão dos autos reside em definir se é legal a ordem judicial que determina a remoção de URLs específicas por provedores de busca.
>
> 2. Não há falar em negativa de prestação jurisdicional se o tribunal de origem motiva adequadamente sua decisão, solucionando a controvérsia com a aplicação do direito que entende cabível à hipótese, apenas não no sentido pretendido pela parte.
>
> 3. A jurisprudência do Superior Tribunal de Justiça define que (a) para fatos anteriores à publicação do Marco Civil da Internet basta a ciência inequívoca do conteúdo ofensivo pelo provedor, sem sua retirada em prazo razoável, para que este se torne responsável e (b) após a entrada em vigor da Lei nº 12.965/2014, caso dos autos, o termo inicial da responsabilidade solidária do provedor é o momento da notificação judicial que ordena a retirada do conteúdo da internet.
>
> 4. Na hipótese, a responsabilidade civil do provedor da internet decorreu do não cumprimento da ordem judicial que determinou a remoção de conteúdo indicado pelas URLs.
>
> 5. Esbarra no óbice da Súmula nº 7/STJ alterar a conclusão das instâncias ordinárias de que a parte autora indicou, em sua inicial, de forma expressa, clara e específica as URLs que deveriam ser excluídas do provedor da internet.
>
> 6. A Segunda Seção do STJ decidiu que a aplicação da multa prevista no art. 1.021, § 4º, do CPC não é automática, por não se tratar de mera decorrência lógica da rejeição do agravo interno.
>
> 7. Agravo interno não provido.

> (AgInt nos EDcl no AREsp n. 1.753.362/RJ, relator Ministro Ricardo Villas Bôas Cueva, Terceira Turma, julgado em 8/4/2024, DJe de 11/4/2024.)

No julgamento realizado na Corte Especial do Superior Tribunal de Justiça, importante entendimento foi explicitado com relação à verificação de inexistência de dolo em reprodução em blog de matéria jornalística, o que culminou na não condenação em crime contra a honra:

> PENAL E PROCESSUAL PENAL. AÇÃO PENAL PRIVADA. APELAÇÃO. CRIMES CONTRA A HONRA. REPRODUÇÃO EM BLOG DE MATÉRIA JORNALÍSTICA. INEXISTÊNCIA DE DOLO. APELAÇÃO IMPROVIDA.
>
> 1. Hipótese em que, após o querelante interpor apelação contra sentença de absolvição sumária, o querelado tomou posse no cargo de Desembargador do Tribunal de Justiça, atraindo a competência do Superior Tribunal de Justiça para o julgamento da apelação.
>
> 2. O prazo prescricional do crime de injúria, mesmo levando-se em conta que a causa de aumento prevista no art. 143, III, do CP se consuma em três anos. Tendo a última causa interruptiva da prescrição (recebimento da queixa) ocorrido em 15 de outubro de 2012, deve ser declarada a extinção da punibilidade em relação a tal crime.
>
> 3. O crime de difamação pressupõe a vontade livre e consciente de imputar a outrem fato ofensivo a sua reputação. No caso dos autos, a imputação refere-se à reprodução, em página mantida pelo querelado na rede mundial de computadores, de entrevista supostamente difamatória publicada pelos meios de comunicação locais.
>
> 4. Estando evidenciado que a reprodução da notícia supostamente difamatória no blog do querelado decorreu da adoção de um sistema de coleta automático de informações, em que a atuação do querelado limitou-se à escolha das palavras-chaves a serem buscadas pelo Google, não há dolo, especialmente quando todas as palavras-chaves escolhidas estão ligadas à disputa pela vaga do quinto constitucional.
>
> Extinção da punibilidade em relação à imputação de injúria e, quanto à imputação de difamação, apelação improvida.
>
> (APn n. 817/DF, relator Ministro Humberto Martins, Corte Especial, julgado em 19/10/2016, DJe de 26/10/2016.)

O Ministro Humberto Martins, em decisão monocrática, que dizia respeito a recurso especial interposto pela plataforma digital FACEBOOK, sob argumento de inexequibilidade da obrigação em caso de reconhecimento de obrigação de exclusão do conteúdo e fornecimento de dados, manifestou-se no sentido de que:

> O cometimento de ilícitos não pode não ser responsabilizado só porque concretizado na rede mundial de computadores, em nome da liberdade de expressão e não prejuízos ao seu funcionamento célere e eficaz. (REsp n. 2.089.383, Ministro Humberto Martins, DJe de 25/09/2023).

Trouxe, portanto, importante reflexão jurídica no sentido de que não é livre o cometimento de ilícitos na rede mundial de computadores, demonstrando atenção com relação à governança do ciberespaço e com a necessidade de reflexão sobre limites nas variadas relações jurídicas que no ciberespaço se desenham.

## 4. ELOCUBRAÇÕES SOBRE DEMOCRACIA E CIBERESPAÇO

Após a constatação inarredável da presença do ciberespaço nas vidas cotidianas de todos os cidadãos, em variadas de nossas relações pessoais, percebe-se a necessidade de afirmar que é um ambiente de responsabilização pelos nossos atos, tal qual o mundo físico onde vivemos.

No ciberespaço, portanto, vive-se ápice de exercício de liberdade de expressão, de forma célere, e com uma extensão de divulgação nunca imaginada antes da revolução digital por todos nós vivenciada.

Nesse sentido, denota-se, de forma incontestável, o papel imprescindível do Judiciário na análise acurada das atuações das pessoas no ciberespaço, do exercício de liberdade de expressão nas plataformas digitais, para fins de contribuição com o necessário aprendizado democrático pelo qual vive diuturnamente toda a sociedade.

A informação falsa, a desinformação e o discurso de ódio impactam na democracia, enfraquecendo a confiança nas instituições democráticas e no jornalismo independente, além de prejudicar uma melhor participação dos cidadãos em assuntos públicos.

No momento contemporâneo, muito se fala em integridade da informação, que se refere à precisão, consistência e confiabilidade da informação. Ela é ameaçada pela desinformação, pela informação falsa e discurso de ódio. Destaque-se que a desinformação é descrita pela Organização das Nações Unidas para a Educação, a Ciência e a Cultura

(UNESCO) como conteúdo falso ou enganoso que pode causar danos específicos, independentemente de motivações, consciência ou comportamentos, conforme Informe das Nações Unidas sobre Integridade da Informação.[11]

Tais explanações são relevantes porque nas plataformas digitais tem havido também infelizmente rápida disseminação de desinformação, de informações falsas e do discurso de ódio, causando danos reais em escala global. E nesse sentido exsurge a imprescindibilidade da atuação do Judiciário para promover um ecossistema digital saudável, para fins de proporcionar a proteção e a promoção dos direitos humanos fundamentais, o que culmina, por fim, o recrudescimento do aprendizado democrático de toda a sociedade. Para registrar a relevância do tema, no sentido de que os impactos negativos das informações falsas, da desinformação e do discurso de ódio podem ser sentidos em nível mundial, sobretudo em temas de direitos fundamenteis, como em questões de saúde, eleições, igualdade de gênero e democracia, dentre outros temas, é que 75% dos escritórios nacionais do Programa das Nações Unidas para o Desenvolvimento (PNUD), em uma pesquisa realizada em 2021, identificaram que a poluição da informação é uma preocupação significativa.

Inegável que, nos dias atuais e em nossa vivência virtual, podem ser verificados efeitos danosos da desinformação, das informações falsas e do discurso de ódio para a nossa democracia, o que significa dizer que é de extrema relevância a adoção de medidas no sentido de combater as ameaças à integridade da informação, tudo para fins de resguardo dos direitos humanos e do Estado Democrático de Direito.

Sobre a relação entre ciberespaço e democracia, Sunstein tem realizado diversas ponderações sociológicas e filosóficas sobre as consequências de tal interação, reconhecendo que o ciberespaço pode ser sim um espaço de consolidação e engrandecimento da democracia (2018, p. 202-206), mas também de retrocesso quando se depara com a indústria de "fakenews" nos dias atuais, e traz elucubrações de como pode o ciberespaço promover a verdade.[12]

---

11 Disponível em: https://brasil.un.org/sites/default/files/2023- 10/ONU_Integridade_Informacao_Plataformas_Digitais_Informe-Secretario-Geral_2023.pdf. Acesso em maio de 2024.

12 **Republic: Divided Democracy in the age of social media.** Princeton: Princeton University Press, 2018. p. 11.

Habermas[13] desenha modelo de democracia deliberativa, ideal para a construção da deliberação e tomada de decisão, no qual as deliberações legítimas seriam baseadas na vontade racional de todos por meio de processo de deliberação da esfera pública sustentado por meio da deliberação dos indivíduos racionais em fóruns amplos de debate e negociação, ampliando o envolvimento dos cidadãos nas esferas discursivas.

Exsurgem, assim, diversos questionamentos sobre quais os limites da liberdade de expressão, como fazer a governança do ciberespaço, e, não menos importante, qual o papel do Estado, sobretudo do Judiciário no melhor funcionamento do ecossistema digital.

Denota-se, de consequência, a imprescindibilidade do Judiciário para cumprir seu mister constitucional no caso concreto de apurar e decidir se há, ao final, nas plataformas digitais atuações que prejudiquem o exercício legítimo da liberdade de expressão, estrutural para a solidez do Estado Democrático de Direito. E exatamente por configurar um direito fundamental basilar da concretização de nossa democracia, não pode ser exercido de forma irrestrita para cometimento de crimes, sob pena de prejudicar o mais expansivo exercício possível em prol dos direitos humanos e da democracia.

## CONCLUSÃO

Após os breves estudos e pensamentos expostos, vê-se que tema de tanta inserção diuturna em nossas vidas não poderia passar ao largo de uma reflexão sobre sua governança.

A importância do ciberespaço em si é inegável, pois faz parte da maioria esmagadora de nossas relações negociais e sociais atualmente. Mas não se pode olvidar que a necessidade de sua governança também é irrefutável.

Nesse espaço, não desconectado do mundo real, com tantos atores envolvidos em seu desenvolver, a liberdade de expressão encontrou um canal rápido e de propagação quase infinita, o que é salutar, mas a sua realização de forma desmedida também traz consequências.

Nesse sentido, mostra-se imprescindível a necessidade de refletir sobre essa governança do ciberespaço. Pode-se perquirir sobre quem

13 HABERMAS, Jürgen. **Direito e democracia: entre facticidade e validade.** 2 ed Tradução de Flávio Beno Siebeneichler.Rio de Janeiro:Tempo Brasileiro, 2012. v. 1.

é o responsável por tal governança, se os provedores do ciberespaço, ou os usuários de forma isolada, ou o Judiciário somente após os danos ocorridos, ou se se tem que pensar na governança de forma coletiva.

E considerando os possíveis efeitos danosos da desinformação, das informações falsas e do discurso de ódio para a nossa democracia, é imprescindível o papel do Judiciário no sentido de combate às ameaças à integridade da informação, tudo como fim de proteção e promoção dos direitos humanos e de preservação do Estado Democrático de Direito.

Nesse contexto, o Superior Tribunal de Justiça vem exercendo papel fundamental na construção de jurisprudência sobre os temas digitais que vêm circundando a vida de todos os cidadãos, e continuará a ser instado a enfrentar os desafios consequentes das variadas relações jurídicas que se desenham no ciberespaço, que trarão debates relevantes sobre a proteção e promoção de direitos fundamentais e do Estado Democrático de Direito.

## BIBLIOGRAFIA

BARROSO, Luis Roberto. **Neoconstitucionalismo e constitucionalização do Direito. O triunfo tardio do Direito Constitucional no Brasil.** Jus Navigandi, Teresina, ano 9, n. 851, 1 nov. 2005.

BENVINDO, Juliano. **On The Limits of Constitutional Adjudication: Deconstructing Balancing and Judicial Activism.** Heidelberg; New York: Springer, 2010.

COHEN, Julie E. **Configuring the Networked Citizen,** Stanford, Cal.: Stanford University Press, 2012.

EPSTEIN, D. & Katzenbach, C. & Musiani, F. (2016). **Doing internet governance: practices, controversies, infrastructures, and institutions.** Internet Policy Review, 5(3). DOI: 10.14763/2016.3.435.

HABERMAS, Jürgen. **Direito e democracia: entre facticidade e validade.** 2 ed Tradução de Flávio Beno Siebeneichler.Rio de Janeiro:Tempo Brasileiro, 2012. v. 1.

SUSAN P. CRAWFORD, Susan P. **Network Rules.** In: http://law.duke.edu/journals/lcp/. Acesso em 25 fev 2023.

HOFMANN, Jeanette et. al. **Between coordination and regulation: Finding the governance in Internet governance.** Berlim: New Media & Society, 2016.

LESSIG, Laurence. **Code 2.0.** New York: Basic Books. 2006.

Organização das Nações Unidas para a Educação, a Ciência e a Cultura (UNESCO). **Informe das Nações Unidas sobre Integridade da Informação.** Disponível em: https://brasil.un.org/sites/default/files/2023- 10/ ONU_Integridade_Informacao_Plataformas_Digitais_Informe-Secretario-Geral_2023.pdf. Acesso em maio de 2024.

SUNSTEIN, Cass. **Republic: Divided Democracy in the age of social media.** Princeton: Princeton University Press, 2018.

TONRY, Michael. **Thinking about crime: sense and sensibility in America penal culture.** Oxford: OxfordUniversity Press, 2004.

## INSTRUMENTOS FINANCEIROS DE PROTEÇÃO DO MEIO AMBIENTE SUSTENTÁVEL: O CASO DO RENOVABIO

*Heleno Taveira Torres*[1]

### CONSIDERAÇÕES INICIAIS - O DIREITO FUNDAMENTAL AO MEIO AMBIENTE ECOLOGICAMENTE EQUILIBRADO

A Política Nacional de Biocombustíveis (RenovaBio) instituída pela Lei nº 13.576/2017, em especial pelo art. 7º, que estabelece metas compulsórias anuais de redução de emissões de gases causadores do efeito estufa para a comercialização de combustíveis, mediante a aquisição de Créditos de Descarbonização (CBIO) pelos distribuidores, deve ser examinada no contexto da realização dos objetivos do Estado brasileiro, bem assim da concretização do direito fundamental ao meio ambiente equilibrado e dos limites da intervenção do Estado no domínio econômico. A partir destas bases fundamentais será possível identificar a eventual dissonância do programa com as balizas constitucionais que definem os contornos da política pública em análise.

O Estado Democrático e Social de Direito brasileiro é regido por uma *Constituição Social*, com autorização para o intervencionismo estatal, por meio de políticas públicas e prestações sociais, em setores deficientes e cruciais para a estrutura de uma sociedade justa e igualitária. Isso fica evidente em diversas passagens, como por exemplo no Preâmbulo e nos arts. 1º, 3º e 170, que conclamam a realização de uma justiça social permanente, mediante erradicação da pobreza e desigualdades regionais, a afirmar a dignidade da pessoa humana e preservação de todas as liberdades econômicas, assim como dos direitos sociais que integram o mínimo vital.

As normas de fins ou de objetivos de valor constitucional são cogentes como todas as demais regras. Observado o conteúdo dos arts. 3º, 4º, 5º, 6º, 170, 203, 205, 215, 217, 218, 225, 226 da CF, todas são vinculantes quanto aos fins a realizar.[2] A partir dos "fins" constitucionais do

1 Professor titular de Direito Financeiro e Livre-Docente de Direito Tributário e Chefe do Departamento de Direito Econômico, Financeiro e Tributário da Faculdade de Direito da Universidade de São Paulo – USP. Advogado.

2 MONTALIVET, Pierre de. *Les objectifs de valeur constitutionnelle*. Paris: Dalloz, 2006, p. 568.

Estado surge a demanda da Constituição pelos "meios" para sua concretização. Nesse particular, a tributação confirma-se como meio permanente e controlável, pelos entes tributantes, para a contínua construção do Estado Democrático Social de Direito.

Os objetivos fundamentais da redução de desigualdades regionais, erradicação da pobreza e realização do desenvolvimento equilibrado e sustentável definem prioridades orçamentárias e devem ser efetivados segundo os fins constitucionais do Estado Democrático de Direito, como o bem-estar de todos e os princípios que moldam as ordens econômica e social.[3]

Destarte, a submissão do Estado a uma ordem constitucional garantidora de direitos fundamentais é base do conceito de Estado Democrático de Direito, enquanto instrumento de concretização dos seus valores e fundamentos. Sendo função precípua do Estado a realização do bem-estar do cidadão em setores tidos como prioritários e fundamentais, incumbe-lhe, para alcançar esse fim, também intervir nas relações intersubjetivas,[4] como garantia de uma convivência social harmoniosa, nos termos do quanto autoriza a própria Constituição.[5]

---

3 "*A construção federal completa a ordem do estado de direito social pelos efeitos divisores de poder próprios dela. Neles, trata-se, em primeiro lugar, de uma coordenação dos poderes diferenciados, que está apontada à multiplicidade das iniciativas, exercício apropriado das tarefas estatais, colaboração e capacidade de prestação, ao mesmo tempo, todavia, procura impedir um abuso de poder por faculdades de cooperação e controle recíprocas, assegurar liberalidades e criar pressupostos de prevenção, dado o caso, de vencimento de conflitos (infra, número de margem 492 et seq.).*" (HESSE, Konrad. *Elementos de direito constitucional da República Federal da Alemanha*. Trad. Luís Afonso Heck. Porto Alegre: Sergio Antonio Fabris, 1998, p. 229). Cf. BOCKENFÖRDE, ErnstWolfgang. *Stato, costituzione, democrazia*. Studi di teoria della costituzione e di diritto costituzionale. Trad. Michele Nicoletti; Omar Brino. Milano: Giuffrè, 2006, v. 73, p. 666; FERRANDO BADIA, Juan. *El Estado unitario, el federal y el estado regional*. Madrid: Tecnos, 1978.

4 Como sintetiza Gustav Zagrebelsky: "*En el concepto de 'Estado social de derecho' se expresa esta doble caracterización de la regulación constitucional de lo 'económico': constitucionalización de los derechos de propiedad y libre iniciativa (derechos-voluntad) y valoración por el Estado de exigencias de justicia, sea como protección de derechos de justicia, sea como afirmación inmediata de necesidades objetivas de alcance general.*" ZAGREBELSKY, Gustav. *El derecho dúctil*. Valladolid: Trotta, 1999, p. 102.

5 Habermas está correto quando diz que: "*A partir da esfera privada publicamente relevante da sociedade civil burguesa constituiu-se uma esfera social repolitizada, em que instituições estatais e sociais se sintetizam em um único complexo de funções que não é mais diferenciável.*" HABERMAS, Jürgenº *Mudança estrutural da esfera pública*. RJ: Tempo Brasileiro, 1984, 177; HABERMAS, Jurgenº *La logica de las ciencias sociales*. 3. ed. Madrid: Tecnos, 2000, p. 506.

## O ACORDO DE PARIS NO CONTEXTO DO DIREITO AMBIENTAL INTERNACIONAL

A Organização das Nações Unidas (ONU) promoveu, em 1972, a primeira grande reunião internacional sobre o meio ambiente, conhecida como "Conferência de Estocolmo", a qual enunciou 26 (vinte e seis) princípios relacionados à preservação de um meio ambiente equilibrado, com a recomendação de critérios programáticos para sua salvaguarda. Ainda que com caráter apenas declarativo, o documento instituiu o que se considera, ao menos no plano internacional, os princípios básicos do direito ambiental, que direcionaram inúmeros encontros e tratados multilaterais e bilaterais sobre o meio ambiente.

No âmbito do direito ambiental internacional, um dos mais reconhecidos esforços multilaterais para o combate das mudanças climáticas está na Convenção-Quadro das Nações Unidas sobre a Mudança do Clima (CQNUMC), também conhecida como UNFCCC (do original em inglês *United Nations Framework Convention on Climate Change*), um tratado internacional resultante da Conferência das Nações Unidas para o Meio Ambiente e o Desenvolvimento (CNUMAD), informalmente conhecida como a Cúpula da Terra, realizada no Rio de Janeiro em 1992.

Promulgada no Brasil por intermédio do Decreto nº 2.652, de 01 de julho de 1998, a Convenção reconhece a preocupação comum da humanidade a respeito dos efeitos negativos da mudança do clima em todo o globo, sobretudo por força do aumento substancial das concentrações atmosféricas de gases de efeito estufa. Com similaridade às disposições da "Declaração de Estocolmo", a Convenção-Quadro aponta diretamente para a maior cooperação possível de todos os países e sua participação em uma resposta internacional efetiva e apropriada, conforme suas responsabilidades comuns e respectivas capacidades e condições sociais e econômicas.

O tratado tem como objetivo a estabilização da concentração de gases do efeito estufa (GEE) na atmosfera em níveis tais que evitem a interferência perigosa com o sistema climático, mas não estabelece, em sua gênese, limites obrigatórios para as emissões de GEE e respectivas disposições coercitivas. Em vez disso, o Tratado inclui disposições para atualizações (chamados "protocolos"), que devem criar limites obrigatórios de emissões. O principal deles é o Protocolo de Quioto, aprovado em 1997.

O Protocolo de Quioto deu maior ênfase às metas quantitativas como forma de minimizar os custos de mitigação em cada país. Com este objetivo também foram estabelecidos instrumentos como o Mecanismo de Desenvolvimento Limpo (MDL), que viabilizava tanto a diminuição de emissões em países então denominados "industrializados" quanto a transferência de recursos para os países em desenvolvimento. O Brasil é signatário do Protocolo,[6] promulgado pelo Decreto nº 5.445/05, pelo qual se comprometeu a: *(i)* implementar ou aprimorar políticas e medidas de acordo com suas circunstâncias nacionais, para pesquisa, a promoção, o desenvolvimento e o aumento do uso de formas novas e renováveis de energia, de tecnologias de sequestro de dióxido de carbono e de tecnologias ambientalmente seguras, que sejam avançadas e inovadoras e *(ii)* limitar ou reduzir de emissões de metano por meio de sua recuperação e utilização no tratamento de resíduos, bem como na produção, no transporte e na distribuição de energia.

Em maio de 2023, foram encerradas as revisões anuais das Partes para o segundo período de compromisso (2013–2020) do Protocolo de Quioto. Os resultados desse exercício mostram um esforço dos países desenvolvidos para reduzir suas emissões e serem transparentes sobre esses esforços, um empenho que começou quase 20 anos antes. Os resultados da revisão confirmam que os países desenvolvidos que *ratificaram* o Protocolo de Quioto conseguiram, em conjunto, reduzir as emissões médias anuais em 17% em relação aos níveis de 1990, com a União Europeia reduzindo as emissões em 25% e países como a Alemanha em 30%.[7] Os índices mostram que o protocolo foi bem-sucedido em reduzir as emissões dos países ratificantes em cerca de 7% abaixo das emissões esperadas em um cenário "Não-Quioto", de modo a confirmar a importância de contabilizar o caráter coletivo do acordo.[8]

Todavia, o Protocolo de Quioto falhou em equiparar as reduções de emissões com oportunidades econômicas, e alguns países passaram a ver a mitigação como uma punição custosa. Seguindo essa linha de raciocínio, o Senado dos Estados Unidos recusou-se a ratificar o Protocolo, citando como motivo possíveis danos à economia dos EUA, o que abriu um precedente para países como Canadá e Japão desistirem do acor-

---

6 GRAU NETO, Werner. *O protocolo de Quioto e o mecanismo de desenvolvimento limpo - MDL: uma análise crítica do instituto.* São Paulo: Fiuza, 2007. 238p.

7 United Nations Climate Change (2023). *Kyoto Protocol Paves the Way for Greater Ambition under Paris Agreement.* Disponível em: <https://unfccc.int/news/kyoto-protocol-paves-the-way-for-greater-ambition-under-paris-agreement#:~:text=UNFCCC%20Nav&text=The%20review%20results%20confirm%20that,like%20Germany%20by%2030%20percent>. Acesso em: 24-07-2023.

8 Maamoun, N. (2019). The Kyoto protocol: Empirical evidence of a hidden success. *Journal of Environmental Economics and Management,* N. 95, p. 227-256.

do sem penalidades em 2011 e forneceu um sério revés na eficácia do acordo desde o início. A crítica final ao Protocolo de Quioto é a de que as emissões *globais* estão aumentando em relação aos níveis de 1990 até a atualidade, e muito desse aumento é impulsionado pelos próprios países que foram excluídos das metas de redução do Protocolo.[9]

Após múltiplos esforços internacionais, os compromissos de redução dos gases de efeito estufa foram rediscutidos e renovados a partir de bases científicas mais evidentes a respeito do aumento da temperatura global. As rodadas redundaram no "Acordo de Paris sob a Convenção-Quadro das Nações Unidas sobre Mudança do Clima", um tratado internacional juridicamente vinculativo sobre as alterações climáticas. Foi adotado por 196 Partes na Conferência das Nações Unidas sobre Mudanças Climáticas (COP21) em Paris, França, em 12 de dezembro de 2015, e entrou em vigor em 4 de novembro de 2016.

Seu objetivo primordial é o de reduzir as emissões de gases de efeito estufa, e deste modo, manter "*o aumento da temperatura média global bem abaixo de 2°C acima dos níveis pré-industriais*", bem como buscar esforços "*para limitar o aumento da temperatura a 1,5°C acima dos níveis pré-industriais*". Nos últimos anos, os líderes mundiais enfatizaram a necessidade de limitar o aquecimento global a 1,5°C até o final deste século, e para tanto, as emissões de gases de efeito estufa devem atingir o pico antes de 2025 e diminuir 43% até 2030.[10]

O Acordo de Paris é um marco no processo multilateral de mudança climática porque, pela primeira vez, um acordo vinculativo reúne um grupo muito substancial de nações para combater a mudança climática e se adaptar a seus efeitos. Os compromissos assumidos partem do reconhecimento da necessidade de uma resposta *eficaz* e *progressiva* à ameaça urgente da mudança do clima, com base no melhor conhecimento científico disponível, bem como das necessidades específicas e as circunstâncias especiais dos países em desenvolvimento, em especial

9 BASSETI, Francesco (2022). Success or failure? The Kyoto Protocol's troubled legacy. *Foresight: The CMCC observatory on climate policies and futures.* Disponível em: <https://www.climateforesight.eu/articles/success-or-failure-the-kyoto-protocols-troubled-legacy/>. Acesso em: 24-07-2023.

10 United Nations Climate Change. *The Paris Agreement* (2023). Disponível em: <https://unfccc.int/process-and-meetings/the-paris-agreement>. Acesso em: 24-07-2023.

aqueles particularmente vulneráveis aos efeitos negativos da mudança do clima.

O tratado foi firmado sob as bases dos seguintes princípios norteadores:

> *Equidade* (arts. 2º, § 2º, 4º, § 1º e 14, §1º),[11] que deve guiar a implementação do Acordo, suas disposições operacionais e respectivas regras. É aplicável ao longo de todo Acordo, mas é especialmente relevante para as disposições operacionais concernentes ao balanço global de carbono. O conteúdo da equidade no âmbito do Acordo se desdobra em quatro dimensões: *(i) igualdade*, na qual cada ser humano deve tender para a exposição ao mesmo nível de emissões de gases de efeito estufa (GEE), no menor patamar possível; *(ii) responsabilidade* de cada país pela emissão história e presente de GEE; *(iii) capacidade*, ou seja, cada país deve contribuir ao máximo de acordo com seus limites; e *(iv) direito ao desenvolvimento sustentável*, ou seja, os povos pobres, de todos os países, devem ser atendidos em suas necessidades básicas, com prioridade;
>
> *Responsabilidades comuns, porém, diferenciadas e respectivas capacidades* (no inglês, "CBDR-RC")[12] (arts. 2º, 3º, § 3º e 19). Partindo da premissa de que a mudança climática é uma preocupação comum da humanidade que requer a mais ampla cooperação de todos os países, o Acordo reconhece diferentes contribuições para danos ambientais ("causalidade"), bem como diferentes capacidades para adotar medidas de mitigação ("capacidade"). Consequentemente, o Acordo abordou a diferenciação não apenas consagrando a CBDR-RC nos seus princípios, mas também ao estabelecer normas mais exigentes e obrigações mais fortes para as partes explicitamente listadas em seus anexos. Todas as partes, tendo em conta as suas *responsabilidades comuns, mas diferenciadas* e suas prioridades específicas de desenvolvimento nacional e regional, objetivos e circunstâncias, têm a obrigação comum - nos termos do art. 4.1 do Acordo – de tomar medidas para abordar as emissões de GEE e facilitar a adaptação, conservar os sumidouros e reservatórios, bem

---

11 United Nations Climate Change. *Equity in the Paris Agreement regime - Are current NDCs built on equity?* Disponível em: <https://unfccc.int/sites/default/files/resource/202210210914---Equity%20into%20the%20PA%20regime%20%281%29.pdf>. Acesso em: 26-07-2023.

12 VOIGT, Christina; FERREIRA, Felipe. 'Dynamic Differentiation': The Principles of CBDR-RC, Progression and Highest Possible Ambition in the Paris Agreement. *Transnational Environmental Law*, 5:2 (2016), pp. 285–303.

como elaborar e atualizar inventários nacionais de GEE. Sob o Art. 4.2, as partes incluídas no Anexo I (países desenvolvidos e aqueles com economias em transição) devem adotar políticas e medidas para limitar as emissões e proteger e melhorar sumidouros e reservatórios; e sob o art. 4.3, os países desenvolvidos assumiram ainda a obrigação de fornecer financiamento e tecnologia para os países em desenvolvimento (complementado pelo art. 4.7, que estabelece uma relação entre o cumprimento dos compromissos dos países em desenvolvimento e as obrigações dos países desenvolvidos para fornecer financiamento e tecnologia);

*Maior ambição possível*[13] (art. 4º, §§ 3º, 5º e 11, art. 6º, §1º e art. 8º, §8º, 'a'). O equilíbrio entre a *autodeterminação do esforço* e o *compartilhamento equitativo do esforço* é, *inter alia*, fortalecido por estar cada Parte empenhada em empreender *esforços ambiciosos*, como definido nas disposições do Acordo. No que diz respeito à mitigação, esse dever é expandido para que as Partes adotem metas que reflitam sua "maior ambição possível", refletindo a CBDR-RC à luz de diferentes circunstâncias nacionais. Em suma, esta disposição reflete uma expectativa de que todas as Partes irão implantar seus melhores esforços na definição de suas metas nacionais de mitigação e na busca de medidas domésticas para alcançá-las. De modo complementar, o art. 4.3 reflete um padrão de cuidado que exige dos países esforços concretos por sua mais alta ambição possível, de uma maneira que seus esforços refletem suas responsabilidades comuns, respectivas capacidades e circunstâncias;

*Progressão* (arts. 3º e 4º, §§ 3º e 4º): estabelece uma exigência de que os esforços de todas as Partes representarão uma progressão ao longo do tempo, o que significa que cada novo esforço irá além dos esforços anteriores. Está conectado com outro centro do Acordo: a lógica de preparar regularmente contribuições sucessivas, a partir dos resultados de uma avaliação coletiva do progresso em direção à meta do Acordo (nos termos do balanço global definido no art. 14); e

*Transparência* (arts. 4º, §§ 8º e 13 e 13), por meio da qual é dever das Partes, ao comunicar suas contribuições nacionalmente determinadas, fornecer as "*informações necessárias para fins de clareza, transparência e compreensão*", nos termos da Decisão 1/CP.21[14]

---

13 VOIGT, Christina. The Paris Agreement: What Is the Standard of Conduct for Parties? (March 21, 2016). *QIL, Zoom-in* 26 (2016), 17-28. Disponível em: <https://papers.ssrn.com/sol3/papers.cfm?abstract_id=3357468>. Acesso em: 27-07-2023.

14 United Nations Climate Change. Framework Convention on Climate Change. *Report of the Conference of the Parties on its twenty-first session, held in Paris from 30*

> (adoção do Acordo) e demais decisões pertinentes da Conferência das Partes realizadas sobre o Acordo. Adicionalmente, as Partes devem prestar contas de suas contribuições nacionalmente determinadas, promovendo a integridade ambiental, a transparência, a exatidão, a completude, a comparabilidade e a consistência das informações. Em paralelo, *"a fim de construir confiança mútua e promover uma implementação eficaz"*, o tratado cria uma estrutura fortalecida de transparência para ação e apoio, que tem como propósito propiciar uma compreensão clara da ação contra a mudança do clima à luz do objetivo da Convenção, incluindo maior clareza e acompanhamento do progresso obtido no alcance das contribuições nacionalmente determinadas individuais das Partes e suas ações de adaptação, ao abarcar boas práticas, prioridades, necessidades e lacunas, para subsidiar a avaliação global (prevista no art. 14). Os arranjos de transparência sob a Convenção, incluindo comunicações nacionais, relatórios bienais e relatórios de atualização bienais, avaliação e revisão internacionais e consulta e análise internacionais, deverão fazer parte da experiência a ser aproveitados para o desenvolvimento das modalidades, dos procedimentos e das diretrizes estabelecidos em Conferência das Partes. Sem prejuízo, cada Parte deve fornecer, em bases periódicas, *(i)* relatório do inventário nacional de emissões antrópicas por fontes e remoções por sumidouros de gases de efeito estufa; *(ii)* informações necessárias para acompanhar o progresso alcançado na implementação e consecução de sua contribuição nacionalmente determinada; e *(iii)* informações relacionadas aos impactos e à adaptação à mudança do clima.

A implementação do Acordo de Paris requer transformação econômica e social, com base na melhor ciência disponível. O Acordo opera em um ciclo de cinco anos de ações climáticas cada vez mais ambiciosas realizadas pelos países. Desde 2020, os países apresentam seus planos nacionais de ação climática, conhecidos como *contribuições nacionalmente*

---

*November to 13 December 2015 - Decision 1/CP.21*. Disponível em: <https://unfccc.int/resource/docs/2015/cop21/eng/10a01.pdf#page=2>. Acesso em: 28-07-2023. O item 25 da aludida Decisão 1/CP.21 assim estatui: "*25. Decide que as Partes devem submeter ao secretariado suas contribuições determinadas nacionalmente referidas no art. 4.º do Acordo pelo menos 9 a 12 meses antes da sessão relevante da Conferência das Partes servindo como reunião das Partes para o Acordo de Paris com o objetivo de facilitar a clareza, transparência e compreensão dessas contribuições, inclusive por meio de um relatório de síntese elaborado pela secretaria*".

*determinadas* (NDCs). Cada reporte de NDC sucessivo deve refletir um grau de ambição maior em comparação com a versão anterior.

A partir do reconhecimento de que é necessária uma ação acelerada para limitar o aquecimento global a 1,5°C, o tratado solicita às Partes que revisem e reforcem as metas de 2030 em suas NDCs para se alinharem com a meta de temperatura do Acordo de Paris até o final de 2023, levando em consideração as diferentes circunstâncias nacionais.

Em suas NDCs, os países comunicam as ações que tomarão para reduzir suas emissões de gases de efeito estufa e atingir as metas do Acordo de Paris. Os países também comunicam em suas NDCs as ações que tomarão para criar resiliência para se adaptar aos impactos das mudanças climáticas.[15]

Para melhor enquadrar os esforços em direção ao objetivo de longo prazo, o Acordo de Paris convida os países a formular e apresentar estratégias de desenvolvimento de longo prazo com baixas emissões de gases de efeito estufa (LT-LEDS). Estes planos fornecem o horizonte de longo prazo para os NDCs, mas ao contrário destes, não são obrigatórios. No entanto, eles colocam as NDCs no contexto das prioridades de planejamento e desenvolvimento de longo prazo dos países, ao fornecer uma visão e direção para o desenvolvimento futuro.

Embora a ação contra as mudanças climáticas precise ser intensificada para atingir as metas do Acordo de Paris, os anos desde sua entrada em vigor já geraram soluções de baixo carbono e novos mercados. Um número cada vez maior de países, regiões, cidades e empresas adotam metas de neutralidade de carbono. As soluções de carbono zero estão mais competitivas em setores econômicos que representam 25% das emissões. Essa tendência é mais perceptível nos setores de energia e transporte, e criou muitas oportunidades de negócios para os pioneiros.[16]

O Brasil celebrou o acordo em 12 de dezembro de 2015, e o firmou em Nova Iorque, em 22 de abril de 2016. Subsequentemente, em consonância com o devido processo legislativo para conceder força normativa ao Acordo nos planos jurídicos externo e interno, o Congresso Nacional

15 United Nations Climate Change. *Nationally Determined Contributions (NDCs).* (2023). Disponível em: <https://unfccc.int/process-and-meetings/the-paris-agreement/nationally-determined-contributions-ndcs#Taking-stock-and-informing-the-preparation-of-successive-NDCs-->. Acesso em: 24-07-2023.

16 United Nations Climate Change. *The Paris Agreement (2023).* Disponível em: <https://unfccc.int/process-and-meetings/the-paris-agreement>. Acesso em: 24-07-2023.

o aprovou por meio do Decreto Legislativo nº 140, de 16 de agosto de 2016. Com isto, o Governo brasileiro depositou, junto ao Secretário-Geral das Nações Unidas, em 21 de setembro de 2016, o instrumento de ratificação do Acordo, o qual entrou em vigor para a República Federativa do Brasil, no plano jurídico externo, em 4 de novembro de 2016.

Por derradeiro, o Decreto nº 9.073, de 5 de junho de 2017, promulgou o Acordo, concedendo-lhe pleno vigor perante o ordenamento jurídico doméstico. O art. 4º do Acordo bem enuncia o compromisso específico assumido pelas Partes:

> *"1. A fim de atingir a meta de longo prazo de temperatura definida no Art. 2º, as Partes visam a que as emissões globais de gases de efeito de estufa atinjam o ponto máximo o quanto antes, reconhecendo que as Partes países em desenvolvimento levarão mais tempo para alcançá-lo, e a partir de então realizar reduções rápidas das emissões de gases de efeito estufa, de acordo com o melhor conhecimento científico disponível, de modo a alcançar um equilíbrio entre as emissões antrópicas por fontes e remoções por sumidouros de gases de efeito estufa na segunda metade deste século, com base na equidade, e no contexto do desenvolvimento sustentável e dos esforços de erradicação da pobreza."*

Para tanto, o parágrafo 3º deste art. salienta que a contribuição nacionalmente determinada, como anteriormente descrita, deve atender às particularidades e *circunstâncias* de cada país signatário, *verbis*:

> *"3. A contribuição nacionalmente determinada sucessiva de cada Parte representará uma progressão em relação à contribuição nacionalmente determinada então vigente e refletirá sua maior ambição possível, tendo em conta suas responsabilidades comuns porém diferenciadas e respectivas capacidades, à luz das diferentes circunstâncias nacionais."*

As medidas *específicas* a serem adotadas pelas Partes do Acordo para o alcance das metas e objetivos não foram diretamente discriminadas no tratado, pois cabe à NDC, elaborada e fornecida pelos países signatários em bases periódicas, discriminar as metas, políticas, setores e medidas a serem adotadas para o respectivo período, tendo em conta os princípios fundamentais acima descritos, com destaque para os princípios das Responsabilidades comuns, porém, diferenciadas e respectivas capacidades, da maior ambição possível, da progressão e da transparência, nos termos do art. 4º, § 2º, do Acordo.

De acordo com este dispositivo convencional, observados os objetivos, compromissos vinculantes e princípios do Acordo, é preservada a soberania de cada Parte para a definição de suas contribuições sucessivas, bem assim das medidas de mitigação domésticas, que devem ser estabelecidas de acordo com as particularidades e *circunstâncias* de cada país signatário.

Além da vinculação das medidas domésticas de mitigação aos objetivos, compromissos vinculantes e princípios do Acordo, o tratado fornece outras balizas gerais para orientar a formulação das contribuições individuais e das políticas domésticas de mitigação e adaptação. Os principais parâmetros fornecidos pelo Acordo são estes:

> ***(i)Conjunto da economia ("economic-wide")*** (art. 4º, § 4º): Os países em desenvolvimento deverão continuar a fortalecer seus esforços de mitigação, e são encorajados a progressivamente transitar para metas de redução ou de limitação de emissões ***para o conjunto da economia ("economic-wide")****, à luz das diferentes circunstâncias nacionais.* Deste modo, cabe a cada Parte eleger os setores econômicos, planos de ação e políticas públicas atendendo ao *conjunto da economia*, compreendido como o *sistema econômico em sua integralidade*, com o amplo envolvimento de todos os setores e agentes, mormente aqueles responsáveis pelas maiores emissões de GEE;
>
> ***(ii) Estratégias de longo prazo****: é dever das Partes envidar esforços para formular e comunicar estratégias de longo prazo para um desenvolvimento de baixa emissão de gases de efeito estufa, e tendo em conta as suas responsabilidades comuns, porém diferenciadas e respectivas capacidades, à luz das diferentes circunstâncias nacionais. Desta forma, a formulação das contribuições individuais e das políticas domésticas de mitigação e adaptação devem estar orientadas a planos sustentáveis de longo prazo, ainda que prevejam avaliações periódicas de resultados;*
>
> ***(iii) Políticas de incentivos por resultados*** *(art. 5º, § 2º), por meio das quais as Partes são encorajadas a adotar medidas para implementar e apoiar, inclusive por meio de pagamentos por resultados, o marco existente para abordagens de políticas e incentivos positivos para atividades relacionadas a redução de emissões por desmatamento e degradação florestal, e o papel da conservação, do manejo sustentável de florestas e aumento dos estoques de carbono florestal nos países em desenvolvimento; e abordagens de políticas alterna-*

*tivas, tais como enfoques conjuntos de mitigação e adaptação para o manejo integral e sustentável de florestas, reafirmando ao mesmo tempo a importância de incentivar, conforme o caso, os benefícios não relacionados com carbono associados a tais abordagens;*

***(iv) Abordagens não relacionadas ao mercado** (art. 6º, § 8º), que sejam integradas, holísticas e equilibradas e que lhes auxiliem na implementação das contribuições nacionalmente determinadas pelas Partes, no contexto do desenvolvimento sustentável e da erradicação da pobreza, de maneira coordenada e eficaz, inclusive por meio, inter alia, de mitigação, adaptação, financiamento, transferência de tecnologia e capacitação, conforme o caso. Essas abordagens devem ter como objetivos: (i) Promover ambição em mitigação e adaptação; (ii) Reforçar a participação dos setores público e privado na implementação de contribuições nacionalmente determinadas; e (iii) Propiciar oportunidades de coordenação entre instrumentos e arranjos institucionais relevantes;*

***(v) Compromisso com o objetivo global para a adaptação participativa** (art. 7º), que consiste em aumentar a capacidade de adaptação, fortalecer a resiliência e reduzir a vulnerabilidade à mudança do clima, com vistas a contribuir para o desenvolvimento sustentável e a assegurar uma resposta de adaptação adequada no contexto da meta de temperatura. Para tanto, as Partes reconhecem que "as medidas de adaptação deverão seguir uma abordagem liderada pelos países, que responda a questões de gênero, seja participativa e plenamente transparente, levando em consideração grupos, comunidades e ecossistemas vulneráveis", e que as referidas medidas deverão basear-se e ser orientadas pelo melhor conhecimento científico disponível e, conforme o caso, pelos conhecimentos tradicionais, conhecimentos dos povos indígenas e sistemas de conhecimentos locais, com vistas a incorporar a adaptação às políticas e ações socioeconômicas e ambientais relevantes. Tais medidas exigem (art. 7º, § 9º) que cada Parte deve empreender processos de planejamento em adaptação e adotar medidas como o desenvolvimento ou fortalecimento de planos, políticas ou contribuições pertinentes, que podem incluir: (i) a implementação de medidas, iniciativas e/ou esforços de adaptação; (ii) processo para elaborar e implementar planos nacionais de adaptação; (iii) a avaliação dos impactos e da vulnerabilidade à mudança do clima, com vistas à formulação de ações prioritárias nacionalmente determinadas, levando em conta as populações, as localidades e os ecossistemas vulneráveis; (iv) o monitoramento, a avaliação e a aprendizagem a partir de planos, políticas, programas e medidas de adaptação; e (iv) o desenvolvimento da resiliência de sistemas socioeconômicos e eco-*

*lógicos, incluindo por meio da diversificação econômica e da gestão sustentável de recursos naturais.*

O Acordo não previu, de modo expresso, exigência fiscal ou financeira para fins de cumprimento de Meta de Diminuição de Emissão de Gases de Efeito Estufa pelo Brasil. Para preservar a soberania das Partes, os compromissos assumidos estabelecem diretrizes gerais, que constituem limites e orientações, dentro das quais cabe aos Estados nacionais estabelecer suas metas, políticas, objetivos, ações e medidas para dar concretude aos termos da norma convencional. Em outras palavras, desde que tais balizas sejam observadas, o planejamento em âmbito nacional deve ocorrer no conjunto e na particularidade de seus sistemas jurídico, social e econômico.[17]

Pelas mesmas razões, o Acordo não estabeleceu que o compromisso de diminuição de emissão de gases de efeito estufa do Brasil seria promovido por setores econômicos específicos, nem tampouco por determinados agentes econômicos inseridos em certas cadeias produtivas ou de valor. E sequer poderia fazê-lo, por razões de direito internacional e doméstico.

*Primeiro*, porque determinação dessa natureza seria contraditória com os próprios desígnios e objetivos do Acordo, voltados à redução de gases de efeito estufa mediante planos e ações que se relacionem ao *conjunto da economia* ("*economic-wide*") (art. 4º, § 4º), uma vez que, em alguma medida, a responsabilidade pela redução das emissões (e, portanto, da manutenção de um meio ambiente ecologicamente equilibrado) é *dever de todos*, e afeta o exercício de direitos humanos como a segurança alimentar e o emprego.

A individualização das ações nacionais para a mudança climática deve abranger, tal como prescreve o Acordo, o cumprimento das obrigações em matéria de direitos humanos, o que contempla políticas multidisciplinares e multisetoriais pertinentes a todas as áreas impactadas por tais políticas, tanto nas ações interventivas (positivas ou negativas), como nas providências de proteção e desenvolvimento social e econômico.

---

17 Sem prejuízo do apoio financeiro e tecnológico que deve ser fornecido pelos países desenvolvidos em favor dos países em desenvolvimento, nos termos dos arts. 9º, 10 e 11 do Acordo, reconhecendo-se para tanto que um aumento do apoio prestado às Partes em desenvolvimento permitirá maior ambição em suas ações.

Nesta mesma perspectiva, a eleição de certos setores econômicos ou de determinados agentes econômicos pelo Acordo como únicos responsáveis pela redução da emissão dos GEE seria contraditória com a própria escolha explícita da norma convencional por *abordagens não relacionadas ao mercado* (art. 6º, § 8º), as quais devem ser integradas, holísticas e equilibradas com as demais medidas, com função de auxiliar na implementação das contribuições nacionalmente determinadas pelas Partes, no contexto do desenvolvimento sustentável e da erradicação da pobreza, de maneira coordenada e eficaz, inclusive por meio, *inter alia*, de mitigação, adaptação, financiamento, transferência de tecnologia e capacitação.

*Segundo*, porque escolha desta ordem tenderia à ineficácia dos compromissos assumidos e reduziria sobremaneira a capacidade das Partes em alcançar os objetivos do Acordo, por representar limitação indevida na liberdade de cada signatário para definir suas próprias metas, setores e políticas, de acordo com suas *capacidades* e *circunstâncias nacionais*. Em tal situação, o Acordo não teria a necessária *adaptabilidade* às incontáveis realidades socioeconômicas e políticas dos países signatários, que demandam modelos próprios e definidos por sua própria autoridade. Por essas razões é que a norma convencional elege, em diversas oportunidades, compromissos e diretrizes que respeitam e privilegiam as realidades particulares das Partes para a definição de suas políticas domésticas, como se verifica, com maior relevo, no princípio das *responsabilidades comuns, porém, diferenciadas e respectivas capacidades*[18] (arts. 2º, 3º, § 3º e 19), que reconhece diferentes contribuições para danos ambientais (causalidade), bem como distintas potencialidades para adotar medidas de mitigação (capacidade), "*à luz das diferentes circunstâncias nacionais*".

O respeito à realidade local é amplamente reconhecido no Acordo desde o preâmbulo,[19] assim como condiciona a sua implementação (art. 2º, § 2º), orienta a definição das contribuições nacionalmente determi-

18 VOIGT, Christina; FERREIRA, Felipe. 'Dynamic Differentiation': The Principles of CBDR-RC, Progression and Highest Possible Ambition in the Paris Agreement. *Transnational Environmental Law*, 5:2 (2016), pp. 285-303.

19 *"As Partes deste Acordo (...). Procurando atingir o objetivo da Convenção e guiadas por seus princípios, incluindo o princípio de equidade e responsabilidades comuns porém diferenciadas e respectivas capacidades,* ***à luz das diferentes circunstâncias nacionais; (...). Reconhecendo, igualmente, as necessidades específicas e as circunstâncias especiais das Partes países em desenvolvimento****, em especial aquelas particularmente vulneráveis aos efeitos negativos da mudança do clima, conforme previsto na Convenção."* (g.n.)

nadas (art. 4º, § 3º) e das metas de redução ou de limitação de emissões para o conjunto da economia (art. 4º, § 4º). Ademais, norteia a formulação e comunicação das estratégias de longo prazo para um desenvolvimento de baixa emissão de GEE (art. 4º, § 19), condiciona a estrutura de transparência (art. 13, § 3º), e faz parte necessária do mecanismo para facilitar a implementação e promover o cumprimento das disposições do Acordo (art. 15, § 2º).

*Terceiro*, porque a prévia escolha de setores ou agentes econômicos pelo Acordo poderia contrapor-se às ordens jurídicas nacionais, entrando em antinomia normativa com disposições domésticas pertinentes, por exemplo, à regulação dos setores eleitos, às normas relativas à intervenção do Estado na economia, a escolhas a respeito da igualdade e da ordem econômica, dentre inúmeras outras possibilidades.

*Quarto*, porque tais escolhas específicas poderiam representar indevida limitação aos princípios da soberania e da autodeterminação dos povos, sobretudo em face da ordem jurídica interna das Partes signatárias. Mesmo com o reconhecimento de que a soberania admite limites claros, a escolha de setores ou agentes econômicos específicos para responder pela redução dos GEE poderia transbordar os limites gerais cabíveis na conformação da soberania, por representar ingerência injustificada aos poderes políticos de regulação e condução da ordem econômica nacional.

Estas razões se refletem no dever de transparência das Partes em comunicar suas contribuições nacionalmente determinadas, de modo detalhado, objetivo e passível de controle e acompanhamento.[20]

20 Como se verifica na Decisão 1/CP.21: "A Conferência das Partes (...).
27. Concorda que as informações a serem fornecidas pelas Partes que comunicam suas contribuições nacionalmente determinadas, a fim de facilitar a clareza, a transparência e a compreensão, podem incluir, conforme apropriado, inter alia, informações quantificáveis sobre o ponto de referência (incluindo, conforme apropriado, um ano base), cronogramas e/ou períodos para implementação, escopo e cobertura, processos de planejamento, premissas e abordagens metodológicas, incluindo aquelas para estimar e contabilizar emissões antrópicas de gases de efeito estufa e, conforme apropriado, remoções, e como a Parte considera que sua contribuição nacionalmente determinada é justa e ambiciosa, à luz de suas circunstâncias nacionais, e como contribui para alcançar o objetivo da Convenção conforme estabelecido em seu Art. 2; (...)." United Nations Climate Change. Framework Convention on Climate Change. *Report of the Conference of the Parties on its twenty-first session, held in Paris from 30 November to 13 December 2015 - Decision 1/CP.21*. Disponível em: <https://unfccc.int/resource/docs/2015/cop21/eng/10a01.pdf#page=2>. Acesso em: 28-07-2023.

Sob estes parâmetros o Brasil apresentou em 2015 sua pretendida Contribuição Nacionalmente Determinada (NDC) ao Acordo de Paris, que se tornou compromisso internacional a partir de 4 de novembro de 2016. O documento original estabelecia que o Brasil deveria reduzir as suas emissões em 37% até 2025 e 43% até 2030, em relação às emissões de 2005, calculadas de acordo com o *Segundo Inventário Nacional*, produzido pelo Ministério de Ciência, Tecnologia e Inovações (MCTI).

Em 2020, o governo brasileiro apresentou sua primeira revisão da NDC, na qual manteve como meta os mesmos índices previstos na redação original. Contudo, a contabilização de gases de efeito estufa que o Brasil emitiu em 2005 foi atualizada, com a publicação do Terceiro Inventário Nacional. Esse inventário aprimorou a metodologia de cálculo de emissões, o que resultou no aumento da contabilização de emissões para o ano-base de 2005. Se no segundo inventário a emissão em 2005 foi de 2,1 bilhões de toneladas de dióxido de carbono equivalente (GtCO2e), no terceiro aumentou para 2,8 GtCO2e. Na prática, a nova NDC permitiu que o Brasil emitisse uma quantidade maior de gases de efeito estufa do que anteriormente previsto, pois manteve a porcentagem da meta, apesar do aumento no valor absoluto de dióxido de carbono.

Em 07 de abril de 2022, o Brasil comunicou ao secretário do UNFCCC a segunda atualização da NDC,[21] por meio da qual reafirmou o compromisso com a redução de emissões de gases de efeito estufa em 2025 em 37%, em relação a 2005. Além disso, se comprometeu a reduzir suas emissões em 2030 em 50%, em relação a 2005. Esta revisão, contudo, foi objeto de críticas, porque aumenta em 314 milhões de toneladas de CO2e o nível de emissões permitido em 2025 e em 81 milhões de toneladas de CO2e o nível de emissões permitido em 2030, ambos em relação à meta indicativa apresentada em 2016. Ademais, não incrementa a ambição climática do país nesta década, bem como não internaliza como vinculantes os compromissos assumidos na COP26 quanto a zerar o desmatamento e reduzir em 30% as emissões de metano até o fim da década.[22]

---

21 United Nations Climate Change. *Nationally Determined Contributions (NDCs).* (2023). Disponível em: <https://unfccc.int/process-and-meetings/the-paris-agreement/nationally-determined-contributions-ndcs#Taking-stock-and-informing-the-preparation-of-successive-NDCs-->. Acesso em: 24-07-2023.

22 Unterstell & Martins, 2022. NDC do Brasil: *Avaliação da atualização submetida à UNFCCC em 2022.* Nota Técnica. Rio de Janeiro, Brasil. TALANOA, 2022. Disponível em: <www.institutotalanoa.org/documentos>. Acesso em: 26-07-2023.

## A FORÇA NORMATIVA DO ACORDO DE PARIS NO ORDENAMENTO JURÍDICO BRASILEIRO E O CONTROLE DE CONVENCIONALIDADE

A força normativa dos acordos internacionais na ordem jurídica brasileira é objeto de constantes reflexões na doutrina e na jurisprudência, e o desenvolvimento do tema redundou na atual constatação de que a definição desta normatividade está subordinada não apenas ao conteúdo do acordo, como também ao processo legislativo adotado para sua internalização no país.

Antes mesmo do advento da Constituição de 1988, vozes doutrinárias defendiam que os tratados internacionais incorporados pelo Brasil na forma do adequado processo legislativo assumiam status constitucional, de modo que não caberia ao Estado recusar o cumprimento de obrigações convencionais sob alegação de prevalência do texto constitucional que lhe fosse precedente. Tal corrente se fundamentava no princípio da primazia do direito internacional, que reconhece os tratados e demais atos convencionais como uma das principais fontes positivas no âmbito internacional.

Antes da ordem constitucional vigente, à míngua de disposição específica que concedesse aos tratados internacionais, de modo expresso, qualquer status superior à legislação ordinária, coube ao STF pronunciar que a vontade do legislador interno prevaleceria sobre os compromissos assumidos pela República no âmbito internacional, por meio dos tratados, caso houvesse conflito entre tais espécies normativas.[23]

Esse entendimento foi reiterado pelo STF mesmo após o advento da Constituição de 1988, e, portanto, teve efeitos duradouros na jurisprudência daquele Tribunal.[24]

A partir do mencionado julgamento do RE 80.004, os tratados internacionais passaram a assumir status de lei ordinária no âmbito do direito positivo brasileiro, independentemente da matéria que tratasse, desde que fosse submetido ao devido processo legislativo para sua integração à ordem jurídica interna. Esta posição, portanto, rechaçou a cor-

23 REZEK, José Francisco. Tratados e suas relações com o ordenamento jurídico interno: antinomia e norma de conflito. *Revista CEJ*, v. 1, n. 2, p. 54-59, 27 ago. 1997.

24 Conforme se verifica, por exemplo, nos seguintes julgamentos: HC 72.131 / RJ, Relator Ministro Marco Aurélio, Tribunal Pleno, j. 23-11-1995, DJE 01-08-2003; e ADI 1.480-3 / DF, Relator Ministro Celso de Mello, Tribunal Pleno, j. 04-09-1997, DJE 15-09-1997.

rente doutrinária precedente, segundo a qual teriam os tratados a força normativa própria da Constituição, baseada no princípio da primazia do direito internacional.

No direito tributário brasileiro, por força superioridade hierárquica que a Constituição atribui às normas gerais em matéria de legislação tributária, conforme o art. 146, III, da CF, vigora o princípio de prevalência de aplicabilidade das convenções internacionais. Em paralelo, o direito positivo possui regra objetiva para determinar a eficácia dos acordos internacionais em matéria tributária, estampado no art. 98 do Código Tributário Nacional.

Duas são as funções deste art. 98 do CTN: i) *recepção* sistêmica das normas convencionais e, quanto à ii) *execução* destas, um comando destinado ao legislador ordinário, de veto a qualquer pretensão de alteração *in fieri*, por via unilateral, do quanto fora pactuado, nos termos do princípio *pacta sunt servanda intra pars* – o que confirma o princípio da *prevalência de aplicabilidade* das normas internacionais sobre o direito interno, como decorrência da aplicação do art. 4º da CF.[25]

Essa é uma regra salutar para garantir segurança jurídica aos não residentes, quanto à aplicação das convenções internacionais, na relação com normas infraconstitucionais do ordenamento interno. Como são "princípios fundamentais" que regem a relação entre o Estado brasileiro e os demais Estados no conserto das nações, a eficácia de tais fundamentos ficaria prejudicada de modo severo caso aos tratados e convenções internacionais não fosse atribuída prevalência de aplicabilidade sobre o direito interno infraconstitucional. Quanto aos tratados em matéria tributária, a jurisprudência do STF pacificou-se neste sentido no julgamento do RE nº 229.096.[26]

Portanto, em vista das disposições de direito constitucional, revela-se garantido no direito interno o efeito de prevalência de aplicabilidade que as convenções em matéria tributária sobre a legislação infraconstitucional, pelo que se encontra declarado no art. 98, do CTN, no papel

25 ROCHA, Sergio André. Relação entre o direito doméstico e as convenções para evitar dupla tributação da renda no Brasil: O art. 98 do código tributário nacional. In: TÔRRES, Heleno Taveira (Coord). *Direito tributário e ordem econômica: homenagem aos 60 anos da ABDF.* São Paulo: Quartier Latin, 2010. p. 713-74.

26 BRASIL. Supremo Tribunal Federal - STF. RE 229096/RS, Relator Ministro Ilmar Galvão, Relatora para o Acórdão Ministra Carmen Lucia, Tribunal Pleno, j. 16.08.2007, DJe 065, 10.04.2008.

de norma geral, como prescreve o art. 146, III, da CF, que reserva à Lei Complementar a tarefa de dispor sobre "legislação tributária".

O tema voltou à baila por ocasião do julgamento de recurso paradigmático, no qual o STF foi instado a interpretar a Convenção Internacional para Evitar Dupla Tributação, pactuada entre a República Federativa do Brasil e o Reino da Suécia, referendada pelo Decreto Legislativo nº 93/1975 e pelo Decreto nº 77.053/1976, com foco em seu art. 24, que estipula a observância do princípio da não discriminação tributária, de modo que residentes no Brasil e na Suécia não poderiam, em idêntica situação, receber tratamentos jurídico-tributários distintos em ambos os países.

Expostas as controvérsias entre os Ministros integrantes da Corte a respeito da condição jurídica dos tratados internacionais em face de normas de direito interno, o relator, Ministro Gilmar Mendes, ao revisitar o alcance do art. 98 do CTN sob a perspectiva internacional, concluiu que os tratados internacionais em matéria tributária constituem uma espécie normativa distinta e autônoma no âmbito infraconstitucional, que não se confundem com as normas federais. Em adição, não é dado à legislação ordinária alterar o conteúdo dos tratados, em homenagem às balizas da cooperação internacional, da boa-fé e da segurança dos pactos internacionais.[27]

Essa predominância foi reafirmada em julgamentos do Superior Tribunal de Justiça (STJ), nos quais se analisou a prevalência dos tratados internacionais em matéria tributária sobre as normas internas, no contexto de temas bilaterais para evitar a dupla tributação, tal como dos lucros auferidos por sociedades controladas no exterior.[28]

A força normativa dos tratados que não versam sobre temas tributários, a despeito de não ser informada pelo art. 98 do CTN, também passou a ser pautada, na doutrina e na jurisprudência, de acordo com a relevância temática de suas disposições, à luz das normas constitucionais e dos paradigmas convencionais aplicáveis à espécie.

Mesmo após o advento da ordem constitucional de 1988, exceto se de modo diverso for estabelecido pelo sistema jurídico de determinado Estado, os tratados devem integrar a estrutura interna com a mesma

27 BRASIL. Supremo Tribunal Federal. RE nº 460.320 / PR, Relator Ministro Gilmar Mendes, Tribunal Pleno, j. 05-08-2020, DJE 243, de 06-10-2020.

28 BRASIL. Superior Tribunal de Justiça. REsp nº 1.618.897 / RJ, Relator Ministro Napoleão Nunes Maia Filho, Primeira Turma, j. 19-05-2020, DJE de 26-05-2020.

força normativa da lei nacional, na esteira do entendimento sufragado no STF.[29]

O constituinte originário de 1988, a seu turno, definiu de modo específico o caráter de fonte normativa internacional dos tratados promulgados pelo Brasil em matéria de direitos fundamentais. Para tanto, fez incluir, no rol dos direitos fundamentais discriminados no art. 5º, aqueles que *decorram dos tratados internacionais em que a República seja parte*, conforme a disposição do §2º daquele dispositivo. A aludida norma constitucional estabeleceu de modo expresso, portanto, que os tratados internacionais ratificados pelo Brasil e sujeitos ao devido processo legal para sua internalização constituem também fonte de direitos fundamentais, de modo não excludente com aqueles já estabelecidos na Constituição e outros decorrentes do regime e dos princípios por ela adotados.

Isto significa considerar que o rol dos direitos fundamentais estabelecido na Constituição é não exaustivo, porque integrado com aqueles definidos em normas convencionais, desde que internalizados na ordem jurídica doméstica, e outros decorrentes do regime e dos princípios extraídos do texto constitucional.

Dentre os aludidos direitos fundamentais decorrentes de tratados, incluem-se aqueles destinados a garantir a realização dos direitos humanos, cujo conteúdo, sobretudo em relação à Declaração Universal dos Direitos Humanos aprovada na Organização das Nações Unidas em 1948, em grande medida abrange os direitos e garantias fundamentais assegurados pelo constituinte de 1988.

Ao elevar os tratados internacionais como fonte normativa de direitos fundamentais na ordem jurídica interna, o constituinte reconhece que a proteção dos direitos humanos não se deve restringir à competência ou à jurisdição doméstica exclusiva, porque representa legítimo interesse internacional. Esta inovação da ordem constitucional vigente provoca uma revisão da noção tradicional de soberania absoluta do Estado, que passa a ser interpretada com a admissão de intervenções no plano nacional em prol da proteção dos direitos humanos, bem assim, do reconhecimento da noção de que o indivíduo possui direitos na esfera internacional, na condição de sujeito de direito.

---

29 REZEK, José Francisco. *Direito internacional público: curso elementar*. 15ª ed. rev. e atual. - São Paulo : Saraiva, 2014, p. 55.

Por estas razões fundamentais, parte da doutrina não hesita em interpretar a disposição do art. 5º, §2º da CF como uma abertura e uma opção do constituinte em atribuir, aos tratados internacionais sobre direitos humanos, o status próprio de norma constitucional, haja vista que tais disposições convencionais devem, segundo o próprio texto, conviver com os direitos fundamentais discriminados na mesma Carta. A reforçar esta interpretação, o próprio regime e os princípios adotados pelo constituinte na proteção dos direitos e garantias decorrentes ou relacionados com a dignidade humana reclamam, por sua natureza, a integração material ao texto constitucional, de forma a lhes assegurar não apenas prevalência à legislação infraconstitucional, como também, para que possam servir de parâmetro legal aos controles difuso e concentrado de constitucionalidade.[30]

O tema recebeu contornos adicionais quando do advento da Emenda Constitucional n.º 45, de 2004, que incluiu o par. 3º ao art. 5º da Constituição, para o fim de prever o rito especial das emendas constitucionais à incorporação de normas convencionais de direitos humanos. De acordo com tal dispositivo, os tratados e convenções internacionais sobre direitos humanos que forem aprovados, em cada Casa do Congresso Nacional, em dois turnos, por três quintos dos votos dos respectivos membros, serão equivalentes às emendas constitucionais.

A primeira interpretação deste dispositivo permite afirmar que, a partir da promulgação da EC 45, os tratados sobre direitos humanos somente passam a adquirir força própria da Constituição se incorporados no ordenamento nacional de acordo com o rito estabelecido para as emendas constitucionais, mediante aprovação, em cada Casa legislativa, em dois turnos, por três quintos dos votos dos respectivos membros. Por decorrência, ainda que versem sobre direitos humanos, os tratados internalizados na ordem jurídica brasileira sem a observância do rito previsto no art. 5º, §3º da CF/88 não assumem a natureza de norma constitucional, o que demanda perquirir qual seria sua força normativa em tal hipótese.

30 PIOVESAN, Flavia. A Constituição de 1988 e os tratados internacionais de proteção dos direitos humanos. *Revista de Direito Constitucional e Internacional*, vol. 23, 1998, abr-jun/1998, p. 83; MAZZUOLI, Valerio de Oliveira. A influência dos tratados internacionais de proteção aos direitos humanos no direito interno brasileiro e a primazia da norma mais favorável como regra de hermenêutica internacional. *R. Proc. Geral Est. São Paulo*, São Paulo, Nº 53, jun. 2000, p. 90-91.

Para a doutrina que já considerava, antes mesmo do advento da EC 45, a natureza constitucional das normas convencionais de direitos humanos nos termos do art. 5º, §2º da CF, a conclusão é a de que os tratados desta matéria adotados pelo Brasil antes da promulgação da EC 45 manteriam seu status constitucional (tal como os tratados firmados antes da ordem constitucional vigente, que teriam sido recepcionados com o mesmo status pelo mencionado art. 5º, §2º), ao passo que as normas convencionais de direitos humanos internalizadas após a vigência daquela Emenda Constitucional somente assumiriam o nível da Lei Maior se fossem submetidas ao processo legislativo do art. 5º, §3º.[31]

Este entendimento foi encampado por voto proferido pelo Ministro Celso de Mello por ocasião de julgamento paradigmático, no qual se debateu a constitucionalidade da prisão civil do depositário infiel à luz dos limites estabelecidos no Pacto de São José da Costa Rica. Contudo, a despeito da defesa empreendida pelo voto do Ministro Celso de Mello, outra foi a orientação adotada pela jurisprudência do STF acerca do status normativos dos tratados internacionais de direitos humanos não submetidos ao iter estabelecido no art. 5º, §3º. De acordo com a jurisprudência reiterada daquela Corte, estes tratados possuem, no Brasil, caráter *supralegal*, vale afirmar, estão dotados de força normativa situada apenas abaixo das normas constitucionais, mas em nível superior à legislação infraconstitucional que verse sobre o mesmo tema.

Referido entendimento foi sedimentado em 2008 no julgamento do RE nº 466.343, com repercussão geral, no qual o STF, ao interpretar o art. 5º, §2º da CF, afirmou que os tratados internacionais de direitos humanos ratificados pelo Brasil, como, por exemplo, a Convenção Americana de Direitos Humanos (1969), o Protocolo de San Salvador (1988) e os tratados do sistema global da ONU, são dotados do status normativo *supralegal*, exceto se submetidos ao processo legislativo previsto no art. 5º, §3º da CF. [32]

Via de consequência, para o STF, os tratados internacionais de direitos humanos vigentes na ordem interna brasileira ostentam força normativa de *supralegalidade*, exceto se submetidos ao rito legislativo

31 LAFER, Celso. *A internacionalização dos direitos humanos: Constituição, racismo e relações internacionais*. São Paulo: Manole, 2005, p. 15-18.

32 BRASIL. Supremo Tribunal Federal – STF. RE 466.343-1 / SP, Relator Ministro Cezar Peluso, Tribunal Pleno, j. 03-12-2008, Dje 11-12-2008.

definido pelo art. 5º, §3º, caso em que assumem natureza de norma constitucional.

Este entendimento foi reafirmado pelo Plenário do STF em diversos julgamentos posteriores, que podem ser exemplificados pelo voto do Ministro Luiz Fux, durante o reexame do status normativo interno do Pacto de San José da Costa Rica (Convenção Americana sobre Direitos Humanos - CADH).[33]

À guisa de exemplo, três convenções internacionais firmadas pelo Brasil foram internalizadas na ordem jurídica doméstica com caráter constitucional, porque aprovadas no Congresso de acordo com o rito do art. 5º, §3º da CF. São elas: a *Convenção Interamericana contra o Racismo, a Discriminação Racial e Formas Correlatas de Intolerância*, firmada na Guatemala, em 5 de junho de 2013 (conforme Decreto Legislativo n.º 1, de 18-02-2021, e Decreto n.º 10.932, de 10-01-2022); o *Tratado de Marraqueche para Facilitar o Acesso a Obras Publicadas às Pessoas Cegas, com Deficiência Visual ou com Outras Dificuldades para Ter Acesso ao Texto Impresso*, firmado em Marraqueche, em 27 de junho de 2013 (conforme Decreto Legislativo n.º 261, de 25-11-2015, e Decreto n.º 9.522, de 08-10-2018); e a *Convenção Internacional sobre os Direitos das Pessoas com Deficiência e seu Protocolo Facultativo*, assinados em Nova York, em 30 de março de 2007 (conforme Decreto Legislativo n.º 186, de 09-07-2008, e Decreto n.º 6.949, de 25-08-2009).

Trazidas estas premissas para o Acordo de Paris, tem-se, *prima facie*, a constatação de sua plena vigência nos âmbitos externo e interno da ordem jurídica brasileira, pois submetido aos ritos legislativos adequados, na forma dos arts. 49, I e 84, IV e VIII da CF.

33 ""Esse caráter supralegal do tratado devidamente ratificado e internalizado na ordem jurídica brasileira - porém não submetido ao processo legislativo estipulado pelo art. 5º, § 3º, da CF/1988 - foi reafirmado pela edição da Súmula Vinculante 25, segundo a qual "é ilícita a prisão civil de depositário infiel, qualquer que seja a modalidade do depósito". Tal verbete sumular consolidou o entendimento deste Tribunal de que o art. 7º, item 7, da CADH teria ingressado no sistema jurídico nacional com status supralegal, inferior à CF/1988, mas superior à legislação interna, a qual não mais produziria qualquer efeito naquilo que conflitasse com a sua disposição de vedar a prisão civil do depositário infiel. Tratados e convenções internacionais com conteúdo de direitos humanos, uma vez ratificados e internalizados, ao mesmo passo em que criam diretamente direitos para os indivíduos, operam a supressão de efeitos de outros atos estatais infraconstitucionais que se contrapõem à sua plena efetivação." BRASIL. Supremo Tribunal Federal - STF. ADI nº 5.240, Relator Ministro Luiz Fux, Tribunal Pleno, j. 20-8-2015, DJe 18, de 01-02-2016.

Poder-se-ia considerar que, nesta qualidade, o Acordo de Paris possui a força normativa *equivalente à legislação federal*, tal como ocorre, de modo geral, com os tratados ratificados e promulgados pelo Estado brasileiro na forma da Constituição Federal, que não versem sobre direitos fundamentais ou humanos. Entretanto, é preciso salientar que os direitos que visam assegurar um meio ambiente equilibrado, tais como aqueles insertos no art. 225 da CF, devem ser considerados, materialmente, como *direitos humanos*, natureza que afeta o status normativo dos tratados que versam sobre tais matérias no plano jurídico interno.

A interrelação entre os direitos ambientais e os direitos humanos é umbilical e condicionante. Um meio ambiente equilibrado é premissa para a assegurar a todos existência digna, exercício da liberdade e a própria proteção da vida, esferas de direitos fundamentais com caráter de direitos humanos. Sem dúvida, o ordenamento jurídico brasileiro confere aos direitos ambientais, enquanto indispensáveis para uma sociedade sustentável, tutela com igual força jurídica àquela prestada aos demais direitos humanos arrolados no texto constitucional e em tratados internacionais firmados pelo Brasil.

E a via contrária é igualmente verdadeira: a proteção e o pleno exercício dos direitos ambientais dependem do exercício amplo de outros direitos humanos, com destaque para o direito à liberdade de expressão, à tutela jurisdicional e à participação política dos cidadãos.

A mencionada Declaração de Estocolmo, que antecedeu o Acordo de Paris e lhe abriu caminho, bem enuncia estas correlações, ao destacar que um meio ambiente equilibrado ecologicamente é condição vital para o gozo dos direitos humanos.

Fundado nas mesmas premissas, o princípio 1 da Declaração qualifica o direito humano ao meio ambiente equilibrado como imprescindível para o exercício dos direitos humanos da liberdade e da igualdade[34]. Assim também, a Corte Interamericana de Direitos Humanos, por intermédio da Opinião Consultiva nº 23/17,[35] estabeleceu que o direito a um meio ambiente saudável é "um interesse universal" e "um direito funda-

34 "Princípio 1. O homem tem o direito fundamental à liberdade, à igualdade e ao desfrute de condições de vida adequadas em um meio ambiente de qualidade tal que lhe permita levar uma vida digna e gozar de bem-estar, tendo a solene obrigação de proteger e melhorar o meio ambiente para as gerações presentes e futuras."

35 Disponível em: <https://www.corteidh.or.cr/docs/opiniones/seriea_23_esp.pdf>. Acesso em: 26-07-2023.

mental para a existência da humanidade". De forma semelhante, no primeiro caso contencioso sobre o tema - Comunidades Indígenas *Miembros de La Associación Lhaka Honhat* (*Nuestra Tierra*) vs. Argentina[36] - a mesma Corte internacional asseverou que os Estados possuem o dever de "respeito", "garantia" e "prevenção" de danos ao meio ambiente, cabendo-lhes assegurar os direitos de todos à segurança alimentar e ao acesso à água.

Uma vez que o Acordo de Paris disciplina matéria pertinente a direitos humanos, conforme reconhecido de modo expresso pela ONU e pelo STF, e sua incorporação no plano jurídico interno foi realizada sem a observância do processo legislativo previsto no art. 5º, §3º da CF, deve possuir caráter supralegal, de modo a servir de parâmetro para que os órgãos do Poder Judiciário realizem o controle difuso de convencionalidade das leis e atos normativos do Poder Público.

Em contrapartida, por não possuir status de norma constitucional, o Acordo de Paris não pode ser utilizado como paradigma para controle concentrado de convencionalidade (e, portanto, de constitucionalidade), haja vista que tal Acordo não foi internalizado no sistema jurídico nacional na forma do art. 5º, §3º. Sem prejuízo, como se verificou nos precedentes examinados do STF, é recorrente naquela Corte a utilização do controle difuso de convencionalidade no bojo de ações de controle concentrado de constitucionalidade, de modo que a eventual incompatibilidade da norma ou ato impugnado com a Constituição é demonstrada, em conjunto, pela desconformidade com a disciplina convencional da matéria, de caráter supralegal.

## A POLÍTICA NACIONAL DE BIOCOMBUSTÍVEIS (RENOVABIO): OBJETIVOS, ESTRUTURA E MECANISMOS

A análise estrutural dos instrumentos interventivos do RenovaBio demanda uma abordagem jurídica da política pública subjacente, a fim de estabelecer sua posição no direito positivo e abrir caminho para o exame crítico acerca de sua constitucionalidade e legalidade.

O exame jurídico-institucional do RenovaBio deve iniciar por seu *posicionamento* no âmbito das macropolíticas públicas de caráter nacional estabelecidas em matéria climática e energética, e de que modo

36 Disponível em: <https://www.corteidh.or.cr/docs/casos/articulos/seriec_400_esp.pdf>. Acesso em: 26-07-2023.

se relacionam para conformar o sistema de regulação econômica deste campo de vital importância estratégica.

Neste corte metodológico, destacam-se duas políticas com caráter *abrangente* e *programático*, que estabelecem bases e diretrizes para a formulação de outras ações e programas sob sua coordenação e direção específicas.

A primeira é a política energética nacional (PEN), alicerçada na Lei nº 9.478, de 06 de agosto de 1997, a qual estatui *os objetivos gerais para todas as políticas nacionais* que visem ao aproveitamento racional das fontes de energia.[37] Com essa amplitude, os princípios enunciados no art. 1º da mencionada lei devem orientar as políticas públicas de caráter nacional estabelecidas com fundamento explícito ou implícito naquele diploma, dentre quais se podem destacar os seguintes, *verbis*:

> *"(...). II - **promover o desenvolvimento**, ampliar o mercado de trabalho e valorizar os recursos energéticos;*
>
> *III - **proteger os interesses do consumidor** quanto a preço, qualidade e oferta dos produtos;*
>
> *IV - **proteger o meio ambiente** e promover a conservação de energia;" (...)*
>
> *IX - **promover a livre concorrência**; (...)*
>
> *XII - incrementar, em bases econômicas, sociais e ambientais, a participação dos biocombustíveis na matriz energética nacional;*
>
> *XIII - garantir o fornecimento de biocombustíveis em todo o território nacional; (...)*
>
> *XVI - atrair investimentos em infraestrutura para transporte e estocagem de biocombustíveis; (...)*
>
> *"XVIII - **mitigar as emissões de gases causadores de efeito estufa e de poluentes nos setores de energia e de transportes, inclusive com o uso de biocombustíveis.**"* (g.n.)

Como se verifica dos princípios orientadores da PEN, o planejamento e a execução de políticas nacionais pertinentes ao aproveitamento racional das fontes de energia deve se subordinar a parâmetros cogentes

37 Nesse sentido estabelece o art. 1º da mencionada Lei n.º 9.478/97: *"As políticas nacionais para o aproveitamento racional das fontes de energia visarão aos seguintes objetivos: (...)."*

mínimos, os quais visam equilibrar o *desenvolvimento nacional* e a *proteção do meio ambiente*, em conjunto considerados como os pilares do *princípio do desenvolvimento sustentável*.[38]

Não por outra razão é que o mencionado diploma condiciona as políticas energéticas à *"proteção dos interesses do consumidor* e à *promoção da livre concorrência"*, tal como já se encontra expressamente assegurado pelos princípios básicos da Ordem Econômica delineados no art. 170 da Constituição Federal.

Posteriormente, a Lei nº 12.187, de 29 de dezembro de 2009, instituiu a Política Nacional sobre Mudança do Clima ("PNMC"), cujas ações dos entes políticos e dos órgãos da administração pública observarão os princípios da *precaução*, da *prevenção*, da *participação cidadã*, do *desenvolvimento sustentável* e o das *responsabilidades comuns, porém diferenciadas*, este último no âmbito internacional (tal como adotado, posteriormente, no Acordo de Paris).

O art. 3º da PNMC reconhece que *todos* têm o dever de atuar, em benefício da presente e das futuras gerações, para a redução dos impactos decorrentes das interferências antrópicas sobre o sistema climático. A partir desta premissa, o mesmo dispositivo determina que as medidas tomadas devem considerar os diferentes contextos socioeconômicos de sua aplicação, bem assim, *"distribuam os ônus e encargos decorrentes entre os setores econômicos e as populações e comunidades interessadas de modo equitativo e equilibrado* e *sopesem as responsabilidades individuais quanto à origem das fontes emissoras e dos efeitos ocasionados sobre o clima"*.

A política possui múltiplas *diretrizes*, com destaque para os compromissos assumidos pelo Brasil na Convenção-Quadro das Nações Unidas sobre Mudança do Clima, no Protocolo de Quioto *e nos demais documentos sobre mudança do clima dos quais vier a ser signatário*, no qual se inclui o Acordo de Paris.

38 A legislação ambiental brasileira apresenta o conceito de desenvolvimento sustentável na Política Nacional de Meio Ambiente, organizada pela Lei 6.938/81, cujo art. 2º dispõe: *"A Política Nacional do Meio Ambiente tem por objetivo a preservação, melhoria e recuperação da qualidade ambiental propícia à vida, visando assegurar, no País, condições ao desenvolvimento socioeconômico, aos interesses da segurança nacional e à proteção da dignidade da vida humana"*. E o art. 4º, I complementa: *"A Política Nacional do Meio Ambiente visará: I – à compatibilização do desenvolvimento econômico-social com a preservação da qualidade do meio ambiente e do equilíbrio ecológico."*

A PNMC busca criar *harmonia* e *unidade sistêmica* às políticas ambientais atuais e futuras pertinentes a mudanças climáticas adotadas pelas três esferas federativas, ao determinar o seguinte, *verbis*:

> *"Art. 3º. (...). V - as ações de âmbito nacional para o enfrentamento das alterações climáticas, atuais, presentes e futuras, devem considerar e integrar as ações promovidas no âmbito estadual e municipal por entidades públicas e privadas;"*
>
> *Art. 5º São diretrizes da Política Nacional sobre Mudança do Clima: (...).*
>
> *V - o estímulo e o apoio à participação dos governos federal, estadual, distrital e municipal, assim como do setor produtivo, do meio acadêmico e da sociedade civil organizada, no desenvolvimento e na execução de políticas, planos, programas e ações relacionados à mudança do clima; (...).*
>
> *VIII - a identificação, e sua articulação com a Política prevista nesta Lei, de instrumentos de ação governamental já estabelecidos aptos a contribuir para proteger o sistema climático;*
>
> *IX - o apoio e o fomento às atividades que efetivamente reduzam as emissões ou promovam as remoções por sumidouros de gases de efeito estufa; (...)."*

A PNMC visa coordenar os esforços públicos e privados concernentes às mudanças climáticas, e para tanto, estabelece princípios, diretrizes e objetivos comuns a todas as ações públicas desta natureza. A vinculação direta com as demais políticas é determinada, em especial, a partir da necessária identificação (e sua articulação com a PNMC) de instrumentos de ação governamental já estabelecidos, aptos a contribuir para proteger o sistema climático (art. 5º, VIII).

De modo ainda mais específico, a PNMC vincula, como seus instrumentos próprios, as medidas existentes *e aquelas a serem criadas* no campo da redução de emissão dos GEE. Para tanto, o art. 6º, XII, da lei assim estabelece, *verbis*:

> *"Art. 6º. São instrumentos da Política Nacional sobre Mudança do Clima: (...).*
>
> *XII – **as medidas existentes, ou a serem criadas, que estimulem o desenvolvimento de processos e tecnologias, que contribuam para a redução de emissões e remoções de gases de efeito estufa**, bem como para a adaptação, dentre as quais o estabelecimento de critérios de preferência nas licitações e concorrências públicas, compre-*

> *endidas aí as parcerias público-privadas e a autorização, permissão, outorga e concessão para exploração de serviços públicos e recursos naturais, para as propostas que propiciem maior economia de energia, água e outros recursos naturais e redução da emissão de gases de efeito estufa e de resíduos; (...).” (g.n.)*

Por derradeiro, a unicidade e coordenação da atuação estatal em matéria de políticas públicas sobre o clima foi determinada pelo art. 11 da Lei nº 12.187/09 (PNMC, o qual é inequívoco ao elevar a PNMC à categoria de macropolítica pública sobre mudanças climáticas, atribuindo a seus princípios, objetivos, diretrizes e instrumentos um caráter vinculativo para a atuação estatal (políticas e programas governamentais) que, de algum modo, contemplem ações voltadas ao meio ambiente sustentável e equilibrado em matéria climática.

É neste contexto de macropolíticas públicas que deve ser inserido e interpretado o RenovaBio, cuja estrutura, interpretação e aplicação estão diretamente subordinados aos princípios, objetivos, diretrizes e instrumentos da PNMC, enquanto política destinada ao controle das interferências antrópicas sobre o sistema climático, e à política energética nacional (PEN), que visa ao aproveitamento racional das fontes de energia.

## RENOVABIO: CONTEXTO INTERNACIONAL E OBJETIVOS

Os compromissos assumidos no Acordo de Paris motivaram diversas Partes a adotar ou fortalecer políticas públicas de regulação ou intervenção econômica para promover a redução da emissão de gases de efeito estufa, inclusive mediante a expansão dos biocombustíveis em suas matrizes energéticas, tal como previsto nas NDC’s submetidas à ONU. Haja vista que determinados programas desta natureza, instituídos por outros países, serviram de incentivo ou inspiração para o RenovaBio, é recomendável mencioná-los de antemão para, na sequência, promover uma análise pormenorizada da estrutura do programa em exame.

Nos Estados Unidos, a política pertinente aos combustíveis renováveis foi instituída de modo mais organizado em 2005, por meio do *Renewable Fuel Standard Program* (RFS), que adotou um modelo de metas volumétricas e Créditos de carbono específicos (RIN).[39]

39 United States Environmental Protection Agency - EPA. *Renewable Fuel Standard Program*. Disponível em: <https://www.epa.gov/renewable-fuel-standard-program>. Acesso em: 30-07-2023.

No ano seguinte, a Argentina editou a Lei nº 26.093/06,[40] denominada de "Lei de incentivo à produção sustentável de biocombustíveis", a qual instituiu um regime de regulação e promoção para a produção e uso sustentáveis de biocombustíveis, bem como adotou um modelo de incentivos fiscais relacionados à mistura obrigatória de biocombustíveis aos combustíveis fósseis.

No mesmo ano, a Indonésia iniciou sua política de biocombustíveis, a partir de sua participação crescente no mercado internacional, por meio de uma diretriz de mistura obrigatória de biodiesel ao óleo diesel.[41]

Em 2009, a União Europeia criou o conhecido *Renewable Energy Directive* (RED), um modelo de metas de participação de combustíveis renováveis na matriz energética, com a criação de créditos de carbono não específicos para o setor de transporte, que podem ser negociados no *European Union Emissions Trading System – ETS*. Trata-se do "Regime Comunitário de Licenças de Emissão da União Europeia" ou apenas "Comércio Europeu de Licenças de Emissão", o primeiro instrumento regulado de comércio internacional de emissões de gases do efeito estufa.[42]

No ano de 2011, o Estado da Califórnia estabeleceu a política denominada *Low Carbon Fuel Standard (CARB-LCFS)*, a partir de um modelo de metas de participação de combustíveis renováveis na matriz de energética, com a instituição de créditos de carbono específicos do programa.[43]

A política brasileira do RenovaBio ingressou no espaço internacional das ações relacionadas aos biocombustíveis em 2017, por intermédio da Lei nº 13.576/2017. Com o objetivo declarado de auxiliar no alcance dos compromissos do Acordo de Paris, o governo brasileiro resolveu explorar, de modo mais específico, as ações pertinentes à expansão da produção e do uso de biocombustíveis na matriz energética nacional, de

---

40 Disponível em: <https://www.argentina.gob.ar/normativa/nacional/ley-26093-116299/texto>. Acesso em: 30-07-2023.

41 A. Halimatussadiah, D. Nainggolan, S. Yui, F.R. Moeis, A.A. Siregar. Progressive biodiesel policy in Indonesia: Does the Government's economic proposition hold?, *Renewable and Sustainable Energy Reviews*, Volume 150, 2021.

42 European Commission. *Renewable Energy Directive*. Disponível em: <https://energy.ec.europa.eu/topics/renewable-energy/renewable-energy-directive-targets-and-rules/renewable-energy-directive_en>. Acesso em: 30-07-2023.

43 California Air Resources Board. *Low Carbon Fuel Standard*. Disponível em: <https://ww2.arb.ca.gov/our-work/programs/low-carbon-fuel-standard/about>. Acesso em: 30-07-2023.

modo integrado à política energética nacional ordenada pela citada Lei nº 9.478/97.

As bases da política estão sedimentadas em fundamentos explícitos (art. 2º), que visam à contribuição dos biocombustíveis para a segurança do abastecimento nacional de combustíveis, da preservação ambiental e para a promoção do desenvolvimento e da inclusão econômica e social; a promoção da livre concorrência no mercado de biocombustíveis; a importância da agregação de valor à biomassa brasileira; e o papel estratégico dos biocombustíveis na matriz energética nacional.

O programa propõe-se como um meio para o aumento da capacidade de produção de biocombustíveis (etanol e biodiesel). Como consequência direta dos compromissos ambientais internacionais estabelecidos no âmbito do Acordo de Paris, o programa busca fomentar o desenvolvimento de energias limpas, de modo que está estruturado para reconhecer a capacidade energética de cada combustível, naquilo referente à redução de emissões de carbono. Consequência do Acordo de Paris, tem por meta fortalecer a economia verde e o uso de biocombustíveis como forma de reduzir a produção e a emissão de GEE, por meio de uma política de desenvolvimento sustentável.

Numa síntese, o Brasil tem o dever de privilegiar a matriz energética dos biocombustíveis. Nesse sentido, é oportuna a adoção de medidas que tenham o propósito de *(i)* contribuir para o cumprimento dos compromissos assumidos com o Acordo de Paris, *(ii)* promover o aumento do uso de biocombustíveis, bem como sua produção, além de *(iii)* assegurar a previsibilidade do mercado de combustíveis e da eficiência energética, notadamente no caso do biodiesel e do Etanol Anidro. Com essas premissas, o objetivo central do RenovaBio é o de viabilizar a oferta de energia cada vez mais sustentável, competitiva e segura, observados os seguintes princípios:

> ***(i) Previsibilidade*** *para a participação dos biocombustíveis na matriz energética nacional, com ênfase na sustentabilidade da indústria de biocombustíveis e na segurança do abastecimento;*
>
> ***(ii) Proteção dos interesses do consumidor*** *quanto a preço, qualidade e oferta de produtos, tal como já exigia a política energética nacional, nos termos do art. 1º da Lei nº 9.478/97;*
>
> ***(iii) Mitigação efetiva de emissões de gases causadores do efeito estufa*** *e de poluentes locais, por meio da contribuição de eficácia dos biocombustíveis;*

> *(iv) **Desenvolvimento socioeconômico** a partir do potencial de contribuição do mercado de biocombustíveis para a geração de emprego e de renda e para o desenvolvimento regional, bem como para a promoção de cadeias de valor relacionadas à bioeconomia sustentável;*
>
> *(v) **Eficiência energética** com o uso de biocombustíveis em veículos, máquinas e equipamentos; e*
>
> *(vi) **Impulso ao desenvolvimento tecnológico e à inovação**, destinado a consolidar a base tecnológica, a aumentar a competitividade dos biocombustíveis na matriz energética nacional e a acelerar o desenvolvimento e a inserção comercial de biocombustíveis avançados e de novos biocombustíveis.*

O RenovaBio deve ser inserido e interpretado, por um lado, a partir dos princípios, objetivos, diretrizes e instrumentos da PNMC, enquanto macropolítica vinculativa destinada ao controle das interferências antrópicas sobre o sistema climático, nos termos expressos do citado art. 11 da Lei nº 12.187/09; e, de outro lado, pelas diretrizes da política energética nacional (PEN), que trata do aproveitamento racional das fontes de energia, à qual a legislação do RenovaBio, inclusive, faz referência expressa.

Para o alcance dos objetivos, fundamentos e princípios do RenovaBio, conforme acima descritos, é preciso considerar a *integralidade da indústria do petróleo,* gás natural e outros hidrocarbonetos, uma vez que todos os elos da cadeia produtiva são absolutamente indispensáveis para que os instrumentos da política de expansão dos biocombustíveis na matriz energética alcancem os resultados pretendidos, em especial para concretizar os compromissos de redução de gases de efeito estufa assumidos pelo país no âmbito do Acordo de Paris sob a Convenção-Quadro das Nações Unidas sobre Mudança do Clima.

Tal é a exigência do art. 3º, III da PNMC, que consagra, no nível das medidas concretas da atuação estatal, a aplicação dos princípios da precaução, da prevenção e o das responsabilidades comuns, porém diferenciadas, este último adotado no Acordo de Paris, de caráter supralegal na ordem jurídica brasileira, conforme visto acima.

Cabe salientar que, nos termos do art. 6º, inciso XIX, da Lei nº 9.478, de 6 de agosto de 1997 (política energética nacional), também vinculante ao RenovaBio, considera-se como a indústria do petróleo, gás natural e outros hidrocarbonetos o "conjunto de atividades econômicas relacionadas com a exploração, desenvolvimento, produção, refino, processamento, transporte, importação e exportação de petróleo, gás natural e outros hidrocarbonetos fluidos e seus derivados", de modo que todos os agentes econômicos desta cadeia de valor participam, a seu modo, dos resultados causados pela emissão dos gases de efeito estufa decorrentes do uso de combustíveis de origem fóssil.

## OS INSTRUMENTOS DE IMPLEMENTAÇÃO DA POLÍTICA DO RENOVABIO

A política do RenovaBio se sustenta sobre 6 (seis) instrumentos de implementação, a saber:

> *(i) Metas de redução de emissões de gases causadores do efeito estufa na matriz de combustíveis;*
> *(ii) Créditos de Descarbonização ("CBIO");*
> *(iii) Certificação de Biocombustíveis;*
> *(iv) Adições compulsórias de biocombustíveis aos combustíveis fósseis;*
> *(v) Incentivos fiscais, financeiros e creditícios; e*
> *(vi) Ações no âmbito do Acordo de Paris.*

Somente os três primeiros instrumentos foram disciplinados de modo expresso pela Lei nº 13.576/17, os quais serão examinados a partir de sua estrutura e funcionamento.

O primeiro instrumento, referente às metas compulsórias anuais de redução de emissões de gases causadores do efeito estufa, está restrito à atividade econômica de ***comercialização de combustíveis***, sendo que as metas devem ser definidas em regulamento, baseadas na melhoria da intensidade de carbono da matriz brasileira de combustíveis ao longo do tempo, para um período mínimo de dez anos.

Deste modo, as metas de redução de emissões de GEE na matriz de combustíveis, instituída no RenovaBio, *recaem de modo exclusivo sobre os distribuidores de combustíveis*, sem abranger os demais agentes econômicos da cadeia produtiva da indústria do petróleo, gás natural e outros hidrocarbonetos, tal como definida no inciso XIX da mencionada Lei nº 9.478/97, nem tampouco sobre quaisquer outras atividades econômicas emissoras de GEE.

O poder regulamentar deve observar diretrizes essenciais para a definição das metas anuais de redução, a partir dos seguintes parâmetros vinculantes: (i) a proteção dos interesses do consumidor quanto a preço, qualidade e oferta de combustíveis; (ii) a disponibilidade de oferta de biocombustíveis por produtores e por importadores detentores do Certificado da Produção Eficiente de Biocombustíveis; (iii) a valorização dos recursos energéticos; (iv) a evolução do consumo nacional de combustíveis e das importações; (v) os compromissos internacionais de redução de emissões de gases causadores do efeito estufa assumidos pelo Brasil e ações setoriais no âmbito desses compromissos; e (vi) o impacto de preços de combustíveis em índices de inflação.

A definição das metas considerará ainda as diretrizes da PNMC, bem como a proporcionalidade do esforço de redução de emissões de gases causadores do efeito estufa nos diversos setores da economia.[44]

A meta compulsória anual acima referida será desdobrada, para cada ano corrente, em metas individuais, aplicadas a todos os distribuidores de combustíveis, de modo proporcional à respectiva participação de mercado na comercialização de combustíveis fósseis no ano anterior (art. 7º, Lei nº 13.576/17).

A única forma de os distribuidores de combustíveis comprovarem o atendimento às suas metas compulsórias individuais de redução da emissão de GEE é a aquisição da propriedade de Créditos de Descarbonização, nas datas estabelecidas pelo regulamento. Cada distribuidor de combustíveis comprovará ter alcançado sua meta individual de acordo com sua estratégia, sem prejuízo às adições volumétricas previstas em lei específica, como de etanol à gasolina e de biodiesel ao óleo diesel.[45] Logo, a política em questão contempla a aquisição compulsória de Créditos de Descarbonização pelos distribuidores de combustíveis, em quantidade mínima equivalente às suas metas compulsórias individuais de redução da emissão de GEE.[46]

---

44 Conforme remissão expressa do art. 2º, parágrafo único do Decreto n.º 9.888/19 (regulamento do RenovaBio): "*A definição das metas de que trata o caput considerará as diretrizes da Política Nacional sobre Mudança do Clima, instituída pela Lei nº 12.187, de 29 de dezembro de 2009, e a proporcionalidade do esforço de redução de emissões de gases causadores do efeito estufa nos diversos setores da economia.*"

45 Até 15% (quinze por cento) da meta individual de um ano poderá ser comprovada pelo distribuidor de combustíveis no ano subsequente, desde que tenha comprovado cumprimento integral da meta no ano anterior.

46 Para a definição das metas compulsórias anuais de redução, bem assim dos critérios, diretrizes e parâmetros para o credenciamento de firmas inspetoras e a Certificação de Biocombustíveis, e ainda, dos requisitos para a regulação técnica e econômica do Crédito de Descarbonização, deve ser realizado um *monitoramento do abastecimento nacional de biocombustíveis*, na forma estabelecida em regulamento.

Não sobram dúvidas de que a exigência de aquisição de CBIO imposta pelo art. 7º da Lei nº 13.576/17 aos distribuidores de combustíveis reveste a natureza jurídica de dever, que limita a autonomia da vontade de seus destinatários, e, portanto, ostenta caráter de compulsoriedade e de sujeição a sanções no caso de descumprimento, em atendimento a um interesse alheio, qual seja, da tutela do meio ambiente como bem de uso comum.

O descumprimento do dever legal de aquisição compulsória dos Créditos de Descarbonização pelos distribuidores de combustíveis poderá sujeitá-los à imposição de multa, proporcional à quantidade de Crédito de Descarbonização que deixou de ser comprovada, que poderá variar, nos termos do regulamento, entre R$ 100.000,00 (cem mil reais) e R$ 50.000.000,00 (cinquenta milhões de reais).

A aplicação da multa ocorrerá sem prejuízo das demais sanções administrativas e pecuniárias previstas na Lei nº 9.847, de 26 de outubro de 1999 (fiscalização das atividades relativas ao abastecimento nacional de combustíveis), e de outras de natureza civil e penal cabíveis.

Não há na legislação de regência do RenovaBio qualquer disposição pertinente à destinação dos recursos arrecadados com a imposição das penalidades pecuniárias, nem tampouco vinculação de tais valores com as finalidades interventoras da referida política.

Doravante, o Crédito de Descarbonização (CBIO) é o instrumento registrado sob a forma escritural, para fins de comprovação da meta individual do distribuidor de combustíveis. Tem como emissores primários somente dois agentes econômicos: o *importador de biocombustível*, autorizado pela ANP para exercer esta atividade; e o *produtor de biocombustível*, autorizado pela ANP nos termos do art. 68-A da Lei nº 9.478/1997, desde que estejam devidamente habilitados para a emissão do instrumento.

Cada unidade de Crédito de Descarbonização corresponderá a uma tonelada de gás carbônico equivalente, calculada a partir da diferença entre as emissões de gases de efeito estufa no ciclo de vida de um biocombustível e as emissões de seu combustível fóssil substituto, estabelecida conforme regulamentação (art. 3º, § 2º, Decreto nº 9.888/19).[47]

47 *"Art. 3º Os valores das metas compulsórias anuais de redução de emissões de gases causadores do efeito estufa e dos respectivos intervalos de tolerância serão estabelecidos em unidades de Créditos de Descarbonização. (...) §2º. Cada unidade de Crédito de Descarbonização corresponderá a uma tonelada de gás carbônico equivalente,*

Com a finalidade de obter a aludida habilitação para emitir os créditos, o produtor ou importador de biocombustível deve cumprir as seguintes etapas:

> *(i) Contratar uma firma inspetora, ou seja, o organismo credenciado para conduzir o processo de Certificação de Biocombustíveis, emitir o Certificado da Produção Eficiente de Biocombustíveis e atestar a Nota de Eficiência Energético-Ambiental, conforme a seguir descritos;*
>
> *(ii) Durante o processo de Certificação de Biocombustíveis, a firma inspetora avalia a conformidade da mensuração de aspectos relativos à produção ou à importação de biocombustíveis, em função da eficiência energética e das emissões de gases do efeito estufa, com base em avaliação do ciclo de vida;*
>
> *(iii) Como resultado do processo de Certificação de Biocombustíveis, a firma inspetora emite o Certificado da Produção Eficiente de Biocombustíveis, o qual conterá a Nota de Eficiência Energético-Ambiental aplicável ao produtor ou importador. A Nota corresponderá ao valor atribuído, individualmente, por emissor primário, que representa a diferença entre a intensidade de carbono de seu combustível fóssil substituto e sua intensidade de carbono estabelecida no processo de certificação. Para a emissão do Certificado da Produção Eficiente de Biocombustíveis, poderão ser exigidos garantias, seguro e capital mínimo integralizado, para o fiel cumprimento de suas obrigações.*

A certificação da produção ou importação de biocombustíveis deve ter como prioridade o aumento da eficiência, com base em avaliação do ciclo de vida, em termos de conteúdo energético com menor emissão de gases causadores do efeito estufa em comparação às emissões auferidas pelo combustível fóssil.

De acordo com os termos literais da legislação, obtida a certificação, o emissor primário **poderá** solicitar a emissão de CBIO em quantidade proporcional ao volume de biocombustível produzido ou importado e comercializado, relativamente à sua Nota de Eficiência Energético-Ambiental. Não há qualquer exigência legal expressa para que o produtor ou importador de biocombustíveis promova a emissão

*calculada a partir da diferença entre as emissões de gases de efeito estufa no ciclo de vida de um biocombustível e as emissões de seu combustível fóssil substituto, estabelecida conforme regulamentação."*

do instrumento, permanecendo tal providência, na perspectiva do legislador, como mera faculdade, ou seja, no campo de sua discricionariedade e autoridade para decidir, com plena autonomia da vontade em realizar ou não o ato jurídico, ainda que, caso o faça, tenha que observar os procedimentos legalmente estabelecidos.[48]

Entretanto, na medida em que os emissores de CBIO *(i)* pertencem ao domínio econômico que constitui o objeto da *indução positiva*, materializada na expansão e desenvolvimento de biocombustíveis, no contexto da política do RenovaBio; *(ii)* são essenciais para o alcance dos objetivos da política interventora, alicerçados no alcance das metas de redução de GEE assumidas pelo Brasil no Acordo de Paris e na diversificação da matriz energética brasileira; *(iii)* são os *únicos agentes* habilitados pela legislação a emitir os títulos ambientais em questão; e, ainda, é *compulsório* o dever de distribuidores de combustíveis de adquirir os CBIOs como *única forma* de comprovação de suas metas individuais de redução da emissão de GEE, sob pena de imposição de pesadas penalidades, é necessário concluir que, em verdade, pela aplicação dos princípios da proporcionalidade e da razoabilidade, constitui *dever* do emissor a emissão dos certificados, a fim de viabilizar todo o funcionamento da política do RenovaBio.

Conclusão diversa redundaria não apenas na possibilidade de os emissores interferirem de modo direto na eficácia e eficiência da política, a ponto de torná-la imprestável, como também, de ingerir no equilíbrio da oferta e da demanda dos certificados, em benefício próprio e em desfavor dos distribuidores de combustíveis.

A emissão primária do CBIO será efetuada, sob a forma escritural, nos livros ou registros do escriturador, qual seja, o banco ou a instituição financeira contratada pelo produtor ou pelo importador de biocombustível responsável pela emissão dos créditos escriturais em nome do emissor primário, em quantidade proporcional ao volume de biocombustível produzido, importado e comercializado.

A negociação dos CBIO é realizada em mercados organizados, inclusive em leilões, sendo o escriturador responsável pela manutenção do

---

48 Nesse sentido está redigido o art. 3º, §3º do Decreto nº 9.888/19: "*O direito à emissão primária de Créditos de Descarbonização* de que trata o § 2º do art. 13 da Lei nº 13.576, de 2017, *poderá ser exercido* para operações de venda de biocombustíveis ocorridas a partir de 24 de dezembro de 2019."

registro da cadeia de negócios ocorridos no período em que os títulos estiverem registrados.[49]

A natureza do jurídica do CBIO é de *ativo financeiro ambiental*, enquadrado na categoria de "crédito de carbono", assim definido pelo art. 2º, inciso I do Decreto nº 11.075, de 19 de maio de 2022 (que estabelece os procedimentos para a elaboração dos Planos Setoriais de Mitigação das Mudanças Climáticas a que se refere a PNMC).

O CBIO, a seu turno, constitui título de natureza ambiental, com caráter transferível, representativo de redução ou remoção de uma tonelada de dióxido de carbono equivalente (conforme art. 3º, § 2º do Decreto nº 9.888/19), reconhecido e emitido como crédito no mercado regulado, nos termos da Lei nº 13.576/17.

A reforçar este entendimento, o mesmo Decreto nº 11.075/22 também institui o Sistema Nacional de Redução de Emissões de Gases de Efeito Estufa – Sinare, cuja finalidade é a de servir de central única de registro de emissões, remoções, reduções e compensações de gases de efeito estufa e de atos de comércio, de transferências, de transações e de aposentadoria de créditos certificados de redução de emissões. O Sinare constitui, portanto, um ambiente centralizado de registro das emissões do CBIO, dentre outros ativos. De modo combinado, o art. 2º, III, do aludido Decreto define como "*crédito certificado de redução de emissões*" os *créditos de carbono* que tenham sido registrados no Sinare, de modo a reforçar a natureza do CBIO como *crédito de carbono*, dentro da categoria de ativo financeiro ambiental.

## CONSIDERAÇÕES FINAIS

A política do RenovaBio elegeu, como seu principal instrumento interventor, a definição de metas compulsórias anuais de redução de emissões de gases causadores do efeito estufa. Todavia, a imposição de tais metas está restrita à atividade econômica de comercialização de combustíveis, e deste modo, *a política de redução da emissão de GEE recai exclusivamente sobre os distribuidores de combustíveis*, sem abranger os demais agentes econômicos da cadeia produtiva da indústria do petróleo, gás natural e outros hidrocarbonetos, tal como definida no inciso

49 O art. 14 da Lei nº 13.576/17 enumera as informações que devem estar contidas nos certificados, similares aos de ativos financeiros de crédito.

XIX da mencionada Lei nº 9.478/97, bem como outras atividades econômicas responsáveis para emissão de GEE na atmosfera.

A eleição de apenas um grupo de agentes econômicos dentre toda a cadeia produtiva de combustíveis fósseis, que possuem alto percentual de hidrocarbonetos, tais como das cadeias produtivas de petróleo e carvão, é contrária a princípios elementares do direito ambiental, previstos na Constituição Federal, em tratados internacionais dos quais o Brasil é signatário, bem como na legislação doméstica a respeito de combate às mudanças climáticas e ao uso de fontes de energia, com destaque para o princípio do poluidor pagador.

De igual modo, a seleção exclusiva dos distribuidores para suportar as metas de redução de GEE e o financiamento da expansão da indústria de biocombustíveis, tal como realizada pelo RenovaBio, desatende por completo às diretrizes da Política Nacional de Mudanças Climáticas (PNMC), estabelecidas no art. 3º, III da Lei nº 12.187/09, na medida em que *(i)* desconsidera os diferentes contextos socioeconômicos de sua aplicação, *(ii)* não promove qualquer distribuição dos ônus e encargos decorrentes entre os diversos setores econômicos de modo equitativo e equilibrado, e *(iii)* no âmbito do setor econômico escolhido para o custeio da política (externalidades negativas), não sopesa as responsabilidades individuais quanto à origem das fontes emissoras e dos efeitos ocasionados sobre o clima.

O exame de proporcionalidade do dever estatuído no art. 7º da Lei nº 13.576/17 evidencia que a seleção exclusiva dos distribuidores de combustíveis para suportar as metas de redução de GEE e financiar a expansão dos biocombustíveis na matriz energética transborda os limites da *proibição de excesso*, pois assume medida de verdadeiro arbítrio ou, ao menos, de clara exorbitância perpetrada nos atos de criação e aplicação das normas jurídicas. Isto se evidencia pelo fato de que a política do RenovaBio ignora por completo a responsabilidade de todos os agentes econômicos emissores de GEE, à exceção dos distribuidores, no que lhes atribui coativamente toda a responsabilidade para alcançar os diversos objetivos da política.

Em paralelo, foi constatado que, em 2022, as emissões de gases do efeito estufa no Brasil atingiram a maior alta dos últimos 19 anos, sendo mais do que duas vezes superior à média mundial estimada para o mesmo ano. Houve ainda um crescimento de 6,52% nas emissões de GEE na matriz de combustíveis leves, na comparação do terceiro trimestre de 2022 com igual período de 2021, em razão do incremento do consumo de combustíveis leves e da maior participação da gasolina na matriz, em detrimento de outras fontes de energia, sobretudo por força da perda de competitividade do biocombustível e pela menor oferta de cana-de--açúcar para moagem no período em questão.

Estas evidências demonstram que os recursos obtidos pelos produtores e importadores de biocombustíveis com a emissão e venda dos CBIO não geraram uma expansão de tais fontes energéticas na matriz brasileira, em comparação com combustíveis leves, seja porque a legislação não impõe a estes agentes o emprego dos recursos auferidos no alcance das finalidades da política pública, seja em razão da indevida limitação do programa apenas aos distribuidores.

A eleição dos distribuidores como único agente de toda a cadeia de hidrocarbonetos para suportar isoladamente as metas de redução dos GEE e arcar com os custos financeiros da expansão da indústria de biocombustíveis é antagônica com os compromissos assumidos pelo Brasil no Acordo de Paris. A contrariedade ocorre sobretudo em relação aos parâmetros definidos no tratado para orientar a formulação das contribuições individuais e das políticas domésticas de mitigação e adaptação, com destaque para a necessidade de as Partes observarem, na criação de instrumentos interventivos, o *conjunto da economia ("economic-wide")* (art. 4º, § 4º). Nos termos da norma convencional, portanto, é dever de cada Parte eleger os setores econômicos, planos de ação e políticas públicas em relação ao sistema econômico em sua integralidade, com o amplo envolvimento de todos os agentes responsáveis pelas maiores emissões de GEE.

De modo mais abrangente, a contrariedade do RenovaBio ao Acordo de Paris se manifesta pela clara insuficiência dos instrumentos adotados na política interventiva para o cumprimento dos compromissos assumidos pelo Brasil na redução de GEE. A intervenção apenas sobre os distribuidores de combustíveis tende à ineficácia dos compromissos assumidos e reduz sobremaneira a eficiência do país em alcançar os objetivos do Acordo, por representar limitação indevida às capacidades e circunstâncias nacionais. Por essas razões é que a norma convencional elege, em diversas oportunidades, compromissos e diretrizes pertinentes à observância do princípio das responsabilidades comuns, porém, diferenciadas e respectivas capacidades (arts. 2º, 3º, § 3º e 19), que reconhece diferentes contribuições para danos ambientais (causalidade), bem como distintas capacidades para adotar medidas de mitigação, "à luz das diferentes circunstâncias nacionais".

A contrariedade das disposições do RenovaBio, veiculadas na Lei n.º 13.576/17, com o Acordo de Paris podem ser objeto de controle difuso de convencionalidade, dado o caráter supralegal daquela norma internacional no ordenamento jurídico pátrio, de modo que as normas infraconstitucionais contrárias ao Acordo de Paris têm seus efeitos suprimidos naquilo em que se contrapõem à plena efetivação da norma convencional.

Este controle de convencionalidade pode ser realizado no bojo de ação de controle concentrado de constitucionalidade, na qual seja demonstrada, *pari passu*, a incompatibilidade das normas no RenovaBio com a Constituição, em especial pela inobservância do princípio do poluidor pagador, nos termos do art. 225, e da *tutela insuficiente e deficiente em matéria ambiental*, a caracterizar um estado de coisas inconstitucional, na esteira da jurisprudência do STF.

Destarte, a política do RenovaBio apresenta deficiências estruturais para alcançar os objetivos descritos no art. 1º da Lei nº 13.576/17, sobretudo quanto ao alcance dos compromissos assumidos pelo Brasil no Acordo de Paris (art. 1º, I) e à contribuição para a adequada relação de eficiência energética e de redução de emissões de GEE na produção, na comercialização e no uso de biocombustíveis.

Estas deficiências se caracterizam sobretudo em razão da inadequada limitação da política apenas aos distribuidores de combustíveis, com a exclusão de todas as demais atividades econômicas emissoras de GEE, em especial aquelas que apresentam as maiores quantidades de emissões, o que compromete sobremaneira a capacidade da política em observar não apenas seus próprios objetivos, como também as diretrizes da política nacional de mudanças climáticas e do Acordo de Paris.

Em adição, as deficiências se manifestam na inexistência de qualquer obrigação legal expressa, por parte dos produtores e importadores de biocombustível, de emitir os Créditos de Descarbonização, nem tampouco de utilizar os recursos obtidos com a venda destes créditos nas finalidades da intervenção econômica.

As evidências empíricas demonstram que os recursos obtidos pelos produtores e importadores de biocombustíveis com a emissão e venda dos CBIO não geraram uma expansão de tais fontes energéticas na matriz brasileira, em comparação com combustíveis leves, de modo a confirmar os efeitos das falhas estruturais apontadas.

Há incompatibilidade das normas no RenovaBio com a Constituição, em especial pela inobservância do princípio do poluidor pagador, nos termos do art. 225, e da tutela insuficiente e deficiente em matéria ambiental. A política interventora do RenovaBio não atende ao princípio da proporcionalidade, haja vista que a política intervém na cadeia produtiva de combustíveis fósseis, motivada pela necessidade de redução de GEE e impulso à indústria de biocombustíveis, mas ignora por completo a responsabilidade de todos os agentes econômicos desta cadeia, à exceção dos distribuidores, no que lhes atribui coativamente toda a responsabilidade para alcançar os diversos objetivos da política. A ausência de proporcionalidade, como se constata, é consequência direta da inobservância frontal do princípio do poluidor pagador, causada pela desconsideração das responsabilidades ambientais da grande maioria dos poluidores integrantes do mesmo domínio econômico, bem como dos demais agentes emissores de GEE.

Por decorrência, os fins e meios eleitos pelo legislador não servem adequadamente ao valor social eleito, de modo que afetam o núcleo do direito protegido, pois fazem colidir os princípios da proteção ao meio ambiente e o da livre iniciativa, mediante a restrição exacerbada do núcleo mínimo deste último.

Por se tratar de intervenção com *indução positiva*, quando a simples interferência não tem outra finalidade senão estimular determinado segmento, o que se pretende é ver a aplicação dos recursos arrecadados nesse orbe econômico.

Esta finalidade de indução positiva foi declarada não apenas no Projeto de Lei nº 9.086/2017 (convertido na Lei nº 13.576/17), como também nos debates parlamentares e, de modo ainda mais explícito e formal, no art. 1º da mencionada Lei, que enumerou, entre os objetivos do RenovaBio, "*promover a adequada expansão da produção e do uso de biocombustíveis na matriz energética nacional, com ênfase na regularidade do abastecimento de combustíveis*", bem como "*contribuir com previsibilidade para a participação competitiva dos diversos biocombustíveis no mercado nacional de combustíveis*" (incisos III e IV).

Por essa razão que os produtores e importadores de biocombustíveis foram eleitos como os alvos da indução positiva, para o fim de serem beneficiários dos valores pagos pelos distribuidores de combustíveis na aquisição dos CBIO's emitidos pelos primeiros.

Entretanto, conforme foi identificado, houve um crescimento de 6,52% nas emissões de GEE na matriz de combustíveis leves, na comparação do terceiro trimestre de 2022 com igual período de 2021. Esse crescimento decorreu do incremento do consumo de combustíveis leves e da maior participação da gasolina na matriz, em detrimento de outras fontes de energia. O aumento da participação da gasolina na matriz no terceiro trimestre de 2022 foi ocasionado pela perda de competitividade do biocombustível e pela menor oferta de cana-de-açúcar para moagem até o período avaliado.

Estas evidências demonstram que os recursos obtidos pelos produtores e importadores de biocombustíveis com a emissão e venda dos CBIO não geraram uma expansão de tais fontes energéticas na matriz brasileira, em comparação com combustíveis leves, seja porque a legislação não impõe a estes agentes o emprego dos recursos auferidos no alcance das finalidades da política pública, seja em razão da indevida limitação do programa apenas aos distribuidores.

Os estudos examinados revelam, portanto, o desacerto dos instrumentos eleitos no programa RenovaBio para o alcance de seu principal objetivo, qual seja, de promover a adequada expansão da produção e do uso de biocombustíveis na matriz energética nacional (conforme art. 2º da Lei nº 13.576/17).

As deficiências estruturais para alcançar os objetivos descritos no art. 1º da Lei nº 13.576/17, portanto, demonstram que a intervenção no domínio econômico tende à ineficácia, uma vez que os recursos transferidos em favor dos produtores e importadores de biocombustíveis não resultam na "*adequada expansão da produção e do uso de biocombustíveis na matriz energética nacional*", por razões atribuíveis às falhas estruturais da própria política. Estes fatores, somados à contrariedade do RenovaBio com a Constituição e o Acordo de Paris, evidenciam a falta de proporcionalidade e razoabilidade da política pública e, em consequência, o desvio de finalidade da intervenção estatal no domínio econômico.

Referido desvio de finalidade acarreta, por consequência, no transbordamento dos poderes de intervenção na ordem econômica assegurados ao Estado nos arts. 170 e 174 da CF, os quais não autorizam a interferência nos arranjos econômicos privados sem que os meios eleitos sejam adequados, necessários, proporcionais e razoáveis para alcançar os fins da intervenção.

O tratamento discriminatório é vedado pela Constituição Federal, se o critério discriminante não mantiver correlação lógica com os interesses e fins do sistema constitucional. Por isso, a aplicação concreta do princípio da igualdade pressupõe a utilização de referenciais justificáveis, relativamente aos quais deverá ser feito o juízo de igualdade, de tal modo que aqueles que se encontrem em situações comparáveis – relativamente a um determinado referencial – deverão receber o mesmo tratamento jurídico.

O referencial de exame do tratamento deve abarcar todos os produtores e importadores de biocombustível, os quais necessitam receber a mesma disciplina na criação e aplicação das leis relativas à certificação para fins de emissão de CBIO, no contexto do programa do RenovaBio. Não apenas porque devem ter igualdade de oportunidades para se integrar à política interventora, como também, porque qualquer tratamento discriminatório seria contrário, de modo cristalino, aos postulados da igualdade e da livre concorrência, de modo a posicionar determinados agentes econômicos em situação de vantagem indevida perante seus concorrentes no mercado de biocombustíveis.

De acordo com os dados oficiais da ANP, do total de processos certificados por biocombustível, detentores de Certificado da Produção Eficiente de Combustíveis e habilitação para solicitar a emissão de Crédito de Descarbonização, 55,9% se referem a usinas de etanol anidro e hidratado, 30,75% tratam de usinas de etanol hidratado, 11,8% são pertinentes a biodiesel e o restante, de 1,55%, se referem a biometano.[50]

Verifica-se, pois, a alta concentração das usinas de etanol anidro e etanol hidratado no total das empresas certificadas para a emissão de CBIO, como mais de 85% dos processos certificados no setor de biocombustível, em comparação com outras fontes produtivas, como biodiesel e biometano.

Na hipótese desta alta concentração decorrer de tratamento discriminatório realizado na aplicação da legislação pertinente ao RenovaBio, incluindo a forma e critérios de certificação de processos e de cálculo da Nota de Eficiência Energética para cada fonte de biocombustível, haverá evidente afronta aos princípios da isonomia e da livre concorrência, por haver discrímen sem suporte constitucional válido, que coloca as usinas de etanol anidro e etanol hidratado em situação de *privilégio* em relação às demais fontes de produção ou importação de biocombustíveis.

A imposição indiscriminada a todos os distribuidores de combustíveis do dever de aquisição de créditos de carbono para cumprir metas de redução de gases de GEE acarreta desequilíbrio concorrencial indevido, porque impõe a determinados concorrentes deveres econômicos desproporcionais à sua capacidade financeira, sem qualquer medida de equalização ou de individualização.

---

50 Conforme o Painel Dinâmico RenovaBio da Agência Nacional do Petróleo – ANP. Disponível em: https://app.powerbi.com/view?r=eyJrIjoiMmY2MDllOTgt-NWRhNy00YmQ4LTk3ZTItNTNlNGNjZjBhNDVhIiwidCI6IjQ0OTlmNGZmLTI0Y-TYtNGI0Mi1iN2VmLTEyNGFmY2FkYzkxMyJ9. Acesso em: 11-10-2023.

Dado que as metas compulsórias de aquisição de CBIO se baseiam de modo único na participação de cada empresa no mercado de distribuição de combustíveis do ano anterior, não há uma adequação proporcional do ônus econômico decorrente da aquisição de CBIO à capacidade financeira de cada concorrente. Não se pode afirmar que a mera fatia no mercado de distribuição representa, *ipso facto*, a capacidade financeira de cada distribuidor em adquirir os créditos de carbono correspondentes às suas emissões de GEE.

*Primeiro*, porque a participação de mercado ("*market share*") não tem relação direta com a *lucratividade*, de modo que não reflete de modo necessário as forças financeiras de cada agente em internalizar seus custos sociais mediante a aquisição compulsória de CBIO, em montante correspondente à sua participação no total de combustível comercializado.

*Segundo*, porque o preço do CBIO não é fixo ou pré-determinado, haja vista que referido título é negociado em mercado aberto (B3), cujo valor está sujeito às regras de oferta e demanda, sem qualquer interferência ou possibilidade de negociação por parte dos distribuidores.

*Terceiro*, porque as abruptas oscilações dos preços do CBIO, bem como seu aumento a patamares elevadíssimos, alcançam a todos os distribuidores de modo indistinto, independentemente de suas capacidades financeiras para arcar com os gastos de aquisição compulsória.

Tais fatores demonstram que o dever imposto aos distribuidores na aquisição dos créditos de carbono provoca efeitos econômicos muito diversos em cada agente econômico. Tais repercussões estão sujeitas a fatores como lucratividade, meta compulsória, capacidade de endividamento e outros parâmetros empresariais próprios de cada distribuidor.

É forçoso reconhecer, em tal cenário, que os distribuidores com menor capacidade financeira terminam por suportar um fardo proporcionalmente maior em relação a seus concorrentes de maior porte, os quais possuem, em geral, melhores alternativas para fazer frente à compra compulsória dos créditos de carbono, sem comprometer de modo severo a sua lucratividade, seja com recursos próprios, seja mediante acesso a crédito. Na medida em que o preço dos títulos aumenta sem qualquer limite ou previsibilidade, afeta de modo mais gravoso as empresas com menor margem de adaptação a cenários financeiros adversos.

Tal não ocorreria se o preço do CBIO fosse pré-definido ou submetido a algum teto, casos em que que a relação entre o valor despendido por cada distribuidor e suas capacidades financeiras não ultrapassaria um fator que pudesse comprometer a própria viabilidade do negócio. No entanto, por não haver tais medidas, é possível que a aquisição compulsória dos títulos represente um fardo financeiro desproporcional para os distribuidores com menores capacidades, ao ponto de inviabilizar a própria atividade empresarial.

Ainda que possam os distribuidores repassar os custos de aquisição do CBIO no preço do combustível comercializado, as diferentes capacidades financeiras de cada concorrente em internalizar parte destes gastos representará preços diversos ao consumidor, de modo a tornar ainda menos competitivas as empresas que não tenham esta alternativa por absoluta impossibilidade econômica.

Este cenário de desproporção entre as metas compulsórias de cada distribuidor e a capacidade financeira destes para suportar o peso de aquisição do CBIO, reforçado pelo aumento abruto e expressivo do preço dos títulos, representa uma quebra importante na livre concorrência, porque afeta a neutralidade do Estado diante do fenômeno concorrencial e, ao mesmo tempo, constrange a igualdade de condições aos concorrentes, como decorrência direta da intervenção estatal na ordem econômica.

A violação à livre iniciativa, portanto, é acompanhada de desatendimento à garantia da livre concorrência, igualmente definida como princípio da ordem econômica no art. 170, IV da CF.

No âmbito administrativo, os seguintes requisitos devem ser observados para a aplicação de sanções: (i) o administrado deve estar, por lei, sujeito ao adimplemento de dever administrativo certo e determinado; (i) o administrado deve ter deixado de atender à comando normativo administrativo, ocasionando descumprimento, por ação ou omissão, de dever administrativo certo e determinado imposto por ato normativo; e (iii) esse descumprimento deve compor a hipótese da norma sancionadora, por disposição legal expressa. Nota-se, portanto, que os princípios penais "*nullum crimen sine legis*" e "*nulla poena sine lege*" também orientam o direito repressivo.

Na capitulação das sanções compete à administração pública seguir o princípio da legalidade e tipicidade e, na qualificação da infração, deve ser respeitado o princípio da proteção da confiança e da boa-fé, da razoabilidade e da proporcionalidade, que impedem a imposição de mais de uma sanção para um único ilícito (*non bis in idem*) e igualmente o *excesso*. Não por outra razão que, em processos administrativos no âmbito da administração pública federal, deve a autoridade se submeter aos princípios da proporcionalidade, razoabilidade e segurança jurídica, dentre outros, conforme disposto no art. 2º da Lei n.º 9.784/99.

O princípio da proporcionalidade impede atos arbitrários do poder público e obriga que os atos praticados pela administração sejam adequados a suas finalidades. É verdadeira garantia constitucional aos indivíduos, que estabelece limitações finalísticas à atuação da administração pública, ao lado da moralidade administrativa.

As sanções administrativas devem ainda ser graduadas de acordo com os princípios da individualização da pena, preservada a moderação, conforme a gravidade das condutas, portanto.

Para a aplicação de qualquer multa, deve-se, antes de tudo, identificar o fato ilícito. Neste desiderato, deve-se promover necessária análise da conduta do sujeito, de sorte a legitimar a projeção de consequências jurídicas sancionatórias sobre sua esfera jurídica. Feito isso, o "fato" será o resultado linguístico alcançado pela cadeia dos indícios, colhidos como eventos no mundo das coisas de forma objetiva. Não quer dizer, porém, que se possa excluir dessa apreciação um exame de *culpabilidade*.

Segundo o art. 9º da Lei nº 13.576/17, o não atendimento à meta individual sujeitará o distribuidor de combustíveis a multa, proporcional à quantidade de Crédito de Descarbonização que deixou de ser comprovada, sem prejuízo das demais sanções administrativas e pecuniárias previstas no mesmo diploma e na Lei nº 9.847, de 26 de outubro de 1999, e de outras de natureza civil e penal cabíveis. Referida penalidade poderá variar, nos termos do regulamento, entre R$ 100.000,00 (cem mil reais) e R$ 50.000.000,00 (cinquenta milhões de reais).

O critério de sancionamento do distribuidor de combustíveis no valor equivalente à meta de descarbonização não alcançada não observa as exigências mínimas da proporcionalidade e da razoabilidade, e, portanto, a imposição da penalidade não pode se basear apenas em tal parâmetro, sob risco de patente inconstitucionalidade.

Na hipótese da multa estatuída no art. 9º da Lei nº 13.576/17, para além do critério de quantificação do montante de descarbonização que deixou de ser alcançado pelo distribuidor, é necessário perquirir a respeito *proporcionalidade em sentido estrito*, qual seja, examinar se a intensidade da multa é proporcional ao que seja realmente demandado para o cumprimento da finalidade de interesse público a que está atrelada.

Não se pode considerar proporcional a multa correspondente a *todo o montante de descarbonização* não alcançado pelo distribuidor. Num primeiro plano, trata-se de valor equivalente à *integralidade* do dever descumprido, ou seja, a multa corresponde a 100% do montante total de créditos de carbono não adquiridos para o alcance da meta.

Trata-se de sanção de extrema gravidade, cujo percentual, equivalente à integralidade do dever inadimplido, transborda o objetivo de apenas *desestimular* a conduta, de modo a caracterizar verdadeira restrição à atividade econômica e caracterizar *excesso* da administração, sobretudo quando comparado ao ato praticado pelo agente sancionado.

Em segundo lugar, a multa não deve possuir caráter *indenizatório*, nem tampouco visar *substituir* os créditos de carbono não adquiridos, mesmo porque os recursos arrecadados com a multa não possuem destinação especificada na legislação, e deste modo, não precisam ser empregados para a consecução das finalidades da intervenção econômica. Qualquer exercício de *prudência administrativa* indica para a inadequação da multa equivalente à totalidade de um dever inadimplido, porque o correto discernimento dos objetivos da sanção e das finalidades da multa indica o excesso de uma penalidade desta magnitude.

Da perspectiva da razoabilidade, o único critério de sancionamento adotado pelo art. 9º da Lei nº 13.576/17 desconsidera por completo as características subjetivas do agente, a conduta praticada, suas circunstâncias e a individualização da culpabilidade. A penalidade imposta de modo indiscriminado a todos os distribuidores de combustíveis, sobretudo no âmbito de uma política interventora na ordem econômica, se mostra irrazoável porque não perquire as razões pelas quais o dever foi inadimplido, nem tampouco atribui qualquer importância ao comportamento atual e pregresso do sancionado.

A sanção administrativa prevista no art. 9º da Lei nº 13.576/17, portanto, na medida em que não é graduada de acordo com os princípios da individualização da pena, recai em evidente imoderação, porque desconsidera a gravidade das condutas e faz recair a multa sobre a totalidade do dever inadimplido.

A tornar ainda mais evidente a ausência de proporcionalidade e razoabilidade no critério adotado pelo legislador na aplicação da multa em questão, o art. 6º, §2º do Decreto nº 9.888/19 determina que, se o montante de Créditos de Descarbonização não adquiridos for inferior a R$100.000,00 (cem mil reais) (valor que constitui o *piso* da penalidade previsto no art. 9º, parágrafo único da Lei nº 13.576/17), aplicar-se-á aquele valor de multa. Em tal situação, *a penalidade poderá exceder a mais de 100% dos créditos não adquiridos*, ou seja, ser maior do que o valor do próprio dever inadimplido pelo distribuidor.

Ainda que não seja aplicável, à espécie, a disposição do art. 150, IV da CF, que veda a utilização de tributo com efeito de confisco (haja vista não se tratar, *in casu*, de imposição tributária), a mesma *finalidade* desta vedação se dessume da aplicação dos princípios da razoabilidade e da proporcionalidade às multas administrativas, sobretudo quanto à *proibição do excesso* que faz parte do núcleo essencial daqueles princípios. Verificado excesso da administração na imposição da penalidade, sobretudo por sua falta de razoabilidade quanto à individualização da pena e da identificação da culpabilidade, terá a multa o efeito de *confisco* do patrimônio do sujeito apenado, porque seu valor excederá aquele razoável para sancionar o ato ilícito, de modo a avançar no patrimônio privado ao arrepio da permissão legal que faz parte do núcleo essencial daqueles princípios. Verificado excesso da administração na imposição da penalidade, sobretudo por sua falta de razoabilidade quanto à individualização da pena e da identificação da culpabilidade, terá a multa o efeito de *confisco* do patrimônio do sujeito apenado, porque seu valor excederá aquele razoável para sancionar o ato ilícito, de modo a avançar no patrimônio privado ao arrepio da permissão legal.

Pela amplitude do princípio do poluidor pagador e sua íntima relação com os objetivos descritos no *caput* do art. 225 da Constituição Federal, que atribui a todos o dever de defender e preservar o meio ambiente para as presentes e futuras gerações, as políticas públicas concernentes a intervenções no domínio econômico destinadas à prevenção de danos ambientais devem selecionar os agentes econômicos que sejam responsáveis pelas externalidades negativas identificadas em cada uma das políticas, de modo a estabelecer os instrumentos adequados a cada um destes agentes e o modo pelo qual estarão sujeitos à internalização dos custos externos produzidos por suas atividades.

Uma vez identificado pelo Estado *(i)* o *motivo* da intervenção (baseado na necessidade de proteção do meio ambiente), *(ii)* o *domínio econômico* que será objeto de interferência estatal e *(iii)* os *agentes econômicos* que concorrem para alcançar os objetivos da política (ou seja, aqueles cujas atividades produzem externalidades negativas ao meio ambiente), são definidos os *instrumentos* de intervenção adequados para atingir aqueles objetivos jurídico-políticos.

O que não se admite, todavia, em atenção ao princípio do poluidor pagador, é a identificação de um motivo constitucional de intervenção na ordem econômica calcada na proteção do meio ambiente, com a identificação do domínio econômico específico e dos agentes econômicos que produzem externalidades negativas, e a escolha apenas de um destes agentes para suportar a internalização de seus custos externos e dos custos provocados pelos demais agentes, deixando todos os demais atores daquele domínio econômico livres da respectiva política. Tal medida afronta de modo direto e incontroverso o princípio em questão, na medida em que exclui deliberadamente da política interventiva os agentes essenciais para o alcance de seus objetivos, além de constituir diferenciação injustificada entre os poluidores pertencentes ao mesmo segmento econômico que sofre a intervenção, sem qualquer justificativa constitucional.

A política do RenovaBio partiu da necessidade de redução da emissão dos GEE, imposta pelos compromissos assumidos pelo Brasil no Acordo de Paris, tais como expressados nas NDC's enviadas pelo país à ONU. A mesma exigência já decorria das políticas públicas nacionais, com destaque para a PNMC. O conjunto destas exigências constituiu a *mens legis* da política do RenovaBio: alcançar as metas de redução de GEE de acordo com os compromissos internacional e nacionalmente assumidos.

Passo seguinte, a política decidiu pela intervenção no domínio econômico por direção, concernente ao setor de biocombustíveis, cujos produtores e importadores recebem incentivo destinado à expansão e desenvolvimento de suas atividades, a fim de ampliar a participação destas fontes na matriz energética nacional. Tal objetivo apresentaria, sob a ótica do legislador, potencial relevante para reduzir a emissão total de GEE do país.

Entretanto, ao definir os *instrumentos* da intervenção, o RenovaBio impôs deveres exclusivamente a um dos agentes integrantes do setor de custeio escolhido, ao selecionar apenas os distribuidores de combustíveis como o alvo para a redução dos GEE, ainda que as demais atividades da indústria, incluindo exploração, desenvolvimento, produção, refino, processamento, importação e exportação, contemplem a emissão de GEE e pertençam ao mesmo domínio.

Todo o fardo econômico inerente à internalização de custos externos ocasionados pela emissão de GEE do setor de energia fóssil foi imposto aos distribuidores de combustíveis, sem que os demais elos da cadeia de valor sofressem qualquer espécie de intervenção.

Trata-se de desigualdade que afronta diretamente o princípio do poluidor pagador, ao não impor quaisquer deveres e responsabilidades sobre agentes econômicos emissores de GEE no âmbito da política interventiva do RenovaBio, mesmo que integrantes da mesma cadeia econômica que sofre a intromissão estatal, na forma de custeio da política pública.

Em consequência, diante da concentração das obrigações em um agente único, em posição intermediária na cadeia de emissão de GEE, é possível afirmar que restou inobservado o princípio do poluidor pagador, instituído no art. 225, §1º e art. 170, VI, ambos da CF.

# A ARBITRAGEM NAS ASSOCIAÇÕES

*Rodrigo Xavier Leonardo*[1]

## I. INTRODUÇÃO

As associações sem fins econômicos, ou apenas *associações*, movimentam recursos humanos e financeiros em dimensões crescentes em todo o mundo, figurando como o epicentro de inúmeras relações jurídicas, internas e externas, de direito público e de direito privado.

Externamente, podem ser destacadas diversas potenciais relações jurídicas com a administração pública (*v.g.*, as organizações sociais, as OSCIPS e as recentes organizações da sociedade civil tratadas pela Lei n.º 13.019/14), as relações jurídicas tributárias (com imunidades e isenções que acentuam a necessidade de diferenciação das sociedades), as relações jurídicas contratuais privadas (contratos de patrocínio, contratos de publicidade, organização de eventos, contratos de locação etc.), as relações jurídicas laborais, entre outras. Na perspectiva interna, entre os associados e a associação, o vínculo formado pelos estatutos e a constituição de órgãos também é peculiar ao suporte corporativo, daí os direitos e deveres característicos à posição de associado, as previsões estatutárias socialmente típicas ou não, os critérios de admissão e exclusão de associados, os métodos para solução de conflitos, entre outros[2].

Este epicentro de relações jurídicas ostenta uma natureza jurídica própria, cuja investigação figura como um suporte, prévio e necessário, para o enfrentamento dos inúmeros temas do direito das associações.

Nesta oportunidade, em homenagem ao Ministro Humberto Martins, pretendemos retomar o tema da natureza jurídica das associações, como pressuposto para a avaliação sobre a possibilidade da utiliza-

1 Advogado e árbitro. Professor Associado de Direito Civil nos cursos de graduação e pós-graduação da UFPR. Mestre e Doutor em Direito Civil pela Universidade de São Paulo.

2 LEONARDO, Rodrigo Xavier. As associações sem fins econômicos podem ser empresárias? **Conjur**. 15.06.2015. http://www.conjur.com.br/2015-jun-15/direito-civil-atual-associacoes-fins-economicos-podem-empresarias. Acesso em 29.06.2015.

ção da arbitragem como meio adequado para a solução de litígios nestas entidades[3].

## II. A NATUREZA JURÍDICA DAS ASSOCIAÇÕES

O direito brasileiro, por um tempo histórico considerável, guardou uma atenção diminuta às associações, muitas vezes interpretadas e compreendidas à margem das sociedades.

Isto inseriu, de maneira um tanto quanto acrítica, a qualificação da natureza jurídica do ato constitutivo das associações como um contrato.

Noutras culturas o assunto nunca foi pacífico, sendo palco de um intenso debate entre as teses contratualistas e as teses anticontratualistas[4]. Assim, "as associações, sob o viés do jusnaturalismo contratualista, não passariam de uma soma de indivíduos, de um nexo entre indivíduos, razão pela qual não existiria uma grande diferença entre as diversas possíveis associações e o próprio Estado. Todas seriam decorrentes de manifestações individuais. Todas seriam decorrentes de contratos. Gierke, ao se opor à concepção contratualista, sustentou que do ato constitutivo de uma sociedade ou de uma associação não decorreria uma relação obrigacional. O ato constitutivo de uma associação teria por

3 O tema, que ora se retoma, foi objeto de obra monográfica sobre associações citada: LEONARDO, Rodrigo Xavier. **Associações.** 2.ed. São Paulo : Thomson-Reuters/ Revista dos Tribunais, 2023, também versado em trabalho publicado em FRAZÃO, Ana; GONÇALVES, Oksandro e CAMINHA, Uine. **Associações**: constituição, fundamentos e perspectivas. Rio de Janeiro : Processo, 2017, p. 245 e, também, na

4 Entre os autores anticontratualistas, podemos citar, exemplificativamente, HAURIOU, Maurice. **Teoria della istituzione e della fondazione.** Milano: Giuffrè, 1967. p. 5 e ss; MESSINEO, Francesco. La struttura della società e il c.d. contratto plurilaterale. **Studi di diritto delle società.** Milano: Giuffrè, 1949. p. 27; TOBEÑAS, Jose Castan. **Derecho civil español, común y foral.** 9. ed. Madrid: Reus, 1955. vol. 2, t. I, p. 320 e, no Brasil, GOMES, Orlando. Classificação dos atos jurídicos na obra de publicistas. **Ensaios de direito civil e de direito do trabalho.** Rio de Janeiro: Aide, 1986. p. 71. No rol de autores contratualistas, também exemplificativamente cf.ENNECCERUS-NIPPERDEY. Derecho civil (parte general). In: ENNECCERUS-KIPP-WOLF. **Tratado de derecho civil.** Barcelona: Bosch, 1953. vol. 1, p. 443; MENEZES CORDEIRO, António. **Tratado de direito civil português: parte geral.** Coimbra: Almedina, 2004. t. 3, p. 654; MICHOUD, León. **La théorie de la personnalité morale.** Paris: Librairie Générale de Droit et de Jurisprudence, 1932. p. 450.

efeito a criação de um 'novo sujeito de direito e, portanto, teria natureza jurídica diversa: seria um ato social constitutivo'"[5].

No Brasil, as teses contratualistas usufruíram de prestígio incomum, sobretudo em virtude da adesão à tese de Tullio Ascarelli a respeito dos contratos plurilaterais[6], utilizada como suporte geral para os contratos associativos.

A este respeito, escreveu Rachel Sztajn: "(...) eventuais dúvidas quanto a serem, as sociedades, contratos foram, de há muito, espancadas pelo texto magistral de Ascarelli sobre o contrato plurilateral. É pacífica, na doutrina, a concepção de que contratos não precisam, necessariamente, ser celebrados entre duas partes que têm interesses opostos, que podem servir para organizar grupos e que, nem o *ato complexo* nem o *coletivo* nem o *colegial* para compreender qual o negócio jurídico que está na base da constituição de sociedades"[7].

O mesmo raciocínio seria aplicável às associações? A resposta nos parece negativa.

No Brasil, uma opção do legislador impõe uma reflexão específica a partir do parágrafo único ao artigo 53 do Código Civil, com a seguinte redação: "Art. 53. Constituem-se as associações pela união de pessoas que se organizem para fins não econômicos. Parágrafo único. Não há, entre os associados, direitos e obrigações recíprocos".

Se não há, entre os associados, direitos e obrigações recíprocos, como defender a natureza contratual do ato constitutivo das associações?

As associações usualmente são constituídas de maneira diversa das sociedades e, na maior parte dos casos, atuam em campos muito diferentes daqueles que são apropriados pelas sociedades. A posição jurídica de associado e a relação jurídica estabelecida com a associação é bastante diversa da posição jurídica de sócio e, também, da relação havia entre os sócios e a sociedade. A redação dos atos constitutivos é dotada de características que se distanciam daquelas ordinariamente verificadas nos contratos sociais. A dissolução das associações apresenta

5 LEONARDO, Rodrigo Xavier. **Associações.** 2.ed. São Paulo : Thomson-Reuters/Revista dos Tribunais, 2023.

6 ASCARELLI, Tullio. O contrato plurilateral. In: ASCARELLI, Tullio. **Problemas das sociedades anônimas e direito comparado**. São Paulo: Saraiva, 1945, p. 274

7 SZTAJN, Rachel. Associações e sociedades. **Revista de direito mercantil**, Nova série, ano XLI, n.128, out./dez. 2002p. 17-18

peculiaridades bastante distintas em relação às sociedades. Todas estas particularidades das associações são estruturadas a partir de uma organização (a organização corporativa) voltada para a busca de *finalidades não econômicas.*

As sociedades são resultantes do exercício da liberdade de iniciativa econômica, proveniente da autonomia privada na escolha da utilização mais eficiente da propriedade privada para o desenvolvimento de uma atividade com finalidade lucrativa.

Nas associações, a liberdade de se associar decorre da prerrogativa de se escolher vínculos de pertencimento. Rodolfo Sacco, inclusive, classifica os vínculos associativos na esfera extrapatrimonial dos negócios jurídicos[8].

Os contratos se inserem no campo patrimonial do direito civil, vez que são destinados à constituição, modificação e extinção de relações jurídicas patrimoniais. As associações encontram-se no campo extrapatrimonial, destinam-se ao desenvolvimento de atividades ideais, e projetam a dignidade da pessoa humana em um espaço supraindividual.

Justamente por isto, classificamos os atos constitutivos das associações como *negócios jurídicos complexos organizativos,* por meio do qual duas ou mais pessoas organizam uma entidade para o desenvolvimento de atividade com finalidades não econômicas.

A este respeito, noutra oportunidade, concluímos: "No subtipo da associação sem fins econômicos não existem, internamente ao agrupamento associativo, direitos e obrigações recíprocos entre os associados em virtude da associação. Nesse sentido, pode-se dizer quem em geral, não se verificam vínculos jurídicos obrigacionais entre os associados. Por essa peculiar organização ressalta-se, mais uma vez, que o ato constitutivo dessas organizações *não detém* natureza contratual"[9].

Esta conclusão gera consequências para o tema proposto, vez que a convenção de arbitragem, seja por meio da cláusula compromissória seja via compromisso arbitral, ostentam a natureza jurídica contratual.

8 SACCO, Rodolfo. La parte generale del diritto civile: Il fatto, l'atto, il negozio. **Trattato di diritto civile.** Torino: Utet, 2005, p. 381

9 LEONARDO, Rodrigo Xavier. **Associações sem fins econômicos.** São Paulo : Thomson-Reuters/Revista dos Tribunais, 2014, p.203.

## III. A CLÁUSULA COMPROMISSÓRIA NOS ESTATUTOS DAS ASSOCIAÇÕES

A Lei 9.307/96 expressamente qualifica como *contratual* a natureza jurídica da cláusula compromissória. O art. 4.º da Lei 9.307/96 delimita a arbitragem, a partir da cláusula compromissória, aos lindes contratuais: "Art. 4º A cláusula compromissória é a convenção através da qual as partes *em um contrato* comprometem-se a submeter à arbitragem os litígios que possam vir a surgir, relativamente a tal contrato. § 1º A cláusula compromissória deve ser estipulada por escrito, podendo estar inserta no próprio contrato ou em documento apartado que a ele se refira. § 2º Nos contratos de adesão, a cláusula compromissória só terá eficácia se o aderente tomar a iniciativa de instituir a arbitragem ou concordar, expressamente, com a sua instituição, desde que por escrito em documento anexo ou em negrito, com a assinatura ou visto especialmente para essa cláusula"[10].

Nas sociedades empresárias de evidente suporte contratual, a estipulação de cláusulas compromissórias nos contratos sociais é dotada de tipicidade social, com ampla utilização[11].

---

10 É conhecida a contraposição entre as teses contratualistas, que compreendem a arbitragem o produto de um acordo entre as partes e as teses publicistas que imputam à arbitragem a características jurisdicional. Optamos pela tese contratualista. A respeito do assunto, sublinhamos o magistério de Roberto Portugal Bacellar: "Ser privatista ou contratualista (nossa posição) significa reconhecer a força obrigatória da arbitragem como decorrência de uma convenção (contrato privado). Essa opção pela arbitragem afasta integralmente a possibilidade de que o juiz estatal, que não foi escolhido pelas partes, possa intervir no mérito da sentença arbitral (...). Não se vislumbra qualquer vantagem ou efeito prático em atribuir poder jurisdicional sem coerção ao árbitro, até porque isso contraria a ideia básica da arbitragem que sempre foi a da resolução do conflito por força de um consenso e de uma opção - exatamente de renúncia à jurisdição" (BACELLAR, Roberto Portugal. **Mediação e arbitragem.** São Paulo : Saraiva, 2012, p.99-100).

11 Sobre o assunto, destacamos PELA, Juliana Krueger. Notas sobre a eficácia da cláusula compromissória estatutária. **Revista de Direito Mercantil**, ano XLI, n. 126, p. 130-140, abr.-jun. 2002; WALD, Arnold. A arbitrabilidade dos conflitos societários: considerações preliminares. **Revista de Arbitragem e Mediação**, ano 4, vol. XII, jan.-mar. 2007, p.12; MAKANT, Barbara. A arbitrabilidade subjetiva nas sociedades anônimas. **Revista de Arbitragem e Mediação**, ano 2, vol. IV, jan.-mar. 2005, p.65; BATISTA MARTINS, Pedro. A arbitragem nas sociedades de responsabilidade limitada. **Revista de Direito Mercantil**, ano XLI, n. 126, p. 58-74, abr.-jun. 2002.

Até pouco tempo restavam dúvidas sobre as possibilidades da utilização de cláusulas compromissórias em sociedades anônimas de capital aberto, em virtude da ampla circulação de ações e das peculiaridades para o ingresso nessas sociedades.

A este respeito, a Lei 13.129/2015 alterou a Lei 6.404/76 (Lei das Sociedade Anônimas) para expressamente tratar da cláusula compromissória nos estatutos das Companhias: "Art. 136-A. A aprovação da inserção de convenção de arbitragem no estatuto social, observado o quórum do art. 136, obriga a todos os acionistas, assegurado ao acionista dissidente o direito de retirar-se da companhia mediante o reembolso do valor de suas ações, nos termos do art. 45. § 1º A convenção somente terá eficácia após o decurso do prazo de 30 (trinta) dias, contado da publicação da ata da assembleia geral que a aprovou. § 2º O direito de retirada previsto no caput não será aplicável: I - caso a inclusão da convenção de arbitragem no estatuto social represente condição para que os valores mobiliários de emissão da companhia sejam admitidos à negociação em segmento de listagem de bolsa de valores ou de mercado de balcão organizado que exija dispersão acionária mínima de 25% (vinte e cinco por cento) das ações de cada espécie ou classe; II - caso a inclusão da convenção de arbitragem seja efetuada no estatuto social de companhia aberta cujas ações sejam dotadas de liquidez e dispersão no mercado, nos termos das alíneas "a" e "b" do inciso II do art. 137 desta Lei."

Se o ato constitutivo das associações não ostenta a natureza jurídica de contrato, seria possível a previsão estatutária de uma cláusula compromissória? Como interpretar esta cláusula compromissória diante do parágrafo único ao art. 53 do Código Civil: "Não há, entre os associados, direitos e obrigações recíprocos"?

A respeito do tema, cabe salientar que ainda hoje não é pacífica a qualificação contratual do ato constitutivo das sociedades anônimas. Mesmo na reforma da Lei da Arbitragem promovida pela Lei 13.129/2015, optou-se por inserir a mudança legislativa citada no corpo da Lei das Companhias e, não apenas, na Lei de Arbitragem (Lei 9.307/96)[12].

---

12 Registre-se, por exemplo, a divergência entre duas destacadas professoras de direito comercial em um livro escrito em coautoria. Ao passo que Rachel Sztajn sustenta a natureza contratual do ato constitutivo da sociedade anônima, Vera Helena de Mello Franco adere à posição não contratual para a explicação do ato constitutivo das Companhias (a divergência pode ser verificada na nota de rodapé de n.18 da obra de ambas as autoras: FRANCO, Vera Helena de Mello; SZATJN, Rachel. **Manual de direito comercial.** São Paulo : Revista dos Tribunais, 2005, p.86).

Compreendemos ser equivocada a limitação da convenção de arbitragem aos contratos, até mesmo porque os direitos disponíveis que circunscrevem a arbitrabilidade objetiva, ou seja, a matéria que pode ser submetida à arbitragem nos termos do art. 1.º da Lei 9.307/96, não são constituídos, modificados ou extintos apenas por contratos.

Suponhamos uma promessa de recompensa para o melhor trabalho apresentado em um concurso entre particulares. A teor do art. 854 e seguintes do Código Civil, a promessa de recompensa se faz por um negócio jurídico unilateral. Seria incorreto submeter os conflitos provenientes de uma promessa de recompensa à arbitragem? Por qual razão negar a arbitrabilidade dessas matérias?

Nas associações sem fins econômicos é possível a estipulação de cláusula compromissória nos estatutos e, por meio dela, a submissão à arbitragem dos conflitos havidos entre os associados.

Esta cláusula compromissória, de natureza contratual, será autônoma em relação ao negócio jurídico constitutivo da associação (art. 8.º da Lei 9.307/96). A manifestação voluntária indispensável para a constituição da associação, portanto, preencherá o suporte fático de dois negócios jurídicos diferentes: a) o ato constitutivo das associações; b) a convenção de arbitragem.

Nada impede que dois negócios jurídicos sejam instrumentados no mesmo ato. Há duplicidade de negócios jurídicos, com naturezas jurídicas diferentes e, no caso, com autonomia da convenção de arbitragem, a despeito de escritos em um mesmo instrumento[13].

Entre os associados haverá uma relação jurídica obrigacional e recíproca em virtude do negócio jurídico, de natureza contratual, proveniente da convenção de arbitragem. Entre os mesmos associados, por sua vez, inexistirá relação jurídica, obrigacional e recíproca, em virtude da constituição da associação.

Os associados promotores, pela participação no momento da constituição da associação, e os subsequentes associados que vierem a ingressar nos quadros da entidade, por exercício da autonomia que lhes é garantia, podem aceitar submeter os conflitos decorrentes das relações associativas à arbitragem.

É recomendável que, no momento do ingresso de novos associados, exija-se uma expressa aceitação do estatuto e do regimento interno em

13 BETTI, Emilio. **Teoria generale del negozio giuridico.** Napoli : Esi, 1994, p.297.

vigor. Essa aceitação, preferencialmente, deverá conter uma manifestação expressa em relação à cláusula compromissória.

## IV. AS ASSOCIAÇÕES E A ARBITRAGEM

Conforme exposto nos itens anteriores, as associações, que surgem de negócios jurídicos organizativos e qualificam-se como pessoas jurídicas, usualmente figuram como o epicentro de relações jurídicas, internas e externas.

A natureza jurídica destas relações jurídicas que surgem a partir das associações é igualmente diversa, algumas de direito público, outras de direito privado.

A identificação dessas relações jurídicas é um pressuposto necessário para a investigação da arbitrabilidade ou não dos assuntos que podem surgir no desenvolvimento das associações.

A regra jurídica fundamental a respeito da arbitrabilidade dos conflitos encontra-se no art. 1.º da Lei 9.307/96: "Art. 1º As pessoas capazes de contratar poderão valer-se da arbitragem para dirimir litígios relativos a direitos patrimoniais disponíveis".

É a partir dessa regra jurídica que a doutrina distingue os pressupostos objetivos e subjetivos da arbitragem[14] ou, simplesmente, a arbitrabilidade objetiva e subjetiva.

Sob o viés subjetivo, cabe questionar a possibilidade de as associações figurarem como parte nas demandas arbitrais. Em relação às associações personificadas não há hesitação sobre a viabilidade dessas entidades figurarem como parte em arbitragens.

Dúvidas podem surgir a respeito das associações não personificadas. As associações são formadas pelo negócio jurídico associativo e a personificação, longe de integrar a sua constituição, adiciona-se a um negócio jurídico que já é completo para que seja atribuída uma específica eficácia jurídica: a personalidade jurídica.

Mesmo sem a personalidade jurídica, as associações já são sujeitos de direito, ainda que com capacidade jurídica limitada e sem a *separação patrimonial* que a personificação propicia.

---

14 KROETZ, Tarcísio Araújo. **Arbitragem:** conceito e pressupostos de validade. São Paulo : Revista dos Tribunais, 1997, p.84 e seguintes.

A respeito da capacidade para figurar como parte em demandas arbitrais, o questionamento torna-se delicado diante da opção legislativa de vincular a capacidade subjetiva, para ser parte nas relações jurídicas de arbitragem, às pessoas *capazes de contratar.*

A capacidade para ser parte não se confunde com a capacidade para contratar[15]. Assim, se os entes despersonalizados podem ser parte nas relações jurídicas processuais em geral, o mesmo raciocínio não pode servir de base para a questão proposta.

Nestes lindes, a associação que se constituiu por intermédio de negócio jurídico *existente, válido e eficaz,* porém cujo ato constitutivo não foi levado ao registro e, portanto, não se tornou *pessoa jurídica,* pode ser parte em demandas arbitrais?

Opinamos favoravelmente. O negócio jurídico de constituição da associação quando adequadamente realizado, por si, legitima os representantes à prática de atos e negócios jurídicos. Trata-se de um sujeito de direito que ainda não é uma pessoa jurídica[16].

A formação dos órgãos deliberação e de presentação da associação é uma eficácia própria do negócio jurídico associativo. Conforme escrevemos noutra oportunidade: "em virtude dessa eficácia própria ao ato constitutivo das associações, os atos praticados pelos associados, na qualidade de órgãos da associação, são imputados diretamente à associação, *ainda que ante a ausência de uma personificação a responsabilidade por estes atos seja ilimitada*"[17].

15 Em sentido diverso, identificando a capacidade para ser parte, no Direito Processual Civil, com a capacidade para figurar como parte em demandas arbitrais, cf. CARREIRA ALVIM, J.E. **Direito arbitral.** 2.ed. Rio de Janeiro : Forense, 2004, p.132

16 Paulo Lôbo esclarece: "É tempo de desligar, pela clara mutação paradigmática, a noção de sujeito de direito da noção de pessoa. Sujeito de direito é todo aquele que seja portador ou titular de direito (não necessariamente de todos os direitos) que possa contrair obrigações autonomamente, ou que possa por si ir a juízo, tenha ou não personalidade jurídica própria (...) Desligada de sua origem política, a função da pessoa jurídica, atualmente, não mais coincide com a de sujeito de direito. A pessoa jurídica contêm a função de sujeito de direito, porem a recíproca não é verdadeira. Portanto, as entidades não personificadas são sujeitos de direito, ainda que não sejam pessoas jurídicas"(LÔBO, Paulo. **Direito Civil:** Parte Geral. São Paulo : Saraiva, 2009, p.185-186).

17 LEONARDO, Rodrigo Xavier. **Associações sem fins econômicos.** São Paulo : Thomson-Reuters/Revista dos Tribunais, 2014, p.219.

Sob o viés objetivo, a arbitrabilidade dos conflitos é decidida a partir do caráter *disponível* ou não dos direitos envolvidos. Este critério é amplamente criticado pela doutrina especializada, por vezes pela amplitude excessiva (limitando o objeto das arbitragens), outras vezes pela existência de diversos graus de *indisponibilidade* (que podem atingir, em moldes não uniformes, a titularidade, o exercício e figuras parcelares de um direito subjetivo)[18]. A vinculação entre a *disponibilidade* dos direitos e a *origem contratual* também merece reservas, vez que, tal como antes sublinhado, direitos subjetivos disponíveis também surgem de atos não contratuais.

Nas relações jurídicas internas, em regra, os direitos provenientes da *posição jurídica* de associado são disponíveis. O cumprimento dos deveres associativos em geral reveste-se de caráter disponível, podendo ser objeto de transação entre a associação e o associado e, por consequência, de submissão à arbitragem.

É possível, com certos cuidados, que os estatutos reservem espaço para a arbitragem na solução de conflitos a respeito da exclusão de associados. Nestes casos, deve-se observar com rigor a verificação de *justa causa,* o regular *direito de defesa* e a previsão de *recurso,* nos termos do art. 57 do Código Civil

Não há previsão, na Lei 9.307/96, de recursos para o reexame de sentenças arbitrais. Nada impede, todavia, a criação *convencional* de um tribunal arbitral de recursos para o qual possam ser devolvidas as questões de mérito decididas anteriormente pela sentença arbitral recorrida[19]. Isto, inclusive, pode ser expressamente tratado em uma cláusula compromissória estatutária.

Nas relações jurídicas externas, a imensa gama de possibilidades de vínculos jurídicos, com diferentes naturezas, impede uma resposta única.

Os contratos celebrados entre as associações e os terceiros ordinariamente dizem respeito a direitos disponíveis e, por isso, os conflitos deles decorrentes podem ser submetidos à arbitragem.

Nem sempre, todavia, isto ocorrerá. Podemos citar como hipóteses as relações contratuais nas quais as associações qualificam-se como for-

18 Um excelente resumo das diversas correntes contemporâneas sobre o tema pode ser encontrado em BERALDO, Leonardo de Faria. **Curso de arbitragem.** São Paulo : Atlas, 2014, p. 12 e seguintes.

19 NANNI, Giovanni Ettore. Recurso arbitral: reflexões. In: GUILHERME, Luiz Fernando do Vale de Almeida (Org). **Aspectos práticos da arbitragem.** São Paulo : Quartier Latin, 2006, p.168.

necedoras. Conforme defendemos noutras oportunidades, nada impede que uma associação desenvolva atividade empresária[20]. Tampouco é interditado às associações fornecer produtos e serviços.

Veda-se, até o presente momento, a decisão dos conflitos emergentes de relações jurídicas de consumo pela arbitragem, considerando o caráter indisponível dos direitos do consumidor (art. 1.º, Lei 8.078/90).

Igualmente as relações jurídicas de direito do trabalho, entabuladas entre as associações e os seus empregados, não podem ser submetidas ao julgamento por arbitragem.

Cabe investigar se nos contratos de colaboração com o poder público, tal como ocorre nas associações qualificadas como *organização social,* como *OSCIP* e como *organização da sociedade civil,* se é possível inserir uma cláusula compromissória, submetendo os conflitos ao tribunal arbitral.

A resposta deve ser afirmativa. As dúvidas a respeito da hipotética possibilidade de arbitragem em contratos com a administração pública foram minimizadas com a Lei 13.129/2015, que ao inserir novo parágrafo ao art. 2.º da Lei de Arbitragem, determina que: "A arbitragem que envolva a administração pública será sempre de direito e respeitará o princípio da publicidade".

O assunto não foi esgotado, todavia, ante a dificuldade de identificação das situações nas quais, nos contratos administrativos, os direitos em disputa na arbitragem possam ser classificados como disponíveis, a teor do art. 1.º da Lei 9.307/96.

Nos contratos de colaboração, celebrados entre associações e a administração pública, não é incomum a existência de direitos disponíveis, cujas desavenças podem ser submetidas à arbitragem, ampliando os espaços de utilização da arbitragem no direito das associações.

20 LEONARDO, Rodrigo Xavier. As associações sem fins econômicos podem ser empresárias? **Conjur**. 15.06.2015. http://www.conjur.com.br/2015-jun-15/direito-civil-atual-associacoes-fins-economicos-podem-empresarias. Acesso em 29.06.2015. Em sentido diverso, com o qual não concordamos, citamos SIQUEIRA, Marcelo Sampaio; SIQUEIRA, Natercia Sampaio. O fim econômico da associação e a possibilidade de realização de lucros. **Revista de Direito Civil Contemporâneo** – RDCC, n. 2, vol. 2, jan.-mar., 2015, pp. 61-80.

## REFERÊNCIAS

ASCARELLI, Tullio. O contrato plurilateral. In: ASCARELLI, Tullio. **Problemas das sociedades anônimas e direito comparado**. São Paulo: Saraiva, 1945.

BACELLAR, Roberto Portugal. **Mediação e arbitragem.** São Paulo : Saraiva, 2012.

BATISTA MARTINS, Pedro. A arbitragem nas sociedades de responsabilidade limitada. **Revista de Direito Mercantil**, ano XLI, n. 126, p. 58-74, abr.-jun. 2002.

BERALDO, Leonardo de Faria. **Curso de arbitragem.** São Paulo : Atlas, 2014.

BETTI, Emilio. **Teoria generale del negozio giuridico.** Napoli : Esi, 1994.

CARREIRA ALVIM, J.E. **Direito arbitral.** 2.ed. Rio de Janeiro : Forense, 2004.

ENNECCERUS-NIPPERDEY. Derecho civil (parte general). In: ENNECCERUS-KIPP-WOLF. **Tratado de derecho civil.** Barcelona: Bosch, 1953. vol. 1

FRANCO, Vera Helena de Mello; SZATJN, Rachel. **Manual de direito comercial.** São Paulo : Revista dos Tribunais, 2005.

GOMES, Orlando. Classificação dos atos jurídicos na obra de publicistas. **Ensaios de direito civil e de direito do trabalho.** Rio de Janeiro: Aide, 1986.

HAURIOU, Maurice. **Teoria della istituzione e della fondazione.** Milano: Giuffrè, 1967

KROETZ, Tarcísio Araújo. **Arbitragem:** conceito e pressupostos de validade. São Paulo : Revista dos Tribunais, 1997.

LEONARDO, Rodrigo Xavier. As associações sem fins econômicos podem ser empresárias? **Conjur**. 15.06.2015. http://www.conjur.com.br/2015-jun-15/direito-civil-atual-associacoes-fins-economicos-podem-empresarias. Acesso em 29.06.2015.

LEONARDO, Rodrigo Xavier. **Associações sem fins econômicos.** São Paulo : Thomson-Reuters/Revista dos Tribunais, 2014.

LÔBO, Paulo. **Direito Civil:** Parte Geral. São Paulo : Saraiva, 2009.

MAKANT, Barbara. A arbitrabilidade subjetiva nas sociedades anônimas. **Revista de Arbitragem e Mediação**, ano 2, vol. IV, jan.-mar. 2005.

MENEZES CORDEIRO, António. **Tratado de direito civil português: parte geral.** Coimbra: Almedina, 2004. t. 3.

MESSINEO, Francesco. La struttura della società e il c.d. contratto plurilaterale. **Studi di diritto delle società.** Milano: Giuffrè, 1949.

MICHOUD, León. **La théorie de la personnalité morale**. Paris: Librairie Générale de Droit et de Jurisprudence, 1932.

NANNI, Giovanni Ettore. Recurso arbitral: reflexões. In: GUILHERME, Luiz Fernando do Vale de Almeida (Org). **Aspectos práticos da arbitragem.** São Paulo : Quartier Latin, 2006.

PELA, Juliana Krueger. Notas sobre a eficácia da cláusula compromissória estatutária. **Revista de Direito Mercantil**, ano XLI, n. 126, p. 130-140, abr.-jun. 2002.

SACCO, Rodolfo. La parte generale del diritto civile: Il fatto, l'atto, il negozio. **Trattato di diritto civile.** Torino: Utet, 2005.

SIQUEIRA, Marcelo Sampaio; SIQUEIRA, Natercia Sampaio. O fim econômico da associação e a possibilidade de realização de lucros. **Revista de Direito Civil Contemporâneo** - RDCC, n. 2, vol. 2, jan.-mar., 2015, pp. 61-80.

SZTAJN, Rachel. Associações e sociedades. **Revista de direito mercantil**, Nova série, ano XLI, n.128, out./dez. 2002.

TOBEÑAS, Jose Castan. **Derecho civil español, común y foral.** 9. ed. Madrid: Reus, 1955.

WALD, Arnold. A arbitrabilidade dos conflitos societários: considerações preliminares. **Revista de Arbitragem e Mediação**, ano 4, vol. XII, jan.-mar. 2007.

# O RECURSO NA LIQUIDAÇÃO DE SENTENÇA

*Daniel Martins Carneiro*[1]

O Ministro Humberto Martins completou 18 anos de magistratura no STJ em junho de 2024. Nesse período, o Ministro implementou a sua marca não apenas por exercer as mais importantes atribuições na Corte, mas também na fidalguia no atendimento aos advogados. Após uma audiência com o Ministro, não há quem não se encante pelo respeito e consideração que ele presta, independente da parte defendida.

O presente artigo busca prestar uma homenagem ao Ministro Humberto Martins, que tanto atua para unificar a jurisprudência nacional. Com isso, esse trabalho abordará o cabimento recursal na fase de liquidação de sentença, no âmbito do CPC de 2015, com uma análise do próprio texto normativo, da doutrina processualista e da jurisprudência do Superior Tribunal de Justiça. Primeiramente, traçará breves linhas sobre o sistema recursal brasileiro e os princípios da unicidade e tipicidade recursal. Em seguida, após um panorama normativo sobre a liquidação, apresentará a natureza jurídica e o cabimento recursal da decisão que encerra a liquidação, de acordo com o posicionamento doutrinário. Por fim, apresentará o entendimento do Superior Tribunal de Justiça sobre o cabimento recursal na liquidação de sentença.

A controvérsia sobre o recurso cabível da decisão proferida em liquidação de sentença existe há muito tempo. Ainda no CPC/73, o STJ editou o enunciado da sumula 118 em que "o agravo de instrumento é o recurso cabível da decisão que homologa a atualização do cálculo da liquidação". Essa súmula foi editada em novembro de 1994. Com a reforma do CPC/73, pela lei 11.232/05, foi inserido o art. 475-h, que dispunha que "da decisão de liquidação caberá agravo de instrumento". A partir da edição desse dispositivo, passou a ser inequívoco que contra qualquer decisão de liquidação o único recurso cabível seria agravo de instrumento, sendo a interposição de apelação considerada erro grosseiro, o que afasta o princípio da fungibilidade.

O CPC/15 veio com a linha central de resolver problemas, dando especial destaque ao sistema recursal, que na lei revogada teria se tornado complexo depois de sucessivas reformas pontuais. Os trabalhos

---

1 Advogado e pós-graduado pelo IDP e ESMA-DF

da comissão foi focado em cinco objetivo, sendo o terceiro "simplificar, resolvendo problemas e reduzindo a complexidade de subsistemas, como, por exemplo, o recursal" e o quinto "imprimir maior grau de organicidade ao sistema, dando-lhe, assim, mais coesão[2]. Em que pese toda essa visão sistemática e simplificadora do sistema recursal, o teor do art. 475-h CPC/73, que trazia uma redação categórica sobre o cabimento recursal, não foi reproduzido. Em seu lugar o art. 1.015, parágrafo único do CPC/15 trouxe texto diverso ao prever que "também caberá agravo de instrumento contra decisões interlocutórias proferidas na fase de liquidação de sentença ou de cumprimento de sentença, no processo de execução e no processo de inventário".

Parece clara a diferença entre as redações de ambos os dispositivos. Enquanto o art. 475-H atribui ao agravo de instrumento a missão de impugnar qualquer decisão em liquidação de sentença, o art. 1.015, parágrafo único parece limitar as decisões interlocutórias. Então, fica a pergunta, qual o recurso adequado para impugnar a decisão que encerra a liquidação de sentença?

## O SISTEMA RECURSAL NO BRASIL

O recurso é o instrumento processual de impugnação da decisão judicial e uma manifestação do direito de defesa da parte vencida. O seu fundamento encontra-se não apenas na possibilidade de erro, imprecisões, obscuridade, omissões e contradições das decisões judiciais, mas também no interesse do Estado na correta interpretação e aplicação do direito[3]. Como derivado do direito de ação, a parte sucumbente pode pleitear a modificação, cassação ou integração da decisão guerreada. Categorizada como um ônus processual, uma vez que a decisão não pode ser modificada senão por pedido da parte[4], a voluntariedade é requisito essencial do recurso.

2 Exposição de motivos do Código de Processo Civil (l. 13.105/15). Código de processo civil e normas correlatas. – 7. ed. – Brasília : Senado Federal, Coordenação de Edições Técnicas, 2015. 313 p. 313, acessado: https://www2.senado.leg.br/bdsf/bitstream/handle/id/512422/001041135.pdf, em 29/05/2024

3 ALVIM. Arruda. Contencioso Cível no CPC/15. 2 ed. São Paulo: Thomson Reutrs Brasil, 2022, p. 761.

4 Carnelutti *apud* Fux, Luiz. Curso de Direito processual civil. 5ª ed. Rio de Janeiro: 2022, p. 881.

Esse instrumento de impugnação deve ser adequado a decisão proferida, o qual é regulado pelo cabimento recursal. Essa regulação considera a natureza da decisão e sua relevância para causa. Os atos judiciais impugnáveis por recursos são os acórdãos, as sentenças, as decisões interlocutórias e as decisões monocráticas. Os despachos são irrecorríveis (art. 1001 do CPC). E, em rol taxativo, o art. 994 do CPC enumera os recursos cabíveis contra as decisões[5].

Mas antes do órgão julgador analisar o mérito do recurso, há uma avaliação prévia de admissibilidade, que, paralelamente, pode ser equiparado ao exame das condições da ação e dos pressupostos processuais da demanda. Esse exame se refere aos requisitos intrínsecos e extrínsecos. Os requisitos intrínsecos se ligam ao próprio direito de recorrer e são: legitimidade, interesse de recorrer, ausência de fato impeditivo e extintivo e o cabimento. Os requisitos extrínsecos se ligam ao procedimento recursal: tempestividade, regularidade formal e preparo.

No presente estudo, o que se avaliará é justamente o cabimento recursal. Isto é, a adequação do recurso em confronto com a decisão impugnada. O cabimento como requisito de admissibilidade não é previsto expressamente no código de processo civil, mas decorre implicitamente da enumeração taxativa dos recursos e da tipicidade legal do meio de impugnação de cada decisão. Para essa adequação não basta o conhecimento das disposições legais, exige-se também "um conhecimento escorreito da natureza da decisão judicial[6]".

Sendo o sistema processual regido pelo princípio da unicidade dos recursos, a interposição de um recurso gera o efeito preclusivo a impedir de apresentação de um subsequente contra a mesma decisão. Por vedar, de forma quase unanime, a possibilidade de interposição de dois recursos simultaneamente[7], esse princípio impede que, em caso de dúvida sobre o cabimento, a parte interponha os vários recursos que entenda ser cabível. Nesse sentir, o cabimento torna essencial, pois a interposição do instrumento equivocado, levará a inadmissibilidade e, por consequência a não a apreciação da irresignação da parte.

Em certos momentos, o cabimento recursal se mostra nebuloso, justamente porque não se sabe precisar a natureza jurídica da deci-

5 *Ibidem*

6 *Ibid.*, p. 902

7 À exceção da interposição do recurso especial e extraordinário que são interpostos simultaneamente contra causas decididas em única ou última instancia

são judicial. O CPC/15 empreendeu grande avanço na redução dessa complexidade no sistema recursal, porém, não a exclui por completo. O idealizador da reforma do Código Processual adverte que o próprio legislador ou mesmo o julgador em algumas oportunidades categoriza erroneamente os atos judiciais, "denominando sentença o que é despacho, ou de decisão o que é sentença e vice-versa[8]", levando a parte ao erro, demonstrando ser razoável relevar a inadequação recursal[9]. Para esses casos não solucionados, há muito foi consagrada a fungibilidade recursal, como derivada da instrumentalidade das formas, em que se permite o aproveitamento de um recurso incabível como se fosse o meio de impugnação adequado.

Cotejando os princípios da taxatividade e da unirrecorribilidade temos que da sentença cabe apelação (art. 1009 do CPC) e das decisões interlocutórias cabe agravo de instrumento (art. 1.015 do CPC). O cabimento de ambos os recursos é distinto. A apelação tem uma admissibilidade ampla e irrestrita, de modo que toda e qualquer sentença será impugnável por esse recurso, independente do seu conteúdo. Por outro lado, o cabimento do Agravo de Instrumento é limitado já que o NCPC enumerou em rol taxativo as questões sujeitas a impugnação por Agravo de instrumento. Apesar do Superior Tribunal de Justiça ter mitigado a taxatividade desse rol quando verificada urgência na apreciação da controvérsia[10], não se enquadrando nessa enumeração, a matéria deverá ser submetida a preliminar da apelação ou de suas contrarrazões. Em relação a liquidação de sentença e o cumprimento de sentença, o Agravo de Instrumento é cabível de toda e qualquer decisão interlocutória, independente do conteúdo.

## DA LIQUIDAÇÃO

Em busca da palavra liquidação no código de processo civil, obtemos 30 resultados. Nem todos esses resultados se referem ao procedimento de liquidação, já que a expressão é utilizada também como sinônimo de

8 Ob. Cit. P. 892

9 Ob. Cit. P.893.

10 Tema repetitivo 988 do STJ: O rol do art. 1.015 do CPC é de taxatividade mitigada, por isso admite a interposição de agravo de instrumento quando verificada a urgência decorrente da inutilidade do julgamento da questão no recurso de apelação

dissolução de sociedade, parâmetro para honorários advocatícios ou bem de difícil alienação (art. 85, §4º, IV, 420, 669 e 861 CPC). Apenas 22 incidências dessa expressão estão ligadas de alguma forma a liquidação propriamente dita. Isto é, nos art. 509 a 512, com oito menções, o Código traça um procedimento especifico denominado liquidação de sentença. Nas outras 14 ocorrências, o Código cuida de disciplinar que eventual prejuízo deverá ser apurado por meio de liquidação, seja decorrente de ato de má-fé, seja por revogação de tutela de urgência ou seja pela impossibilidade de entrega da coisa certa, cumprir a obrigação de fazer ou não fazer. Nessas hipóteses, o código habilita o julgador proferir uma decisão ilíquida, a qual deverá ser submetida a liquidação para se obter a quantificação da obrigação.

A possibilidade de uma decisão ilíquida é exceção. A decisão que decide o mérito deve ser certa e determinada ainda que o pedido inicial seja genérico. Para as sentenças, o art. 491 do CPC é categórico que a decisão definirá desde logo a extensão da obrigação. Essa imposição, embora se refira a sentença, é também aplicável as decisões parciais de mérito. Mesmo que o artigo 356 e seus incisos 1º, 2º e 3º do CPC definam que a decisão que julgar parcialmente o mérito poderá reconhecer obrigação liquida ou ilíquida, na medida do possível a prestação jurisdicional deve ser integral para, desde logo, definir de forma determinada o conteúdo do direito conferido.

Na impossibilidade de se definir o conteúdo econômico da obrigação definida na sentença condenatória, a decisão deverá ser submetida ao instrumento processual de liquidação para se determinar o *quantum* da condenação. O objetivo é alcançar a liquidez necessária e imprescindível para conferir exequibilidade à decisão de eficácia condenatória[11].

A liquidação de sentença é o procedimento de conhecimento para complementar a norma jurídica estabelecida no título judicial, que pode ser iniciado a requerimento do credor ou do devedor. Não cabe tal procedimento para títulos extrajudiciais, já que a sua constituição a liquidez prévia é uma exigência. Câmara alerta que a expressão liquidação de

11 WAMBIER, Luiz Rodrigues. Curso Avançado de processo civil, vol. 3: execução. 18. ed. São Paulo: Thomson Reuters Brasil, 2021, p. 120.

sentença é uma elipse[12], porque o que deve ser líquida não é a sentença, mas a obrigação definida na sentença[13].

Nesse procedimento, há o exercício uma atividade judicial cognitiva de apuração da expressão econômica do julgado. Por isso, a cognição da liquidação de sentença deve respeitar a coisa julgada da fase de conhecimento, devendo ser restrita ao determinar o *quantum debeatur* das obrigações já fixadas. Não pode modificar a sentença ou novamente discutir a lide (art. 509,§4º).

A natureza do conteúdo que pode ser submetido a liquidação de sentença é controversa na doutrina. Para parte dos doutrinadores, a liquidação de sentença seria limitada às obrigações de pagar porque o art. 509 do CPC menciona "condenar ao pagamento da obrigação ilíquida". Outros, em uma corrente ampliativa, entendem que as obrigações de fazer, não fazer e entrega de coisas também podem ser submetidas a liquidação[14]. No entender de Medina, nestas obrigações, haveria apenas a concentração, instituo do direito civil, não se podendo falar em liquidação. Scarpinella, porém, destaca que na impossibilidade de prestar as obrigações de fazer, não fazer, dar coisa certa, ou a sua conversão na tutela específica[15], o autor pode pedir a sua conversão em perdas e danos, que será apurada por meio da liquidação[16].

O rito da liquidação de sentença está previsto nos art. 509 a 512 do CPC, no capítulo XIV do procedimento comum (Título I da Parte Especial). Reproduzindo as reformas operadas ainda no CPC/73, as modalidades de liquidação são: por arbitramento e pelo procedimento comum. Na liquidação por arbitramento, o juiz intima as partes para apresentarem pareceres e documentos e, não sendo possível decidir de plano, nomeia um perito, aplicando-se no que couber o procedimento da prova pericial. Essa modalidade de liquidação pode ser determina-

---

12 Elipse é uma figura de linguagem caracterizada pela omissão de um termo linguístico. Didier fala em metonímia, que seria a figura de linguagem que substitui um termo por outro

13 CAMARA, Alexandre Freitas. O novor processo civil brasileiro. 8 ed. Barueri: Atlas, 2022, p. 361.

14 NEVES, Daniel Amorim Assumpção. Código de Processo Civil Comentado. 8 ed. São Paulo: Editora Juspodivm, 2023, p. 954.

15 Hipóteses previstas nos artigos 499, 809, 816, 823 do CPC.

16 BUENO, Cassio Scarpinella. Curso Sistematizado de Direito Processual Civil: tutela jurisdicional executiva. V. 3, 12 ed. São Paulo: SaraivaJur, 2023, p. 4.

da pela sentença, convencionado pelas partes ou exigência da natureza do objeto de liquidação. Esse rito observara o procedimento da prova pericial.

Na liquidação pelo procedimento comum, há uma verdadeira fase cognitiva, uma vez que haverá necessidade de alegar e provar fato novo. Nesta hipótese, o juiz intima o requerido para contestar em 15 dias e, em seguida, adota o procedimento comum.

A liquidação por cálculos permaneceu excluída já ocorrida no CPC/73, permanecendo a ressalva de que o credor, nessa hipótese, poderá desde logo promover o cumprimento de sentença. Na forma do art. 509, § 2º do CPC, a apuração do valor da obrigação ocorre no próprio cumprimento de sentença, dispensando-se apenas o procedimento especifico de liquidação.

Interessante anotar o enunciado da súmula 344/STJ, que define não haver coisa julgada sobre a forma de liquidação. Esse enunciado foi editado ainda no CPC/73, mas, a toda evidencia, permanece a pertinência no atual código. A modalidade de liquidação deve ser fixada de acordo com a necessidade do magistrado para fixar o *quantum debeatur*. Seria inócua a liquidação por metodologia que não permitisse quantificar o conteúdo econômica da prestação jurisdicional. Muitas vezes, a sentença condenatória não tem a possibilidade de antever que obrigação exige a prova de fatos novos ou que exige a nomeação de um *expert*.

Usualmente, visualizamos a liquidação após o encerramento do processo de conhecimento. Diante da coisa julgada, as partes (credor ou devedor) passam a realizar a apuração do quantum devido, em uma verdadeira continuidade da fase cognitiva, com a integração da sentença. Porém, a liquidação não necessariamente inicia após a sentença. Outra perspectiva trazida pelo CPC/15 é a possibilidade de haver liquidação de sentença enquanto ainda tramita a ação de conhecimento. O novo código processual permitiu a concomitância de diversas fases processuais, por conta da preclusão progressiva dos capítulos das decisões. Nesse sentido, pode haver a liquidação da decisão parcial de mérito, enquanto ainda se discute o restante do mérito na ação de conhecimento. Também temos essa situação nas hipóteses de decisão submetida a recurso sem efeito suspensivo, em que a liquidação pode ser procedida independente do transito em julgado. Quando ocorrer essa situação, a liquidação deverá ser processada em autos apartados.

No CPC/73, apesar de ter trazido o sincretismo processo, era inconcebível o trânsito em julgado dos capítulos da sentença. Com o advento do CPC/15, a realidade é outra com diversas previsões de cisão do mérito e o parcelamento do julgamento[17]. Como consequência, hoje temos a possibilidade de termos um processo que se encontre fases variadas. Isto é, um mesmo processo, ao mesmo tempo, pode estar em fase de cognição, liquidação e mesmo executiva (cumprimento de sentença). Essa possibilidade é reforçada pela disposição do art. 512 do CPC, ao dispor que pode ser realizada na pendencia de recurso com o seu processamento em autos apartados no juízo de origem.

Temos ainda a possibilidade de que a liquidação seja a primeira demanda proposta pela parte. Basta imaginarmos que a sentença penal condenatória ou mesmo as ações coletivas podem ser submetida a liquidação. Na liquidação da ação coletiva, além de estabelecer o *quantum debeatur*, a decisão também especificará a quem é devido (cui debeatur), visto que, em geral, a condenação coletiva apenas delimita os possíveis beneficiários da decisão.

Ao longo do procedimento de liquidação de sentença não há dúvidas que pode haver incontáveis decisões interlocutórias, sejam procedimentais, por exemplo, a decisão que determina a emenda da petição inicial, nomeia ou desconstitui perito, indefere uma produção proba-

17 Entendimento sob a égide do CPC/73 no sentido de ser "incabível o trânsito em julgado de capítulos da sentença ou do acórdão em momentos distintos, a fim de evitar o tumulto processual decorrente de inúmeras coisas julgadas em um mesmo feito" (REsp 736.650/MT, Corte Especial, DJe 1/9/2014 e EDcl na Rcl 18.565/MS, 2ª Seção, DJe 15/12/2015). 4. A partir da entrada em vigor do CPC/15, com a expressa adoção do julgamento antecipado parcial de mérito (art. 356 do CPC/15) e com a possibilidade de cumprimento definitivo de decisão sobre parcela incontroversa (art. 523 do CPC/15), exige-se uma releitura da temática.5. Quando não impugnados capítulos da sentença autônomos e independentes, estes transitarão em julgado e sobre eles incidirá a proteção assegurada à coisa julgada. Possibilidade de o mérito da causa "ser cindido e examinado em duas ou mais decisões prolatadas no curso do processo" (REsp 1.845.542/PR, 3ª Turma, DJe 14/5/2021). 6. A sistemática do Código de Processo Civil, ao albergar a coisa julgada progressiva e autorizar o cumprimento definitivo de parcela incontroversa da sentença condenatória, privilegia os comandos da efetividade da prestação jurisdicional e da razoável duração do processo (art. 5º, LXXVIII, da CF/88 e 4º do CPC/15), bem como prestigia o próprio princípio dispositivo (art. 2º, do CPC/15). 7. Mostra-se possível o trâmite concomitante de cumprimento provisório, sobre o qual pende o julgamento de recurso sem efeito suspensivo (art. 520 do CPC/15), e cumprimento definitivo de parcela incontroversa do mesmo título judicial de condenação ao pagamento de quantia. (REsp n. 2.026.926/MG, relatora Ministra Nancy Andrighi, Terceira Turma, julgado em 25/4/2023, DJe de 27/4/2023.)

tória, dentre muitas outras. Ou mesmo decisão parcial de mérito. Em todas essas decisões estar-se-á inequivocamente diante de uma decisão interlocutória, porque são pronunciamentos judiciais que não são considerados sentenças, por não encerrar fase cognitiva nem extinguir execução (art. 203, §2º CPC). Dessas decisões, sem sombra de dúvida, o recurso cabível é agravo de instrumento, por força do art. 1.015, parágrafo único do CPC.

A controvérsia está na decisão que julga definitivamente a liquidação de sentença. Ao contrário do CPC/73, que trazia a recorribilidade por agravo de instrumento de toda e qualquer decisão em liquidação de sentença, o atual código não trouxe disciplina similar. Para muitos, o silencio é eloquente, enquanto outros a disciplina é suficiente. Como para adequação recursal não basta o conhecimento das disposições legais, exige-se também "um conhecimento escorreito da natureza da decisão judicial[18]", passamos agora a discorrer sobre os posicionamentos doutrinários relativos a natureza da decisão que encerra a liquidação de sentença.

## NATUREZA JURÍDICA E RECURSO DA DECISÃO QUE ENCERRA A LIQUIDAÇÃO DE SENTENÇA.

Dentre os mais diversos doutrinadores sobre processo civil não há consenso quanto a natureza jurídica da liquidação de sentença. Por consequência, temos um grande debate da sobre qual ato que encerra a liquidação e o recurso cabível.

Para Marinoni, Arenhart e Mitidieiro, "a liquidação de sentença é simples incidente processual, não constituindo processo autônomo, mas simples fase, eventualmente necessária para a prestação de tutela ressarcitória à parte, destinada a outorgar liquidez a obrigação estampada na sentença condenatória ilíquida[19]" (art. 509, CPC). O debate da decisão de liquidação seria entre sentença parcial de mérito ou decisão interlocutória. No entender deles, apesar do debate ser interessante do ponto de vista teórico, trata-se de uma decisão definitiva de mérito e a

18 Fux, Luiz. Curso de Direito processual civil. 5ª ed. Rio de Janeiro: 2022, p. 902

19 MARINONI. Luiz Guilherme; ARENHART, Sérgio Cruz; MITIDIEIRO, Daniel. Código de Processo Civil Comentao, 10 ed. São Paulo: Reuters Brasil, 2024, p. 642.

legislação teria definido o agravo de instrumento como recurso cabível no art. 1.015, parágrafo único do CPC[20].

Câmara se filia a corrente que a liquidação de sentença é mero incidente processual, cuja resolução se dá por decisão interlocutória impugnável por agravo de instrumento. Para ele, na decisão ilíquida há cisão do mérito, sendo este reservado para momento posterior sujeito a incidente processual que será resolvido por uma decisão parcial de mérito e, portanto, agravável[21].

Arruda Alvim entende que o pronunciamento não se qualifica como sentença por não pôr fim a fase de conhecimento, ou extinguir a execução e, por isso, deve ser tido como decisão interlocutória, sendo cabível agravo de instrumento.

Wambier relembra que na versão original do CPC/73 a liquidação consistia em processo autônomo e independente e o seu ato decisório tinha natureza de sentença. Com a edição da lei 11.232, passou a ser resolvida por pronunciamento judicial que é passível de Agravo de Instrumento. Para o doutrinador, embora a natureza jurídica da liquidação seja de ação de conhecimento inserida dentro de um processo multifásico, o CPC/15 reproduziu tal entendimento, porque sentença encerra a fase de conhecimento do procedimento comum, bem como extingue a execução, logo, a decisão que decide a ação de liquidação não é sentença, mas decisão interlocutória, que resolve o mérito próprio, produzindo coisa julgada material[22].

Adotando-se uma perspectiva pragmática, Fux diz ser a liquidação de sentença sindicável por agravo de instrumento, porque o prosseguimento sem a analise imediata da irresignação pode conduzir a inutilidade da fase de expropriação. Entende se tratar de incidente processual, cuja resolução se dá por decisão interlocutória, logo, cabível agravo de instrumento. Constitui uma fase do mesmo processo, mas a decisão terá conteúdo de mérito.

Medina entende que a liquidação se apresenta como mera fase processual entre a condenação e a execução, mas apesar disso, constitui-se

20 Idem., p 643.

21 CAMARA, Alexandre de Freitas. O novo processo civil brasileiro. 8 ed. Barueri: Atlas, 2022, p. 363.

22 WANBIER. Luiz Rodrigues. Curso Avançado de processo civil. Vol. 3: execução. 18 ed. São Paulo: Thomson Reuters Brasil, 2021, p. 119.

como uma demanda autônoma, sujeita a provocação da parte e condicionada ao pedido. A união da decisão condenatória com a decisão de liquidação haverá a formação de um único título[23].

Daniel Amorim manifesta que a atividade desenvolvida na liquidação é de natureza cognitiva, não sendo praticados atos de execução. A fase cognitiva é bipartida, sendo uma definida o an debeatur e na outra, quantum debeatur. Para ele, esta é a justificativa da liquidação estar prevista no capitulo do procedimento comum e não no capitulo de execução.

Theotônio Negrão destaca que a exclusão da disposição expressa do art. 475-H gera dúvida sobre a natureza jurídica do ato que julga a liquidação e sobre o recurso contra ela cabível. Para ele, o pronunciamento que julga a liquidação encerra atividade eminentemente voltada à cognição, o que leva ao enquadramento como sentença e sua impugnação por apelação. O art. 1.015, parágrafo único CPC seria restrito as interlocutórias proferidas durante a fase de liquidação. Registra ainda que a liquidação pelo procedimento comum observa os art. 318 e seguintes, entre as quais o art. 355, que o julgamento do mérito seria resolvido por sentença. Defende haver um recrudescimento da fungibilidade entre apelação e agravo de instrumento[24].

Paulo Cezar Pinheiro Carneiro entende que, se a liquidação ocorre em processo autônomo, o juiz profere sentença e, por consequência, o recurso cabível é a apelação. Mas se realizada no curso da execução, de forma incidental, haverá uma decisão interlocutória desafiando agravo de instrumento[25].

Para Eduardo Cambi o pronunciamento procedente seria uma decisão interlocutória sujeita a agravo de instrumento, mas se o conteúdo da decisão reconhecer liquidação igual a zero, com a improcedência do pedido, a decisão se torna uma sentença, pois será findado o processo, não havendo execução. Neste caso, caberia apelação.

23 MEDINA, José Miguel Garcia. Código de Processo Civil Comentado. 8 ed. São Paulo: Thomson Reuters Brasil, 2022, p. 681.

24 NEGRÃO, Theotonio; GOUVEIA, José Roberto Ferreira Gouveia; BONDIOLI, João Francisco Naves da Fonseca. Código de Processo Ciivl e legislação processual em vigor. 54 ed. São Paulo: SaraivaJur, 2023, p. 541.

25 CARNEIRO, Paulo Cezer Pinheiro. O novo processo civil: exposição sistemática do processo: de conhecimento; nos tribunais; de execução; da tutela provisória. 3 ed. Rio de Janeiro: Forense, 2022, p. 145

Didier Jr. parte da premissa de que há três técnicas processuais para liquidação de sentença. A primeira, seria mera fase processual ocorrida após o processo de conhecimento, em que a decisão de liquidação integra a decisão condenatória. A segunda, o processo autônomo, em que a requerimento do credor ou de devedor instaura-se um processo de conhecimento para liquidação, havendo necessidade de citação da outra parte para integrar a lide. Por fim, o incidente de liquidação para as hipóteses que ocorre já no procedimento executivo, quando, na impossibilidade da entrega da tutela efetiva, a conversão da obrigação em perdas e danos. Para o doutrinador baiano, a única hipótese de Agravo de Instrumento seria esta última, em que a liquidação ocorrerá por meio de decisão interlocutória que decide incidente processual. Todas as demais decisões que encerram a liquidação findam uma fase cognitiva com o julgamento do mérito ou não (art. 485 e 487 do CPC), caracterizando-se como uma sentença nos termos do art. 203, §1º do CPC e, portanto, apelável. Diferente seria o caso da decisão interlocutória que julga antecipada e parcialmente o mérito, quando, ai sim, seria cabível o agravo de instrumento com base no art. 1.015, parágrafo único do CPC[26].

Ao reconhecer que é cabível Apelação, Didier também reconhece que, pelo fato de tal recurso possuir efeito suspensivo, houve um retrocesso em relação ao CPC/73. O agravo de instrumento antes previsto para todas as decisões em liquidação de sentença é desprovido de efeito suspensivo. Apesar disso, faz o alerta que a conclusão pelo cabimento do agravo de instrumento parte de conclusão equivocada do parágrafo único do art. 1.015 do CPC, já que esse dispositivo não diz que todas as decisões proferidas na liquidação de sentença são interlocutórias. Apenas diz que contra as interlocutórias cabe agravo de instrumento. Não exclui a possibilidade de haver outras espécies de pronunciamento na liquidação de sentença[27].

Para Dotti, na hipótese de liquidação igual a zero, o ato decisório constitui uma sentença, colocando um fim ao processo, não havendo execução, sendo, portanto, cabível recurso de apelação. Mas caso fixe um valor devido, o processo deve seguir para a fase de execução e, portanto,

26 DIDIER JR., Freddie. Curso de Direito Processual Civil: execução. São Paulo: Ed. Juspodivm, 2023, p.239.

27 *Ibidem.*

desafia recurso de agravo de instrumento com base no art. 1.015, parágrafo único do CPC[28].

Dinamarco por longo período sustentou que o ato que encerra a liquidação de sentença é uma sentença e não decisão interlocutória por encerrar uma das fases do processo sincrético brasileiro e, por isso, se enquadrar como sentença espelhada no art. 203,§1º do CPC. Porém, diante da jurisprudência formada no Superior Tribunal de Justiça contrária a esse entendimento, passou a se curvar a compreensão de se trata de decisão interlocutória atacável por agravo de instrumento[29].

Esse quadro doutrinário divergente não traz paz ao operador do direito, que no dia-a-dia tem a necessidade de interpor o recurso correto, diante da necessidade de ultrapassar a fase de admissibilidade recursal, que exige o cabimento como requisito intrínseco. Com isso, o operador do direito diante do caso concreto teme a interposição do recurso equivocado e ainda ter por inaplicado o princípio da fungibilidade.

## STJ

O Superior Tribunal de Justiça como órgão judiciário máximo da interpretação da legislação federal, cumpre unificar o entendimento sobre o Código de Processo Civil. Sobre essa questão, por ser diuturna a utilização de liquidação de sentença na pratica contenciosa, é evidente que o debate chegaria a Corte. E assim o fez.

No CPC/73, com a edição do art. 475-H, o STJ pode se posicionar de forma firme sobre a recorribilidade das decisões em liquidação de sentença mediante agravo de instrumento. Como o referido dispositivo trazia previsão taxativa de cabimento, a interposição equivocada de apelação contra a decisão que encerrava a liquidação de sentença afastava a aplicação do princípio da fungibilidade, por configurar erro grosseiro. Por outro lado, o atual CPC/15, sem a reprodução do teor desse disposto do CPC/73, não trouxe de forma categórica o recurso cabível. Embora traga no art. 1.015, parágrafo único, disposição sobre a incidência de agravo de instrumento contra as decisões interlocutórias proferidas

28 CAMBI, Eduardo, DOTTI, Rogéria, PINHEIRO, Paulo Eduardo dárce, MARTINS, Sando Gilbert, V. KOZIKOSKI, Sandro Marcelo. **Curso de Processo Civil Completo**. 3 ed. Ver. Atual e ampl. São Paulo: Thomson Reuters, Brasil, 2022, p. 1073

29 DINAMARCO. Candido Rangel. Instituições de direito processual civil. Vol. IV. 5 ed. São Paulo: Editora Juspodivm, 2024, p. 713.

nessa fase processual, como visto acima, a doutrina não é pacifica sobre qual a natureza jurídica da decisão que encerra a liquidação de sentença.

Com a mudança normativa, o Superior Tribunal se viu obrigado a revisitar diversos assuntos que já se encontravam pacificados na jurisprudência. No caso do recurso cabível da decisão que encerra a liquidação de sentença, a pesquisa na jurisprudência do Superior Tribunal de Justiça indicou que a primeira oportunidade que esse debate chegou novamente a Corte foi no julgamento do RESP 1.736.285, de relatoria da Ministra Nancy Andrighi, que restou assim ementado:

> 3- Somente as decisões interlocutórias proferidas na fase de conhecimento se submetem ao regime recursal disciplinado pelo art. 1.015, caput e incisos do CPC/2015, segundo o qual apenas os conteúdos elencados na referida lista se tornarão indiscutíveis pela preclusão se não interposto, de imediato, o recurso de agravo de instrumento, devendo todas as demais interlocutórias aguardar a prolação da sentença para serem impugnadas na apelação ou nas contrarrazões de apelação.
>
> **4- Para as decisões interlocutórias proferidas em fases subsequentes à cognitiva - liquidação e cumprimento de sentença -, no processo de execução e na ação de inventário, o legislador optou conscientemente por um regime recursal distinto, prevendo o art. 1.015, parágrafo único, do CPC/2015, que haverá ampla e irrestrita recorribilidade de todas as decisões interlocutórias, quer seja porque a maioria dessas fases ou processos não se findam por sentença e, consequentemente, não haverá a interposição de futura apelação, quer seja em razão de as decisões interlocutórias proferidas nessas fases ou processos possuírem aptidão para atingir, imediata e severamente, a esfera jurídica das partes, sendo absolutamente irrelevante investigar, nesse contexto, se o conteúdo da decisão interlocutória se amolda ou não às hipóteses previstas no caput e incisos do art. 1.015 do CPC/2015.**
>
> 5- Na hipótese, tendo sido proferida decisão interlocutória - que indeferiu o pedido de nulidade das intimações após a prolatação da sentença - após o trânsito em julgado e antes do efetivo cumprimento do comando sentencial, cabível, de imediato, o recurso de agravo de instrumento, na forma do art. 1.015, parágrafo único, do CPC/2015.
>
> 6- Recurso especial conhecido e provido.
>
> (REsp n. 1.736.285/MT, relatora Ministra Nancy Andrighi, Terceira Turma, julgado em 21/5/2019, DJe de 24/5/2019.)

Na ementa do acórdão desse julgado consta a incidência do art. 1.015, parágrafo único do CPC/15 para afirmar que haverá ampla recorribilidade das decisões interlocutórias por agravo de instrumento proferidas em processo de liquidação e execução. Para a decisão, toda e qualquer decisão posterior a sentença é mera decisão interlocutória e, portanto, tem ampla recorribilidade por agravo de instrumento. Sem enfrentar o debate doutrinário sobre a natureza jurídica dessa decisão em liquidação de sentença, no corpo da decisão, deixa-se claro que apenas a fase de conhecimento teria a limitação cognitiva ao Agravo de instrumento, prevista no caput do art. 1.015 do CPC.

A segunda oportunidade que o STJ enfrentou a matéria, foi no julgamento ocorrido na quarta turma, de relatoria do Ministro Marco Buzzi, no julgamento do AgInt no REsp n. 1.776.299/AM, em 26/11/2019 (DJe de 27/11/2019), com a seguinte ementa:

> AGRAVO INTERNO NO RECURSO ESPECIAL - AÇÃO DECLARATÓRIA C/C REINTEGRAÇÃO DE POSSE - DECISÃO MONOCRÁTICA QUE NEGOU PROVIMENTO AO RECLAMO. INSURGÊNCIA RECURSAL DA RÉ.
>
> 1. Não há falar em ofensa aos arts. 489 e 1022 do CPC/15, porquanto as questões fundamentais ao deslinde da controvérsia foram apreciadas pelo Tribunal a quo, sendo que não caracteriza omissão ou falta de fundamentação a mera decisão contrária ao interesse da parte, tal como na hipótese dos autos. Precedentes.
>
> 2. Não cabe a esta Corte, em sede de recurso especial, examinar violação à dispositivo constitucional, tendo em vista que a Constituição Federal reservou tal competência ao Supremo Tribunal Federal, nos termos do artigo 102, III, da CF. Precedentes.
>
> 3. Consoante entendimento firmado por esta Corte Superior, o recurso cabível contra decisão de liquidação que não põe fim ao processo é o agravo de instrumento. A interposição de apelação constitui erro grosseiro que impede a aplicação do princípio da fungibilidade. 3.1. No caso dos autos, o Tribunal de origem constatou que a decisão judicial contra a qual foi interposta apelação não extinguiu o processo, mas tão somente encerrou a fase de liquidação de sentença e passou ao cumprimento de sentença, determinando que as partes apresentassem planilha de cálculo atualizada, de modo que o recurso cabível naquela oportunidade era o agravo de instrumento, e não a apelação. Incidência da Súmula 83/STJ.
>
> 4. Agravo interno desprovido.
>
> (AgInt no REsp n. 1.776.299/AM, relator Ministro Marco Buzzi, Quarta Turma, julgado em 26/11/2019, DJe de 27/11/2019.)

Nesse julgamento, o Superior Tribunal decidiu não apenas pelo cabimento do agravo de instrumento, mas que a interposição de Apelação constituiria erro grosseiro, o que impede a incidência do princípio da fungibilidade. Em análise do inteiro teor do RESP 1.776.299, verifica-se o Tribunal *a quo* no acórdão recorrido explicou que mesmo que a decisão na fase de liquidação tenha utilizado a expressão "sentença", não teria o condão de aplicar o princípio da fungibilidade. Porém, todos os precedentes utilizados para fundamentar as razões de decidir se baseiam no CPC/73, em especial no art. 475-H, no qual tinha previsão expressa do cabimento de Agravo de Instrumento da decisão que encerra a fase de liquidação de sentença.

Em ordem cronológica, a terceira oportunidade de enfrentar a matéria ocorreu no julgamento do ARESP 1.611.874, de relatoria do Ministro Villas Bôas Cueva, assim ementada:

> AGRAVO INTERNO NO AGRAVO EM RECURSO ESPECIAL. PROCESSUAL CIVIL. ART. 1.022 DO CPC/2015. AUSÊNCIA DE OMISSÕES. LIQUIDAÇÃO DE SENTENÇA. LIQUIDAÇÃO. EXTINÇÃO DE FASE. AUSÊNCIA. RECURSO CABÍVEL. AGRAVO DE INSTRUMENTO. APELAÇÃO. NÃO CONHECIMENTO. FUNGIBILIDADE. NÃO CABIMENTO. ERRO GROSSEIRO.
>
> 1. Recurso especial interposto contra acórdão publicado na vigência do Código de Processo Civil de 2015 (Enunciados Administrativos nºs 2 e 3/STJ).
>
> 2. Não há falar em negativa de prestação jurisdicional se o tribunal de origem motiva adequada mente sua decisão, solucionando a controvérsia com a aplicação do direito que entende cabível à hipótese, apenas não no sentido pretendido pela parte.
>
> 3. No caso em apreço, **a decisão não extinguiu a liquidação de sentença, visto que determinou o prosseguimento em relação aos lucros cessantes, com a intimação do exequente para apresentar memória de cálculo discriminada**.
>
> 4. O Superior Tribunal de Justiça entende que as decisões que acolherem parcialmente a impugnação ou a ela negarem provimento, por não acarretarem a extinção da fase executiva, têm natureza jurídica de decisão interlocutória, sendo o agravo de instrumento o recurso adequado. Precedentes.
>
> 5. O recurso de apelação somente é cabível quando ocorre a extinção da execução, o que não houve na presente hipótese.
>
> 6. Não é possível a aplicação do princípio da fungibilidade em casos de interposição do recurso incabível em liquidação de sentença em

> virtude da ausência de dúvida objetiva, caracterizando erro grosseiro. Precedentes.
>
> 7. Agravo interno não provido.
>
> (AgInt no AREsp n. 1.611.874/MT, relator Ministro Ricardo Villas Bôas Cueva, Terceira Turma, julgado em 10/5/2021, DJe de 18/5/2021.)

No julgado, a terceira turma novamente entendeu que tem natureza jurídica de decisão interlocutória, sendo o agravo de instrumento o recurso adequado, quando a decisão julgue parcialmente o mérito da liquidação, mas não a extingue, determinado o prosseguimento em relação aos lucros cessantes. Com o caso tratou de decisão parcial de mérito, não se pode dizer que seria uma renovação do entendimento de que do encerramento da liquidação cabe apenas agravo de instrumento.

No julgamento do RESP 1.888.035, o Superior Tribunal de Justiça pareceu indicar uma divergência sobre a questão, uma vez que na ementa do julgado veio a definir que seria cabível apelação e não agravo de instrumento da decisão que julga a liquidação de sentença, com o seguinte texto:

> DIREITO CIVIL E PROCESSUAL CIVIL. AGRAVO INTERNO NO RECURSO ESPECIAL. LIQUIDAÇÃO DE SENTENÇA. RECURSO CABÍVEL. AGRAVO DE INSTRUMENTO. APELAÇÃO. FUNGIBILIDADE RECURSAL. INAPLICABILIDADE. ERRO INESCUSÁVEL. FALTA DE PREQUESTIONAMENTO. SÚMULAS N. 282 DO STF e 211 DO STJ. ACÓRDÃO RECORRIDO EM CONSONÂNCIA COM JURISPRUDÊNCIA DESTA CORTE. SÚMULA N. 83/STJ. DIVERGÊNCIA JURISPRUDENCIAL NÃO DEMONSTRADA. DECISÃO MANTIDA.
>
> [...]
>
> 2. **De acordo com a pacífica jurisprudência do STJ, inclusive na vigência do CPC/2015, é apelável, e não agravável, a decisão que julga a liquidação sentença sem, contudo, extinguir a fase de seu cumprimento**. Além disso, em regra, não há falar em incidência do princípio da fungibilidade recursal, uma vez que a interposição da apelação, no lugar do agravo de instrumento, constitui erro inescusável.
>
> [...]
>
> (AgInt no REsp n. 1.888.035/SP, relator Ministro Antônio Carlos Ferreira, Quarta Turma, julgado em 7/6/2021, DJe de 14/6/2021.)

Porém, ao incursionar no inteiro teor do referido julgado, verificou--se que a existência de mero erro material na ementa, uma vez que a decisão ratifica os julgados anteriores da Corte no sentido de caber agravo de instrumento das decisões que encerra a liquidação de sentença, sendo erro grosseiro a interposição de Apelação.

A quarta oportunidade, no REsp n. 1.694.898/RN, de relatoria do Ministro Salomão, o STJ passou a aplicar irrestritamente o Agravo de Instrumento para toda e qualquer decisão proferida em sede de liquidação de sentença. O STJ passou a decidir que as decisões nas decisões na fase de liquidação não extinguem o processo, pois não coloca fim ao procedimento, de modo que caberia unicamente agravo de instrumento.

> AGRAVO INTERNO NO RECURSO ESPECIAL. PROCESSO CIVIL. DECISÃO EM FASE DE LIQUIDAÇÃO E EM QUE NÃO HOUVE A EXTINÇÃO DO PROCESSO. RECURSO CABÍVEL. AGRAVO DE INSTRUMENTO.
>
> 1. É firme o entendimento do STJ no sentido de que "para as decisões interlocutórias proferidas em fases subsequentes à cognitiva - liquidação e cumprimento de sentença -, no processo de execução e na ação de inventário, o legislador optou conscientemente por um regime recursal distinto, prevendo o art. 1.015, parágrafo único, do CPC/2015, que haverá ampla e irrestrita recorribilidade de todas as decisões interlocutórias, quer seja porque a maioria dessas fases ou processos não se findam por sentença e, consequentemente, não haverá a interposição de futura apelação, quer seja em razão de as decisões interlocutórias proferidas nessas fases ou processos possuírem aptidão para atingir, imediata e severamente, a esfera jurídica das partes, sendo absolutamente irrelevante investigar, nessas hipóteses, se o conteúdo da decisão interlocutória se amolda ou não às hipóteses previstas no caput e incisos do art. 1.015 do CPC/2015" (REsp 1803925/SP, Rel. Ministra Nancy Andrighi, Corte Especial, julgado em 01/08/2019, DJe 06/08/2019).
>
> 2. Na hipótese, conforme acórdão recorrido, a decisão proferida pelo Juiz de primeiro grau se deu "em fase de liquidação" e em que "não houve extinção do processo, ou seja, a decisão não colocou fim ao procedimento", desafiando, assim, o recurso de agravo de instrumento, nos termos do art. 1015, parágrafo único, do CPC.
>
> 3. Agravo interno não provido.
>
> (AgInt no REsp n. 1.694.898/RN, relator Ministro Luis Felipe Salomão, Quarta Turma, julgado em 27/9/2021, DJe de 29/9/2021.)

A partir do precedente acima, as decisões do STJ passaram a sufragar o entendimento de que em fase de liquidação, em se apurando valor, se encerrará por decisão interlocutória.

Interessante é que no RESP 2.075.234, no qual os cálculos apresentados foram homologados e o juiz encerrou a fase de liquidação de sentença declarando que não haveria valores a receber pelo executado, seria cabível apelação. Ou seja, com essa decisão fica claro que o STJ retomou o conteúdo da decisão para atribuir a sua natureza jurídica.

> AGRAVO INTERNO NO RECURSO ESPECIAL. AÇÃO INDENIZATÓRIA. LIQUIDAÇÃO DE SENTENÇA. DECISÃO QUE EXTINGUE O PROCESSO. RECURSO CABÍVEL. APELAÇÃO. PRECEDENTES. MULTA DO ART. 1.021, § 4º, DO CPC/2015. INAPLICABILIDADE. AGRAVO INTERNO IMPROVIDO.
>
> 1. O juízo de admissibilidade pode ser realizado de forma implícita, sem necessidade de exposição de motivos, porquanto o exame de mérito recursal pressupõe que foram atendidos os requisitos extrínsecos e intrínsecos de sua admissibilidade, inexistindo necessidade de pronunciamento explícito pelo julgador a esse respeito.
>
> 2. A jurisprudência desta Corte de Justiça é pacífica no sentido de que o recurso cabível contra decisão extintiva da execução é a apelação, e não o agravo de instrumento.
>
> 3. O mero não conhecimento ou a improcedência de recurso interno não enseja a automática condenação à multa do art. 1.021, § 4º, do CPC/2015, devendo a imposição ser analisada caso a caso.
>
> 4. Agravo interno improvido.
>
> (AgInt no REsp n. 2.075.234/MG, relator Ministro Marco Aurélio Bellizze, Terceira Turma, julgado em 28/8/2023, DJe de 30/8/2023.)

A única possibilidade de haver sentença é no caso de extinção da liquidação de sentença, sem valor apurado. Ou seja, a apelação na liquidação de sentença é na hipótese de liquidação zero. Nesse sentido, foram os seguintes precedentes: AgInt no AREsp n. 1.899.268/PR, relator Ministro Raul Araújo, Quarta Turma, julgado em 19/9/2022, DJe de 4/10/2022; AgInt no AREsp n. 2.441.971/RJ, relatora Ministra Nancy Andrighi, Terceira Turma, julgado em 8/4/2024, DJe de 10/4/2024; AgInt no AREsp n. 2.317.648/SE, relator Ministro João Otávio de Noronha, Quarta Turma, julgado em 11/9/2023, DJe de 13/9/2023

Apesar de indicar que o STJ tenha consolidado o entendimento de ser incabível o princípio da fungibilidade recursal, temos também precedentes que tenha admitido tal princípio quando o juiz da liquidação induz as partes a erro ao mencionar que a decisão se trata de sentença. Nesse sentido, em dois precedentes da Quarta turma, EDcl no AgInt no AREsp n. 1.593.214/SP, relator Ministro Marco Buzzi, AgInt no REsp n. 1.829.983/RS, relator Ministro Antonio Carlos Ferreira:

> EMBARGOS DE DECLARAÇÃO NO AGRAVO INTERNO NO AGRAVO EM RECURSO ESPECIAL - AÇÃO DE DISSOLUÇÃO PARCIAL DE SOCIEDADE - ACÓRDÃO DESTE ÓRGÃO FRACIONÁRIO QUE NEGOU PROVIMENTO AO RECLAMO. INSURGÊNCIA DO DEMANDADO.
>
> 1. Nos termos do artigo 1.022 do CPC/15, os embargos de declaração são cabíveis apenas para esclarecer obscuridade ou eliminar contradição; suprir omissão de ponto ou questão sobre o qual devia se pronunciar o juiz de ofício ou a requerimento; ou corrigir erro material. 1.1. Verificada omissão no aresto impugnado, é impositivo o acolhimento dos aclaratórios. 1.2. É admissível a atribuição de efeitos infringentes ao recurso integrativo no caso de esses decorrerem do saneamento do vício identificado. Precedentes.
>
> 2. Segundo a jurisprudência desta Corte, é possível relevar o equívoco na interposição do recurso quando o jurisdicionado for induzido a erro pelo magistrado, aplicando-se o princípio da fungibilidade recursal. Precedentes. 2.1. Uma vez que o magistrado de piso proferiu decisão intitulada "sentença", fazendo referência até mesmo ao "trânsito em julgado" do ato jurisdicional, é cabível admitir o recurso de apelação como o competente agravo de instrumento.
>
> 3. Embargos de declaração acolhidos com efeitos infringentes para conhecer do agravo e, de plano, dar provimento ao recurso especial.
>
> (EDcl no AgInt no AREsp n. 1.593.214/SP, relator Ministro Marco Buzzi, Quarta Turma, julgado em 7/12/2020, DJe de 16/12/2020.)

> PROCESSUAL CIVIL. CIVIL. AGRAVO INTERNO NO RECURSO ESPECIAL. FALTA DE PREQUESTIONAMENTO. SÚMULAS N. 282 E 356 DO STF. INDUÇÃO A ERRO PELO MAGISTRADO. PRINCÍPIO DA FUNGIBILIDADE RECURSAL. DECISÃO MANTIDA.
>
> 1. Ausente o enfrentamento da matéria pelo acórdão recorrido, inviável o conhecimento do recurso especial, por falta de prequestionamento. Incidência das Súmulas n. 282 e 356 do STF.
>
> 2. Segundo a jurisprudência desta Corte, é possível relevar o equívoco na interposição do recurso quando o jurisdicionado for induzido a erro pelo magistrado, aplicando-se o princípio da fungibilidade recursal. Precedentes.

3. Agravo interno a que se nega provimento.

(AgInt no REsp n. 1.829.983/RS, relator Ministro Antonio Carlos Ferreira, Quarta Turma, julgado em 4/5/2020, DJe de 6/5/2020.)

Portanto, observa-se que a jurisprudência do Superior Tribunal de Justiça, a par do debate doutrinário sobre a natureza jurídica da decisão que encerra a liquidação de sentença, fixou ser cabível Agravo de Instrumento e não apelação. Em sua grande maioria dos julgados, a Corte tem entendido que a interposição do recurso equivocado configura erro grosseiro, apto a afastar o princípio da fungibilidade, levando a consequência última do não conhecimento do mérito. Apesar disso, em decisões mais recentes, o Tribunal passou a relevar o engano quando o juiz da liquidação induz as partes a erro ao mencionar que a decisão se trata de sentença.

## CONCLUSÃO

No presente estudo, verificou-se que o sistema recursal brasileiro tem a sua base fixada nos princípios da unirrecorribilidade e da tipicidade como fundamentos do cabimento recursal. Diante de um pronunciamento judicial desfavorável, cabe a parte interpor um único instrumento adequado, sob pena de não conhecimento do mérito. O instrumento típico de impugnação das sentenças é a Apelação, enquanto as decisões interlocutórias exigem Agravo de Instrumento. O princípio da fungibilidade em certa medida mitiga o rigor do cabimento recursal, porém, diante do erro grosseiro, a praxe é a sua não aplicabilidade. Desta feita, conhecer o cabimento recursal é premente para quem busca ultrapassar a barreira da admissibilidade. Mas, para se verificar qual o instrumento adequado, não basta o conhecimento normativo, deve ter um conhecimento da natureza da decisão judicial.

Com a necessidade de se conhecer a natureza da decisão judicial que encerra a liquidação de sentença, fez-se uma análise normativa do rito desse instrumento processual destinado a apurar o *quantum debeatur* da condenação e conferir exequibilidade à decisão. Esse procedimento de conhecimento complementar deve ser iniciado pelas partes, credora ou devedora, e deve respeitar a coisa julgada decorrente da ação de conhecimento. Sob duas modalidades (por arbitramento e pelo procedimento comum), o CPC/15 permaneceu a excluir a liquidação por cálculos, que deve ser procedida na própria execução. Ao longo do procedimento, inúmeras são as possibilidades de decisões interlocutórias, as quais são impugnáveis por Agravo de Instrumento conforme art. 1.015, parágrafo único do CPC.

Em relação a natureza da decisão que encerra a liquidação de sentença, buscou-se na doutrina sobre o processo civil uma resposta. Porém, constatou-se que a questão é bastante controversa, sendo os mais variados entendimentos. Alguns doutrinadores, simplesmente em referência ao art. 1.015, parágrafo único do CPC, afirmam que a norma definiu se tratar de decisão interlocutória. Outros, definem que a natureza da decisão depende do provimento conferido, de modo que a procedência do pedido indicará uma decisão interlocutória, mas a improcedência gerará uma sentença. Outros ainda encerram o debate afirmando que por se tratar de processo de cunho cognitivo, a decisão sempre tem natureza de sentença.

Diante desse quadro de incerteza, em especial para o operador do direito, que necessita interpor o recurso correto quando insatisfeito com o resultado da liquidação de sentença, buscou-se a resposta no Superior Tribunal de Justiça. Cumprindo a missão de unificar o entendimento sobre a legislação federal, essa Corte adotou um posicionamento firme e uníssono de que, independente da natureza jurídica conferida a decisão que encerra a liquidação de sentença, o recurso cabível é o Agravo de Instrumento.

Com base nesse posicionamento, a Corte Superior passou a entender que a interposição de apelação nessas hipóteses é erro grosseiro apto a afastar a aplicação do princípio da fungibilidade. Contudo, em decisões mais recentes, a Corte da Cidadania passou a reconhecer a fungibilidade recursal quando o magistrado nomeia o ato jurisdicional que encerra a liquidação como sentença, levando o advogado a erro e induzido a interposição do recurso equivocado.

O presente debate demonstra a necessidade e a importância do Superior Tribunal de Justiça como órgão unificador da jurisprudência da legislação federal, a fim de garantir a segurança jurídica, a isonomia e o devido processo legal.

## REFERÊNCIAS BIBLIOGRÁFICAS

ALVIM. Arruda. Contencioso Cível no CPC/15. 2 ed. São Paulo: Thomson Reutrs Brasil, 2022.

BUENO, Cassio Scarpinella. Curso Sistematizado de Direito Processual Civil: tutela jurisdicional executiva. V. 3, 12 ed. São Paulo: SaraivaJur, 2023.

CAMARA, Alexandre de Freitas. O novo processo civil brasileiro. 8 ed. Barueri: Atlas, 2022.

CAMBI, Eduardo, DOTTI, Rogéria, PINHEIRO, Paulo Eduardo dárce, MARTINS, Sando Gilbert, V. KOZIKOSKI, Sandro Marcelo. **Curso de Processo Civil Completo**. 3 ed. Ver. Atual e ampl. São Paulo: Thomson Reuters, Brasil, 2022.

CARNEIRO, Paulo Cezer Pinheiro. O novo processo civil: exposição sistemática do processo: de conhecimento; nos tribunais; de execução; da tutela provisória. 3 ed. Rio de Janeiro: Forense, 2022.

DIDIER JR., Freddie. Curso de Direito Processual Civil: execução. São Paulo: Ed. Juspodivm, 2023.

DINAMARCO. Candido Rangel. Instituições de direito processual civil. Vol. IV. 5 ed. São Paulo: Editora Juspodivm, 2024.

Fux, Luiz. Curso de Direito processual civil. 5ª ed. Rio de Janeiro: 2022.

MARINONI. Luiz Guilherme; ARENHART, Sérgio Cruz; MITIDIEIRO, Daniel. Codigo de Processo Civil Comentao, 10 ed. São Paulo: Reuters Brasil, 2024.

MEDINA, José Miguel Garcia. Código de Processo Civil Comentado. 8 ed. São Paulo: Thomson Reuters Brasil, 2022.

NEGRÃO, Theotonio; GOUVEIA, José Roberto Ferreira Gouveia; BONDIOLI, João Francisco Naves da Fonseca. Código de Processo Ciivl e legislação processual em vigor. 54 ed. São Paulo: SaraivaJur, 2023.

NEVES, Daniel Amorim Assumpção. Código de Processo Civil Comentado. 8 ed. São Paulo: Editora Juspodivm, 2023.

WANBIER. Luiz Rodrigues. Curso Avançado de processo civil. Vol. 3: execução. 18 ed. São Paulo: Thomson Reuters Brasil, 2021.

## Pedido de uniformização de interpretação de lei: em busca de uma justiça coerente

*Mauro Campbell Marques*[1]

O Pedido de Uniformização de Lei (PUIL) é um instrumento jurídico que visa promover a harmonização e coerência no sistema legal. Em um contexto onde a legislação muitas vezes apresenta divergências interpretativas, o procedimento, cuja competência cabe ao Superior Tribunal de Justiça (STJ), tem um importante papel na aplicação coerente da norma. Este trabalho abordará, não só a importância do pedido de uniformização de lei, como seu processo e seus os benefícios em prol da estabilidade e segurança jurídica.

De grande importância para a ponte entre Juizados Especiais da Fazenda Pública dos Estados, do Distrito Federal, dos Territórios e dos Municípios (e, também, Juizados Especiais Federais) e o STJ, o instrumento não encontra assento no âmbito dos Juizados Especiais Cíveis e Criminais regulamentados pela Lei nº 9.099/1995.

A princípio, não há melhor forma de começar senão pela apresentação de sua natureza. Trata-se de meio processual destinado a promover a uniformização da interpretação e aplicação do direito em casos em que a orientação acolhida pela Turma de Uniformização, em questões de direito material, contrariar súmula ou jurisprudência dominante no STJ. O PUIL, assim como as decisões proferidas em recursos em geral e, notadamente, no recurso especial, não cria novo direito, mas visa garantir a coerência e a harmonização na interpretação das leis.

Em outras palavras, considerando a definição de que "recurso é o meio voluntário de impugnação de decisões judiciais capaz de produzir, no mesmo processo, a reforma, a invalidação, o esclarecimento ou a integração do pronunciamento impugnado" (CÂMARA, 2022, p. 506), e, estando todos esses elementos presentes nas hipóteses de interposição, é crível atribuir ao pedido de uniformização a natureza de recurso.

---

1 Ministro do STJ; Ex. Ministro do TSE. Corregedor Nacional de Justiça.

Dessa forma, numa linguagem jurídica adequada, pedidos de uniformização são "interpostos", não apresentados ou manejados. Ademais, as suas hipóteses de cabimento não justificam a utilização de outros instrumentos processuais – tais como a reclamação. Em síntese, quando for possível o cabimento de PUIL, outros recursos ou o manejo de sucedâneos não podem ser conhecidos. A propósito, menciono o precedente da Primeira Seção do STJ no AgInt na Rcl nº 41.841/RJ[2], exemplo no qual a parte buscou uma tutela jurisdicional própria de pedido de uniformização por meio de reclamação, cujo mérito sequer foi conhecido por inadequação.

Antes de adentrar nas hipóteses de cabimento, um ponto de tensão merece destaque. E fica aqui um convite aos doutrinadores de excelência do Brasil, bem como aos demais operadores de Direito apaixonados pelo Processo Civil, na busca de maiores esclarecimentos, elucidações ou compartilhamento de experiências com esse recurso. Grande parte dos manuais de processo civil não abordam esse instrumento, pois são restritos aos institutos presentes apenas no Código de 2015. Isso dificulta a compreensão da matéria e, possivelmente, restringe o conhecimento da ferramenta tanto dos advogados recém introduzidos no mercado de trabalho quanto aos mais experientes, posto que o instituto é relativamente novo.

Relativo às hipóteses de cabimento propriamente dito, não há apenas um regramento específico para os pedidos de uniformização. De fato, semelhanças se encontram no processamento do pedido de uniformização dos Juizados Especiais da Fazenda Pública e no processamento do PUIL dos Juizados Especiais Federais, mas eles não podem ser confundidos. Importante o advogado se atentar qual é a lei específica de regência. Enquanto o PUIL dos Juizados Especiais Federais é regulado pela Lei nº 10.259/2001, o pedido de uniformização dos Juizados Especiais da Fazenda Pública os Estados, do Distrito Federal, dos Territórios e dos Municípios encontra-se na Lei nº 12.153/2009.

No âmbito dos Juizados Especiais Federais, a primeira observação a ser percebida diz respeito à controvérsia passível de impugnação: apenas questões de direito material. Além disso, ainda no *caput* do art. 14,

2 BRASIL, Superior Tribunal de Justiça. AgInt na Rcl nº 41.841/RJ, Primeira Seção, Min. Relator Mauro Campbell Marques, DJe 13/02/2023. Disponível em: https://scon.stj.jus.br/SCON/GetInteiroTeorDoAcordao?num_registro=202101666603&dt_publicacao=13/02/2023.

colhe-se que a questão controvertida deve ter sido decidida por Turmas Recursais. Em outras palavras, decisões monocráticas de um magistrado integrante de Turma Recursal não é suscetível a pedido de uniformização. Em equivalência com o recurso especial, é requisito de admissibilidade a existência de entendimento colegiado da Turma Recursal para que se tenha acesso ao instrumento PUIL. O outro requisito para a interposição do pedido de uniformização é a demonstração de divergência entre decisões. Revela-se, aqui, a finalidade pacificadora de premissas jurídicas do pedido de uniformização e o compromisso do sistema processual com a segurança jurídica e a justiça coerente.

A exposição adequada de uma divergência jurisprudencial não é atividade fácil. Vide, por exemplo, o recurso especial interposto com base no art. 105, III, "c", da Constituição Federal de 1988. Rápida pesquisa no sistema de busca jurisprudencial do site do STJ sobre a inadmissão de embargos de divergência pela ausência de demonstração de divergência também é forte indício da dificuldade dessa tarefa.

Não é dado ao advogado sustentar apenas a existência de uma premissa jurídica e citar a cópia de uma frase isolada de um precedente anterior em sentido contrário ao que foi declarado como razão de decidir pela Turma Recursal. Transcrição de ementas também não é o suficiente e dificilmente haverá indicação de divergência notória apenas com as atividades transcritas nesse parágrafo[3]. Os operadores de direito devem formular um raciocínio jurídico a partir da demonstração dos requisitos legais presentes numa norma jurídica para a formação de um direito subjetivo. Lembre-se: "na norma existe a hipótese ou previsão de uma conduta e uma estatuição ou injunção, isto é, o estabelecimento de um resultado, a previsão de efeitos jurídicos para a hipótese prevista." (VENOSA, 2022, p. 83). Depois, importante o pedido de uniformização precisar o quadro fático declarado pelo julgado colegiado sobre o caso presente no processo. Essa ação, desafia o causídico a demonstrar o que fora considerado como ocorrido no mundo dos fatos, com as suas peculiaridades. Após essas atividades em relação aos paradigmas, passa-se à mesma atividade em relação ao acórdão impugnado. Esse conjunto de

3 BRASIL, Superior Tribunal de Justiça. AgInt no Puil nº 3.671/PR, Primeira Seção, Min. Relator Francisco Falcão, DJe 20/11/2023. Disponível em: https://scon.stj.jus.br/SCON/GetInteiroTeorDoAcordao?num_registro=202301985202&dt_publicacao=30/11/2023.

atividades compreende a efetivação da demonstração de similitude fática e jurídica, sem a qual não se conhece pedidos de uniformização[4].

Os pedidos de uniformização no âmbito dos Juizados Especiais Federais não são, inicialmente, de competência originária do STJ. Quando a divergência ocorrer entre Turmas de uma mesma região (por exemplo, Turmas Recursais no âmbito do Tribunal Regional Federal da 1ª Região), a controvérsia deve ser dirimida em reunião conjunta das Turmas em conflito. Por outro lado, quando a divergência ocorrer entre turmas de diferentes regiões ou quando o julgado colegiado divergir de súmula ou jurisprudência dominante do STJ, o próprio Superior Tribunal de Justiça é quem decide. Nessa hipótese, não existe juízo de admissibilidade a ser feito (Rcl 42.409/RS).

Com essas diretrizes, nota-se que precedentes de Turmas Recursais do Juizado Especial Federal da mesma região do julgado impugnado não podem ser admitidos como paradigmas quando o pedido de uniformização se encontra no STJ[5]. Além disso, não é toda e qualquer divergência de direito material que possibilita a interposição do PUIL, ou se apresenta contrariedade a um enunciado sumular do STJ ou ao entendimento jurisprudencial dominante desse tribunal.

Recentemente, a Primeira Seção do STJ bem definiu o que se deve entender como "jurisprudência dominante" no julgamento do PUIL nº 825/RS, cuja premissa jurídica definida foi publicada no informativo nº 777, de 06 de junho de 2023. Segundo noticiado, a expressão "jurisprudência dominante" abranger acórdãos proferidos em: 1) incidente de assunção de competência; 2) incidente de resolução de demandas repetitivas; 3) sede de recursos especiais repetitivos; 4) sede de repercussão geral declarada; 5) julgados em embargos de divergência no STJ; e 6) no âmbito dos pedidos de uniformização de lei também decididos pelo STJ.

A Lei nº 10.259/2001 é anterior ao Código de Processo Civil de 2015, porém a vinculação do conceito de "jurisprudência dominante"

---

4 BRASIL, Superior Tribunal de Justiça. *PUIL nº 825/RS. Primeira Seção, Rel. Ministro Sérgio Kukina, DJe 05/06/2023.* Disponível em: https://scon.stj.jus.br/SCON/GetInteiroTeorDoAcordao?num_registro=201801315841&dt_publicacao=05/06/2023.

5 BRASIL, Superior Tribunal de Justiça. *AgInt no PUIL nº 1.148/DF, Rel. Ministra Regina Helena Consta, Primeira Seção, DJe 05/05/2022.* Disponível em: https://scon.stj.jus.br/SCON/GetInteiroTeorDoAcordao?num_registro=201900079746&dt_publicacao=05/05/2022.

aos quatro primeiros itens mencionados no parágrafo anterior não é indevida, apesar de serem a correspondência do art. 927, III, do CPC/2015. A própria Lei não apresenta um conceito fechado sobre a locução e, indubitável, a compreensão normativa, jurídica e doutrinária sobre o tema evoluiu para essas hipóteses. Se na época da promulgação da Lei nº 10.259/2001 não existia o "incidente de resolução de demandas repetitivas", a aplicação da norma ao caso concreto nos dias de hoje socorre-se desse instrumento de pacificação e coesão jurisdicional. Uma boa analogia sobre o tema é a *ratio* que envolve a mutação constitucional. A redação do dispositivo constitucional não é modificada com o passar do tempo; porém, em vista da dinâmica social, fática, jurídica, a compreensão de sua norma é atualizada e o dispositivo não se torna uma "letra de lei morta". A esse respeito, cabe destacar, especificamente, que a mudança de sentido não pode ser vista como um problema exclusivamente constitucional, pois é da realidade de todos os campos do Direito o déficit de sinergia de um texto normativo e a realidade fática que esse texto busca regulamentar (MARINONI; MITIDIERO; SARLET, 2023. p. 70-71).

Ademais, a interposição do PUIL é dirigida primeiramente para a Turma Nacional de Uniformização (TNU) na hipótese de divergência entre Turmas Recursais de diferentes regiões. Quando a decisão dessa Turma contrariar súmula ou "jurisprudência dominante" do STJ, a parte poderá, então, dirigir seu pedido ao STJ. Novamente, cabe aqui fazer um destaque, decisão do Presidente da Turma Nacional não pode ser confundida com posição da própria Turma e o pedido de uniformização contra decisão monocrática não pode ser conhecido pelo STJ.

Isso posto, o processamento do PUIL perante os Juizados Especiais da Fazenda Pública é diferente. Não há a presença de um órgão nacional para o qual os pedidos são dirigidos antes de uma irresignação a ser dirigida ao STJ. Além disso, as disposições da Lei nº 12.153/2009 sobre a hipótese de cabimento do PUIL não fazem menção a uma "jurisprudência dominante" do STJ. Há duas hipóteses de cabimento de pedido de uniformização para o STJ, a uma: quando turmas de diferentes Estados derem a lei federal interpretações divergentes em matéria de direito material; a duas: quando a Turma Recursal Estadual divergir de Súmula do STJ.

A sigla PUIL é semelhante em relação aos pedidos dos Juizados Especiais Federais e aos pedidos dos Juizados Especiais da Fazenda Pública. O nome do recurso também é. Contudo, o advogado deve se atentar para não confundir as hipóteses de cabimento e nem o processamento dos pedidos de uniformização perante o Juizado Especial Federal daqueles dos pedidos feitos no âmbito dos Juizados Especiais da Fazenda Pública. Afinal, recurso de "apelação" há tanto no âmbito das demandas cíveis quanto nas demandas penais, mas, sem dúvida, em momento algum admite-se confusão das normas processuais pertinentes a cada uma dessas espécies de apelação. É um erro grosseiro a confusão das disposições presentes na Lei nº 10.259/2001 e na Lei nº 12.153/2009.

As disposições normativas na Lei nº 12.153/2009 ensejam menor controle do STJ. Se não for súmula desse Tribunal, a interposição pela divergência sobre norma federal não é de fácil configuração, pois depende de um devido cotejo analítico. A falta de hipótese de cabimento pela violação de "jurisprudência dominante", à luz da definição indicada no precedente do PUIL nº 825/RS, revela a possibilidade de um entendimento de natureza vinculante não alcançar uma relação processual específica, pois só admitirá o pedido de uniformização se houver uma decisão de outra turma recursal de diferente Estado sobre o mesmo tema. Assim, a ausência da "violação de jurisprudência dominante" como hipótese de cabimento de PUIL para o STJ no âmbito dos Juizados Especiais da Fazenda Pública se traduz em falta de segurança jurídica.

Se o entendimento da Turma Recursal dos Juizados da Fazenda Pública não ensejar a interposição de recurso extraordinário, mas divergir – por exemplo – do entendimento do STJ em IRDR, pode-se cogitar em impetração de mandado de segurança ante a falta de recurso próprio. Mas a impetração de *mandumus* não prescinde a demonstração de direito líquido e certo. Além disso, a competência para o exame do mandado de segurança não pertence ao STJ. O mandado de segurança para fins de controle de competência dos Juizados especiais pertence ao Tribunal local. A seu turno, o mandado de segurança para controle do próprio mérito de acórdãos de Turmas Recursais é da própria Turma Recursal.[6] Ademais, não há atividade instrutória no rito do mandado de segurança, cuja impetração contra decisão judicial depende da indicação de teratologia. Ou seja, a parte requerente/impetrante/recorrente não possui grandes possibilidade de indicar ao STJ a violação de jurisprudência de caráter vinculante.

---

6 BRASIL, Superior Tribunal de Justiça. *AgInt no RMS nº 57.285/DF, Rel. Ministro Benedito Gonçalves, Primeira Turma, DJe 18/09/2019.* Disponível em: https://scon.stj.jus.br/SCON/GetInteiroTeorDoAcordao?num_registro=201800949611&dt_publicacao=18/09/2019.

Dessa forma, conclui-se pela importância do Pedido de Uniformização como instrumento pacificador e unificador do entendimento legislativo federal. Apesar de carecer de material doutrinário específico, o desenvolvimento da matéria perante o STJ já revela seus contornos práticos que devem ser de conhecimento dos operadores do Direito. Espera-se, ademais, que esse instituto processual, atento às dinâmicas e evoluções práticas, continue promovendo a segurança jurídica e a coerência na aplicação do direito material federal.

## BIBLIOGRAFIA

CÂMARA, Alexandre Freitas. *O Novo Processo Civil Brasileiro*. 8ª Edição. Baueri: Atlas, 2022.

MARINONI, Luiz Guilherme; MITIDIERO, Daniel; SARLET, Ingo Wolfgang. *Curso de Direito Constitucional*. 12ª Ed. São Paulo: SaraivaJur, 2023.

VENOSA, Sílvio de Salvo. *Introdução ao Estudo do Direito*. 7ª Edição. Barueri: Atlas, 2022.

# Natureza jurídica do VGBL no marco da Jurisprudência do Superior Tribunal de Justiça

*Antonio Carlos Ferreira*[1]
*Otavio Luiz Rodrigues Jr.*[2]
*Carlos V. von Adamek*[3]

## INTRODUÇÃO

É objeto deste capítulo a análise da natureza jurídica do plano securitário conhecido como VGBL (*vida gerador de benefício livre*), em função de 3 problemas centrais: (1) a estrutura jurídico-atuarial desses arranjos negociais e sua natureza jurídica; (2) os impactos desses planos nos direitos sucessórios; (3) a orientação jurisprudencial do Superior Tribunal de Justiça - STJ sobre a matéria. O capítulo dividir-se-á, portanto, em 3 seções, correspondentes aos mencionados problemas, além desta Introdução, da Conclusão e das Referências. Para o desenvolvimento deste estudo, aplicaram-se as seguintes premissas metodológicas: (a) revisão de literatura brasileira, especificamente artigos em periódicos, livros e capítulos de livros; (b) o levantamento de julgados do STJ, conforme métodos descritos na seção 3 do capítulo.[4-5]

Este texto é escrito em homenagem a Humberto Martins, ministro do STJ, uma pessoa digna de todas as referências elogiosas por sua competência, contribuição ao Poder Judiciário brasileiro e seu caráter, marcado profundamente pelo senso de lealdade. É uma honra para os autores poderem unir-se a tantos autores nesta importante obra para

---

1 Ministro do Superior Tribunal de Justiça

2 Professor Associado da Faculdade de Direito do Largo de São Francisco (Universidade de São Paulo) e da Faculdade de Direito da Universidade de Coimbra (Licenciatura Lusobrasileira).

3 Desembargador do Tribunal de Justiça do Estado de São Paulo

4 A posição dos autores neste capítulo é puramente teórica e não vincula em relação a entendimentos judiciais ou jurídicos anteriores ou posteriores à sua publicação.

5 O autor Otavio Luiz Rodrigues Jr. é bolsista de Produtividade em Pesquisa do CNPq - Nível. Este trabalho é apoiado indiretamente pelo CNPq. O autor também integra o Programa de Pós-Graduação em Direito da Universidade de São Paulo e da Universidade Nove de Julho (São Paulo).

documentar o prestígio e o respeito de Humberto Martins perante a comunidade jurídica.

## 1. VGBL: NATUREZA JURÍDICA E SEUS LIMITES JURÍDICO-ATUARIAIS

Os planos securitários VGBL são contratos de seguro, que possuem cobertura de sobrevivência.

No caso do VGBL, o contratante contribui com valores que formarão um pecúlio, formador de saldos provisionados matematicamente, com vistas a constituir haveres lastreadores de reservas técnicas. Esses valores serão devidamente administrados por uma instituição seguradora com o objetivo de maximizar os ganhos da carteira, dentro de margens de risco regulamentadas. Em relação ao resgate dos benefícios securitários gerados, há 2 hipóteses: (a) *total*: com o pagamento ao beneficiário de um valor determinado, cujo cálculo considerará 2 elementos: (i) saldos de provisão matemática; (ii) reserva técnica dos excedentes financeiros; (b) *parcial*: o pagamento não será em sua integralidade e levará em conta 2 elementos: (i) valor específico ou percentagem predeterminados pelo segurado; (ii) o saldo exclusivo da provisão matemática dos benefícios concedíveis. O fato gerador do benefício dialoga diretamente com a própria arquitetura atuarial do plano: a supervivência ao período clausulado no contrato como fator de diferimento. O adimplemento do seguro não será causalístico, mas probabilístico, dado que sua conformação dependerá de uma cesta formada por: (a) perfil da taxa de juros; (b) correção monetária dos valores; (c) tábuas biométricas; (d) resultados financeiros.

O VGBL é securitário, concessivo de um benefício de risco, baseado em técnicas atuariais, que consideram elementos como a tábua biométrica e outros que dependem de evolução estatística populacional e afins, além de uma política de investimentos estritamente regulada. A relação entre seguradora e segurado dá-se por meio de uma alocação de riscos e uma estimativa, em geral variável, de quantificação financeira desses riscos. Essa equação tem impacto nos valores dos prêmios e dos benefícios. Desse modo, a seguradora assume um risco da parte segurada e compromete-se a indenizá-la na hipótese de ocorrência de um evento, que é essencialmente futuro e incerto, mas predeterminado em uma escala fática, no âmbito da qual os mais salientes são a morte e o dano. Tanto a morte quanto o dano, *v.g.*, afetam a *sorte* do segurado, criando necessidades para: (a) os que foram eleitos para sucedê-lo (no caso da morte); (b) para o próprio segurado ou terceiros (na hipótese de dano). Há aqui um trinômio: *contrato*; *risco-evento* e *compensação*.

Como todo contrato de natureza securitária, o VGBL é essencialmente aleatório e isso implica uma desproporção material entre as prestações, que é equilibrada pela intervenção do elemento risco. Dito de outro modo, o prêmio não pode ser *materialmente* equiparado ao benefício, pois a *desproporção* entre eles é decorrente da intervenção do *risco*. Quanto mais elevado for o *risco*, maior será a expectativa de sua verificação e daí a necessidade de um cálculo atuarial adequado para estabelecer haveres lastreadores das reservas técnicas que serão convertidas, quando o evento se exteriorizar, em pecúlio ou renda.

O VGBL tem ainda a peculiaridade própria dos benefícios de previdência, que é a disjuntividade entre a morte e a aposentação[6]. No segundo caso, o evento em geral é fixado em regime de dualidade: (a) o preenchimento de condições etárias ou contributivas para o gozo do benefício, mas quase sempre com uma trava de idade mínima, esta última associada a um regime previdenciário geral; (b) a ultimação de um processo contributivo que permita a acumulação de capitais suficientes para custeio do benefício de renda gerado. Nos planos atuariais mais antigos, *v.g.*, "benefício definido" (BD), fundados em modelos de repartição, havia uma perigosa impermeabilidade aos efeitos externos decorrentes de variações macroeconômicas; alterações aceleradas da expectativa de vida da população; equívocos na condução de investimentos orientados à capitação dos haveres lastreadores das reservas técnicas; ou sinistralidade em níveis superiores às tábuas atuariais.

Entram em cena, portanto, elementos de forte perversão de categorias confortáveis para quem examina um contrato comutativo: previsibilidade, sinalagmaticidade e equilíbrio material das prestações. Essa disparidade entre regimes jurídicos próprios de contratos comutativos e de contratos aleatórios está na raiz de uma premissa aplicável ao VGBL:

6 "[O] VGBL é um plano de previdência privada contratado pelo segurado para recebimento em momento futuro, de indenização ao próprio segurado, em função de sua sobrevivência ao período de diferimento dos investimentos contratados, normalmente correspondente ao período de aposentadoria, compondo desde o início, o patrimônio do segurado, que pode dele dispor, a qualquer tempo e por qualquer razão" (PIRES, Cristina Caroline da Silva. Tributação e seguro: Planos de previdência privada (VGBL e PGBL) equiparados ao seguro de vida sob a controvérsia jurídica da não incidência do imposto de transmissão causa mortis (ITCM). In. RIBEIRO, Paulo Dias de Moura; LUCON, Paulo Henrique dos Santos; SARRO, Luís Antônio Giampaulo; CRESTANA, Luís Fernando (Coords). *Processo civil e seguro*. São Paulo: Quartier Latin, 2023.v.2.p.648).

não é possível qualificar o pagamento de seus benefícios sob a óptica de uma contraprestação ou de um ativo rentista, decorrente da acumulação voluntária de recursos para posterior conversão em direitos e bens sucessíveis. A essencialidade do VGBL está na álea absoluta e em um nível de regulação estatal da operação econômica que chega a patamares elevadíssimos. O beneficiário não possui, especialmente com a evolução da Ciência Atuarial nos últimos 30 anos, uma expectativa de conversão líquida em valores pecuniários predefinidos.

No VGBL não há somente o elemento aleatório. Ele é acentuado, como já exposto, por parâmetros externos que ultrapassam modelos clássicos para a imaginação de um operador do Direito, como é o caso de (i) jogo e aposta; (ii) contratos derivativos; ou (iii) operações bursáteis. Evidentemente que nesses 3 exemplos há fortes componentes de *álea*, mas, no VGBL, à semelhança de arranjos securitários de caráter acumulativo e previdenciário, a *álea* deixa de ser intersubjetiva e se torna multifatorial. Não se opera somente entre dois apostadores, dois jogadores ou dois investidores. Os riscos biométricos são, por exemplo, tão danosos aos benefícios quanto flutuações de carteiras de investimentos do plano. O tempo de acumulação, por sua vez, sujeita os haveres lastreadores às políticas macroeconômicas governamentais e aos câmbios normativos em um grau de intensidade incomparável com os modelos aleatórios clássicos.

## 2. A QUESTÃO JURÍDICA: VGBL E DIREITO DAS SUCESSÕES

Exposto o objeto deste capítulo sob a perspectiva atuarial, é interessante completar o quadro com a contraface jurídica. Iniciou-se pela ambiência atuarial por questão de coerência: os fatores atuariais condicionam os jurídicos e não necessariamente o inverso é o que ocorre. Dito de outro modo, se as vestes jurídicas do arranjo atuarial destruírem os fundamentos matemáticos, biométricos e estatísticos do VGBL, este simplesmente desaparecerá em face de sua falência como mecanismo de acumulação de capital para fazer frente aos *riscos* e posterior capacidade de honrar os benefícios contratados.

No caso do VGBL, a doutrina é praticamente uniforme quanto a classificá-lo como espécie de seguro pessoal.[7] Advêm daí a incidência

7 MAIA JÚNIOR, Mairan Gonçalves. A previdência privada como instrumento de planejamento sucessório. *Pensar*, v.25, n.14, p.1-13, jan.-mar. 2020. p.3-4; NEVARES, Ana Luiza Maia. Os planos de previdência privada (VGBL e PGBL) na perspectiva familiar e sucessória: Critérios para sua compatibilização com a herança e a mea-

do art.794 do Código Civil ao VGBL, "que determina que, no seguro de vida ou de acidentes pessoais para o caso de morte, o capital estipulado não está sujeito às dívidas do segurado nem se considera herança para todos os efeitos de direito".[8] Em tal aspecto, "o artigo 794 do Código Civil é taxativo no sentido de que os seguros de vida não podem ser juridicamente tratados como heranças".[9]

Essa conexão entre os planos VGBL e o art.794 do Código Civil é ainda confirmada por outros autores especializados no Direito Civil, o que se torna um indicador muito interessante dada a existência de um diálogo pouco intenso entre aquele setor do Direito Privado e o Direito das Entidades de Previdência Privada. Podem ser citados, nessa ordem de ideias: (a) "Dessa forma, os valores recebidos pelo terceiro beneficiário em razão da morte do participante do plano de previdência privada não se consideram herança (...) Pelo mesmo motivo, no caso de morte do contratante de plano de previdência privada na modalidade VGBL, o pagamento dos valores devidos ao terceiro beneficiário não é fato gerador do ITCMD. Afinal, não se trata de uma transmissão *mortis causa*"[10]; (b) "[A] natureza jurídica do VGBL é a de seguro privado. Isso porque os elementos categoriais inderrogáveis desse tipo de negócio jurídico se encontram presentes. Trata-se do risco a ser coberto e da obrigação

ção. *Revista Brasileira de Direito Civil – RBDCivil*, v. 28, p. 257-274, abr./jun. 2021. p.259; NASCIMENTO, Paulo Nelson Lemos Basto. Exigência de imposto sobre a transmissão causa mortis e doação de quaisquer bens ou direitos (ITD) na transmissão de planos de previdência privada vida gerador de benefício livre (VGBL): Inconstitucionalidade e ilegalidade. *Revista de Direito Tributário Contemporâneo*, v. 3, n. 11, p. 81-94, mar./abr. 2018. p.86; UHDRE, Dayana de Carvalho. Sobre a incidência de ITCMD sobre os planos PGBL e VGBL de previdência complementar: Algumas distinções necessárias. *Revista de Direito Tributário Contemporâneo*, v. 2, n. 8, p. 119-137, set./out. 2017.

8 NEVARES, Ana Luiza Maia. Os planos de previdência privada (VGBL e PGBL) na perspectiva familiar e sucessória: Critérios para sua compatibilização com a herança e a meação. *Revista Brasileira de Direito Civil – RBDCivil*, v. 28, p. 257-274, abr./jun. 2021. p.260.

9 NASCIMENTO, Paulo Nelson Lemos Basto. Exigência de imposto sobre a transmissão causa mortis e doação de quaisquer bens ou direitos (ITD) na transmissão de planos de previdência privada vida gerador de benefício livre (VGBL): Inconstitucionalidade e ilegalidade. *Revista de Direito Tributário Contemporâneo*, v. 3, n. 11, p. 81-94, mar./abr. 2018. p.88.

10 OLIVEIRA, Carlos E. Elias de; COSTA-NETO, João. *Direito Civil*: volume único. 3. ed., rev. e atual. Rio de Janeiro: Método, 2024. p.1496-1497.

de garantia dele oriunda. Com efeito, o VGBL é espécie de seguro de pessoas, garantindo-se a sobrevivência do segurado. Só por isso, a álea especial existe, já que não há como saber quando o segurado falecerá. Todavia, essa álea é exacerbada pelo fato de não haver taxa de rendimento mínima, sendo que os aportes rendem de acordo com a taxa do fundo em que foram investidos".[11]

Essa ordem de ideias é uma decorrência da interpretação uniforme do art.794 do Código Civil de 2002. Para os comentadores da codificação em vigor, no seguro de pessoas, "o valor da indenização constitui patrimônio próprio do beneficiário e não propriamente bens do segurado. Por isso, o seguro de vida não deve ser partilhado entre os herdeiros, porque não integra os bens do *de cujus*".[12] O princípio de que o benefício advindo do seguro não se sujeitava às dívidas do segurado encontrava-se presente no art.1.475 do revogado Código Civil de 1916. O art.794 mantém fidelidade a essa diretriz ao fixar "que, no seguro de vida ou de acidentes pessoais para o caso de morte, o capital estipulado não está sujeito às dívidas do segurado". Mas, o novo texto legal vai além "ao dizer que essa modalidade de seguro não se considera herança para todos os efeitos de direito".[13]

A natureza específica do seguro de vida distingue-o da herança, conforme anotou Caio Mario da Silva Pereira: esta última "pressupõe a existência do bem no patrimônio do *de cujus*, e sua transmissão ao sucessor, por causa da morte". Por tal causa, "a soma não está sujeita às dívidas do segurado, nem suporta o imposto de transmissão *mortis causa*."[14] Em sentido idêntico: "O valor segurado não responde pelas dívidas do contratante (segurado), já que é considerado impenhorável (v. art. 833, VI, do atual CPC), nem é considerado herança, porque nunca fez parte do patrimônio do segurado".[15]

---

11 HIRONAKA, Giselda Maria Fernandes Novaes; BUNAZAR, Maurício. Natureza jurídica do VGBL e Direito das Sucessões. *Revista Nacional de Direito de Família e Sucessões*, v. 10, n. 55, p. 16-30, jul./ago. 2023. p.19-20.

12 ZULIANI, Ênio Santarelli. Comentário ao art.794. In. NANNI, Giovanni Ettore. *Comentários ao Código Civil*: Direito Privado contemporâneo. 2. ed. São Paulo: Saraiva Educação, 2021. p.732.

13 VENOSA, Sílvio de Salvo. *Direito Civil*: Contratos. 24. ed., 2. reimp. Rio de Janeiro: Atlas, 2024. p.352.

14 PEREIRA, Caio Mário da Silva. *Instituições de Direito Civil*: Contratos. Atualizadora e colaboradora Caitlin Mulholland. 25. ed. Rio de Janeiro: Forense, 2022 v.3. p.436.

15 TERSI, Flávio Henrique Amado. Comentário ao art.794. In. COSTA MACHADO, Antonio Claudio da (Org.); CHINELLATO, Silmara (Coord). Código Civil interpretado:

A ideia de segregação patrimonial e de intransmissibilidade sucessória estava presente no Código Civil de 1916, ainda que na redação elíptica de seu art.1.475, que se limitava a afirmar que "a soma estipulada como benefício não está sujeita às obrigações ou dívidas do segurado". A leitura doutrinária dessa regra, feita pelo autor do projeto de Código Civil, Clóvis Beviláqua, não deixa margem para dúvida quanto a essa interpretação histórico-evolutiva do que posteriormente veio a se converter no atual e vigente art.794 da codificação de 2002. Primeiramente, assinale-se que "ao Senado se deve o artigo atual (emenda 1.434, 2ª parte), que, aliás, reproduz a matéria dos arts.980 do *Projeto Coelho Rodrigues,* e 1.593, do *primitivo*".[16] Especificamente quanto à operação econômica subjacente ao contrato, ainda segundo Beviláqua, "o beneficiário, antes do sinistro, tem, apenas, um direito eventual à soma do seguro, ou como diz Kohler 'adquire somente uma situação, que se transforma em direito, somente, se outra pessoa não é, ulteriormente, designada. Dado, porém, o sinistro, o seu direito se torna definitivo, e se apresenta com um caráter autônomo". Em razão disso, "a soma a pagar não está no patrimônio deste [*estipulante*], e sim é tirada do patrimônio do segurador, para o pagamento de uma obrigação, cujo credor é o beneficiário". Diante disso, "se o beneficiário for um dos herdeiros necessários do estipulante, a quantia do seguro não deve ser levada à colação". A conclusão do codificador de 1916 é inteiramente transponível para o art.794 do Código de 2002, bem como extensível aos planos VGBL: "A lei é um instrumento racional e deve ser lógica. Aceita a construção jurídica de que o direito do beneficiário procede do contrato, não é hereditário, nenhuma relação poderá haver entre esse direito e a colação para igualar as legítimas".[17]

Francisco Cavalcanti Pontes de Miranda, a esse propósito, desenvolveu o *princípio da incolumidade da soma do seguro*, verdadeira *ratio legis* da norma de segregação do art. art.1.475, Código Civil de 1916, com correspondência ampliada ao art.794 do Código de 2002. Ao seu estilo, "se não houvesse regra jurídica que estabelecesse a inconstringibilidade da soma segurada pelos credores do beneficiário, o que ele recebesse

Artigo por artigo, parágrafo por parágrafo. 14. ed. Barueri [SP]: Manole, 2021. p.663-665.

16 BEVILÁQUA, Clóvis. *Código Civil dos Estados Unidos do Brasil comentado.* Rio de Janeiro: Francisco Alves, 1926. v.5, t.2 (Obrigações). p.236.

17 BEVILÁQUA, Clóvis. *Código Civil dos Estados Unidos do Brasil comentado.* Rio de Janeiro: Francisco Alves, 1926. v.5, t.2 (Obrigações). p.237.

iria ao patrimônio sem qualquer incolumidade."[18] Mais especificamente, Pontes de Miranda acentua: "O que o beneficiário recebe é *iure próprio*, e não pela transmissão da propriedade da soma ao contratante e automaticamente a ele. Se o seguro é seguro de vida, não se há de pensar em transmissão hereditária, mesmo se o contraente indicou no testamento o beneficiário. (...) Se o segurado destina a importância do seguro à solução de dívida, tal destinação não é *iure hereditario*, ainda quando os beneficiários não nomeados sejam os herdeiros".[19]

A correlação entre a natureza jurídica do contrato de seguro e sua imunidade em face do regime sucessório com o plano VGBL precisa ser compreendida sob a óptica material. Dito de outro modo, se não há dúvida quanto à amplitude de sentido do art.794, Código Civil, qual é o problema em se associar diretamente seus efeitos sucessórios com o VGBL?

A resposta pode ser assim organizada:

(*a*) Um *primeiro* argumento levantado para se afastar a bondade dessa vinculação está na ocorrência de *contribuições eventuais e vultosas ao plano.*

Como salientado pela doutrina, muitas vezes, "o capital do VGBL tem um valor notavelmente alto em comparação com a herança deixada pelo *de cujus*", o que pode ser ocorrido em razão do valor expressivo dos "aportes feitos a título de prêmio". Outra hipótese verifica-se quando "o VGBL é contratado com poucos aportes, mas todos de quantia significativa quando comparada ao patrimônio do autor da herança".[20] Este

---

18 PONTES DE MIRANDA, Francisco Cavalcanti. Tratado de Direito Privado: Direito das obrigações: Contrato de sguro (continuação). Atualizado por Bruno Miragem. 3. ed. São Paulo: Revista dos Tribunais, 2012. t.46. p. 94.

19 PONTES DE MIRANDA, Francisco Cavalcanti. *Tratado de Direito Privado*: Direito das obrigações: Contrato de seguro (continuação). Atualizado por Bruno Miragem. 3. ed. São Paulo: Revista dos Tribunais, 2012. t.46. p.95-96.

20 HIRONAKA, Giselda Maria Fernandes Novaes; BUNAZAR, Maurício. Natureza jurídica do VGBL e Direito das Sucessões. *Revista Nacional de Direito de Família e Sucessões*, v. 10, n. 55, p. 16-30, jul./ago. 2023. p.23. Em sentido parcialmente contrário: "A princípio deve prevalecer a liberdade de indicação. No entanto, se for comprovado que o valor aportado supera metade do patrimônio do participante aí sim caberá invocar a previsão do mencionado dispositivo, e buscar limitar o valor a ser destinado à pessoa indicada" (DIAS, Eduardo Rocha. Liberdade de indicação dos beneficiários nos planos de previdência privada: Um diálogo entre a Constituição, o Código Civil e a legislação previdenciária. *Revista dos Tribunais*, v. 103, n. 948, p. 117-134, out. 2014).

argumento da violação à norma de ordem pública é falho em razão deste argumento: *a contratação do plano em si não é contrária à ordem pública.*

Não há um dispositivo legal específico infringido pelo contratante. Se assim o fosse, negócios jurídicos de valores vultosos seriam interditados a qualquer um nos últimos anos de sua existência. A disparidade entre a destinação de haveres lastreadores de reservas técnicas e a herança (mobiliária ou imobiliária) deixada para os eventuais sucessores é um critério falho por essa razão. A ordem jurídica possui mecanismos de controle de alienações ou de doações de ascendentes a descendentes sob a forma da exigência do *placet* dos últimos, no primeiro caso (art.496)[21], ou do controle via colação, no segundo (art.544[22] c/c art.2002).[23] É necessário, caso a caso, enquadrar esse tipo de contratação em figuras jurídicas preexistentes, mas que se sujeitam a elementos de prova específicos, à demonstração de dolo e de eventual dano a terceiros. Não é possível fixar uma invalidade como tese nesses casos. A ser isso verdadeiro, não haveria casamentos, doações, aquisição de joias ou de outros bens de alto valor por alguém pelo *risco eventual* de desfalque à legítima. É, em síntese, a leitura doutrinária mais acertada: tudo dependerá "de diante de situação de normalidade ou de situação excepcional, provocada por má-fé e com nítido intuído de fraudar a lei".[24]

(*b*) Um *segundo aspecto* que precisa ser objeto de estudo é a aplicação do princípio da segregação e da incolumidade ao VGBL. Até

---

21 "Art. 496. É anulável a venda de ascendente a descendente, salvo se os outros descendentes e o cônjuge do alienante expressamente houverem consentido. Parágrafo único. Em ambos os casos, dispensa-se o consentimento do cônjuge se o regime de bens for o da separação obrigatória" (Código Civil)

22 "Art. 544. A doação de ascendentes a descendentes, ou de um cônjuge a outro, importa adiantamento do que lhes cabe por herança" (Código Civil).

23 "Art. 2.002. Os descendentes que concorrerem à sucessão do ascendente comum são obrigados, para igualar as legítimas, a conferir o valor das doações que dele em vida receberam, sob pena de sonegação. Parágrafo único. Para cálculo da legítima, o valor dos bens conferidos será computado na parte indisponível, sem aumentar a disponível." (Código Civil)

24 MAIA JÚNIOR, Mairan Gonçalves. A previdência privada como instrumento de planejamento sucessório. Pensar, v.25, n.14, p.1-13, jan.-mar. 2020. p.10. Em sentido contrário, alegando a incidência do art.187 do Código Civil e a violação da boa-fé objetiva: FITERMAN, Mauro. Os complexos contratos de previdência privada e a colação: por um exame da teoria do abuso do direito. *Revista dos Tribunais*, v. 104, n. 953, p. 101-110, mar. 2015.

que ocorra o evento-morte, os haveres lastreadores foram empregados pela entidade de previdência privada em um fundo mutualístico para acelerar a capitalização e, com isso, imunizá-los quanto aos efeitos de uma série de variáveis próprias do regime atuarial e financeiro desses contratos (*v.g.*, tábua biométrica; alterações macroeconômicas imprevisíveis; alteração na taxa de juros; impacto de decisões judiciais etc.). A morte implicará para a seguradora o dever jurídico, abatidos os *quanta* contratualmente definidos pelo regime de remuneração próprio do VGBL, de pagar os valores a quem for o beneficiário. Daí ser uma das vantagens desse arranjo negocial o fato de que "As reservas dos fundos de previdência privada não sofrem a incidência do ITCMD, eliminando o custo de tributação. Preserva-se, desse modo, o montante acumulado, com maior proveito para os beneficiários", como assinala Mairan Gonçalves Maia Júnior.[25]

Ainda segundo esse autor, "não se pode desconsiderar a natureza contratual dos fundos de previdência privada, bem como a presença de características que lhe assemelham ao contrato de seguro de pessoas, apesar de possuírem características peculiares e próprias. A instituição de previdência privada administra o patrimônio do interessado de acordo com os limites e termos do contrato pactuado, nos moldes assemelhados aos contratos de seguro em geral". Em sendo assim, "a finalidade da contratação é a formação de reserva para obtenção de renda complementar previdenciária, de modo a se obter proteção contra riscos cobertos por meio de prestações econômicas, característica também presente em outras modalidades de seguro de pessoa". Essa contratualidade da relação de previdência privada foi objeto da Súmula STJ nº 321, que definiu "a incidência do Código de Defesa do Consumidor à relação jurídica estabelecida entre a entidade de previdência privada e seus participantes".[26]

(*c*) O *terceiro aspecto* está na premissa de que o aumento dos aportes ao plano e sua carência são a razão inversa das vantagens associadas: menor taxa de administração e alíquota de imposto de renda reduzida. Essa correlação funda-se na "natureza indutora da norma que institui o regime regressivo de tributação pelo imposto

25 MAIA JÚNIOR, Mairan Gonçalves. A previdência privada como instrumento de planejamento sucessório. Pensar, v.25, n.14, p.1-13, jan.-mar. 2020. p.4.

26 MAIA JÚNIOR, Mairan Gonçalves. A previdência privada como instrumento de planejamento sucessório. Pensar, v.25, n.14, p.1-13, jan.-mar. 2020. p.9.

de renda para a previdência complementar". Isso gera "benefícios para todas as partes envolvidas -participantes, que terão uma tributação menos onerosa, União Federal, que terá suas dívidas alongadas e mais investimentos na economia nacional, e entidades de previdência, que terão um incremento no número de participantes e de valor poupado a ser investido."[27] Esse tipo de incentivo não é compatível com um regime sucessório, o que reforça a aderência do art.794 do Código Civil ao VGBL.

Todos esses argumentos impedem a incidência do Imposto de Transmissão *Causa Mortis* e Doação de quaisquer bens e direitos sobre os investimentos em VGBL quando da abertura da sucessão. Não há enquadramento das hipóteses de incidência tributária do ITCMD nesse evento, ao estilo do art.35 do Código Tributário Nacional – CTN.[28] A leitura da norma complementar não permite divergências interpretativas. O problema está na recondução da matéria para a natureza jurídica do VGBL, de molde a inseri-lo no Direito Sucessório, a fim de se proceder a seu enquadramento no fato gerador do art.35, CTN.[29]

27 CARVALHO, Fabio Junqueira de; MURGEL, Maria Inês. VGBL- Um caso de diferenciação injustificada de tributação. In. MACHADO, Hugo de Brito (Coord.); MACHADO SEGUNDO, Hugo de Brito; MACHADO, Schubert de Farias (Orgs). *Tributação e desigualdade pós-pandemia*. Indaiatuba: Foco, 2023. p. 144-145. Além, evidentemente de externalidades positivas para a Economia nacional: "Quanto mais capital investido a longo prazo os bancos tiverem, maiores serão as captações de fundos por pessoas que precisam de dinheiro, e com isso, cria-se, um aumento de produção, e por conseguinte de consumo, e em última instância aumenta o Produto Interno Bruto (PIB) do país" (GONÇALVES, Antonio Baptista. PGBL x VGBL: A realidade tributária para o investidor financeiro. *Revista Tributária e de Finanças Públicas*, v. 14, n. 68, p. 107-116, maio/jun. 2006.)

28 "Art. 35. O imposto, de competência dos Estados, sobre a transmissão de bens imóveis e de direitos a eles relativos tem como fato gerador: I - a transmissão, a qualquer título, da propriedade ou do domínio útil de bens imóveis por natureza ou por acessão física, como definidos na lei civil; II - a transmissão, a qualquer título, de direitos reais sobre imóveis, exceto os direitos reais de garantia; III - a cessão de direitos relativos às transmissões referidas nos incisos I e II. Parágrafo único. Nas transmissões causa mortis, ocorrem tantos fatos geradores distintos quantos sejam os herdeiros ou legatários" (CTN).

29 "A natureza jurídica securitária das reservas de previdência privada PGBL e VGBL e, em decorrência, sua impossibilidade de transferência por não ser reconsiderada herança para todos os efeitos de direito, como base nas disposições constantes do art. 794 do Código Civil brasileiro, podendo ser excluídas da partilha

Os desenvolvimentos das seções 2 e 3 deste capítulo impedem que isso se dê livremente. Em termos doutrinários, essa via está interditada. Remanesce agora para a terceira seção o exame da matéria na jurisprudência do Superior Tribunal de Justiça – STJ. Os resultados não serão diferentes.

## 3. O CARÁTER SECURITÁRIO DO VGBL E A JURISPRUDÊNCIA DO STJ

Fixados os pontos centrais de natureza jurídico-atuarial sobre os arranjos securitários que conformam o VGBL, interessa agora analisar sua natureza jurídica, tendo em consideração a jurisprudência do STJ, no âmbito do qual se formou um grupo de casos em ordem a não admitir a possibilidade de incidência tributária quando do falecimento do contratante desses planos. A jurisprudência do STJ formou-se em resposta a conflitos originados nos tribunais de justiça em decorrência de leis estaduais que criavam hipóteses de incidência novas para o Imposto de Transmissão *Causa Mortis* e Doação de bens de qualquer natureza – ITCMD.

O campo de observação jurisprudencial é bastante simplificado em face da unidade decisória no grupo de casos do VGBL. Interessa organizá-lo por temas:

(a) *Natureza jurídica do VGBL*: O contrato de previdência privada aberta tem natureza jurídica previdenciária "para fins de partilha ou meação, exceto no caso de haver a demonstração do seu uso desvirtuado".[30] O VGBL, "excluído da base de cálculo do ITCMD", "possui natureza de seguro".[31] Mais detalhadamente, o VGBL, "é considerado um seguro de vida com cláusula de cobertura por sobrevivência do segurado, que após um período de acumulação dos recursos, proporciona aos segurados e participantes uma renda que pode ser paga de forma mensal, periódica ou vitalícia. Todavia,

em dissolução se união estável (art. 1.659, VII, do Código Civil brasileiro), já vem sido reconhecida há tempos pelos Tribunais Estaduais e pelo Superior Tribunal de Justiça" (TESSARI, Cláudio; POHLMANN, Marcelo. Reforma tributária no Rio Grande do Sul: das ilegalidades e inconstitucionalidades da incidência do ITCMD na transmissão das reservas de previdência privada PGBL e VGBL. Revista de Estudos Tributários, v. 23, n. 138, p. 38-65, jan./fev. 2021. p.47-48).

30 STJ. AgInt no REsp n. 1.837.217/RS, relator Ministro Marco Aurélio Bellizze, Terceira Turma, julgado em 8/4/2024, DJe de 11/4/2024.

31 STJ. AgInt no AgInt no AREsp n. 1.797.886/RS, relator Ministro Herman Benjamin, Segunda Turma, julgado em 28/3/2022, DJe de 12/4/2022.

caso ocorra o óbito do segurado, o pagamento da indenização é realizado a um beneficiário certo, indicado pelo falecido no momento da contratação do seguro". Consideradas essas premissas, ele tem "natureza jurídica de contrato de seguro de vida".[32]

(b) *Não-incidência do ITCMD*: Desde o julgamento em Segunda Turma do STJ, no REsp 1.961.488/RS, Rel. Ministra Assusete Magalhães (DJe de 17.11.2021), o tribunal entende que, "não integrando a herança, isto é, não se tratando de transmissão *causa mortis*, está o VGBL excluído da base de cálculo do ITCMD, uma vez que possui natureza de seguro". De tal sorte, "os valores a serem recebidos pelo beneficiário, em decorrência da morte do segurado contratante de plano VGBL, não se consideram herança, para todos os efeitos de direito, como prevê o art. 794 do CC/2002".[33]

(c) *Desnecessidade de se levar os valores do VGBL à colação*: O VGBL, "mantido pelo falecido, tem natureza jurídica de contrato de seguro de vida". Assim, "não pode ser enquadrado como herança, inexistindo motivo para determinar a colação dos valores nele depositados".[34]

O STJ, em casos extremos, afasta esses 3 postulados, de modo autônomo ou conjuntamente, quando há abusos, ao exemplo de utilização do VGBL como "autêntica aplicação financeira", o que descaracterizaria sua natureza jurídica puramente securitária. Tal se dá, de modo particular, quando o exame das cláusulas contratuais e das premissas fáticas de sua execução foi exaurido pelos órgãos de segundo grau.[35] Outra posição

---

32 STJ. AgInt no AREsp n. 1.702.870/RS, relator Ministro Francisco Falcão, Segunda Turma, julgado em 29/3/2021, DJe de 6/4/2021.

33 STJ. AgInt no AgInt no AREsp n. 1.755.009/RS, relator Ministro Herman Benjamin, Segunda Turma, julgado em 16/5/2023, DJe de 28/6/2023. No mesmo sentido: STJ. AgInt no AgInt no AREsp n. 1.766.626/RS, relator Ministro Mauro Campbell Marques, Segunda Turma, julgado em 26/4/2022, DJe de 29/4/2022; STJ. AgInt no AREsp n. 1.676.655/RS, relator Ministro Og Fernandes, Segunda Turma, julgado em 15/2/2022, DJe de 25/2/202; STJ. AREsp 756.611/RS, Rel. Min. Sérgio Kukina, DJe 22/2/2021; STJ. AREsp 1.766.626/RS, Rel. Min. Mauro Campbell Marques, DJe 6/5/2021; STJ. REsp 1.904.243/RS, Rel. Min. Herman Benjamin, DJe 23/2/2021; STJ. AREsp 1.755.009/RS, Rel. Ministro Herman Benjamin, DJe 17/12/2020.

34 STJ. AgInt nos EDcl no AREsp n. 1.832.714/SP, relator Ministro Marco Aurélio Bellizze, Terceira Turma, julgado em 13/12/2021, DJe de 15/12/2021.

35 "Na hipótese, o Tribunal de origem, após a análise do contrato de VGBL firmado pelo de cujus, e dos elementos fático-probatórios dos autos, concluiu que o plano

também específica do STJ diz respeito aos haveres reunidos durante a sociedade conjugal ou a união estável, os quais "integram o patrimônio comum na hipótese de dissolução do vínculo matrimonial ou de convivência, desde que convertidos em patrimônio mensurável de qualquer espécie, imobiliário, mobiliário, direitos ou aplicações financeiras". Por equiparação, "os valores depositados em planos de benefícios administrados por entidades abertas de previdência privada", no curso dessas relações conjugais ou paraconjugais, "equiparam-se a aplicações financeiras como outras quaisquer, motivo pelo qual, desde que não esteja o beneficiário recebendo os proventos complementares, integram o patrimônio comum dos conviventes e devem ser objeto da partilha decorrente da dissolução da união".[36] Esse acórdão deu-se com ressalva do entendimento pessoal de um dos autores deste capítulo (Antonio Carlos Ferreira), que foi vencido no julgamento. Esse tratamento excepcional não atinge, contudo, a premissa da não-incidência do ITCMD.

Quanto à impenhorabilidade dos haveres lastreadores de reservas técnicas de planos como o VGBL, o STJ possui acórdão no sentido de que "cumpre ao magistrado aferir, por meio da análise do caso concreto, a viabilidade da penhora dos valores depositados em fundo de previdência privada complementar". Se o tribunal de apelação, no exame de fatos e provas, concluiu não haver sido demonstrado "o caráter alimentar dos valores recolhidos para a previdência complementar", é vedado ao STJ rever esse juízo por efeito da Súmula nº 7.[37]

---

de previdência privada firmado pelo falecido não possui natureza securitária, mas de verdadeira aplicação financeira, podendo ser incluído na partilha. A modificação de tal entendimento é inviável no âmbito estreito do recurso especial, a teor do disposto nas Súmulas 5 e 7 do STJ" (STJ.AgInt no AREsp n. 921.715/SP, relator Ministro Raul Araújo, Quarta Turma, julgado em 26/10/2020, DJe de 24/11/2020.)

36 STJ. REsp n. 1.593.026/SP, relator Ministro Luis Felipe Salomão, relatora para acórdão Ministra Maria Isabel Gallotti, Quarta Turma, julgado em 23/11/2021, DJe de 17/12/2021.

37 STJ. AgInt no AREsp n. 1.357.826/SP, relator Ministro Antonio Carlos Ferreira, Quarta Turma, julgado em 20/9/2021, DJe de 23/9/2021.

## CONCLUSÕES

A matéria que é objeto deste capítulo encontra-se afetada por repercussão geral no Supremo Tribunal Federal – STF.[38] Aguarda-se, portanto, a leitura constitucional da matéria pelo órgão competente. O STJ, no exercício de suas atribuições de "supremo tribunal da jurisdição ordinária",[39] cumpriu sua missão de uniformizar o direito federal e de preservar a segurança jurídica. As 3 premissas fundamentais deste capítulo permanecem íntegras ao ver dos autores: (a) natureza securitária; (b) não-incidência do ITCMD e (c) fundamentos atuariais e financeiros a justificar a especificidade do VGBL.

## REFERÊNCIAS

BEVILÁQUA, Clóvis. *Código Civil dos Estados Unidos do Brasil comentado*. Rio de Janeiro: Francisco Alves, 1926. v.5, t.2 (Obrigações).

CARVALHO, Fabio Junqueira de; MURGEL, Maria Inês. VGBL- Um caso de diferenciação injustificada de tributação. In. MACHADO, Hugo de Brito (Coord.); MACHADO SEGUNDO, Hugo de Brito; MACHADO, Schubert de Farias (Orgs). *Tributação e desigualdade pós-pandemia*. Indaiatuba: Foco, 2023. p. 139-152.

DIAS, Eduardo Rocha. Liberdade de indicação dos beneficiários nos planos de previdência privada: Um diálogo entre a Constituição, o Código Civil e a legislação previdenciária. *Revista dos Tribunais*, v. 103, n. 948, p. 117-134, out. 2014.

38 "Repercussão geral em recurso extraordinário. Direito Tributário. Discussão a respeito da incidência do ITCMD sobre o plano Vida Gerador de Benefício Livre (VGBL) e o Plano Gerador de Benefício Livre (PGBL) na hipótese de morte do titular do plano. Matéria constitucional. Repercussão geral reconhecida. (STF. RE 1363013 RG, Relator Min. Dias Toffoli, Tribunal Pleno, julgado em 12-05-2022, DJe-098 23-05-2022).

39 RIBEIRO, Paulo Dias Moura; RODRIGUES JR., Otavio Luiz; LEONARDO, R. X. O Superior Tribunal de Justiça como "Supremo Tribunal da Jurisdição Ordinária". In: MENDES, Gilmar Ferreira; MOURA RIBEIRO, Paulo Dias de; SARLET, Ingo Wolfgang; RODRIGUES JR., Otavio Luiz. (Org.). *Ensaios sobre Direito Constitucional, Processo Civil e Direito Civil. Uma homenagem ao Professor José Manoel de Arruda Alvim*. Curitiba: Direito Contemporâneo, 2023, p.401-410.

FITERMAN, Mauro. Os complexos contratos de previdência privada e a colação: por um exame da teoria do abuso do direito. *Revista dos Tribunais*, v. 104, n. 953, p. 101-110, mar. 2015.

HIRONAKA, Giselda Maria Fernandes Novaes; BUNAZAR, Maurício. Natureza jurídica do VGBL e Direito das Sucessões. *Revista Nacional de Direito de Família e Sucessões*, v. 10, n. 55, p. 16-30, jul./ago. 2023.

GONÇALVES, Antonio Baptista. PGBL x VGBL: A realidade tributária para o investidor financeiro. *Revista Tributária e de Finanças Públicas*, v. 14, n. 68, p. 107-116, maio/jun. 2006.

MAIA JÚNIOR, Mairan Gonçalves. A previdência privada como instrumento de planejamento sucessório. *Pensar*, v.25, n.14, p.1-13, jan.-mar. 2020.

RIBEIRO, Paulo Dias Moura; RODRIGUES JR., Otavio Luiz; LEONARDO, R. X. O Superior Tribunal de Justiça como "Supremo Tribunal da Jurisdição Ordinária". In: MENDES, Gilmar Ferreira; MOURA RIBEIRO, Paulo Dias de; SARLET, Ingo Wolfgang; RODRIGUES JR., Otavio Luiz. (Org.). *Ensaios sobre Direito Constitucional, Processo Civil e Direito Civil. Uma homenagem ao Professor José Manoel de Arruda Alvim*. Curitiba: Direito Contemporâneo, 2023, p.401-410.

NASCIMENTO, Paulo Nelson Lemos Basto. Exigência de imposto sobre a transmissão causa mortis e doação de quaisquer bens ou direitos (ITD) na transmissão de planos de previdência privada vida gerador de benefício livre (VGBL): Inconstitucionalidade e ilegalidade. *Revista de Direito Tributário Contemporâneo*, v. 3, n. 11, p. 81-94, mar./abr. 2018.

NEVARES, Ana Luiza Maia. Os planos de previdência privada (VGBL e PGBL) na perspectiva familiar e sucessória: Critérios para sua compatibilização com a herança e a meação. *Revista Brasileira de Direito Civil – RBDCivil*, v. 28, p. 257-274, abr./jun. 2021.

OLIVEIRA, Carlos E. Elias de; COSTA-NETO, João. *Direito Civil*: volume único. 3. ed., rev. e atual. Rio de Janeiro: Método, 2024.

PEREIRA, Caio Mário da Silva. *Instituições de Direito Civil*: Contratos. Atualizadora e colaboradora Caitlin Mulholland. 25. ed. Rio de Janeiro: Forense, 2022 v.3.

PIRES, Cristina Caroline da Silva. Tributação e seguro: Planos de previdência privada (VGBL e PGBL) equiparados ao seguro de vida sob a controvérsia jurídica da não incidência do imposto de transmissão causa mortis (ITCM). In. RIBEIRO, Paulo Dias de Moura; LUCON, Paulo Henrique dos Santos; SARRO, Luís Antônio Giampaulo; CRESTANA, Luís Fernando (Coords). *Processo civil e seguro*. São Paulo: Quartier Latin, 2023.v.2.p.641-654.

PONTES DE MIRANDA, Francisco Cavalcanti. *Tratado de Direito Privado*: Direito das obrigações: Contrato de seguro (continuação). Atualizado por Bruno Miragem. 3. ed. São Paulo: Revista dos Tribunais, 2012. t.46.

TERSI, Flávio Henrique Amado. Comentário ao art.794. In. COSTA MACHADO, Antonio Claudio da (Org.); CHINELLATO, Silmara (Coord). *Código Civil interpretado*: Artigo por artigo, parágrafo por parágrafo. 14. ed. Barueri [SP]: Manole, 2021.

TESSARI, Cláudio; POHLMANN, Marcelo. Reforma tributária no Rio Grande do Sul: das ilegalidades e inconstitucionalidades da incidência do ITCMD na transmissão das reservas de previdência privada PGBL e VGBL. *Revista de Estudos Tributários*, v. 23, n. 138, p. 38-65, jan./fev. 2021.

UHDRE, Dayana de Carvalho. Sobre a incidência de ITCMD sobre os planos PGBL e VGBL de previdência complementar: Algumas distinções necessárias. *Revista de Direito Tributário Contemporâneo*, v. 2, n. 8, p. 119-137, set./out. 2017.

VENOSA, Sílvio de Salvo. *Direito Civil*: Contratos. 24. ed., 2. reimp. Rio de Janeiro: Atlas, 2024.

ZULIANI, Ênio Santarelli. Comentário ao art.794. In. NANNI, Giovanni Ettore. *Comentários ao Código Civil*: Direito Privado contemporâneo. 2. ed. São Paulo: Saraiva Educação, 2021. p.732.

# O relevante papel do Superior Tribunal de Justiça na Constituição da República Federativa do Brasil de 1988

*Kassio Nunes Marques*[1]

*Marcus Vinicius Kiyoshi Onodera*[2]

## INTRODUÇÃO

É sempre importante contextualizar a obra com seu autor para que se tenha a completa compreensão de sua relevância. O Ministro Humberto Martins, que muito nos honra com seu convite, é prova viva disso. Foi Advogado, Promotor de Justiça, Procurador do Estado, Desembargador e Ministro; tendo, portanto, integrado, de forma bastante completa, as mais diversas carreiras ao longo de sua trajetória. Tamanha experiência tem lhe permitido, ao longo dos anos como Ministro, exercer, de forma compositiva e harmônica, papel único e agregador junto ao Superior Tribunal de Justiça.

Sua atuação, assim, mescla-se com a própria história do próprio Tribunal que integra. Para tanto, abordaremos, de forma sucinta, a criação do Superior Tribunal de Justiça, no contexto da Constituição Federal de 1988, moldado de forma a aumentar as portas de Acesso à Justiça e fornecer ao jurisdicionado resposta mais célere na proteção de seus direitos.

Ao longo dos anos, foram criadas diversas ferramentas para o aperfeiçoamento do sistema de funcionamento daquela Corte, dentre as quais mencionaremos, de forma breve, o regime de recursos repetitivos e respectivo núcleo de gerenciamento, bem como a importância da adoção de métodos adequados de resolução de conflitos em muitos casos.

Por fim, traçaremos perspectivas e tendências daquela Corte no relevante desenho constitucional que lhe foi reservado para a proteção dos direitos do cidadão, tal qual previstos pela Constituição Federal de 1988.

---

1 Ministro do Supremo Tribunal Federal. Mestre em Direito pela Universidade Autônoma de Lisboa. Doutor em *Administración, Hacienda y Justicia* (*maxima cum laude*) pela Universidade de Salamanca e Pós-Doutor em Direitos Humanos pela mesma instituição. Pós-Doutor em Direito Constitucional pela *Universitá Degli Studi di Messina.*

2 Juiz Auxiliar no Supremo Tribunal Federal. Doutor em Direito pela Faculdade de Direito da Universidade de São Paulo. *Visiting Foreign Judicial Fellow* pelo *Federal Judicial Center*, Washington, D.C.

## I. ORIGENS DO SUPERIOR TRIBUNAL DE JUSTIÇA

Desde ao menos a instituição da República, em 1889, o Brasil, conquanto tenha sempre se caracterizado como país da família de *Civil Law*, tem apresentado constantes e crescentes pontos de convergência com o sistema norte-americano de *Common Law*. Nesse sentido, o Supremo Tribunal Federal, doravante STF, erigido em nível constitucional pela Constituição de 1891, teve sua gênese influenciada, por obra do memorável Ruy Barbosa, pela Suprema Corte norte-americana.[3] Para além disso, foram também previstos, de forma explícita, o sistema de *checks and balances* nos Três Poderes - Legislativo, Executivo e Judiciário -, bem como importante instrumento de acesso ao Supremo por meio do Recurso Extraordinário, recurso que guarda inegáveis semelhanças com o *writ of certiorari* norte-americano.

De forma contínua, no Século XX, os pontos de convergência foram aumentando. Com o crescimento da população, bem como do avanço social e econômico, as relações jurídicas se intensificaram e, com elas, houve inegável explosão do grau de litigiosidade, a redundar no contínuo aumento do volume de processos perante o Judiciário, o que trouxe inegável lentidão na prestação jurisdicional. Obviamente, esse acúmulo de demandas aportou, em última instância, junto ao Supremo Tribunal Federal.

Assim, diversas reformas legislativas foram feitas com o escopo de se garantir uma prestação jurisdicional mais célere e efetiva. São exemplos disso: a) a criação, em 1984, dos juizados de pequenas causas, e, posteriormente, ampliados para os juizados especiais cíveis e criminais, bem como juizados especiais federais, aos moldes das *small claims courts* norte-americanas; b) em 1985, a Lei da Ação Civil Pública (Lei n. 7.347/1985), por influência das *class actions* e c) a adoção de métodos adequados ou alternativos de resolução de conflitos, em um primeiro momento por meio da Resolução n. 125/2010, do Conselho Nacional de Justiça, e, posteriormente, pela previsão expressa do Código de Processo Civil de 2015.

Tais modificações, de modo geral, podem ser agregadas sob um vértice comum, qual seja, a necessidade de garantia do Acesso à Justiça.

---

3 A Súmula e Sua Evolução no Brasil. *Revista Trimestral de Jurisprudência dos Estados*. São Paulo: Ed. Jurid Vellenich Ltda., v. 179, ano 24, novembro/dezembro 2000, p. 15-34.

Também sob esse prisma, em 1965, após intensos debates sobre a Reforma do Judiciário, organizados pelo Conselho Diretor do Instituto de Direito Público e Ciência Política da Fundação Getúlio Vargas, cuja comissão de juristas foi composta pelos notáveis Professores Alcino de Paula Salazar, Caio Mário da Silva Pereira, Frederico Marques, G. Ulhôa Canto, Mário Pessoa, Levy Fernandes Carneiro e Miguel Reale, concluiu pela necessidade de um novo e único tribunal, cuja função como instância federal, estaria voltado à examinar "matéria que não tivesse, com especificidade, natureza constitucional", bem como a de "apreciar os mandados de segurança e habeas corpus originários, os contra atos dos Ministros de Estado e os recursos ordinários das decisões denegatórias em última instância federal ou dos Estados".[4]

Nesse espírito, a Constituição Federal de 1988 previu, então, o Superior Tribunal de Justiça, cuja relevante missão, além de possuir competências originária e recursal sobre casos cíveis e criminais de maior vulto, está, sobretudo, atrelada à uniformização da interpretação da lei federal, conforme respectivo art. 105 e incisos:

> Art. 105. Compete ao Superior Tribunal de Justiça:
>
> I - processar e julgar, originariamente:
>
> a) nos crimes comuns, os Governadores dos Estados e do Distrito Federal, e, nestes e nos de responsabilidade, os desembargadores dos Tribunais de Justiça dos Estados e do Distrito Federal, os membros dos Tribunais de Contas dos Estados e do Distrito Federal, os dos Tribunais Regionais Federais, dos Tribunais Regionais Eleitorais e do Trabalho, os membros dos Conselhos ou Tribunais de Contas dos Municípios e os do Ministério Público da União que oficiem perante tribunais;
>
> b) os mandados de segurança e os *habeas data* contra ato de Ministro de Estado ou do próprio Tribunal;
>
> (...)
>
> d) os conflitos de competência entre quaisquer tribunais, ressalvado o disposto no art. 102, I, "o", bem como entre tribunal e juízes a ele não vinculados e entre juízes vinculados a tribunais diversos;
>
> e) as revisões criminais e as ações rescisórias de seus julgados;

4 RELATÓRIO - MESA-REDONDA SÔBRE "REFORMA DO PODER JUDICIÁRIO. Rev. Dir. Públ. e Ciência Política, Rio de Janeiro, vol. VIII, n. 2, Mai/Ago 1965, p. 134-136.

> f) a reclamação para a preservação de sua competência e garantia da autoridade de suas decisões;
>
> (...)
>
> II - julgar, em recurso ordinário:
>
> a) os habeas corpus decididos em única ou última instância pelos Tribunais Regionais Federais ou pelos tribunais dos Estados, do Distrito Federal e Territórios, quando a decisão for denegatória;
>
> b) os mandados de segurança decididos em única instância pelos Tribunais Regionais Federais ou pelos tribunais dos Estados, do Distrito Federal e Territórios, quando denegatória a decisão;
>
> c) as causas em que forem partes Estado estrangeiro ou organismo internacional, de um lado, e, do outro, Município ou pessoa residente ou domiciliada no País;
>
> III - julgar, em recurso especial, as causas decididas, em única ou última instância, pelos Tribunais Regionais Federais ou pelos tribunais dos Estados, do Distrito Federal e Territórios, quando a decisão recorrida:
>
> a) contrariar tratado ou lei federal, ou negar-lhes vigência;
>
> b) julgar válida lei ou ato de governo local contestado em face de lei federal;
>
> b) julgar válido ato de governo local contestado em face de lei federal; (conforme redação dada pela Emenda Constitucional n. 45/2004);
>
> c) der a lei federal interpretação divergente da que lhe haja atribuído outro tribunal".

Em artigo publicado em homenagem aos 30 anos de sua criação, o Ministro Luís Felipe Salomão teceu precisas ponderações acerca daquele Tribunal:

> Em boa medida, o STJ é um desmembramento do Supremo Tribunal Federal, assoberbado naquela virada da história (1988) com os recursos extraordinários que tanto controlavam a constitucionalidade das leis como realizavam a adequada interpretação do direito infraconstitucional, sem contar o restante de sua grande competência originária e o controle concentrado de constitucionalidade.[5]

5 Os 30 Anos do Superior Tribunal de Justiça Principais Precedentes que Marcaram sua Evolução. <https://www.stj.jus.br/static_files/STJ/Midias/arquivos/Noticias/OS%2030%20ANOS%20DO%20SUPERIOR%20TRIBUNAL%20DE%20JUSTI%C3%87A.pdf> Acesso em 24.08.2024.

O ilustre Ministro também apontou a influência do extinto Tribunal Federal de Recursos na composição do STJ, bem como o poder atribuído àquela Corte por meio do recurso especial:

> Por outro lado, embora não tenha substituído o extinto Tribunal Federal de Recursos – que era a mais elevada instância do sistema de Justiça Federal –, sobretudo porque o Superior é nitidamente um Tribunal de Superposição, não há negar que seu surgimento sofreu influência daquele Tribunal (antigo TFR), cuja criação ocorreu com a Constituição Federal de 1946. É que, já em 1965, a Emenda Constitucional 16, 26 de novembro de 1965, introduziu alterações à Constituição, dispondo em seu art. 6º a nova composição do Poder Judiciário, constando, como órgãos daquele Poder, o Tribunal Federal de Recursos e Juízes Federais, além do Supremo Tribunal Federal, Tribunais e Juízes Militares, Eleitorais e do Trabalho.
> (...)
> Em se tratando de recurso especial, o Superior Tribunal de Justiça, ao apreciar a alegada violação legal, poderá aplicar "o direito à espécie, com observância da regra prevista no art. 10 do Código de Processo Civil" (art. 255, § 5º, do RISTJ). Ao contrário do que acontece em Cortes de Cassação puras (por exemplo, França, Itália e alguns outros países da Europa Continental), onde o Tribunal Superior – equivalente ao STJ –, em regra, apenas proscreve a decisão para que outra seja proferida novamente pela Corte 4 da instância anterior, no Brasil o Superior Tribunal de Justiça pode, ao apreciar o recurso, desde logo aplicar a regra jurídica ao caso concreto.[6]

Nesse contexto, desde seu nascimento, nota-se o papel único do Superior Tribunal de Justiça dentro de um complexo Sistema de Administração da Justiça delineado pela Constituição Federal.

## II. O REGIME DE RECURSOS REPETITIVOS

Na medida em que o Superior Tribunal de Justiça foi concebido como mais um órgão para ampliação do Acesso à Justiça, considerando-

6 Os 30 Anos do Superior Tribunal de Justiça Principais Precedentes que Marcaram sua Evolução. <https://www.stj.jus.br/static_files/STJ/Midias/arquivos/Noticias/OS%2030%20ANOS%20DO%20SUPERIOR%20TRIBUNAL%20DE%20JUSTI%C3%87A.pdf> Acesso em 24.08.2024.

-se, primeiro, o fenômeno da litigiosidade contida e, posteriormente, o da litigiosidade explosiva, bem apontados por Kazuo Watanabe[7], o volume exponencial de demandas levou à necessidade de uma maior sistematização na triagem e julgamento de recursos especiais.

Bem assim, o Ministro Sidnei Beneti, que integrou aquela Corte com inegável dedicação, foi fundamental ao traçar as balizas do atual sistema de recursos repetitivos (RR). Após analisar as diferenças e semelhanças entre os sistemas de *Common Law* e *Civil Law*, teceu as seguintes observações:

> Observados os sistemas existentes no Direito Comparado, algumas conclusões parecem claras: **a) a segurança jurídica possui, certo, influência de relevo no desenvolvimento das nações, cotando-se melhor as que mantêm essa segurança; b) a segurança jurídica pressupõe sistema normativo estável, que produza normas duráveis, para serem trabalhadas, em seguida, pelo Judiciário, sem que se alterem significativamente durante o andamento dos processos até a instância final; c) não há estabilidade jurídica sem estabilidade normativa, principalmente constitucional; d) os países de *common law* chegam com mais rapidez à segurança dos precedentes e os mantêm de maneira mais durável; e) para produção de precedentes qualificados e duráveis, é necessário tenham sido resultado de exame profundo dos detalhes do caso, inclusive circunstâncias concretas aparentemente individuais, durante o processo de julgamento; f) os sistemas mais estáveis não produzem ementas e súmulas nos próprios atos jurisdicionais, pois o precedente é todo o corpo da decisão e não seu resumo – sobrando súmulas e ementas como questão de dicionários editoriais para a localização de precedentes; g)** não se citam súmulas e ementas na argumentação judicial nos países de jurisprudência mais estável, mas, sim, todo o caso; **h)** é importante o nome do precedente para a sua lembrança, geralmente pelo nome das partes envolvidas – embora isso crie realmente problemas de possível discriminação de litigantes; **i)** tribunais reduzidos produzem jurisprudência mais durável, o mesmo ocorrendo com tribunais de grande número de integrantes apenas se neles houver especialização temática de modo que apenas um Órgão (Câmara) seja competente para cada matéria; **j) não há**

7 Disponível em: <https://www.conjur.com.br/2019-jun-09/entrevista-kazuo-watanabe-advogado/> Acesso em 20.02.2024.

> **notícia de construção de doutrina efetiva de precedentes em decorrência de lei, resultando ela, sempre, de maturidade político-institucional que leve ao respeito das decisões judiciais como dado importante para a organização da convivência em sociedade; l) para viabilização aos tribunais e estabilidade de jurisprudência é necessária a utilização de mecanismo eficaz de prévio descarte de questões repetitivas ou de reduzida relevância.**[8] (negrito próprio)

Nesse quadro, tendo por base os possíveis benefícios de um sistema que pudesse congregar tais características, o regime dos recursos representativos de controvérsia foi plasmado pela Lei n. 11.672, de 08 de maio de 2008:

> Art. 543-C: Quando houver multiplicidade de recursos com fundamento em idêntica questão de direito, o recurso especial será processado nos termos deste artigo.
>
> §1º Caberá ao presidente do tribunal de origem admitir um ou mais recursos representativos da controvérsia, os quais serão encaminhados ao Superior Tribunal de Justiça, ficando suspensos os demais recursos especiais até o pronunciamento definitivo do Superior Tribunal de Justiça.
>
> §2º Não adotada a providência descrita no § 1º deste artigo, o relator no Superior Tribunal de Justiça, ao identificar que sobre a controvérsia já existe jurisprudência dominante ou que a matéria já está afeta ao colegiado, poderá determinar a suspensão, nos tribunais de segunda instância, dos recursos nos quais a controvérsia esteja estabelecida.
>
> §3º O relator poderá solicitar informações, a serem prestadas no prazo de quinze dias, aos tribunais federais ou estaduais a respeito da controvérsia.
>
> §4º O relator, conforme dispuser o regimento interno do Superior Tribunal de Justiça e considerando a relevância da matéria, poderá admitir manifestação de pessoas, órgãos ou entidades com interesse na controvérsia.
>
> §5º Recebidas as informações e, se for o caso, após cumprido o disposto no § 4º deste artigo, terá vista o Ministério Público pelo prazo de quinze dias.

---

8 BENETI, Sidnei. *Doutrina de Precedentes e Organização Judiciária.* Revista de Direito Administrativo. São Paulo: Atlas, v. 246. Set./Dez. 2007, p. 329-330.

> §6º Transcorrido o prazo para o Ministério Público e remetida cópia do relatório aos demais Ministros, o processo será incluído em pauta na seção ou na Corte Especial, devendo ser julgado com preferência sobre os demais feitos, ressalvados os que envolvam réu preso e os pedidos de habeas corpus.
>
> §7º Publicado o acórdão do Superior Tribunal de Justiça, os recursos especiais sobrestados na origem:
>
> I - terão seguimento denegado na hipótese de o acórdão recorrido coincidir com a orientação do Superior Tribunal de Justiça; ou
>
> II - serão novamente examinados pelo tribunal de origem na hipótese de o acórdão recorrido divergir da orientação do Superior Tribunal de Justiça.
>
> §8º Na hipótese prevista no inciso II do § 7º deste artigo, mantida a decisão divergente pelo tribunal de origem, far-se-á o exame de admissibilidade do recurso especial.
>
> §9º O Superior Tribunal de Justiça e os tribunais de segunda instância regulamentarão, no âmbito de suas competências, os procedimentos relativos ao processamento e julgamento do recurso especial nos casos previstos neste artigo."

No âmbito do STJ, a regulamentação deu-se, originalmente, por meio da Resolução n. 08, de 07 de agosto de 2008, cujo art. 1º e parágrafos, desde logo, recomendavam uma prudente triagem de recursos:

> Art. 1º Havendo multiplicidade de recursos especiais com fundamento em idêntica questão de direito, caberá ao presidente ou ao vice-presidente do tribunal recorrido (CPC, art. 541) admitir um ou mais recursos representativos da controvérsia, os quais serão encaminhados ao Superior Tribunal de Justiça, ficando os demais suspensos até o pronunciamento definitivo do Tribunal.
>
> § 1º Serão selecionados pelo menos um processo de cada Relator e, dentre esses, os que contiverem maior diversidade de fundamentos no acórdão e de argumentos no recurso especial.
>
> § 2º O agrupamento de recursos repetitivos levará em consideração apenas a questão central discutida, sempre que o exame desta possa tornar prejudicada a análise de outras questões argüidas no mesmo recurso.

Com o vertiginoso aumento dos processos, houve também crescente necessidade de mais sofisticada sistematização na triagem e gerenciamento dos recursos, o que veio, em nível legal, por meio do Código de Processo Civil de 2015. E, no âmbito do STJ, a Emenda Regimental n. 24/2016, por influência do saudoso Ministro Paulo de Tarso Sanseverino, aperfeiçoou alguns aspectos relativos a prazos de afetação e suspensão dos demais processos, a exemplo do art. 256-E:

> Art. 256-E. Compete ao relator do recurso especial representativo da controvérsia, no prazo máximo de sessenta dias úteis a contar da data de conclusão do processo, reexaminar a admissibilidade do recurso representativo da controvérsia a fim de:
>
> I - rejeitar, de forma fundamentada, a indicação do recurso especial como representativo da controvérsia devido à ausência dos pressupostos recursais genéricos ou específicos e ao não cumprimento dos requisitos regimentais, observado o disposto no art. 256-F deste Regimento;
>
> II - propor à Corte Especial ou à Seção a afetação do recurso especial representativo da controvérsia para julgamento sob o rito dos recursos repetitivos, nos termos do Código de Processo Civil e da Seção II deste Capítulo.

Na medida em que o sistema de recursos repetitivos envolve não apenas o STJ, mas também o TST, os Tribunais Regionais Federais e Estaduais, além dos magistrados de primeiro grau, a matéria também *é atualmente regulamentada pelo Conselho Nacional de Justiça*, por meio da Resolução n. 339, de 08 de setembro de 2020. Tal normativa também previu a criação de núcleos de ações coletivas (NACs) a serem implementados dentro da estrutura dos núcleos de gerenciamento de precedentes (NUGEPs), de molde a se tornarem os NUGEPNACs. A direção de tal sistema compete hoje à Comissão Gestora de Precedentes e Ações Coletivas (COGEPAC), composta pelos Ministros Rogerio Schietti, Paulo Dias Moura Ribeiro e *Sérgio* Kukina,[9] aos quais incumbe a relevante missão de tratamento de monitoramento e implementação de sistemas adequados de gerenciamento dos processos.

9 Disponível em: <https://www.stj.jus.br/sites/portalp/Precedentes/informacoes-gerais/nucleo-de-gerenciamento-de-precedentes-e-de-acoes-coletivas> Acesso em 20.08.2024.

## III. ATUAIS DESAFIOS DO PODER JUDICIÁRIO

Essa breve narrativa da evolução do regime de recursos repetitivos nos convida a algumas reflexões.

A primeira delas diz respeito às medidas de enfrentamento do crescente aumento de demandas perante o Judiciário. Para tanto, devemos estudar as possíveis causas desses números.

Conforme dados recentes do Conselho Nacional de Justiça, há 83.8 milhões de processos em trâmite, com 35 milhões de novos casos e aumento de 9.4% em relação ao ano anterior.[10]

Ao se conjugar tais dados com a própria sistemática dos recursos repetitivos, percebe-se que muitas das demandas possuem determinadas e idênticas causas, as quais, se combatidas em sua origem, poderão significar potencial decréscimo de novos processos. Assim, ao se analisar os tipos de demandas, nota-se que muitas delas, por exemplo, prendem-se a relações de consumo – no âmbito do Direito Privado -, assim como a execuções fiscais – no âmbito do Direito Público.[11]

Aí, pontua-se, em segundo lugar, que muitas dessas questões poderiam ter sido resolvidas antes de serem judicializadas. Assim, no âmbito das relações de consumo, um bom e eficiente serviço de atendimento ao consumidor poderia se prestar a forte ferramenta para resolução prévia de muitas questões que, infelizmente, acabam por ser judicializadas.

Por óbvio, o debate é complexo. Contudo, é importante ressaltar que, ainda que o uso predatório da Justiça por parte de algumas empresas possa levar à temporária redução na quantidade e valor de possíveis reparações e indenizações, o vertiginoso aumento de demandas implica em inexorável lentidão na prestação jurisdicional, o que prejudicará a todos no médio e longo prazo, inclusive a quem se vale momentaneamente de tal atraso.

## IV. MÉTODOS ADEQUADOS DE RESOLUÇÃO DE CONFLITOS

Conquanto idealizável, não há panaceia para todos os males. Feita tal ponderação, a adoção racional de métodos adequados ou alternati-

10 Disponível em: <https://www.cnj.jus.br/wp-content/uploads/2024/05/justica-em-numeros-2024.pdf> Acesso em 22.08.2024.

11 Disponível em: <https://www.cnj.jus.br/wp-content/uploads/2024/05/justica-em-numeros-2024.pdf> Acesso em 22.08.2024.

vos de resolução de conflitos é ferramenta importante na consecução do Acesso à Justiça. Assim, não apenas se traduz como instrumento apto à redução do volume de demandas, mas, antes disso, destaca-se como método de solução mais eficaz, célere e, sobretudo, justo para diversas demandas atualmente em trâmite perante o Judiciário.

Nesse contexto, a Resolução n. 125/2010, do Conselho Nacional de Justiça, buscou incentivar, de forma expressa, uma política judiciária de tratamento adequado dos conflitos, conforme respectivo art. 1º, que é claro ao dispor o seguinte:

> Art. 1º Fica instituída a Política Judiciária Nacional de tratamento dos conflitos de interesses, tendente a assegurar a todos o direito à solução dos conflitos por meios adequados à sua natureza e peculiaridade.

Pouco depois, muito do seu teor foi incorporado pelo Código de Processo Civil de 2015, tornando-se explícita a necessidade de que o Judiciário adotasse medidas como a criação de Centros Judiciários de Solução de Conflitos e Cidadania, a fim de atender e solucionar diversos conflitos antes que fossem judicializados, conforme artigo 165:

> Art. 165. Os tribunais criarão centros judiciários de solução consensual de conflitos, responsáveis pela realização de sessões e audiências de conciliação e mediação e pelo desenvolvimento de programas destinados a auxiliar, orientar e estimular a autocomposição.
>
> § 1º A composição e a organização dos centros serão definidas pelo respectivo tribunal, observadas as normas do Conselho Nacional de Justiça.
>
> § 2º O conciliador, que atuará preferencialmente nos casos em que não houver vínculo anterior entre as partes, poderá sugerir soluções para o litígio, sendo vedada a utilização de qualquer tipo de constrangimento ou intimidação para que as partes conciliem.
>
> § 3º O mediador, que atuará preferencialmente nos casos em que houver vínculo anterior entre as partes, auxiliará aos interessados a compreender as questões e os interesses em conflito, de modo que eles possam, pelo restabelecimento da comunicação, identificar, por si próprios, soluções consensuais que gerem benefícios mútuos.

Assim, é preciso ressaltar que há uma palavra-chave na adequada triagem dos tipos de demandas que podem ou devem ser objeto de métodos como conciliação ou mediação: adequação. Portanto, para conflitos que potencialmente apresentam excelentes resultados por meio de conciliação ou mediação, tais como os relativos a Direito de Família (como pensão alimentícia, guarda de filhos, etc.), a adoção de tais métodos é altamente recomendável, na medida em que podem conferir resposta mais justa e célere. Para outros tipos de demandas, de natureza diversa, que demandam uma resposta firme do Judiciário, *é* prudente que haja provimento jurisdicional efetivo, sempre resguardado, aí, pelo devido processo legal e todas as garantias constitucionais a ele inerentes.

Ressalta-se, ainda, que existem diversos outros métodos de resolução de conflitos, tais como avalição neutra, além da conjugação de métodos, como mediação e arbitragem (med-arb), a exemplo do que ocorre nos Estados Unidos. O aprofundamento de tais temas foge ao tema deste trabalho, razão pela qual basta, para os fins deste estudo, a menção a outros métodos, os quais poderão ser oportunamente explorados em nome do Acesso à Justiça.

## V. CONCLUSÕES

Embora o volume crescente de processo tenha sido e ainda seja um enorme desafio a ser superado e combatido, o contínuo aperfeiçoamento nos métodos de triagem e julgamento, tal como no regime de recursos repetitivos, aliado à uniformização de jurisprudência, que gera previsibilidade jurídica, podem gerar impacto bastante positivo no tratamento das demandas pelo Judiciário, e, no âmbito da legislação infraconstitucional, pelo Superior Tribunal de Justiça.

Nesse contexto, aliás, a exemplo do caráter conciliador, tão próprio ao Ministro Humberto Martins, também os métodos adequados de resolução de conflitos, aliados ao bom senso em sua aplicação – bom senso, aliás, que constitui compasso fundamental para a Justiça –, podem servir como ferramenta fundamental para uma resposta adequada, célere e, sobretudo, justa aos anseios da sociedade, por parte do Superior Tribunal de Justiça, concretizando a garantia do Acesso à Justiça e à proteção dos direitos individuais e coletivos, em tudo condizente à missão que foi confiada a esta Corte pela Constituição Federal de 1988.

## Doutrina e Parecer Contencioso Remunerado: A deformação do discurso jurídico no Brasil

*Antônio Herman Benjamin*[1]

### INTRODUÇÃO

Onde há Direito, haverá doutrina jurídica. Afirma Carlos Ferreira de Almeida que a doutrina, "em especial aquela que é gerada em ambiente universitário", desempenha, no espaço continental-europeu e nas nações que sofreram sua influência, "relevante papel na construção e compreensão dos sistemas jurídicos, nas reformas legislativas e também, embora em graus diferentes, no modo de aplicação do direito"[2]. Livre para criticar a legislação, "seja sobre questões de técnica jurídica, seja sobre escolhas políticas do legislador", ela "contribuiu para introdução de noções e teorias capazes de influenciar a renovação de toda a matéria de um Código ou de uma legislação"[3].

Doutrina *antes* do Direito, para alertar o legislador. Doutrina *depois* do Direito, para explicar lei editada pelo legislador. Doutrina *durante* o Direito, para investigar, sistematizar e repreender a vivência da lei, como executada pelos juízes, a jurisprudência. Doutrina *entre* Direitos, para comparar sistemas jurídicos de países diversos.

---

1 Presidente do Superior Tribunal de Justiça e do Conselho da Justiça Federal, Presidente da Associação Brasil-Estados Unidos de Direito, da Comissão Mundial de Direito Ambiental, e do FONAMA – Fórum Nacional de Magistrados e Ambiente, além de secretário-geral do Conselho Consultivo Internacional do PNUMA para a Justiça Ambiental. Professor visitante da Faculdade de Direito da Universidade do Texas em Austin desde 1994. Formou- se na Universidade Federal do Rio de Janeiro, fez mestrado na Universidade de Illinois e doutorado na Universidade do Rio Grande do Sul. É fundador e editor-chefe emérito das Revistas de Direito do Consumidor e de Direito Ambiental. Foi um dos redatores de importantes leis brasileiras, incluindo o Código de Defesa do Consumidor de 1990, a Lei da Improbidade de 1992, a Lei da Concorrência de 1994, a Lei dos Crimes contra o Meio Ambiente de 1998, o Código Florestal de 2012, a Lei das Concessões Florestais de 2006 e a Lei da Mata Atlântica de 2006.

2 ALMEIDA, Carlos Ferreira de. *Introdução ao Direito Comparado*. Coimbra: Almedina, 1994. p. 53.

3 WIJFFELS, Alain. *Introdution historique au Droit*: France, Allemagne, Angleterre, 2eme ed. Paris: PUF, 2010. p. 327.

Assumindo riscos inerentes à ligeireza e à superficialidade ditadas pelos limites do livro em que se insere, o presente ensaio examina a *posição da doutrina* no Direito e, a partir desse ponto de partida, tenta estimular debate sobre o papel, entre nós, do *parecer jurídico contencioso.* Ao comemorarmos os 200 anos de independência do Brasil, essa é uma reflexão inadiável, já que vinculada diretamente ao adequado funcionamento da Justiça no Estado Democrático e Social de Direito estatuído na Constituição de 1988.

Adianto, já de início, que o texto não nega, no atacado, a utilidade do parecer jurídico contencioso, nem pretende estabelecer balizas pormenorizadas para sua organização. Simplesmente busca chamar a atenção para a *real natureza* e *abusos* do instituto experimentados na prática judicial brasileira, assim procedendo seja para *separá-lo da doutrina*, seja para realçar riscos que provoca no *acesso democrático e igualitário à justiça*, seja ainda para *relembrar aos magistrados o papel que lhes incumbe de garantidor-maior de valores éticos, políticos e jurídicos supremos*, categoricamente estatuídos no Código de Processo Civil de 2015, como a "boa-fé" (art. 5º), a "paridade de tratamento", inclusive quanto aos "meios de defesa", e o "efetivo contraditório" (art. 7º), tudo sob o guarda-chuva do *dever visceral* de observar, na implementação do ordenamento, os "fins sociais" e as "exigências do bem comum", de maneira a resguardar e promover "a dignidade da pessoa humana" (art. 8º).

## 1. DOUTRINA E FONTES DO DIREITO

Conforme a Constituição de 1988, "ninguém será obrigado a fazer ou deixar de fazer alguma coisa senão *em virtude de lei*" (art. 5º, II, grifo nosso). Deriva desse mandamento constitucional que a lei concentra em si o posto de fonte primária e imediata de direitos e obrigações.

O próprio ordenamento jurídico se encarrega de esclarecer e complementar a prescrição constitucional. Consoante o art. 4° da Lei de Introdução às Normas do Direito Brasileiro, "Quando a lei for omissa, o juiz decidirá o caso de acordo com a analogia, os costumes e os princípios gerais de direito" – preceito que põe por terra entendimento segundo o qual o que inexiste na lei inexiste juridicamente. Observe-se que coube ao legislador cuidar de elucidar a função e o patamar, no tecido do Direito, da analogia, dos costumes e dos princípios gerais do Direito. Na mesma toada, avança o Código de Processo Civil de 2015 (art. 927), ao disciplinar a força obrigatória de precedentes judiciais (= a jurisprudência).

Correto, por conseguinte, concluir que o Brasil adota *modelo de pluralismo limitado de fontes do Direito*. Isso o distancia - com fundamento no próprio ordenamento elaborado pelo legislador - do cânone de que a lei goza de monopólio absoluto: na *omissão da lei*, incidem a analogia, os costumes e os princípios gerais do Direito. *Junto com a lei*, opera a jurisprudência, formada por precedentes judiciais, com base no texto legal, na analogia, nos costumes e nos princípios gerais do Direito.

Embora o legislador brasileiro não a tenha incluído entre as fontes do Direito[4], ninguém nega o ofício da doutrina, se não na formação (*iuris essendi*), pelo menos na compreensão do Direito (*iuris cognoscendi*). Dois aspectos chamam a atenção na análise da nossa prática doutrinária. De um lado, a rarefeita "doutrina sobre doutrina", em obras monográficas, tanto no .Direito Comparado como no brasileiro[5]. De outro, o grau de prestígio e de (aparente) impacto judicial da doutrina no Brasil - algo que surpreende professores estrangeiros -, fenômeno de grandeza possivelmente sem paralelo no *civil law* e no *common law*[6].

Para exemplificar essa *superautoridade da doutrina*, menciono episódio real, com toque histórico caricatural. Certa vez me narrou o saudoso Damásio Evangelista de Jesus que, por erro de datilografia, um "não" foi inserido ou retirado de comentário a dispositivo legal de um dos seus Códigos anotados, de consulta quase obrigatória pelos juízes.

---

4 Ao contrário, p. ex., do Estatuto da Corte Internacional de Justiça, ao prever, expressamente, que nela se utilizará "a doutrina dos juristas mais qualificados das diferentes nações, como meio auxiliar para determinação das regras de direito" (art. 38, "d").

5 Na literatura atual, destaco três obras, uma de autor brasileiro: SHECAIRA, Fabio. *Legal scholarship as a source of Law*. Heidelberg: Springer, 2013. E duas outras, de autores estrangeiros: JESTAZ, Philippe; JAMIN, Christophe. *La doctrine*. Paris: Dalloz, 2004; DUXBURY, Neil. *Jurists and judges:* an essayon influence. Oxford: Hart Publishing, 2001.

6 Não se imagine que a situação seja idêntica no mundo todo. Apenas para lembrar, a Suprema Corte do Reino Unido (antes, *House of Lords*) até recentemente não admitia citação de jurista vivo (cf. BOBEK, Michal. *Comparative reasoning in European Supreme Courts*. Oxford: Oxford University Press, 2013). No Brasil, tal regra evitaria o constrangimento (ou humilhação mesmo) de juízes ou desembargadores que, ao citarem, em suporte da *ratio decidendi*, trecho inequívoco de doutrina, são posteriormente "desditos" pelo próprio autor, em parecer contratado para ser usado em Tribunais de Justiça, Tribunais Regionais Federais, STJ, TST, TSE ou STF, sob o argumento de "compreensão defeituosa", "citação desleixada" ou mesmo "má-fé" na referência judicial em foco.

Para sua surpresa, embora a frase remanescente em causa não fizesse nenhum sentido, entre aquela edição e a seguinte formou-se nova corrente jurisprudencial.

## 2. DISTINÇÃO ENTRE DOUTRINA E PARECER JURÍDICO CONTENCIOSO

Entre nós, desde o Século XIX, desenvolveu-se, em boa medida a partir da sala de aula, produção teórica sólida e festejada nas mais diversas áreas do Direito. É a designada *doutrina dos grandes juristas*, expoentes do labor científico, que são acolhidos como *juristas*, não por si mesmos (autoproclamação), mas por seus pares e por profissionais da disciplina.

Na esteira da deferência assegurada a esses juristas magistrais, avolumou-se enormemente nos últimos anos uma subcategoria de "atividade doutrinária" (entre aspas, porque, em seguida, melhor se demonstrará que de doutrina verdadeira não se trata) a cargo de grandes e pequenos especialistas - alguns deles dedicados quase exclusivamente a oferecer opinião casuística, mediante encomenda paga, sobre qualquer tema.

Nessa *zona cinzenta entre teoria e prática*, há aqueles que arvoram para si, de fato e *contra legem*, mediante pareceres sobre litígios concretos em andamento, poderes maiores do que os do legislador. Ilegitimamente, por apropriação indevida da soberania popular, impregnam-se de expectativa consciente ou inconsciente de assumir, em troca de remuneração financeira dos que os contratam, *status de fonte do Direito*. E fonte de Direito, aqui e acolá, acima da lei e da própria Constituição, com o único objetivo imediato de convencer não o público em geral acerca de uma dada tese ou opinião, mas o juiz do processo a decidir em favor do beneficiário do parecer. Em muitos desses casos, após derrota no processo parlamentar, visível o fito - nunca abertamente confessado - de, por intermédio do processo judicial, "reescrever", para atrofiar ou anular, a legislação de salvaguarda dos sujeitos vulneráveis, direitos humanos e patrimônio público.

### 2.1. Sentido da crítica

Não se tome, reitero, a crítica por *juízo negativo genérico contra o parecer contencioso em si*, nem por desmerecimento da sua utilidade prática, valor vinculado, não esqueçamos, aos *autos de litígio com nome e sobrenome*. Há pareceres, e não só jurídicos, ordinariamente dotados de relevante valor para a solução do conflito, como os de assistentes técnicos, que se debruçam sobre fatos da demanda. Embora remunerados, fazem importante diálogo com a avaliação supostamente isenta do perito nomeado pelo juízo, potencializando, sobremaneira, o contraditório e a compreensão de questões alheias à expertise judicial (arts. 465, § 1°, II, e 477, § 1°, CPC).

O que se haverá de censurar, isso sim, vem a ser não se questionarem, a um, as premissas e as implicações ético-políticas e normativas do parecer contratado; a dois, em estágio posterior, a contaminação da literatura doutrinária por "conhecimento parcial", derivado da *indústria do parecer*; e a três, os impactos negativos no contraditório e na ampla defesa, mormente em processos que envolvam sujeitos vulneráveis em confronto com grandes grupos econômicos ou poderosas forças políticas. Já em 1995, essa perplexidade levou-me a fazer referência *en passant* ao tema[7]. E isso antes de ser Ministro do STJ, cargo que me permite, hoje, atestar a *feição nacional e crescente* da problemática.

Essa tríade de facetas deflui do emprego cotidiano do parecer tanto no âmbito dos autos do processo (e, daí, o *abuso anti-isonômico*) como no transplante de peça essencialmente judicial para revistas e compêndios de doutrina (e, daí, o *abuso anticientífico*). Naquele, o risco é de quebra da paridade processual e da igualdade de armas; neste, o risco é de quebra da integridade na geração e disseminação do saber, por ruptura da transparência e do rigor científicos, acentuada quando ocorre conversão dissimulada de parecer em texto (aparentemente) doutrinário.

No mundo todo, doutrina é feita graciosamente; filha das salas de aula, das revistas jurídicas, dos manuais, de dissertações de mestrado e de teses de doutorado; em síntese, do livre pensar e escrever sobre bases e sob restrições do método científico.

No Brasil, cada vez mais a doutrina reproduz pareceres, colagem sem mínima anotação de que se está diante de aproveitamento de peça processual argumentativa (e remunerada) em favor de uma das partes no processo. Em divergência inaceitável com a práxis de outras disciplinas científicas, frequentemente o que se vê é mera cópia *ipsis litteris*, com

7 Cf. "BENJAMIN, Antônio Herman. A insurreição da aldeia global contra o processo civil clássico: apontamentos sobre a opressão e a libertação judiciais do meio ambiente e do consumidor. In: MILARÉ, Édis (coord.). *Ação civil pública*. São Paulo: Revista dos Tribunais, 1995.

ínfima alteração do estilo de redação para adaptar o texto do parecer ao formato de teoria abstrata, sem qualquer advertência ao leitor e, principalmente, ao juiz, sobre a procedência e a causa da opinião apresentada. Claro, esse último problema se resolve em grande medida quando o parecer vem publicado como tal (as "coletâneas de pareceres") ou, na hipótese de migração total ou parcial para livro doutrinário, com auxílio de *alerta ostensivo e inequívoco* no tocante à origem das considerações ali empreendidas.

## 2.2. Faroeste do discurso jurídico

Em franco duelo com a atividade dos órgãos constituídos para legislar sob o *imperium* do Estado Democrático e Social de Direito, ou em substituição a ela, o *abuso do parecer*, fenômeno tipicamente brasileiro, traz à memória o período dos glosadores e pós-glosadores, além de um certo "direito dos juristas", defendido, sem sucesso, no Século XIX, pela Escola Histórica do Direito e por pandectistas.

Lembra figuras variadas do passado, do tipo *ius publice respondendi*, porta-vozes oficiais do Direito escolhidos pelo Imperador romano, cujas opiniões vinculavam os magistrados; ou o instituto alemão de *Aktenversendung*, em que se admitia que juízes, muitos deles sem treinamento jurídico, enviassem processos a Faculdades de Direito para elaboração de decisão, mecanismo criticado e abolido precisamente por encarnar usurpação de poder judicial[8]. A diferença é que, no cenário brasileiro, em vez de ato imperial ou benção do legislador, o que se dá é autonomeação, advinda da promessa de autoridade natural do parecer, não de título ou documento do governante (soberania popular) ou da academia (soberania acadêmica), mas de autoproclamação e, em alguns casos, de autopromoção pura e simples.

A sério, *transformamo-nos em território livre de pareceres contenciosos sob roupagem de peça doutrinária*. O mais inquietante, pelo prisma

8 Essa uma das explicações para o fato de, até hoje, as decisões judiciais alemãs "serem repletas de citações acadêmicas". MARKESINIS, B. S. *Foreign law e comparative methodology:* a subject and a thesis. Oxford: Hart Publishing, 1997. p. 76. Narra James Q. Whitman a crítica de K. T. Welcker, colega de Thibaut, aos *Spruchkollegien*, marcados por "inadequação e perversidade", pois neles se identificava "na administração da justiça pelos juristas, dominação do tipo exclusivo de casta". WHITMAN, James Q. *The legacy of Roman law in the German romantic era:* historical vision and legal change. Princeton: Princeton University Press, 1990. p. 137.

do enfraquecimento das instâncias democrático-legislativas e científicas de estruturação do Direito, é que não falta juiz sensível ao argumento tão fácil, como antirrepublicano e politicamente ilegítimo, de que a voz do "parecerista a serviço do caso concreto" se sobrepõe à palavra do legislador e à própria doutrina dele divergente (por vezes, nem sequer citada ou explorada suficientemente). A consequência de tudo isso deveria ser o recebimento desses pareceres *cum grano salis*, sentimento que – desfecho lógico do dever judicial de garantir a igualdade no processo – deve disparar providências de controle de seu uso pelo juiz, máxime quando houver escasso crivo do contraditório ou perigo de depreciação da paridade de armas entre os litigantes.

A grave realidade deveria chamar a atenção daqueles antenados com a ordem jurídica democrática e social, motivo de preocupação para todos os que acreditam que tanto o direito material como o direito processual devem ser justos e norteados pelo *due process*: parecer entregue aos julgadores, na véspera do julgamento, e não juntado aos autos; parecer que chega às mãos de certos julgadores, mas não de todos, excluído às vezes o próprio relator, que acaba surpreendido nos debates orais; parecer que repudia doutrina genuína do mesmo autor, sob o pretexto de "esclarecimento" ou "reposicionamento"; parecer escrito por Desembargador ou Ministro aposentado, reinterpretando, ou mesmo negando, precedente de cujo julgamento participou, até como relator; parecer de Desembargador ou Ministro aposentado em processo sob o crivo de seus ex-colegas de Câmara ou Turma; parecer em papel timbrado da instituição universitária a que pertence o autor, insinuando selo (impróprio) de legitimidade acadêmica; parecer citado em decisão e até em ementa, sem que tenha passado pelo teste do contraditório ou, pior, sem que integre os autos; parecer sintetizado em "artigo de opinião" em jornal de grande circulação, omitindo-se a origem e o pagamento da dita "opinião livre". Numa frase, é o *faroeste do discurso jurídico*.

## 2.3. Abuso do parecer

As contradições e perplexidades aqui apontadas, que não podem ser dissimuladas, nem normalizadas, *tampouco generalizadas*, correspondem mais ao *abuso do parecer contencioso* e às suas implicações negativas a) na isonomia processual e b) na constituição da própria doutrina (como verdadeira *communis opinio doctorum*).

Ao contrário dos debates parlamentares, fonte primordial das leis, que usualmente ocorrem à luz do dia – "usualmente", sim, porque no

Brasil até medida provisória, lei e decreto se compram, sem falar de emendas parlamentares, o "jabuti", no jargão vulgar, insertadas à meia-noite em sessões deliberativas de caráter terminativo -, *a narrativa do parecer contencioso exterioriza-se nas páginas de processos sem efetivo contraditório, amiúde em violação frontal à ampla defesa, além de resultar de serviço remunerado.*

A questão não se resume apenas a eventual *parcialidade* do enfoque jurídico ou à quebra da objetividade científica. Refere-se mais ao esvaziamento das premissas do *método científico* e ao enfraquecimento do discurso doutrinário sobre tais alicerces. Além de, no plano da ética processual, poder incorrer em violação dos direitos do sujeito *ex adverso*, garantias essas que vão, e precisam ir, em obediência às premissas da Constituição de 1988, muito além de mera formalidade ou adereço retórico do Direito Processual.

## 2.4. Isonomia processual

No Brasil, *justiça* inclui-se entre os mais venerados privilégios dos ricos e influentes. Embora haja uma pitada de atino na afirmação, sobressai nela algum excesso, mormente quando se percebe o notável crescimento da Defensoria Pública e do Ministério Público (no processo civil coletivo), fortalecimento observável na própria Advocacia Pública em representação judicial do Estado, com realce para a federal.

Além disso, em dispositivo que se espera mitigue, realmente, a gritante assimetria processual tida por regular e aceitável no estatuto anterior (criação do regime militar), o Código de Processo Civil de 2015 prescreve que "É assegurada às partes *paridade de tratamento* em relação ao exercício de direitos e faculdades processuais, aos *meios de defesa*, aos ônus, aos deveres e à aplicação de sanções processuais, *competindo ao juiz zelar pelo efetivo contraditório*" (art. 7º, grifo nosso).

Corretamente agiu o legislador, considerando que o Estado Democrático e Social de Direito pressupõe um direito e um processo "baseados no respeito pelos direitos humanos, pela liberdade e pela *igualdade jurídica* de todos os cidadãos, ou mesmo de todos os habitantes" (grifo nosso)[9]. O requisito de "paridade de tratamento" certamente haverá de incidir sobre a enxurrada de pareceres (= meio de defesa) no

9 WIEACKER, Franz. *História do Direito Privado moderno*. Trad. A. M. Botelho Hespanha. 3. ed. Lisboa: Fundação Calouste Gulbenkian, 2004. p. 570.

processo, incumbindo ao juiz o dever de zelar, também quanto a isso, pelo equilíbrio entre as partes.

Consta que, no cotidiano judicial, divisor processual de águas (e também divisor de classe social) vem a ser o surgimento de duas categorias de partes, "litigante com parecer" e "litigante sem parecer". Tirante raríssimos casos de atuação *pro bono*, parecer custa dinheiro, muitíssimo dinheiro, por conseguinte enseja privilégio a poucos, pouquíssimos. Tal já basta para excluir dos seus domínios e eventuais benefícios o grosso dos brasileiros. E a situação se agrava quando vulneráveis contendem com pessoas jurídicas, as grandes corporações, envolvidas com litígios em massa e, por isso, capazes de otimizar e diluir o impacto financeiro dos muitos pareceres jurídicos que eventualmente contratem, por si ou por graça de suas federações ou confederações.

Sejamos explícitos e sinceros no âmbito ético-político, mas também jurídico, da paridade processual: consegue um cidadão comum, mesmo que não pobre ou miserável (este, por certo, usuário de justiça gratuita), defender-se, material e não apenas formalmente, em processo no qual o adversário junta aos autos não um, mas vários pareceres dos mais conhecidos doutrinadores da região ou do país?

## 3. PARECER CONTENCIOSO NÃO É DOUTRINA: DUPLO SILÊNCIO DA LEGISLAÇÃO E DA ACADEMIA

A confusão entre parecer contencioso e doutrina enfraquece e deslegitima esta em favor daquele. Diga-se, desde logo: *parecer contencioso não é, nem deve ser, considerado doutrina, embora se fantasie de pretensão doutrinária para mais potentemente influenciar o juiz* no caso concreto. A doutrina tem por público-alvo *os* leitores (no plural), enquanto o parecer contencioso tem por público-alvo imediato só *um* leitor (no singular), o juiz. A separação entre doutrina e parecer contencioso atrai diferenças metodológicas e éticas, não se restringindo ao elemento dos honorários recebidos de cliente com interesse(s) jurídico(s) específico(s) e previamente definido(s).

Não obstante a colossal relevância prática (ética, política, social e jurídica) do parecer contencioso remunerado, paira sobre ele *duplo silêncio*, ambos paradoxais por incompatibilidade com a responsabilidade da legislação e a práxis da literatura jurídica. Aí está um instituto jurídico capaz de circular com desenvoltura em território marcado pela invisibilidade normativa e teórica, um *fait accompli* à margem do Direito e, ocasionalmente, contra o Direito, nem por isso menor sua ambição de ares de superioridade que, incongruentemente, não se deseja repercuta em eventual regramento legal e em inquirição sobre seus impactos negativos na efetividade da tutela da legião dos "sem parecer".

De início, o *silêncio legislativo*. Como justificar que o Código de Processo Civil atual, que regula até o insólito e o microscópico, não diga uma palavra sobre o parecer contencioso? Seria a insignificância do tema? Não se afigura verossímil, basta atentar para o indiscutível *glamour* jurídico e as somas estratosféricas movimentadas pelo mercado do parecer. Seria esquecimento acidental? Não se imagina que Comissão de Juristas e Parlamentares, muitos com formação em Direito, tenham olvidado, em dois momentos recentes (1973 e 2015), peça processual de tamanho vulto. Desconheço se a matéria chegou a ser abordada, com proposições específicas, nas Comissões de Juristas e nos debates parlamentares.

Em paralelo, o *silêncio doutrinário*, inconcebível contradição tendo em vista a magnitude que ostenta em processos judiciais de expressão econômica ou peso simbólico para as nossas elites. O que estaria por trás desse mutismo, tão atípico na tradição dos profissionais do Direito, famosos pela verbosidade sobre o tudo e sobre o nada? Em adição ao acima alvitrado concernente ao silêncio legislativo, algumas possibilidades, entre tantas, se apresentam: a) a intransponível complexidade da matéria, argumento que não se segura em pé, pois hermetismo nunca serviu de barreira à pesquisa e ao estudo jurídicos; b) a dificuldade de investigação, desculpa de pronto rejeitada pela extraordinária facilidade, no Brasil, de consulta eletrônica ao universo dos precedentes judiciais, muitos deles com citação, até na ementa, de pareceres; c) a reticência, fruto de temor reverencial, dos jovens pesquisadores, já que analisar criticamente a indústria do parecer poderá contrariar grandes mestres da disciplina em que militam, possivelmente integrantes de futuras bancas de concurso para cargos na carreira universitária ou de corporações advocatícias; d) a passividade, por coleguismo ou interesse pessoal, dos professores mais antigos, ora receosos de ferir suscetibilidades de amigos ou colegas de academia, ora calados pela sedução de serem eles próprios usufruidores do sistema em curso.

Não estranha, pois, que no Brasil tenha competido a um filósofo e cientista político, e não a um jurista, a mais lúcida e eloquente descrição do *conflito intrínseco entre doutrina e parecer*, ou seja, a "lógica advocatícia" e a ausência de "autonomia acadêmica" deste no contraste com aquela[10]:

> No caso do parecer, o jurista se posiciona como defensor de uma tese "sem interesse ou qualquer influência" da estratégia advocatícia definida. Assim, a escolha dos argumentos constantes da doutrina e da jurisprudência, combinada com a interpretação da legislação, seria feita, digamos, "por convicção". Ocorre que, mesmo concedendo-se que o *animus* seja diverso, a lógica que preside a construção da peça é a mesma. O parecer recolhe o material jurisprudencial e doutrinário e os devidos títulos legais unicamente em função da tese a ser defendida: *não recolhe todo o material disponível, mas tão-só a porção dele que vem ao encontro daquela tese*. O parecer não procura, no conjunto do material disponível, um padrão de racionalidade e inteligibilidade para, só então, formular uma tese explicativa, o que seria talvez o padrão e o objetivo de uma investigação acadêmica no âmbito do direito. Dessa forma, no caso paradigmático e modelar do parecer, *a resposta vem de antemão: está posta previamente à investigação* (grifo nosso).

Remuneração financeira em si não é o problema central do parecer, embora não se consiga inteiramente deixar de lado o desconforto com a substituição da *curiosidade intelectual* pela *invocação da moeda*, do poder da instigação científica pelo poder do dinheiro, do pensar por pensar pela visão de mundo de minorias privilegiadas, obscurantistas e até de tiranos públicos e privados, despreocupados com o destino da multidão de indigentes, dos direitos humanos (p. ex., Teixeira de Freitas, ao abordar a escravidão em parecer), dos cofres da Nação e do patrimônio das gerações futuras. A interrogação maior é: quem paga, como paga, para que paga e em que circunstâncias paga?

Doutrina verdadeira não é mercadoria à venda, quando muito aceita rendimento na forma de direitos autorais, bolsas de pesquisa e prêmios. Algo bem diferente do parecer. De um lado, o doutrinador que busca financiamento (e revela a fonte) para trabalho investigativo de certa temática jurídica complexa, mesmo concreta, que o entusiasma ou ressente-se de melhor exploração científica, e depois divulga ou edita os resultados alcançados, pouco importando o teor das conclusões. Do

10 NOBRE, Marcos. Apontamentos sobre a pesquisa em Direito no Brasil. *Novos Estudos*, São Paulo, n. 66, p. 149-150, jul. 2003.

outro, o especialista que, sob promessa anterior de contrapartida financeira, examina questões jurídicas de escolha e de interesse de terceiro, daquele que compra "estudos" para sair vitorioso em demanda judicializada, escrutínio que, se contrariar os desígnios do litigante, só por acidente será juntado aos autos ou alcançará a luz do dia.

Até recentemente, costumava-se atrelar doutrina jurídica ao magistério científico (no terreno do Direito, também magistério moral). Mas há doutrinadores de escol que não foram professores (Pontes de Miranda, por exemplo), assim como há professores que nunca foram nem serão doutrinadores.

Em situações normais, a nobre função de doutrinador se insere em contexto didático-científico, exercida com mente aberta, longe da encomenda e do calor do caso concreto judicializado. Esforça-se para evitar a pecha da parcialidade, algo inescapável quando a conjuntura processual da peça coloca o dono da pena como aliado intelectual da parte que o financia. Ou até como aliado material, não sendo raro que o próprio parecerista, sem procuração nos autos, acompanhe os Advogados da causa, no despacho com o Juiz, Desembargador ou Ministro.

Doutrina, na acepção de *communis opinio doctorum* (consenso doutrinário), em rigor só minguadamente se forma no calor ou no interior de lide isolada. Prende-se muito mais à tarefa de exame da jurisprudência (fonte do Direito no Brasil) sobre litígios pretéritos, ou, no extremo, litígios nos quais a análise não se cubra, direta ou indiretamente, de aura *partisan* associada a nítido interesse no resultado de litígio particular, tanto mais se por aporte financeiro.

O certo é que, atualmente, nem tudo o que falam ou escrevem professores de Direito decorre de labor do ensino ou da reflexão acadêmica isenta (pelo ângulo financeiro) e, por isso, não se qualifica, como regra, para compor genuína Doutrina. Mesmo se consagrado o jurista, a débil espontaneidade intelectual do parecer enforma certa incompatibilidade (até conflito de interesse) com a *liberdade de livre meditar* (perdão pelo pleonasmo), o agir da mente sem prévia ânsia de cliente quanto às subsequentes conclusões. Nessa perspectiva, é difícil ou impossível suplantar o antagonismo entre *livre pensar e pensar por empreitada*. Em outros termos, inexequíveis o distanciamento das paixões, a resistência a entrelaçamento com a solução de disputas concretas e a emancipação da cognição em ambiente de contratação de serviço intelectual para lide específica. Cuida-se de ofício destinado, por óbvio, a fortalecer – com argumentos jurídicos organizados em *rota unidirecional* – a pretensão de um dos litigantes.

Não custa lembrar que a alusão, amiúde utilizada, é "*A* Doutrina" (com artigo definido), indicador de que, para ser doutrina, imprescindível estar diante, na ótica dos destinatários, de esforço intelectual coletivo e despersonalizado. Eis aí o fundamento de legitimidade jurídica, apelo teórico e força retórica – a autoridade, em síntese – da doutrina.

Por mais que repitam os pareceristas que sempre agem com total independência, a realidade da vida e o tipo de avença em questão enfraquecem ou negam a assertiva de exoneração. A impressão e o julgamento populares derrubam a ficção. E, se não há absoluta autonomia de pontos de partida, de pontos de trânsito e de pontos de chegada, inexiste autêntica doutrina, pois ela pressupõe a satisfação de requisitos deontológicos simultâneos: ética no método, ética no conteúdo e ética nas finalidades.

Como bem captaram dois expertos na matéria, a doutrina, implicitamente justificada pelo saber e prestígio universitário, "se arroga o poder de dizer qual é a boa interpretação da lei ou das decisões judiciais"[11]. Em tal exercício, muitas vezes se percebe que a técnica fica refém de escolhas preconizadas, e, no caso de parecer contencioso, acrescentaria eu: escolhas esperadas e, portanto, recompensadas monetariamente pelo cliente.

Vivemos, infelizmente, época em que, por deformidade desconhecida em outras ordens jurídicas que nos servem de modelo, no Brasil qualquer um se enxerga com a prerrogativa de, em parecer remunerado, pregar desrespeito ao que está na lei e mesmo na Constituição e sustentar que o que nelas se omite, ou mesmo se nega categoricamente, deve-se julgar incluído.

Muito do mundinho do parecer afasta-se das proposições em que se firma e se afirma a *communis opinio doctorum* (*a* doutrina). Sob tal enquadramento, no *abuso de parecer* o que se tem, quando muito, é arremedo de doutrina, de produção casuística, enviesada pelos limites dos fatos, do processo, das circunstâncias e das expectativas muito bem e previamente delimitadas de quem dele precisa e por ele está disposto a pagar.

11 JESTAZ, Philippe; JAMIN, Christophe. *La doctrine*. Paris: Dalloz, 2004. p. 157.

## CONCLUSÃO

Conforme prevenido acima, vivemos no Brasil quadro de *hipertrofia do parecer*. Dificilmente esse desvirtuamento será atacado de frente, muito menos superado em curto prazo. Há muito em jogo, nos que dão e nos que contratam pareceres. Os abusos do fenômeno retiram sua força de cultura jurídica, aleijada na garantia dos direitos dos vulneráveis e agigantada na inexigibilidade das obrigações dos poderosos. Pouco importa que esse *modus operandi* transgrida o sistema democrático e social das fontes do Direito que, idealmente, seriam isentas de conflitos de interesse, máxime os financeiros.

Sobretudo em litígios de massa ou de expressão econômica por vezes bilionária (proteção dos trabalhadores, consumidores, idosos, pessoas com deficiência, povos indígenas, meio ambiente, urbanismo, integridade do processo eleitoral, privacidade; na reforma agrária, desapropriação direta e indireta, matéria tributária; combate à corrupção e aos monopólios e oligopólios), com frequência o parecer contencioso, sem querer e sem saber, se insere em pano de fundo de *luta de classe* (e de Justiça de classe) e de *luta intergeracional*, ganhando ares abomináveis quando serve de veículo para, *contra* o Direito – não *pelo* Direito, na acepção de escudo para os pobres, excluídos e gerações futuras -, negar a esses sujeitos débeis aquilo que o ordenamento textualmente lhes assegura. Escolhidos os tribunais como campo de batalha para enfraquecer ou abater garantias individuais e supraindividuais da legislação (fora dos muros do parlamento, portanto), não surpreende que o parecer contencioso se erga como arma de primeira grandeza, capaz de moldar mentes (a do juiz, de preferência) e apagar o pulsar do coração, o sentimento de justiça (de todos).

Em suma, necessário, de antemão, detectar o problema, sobre ele falar, prevenir os juízes, alertando-os sobre o dever que a legislação processual civil lhes imputa de fielmente garantir a igualdade material, o contraditório, a ampla defesa e a transparência absoluta. Se não se pode vedar a juntada aos autos de qualquer documento de interesse da parte – e assim deve ser tratado o parecer contencioso, já que carente o sistema processual civil de previsão específica a seu respeito, como antes referido -, que a ele se confira o adequado (restrito) valor jurídico, assegurando-se ampla oportunidade de o sujeito-adverso, em tempo razoável (muitos pareceres são entregues, em audiência, na véspera do julgamento), conferir as fontes citadas e contraditá-lo à luz da melhor doutrina e de precedentes judiciais que, genuína e independentemente, tenham enfrentado o tema (art. 437, §§, CPC).

Indispensável também relembrar a professores e alunos que doutrina e parecer não são sinônimos, nem essencialmente a mesma coisa. Na falta dessa advertência (e consciência), corremos o risco de *mercantilizar o aprendizado e o conhecimento jurídicos* ao deslocarmos o parecer, sem identificação como tal, dos autos de processos e dos salões dos tribunais para as salas de aula. Daí inexoravelmente emanam efeitos éticos, políticos e sociais perversos, que hão de inquietar todos os que se preocupam com a *democracia, o rigor científico* e a *pluralidade* do e no estudo do Direito.

Numa palavra, o modelo republicano de pesquisa e ensino do Direito é inconciliável com discurso jurídico comprado a peso de ouro pelas elites do país.[12]

## REFERÊNCIAS

ALMEIDA, Carlos Ferreira de. *Introdução ao Direito Comparado.* Coimbra: Almedina, 1994.

BENJAMIN, Antônio Herman. A insurreição da aldeia global contra o processo civil clássico: apontamentos sobre a opressão e a libertação judiciais do meio ambiente e do consumidor. In: MILARÉ, Édis (coord.). *Ação Civil Pública.* São Paulo: Revista dos Tribunais, 1995.

BOBEK, Michal. *Comparative reasoning in European Supreme Courts.* Oxford: Oxford University Press, 2013.

DUXBURY, Neil. *Jurists and Judges:* an essayon influence. Oxford: Hart Publishing, 2001.

JESTAZ, Philippe Jestaz; JAMIN, Christophe. *La doctrine.* Paris: Dalloz, 2004.

MARKESINIS, B. S. *Foreign Law do comparative methodology*: a subject and a thesis. Oxford: Hart Publishing, 1997.

NOBRE, Marcos. Apontamentos sobre a pesquisa em Direito no Brasil. *Novos Estudos,* São Paulo, n. 66, p. 149-150, jul. 2003.

12 Versão também publicada na obra MARTINS, Humberto (Coord.). *O Poder Judiciário e o Direito na Atualidade*: Estudos em Homenagem aos 200 anos de Independência do Brasil. Londrina: Thoth Editora, 2022.

SEEFELDER, Claudio; CAMPOS, Rogério (coord.). *Constituição e Código Tributário Comentados*. São Paulo: Revista dos Tribunais, 2020.

SHECAIRA, Fábio. *Legal scholarship as a source of law*. Heidelberg: Springer, 2013.

WHITMAN, James Q. *The legacy of Roman Law in the German Romantic Era*: historical vision and legal change. Princeton: Princeton University Press, 1990.

WIEACHER, Franz. *História do Direito Privado moderno*. Trad. A. M. Botelho Hespanha. 3. ed. Lisboa: Fundação Calouste Gulbenkian, 2004.

WIJFELS, Alain. *Introduction historique au Droit*: France, Allemagne, Angleterre, 2eme éd. Paris: PUF, 2010.

# O PAPEL DO PODER JUDICIÁRIO NA DEFESA DA DEMOCRACIA

*Gilmar Ferreira Mendes*[1]

## 1. INTRODUÇÃO

O Brasil vive seu mais longo período histórico de ordem democrática. A Carta Cidadã de 1988 superou institucionalmente um modelo ditatorial baseado no autoritarismo do Regime Militar iniciado em 1964, cabendo ao texto constitucional reunir as aspirações de uma sociedade que se libertava de mais de duas décadas de repressão. Daí sua primazia por uma agenda social capaz de transcender aspectos meramente formais. Em um país onde o acesso aos direitos sociais básicos ainda não foi garantido a milhões de pessoas, não surpreende que a Assembleia Constituinte de 1987 tenha sido tão generosa. A Constituição Federal também refletiu a perspectiva de que um Estado Democrático de Direito é também um local de síntese e de proclamação dessas aspirações historicamente esquecidas.

Nesse contexto, o papel do Poder Judiciário na consolidação da democracia tornou-se absolutamente relevante. Os direitos fundamentais, que são procedimentos de natureza e garantias objetivas para a proteção do marco constitucional, têm merecido tratamento singular pelo Supremo Tribunal Federal (STF), na medida em que constituem um dos mais completos sistemas constitucionais do mundo. O STF passou a enfrentar controvérsias de importância histórica; casos em que foram discutidas questões como antissemitismo[2], racismo[3], reforma do sistema

---

1 Doutor em Direito pela Universidade de Münster, Alemanha. Professor de Direito Constitucional nos cursos de graduação e pós-graduação do Instituto Brasileiro de Ensino, Desenvolvimento e Pesquisa (IDP). Ministro do Supremo Tribunal Federal (STF).

2 Sobre o tema, é o caso do HC nº 82.424, no qual se definiu que o antissemitismo seria uma forma de racismo e, portanto, seria imprescritível de acordo com a Constituição Federal (STF, Tribunal Pleno. HC nº 82.424. Rel. Min. Moreira Alves, Rel. p/ Acórdão Min. Maurício Corrêa. *DJe*, 19 mar. 2004).

3 Além do HC nº 82.424, citado na nota acima, o racismo pautou também os julgamentos sobre as políticas afirmativas para negros e pardos em universidades públicas brasileiras, quando se destacou a sua importância para vencer um quadro de "racismo estrutural e institucional ainda existente na sociedade brasileira" (STF, Tribunal Pleno. ADC nº 41. Rel. Min. Roberto Barroso. *DJe*, 16 ago. 2017). No mesmo sentido: STF, Tribunal Pleno. ADPF nº 186. Rel. Min. Ricardo Lewandowski. *DJe*, 17 out. 2014.

prisional[4], lealdade partidária[5] e pesquisa científica envolvendo células-tronco humanas[6]. Além de seu caráter de garantias processuais dos direitos fundamentais, as reivindicações constitucionais são constantemente usadas como um instrumento único para defender a jurisdição e a autoridade das decisões da Suprema Corte[7].

Com isso, houve o fortalecimento da Corte Constitucional – e esse pode ser o legado mais importante da Constituição de 1988 – e a consolidação de um novo arranjo de poder institucional. Os poderes Executivo, Legislativo e Judiciário se tornaram maduros e prontos para manter um diálogo inteligente e político que vai além do partidarismo. Entidades consideradas essenciais à função jurisdicional do Estado também foram capacitadas, definindo uma estrutura de poder verdadeiramente poliárquica.

O Ministério Público do Brasil obteve fortes garantias de autonomia administrativa, financeira e política, sendo completamente destacado do Executivo, sem estar subordinado aos poderes Legislativo ou Judiciário. Diversas vitórias notáveis demonstram que a CF/1988 estabeleceu uma ordem democrática inédita no Brasil, suficientemente forte para garantir o Estado de direito mesmo diante de situações tensas.

## 2. CRISE DEMOCRÁTICA BRASILEIRA

As democracias contemporâneas vivem um momento de alerta diante da emergência do recrudescimento do populismo em nível glo-

---

4 Na oportunidade, o Supremo Tribunal Federal determinou uma série de obrigações ao Poder Executivo e ao Judiciário tendo em vista o "quadro de violação massiva e persistente de direitos fundamentais" no âmbito do sistema prisional brasileiro, caracterizado pela Corte como "estado de coisas inconstitucional" (STF, Tribunal Pleno. Medida Cautelar na ADPF nº 347. Rel. Min. Marco Aurélio. *DJe*, 18 fev. 2016).

5 Sobre o tema, importantes decisões foram tomadas pelo Supremo Tribunal Federal no julgamento dos seguintes casos: STF, Tribunal Pleno. MS nº 26.602. Rel. Min. Eros Grau. *DJe*, 16 out. 2008; STF, Tribunal Pleno. MS nº 26.603. Rel. Min. Celso de Melo. *DJe*, 18 dez. 2008; STF, Tribunal Pleno. MS nº 26.604. Rel. Min. Cármen Lúcia. *DJe*, 2 out. 2008.

6 STF, Tribunal Pleno. ADI nº 3.510. Rel. Min. Ayres Britto. *DJe*, 28 maio 2013.

7 Tal característica está especialmente presente no caso da reclamação, prevista no art. 102, I, "l", da Constituição Federal.

bal. Estratégias de desinformação e discursos sectários de radicalização política têm influenciado o debate público, colocando em risco garantias individuais. Se o século passado assistiu a um claro processo de espraiamento de ordens constitucionais baseadas na representatividade e no pluralismo, os tempos atuais parecem indicar um verdadeiro movimento de reversão dessas conquistas[8]. O corolário natural dessa realidade é a emergência de movimentos populares com pautas largas e bastante abrangentes que dão cores à manifestação da virtude política.

O campo do direito constitucional tem se reorientado para investigar as raízes e os possíveis desdobramentos desse cenário de decadência da democracia. Nos últimos anos, publicistas norte-americanos como Mark A. Graber, Sanford Levinson e Mark Tushnet apontam vivermos em tempos de "constitucionalismo democrático em crise" (*constitutional democracy in crisis*)[9], Tom Ginsburg e Aziz Huq se referem a um movimento de "retrocesso constitucional" (*constitutional retrogression*)[10] e Jack Balkin fala até mesmo em uma "putrefação constitucional" (*constitutional rot*)[11]. A principal discussão que se impõe consiste em saber qual, afinal, deve ser o papel das Cortes Constitucionais diante desse processo de deterioração das bases do Estado democrático[12].

Compreender o chamado processo de crise democrática no Brasil envolve desvendar como acontecimentos históricos recentes se traduziram em uma reconformação das instituições outrora fortalecidas

---

8 Como diagnosticado em artigo recente de Zachary Elkins, embora o número absoluto das democracias constitucionais no mundo permaneça relativamente constante, as práticas democráticas têm se enfraquecido em uma velocidade muito maior do que se observou no processo de fortalecimento das constituições nos anos anteriores. Nesse sentido, *cf.* ELKINS, Zachary. Is the sky falling? Constitutional crisis in historical perspective. *In*: GRABER, Mark A.; LEVINSON, Sanford; TUSHNET, Mark (Ed.). *Constitutional democracy in crisis?* New York: Oxford University Press, 2018.

9 GRABER, Mark A.; LEVINSON, Sanford; TUSHNET, Mark (Ed.). *Constitutional democracy in crisis?* New York: Oxford University Press, 2018.

10 HUQ, Aziz Z.; GINSBURG, Tom. How to lose a constitutional democracy. *SSRN Eletronic Journal*, v. 78, 2017.

11 BALKIN, Jack M. Constitutional crisis and constitutional rot. *Maryland Law Review*, v. 77, n. 147, p. 147-160, 2017.

12 PIN, Andrea. The transnational drivers of populist backlash in Europe: The role of courts. *German Law Journal*, v. 20, n. 2, p. 225-244, 2019. Disponível em: https://www.cambridge.org/core/product/identifier/S2071832219000142/type/journal_article.

pelo processo constituinte de 1988. O texto constitucional vigente tem mostrado possuir força normativa suficiente para regular situações extremas de fragilidade do sistema de governo adotado. Todavia, nos últimos anos, diversos fatores políticos, econômicos e sociais têm dado azo ao aumento do discurso populista, sem que seja tarefa simples identificar as causas da decadência democrática no país[13].

Os primeiros sintomas da recente crise democrática tornaram-se aparentes a partir da eclosão das manifestações em massa no Brasil em junho de 2013, que ficaram conhecidas como *Manifestações de Junho* ou *Jornadas de Junho*. Esses episódios representaram o maior movimento político popular desde o período da redemocratização que resultou no fim da ditadura militar na década de 1980. A onda de protestos foi iniciada por articulações contra o aumento nos preços das passagens de ônibus no município de São Paulo/SP, porém acabaram por englobar pautas bastante diversas, mas principalmente a luta contra a corrupção arraigada no sistema político[14]. As manifestações também foram impulsionadas pelo intenso uso de redes sociais e diversas formas de comunicação em massa.

A eclosão desses movimentos populares foi sucedida por uma crise política desencadeada pela chamada Operação Lava-Jato. Em março de 2014, a operação revelou atos de corrupção e lavagem que incluíam políticos e pessoas-chave ocupantes de altos cargos, os quais, por sua vez, supostamente serviam como intermediários de contratos com o governo voltados à camuflagem do financiamento de partidos políticos e campanhas eleitorais. Essas tensões políticas levaram a novos protestos populares de rua contra o governo em 2015[15].

No plano do Poder Executivo, a situação tornou-se ainda mais sensível em dezembro de 2015, quando o presidente da Câmara dos Deputados aceitou uma oferta de *impeachment* contra a então Presidente Dilma Rousseff. O episódio pode ser compreendido como consequência

---

13 Como bem destaca Tom Daly: "At every turn, the Brazilian context reminds us that identifying democratic decay is difficult, that assessments cannot be based on superficial analysis, and that what democracy means, and who 'owns' the democratic system, are far from settled questions" (DALY, Tom Gerald. Populism, public law, and democratic decay in Brazil: understanding the rise of Jair Bolsonaro. *Law and Ethics of Human Rights (LEHR) Journal*, p. 1-22, 2019. p. 8).

14 SAAD-FILHO, Alfredo. Mass protests under "left neoliberalism": Brazil, June-July 2013. *Critical Sociology*, v. 39, n. 5, p. 657-669, 2013. p. 657.

15 MELO, Marcus André. Latin America's new turbulence: crisis and integrity in Brazil. *Journal of Democracy*, n. 2, p. 50-65, 2016. p. 52.

da deterioração da articulação política em um sistema de presidencialismo de coalizão, tornando insustentável o equilíbrio entre poderes. A denúncia foi direcionada à presidente por crimes de falsidade contra a lei orçamentária, apontando o uso indevido de dinheiro de bancos estatais para ocultar um crescente déficit público antes de sua reeleição. Em 12.5.2016, depois que dois terços dos membros da Câmara dos Deputados aceitaram essas acusações, o Senado Federal decidiu suspender a presidência de Dilma Rousseff por 180 dias. Em 31 de agosto, seu mandato foi cassado de forma definitiva.

Em 1992, o ex-Presidente Fernando Collor também havia sido acusado de crimes de malversação e também acabou passando por um processo de impedimento. No contexto da CF/88, portanto, assistiu-se a dois processos de destituição de presidentes da República, sem que a normalidade institucional tivesse sido violada em qualquer dessas ocasiões.

Durante o processo de *impeachment* da Presidente Dilma Rousseff, o STF foi instado duas vezes a examinar a legalidade do procedimento levado a cabo pelo Congresso Nacional[16]. Em ambas ocasiões, a Corte Constitucional buscou assegurar o cumprimento do contraditório e da ampla defesa à investigada, sem interferir de forma indevida na autonomia das casas legislativas do Parlamento.

A crise política, no entanto, não se arrefeceu após a conclusão do processo de *impeachment*. Durante os anos de 2016 e 2017, o governo do Presidente Michel Temer também sofreu dura resistência popular, sobretudo em virtude do seu perfil reformista e por conta das mudanças de políticas econômica e orçamentária implementadas, como a aprovação da Emenda Constitucional (EC) nº 95/2016, que estabeleceu limites individualizados de despesas primárias para os vinte exercícios financeiros subsequentes no âmbito dos três poderes, do Ministério Público da União, do Conselho Nacional do Ministério Público, do Tribunal de Contas da

16 O Plenário do Supremo Tribunal Federal analisou a questão em duas decisões principais, a saber: STF, Tribunal Pleno. Medida Cautelar na ADPF nº 378. Rel. Min. Edson Fachin, Rel. p/ Acórdão Min. Roberto Barroso. *DJe*, 3 ago. 2016; STF, Tribunal Pleno. Medida Cautelar na ADI nº 5.498. Rel. Min. Marco Aurélio, Rel. p/ Acórdão Min. Teori Zavascki. *DJe*, 10 maio 2017. Outras importantes decisões também analisaram o tema: STF, Tribunal Pleno. Medida Cautelar no MS nº 34.127. Rel. Min. Roberto Barroso, Rel. p/ Acórdão Min. Teori Zavascki. *DJe*, 10 out. 2016; STF, Tribunal Pleno. Medida Cautelar no MS nº 34.130. Rel. Min. Edson Fachin. *DJe*, 31 ago. 2016; STF, Tribunal Pleno. Medida Cautelar no MS nº 34.131. Rel. Min. Edson Fachin. *DJe*, 9 maio 2016.

União e da Defensoria Pública da União. Referida emenda objetivava reverter o quadro de degeneração das contas públicas nacionais ocasionado pelo exacerbado aumento de despesas nos últimos anos. Contudo, a alteração constitucional gerou forte resistência, sobretudo por seus possíveis impactos nos gastos com ações e serviços públicos de saúde.

Ademais, o período eleitoral do final de 2018 foi marcado por uma turbulenta polarização entre grupos apoiadores do Partido dos Trabalhadores (PT) e eleitores que então se apresentavam como uma alternativa ao *establishment* político vigente, defendendo pautas que poderiam ser identificadas como de direita ou de extrema-direita[17]. Observou-se, ainda, uma mudança de paradigma da propaganda eleitoral, que passou a se desenvolver intensamente por meio de redes sociais, em detrimento do modelo até então predominante de comunicação de massa em rádio e TV[18]. Além disso, o combate a notícias falsas apresentou-se como um desafio a ser enfrentado pelo Poder Judiciário, tendo o Tribunal Superior Eleitoral (TSE) analisado cinquenta processos judiciais em que se veiculava pedidos de retirada de conteúdos supostamente falsos na internet[19].

As cidades brasileiras, de forma geral, servem de palco para a democracia e para a vida política, eis que nelas se situam os organismos essenciais da atividade política, seja como espaço cívico e localização dos Poderes Públicos, além de serem palco da vida social enquanto local de manifestação espontânea. Brasília, por ser a capital da República Federativa do Brasil e sede dos três Poderes da União, está no foco da iluminação cênica, abrigando personagens importantes da história democrática do país, de forma que todos os esses sintomas desaguam em seu território.

17 Para uma análise dos fatores políticos e sociais que explicam a ascendência do governo do presidente eleito, *cf.* DALY, Tom Gerald. Populism, public law, and democratic decay in Brazil: understanding the rise of Jair Bolsonaro. *Law and Ethics of Human Rights (LEHR) Journal*, p. 1-22, 2019.

18 Tal fenômeno encontra paralelo com ocorrido nas eleições norte-americanas, conforme analisado em profundidade na obra BENKLER, Yoachai; FARIS, Robert; ROBERTS, Hal. *Network propaganda*: manipulation, desinformation, and radicalization in American politics. New York: Oxford University Press, 2018.

19 Nesse sentido, *cf.* TSE atuou com celeridade no julgamento de processos sobre fake news durante as Eleições 2018. *Tribunal Superior Eleitoral*, 16 nov. 2018. Disponível em: http://www.tse.jus.br/imprensa/noticias-tse/2018/Novembro/tse-atuou-com-celeridade-no-julgamento-de-processos-sobre-fake-news-durante-as-eleicoes-2018.

Nessa toada, não poderia ser outro o ponto de eclosão dos crescentes discursos antidemocráticos que passaram a ser inflamados em 2018. No dia 8 de janeiro de 2023, as sedes dos Poderes da República sofreram ataques inimagináveis contra a expressão mais concreta do Estado Democrático de Direito. Embora ainda sejam recentes, há de se ressaltar sua magnitude, de forma que os defensores da democracia atuem para que esse lamentável acontecimento jamais se repita em nossa história.

Apesar de todos esses acontecimentos sugerirem uma tendência de crise, seria um exagero afirmar a existência de um desmantelamento estrutural da ordem democrática. Apesar dos percalços recentes, observa-se um ainda sólido empenho da sociedade com os principais elementos constitucionais que erguem a democracia, como a garantia do cumprimento dos resultados dos pleitos eleitorais, a proteção de direitos individuais e a liberdade de imprensa[20]. A manutenção desse tênue equilíbrio, no entanto, invariavelmente depende da atuação de um Poder Judiciário independente ante os avanços populistas e antidemocráticos.

## 3. A ATUAÇÃO DO SUPREMO TRIBUNAL FEDERAL COMO AGENTE ESTABILIZADOR DA CRISE INSTITUCIONAL

Diante do fenômeno de crise da democracia e da sobrelevação de tendências populistas que se alastram entre os três Poderes, a atuação do Supremo Tribunal Federal tem se tornado importante elemento estabilizador da crise institucional brasileira. É possível afirmar que, a despeito da ressignificação recente do papel do Poder Judiciário, cada vez mais cioso da sua influência política, a Suprema Corte brasileira não tem, pelo menos até o presente momento, alinhado-se à invocação de que os juízes constitucionais devem incorporar a missão de *falar pelo povo*. Pelo contrário, verifica-se uma disposição de reafirmação de direitos fundamentais, que corrobora a função contramajoritária da jurisdição constitucional em face do populismo.

De forma geral, uma consequência bastante comum em momentos de crise é o início da censura política.

Em 2018, não foi diferente. Consternados pela intensa polarização que tomou o país durante o período eleitoral e no intuito de mitigar ex-

20 DALY, Tom Gerald. Populism, public law, and democratic decay in Brazil: understanding the rise of Jair Bolsonaro. *Law and Ethics of Human Rights (LEHR) Journal*, p. 1-22, 2019. p. 21.

posições ideológicas em ambientes acadêmicos, alguns juízes eleitorais determinaram buscas e apreensões de panfletos e materiais de campanha eleitoral em universidades e nas dependências das sedes de associações de docentes, proibiram aulas com temática eleitoral e reuniões e assembleias de natureza política, impondo-se a interrupção de manifestações públicas de apreço ou reprovação a candidatos no segundo turno das eleições em universidades federais e estaduais. Para tanto, os juízes eleitorais ampararam-se basicamente no art. 37 da Lei nº 9.504/1997.

Em outubro daquele ano, às vésperas das eleições gerais, a Procuradoria-Geral da República ajuizou arguição de descumprimento de preceito fundamental (ADPF nº 548) em face de tais decisões. Em seu memorial, a PGR apontou graves lesões aos direitos fundamentais da liberdade de manifestação do pensamento, de expressão da atividade intelectual, artística, científica e de comunicação e de reunião (art. 5º, IV, IX e XVI), ao ensino pautado na liberdade de aprender, ensinar, pesquisar e divulgar o pensamento e o pluralismo de ideias (art. 206, II e III) e à autonomia didático-científica e administrativa das universidades (art. 207) previstos na Constituição. Ante a urgência da demanda, vez que se dava às vésperas de uma das eleições mais movimentadas de nossa ainda jovem democracia, a relatora, Min. Cármen Lúcia, deferiu medida cautelar *ad referendum* do Plenário, para suspender os efeitos dos referidos atos.

A decisão se deu com fundamento na tutela à liberdade de manifestação e de pensamento. Segundo a ministra relatora, o art. 37 da Lei nº 9.504/1997 teria o fito de impedir o abuso de poder econômico e político, visando à igualdade de oportunidades entre os candidatos – e jamais poderia interferir no âmbito de livre manifestação do indivíduo. Nesse sentido, o dispositivo legal deveria ser interpretado à luz da norma constitucional e com base no objetivo para o qual fora pensada.

Na decisão que deferiu o pleito liminar, a relatora consignou que a liberdade de pensamento é direito fundamental do indivíduo que a pode contrapor até mesmo ao Estado, "por isso não pode ser impedida, sob pena de substituir-se o indivíduo pelo ente estatal, o que se sabe bem onde vai dar. E onde vai dar não é o caminho democrático, mas da ausência de direito e déficit democrático"[21].

Amparado na fundamentação da relatora, em 31.10.2018, o Plenário do STF referendou, por unanimidade, a decisão liminar proferida. Tratase de um exemplo claro da importância da jurisdição constitucional em

21 STF, Tribunal Pleno. ADPF nº 548, Rel. Min. Cármen Lúcia, *DJe*, 9 jun. 2020.

momentos de crise. Caso o Supremo não tivesse atuado como o fez, poder-se-ia legitimar um estado de flagrante abuso de autoridade. O precedente novamente reforça a atuação estabilizadora do STF no contexto de instabilidade democrática.

## 4. CONCLUSÃO

Como destacado, a Constituição de 1988 inaugurou um período democrático, pondo fim a um regime anterior marcado pelo autoritarismo. De tal ano até os dias atuais, houve um evidente ciclo de afirmações de direitos individuais e de revalidação do compromisso constitucional com uma sociedade democrática, plural, livre e igualitária. Durante todo este período, mesmo situações sensíveis não levaram a um verdadeiro risco de ruptura das instituições desenhadas pelo constituinte, entre as quais se destaca o Supremo Tribunal Federal.

Entretanto, a evidente insatisfação social e o recrudescimento das divergências políticas demonstram o desencantamento geral de um sistema que, mesmo em sua Constituição, já afirmava uma série de metas sociais e econômicas consideradas utópicas. Com resultados aquém dos esperados e com a descoberta de diversos escândalos no âmbito da Operação Lava-Jato, a insatisfação com a classe política e o desgaste de partidos tradicionais tornaram-se claros sintomas de uma crise da democracia brasileira. Em meio à crescente insatisfação popular, a defesa de mudanças efetivas no panorama político brasileiro passou a ser pautada pela progressiva polarização da sociedade, inclusive com apoio a propostas populistas nos mais diversos ramos.

Nesse contexto, o aumento da tensão natural entre a opinião pública e as cortes constitucionais não é qualquer novidade. Afinal, as mudanças e reformas pretendidas devem ser feitas dentro dos parâmetros constitucionais, os quais, em última instância, são resguardados por esses tribunais. No entanto, a despeito dos evidentes riscos de os juízes constitucionais passarem a buscar a legitimidade de suas decisões na suposta vontade popular, o presente ensaio pôde concluir que o Supremo Tribunal Federal tem se mostrado alheio a essa tendência e reafirmado seu compromisso com os direitos fundamentais e com a ordem constitucional vigente.

A breve análise realizada demonstra que, embora discursos de cunho populista tenham se refletido na atuação de diversas entidades brasileiras, inclusive no Ministério Público e no Judiciário, o Supremo

Tribunal Federal vem cumprindo com sua função de garantia da Constituição Federal. A Corte, assim, reafirmou nos últimos anos, marcados por evidente crise política e econômica, o seu compromisso com a estabilidade da democracia brasileira, a qual tem como fundamento não apenas o respeito aos anseios do povo, mas também a garantia dos direitos fundamentais.

## REFERÊNCIAS

BALKIN, Jack M. Constitutional crisis and constitutional rot. *Maryland Law Review*, v. 77, n. 147, p. 147-160, 2017.

BENKLER, Yoachai; FARIS, Robert; ROBERTS, Hal. *Network propaganda*: manipulation, desinformation, and radicalization in American politics. New York: Oxford University Press, 2018.

DALY, Tom Gerald. Populism, public law, and democratic decay in Brazil: understanding the rise of Jair Bolsonaro. *Law and Ethics of Human Rights (LEHR) Journal*, p. 1-22, 2019.

GRABER, Mark A.; LEVINSON, Sanford; TUSHNET, Mark (Ed.). *Constitutional democracy in crisis?* New York: Oxford University Press, 2018.

HÄBERLE, Peter. *El Estado constitucional*. Tradução de Hector Fix-Fierro. México D.F: Universidad Autônoma de México, 2001.

HUQ, Aziz Z.; GINSBURG, Tom. How to lose a constitutional democracy. *SSRN Eletronic Journal*, v. 78, 2017.

MELO, Marcus André. Latin America's new turbulence: crisis and integrity in Brazil. *Journal of Democracy*, n. 2, p. 50-65, 2016.

PIN, Andrea. The transnational drivers of populist backlash in Europe: The role of courts. *German Law Journal*, v. 20, n. 2, p. 225-244, 2019. Disponível em: https://www.cambridge.org/core/product/identifier/S2071832219000142/type/journal_article.

SAAD-FILHO, Alfredo. Mass protests under "left neoliberalism": Brazil, June-July 2013. *Critical Sociology*, v. 39, n. 5, p. 657-669, 2013.

TUSHNET, Mark. Varieties of populism. *German Law Journal*, v. 20, n. 3, p. 382-389, 2019. Disponível em: https://www.cambridge.org/core/product/identifier/S2071832219000270/type/journal_article.

WINTERS, Matthew S.; WEITZ-SHAPIRO, Rebecca. Partisan protesters and nonpartisan protests in Brazil. *Journal of Politics in Latin America Winters*, p. 137-150, 2014.

## Segurança jurídica e direitos fundamentais

*Ricardo Lewandowski*[1]

É conhecida a assertiva de Otto Bacchoff segundo a qual, no ápice da hierarquia axiológica de todas as constituições, figuram alguns princípios, explícitos ou implícitos, com caráter pré-estatal ou supralegal, que servem de paradigmas às demais normas legais. Dentre eles sobressai o valor "segurança", sem a qual a própria existência da sociedade seria inviável.

Desde a edição do *Leviatã,* de Thomas Hobbes, em 1651, firmou-se na Teoria Política a ideia de que, sem segurança, não pode existir vida social organizada. O valor "segurança" passou a ser considerado um dos pilares sobre os quais se assenta o pacto fundante do Estado, inclusive para legitimar o exercício da autoridade ou, até, para refutá-la.

E os juristas têm reconhecido a importância da segurança para a manutenção da paz e da harmonia social. A jurisprudência do *Bundesverfassungericht* e a doutrina alemã, desde meados do século passado, têm lapidado o conceito, identificando nele dois aspectos: um objetivo, correspondente à "segurança jurídica" (*Reschtssicherheit*), e outro subjetivo, equivalente à proteção da "legítima confiança" (*Vertrauensshutz*).

Segurança jurídica traduz a ideia de estabilidade na interpretação e na aplicação do direito (aspecto objetivo). Já proteção da confiança equivale à previsibilidade relativamente aos efeitos jurídicos dos atos praticados sob a égide do Direito (aspecto subjetivo). Ambos os aspectos derivam do conceito de *Rule of Law,* que assegura a autodeterminação das pessoas por permitir que antevejam antecipadamente as consequências de suas ações.

Essa regra de conduta foi aplicada inicialmente para as relações entre particulares, tendo como fundamento o antigo brocardo jurídico "ninguém pode agir contra os seus próprios atos" (*nemo potest venire contra factum proprio).* Isto é, num negócio jurídico, uma parte não pode adotar um comportamento diverso daquele tomado anteriormente, de modo a causar surpresa à outra, induzindo-a ao erro.

---

1 O autor é Ministro de Estado da Justiça e Segurança Pública, Professor Sênior da Faculdade de Direito da Universidade de São Paulo (USP) e Ministro aposentado do Supremo Tribunal Federal (STF).

Atualmente essa regra aplica-se também ao Estado. Cabe aos seus agentes agirem com lealdade, transparência e boa-fé, sendo-lhes vedado alterar a conduta de forma inesperada, anômala ou contraditória, para não surpreender os administrados ou frustrar suas expectativas.

Nossa Constituição Federal faz uma menção ao tema - embora genérica - consignado, no *caput* do art. 5º, que o Estado garante aos brasileiros e aos estrangeiros residentes no País o direito à segurança. Por segurança, aqui, deve-se compreender não apenas a segurança física das pessoas, mas também a sua segurança jurídica, com destaque para a segurança político-institucional.

Ademais, logo no inciso II do mesmo artigo, a CF formula o princípio da legalidade, qual seja, "ninguém será obrigado a fazer ou deixar de fazer alguma coisa senão em virtude de lei". Já o inciso XXXVI, consigna que nenhuma norma prejudicará o direito adquirido, o ato jurídico perfeito e a coisa julgada.

De outra parte, o art. 6º da Lei de Introdução às Normas de Direito Brasileiro, conceitua o "direito adquirido" como aquele que o respectivo titular, ou alguém por ele, possa exercer, bem como aqueles cujo começo de exercício tenha termo prefixado, ou condição preestabelecida inalterável, ao arbítrio de outrem. A noção correlata de "coisa julgada" (*res judicata*), por sua vez, é quase intuitiva, consistindo numa decisão judicial contra a qual não cabe mais qualquer recurso.

É importante assinalar que o princípio da segurança jurídica não encontra expressão apenas no campo administrativo e civil. Ele se impõe também na área penal, conforme dispõe o inciso XXXIX do art. 5º da Carta Magna, no qual se lê o seguinte: "Não há crime sem lei anterior que o defina, nem pena sem prévia cominação legal" (*nullum crimem, nulla poena sine praevia lege*). Ademais, no inciso XL do art. 5º consta que a lei penal não retroage, salvo se for para beneficiar o acusado.

Já no âmbito do direito fiscal cumpre assinalar que o Sistema Tributário Nacional abrigado na CF não se limita apenas a descrever os distintos tributos e regulá-los quanto ao fato gerador, cálculo das alíquotas, sujeito ativo e passivo etc. Na verdade, ele consubstancia um verdadeiro subsistema constitucional, voltado, essencialmente, à segurança jurídica dos contribuintes em face do "poder de tributar" do Estado.

Há ainda, nos distintos ordenamentos legais, outros valores que se somam ao princípio da segurança jurídica, não raro implícitos, a exemplo dos subprincípios da razoabilidade, da proporcionalidade e da proibição do excesso. E, como *ultima ratio* dos regimes democráticos, justamente para proteger a segurança jurídica das pessoas, tem-se o axioma da "inafastabilidade da jurisdição" (art. 5º, XXXV, da CF).

Mais recentemente, no plano infraconstitucional, o legislador ordinário, considerando a necessidade de prestigiar a estabilidade de relações jurídicas pré-existentes em face de mudanças jurisprudenciais – e inspirado na legislação estrangeira - editou as Leis 9.868 e 9.882, ambas de 1999.

Por meio delas, permitiu-se ao Supremo Tribunal Federal modular temporalmente – e de forma discricionária – os efeitos de suas decisões nas ações declaratórias de constitucionalidade, ações diretas de inconstitucionalidade e arguições de descumprimento de preceito fundamental.

O art. 27 da Lei 9.869/1999 estabelece que o STF, por maioria de dois terços, e tendo em vista razões de segurança jurídica ou de excepcional interesse social, pode - nas ações de controle de constitucionalidade - restringir os efeitos de decisão que reconheça a inconstitucionalidade de lei ou ato normativo, estabelecendo que ela só tenha eficácia a partir do trânsito em julgado ou de outro momento.

E o art. 11 da Lei 9.882/1999 estendeu essa possibilidade às ações de arguição de descumprimento de preceito fundamental. Como se vê, a partir dessas disposições normativas não é mais obrigatória, como era de praxe no passado, a aplicação da sanção de nulidade, com efeitos *ex tunc,* nos casos em que a Corte exara uma pronúncia de inconstitucionalidade. O Supremo pode deixar de aplicá-la, a seu exclusivo talante, levando em conta os conceitos de "segurança jurídica" ou "excepcional interesse social", permitindo que decisão tenha eficácia em momento que julgar adequado.

Por fim, a segurança jurídica, voltada inicialmente para a proteção de direitos de cunho mais privado do que público, passou, pouco a pouco, a referir-se a todos os direitos fundamentais, em suas diversas gerações ou dimensões. E, depois da Segunda Guerra Mundial, com a Declaração Universal dos Direitos do Homem, de 1948, da ONU, surgiu um novo desdobramento: a cláusula da proibição do retrocesso. Ela está assim redigida no art. 30: "Nenhuma disposição da presente Declaração pode ser interpretada como o reconhecimento a qualquer Estado, grupo ou pessoa, do direito de exercer qualquer atividade ou praticar qualquer ato destinado à destruição de quaisquer dos direitos e liberdades aqui estabelecidos".

A Declaração da ONU não faz qualquer distinção quanto à natureza dos direitos protegidos, ainda que antes se aplicasse tal cláusula predominantemente aos direitos sociais, considerados de segunda geração, uma vez que positivados após os direitos individuais que os precederam. Hoje tal dispositivo se aplica inclusive – e especialmente – ao meio ambiente.

Por fim, vale recordar a notória lição de Gomes Canotilho, para quem "o núcleo essencial de um direito já realizado ou efetivado" – qualquer que seja ele – "deve considerar-se constitucionalmente garantido, sendo inconstitucional qualquer medida que, sem a criação de esquemas alternativos ou compensatórios, configurem, na prática, uma 'anulação', 'revogação' ou 'aniquilamento' desse núcleo, especialmente quanto ele é garantidor do chamado "mínimo existencial".

Em suma, o princípio da segurança jurídica, inicialmente cogitado para proteger a estabilidade das relações privadas, com o passar do tempo passou a proteger os administrados contra o comportamento errático de agentes estatais, servindo hoje de garantia contra os retrocessos no tocante aos direitos fundamentais, sejam eles quais forem e venham de onde vierem.

# O meio ambiente, a Constituição de 1988 e o Poder Judiciário

*Cristiano Zanin*[1]

## 1. INTRODUÇÃO

A biodiversidade presente no Brasil tem importância inquestionável para o meio ambiente do planeta. Em 2018, a BBC apresentou dados do estudo *O Futuro dos ecossistemas tropicais hiperdiversos*, realizado por cientistas brasileiros e divulgado na conceituada revista *Nature*, os quais comprovam a dimensão da relevância do nosso país na biodiversidade mundial: "quase um quarto de todos os peixes de água doce do mundo – mais precisamente 23 % – estão nos rios brasileiros. Assim como 16% das aves do planeta, 12% dos mamíferos e 15 % de todas as espécies de animais e plantas"[2].

O Brasil compõe-se de seis biomas (Amazônia, Pantanal, Mata Atlântica, Cerrado, Caatinga e Pampa), todos interligados, os quais são fundamentais para a regulação do clima e para a redução do efeito estufa, além de serem ricos em recursos hídricos. Além disso, a biodiversidade brasileira configura banco genético e ecológico que pode indicar soluções para inúmeros problemas atuais, a exemplo da fabricação de novos medicamentos, da produção de alimentos e da possibilidade de fornecimento de matérias-primas diversas para as indústrias[3].

A defesa do meio ambiente, conforme exposto em nossa Constituição Federal (art. 225), é dever de todos, Estado e sociedade civil. Como será analisado no presente artigo, o Brasil, assim como outros países, trilhou – e ainda trilha – longo caminho desde a conscientização sobre a imperiosa necessidade de preservar o meio ambiente até o reconhecimento

1

2 *British Broadcasting Corporation*, BBC. A importância do Brasil na biodiversidade mundial é maior do que se pensava, dizem cientistas. Disponível em: https://www.bbc.com/portuguese/brasil-45203830. Acesso em: 2 set. 2024.

3 Embrapa. *Site* mostra o tamanho e a importância da biodiversidade brasileira para o mundo. Disponível em: https://www.embrapa.br/busca-de-noticias/-/noticia/63199363/site-mostra-o-tamanho-e-importancia-da-biodiversidade-brasileira-para-o-mundo. Acesso em: 2 set. 2024.

de que decisões econômicas e sociais também devem necessariamente levar em consideração o impacto ambiental antes de serem efetivamente tomadas.

A história mostra que o Direito Ambiental brasileiro recebeu influência de vários fatores históricos, como eventos internacionais, movimentos contrários ao marcante individualismo do Estado liberal, o crescente esgotamento de recursos naturais e o crescimento de injustiças sociais, entre tantos outros.

Importa, ao fim, reconhecer que os resultados, embora não ideais, têm sido positivos, pois, ao longo dos anos, houve a criação de órgãos específicos para a defesa do meio ambiente, a exemplo do Ministério do Meio Ambiente, o qual tem o Instituto Brasileiro de Meio Ambiente e dos Recursos Naturais Renováveis (IBAMA) e o Instituto Chico Mendes de Conservação e da Biodiversidade (ICMBio), além da publicação de inúmeras legislações, algumas das quais serão mencionadas mais adiante, com o intuito de proteger os ecossistemas, os biomas, a fauna, a flora, a qualidade do ar, entre outros.

É também possível afirmar, de forma geral, que os três Poderes da República têm buscado, cada um no exercício da competência que a Constituição Federal lhes destina, atuar em prol da proteção do meio ambiente, sem, contudo, deixar de considerar a importância dos demais direitos e garantias previstos no Texto Constitucional.

A atuação do Poder Judiciário tem sido profícua na defesa do meio ambiente, tanto na resolução de conflitos entre o Direito Ambiental e outros direitos fundamentais, quanto para garantir a implementação de políticas públicas ou ainda no julgamento de crimes ambientais.

A intensificação das legislações ambientais, de fato, aumentou substancialmente a judicialização de controvérsias relativas ao meio ambiente, o que demonstra, ao menos em parte, que a sociedade tem compreendido que as causas ambientais têm importante repercussão social e política. Mais do que isso, elas representam a possibilidade de um futuro digno, afinal, ante a evidente relevância da diversidade dos biomas brasileiros, as decisões sobre o meio ambiente podem impactar o mundo inteiro, além de poderem gerar sérias consequências para a atual e para as futuras gerações.

Por isso, o papel do Poder Judiciário na proteção do meio ambiente é tanto nobre quanto fundamental. Nesse quadro sobressai, sem desmerecer a atuação de todos os Tribunais brasileiros, a atuação do Superior Tribunal de Justiça (STJ) na uniformização e na interpretação das leis federais brasileiras e do Supremo Tribunal Federal (STF) como guardião da Constituição Federal.

De fato, a atuação do Supremo Tribunal Federal e do Superior Tribunal de Justiça tem sido perseverante e peremptória na defesa do meio ambiente. Nessa toada, é momento de reconhecer a relevância da atuação do eminente Ministro Humberto Martins, alagoano de Maceió, que há 18 anos integra a Corte Cidadã, exercendo a função pública com sabedoria, técnica e lhaneza.

Entusiasta da ideia de aproximar o cidadão do Poder Judiciário, lançou o projeto *Fale com o Presidente: de mãos dadas, cidadania e magistratura*. Com vistas a assegurar os princípios que norteiam a Constituição Federal e o Estatuto da Criança e do Adolescente, o Ministro Humberto Martins, em julgamento histórico, considerou abusivo o *marketing* de alimentos dirigidos, direta ou indiretamente, a crianças. Também assegurou o acesso a creches para crianças de zero a seis anos, afastando a possibilidade de o Poder Público alegar o princípio da reserva do possível para negar tal direito.

Entre tantos outros processos de relevância para o país, destaca-se o Recurso Especial (Resp) 1.285.463/SP, em que o Ministro Humberto Martins, cioso da importância do meio ambiente e da saúde para a sociedade, aplicou os princípios da precaução e do *in dubio pro natura* para coibir a prática da queima sem critérios da palha de cana-de-açúcar. Utilizo, no presente artigo, além desse julgado, outros processos relatados pelo homenageado, para representar sua a atuação – sempre consciencioso e competente – em prol não apenas da defesa do meio ambiente, mas também em busca dos princípios e diretrizes que norteiam, na Constituição Federal, o Estado Democrático de Direito.

## 2. INFLUÊNCIA DO DIREITO AMBIENTAL INTERNACIONAL NO DIREITO AMBIENTAL BRASILEIRO

A Conferência de 1972, dentro de todo esse contexto, introduziu definitivamente o meio ambiente na agenda internacional e impeliu o mundo a começar a refletir sobre as inúmeras interseções das questões ambientais com outros assuntos da natureza humana, como a vida, a qualidade de vida, as desigualdades sociais, a economia, a saúde, entre outros. É possível admitir que o encontro, ao evidenciar essas relações, iniciou a conscientização de uma verdade que hoje se faz indubitável:

a vulnerabilidade do meio ambiente corresponde à vulnerabilidade do próprio ser humano.

A Declaração de Estocolmo, documento final do evento, continha 8 metas e 26 princípios sobre meio ambiente, os quais serviram de base para o desenvolvimento de políticas ambientais, leis e mecanismos protetivos com a finalidade de "inspirar e guiar os povos do mundo para a preservação e a melhoria do ambiente humano". Entre os diversos princípios estabelecidos, destaca-se que, além do direito fundamental do homem a um meio ambiente de qualidade, "os recursos naturais da terra incluídos o ar, a água, a terra, a flora e a fauna e especialmente amostras representativas dos ecossistemas naturais devem ser preservados em benefício das gerações presentes e futuras, mediante uma cuidadosa planificação ou ordenamento" (Princípio 2); "deve-se manter, e sempre que possível, restaurar ou melhorar a capacidade da terra em produzir recursos vitais renováveis" (Princípio 3); e "o desenvolvimento econômico e social é indispensável para assegurar à humanidade um ambiente de vida e trabalho mais favorável e para criar na terra melhoria de qualidade de vida a todos" (Princípio 8).

A emblemática Conferência iniciou o processo de conscientização de que a proteção ao meio ambiente não se circunscreve apenas ao plano nacional, mas sua agenda se entrelaça com diversos outros países, pois há uma conexão mundial entre os ecossistemas. Assim, o direito ambiental ultrapassa as fronteiras dos Estados Nacionais, já que as violações a determinados biomas impactam diretamente a qualidade ambiental de todo o mundo. Por isso, a interligação entre a defesa dos direitos humanos e a agenda socioambiental foi protagonizada no Brasil tanto nas legislações domésticas como no plano internacional.

A partir de então, diversos outros eventos têm continuadamente trazido questões fundamentais em relação ao meio ambiente, sempre no sentido de buscar soluções que encontrem o equilíbrio entre a preservação do meio ambiente, os direitos sociais e econômicos, pois, de acordo com a Declaração de Estocolmo:

> As políticas ambientais de todos os países deveriam melhorar e não afetar adversamente o potencial desenvolvimentista atual e futuro dos países em desenvolvimento, nem obstar o atendimento de melhores condições de vida para todos; os Estados e as organizações internacionais deveriam adotar providências apropriadas, visando chegar a um acordo, para fazer frente às possíveis consequências

econômicas nacionais e internacionais resultantes da aplicação de medidas ambientais (Declaração de Estocolmo, 1972).

Na Conferência das Nações Unidas sobre o Meio Ambiente e Desenvolvimento - Rio-92, foi elaborada a Convenção-Quadro das Nações Unidas sobre Mudança do Clima, promulgada no Brasil pelo Decreto n. 2.652/1998, que prevê o dever de "proteger o sistema climático em benefício das gerações presentes e futuras da humanidade com base na equidade" (artigo 3, '1').

A Conferência Internacional no Rio de Janeiro oficializou o conceito de desenvolvimento sustentável, definido, nos termos do Relatório Brundtland[4] - este produzido em 1987, pela então primeira ministra da Noruega - como "aquele capaz de satisfazer as necessidades presentes sem comprometer a capacidade das gerações futuras de satisfazer suas próprias necessidades". Assim, o desenvolvimento da sustentabilidade, em suas diversas facetas (ambiental, econômica, cultural, social, entre outras), passou a fazer parte da agenda mundial e iniciou o processo de redefinição da relação homem-natureza, com o objetivo de assegurar a qualidade de vida para as atuais e futuras gerações.

Em 1997, foi firmado o Protocolo de Quioto, que entrou em vigor no Brasil em 2005 (Decreto n. 5.445/2005) e definiu metas e objetivos específicos para a redução das emissões de gases causadores das mudanças climáticas. Esse acordo ambiental, assinado por 84 países, foi o primeiro tratado internacional voltado para a redução do efeito estufa, tendo uma das metas estabelecido a redução de 5,2% da emissão de gases no período compreendido entre o período de 2008 a 2012.

Em 2009, na Conferência Mundial do Clima de Copenhague - COP 15, foram estipuladas novas metas, incluindo a redução do desmatamento como estratégia fundamental para o combate às mudanças climáticas. A principal meta propôs que, até 2030, pelo menos 30% das áreas terrestres, águas e áreas costeiras e marinhas sejam efetivamente conservadas e devidamente geridas. Destaca-se, também, que, na COP 15, o Brasil assumiu pela primeira vez metas climáticas específicas.

4 United Nations, General Assembly. *Development and International Economic Co-operation: Enviroment. Report of the World Comission on Enviroment and Development.* 1987. Disponível em: https://ambiente.wordpress.com/2011/03/22/relatrio-brundtland-a-verso-original/. 2 set. 2024.

Em 2015, em Paris, na Conferência Mundial sobre Mudanças Climáticas – COP 21, celebrou-se acordo global climático, promulgado no Brasil pelo Decreto n. 9.073/2017, segundo o qual o país se comprometeu a zerar o desmatamento ilegal até 2030. O Acordo de Paris, como ficou conhecido, marca a aproximação definitiva entre a prevenção das mudanças climáticas e a proteção dos direitos humanos.

Influenciado pela repercussão da Convenção Internacional, o governo brasileiro criou, em 1973, a Secretaria Nacional do Meio Ambiente, originalmente vinculada ao então Ministério do Interior, cujo objetivo era elaborar projeto de lei que internalizasse os princípios e diretrizes expressos na Declaração de Estocolmo, o que ocorreu apenas em 1981, com a publicação da Lei n. 6.938/1981, norma instituidora da Política Nacional do Meio Ambiente[5].

Gabriel Tedesco Wedy afirma que "a legislação ambiental brasileira evoluiu na medida que se ampliou a preocupação internacional com a necessidade de tutela do equilíbrio ambiental e dos direitos das presentes e futuras gerações". Citando o professor Antônio Herman Benjamin, três fases – estabelecidas em favor da didática – marcaram a evolução do nosso Direito Ambiental: a fase de exploração, cuja principal característica era a omissão legislativa; a fase fragmentária, em que, apesar de terem sido publicadas importantes leis ambientais, preocupava-se mais com as categorias de recursos naturais do que com o meio ambiente em si; e a fase holística, inaugurada pela mencionada Lei n. 6.938/1981, em que o meio ambiente passa a ser analisado de forma integral, como um sistema ecológico integrado[6].

Além de dispositivos constantes na Constituição da República, entre os principais normativos, podemos citar a Lei n. 6.938/1981, que estabeleceu, ainda antes da Constituição de 1988, a Política Nacional do Meio Ambiente; a Lei n. 9.605/1998, a qual dispõe sobre as sanções penais e administrativas derivadas de condutas e atividades lesivas ao meio ambiente; a Lei n. 12.651/2012, que instituiu o novo Código

---

5 COSTA, Beatriz Souza e SIQUEIRA, Lyssandro Norton. Direito e política ambiental no Brasil. *Estudos em homenagem ao professor José Afonso da Silva*. Coord. Bruno Campos da Silva, Carlos Sérgio Gurgel e Rennan Thamay. São Paulo: Almedina, 2023. p. 60.

6 WEDY, Gabriel Tedesco. A evolução ambiental e sua definição no Brasil. CONJUR. Disponível em: https://www.conjur.com.br/2019-mar-23/ambiente-juridico-evolucao-direito-ambiental-definicao-brasil/#_ftn8. Acesso em: 2 set. 2024.

Florestal Brasileiro; a Lei n. 9.433/1997, que trata dos recursos hídricos brasileiros; a Lei n. 11.284/2006, que dispõe sobre a gestão de florestas públicas para a produção sustentável; a Lei n. 12.305/2010, que estabelece a Política Nacional de resíduos sólidos; a Lei n. 6.902/1981, que dispõe sobre a criação de Estações Ecológicas e Áreas de Proteção Ambiental; e a Lei Complementar n. 140/2011, que fixa normas para a cooperação entre a União, os Estados, o Distrito Federal e os Municípios nas ações administrativas decorrentes do exercício da competência comum relativas à proteção das paisagens naturais notáveis, à proteção do meio ambiente, ao combate à poluição em qualquer de suas formas e à preservação das florestas, da fauna e da flora.

## 3. A CONSTITUIÇÃO FEDERAL DE 1988, O DIREITO AO MEIO AMBIENTE EQUILIBRADO E O PODER JUDICIÁRIO

A tutela da nossa heterogeneidade biológica, dos biomas brasileiros e do meio ambiente ganhou especial enfoque na Constituição Federal de 1988. Enquanto as Constituições anteriores tratavam do assunto de forma esparsa, com perspectiva voltada para a infraestrutura da atividade econômica e sem considerar de fato a conservação dos recursos naturais, o Texto Constitucional de 1988, além de acrescentar um capítulo próprio para o meio ambiente, expôs em diversos outros artigos a responsabilidade do Estado e de toda a sociedade com a preservação ambiental[7].

Entre as Constituições brasileiras, a de 1988 foi a primeira a expressamente citar, no art. 225, o direito ao meio ambiente equilibrado. O fato de não haver menção ao meio ambiente no art. 5º da Constituição em nada modifica o seu reconhecimento como direito fundamental. Por oportuno, transcrevo o entendimento de Tiago Fensterseifer:

> Assim, embora não elencado de forma expressa no rol dos direitos e garantias fundamentais da Constituição de 1988, o direito ao meio ambiente passa a integrar necessariamente tal campo constitucional, em virtude de estar inserido, indiscutivelmente, ante a sua importância de índole existencial para o ser humano, no núcleo protetivo do direito à vida humana digna e saudável (FENSTERSEIFER, Tiago. *Direitos fundamentais e proteção do ambiente*: a dimensão

7 ANTUNES, Paulo de Bessa. *Direito Ambiental*. 20. ed. São Paulo: Atlas, 2019. p. 60.

ecológica da dignidade humana no marco jurídico constitucional do Estado Socioambiental de Direito. Porto Alegre: Livraria do Advogado, 2008).

Rafael Santiago Costa conclui no mesmo sentido:

> **Encontra-se pacificado na doutrina e na jurisprudência nacional o entendimento de que o fato de o direito ao meio ambiente não constar expressamente do rol do artigo 5º da CF/88 em nada afeta sua natureza de direito fundamental. Se não bastassem as sucessivas menções à questão ambiental ao longo do texto constitucional, é de se destacar que ao menos dois incisos do próprio artigo 5º confirmam o status do direito ao meio ambiente.**
>
> O inciso XXIII do artigo 5º da CF/88 indica que o direito sobre a propriedade deverá ser exercido com observância de sua função social, sendo que o artigo 186 inclui a utilização adequada dos recursos naturais disponíveis e a preservação do meio ambiente dentre os requisitos conformadores da função social da propriedade rural. Por outro lado, o inciso LXXIII desse mesmo dispositivo autoriza qualquer cidadão a ajuizar ação popular visando anular ato lesivo ao meio ambiente.
>
> Como se percebe, nem mesmo é correta a assertiva de que a proteção do meio ambiente seria tema estranho ao rol de direitos fundamentais constantes do artigo 5º da CF/88. De todo modo, deve-se reconhecer que o meio ambiente equilibrado se apresenta como condição para o efetivo gozo dos demais direitos fundamentais, no que novamente convergem doutrina e jurisprudência. Aliás, é o próprio artigo 225 que afirma ser o meio ambiente ecologicamente equilibrado essencial à sadia qualidade de vida.
>
> **O *caput* desse dispositivo, embora sucinto, é rico em significado, podendo ser dividido em quatro partes**: a) o reconhecimento do meio ambiente ecologicamente equilibrado como direito fundamental; b) a proclamação de sua essencialidade à sadia qualidade de vida; c) a rotulação do meio ambiente como bem de uso comum do povo, portanto, difuso e indisponível; d) e a atribuição ao Poder Público e à coletividade do dever de sua proteção para as presentes e futuras gerações (SIRVINSKAS, 2010, p. 61-62)[8].

---

8 COSTA, Rafael Santiago. *Omissão do Estado em face do dever constitucional de proteção ao meio ambiente*. Dissertação de Mestrado. Universidade Federal do Amapá - UNIFAP. Macapá, 2013).

O Supremo Tribunal Federal também o reconhece como direito fundamental, uma vez que o meio ambiente equilibrado está intimamente relacionado com a ideia da dimensão ecológica da dignidade da pessoa humana. A Ministra Cármen Lúcia aponta a convergência indissociável entre esses dois direitos:

> 7. **A Declaração do Rio sobre o meio ambiente e o desenvolvimento**, aprovada na Conferência das Nações Unidas sobre o Meio ambiente e o Desenvolvimento, realizada no Rio de Janeiro, em 1992, consagra, no seu Princípio 1 que "os seres humanos constituem o centro das preocupações relacionadas com o desenvolvimento sustentável. Têm direito a uma vida saudável e produtiva em harmonia com a natureza." O seu Princípio 3 enuncia, ainda, que "o direito ao desenvolvimento deve exercer-se de forma tal que responda equitativamente às necessidades de desenvolvimento e ambientais das gerações presentes e futuras". Tais princípios convergem para o postulado da **dignidade da pessoa humana**, erigido como pilar da República Federativa do Brasil, na expressa dicção do **art. 1º, III, da Carta Política**, o que significa compreender que a efetiva proteção do meio ambiente assegura ao ser humano das presentes e futuras gerações uma existência digna: a preservação do meio ambiente é indissociável da própria defesa dos direitos humanos (ADI 6.148/DF, Rel. Min. André Mendonça, Redatora do acórdão Min. Cármen Lúcia, DJe 15/9/2022, grifos no original).

A doutrina também considera o intrínseco vínculo da qualidade do meio ambiente com o princípio da dignidade humana, pois o desequilíbrio ambiental coloca em risco o próprio direito à vida e à saúde. Flávia Piovesan e Melina Girardi Fachin assim ensinam sobre o assunto:

> [...] o direito ao meio ambiente interage acentuadamente com o direito à vida e à saúde, todos direitos fundamentais com vistas à proteção material da dignidade humana. De fato, só existirá sadia qualidade de vida - ou, quiçá melhor dizer possibilidade de vida - se o meio ambiente for ecologicamente equilibrado.
>
> Neste diapasão, leciona José Afonso da Silva:
>
> "**O que é importante é que se tenha consciência de que o direito à vida, como matriz de todos os demais direitos fundamentais do homem, é que há de orientar todas as formas de atuação no campo da tutela do meio ambiente**. Cumpre compreender que ele é um fator preponderante, que há de estar acima de quaisquer ou-

> tras considerações como as de desenvolvimento, como as de respeito ao direito de propriedade, como as da iniciativa privada. Também estes são garantidos no texto constitucional, mas a toda evidência, não podem primar sobre o direito fundamental à vida, que está em jogo quando se discute a tutela do direito da qualidade do meio ambiente"[9] (grifei).

Ainda sobre a dimensão ecológica da dignidade da pessoa humana, Ingo Wolfgang Sarlet e Tiago Fensterseifer afirmam:

> No direito constitucional contemporâneo, consolida-se a formatação de **uma dimensão ecológica da dignidade humana**, que abrange a ideia em torno de um bem-estar ecológico (assim como de um bem-estar social) indispensável para uma vida digna, saudável e segura num contexto de **integridade da Natureza**. Dessa compreensão, pode-se conceber **um patamar mínimo de qualidade ambiental ou o mínimo existencial ecológico para a concretização da vida humana em níveis dignos** [...]. Aquém de tal padrão ecológico, a vida e a dignidade estariam sendo violadas em seu núcleo essencial. **A qualidade (e segurança) ambiental**, com base em tais considerações, passaria a figurar como elemento integrante do conteúdo normativo do princípio da dignidade da pessoa humana, sendo, portanto, fundamental ao desenvolvimento de todo o potencial humano num quadrante de completo **bem-estar existencial.**[10] (grifos no original).

E complementam, demonstrando que o meio ambiente equilibrado é essencial – e por isso deve ser constantemente protegido – para a qualidade de vida das gerações futuras:

> **Outro ponto, vinculado à dimensão ecológica da dignidade da pessoa humana, diz respeito ao reconhecimento da dignidade (e direitos?) às futuras gerações humanas, ampliando-se, assim, a dimensão temporal da dignidade para as existências humanas futuras**. Deve-se, nesse sentido, reforçar a ideia de res-

9 PIOVESAN, Flávia e FACHIN, Melina Girardi. *Direito Socioambiental*. Org. Alessandra Galli. Curitiba: Juruá, 2010. p. 37.

10 SARLET, Ingo Wolfgang e FENSTERSEIFER, Tiago. *Direito Constitucional Ecológico*. 7. ed. São Paulo: Thomas Reuters, 2021. p. 61.

> ponsabilidade e dever jurídico (para além do plano moral) para com as gerações futuras, inclusive com o reconhecimento da dignidade de tais vidas, mesmo que potenciais, de modo afirmar a perpetuidade existencial da espécie humana (SARLET, Ingo Wolfgang e FENSTERSEIFER, Tiago. *Direito Constitucional Ecológico*. 7. ed. São Paulo: Thomas Reuters, 2021. p. 63, grifos no original).

Não há dúvidas, portanto, que o constituinte brasileiro, ao consolidar o direito subjetivo de todos viverem em um ambiente ecologicamente equilibrado, tendo em vista sua estreita relação com a dignidade humana, consignou no pacto constitucional a proteção ambiental entre os valores permanentes da República, reconhecendo-o como cláusula pétrea[11].

O art. 225 da Constituição Federal é claro ao impor não apenas ao Poder Público, mas a toda a sociedade, o dever de preservar o meio ambiente em favor das futuras gerações, instaurando, assim, o "Estado Constitucional Ecológico". Conforme adverte Tiago Fensterseifer, "a ideia de dever fundamental é um dos aspectos normativos mais importantes trazidos pela 'nova dogmática' dos direitos fundamentais, vinculando-o diretamente ao princípio da solidariedade"[12].

Nas palavras de Tiago Fensterseifer, o princípio da solidariedade, além de estar presente no Preâmbulo da Constituição Federal, ao estabelecer que o Estado Democrático de Direito deve ser instituído tendo como um dos valores supremos a busca por uma sociedade fraterna, também representa a dialética constante entre a conciliação dos direitos sociais com a proteção ambiental, pois se expressa na necessidade de coexistência do ser humano com um corpo social, em que todas as partes – indivíduos e Estado – estejam voltadas para assegurar o bem comum e os direitos fundamentais.

Por oportuno, transcrevo a lição de Gomes Canotilho, trazida pela Ministra Cármen Lúcia, para enfatizar a obrigação de todos quanto à preservação do meio ambiente e dos biomas brasileiros em favor des-

11 SARLET, Ingo Wolfgang e FENSTERSEIFER, Tiago. *Direito Constitucional ambiental*: Constituição, direitos fundamentais e proteção do ambiente. São Paulo: Revista dos Tribunais, 2017. p. 84.

12 FENSTERSEIFER, Tiago. *Direitos fundamentais e proteção do ambiente*: a dimensão ecológica da dignidade humana no marco jurídico constitucional do Estado Socioambiental de Direito. Porto Alegre: Livraria do Advogado, 2008. p. 116.

tas e das futuras gerações, instaurando, assim, o "Estado Constitucional Ecológico":

> Um Estado Constitucional Ecológico pressupõe uma concepção integrada ou integrativa do ambiente e, consequentemente, um direito integrado e integrativo do ambiente. Embora não seja ainda muito claro o conceito de direito integrado do ambiente (o conceito aparece sobretudo na avaliação integrada do impacto ambiental), ele aponta para a necessidade de uma proteção global sistemática que não se reduza à defesa isolada dos componentes ambientais naturais (ar, luz, água, solo vivo e subsolo, flora, fauna) ou dos componentes humanos (paisagem, patrimônio natural e construído, poluição). As consequências de uma proteção integrada do ambiente são relevantes sob vários pontos de vista.
>
> [...]
>
> Daqui resulta uma significativa alteração quanto ao modo e extensão das atividades e projetos carecidos de regulação. Não se trata apenas de policiar os perigos das instalações ou das atividades, mas também de acompanhamento todo do processo produtivo e de funcionamento sob um ponto de vista ambiental. A imposição de um direito ambiental integrativo obriga, em segundo lugar, à passagem de uma compreensão monotemática para um entendimento multitemático que obriga a uma ponderação ou balanceamento dos direitos e interesses existentes de uma forma substancialmente inovadora. Assim, a concepção integrativa obrigará a uma avaliação integrada de impacto ambiental incidente não apenas sobre projetos públicos ou privados isoladamente considerados, mas sobre os próprios planos (planos diretores municipais, planos de urbanização).
>
> [...]
>
> Em terceiro lugar, um direito de ambiente integrativo produz consequências no modo de actuação dos instrumentos jurídicos do Estado de Direito Ambiental.
>
> A ponderação de direitos e interesses numa perspectiva multitemática é, por natureza, mais complexa e conflitual. Daí a necessidade de compatibilização dos instrumentos imperativos e cooperativos, da articulação de regras de carácter jurídico e estritamente vinculador ao princípio da legalidade com dimensões atentas às condições concretas de atuação (a chamada "elasticidade situativa") e da substituição de uma "polícia de pormenores" por um sistema de controlo (ou de pós avaliação) dos resultados.
>
> [...]

> Outro dos momentos fundamentais da construção do Estado Constitucional Ecológico relaciona-se com a problemática do sentido jurídico-constitucional dos deveres fundamentais ecológicos. Depois de uma certa euforia em torno do individualismo dos direitos fundamentais, que, no nosso campo temático, se traduziria na insistência em prol da densificação de um direito fundamental ao ambiente, fala-se hoje de um comunitarismo ambiental ou de uma comunidade com responsabilidade ambiental assente na participação ativa do cidadão na defesa e proteção do meio ambiente. Daqui até a insinuação de deveres fundamentais ecológicos vai um passo. Parece indiscutível que a tarefa "defesa e proteção do ambiente", "defesa e proteção do Planeta Terra", "defesa e proteção das gerações futuras", não pode nem deve ser apenas uma tarefa do Estado ou das entidades públicas. Em documentos recentes (Agenda 21, V Programa Comunitário de Ação Ambiental) fala-se claramente de responsabilidade comum (*shared responsability*) e dever de cooperação dos grupos e dos cidadãos na defesa do ambiente (cf. Constituição Portuguesa, art. 66º)[13].

A atuação estatal, por imposição constitucional, portanto, deve ser pautada no compromisso político e jurídico, assumido pelos entes estatais, de considerar os princípios e valores ambientais como bens jurídicos fundamentais, cuja tutela é imprescindível para a garantia de uma vida digna e saudável, além, no caso do meio ambiente, da própria existência da espécie. Como direito fundamental, é inadmissível que o Estado adote medidas contrárias à proteção ambiental, tampouco que seja omisso em relação à concretização do que for necessário para cessar eventuais violações dos biomas brasileiros.

A tutela ecológica, além de ser consubstanciada pela promulgação de normas eficazes, atos administrativos e ações voltadas para o cuidado com o meio ambiente, também deve basear-se na prevenção à destruição dos bens ecológicos. Impõe-se, portanto, ao Estado, conforme abalizada doutrina, a observação do princípio da precaução, em que se busca antecipar a possibilidade de dano ambiental, de modo que medidas necessárias sejam tomadas preventivamente. Ingo Wolfgang Sarlet e Tiago Fensterseifer assinalam que:

13 CANOTILHO, José Joaquim Gomes. Estado Constitucional Ecológico e Democracia Sustentada. *In*: *Estudos de Direito Constitucional em homenagem a José Afonso da Silva*. São Paulo: Malheiros, 2003. p. 105-107.

> [...] Ainda sob a ótica da atuação do Estado na tutela ecológica, considerando que tal, por força do princípio da precaução, deve se antecipar ao dano ambiental propriamente, Cançado Trindade aponta para a obrigação do Estado de evitar riscos ambientais sérios à vida, inclusive com a adoção de "sistemas de monitoramento e alerta imediato" para detectar tais riscos ambientais sérios e "sistemas de ação urgente" para lidar com tais ameaças. Esse entendimento é adequado, por exemplo, à tutela do ambiente atrelada às questões climáticas, pois tais "sistemas estatais de prevenção do dano ambiental" permitiriam uma atuação mais efetiva em casos de eventos climáticos extremos (enchentes, desabamentos de terra etc.), de modo a prever os desastres naturais, e, mesmo em caráter preventivo (ou, pelo menos, buscando minimizar os impactos), tutelar de forma mais efetiva os direitos fundamentais das pessoas expostas a tais situações. **Enfim, a partir das considerações tecidas acima, resulta patente a obrigação constitucional do Estado-Legislador de adotar medidas legislativas e do Estado-Administrador de executar tais medidas de forma adequada e suficiente à tutela ecológica, assegurando o exercício efetivo do direito fundamental em questão. E, quando tal não ocorrer, por omissão ou atuação insuficiente, o Estado-Juiz poderá ser acionado para coibir ou corrigir eventuais violações aos parâmetros constitucionalmente exigidos em termos de proteção e promoção da qualidade e da segurança ambiental**[14]. (Grifei)

Em relação ao princípio da precaução, o Plenário do Supremo Tribunal Federal, na Ação Direta de Inconstitucionalidade 3.510/DF, da relatoria do Ministro Ricardo Lewandowski, reconheceu existir sua previsão em nossa Constituição Federal, não apenas quanto à saúde do cidadão, mas também no que se refere ao meio ambiente:

> **Quando se cogita da preservação da vida numa escala mais ampla, ou seja, no plano coletivo, não apenas nacional, mas inclusive planetário, vem à baila o chamado "princípio da precaução", que hoje norteia as condutas de todos aqueles que atuam no campo da proteção do meio ambiente e da saúde pública. Ainda que não expressamente formulado, encontra abrigo nos**

14 SARLET, Ingo Wolfgang e FENSTERSEIFER, Tiago. *Direito Constitucional ambiental*: Constituição, Direitos Fundamentais e proteção do ambiente. São Paulo: Revista dos Tribunais, 2017. p. 292.

> **arts. 196 e 225 de nossa Constituição.** O princípio da precaução foi explicitado, de forma pioneira, na Conferência das Nações Unidas sobre o Meio Ambiente e o Desenvolvimento, realizada no Rio de Janeiro, em 1992, da qual resultou a Agenda 21, que, em seu item 15, estabeleceu que, diante de uma ameaça de danos graves ou irreversíveis, a ausência de certeza científica absoluta não será utilizada como razão para o adiamento de medidas viáveis para prevenir a degradação ambiental.
>
> [...]
>
> Dentre os principais elementos que integram tal princípio figuram: i) a precaução diante de incertezas científicas; ii) a exploração de alternativas a ações potencialmente prejudiciais, inclusive a da não-ação; iii) a transferência do ônus da prova aos seus proponentes e não às vítimas ou possíveis vítimas; e iv) o emprego de processos democráticos de decisão e acompanhamento dessas ações, com destaque para o direito subjetivo ao consentimento informado.
>
> Esse princípio, nos termos da jurisprudência desta Suprema Corte, é bem sintetizado no julgamento do Recurso Extraordinário 327.189/SP, da relatoria do Ministro Dias Toffoli, processo paradigma do Tema 479 da repercussão geral, cujo trecho da ementa transcrevo, no que interessa:
>
> **2. O princípio da precaução é um critério de gestão de risco a ser aplicado sempre que existirem incertezas científicas sobre a possibilidade de um produto, evento ou serviço desequilibrar o meio ambiente ou atingir a saúde dos cidadãos, o que exige que o Estado analise os riscos, avalie os custos das medidas de prevenção e, ao final, execute as ações necessárias, as quais serão decorrentes de decisões universais, não discriminatórias, motivadas, coerentes e proporcionais.**
>
> **3. Não há vedação para o controle jurisdicional das políticas públicas sobre a aplicação do princípio da precaução, desde que a decisão judicial não se afaste da análise formal dos limites desses parâmetros e que privilegie a opção democrática das escolhas discricionárias feitas pelo legislador e pela administração pública** (RE 627.189, Rel. Min. Dias Toffoli, Tribunal Pleno, julgado em 8/6/2016, DJe 3/4/2017, grifei).

No mesmo sentido, o Ministro Humberto Martins, ao analisar o mérito do REsp 1.285.463/SP, afirmou que a presença de incertezas científicas, "longe de justificar uma ação possivelmente degradante do meio ambiente, deveria incitar o julgador a mais prudência". Assim, com base no princípio da precaução, nesses casos, deve prevalecer a defesa do meio ambiente. Transcrevo trecho da ementa do julgado, no que interessa:

> DIREITO AMBIENTAL. AÇÃO CIVIL PÚBLICA. CANA-DE-AÇÚCAR. QUEIMADAS. ART. 21, PARÁGRAFO ÚNICO, DA LEI N. 4771/65. DANO AO MEIO AMBIENTE. PRINCÍPIO DA PRECAUÇÃO. QUEIMA DA PALHA DE CANA. EXISTÊNCIA DE REGRA EXPRESSA PROIBITIVA. EXCEÇÃO EXISTENTE SOMENTE PARA PRESERVAR PECULIARIDADES LOCAIS OU REGIONAIS RELACIONADAS À IDENTIDADE CULTURAL. INAPLICABILIDADE ÀS ATIVIDADES AGRÍCOLAS INDUSTRIAIS.
>
> 1. **O princípio da precaução, consagrado formalmente pela Conferência das Nações Unidas sobre o Meio Ambiente e o Desenvolvimento - Rio 92 (ratificada pelo Brasil), a ausência de certezas científicas não pode ser argumento utilizado para postergar a adoção de medidas eficazes para a proteção ambiental. Na dúvida, prevalece a defesa do meio ambiente**. [...] (grifei).

Destaco, ainda, excerto do voto, no qual fica demonstrada a necessidade de aplicação do princípio da precaução no caso concreto (queimada de palha de cana-de-açúcar), tendo em vista as diretrizes da Constituição Federal, da legislação internacional e da infraconstitucional:

> Segundo o princípio da precaução, consagrado formalmente pela Conferência das Nações Unidas sobre o Meio Ambiente e o Desenvolvimento - Rio 92, a ausência de certezas científicas não pode ser argumento utilizado para postergar a adoção de medidas eficazes para a proteção ambiental. Na dúvida, prevalece a defesa do meio ambiente.
>
> Eis o teor do princípio 15 da Declaração do Rio de Janeiro:
>
> De modo a proteger o meio ambiente, o princípio da precaução deve ser amplamente observado pelos Estados, de acordo com as suas capacidades. Quando houver ameaça de danos sérios ou irreversíveis, a ausência de absoluta certeza científica não deve ser utilizada como razão para postergar medidas eficazes e economicamente viáveis para prevenir a degradação ambiental. (Grifei)
>
> Vale destacar que a Convenção do Rio de Janeiro teve sua ratificação autorizada pelo Congresso Nacional por meio do Decreto Legislativo

2, de 3.2.1994, tendo entrado em vigor para o Brasil em 29 de maio de 1994 e promulgada pelo Decreto 2.519, de 16.3.98.

Há ainda outro tratado internacional, ao qual o Brasil aderiu (Decreto Legislativo 1, de 3.2.1994), que consagra o princípio da precaução. Trata-se da Convenção-Quadro das Nações Unidas sobre a Mudança do Clima que, em seu art. 3º dispõe que "As partes devem adotar medidas de precaução para prever, evitar ou minimizar as causas da mudança do clima e mitigar seus efeitos negativos. **Quando surgirem ameaças de danos sérios ou irreversíveis, a falta de plena certeza científica não deve ser utilizada como razão para postergar essas medidas...**" (Grifei)

Em doutrina, diz-se que "no mundo da precaução há uma dupla fonte de incerteza: o perigo ele mesmo considerado e a ausência de conhecimentos científicos sobre o perigo. A precaução visa justamente a gerir a espera da informação. Ela nasce da diferença temporal entre a necessidade imediata de ação e o momento onde nossos conhecimentos científicos vão modificar-se" (Nicolas Treich e Gremaq, apud MACHADO, Direito Ambiental Brasileiro. São Paulo: Malheiros, 2005, p. 64)

**Portanto, a ausência de certeza científica, longe de justificar uma ação possivelmente degradante do meio ambiente, deveria incitar o julgador a mais prudência.**

Tudo isso, obviamente, deve harmonizar-se com o desenvolvimento sócio-econômico, não podendo obstá-lo de modo irremediável. Deve-se, aqui, buscar uma solução para o que parece ser uma tensão entre postulados constitucionais.

Ensina-nos a moderna teoria constitucional que a situação de tensão de princípios deve ser resolvida pela ponderação, fundamentada e racional, entre os valores conflitantes. Leciona também que, em face dos princípios democrático e da Separação dos Poderes, é o Poder Legislativo quem possui a primazia no processo de ponderação, de modo que o Judiciário deve intervir apenas no caso de ausência ou desproporcionalidade da opção adotada pelo legislador.

O legislador brasileiro, atento a essa questão, disciplinou o uso do fogo no processo produtivo agrícola, quando previu, no art. 27, parágrafo único da Lei n. 4.771/65 que:

Art. 27. É proibido o uso de fogo nas florestas e demais formas de vegetação. Parágrafo único. Se peculiaridades locais ou regionais justificarem o emprego do fogo em práticas agropastoris ou florestais, a permissão será estabelecida em ato do Poder Público, circunscrevendo as áreas e estabelecendo normas de precaução.

> Observe-se que a lei prevê a permissão para o emprego do fogo em práticas agropastoris ou florestais desde que em razão de peculiaridades locais ou regionais.
>
> Busca-se, com isso, compatibilizar dois valores protegidos na Constituição Federal de 1988, quais sejam, o meio ambiente e a cultura ou o modo de fazer, este quando necessário à sobrevivência dos pequenos produtores que retiram seu sustento da atividade agrícola e que não dispõem de outros métodos para o exercício desta, que não o uso do fogo.
>
> Conforme já me posicionei em decisão anterior, a interpretação do art. 27, parágrafo único do Código Florestal não pode conduzir ao entendimento de que estão por ele abrangidas as atividades agroindustriais ou agrícolas organizadas, ou seja, exercidas empresarialmente.
>
> Portanto, as atividades agroindustriais, ante o seu poder econômico, não podem valer-se da autorização constante no art. 27, parágrafo único do Código Florestal para realizar queimadas, pois dispõe de condições financeiras para implantar outros métodos menos ofensivos ao meio ambiente. Em tais situações, estaria vedado ao Poder Público emitir essas autorizações.
>
> Ademais, aqui em *obiter dictum*, ainda que se entenda que é possível à administração pública autorizar a queima da palha da cana de açúcar em atividades agrícolas industriais, a permissão deve ser específica, precedida de estudo de impacto ambiental e o licenciamento, com a implementação de medidas que viabilizem amenizar os danos e a recuperar o ambiente.
>
> **Tudo isso em respeito ao art. 10 da Lei n. 6.938/81, segundo o qual, "a construção, instalação, ampliação e funcionamento de estabelecimentos e atividades utilizadores de recursos ambientais, efetiva ou potencialmente poluidores ou capazes, sob qualquer forma, de causar degradação ambiental dependerão de prévio licenciamento ambiental.".** (Grifei)

Evidentemente, a compreensão do sentido de precaução comporta a noção de que atividades humanas devem ser reprimidas e sancionadas antes de causarem danos ao meio ambiente ou à saúde. Assim, um meio ambiente equilibrado apenas poderá ser alcançado a partir da mudança de paradigma de que as medidas a serem tomadas baseiam-se apenas na recomposição de eventuais prejuízos.

Destaco, em relação ao assunto, trecho do voto da Ministra Cármen Lúcia na Arguição de Descumprimento de Preceito Fundamental 101/

DF, em que se discutia a constitucionalidade de atos normativos proibitivos da importação de pneus usados, no qual consta o seguinte:

> O princípio da precaução vincula-se, diretamente, aos conceitos de necessidade de afastamento de perigo e necessidade de dotar-se de segurança os procedimentos adotados para garantia das gerações futuras, tornando-se efetiva a sustentabilidade ambiental das ações humanas. Esse princípio torna efetiva a busca constante de proteção da existência humana, seja tanto pela proteção do meio ambiente como pela garantia das condições de respeito à sua saúde e integridade física, considerando-se o indivíduo e a sociedade em sua inteireza.

Dito de outra maneira, não basta determinar o montante da indenização. É preciso exigir, em situações de risco, que sejam encontradas soluções que permitam agir com segurança, tendo em conta, até mesmo, o interesse das gerações vindouras.

A regra da vedação do retrocesso socioambiental (art. 1º, *caput* e III; art. 5º, XXXVI e § 1º; e art. 60, § 4º, IV, da CF), por sua vez, implica o dever de progressividade em matéria de realização (eficácia social) dos direitos socioambientais, de maneira que eventuais medidas legislativas e administrativas concernentes à temática venham sempre buscar a melhoria ou o aprimoramento desses valores fundamentais.

Em lição sobre o assunto, o constitucionalista português José Gomes Canotilho ensina que:

> [o] princípio da proibição do retrocesso social pode formular-se assim: o núcleo essencial dos direitos já realizado e efectivado através de medidas legislativas [...] deve considerar-se constitucionalmente garantido sendo inconstitucionais quaisquer medidas estaduais que, sem a criação de outros esquemas alternativos ou compensatórios, se traduzam na prática numa anulação, revogação ou aniquilação pura e simples desse núcleo essencial. A liberdade de conformação do legislador e inerente auto-reversibilidade têm como limite o núcleo essencial já realizado[15].

15 GOMES CANOTILHO, J. J. *Direito Constitucional e Teoria da Constituição*. Almedina: Coimbra, 1998. p. 320/321.

Antônio Herman Benjamin acrescenta:

> É seguro afirmar que a proibição de retrocesso, apesar de não se encontrar, com nome e sobrenome, consagrada na nossa Constituição, nem em normas infraconstitucionais, e não obstante sua relativa imprecisão – compreensível em institutos de formulação recente e ainda em pleno processo de consolidação –, transformou-se em princípio geral do Direito Ambiental, a ser invocado na avaliação da legitimidade de iniciativas legislativas destinadas a reduzir o patamar de tutela legal do meio ambiente, mormente naquilo que afete em particular a) processos ecológicos essenciais, b) ecossistemas frágeis ou à beira de colapso, e c) espécies ameaçadas de extinção[16].

Nessa linha, no julgamento da Ação Direta de Inconstitucionalidade 4.717/DF Rel. Min. Cármen Lúcia, esta Suprema Corte afirmou que, segundo o mencionado princípio, atingido um dito "mínimo existencial socioambiental", e sem que se iniba a relativa margem de discricionariedade ínsita à ação legislativa e administrativa em matéria de ecologia, não se pode admitir qualquer lesão ao núcleo essencial do direito fundamental ao meio ambiente ecologicamente equilibrado.

No julgamento do Agravo Interno na Suspensão de Liminar e Sentença (AgISLS) 3.050/RS, o Ministro Humberto Martins ressaltou, categoricamente, em controvérsia sobre o uso de redes de emalhe anilhado na pesca de tainha, que "evidentemente, a administração não pode tudo, devendo, em casos desse jaez, respeitar o princípio da proibição de retrocesso, entre outros cânones do Direito Ambiental".

Em defesa do meio ambiente, o Ministro Humberto Martins complementou:

> **O mar, os espaços naturais a ele associados e os seres vivos dele dependentes** – ictiofauna, cetáceos, quelônios, flora marinha, praias, manguezais, corais, estuários, dunas, cordões arenosos, lagos e lagoas salinas, etc. – **são simultaneamente bens da União e bens do patrimônio ambiental das presentes e futuras gerações.** Nessa dupla qualificação, merecem proteção preventiva, pre-

16 BENJAMIN, Antônio Herman. Princípio da Proibição de Retrocesso Ambiental. *In*: *Princípio da Proibição de Retrocesso Ambiental*. Brasília: Senado Federal, 2012.

cautória, efetiva e urgente, sobretudo em período de incertezas de toda ordem provocadas pela crise da biodiversidade e pela crise das mudanças climáticas. Trata-se de irrenunciável dever de tutela que sujeita tanto o legislador, o administrador e o juiz, como os agentes econômicos e o conjunto da população. **Logo, inadmissível que a pesca, atividade das mais antigas e importantes, ameace a sobrevivência das espécies e de processos migratórios reprodutivos, utilize métodos e instrumentos contrários às boas práticas indicadas pela Ciência ou provoque dilapidação ou sobre-explotação, assim empobrecendo o amanhã ético, ecológico, cultural e econômico da humanidade** (grifei).

Embora a responsabilidade pela proteção ao meio ambiente seja compartilhada entre as pessoas e o Estado, refiro-me ao entendimento de Rafael Santiago Costa no sentido de que a parcela maior desse dever recai sobre o segundo, uma vez que tutelar direitos e garantias, nos termos da Constituição Federal, é a razão da existência do próprio Estado. O autor conclui:

> O artigo 225 da CF/88 corrobora essa conclusão, pois, ao mesmo tempo em que consta de seu *caput* aquela responsabilidade compartilhada, arrola no § 1º nada menos do que sete frentes a serem seguidas pelo Poder Público para assegurar a eficácia do direito em comento[17].

Ingo Wolfgang Sarlet e Tiago Fensterseifer afirmam, sobre a tutela ecológica, que a proteção do direito fundamental ao meio ambiente equilibrado perpassa necessariamente pela limitação da discricionariedade estatal (legislativa, administrativa e judicial), no sentido de que os deveres de proteção ao meio ambiente retiram do Estado a possibilidade de escolher a oportunidade de agir, obrigando-o a constantemente adotar medidas com relação às situações que exijam sua atuação, sejam voltadas para prevenir ou para cessar violações aos ecossistemas[18].

---

17 COSTA, Rafael Santiago. *Omissão do Estado em face do dever constitucional de proteção ao meio ambiente*. Dissertação de Mestrado. Universidade Federal do Amapá – UNIFAP. Macapá, 2013, pp. 37 e 38.

18 SARLET, Ingo Wolfgang e FENSTERSEIFER, Tiago. *Direito Constitucional ambiental*: Constituição, Direitos Fundamentais e proteção do ambiente. São Paulo: Revista dos Tribunais, 2017. p. 293.

Naturalmente, o dever estatal de buscar a maior eficácia possível na proteção ao meio ambiente não significa desconsiderar os outros deveres e direitos que lhe são constitucionalmente previstos como de sua responsabilidade. A realidade impõe escolhas, afinal os recursos são escassos ao passo que os direitos necessários para a existência dos indivíduos com o mínimo de dignidade envolvem outras esferas da vida, como a saúde, a educação, o saneamento básico, entre outros, todos também protegidos sob o manto de direitos fundamentais.

Assim, cabe ao Estado, ao exercer a tutela ecológica, atuar em busca de um equilíbrio que não represente omissão ou atuação insuficiente ao proteger o meio ambiente e, ao mesmo tempo, assegurar a concretização dos demais direitos individuais e sociais, conforme anteriormente exposto. De acordo com Ingo Wolfgang Sarlet e Tiago Fensterseifer:

> Em outras palavras, pode-se dizer que na perspectiva de proteção suficiente que lhes é correlato - tanto não há "margem" para o Estado "não atuar", quanto não lhe é deferida a prerrogativa de "atuar de forma insuficiente" (tudo à luz do princípio da proibição de insuficiência de proteção ou de proteção deficiente, aqui vislumbrado, em especial, na sua conexão com as exigências da proporcionalidade) na proteção do ambiente, pois tal atitude estatal resultaria em prática inconstitucional (SARLET, Ingo Wolfgang e FENSTERSEIFER, Tiago. *Direito Constitucional ambiental*: Constituição, Direitos Fundamentais e proteção do ambiente. São Paulo: Revista dos Tribunais, 2017. p. 293).

A inação dos entes estatais, portanto, tem o condão de malferir o regime jurídico de defesa do meio ambiente, configurando violação ao princípio da proibição de proteção insuficiente ou deficiente. Esse foi o entendimento desta Suprema Corte na Ação Direta de Inconstitucionalidade 5.676/RJ, da relatoria do Ministro Ricardo Lewandowski, nos termos da ementa a seguir:

> AÇÃO DIRETA DE INCONSTITUCIONALIDADE. DIREITO CONSTITUCIONAL AMBIENTAL. REDUÇÃO DO TERRITÓRIO DA ÁREA DA PROTEÇÃO AMBIENTAL DE TAMOIOS POR MEIO DE DECRETO ESTADUAL. ART. 1º DO DECRETO 44.175/2013 DO ESTADO DO RIO DE JANEIRO. INOBSERVÂNCIA DO PRINCÍPIO DA RESERVA LEGAL. ART. 225, § 1º, III, DA CONSTITUIÇÃO FEDERAL. PRECEDENTES. AFRONTA AO DEVER DE PRESERVAÇÃO E AOS

> POSTULADOS DA VEDAÇÃO DO RETROCESSO E DA PROIBIÇÃO DA PROTEÇÃO INSUFICIENTE. ART. 225, *CAPUT*, DA LEI MAIOR. PEDIDO JULGADO PROCEDENTE.
>
> I – A Área de Proteção Ambiental de Tamoios foi reduzida por meio de Decreto estadual, em violação ao princípio da reserva legal (art. 225, § 1°, III, da CF).
>
> II – A supressão de extenso espaço territorial especialmente protegido vulnera o dever de proteção e preservação do meio ambiente (art. 225, *caput*, CF) e ofende os princípios da vedação do retrocesso e da proibição da proteção insuficiente.
>
> III – Ação direta de inconstitucionalidade julgada procedente para declarar a inconstitucionalidade da expressão "com área total aproximada de 7.173,27 hectares", contida no artigo 1º do Decreto 44.175/2013 do Estado do Rio de Janeiro.

Por isso, graves violações ao meio ambiente, ante a atuação negligente, insuficiente ou omissa, de forma sistemática, do Poder Público, que representem ofensa massiva a direitos fundamentais permitem ao Poder Judiciário atuar com o objetivo de estabelecer medidas corretivas de grande amplitude com relação às políticas públicas que estão sendo realizadas pelo Poder Executivo[19].

O Ministro Humberto Martins, no julgamento do Agravo Interno na Suspensão de Liminar e Sentença 2.940/SP, em caso no qual se analisava a legitimidade de obras para expansão de linha de metrô, assentou a possibilidade de o Poder Judiciário intervir e rever atos administrativos que violem a legislação:

> 4. **O Judiciário não só pode, como deve, rever atos administrativos que discrepem da legislação ou afrontem o bom senso, intervenção que em nada ofende o princípio da separação dos Poderes.** Evidentemente, a correção do comportamento da Administração pelo juiz – um dos pilares da ordem jurídica democrática – não se dá ao acaso ou de maneira aleatória. Na esfera ambiental-urbanística, faz-se imperiosa a interferência judicial sempre que aflorarem patologias plurifacetadas, entre as quais se destacam a) vícios de forma e desvio de finalidade; b) violação de princípios jurídicos caros ao Estado Ecossocial de Direito (p. ex., o

19 SARLET, Ingo Wolfgang e FENSTERSEIFER, Tiago. *Direito Constitucional Ecológico*. 7. ed. São Paulo: Thomas Reuters, 2021. p. 61, grifos no original, p. 105.

> princípio da precaução); c) desprezo a valores centrais do ordenamento (p. ex., dignidade humana e tutela de sujeitos e bens vulneráveis; transparência, participação pública, moralidade e integridade do Administrador; boa-fé, solidariedade, colaboração e sinceridade dos particulares); d) vilipêndio a postulados e técnicas contemporâneos de hermenêutica da norma (in dubio pro natura, p. ex.) ou a pressupostos compulsórios derivados da alma do microssistema (p. ex. a presunção absoluta de intocabilidade e caráter *non aedificandi* das Áreas de Preservação Permanente e da reflexa índole in *re ipsa* de dano a elas causado por uso ou ocupação irregulares). (Grifei).

Nos casos em que há conflitos de interesses entre direitos, tendo em vista a importância dada pela própria Constituição Federal à preservação do meio ambiente, abalizada doutrina e jurisprudência afirmam que deve ser aplicado, em regra, o princípio do *in dubio pro natura*. Sobre o tema, o Ministro Celso de Mello enfatizou, ao examinar o Recurso Extraordinário com Agravo 748.206 AgR-2° julgamento:

> É que, tal como anteriormente assinalado (e enfatizado), ainda que se registrasse incerteza científica, incidiria, no caso, mesmo assim, o princípio da precaução, apto a legitimar a lei municipal questionada e o acórdão emanado do E. Tribunal de Justiça do Estado de Santa Catarina que a reputou plenamente válida ("in dubio pro natura"), **eis que, segundo esse postulado de direito ambiental, "as pessoas e o seu ambiente devem ter em seu favor o benefício da dúvida, quando haja incerteza sobre se uma dada ação os vai prejudicar"**. (Grifei).

No entanto, conforme anteriormente citado, o Direito Ambiental deve sempre ser analisado em conjunto com os demais direitos fundamentais previstos na Constituição Federal, afinal, como é consabido, nenhum direito é absoluto.

Não há primazia entre direitos, portanto cabe ao julgador examinar todas as particularidades de cada uma das controvérsias que lhe são apresentadas, de modo a buscar solução que melhor atenda, da forma mais equilibrada possível, todos os valores do Texto Constitucional que podem vir a ser lesionados. Nesse sentido, cito novamente lição do Ministro Celso de Mello, que, no julgamento do Mandado de Segurança 3.540/DF, afirmou que a delicadíssima questão relativa à colisão de direitos deve ser superada com base em critérios que permitam o exame aprofundado do contexto para que se decida qual direito deve prevalecer no caso.

O Ministro Humberto Martins, no já citado AgInt na SLS 2.940/SP, ponderando as particularidades do caso concreto e os valores constitucionais apresentados – preservação do meio ambiente e prestação de serviço eficiente de transporte na cidade de São Paulo – considerou indevida a intervenção do Poder Judiciário nas obras, nos seguintes termos:

> Sabe-se da relevância inexorável para a economia pública e para o bem estar da população da construção de linhas de metrô na maior metrópole da América Latina, que sofre com locomoção dificultada e lenta de veículos e pessoas, certamente um dos grandes desafios políticos a ser enfrentado pela administração pública. É de conhecimento notório que a população de São Paulo clama por soluções administrativas que tragam mais eficiência à prestação do serviço público de transporte em nossa capital financeira.
>
> Por conseguinte, o início das obras em foco não pode ser inviabilizado se não houver indícios mínimos de que os estudos técnico-administrativos, realizados por órgãos especializados no campo de suas expertises temáticas, estejam equivocados, fracos ou carecedores de suporte científico ou em desrespeito às formalidades e requisitos da legislação, de modo a pôr em risco ou ocasionar prejuízo à saúde, ao meio ambiente, à paisagem, ou ao patrimônio histórico e artístico nacional.
>
> **Se atos administrativos do Poder Executivo não mais carrearem presunção da legitimidade, legalidade e veracidade (sempre relativa, vale destacar), aí estaria aberto o caminho para desarranjar toda a lógica de funcionamento regular do Estado, lastreada no exercício de prerrogativas que lhe são essenciais, atribuídas pela Constituição e pelas leis. O Judiciário, repita-se, não pode atuar sob o dogma de que os atos administrativos são ordinariamente realizados em desconformidade com a legislação, logo presumidos ilegítimos. Tal concepção configuraria subversão do regime jurídico do Direito Administrativo, das competências concedidas ao Poder Executivo e do papel do Judiciário. Claro, o raciocínio aqui adotado em nada impede ou inviabiliza – em situações concretas de riscos ao patrimônio natural e cultural – a adoção, pelo juiz, da inversão do ônus da prova da legitimidade, da legalidade e da veracidade dos atos ambientais urbanísticos, com fulcro no princípio *in dubio pro natura*.**
>
> A interferência imotivada do Judiciário na definição da política pública de expansão da malha metroviária de São Paulo inibe a execução do seu planejamento estratégico administrativo no tocante à

> prestação eficiente dos serviços públicos, prejudicando tão respeitável dever estatal de propiciar melhores meios de transporte à população, o que impacta a saúde e a economia públicas.
>
> **Lembro que a obra já estava nos preparativos para seu início, e a sua paralisação causaria significativo prejuízo aos cofres públicos diante dos reajustes ou rescisões contratuais que se fizerem necessários, ou de dispendiosa manutenção de serviços inacabados até que fosse retomada a sua continuidade, o que mais uma vez, ao final, traz malefícios aos interesses da sociedade.**
>
> **Está, pois, presente grave lesão à ordem pública, na sua acepção administrativa, em decorrência dos entraves à execução normal e eficiente do serviço público, que interrompem a prestação célere e eficaz de obras imprescindíveis à segurança e à saúde dos cidadãos.**
>
> [...]
>
> **No caso, como acima já referido, os requerentes demonstraram que os órgãos especializados autorizaram a realização da obra e que, da forma como pretendido pelo Metrô, os sítios arqueológicos não serão, aparentemente, afetados pelo início das obras.**
>
> É sabido que as questões postas estão sujeitas ao crivo do Poder Judiciário. A cautela, contudo, sugere, no caso em debate, que a substituição das decisões da administração pública ocorra apenas em decorrência de ilegalidade inequívoca, após instrução processual. Tudo, por óbvio, sem que se criem situações de irreversibilidade de graves prejuízos ambientais e culturais, pressuposto que não pode aqui ser olvidado. (Grifei).

O Supremo Tribunal Federal, no julgamento da Ação Direta de Inconstitucionalidade por Omissão 59/DF, da relatoria da Ministra Rosa Weber, consignou que, pautado nos princípios da precaução, da prevenção e da vedação ao retrocesso ambiental, como valores interpretativos, ao Poder Judiciário é exigida a aplicação dos deveres de proteção adequada ao meio ambiente, sempre intermediado pelo princípio da proporcionalidade. Assim, embora a proteção ao meio ambiente não seja discricionária, o Poder Público detém certa liberdade para conformar, na prática, os deveres fundamentais impostos pela Constituição Federal, de modo que deve buscar soluções que não sejam excessivamente interventivas ou insuficientes na proteção dos direitos fundamentais.

Com base nessas premissas, inclusive, no julgamento do Tema 145 da repercussão geral, cujo processo paradigma é o Recurso Extraordinário

586.224/SP, da relatoria do Ministro Luiz Fux, o Plenário do Supremo Tribunal Federal afastou o entendimento de que a norma mais favorável ao ambiente (*in dubio pro natura*) deve sempre prevalecer, pois se deve reconhecer a possibilidade de o Poder Público distribuir os recursos escassos para a satisfação de outros interesses legítimos, como os de ordem econômica, mesmo que os interesses ambientais não sejam promovidos no patamar mais alto possível.

Assim, por analogia, a Suprema Corte brasileira reconheceu que se deve refutar a aplicação automática da tese da vedação ao retrocesso, pois invalidar qualquer tipo de reforma legislativa ou administrativa que possa causar degradação ao meio ambiente seria desconsiderar a realidade fática da escassez. Em outras palavras, engessar a possibilidade de escolha do administrador público na implementação de políticas públicas, impedindo a distribuição de recursos entre as diversas e importantes necessidades da sociedade, com base unicamente na vedação ao retrocesso ambiental, viola o núcleo básico do princípio democrático.

## 4. CONCLUSÃO

O presente artigo demonstra não apenas a atuação contínua e efetiva do Poder Judiciário nas questões ambientais, mas também a preocupação em encontrar formas de assegurar uma proteção mais efetiva ao meio ambiente, para que seja garantido o disposto no art. 225 da Constituição Federal.

Longe de esmiuçar a integralidade da atuação do Poder Judiciário, os poucos julgados aqui mencionados evidenciam que a evolução das diretrizes em relação ao Direito Ambiental é constante, sem que sejam negligenciados os demais direitos fundamentais previstos na Constituição Federal.

Ainda que existam dificuldades e problemas, a realidade evidencia, conforme as oportunas e ponderadas palavras do Ministro Humberto Martins, que "o Judiciário está atento, alerta e vigilante, julgando as causas ambientais com muita eficiência e excelência, distribuindo justiça e protegendo o planeta"[20].

20 Superior Tribunal de Justiça. *Em seminário internacional sobre o meio ambiente, Humberto Martins afirma que o direito ambiental é vital para as futuras gerações.* Disponível em: https://www.stj.jus.br/sites/portalp/Paginas/Comunicacao/Noticias/08062022-Em-seminario-internacional-sobre-meio-ambiente--Humber-

Os julgados mencionados comprovam também que conciliar os direitos fundamentais assegurados no Texto Constitucional – acrescentando-se que eles devem ser garantidos também para as gerações vindouras – é um dos maiores desafios da modernidade e do Direito.

Ainda assim, os Tribunais brasileiros, aqui ressaltada a atuação do STF e do STJ, têm buscado soluções que sejam compatíveis com os princípios e as diretrizes que norteiam o Estado Democrático de Direito, com o propósito de construir uma sociedade justa, livre, solidária e sustentável para esta e para as futuras gerações. Esse também tem sido o objetivo do homenageado, o Ministro Humberto Martins, que, no exercício da atividade jurisdicional, sempre pautou suas decisões não apenas nos princípios constitucionais, nas leis e na hermenêutica, mas também no bom senso, na realidade e no humanismo.

to-Martins-afirma-que-direito-ambiental-e-vital-para-as-.aspx. Acesso em: 2 set. 2024).